MW00397624

ANTOLOGÍA

DE LA

LITERATURA

ESPAÑOLA

SIGLOS XVIII y XIX

Bárbara Mujica
Georgetown University

Eva Florensa
Oberlin College

John Wiley & Sons, Inc.
New York   Chichester   Weinheim
Brisbane   Toronto   Singapore

ACQUISITIONS EDITOR	Lyn McLean
MARKETING MANAGER	Carlise Paulson
SENIOR PRODUCTION EDITOR	Christine Cervoni
SENIOR DESIGNER	Kevin Murphy
COVER DESIGNER	Wilford A. Nelson
COVER ART	*Calle de Noche*, pintura al óleo de Ruby Aránguiz

This book was set by the Author and printed and bound by Hamilton Printing. The cover was printed by Phoenix Color.

This book is printed on acid-free paper. ∞

Copyright © 1999 John Wiley & Sons, Inc. All rights reserved.

No part of this publication may be reproduced, stored in a retrieval system or transmitted in any form or by any means, electronic, mechanical, photocopying, recording, scanning or otherwise, except as permitted under Sections 107 or 108 of the 1976 United States Copyright Act, without either the prior written permission of the Publisher, or authorization through payment of the appropriate per-copy fee to the Copyright Clearance Center, 222 Rosewood Drive, Danvers, MA 01923, (978) 750-8400, fax (978) 750-4470. Requests to the Publisher for permission should be addressed to the Permissions Department, John Wiley & Sons, Inc., 605 Third Avenue, New York, NY 10158-0012, (212) 850-6011, fax (212) 850-6008, E-Mail: PERMREQ@WILEY.COM. To order books please call 1(800)225-5945.

Library of Congress Cataloging- in-Publication Data

Antologia de la literatura española. Siglos xviii y xix / Bárbara Mujica, Eva Florensa.
  p. cm.
Includes bibliographical references and index.
ISBN 0-471-25573-4 (pbk. : alk. paper)
1. Spanish literature—18th century. 2. Spanish literature—19th century. I. Mujica, Bárbara Louise. II. Florensa, Eva F.
PQ6174.A855 1999
860.8'004—dc21

98-39978
CIP

Printed in the United States of America

10 9 8 7 6 5 4 3 2 1

Prefacio

Antología de la literatura española: Siglos XVIII y XIX es el tercer tomo de una serie de antologías cuyo objetivo es presentar con exactitud un panorama de los estudios más recientes que se han hecho en el campo de la literatura española. Los dos primeros volúmenes, *Edad Media y Renacimiento y Siglo de Oro,* fueron publicados en 1991, y una antología general, titulada *Milenio: Mil años de literatura española,* está proyectada para el año 2000. Es nuestra esperanza de que estas compilaciones sirvan de libros de referencia para investigadores y estudiantes, y que satisfagan las necesidades pedagógicas de la generación actual de profesores.

Cuando se emprendió esta serie, medio siglo había pasado desde la publicación de la antología de Ángel del Río, que seguía usándose—a veces en forma fotocopiada—en muchas universidades. Aunque existían otras antologías más modernas, por lo general éstas no ofrecían la gran variedad de textos que ofrecía la de del Río. Sin embargo, ésta terminaba con la generación del 27; muchísimo se había escrito desde entonces. Además, la Crítica había avanzado muchas nuevas teorías y la disponibilidad de nuevos textos y ediciones suministraba al antologista material más auténtico y exacto.

Hoy en día, innovadoras nociones acerca del canon y de la historia han cambiado radicalmente nuestro concepto de la antología. La importancia que se da actualmente a los estudios culturales y los descubrimientos que se han hecho acerca de la vida diaria, de la familia, de la economía doméstica y de los diversos papeles de la mujer en tiempos remotos han ampliado nuestros horizontes, obligándonos a tomar en cuenta, por ejemplo, el valor de la literatura popular y las contribuciones de escritoras que tradicionalmente se habían excluido de las antologías.

Si las nuevas corrientes críticas han influido en el estudio de todos los períodos y géneros literarios, éstas han tenido un impacto especialmente fuerte en el campo de la literatura dieciochesca y decimonónica. Hace sólo dos décadas, la literatura del siglo XVIII se reducía en las antologías al uso a una breve nómina de personalidades y a un buen número de prejuicios, erróneas concepciones y lugares comunes, reiterados vez tras otra desde la primera mitad del siglo XIX. Al Setecientos se le condenaba por su dependencia de lo francés y de las reglas, por su escaso nivel literario y por su prosaísmo. Pero esto ha cambiado. Por ejemplo, en estos últimos veinte años se han estudiado con profundidad las Artes Poéticas, es decir, aquellos manuales de reglas que el literato neoclásico seguía para la elaboración de sus obras. Las consecuencias de este estudio han sido inconmensurables. Al acudir a las poéticas se ha comprendido el por qué el género predilecto del Neoclasicismo fue la poesía épica y cómo ésta influyó en la creación de la novela y el cuento históricos de los siglos XVIII y XIX.

Nuestra antología recoge todas estas innovaciones. Así, «Novela y Cuento» del siglo XVIII esclarece las deudas de la novela histórica romántica y de la realista a la poética neoclásica. En nuestra selección destacamos los textos más representativos de novelas «históricas» (es decir, de epopeyas trágicas en prosa) y «realistas» (es decir, de epopeyas cómicas en prosa) del siglo XVIII; así, por ejemplo, *El Valdemaro,* de Vicente Martínez Colomer, entre las primeras, o la *Historia del famoso predicador fray Gerundio de Campazas,* de José Francisco de Isla, o *La Serafina,* de José Mor de Fuentes, entre estas últimas. También incluimos en este capítulo ejemplos de las principales colecciones dieciochescas de cuentos (*Voz de la Naturaleza,* de Ignacio García Malo, y *Mis pasatiempos, almacén de fruslerías agradables,* de Cándido María de Trigueros), precursoras de las importantes colecciones cuentísticas del próximo siglo.

En «La prosa de ideas» del siglo XVIII, junto a fray Benito Jerónimo Feijoo, figura por lo general siempre presente en las antologías tradicionales, incluimos a fray Martín Sarmiento, hasta hace poco prácticamente desconocido, cuyas *Memorias para la historia de la Poesía y poetas españoles,* inician la formulación de una Historia de la Literatura Española. También es digna de mención la presencia de Antonio Capmany, uno de los más importantes representantes del pensamiento reaccionario y precursor de los tradicionalistas decimonónicos.

Esta antología se aparta de otras al subrayar la gran aceptación que tuvieron a lo largo del Setecientos los temas y estilos más característicos del gusto barroco. Demuestra mediante la inclusión de obras teatrales y poéticas como *Angélica y Medoro,* de José de Cañizares, y *El Adonis,* de José Antonio Porcel, que el barroco no desapareció después de la muerte de Calderón, como se acostumbra afirmar, sino que siguió predominando durante las primeras décadas del siglo XVIII. La inclusión de *Angélica y Medoro* es significante también porque la obra es representativa de un género a menudo desterrado de las antologías: la zarzuela. En este mismo capítulo destaca la comedia lacrimosa, representada por *El delincuente honrado,* de Jovellanos. Esta obra, junto a otras del mismo género, significó en su día la síntesis de la comedia y la tragedia clásicas y, gracias a tal unión, el inicio de las formas más características del drama romántico.

También se debe señalar, en el apartado de «Poesía», la amplitud y variedad de la selección, que no olvida a poetas de transición como Álvarez de Toledo y Eugenio

Gerardo Lobo, ni excluye tampoco a María Gertrudis Hore (cuya presencia en nuestra antología demuestra que sí había mujeres que se dedicaban a las letras en el siglo XVIII). También hemos incluido géneros muy a menudo olvidados como la poesía épica, representada aquí por *Las naves de Cortés destruidas*, de José María Vaca de Guzmán Manrique, y *La pérdida de España reparada por el rey Pelayo*, de Pedro Montengón y Paret

Así, el panorama que surge presenta un muy rico siglo XVIII, rico por recoger los mejores logros de la espléndida cultura áurea, reelaborarlos y dejarlos convertidos en materia decimonónica. En otros términos, el siglo XVIII es el puente que une el Siglo de Oro con el Romanticismo español y con otros -ismos (el Costumbrismo y el Realismo, por ejemplo) del siglo XIX.

Si en «La prosa de ideas» del siglo XVIII no dejamos de mencionar la figura reaccionaria de Antonio Capmany, al llegar al XIX no quisimos caer en el generalizado error de menospreciar el fructífero pensamiento tradicionalista de la época. Nuestra antología incluye, con la debida profundidad y extensión, a escritores neo-católicos tales como Juan Donoso Cortés, Jaime Balmes o el inconmensurable erudito Marcelino Menéndez y Pelayo. También representamos en su debida importancia a los defensores del Liberalismo; por ejemplo, los krausistas Julián Sanz del Río y Francisco Giner de los Ríos. Además, deseamos mencionar el repaso histórico que realizamos de las principales corrientes científicas de la época (el Darwinismo y el Positivismo) así como el tratamiento que otorgamos a la aparición y desarrollo de la prensa periodística en la primera mitad del siglo.

En el capítulo dedicado al cuadro de costumbres hemos incluido selecciones del texto que quizás fuera el más representativo del género, *Los españoles pintados por sí mismos*, libro que a pesar de su importancia histórica, no suele aparecer representado en las antologías. Por otra parte, en el capítulo sobre la novela y el cuento, quizás la mayor de nuestras innovaciones reside en el intento de presentar la materia, no como ha venido siendo analizada tradicionalmente, es decir, subdividida en movimientos tales como la novela histórica del Romanticismo o la novela del Realismo, totalmente independiente de la producción literaria en prosa del siglo XVIII, sino en relación con ésta y utilizando la terminología utilizada por los propios críticos y novelistas del siglo XIX (Novela de costumbres históricas y Novela de costumbres contemporáneas). El panorama que surge de esta presentación, además de dar total coherencia y continuidad a la prosa literaria del Setecientos y del Ochocientos, tiene la ventaja de suprimir anacronismos e interpretaciones modernas y de ser fiel a la concepción de la novela del propio siglo XIX.

En nuestro capítulo sobre el teatro recalcamos el triunfo del drama romántico, breve, pero intenso, al incluir obras de los escritores más representativos del género: Francisco Martínez de la Rosa, el duque de Rivas, Juan Eugenio Hartzenbusch, Antonio García Gutiérrez, José Zorrilla. También incluimos una selección del dramaturgo más elogiado de su época, José Echegaray, quien ganó el Premio Nóbel en 1904, aunque hoy es figura casi olvidada. Concluimos el capítulo con un fragmento de *Electra*, de Benito Pérez Galdós, cuyas obras sobresalieron en los teatros de Madrid durante los últimos años del siglo XIX y en los primeros del XX.

Curiosamente, uno de los géneros predilectos del siglo XIX, la poesía, aparece por lo general escasamente reseñada en las antologías actuales. En contraste, aquí se presenta una amplia selección, en donde junto a poetas generalmente bien reconocidos como José de Espronceda, Gustavo Adolfo Bécquer o Rosalía de Castro, damos a la estampa otros que vienen hoy siendo olvidados, así, por ejemplo, Bartolomé José Gallardo, Eugenio de Tapía, Juan Nicasio Gallego, José Somoza, Nicómedes Pastor Díaz o las poetas Carolina Coronado y Gertrudis Gómez de Avellaneda.

Por último, deseamos hacer hincapié en las extensas introducciones que anteceden cada sección del libro y en el hecho de haber utilizado, no ediciones modernas, sino únicamente textos originales.

Esta antología se podrá emplear a varios niveles. El profesor del curso panorámico encontrará ejemplos de todos los géneros literarios y selecciones de todos los autores principales. El amplio surtido de textos le proveerá de la oportunidad de elegir esas selecciones que le sirvan. El profesor de cursos más avanzados y especializados encontrará en cada uno de los tomos suficiente material para el estudio de un período específico. Esta colección también sería ideal para el *graduate survey*, o podrá servir de repaso al estudiante graduado que prepare sus exámenes. Al profesor y especialista estas antologías le servirán de libros de referencia, y la Bibliografía le podrá sugerir lecturas adicionales.

La preparación de este tomo ha sido una tarea larga y ardua para la cual hemos tenido la excelente fortuna de poder contar con los talentos, ayuda y buena voluntad de muchas personas. Quisiéramos agradecer en particular a Lyn McLean, de John Wiley & Sons, y también a James P. Walsh, S.J., del Departamento de Teología de Georgetown University, quien nos ha aclarado ciertas referencias litúrgicas.

Bárbara Mujica, Washington, D. C. 1998

Eva Florensa, Oberlin, Ohio 1998

INDICE

España en el siglo XVIII

Tradicionalmente el siglo XVIII español se ha visto como un período de relativa esterilidad artística. No fue sino hasta las últimas décadas del siglo XX cuando se emprendió una revalorización de la literatura dieciochesca y las actitudes empezaron a cambiar. Hoy en día se tiende a ver aquella era conflictiva como un laboratorio de ideas nuevas y fecundas que conducirían a un nuevo concepto de la vida y del arte.

Uno de los factores que han impedido que se aprecien plenamente los logros del siglo XVIII es la tendencia inevitable de compararlos con los del Siglo de Oro —el período que se extendió desde aproximadamente 1500 hasta 1681, año en que murió Calderón. Durante los siglos XVI y XVII España llegó a su mayor esplendor en las artes y las letras. Pintores como El Greco, Velázquez, Zurbarán y Murillo llevaron la pintura a su apogeo. Poetas como Garcilaso, Góngora y Quevedo incorporaron formas italianizantes a las tradicionales españolas, creando así una nueva poética, fértil y original. Escritores didácticos como Fray Luis de León, Quevedo y Gracián exploraron problemas de la conducta humana, demostrando una profunda comprensión de la psicología y de la sociedad. El fervor religioso encontró su expresión en místicos como Santa Teresa de Jesús y San Juan de la Cruz. Nuevas formas novelísticas aparecieron, entre ellas la novela morisca, la bizantina, la pastoril y la picaresca. Miguel de Cervantes supo incorporar estas corrientes en *Don Quijote de la Mancha,* obra que muchos críticos consideran la primera novela moderna por su complejidad estructural, su perspectivismo, su profundidad filosófica y psicológica y la fuerza e independencia de su protagonista. También se distingue el Siglo de Oro por la creación de un teatro nacional. Dramaturgos como Lope de Vega, Tirso de Molina y Calderón de la Barca crearon una plétora de obras que satisfacían al hombre común tanto como al noble, y reflejaban las preocupaciones sociales, filosóficas y teológicas de la época. Al lado de la abundancia y calidad del arte del Siglo de Oro, el del siglo que le sigue palidece. Sin embargo, durante el siglo XVIII, nuevas ideas filosóficas, políticas, sociales y estéticas emergieron, las cuales conducirían a una mayor europeización de la cultura española y, a principios del siglo XIX, al florecimiento artístico del Romanticismo. El término Ilustración se refiere a esta renovación en el campo de las ideas.

José Miguel Caso González señala que ha sido una equivocación por parte la crítica estudiar el siglo XVIII casi exclusivamente en relación al Siglo de Oro y al Romanticismo. Escribe: «La literatura dieciochesca es, ciertamente, una literatura de transición; como toda literatura de transición agota lo que hereda y abre nuevos caminos, que serán después utilizados. Pero no pueden ser éstas las coordenadas que la crítica tenga en cuenta. Lo que hace falta es ponerse delante de los textos y valorarlos en sí mismos» (*Ilustración y Neoclasicismo* 5).

Este profundo cambio de orientación se debió en gran parte a circunstancias políticas. Aunque España había sido uno de los países más poderosos durante el Renacimiento, a partir de las últimas décadas del siglo XVI la gloria española había empezado a disminuir. Ya a principios del siglo XVIII, España estaba en su ocaso. En el campo artístico siguió siendo uno de los países más productivos de Europa hasta la segunda mitad del siglo XVII. Aunque durante los cincuenta años posteriores a la muerte de Calderón no emergió ningún hombre de letras comparable a los de la época anterior, la crítica moderna señala que los autores de este período fueron más innovadores de lo que previamente se había pensado.

El siglo XVIII fue un período de conflictos y controversias. En 1700 el último rey habsburgo, Carlos II, murió sin dejar heredero. Aunque había nombrado como su sucesor a Felipe de Anjou, nieto de Luis XIV de Francia, el archiduque Carlos de Austria también aspiraba a la corona. La disputa condujo a la Guerra de Sucesión (1700-1714), la cual terminó con el triunfo del pretendiente francés, quien llegaría a ser Felipe V, primer rey de España perteneciente a la Casa de Borbón. El Tratado de Utrecht, que puso fin a la guerra, estipuló que España cediera los Países Bajos y sus posesiones en Italia (Sicilia, Cerdeña y Milán) a Austria y entregara Gibraltar y Menorca a Inglaterra.

Esta nueva alianza con Francia no era del gusto de todos los españoles, muchos de los cuales resistían los esfuerzos de los borbones por involucrar a España en sus luchas en el extranjero y por imponer los valores y el estilo franceses en todos los aspectos de la vida española. En 1724 el ineficaz Felipe V abdicó en favor de su hijo Luis, quien murió poco después, por lo cual Felipe V tuvo que volver a ocupar el trono. Complicaba la situación la constante intervención de Isabel de Farnesio, segunda esposa del rey, que estaba obsesionada en obtener tronos para sus hijos, y con ese fin intentó aumentar la influencia de España en el Mediterráneo. José Patiño, ministro de Felipe V, era el que realmente manejaba las riendas del país, logrando imponer reformas financieras, mejorar el ejército y la marina y defender los derechos de España con relación a Francia e Inglaterra. A pesar de ser un gobernante mediocre, Felipe V hizo varias contribuciones a la cultura al establecer la Biblioteca Nacional en 1712, la Academia de la Lengua en 1714 y la Academia de la Historia en 1738.

El reinado de Fernando VI, que sucedió a Felipe V en 1746, y el de su hermano Carlos III, que ascendió al trono en 1759, se caracterizaron por las reformas administrativas asociadas con el Despotismo Ilustrado. Según este concepto, el poder debía estar en manos de una monarca que, guiado por sus ministros, gobernara por el bien el pueblo pero sin su participación. El lema del Despotismo Ilustrado era «todo para el pueblo, pero sin el pueblo».

Durante el reinado de Fernando VI, España gozó de un período de paz, lo cual permitió al rey dirigir su atención a asuntos internos. Resistió los esfuerzos de otros países por involucrar a España en la Guerra de los Siete Años, que enfrentó a Gran Bretaña y Prusia con Francia, Austria y sus aliados (1756-1763), aunque España terminó por alistarse a este último bando en 1761. Preocupado por la creciente burocracia, intentó reestructurar las agencias del gobierno y simplificar su administración. Al mismo tiempo apoyó el desarrollo de la industria. Amante de las artes, introdujo actividades culturales—por ejemplo, obras de teatro y conciertos—en la vida de la Corte y estimuló el cultivo de la música y del teatro entre el pueblo. Sin embargo, su reinado sólo duró trece años. Afligido por la muerte de su esposa en 1758, el rey enfermó y murió en 1759 sin dejar heredero. Durante todo su reinado mostró tendencias a la melancolía e incluso a la locura. Lo sucedió su hermanastro Carlos, hijo de Isabel Farnesio, que después de haber sido nombrado Duque de Parma consiguió el reino de Nápoles, y llegó a España con mucha experiencia como gobernante en Italia.

Carlos III continuó el programa de su hermano, fomentando reformas urbanísticas y el desarrollo agrícola, industrial y comercial. Intentó modernizar el gobierno y mejorar el estado del pueblo español. Bajo Carlos III España llegó al punto culminante de su desarrollo cultural después del Siglo de Oro.

En 1767, siguiendo el ejemplo de Portugal y Francia, Carlos III expulsó a los jesuitas, quienes habían llegado a ser extremadamente poderosos. En Portugal y Francia la Orden había sido acusada de participar en un atentado contra la vida del monarca, y Carlos III tal vez temía que pudiera organizarse un complot semejante en España. En 1766, cuando el marqués de Esquilache, ministro del Rey, intentó llevar a cabo ciertas reformas, el pueblo reaccionó violentamente. La rebelión, conocida como el Motín de

Esquilache, sirvió al Rey de pretexto para eliminar a los jesuitas, a quienes acusó de haber fomentado la sublevación.

Con el mismo espíritu reformador, Carlos III hizo un esfuerzo por reducir la riqueza de la Iglesia, la cual poseía grandes cantidades de oro y vastos terrenos. El rey propuso emplear este caudal para la administración del Estado y el mejoramiento del pueblo. También quiso disminuir el número de clérigos y controlar el vicio y la corrupción dentro de sus rangos. Aunque los historiadores no están de acuerdo en cuanto al grado de éxito que el rey logró, estos pasos demuestran claramente su deseo de reorganizar la Administración.

A pesar de los aciertos de Fernando VI y Carlos III en los campos de la cultura y la economía, su política internacional fue desastrosa. Por medio de las alianzas entre los monarcas borbones conocidas como Pactos de Familia (1733; 1743; 1761), se subordinaron los intereses de España a los de Francia.

En América del Norte España se involucró en la Guerra de los Siete Años (conocida en los Estados Unidos con el nombre de *French and Indian War*), la cual enfrentó a Inglaterra y Prusia contra Francia, Austria y sus aliados indígenas y coloniales. Por el Tratado de París (1763), Francia perdió todos sus territorios al este del Misisipí; sus territorios al oeste del dicho río fueron cedidos a España, aunque éstos fueron devueltos en 1800.

En Hispanoamérica, las ideas emancipadoras ya amenazaban el dominio de España en sus colonias. Los criollos (españoles nacidos en el Nuevo Mundo) empezaban a manifestar su resentimiento hacia los peninsulares (nacidos en España), quienes ocupaban los más importantes puestos militares, gubernamentales y eclesiásticos, y se reservaban la mayoría de los privilegios. También les molestaban los impuestos y las restricciones económicas que limitaban su comercio exterior. Con el advenimiento de los Borbones, las nuevas corrientes filosóficas francesas, las cuales exaltaban la igualdad y el autodeterminismo, empezaron a cobrar fuerza en el Nuevo Mundo. Inspirados por la Independencia Norteamericana en 1776 y la Revolución Francesa en 1789, muchos criollos querían independizarse y formar repúblicas, aunque su concepto de un nuevo orden social no incluía la participación de las masas en el gobierno. En 1808, cuando Napoleón se apoderó de la corona española, los cabildos locales americanos, protestando la invasión francesa, tomaron el poder y gobernaron en nombre del rey español. A pesar de sus declaraciones de fidelidad, los vínculos entre la metrópoli y las colonias quedaron muy debilitados. Fue un paso importante hacia su independencia.

Durante este período dominaba en Francia el espíritu de la Ilustración, un movimiento cultural que hacía hincapié en la Razón y en la necesidad de difundir el saber. Numerosos intelectuales franceses luchaban por la eliminación de la superstición y el desarrollo del pensamiento crítico. En sus *Cartas inglesas o filosóficas*, Voltaire atacó ciertos abusos de la Iglesia, además de los sistemas teístas y optimistas de varios filósofos y teólogos. Diderot emprendió la creación de una vasta *Enciclopedia* de 32 volúmenes, la cual sería una arma poderosa para el nuevo espíritu científico. Para este proyecto contó con la ayuda de muchos de los naturalistas, filósofos, economistas y hombres de estado más distinguidos de la época. Montesquieu escribió *El espíritu de las leyes*, tratado político que se considera precedente del parlamentarismo moderno. Los pensadores de la época rechazaban los antiguos conceptos de la autoridad y de la estructura social, proponiendo nuevas formas políticas. Pronto el fermento llevaría a una ruptura absoluta con el sistema monárquico que no sólo cambiaría radicalmente la sociedad francesa sino que afectaría a todos los países del mundo occidental.

Aunque el racionalismo y el espíritu de reforma caracterizan la Ilustración española tanto como la francesa, hay que subrayar que el ateísmo que distingue las obras de muchos filósofos franceses falta por completo en las de los ilustrados españoles, quienes nunca rompieron con el catolicismo. Además, como señala Ramón Martín Herrero en *Un siglo de reforma política y literaria*, el período que llegaría a llamarse el Siglo de las Luces no presenta una visión monolítica. Paralelas a las corrientes introducidas por los franceses y sus admiradores, hay corrientes casticistas o tradicionalistas que buscan su inspiración en los temas y formas de la cultura española pre-barroca. Es decir, por un lado, se destaca un movimiento que intenta integrar España en Europa; por el otro, y a veces coincidiendo con el primero, es evidente un impulso por conservar y revitalizar el espíritu nacional. Si algunos intelectuales buscaban su inspiración en los enciclopedistas franceses y en pensadores ingleses como Francis Bacon, John Locke, o Adam Smith, otros leían a Juan Huarte de San Juan, a Luis Vives y a Francisco Suárez. Pero entre un extremo y otro existía un campo intermedio. Escribe Herrero, «más numerosos acaso fueron aquéllos, que en su propia persona u obra, poseyeron y admitieron elementos de ambas inclinaciones» (28). El llamado conflicto entre antiguos y modernos fue mucho más complejo de lo que anteriormente se había pensado. Además, no se limitó a España, sino que también existió en otros países en los cuales Progresistas y Tradicionalistas luchaban por definir la identidad nacional.

La Revolución Francesa, que estalló en 1789, fue un elemento importantísimo en la transformación política e ideológica de España. Produjo una polarización que resultó, por una parte, en una reacción defensiva y nacionalista de parte de los Tradicionalistas y, por otra, en un estímulo para los reformadores que deseaban la modernización.

Carlos IV, que había subido al trono en 1788, resultó ser un monarca poco eficaz. Influido por su mujer, María Luisa de Parma, y por su consejero, Manuel Godoy, Carlos IV declaró la guerra a la nueva República Francesa y fue derrotado. Más tarde, se alió con los franceses contra Inglaterra y perdió gran parte de su armada en la Batalla de Trafalgar (1805).

En 1808 Godoy permitió al ejército francés pasar a Portugal a través de los Pirineos. Los franceses terminaron por apoderarse de varias partes de España, lo cual provocó una reacción violenta del pueblo, que se sublevó contra el Rey y su consejero. Carlos IV abdicó y Napoleón colocó a su hermano José Bonaparte en la corona. La Guerra de la Independencia que siguió puso fin a la política de la Ilustración.

Los cambios políticos del siglo XVIII se reflejan en las letras. El movimiento filosófico que se ha llamado la Ilustración produce un nuevo tipo de literatura —el Neoclasicismo— aunque no se trata de una ruptura violenta con la visión barroca. En *Porcel y el barroquismo literario del siglo XVIII*, Emilio Orozco Díaz escribe que los modos barrocos «son expresión elocuente de unas formas de vida que se manifestaban con plena teatralidad barroca, según nos testimonian las fiestas civiles y religiosas, la vida pública y privada de todas las gentes, nobleza y pueblo, doctos e ignorantes» (pág. 29). Las nuevas formas neoclásicas que introdujeron los Borbones estuvieron, según Orozco, «en desacuerdo con las formas de vida y gusto del tiempo» (pág. 30). Aunque en la Introducción a su antología *Spanish Literature: 1700-1900* Beatrice P. Patt y Martin Nozick caracterizan la pervivencia del barroco como «enfermiza», Orozco demuestra que durante las primeras décadas del siglo XVIII el barroco siguió siendo una fuerza vital en la literatura.

Los Borbones intentaron desprestigiar el barroco, imponiendo el «buen gusto francés» en el arte y las letras españolas. Para ciertos intelectuales, el barroco llegó a ser un recuerdo desagradable de los últimos reinados de los Habsburgos, los cuales se habían caracterizado por la degeneración del poder nacional. El Neoclasicismo —con su énfasis en los modelos antiguos y clásicos, en la razón y en la moderación— ofreció una visión distinta. Poco a poco los nuevos escritores españoles empezaron a buscar inspiración en los teóricos literarios franceses o en los preceptistas italianos tales como Ludovico Muratori (1672-1815), cuya obra *Della perfetta poesia italiana* influyó en Ignacio Luzán, el teórico literario más importante del siglo XVIII.

Sin embargo, hoy en día muchos investigadores rechazan la idea de que el Neoclasicismo español fue una mera importación francesa. Emilio Orozco Díaz ha señalado que en España la aceptación del estilo francés en el arte y la literatura no fue ni inmediata ni universal y Russell P. Sebold, en *El rapto de la mente. Poética y poesía dieciochescas*, menciona el gran número de escritores renacentistas *españoles* que inspiraron a los neoclásicos del siglo XVIII.

A pesar de que el influjo de obras francesas e inglesas en España seguramente estimuló el Neoclasicismo español, el nuevo espíritu de reforma y de investigación que caracterizó los reinados de Felipe VI y Carlos III suministró el germen del movimiento. Aunque las nuevas ideas que provenían de Francia, de Inglaterra y de Italia contribuyeron a una revitalización de la cultura española, el Neoclasicismo español mantuvo su carácter nacional.

Si bien se cultivaron todos los géneros literarios durante el siglo XVIII, los teóricos del Neoclasicismo, aferrados al espíritu grecolatino, solamente aceptaron como neoclásicos los géneros en verso, es decir, la poesía lírica, la poesía épica, la comedia y la tragedia—éstas dos últimas siempre en verso. Los géneros en prosa—el ensayo, la novela—no se consideraban propiamente neoclásicos aun cuando reflejaban el espíritu reformador de la época.

Sin embargo, en este período de rápida transición de ideas, no es sorprendente que el ensayo ocupara un lugar central. Fray Benito Jerónimo Feijoo, el primer autor de importancia que se asocia con la Ilustración, inició el nuevo movimiento con la publicación de una serie de ensayos didácticos que se reúnen en su *Teatro crítico universal* (1742-1760) y en sus *Cartas eruditas y curiosas* (1742-1760). Estos ensayos inspiraron una plétora de publicaciones de otros escritores que comentaban las contribuciones de Feijoo. Señala R. Merritt Cox que ningún otro autor del siglo tuvo una influencia tan definitiva y duradera como este benedictino. Uno de los discípulos más prolíficos de Feijoo fue Fray Martín de Sarmiento (1695-1771), escritor casi desconocido hoy en día porque la mayoría de sus obras sobre temas literarios, históricos, científicos y lingüísticos han quedado inéditas.

En la Europa del siglo XVIII, la polémica era un aspecto importante de la vida cultural. España no fue la excepción. La polémica del siglo XVIII tuvo su origen en el *Diario de los literatos de España*, cuyo objetivo era el comentario de nuevos libros. Pronto el *Diario* se convirtió en un arma en la lucha contra el mal gusto en la literatura, pero a causa de una reacción adversa por parte de los lectores dejó de publicarse

definitivamente después del séptimo número. Los Tradicionalistas veían a los reformadores como enemigos de la literatura nacional y los tacharon de sediciosos y «afrancesados». Esta reacción ayudó a limitar la influencia del espíritu europeo en España.

Sin embargo, el *Diario* publicó las obras de algunos de los ensayistas más importantes de la época. Entre los más destacados se cuenta a Jorge Pitillas y a Juan de Iriarte. En 1742 Pitillas, seudónimo de José Gerardo de Hervás, escribió su «Sátira contra los malos escritores de este siglo», en que condenó los excesos del barroco y definió la postura de los reformadores ante la literatura. Juan de Iriarte, cuyos ensayos aparecían con frecuencia en el *Diario*, fue autor de numerosos trabajos de crítica literaria y de investigación lingüística.

Otra manifestación del nuevo espíritu de investigación fue la revalorización del *Quijote* que se emprendió durante el siglo XVIII. Por ejemplo, Sarmiento, en su estudio sobre Cervantes, establece por vez primera el lugar de nacimiento del autor. En 1737 Gregorio Mayáns y Siscar publicó su *Vida de Cervantes*, la primera biografía del creador del *Quijote*. También habría que mencionar la contribución del inglés, John Bowle, quien escribió un comentario del *Quijote* que se publicó con su edición de la novela en 1781. El trabajo de Bowle se considera la primera obra moderna de investigación cervantina.

Durante el siglo XVIII también se publicaron varios estudios interesantes sobre estética y numerosos libros de viajes. La ficción y la poesía gozaron de menos favor que el ensayo, pero escritores como Diego Torres Villarroel, el padre de Isla, José Mor de Fuentes y Pedro de Montengón hicieron significantes contribuciones al género novelesco. En cuanto al teatro, los gustos barrocos perduraron durante varias décadas a pesar de intentos esporádicos por su reforma. La publicación en 1737 de *La poética o Reglas de la poesía* de Luzán representa un hito en el desarrollo de la estética neoclásica con respecto a la poesía y el drama. Sin embargo, no fue hasta el fin de siglo cuando el teatro neoclásico llegó a su cénit.

La prosa de ideas

El siglo XVIII es crucial en la historia de la cultura española. En su seno languidecen algunos de los rasgos más característicos de la España tradicional a la vez que a lo largo de la centuria se desarrollan las bases ideológicas y sociopolíticas de la modernidad. El Setecientos significa la muerte de cierta herencia que los hombres de la Ilustración valoraron como *antigua* y el reconocimiento de otra ideología y de otras formas culturales a las que nosotros —sus herederos— hemos calificado como *modernas*.

Investigaciones recientes, sin embargo, sitúan los orígenes de este nuevo estado de cosas incluso antes del siglo XVIII, concretamente en las últimas décadas del XVII. Según afirma José M. López Piñero en *La introducción de la ciencia moderna en España*, «los *novatores* del reinado de Carlos II fueron la raíz directa de lo que después sería la ciencia española durante la Ilustración» (35) y ellos son, pues, los más lejanos precursores del mundo moderno.

Intelectuales de fines del XVII recogieron los mejores logros del Siglo de Oro español y el más innovador espíritu europeo (Copérnico, Descartes, Bacon, etc.) y —con ambos— formaron la cultura que fundamenta y explica la llamada pre-Ilustración española. Figuras como fray Benito Jerónimo Feijoo y Gregorio Mayáns, representativas de la España intelectual de principios del siglo XVIII, fueron únicamente posibles gracias a la obra precursora de aquellos a quienes, durante el reinado de Carlos II (1665-1700), se les denominó de modo despectivo *novatores*.

Así pues, el panorama cultural que prefigura y da origen a lo que en la segunda mitad del siglo XVIII se conocerá como la Ilustración deriva de la tarea intelectual de las mentes más abiertas de fines del siglo XVII. Esta actividad finisecular, por otra parte, alcanza su cénit a lo largo de las primeras décadas del Setecientos con las grandes figuras de la pre-Ilustración. Y, sin la obra de pre-ilustrados como Benito Jerónimo Feijoo, Martín Sarmiento, Enrique Flórez y Gregorio Mayáns, nunca hubieran sido posibles las grandes Luces españolas de las últimas cinco décadas del siglo XVIII.

La pre-Ilustración e Ilustración contaron desde un principio con el apoyo real, si bien como ha revelado Antonio Mestre en *Despotismo e Ilustración en España*, aquél no fue siempre constante ni los equipos ministeriales a menudo supieron apreciar las grandes realizaciones de sus mejores súbditos (107-166). La Ilustración fue considerada como un arma política por el Gobierno y, en consecuencia, a sus más notorios representantes se les exaltó o rechazó según los específicos intereses del acontecer político, dificultando de este modo la natural evolución y crecimiento de las Luces españolas. A lo largo de la centuria, no obstante, se configuraron diferentes grupos de inspiración ilustrada, casi todos ellos dirigidos desde el Poder, aunque no siempre afincados en la Corte, sino muchas veces en la periferia.

En el período de la pre-Ilustración, por ejemplo, destacan dos núcleos reformistas: uno en la órbita cultural de Felipe V y su ministro Patiño, con personalidades en Madrid como Agustín Montiano, Juan de Iriarte, Interián de Ayala o Enrique Flórez y en provincias como fray Benito Jerónimo Feijoo o fray Martín Sarmiento; otro —independiente del mecenazgo real e incluso en ocasiones en abierto enfrentamiento con él— es el que acaudilló Gregorio Mayáns.

A mediados de siglo, la efervescencia ideológica aumenta con el reinado de Carlos III (1759-1788). Madrid dirige toda la actividad cultural, irradiando sus luces a lo largo y ancho de la Península a través de la vinculación de todas las academias y asociaciones literario-científicas nacionales con las de la Corte. Es entonces que fraguan su ideario las figuras estelares de la Ilustración (Campomanes, Jovellanos, Trigueros, etc.), lo cual permite al Setecientos hacer suyo el noble calificativo de Siglo de las Luces españolas.

Las Luces nacionales construyen su edificio ideológico sobre la penosa convicción de la decadencia de España. Herederas de las glorias del Siglo de Oro, lo fueron también de sus terribles yerros. Los españoles setecentistas viven en un país en donde la ineficiente explotación de los campos, la ausencia de mano de obra calificada y los exuberantes privilegios de la Mesta (asociación de dueños de ganados) han arruinado la agricultura. El ramo artesanal subsiste en la más absoluta penuria y —sin una red de comunicaciones y sin una racionalización de las trabas aduaneras— tanto él como el comercio están muy lejos de cobrar vitalidad. Las altas finanzas se hallan, desde la expulsión de los judíos en 1492, en manos de extranjeros. Y a este inmovilismo económico se suma el mal estado de las costumbres de un vulgo que duerme en la inercia, en la superstición y en la holgazanería heredada de un *modus vivendi* de talante aristocrático.

Desde 1687, no obstante, venían dándose débiles síntomas de recuperación económica, visibles primero en la España periférica y posteriormente en todo el país. Como Gonzalo Anes arguye en *Las crisis agrarias en la España moderna* (439), un progresivo aumento de la población a fines del XVII y a lo largo del XVIII supuso una mayor demanda y una subida de los precios de los productos agrícolas, favoreciendo así el enriquecimiento de los propietarios de la tierra. Esta coyuntura la aprovechó la burguesía de Barcelona, Valencia, Sevilla, Málaga y Cádiz para establecer las bases de la formación de un mercado nacional. Y en estos dos grupos, los terratenientes o perceptores de diezmos (nobleza y eclesiásticos) y los industriales o comerciantes de la periferia, tenemos que buscar el *corpus* sociológico de la Ilustración española.

Los hombres de las Luces, pues, atendiendo a los intereses crematísticos de su misma clase, trabajarán intelectual y políticamente por la *felicidad* de España. Felicidad que ellos conciben con una doble naturaleza: por una parte como progreso material, por otra como progreso ético, éste base y causa de aquél. Así, sus reformas no sólo se van a dirigir hacia la agricultura, la industria, el comercio y las finanzas, pilares del adelanto económico, sino también hacia la educación, la higiene o las costumbres, principios del discurrir moral.

En el terreno agrícola, los ideólogos de las Luces españolas creen muy conveniente la elaboración de un plan agrario que se ajuste a las concretas circunstancias nacionales. Observan que los campos se hallan despoblados debido a la carestía de los arrendamientos, que los labradores viven en la más pura estrechez y que el trabajo agrícola ha caído en una total rutina a causa de la desidia, la falta de aliciente económico y la pervivencia de técnicas ancestrales. Ante tal espectáculo, ilustrados y amigos del país propondrán un mejor repartimiento de la propiedad y mejoras como el uso de abonos y de maquinaria agrícola, el perfeccionamiento de las sementeras y la introducción de cultivos tan importantes como el de la patata.

En cuanto a la situación del obrero de las ciudades, los hombres de las Luces se preocupan por su horario laboral y sus bajas remuneraciones, pero se detienen aún más en la crítica de sus perniciosos hábitos: su holgazanería, la costumbre de no trabajar los lunes, sus merendonas y embriagueces y su disipación en el juego, los teatros y los toros.

Las clases superiores no ofrecían mejor imagen. A un culto ciego por sus antepasados, se sumaban sus viciosas costumbres y su propensión a las fiestas taurinas, actrices y a todo tipo de divertimientos antes que al arte, la ciencia o sus negocios. La minoría ilustrada proporcionará a la nobleza un campo de acción útil al fundarle las Sociedades Económicas de Amigos del País (la primera, de 1764, es la Sociedad Vascongada) y favorecer de este modo que este grupo tradicionalmente improductivo dedique sus horas a las ciencias y al fomento de las artes prácticas.

Donde, sin embargo, los miembros de las Luces más se detuvieron fue en el tema educativo. Los ilustrados fueron siempre conscientes de que el único modo de regenerar el país y de dignificar a sus conciudadanos era la instrucción pública. Por tanto, ésta fue su principal objetivo y con ella pretendieron convertir a cada individuo de su comunidad en un excelente padre y esposo, y en un ciudadano útil.

Pero, ¿qué nuevo tipo de educación podía lograr tales fines? El país inauguraba el siglo XVIII culturalmente empobrecido por su endémico gusto hacia la escolástica. Los tiempos habían cambiado, no obstante. El desarrollo a fines del Seiscientos de una nueva orientación filosófica de base racional (fruto de la obra de Descartes y de Bacon) hacía ya totalmente insostenible la pura especulación y el aristotelismo. En Europa triunfaba un nuevo método, experimental y de fin utilitario, que si en la Península se imponía con lentitud, no era sino por su firme fe en las autoridades y la tradición. Los ilustrados serán quienes hieran de muerte en España a Aristóteles y al escolasticismo.

Sin Aristóteles y sus afines, los planes educativos de la nación tomarán muy diferente rumbo. Ciencias como el Derecho o la Teología que dominasen los estudios superiores en el pasado se sustituirán por otras de carácter práctico como la Historia Natural, la Física, la Química, las Matemáticas, la Metalurgia, la Mineralogía o la Economía Civil. Y cuando se conserve el estudio de viejas disciplinas como la Gramática o la Retórica, su enseñanza seguirá nuevos procedimientos. Incluso la misma teoría de la educación ocupa las mentes ilustradas. Clases poco numerosas, técnicas que destierren la rutina, prohibición de los castigos corporales y amistad entre el alumno y el profesorado son algunos de los caracteres más innovadores de la pedagogía del XVIII. Tal es el espíritu que informa, por ejemplo, la labor de Jovellanos cuando el 7 de enero de 1794 inaugura el Instituto de Gijón y le dota con modernos estatutos, cuando posteriormente redacta para la Sociedad Económica de Mallorca su *Memoria sobre educación pública,* o cuando en 1809 presenta a la Junta Central sus *Bases para la formación de un plan general de instrucción*.

Lo interesante es que todas estas mejoras son dirigidas desde el Poder. Carlos III y sus ministros, de 1767 a 1771, trabajan con empeño en la enseñanza. Esta acción gubernamental en modo alguno es gratuita. El Despotismo Ilustrado sabe que el instrumento más eficaz para unificar y dirigir la cultura es la educación y, consecuentemente, *la intelligentsia* borbónica la canalizará en su beneficio. En 1771 Carlos III promulga leyes para las primeras letras, que se impartirán desde este momento gratis, procurando que estén al alcance de todos. Tras la expulsión de la Compañía de Jesús en 1767, el Rey manda que se reorganice el Seminario de Nobles de Madrid y pone a su cabeza a Jorge Juan. En 1770 se fundan los Reales Estudios de San Isidro, modelo

de la educación secundaria y —con la ayuda de Francisco Pérez Bayer— Carlos III consigue en el año de 1771 acabar con la escandalosa insubordinación de los Colegios Mayores. Más tarde, durante el reinado de Carlos IV, el Presidente del Consejo, Manuel Godoy, consulta al mismísimo Jovellanos en torno a una proyectada reforma de la instrucción pública que, posteriormente, la invasión napoleónica imposibilitó realizar.

La arquitectura, la escultura, la pintura y la literatura también se rigen por aquellos años desde arriba. El Estado uniforma y reglamenta toda manifestación de las Artes con el objetivo de encauzar ideológicamente la sociedad. Durante el reinado de Carlos III, la Real Academia Española de la Lengua y la Academia de Bellas Artes de San Fernando imponen, desde Madrid, los cánones del Neoclasicismo a toda la nación.

En literatura, los orígenes del gusto neoclásico se remontaban a las últimas décadas del siglo XVII. Hacia 1680, ciertos eruditos (Francisco Gutiérrez de los Ríos y Córdoba, Francisco José Artiga, el deán Martí de Alicante, etc.) habían reaccionado contra el barroquismo posterior a 1620 y presentaban como paradigmas a Garcilaso y los Argensola. Sus herederos, los humanistas de la pre-Ilustración, defienden años más tarde lo mismo. En 1726 Feijoo exalta la musa de nuestros númenes poéticos del Siglo de Oro («Paralelo de las lenguas castellana y francesa») y no otra cosa hará un año más tarde Gregorio Mayáns en su *Oración en que se exhorta a seguir la verdadera idea de la elocuencia española*. No es de extrañar, pues, que durante la segunda mitad de la centuria —época culminante del Neoclasicismo— se reedite por vez primera en el Dieciocho la mejor poesía de los siglos áureos. En 1761 Mayáns saca a luz la obra poética de fray Luis de León. Cuatro años después, José Nicolás de Azara lo hace con la de Garcilaso. En 1774 aparece Villegas y, por último, Pedro Estala edita en 1786 las *Rimas* de Lupercio Leonardo de Argensola.

Pero, ¿qué fue literariamente hablando el Neoclasicismo? En modo alguno una copia servil de la teoría y praxis poética de Francia, como se solía afirmar en el pasado. Russell P. Sebold destruyó tan errónea interpretación hace ya varias décadas en *El rapto de la mente*, a la vez que en *Descubrimiento y fronteras del Neoclasicismo español* caracterizó los límites temporales e ideológicos del movimiento.

A grandes rasgos es posible enclavar el comienzo del Neoclasicismo hacia 1736, ya que entonces acontecen algunas de las efemérides fundamentales de la historia literaria del período, por ejemplo la publicación de la *Poética* de Luzán. Su ocaso lo sitúa Sebold hacia 1836 o hacia 1844, coincidiendo respectivamente con las *Lecciones de literatura española* y los *Ensayos literarios y críticos* de Alberto Lista.

En cuanto a su definición, afirma Sebold que el Neoclasicismo es un nuevo-clasicismo, en donde los autores dignos de imitación no son únicamente los de la Antigüedad, sino —antes y muy por encima de los escritores allende los Pirineos— las grandes figuras nacionales del Siglo de Oro. En otras palabras, el Neoclasicismo español es, más que un sucedáneo francés, una renovación de lo clásico nacional y grecolatino.

Y dentro de lo clásico nacional, las Letras setecentistas —al contrario de lo que suele afirmarse— fueron más allá del Siglo de Oro. Un error común de la crítica del siglo XX ha venido siendo el insistir en el desinterés de la literatura y los eruditos neoclásicos por las manifestaciones nacionales de carácter popular (las composiciones en arte menor, los romances, por ejemplo) y su rechazo o ignorancia de la producción poética de la Edad Media. Sin embargo, es en el Neoclasicismo cuando se redescubren las grandes personalidades y obras de la literatura medieval. A 1779, 1780 y 1790, respectivamente, se remontan las primeras ediciones impresas del *Poema de Mio Cid*, de las poesías de Gonzalo de Berceo y del *Libro de Buen Amor*. Los tres grandes monumentos de la poesía medieval son rescatados en época neoclásica. Tomás Antonio Sánchez, de la Real Academia de la Lengua, los incluye en sucesivos volúmenes de su *Colección de poesías castellanas anteriores al siglo XV*. Por otro lado, errónea es también la pretendida animadversión del Neoclasicismo por las formas métricas tradicionales. Las colecciones poéticas del Setecientos abundan en este tipo de estrofas y el mismo Nicolás Fernández de Moratín escribe en quintillas su *Fiesta de toros en Madrid*, de ambientación medieval, por otra parte.

Otro yerro muy común es considerar cualquier manifestación de las Bellas Letras del XVIII como neoclásica, desatendiendo así completamente el quehacer e ideología propios del siglo. Las poéticas —amparadas en la Antigüedad— legitimaron tan sólo las creaciones en verso. *Ninguna obra en prosa pertenece al Neoclasicismo* y, en cambio, sí son producto neoclásico las musas trágica y cómica (siempre versificadas en el Dieciocho), la poesía lírica y la epopeya. Éstos son los únicos géneros que acepta el Neoclasicismo pues, como muy bien señala Joaquín Álvarez Barrientos: «Desde el punto de vista de la preceptiva, literatura era lo escrito en verso; la prosa no tenía valor» (*La novela del siglo XVIII*, 11).

Por último, conviene insistir aquí en que toda obra neoclásica se inspira en las artes poéticas (principalmente en la de Aristóteles, pero también en las de sus comentaristas y en las de teóricos contemporáneos, entre los que destaca Ignacio Luzán). Es decir, el autor del XVIII concibe sus creaciones no sólo con el genio, sino también con las leyes de la Poesía. Las poéticas son —como ya afirmaba Santos Díez González en 1793— «una colección de reglas, tomadas de la razón natural y exactas observaciones con que el ingenio es ayudado para componer con perfección algún poema» *(Instituciones poéticas* 2). Y si esto fue así en su día, cualquier análisis de una obra del Neoclasicismo debe hoy comenzar por el estudio de los preceptos que le dieron origen y cualquier colección de prosa de ideas del siglo XVIII debe incluir escritos sobre el arte literario del período.

La teoría literaria neoclásica es, pues, un elemento indispensable de la cultura del Siglo de las Luces. Eso sí, dirigido, como otros tantos factores sociales, económicos y políticos del Setecientos, por el Despotismo. No obstante, a pesar de que los Borbones hiciesen de la literatura dieciochesca un arma ideológica, no por ello el Neoclasicismo deja de ser una de las manifestaciones más fructíferas del siglo XVIII.

En resumen, auspiciados por la Corona o independientes del poder oficial, muchos fueron los sueños y proyectos de la Ilustración. Algunos llegaron a tener existencia y lograron incluso buen fruto (las Letras neoclásicas, ya aludidas; la creación del Banco de San Carlos, primer banco nacional europeo; el libre comercio del trigo, etc.), otros quedaron en el terreno de la posibilidad y hoy tan sólo subsisten en los libros y discursos de la España setecentista (la representación democrática, la igualdad ante la ley, la desvinculación de los mayorazgos nobiliarios y de los beneficios eclesiásticos, el reparto de la tierra entre los campesinos, la total abolición de los aranceles interprovinciales, el perfeccionamiento de la red de comunicaciones y la racionalización de los tributos). Si bien las recién mencionadas ilusiones nunca se hicieron realidad, la Península conoció en el Setecientos las mismas aventuras espirituales que las demás naciones de Europa. Tal concluye Jean Sarrailh en *La España ilustrada de la segunda mitad del siglo XVIII* (12).

Sin embargo, a pesar de su espíritu comprensivo y de su apertura a las nuevas conquistas intelectuales, la Ilustración española limitó conscientemente su modernidad. A diferencia de Francia, que hizo de la razón un culto y lo llevó a sus últimos extremos, las Luces peninsulares demarcaron bien las fronteras de tal mito. «A la razón no se la dejó llegar a la zona sagrada de la metafísica que continuó siendo dominio de la religión revelada», afirma Horst Baader («La limitación de la Ilustración en España» 49-50), nunca en la Península se amenaza la base que era fundamento del ser y de la unidad de la nación, el Catolicismo.

Un segundo obstáculo sufre el país en el siglo XVIII, fruto de la íntima amistad que en él siempre mantuvieron Despotismo e Ilustración. Mientras en las cuatro últimas décadas de la centuria España importaba progresivamente de allende los Pirineos el ideal democrático, Carlos III prohibía en sus dominios las tesis populistas de Francisco Suárez (1548-1617), provocando consecuencias de gran importancia en la historia nacional. Por un lado, la acción del rey causó el olvido de una de las grandes realizaciones del Siglo de Oro español, el derecho de gentes. Por otro, la real cédula de 1768 supondría la ignorancia de la obra —y de la modernidad— de Suárez y la importación de contenidos políticos democráticos de procedencia francesa, ya que «las nuevas ideas ilustradas sobre la soberanía del pueblo se van introduciendo en España, pero siempre al margen del clásico populismo español» (Rivera, «Colisión de ideas» 38).

Por último, la amistosa convivencia durante el reinado de Carlos III del Despotismo con las Luces dificultó —como ya se dijese— el natural progreso de las últimas hacia la libertad y la reforma institucional, originando la timidez, transigencia tradicionalista e ineficacia de su gobierno y del de su inmediato sucesor, Carlos IV, muchas de las adversidades que el Liberalismo sufriera en la Península a lo largo del siglo XIX.

FRAY BENITO JERÓNIMO FEIJOO (1676-1764)

Hace su entrada en las Letras este religioso de la orden de San Benito en el momento en que la intelectualidad de fines del siglo XVII descubre que la crisis nacional no es imputable a la pérdida de las colonias ni a las secuelas de la Guerra de Sucesión, sino al peso del pasado y a la incapacidad del país por superar su problemática situación con soluciones eficaces. Fray Benito Jerónimo es el primero de los intelectuales de la pre-Ilustración española y el epígono de los *novatores* del reinado de Carlos II. Su bautismo literario fue una defensa de Martín Martínez (1684-1734), médico del Rey, profesor de Anatomía y uno de los abanderados de la renovación en curso; era amigo de Juan Caramuel (1606-1681), con el que participó en el precepto de la autonomía entre Ciencia y Metafísica; también Nicolás Antonio (1617-1684) le transmitió un importante legado en el terreno de la lucha contra las opiniones comunes.

La primera obra publicada por Feijoo fue la *Apología del escepticismo médico* (1725), en apoyo de Martín Martínez, paladín en la lucha contra las autoridades en materia científica. Ya en este trabajo expone los fundamentos de su ideología, los cuales va a desarrollar más tarde en *Teatro crítico universal o discursos varios de todo género de materias para el desengaño de errores comunes* (1726-1739) y en *Cartas eruditas y curiosas, en que, por la mayor parte, se continúa el designio del 'Teatro crítico universal', impugnando, o reduciendo a dudosas, varias opiniones comunes* (1742-1760).

En esa primera obra de 1725, Feijoo defiende el escepticismo como premisa metodológica de cualquier trabajo intelectual. Confiesa que es preferible la duda o el reconocimiento de la dificultad de aprehender la verdad que la seguridad que en la época poseen los que confían en las autoridades. «Lo sobresaliente de Feijoo consiste en haber encontrado el procedimiento para iniciar en España una comunicación intelectual distinta a la autoritaria que venía practicándose desde los tiempos del Concilio de Trento» (Sánchez-Blanco 58). Una vez heridas de muerte las autoridades, Feijoo se plantea cualquier cuestión intelectual con libertad e independencia, con buen acopio de sentido común y tomando por guía metodológica la experimentación. La confianza de Feijoo en el libre examen le lleva a establecer la separación del plano religioso y del científico, es decir, de la Gracia y la Natura, y a eliminar los obstáculos tradicionales con que la Metafísica y la Teología entorpecían el desarrollo de la Ciencia. La libertad de raciocinio es, pues, la que lleva a fray Benito a la defensa del método experimental, es decir, de la obra científica de Bacon y Locke, y la que le evidencia la necesidad que el país tiene de una campaña contra los errores comunes (populares o eruditos).

Concretamente, es su fin de desterrar los yerros del vulgo y de hacerlo a través del moderno deductivismo lo que hace del padre Feijoo un hombre grato a las intenciones económico-políticas del gobierno de Fernando VI. Feijoo, gracias a esta circunstancia y también a la tarea propagandista y al apoyo de otro benedictino, el padre Sarmiento, se convierte en director cultural de la España de la primera mitad del siglo XVIII. Su obra la leen más de un millón de contemporáneos, lo que significa que fue disfrutada por la totalidad de lectores de su época. La importancia de su *Teatro* y de sus *Cartas* se calibra también considerando que tuvieron unas doscientas ediciones sólo hasta la fecha de 1787.

El éxito de Feijoo, más allá de su protección oficial, se debe a la misma naturaleza de sus escritos. El *Teatro* pertenece al género de la miscelánea. Es una colección de discursos con finalidad divulgativa que se dirige a todo aquel que pueda leer, ya sea hombre de a pie, ya pertenezca a los círculos académicos o científicos.

El *Teatro* abarca muy variada temática, pero siempre con dos objetivos: por una parte, la destrucción de viejos conceptos y, por otra, la promulgación de principios racionales o de nuevas ideas. Por último, el humor, la sencillez expresiva y la ausencia de acrimonia intelectual hacen de los discursos de Feijoo una lectura amena y agradable. En cuanto a las *Cartas*, si bien se destinan a un mismo lector que el *Teatro* y se escriben con sus mismas finalidades, pretenden a través del género de la epístola estrechar todavía más el lazo intelectual entre el autor y su público. Lo hacen presentándose como respuestas particulares a un caso concreto y disminuyendo su longitud y las argumentaciones excesivas.

En resumen, Feijoo logró en el siglo XVIII lo que ninguno de sus contemporáneos, la conquista y creación de un público, y, así, sin ataque religioso ni político, inició la depuración cultural que en España culmina con la efervescencia ideológica de la segunda mitad del siglo.

Cartas eruditas y curiosas: Carta XVI

Causas del atraso que se padece en España en orden a las ciencias naturales

No es una sola, señor mío, la causa de los cortísimos progresos de los españoles en las facultades expresadas, sino muchas y tales que aunque cada una por sí sola haría poco daño, el complejo de todas forman un obstáculo casi absolutamente invencible.

La primera es el corto alcance de algunos de nuestros profesores. Hay una especie de ignorantes perdurables, precisados a saber siempre poco, no por otra razón, sino porque piensan que no hay más que saber que aquello poco que saben. Habrá visto V. md.[1] más de cuatro, como yo he visto más de treinta, que sin tener el entendimiento adornado más que de aquella Lógica y Metafísica que se enseña en nuestras escuelas (no hablo aquí de la Teología, porque para el asunto presente no es del caso), viven tan satisfechos de su saber como si poseyesen toda la Enciclopedia. Basta nombrar la nueva filosofía para conmover a éstos el estómago. Apenas pueden oír sin mofa y carcajada el nombre de Descartes. Y si les preguntan qué dijo Descartes o qué opiniones nuevas propuso al mundo, no saben, ni tienen qué

---

[1] Vuestra Merced (antiguo tratamiento).

responder porque ni aún por mayor[2] tienen noticia de sus máximas ni aún de alguna de ellas. (...)

La segunda causa es la preocupación[3] que reina en España contra toda novedad. Dicen muchos que basta en las doctrinas el título de nuevas para reprobarlas porque las novedades en punto de doctrina son sospechosas. Esto es confundir a Poncio de Aguirre con Poncio Pilatos.[4] Las doctrinas nuevas en las Ciencias Sagradas son sospechosas y todos los que con juicio han reprobado las novedades doctrinales, de éstas han hablado. Pero extender esta ojeriza a cuanto parece nuevo en aquellas facultades que no salen del recinto de la naturaleza es prestar, con un despropósito, patrocinio a la obstinada ignorancia.

Mas sea norabuena[5] sospechosa toda novedad. A nadie se condena por meras sospechas. Con que[6] estos escolásticos[7] nunca se pueden escapar de ser injustos. La sospecha induce al examen, no a la decisión: esto en todo género de materias, exceptuando sólo la de la fe, donde la sospecha objetiva es odiosa y como tal damnable.[8]

La tercera causa es el errado concepto de que cuanto nos presentan los nuevos filósofos se reduce a unas curiosidades inútiles. Esta nota prescinde de verdad o falsedad. Sean norabuena, dicen muchos de los nuestros, verdaderas algunas de las máximas de los modernos, pero de nada sirven y, así, ¿para qué se ha de gastar el calor natural en este estudio? En este modo de discurrir se viene a los ojos una contradicción manifiesta. Implica ser verdad y ser inútil. No hay verdad alguna cuya percepción no sea útil al entendimiento porque todas concurren a saciar su natural apetito de saber. Este apetito le vino al entendimiento del autor de la naturaleza. ¿No es grave injuria de la deidad pensar que ésta infundiese al alma el apetito de una cosa inútil?

Pero, ¿no es cosa admirable que los filósofos de nuestras aulas desprecien las investigaciones de los modernos por inútiles? ¿Cuál[9] será más útil, explorar en el examen del mundo físico las obras del autor de la naturaleza o investigar en largos tratados del *ente de razón*[10] y de abstracciones lógicas y metafísicas las ficciones del humano entendimiento? Aquello naturalmente eleva la mente a contemplar con admiración la grandeza y sabiduría del criador, ésta la detiene como encarcelada en los laberintos que ella misma fabrica. (...)

La cuarta causa es la diminuta[11] o falsa noción que tienen acá muchos de la filosofía moderna, junta con la bien o mal fundada preocupación contra Descartes.[12] Ignoran casi enteramente lo que es la nueva filosofía y, cuanto se comprende debajo de este nombre, juzgan que es parto de Descartes. Como tengan, pues, formada una siniestra idea de este filósofo, derraman este mal concepto sobre toda la física moderna.

Dice muy bien el excelente impugnador de la filosofía cartesiana, el Padre Daniel,[13] en su bellísima y nunca bastantemente alabada obra del *Viaje al mundo de Descartes*, que merecen la nota[14] de ridículos aquellos peripatéticos que maldicen la doctrina de este filósofo, sin haberse enterado de ella bastantemente, «como algunos autores —añade— que han puesto a Descartes en el número de los atomistas»[15] ¡Oh, cuánto hay de esto en nuestra España! (...)

La quinta causa es el celo, pío sí, pero indiscreto y mal fundado, un vano temor de que las doctrinas nuevas, en materia de filosofía, traigan algún prejuicio a la religión. Los que están dominados de este religioso miedo por dos caminos recelan que suceda el daño: o ya porque en las doctrinas filosóficas extranjeras vengan envueltas algunas máximas que, o por sí o por sus consecuencias, se opongan a lo que nos enseña la fe, o ya porque haciéndose los españoles a la libertad con que discurren los extranjeros (los franceses, v.gr.[16]) en las cosas naturales, pueden ir soltando la rienda para razonar con la misma en las sobrenaturales.

Digo que ni uno ni otro hay apariencia de que suceda. No lo primero porque abundamos de sujetos hábiles y bien instruidos en los dogmas que sabrán discernir lo que se opone a la fe de lo que no se opone y prevendrán al Santo Tribunal que vela sobre la pureza de la doctrina para que aparte del licor la ponzoña o arroje la cizaña al fuego dejando intacto el grano. Este remedio está siempre a mano para asegurarnos,[17] aún respecto de aquellas opiniones filosóficas que vengan de países

---

[2] **Por...** en términos generales.

[3] **La...** el prejuicio.

[4] Es decir, confundir dos cosas completamente distintas.

[5] En hora buena.

[6] **Con...** Así que.

[7] El método escolástico estaba basado en la lógica y el debate en vez de la experimentación científica y la observación, defendidas por Fray Benito Jerónimo.

[8] Condenable.

[9] ¿Qué.

[10] **Ente...** ser que sólo existe en la mente y no tiene existencia verdadera.

---

[11] Defectuosa.

[12] René Descartes (1596-1650), filósofo, matemático y físico francés. Se le considera el padre del racionalismo moderno.

[13] Gabriel Daniel (1649-1728), filósofo, historiador y teólogo jesuita.

[14] **la...** el calificativo.

[15] filósofos que explican el mundo y el hombre desde presupuestos puramente materialistas.

[16] **verbi gratia**, por ejemplo.

[17] Protegernos.

infectos de[18] la herejía. Fuera de que[19] es ignorancia de que en todos los reinos, donde domina el error, se comunique su veneno a la Física. En Inglaterra reina la filosofía newtoniana. Isaac Newton, su fundador, fue tan hereje como lo son por lo común los demás habitadores de aquella isla. Con todo, en su filosofía no se ha hallado hasta ahora cosa que se oponga ni directa, ni indirectamente a la verdadera creencia.

La sexta y última causa es la emulación (acaso se le podría dar peor nombre) ya personal, ya nacional, ya faccionaria. Si V. md. examinase los corazones de algunos, y no pocos de los que declaman contra la nueva filosofía o, generalmente, por decirlo mejor, contra toda literatura distinta de aquella común que aquellos estudiaron en el aula, hallaría en ellos unos efectos[20] bien distintos de aquellos que suenan en sus labios. Oyéseles reprobarla, o ya como inútil o ya como peligrosa. No es esto lo que pasa allá dentro. No la desprecian o aborrecen, la envidian. No les desplace aquella literatura, sino el sujeto que brilla con ella. (...)

Esta emulación en algunos pocos es puramente nacional. Aún no está España convalecida en todos sus miembros de su ojeriza contra la Francia. Aún hay en algunos reliquias bien sensibles de esta antigua dolencia. Quisieran éstos que los Pirineos llegasen al cielo, y el mar que baña las costas de Francia estuviese sembrado de escollos porque nada pudiese pasar de aquella nación a la nuestra. Permítase a los vulgares, tolérese en los idiotas tan justo ceño, pero es insufrible en los profesores de las ciencias, que deben tener presentes los motivos que nos hermanan con las demás naciones, especialmente con las católicas. (...)

FRAY MARTÍN SARMIENTO (1695-1771)

Contemporáneo, compatriota, compañero de Orden, amigo y colaborador de Feijoo, el padre Martín Sarmiento (Pedro José García Balboa) es otra de las figuras estelares de la pre-Ilustración. A diferencia, sin embargo, de aquel otro benedictino amigo y a pesar de su amistad con los hombres fuertes de la política (Aranda, Campomanes), Sarmiento se mantuvo siempre alejado de los proyectos de la Corona. Desde 1750 hasta 1772, vivió encerrado en su celda

madrileña de San Martín, en la cual sus horas discurrieron dedicadas a la lectura (al morir, su biblioteca constaba de más de 7.500 volúmenes) y en la cual redactó muchas de las obras que todavía hoy siguen sin publicar.

La vasta erudición del padre Sarmiento se fundamenta en los principios de la filosofía sensualista y del empirismo, si bien se especializa en muy diferentes áreas del saber. Una de sus predilectas fue la Biología. Él divulgó la virtud medicinal de la carqueixa (*Disertación sobre las eficaces virtudes y el uso de la planta llamada carqueixa* [1786]) y dedicó al tema de las Ciencias Naturales sus *Apuntamientos para una Botánica española.*

Sarmiento fue también un regionalista. Son innumerables los escritos sobre diferentes aspectos históricos (*Antigüedades de Pontevedra* o *Monedas halladas en Vizcaya*), geográficos (*Lugares del Reino de Galicia* o *Pesquerías de Pontevedra*) o lingüísticos de su tierra natal (*Origen de la lengua gallega* u *Origen de la voz gallega «Mixiriqueiro»*).

El benedictino gallego sobresalió, no obstante, por su producción filológica. A Sarmiento se le debe un estudio pionero sobre las novelas de caballerías y, en especial, sobre la vida y obra del creador del *Quijote* (*Patria de Cervantes*). Se interesó también profundamente por la Etimología y la Historia de la Lengua. Su *Origen y formación de las lenguas bárbaras* va en busca de las raíces de nuestras lenguas y establece la primacía lingüística del hebreo. *Tentativa para una lengua general* parte del principio de la perfecta correspondencia entre la palabra y la cosa y antepone el estudio de la palabra al de la Sintaxis y, el de ésta, a la Lógica. En resumen, *Tentativa* concibe el aspecto etimológico de la palabra desde presupuestos matemáticos, lo que ha hecho afirmar a Malcolm K. Read: «Desde el punto de vista lingüístico, Sarmiento va más allá de su época aplicando el método de la geometría de Euclides a la etimología» (19).

Por último, dentro del apartado filológico, al padre Sarmiento se debe también una de las primeras historias de la Literatura escritas en castellano (*Memorias para la historia de la poesía y poetas españoles*, publicada en 1775). En el siglo XVIII se inicia la institucionalización de las

---

[18] **Infectos...** contagiados por.
[19] **Fuera...** Además de que.
[20] **Unos...** unas razones.

Bellas Letras y el benedictino ocupa un lugar preeminente entre aquellos (Luis José Velázquez, Juan Andrés, José Antonio Armona, etc.) que vislumbraron la oportunidad del estudio y de la sistematización de la Literatura española. «En las *Memorias* de Sarmiento se nos brindan nuevas pruebas documentales de nuestra gran deuda con los neoclásicos como conservadores de la herencia poética española, y tales pruebas representan a la par una nueva demostración del hecho de que en España ninguna acepción del término *Neoclasicismo* es más importante que la de 'nuevo clasicismo español', pues durante la época neoclásica la creación de poesía nueva fue guiada siempre por los más profundos conocimientos de la tradición poética nacional» (Sebold, *El rapto de la mente* 137). En el caso de Sarmiento, esos «profundos conocimientos de la tradición poética nacional» van mucho más allá del siempre ensalzado Siglo de Oro pues sus *Memorias* se dedican a la Edad Media y concluyen en el umbral de la época áurea.

Memorias para la historia de la Poesía y poetas españoles

El poeta castellano don Gonzalo de Berceo, benedictino

Ha sido este poeta natural del lugar de Berceo, junto al monasterio famoso de benedictinos San Millán de la Cogolla o Cogulla, *nullius diocesis*,[1] y en el territorio del obispado de Calahorra, en la Rioja. Vistió la cogulla[2] en aquel monasterio y a lo menos consta que llegó a ser diácono.[3] Esto no debe admirarse pues entonces no era tan común como hoy el que todos los monjes fuesen presbíteros.[4]

De este poeta Berceo hay cortísima noticia en los impresos,[5] exceptuando tal cual copla suya suelta que se imprimió en las vidas antiguas de san Millán y de santo Domingo de Silos. D. Nicolás Antonio[6] en su *Bibliotheca vetus*, tomo 2, página 3, apunta alguna cosa, pero con error manifiesto del tiempo en que vivió y

además de eso, no sólo anduvo muy diminuto[7] en el catálogo de sus poesías, sino que también padeció alguna confusión en las que señala. Dice que le escribieron algunos monjes de San Millán que Berceo había sido coetáneo de D. Alonso el Sexto[8]. Es manifiesto error, o esos monjes hablaron muy en general, o hablaron del tiempo de los objetos de sus principales poesías, o se equivocaron.

Pero queriendo informarme más de raíz del tiempo en que vivió Berceo, solicité que se registrase el Archivo de San Millán con toda exactitud y conseguí cuanto deseaba. Desde el año de 1737 hasta 1741 era abad de aquel monasterio el P. Mro. fr.[9] Diego de Mecolaeta, sujeto bien conocido por sus escritos históricos, entre los cuales uno es la vida que sacó de San Millán. Es sujeto inteligentísimo de[10] archivos y tiene una total comprensión del de San Millán, casa de su profesión.

Primeramente es suya la observación cronológica de que Berceo cita en una de sus coplas anécdotas[11] a San Bernardo como a santo. Es la tercera copla del poema que Berceo escribió de los dolores de nuestra señora, y dice así:

> Sant Bernalt, un buen monje, de Dios mucho amigo,
> Quiso saber la cueita[12] del duelo que vos digo,
> Mas él nunca podió buscar otro postigo,[13]
> Sino a la que dissó[14] Gabriel, Dios contigo.

San Bernardo murió el año de 1148 luego esta copla, y todo el poema, se escribió algunos años después y así ya tenemos que Berceo, que vivía hacia lo último del siglo duodécimo.

Pasemos adelante. En el archivo de aquel monasterio halló el dicho padre abad siete instrumentos o escrituras que, con otros, firma o confirma D. Gonzalo de Berceo. Dos son de la era de 1258 o del año de Cristo de 1220, y las cinco restantes son de la era de 1259, o del año de 1221. Y en las dos de 1220, firma de este modo: «D. Gonzalvo Diaconus, de Berceo».

Todas estas reflexiones comprueban, a mi ver, que el poeta Berceo vivía aún por los años de 1221 y constando por otro pasaje que llegó a edad muy avanzada, se podrá decir que floreció al acabar el siglo duodécimo y al empezar el siglo décimo tercio.[15] Ahora se conocerá que

---

[1] En ninguna diócesis, en medio de la nada.
[2] Hábito de los monjes benedictinos.
[3] Eclesiástico de grado inmediatamente inferior al de sacerdote.
[4] Eclesiástico con órdenes que le facultan decir misa.
[5] Libros.
[6] Bibliógrafo español (1617-1684).

[7] Incompleto.
[8] **Alonso...** Alfonso VI (1030-1109).
[9] **P...** Padre Maestro fray.
[10] **Sujeto...** experto en.
[11] Curiosas.
[12] **La...** cuál era el motivo.
[13] Refugio.
[14] Dijo.
[15] Decimotercero.

es error manifiesto creer a Berceo coetáneo al rey D. Alonso el Sexto, o que vivió en el siglo undécimo. Acaso consistiría ese errado dictamen en haber confundido a Berceo, monje de San Millán, con Grimaldo, hijo de Silos.

Asentadas pues estas memorias[16] para la época en que floreció Berceo, no será tan difícil proponer las que conducirán para un completo catálogo de su poemas o versos castellanos. En el mismo archivo de San Millán se conservan dos códices muy antiguos. Uno en cuarto y otro en folio, cada uno contiene las poesías de Berceo, pero el de folio, que es el menos antiguo, contiene la explicación de las voces más antiguas que se hallan en el códice en cuarto.

Las poesías que se hallan en el códice en folio son las siguientes. Un poema en versos alejandrinos que contiene la explicación de los Misterios de la Misa y cotejo de ellos con los de la Ley antigua. A este poema le falta el principio, pero es fácil restituírsele.

Después de este poema se sigue otro en el mismo códice en que Berceo explica y pondera las señales y maravillas que han de preceder al día del Juicio.

Inmediatamente al poema dicho se sigue en el mismo códice otro poema sobre el duelo y dolores de María Santísima en la muerte de su hijo. Item[17] otro poema al himno *Ave maris stella*.[18] Otro sobre el himno *Veni Creator Spiritus*.[19] Otro sobre un himno antiguo, *Christus, qui lux*.[20] Otro sobre un caso que le sucedió al poeta yendo en romería. Otros en alabanza de nuestra Señora y otros asimismo que contienen muchos y diferentes milagros, sucedidos por la intercesión de María Santísima, y entre ellos está el caso de la casulla que san Ildefonso recibió de su mano.

Después se sigue otro poema del mismo Berceo, que contiene la vida de santa Áurea. Esta ha sido[21] una monja, hija de García y de Amunna, padres muy virtuosos y discípula espiritual de Munno. Éste, que convivió con Santa Áurea en el siglo undécimo y en el territorio de S. Millán, escribió la vida y muerte de la santa en latín. Después el poeta Berceo redujo esa misma vida a versos alejandrinos. Está el cuerpo de esa santa y se venera en S. Millán y Berceo la llama en castellano Oria, transposición de la voz Áurea, Orea, Oria.

Después se sigue el poema que contiene la vida de S. Millán y es traducción de la vida latina que escribió san Braulio. Pero Berceo añadió o insertó en el poema otro como poema a parte que contiene los votos de los castellanos a san Millán, por disposición del conde de Castilla, Fernán González, a imitación de los de los leoneses a Santiago, por disposición del rey D. Ramiro. El privilegio famoso de los votos que Fernán González ofreció a San Millán, como a patrón de Castilla y compatrón de España, se halla impreso en el apéndice del tomo primero de la *Crónica Benedictina* de Yepes y es palmario que Berceo no hizo más que perifrasearle en versos alejandrinos.

Aquí acaba el dicho códice en folio de las poesías del maestro Gonzalo de Berceo, que se conserva en el archivo da San Millán. Antes tenía agregado el poema del mismo Berceo que compuso de la Vida de Santo Domingo de Silos, pero, como allí se nota, se desmembró, y se remitió al archivo de Silos, en donde hoy se conserva y es uno de los dos códices que se han tenido presentes para imprimir el año de 1736, con la vida de santo Domingo de Silos, todo el dicho poema de Berceo, que comprende la misma Vida.

GREGORIO MAYÁNS Y SISCAR (1699-1781)

Gregorio Mayáns y Siscar es, junto a Feijoo, figura estelar de la Pre-ilustración española. Escribe principalmente durante el reinado de Felipe V, aunque abarca también algunas décadas del mandato de Carlos III. Su pensamiento parte, al igual que el de los *novatores* de fines del siglo XVII e inicios del XVIII, de la idea de la decadencia de España. En esta línea y bajo la órbita de los círculos oficiales, escribe en 1734 sus *Pensamientos literarios*, los cuales dedica al ministro José Patiño y en los que expone ya sus propuestas personales para la regeneración del país. A pesar, sin embargo, de cumplir de 1733 a 1739 con el cargo de bibliotecario real y de que más tarde el rey Carlos III le consulte sobre el tema de la reforma universitaria, Gregorio Mayáns escribió el grueso de su obra fundamentalmente alejado de la tutela e influencia oficial. Retirado en Oliva, funda la Academia Valenciana (*Idea de la Academia Valenciana, dedicada a recoger e ilustrar las Memorias antiguas y modernas, pertenecientes a las cosas de España, debajo de la invocación de la Divina Sabiduría*) y

---

[16] Antecedentes.

[17] Después sigue.

[18] Se cantaba en la fiesta de la Asunción y en castellano dice: «Ave Santa María, estrella de la mar».

[19] Himno cantado el domingo de Pentecostés y que dice: «Ven, Espíritu Creador, visita nuestras mentes».

[20] «Tú, Cristo, que luz eres», himno cantado los domingos.

[21] **ha...** fue.

desarrolla en su pueblo natal el corpus ideológico que le caracteriza, independiente tanto de la vieja Escolástica como del empirismo auspiciado desde la Corte.

El pensamiento mayansiano tiene sus raíces en el humanismo español del Siglo de Oro. Es fundamentalmente una metodología filológica que con un concepto renovado de la idea de *buen gusto* (semejante al sostenido en Italia por el arqueólogo, historiador y teórico literario Ludovico Muratori) depura la Historia, el Derecho y la Teología nacional de los lastres antiguos de la superstición y el mito. Fruto de esta tarea son las ediciones críticas de nuestros mejores clásicos (Nicolás Antonio, el marqués de Mondéjar, el Brocense, Vives o fray Luis de León), la *Oración en alabanza de las elocuentísimas obras de don Diego Saavedra Fajardo* (1725), la *Oración que exhorta a seguir la verdadera idea de la elocuencia española* (1727) y la *Vida de Miguel de Cervantes* (1737), que Mayáns pone al alcance del mejor público. Este trabajo filológico y editorial manifiesta la creencia de que la verdad se halla en los textos del pasado y no es necesario extraerla, como cree la escuela empirista, de la observación y experimentación de los fenómenos naturales. Es por ello que frente a las Matemáticas, la Física y otras ciencias positivas que ocupan las horas y el pensamiento de Feijoo y de otros sabios bajo la supervisión de Madrid, el grupo dirigido por Mayáns prefiere las especialidades humanísticas de la Historia, la Literatura, la Teología y el Derecho.

En términos históricos, el erudito valenciano pretende una purificación de la tradición patria, lo que le lleva al enfrentamiento con opiniones establecidas, sin que se observe no obstante crítica social o religiosa alguna o destrucción sistemática de las leyendas que plagaban por aquel entonces la historia española. El quehacer mayansiano inspirará algunos años más tarde la otra historiografía del XVIII, su influencia se observa no sólo en la figura del padre Flórez, sino muy profundamente en la producción histórica del padre Burriel.

Mayáns fue también jurista. Con cátedra en Valencia de Derecho Justiniano, se dedicó —al igual que otros muchos hombres de Leyes de su época— al estudio histórico de las relaciones entre Iglesia y Monarquía, siendo defensor de un prudente regalismo.

En cuanto a la ciencia teológica, el valenciano desde su temprano texto sobre *La concepción Purísima de la virgen María, madre de Dios* (1729) se presenta más creyente que racionalista. Su espiritualidad se basa en la fe y, sin enfrentar ésta a la razón, busca una armonía entre ambas, semejante a la que ya se estableció en España en la época renacentista.

Historia, Literatura, Derecho y Teología salvaguardan en manos de Mayáns los mejores frutos del Humanismo castellano, y lo hacen con la firme convicción de que en ellos se encuentra el más innovador espíritu dieciochesco. Vista así la obra del valenciano, puede hoy parecer excesivamente conservadora, pero significó en su día una muy respetable respuesta al dilema intelectual que en el siglo XVIII enfrentaba la cultura antigua con la moderna. Asimismo, Mayáns se atrevía ya en fecha tan temprana a creer que sólo a través del castizo espíritu de su propia tradición podía sanar la enferma cultura nacional.

Oración en que se exhorta a seguir la verdadera idea de la elocuencia española

Que las principales lenguas europeas hayan llegado a perfeccionarse tanto que gloriosamente compitan con los antiguos idiomas latino y griego cosa es de que debemos regocijarnos mucho pues logramos vivir en tan erudito siglo. Pero que la lengua española majestuosa entre todas las que hoy se hablan, como la más semejante a su nobilísima madre la latina, haya degenerado tanto que, desconocida ya su natural grandeza, viva tan poco favorecida aún de los ingenios propios, cosa es sensible,[1] cosa, por cierto, lastimosa. No acabo de admirar que una gloriosísima nación que dio a la lengua latina un Porcio Latrón,[2] primer profesor de Retórica que tuvo Roma de claro nombre y fama, una tan insigne familia como la de los Anneos Sénecas,[3] seminario ilustre de elocuentísimos varones, un Marco Fabio Quintiliano[4]

---

[1] Dolorosa.

[2] Mario Porcio Latrón (50 a. de C.-4 d. de C.), retórico nacido en la Península.

[3] **Familia...** se refiere a la hispanolatina de Córdoba compuesta por Marco Anneo Séneca (¿55 a. de J.C.- 39 d. de J.C.?), retórico y padre del que sigue, y Lucio Anneo Séneca (¿4?-65), filósofo.

[4] Retórico hispanolatino nacido en Calahorra (¿33-96?).

que fue el primero que con salario del fisco abrió escuelas públicas en la metrópoli del mundo. No acabo, digo, de admirar que una nación tan gloriosa sufra que otras la excedan en el ornato y cultura. Yo ciertamente no sé a qué poder atribuirlo, sino a la falsa idea que comúnmente se tiene de la verdadera elocuencia. Casi todos piensan que hablar perfectamente es usar de ciertos pensamientos que llaman ellos conceptos[5] debiéndose decir delirios, procurar vestirlos con inauditas frases, taraceadas éstas de[6] palabras poéticas, extranjeras y nuevamente figuradas, multiplicar palabras magníficas, sin elección ni juicio, y, en fin, hablar de manera que lo entiendan pocos y lo admiren muchos, y éstos ignorantes e idiotas. ¡Oh torpeza de la razón humana! ¡Hasta dónde llegas! ¿No es así que se inventó el lenguaje para representar a los oyentes con la mayor viveza una clarísima idea de lo que la mente esconde? Pues, ¿qué locución mejor que la que más bien explica nuestros más ocultos pensamientos? A este fin no conduce mendigar oscuros vocablos con diligencia inquiridos,[7] o en las obras poéticas, o en los diccionarios extraños, o en el capricho propio. Las palabras comunes, aunque no vulgares, propiamente aplicadas o con decencia traspuestas a la materia sujeta, éstas son las voces de que la oración se compone. (...)

Pues, ¿qué hacéis, señores, que no seguís aquellas venerables pisadas que para memoria eterna de su sabiduría admirable nos han dejado impresas los más elocuentes españoles? En el epistolar estilo tenemos a un Quevedo,[8] Saavedra,[9] Solís[10] y algunos más cuyas epístolas Dios quiera que yo recoja y publique, y no parecerán inferiores a las de Cicerón,[11] Bruto[12] y Plinio el menor.[13] En la jocosidad milesia[14] tenemos a un Miguel

Cervantes[15] y don Francisco de Quevedo que aventajaron, sin duda, a Heliodoro[16] y Apuleyo.[17] En el estilo filosófico tenemos a un Alexio Vanegas,[18] que por su gran doctrina y erudición vastísima, es un español Varrón,[19] más elocuente que el romano, a un Fernando Pérez de Oliva,[20] no poco mejor filósofo que Marco Tulio[21] y casi tan elegante como él, a un Antonio López de Vega[22] que en el ingenio compite con el mismo Séneca y en la elocuencia le excede. Pues, ¿quién hay que ignore hasta dónde hemos llegado en el estilo histórico? Igualó don Diego de Mendoza[23] en la elegancia a César,[24] el padre Martín de Roa[25] fue español tan puro como Cornelio Nepote[26] fue latino y a sus escritos dio mucha mayor eficacia. (...)

Yo quisiera ver a la juventud mucho menos instruida en tanta multitud de preceptos y más bien ejercitada con pocos y claros documentos. Quisiera, digo, ver a la juventud más aplicada a fecundar la mente de noticias útiles, ejercitar el ingenio en raciocinar con juicio, elegir las cosas que sean más del intento, escoger las palabras con que se declaren mejor, disponerlo todo con el debido orden y dar a la oración una hermosura natural, y no afectada armonía. Quisiera, digo, una y otras mil veces unos entendimientos más libres sin las pigüelas[27] del arte, unos discursos más sólidos sin afectación de vanas sutilezas, un lenguaje más propio sin oscuridades estudiadas y, por acabar de decirlo, un juicioso pensar eficazmente agradable. Esto es elocuencia, todo lo demás, bachillería.[28] (...) La elocuencia supone un

---

[5] Asociaciones de ideas u objetos remotos, base del Conceptismo literario barroco.

[6] **Taraceadas...** adornadas con.

[7] **Mendigar...** tomar prestadas palabras oscuras que se han hallado con gran dificultad.

[8] Francisco de Quevedo y Villegas (1580-1645), uno de los mejores poetas y prosistas del reinado de Felipe IV.

[9] Diego de Saavedra Fajardo (1584-1648), escritor y diplomático, famoso por su *Idea de un príncipe político cristiano representada en cien empresas*.

[10] Antonio de Solís y Ribadeneyra (1610-1686), historiador, poeta y dramaturgo.

[11] Marco Tulio Cicerón (106-43 a. J.C.), político, pensador y orador romano.

[12] Lucio Junio Bruto, cónsul y orador romano del siglo VI a. de J.C.

[13] Cayo Celio Secundo Plinio, Plinio el joven (62-¿114?), literato romano.

[14] **Jocosidad...** Se refiere a la que sigue la tradición de las obras de Luciano o Apuleyo.

[15] Miguel de Cervantes Saavedra (1547-1616), poeta, novelista y dramaturgo, famoso por sus inmortales *Aventuras del ingenioso hidalgo don Quijote de la Mancha*.

[16] Novelista griego del siglo III, autor de *Teágenes y Cariclea*.

[17] Lucio Apuleyo, escritor latino del siglo II, a quien se debe *El asno de oro*.

[18] Alejo Vanegas del Busto (¿1493?-1554), escritor y filósofo renacentista de carácter ecléctico.

[19] Marco Terencio Varrón (116-27 a. J.C.), poeta y polígrafo latino, muy fecundo, aunque hoy en día tan sólo se conservan suyos tres libros de un tratado de economía rural.

[20] Fernán Pérez de Oliva (¿1494-1531?), humanista español autor de un famoso *Diálogo de la dignidad del hombre*.

[21] Se refiere a Marco Tulio Cicerón.

[22] Antonio López de Vega, (1586-?), literato de origen portugués que vivió y escribió casi toda su obra en España.

[23] Diego Hurtado de Mendoza (1503-1575), autor de *La guerra de Granada*.

[24] Cayo Julio César (101-44 a. de J.C.), general, historiador y dictador romano.

[25] Martín de Roa (1561-1637), historiador y escriturario de la Compañía de Jesús.

[26] Cayo Cornelio Nepote, historiador latino del siglo I.

[27] **Las...** los estorbos.

[28] Locuacidad sin fundamento.

entendimiento capacísimo que, perfectamente informado del asunto que emprende, debe proponer y esforzar aquellas más eficaces razones que se puedan hallar para mantener constantes a los bien afectos,[29] inclinar a su dictamen los ánimos indiferentes y dudosos y convencer también a los pertinaces y rebeldes para lo cual se necesita de un conocimiento grande del genio de los oyentes y de los medios y fines de las cosas para callar con prudencia lo que no se debe decir, esforzar con viveza lo que se deba persuadir y convencer los ánimos con una disimulada violencia tanto más halagüeña cuanto más imperiosa ocultamente. Este singular triunfo de la razón humana, no es para entendimientos vulgares ni aún para aquellos más sublimes si no se aplican a ello con la mayor diligencia. Desengañémonos, pues, que no es elocuente aquél en cuya oración la Dialéctica no dirige al discurso, la Filosofía Natural en su ocasión no averigua, la Metafísica no trasciende, la Moral no decide, la Teología no eleva la razón, no enseña la Historia, no hace consonancia la Música, la Retórica no brilla y todas las facultades y ciencias no hacen su deber. (...)

No he dicho esto para desanimar a nadie, sino para que se acabe de entender que el que siguiere otro rumbo irá muy descaminado y por donde pensará ser muy plausible se hará despreciable a los hombres doctos y en fin a todos porque finalmente el juicio de los que son eruditos llega con el tiempo a triunfar de la común ignorancia y así las obras afectadamente escritas, que cien años ha se publicaron, apenas se halla hoy quien las quiera leer cuando las de los hombres elocuentes del mismo tiempo, con diligencia se buscan, con mucho gusto se leen, con veneración se alaban. Se desconocerá la lengua y siempre habrá quien estudie el lenguaje antiguo para saberlas imitar.

Pues, si esto es así, ¿qué desconcierto es de la razón emplearla toda en hacerse irrisible? Toda Europa desprecia y aun hace burla del extravagante modo de escribir que casi todos los españoles observan hoy. Ni una línea se traduce de nuestra lengua en las otras, argumento claro del poco aprecio que se hace de nuestro modo de decir y más en tiempo en que codiciosa la Francia de enriquecer su idioma con los mejores escritos que ha logrado el mundo no se acuerda de los nuestros. No sucedía así cuando tenía España a los venerables Luises,[30] candidísimas lises[31] de la elocuencia española,

Granada,[32] León[33] y Puente,[34] al ingeniosísimo Quevedo, juiciosísimo Saavedra y otros semejantes. (...)

Pues, si hubo un tiempo en que se haya escrito en España con algún acierto, como ciertamente lo ha habido, ninguno más a propósito que el que hoy logramos para poder escribir con la mayor perfección. España, siempre fecundísima de los mejores talentos, los produce hoy iguales a los que en otro tiempo, esto es, iguales a los mayores del mundo. (...) Pues si produce España unos ingenios tan claros, justamente me quejo de que no los cultiven así los que los tienen semejantes. Con razón me duelo de que en el arte del decir no procuremos, no sólo igualar, sino también exceder a las demás naciones, y más siendo tan notoria la ventaja que nuestro lenguaje hace a los extraños. Tenemos una lengua expresiva, en extremo grave, majestuosa, suavísima, y sumamente copiosa como aún los menos atentos lo han podido reparar después que la Real Academia con tan loable trabajo ha manifestado al mundo sus escondidas riquezas. Fuera de todo esto, llegaron ya las ciencias en Europa al mayor auge que nunca. Todas tuvieron sus veces[35]: todas nos dejaron sus ideas en varios siglos para que fuese el nuestro más sabio. (...) Siendo pues certísimo que la fuente del escribir es el saber, para escribir, ¿qué tiempo hay más a propósito que éste en que mejor se puede saber? Pues, ¿qué embarazo hay que nos impida adelantar el paso así a la verdadera elocuencia? ¡Ea!,[36] procuremos lograrla, así por la propia estimación como por no pasar por la ignominia de ser inferiores en tan excelente calidad a las naciones extrañas. Cierta es la competencia con las más cultas de Europa, superiores son nuestras armas, quiero decir nuestra lengua, si la manejamos tan bien como nuestros mayores la espada.

IGNACIO DE LUZÁN (1702-1754)

Coincidiendo con el espíritu reformador de los Borbones, la figura de Ignacio Luzán representa, en la primera mitad del siglo XVIII y en el terreno literario, lo que Feijoo en el filosófico-científico.

---

[29] **Bien...** partidarios.

[30] Se refiere a fray Luis de Granada, a fray Luis de León y a Luis de Puente, que más tarde menciona.

[31] **Candidísimas...** orgullo.

[32] Luis de Sarriá, conocido con el nombre de fray Luis de Granada (1504-1588), escritor y orador sagrado, famoso por su *Guía de pecadores*.

[33] Fray Luis de León (1527-1591), religioso, poeta y prosista, destacando en esta última especialidad su obra, *De los nombres de Cristo*.

[34] Luis de Puente (1554-1624), jesuita, escritor de tema religioso: *Meditación de los misterios de nuestra santa fe* (1605) y *Guía espiritual* (1609).

[35] **Sus...** su turno.

[36] ¡Vaya!

Ambos conscientes de la decadencia cultural de la Península, su mayor aportación reside en despertar del letargo y la apatía a sus conciudadanos y en dirigirlos productivamente hacia los nuevos modelos intelectuales —poéticos, en particular— de Europa. Luzán, además, colabora con la *intelligentsia* en el Poder por cuanto es apóstol del progreso dentro del orden, noción grata a la Corona como desiderátum artístico y social. Éstas son, pues, las directrices que dirigen la actividad del zaragozano, escindida ésta en labor teórica y en creación literaria.

La Poética o reglas de la poesía en general y de sus principales especies que Luzán publica en 1737 era una refundición de los *Ragionamenti sopra la poesia* (*Discursos sobre la poesía*) que había compuesto nueve años antes para la Academia de Palermo. En la Península, la oportunidad de un texto tal era enorme, pues significaba —desde la obra de Pinciano— la primera reflexión propiamente española sobre la naturaleza y los géneros de la Poesía.

Para Luzán, Poesía será imitación de la Naturaleza, concibiendo la tarea imitativa dependiente de la realidad, de los mejores modelos de toda época y de toda nación, y de la misma preceptiva literaria. Por otra parte, el fin de la Poesía —dentro de la tradicional alianza entre Estética y Ética— va a ser en manos de Luzán la educación orientada a dirigir el comportamiento en sociedad de los individuos. En cuanto a las autoridades en uso a lo largo de *La poética*, Sebold descubre en 1967 su carácter cosmopolita, destruyendo así la falsa presunción de que la teoría de Luzán —y del Neoclasicismo español— es una mera copia del quehacer neoclásico francés («Análisis estadístico de las ideas poéticas de Luzán: sus orígenes y su naturaleza»). Aristóteles y Horacio son las autoridades más utilizadas por Luzán, seguidos de preceptistas italianos como Beni o Muratori y —sólo por último— de los franceses Le Bossu o Corneille. La presencia literaria española se incrementa considerablemente de la edición de 1737 a la de 1789, siendo en esta última su número de referencias mayor que el derivado de autores allende los Pirineos.

En cuanto a las diversas modalidades de la Poesía, Luzán reputa la épica como el género modelo, descalifica el teatro del Siglo de Oro español (en especial, a Lope) y estima su lírica aunque con reservas a la figura de Góngora.

La creación literaria de Luzán se relaciona íntimamente con sus principios teóricos, a la vez que significa la introducción y experimentación de nuevas maneras provenientes de Europa. Conforme con la preponderancia que otorga a la poesía épica, escribe dos composiciones de este tipo, si bien con la particularidad de darles tono burlesco. «*La Giganteida* apoya el programa unificador y centralizador del poder absoluto de la monarquía borbónica, atacando y ridiculizando cualquier tentativa en contra de lo establecido» (Egido, «*La Giganteida* de Ignacio de Luzán» 209-210). La *Gatomiomaquia*, por su parte, ridiculiza a los predicadores barrocos. Una tercera composición, de género diferente a las anteriores y en prosa, vierte al castellano *Le préjugé à la mode* de La Chaussée y significa el primer intento en la Península de connaturalización de la *comédie larmoyante* (comedia lacrimosa). Se trata de *La razón contra la moda* (1751), que inspiraría posteriormente otras comedias burguesas originales como *El precipitado* de Cándido María de Trigueros, publicada en 1785, y *El delincuente honrado* de Melchor Gaspar de Jovellanos, impresa en 1787.

Ignacio de Luzán es el teórico del Neoclasicismo español, pero debemos reconocerle también —desde el punto de vista de la praxis literaria— su importancia precursora. Algunos géneros poéticos (la comedia lacrimosa o la épica burlesca) alcanzarían sólo posteriormente reconocimiento y altura literaria gracias al papel teórico y experimental de este abanderado erudito aragonés.

La poética o reglas de la Poesía en general y de sus principales especies

Capítulo IV
De la esencia y definición de la Poesía

El vulgo por Poesía entiende todo aquello que se escribe en verso. Mas aunque es verdad que según la opinión de muchos el verso es absolutamente necesario en la Poesía, como más adelante veremos, sin embargo, el verso en rigor no es más que un instrumento de la Poesía, que se sirve de él como la pintura se sirve de pinceles y colores y la escultura de cinceles. (...) Mas sea lo que fuere de la etimología de este nombre, que dejamos para los gramáticos, la común opinión coloca la esencia de la Poesía en la imitación de la naturaleza tanto que Aristóteles[1] excluye del catálogo de poetas a los que no imitaren, aunque hayan escrito en verso, queriendo que se les dé el nombre de los versos en que hubieren escrito, llamándose, por ejemplo, escritores de elegías o de versos heroicos, y no poetas. Pero con este término tan general como es la *imitación* no se explica precisamente la esencia de la Poesía, antes bien se confunde con la pintura y la escultura, y aun con el baile y con la música y con otras artes semejantes que también imitan. (...)

Esto supuesto, digo que se podrá definir la Poesía «imitación de la naturaleza en lo universal o en lo particular, hecha con versos para utilidad o para deleite de los hombres, o para uno y otro juntamente».

Digo primeramente «imitación de la naturaleza» porque la imitación, como ya he notado, es el género de la Poesía. Y aquí tomo la palabra *imitación* en su analogía y mayor extensión porque quiero comprender, no sólo aquellos poetas que imitaron en el sentido riguroso, que es propio de la poesía épica y dramática, esto es que imitaron acciones humanas, más también aquellos que en sentido más lato y en significado análogo imitaron porque entiendo con el Beni[2] que es muy injusta y mal fundada la opinión que excluye del número de poetas a Hesíodo,[3] Arato,[4] Nicandro[5] y Virgilio[6] en *Las Geórgicas*, y a casi todos los líricos, solamente porque no imitaron acciones humanas.

Añado «en lo universal o en lo particular» porque a estas dos clases o géneros entiendo que se puede reducir la imitación pues las cosas se pueden pintar o imitar o como ellas son en sí, que es imitar lo particular, o como son según la idea y opinión de los hombres, que es imitar lo universal. Así podrán conciliarse los dos partidos discordes en este punto, admitiéndose una y otra imitación, como es justo.

Digo «hecha con versos» señalando el instrumento de que se sirve la Poesía a distinción de las demás artes imitadoras, las cuales se sirven de colores, de hierros, o de otros instrumentos y nunca de versos. A más de esto

es mi intención excluir con estas palabras del número de poemas, y privar del nombre de Poesía todas las prosas, como quiera que imiten costumbres, afectos o acciones humanas. Y aunque el Minturno,[7] el Beni y otros, al parecer apoyados en la autoridad de Aristóteles, son de contrario sentir, queriendo que los diálogos y otras especies de prosas que imitan se llamen Poesía, sin embargo me han parecido siempre más fuertes las razones con que se prueba ser el verso necesario a la Poesía, confirmadas también con la autoridad de Platón, y aún del mismo Aristóteles, y de otros muchos autores de poética. (...)

Digo finalmente «para utilidad o para deleite de los hombres o para uno y otro junto» porque estos son los tres fines que puede tener un poeta, según lo dijo Horacio[8] en su Arte:

Aut prodesse volunt, aut delectare Poetae,
Aut simul, & jucunda & idonea dicere vitae.[9]

PEDRO RODRÍGUEZ DE CAMPOMANES (1723-1803)

Con Pedro Rodríguez de Campomanes entramos en el reinado de Carlos III, del que quizás sea la figura intelectual más representativa. Si bien aquí nos interesa su vertiente literaria, Campomanes, más que hombre de Letras, fue un líder político informado de los mejores ideales de la Ilustración nacional y europea.

Su vida profesional comienza con el estudio jurídico. En 1742 se graduó en Leyes, interesándose —como tantos otros intelectuales de la época— por las relaciones entre Iglesia y Estado, en las que toma una marcada postura regalista. Su erudición le abre también las puertas de la historia eclesiástica. De 1747 son sus *Disertaciones históricas del orden y caballería de los Templarios*, que son resorte un año después para su escaño en la Real Academia de la Historia. Para esta misma institución publica en 1752 un detallado estudio sobre los concilios celebrados

---

[1] Filósofo griego (384-322 a. de J.C.), aquí mencionado en relación a su *Poética*.

[2] Paulo Beni (1552-1625), comentarista italiano de la *Poética* de Aristóteles y admirador del poeta Tasso, a quien consideraba superior a Homero.

[3] Poeta griego del siglo VIII a. de J.C.

[4] Arato de Soloi (315-245 a. de J.C.), poeta griego.

[5] Médico, poeta y gramático griego del siglo II a. de J.C.

[6] Publio Virgilio Marón (70-19 a. de J.C.), poeta latino autor —además de la obra que se menciona seguidamente— de *Las Bucólicas* y *La Eneida*.

[7] Andrés Sebastián Minturno, poeta y preceptista veneciano del siglo XVI, autor de una *Poética* (1559) en seis libros, de gran renombre en su época.

[8] Quinto Horacio Flaco (65-8 a. de J.C.), poeta latino, autor de *Odas*, *Sátiras* y *Epístolas*.

[9] «O educar, o deleitar deben los poetas, // o —a un mismo tiempo— unir lo placentero a lo instructivo».

en España. Y, desde 1764, preside tal Academia durante veintisiete años consecutivos.

En 1755 consigue el cargo de Director General de Correos y Postas y, bajo este mandato, inicia su aporte a la regeneración económica del país. Tras un detenido análisis de la red nacional y extranjera de comunicaciones, plasmado teóricamente en su *Itinerario de las carreras de posta de dentro y fuera del reino* (1761) y en su *Noticia geográfica del reino y caminos de Portugal* (1762), dicta en 1762 ordenanzas en esta materia tendentes a dotar a la nación de una eficaz red de caminos.

Durante el mismo 1762 Carlos III nombra a Campomanes Fiscal del Consejo Real y Supremo de Castilla, convirtiendo de este modo a su colaborador ovetense en Ministro de Hacienda. Bajo esta responsabilidad, dicta varias disposiciones para la contención del aumento de bienes en manos muertas, analizando asimismo tan grave circunstancia nacional en su *Tratado de la regalía de la desamortización* (1765), uno de los primeros textos en España sobre la materia, que influirá profundamente en otro de los grandes ilustrados del siglo, Jovellanos, y en las tesis desamortizadoras de los gobiernos liberales del siglo XIX.

Una vez ya Presidente del citado Consejo Real y Supremo de Castilla, continúa Campomanes con mayor profundidad su plan de reforma del país. Animado por el espíritu fisiócrata, señala el abandono de la agricultura como una de las causas más graves de la decadencia nacional (*Memorial ajustado hecho por orden del Consejo sobre los daños y decadencia que padece la agricultura, sus motivos y remedios para su establecimiento y fomento*). Así inicia su remedio atacando a uno de sus más dañinos estorbos: como Presidente de la Mesta, pone freno a su situación privilegiada dentro de la economía de Castilla y combate sus privilegios, que por siglos empobrecían los campos españoles (*Memoria sobre los abusos de la Mesta*). Siguiendo su campaña de revitalización de la industria y el comercio nacionales, libra a ambos —así como a la agricultura— de los incongruentes tributos que impedían su desarrollo. Autoriza también la libre circulación nacional de cereales, sobre la que escribe su *Respuesta fiscal sobre la abolición de la tasa y establecimiento del comercio de granos*, y

dicta disposiciones tendentes a favorecer el cultivo de las tierras vinculadas y de los mayorazgos.

La reforma debía, sin embargo, a juicio de Campomanes alcanzar un nivel más profundo. Considerando la decadencia del país no sólo fruto de su situación socioeconómica, sino también del estado de sus costumbres, el que muy pronto presidirá el Real Consejo de Castilla (1786) modifica los programas docentes, introduciendo en ellos las ciencias matemáticas, físico-químicas y naturales. Se preocupa asimismo por la educación de los artesanos, de la cual ve depender su productividad (*Discurso sobre el fomento de la industria popular* [1774] y *Discurso sobre la educación popular de los artesanos y su fomento* [1775]). Y, por último, dirige sus miras a la apariencia estética y moral de las ciudades españolas con su legislación sobre vagabundos y otros errantes (*Noticia sobre los gitanos*).

En 1789 inaugura las Cortes como Presidente y, bajo su mandato, se concede a las mujeres el derecho a heredar la Corona española, proposición que, defendida por Campomanes, aprobó la Cámara, pero que Carlos IV nunca firma, provocando así indirectamente los graves conflictos dinásticos de la España decimonónica.

Discurso sobre la educación popular de los artesanos y su fomento

Capítulo III
De los conocimientos cristianos, morales y útiles en que conviene instruir la juventud dedicada a los oficios y a las artes

Es también de considerar que estos jóvenes aprendices de las artes necesitan instruirse en aquellos conocimientos cristianos, morales y útiles que son precisos en el resto de la vida y para poder portarse con una honradez y decencia que les haga apreciables y bien quistos.[1]

De estas tres clases de rudimentos son los primeros, los que pertenecen a la religión. Debe cuidar todo maestro[2] de que sus hijos y aprendices sepan muy bien la doctrina cristiana, vayan a misa los días festivos y cumplan con el precepto anual de la iglesia a lo menos[3] y

---

[1] Queridos.
[2] El que sabe y enseña un arte u oficio.
[3] **A...** al menos.

que unos y otros vivan con honestidad, desempeñando todas las demás obligaciones de cristianos. (...)

Los conocimientos civiles no son desatendibles[4] en esta numerosa porción de ciudadanos que componen más de una mitad de la población de las ciudades y villas del reino o la tercera del todo y forman la segunda clase de la educación moral de los artesanos.

El aseo y la decencia en su porte de vestir se halla muy descuidada por lo común entre estas gentes no sólo en los aprendices sino también en los oficiales y maestros, saliendo a la calle desgreñados, sin peinarse, ni lavarse las manos y cara y aun con roturas en sus vestidos por el desaliño de no coserlos a tiempo. (...)

El desaliño actual de muchos de esta clase honrada de vecinos tiene su origen en la mala crianza que se les da por los padres y madres descuidando de todo punto[5] su aseo, rasgando ellos sus vestidos con las luchas y otros juegos violentos en que se entretienen y son poco convenientes a los racionales.

Los maestros de primeras letras, los párrocos y las justicias[6] son en parte responsables del descuido que se advierte con tanta generalidad de la falta de aseo.

Contribuye mucho a conservar la salud el cuidado de la limpieza en la ropa y el de que se peinen y laven con regularidad y diariamente los muchachos luego que se levantan de la cama. Los que se acostumbran de niños a andar limpios hallan tiempo de asearse sin faltar por eso a sus obligaciones.

Puede atribuirse a este abandono de la decencia en general parte del menosprecio de los artesanos porque a la verdad su poca limpieza los suele confundir con los mendigos o vagos. Y como el traje es tan parecido, no se desdeñan de tratar con ellos y de ahí procede perderse muchos contrayendo la misma vida licenciosa y holgazana, huyendo de los obradores[7] y talleres de sus maestros para aprender el fácil y descansado arte de la *tuna*[8], y todo género de bellaquerías. (...)

El abuso de entrar en la taberna la gente oficiala[9] los encamina a la embriaguez y al juego de naipes en la misma taberna. Entregados los aprendices y oficiales a estos dos vicios trabajan de mala gana en los días que no son de precepto y consumen en el de fiesta lo que debían guardar para mantenerse entre semana y reponer sus vestidos.

De ahí vienen las quimeras en sus casas cuando toman estado, el mal trato a sus mujeres, la pérdida de la salud y finalmente el mal ejemplo que dan a sus propios hijos, los cuales rara vez dejan de imitar las costumbres viciosas y relajadas de los padres o de aquellos con quienes tratan frecuentemente.

La permanencia en las tabernas es seguramente lo que más contribuye a desarreglar las costumbres de los artesanos. Por lo cual deben los maestros y padres impedir por todos los medios la entrada de los jóvenes en tales oficinas[10] o escuelas de ociosidad, de los homicidios y de las expresiones soeces. (...)

No debe la juventud que se dedica a las artes y oficios carecer de diversiones porque los recreos inocentes son una parte esencial de la policía[11] y buen gobierno. Es necesario absolutamente que la gente moza se divierta y tenga días destinados al descanso de sus fatigas ordinarias y penosas de todo el resto de la semana. Lo contrario sería exponerla a hostigarse con el trabajo y a aborrecerle.

Los toros cuando las corridas se hacen en días de trabajo no es diversión que se debe permitir a los jornaleros, menestrales[12] y artesanos porque pierden el jornal del día y gastan el de tres o cuatro con ruina de la familia.

Si se repiten estas corridas por muchas semanas se atrasan el maestro y los oficiales en concluir las obras empezadas faltando a lo que prometen a quienes se las han encargado, que acaso las necesitan con mucha brevedad.

Por esto conviene que los maestros cuiden de que sus aprendices, hijos y oficiales no vayan a los toros en días de trabajo, ni a la comedia, a los bolatines, ni a otra cualquiera diversión pública, incompatible con él. Porque es cosa impropia y aún escandalosa que artesanos, labradores y jornaleros desamparen sus tareas en días de trabajo o en que la Iglesia le permite y mucho más que los pasen en diversión, acostumbrándose a más tiempo de huelga[13] que conviene a su estado y permite la estrechez de su caudal. (...)

Las diversiones comunes de esta clase son de gran utilidad cuando no se tienen en días de trabajo y se observa en ellas orden y compostura. Recrean honestamente el ánimo, acrecientan las fuerzas corporales de la juventud y acostumbran al pueblo a un trato recíproco y decente en sus concursos.[14]

Los que faltan a ellos deben ser notados porque no es en estas concurrencias generales donde se estragan las costumbres y sí en los parajes ocultos y apartados del trato común, cuya separación deben estorbar cuidadosamente los padres y maestros porque allí y en las tabernas

---

[4] **Son...** deben de ser desestimados.
[5] **De...** completamente.
[6] **Las...** los representantes de la Justicia.
[7] Talleres.
[8] Vida holgazana y vagabunda.
[9] Que trabaja en algún oficio.

[10] Lugar donde se forja algo.
[11] Buen orden que se observa en una comunidad.
[12] Persona que trabaja en un oficio manual.
[13] Espacio de tiempo en que alguien está sin trabajar.
[14] Reuniones de gente.

es el paraje donde se empiezan a corromper y estragar los jóvenes.

No hay otros baluartes en lo humano para librar al pueblo de tan peligrosos escollos que ocuparle en los días de trabajo a fin de que apetezca sus horas de sueño y descanso, acostumbrarle a cumplir en los días de precepto con las obligaciones que prescribe la Iglesia y disponer en los tiempos libres las diversiones populares que agiliten las fuerzas del cuerpo, las cuales por la publicidad misma y el orden que debe establecer el magistrado no pueden degenerar en abuso o corruptela.[15]

JOSÉ CADALSO (1741-1782)

Cadalso es otra de las grandes figuras representativas del más puro espíritu ilustrado español. Su vida y obra se desarrollan a fines de la primera parte del reinado de Carlos III, en el preciso período en que «la esperanza, que muchos habían puesto en la dinastía borbónica, de que, al fin, se instauraría una aristocracia del mérito y una recompensa social del trabajo, se ve frustrada cuando Carlos III da la espalda a los reformadores radicales y busca sostén en las columnas del Antiguo Régimen: el clero y la nobleza» (Sánchez Blanco 152). La respuesta del grupo ilustrado es, en estas circunstancias, no el abandono de su análisis y crítica de los problemas del país, sino la presentación de éstos con cierta cautela a través de fórmulas y estructuras literarias aparentemente inofensivas, o bajo el refugio de la ironía.

Al primero de estos subterfugios recién aludidos corresponden las *Cartas marruecas* de Cadalso, publicadas póstumamente en 1793. Las construye su autor reutilizando el esquema de las *Lettres persanes* de Montesquieu. Según su título indica, se presentan en forma de cartas, las que el joven africano Gazel escribe a su maestro Ben-Beley y las enviadas a ambos por un amigo español, Nuño Núñez. Este marco epistolar sirve para la confrontación de dos diferentes perspectivas: la de quienes están interesados en el ser de un país exótico y que lo valoran con la objetividad del extranjero (Gazel y Ben-Beley) y la del nacional que ama su tierra y que admite, pero también a veces justifica sus defectos (Nuño

Núñez). Enfrentando ambas perspectivas, las *Cartas marruecas* analizan las costumbres de la sociedad española y su panorama político-económico, en búsqueda, más que de soluciones prácticas, del conocimiento de la esencia psíquica nacional, o sea, de su casticismo.

Por otra parte, bajo el subterfugio de la ironía, escribe Cadalso *Los eruditos a la violeta, o curso completo de todas las ciencias, dividido en siete lecciones para los siete días de la semana*, impreso, en 1772, con el pseudónimo de José Vázquez. El libro es una crítica de la erudición en moda en los altos círculos de la sociedad, pseudoerudición superficial y que —a juicio de su autor— entorpece el progreso del país.

La importancia de Cadalso en la renovación cultural del siglo XVIII no se reduce a la oportunidad de los anteriores textos. Debe mencionarse aquí, aunque vaya más allá del propósito de este capítulo, su acción precursora en los nuevos rumbos que toma el verso español a lo largo de la segunda mitad del siglo. «En sus poesías se vio renacer el gusto anacreóntico de Villegas, la ternura de Garcilaso, la sublimidad de Herrera, y la agudeza satírica de Quevedo y Góngora» («Prólogo», *Obras de don José Cadalso* iii). Y a esta creación precursora, Cadalso sumó su papel de asesor poético de Jovellanos y del también por aquel entonces joven Juan Meléndez Valdés, al cual «se lo llevó a vivir en su compañía, instruyéndole no sólo en el conocimiento de los buenos libros de la literatura extranjera, sino indicándole los excelentes modelos que debía seguir e imitar en sus composiciones poéticas» («Prologo» ix).

En resumen, José Cadalso, si bien nunca llega a vivir la reacción tradicionalista y los trágicos eventos políticos finiseculares, presiente sin embargo ya en tiempos de Carlos III la alevosía con que el Despotismo va a traicionar a la Ilustración. De ahí, el desengaño manifiesto en algunas de sus anacreónticas, el tono sombrío de sus *Noches lúgubres*, o la ironía con que analiza la realidad en sus *Cartas marruecas* y en *Los eruditos*. No obstante, su actitud frente a tales circunstancias políticas es la de un patriota que, si bien cauto ante el inminente peligro, nunca deja de cumplir con el deber que le dicta su conciencia.

---

[15] Mala costumbre.

Cartas marruecas

Carta VII. Del mismo al mismo[1]

En el imperio de Marruecos todos somos igualmente despreciables en el concepto[2] del emperador y despreciados en el de la plebe, o por mejor decir, todos somos plebe, siendo muy accidental la distinción de uno u otro individuo por el mismo, y de ninguna esperanza para sus hijos, pero en Europa son varias las clases de vasallos en el dominio de cada monarca.

La primera consta de hombres que poseen inmensas riquezas de sus padres y dejan por el mismo motivo a sus hijos considerables bienes. Ciertos empleos se dan a éstos solos y gozan con más inmediación[3] el favor del soberano. A esta jerarquía sigue otra de nobles menos condecorados y poderosos. Su mucho número llena los empleos de las tropas, armadas, tribunales, magistraturas y otros que en el gobierno monárquico no suelen darse a los plebeyos, sino por algún mérito sobresaliente.

Entre nosotros, siendo todos iguales y poco duraderas las dignidades y posesiones, no se necesita diferencia en el modo de criar los hijos, pero en Europa la educación de la juventud debe mirarse como objeto de la mayor importancia. El que nace en la ínfima clase de las tres, y que ha de pasar su vida en ella, no necesita estudios, sino saber el oficio de sus padres en los términos en que se lo ve ejercer. El de la segunda ya necesita otra educación para desempeñar los empleos que ha de ocupar con el tiempo. Los de la primera se ven precisados a esto mismo con más fuerte obligación porque a los veinticinco años o antes han de gobernar sus estados, que son muy vastos, disponer de inmensas rentas, mandar cuerpos militares, concurrir con los embajadores, frecuentar el palacio y ser el dechado[4] de los de la segunda clase.

Esta teoría no siempre se verifica con la exactitud que se necesita. En este siglo se nota alguna falta de esto en España. Entre risa y llanto me contó Nuño un lance que parece de novela en que se halló y que prueba evidentemente esta falta, tanto más sensible cuanto de él mismo se prueba la viveza de los talentos de la juventud española, singularmente en algunas provincias. Pero, antes de contarlo, puso el preludio siguiente:

Días ha que vivo en el mundo como si me hallara fuera de él. En este supuesto,[5] no sé a cuántos estamos de[6] educación pública y, lo que es más, tampoco quiero

saberlo. Cuando yo era capitán de infantería, me hallaba en frecuentes concursos[7] de gentes de todas clases. Noté esta desgracia y queriendo remediarla en mis hijos, si Dios me los daba, leí, oí, medité y hablé mucho sobre esta materia. Hallé diferentes pareceres, unos sobre si convenía tal educación, otros sobre que convenía tal otra, y también algunos sobre que no convenía ninguna.

Me acuerdo que yendo a Cádiz, donde se hallaba mi regimiento de guarnición,[8] me extravié y me perdí en un monte. Iba anocheciendo, cuando me encontré con un caballero de hasta unos veintidós años, de buen porte y presencia. Llevaba un arrogante caballo, sus dos pistolas primorosas, calzón y ajustador[9] de ante con muchas decenas de botones de plata, el pelo dentro de una redecilla blanca, capa de verano caída sobre el anca del caballo, sombrero blanco finísimo y pañuelo de seda morada al cuello. Nos saludamos, como era regular, y preguntándole por el camino de tal parte, me respondió que estaba lejos de allí, que la noche estaba encima y dispuesta a tornar,[10] que el monte no era seguro, que mi caballo estaba cansado y que, en vista de todo esto, me aconsejaba y suplicaba que fuese con él a un cortijo de su abuelo, que estaba a media legua corta. Lo dijo todo con tanta franqueza y agasajo, y lo instó con tanto empeño, que acepté la oferta. La conversación cayó, según costumbre, sobre el tiempo y cosas semejantes, pero en ella manifestaba el mozo una luz natural clarísima con varias salidas de viveza y feliz penetración, lo cual, junto con una voz muy agradable y gesto muy proporcionado, mostraba en él todos los requisitos naturales de un perfecto orador, pero de los artificiales, esto es, de los que enseña el arte por medio del estudio, no se hallaba ni uno siquiera. Salimos ya del monte, cuando no pudiendo menos de notar lo hermoso de los árboles, le pregunté si cortaban de aquella madera para construcción de navíos.

—¿Qué sé yo de eso?—me respondió con presteza—. Para eso mi tío el comendador.[11] En todo el día no habla sino de navíos, brulotes,[12] fragatas[13] y galeras.[14] ¡Válgame Dios, y qué pasado[15] está el buen caballero! Poquitas[16] veces hemos oído de su boca, algo trémula por sobra de

---

[7] Concurrencias.

[8] **Regimiento...** Tropa para la protección de una plaza.

[9] Prenda de vestir que ciñe o ajusta el busto.

[10] **A...** a regresar.

[11] Persona que tenía hábito en alguna orden militar o de caballería y que por ello percibía alguna renta.

[12] Barco que lleno de materiales combustibles servía para quemar otros navíos.

[13] Barco de guerra de tres palos.

[14] Embarcación a remo y vela.

[15] Pelma.

[16] No pocas.

---

[1] **Del...** De Gazel a Ben-Beley.

[2] **El...** la opinión.

[3] Inmediatez.

[4] Modelo.

[5] **En...** Así pues.

[6] **A...** cómo estamos en.

años y falta de dientes, la batalla de Tolón,[17] la toma de los navíos la *Princesa*[18] y el *Glorioso*,[19] la colocación de los navíos de Lezo[20] en Cartagena. Tengo la cabeza llena de almirantes holandeses e ingleses. Por cuanto hay en el mundo dejará de rezar todas las noches a San Telmo por los navegantes; y luego entra un gran parladillo[21] sobre los peligros de la mar, al que sigue otro sobre la pérdida de toda una flota entera, no sé qué año, en que se escapó el buen señor nadando, y luego una digresión natural y bien traída sobre lo útil que es el saber nadar. Desde que tengo uso de razón no le he visto corresponderse por escrito sino con el marqués de la Victoria,[22] ni le he conocido más pesadumbre que la que tuvo cuando supo la muerte de don Jorge Juan.[23] El otro día estábamos muy descuidados comiendo y al dar el reloj las tres, dio una gran palmada en la mesa, que hubo de romperla o romperse las manos, y dijo, no sin mucha cólera: «A esta hora fue cuando se llegó a nosotros, que íbamos en el navío la *Princesa*, el tercer navío inglés. Y a fe que era muy hermoso y de noventa cañones. ¡Y qué velero! De eso no he visto. Lo mandaba un señor oficial. Si no es por él, los otros dos no hubieran contado el lance. ¿Pero qué se ha de hacer? ¡Tantos a uno!». En esto le asaltó la gota que padece días ha, y que nos valió un poco de descanso, porque si no, tenía traza de irnos contando de uno a uno todos los lances de mar que ha habido en el mundo desde el arca de Noé.

Cesó por un rato el mozalbete la murmuración contra su tío, tan respetable según lo que él mismo contaba, y al entrar en un campo muy llano, con dos lugarcillos que se descubrían a corta distancia el uno del otro, ¡bravo campo!—dije yo—para disponer setenta mil hombres en batalla. Con esas a mi primo el cadete de Guardias—respondió el señorito con igual desembarazo—que sabe cuántas batallas se han dado desde que los ángeles buenos derrotaron a los malos. Y no es lo más esto, sino que sabe también las que se perdieron, por qué se perdieron y las que se ganaron, por qué se ganaron, y por qué se quedaron indecisas las que ni se perdieron ni ganaron. Ya lleva gastados no sé cuántos doblones en instrumentos de matemáticas y tiene un baúl lleno de unos que él llama planos, y son unas estampas feas, que ni tienen caras ni cuerpos.

Procuré no hablarle más de ejército que de marina,[24] y sólo le dije: «No sería lejos de aquí la batalla que se dio en tiempo de don Rodrigo[25] y fue tan costosa como nos dice la historia». ¡Historia!—dijo—. Me alegrara que estuviera aquí mi hermano el canónigo de Sevilla. Yo ni la he aprendido, porque Dios me ha dado en él una biblioteca viva de todas las historias del mundo. Es mozo que sabe de qué color era el vestido que llevaba puesto el rey San Fernando[26] cuando tomó Sevilla.

Llegábamos ya cerca del cortijo, sin que el caballero me hubiese contestado a materia alguna de cuantas le toqué. Mi natural sinceridad me llevó a preguntarle cómo le habían educado, y me respondió: «A mi gusto, al de mi madre y al de mi abuelo, que era un señor muy anciano, que me quería como a las niñas de sus ojos. Murió cerca de[27] cien años de edad. Había sido criado. Mi padre bien quería que yo estudiase, pero tuvo poca vida y autoridad para conseguirlo. Murió sin tener el gusto de verme escribir. Ya me había buscado un ayo,[28] y la cosa iba de veras, cuando cierto accidentillo lo descompuso todo».

¿Cuáles fueron sus primeras lecciones?—le pregunté—. Ninguna—respondió el mocito—, en sabiendo leer un romance y tocar un polo,[29] ¿para qué necesita más un caballero? Mi *dómine*[30] bien quiso meterme en honduras, pero le fue muy mal y hubo de irle mucho peor. El caso fue que había yo ido con otros camaradas a un encierro. Súpolo el buen maestro y vino tras de mí a oponerse a mi voluntad. Llegó precisamente a tiempo que los vaqueros me andaban enseñando cómo se toma la vara.[31] No pudo su desgracia traerle en peor ocasión. A la segunda palabra que quiso hablar, le di un varazo tan divino en medio de los sentidos,[32] que le abrí la cabeza en más cascos que una naranja, y gracias que me contuve porque mi primer pensamiento fue ponerle una vara lo mismo que a un toro de diez años, pero por primera vez, me contenté con lo dicho. Todos gritaban: ¡Viva el señorito! y hasta el tío Gregorio, que es hombre de pocas

[17] Tuvo lugar en 1744 y enfrentó a España, Francia e Inglaterra.

[18] Navío español capturado por tres ingleses en 1740 y que pasó a formar parte de la escuadra de Inglaterra.

[19] En 1747, este navío luchó con valentía contra varios barcos de guerra ingleses hasta tener que rendirse.

[20] Juan de Lezo (1687-1741), marino español, célebre por su defensa de Cartagena de Indias contra los ingleses (1740-1741).

[21] Discurso en estilo afectado.

[22] **Marqués...** Juan José Navarro (1687-1772), jefe de los navíos españoles en la batalla de Tolón, antes aludida.

[23] Jorge Juan y Santacilla (1713-1773), consumado técnico de la navegación, dirigió varias expediciones de interés geográfico y científico.

[24] **Más...** ni de ejército ni de marina.

[25] Último rey visigodo de España, derrotado por los musulmanes en la batalla de Guadalete (711).

[26] Fernando III el Santo, rey de Castilla y León (1199-1252).

[27] **Cerca...** cuando tenía cerca de.

[28] Maestro particular, tutor.

[29] Canto popular andaluz.

[30] Maestro.

[31] Pica que utilizan los toreadores.

[32] **Los...** la frente.

palabras, exclamó: «Lo ha hecho usía[33] como un ángel del cielo».

¿Quién es ese tío Gregorio?—preguntéle atónito de que aprobase tal insolencia—y me respondió: «El tío Gregorio es un carnicero de la ciudad que suele acompañarnos a comer, fumar y jugar. ¡Poquito[34] lo queremos todos los caballeros de por acá! Con ocasión de irse mi primo Jaime María a Granada y yo a Sevilla, hubimos de sacar la espada sobre quién se lo había de llevar, y en eso hubiera parado la cosa, si en aquel tiempo mismo no le hubiera preso la Justicia que[35] no sé qué puñaladillas y otras friolerillas[36] semejantes, que todo ello se compuso al mes de cárcel».

Dándome cuenta del carácter del tío Gregorio y otros iguales personajes, llegamos al cortijo. Presentóme a los que allí se hallaban, que eran varios amigos o parientes suyos de la misma edad, clase y crianza, que se habían juntado para ir a una cacería y esperando la hora competente pasaban la noche jugando, cenando, cantando y bailando, para todo lo que se hallaban muy bien provistos porque habían concurrido algunas gitanas con sus venerables padres, dignos esposos y preciosos hijos. Allí tuve la dicha de conocer al señor tío Gregorio. A su voz ronca y hueca, patilla larga, vientre redondo, modales bastos, frecuentes juramentos y trato familiar se distinguía entre todos. Su oficio era hacer cigarros, dándolos ya encendidos de su boca a los caballeritos, atizar los velones,[37] decir el nombre y mérito de cada gitana, llevar el compás con las palmas de las manos cuando bailaba alguno de sus apasionados protectores, y brindar a su salud con medios cántaros de vino. Conociendo que venía cansado, me hicieron cenar luego,[38] y me llevaron a un cuarto algo apartado para dormir, destinado a[39] un mozo del cortijo para que me llamase y condujese al camino. Contarte los dichos y hechos de aquella academia[40] fuera imposible, o tal vez indecente. Sólo diré que el humo de los cigarros, los gritos y palmadas del tío Gregorio, la bulla de voces, el ruido de las castañuelas, lo destemplado de la guitarra, el chillido de las gitanas sobre cuál había de tocar el polo para que lo bailase Preciosilla, el ladrido de los perros y el desentono de los que cantaban, no me dejaron pegar los ojos en toda la noche. Llegada la hora de marchar, monté a caballo, diciéndome a mí mismo en voz baja: «¿Así se cría una juventud que

pudiera ser tan útil si fuera la educación igual al talento?» Y un hombre serio, que al parecer estaba de mal humor con aquel género de vida, oyéndome, me dijo con lágrimas en los ojos: «Sí, señor, así se cría».

Carta XXI. De Nuño a Ben-Beley en respuesta a la anterior

No me parece que mi nación esté en el estado que infieres de las cartas de Gazel, y según él mismo lo ha colegido[41] de las costumbres de Madrid, y alguna otra ciudad capital. Deja que él te escriba lo que notare en las provincias y verás como de ellas deduces que la nación es hoy la misma que era tres siglos ha. La multitud y variedad de trajes, costumbres, lenguas y usos es igual en todas las cortes por el concurso[42] de extranjeros que acude a ellas, pero las provincias interiores de España, que por su poco comercio, malos caminos y ninguna diversión no tiene igual concurrencia producen hoy unos hombres compuestos de los mismos vicios y virtudes que sus quintos abuelos. Si el carácter español en general se compone de religión, valor y amor a su soberano por una parte y por otra de vanidad, desprecio de la industria[43] (que los extranjeros llaman pereza) y demasiada propensión al amor, si este conjunto de buenas y malas calidades componían el corazón racional de los españoles cinco siglos ha, él mismo compone el de los actuales. (...)

Cada nación es como cada hombre que tiene sus buenas y malas propiedades peculiares a su alma y cuerpo. Es muy justo trabajar a disminuir éstas y aumentar aquéllas, pero es imposible aniquilar lo que es parte de su constitución. El proverbio que dice: «genio y figura hasta la sepultura», sin duda se entiende de los hombres, y mucho más de las naciones que no son otra cosa más que una junta de hombres, en cuyo número se ven las cualidades de cada individuo. No obstante soy de parecer que se deben distinguir las verdaderas prendas nacionales de las que no lo son sino por abuso o preocupación[44] de algunos a quienes guía la ignorancia o pereza. Ejemplares de esto abundan y su examen me ha hecho ver con mucha frialdad cosas que otros paisanos míos no saben mirar sin enardecerse. Darete[45] algún ejemplo de los muchos que pudiera.

Oigo hablar con respeto y cariño de cierto traje muy incómodo que llaman a la española antigua. El cuento[46] es que el tal traje no es a la española antigua, ni a la

---

[33] Vuestra Señoría (tratamiento antiguo).
[34] Mucho.
[35] Aduciendo.
[36] Cosas de poca importancia.
[37] Lámpara antigua formada de un recipiente de bronce con aceite del que salían varias mechas.
[38] En seguida.
[39] **Destinado...** dejándome a cargo de.
[40] Junta.

[41] Deducido.
[42] **El...** la abundancia.
[43] **De...** del trabajo.
[44] **La...** el prejuicio.
[45] Voy a darte.
[46] **El...** Lo que sucede.

moderna, sino totalmente extranjero para España pues fue traído por la casa de Austria. El cuello está muy sujeto y casi en prensa, los muslos apretados, la cintura ceñida y cargada con una espada larga y otra más corta, el vientre descubierto por la hechura de la chipilla,[47] los hombros sin resguardo, la cabeza sin abrigo y todo esto, que no es bueno ni español, es celebrado generalmente porque dicen que es español y bueno y en tanto grado aplaudido que una comedia, cuyos personajes se vistan de este modo tendrá, por mala que sea, más entradas que otra alguna por bien compuesta que esté, si le falta este ornamento.

La filosofía aristotélica con todas sus sutilezas, desterrada ya de toda Europa y que sólo ha hallado asilo en este rincón de ella, se defiende por algunos de nuestros viejos con tanto esmero, e iba a decir, con tanta fe como un símbolo de la religión. ¿Por qué? Porque dicen que es doctrina siempre defendida en España y que el abandonarla es desdorar la memoria de nuestros abuelos. (...)

Del mismo modo cuando se trató de introducir en nuestro ejército las maniobras, evoluciones, fuegos y régimen mecánico de la disciplina prusiana, gritaron algunos de nuestros inválidos diciendo que esto era un agravio manifiesto al ejército español que sin el paso oblicuo, regular, corto y redoblado había puesto a Felipe V[48] en su trono, a Carlos[49] en el de Nápoles y a su hermano en el dominio de Parma[50], que sin oficiales introducidos en las divisiones había tomado Orán[51] y defendido Cartagena[52], que todo esto habían hecho y estaban prontos a hacer con su continua disciplina española y que parecía tiranía, cuando menos, el quitársela. Pero has de saber que la tal disciplina no era española pues al principio del siglo no había quedado ya memoria de la famosa y verdaderamente sabia disciplina que hizo florecer los ejércitos españoles en Flandes y en Italia en tiempo de Carlos V[53] y Felipe II[54] y mucho

menos de la invencible del Gran Capitán[55] en Nápoles. Vino otra igualmente extranjera que la prusiana pues era la francesa con la cual fue entonces preciso uniformar nuestras tropas a las de Francia, no sólo porque convenía que los aliados maniobrasen del mismo modo, sino porque los ejércitos de Luis XIV[56] eran la norma de todos los de Europa en aquel tiempo, como los de Federico[57] lo son en el nuestro.

¿Sabes la triste consecuencia que se saca de todo esto? No es otra sino que el patriotismo mal entendido en lugar de ser virtud, viene a ser defecto ridículo y muchas veces perjudicial a la misma patria.

Los eruditos a la violeta o curso completo de todas las ciencias, dividido en siete lecciones para los siete días de la semana

Instrucciones dadas por un padre anciano a su hijo que va a emprender sus viajes

Antes de viajar y registrar[58] los países extranjeros, sería ridículo y absurdo que no conocieras tu misma tierra. Empieza, pues, por leer la Historia de España, los anales de estas provincias, su situación, producto, clima, progresos u atrasos, comercio, agricultura, población, leyes, costumbres, usos de sus habitantes y, después de hechas estas observaciones, apuntadas las reflexiones que de ellas te ocurran y tomando pleno conocimiento de esta península, entra por la puerta de los Pirineos en Europa. Nota la población, cultura y amenidad de la Francia, el canal con que su mayor rey[59] ligó el Mediterráneo al Océano, las antigüedades de sus provincias meridionales, la industria y el comercio de León y otras ciudades y llega a su Capital. No te dejes alucinar del exterior de algunos jóvenes intrépidos, ignorantes y poco racionales. Éstos agravian a sus paisanos de mayor mérito. Busca a éstos y los hallarás prontos a acompañarte e instruirte y hacerte provechosa tu estancia en París, que con otros compañeros te sería perjudicial en extremo.

Después que escribas cada noche lo que en cada día hayas notado de sus tribunales, academias y policía,[60] dedica pocos días a ver también lo ameno y divertido para no ignorar lo que son sus palacios, jardines y teatros, pero con discreción, que será honrosa para ti y para tus

---

[47] Correa de cuero.

[48] Primer rey en España de la Casa de Borbón. Nieto de Luis XIV. Reinó de 1700 a 1746.

[49] Carlos III, hijo de Felipe V, duque de Parma y rey de Nápoles hasta que abandonó este reino para hacerse cargo de la Corona de España (1759-1788).

[50] Felipe de Parma (1720-1765), infante de España y duque de Parma y Piacenta.

[51] Empresa realizada por el conde de Montemar en 1732.

[52] **Defendido...** Cartagena de Indias, sitiada en 1741 por el almirante inglés Vernon y liberada por el general Blas de Lezo.

[53] Carlos I de España y V de Alemania, rey de la Península en 1517 y emperador de Alemania en 1519. Abdicó en 1556.

[54] Hijo de Carlos V. Rey de Nápoles y Sicilia en 1554, soberano de los Países Bajos en 1555 y rey de España en 1556 y hasta 1598.

---

[55] **Gran...** Gonzalo Fernández de Córdoba (1453-1515), el Gran Capitán, llamado así por sus victoriosas campañas contra los franceses en Italia.

[56] El Rey Sol, rey de Francia de 1643 a 1715.

[57] Federico II el Grande, rey de Prusia de 1740 a 1786.

[58] Examinar.

[59] Se refiere a Luis XIV, el Rey Sol.

[60] Gobierno.

paisanos. Después, encamínate hacia Londres, pasando por Flandes, de cuya provincia cada ciudad muestra una historia para un buen español. Nota la fertilidad de aquellas provincias y la docilidad de sus habitantes, que aún conservan algún amor a sus antiguos hermanos los españoles.

En Londres se te ofrece mucho que estudiar. Aquel gobierno compuesto de muchos, aquel tesón en su marina y comercio, aquel estímulo para las ciencias y oficios, aquellas juntas de sabios, la altura a que llegan los hombres grandes en cualesquiera facultades y artes, hasta tener túmulos en el mismo templo que sus reyes, y otra infinidad de renglones de igual importancia ocuparán dignamente el precioso tiempo que sin estos estudios desperdiciarías de un modo lastimoso en la *crápula*[61] y *libertinaje* (palabras que no conocieron mis abuelos y celebraré que ignoren tus nietos). Además de estos dos reinos, no olvides las cortes del Norte y toda la Italia, notando en ella las reliquias de su venerable antigüedad y sus progresos modernos en varias artes liberales, indaga la causa de su actual estado, respecto del antiguo, en que dominó al Orbe desde el Capitolio. Después, restitúyete a España, ofrécete al servicio de tu Patria, y si aún fuese corto tu mérito o fortuna para colocarte, cásate en tu provincia con alguna mujer honrada y virtuosa y pasa una vida tanto más feliz cuanto más tranquila en el centro de tus estudios y en el seno de tu familia, a quien dejarás suficiente caudal con el ejemplo de tu virtud. Esta misma herencia he procurado dejarte con unas cortas posesiones vinculadas por mis abuelos y regadas primero con la sangre que derramaron alegres en defensa de la Patria y servicio del Rey.

Aquí estaba roto el manuscrito, gracias a Dios, porque yo me iba durmiendo con la lectura, como habrá sucedido a todos vosotros y a cualquier hombre de buen gusto, bello espíritu y brillante conversación. De otro cuño es la moneda con que quiero enriqueceros en punto de viajes y así dando a la adjunta instrucción el uso más bajo que podáis, tomad la siguiente.

Primero: No sepáis una palabra de España y, si es tanta vuestra desgracia que sepáis algo, olvidadlo, por amor de Dios, luego que toquéis la falda de los Pirineos.

Segundo: Id, como bala salida de cañón, desde Bayona a París, y luego que lleguéis, juntad un consejo íntimo de peluqueros, sastres, bañadores, etc. y con justa docilidad entregáos en sus manos para que os pulan, labren[62], acicalen, compongan y hagan hombres de una vez.

Tercero: Luego que estéis bien pulidos y hechos hombres nuevos, presentáos en los paseos, teatros y otros parajes, afectando un aire francés, que os caerá perfectamente.

Cuarto: Después que os hartéis de París, o París se harte de vosotros, que creo más inmediato, idos a Londres. A vuestra llegada os aconsejo dejéis todo el exterior contraído en París porque os podrá costar caro el afectar mucho galicismo. En Londres, os entregaréis a todo género de libertad, y volved al continente para correr la posta por Alemania e Italia.

Quinto: Volveréis a entrar en España con algún extraño vestido, peinado, tonillo y gesto, pero, sobre todo, haciendo tantos ascos y gestos como si entrarais en un bosque o desierto. Preguntad cómo se llama el pan y agua en castellano y no habléis de cosa alguna de las que Dios crió de este lado de los Pirineos por acá. De vinos, alabad los del Rin, de caballos, los de Dinamarca, y así de los demás renglones[63], y seréis hombres maravillosos, estupendos, admirables y dignos de haber nacido en otro clima.

La crítica es, digámoslo así, la policía de la República literaria. Es la que inspecciona lo bueno y lo malo que se introduce en su dominio. Por consiguiente, los que ejercen esta dignidad, debieran ser unos sujetos de conocido talento, erudición, madurez, imparcialidad y juicio, pero sería corto el número de los candidatos para tan apreciable empleo y son muchos los que lo codician por el atractivo de sus privilegios, inmunidad y representación. Metéos a críticos de bote y voleo.[64] Tomad sin más ni más este encargo, que os acreditará en breve, con la confianza que os habrá inspirado este curso. Arrojáos sobre cuántas obras os salgan al camino o id a su encuentro, como don Quijote en busca de los encantadores, y observad las siguientes reglas de crítica a la violeta.

Primero: Despreciad todo lo antiguo o todo lo moderno. Escoged uno de estos dictámenes y seguidlo sistemáticamente. Pero las voces modernas y antiguas, no tengan en vuestros labios sentido determinado. No fijéis jamás la época de la muerte o nacimiento de lo bueno ni de lo malo. Si os hacéis filo-antiguos (palabritas de la fábrica[65] de casa, hecha de géneros latino y griego), aborreced todo lo moderno, sin excepción. Las obras de Feijoo os parezcan tan despreciables como los romances de Francisco Esteban. Si os hacéis filo-modernos (palabra prima hermana de la otra), abominad con igual rencor todo lo antiguo y no hagáis distinción entre una arenga de Demóstenes y un cuento de viejas.

Segundo: Con igual discernimiento escogeréis entre nuestra literatura y la extranjera. Si como es natural,

---

[61] **La...** el vicio.
[62] Perfeccionen.

[63] **De...** en todo lo demás.
[64] **De...** a toda prisa y sin reflexión.
[65] **La...** invención.

escogéis todo lo extranjero y desheredáis[66] lo patriota, comprad cuatro libros franceses que hablen de nosotros peor que de los negros de Angola y arrojad rayos, truenos, centellas y granizo, y aún haced caer lluvias de sangre sobre todas las obras cuyos autores hayan tenido la grande y nunca bastantemente llorada desgracia de ser paisanos de los Sénecas,[67] Quintilianos,[68] Marciales,[69] etc.

Tercero: No pequéis contra estos dos mandamientos, haciendo, como algunos, igual aprecio de todo lo bueno y desprecio de todo lo malo sin preguntar en qué país y siglo se publicó.

Cuarto: Cualquier libro que os citen, decid que ya lo habéis leído y examinado.

Quinto: Alabad mutuamente los unos las obras de los otros. *Vice versa*, mirad con ceño a todo el que no esté en vuestra matrícula.[70]

Sexto: De antigüedades, como monedas, inscripciones, etc. y de historia natural, facultades menos cursadas en España, apenas necesitáis saber más que los nombres y, cuando no, diccionarios, compendios y ensayos hay en el mundo.

Conclusión

Cumplí mi promesa. Llené mi objeto. Seréis felices si os aprovecháis de mi método, erudición y enseñanza, para mostraros completos eruditos a la violeta.

ANTONIO CAPMANY (1742-1813)

El catalán Antonio Capmany desarrolla su vida y su literatura en las últimas décadas del siglo y será, en muy difíciles circunstancias, ante todo un buen patriota.

El ideario de Capmany es el de un hombre de la Ilustración preocupado por el progreso económico de su país, pero también por su salud política y cultural. En relación con ese primer punto aludido, se explica la tarea que, junto al Asistente Olavide, lleva a cabo en La Carolina (1773-1775), de la cual fue Director de Agricultura y a quien se le debe la aclimatación en esta colonia de técnicas agrícolas procedentes de tierras cata-

lanas así como el reclutamiento para ella de agricultores de esta misma región española. Sin embargo, donde Capmany concentra más sus esfuerzos es en su tarea intelectual, dirigida principalmente hacia los estudios históricos y filológicos aunque siempre con el objetivo —casi casticista— del conocimiento en profundidad y valoración del ser patrio.

En este último orden de cosas, el catalán publica, en 1776, un *Arte de traducir el idioma francés al castellano*, en 1777, su *Filosofía de la elocuencia* y, de 1786 a 1794, un *Teatro histórico-crítico de la elocuencia española*. Junto a estos textos filológicos, la actividad de Capmany se centra en estudios de naturaleza bien diferente. Con el apoyo de diversas instituciones oficiales, a fines de los años 70 y 80 y en la década de los 90, Capmany aportará a la historiografía española un conjunto excelente de estudios sobre varios aspectos económicos y políticos del pasado histórico de su tierra natal, Cataluña. Destacan entre ellos, las *Memorias históricas sobre la marina, comercio y artes de la antigua ciudad de Barcelona* (1779-1792), comisionadas por la Junta de Comercio de esta ciudad, los *Antiguos tratados de paces y alianzas entre algunos reyes de Aragón y diferentes príncipes infieles de Asia y África, desde el siglo XIII hasta el XV* (1786) y las *Ordenanzas de las armadas navales de la Corona de Aragón* (1787), ambos textos subvencionados con dinero real, y finalmente su *Código de las costumbres marítimas de Barcelona, hasta aquí vulgarmente llamado «Libro del Consulado»* (1791).

La actividad literaria de Capmany disminuye ya entrado el siglo XIX. Su interés filológico queda de nuevo de manifiesto en 1805 con la publicación de un *Nuevo diccionario francés-español* y su interés histórico en sus *Cuestiones críticas sobre varios puntos de historia política y militar*, de 1807, pero las circunstancias políticas que pronto vivirá España y el patriotismo que siempre dirigió los pasos del catalán van a dar un giro a su vida. La entrada de los ejércitos napoleónicos en la Península dirige a Capmany hacia Sevilla en donde se pone al servicio de la Junta Central, encargándole ésta la redacción de la *Gaceta del Gobierno*. En enero de 1810, la Junta Central se refugia en Cádiz, en donde el redactor de la

---

[66] Excluís.

[67] Alude a Marco Anneo Séneca (¿55 a. de J.C.-39 d. de J.C.?) y a Lucio Anneo Séneca (¿4?-65), retórico aquél y filósofo éste hispanolatinos.

[68] Alude a Marco Fabio Quintiliano (¿35-96?), retórico hispanolatino.

[69] Alude a Cayo Valerio Marcial (¿43?-104), poeta hispanolatino.

[70] **Esté...** pertenezca a vuestro círculo.

Gaceta la edita ahora con el nombre de *Gaceta de la Regencia de España e Indias*. Elegido diputado por Cataluña, Capmany tiene en las Cortes de Cádiz una participación muy independiente y personal. Defiende con los liberales la ley de imprenta, se separa de éstos en el tema de la supresión de los gremios y, si bien en este asunto adopta el voto de los diputados catalanes, en cambio se les enfrentará a ellos en el debate sobre la Inquisición, siendo acérrimo partidario de su total aniquilamiento.

A esta época pertenece *Centinela contra franceses,* aquí incluida en selección y escrita en 1808 contra Napoleón Bonaparte.

Centinela contra franceses

Tampoco quisiera traer otra vez a la memoria el retrato odioso de Napoleón. Este nombre me indigna y su figura me hace estremecer. Ya dije ocho años hace al ver su busto en una caja: «éste tiene cara de resiarca», y a fe que a ninguno se la he visto. ¡Qué funesto presentimiento me inspiraría su fisonomía para retratar por ella su corazón! No le traté de hereje ni de apóstata porque nunca ha tenido religión que dejar ni que abrazar. Leí en su cara una profunda hipocresía y en su vista, perspicaz y sombría, una malvada intención. Así se me representó como el fundador de una nueva secta, ya fuese política, ya religiosa. El mundo lo ha visto después con espanto y he tenido yo el dolor de ver realizada mi aprehensión.[1] Meditabundo, serio, tétrico, de pocas palabras y de mucha intrepidez, desterradas de su rostro la risa y la afabilidad, ambicioso de mando y de gloria: hete ahí Mahoma hecho y derecho, y para completar el paralelo, también tocado de epilepsia como el hijo de la Meca. (...)

No se contenta con el título y la soberbia de Emperador, aspira al de Criador. Ya que no puede decir: «yo crié el cielo y la tierra e hice el hombre a mi imagen y semejanza», trabaja por regenerarle, esto es, por mudarle la naturaleza, que ya lo ha conseguido, según lo hemos experimentado con sus franceses. En la forma humana de los cuerpos, ningún poder tiene su soberbia. ¡Cuánto no sentirá su arrogancia de que no le nazcan hombres con cuatro brazos para hacerles disparar dos fusiles a un tiempo y saquear a cuatro manos! Una ley y una lengua en el Continente, y un rebaño de carneros de una misma lana, y hete ahí[2] la paz y la armonía universal que tanto desea, y, después, venga el Anticristo. Sin duda no será Napoleón,

porque de aquél se cuenta que sembrará pesetas a dos manos, pero éste las recoge todas para sí.

Todo lo quiere abolir. Aborrece todo lo que trae el sello de antigüedad. Quiere que sea todo obra de sus manos. No quiere ni los restos, ni el nombre, ni la memoria del Feudalismo, y hace feudos del Imperio francés a las nuevas soberanías que crea. No quería títulos ni distinciones hereditarias para no sacar a los franceses de la igualdad y acaba de crear duques, condes, barones y nobles. Nada viejo quiere, ni nuestra monarquía, y toma de los romanos la legión, los vélites,[3] el tribunado, el senado, el prefecto, el senado-consulto, y de los griegos, el odeón,[4] el ateneo, etc.

Ya que no puede mudar el orden de nacer en los hombres, ha inventado el modo de hacerlos morir. La ejecución de la pena capital es nueva en la justicia civil y sólo conocida entre la soldadesca. Los patíbulos altos, como de degüello,[5] garrote,[6] y principalmente el de horca, se establecieron para que su vista amedrentase y sirviesen de público escarmiento. En aquel estado, a lo menos, tiene el ajusticiado el consuelo de hablar al pueblo, de despedirse de sus amigos, de invocar al cielo y de excitar la admiración o la compasión de los espectadores por su fortaleza o con su resignación, antes de dar el cuello al verdugo.

Ya que no puede formar otro mundo, se afana en transformar sus habitantes en bestias. No puede mudar la geografía física y natural, ni el curso de los ríos, ni las cadenas de los montes, ni el asiento de las ciudades, ni las barreras de la naturaleza, pero trastorna los límites políticos de las provincias y de los reinos, acorta o alarga fronteras, quita o añade territorios al modo que destruye reyes en un país y los levanta en otro, y muda o borra sus antiguos nombres. El atlas del mundo está en blanco, como después del diluvio y los grabadores están con el buril en la mano, aguardando, antes de trazar los lindes de los estados, que S. M. I.[7] acabe de fijar de una vez el último destino del continente europeo. (...)

Las conquistas de Napoleón no siguen el orden ni sistema de las antiguas. Ahora no deja leyes, costumbres, usos, privilegios, clases; todo lo trastorna, hasta el culto divino. Introduce su moneda, su idioma, sus fórmulas y reglas de gobierno, su constitución política y militar, y su código civil. Muda los nombres a los institutos[8] que se digna dejar en pie, y lo peor, derrama, con las tropas y

---

[1] Sospecha.

[2] **Hete...** Expresión demostrativa que sirve para llamar la atención.

[3] Soldado romano de infantería ligera.

[4] Lugar donde se escuchaba a los músicos y cantores en Atenas.

[5] **De...** donde se degüella.

[6] Tormento que se aplica estrangulando con un arco de hierro sujeto a un poste fijo.

[7] Su Majestad Imperial.

[8] **Los...** las instituciones.

comisionados que envía a las conquistas, la perversidad de sus costumbres y su impiedad. En una palabra, esclaviza las almas y los cuerpos. Esto se llama entre los franceses *organizar*, esto es, descompaginar. (...)

Antes fue París el emporio de las ciencias y las letras, hoy es el almacén general de las rapiñas, centro del despotismo y albañar[9] de todos los vicios y escándalos del Imperio francés. Allí triunfan y se regalan como sardanápalos[10] los generales y pretores que han vuelto de las conquistas cargados de crímenes y tesoros.

No hay velo ni razones con que disculpar las barbaridades que cometen los fieros soldados de Napoleón en los templos. Concédaseles a su codicia e impiedad que saqueen los sagrarios y las sacristías, que carguen con los santos, si son de plata o de oro, porque allí sacian su codicia con el valor del metal, pero que acuchillen las imágenes sagradas y se entretengan en descabezarlas como si fuesen sensibles[11] no tiene disculpa, ni como odio, ni como diversión. (...)

Pero, ¿qué se puede esperar de ejércitos de ateístas, plaga nueva en el mundo y desconocida en la historia? Permítese entre ellos toda creencia, pero ningún culto. (...) Sólo se permite y prescribe la idolatría en los ejércitos y en los vastos dominios del Imperio francés, no la de Ceres ni de Cibeles, emblemas de la agricultura y de la civilización de los pueblos, sino del numen maléfico Napoleón, el emperador por su palabra, el omnipotente por la de sus infames adoradores y el héroe por la de los que valen más y pueden menos que él. *¡Vive l'Empereur!* es el juramento y la invocación diaria de sus soldados en guerra y en paz. *¡Vive la liberté!* fue antes, cuando eran los franceses más sabios y más locos. *¡Vive la paix!* fue el penúltimo, cuando espiraba la república. Con tan augusta salutación se acuestan y levantan hoy los que sufren la esclavitud y los que la defienden con las armas. No tienen otra deidad a quien invocar porque no ven otra a quien temer.

GASPAR MELCHOR DE JOVELLANOS (1744-1811)

Feijoo, Sarmiento y Mayáns ejemplifican la cultura de la pre-Ilustración española, coincidiendo con los reinados de Felipe V (1701-1746) y de Fernando VI (1746-1759). Luzán, Campomanes o Cadalso corresponden al ambiente característico de la primera parte del reinado de Carlos III (1759-1780), período propiamente ilustrado y

neoclásico. Con la persona de Gaspar Melchor de Jovellanos seguimos dentro de la Ilustración propia del Despotismo borbónico (última década del reinado de Carlos III y reinado de Carlos IV), aunque ésta tome cada vez posturas más recalcitrantes a consecuencia de los acontecimientos políticos fruto de la Revolución francesa de 1789 y de la República imperialista de Napoleón.

Jovellanos es uno de los intelectuales más íntegros de la época y fue precisamente su sincero compromiso con la Ilustración la causa de que sufriera en piel propia los numerosos vaivenes de la política finisecular. Favorito del Poder hasta 1790, su honestidad y celo patriótico se tornan progresivamente un peligro para las clases directoras nacionales (nobleza, clero y alta burguesía). En 1790 se le aleja de la Corte con una comisión en Asturias. Es solicitado de nuevo en Madrid muy poco después para ocupar el Ministerio de Gracia y Justicia. En 1801 se le depone y destierra, y es recluido en la cartuja de Valldemosa y más tarde en el castillo de Bellver (Mallorca). Al estallar el levantamiento del Dos de Mayo, preside la Junta popular creada para resistir a los invasores (1808). Ésta se disuelve en 1810 y da paso a una Regencia a la que nuestro hombre apenas sobrevive pues muere el 27 de julio de 1811.

La obra de Jovellanos muestra cuatro diferentes géneros, tres en relación íntima con sus responsabilidades políticas (los discursos, los informes y las memorias) y un último de carácter más misceláneo y personal (el diario). En cuanto a las preocupaciones que tales exhiben, son muy variadas y en conjunto se relacionan con las distintas actividades públicas en que Jovellanos se vio inmerso. Destacan, sin embargo, dos temas, la economía y la educación.

En el terreno educacional, como ya hemos visto, participa Jovellanos de las ideas más modernas del período. Recomienda la educación de la clase noble en su propia casa y, si no en manos del mismo padre, como sugería el filósofo Jean Jacques Rousseau, al menos en las de un tutor particular más amigo que dómine de su discípulo (*Plan de educación de la nobleza* [1798]). En cuanto a la enseñanza institucionalizada, coloca las disciplinas tradicionales (Retórica, Gramática, Filosofía, etc.) a la par de

---

[9] Alcantarilla.
[10] Disolutos.
[11] Personas.

la moderna Lógica de Locke y de ciencias experimentales como la Física, la Historia Natural, las Matemáticas, la Química y la Mineralogía. Con estos presupuestos elabora el programa del Instituto de Gijón (1794) y aconseja a Manuel Godoy en una proyectada reforma de la enseñanza que nunca tuvo lugar.

De carácter económico son los principales trabajos del gijonés. En su *Informe sobre el libre ejercicio de las artes* (1785), «propende Jovellanos a la liberalización del mercado tanto en lo que respecta a suprimir la vinculación de la propiedad agraria, como en lo que se refiere a las barreras que impone la organización gremial al desarrollo de la industria» (Sánchez Blanco 180). Por su parte, el *Informe sobre la ley agraria*, de 1794, parte de la tesis de la primacía económica de la agricultura frente a la industria y el comercio. Con este principio, Jovellanos arguye en pro de la desamortización de los bienes comunales y eclesiásticos, del recorte de los mayorazgos civiles, del freno a los privilegios de la Mesta y de la justa repartición del suelo, justificando todo ello a través de la jurisprudencia. De su análisis histórico de las leyes castellanas, Jovellanos concluye que éstas no legitiman los privilegios tradicionales que vienen lastrando por siglos el progreso natural de la agricultura española.

No obstante, las ideas en torno a la agricultura del gijonés, si bien con buenas intenciones, resultaban en su misma época ya atrasadas. En 1756, el economista francés François Quesnay rompía con el tradicional populismo de la escuela fisiócrata y afirmaba la necesidad de la concentración del campo en pocas manos como principal senda hacia la productividad. Este aumento de la producción se conseguiría no a través del esfuerzo del pequeño campesinado, sino a través de la habilidad de un gran empresario. En su artículo «Fermiers» («Colonos»), escrito para el volumen VI de la *Encyclopédie*, Quesnay describía al agricultor ideal como «un hombre rico que cultiva grandes extensiones con caballos, un empresario moderno sin nada en común con aquellos pobres campesinos o aparceros que se ganan penosamente la subsistencia con su agricultura a pequeña escala» (Weisser, «The Agrarian Ideal in Eighteenth-Century Spain» 385). Sin embargo, la impronta de Jovellanos y

sus afines en las mentes liberales del siglo XIX provocaría que tesis como las suyas inspirasen los programas agrarios, no sólo a lo largo de todo el Ochocientos, sino incluso en el mismo siglo XX, impidiendo así la competividad de nuestros productos ante los bajos precios agrícolas de la producción capitalista a gran escala.

Informe de la Sociedad Económica de esta corte al Real y Supremo Consejo de Castilla

VI. La amortización[1]

No son pues estas leyes las que ocuparán inútilmente la atención de la Sociedad.[2] Sus reflexiones tendrán por objeto aquéllas que sacan continuamente la propiedad territorial del comercio y circulación del estado, que la encadenan a la perpetua posesión de ciertos cuerpos y familias, que excluyen para siempre a todos los demás individuos del derecho de aspirar a ella y que, uniendo el derecho indefinido de aumentarla a la prohibición absoluta de disminuirla, facilitan una acumulación indefinida y abren un abismo espantoso que puede tragar con el tiempo toda la riqueza territorial del Estado, tales son las leyes que favorecen la amortización.

¿Qué no podría decir de ellas la Sociedad si las considerase en todas sus relaciones y en todos su efectos? Pero el objeto de este informe la obliga a circunscribir sus reflexiones a los males que causan a la agricultura.

El mayor de todos es el encarecimiento de la propiedad. Las tierras, como todas las cosas comerciables, reciben en su precio las alteraciones que son consiguientes a su escasez o abundancia y valen mucho cuando se venden pocas y poco cuando se venden muchas. Por lo mismo la cantidad de las que andan en circulación y comercio será siempre primer elemento de su valor y lo será tanto más cuanto el aprecio que hacen los hombres de esta especie de riqueza los inclinará siempre a preferirla a todas las demás.

Que las tierras han llegado en España a un precio escandaloso, que este precio sea un efecto natural de su escasez en el comercio y que esta escasez se derive principalmente de la enorme cantidad de ellas que está amortizada son verdades de hecho que no necesitan demostración. El mal es notorio, lo que importa es presentar a V. A.[3] su influencia en la agricultura para que se digne a aplicar el remedio.

---

[1] Pasar ciertos bienes a poder de «manos muertas», que no los hacen producir.

[2] La Sociedad Económica de Madrid.

[3] Vuestra Alteza.

Este influjo se conocerá fácilmente por la simple comparación de las ventajas que la facilidad de adquirir la propiedad territorial proporciona al cultivo con los inconvenientes resultantes de su dificultad. Compárese la agricultura de los estados en que el precio de las tierras es ínfimo, medio y sumo y la demostración estará hecha. (...)

Cortemos pues de una vez los lazos que tan vergonzosamente encadenan nuestra agricultura. La Sociedad conoce muy bien los justos miramientos con que debe proponer su dictamen sobre este punto. La amortización así eclesiástica como civil está enlazada con causas y razones muy venerables a sus ojos y no es capaz de perderlas de vista, pero, Señor, llamada por V.A. a proponer los medios de restablecer la agricultura, ¿no sería indigna de su confianza si detenida por absurdas preocupaciones[4] dejase de aplicar a ella sus principios?

Si la amortización eclesiástica es contraria a los de la economía civil no lo es menos a los de la legislación castellana. Fue antigua máxima suya que las iglesias y monasterios no pudiesen aspirar a la propiedad territorial y esta máxima formó de su prohibición una ley fundamental. Esta ley solemnemente establecida para el reino de León en las cortes de Benavente y para el de Castilla en las de Nájera, se extendió con las conquistas a los de Toledo, Jaén, Córdoba, Murcia y Sevilla en los fueros de su población.

No hubo código general castellano que no la sancionase como prueban los fueros primitivos de León y Sepúlveda, el de los fijosdalgo o *Fuero Viejo* de Castilla, el *Ordenamiento de Alcalá* y aún el *Fuero Real*, aunque coetáneo a *Las Partidas*, que en vez de consagrar ésta y otras máximas de derecho y disciplina nacional, se contentaron con transcribir las máximas ultramontanas de Graciano.[5] Ni hubo tampoco fuero municipal que no la adoptase para su particular territorio, como atestiguan los de Alarcón, Consuegra y Cuenca, los de Cáceres y Badajoz, los de Baeza y Carmona, Sahagún, Zamora y otros muchos, aunque concedidos o confirmados en la mayor parte por la piedad de San Fernando[6] o por la sabiduría de su hijo.[7]

¿Qué importa, pues, que la codicia hubiese vencido esta saludable barrera? La política cuidó siempre de restablecerla, no en odio de la Iglesia, sino en favor del Estado, ni tanto para estorbar el enriquecimiento del clero cuanto para precaver el empobrecimiento del pueblo que

tan generosamente le había dotado. Desde el siglo X al XIV los reyes y las cortes del reino trabajaron a una en fortificarla contra las irrupciones de la piedad y si después acá, a vuelta de las convulsiones que agitaron el Estado, fue roto y descuidado tan venerable dique, todavía el gobierno, en medio de su debilidad, hizo muchos esfuerzos para restaurarle. Todavía don Juan el II gravó las adquisiciones de las manos muertas con el quinto de su valor además de la alcabala.[8] Todavía las cortes de Valladolid de 1523, de Toledo de 1522, de Sevilla de 1532, clamaron por la ley de amortización y la obtuvieron aunque en vano. Todavía en fin las de Madrid de 1534 tentaron oponer otro dique a tan enorme mal. Pero, ¿qué diques, qué barreras podían bastar contra los esfuerzos de la codicia y la devoción reunidos en un mismo punto? (...)

Pero si por desgracia fuese vana esta esperanza, si el clero se empeñase en retener toda la propiedad territorial que está en sus manos, cosa que no teme la Sociedad, a lo menos la prohibición de aumentarla parece ya indispensable y por lo mismo cerraré este artículo con aquellas memorables palabras que pronunció 28 años ha[9] enmedio de V. A. el sabio magistrado[10] que promovía entonces el establecimiento de la ley de la amortización, con el mismo ardiente celo con que promovió después el de la ley agraria: «Ya está el público muy ilustrado —decía— para que pueda esta regalía admitir nuevas contradicciones. La necesidad del remedio es tan grande que parece mengua dilatarle. El reino entero clama por ella siglos ha y espera de las luces de los magistrados propongan una ley que conserve los bienes raíces en el pueblo y ataje la ruina que amenaza al Estado continuando la enajenación en manos muertas».

II. Mayorazgos civiles.

Esta necesidad es todavía más urgente respecto de la amortización civil porque su progreso es tanto más rápido cuanto es mayor el número de las familias que el de los cuerpos amortizantes y porque la tendencia a acumular es más activa en aquéllos que en éstos. La acumulación entra necesariamente en el plan de institución de las familias porque la riqueza es el apoyo principal de su esplendor, cuando en la del clero sólo puede entrar accidentalmente porque su permanencia se apoya sobre cimientos incontrastables y su verdadera gloria sólo puede derivarse de su celo y su moderación, que son independientes y acaso ajenos de la riqueza. Si se quiere una prueba real de esta verdad, compárese la suma de

---

[4] **Absurdas...** absurdos prejuicios.

[5] Monje del siglo XIII, autor de la primera compilación de las decretales de los Papas (*Decreto de Graciano*).

[6] Fernando III el Santo, rey de Castilla y León (1199-1252).

[7] Alfonso X el Sabio, rey de Castilla y León de 1252 a 1284.

---

[8] Impuesto sobre las ventas y permutas.

[9] **28...** hace 28 años.

[10] Se refiere a Pedro Rodríguez de Campomanes.

propiedades amortizadas en las familias seculares y en los cuerpos eclesiásticos y se verá cuánto cae la balanza hacia las primeras, sin embargo de que los mayorazgos empezaron tantos siglos después que las adquisiciones del clero. (...)

Es preciso confesar que el derecho de transmitir la propiedad en la muerte no está contenido ni en los designios ni en las leyes de la naturaleza. (...) Y he aquí por qué en el estado natural los hombres tienen una idea muy imperfecta de la propiedad y ¡ojalá que jamás la hubiesen extendido!

Pero, reunidos en sociedades para asegurar sus derechos naturales, cuidaron de arreglar y fijar el de propiedad que miraron como el principal de ellos y como el más identificado con su existencia. Primero le hicieron estable e independiente de la ocupación de donde nació el dominio, después le hicieron comunicable y dieron origen a los contratos y al fin le hicieron transmisible en el instante de la muerte y abrieron la puerta a los testamentos y sucesiones. Sin estos derechos, ¿cómo hubieran apreciado ni mejorado una propiedad siempre expuesta a la codicia del más astuto, o del más fuerte? (...)

Ni los griegos, ni los romanos, ni alguno de los legisladores antiguos extendieron la facultad de testar fuera de una sucesión porque semejante extensión no hubiera perfeccionado, sino destruido el derecho de propiedad puesto que tanto vale conceder a un ciudadano el derecho de disponer para siempre de su propiedad como quitarle a toda la serie de propietarios que entrasen después en ella.

En vano se quieren justificar estas instituciones [los mayorazgos en forma de substituciones y de fideicomisos], enlazándolas con la constitución monárquica porque nuestra monarquía se fundó y subió a su mayor esplendor sin mayorazgos. (...)

La más antigua memoria de los mayorazgos de España no sube del siglo XIV y aún en éste fueron muy raros. La necesidad de moderar las mercedes enriqueñas[11] redujo muchos grandes estados a mayorazgo, aunque de limitada naturaleza. A vista de ellos aspiraron otros a la perpetuidad y la soberanía les abrió las puertas dispensando facultades de mayorazgar. Entonces los letrados empezaron a franquear los diques que oponían las leyes a las vinculaciones, las *Cortes de Toro* los rompieron del todo a fines del siglo XV y desde los principios del XVI el furor de los mayorazgos ya no halló en la legislación límite ni freno. Y en este tiempo los patronos de los mayorazgos los miraban y defendían como indispensables para conservar la nobleza y como inseparables de ella. Mas por ventura aquella nobleza

constitucional que fundó la monarquía española que luchando por muchos siglos con sus feroces enemigos extendió tan gloriosamente sus límites, que al mismo tiempo que defendía la patria con las armas la gobernaba con sus consejos y que, o lidiando en el campo o deliberando en las cortes o sosteniendo el trono o defendiendo el pueblo fue siempre escudo y apoyo del Estado, ¿hubo menester mayorazgos para ser ilustre ni para ser rica? (...)

Justo es, pues, señor, que la nobleza ya que no puede ganar en la guerra estados ni riquezas se sostenga con las que ha recibido de su mayores, justo es que el estado asegure en la elevación de sus ideas y sentimientos el honor y la bizarría de sus magistrados y defensores. Retenga en hora buena[12] sus mayorazgos, pero pues los mayorazgos son un mal indispensable para lograr este bien, trátense como un mal necesario y redúzcanse al mínimo posible. (...)

La primera providencia[13] que la nación reclama de estos principios es la derogación de todas la leyes que permiten vincular la propiedad territorial. Respétense en hora buena las vinculaciones hechas hasta ahora bajo su autoridad, pero pues han llegado a ser tantas y tan dañosas al público, fíjese cuanto antes el único límite que puede tener su perniciosa influencia. Debe cesar por consecuencia la facultad de vincular por contrato entre vivos y por testamento por vía de mejora, de fideicomiso, de legado, o en otra cualquiera forma de manera que, conservándose a todos los ciudadanos la facultad de disponer de todos sus bienes en vida y muerte según las leyes, sólo se les prohiba esclavizar la propiedad territorial con la prohibición de enajenar ni imponerle gravámenes equivalentes a esta prohibición.

Esta derogación que es tan necesaria como hemos demostrado es al mismo tiempo muy justa porque si el ciudadano tiene la facultad de testar, no de la naturaleza, sino de las leyes, las leyes que la conceden pueden sin duda modificarla. ¿Y qué modificación será más justa que la que conservándole según el espíritu de nuestra antigua legislación el derecho de transmitir su propiedad en la muerte le circunscribe a una generación para salvar las demás?

---

[11] De Enrique IV el Impotente, rey de Castilla de 1454 a 1474.

[12] **En...** enhorabuena. Junto a un imperativo, sirve para mostrar que quien habla no se opone a lo que el verbo expresa.

[13] Medida.

JUAN PABLO FORNER Y SEGARRA (1756-1797)

El XVIII fue siglo de intensas polémicas literarias, siendo quizás Juan Pablo Forner quien sostuvo en su tiempo algunas de las más virulentas. Por tal circunstancia, gran número de críticos, tradicionalmente, han sólo recordado a Forner como un acre polemista, despreocupándose de otro trascendental aspecto de su obra y personalidad, a saber, su preocupación por los problemas sociopolíticos de España.

Juan Pablo Forner nació en Mérida, y cinco años después se halla en Madrid, bajo la tutela de su tío materno, el famoso doctor Andrés Piquer. Comienza el joven sus estudios universitarios en Salamanca en 1771, inscribiéndose en la Facultad de Artes y pasando, posteriormente, en 1773, a la de Leyes. Es en Salamanca en donde frecuenta la celda de fray Diego González y donde conocerá, entre otros, a José Iglesias de la Casa, Juan Meléndez Valdés y Estala (Escuela de Salamanca).* En 1775, Forner se matricula en las facultades de Leyes y Cánones de la Universidad de Toledo. Un año después, vuelve a Salamanca para cursar Cánones, si bien se traslada al siguiente a Alcalá en donde va a conseguir su título de Bachiller en Leyes en 1778.

Una vez terminados sus estudios, se instala en Madrid, viviendo con su tío segundo Juan Crisóstomo Piquer (hijo de Andrés Piquer) y trabajando en el bufete de Miguel Sarralde mientras estudia Derecho Natural y de Gentes en los Reales Estudios de San Isidro de Madrid (1781). En 1784, se le nombra abogado honorario de la Casa de Altamira.

Desde el punto de vista literario, este período en Madrid es su más productivo. A partir de 1779, frecuenta la tertulia del padre Estala, en la que inicia su amistad con Emilio Llacuno y en la que, muy posiblemente, conoce a Manuel Godoy, ambos sus incondicionales protectores una vez en el poder (al primero se le nombra, en 1787, Secretario de Gobierno de la Suprema Junta del Estado y el segundo ascenderá meteóricamente a partir de 1788 hasta alcanzar, en 1792, el cargo de Primer Ministro). Por estos mismos años, inicia su actividad literaria, primero fundamentalmente polémica y, más tarde, a partir de 1787, de índole pública, y por encargo de la Administración gubernamental.

Sátira contra los vicios introducidos en la poesía castellana, escrita en 1781, es la primera obra conocida de Forner, que la Real Academia premia un año después, publicándose inmediatamente. Tras la anterior, redacta *el Cotejo de las églogas*, el cual dedica a la comparación de los poemas que Meléndez Valdés y Tomás de Iriarte presentaron en el certamen de la Academia en 1780. La decidida defensa que Forner hará de la égloga *Batilo* de su amigo Meléndez—en respuesta a las *Reflexiones sobre la égloga intitulada «Batilo»*, de rancisco Agustín de Cisneros (el mismo Tomás de Iriarte)—marca el inicio de una cruda polémica con este último, contra el cual escribiría *El asno erudito* (1782) y *Los gramáticos, historia chinesca* (de 1782, pero no publicada hasta 1970).

Los gramáticos, historia chinesca, que apareció bajo el nombre de Pablo Segarra (el segundo apellido de Forner), es una dura diatriba contra Tomás de Iriarte y su obra, pero también contra el resto de los Iriarte, don Juan y los sobrinos de éste y hermanos de aquél, Bernardo y Domingo. Hoy, no obstante, *Los gramáticos* nos interesan más por su elemento chinesco que por la cruda sátira literaria que en la obra se lleva a cabo.

Lo chinesco fue una moda del siglo XVIII, de la que no escapó ni el mismo Voltaire, quien, en 1755, representó su tragedia, *L'orphelin de la Chine (El huérfano de la China)*. El drama fue traducido por Tomás de Iriarte en 1770 y, muy posiblemente, fuera tal traducción la que inspirase a Forner la idea de situar *Los gramáticos* en la exótica China. Así pues, bajo ropaje oriental, se ocultan no sólo los diferentes miembros Iriarte e, incluso, el mismo Forner, sino dos metrópolis europeas: «Pekín representa a Madrid; el Japón está por Francia; Chao-Kong es D. Juan de Iriarte; y Chu-su es su sobrino D. Tomás. El joven que insulta a Chu-su es, evidentemente, un autorretrato [de Forner]; y Kin-Taiso, aunque no encarna precisamente la persona de Forner, es portavoz de sus ideas» (Polt, *Los gramáticos* 15).

En breve, bajo este entramado de personajes, lo que le importa a Forner es la crítica de la

---

* Véase el capítulo sobre la poesía del siglo XVIII.

producción literaria de Tomás de Iriarte, la cual realiza bajo un argumento muy simple y que, indudablemente alude a los diversos avatares de su polémica con aquél. El que sigue es el hilo argumental de *Los gramáticos*: El joven chino, Chao-Kong, tras finalizar sus estudios en el Japón, regresa a su país, en donde se le nombra preceptor del hijo de un alto dignatario. Sus conocimientos gramaticales causan admiración en Pekín y, aprovechando su éxito, decide traer a la Corte a dos de sus sobrinos. Una vez en ella, Chu-su es aleccionado por su tío en un tipo de erudición fácil y superficial, pero suficiente para adquirir renombre en la palestra literaria. Sin embargo, un joven recién venido a Pekín ataca con mordacidad la erudición de Chu-su (llega a calificarle de «asno», aludiéndose claramente a *El asno erudito* que escribió Forner contra Iriarte). Éste desea responder a su adversario, pero el filósofo Kin-Taiso le convence de que se sobreponga a su amor propio y de que viaje por Europa en compañía de un amigo suyo español. Una vez en el continente europeo, el español y su acompañante visitan Madrid, en donde llega a conocimiento de Chu-su una polémica entre dos autores españoles, curiosamente muy parecida a la suya, siendo el agredido Tomás de Iriarte, escritor a quien, en Pekin, Chu-su imitaba en sus obras. Tras estos acontecimientos, Chu-su reconoce sus errores y decide volver a China con la intención de elevar su calidad literaria.

Tras su polémica con Tomás de Iriarte, la producción de Forner continúa en 1783 con la comedia *La cautiva española*, cuya representación se prohibe, y con el inicio de sus *Discursos filosóficos*, que la Imprenta Real publicaría cuatro años después. En 1784, Forner comienza la redacción del que quizás hoy sea su texto más famoso, la *Oración apologética por la España y su mérito literario*, que vio luz en 1786 en respuesta al artículo que Masson de Mourvilliers publicó sobre España, en 1782, en la *Encyclopédie Méthodique*.

El espíritu polemista de Forner, sin embargo, volvió muy pronto a la carga de genios nacionales. En 1784, arremete contra Cándido María de Trigueros con el libelo *Carta de don Antonio Varas al autor de «La riada»*; en 1786, Forner hostiliza al dramaturgo Huerta con sus *Reflexiones sobre la «Lección Crítica» que ha publicado don Vicente García de la Huerta*; y su mordacidad continúa lo largo de toda su vida, para concluir tan sólo con la violenta diatriba *La corneja sin plumas* (1795), contra Vargas Ponce, publicada dos años antes de su propia muerte.

Pero, a partir del ascenso al poder de su amigo Llacuno y de Godoy, la producción de Forner no tan sólo disminuirá en cantidad sino que cambiará decididamente de rumbo, alejándose de lo puramente literario para adaptarse a su actividad política. A partir de 1787 el Gobierno le encarga diferentes trabajos de carácter técnico. En 1787 escribe Forner su primera obra como burócrata del Estado, recién ascendido a la Secretaría de la Suprema Corte su amigo Llacuno y al Ministerio de Hacienda otro de sus protectores, Pedro López de Lerena; se trata de la *Noticia de las aguas minerales de la fuente de Solán de Cabras en la sierra de Cuenca*. El Gobierno pone en sus manos seguidamente la redacción de otros estudios, tales como la *Colección alfabética de los aranceles de Francia*, el prólogo y edición de la *Instrucción metódica sobre los mueres por don Joaquín Manuel Fos* y la censura a *la Historia universal sacro-profana*, del padre Tomás Borrego, que continúa hoy inédita.

Llegado, en 1790, a Sevilla, Forner pasará a dedicar sus horas como escritor a asuntos propios de su condición de magistrado. Es en 1792 cuando redacta *su Discurso sobre la perplejidad de la tortura*, en respuesta al sevillano Pedro de Castro quien, dieciséis años antes, en pro de esta práctica judicial (*Defensa de la tortura*, de 1774), se había enfrentado, no sólo a las tesis del italiano Cesare *Beccaria (Dei delitti e delle pene [De los delitos y de las penas]*, de 1764), sino a las otros muchos de sus compatriotas, como, por citar los más destacados de entre ellos, Alfonso María de *Acevedo (De reorum absolutione*, de 1770), Manuel de Lardizábal (*Discurso sobre las penas*, de 1776) y el mismo Jovellanos, quien, en Sevilla, redactó tres informes sobre el asunto (*Informe sobre la abolición de la prueba del tormento, Informe sobre el interrogatorio de los reos* e *Informe sobre la reforma de las cárceles*), posiblemente todos ellos consultados por Forner (Mollfulleda, 99-103).

En Sevilla dedica también sus horas el segundo fiscal de la Audiencia a un *Discurso sobre el modo de formar unas instituciones de derecho de España,* escrito en el mismo año de 1792, pero que verá luz tan sólo en 1843, a su *Preservativo contra el ateísmo,* de 1795, y al *Discurso sobre la historia de España,* quizás iniciado en 1788, refundido en 1796 y por primera vez editado en 1816. El resto de sus horas, las pasa Forner ocupado en otras actividades de carácter cultural. Desde 1971 es académico y director de la Academia Horaciana de Sevilla. En 1793, es elegido director de la Sociedad Económica y miembro de la Academia de Buenas Letras de la ciudad, y, en 1794, censor de la recién creada Academia de Letras Humanas.

Con Godoy como Primer Ministro, la carrera de Forner alcanza su cima. El 22 de julio de 1796 es nombrado Fiscal del Consejo de Castilla y se traslada a Madrid. Allí, la Real Academia de Derecho le nombra su Presidente y allí también se estrena, en 1796, *El filósofo enamorado.* No obstante, su carrera política y su gloria en el mundo de las Letras se verán truncadas súbitamente con su muerte en 1797.

Los gramáticos, historia chinesca

Capítulo 11
Crítica que se hizo en Pekín de un poema español sobre La Música[1]

De buen humor dicen las memorias que se levantó aquel día nuestro filósofo. No se descuidó Chu-su en acudir lo más temprano que le fue posible, persuadido a que iba a tener un rato más de chacota que de instrucción (...).

Juntáronse pues y encerráronse en el estudio. Tomó Kin-Taiso el *prezioso libretto,* frase con que he visto yo celebrado el que contiene el *Poema de la Música,*[2] y empezó a hablar de este modo:

—Antes de entrar en el examen del Poema, leamos esta cláusula que se halla en la página... no sé qué tantas del Prólogo, porque éste carece de paginación (en lo cual es regular haya su poquito de misterio gramatical); hállase empero al fin del Nº. 8, y dice así: «Pues como un poema no es método para aprender... conviene

ceñirse a lo que insinuó Virgilio en sus *Geórgicas: Non ego cuncta meis complecti versibus opto.*[3] Y en efecto se equivocaría tanto el que esperase hallar en las mismas *Geórgicas* todo lo que conduce a la agricultura, como el que pretenda que en este Poema se encierren otros preceptos que los generales de la música». (...) Hecha esta salva,[4] en la que no hemos perdido vanamente la pólvora,[5] vamos a examinar, no la música del poema, sino el *Poema de la Música.*

Este examen debe ceñirse por necesidad a dos puntos: primero, constitución, orden o disposición del Poema; segundo, estilo y modo con que se expliquen las cosas. Y pues ¿cuál os parece que debe ser la constitución de un poema didáctico? —En eso puede haber su variedad—respondió Chu-su—porque el asunto, las circunstancias y la prudencia obligarán a variar el orden de mil y mil modos, sin que se cometan defectos notables. —Perdonad, hijo mío—replicó Kin-Taiso--, porque las reglas fundamentales de los poemas son tan invariables como la naturaleza, de quien se derivan; y el que peca contra ellas comete defectos notabilísimos. ¿Y querréis creer que ese Poema que tanto os agrada, ese Poema tan cacareado que no parece sino que le ha puesto una gallina, ese Poema que ha corrido la Francia, atravesado la Italia, visitado la Alemania, registrado hasta los países del septentrión,[6] donde dicen que a su llegada creyeron los naturales que les sobrevenía una nueva estación de hielos, queréis creer que ese alabadísimo, aplaudidísimo, ensalzadísimo y ponderadísimo Poema peca contra las reglas fundamentales de los poemas, de modo que parece más un embrollo que una obra de poesía? —Vaya, vaya; acabóse—dijo Chu-su—. Vos, señor, chocheáis ya con los muchos años. Tras que vos mismo me habéis dicho mil veces que este Poema ha merecido aplausos de muchos varones célebres de Europa, y verse extractado en qué sé yo cuántos diarios, me salís ahora con esa pata de gallo?[7] —¡Ay, hijo, y qué inocente sois!—le replicó el filósofo—. ¿Pues si vos escribís una obra y regaláis ejemplares a todo el mundo, no os ha de dar las gracias todo el mundo? Y en cuanto a los diaristas,[8] gente es ésta de quien estimara yo mucho más los vituperios que los aplausos, y yo os referiría aquí menudamente las cualidades de muchos de estos traficantes de literatura,

---

[1] En el capítulo, el filósofo Kin-Taiso pretende desengañar a Chu-su de sus extravagantes gustos literarios.

[2] Se trata del famoso poema didáctico de Tomás de Iriarte publicado en 1780.

[3] «No pienso abrazar el tema entero con mis versos» (*Georgicas,* II, 42).

[4] Salvedad.

[5] Es decir, en la que no hemos desaprovechado la oportunidad de atacar a nuestro enemigo.

[6] Países del Norte.

[7] Esa tontería.

[8] Periodistas.

sus fines e intereses suficientes para no hacer caso ni de sus elogios ni de sus críticas, si fuera ésta ocasión. Por lo demás, si han alabado el Poema algunos hombres doctos, tengo para mí que sus alabanzas no disminuyen los defectos que hay en él, porque un hombre docto es hombre, y el que se ase de sus juicios para defenderse, lo más que prueba es, no que su obra carezca de defectos, sino que sus elogiadores no los conocieron, o conociéndolos no quisieron decirlos.

Capítulo 14 y último: Suplícase al lector que no tome ni un solo polvo[9] mientras lee los portentos que encierra este capitulillo[10]

Usted, señor Pandolfo,[11] ignora cuál sea el mayor número de estos escritos. Deseoso yo de trasladar a la posteridad los trabajos de este gran varón, he formado una lista cronológica de todos ellos para que los venideros gramáticos no anden en disputas sobre la fecha de cada uno cuando escriban la vida de varón tan célebre. Vea usted aquí los que precedieron a la memorable época de la traducción de la *Poética* de Horacio:[12] 1° *El finge negocios*, comedia.[13] Se escribió para oscurecer todas las de Terencio y Molière. Imprimióse sin nombre de autor,[14] y después de impresa se ha desaparecido; y dicen algunos maliciosos que el desaparecimiento[15] no ha consistido en el mucho despacho.[16] 2° *La escocesa*, traducida de M. de Voltaire.[17] 3° Una ópera castellana para ponerse en música.[18] La nación tuvo una pérdida irreparable con la de esta obrita. A persuasión de no sé qué censor mal acondicionado, la quemó su autor, cosa que lloran aún las musas de España. 4° *La librería*,[19] pequeño drama que se representó a solas, esto es, en desierto, porque nadie la oyó. 5° *El huérfano de la China*,[20] tragedia traducida de Voltaire con toda la languidez y corrección necesaria para que nadie se entristeciese en su representación. 6° *Los literatos en cuaresma*.[21] Esta obra estupenda costó mucho a su autor. Hízose a emulación de los *Eruditos a la violeta* de Cadalso; y para emprenderla y continuarla, he oído decir que renunció la comisión del *Mercurio*.[22] Decíase públicamente que el autor iba a asegurar en ella un mayorazgo, y la profecía ha salido tan cierta que la obra se ha quedado vinculada en la librería donde está de venta. Hay en ella cosas muy galanas: un elogio que hace a la *Gramática* de D. Juan de Iriarte[23] superior a cuantos se han escrito desde Crates el Cojo[24] hasta nuestros días, *Gramática* que ha costado y cuesta muchos suspiros a la familia, y que ha dado ocasión a más de un libelo contra los profesores de San Isidro;[25] un texto griego de Teofrasto entendido tan magistralmente que la traducción castellana no tiene nada que ver con él;[26] y hay, en fin, un montón de cosazas que harán abrir la boca al payo más remilgado de Foncarral. Ahora vea usted si será bien digno de envidia un cerbelo[27] que ha dado de sí tales y tan profundos escritos, llenos de arriba abajo de tantas y tan sólidas meditaciones. —Con efecto —replicó mi amigo—, el verdadero mérito engendra siempre su poquillo de vanidad; y así no es extraño que crea de sí que usted y todo el mundo le deben tener envidia. Tal es la suerte de los grandes hombres. Pero en cuanto a las *Fábulas literarias*,[28] ¿qué será que he oído hablar de ellas con un tantico de cortapisa? Y a fe que el que las vituperaba no era rana[29] en esto de juzgar de versos. —Ése sería —repliqué yo— *un mal criado envidioso* que tirará a desacreditar la nación, cuyo honor estriba todo en el crédito de tales fábulas.

---

[9] Polvo de rapé, es decir, aspirar tabaco molido, el cual se utilizaba como estornudatorio.

[10] Ya en Madrid, Chu-su y su acompañante español asisten a la siguiente tertulia literaria, en la que se pasa revista a todas las obras de Tomás de Iriarte (al que se alude por su pseudónimo, Eleuterio Geta).

[11] Quizás se trate de Meléndez Valdés, amigo de Forner.

[12] La traducción de Tomás de la *Epístola ad Pisones* horaciana aparece en 1777 con el título: *El arte poética de Horacio traducida en verso castellano*.

[13] Alude a *Hacer que hacemos*, comedia publicada por Iriarte en 1770 aunque estaba ya escrita en 1768.

[14] En realidad se publicó bajo el pseudónimo Tirso Ymareta.

[15] La desaparición.

[16] La mucha venta de la obra.

[17] Traducida para los teatros de los Reales Sitios, en algún momento entre 1769 y 1772.

[18] En la actualidad, no se tiene noticia de esta obra.

[19] Es un drama en un acto, en prosa, que se representó en una casa particular de Madrid. Se desconoce el año.

---

[20] *L'orphelin de la Chine* que Iriarte traduce en 1770.

[21] Es obra de 1773.

[22] A Tomás de Iriarte le fue encargada la redacción del *Mercurio Histórico y Político* en 1772, abandonándola un año después.

[23] La *Gramática latina*, escrita en verso castellano por el tío de Tomás de Iriarte, se publicó en 1771.

[24] Crates de Males, gramático griego del siglo II a. de J.C.

[25] Se mencionan aquí los Reales Estudios de San Isidro porque en ellos se sustituyó el uso de Nebrija por la *Gramática latina* de Juan de Iriarte.

[26] En *Los literatos en cuaresma* se traduce un texto del filósofo griego Teofrasto (372?-287 a. de J.C.), que corresponde a *Caracteres*, XXVIII.

[27] Cerebro.

[28] La obra de mayor éxito de Iriarte, aparecida en 1782.

[29] No le faltaba experiencia.

Poesía

Para los preceptistas del Renacimiento el arte era imitación y emulación. Según este concepto, el artista debía buscar modelos en la naturaleza y, sobre todo, en las obras maestras de la Antigüedad clásica. Durante el Setecientos sigue en vigencia esta idea, así que—aunque hoy en día se prefiere el concepto romántico de la originalidad—todo autor anterior al siglo XIX consideraba que el arte consistía en seguir a—e incluso introducir citas literales de—los autores clásicos grecolatinos o del Siglo de Oro en un intento por imitar o superar los logros literarios del pasado. Su afán de emular obras maestras de la Antigüedad lleva a los teóricos de la Ilustración a considerar la poesía como la forma literaria más perfecta, ya que éste era el género que los antiguos cultivaban. De hecho, como ya se ha mencionado, sólo consideraban como neoclásicos los géneros en verso.

Con respecto a la poesía del siglo XVIII se destacan diversas y contrarias corrientes en la crítica. Por una parte, se hace hincapié en el espíritu reformador y en la influencia francesa. Por otra, se subrayan los vínculos que existen entre la poesía dieciochesca y la del Siglo de Oro español y también entre aquélla la del período romántico.

En su *Poesía del siglo XVIII*, John H. R. Polt afirma que «la nota dominante en el variadísimo concierto que nos ofrece la España borbónica del Antiguo Régimen es el esfuerzo por modernizar el país, por ponerlo al día, por 'europeizarlo'...» (14) La racionalidad y la utilidad son los principios que guían no sólo a políticos sino también a poetas. Polt señala que es imposible separar a los literatos de la época de los acontecimientos políticos porque «los poetas... no fueron artistas 'marginados', sino que pertenecieron, en su gran mayoría, a la *élite* directora de la nación... El tipo del artista extrasocial y antisocial no solía darse en el siglo XVIII, última época que conservará un ideal polifacético del hombre. Entonces, un poeta no se creía menos poeta por elaborar informes sobre minas de carbón, ni un soldado menos soldado por escribir versos» (19).

Esta actitud por parte de los poetas no es sorprendente en vista de la orientación racionalista de la Ilustración. Los teóricos de la literatura, que habían heredado el tema «*Dulce et utile*» del poeta clásico Horacio, insistían en lo útil tanto como en lo bello. Ignacio Luzán, el tratadista literario más influyente del neoclasicismo, recalcó esta idea en su *Poética*, publicada en 1737, al afirmar que el objetivo de la poesía es «Aprovechar deleitando». Es decir, la poesía no debía solamente regalar los sentidos sino servir al bien común. Nigel Glendenning, en *A Literary History of Spain: The Eighteenth Century*, señala que en realidad la poesía rara vez se subyugaba a la política—es decir, al bien común— por lo menos durante las primeras décadas del siglo XVIII, sino que su utilidad se encontraba más bien en la imitación de la naturaleza y en la enseñanza moral.

Para algunos críticos, el énfasis en el espíritu reformador y europeizante tiene la desventaja de pasar por alto las raíces tradicionales y españolas de la poesía dieciochesca. Sin lugar a dudas, los poetas neoclásicos buscaron inspiración en sus precursores renacentistas—por ejemplo, en fray Luis de León, cuya claridad, espíritu reformador y curiosidad intelectual servirían de modelo para los letrados del siglo XVIII. También es cierto que durante la edad de las Luces se cultivaron las mismas formas y metros que durante el Siglo de Oro. Todos los poetas importantes de principios y aun de mediados de siglo—Álvarez de Toledo, Lobo, Torres Villarroel, Cadalso, Meléndez Valdés— compusieron sonetos. También se cultivaron el romance, la redondilla, la décima y otras formas tradicionales. Además, se escriben numerosos epopeyas—jocosas y serias—ya que la épica se considera el género poético por excelencia. En cuanto a la temática, el amor, la fe, la metafísica y la sátira social siguieron inspirando a los poetas.

El barroco de la última mitad del Siglo de Oro—con su profusión de ornamentación, giros rebuscados, formas cultas y metáforas difíciles —no desapareció después de la muerte de Calderón, sino que, como explica Emilio Orozco Díaz, siguió siendo una fuerza vital en la poesía por lo menos durante las primeras décadas del siglo XVIII. El conceptismo —estilo literario que se basa en el uso de sentencias en que se juntan dos ideas opuestas— se asocia no sólo con la poesía de Quevedo sino también con la de escritores dieciochescos como Gabriel Álvarez de Toledo, poeta de transición, cuyo soneto «La muerte es la vida» termina con una paradoja típicamente conceptista: «que muere el alma cuando el hombre vive, / que vive el alma cuando el hombre muere». Asimismo, la abundancia de alusiones mitológicas que distinguen la poesía desde Garcilaso hasta Góngora y Quevedo sigue caracterizando a la neoclásica. Glendinning nota que el estilo heroico de Góngora, tan despreciado durante las últimas décadas del siglo XVIII, fue admirado e imitado durante las primeras, en particular entre los poetas andaluces.

Aún en pleno Neoclasicismo, los poetas españoles no se desconectaron del todo de sus tradiciones literarias. Escribe Joaquín Arce en *La poesía del siglo ilustrado*: «El influjo extranjero fue, sobre todo, ideológico. Cierto que las transformaciones lingüísticas son también muy notables... Los galicismos son abundantísimos, indudablemente, en cuanto responden a nuevos hábitos de vida y de comportamiento. Pero lo que interesa constatar, e insistir en ello, es que no se sintieron nuestros dieciochistas jamás desvinculados de su propia tradición, en la que depositaron claramente su confianza para lograr la restauración literaria...» (105-106). Así que el barroco siguió ejerciendo influencia hasta los momentos culminantes de la Ilustración, cuando el afán de regenerar las letras impulsó a los poetas a simplificar la poesía, buscando inspiración en Garcilaso y en fray Luis de León.

Si bien existen fuertes vínculos entre la poesía del Siglo de Oro y la del de las Luces, también se distinguen rasgos prerrománticos en el Neoclasicismo, los cuales forman un puente entre la poesía de los siglos XVIII y XIX. Aunque la noción de «prerromanticismo» existe desde fines del siglo XIX, no fue hasta la segunda mitad del siglo XX cuando se convirtió en tema de controversia.

Para empezar, el «prerromanticismo» no es fácil de definir. Algunos críticos designan como «prerromántico» a cualquier poeta que no encuadre perfectamente dentro del marco neoclásico. Guillermo Carnero, por ejemplo, ha encontrado elementos románticos en casi todos los poetas del siglo XVIII. Otros buscan en la poesía dieciochesca sensibilidades y actitudes revolucionarias que se asociarán más tarde con el romanticismo. Entre éstos se incluye a José Luis Cano, quien en su *Heterodoxos y prerrománticos* estudia a los poetas afrancesados dieciochescos cuyo temperamento apasionado e inconformista anticipó el Romanticismo.

En su «Estudio preliminar» a las *Poesías* de Juan Meléndez Valdés, Emilio Palacios subraya que el hecho de que se pueda ver elementos de sentimentalismo o de exaltación en la poesía de un poeta neoclásico no le quita su valor de ilustrado. La ideología de Meléndez Valdés, por ejemplo, está bien arraigada en el pensamiento del Siglo de las Luces, pero, como dice Palacios, «la Ilustración, que valoró la razón por encima de todo, nunca negó el sentimiento». Es decir, la distinción que tradicionalmente se ha hecho entre el racionalismo dieciochesco y el sentimentalismo romántico no es del todo válida. Russell P. Sebold intenta resolver el dilema al referirse al «primer Romanticismo», concepto que aclara en *Cadalso: el primer romántico «europeo» de España*. Sebold explica que el romanticismo no es una «revolución» sino una «evolución» —una «disposición de ánimo» que se ve ya claramente en los personajes adoloridos de alma pura de Cadalso; el romanticismo no es un estilo sino un *world view* o cosmología cuyos rasgos empiezan a manifestarse por los años de 1773 a 1774, por ejemplo, en las *Noches lúgubres* y también se ve en las obras de Meléndez Valdés y otros.

Joaquín Arce aclara en *La poesía del siglo ilustrado*: «Sin duda alguna, en el mismo siglo XVIII se descubre el sentimentalismo como exacerbación de la sensibilidad, pero el ideal humano de entonces sigue siendo alguien dotado de razón y sentimiento, de intelecto y corazón. Cuando el equilibrio se rompe y se erige en prototipo el 'hombre sensible', que proclama la fraternidad universal, un reflejo literario, sin dejar de ser ilustrado, se cargará de vibraciones prerrománticas» (430-431).

Las numerosas teorías que existen acerca de la poesía del siglo XVIII demuestran la invalidez de cualquier rigurosa clasificación cronológica o temática. Las etiquetas —barroco, neoclásico, prerromántico— son útiles para la comprensión de corrientes y tendencias, pero no encierran verdades absolutas. La poesía del siglo XVIII es más compleja y variada de lo que se había pensado y, como en el caso de cualquier siglo, los movimientos que lo caracterizan transcienden los límites del periodo de cien años.

Además, los diversos movimientos no se desarrollaron uno tras otro. La influencia del barroco empezó a menguar en la segunda década del siglo XVIII, cediendo a la cultura de la Ilustración. Pero aun dentro de esta nueva cultura florecieron diferentes estilos.

En *Ilustración y Neoclasicismo*, José Miguel Caso González señala que la Ilustración produjo varios tipos de poesía que se desarrollaron simultáneamente. La poesía *rococó*, que floreció entre 1765 y 1780 y siguió componiéndose casi hasta fines del siglo, elaboraba viejos temas, en particular el amor, y buscaba su inspiración en la poesía española, francesa e italiana de los siglos XVI y XVII. Se trata de un estilo amanerado, de gran delicadeza, ornamentación y artificialidad. En contraste con la grandilocuencia barroca, la poesía rococó cultivaba el refinamiento exquisito.

La poesía *prerromántica* se escribió entre 1780 a 1808, año de la invasión francesa, o aún, según algunos críticos, hasta 1830. Como ya se ha visto, el uso del término «prerromántico» se presta a varias interpretaciones e, incluso, se emplea para referirse a poetas completamente distintos. Sin embargo, se puede decir que este tipo de poesía revela una nueva visión cósmica que, aunque apunta hacia el romanticismo, está bien afianzada en los preceptos racionalistas y reformadores del Neoclasicismo.

Se ha empleado el término *filosófica* para referirse a la poesía que se inspiraba en las nuevas ideas acerca de la sociedad, la política, la economía y la filosofía. Los poetas filosóficos también eran influidos por la lírica del Siglo de Oro, pero a esta influencia se unían la francesa, la italiana y la inglesa. Los poetas filosóficos ponían su arte al servicio de la idea. Exaltaban la razón y las ciencias y respetaban la forma.

Aunque de diversas orientaciones, todos estos poetas caben bajo la rúbrica de neoclásicos. A pesar de los vestigios del barroco que se encuentran en las obras de muchos de ellos, por lo general adoptaron una actitud negativa ante el culteranismo y el conceptismo que habían caracterizado la poesía barroca, optando por un estilo más sencillo y directo. Sus modelos eran más bien los poetas franceses que hacían hincapié en el racionalismo y el didactismo. Como la enseñanza moral se consideraba uno de los objetivos principales de la poesía, la moraleja se presentaba de la forma más clara posible y el poeta eliminaba los rodeos y giros lingüísticos.

Aunque tradicionalmente se ha descrito la poesía neoclásica como desprovista de espontaneidad e imaginación, el nuevo interés en el siglo XVIII ha conducido a una revalorización y a una creciente apreciación del verso dieciochesco.

Poetas de transición

GABRIEL ÁLVAREZ DE TOLEDO (1662-1714); EUGENIO GERARDO LOBO (1676-1750)

Nacido a mediados del Siglo XVII, Gabriel Álvarez de Toledo representa la mentalidad tradicionalista de las últimas décadas del período barroco. Sevillano de familia noble, Álvarez de Toledo era considerado un hombre de gran erudición durante su época. Según Diego de Torres Villarroel, quien publicó las obras de Álvarez acompañadas de una biografía, el poeta llevó una vida algo disoluta hasta sufrir una crisis moral y una conversión. Entonces se enmendó y se dedicó al servicio público y a las actividades intelectuales. Ocupó diversos puestos en la administración pública. Fue bibliotecario mayor del rey y uno de los fundadores de la Real Academia Española.

Ya que la Ilustración apenas comenzaba durante la última década de la vida de Álvarez de Toledo, no debe extrañarnos el parecido entre su poesía y la de poetas como Quevedo y Góngora. Si su obra carece de las dimensiones filosóficas y metafísicas de éstos, el fervor religioso y patriótico del poeta, su gusto por el juego conceptista, su preocupación con el tiempo, la muerte y la degeneración del individuo y de la sociedad lo colocan entre los mejores seguidores de la tradición barroca. Su tono es a menudo severo y sombrío. En «La muerte es vida» retoma un tema fundamental en la poesía de Santa Teresa de Jesús y de San Juan de la Cruz: la verdadera vida comienza después de la muerte, cuando el alma por fin descansa en el seno de Dios. El poema gira alrededor de un concepto que se articula en el segundo terceto: la vida terrenal es la muerte, es decir, es dolor y sufrimiento, mientras que la muerte marca el comienzo de la verdadera vida—la eterna. Como sus antecesores místicos, el poeta se queja del mundo material y anhela la muerte y la liberación de su alma.

«A Roma destruida» recuerda varios poemas del Siglo de Oro, por ejemplo, «A Roma, sepultada en sus ruinas» de Quevedo, así como «De la brevedad engañosa de la vida» y «De Madrid» de Góngora. En estos tres poemas, tres grandes ciudades del pasado (Roma, Cartago y Menfis, respectivamente) llegan a ser símbolos de civilizaciones destruidas por el tiempo y, por extensión, de lo efímero de toda creación humana. Los poetas del barroco sentían una morbosa fascinación con la muerte; de allí sus horríficas descripciones de la descomposición del cuerpo. La belleza convertida en humo, la joven como esqueleto, la gran ciudad en cenizas—éstas son imágenes que sirven para recalcar la vanidad de nuestras pretensiones. Pero, como señala R. Merritt Cox, Álvarez de Toledo se aparta de sus modelos en que, en vez de enfocar su decadencia, subraya la grandeza de la Roma antigua. Aunque el primer verso de su soneto evoca la ruina del imperio («Caíste, altiva Roma, en fin caíste...»), pronto el poeta abandona su tono pesimista para expresar su admiración ante los magníficos logros de los romanos («Cuánta soberbia fábrica erigiste...»). Termina no por lamentar el triunfo del tiempo sobre la creación humana, sino por celebrar los éxitos de Roma, los cuales jamás serán borra-

dos por el tiempo («...siendo tú sola lo que has sido, / ni gastar puede el tiempo tu memoria, / ni tu ruina caber en el olvido.»).

Como Álvarez de Toledo, Eugenio Gerardo Lobo era de familia noble y participó plenamente en la vida política de su país. Nacido en Toledo, siguió la carrera militar y tomó parte en la Guerra de Sucesión y las campañas de Orán e Italia. Fue herido en la batalla de Campo-Santo, junto al Tánaro, en 1745, y viéndose obligado a sostenerse en muletas, estaba a punto de perder la esperanza de realizar su ambición de ser nombrado general. Sin embargo, al recobrar la salud alcanzó el rango de mariscal de campo y fue nombrado Caballero de la Orden de Santiago. No sólo ganó muchos honores en el campo de batalla, sino que también fue gobernador militar y civil de Barcelona.

A pesar de llevar una vida muy activa, encontró tiempo para escribir poesía y alguna que otra obra de teatro. Era un hombre muy culto que escribía versos no con la intención de publicarlos, sino para su propio placer. De hecho, por mucho tiempo se negó a permitir que se imprimieran. Sin embargo, en 1717 algunos admiradores publicaron una colección de su poesía sin su autorización. Más tarde, él mismo publicó otra pequeña colección, aunque no fue sino hasta después de su muerte que se llevaron a la imprenta la mayoría de sus poemas.

Aunque Lobo escribe sobre los mismos temas que sus antecesores del Siglo de Oro—el amor marchitado, el paso del tiempo, la falsedad del mundo—no encontramos en su poesía la intensa amargura de un Góngora o de un Quevedo. En «Es difícil la enmienda en la vejez» Lobo retoma corrientes senequistas y petrarquistas: cuando es joven el hombre mal aprovecha el tiempo, dedicándose a los placeres del amor y la guerra sin recordar que la vejez se acerca irremediablemente. Pero en vez de concentrarse en la degeneración del cuerpo y el horror de la muerte como, por ejemplo, Quevedo, Lobo se resigna a la inevitabilidad del acabamiento de todo lo material y medita sobre el significado de la senectud. Asimismo, en «A una dama llamada Rosa, en su cumpleaños», se mofa suavemente de los que tratan de convencerse de que pueden mantener su belleza física

GABRIEL ÁLVAREZ DE TOLEDO. EUGENIO GERARDO LOBO

43

y su vigor a pesar de los años, y aconseja la aceptación del paso de tiempo.

«Amante, que celoso arroja en un río un diamante que traía por memoria» tiene semejanzas obvias con el Soneto X («¡O dulces prendas por mi mal halladas…!») de Garcilaso, pero mientras que el poeta renacentista hace hincapié en su inmenso sufrimiento, en la abrupta mudanza del placer a la pena y en la ironía de que el recuerdo de un bien pasado cause tanto mal, Lobo insiste en la resignación del amante, quien termina aceptando que la joya «Ni ya puede en su mano ser diamante, / ni ya puede en mi mano ser memoria». Mientras que el protagonista del poema de Garcilaso se queda contemplando las «dulces prendas» que le producen tanto dolor, el de Lobo arroja la suya lejos de sí. En «Amor firme en la ausencia» trata otro tema muy trabajado por Garcilaso en sus sonetos: el amante que llora su separación de la amada. Aunque los dos poetas exploran los efectos psicológicos de la ausencia, Garcilaso enfoca más bien el sufrimiento del amante, que se entrega voluntariamente a su dolor, mientras que Lobo—sin abandonar por completo la perspectiva de su antecesor—subraya más bien la firmeza del amante en vez de su congoja.

En «Receta para ser gran soldado», Lobo retoma el hilo burlesco cultivado por Góngora y Quevedo, pero, a diferencia de ellos, el poeta dieciochesco no se consume por la saña ni se vale de las obscenidades para expresar su desprecio de las pretensiones de ciertos individuos o elementos sociales. Al contrario, Lobo mantiene siempre su buen humor; su tono es liviano y juguetón.

Aunque Lobo expresa muchas de las mismas preocupaciones morales que los poetas barrocos, no comparte ni su cinismo ni su gran desilusión ante el engaño y la apariencia. Hay una suavidad, una dulzura, una compasión en su poesía que la distancia de la de sus antecesores. Además, a Lobo le interesan más los eternos problemas humanos que el giro conceptista. A pesar de las semejanzas que existen entre él y los poetas barrocos, Lobo ya anuncia un nuevo enfoque que lo acerca a los poetas de la próxima generación.

Gabriel Álvarez de Toledo: Sonetos

La muerte es la vida[1]

Esto que vive en mí, por quien[2] yo vivo,
es la mente inmortal, de Dios criada[3]
para que en su principio transformada
anhele al fin de quien el ser recibo.[4]
Mas del cuerpo mortal al peso esquivo
el alma en un letargo sepultada,
es mi ser en esfera limitada
de vil materia mísero cautivo.[5]
En decreto infalible se prescribe
que al golpe justo que su lazo hiere
de la cadena terrenal me prive.
Luego con fácil conclusión se infiere
que muere el alma cuando el hombre vive,
que vive el alma cuando el hombre muere.[6]

A Roma destruida

Caíste, altiva Roma, en fin caíste,
tú, que cuando a los cielos te elevaste,
ser cabeza del orbe[7] despreciaste,
porque ser todo el orbe pretendiste.[8]
Cuánta soberbia fábrica erigiste,
con no menor asombro despeñaste,
pues del mundo en la esfera estrechaste,
¡oh Roma! y sólo en ti caber pudiste.[9]
Fundando en lo caduco eterna gloria,
tu cadáver a polvo reducido
padrón[10] será inmortal de tu victoria,
porque siendo tú sola lo que has sido,
ni gastar puede el tiempo tu memoria,
ni tu ruina caber en el olvido.

---

[1]Concepto característico de la literatura mística: la muerte es el comienzo de la vida eterna.

[2] Es decir, Dios, quien da la vida.

[3] Es decir, la mente que vive en mí, es creación de Dios y por lo tanto inmortal.

[4] La mente, transformada por Dios, anhela a Dios, de quien ha recibido su ser.

[5] El alma, cautivo del cuerpo (vil materia), sufre porque aun no puede unirse a Dios.

[6] El alma no goza de la verdadera vida (la unión con Dios) hasta después de la muerte del hombre.

[7] Mundo.

[8] Por querer conquistar al mundo entero, Roma dejó de ser el líder del mundo.

[9] Roma construyó un gran imperio, pero se extendió demasiado.

[10] Símbolo.

La soberbia es el principio de la idolatría

¿A quién doblas la bárbara rodilla,
necio inventor de simulacros ciento,
si en religión hipócrita, es tu intento
máscara vil del culto que se humilla?
    Tuya es la estatua que en el solio[11] brilla,
pues esclavo su numen[12] de tu aliento,
cuando abrazas postrado el pavimento,
parte contigo la soberbia silla.
    En la torpe deidad que en mármol mientes,
sacrílego cincel deja descritos
de tu pecho los monstruos diferentes;
    que el execrable aplauso de tus ritos,
celebrando deidades delincuentes,
quiere hacer adorables tus delitos.

Eugenio Gerardo Lobo: Sonetos

Amor firme en la ausencia

Di, bárbara fortuna: ¿en qué he ofendido
a tu injusta deidad, tan irritada,
que para verte al fin desenojada,
aun no me basta estar arrepentido?
    Ya me miras postrado, ya abatido,
castigado mi error, y tú vengada;
no me persigas más; que desairada
tanta violencia está con un rendido.
    La patria, los amigos, la riqueza
la estimación, la gloria, son despojos
que en mi daño consigue tu fiereza;
    pues ¿qué más solicitan tus enojos?
¿Que olvide yo de Lisis[13] la belleza?
Nunca ¡oh fortuna! lo verán tus ojos.

A una dama llamada Rosa, en su cumpleaños

Ya de obsequiantes el concurso vario
sobre el asunto formará mil glosas,[14]
entretejiendo en la oración más rosas
que recoge en abril un boticario.
    Te dirán que eres bello relicario
de las saetas del amor dichosas,[15]
y que el año que cumplen las hermosas

sólo gasta el papel del calendario;
    que se marchitan las comunes flores,
pero rosas cual[16] tú, siempre divinas,
con el tiempo duplican los primores.
    No te dejes llevar de esas doctrinas,
pues se pasan muy presto los verdores,
y se quedan punzando las espinas.

Amantes, que celoso arroja en un río un diamante que traía por memoria

¡Oh dulce prenda, testimonio un día
de la jurada fe de quien, traidora,
el pacto ultraja y la razón desdora
de la noble verdad que me debía!
    ¡Oh dulce prenda cuando amor quería![17]
Dulce más que a las flores blanda aurora:
Alegre entonces, como triste ahora:
¡Tan inconstante fue la suerte mía!
    Vuelve a tu dueño; pero no: ese errante
fugitivo cristal[18] selle tu gloria,
digno sepulcro de tu luz cambiante;
    pues trocada en ofensa mi victoria,
ni ya puede en su mano ser diamante,
ni ya puede en mi mano ser memoria.

Es difícil la enmienda en la vejez

Gusté la infancia sin haber gozado
el dulcísimo néctar que bebía;
pasé la adolescencia en la porfía
de estudio inútil, mal aprovechado;
    la juventud se lleva Marte[19] airado,
Amor injusto, rústica Talía,[20]
sin acordarme que vendrá algún día
la corva ancianidad con pie callado.
    Y cuando llegue, que será temprana,
¿qué empresa entonces seguiré contento?
¿La de triunfar de mí? ¡Ceguera insana,

---

[11] Trono.
[12] Divinidad de los gentiles; espíritu.
[13] Nombre poético de la amada; Quevedo también usa el hombre Lisis (o Lisi) para referirse a su dama.
[14] Composiciones poéticas.
[15] **De...** de las dichosas saetas (flechas) del amor.

[16] Como.
[17] Compare con el Soneto X de Garcilaso de la Vega: «¡Oh dulces prendas por mi mal halladas, / dulces y alegres cuando Dios quería...».
[18] Se refiere al agua del río al cual el amante acaba de arrojar el anillo.
[19] La guerra. (En la mitología griega, Marte es dios de la guerra.).
[20] La belleza, las letras. (Talía, que se asocia con la Comedia, es una de las nueve musas —las diosas mitológicas que presidían las artes liberales y las ciencias. También es una de las tres Gracias, diosas que personifican la hermosura. Es «rústica» porque se representa con una guirnalda de hiedra.).

esperar el más arduo vencimiento
quien el día perdió, con su mañana,
en la noche infeliz del desaliento!

Receta para ser gran soldado

Mucho galón,[21] y un blondo peluquín,
un latiguillo, y bota a lo dragón,[22]
ir al Prado[23] en caballo muy trotón,
y llevar a la mano otro rocín;
  decir: «¿No entiende, Eugenio, lo del Rin?»[24]
mirar muy de falsete[25] un escuadrón,
y en todo caso vaya, en la ocasión,
primero que a las balas, al botín;
  ser siempre de contrario parecer,
de todos los que mandan, decir mal,
y después ir con ellos a comer;
  pretender, y quejarse de fatal;
que con estas liciones[26] podrá ser
en un mes un gallina[27] general.

ALFONSO VERDUGO Y CASTILLA (1706-1767); JOSÉ ANTONIO PORCEL (1720-?)

A mediados del siglo XVIII se desarrolla en Francia el rococó, un tipo de barroco caracterizado por el exceso de ornamentación y la extrema artificialidad. Alfonso Verdugo y Castilla, conde de Torrepalma, y su amigo José Antonio Porcel se consideran los mejores intérpretes españoles de este estilo de poesía.

Verdugo nació en Alcalá la Real (Jaén) y perteneció a la nobleza andaluza. Su padre había sido uno de los caballeros más ilustres de su época y era natural que Alfonso siguiera su ejemplo y se dedicara a la poesía. Era tanta su

afición que llegó a ser miembro de la Real Academia de la Lengua y fue también uno de los fundadores de la Real Academia de la Historia. En Granada participaba en la academia del Trípode, la cual se reunía en su casa, y en Madrid en la del Buen Gusto. Entró en la Casa Real como mayordomo de semana y en 1755 fue nombrado ministro plenipotenciario en Viena. Ejerció este cargo hasta 1760, cuando Carlos III le hizo embajador de España en Turín, donde falleció. Su composición más conocida es el «Deucalión», en que narra el Diluvio según la mitología pagana.

A diferencia de su amigo, Porcel era de nacimiento oscuro al ser hijo natural de un noble de Granada. Como muchos que se encontraban en estas circunstancias, siguió la carrera eclesiástica, en la que se distinguió. Muy pronto fue nombrado colegial del Sacro-Monte de Granada, en donde recibió la licenciatura en cánones y teología. Protegido del Conde de Torrepalma, comenzó a concurrir a la academia granadina del Trípode y más tarde, convencido Conde del valor de su poesía, a la madrileña del Buen Gusto. También fue miembro de las Academias de la Historia y de la Lengua. A pesar de sus éxitos en la Corte, sentía nostalgia por su tierra natal, y volvió a Granada a ocupar una canonjía en la Colegiata del Salvador. En 1772 fue nombrado canónigo de la catedral de Granada al mismo tiempo que desempeñaba el cargo de examinador sinodal del arzobispado.

Entre sus contemporáneos Porcel gozaba de gran admiración y se le consideraba uno de los mejores poetas del siglo. Por décadas se lamentó que no se publicara su obra maestra, el «Adonis», poema muy extenso dividido en cuatro églogas venatorias. Gerardo Lobo tenía la intención de publicarlo, pero murió antes de poder lograr su fin. Manuel José Quintana lo buscó durante mucho tiempo sin poder localizarlo. Mientras tanto, la fama del poema crecía entre críticos y poetas. No salió impreso hasta 1869, cuando fue incluido en *Poetas líricos del siglo XVIII*, publicado por M. Rivadeneyra (Biblioteca de Autores Españoles, 61), pero para entonces, los gustos literarios ya habían cambiado y fue recibido con poco entusiasmo. En su *Historia crítica de la poesía castellana en el*

---

[21] Insignia que indica el grado de un militar.
[22] Bota de soldado que sirve para andar o a pie o a caballo.
[23] En el siglo XVIII, Museo de Ciencias Naturales.
[24] Río de la Europa occidental que nace en los Alpes. El valle del Rin fue una de las zonas más disputadas del continente. En el siglo XVII se formó la Liga del Rin para garantizar el Tratado de Westfalia que puso fin a la Guerra de Treinta Años. (El soldado está tratando de impresionar a su amigo con sus conocimientos de la política internacional.).
[25] **De...** de segunda intención, con doblez.
[26] Lecciones.
[27] Cobarde.

siglo XVIII el Marqués de Valmar escribe, refiriéndose a esta edición: «Ahora, no hay por qué ocultarlo, hemos titubeado en ofrecer al público un poema que, a pesar de estar escrito con viva fantasía, dista mucho de merecer el ser tenido por modelo en las letras de nuestros días». Algunos críticos modernos comparten la opinión negativa de Valmar. Por ejemplo, en su *Poesía del siglo XVIII* John H. R. Polt describe el «Adonis» como un poema «de asunto complicado y a ratos absurdo», aunque agrega que también encierra algunos «hermosos versos dignos de Góngora» (pág. 97).

Aunque Torrepalma y Porcel comparten ciertas características—por ejemplo, el gusto por las composiciones líricas largas, los temas mitológicos, la delicadeza de la imagen y su propensión por lo morboso—el primero cultiva lo imaginativo y lo dramático, llevándolos a un extremo, mientras que el segundo a menudo opta por lo frágil y lo diminuto. A pesar de su temática barroca, la sugestión y la sensibilidad de ciertos poemas de Torrepalma han conducido a algunos críticos a señalar rasgos prerrománticos en su obra. En «A la temprana muerte de una hermosura», por ejemplo, la descripción de Fílida—su «honesta risa», el «fuego de sus bellos ojos», «la púrpura flamante» de su tez— ayudan a crear una imagen robusta de la joven difunta, la cual sirve para aumentar la emoción ocasionada por su muerte. La efusión de emoción expresada a través de acumulaciones de exclamaciones—«(Oh del tiempo…)! (Oh veces infalibes…)! (De la muerte…)!»—anuncian ya la sensibilidad romántica. La grandiosidad de la voz poética, la adjetivación que crea un ambiente oscuro y amenazante y el gusto por los paisajes también son vínculos con la sensibilidad de principios del siglo XIX.

Sin embargo, en Torrepalma, como en Porcel, la recreación del mundo mitológico es más bien una continuación de la temática renacentista y barroca. Varios críticos han señalado la influencia de Góngora en Torrepalma, la cual se nota claramente, por ejemplo, en el gusto de éste por lo grostesco y lo horrendo. En el «Deucalión» adjetivos como «sangriento», «funesto», «monstruoso» y «pavoroso» crean un contexto terrorífico que recuerda las obras de

Góngora, Calderón y otros escritores áureos.

En la obra de Porcel se nota la influencia de Góngora no sólo en el ambiente mitológico sino también en la recreación de una naturaleza voluptuosa, con grutas, follaje espeso, espumas, hiedras enmarañadas y arroyos ondulantes. El poeta mismo señala que Góngora fue una de sus inspiraciones para el «Adonis». El otro fue Garcilaso, de cuyas obras incorporó no sólo expresiones, sino versos enteros. Además, la estructura de la composición le debe mucho a Garcilaso. Si éste dedica su Égloga I al virrey de Nápoles, Porcel comienza su «Adonis» con una dedicatoria muy semejante en la que alaba las virtudes del conde de Torrepalma y le pide que abandone por un momento sus ocupaciones favoritas, la caza y la poesía, para escuchar su composición. Sigue un diálogo en que Procris y Anaxarte narran el mito de Adonis, que recuerda, en ciertos detalles, el diálogo en que Salicio y Nemoroso, los dos personajes de Garcilaso, lamentan la ausencia de sus amadas.

El marqués de Valmar comenta que «Los rasgos de luz que Porcel imita o reproduce de Góngora, no son las inspiraciones nobles y sencillas que constituyen la verdadera gloria de este gran poeta» sino «los rasgos de afectada cultura con que estragó su numen peregrino». En cuanto a los atributos garcilasianos, juzga a Porcel incapaz de haber creado pastores que llorasen como Salicio y Nemoroso. Hay que recordar, sin embargo, que el «Adonis» no es la obra de un poeta maduro, ya que fue compuesto cuando Porcel tenía apenas veinticinco años. Además, él no escogió ni el tema ni la forma, los cuales habían sido impuestos por la academia del Trípode. Si las opiniones de Valmar nos parecen excesivamente negativas, es porque sus criterios representan una perspectiva estrictamente neoclásica que rechaza los retruécanos y las hipérboles, favoreciendo un estilo mucho más simple y directo. A pesar de los comentarios del marqués, Porcel jamás quiso imitar ciegamente a sus antecesores. Mientras que la égloga tradicional es una composición dialogada del género bucólico, es decir, entre pastores, la de Porcel recrea el ambiente venatorio— es decir, los personajes no son pastores sino cazadores—lo cual cambia por completo el carácter del poema. El género pastoril intenta crear un ambiente idealizado en el cual la gente sencilla del campo (o, a veces nobles disfrazados de pastores) buscan la armonía neoplatónica lejos de la corrupción de la Corte; cantan sus amores no correspondidos rodeados de ovejas y palomas que forman parte de una naturaleza comprensiva y compasiva. Comen quesos campestres sanos y sabrosos, toman vinos de sus propias viñas, se ocupan en juegos sencillos y tocan instrumentos musicales rústicos. En cambio, en el «Adonis», los personajes son obviamente nobles, ya que la caza es pasatiempo de la aristocracia.

Hay otras diferencias fundamentales entre las églogas de Garcilaso y Porcel, además. Salicio y Nemoroso son pastores del valle del Tajo; Salicio se lamenta porque su amada lo ha abandonado por otro y Nemoroso, porque la muerte se ha llevado a su Elisa. Las narradoras principales de Porcel son Anaxarte y Procris, personajes mitológicos, quienes tienen sus propias historias independientes de la del argumento principal, y representan dos puntos de vista opuestos con respecto al amor. Anaxarte es una ninfa de Diana, y como la diosa a quien sirve, es enemiga del amor. Procris es una princesa ateniense, favorita de Diana. Según el mito, Diana le dio un perro que corría más rápido que ningún otro y un dardo que no fallaba nunca, y Procris se los regaló a su adorado marido Céfalo. Un día, cansado de la caza, Céfalo se tendió en el suelo y empezó a hablar con la brisa. Procris, pensando que estaba hablando con otra mujer, se puso a llorar y él, oyendo un ruido entre los árboles e imaginándose que alguna fiera estaba por atacar, arrojó su dardo y la mató. Al darse cuenta de su error, se desesperó y se suicidó, precipitándose desde lo alto de una roca. Así es que Procris llegó a simbolizar la devoción conyugal.

A diferencia de las églogas de Garcilaso, que se desenvuelven en el valle del Tajo, el «Adonis» tiene lugar en Chipre, morada de las diosas Venus y Diana, símbolo la primera del amor y de la belleza, y la segunda, de la caza y de la castidad. El argumento principal del poema de Porcel gira alrededor de Adonis, divinidad fenicia y símbolo de la belleza masculina.

Según el mito, Venus, jugando con su hijo Cupido, llegó a herirse con una de las flechas del niño. Antes de que se sanara la herida, vio a Adonis y se enamoró desesperadamente de él. Abandonando el reino de los dioses, pasó todo su tiempo acompañando a su amado en la caza. Un día Adonis fue herido de muerte por un jabalí. Venus, oyendo los gritos y gemidos del joven lo buscó en la selva y lo encontró cubierto de sangre. Entonces, lo transformó en una hermosa anémona, o flor del viento, cuyos pétalos se abren cuando los toca la brisa.

También hay importantes diferencias estilísticas entre Porcel y sus modelos. Joaquín Arce señala su tendencia, típica del rococó, a empequeñecer los objetos; esta miniaturización se nota en el uso frecuente del diminutivo («cupidillos», «pajarillos», etc.) (*Poesía*, pág. 171). Frente a lo macizo y grandioso del barroco, la poesía de Porcel es sumamente delicada y preciosista. Si la condensación conceptista caracteriza el estilo de Góngora, un vocabulario mucho más sencillo y asequible caracteriza el de Porcel. Su sintaxis, además, carece de las complicaciones latinizantes típicas de la obra de Góngora. Arce hace notar cierto elemento infantil en varios versos del poeta dieciochesco y señala también los muchos rasgos puramente decorativos (*Poesía*, pág. 173).

Aunque Porcel cree tanto como Torrepalma en el valor de la imitación, ninguno de los dos se deja subyugar por sus modelos. Poetas del «buen gusto»; rechazan sin embargo lo que ellos ven como la tiranía de las reglas que rige la poesía francesa. Para ellos la poesía nace del genio, no de las reglas artificiales. Por eso rechazan las normas, aunque jamás se entregan a los excesos del barroco o del romanticismo.

Porcel y Torrepalma representan este momento en que el barroco empieza a transformarse en otra cosa, ese momento en que la poesía no ha abandonado la sensibilidad y la temática del siglo anterior, pero tampoco se ha adaptado a la nueva visión neoclásica.

Alfonso Verdugo y Castilla: A la temprana muerte de una hermosura

Elegía[1]

Al doloroso oficio, Melpomene,[2]
desciende pía, y el amargo llanto
turbe las claras ondas de Hipocrene.[3]

Destemple a la suave lira el canto
el ronco aliento que el pesar exhala;
sólo el sollozo es ritmo del quebranto.

Desnuda el arte aun de la oscura gala
que permite la fúnebre armonía,
y notas de dolor sólo señala.

Derrama aquella torpe melodía
que el íntimo pesar al llanto tierno,
al desolado suspirar confía;

Y entonces con mi canto el tuyo alterno,
lloraremos de Fílida la muerte
con inmortal sentir, con duelo eterno.

En quien edad, naturaleza, suerte,
dichas acumularon y esperanzas
que hoy la ruïna[4] en lástima convierte,

¡Oh del tiempo falsísimas bonanzas![5]
¡Oh veces infalibles de la vida!
¡De la muerte firmísimas mudanzas!

¡Que en vano nuestra fe, mal conducida
del sentido, da incienso a la hermosura,
si huye entre el humo la deidad perdida!

¿Cuál[6] pudo nunca, humana compustura,[7]
no digo vida, eternidad celeste,
prometer, como en Fílida, segura?

¿Cuál habrá que la cólera no infeste
de las rabiosas parcas,[8] y en los hados[9]
la invidia de los númenes no honeste?[10]

Sin duda, de este tóstigo[11] tocados,
con torpe mano ofenden e insidiosa
el bien de los mortales desgraciados.

¿Pues qué? ¿Sufrirá Venus licenciosa,[12]
de una casta belleza superada,[13]
perder del Ida[14] la sentencia honrosa?

¿Sufriría Jove[15] de la esposa amada
la dignidad vencida, o Palas viera[16]
su fortaleza y su prudencia ajada,

sin que al impulso de la invidia fiera,
estimulada la celeste ira,
a la inicua venganza moviera?[17]

Pero en vano sus cóleras conspira
tonante Jove, y del humano coro
quizá al divino a Fílida retira.

Que amor labrando con sus flechas de oro
indelebles imágenes, en ellas
la guardan nuestros pechos con decoro.

El que sólo burlar de las estrellas[18]
la potestad maligna pudo, quiere

---

[1] Composición poética de tema triste; a menudo lamenta la muerte de alguien.

[2] Según la mitología, las nueve musas presiden las diversas artes liberales y las ciencias. Melpomene es la musa de la tragedia.

[3] Según la mitología, fuente que nacía en la falda del Helicón (monte de Grecia); la fuente tanto como el monte estaba consagrada a las Musas.

[4] La diéresis señala que se deshace el diptongo, haciendo que la combinación **ui** se pronuncie como dos sílabas.

[5] Buenos tiempos (falsos, porque no duran).

[6] Cómo.

[7] Construcción, creación.

[8] En la mitología, tres deidades de los Infiernos, que eran dueñas de las vidas de los hombres y controlaban lo que le pasaba a cada individuo.

[9] Parcas; diosas que controlan el destino del individuo.

[10] **La...** la envidia de las divinidades paganas no haga parecer honesta? (**Invidia** = envidia).

[11] Veneno.

[12] Diosa romana de la belleza y del amor. Es «licenciosa» porque se asocia con el amor desenfrenado.

[13] Es decir, la belleza de la casta Fílida supera la de Venus.

[14] Según la leyenda, todos los dioses fueron invitados a las bodas de Peleus y Tetís, excepto Eris, o Discordia. Furiosa, Eris tiró una manzana de oro entre los invitados, con una inscripción que decía: «para la más hermosa». Juno, Venus y Minerva disputaron la manzana y entonces Júpiter las mandó al Monte Ida, donde el pastor París tendría que decidir la cuestión. Cada diosa trató de influir en su decisión, pero París finalmente le dio la manzana a Venus. La idea aquí es que Fílida era tan hermosa que si Venus estuviera en competencia con ella en el Monte Ida, tendría miedo de perder.

[15] Júpiter.

[16] Habría visto.

[17] Referencia a la leyenda de Palas y Turno: Aunque combatió con valentía, el joven Palas fue vencido por Turno en una batalla. Al ver al hermoso muchacho muerto a sus pies, Turno sintió pena y decidió no valerse de sus derechos de vencedor y despojarle de sus armas. Sólo se llevó la cintura incrustada de oro y se la puso. Más tarde, Turno se vio obligado a combatir contra el príncipe troyano Eneas, quien contaba con el apoyo de su madre, la diosa Afrodita (Venus) y su armadura impenetrable hecha del hierro de Vulcán. Turno había contado con la bendición de Juna, esposa de Júpiter, pero éste prohibió a su mujer que lo ayudara. Eneas hirió a Turno, pero, impresionado por su valor, le iba a perdonar la vida hasta que se fijó en la cintura de Palas que llevaba. Furioso, mató a Turno a nombre del joven.

[18] Las estrellas simbolizan el destino, ya que, según la astrología, el futuro se lee en los astros.

eternizar a Fili en sus querellas.[19]

Mientras durare el tiempo; mientras diere[20]
voces la fama, acuerdos la memoria,
y el pecho humano afectos concibiere,
    con generosas lágrimas la historia
llorará, aplaudirá su nombre, siendo
pena a los siglos, cuando a Filis gloria.

    ¡Qué mucho, si las señas repitiendo
del gran sujeto, y del gran acerbo caso
propagado el dolor, se irá esparciendo!

    ¿Celebró nunca el cantador Parnaso[21]
beldad, gracia, virtud o prenda alguna,
cuyo esmero no viese en Fili acaso?

    Las perfecciones que ella sola a una
hicieran[22] celebradas y famosas
mil gentiles bellezas cada una.

    Aquellas transparencias luminosas,
que aun más que del bellísimo semblante,
del alma son facciones generosas;

    aquella honesta risa; aquel brillante,
si puro, fuego de sus bellos ojos,
y de tez la púrpura flamante;

    aquel herir, sin fulminar enojos;
aquel rendir, sin conocer cautivos;
aquel triunfar, sin adquirir despojos;

    aquellos de su espíritu nativos
dotes,[23] que la prudencia y la cordura
ilustraron con fáciles cultivos;

    el celeste esplendor de su hermosura,
de su ingenio la fuerza soberana,
de sus costumbres la inocencia pura,

    repugnaron, sin duda, de la humana
dicha la breve miserable esfera,
incapaz de tal bien, estrecha y vana.

    Con causa; pues si el mundo contuviera
astros de tanta luz, ¿qué vista ociosa
los ojos al Olimpo[24] divirtiera?[25]

    No es nuestro tanto bien.[26] Sólo la ansiosa

acción del llanto es nuestra, el sentimiento
de la pérdida triste de dolorosa.

    En la trágica patria del tormento
quedamos, para dar, con nuestra queja,
materia eterna a su inmortal contento.

    Sólo de nuestro amor al cargo deja
la merecida fama, y del humano
ser, indignada, su beldad aleja.

José Antonio Porcel: El Adonis

Égloga[27]

Anaxarte, Procis

    Las selvas describía enmarañadas,[28]
de estruendos venatorios[29] impedidas,[30]
no menos que de amores fatigadas;

    el vicio y la virtud en las reñidas
deidades, si apacible, no molesta
la verdad en las fábulas mentidas.[31]

    Vencido aquél y victoriosa ésta[32]
en el tiempo; que unirse mal procura
lascivo el ocio a la fatiga honesta.[33]

    Poblada de escarmientos[34] la espesura,
porque, su casto límite[35] violado,
no hay amor en las selvas con ventura.

    Éste, pues, ocio dulce,[36] que ha alternado
con más dignos afanes, solicita
tu ocio, oh ilustre Conde,[37] y tu sagrado.[38]

    Si ya no el que glorioso te ejercita
afán[39] en una y otra real escuela,
humildes atenciones te limita;

    si ya no aplicas la dorada espuela

---

[19] Quejas amorosas. Es decir, los poetas protestan contra el destino eternizando a sus amadas en la poesía.
[20] **Durare** es el futuro del subjuntivo de **durar**; hoy día se diría **durara**; **diere** es el futuro del subjuntivo de **dar.**
[21] Monte en Grecia consagrado a Apolo, dios de la poesía y de la música, y las musas. Aquí simboliza a los poetas. «Cantador» es un adjetivo.
[22] Habrían hecho.
[23] **Aquellos…** aquellos dotes nativos a su espíritu.
[24] Monte de Grecia que, según la mitología, es la morada de los dioses.
[25] La idea es que el mundo no pudo aguantar por mucho tiempo el esplendor de Fílida; si el universo estuviera lleno de astros como ella, nadie querría mirar a los dioses, que parecen pálidos en comparación con ella.

[26] **No…** No es nuestro destino poder gozar de tanto bien.
[27] Pastoral; composición poética del género bucólico.
[28] **Las…** Describía las selvas enmarañadas.
[29] Relativo a la caza.
[30] Inválidas, heridas.
[31] **Si…** La verdad, si se enseña de una manera agradable, no molesta en las fábulas, aunque éstas son obras de ficción.
[32] **Aquél** se refiere al vicio, **ésta,** a la virtud.
[33] **Que…** el ocio lascivo trata en vano de unirse a la fatiga (trabajo) honesta.
[34] Penas.
[35] Fronteras.
[36] **Éste…** Pues, este ocio dulce.
[37] Se refiere al Conde de Torrepalma, Alonso Verdugo y Castilla, a quien Porcel dedicó este poema.
[38] Asilo, refugio.
[39] **Si…** Si el glorioso afán (la caza) ya no ocupa tu tiempo.

al generoso bruto,[40] que, obediente
a la maestra mano, el circo vuela[41];
    Si ahora no bebes de la culta fuente
(nieta de la cabeza de Medusa[42])
que el laurel te retrata de la frente.[43]

    Si, en fin , el que la atiendas no te acusa
la musa heroica,[44] que inmortal te aclama;
oye esta vez mi venatoria musa,
    mïentras que llega el tiempo que a la fama
dé yo de tu ascendencia gloriosa
el tronco real, sin olvidar la rama.

    Óyela; que si en selva espaciosa
mi cerdoso animal[45] huirse pudo
de su acerada pluma, no dichosa,
    más felice será si en el no rudo
bosque de tanto tronco esclarecido
consigue el león regio[46] de su escudo,
    de su poder valiente defendido,
blasones desdeñado, cuya gloria
mientras que soy mortal daré al olvido.[47]

    A mi enemiga suerte la victoria
quitaré, y al rumor de tus piedades,
escucharán los siglos mi memoria.

    Las blancas desataba ancianidades
de los montes el sol,[48] y renacía
a la primera de sus cuatro edades,
    nuevo fénix,[49] el año, pues vestía,
si vario esplendor, que dibujaba el día[50];

    cuando en Chipre,[51] mansión[52] bella de amores,
cuyas selvas Diana[53] aun no perdona,
seguían de la caza los errores,
    Procris,[54] que de su dardo fiel blasona,[55]
y Anaxarte,[56] que ilustre es por la aljaba,[57]
las dos envidia bella de Helicona.[58]

    Anaxarte los triunfos desdoraba
del amor, su desdén anteponiendo[59];
las glorias del amor Procris cantaba[60];
    cuando en la ardiente siesta, concediendo
treguas a la robusta montería
bajaban dulcemente compitiendo,
    cuyo amebeo[61] canto así decía:

Procris:
    A aquél que no desea
del amor la suave tiranía,
no así te lisonjea
la llama en que se abrasa el alma mía;
la llama que saldrá del pecho tarde,
¡tan dulcemente en sus cuidados arde!

Anaxarte:
    Tan cruelmente en sus cuidados arde
quien de Amor atrevido

---

[40] El caballo. (Es decir, si ya no cabalgas.).

[41] El… corre rápido alrededor del recinto.

[42] Diosa griega; Atenea, celosa de su hermoso pelo, metamorfoseó sus cabellos en serpientes y le dio el poder de convertir en piedra todo lo que miraba. Perseo le cortó la cabeza y la usó para petrificar a sus adversarios.

[43] Si… Si ahora no te dedicas a la poesía, ocupación que deja ver tus grandes talentos… (La corona de laurel es símbolo del poeta y de la excelencia poética. El Conde, bebiendo en la fuente de la poesía, verá en ella el reflejo de su propia superioridad.)

[44] Según la mitología, las nueve musas presiden las diversas artes liberales y las ciencias. La «musa heroica» es Calíope, la de la poesía épica.

[45] El autor se designa el Caballero de los Jabalíes, parodia de don Quijote, que se designa el de los Leones.

[46] Real, del rey.

[47] Es decir, nunca daré al olvido.

[48] Las… El sol desataba (soltaba) las blancas ancianidades de los montes. (La ancianidad es la última de las cuatro edades del hombre. La idea es que el sol abandona la vejez del día anterior, y nace el nuevo día.)

[49] En la mitología, ave que era la única de su especie. Vivía varios siglos, se dejaba quemar y volvía a nacer de sus propia cenizas. El fénix es el símbolo de la renovación y la continuidad.

[50] **Nuevo…** La idea es que el año es un nuevo fénix porque, como el ave mitológica, renace constantemente, y aunque no lleva plumas de diversos colores como el fénix original, cada día aparecen flores y hojas que lo llenan de esplendor.

[51] Isla del Mediterráneo que tuvo una magnífica civilización.

[52] Morada, lugar.

[53] Diosa romana, hija de Júpiter. (Corresponde a Artemisa en la mitología griega.) Su padre le dio permiso para no casarse jamás y la hizo reina de los bosques y de la caza. Es símbolo de la castidad femenina.

[54] Princesa ateniense, favorita de Diana. (Véase la Introducción.)

[55] Se refiere al dardo que Procris le regaló a Céfalo. (Véase la Introducción.)

[56] Ninfa del bosque. En la mitología griega, las ninfas eran divinidades subalternas que habitaban las fuentes, los bosques, los montes y los ríos.

[57] Caja para llevar flechas. (Diana era cazadora y sus ninfas le ayudaban en sus actividades venatorias.)

[58] Las musas.

[59] Como Diana, las ninfas eran castas y desdeñaban el amor.

[60] A diferencia de la ninfa Anaxarte, Procris buscó la felicidad en el amor. De hecho, Céfalo y Procris simbolizan el amor conyugal.

[61] Se llama «amebeo» cada uno de los versos que dicen los pastores en ciertos tipos de égloga.

fía, inocente, el corazón cobarde,
que siente sin sentido.
Si las glorias de amor traen estos daños,
mal hayan[62] sus engaños.

Procris:
  Bien hayan sus engaños,
si con ellos Amor dulce entretiene
el ocio de los años;
pues generoso espíritu no tiene
aquél a quien sus flechas no le inflaman;
que arden los dioses, y los dioses aman.

Anaxarte:
  Que arden los dioses, y los dioses aman,
sacrilegio es, que lloro;
cuando Amor en los brutos, que lo infaman,
gasta sus flechas de oro.[63]
¡Oh, no así, ciego dios,[64] confundir quieras
los dioses con las fieras!
                                      (…)
  Enamorada ninfa, ¿la espesura
sacrílega frecuentas? ¿Quién tal osa?
No hay amor en las selvas con ventura.
  Siendo los bosques de Diana hermosa
en sus jurisdicciones sin castigo,
no hay de admitir a Amor la casta diosa.
  ¿Presumes que piadosa fue contigo,
y fue con Venus inmortal severa?[65]
Escucha; que a decírtelo me obligo.

Procris:
  Si es de Venus y Adonis, bien quisiera
de su historia saber el triste cuento,
que ignoro, como el Chipre forastera.[66]

Anaxarte:
  Logrará tu atención un escarmiento[67]
y ya que[68] no me acuses que infielmente

maldigo a Amor, y sus aplausos siento.

Procris:
De tus labios mi oído está pendiente.

Anaxarte:
  En Chipre, isla famosa, alegre asiento
de la hija bella de la espuma,[69] donde
Tempe,[70] hermoso, quien luce, Arabia, que arde
en humos suavísimos, esconde
los que le erige Safo[71] altares ciento,
cuando del voto en repetido alarde,
lascivamente religiosa, ofrece
del Amor, que aborrezco, las fatigas,
cuyas campañas Ceres[72] enriquece
de sus rubias espigas,
y a cuyos amenísimos pensiles
debe Amaltea[73] todos sus abriles,
coronada de bárbaros escollos,
donde legitimó tal vez sus pollos
de Júpiter el ave,[74]
si toda ella no es escollo grave,
no de ruda aspereza,
sino de amenísima belleza[75]
que Narciso[76] consulta, prodigioso,
del mal Panfilio[77] en las azules ondas;
en este, pues, hermoso
recreo aún de los dioses inmortales,
incendio Adonis de sus ninfas era,
cuyo dulce gemido,
que el ingrato garzón oír no espera,
liquidaba en ternísimos cristales
las duras piedras de sus grutas hondas.
Entonces, pues, exento

---

[62] **Mal…** malditos sean.

[63] En la mitología romana, el niño Amor, también conocido por el nombre de Cupido, tira flechas de oro a sus víctimas y así hace que se enamoren.

[64] En el arte Cupido se representa con una venda en los ojos porque «el Amor es ciego».

[65] Anaxarte riñe a Procris, la casada feliz, por haberse atrevido a entrar al bosque de Diana, donde no se admite el Amor. Le pregunta cómo espera que Diana no la castigue a ella, que es mortal, cuando castigó a Venus, diosa inmortal, por haberse enamorado.

[66] **Como…** porque no soy de Chipre.

[67] Es decir, aprenderás de la experiencia porque la historia de Venus y Adonis te servirá de ejemplo.

[68] Para que.

[69] Venus, quien nació en la espuma del mar.

[70] Valle hermoso celebrado por Virgilio.

[71] Poeta griega (¿625?-¿580? a.C.) nacida en Lesbos, autora de himnos y elegías.

[72] Diosa de la agricultura.

[73] Cabra que amamantó a Júpiter, padre de Venus. Uno de los cuernos de Amaltea se convirtió en «el cuerno de la abundancia».

[74] El águila, ave favorita de Júpiter.

[75] Un escollo es un peñasco a flor de agua que no se descubre bien; la palabra se emplea figurativamente para significar «peligro» o «riesgo». La idea aquí es que la zona es tan hermosa que «da miedo». Es decir, es un escollo, no por su «ruda aspereza» sino por su «amenísima belleza».

[76] Dios que se enamoró de su propia imagen al mirarse en las aguas de una fuente. Se cayó al agua y se ahogó. Entonces fue convertido en la flor que lleva su nombre.

[77] Mediterráneo.

(y nunca más feliz) de las injustas
blandas fatigas del traidor Cupido,
las del monte robustas
solicitaba con gallardo aliento.[78]
Un día, que, de un can acompañado,
de rica aljaba y de venablo[79] armado,
a sus redes los ciervos agitaba
(Si bien aún perdonaba
los fieros peligrosos animales,
cuyo encuentro, a pesar de su osadía,
Leucipe, su nutriz,[80] le prohibía),
llegó, de sus errores conducido,
a una floresta, suyo sitio ameno,
por la espesura opaca defendido,
niega el calor y desconoce el día,
banda de cristal era transparente,
que atravesaba el florecido seno,
un arroyo, que, en lúbrico desvío,
es arroyo, era fuente y será río.
Ni bien el ignorado
principio investigó de la corriente
el bello cazador, cuando, asaltado
de la mayor ventura, no prevista,
rémora[81] de sus pasos fue su vista.[82]
A la margen del músico arroyuelo,[83]
rústico pabellón, culto boscaje,
hacia el licencioso maridaje
de las confusas hiedras con los troncos,
en cuya fresca estancia,
de donde ahuyenta las ardientes horas
la aura sutil con susurrante vuelo,
tortolillas se esconden gemidoras,
que con arrullos roncos
alternan en confusa consonancia
de alegres pajarillos,
que en sonoro tropel se competían;
los que aún no enmudecían,
solícitos alados cupidillos,
con el dedo en la boca defendiendo
la quietud con que olvida penas graves,
a la apacible sombra, al sordo estruendo
del cristal, de las hojas y las aves,
durmiendo dulcemente
ninfa hermosa (según el joven piensa),

que el delicado cuerpo transparente
deja, o por más descanso o más decoro,
sobre un cojín de púrpura y de oro.
A Acteón[84] temerario, nada expuesto
el sitio, y el calor, que le dispensa
todo ropaje desechar molesto,
verle permiten al garzón curioso
la mayor parte de su hermosa nieve,[85]
helado fuego que su vista bebe;
cuya ambición sedienta no saciada,
en el alma abrasada
produjo un dulce afán, con que suspira
cuanto más la contempla y más la mira.
Y en el pecho, hasta entonces orgulloso,
la herida del amor fue tan oculta,
que, sintiendo el dolor, como no usado,
hasta el nombre ignoró de su cuidado.
Viendo, pues, que el prolijo sueño indulta
el que él mismo condena atrevimiento,
de sitio se mejora, y más se llega;
porque, cuando es su voluntad más ciega
y su vista más lince,[86] inadvertido,
dar quiere toda el alma en un sentido;
pero al no comedido movimiento
(que más que levemente
las ramas sacudió), la ninfa bella
despierta, y en el lecho incorporada,
aun presa en soporífero beleño,[87]
con uno y otro dedo trasparente
tocó en los ojos, ahuyentando el sueño.
Luego al placer y al mundo recobrada
(cielo animado y breve su hermosura),
en la una y otra luminosa estrella
abrió dos soles,[88] que al garzón amante
deslumbraron, su vista no bastante
al duplicado día,
con que se esclareció la selva obscura.[89]
Mientras que los amores convocaba,
con las hermosas manos deshacía
las rubias trenzas por el blanco cuello,
que en varios giros sueltas poner quiso,
perfiles de oro, en alabastro liso;

---

[78] Es decir, cansado de las angustias del amor, se entrega a la caza.

[79] Dardo.

[80] Nodriza.

[81] Pez marino que se adhiere a los objetos flotantes. Aquí, obstáculo, complicación.

[82] Es decir, no miraba por donde pisaba.

[83] El arroyo es músico porque «canta» o borbotea.

---

[84] Cazador que sorprendió a Diana bañándose desnuda. Furiosa, ella lo convirtió en ciervo y fue devorado por sus propios perros.

[85] Blanca piel.

[86] Aguda.

[87] **Aun...** aun medio dormida, aun presa del narcótico del sueño.

[88] Ojos.

[89] Había tanta vegetación que dentro del bosque no se podía ver la luz del día, pero cuando Venus abre los ojos (dos soles), se ilumina todo.

y en el semblante bello
mezclados los carmines y candores,
flores daba a la luz, luz a las flores.
Adonis adoraba silencioso,
con voto aún de su afecto no entendido,
la divina hermosura,
que no juzga de ninfa semidiosa
ni de aquel triste suelo;
pues siendo de la esfera su luz pura,
y su voz dando celestial sonido,
bañado el aire en ambrosía del cielo,
si no es la chipria diosa,
Venus habrá de ser menos hermosa,[90]
De sacrílego entonces acusando
su ardiente anhelo, que al respeto cede,
la fuga solicita, mas no puede[91];
porque, la planta[92] tímida luchando
con los rebeldes ojos, que rehusan
dejar el espectáculo suave,[93]
huir quisiera, pero huir no sabe.
Así temía, así dudaba, cuando,
a pesar de las ramas, que lo excusan,[94]
el can, hasta allí mudo,
contra incierto rumor embravecido,
descubrió al cazador allí escondido.
Al improviso estruendo,
guiar dejó sus pasos de su oído
la ninfa bella, y viendo
al garzón, que no pudo,
a sus plantas rendido, encontrar moidos,
o para sus excusas, si se piensa
culpado, o para declarar, amante,
alguno, cuando no sus males todos.
Ella, con humanísimo semblante,
que aún mayores delitos le dispensa,
de sus pies a sus brazos lo levanta,
y deponiendo más lo soberano,
a la suya enlazó su blanca mano,
y al sitio lo condujo delicioso
que al joven le guardó ventura tanta;
donde sentados, ella confundiendo
con afable esquivez el ceño hermoso,
como quien para deponer lo esquivo,
que aún fingir no quisiera,
el ruego sólo del amante espera;
mañosamente al joven fue motivo

de que, rudos temores desechando,
redújose su amor de aquel secreto
en que lo acobardaba su respeto.
Menos cobarde ya, más atrevido,
era con dulces iras contenido
de la que, no negándose obligada,
se iba ya confesando enamorada.
Hasta que olmo, feliz por lo abrasado,[95]
si Alcides[96] es Amor, a él consagrado,
y ella vid, en halagos floreciente,
para que estrechamente
reciprocase los suaves lazos,
pámpanos de cristal, le dio sus brazos.
Entonces los errantes
licenciosos cupidos,
dando al viento en sus alas mil colores,
el improviso tálamo[97] coronan,
y mientras pajarillos ciento entonan
dulces epitalamios,[98] no entendidos,
de sus carcajes[99] ellos a porfía
flechan sobre los dos chiprios amantes,
de cuántas fértil aura engendró flores[100]
en las selvas de Chipre deliciosas,
alhelíes, mosquetas, lirios, rosas.
Así Adonis, que había
triunfado del Amor,[101] fue el más dichoso
de su aljaba trofeo;
pero, aunque así, vencido y victorioso,
coronaba de gloria su deseo
el venturoso amante,
de su dicha mayor quedó ignorante,
pues si bien sospechaba
que era deidad sublime, porque en esta
desconfianza ruda,
aun lo hacía feliz la misma duda,
casi a las evidencias se negaba.

---

[90] **Si...** Si no fuera Venus, sería menos hermosa.

[91] Sabiendo que sus deseos son sacrílegos (porque Venus es una diosa), Adonis quiere huir, pero no puede.

[92] Pie.

[93] Agradable.

[94] Esconden.

[95] Metáfora tradicional que se emplea con frecuencia en el Siglo de Oro para referirse a los amantes. Adonis es el olmo abrazado por Venus, que es la vid.

[96] Nieto de Heracles, poeta lírico griego del siglo VII a.C.

[97] Cama matrimonial.

[98] Poema en que se celebra una boda.

[99] Cajas para llevar flechas.

[100] **De...** De la fértil aura que engendró cuántas (tantas) flores.

[101] Es decir, que nunca se había enamorado antes.

IGNACIO LUZÁN (1702-1754)

Aunque Luzán es conocido principalmente por su *Poética*, también escribió varios tratados, memorias y comedias, además de poesía. En la apertura de la Real Academia de San Fernando, en 1752, se leyeron unas Octavas de Luzán, quien fue nombrado académico honorario. Con respecto a esta composición, Joaquín Arce escribe: «No son de suyo muy significativos estos versos, salvo el que por primera vez, en esta fase de transición a la lírica ilustrada, la atención del poeta —luego frecuente— se dirige al edificio mismo y a su enclave en la corte. Esta 'prosaica' referencia, que indica una preocupación por algo existente y actual, oficialmente creado, es... lo más significativo de las octavas, junto con los elogios desmesurados que será norma, desde entonces, dirigir al rey y a los patrocinadores de la Academia» (*Poesía*, 278-279). Aunque las Octavas sean de mínimo interés, la sesión en sí es importante porque señala una nueva actitud; desde ahora las artes y las ciencias se conciben como inseparables. En su discurso a la asamblea, el presidente de la sesión, José Carvajal y Láncaster, habla de la interdependencia de las matemáticas, las ciencias y las artes, que, guiadas por el Diseño, «su noble padre», llevan al hombre a la Virtud. Esta idea central la repetirá Luzán en su «Canción», poema largo e idealista que será leído en la próxima reunión de la Academia de San Fernando, y que influirá en toda la primera fase de neoclasicismo.

En su esencia la «Canción» es un elogio a las artes: la pintura, la escultura y la arquitectura. La característica de la pintura que el poeta aprecia más es su realismo. Para Luzán, una buena pintura es una imitación tan perfecta de la naturaleza que sólo se puede saber si es real o imitación al tocarla. Admira la escultura porque anima la piedra fría y la arquitectura porque crea grandes monumentos —palacios, teatros, iglesias, conventos. Menciona a varios nombres ilustres de la antigüedad, además de otros de la España contemporánea. El lector podrá formarse una buena idea de qué artistas y qué tipo de arte se apreciaba en la época al estudiar con cuidado el catálogo de obras y nombres incluidos por Luzán.

Otro tema central es la Virtud. El poeta describe las estaciones del año y nota que todas, como la grandeza de Grecia y de Roma, están sujetas a la muerte, mientras que la Virtud es eterna. Además hay una relación intrínseca entre las artes y la Virtud.

La composición está cuidadosamente estructurada. Consta de doce estrofas de diecisiete versos, además de un envío (estrofa al final de un poema que sirve como dedicatoria o despedida) de doce versos.

Tanto los temas como la perfección formal de la «Canción» la hacen un modelo de la poesía neoclásica. Engendró muchas imitaciones, la más importante de las cuales es tal vez «A las nobles artes», de Fray Diego González.

Canción III (fragmentos)

IV

Solo la virtud, bella
hija de aquel gran padre,[1] en cuya mente
de todo bien la perfeccion se encierra,
constante dura sin mudanza alguna;
en vano la fortuna
hace contra su paz rabiosa guerra,
cual[2] contra firme escollo inútilmente
rompe el mar sus furiosas ondas; ella,
como la fija estrella
que el rumbo enseña al pálido piloto,
cuando más brama el Aquilón[3] y el Noto,[4]
al puerto guía nuestro pino errante,[5]
¿Quién con esto se acuerda[6]
de envilecer su plectro[7] resonante,
donde de vista la virtud se pierda,

---

[1]Dios.
[2]Como.
[3]Viento violento del Norte.
[4]Viento del Sur.
[5]Es decir, nuestra vida. El individuo es un pino o pedazo de leña que flotaría sin dirección en el mar (el mundo), empujado primero por una fuerza irracional y después por otra, si no fuera por la virtud, que lo guía al puerto (le enseña el camino del bien).
[6]**Con...** sabiendo esto resuelve.
[7]Palillo que se usa para tocar ciertos instrumentos de cuerda. Aquí, estilo, obra.

o un falso bien, o un engañoso halago
sirva de asunto al canto, y más de estrago?

V

No, no; lejos aparte
Apolo del Parnaso[8] error tan ciego;
y en sus sagrados bosques no resuene
sino pura armonía y casto acento;
con severo instrumento,
calzado el gran coturno,[9] el aire llene
de trágico terror Leghinto,[10] el griego
canto emulado en sencillez y en arte.
Yo cantaré de Marte[11]
las heróicas hazañas, que gloriosos
acabaron los hijos generosos
de nuestra España, y llenaré la esfera
de aplausos de su fama;
y sin ser por afecto lisonjera
mi voz, creciendo la apolínea llama,[12]
me oirán remotos climas admirados
celebrar nuevos hechos ignorado.

VI

Mas Febo[13] en este día
no me permite que de Marte airado
cante las obras y el furor horrendo,
ni estragos tristes de sus armas fieras.
Cedan palmas[14] guerreras
a pacífica oliva, y el estruendo
militar se convierta, mejorado,
en apacible métrica armonía.

---

[8]En la mitología, Apolo es el dios de la poesía y de las artes y el monte Parnaso, en Grecia, está consagrado a él y a las Musas.

[9]Entre los antiguos, zapato de suela muy elevada que usaban los actores para parecer más altos. Por extensión, «calzar el coturno» significa adoptar un estilo refinado.

[10]Leghinto Dulichio es el nombre que la Academia de los Arcades de Roma ha dado a don Agustín de Montiano, Director de la Real de la Historia, académico de la Real Española y académico honorario de esta Real Academia (la de San Fernando) de las tres nobles Artes; aquí se alude a sus tragedias *Virginia* y *Ataulfo*. [Nota de Luzán].

[11]Dios mitológico de la guerra.

[12]Apolo era dios del sol. A veces se representa con una llama.

[13]Apolo.

[14]Símbolo de la victoria.

A ti la lira mía,
noble Academia,[15] hoy se consagra solo;
a ti me manda celebrar Apolo,
y que a tus bellas hijas floreciente
corona teja amiga
la poesía para ornar su frente,
premio no vil de toda su fatiga;
lo que no puede el oro, el verso puede;
que el dar eterna fama a todo excede.

NICOLÁS FERNÁNDEZ DE MORATÍN (1737-1780)

Nicolás Fernández de Moratín nació de una familia asturiana en Madrid en 1737, año de la publicación de la *Poética* de Luzán. Su padre fue joyero de la reina Isabel Farnesio. Cuando el rey Felipe V murió, Isabel fue a vivir a La Granja, donde Fernández de Moratín recibió su primera educación. Habiéndose criado en este ambiente, el que sería unos de los futuros líderes del movimiento neoclásico no sólo gozó de la protección de la Corona, sino que tuvo la oportunidad de conocer a muchos grandes hombres de letras españoles y extranjeros. Después de completar sus estudios en Calatayud y Valladolid, fue nombrado ayuda de guardajoyas de la reina. Más tarde ejerció la profesión de abogado y llegó a ser socio de la Real Sociedad Económica Matritense. También fue académico de los Arcades de Roma y enseñó poética en los Reales Estudios de San Isidro. Sus obras fueron publicadas póstumamente en 1821.

Espíritu neoclásico por excelencia, Fernández de Moratín fue uno de los reformadores que intentaron dar una nueva dirección al teatro español al condenar los excesos del barroco, especialmente los de los autos sacramentales. Fue líder de la tertulia de la Fonda de San Sebastián, en la cual participaban también José Cadalso, Ignacio López de Ayala, Vicente de los Ríos, Tomás de Iriarte y otros escritores conocidos de la época. En las reuniones de este grupo, donde sólo se permitía hablar de «teatro, toros, amores y versos», el tema principal era la renovación del tea-

---

[15]Luzán se dirige a la Academia de San Fernando.

tro y de la poesía según las reglas del buen gusto que había definido Luzán en su *Poética*.

Se considera a Fernández de Moratín el mejor poeta de su generación. Experimentó con una variedad de formas —sonetos, anacreónticas, odas, quintillas, etc. Como sus coetáneos, buscó inspiración en la poesía española de principios del siglo XVI y fue un gran admirador de Garcilaso. Era común, en el siglo XVIII, rendir homenaje al modelo mencionándolo en un poema. Así que no es sorprendente que encontremos en algunos sonetos de Fernández de Moratín versos tomados directamente de la poesía de Garcilaso, además de referencias a Salicio y Nemoroso, los protagonistas de sus églogas. Además, hay rasgos de fray Luis de León en su obra. Como muchos otros admiradores de la tradición clásica, Moratín también escribió versos en latín.

Aunque se han examinado detalladamente las influencias clásicas y renacentistas en los poetas del siglo XVIII, también fueron significativas las contemporáneas, especialmente las francesas, inglesas, alemanas e italianas. Los intelectuales del período, con su interés en las ciencias, la educación, la economía y la reforma social, daban gran importancia al estudio de las lenguas extranjeras. Estaban completamente familiarizados con las obras más influyentes de los otros países europeos y, como es de esperar, sus lecturas dejaron rasgos profundos en sus propias creaciones literarias, sobre todo en el campo de la prosa de ideas, aunque también se notan en la poesía. Moratín, según su hijo, emulaba la doctrina y los métodos de los franceses y «la fantasía y sonido armónico» de los italianos (*Obras*, xix). En las obras de Moratín encontramos referencias a Juan Bautista Conti, quien tradujo al italiano la Égloga I de Garcilaso, además de a Petrarca, quien había inspirado la renovación de la lírica amorosa española a principios del siglo XVI y mantuvo su posición de modelo durante el siglo XVIII. De hecho, Fernández de Moratín tradujo un soneto de Petrarca, hecho que su hijo menciona en sus comentarios. También hay cierta influencia del poeta italiano Pietro Metastasio (1698-1782), autor de tragedias musicales, de quien Moratín adopta en forma aislada la combinación estrófica con rimas en agudo (Arce 87).

El poema más célebre de Moratín, «Fiesta de toros en Madrid», refleja el patriotismo ferviente de los neoclásicos conservadores. Aunque algunos críticos modernos siguen insistiendo en que el siglo XVIII se desinteresó por completo por la Edad Media y que son tan sólo los románticos quienen la revitalizaron, el poema de Moratín es prueba de la falsedad de esta noción. A pesar de contener ciertos errores históricos y cronológicos, describe con gran viveza una corrida durante la época del Cid. El poeta recrea el ambiente exótico de la España medieval al enumerar nombres moros —Aja, Zahara, Jarifa, Fátima— y al pintar un cuadro lleno de color y de movimiento. Expresiones como «arde en fiestas» y referencias a «adargas y colores», «cifras y libreas», «pendones y preseas», «añafiles y atabales» evocan la pasión y brillo del espectáculo. El poeta nos hace sentir el regocijo general, «la popular alegría». El «bravo alcaide Aliatar», «hermosa Zaide amante» con su «corazón de diamante» son arquetipos tomados de la literatura morisca tradicional. El poder y agilidad de los toros y la fiereza de los hombres agregan un elemento de tensión. Los animales —caballos tanto como toros— se describen en detalle. La timidez de Jimena, cautiva cristiana y enamorada del Cid, se contrasta con la sensualidad de las damas moras. Ruy Díaz de Vivar, el Cid, es —como en los poemas del romancero y las obras del Siglo de Oro— fuerte, valiente, agresivo. Sin embargo, el poema no termina con su victoria final, sino con su promesa de «no quitar la celada / hasta que gane a Madrid». Es decir, el poeta deja la acción inconclusa, anunciando la lucha que vendrá. Al acabar en una nota siniestra, el poeta aumenta el suspenso y deja al lector inquieto, lo cual hace que algunos críticos vean en estos versos un antecedente del romanticismo. R. Merritt Cox señala que el fin de «Fiesta de toros en Madrid» también recuerda la tradición medieval, ya que los romances antiguos a menudo terminaban en medio del argumento con el anuncio de un próximo episodio. Cox escribe: «Muy sutilmente, entonces, Moratín ha vuelto a captar un aspecto significativo de esa literatura nacional que intenta emular y preservar en este poema» (119).

Nicolás Fernández de Moratín produjo pocos

versos duraderos, aunque es digno de tomarse en cuenta «Fiesta de toros en Madrid», así como la oda «A Pedro Romero, torero insigne» y algunos de sus romances moriscos. Pero la importancia de Moratín reside menos en su poesía que en sus esfuerzos por imponer nuevos criterios en la lírica y por difundir un nuevo espíritu de reforma.

Quintillas

Fiesta de toros en Madrid

Madrid, castillo famoso
que al rey moro alivia el miedo,
arde en fiestas en su coso,[1]
por ser el natal dichoso
de Alimenón de Toledo.

Su bravo alcaide[2] Aliatar,
de la hermosa Zaida amante,
las ordena celebrar,
por si la puede ablandar
el corazón de diamante.

Pasó, vencida a sus ruegos,
desde Aravaca[3] a Madrid.
Hubo pandorgas[4] y fuegos
que dispuso el adalid.[5]

Y en adargas y colores,
en las cifras y libreas,
mostraron los amadores,
y en pendones y presas,
la dicha de sus amores.

Vinieron las moras bellas
de toda la cercanía,
y de lejos muchas de ellas,
las más apuestas doncellas
que España entonces tenía.

Aja de Getafe vino
y Zahara la de Alcorcón,
en cuyo obsequio muy fino
corrió de un vuelo el camino
el moraicel de Alcabón;
Jarifa de Almonacid,

que de la Alcarria en que habita
llevó a asombrar a Madrid,
su amante Audalla, adalid[6]
del castillo de Zorita.

De Adamuz y la famosa
Meco, llegaron allí
dos, cada cual más hermosa,
y Fátima la preciosa
hija de Alí el Alcadí.

El ancho circo se llena
de multitud clamorosa,
que atiende a ver en su arena
la sangrienta lid dudosa,
y todo entorno resuena.

La bella Zaida ocupó
sus dorados miradores
que el arte afiligranó,
y con espejos y flores
y damascos adornó.

Añafiles y arabales,[7]
con militar armonía,
hicieron salva[8] y señales
de mostrar su valentía
los moros más principales.

No en las vegas de Jarama[9]
pacieron la verde grama
nunca animales tan fieros,
junto al punte que se llama,
por sus peces, de Viveros,[10]

como los que el vulgo vio
ser lidiados aquel día,
y en la fiesta que gozó,
la popular alegría
muchas heridas costó.

Salió un toro del toril
y a Tarfe tiró por tierra,
y luego a Benalguacil,
después con Mamete cierra,[11]

---

[1]Plaza en la cual se celebran las fiestas públicas.
[2]El que tenía a su cargo la defensa de una fortaleza.
[3]Ciudad al noroeste de Madrid.
[4]Juegos.
[5]Caudillo, jefe militar.

[6]Jefe, caudillo.
[7]Instrumentos moriscos; trompetas y tambores.
[8]**Hicieron...** saludaron pidiendo permiso para comenzar la corrida.
[9]Río que corre por las provincias de Guadalajara (ciudad al nordeste de la capital) y Madrid.
[10]Puente sobre el Jarama, cerca del lugar dondepastaban los toros que se lidiaban en la plaza de Madrid. Un «vivero» es un lugar dentro del agua donde se crían peces.
[11]Ataca.

el temerón de Conil.

Traía un ancho listón
con uno y otro matriz
hecho un lazo por airón,[12]
sobre la inhiesta cerviz
clavado con un arpón.

Todo galán pretendía
ofrecerle vencedor
a la dama que servía;
por eso perdió Almanzor
el potro que más quería.

El alcaide muy zambrero[13]
de Guadalajara huyó
mal herido al golpe fiero,
y desde un caballo overo
el moro de Horche cayó.

Todos miran a Aliatar,
que aunque tres toros ha muerto,
no se quiere aventurar,
porque en lance tan incierto
el caudillo no ha de entrar.

Mas viendo se culparía,
va a ponérsele delante;
la fiera le acometía,
y sin que el rejón[14] la plante
le mató una yegua pía.[15]

Otra monta acelerado;
le embiste el toro de un vuelo,
cogiéndole entablerado;
rodó el bonete encarnado
con las plumas por el suelo.

Dio vuelta hiriendo y matando
a los de a pie que encontrara,
el circo desocupando,
y emplazándose, se para,
con la vista amenazando.

Nadie se atreve a salir;
la plebe grita indignada;
las damas se quieren ir,
porque la fiesta empezada
no puede ya proseguir.

Ninguno al riesgo se entrega

y está en medio el toro fijo,
cuando un portero que llega
de la Puerta de la Vega
hincó la rodilla y dijo:

«Sobre un caballo alzano,[16]
cubierto de galas y oro,
demanda licencia urbano
para alancear a un toro
un caballero cristiano».

Mucho le pesa a Aliatar;
pero Zaida dio respuesta
diciendo que puede entrar,
porque en tan solemne fiesta
nada se debe negar.

Suspenso el concurso entero
entre dudas se embaraza,
cuando en un potro ligero
vieron entrar por la plaza
un bizarro caballero,

sonrosado, albo[17] color,
belfo[18] labio, juveniles
alientos, inquieto ardor,
en el florido verdor
de sus lozanos abriles.[19]

Cuelga la rubia guedeja[20]
por donde el almete[21] sube,
cual mirarse tal vez deja
del sol la ardiente madeja
entre cenicienta nube.

Gorguera[22] de anchos follajes,
de una cristiana primores,
por los visos y celajes
en el yelmo los plumajes,
verjel de diversas flores.

En la cuja[23] gruesa lanza
con recamado pendón,
y una cifra[24] a ver se alcanza
que es de desesperación,

---

[12]Penacho de plumas.
[13]Festivo. (Una «zambra» es una fiesta morisca, buillicioso y alegre.).
[14]Lanza corta con la cual los toreros pican el toro.
[15]Blanca con manchas de otro color.

[16]Rojizo.
[17]Blanco.
[18]Grueso.
[19]**De...** de su juventud viril.
[20]Cabellera larga.
[21]Pieza de armadura que cubre la cabeza.
[22]Prenda de armadura que se ajusta al cuello.
[23]Bolsita de cuero cosida a la silla del caballo, donde se mete el extremo de la lanza.
[24]Signo.

o a lo menos de venganza.

En el arzón de la silla
ancho escudo reverbera
con blasones de Castilla,
y el mote dice a la orilla:
Nunca mi espada venciera.[25]

Era el caballo galán,
el bruto más generoso,
de más gallardo ademán:
cabos[26] negros, y brioso
muy tostado, y alazán;

larga cola recogida
en las piernas descarnadas,
cabeza pequeña, erguida,
las narices dilatadas,
vista feroz y encendida.

Nunca en el ancho rodeo
que da Betis[27] con tal fruto
pudo fingir el deseo
más bella estampa de bruto,
ni más hermoso paseo.

Dio la vuelta al rededor;
los ojos que le veían
lleva prendados de amor.
«Alá te salve», decían,
«déte el Profeta favor».

Causaba lástima y grima
su tierna edad floreciente;
todo quieren que se exima
del riesgo, y él solamente
ni recela, ni se estima.

Las doncellas, al pasar,
hacen de ámbar y alcanfor
pebeteros[28] exhalar,
vertiendo pomos de olor,
de jazmines y azahar.

Mas cuando en medio se para,
y de más cerca le mira
la cristiana esclava Aldara,
con su señora se encara

y así la[29] dice, y suspira:

«Señora, sueños no son;
así los cielos, vencidos
de mi ruego y aflección,
acerquen a mis oídos
las campanas de León,

«como ese doncel que ufano
tanto asombro viene a dar
a todo el pueblo africano,
es Rodrigo de Vivar,
el soberano castellano».

Sin descubrirle quién es,
la Zaida desde una almena
le habló una noche cortés,
por donde se abrió después
el cubo de la Almudena.

Y supo que fugitivo
de la corte de Fernando,
el cristiano, apenas vivo,
está a Jimena adorando
y en su memoria cautivo.

Tal vez a Madrid se acerca
con frecuentes correrías
y todo en torno la cerca;
observa sus saetías,
arroyadas y ancha alberca

Por eso le ha conocido,
que en medio de aclamaciones,
el caballo ha detenido
delante de sus balcones,
y la saluda rendido.

La mora se puso en pie
y sus doncellas detrás;
el alcaide que lo ve,
enfurecido además,
muestra cuán celoso esté.

Suena un rumor placentero
entre el vulgo de Madrid:
«No habrá mejor caballero»,
dicen, «en el mundo entero»,
y algunos le llaman Cid.

Crece la algazara, y él,
torciendo las riendas de oro,
marcha al combate cruel;
alza el galope, y al toro

---

[25]**Nunca...** Ojalá mi espada no hubiera vencido.
(Referencia a la leyenda en la cual El Cid mata al padre de
doña Jimena, de quien está enamorado.).
[26]Patas, hocico y crines.
[27]Antiguo nombre del río Guadalquivir, que pasa por
Baeza, Córdoba y Sevilla y es símbolo de Andalucía.
[28]Utensilios que se usan para quemar perfumes.

[29]Le.

busca en sonoro tropel.
    El bruto se le ha encarado
desde que le vio llegar,
de tanta gala asombrado,
y al rededor le ha observado
sin moverse de un lugar.
    Cual flecha se disparó
despedida de la cuerda,
de tal suerte le enbistió;
detrás de la oreja izquierda
la aguda lanza le hirió.
    Brama la fiera burlada;
segunda vez acomete,
de espuma y sudor bañada,
y segunda vez la[30] mete
sutil la punta acerada.
    Pero ya Rodrigo espera
con heroico atrevimiento,
el pueblo mudo y atento;
se engalla el toro y altera,
y finge acometimiento.
    La arena escarba ofendido,
sobre la espalda la arroja
con el hueso retorcido:
el suelo huele y le moja
en ardiente resoplido.
    La cola inquieto menea
la diestra oreja mosquea,[31]
vase retirando atrás,
para que la fuerza sea
mayor, y el ímpetu más.
    El que en esta ocasión viera
de Zaida el rostro alterado
claramente conociera
cuánto la cuesta cuidado[32]
el que tanto riesgo espera.
    Mas, ¡ay, que le embiste horrendo
el animal espantoso!
Jamás peñasco tremendo
del Cáucaso[33] cavernoso
se desgaja, estrago haciendo
ni llama así fulminante

cruza en negra obscuridad
con relámpagos delante
con estrépito tronante
de sonora tempestad,
    como el bruto se abalanza
en terrible ligereza;
mas rota con gran pujanza
la alta nuca, la fiereza
y el último aliento lanza.[34]
    La confusa vocería
que en tal instante se oyó
fue tanta que parecía
que honda mina reventó,
o el monte y valle se hundía.
    A caballo como estaba,
Rodrigo el lazo alcanzó
con que el toro se adornaba;
en su lanza le clavó
y a los balcones llegaba.
    Y alzándose en los estribos
le alarga a Zaida, diciendo:
«Sultana, aunque bien entiendo
ser favores excesivos,
mi corto don admitiendo,
    «si no os dignáredes[35] ser
con él benigna, advertid,
que a mí me basta saber
que no le debo ofrecer
a otra persona en Madrid».
    Ella, el rostro placentero,
dijo, y turbada: «Señor,
yo le admito y le venero,
por conservar el favor
de tan gentil caballero».
    Y besando el rico don,
para agradar al doncel,
le prende con afición
al lado del corazón,
por brinquiño[36] y por joyel.
    Pero Aliatar el caudillo
de envidia ardiendo se ve,
y trémulo y amarillo,

---

[30]Le.
[31]Mueve.
[32]**Cuánto...** Cuánto se preocupa por; cuánto sufre por.
[33]Cadena de montañas famosa en la mitología que atraviesa zonas de Armenia, Azerbaidán, Georgia y Rusia.

---

[34]Es decir, le rompe la nuca al toro, matándolo.
[35]Hoy en día se diría «dignarais».
[36]Joya.

sobre un tremecén rosillo[37]
lozaneándose[38] fue.

Y en ronca voz, «Castellano»,
le dice, «con más decoros
suelo yo dar de mi mano,
si no penachos de toros,
las cabezas del cristiano.

«Y si vinieras de guerra
cual vienes de fiesta y gala,
vieras que en toda la tierra,
al valor que dentro encierra
Madrid, ninguno se iguala».

«Así», dijo el de Vivar,
«respondo», y la lanza al ristre
pone y espera a Aliatar;
mas sin que nadie administre
orden, tocaron a armar.

Ya fiero bando con gritos
su muerte o prisión pedía,
cuando se oyó en los distritos
del monte de Leganitos[39]
del Cid la trompetería.

Entre la Monclova y Soto
tercio[40] escogido emboscó,
que viendo como tardó
se acerca, oyó el alboroto,
y al muro se abalanzó.

Y si no vieran salir
por la puerta a su señor
y Zaida a le despedir,[41]
iban la fuerza a embestir,
tal era ya su furor.

El alcaide, recelando
que en Madrid tenga partido,
se templó disimulando,
y por el parque florido
salió con él razonando.

Y es fama que a la bajada
juró por la cruz el Cid
de su vencedora espada,

de no quitar la celada
hasta que gane a Madrid.

JOSÉ CADALSO (1741-1782)

Autor de las célebres sátiras en prosa *Cartas Maruecas* y *Los eruditos a la violeta*, José de Cadalso es más conocido por su prosa que por sus versos. Sin embargo, dejó una huella profunda en la poesía del siglo XVIII. Participó en la Tertulia de la Fonda de San Sebastián con Nicolás Fernández de Moratín y otros de la *élite* literaria de la época, aunque su actitud hacia la poesía era menos rígida que la de aquéllos. Fue Cadalso quien convenció a Jovellanos para que escribiera poesía y los dos llegaron a ser guía e inspiración de los poetas de la escuela de Salamanca, en particular de Meléndez Valdés. A causa de su sensibilidad, su ternura y su melancolía, algunos críticos califican a Cadalso de «prerromántico», entre ellos Russell P. Sebold, quien también lo ve como un vínculo entre las grandes tradiciones del Siglo de Oro y la poesía del Setecientos.

Ha habido cierta confusión con respecto a la actitud de Cadalso hacia la poesía en general y hacia su propia producción poética en particular. En *Refiere el autor los motivos que tuvo para aplicarse a la poesía...* cita a varios grandes poetas del Renacimiento y del Siglo de Oro y se compara desfavorablemente con ellos: «Caro lector, cualquiera que tú seas, / que estos mis ocios juveniles veas, / no pienses encontrar en su lectura / la majestad, la fuerza y la dulzura / que llevan los raudales del Parnaso...» Promete evitar los grandes temas que ocupaban a los poetas de siglos pasados y evitar «materias superiores». Sin embargo, según Sebold, no hay que ver en las palabras de Cadalso un desprecio ni de la poesía ni de sus propios talentos. Tales declaraciones eran comunes en el Siglo de las Luces, en el que la importancia que se le daba a la razón hacía que se consideraran la educación, la ciencia y el servicio público como «ocupaciones serias», mientras que la poesía se veía más bien como un pasatiempo. Es decir, la desvaloración de la poesía y, sobre todo, de los esfuerzos poéticos de uno eran un *topos* de la época de Cadalso, pero esto no significa que los intelectuales del período no

---

[37]Tipo de caballo de Argelia que tiene el pelo mezclado de blanco, negro y castaño, produciendo un efecto rojizo.
[38]Mostrando orgullo.
[39]De Leganés, al sur de Madrid.
[40]Cada una de las zonas concéntricas en que se divide la plaza de toros.
[41]**A...** a despedirle.

tomaran muy en serio la labor poética. En *Sobre ser la poesía un estudio frívolo...* se burla de los que insisten en que debe abandonar la lírica para escribir «sentencias de estilo triste» y en *A un amigo, sobre el consuelo que da la poesía* describe ésta como un elemento esencial a la vida.

Además, a pesar de su declarado rechazo a los «temas serios», Cadalso abarca una gran variedad de materias —algunas de ellas transcendentales. El amor, la naturaleza, el *ennui* o «tedio» de la existencia, la indiferencia de Dios, la soledad del individuo que se encuentra en un universo hostil, la relación entre el hombre y el cosmos, el suicidio —éstos son los *leitmotivs* que dominan en la poesía de Cadalso.

No es sorprendente que su poeta renacentista preferido fuera Garcilaso. Una nueva edición de las obras de Garcilaso —la primera en 107 años— fue publicada en 1765, tres años antes de que Cadalso empezara a componer los poemas de su primera colección de versos, *Ocios de mi juventud*. Cadalso no sólo conocía a fondo los versos del iniciador de la revolución poética del siglo dieciséis, sino que sentía una verdadera afinidad espiritual con él. Para Cadalso, la sensibilidad, la blandura y la dulzura eran los elementos fundamentales de la poesía de Garcilaso. De hecho, el adjetivo «blando» es el que asocia con el estilo de Garcilaso y el que otros —por ejemplo Meléndez Valdés— emplean para describir la poesía del mismo Cadalso.

Existen numerosos paralelos estilísticos y temáticos entre los dos, ya que Cadalso «escogió la poesía de éste para ser su modelo o estándar de belleza poética» (Sebold, *Cadalso* 52). Su modo de escribir delicado y emotivo, su preocupación por Dios y la naturaleza, su profundo sentido de *ennui* o tedio, su fascinación por el suicidio, todo tiene precedente en Garcilaso y, además, anticipa el Romanticismo del siglo XIX, lo que ha llevado a Sebold a designar a Cadalso como el primer romántico español.

Hay que subrayar, no obstante, que existen muchos elementos en la poesía de Garcilaso que Cadalso pasó por alto, posiblemente porque no se dio cuenta de su importancia o porque sencillamente no le interesaron. La violencia, el voluntarismo, la agresividad y el sentido de desafío

que se encuentran en algunos versos de Garcilaso, además de su persistente estoicismo, no parecen llamar la atención a Cadalso.

Además de Garcilaso, otros poetas del Siglo de Oro le inspiraron. Poetas tan diversos como fray Luis y Góngora, Herrera y Lope de Vega, Ercilla y Quevedo dejaron sus huellas en su poesía. Además, menciona la inspiración de poetas antiguos como Homero, Virgilio, Anacreonte, Horacio, Ovidio, Marcial y Catulo. También es significante la influencia de numerosos poetas extranjeros, aunque, curiosamente, los franceses no parecen haber ocupado el lugar principal en su desarrollo poético. Según Sebold, seguramente leyó *Candide*, de Voltaire, y *La Nouvelle Héloïse* de Rousseau, entre otros textos, pero las influencias más profundas son otras. Se encuentran, sí, ciertos rasgos de autores italianos en su obra. Sebold señala la de Tasso y Edith F. Helman menciona la del penalista Cesare di Beccaria, aunque no todos los críticos aceptan esta teoría. En cuanto a los ingleses, sin lugar a dudas dejaron una huella muy profunda en su poesía tanto como en su prosa.

Hombre de extensa cultura, Cadalso había estudiado en París y había viajado a Inglaterra, Flandes, Holanda, Alemania e Italia. Sabía inglés y conocía bien las obras de Alexander Pope (1688-1744) y Edward Young (1683-1765), poeas cuyos versos ya anticipaban la visión apasionada e imaginativa del Romanticismo. Entre los intelectuales españoles tuvieron una influencia significativa *The Dunciad* y las cuatro epístolas de *An Essay on Man*, de Pope, y *The Complaint: or Night Thoughts on Life, Death and Immortality* de Young. Se ha señalado su importancia en las obras de escritores españoles como Trigueros, Iriarte, Lista y, por supuesto, Cadalso. En *La literatura española del siglo XVIII y sus fuentes extranjeras,* Glendinning habla de la influencia de Young en los *Eruditos a la violeta* y Joaquín Arce señala que posiblemente fue Cadalso quien introdujo las obras del inglés en sus círculos de amigos poetas de Madrid y Salamanca, sin duda en su versión francesa. Se sabe que un ejemplar de la traducción de *Night Thoughts* pertenecía a Meléndez Valdés, amigo y discípulo de Cadalso.

También debe mencionarse el *Essay on critic-*

ism de Pope, en que el autor subraya que Aristóteles, a quien se aceptaba desde la Edad Media
como la autoridad sobre las reglas de la poesía,
no había *inventado* las normas, sino que había
examinado las obras existentes y *descubierto* en
ellas los preceptos. Como explica Sebold, poetas
como Cadalso empezaron a pensar que era perfectamente lícito que ellos también dedujeran
nuevas reglas basadas en sus observaciones de
la naturaleza. De hecho, la licencia se convierte
en la nueva regla. Esto no quiere decir, sin embargo, que Cadalso rompa por completo con la
tradición. Escribe Sebold: «Cadalso era cosmopolita en todos los sentidos, pero antes que nada
era español... Mostraba su sabiduría al insistir
siempre en la necesidad de buscar un eslabón firme entre la tradición literaria española y las nuevas tendencias» (*El primer romántico* 117). Cadalso se inspiró en sus antecesores españoles y
extranjeros para crear un tipo de poesía diverso
del de sus contemporáneos neoclásicos. Como se
verá, su nueva visión tendría un efecto profundo
en sus seguidores de la escuela de Salamanca.

Refiere el autor los motivos que tuvo para aplicarse a la poesía, y la calidad de los asuntos que tratará en sus versos.

Caro[1] lector, cualquiera que tú seas,
que estos mis ocios juveniles veas,
no pienses encontrar en su lectura
la majestad, la fuerza y la dulzura
que llevan los raudales del Parnaso,[2]
Mena, Boscán, Ercilla, Garcilaso,
Castro, Espinel, León, Lope y Quevedo[3];
no ofrezco asuntos que cumplir no puedo.
Sé que el mortal a quien benigno el hado

la morada de Pindo[4] ha destinado,
halla en su cuna la sagrada rama
con que se sube al templo de la fama.
Tanta dicha a los cielos no he debido,
bajo tan fausto signo no he nacido,
en falsas cortes y en malicia fiera
de mi vida pasé la primavera;
jamás compuse versos hasta el día
que me dejó la estrella[5] más impía
a mi pena y rigor abandonado,
objeto débil y rigor del hado,
y con amor y ausencia, mal más fuerte
que cantos he nombrado y que la muerte,
entonces, por remedio a mi tristeza,
de Ovidio[6] y Garcilaso la terneza[7]
leí mil veces, y otros tantos gozos
templaron mi dolor y mis sollozos,
huyendo de los hombres y su trato,
que al hombre bueno siempre ha sido ingrato,
sentado al pie de un álamo frondoso,
en la orilla feliz del Ebro[8] undoso,
¡cuántas horas pasé en los sentidos
en tan sabroso metros embebidos!
¡Ay, cómo conocí que en su lectura
derramaban los cielos más dulzura
que en el divino néctar y ambrosía!
Mi tristeza en consuelos convertía,
y mis males yo mismo celebraba
por la delicia que en su cura hallaba;
así como se alienta el peregrino
cuando encuentra con otro en el camino,
y con gusto el piloto al mar se entrega
si otro con él el mismo mar navega;
cómo se alivia el llanto si un amigo
de nuestras desventuras es testigo;
así los tristes versos que leía
templaban mi fatal melancolía,
hasta que en ellos me dispuso el cielo

[1]Querido.
[2]Monte de Grecia consagrado a Apolo, dios de la música y de la poesía, y a las musas.
[3]Famosos poetas del Siglo de Oro: Juan de Mena, Juan Boscán, Alonso de Ercilla, Garcilaso de la Vega, Guillén de Castro, Vicente Espinel, fray Luis de León, Lope de Vega y Francisco de Quevedo.

[4]Macizo montañoso de Grecia occidental, en el Olimpo, una de las cimas del cual está dedicado a Apolo y a las musas.
[5]Símbolo del hado o destino.
[6]Poeta latino (43-17 antes de Cristo), conocido por su *Arte de amar*, en el que explica la ciencia del amor.
[7]Ternura.
[8]Río de España que nace en Santander y desemboca en el Mediterráneo.

de todo mi dolor total consuelo,
así mi alma al Pindo, agradecida,
cultivarle juró toda la vida.
Con pecho humilde y reverente paso
llegué a la sacra falda del Parnaso,
y como en sueños, vi que me llamaban
desde la sacra cumbre, y me alentaban,
Ovidio y Taso,[9] a cuyo docto influjo
mi numen[10] estos versos me produjo:
todos de risa son, gusto y amores.
No tocaré materias superiores;
de los supremos dioses y los reyes
la oscura voz y las secretas leyes;
los arcanos, enigmas y misterios,
no digo con osados versos serios;
antes con más sencillo y bajo tono
celebro la cabaña y dejo el trono.[11]

Ya canto de pastoras y pastores
las fiestas, el trabajo y los amores;
ya de un jardín que su fragancia envía
escribo la labor y simetría;
ya del campo el trabajo provechoso,
y el modo de que el toro más furioso
sujete al yugo la cerviz altiva,
y al hombre débil obediente viva;
ya canto de la abeja y su gobierno
y el dulce tono del jilguero tierno.

No mido, con inútil osadía,
cuánto anda el astro que preside al día,
ni celebro vilmente a los varones
funestos a la paz de las naciones.
Matar los hijos, degollar las madres,
violar las hijas, afrentar los padres,
lleven al hombre al templo de la gloria,
al toque de clarín de la victoria;
pero jamás con versos inhumanos
héroes he de llamar a los tiranos.

Y di, lector: ¿acaso nos importa

(pues la vida es tan frágil y tan corta)
que Febo[12] dé su vuelta concertada,
siendo la tierra la que está parada,
o que, parado el sol, la tierra suelta,
alrededor de Febo dé la vuelta;
ni que el piloto audaz y codicioso
busque nuevos caminos al ansioso
navío, y que dispute si es posible
hallarlos por el paso inaccesible
hacia el norte de Asia no cursado,
o si es mejor el paso acostumbrado
por donde los gigantes patagones[13]
admiran los castillos y leones
en las popas de naves españolas,
cuando surcan aquellas bravas olas?
No leas con temor. Ni voz, ni idea
verás en mí que indecorosa sea,
ni ofenderé al pudor más recatado.
Podrá decir mis versos sin cuidado
el labio virginal, sin que ofendidos
deje mi blando numen sus oídos.

Sobre ser la poesía un estudio frívolo, y convenirme aplicarme a otros más serios

Llegóse a mí con el semblante adusto,
con estirada ceja y cuello erguido
(capaz de dar un peligroso susto
al tierno pecho del rapaz Cupido),
un animal de los que llaman sabios,
y de este modo abrió sus secos labios:
«No cantes más de amor. Desde este día
has de olvidar hasta su necio nombre;
aplícate a la gran filosofía;
sea su libro el corazón del hombre».
Fuese, dejando mi alma sorprendida
de la llegada, arenga y despedida.

¡Adiós, Filis,[14] adiós! No más amores,
no más requiebros, gustos y dulzuras,
no más decirte halagos, darte flores,

---

[9]Torcuato Tasso (1544-1595), poeta italiano, uno de los autores más ilustres del Renacimiento. Su poema épico, *La Jerusalén liberada*, es sobre la Cruzada de Godofredo de Bouillon. También escribió *Aminta*, drama pastoril, que influyó en las obras de muchos escritores españoles del Siglo de Oro.

[10]Espíritu, inspiración.

[11]Es decir, celebro la vida sencilla y rústica y dejo los asuntos relacionados con reyes y aristócratas.

---

[12]El Sol.

[13]Nombre por el cual los españoles llamaban a los indios tehuelches, que se cubrían los pies de pieles, dándoles un tamaño enorme.

[14]Nombre de mujer común en la poesía amorosa del Siglo de Oro y en la literatura pastoril. Cadalso usaba este nombre para referirse a su amada, la actriz María Ignacia Ibáñez.

no más mezclar los celos con ternuras,
no más cantar por monte, selva o prado
tu dulce nombre al eco enamorado;
    no más llevarte flores escogidas,
ni de mis palomitas los hijuelos,
ni leche de mis vaces más queridas,
ni pedirte ni darte ya más celos,
ni más jurarte mi constancia pura,
por Venus,[15] por mi fe, por tu hermosura.

    No más pedirte que tu blanca diestra
en mi sombrero ponga el fino lazo,
que en sus colores tu firmeza muestra,
que allí le colocó tu airoso brazo;
no más entre los dos un albedrío,
tuyo mi corazón, el tuyo mío.

    Filósofo he de ser, y tú, que oíste
mis versos amorosos algún día,
oye sentencias con estilo triste
o lúgubres acentos, Filis mía,
y di si aquél que requebrarte sabe,
sabe también hablar en tono grave.

Renunciando al amor y a la poesía lírica con motivo de la muerte de Filis

    Mientras vivió la dulce prenda[16] mía,
Amor,[17] sonoros versos me inspiraste;
obedecí la ley que me dictaste,
y sus fuerzas me dio la poesía.

    Mas ¡ay! que desde aquel aciago día
que me privó del bien que tú admiraste,
al punto sin imperio en mí te hallaste,
y hallé falta de ardor a mi Talía.[18]

    Pues no borra su ley[19] la parca[20] dura

---

[15]Diosa del Amor y de la Belleza.

[16]Compare con los siguientes versos de Garcilaso: *¡Oh dulces prendas, por mi mal halladas, / dulces y alegres cuando Dios quería!*

[17]El niño Cupido, que tira flechas, haciendo que la gente se enamore.

[18]Una de las tres Gracias; musa de la Comedia y del Idilio.

[19]La de la muerte.

[20]En la mitología clásica, las Parcas eran las tres deidades de los Infiernos, dueñas de las vidas de los hombres, cuyas historias hilaban.

(a quien el mismo Jove[21] no resiste),
Olvido el Pindo y dejo la hermosura.

    Y tú[22] también de tu ambición desiste,
y junto a Filis tengan sepultura
tu flecha inútil y mi lira triste.

El poder del oro en el mundo
(Diálogo entre Cupido y el Poeta)

Poeta: Tu imperio ya se acaba;
               guarda, niño, las flechas en la aljaba.
Cupido: Pues y los corazones
               ¿Cómo han de conquistarse?
Poeta: Con doblones.[23]

MARÍA GERTRUDIS HORE (1742-1801)

Contemporánea de Cadalso, Jovellanos e Iriarte, María Gertrudis Hore apenas recibió atención crítica hasta las últimas décadas del siglo XX. Se consideraba más bien una figura marginal y secundaria. En su antología de poesía lírica dieciochesca, Leopoldo Augusto de Cueto, crítico del siglo XIX, expresa una opinión compartida por muchos: «sólo publicamos una escasa parte [de sus versos], como muestra del estilo de la escritora. Los demás... aunque sembrados de ingeniosos rasgos, son poco dignos de la estampa por su desaliño y sobrada familiar entonación» (553).

En su introducción a la poesía de Hore en la misma edición, Eustaquio Fernández de Navarrete excusa los descuidos estilísticos de la autora así: «Las personas que conocen los versos de doña María Gertrudis de Hore acaso desearían en ellos mayor entonación y más cuidado de que el estilo, agradable cuando se sostiene, no degenerase en prosaísmo; pero debe tenerse en cuenta que no escribió para el público; que hizo muchos versos de sociedad, en que hubiera parecido pedantesco tratar de dar a la frase más colorido poético, y que, satisfecha con agradar a sus numerosos amigos, no sólo se contentaba con emplear los

---

[21]Júpiter, padre de los dioses.

[22]El poeta se dirige a Cupido.

[23]Moneda española.

medios que le bastaban para lograrlo, sino que arrinconaba luego sus papeles, hijos de la inspiración del momento» (554).

Hoy en día, sin embargo, varios especialistas se dedican a la obra de Hore y han señalado su importancia como innovadora prerromántica. Sebold afirma que Hore no sólo da «el mismo paso del neoclasicismo al prerromanticismo, o primer romanticismo, que se verifica en otros poetas como Cadalso, Jovellanos, Trigueros y Meléndez Valdés después de 1770», sino que introduce varios elementos estilísticos nuevos («La Hija del Sol» 302-303). Señala, por ejemplo, que Hore emplea el ciprés como símbolo romántico mucho antes de que entre en el vocabulario descriptivo de los poetas de principios del siglo XIX.

Gaditana de familia irlandesa, Hore era conocida en Madrid por su hermosura, elegancia y entendimiento, cualidades que le ganaron el apodo de «Hija del Sol» en los salones que frecuentaba. A los diecinueve años se casó con Esteban Fleming, por quien sentía más bien indiferencia. Su marido viajaba mucho y la joven Gertrudis se distraía con fiestas y coqueteos. Describe el frenético ritmo de la vida madrileña en un poema que envía a una amiga disculpándose de no haber contestado una carta que ésta le había escrito:

> Los sentidos solos
> son los que aquí reinan;
> pues sujetan ellos
> hasta las potencias.
> La música dulce,
> la danza ligera
> la cómica farsa,
> la triste tragedia;
> el bárbaro circo
> de gentes y fieras,
> a quien la costumbre
> permite o tolera.
> ...
> Apenas la pluma
> al papel se entrega,
> cuando la retiran
> distracciones nuevas.

A pesar de su gran éxito en los círculos sociales más elegantes, Hore se retiró al convento de la Purísima Concepción de Santa María, de Cádiz, en 1778. Su repentina decisión ha provocado mucha especulación entre los historiadores. Sebold cita una leyenda gaditana recogida por Fernán Caballero (Cecilia Böhl de Faber) según la cual la Hija del Sol, recién casada, estableció relaciones con un brigadier de la Marina Real durante la ausencia de su marido. Una noche, según la leyenda, mientras está en el cuarto de ella su amante, dos hombres entran y lo asesinan a puñaladas. Horrorizada, la joven saca el cadáver del militar con la ayuda de su sirvienta y entre las dos limpian todas las manchas de sangre. Al día siguiente, todavía temblando de miedo, la Hija del Sol oye música militar, se asoma a la ventana y ve llegar la brigada de su amante —con él a la cabeza. Se vuelve histérica y sufre una larga enfermedad después de la cual confiesa todo a su marido y entra en un convento.

Sebold considera la relación un importante antecedente de las *Leyendas* de Bécquer. Cree que el relato de Böhl está basado en un acontecimiento verídico, pero que la infidelidad de Hore no sucedió cuando tenía veintidós años, como dice la leyenda, sino cuando tenía treinta y seis. Es decir, no se trata de una joven loca e imprudente, sino de una mujer hastiada de una vida en que ve defraudados sus sueños sentimentales. Su ingreso en la religión es una «metáfora de su pena de amante abandonada» y la convierte en una figura romántica por excelencia («La Hija del Sol» 299). Si tomó el hábito, según esta tesis, fue por razones poéticas y no religiosas. Sebold señala que Hore no sólo siguió escribiendo versos después de entrar al convento, sino que siguió firmándolos H.D.S. (Hija del Sol) y expresando su nostalgia por la vida alegre que había abandonado. Parece evidente, según el crítico, que su rechazo melodramático del mundo fue un verdadero gesto romántico.

En los poemas que escribió después de entrar al convento, la melancolía llega a ser un tema dominante. Escribe en «Meditación»:

> Celebrara, si acaso ser pudiera,
> que por bien estimara la alegría;
> mas yo, que la conozco cierto anuncio
> de tristezas, pesares y fatigas,

compadezco las almas que, engañadas,
en su inconstante duración se fían,
y huyendo del contagio que las cerca,
me acojo a mi feliz melancolía.

Rechazar la alegría para abrazar la melancolía
es un gesto sumamente romántico. «No hay nada
más romántico que el gozarse en el propio dolor»,
escribe Sebold, quien ve varios paralelos entre la
poesía de Hore y las *Noches lúgubres* de Cadalso
(«La Hija del Sol» 303). Como él, Hore se inspiró
en los *Night Thoughts* de Young, que probablemente conocía a través de la traducción francesa
de Le Tourneur.

Aún la poesía religiosa de Hore revela una mayor preocupación por las penas y culpas de la
poeta que por el sufrimiento de Cristo. A diferencia de la poesía de Santa Teresa y San Juan de
la Cruz, los llamados versos «místicos» de Hore
no intentan comunicar al lector el éxtasis de la
unión entre el alma y Dios. El tema es más bien
el dolor de la autora, que ésta tiene la audacia de
comparar con el del Salvador. Se disuelve en un
charco de lágrimas, lo cual no es sorprendente,
observa Sebold, cuando se considera que le tocó
vivir en la lacrimosa Época de la Sensibilidad a
fines del XVIII (306). El egocentrismo que se
revela en la poesía de Hore también es característico de la mentalidad romántica—un indicio
más de que la monja de Cádiz es, tanto como
Cadalso, Jovellanos y Meléndez Valdés, una precursora del romanticismo decimonónico.

A un pajarillo

Infeliz pajarillo,
que apenas empezaste
a gozar de tu imperio
la libertad amable,
    de los continuos riesgos
que amenazan el aire,
antes de conocerlos,
víctima a ser llegaste.[1]
    ¡Cuánto dolor me causa
el mirar que se añade

a tus lindos colores
el matiz de tu sangre!
    Parece en la tristeza
con que las alas bates,
que me pides socorro
en tu mudo lenguaje.
    Te lo daré amorosa,
y si logro sanarte,
tendrás en mis cuidados
con mi Diana[2] parte.
    Sobre su blanco lomo
vendrás a pasearte,
volándote a mi pecho
siempre que yo te llame.
    Ni probarás prisiones
de dorados alambres,
ni cortaré a tus alas
los pintados plumajes.
    Mas si despúes que el fruto
logres de mis afanes,
ingrato a mis finezas,
volando te escapares,
    Plegue al cielo[3] que encuentres,
oh pajarillo infame,
ya lazo que te prenda,
ya tiro que te mate.

A Jesús (Silva)

¡Vos, mi Jesús, en una cruz clavado,
de angustias traspasado,
de escarpias suspendido,
y aún del sagrado cutis mal vestido,
según la furia hebrea
os destrozó nuestra mortal librea!
¡De amigos y discípulos dejado,
de enemigos crüeles[4] traspasado,
herida la cabeza en mil abrojos,
de polvo y sangre túmidos los ojos,
los brazos relajados,
cada mano rasgada,
y cargando en los pies ensangrentados

---

[1] **Víctima**... llegaste a ser víctima.

[2] En la mitología, diosa de los bosques. Aquí, es el nombre de la yegua o la perra de la poeta.
[3] **Plegue**... Dios quiera
[4] La diéresis (ü) significa que la combinación *ue* se pronuncia como dos sílabas.

la persona sagrada;
a la vista una Madre dolorida,
que os aflige afligida;
un discípulo amado,
del dolor abrumado;
una amorosa y triste Magdalena,
entregada a la pena;
y viéndoos sin consuelo
en la tierra, apelar queréis al cielo.
    Pero desamparado
aun vuestro eterno Padre os ha dejado,
y entre tormento tanto
parece que no cabe más quebranto!
Mas ¡ay! que cabe más, bien lo imagino;
pues cuando me examino,
al verme en mar de culpas sumergida,
¡ay Dueño de mi vida!
que son ellas, consiento,
en esa cruz vuestro mayor tormento;
puesto al ver malograda
vuestra pasión sagrada,
al ver tanta fineza
correspondida con tan cruel dureza,
obra en vos, mi Jesús, dolor tan fuerte,
que aumenta sus angustias a la muerte...
Suspended, suspended tantos pesares;
mi corazón, Señor, llorando a mares
os implora amoroso;
sed conmigo y con vos, mi Dios, piadoso;
cese vuestro dolor, y pues estriba
en que esta ingrata viva
a vuestros pies postrada,
con vuestra sangre vuelva a ser bañada...
    ¡Oh mi dulce Jesús, de amor herido!
sea vuestra piedad siempre alabada,
sea vuestra bondad glorificada.
Nunca más ofenderos
ni de vista perderos.
Fijad, mi amado bien, en mi memoria
la lastimera historia
de vuestro padecer y vuestra muerte,
porque[5] viva de suerte
mi corazón a vuestro amor atento,
que ni ofenderos pueda el pensamiento,
y entregada la vida

---

[5]Para que

con ansia repetida
a tan dulce memoria,
logre, en fin, poseer la eterna gloria.

GASPAR MELCHOR DE JOVELLANOS (1744-1811)

Cadalso influyó profundamente en los intelectuales de su época, en particular Jovellanos, quien le conoció mientras estudiaba en la Universidad de Alcalá de Henares y, estimulado por su nuevo amigo, comenzó a componer versos. Durante esta misma época también conoció a Pedro Rodríguez de Campomanes, fiscal del Consejo de Castilla y uno de los hombres más importantes de la Ilustración. Campomanes tendría una influencia significativa en su formación ideológica y, por lo tanto, en su producción poética.

En 1768, cuando Jovellanos fue a Sevilla como alcalde de la cuadra, su interés en la poesía fue reforzado por el grupo de intelectuales en el cual se introdujo allí. El gobernador de la ciudad, Pablo de Olavide, había nacido en Perú y viajado por toda Europa. Partidario de las nuevas tendencias políticas, económicas, sociales y filosóficas de la Ilustración, Olavide tenía un interés activo en las artes. En este ambiente estimulante, Jovellanos compuso mucha de su obra poética.

Como Cadalso, Jovellanos expresa la idea de que la poesía—y, en particular, la lírica amatoria—no es digna de un hombre serio. De hecho, a diferencia de su amigo, se muestra poco dispuesto a dar a conocer sus versos y sólo siete poemas fueron publicados durante su vida. Para su edición de la poesía de Jovellanos, publicada en 1961, José Caso González recogió 52 poemas originales, cuatro traducciones, cinco fragmentos y siete poemas atribuidos a nuestro autor. Existen ediciones más modernas, por ejemplo, la de José Luis Abellán (1979) y la de H. R. Polt (1973), que contiene unos sesenta poemas, pero ninguna está completa, ya que muchos de los versos del autor se perdieron. Igual que otros ilustrados, Jovellanos cree que la poesía española llegó a su cénit durante el siglo XVI con autores como Garcilaso y fray Luis, y que durante el período barroco sufrió un descenso de calidad debido a la degeneración del gusto. No es sorprendente, por lo tanto, que Jovellanos se haya distinguido más bien por su prosa, donde expresa sus ideas sobre la educación, la agricultura, la economía, el gobierno y la historia de las diversiones públicas. Sin embargo, a pesar de su aparente desprecio de la poesia contemporánea y su pasión por lo práctico, es en su poesía donde Jovellanos revela su verdadera sensibilidad. Según Joaquín Arce: «Jovellanos parece que tiene que presentársenos como el grave magistrado, el sesudo economista o el sabio austero y mesurado, con olvido de su auténtica sensibilidad poética y humana, bien manifiesta en el valor reconocido a la amistad, en sus ostensibles expresiones de ternura y emoción, y en el amor que demuestra por su tierra natal» (365). Al lado del hombre racional y razonable que caracteriza el siglo XVIII, empieza a emerger otro arquetipo durante la época de Jovellanos: «el alma sensible» —el héroe que se entrega a las emociones, que llora. Jovellanos no se queda ajeno a esta nueva voluptuosidad, la cual se manifiesta plenamente en su poesía.

La mayoría de los versos amatorios de Jovellanos se compusieron durante su estancia en Sevilla o inmediatamente después. Los sonetos —más bien de tema y estructura convencional— son de esta época, así como los idilios. Polt señala que éstos, que constan de versos de siete sílabas con asonancia en los pares, permiten mayor flexibilidad que aquéllos, a causa de la variedad de terminaciones. Sin embargo, temáticamente, el poeta no se aleja mucho de la tradición. El amor, la belleza de la amada, la falta de esperanza del amante —éstos son los temas que Jovellanos ha heredado de sus antecesores.

Generalmente, se considera que el mejor poema amatorio de Jovellanos es «A la ausencia de Marina», el cual comienza con reminiscencias de Garcilaso, pero después se aparta del modelo. En vez de en la tradición bucólica, Jovellanos busca sus imágenes en el mundo cotidiano. El coche, el mayoral, las mulas, el campo árido de La Mancha son todos elementos familiares para el lector. Polt sugiere que esta escena refleja el interés que pensadores como Jovellanos tenían por el trabajo y la educación del hombre común.

Con el tiempo Jovellanos dejó la poesía amatoria y se dedicó a temas más filosóficos. Durante su estancia en Sevilla mantuvo correspondencia con los poetas de la Escuela de Salamanca, a quienes intentó convencer de que compusieran un nuevo tipo de poesía de acuerdo con las metas de la Ilustración. Sugirió que Delio (fray Diego Tadeo González) escribiera sobre la filosofía y la religión, que Batilo (Meléndez Valdés) compusiera poemas épicos sobre temas nacionales y que Liseno (fray Juan Fernández de Rojas) se dedicara a crear tragedias basadas en episodios de la historia española. Jovellanos tuvo una influencia profunda en los salmantinos, especialmente en Meléndez Valdés, quien lo veneraba y le mandaba su trabajo para que lo corrigiese.

Su afán reformador llevó a Jovellanos a cultivar la poesía satírica, muy de moda a fines del siglo XVIII. Durante la década de los ochenta, escribió varias composiciones satíricas. En las dos que dirige contra Vicente García de la Huerta, autor de tragedias neoclásicas y defensor del teatro del Siglo de Oro, Jovellanos narra la batalla entre éste y Juan Pablo Forner, partidario de la reforma teatral. En otra sátira escrita en 1786, ataca la corrupción de las mujeres, en particular de las nobles. El pudor se cultiva más entre los campesinos que entre los aristócratas, lamenta el autor: «hubo un tiempo / en que el recato tímido cubría / la fealdad del vicio; pero huyóse / el pudor a vivir en las cabañas...» En unaque segunda sátira, pubicada al año siguiente, Jovellanos critica la educación de los nobles. Retrata a dos aristócratas jóvenes; el primero toma por modelo al «majo», un tipo de la clase baja que ostenta cierta elegancia propia de la gente del pueblo. A pesar de su linaje, este aristócrata joven se ha criado en la ignorancia; no hace ninguna contribución a la sociedad sino que se dedica a los toros, al juego y a las mujeres. El segundo es un señorito perfumado que se ha educado en Francia pero no habla bien ni el francés ni el español. Se dedica al vicio y termina por arruinar su salud y estropear su futuro.

En estas obras Jovellanos expresa ideas que se encuentran en sus ensayos filosóficos, políticos o pedagógicos. Para él, es esencial que la nobleza cumpla con sus obligaciones para con la sociedad. Ya que el aristócrata tiene mayores oportunidades educativas, económicas y sociales que otros, debe usar sus recursos para mejorar las condiciones de la gente común. De otra manera, no se justifican los privilegios que la sociedad le concede.

Jovellanos también compuso diez epístolas, o cartas en verso, en las cuales expresa sus ideas filosóficas. Sus dos primeras sátiras están escritas en endecasílabos sueltos, metro que emplea también en casi todas sus epístolas. Es en estas composiciones donde se encuentra un intenso sentimentalismo que anticipa la poesía romántica de principios del próximo siglo.

El espíritu de reforma de la Ilustración adquiere un carácter utópico en algunos de los versos de Jovellanos, por ejemplo, en su «Respuesta a una epístola de Moratín». Se trata de un «utopismo con vetas de igualitarismo radical, que se remite en su inspiración a la Edad de Oro y que tiene como núcleo de su ataque el concepto de la propiedad» (Abellán 12). La crítica de la propiedad aparece también en la prosa de Jovellanos. Escribe Abellán: «Quizá alguien piense que esto son ensoñaciones poéticas o evasiones que se permite un erudito en ratos de ocio. Nada más lejos de la relidad. Jovellanos deseaba realmente una trasformación de la sociedad donde todos los hombres fuesen libres e iguales, y eso suponía pasar por la desaparición de la propiedad» (14). Abellán cita fragmentos del *Informe sobre la Ley Agraria* para probar su punto de vista. Sin embargo, José Caso González señala que Jovellanos no quería que se divulgase este poema por no «pasar por filósofo extravagante» y porque no deseaba que sus «sueños poéticos [pasasen] por opiniones» (*La poética de Jovellanos* 103). Y John H. R. Polt afirma que aunque Jovellanos soñaba con la erradicación del egoísmo y las rivalidades nacionales y se imaginaba un mundo en que reinase la fraternidad y la paz universal, esto «no quita que en el ínterin, en su escritos económicos,... considere el interés individual como el motor principal del progreso económico» (*Jovellanos: Poesía. Teatro. Prosa literaria* 131).

Hoy en día Jovellanos no se considera uno de los grandes poetas de su época, sino como un reformador cuyas ideas inspiraron a otros. Es cierto, sin embargo, que su uso de imágenes rea-listas tomadas de la vida diaria y de un lenguaje franco y directo (especialmente en las sátiras) ayudó a cambiar la dirección de la poesía. Además, sus innovaciones en el campo de la poesía de ideas y su influencia en los llamados «prerrománticos»enriquecieron la producción poética de la segunda mitad del siglo.

A la ausencia de Marina (Elegía)

Corred sin tasa de los ojos míos,
¡oh lágrimas amargas!,[1] corred libres
de estos míseros ojos, que ya nunca,
como en los días de contento y gloria,
recrearán las gracias de Marina.
Corred sin tasa, y del cuitado[2] Anselmo
regando el pecho dolorido y triste,
corred hasta inundar la yerta tierra
que antes Marina honraba con su planta.[3]
¡Ay! ¿Dó[4] te lleva tu maligna estrella,
infeliz hermosura? ¿Dónde el hado,
conmigo ahora adverso y rigoroso,
quiere esconder la luz de su belleza?
¿Quién te separa de los dulces brazos
de su Anselmo, Marina desdichada?
¿Quién, de amargura y palidez cubierto
el rostro celestial, suelto y sin orden
el hermoso cabello, triste, sola,
y a mortales congojas entregada
de mi lado te aleja y de mi vista?
Terrible ausencia, imagen de la muerte,
tósigo[5] del amor, fiero cuchillo
de las tiernas alianzas, ¿quién, oh cruda,[6]
entre dos almas que el amor unía
con vínculos eternos, te interpuso?
¿Y podrá Anselmo, el sin ventura Anselmo,
en cuyo blando corazón apenas
caber la dicha y el placer podían,
podrá sobrevivir al golpe acerbo

---

[1]Compárense estos versos con el canto de Salicio en la Égloga I de Garcilaso: «Salid sin duelo, lágrimas, corriendo».
[2]Pobre, afligido.
[3]Planta del pie.
[4]Dónde.
[5]Veneno.
[6]Cruel.

con que crüel[7] tu brazo le atormenta?
¡Ah! ¡Si pudiera en este aciago instante,
sobre las alas del amor llevado,
alcanzarte, Marina, en el camino!
¡Ay! ¡Si le fuera dado acompañarte
por los áridos campos de la Mancha,[8]
siguiendo el coche en su veloz carrera!
¡Con cuánto gusto al mayoral[9] unido
fuera desde el pescante[10] con mi diestra
las corredoras mulas aguijando!
¡Oh bien, tomando el traje y el oficio
de su zagal,[11] las plantas[12] presuroso
moviera sin cesar, aunque de llagas
mil veces el cansancio las cubriese!
¡Con cuánto gusto a ti de cuando en cuando
volviera el rostro de sudor cubierto,
y tan dulce fatiga te ofreciera!
¡Ah! ¡Cuán ansioso alguna vez llegara,
envuelto en polvo, hasta tu mismo lado,
y subiendo al estribo te pidiera
que con tu blanca mano mitigases
el ardor de mi frente, o con tu labios
dieses algún recreo a mis fatigas!

Epístola[13] VII

A Leandro Fernández de Moratín

Te probó un tiempo la fortuna, y quiso,
oh caro[14] Inarco,[15] de tu fuerte pecho
la constancia pesar. Duro el ensayo
fue, pero te hizo digno de sus dones.
¡Oh venturoso! ¡Oh una y muchas veces
feliz Inarco, a quien la suerte un día
dio que los anchos términos de Europa

lograse visitar.[16] ¡Feliz quien supo
por tan distantes pueblos y regiones
libre vagar, sus leyes y costumbres
con firme y fiel balanza comparando;
que viste al fin la vacilante cuna
de la francesa libertad, mecida
por el terror y la impiedad; que viste
malgrado tanto coligada[17] envidia,
y de sus furias a despecho, rotas
del belga y del batavo[18] las cadenas;
que al fin, venciendo peligrosos mares
y ásperos montes, viste todavía
gemir en dobles grillos aherrojado
al Tibre,[19] al antes orgulloso Tibre,
que libre un día encadenó la tierra![20]
¡Cuánto, ah, sobre su haz destruyó el tiempo
de vicios y virtudes! ¡Cuánto, cuánto
cambió de Bruto[21] y Richelieu[22] la patria!
¡Oh, qué mudanza! ¡Oh, qué lección! Bien dices:
la experiencia te instruye. Sí, del hombre
he aquí el más digno y provechoso estudio:
ya ornada ver la gran naturaleza
por los esfuerzos de la industria humana,
varia, fecunda, glorïosa[23] y llena
de amor, de unión, de movimiento y vida;

---

[7]La diérisis (ü) significa que las vocales se pronuncian como dos sílabas.

[8]Región en el centro de España que comprende parte de las provincias de Ciudad Real, Toledo, Cuenca y Albacete.

[9]En un coche, el que gobernaba el tiro de mulas.

[10]Asiento del cochero en el coche.

[11]Muchacho que estimula las mulas para que corran más rápido.

[12]Pies.

[13]Carta en verso.

[14]Querido.

[15]El nombre de Moratín en la Academia de los Arcades de Roma era Inarco Celenio.

[16]En su epístola a Jovellanos Moratín habla de su viaje por Europa.

[17]Todo junta.

[18]Bátavo, holandés.

[19]Tíber, río de Italia que pasa por Roma. Moratín había viajado a la capital italiana y había descrito las glorias del Imperio Romano en su epístola a Jovellanos.

[20]Jovellanos se refiere a la conquista de Europa por los romanos en la Antigüedad.

[21]Marco Junio Bruto (¿85?-42 antes de Cristo). Ahijado de César que participó, con su amigo Casio, en una conspiración contra su padrino. Cuando éste lo vio entre los asesinos con el puñal levantado, pronunció las famosas palabras: «¡Y tú también, hijo mío»! Más tarde Marco Antonio venció a Bruto, quien se dio muerte. Bruto ha llegado a ser símbolo de la traición en la literatura.

[22]Armando Jean du Plessis, cardenal de Richelieu (1585-1642), primer ministro en 1624, bajo Louis XIII. Se le considera el creador del absolutismo real. Sus objetivos eran disminuir la influencia del protestantismo, dominar la nobleza y contener el poder de la Casa de Austria. Aunque logró hacer grandes reformas internas, es conocido como un manipulador, un ambicioso y un tirano desalmado.

[23]La diérisis (ï) significa que la combinación io se pronuncia como dos sílabas.

o ya violadas sus eternas leyes
por la loca ambición, con rabia insana,
guerra, furor, desolación y muerte;
tal es el hombre. Ya le ves al cielo
por la virtud alzado, y de él bajando,
traer el pecho de piedad henchido,
y fiel y humano y oficioso darse
todo al amor y fraternal concordia...
¡Oh, cuál entonces se solaza y ríe,
ama y socorre, llora y se conduele!

    Mas ya le ves que del Averno[24] escuro[25]
sale blandiendo la enemiga antorcha,
y acá y allá frenético bramando,
quema y mata y asuela cuanto topa.
Ni amarle puedes, ni odiarle; puedes
tan sólo ver con lástima su hado,
hado crüel, que a enemistad y fraude
y susto y guerra eterna le conduce.

    Mas ¿por ventura tan adverso influjo
nunca su fuerza perderá? ¡Qué! ¿el hombre
nunca mejorará? ...Si perfectible
nació; si pudo a la mayor cultura
de la salvaje estúpida ignorancia
salir; si supo las augustas leyes
del universo columbrar, y alzado
sobre los astros, su brillante giro,
su luz, su ardor, su número y su peso
infalible midió; si, más osado,
voló del mar sobre la incierta espalda
a ignotos climas, navegó en los aires,
dio al rayo leyes, y a distantes puntos,
como él veloz, por la tendida esfera
sus secretos envió; por fin, si pudo
perfeccionarse su razón, ¿tan sólo
será a su tierno corazón negada
la perfección? ¿Tan sólo esta divina,
deliciosa esperanza? ¡Oh caro Inarco!
¿No vendrá el día en que la humana estirpe,
de tanto duelo y lágrimas cansada,
en santa paz, en mutua unión fraterna,
viva tranquila? ¿en que su dulce imperio
santifique la tierra, y a él rendidos
los corazones, de uno al otro polo
hagan reinar la paz y la justicia?
¿No vendrá el día en que la adusta guerra

tengan en odio, y bárbaro apelliden
y enemigo común al que atizare[26]
de nuevo su furor, y le persigan
y con horror le lancen de su seno?

    ¡Oh sociedad! ¡Oh leyes! ¡Oh crüeles
nombres, que dicha y protección al mundo
engañado ofrecéis, y guerra sólo
le dais, y susto y opresión y llanto!
Pero vendrá aquel día, vendrá, Inarco,
a iluminar la tierra y los cuitados
mortales consolar. El fatal nombre
de propiedad, primero detestado,
será por fin desconocido. ¡Infame,
funesto nombre, fuente y sola causa
de tanto mal! Tú solo desterraste,
con la concordia de los siglos de oro,[27]
sus inocentes y serenos días;
empero al fin sobre el lloroso mundo
a lucir volverán, cuando del cielo
la alma[28] verdad, su rayo poderoso
contra las torres del error vibrando,
las vuelva en humo, y su asquerosa hueste
ahuyente y hunda en sempiterno olvido.

    Caerán en pos[29] la negra hipocresía,
la atroz envidia, el dolo[30], la nunca harta
codicia, y todos los voraces monstruos
que la ambición alimentó, y con ella
serán al hondo bárato[31] lanzados,
allá de do salieron en mal hora,
y ya no más insultarán el cielo.
Nueva generación desde aquel punto
la tierra cubrirá y entrambos mares;
al franco,[32] al negro etíope, al britano
hermosos llamará, y el industrioso
chino dará, sin dolo ni interese,[33]

---

[24]Lago de Italia, que se encuentra cerca de Nápoles. En la mitología era conocido como la entrada de los Infiernos.
[25]Oscuro.

[26]Futuro del subjuntivo de **atizar** (revivir pasiones o discordias); hoy en día se diría **atizara**.
[27]En la mitología, período de paz y de armonía en que nadie tenía propiedad y no existían los engaños, rivalidades, odios y discordias.
[28]Vivificadora, santa. Jovellanos emplea el artículo femenina **la**, que en combinación con el sustantivo se pronuncia **l'alma**, para mantener el endecasílabo.
[29]**En...** después.
[30]Engaño, fraude.
[31]Infierno.
[32]Francés.
[33]Interés.

al transido[34] lapón[35] sus ricos dones.

Un solo pueblo entonces, una sola
y gran familia, unida por un solo
común idioma, habitará contenta
los indivisos términos del mundo.
No más los campos de inocente sangre
regados se verán, ni con horrendo
bramido, llamas y feroz tumulto
por la ambición frenética turbados.
Todo será común, que ni la tierra
con su sudor ablandará el colono
para un ingrato y orgulloso dueño,
ni ya, surcando tormentosos mares,
hambriento y despechado marinero
para un malvado, en bárbaras regiones,
buscará el oro, ni en ardientes fraguas
o al banco atado en sótanos hediondos
le dará forma el mísero artesano.
Afán, reposo, pena y alegría,
todo será común; será el trabajo
pensión[36] para todos; todos
su dulce fruto partirán contentos.
Una razón común, un solo, un mutuo
amor los atarán con dulce lazo;
una sola moral, un culto[37] solo,
en santa unión y caridad fundados,
el nudo estrecharán, y en un solo himno,
del Austro[38] a los Triones[39] resonando,
la voz del hombre llevará hasta el cielo
la adoración del universo, a la alta
fuente de amor, al solo Autor[40] de todo.

JOSÉ MARÍA VACA DE GUZMÁN Y MANRIQUE (¿1744?-1801)

Aunque José María Vaca de Guzmán y Manrique nunca alcanzó la estatura de un Moratín, fue una de las voces más influyentes de la reforma poética del siglo XVIII. Nació en Sevilla, de padres

toledanos, y pasó en aquella ciudad una gran parte de su juventud, según se ha deducido de los siguientes versos de *Vida de San Leandro*:

Del sevillano reino
sonara en los confines
mi voz, engrandediendo
sus singulares timbres.
Metrópoli opulenta,
¿cómo es posible olvide
tu suelo, en que corrieron
mis años juveniles?

Habiendo recibido una buena formación humanística, se doctoró en derecho y con el tiempo fue nombrado rector perpetuo del colegio de Santiago de los Caballeros Manrique de Alcalá. A pesar de sus muchas actividades profesionales, participó plenamente en la reforma poética de su época y halló tiempo para escribir poesía. Durante su época fue reconocido como un gran poeta, aunque hoy día la crítica le atribuye una importancia secundaria.

A fines de los años setenta y a principios de los ochenta, la Academia Real patrocinó una serie de concursos literarios con el fin de mejorar la calidad de la poesía y de la prosa que se producía en España. Generalmente, se especificaba un tema que comemorara algún acontecimiento histórico para el certamen. En 1777 el tema para la competición poética era la destrucción de las naves de Cortés. En 1519 Hernán Cortés partió de Cuba para México con once naves, quinientos soldados y cien marineros, desafiando así al gobernador de la isla, Diego Velázquez, quien había querido reemplazarlo en el mando. Después de fundar la ciudad de Veracruz, Cortés hundió sus propios barcos para impedir que los partidarios de Velázquez volvieran a Cuba y se unieran a las tropas enemigas. En el siglo XVIII este episodio llegó a ser simbólico del valor, audacia y heroísmo del español durante la Conquista, período que se consideraba uno de los más gloriosos de la historia del país. Se presentaron cuarenta y cinco composiciones para este certamen, entre ellas la de Moratín Padre. Vaca de Guzman consiguió el primer premio con su canto épico, *Las naves de Cortés destruidas.* El poema alcanzó fama no

---

[34]Miserable.
[35]De Laponia, región del norte de Europa, que incluye Noruega, Suecia, Finlandia y partes de Rusia.
[36]Obligación.
[37]Religión.
[38]Sur.
[39]Norte.
[40]Dios.

sólo en España sino también en el extranjero; fue traducido al francés y alabado en revistas y periódicos prestigiosos como *Le Journal de la Littérature*. Vaca y Guzmán volvió a ganar el certamen de la Academia Española en 1778. El romance heroico que presentó entonces se llamaba *Granada rendida* y trataba de la conquista de aquella ciudad por las fuerzas católicas.

Vaca de Guzmán compuso elegías, canciones, odas, romances, églogas, sonetos y cantos épicos. Caracteriza su obra la mezcla de diversos elementos históricos, mitológicos, cristianos y paganos. En *Las naves de Cortés destruidas*, por ejemplo, compara a Antón de Alaminos, piloto de Cortés, con Palinuro, piloto de los troyanos en las aventuras de Ulises. Referencias a ninfas, a Neptuno y a otros seres mitológicos ayudan a crear una imagen grandiosa de Cortés, quien toma su lugar al lado de los inmortales en el poema de Vaca de Guzmán. En contraste, en su *Granada rendida* se destaca la combinación de lo cristiano y lo pagano. La influencia de fray Luis de León y de Garcilaso se nota en muchos de sus poemas, en particular en su égloga *Columbano*, cuyos primeros versos cantan, como en la «Vida retirada» de fray Luis, los placeres del campo y el desdén por el «necio mundo» de la corte: Canto el rústico bien, dulce reposo, / vida feliz, de muchos envidiada, / libre del necio mundo y sus cuidados.

En su poesía amorosa se ven también ciertos rasgos de Quevedo, quien inspiró seguramente su uso del nombre «Lisi». Como sus antecesores del Siglo de Oro, Vaca de Guzmán canta las angustias del amor no correspondido y describe al amante como un prisionero del amor. Sin embargo, sus versos carecen de la intensa penetración psicológica que caracteriza los de un Garcilaso o un Quevedo.

Aunque a Vaca de Guzmán se le considera un poeta menor, es representante de los esfuerzos que se hicieron durante la segunda mitad del siglo XVIII por mejorar la calidad de la poesía y abrir nuevos caminos para la literatura. Vaca de Guzmán imprimió sus obras poéticas en tres tomos en 1789, dedicándolas a la reina doña Luisa de Borbón.

A Lisi (Liras)[1]

Orfeo[2] de las aves,
el ruiseñor canoro[3]
al viento dando músicas suaves,
como nunca sonoro,
arrulla al hijo con su pico de oro.

En su fresca mañana
le roba el pobre nido,
y en él su prenda la afición humana;
entonces, dolorido,
el canto trueca en mísero gemido.

Después le ve encerrado,
y templa su lamento
ver del dueño el solícito cuidado
con que le expone al viento,
donde a los padres deba el alimento.

Crece el pequeño hijuelo,
su adulta edad advierte,
no su prisión, el paternal desvelo;
allí le da la muerte,
y paga así la culpa de su suerte.

Hijo de amor he sido,
Lisi me ha cautivado,
de esperanzas amor me ha mantenido,
amor muerte me ha dado,
y pago así la sinrazón del hado.

Las naves de Cortés destruidas

Hijos de Palas,[4] ínclitos varones,
imágenes gloriosas de su aliento,
las armas suspended, y las naciones
oigan la hazaña que cantar intento,
con que a su gente y bravos campeones
supo empeñar al último ardimiento
el héroe grande, que enlazó al hispano

---

[1]En la lira, forma métrica favorita de fray Luis de León, se alternan versos de once y siete sílabas.

[2]Orfeo fue el músico más famoso de la Antigüedad; por eso el ruiseñor, que es conocido por su bello canto, es el Orfeo de las aves.

[3]De canto melodioso.

[4]Diosa griega de la sabiduría, las artes, las ciencias y la industria. Vaca se dirige a los «ínclitos varones», o sea, a los sabios de España.

el opulento imperio mexicano.

Callaron todos con el rostro atento:
Suspéndense de Mantua[5] los pastores;
párase el río, [6] y su benigno aliento
no comunica el céfiro[7] a las flores;
hasta Febo[8] pendiente de su acento,
dibujando en las plumas mil colores,
según me le pintó mi fantasía
quiso alargar los términos del día.

«¡Oh joven! El prodigio de mi idea
prorrumpió, hablando al parecer conmigo,
los cielos quieren que tu norte[9] sea,
y he de partir la admiración contigo;
los blasones de España el mundo vea,
pues América soy, de ellos testigo;
ellos ilustran de Belona[10] el templo;
de ellos Hernán Cortés será el ejemplo.

«No le demuestro el ímpetu domando
de la undosa vertiente de Grijalva[11];
sus aguas con la sonda penetrando;
hiriendo el aire con horrenda salva;
no entre los dardos del opuesto bando,
no en los pantanos donde le halla el alba,
ni siguiendo al contrario presuroso,
ni en Tabasco[12] aclamado y victorioso.

«No vencedor del águila[13] brillante,
que al tlaxcalteca[14] a guerras estimula,
o con imperio, que al traidor espante,
abrasando las torres de Cholula,[15]

o aprisionando al rey más arrogante,[16]
que de mi clima el septentrión[17] adulta,
o rompiendo a Narváez,[18] o la ira loca
castigando del fiero Cualpopoca.[19]

«Callaré a Otumba[20] y su feroz campaña,
que estremeció los montes de la luna,
los peligros de Chalco[21] en la montaña,
tanto choque naval en la laguna,
hasta que preso Cuaticmoc,[22] España
su imperio holló[23] sin resistencia alguna,
mientras del sol los puros rosicleres
la tez doraba de la hermosa Ceres.[24] (...)

«Si quieres ver el ánimo valiente,
que tanta goria a tu nación ha dado,
prevenido en los riesgos y prudente,
resuelto en las empresas y arrestado,
un general de la española gente,
cuyo valor el mundo ha respetado,
en el grande Cortés lo verás todo,
en el grande Cortés, mas de este modo.

«En ese lienzo, que el arrojo mío

---

[5]Ciudad de Italia, en Lombardía, que es un importante centro comercial y agrícola. La poesía bucólica celebra sus fértiles prados y bellas colinas. Desde 1328 hasta 1708 fue gobernada por los Gonzaga.

[6]El Mincio, que forma los tres lagos que rodean Mantua.

[7]Viento suave.

[8]El Sol.

[9]Guía.

[10]Diosa de la guerra entre los romanos.

[11]Río de México que cruza el estado de Tabasco y desemboca en el Golfo.

[12]Cortés tocó tierra primero en Cozumel, después en Tabasco, donde ganó una batalla contra los indios.

[13]Símbolo de los aztecas.

[14]Pueblo prehispánico enemigo de los aztecas que ayudó a Cortés en la conquista de Moctezuma, emperador de los Aztecas.

[15]Centro de la civilización tolteca, que precedió a la de los aztecas en la meseta central de México. En una masacre que tuvo lugar en 1519 Cortés mató a muchos de los

habitantes de Cholula y quemó 400 templos (las torres mencionadas en el poema).

[16]Moctezuma.

[17]Norte.

[18]Militar español que participó en la conquista de Cuba de 1511 a 1514 y fue enviado por Velázquez, gobernador de la isla, a México para someter a Cortés.

[19]Señor de Nantecal (luego Almería), vasallo de Moctezuma. Según Nicolás Fernández de Oviedo, mandó emisarios a Cortés diciéndole que deseaba servir al rey de Castilla. Cortés envió a cuatro españoles a Cualpopoca, quien los hizo matar. Luego se escapó cuando vio que Cortés llegaba con 50 soldados a pie y dos a caballo. Más tarde, Cortés se quejó a Moctezuma. Éste mandó prender a Culpopoca, quien fue quemado en la plaza de Tonochtitlán junto con su hijo.

[20]Lugar de una famosa victoria de Cortés sobre los aztecas el 17 de julio de 1520.

[21]Población de la meseta central.

[22]Cuauhtémoc, último emperador de los aztecas. A pesar de que defendió México heroicamente, Cortés lo venció y le hizo prisionero. Los españoles lo sometieron a tortura, quemándole las plantas de los pies, para forzarle a revelar dónde se encontraba el tesoro real, el cual los indios habían tirado al lago Texcoco. Fue ahorcado por orden de Cortés. Muchos mexicanos lo consideran un héroe nacional.

[23]Abatió.

[24]Campo. Ceres es la diosa mitológica de la agricultura.

arrebató el templo de la Fama,[25]
dice, y con soberano poderío
a que le muestren a sus genios llama,
verás el corazón, verás el brío
que infatigable la deidad aclama.
¡Oh, cuándo callará su trompa! ¡Cuándo
olvidará esta hazaña de Fernando![26]

«Yo volveré la copia a sus altares,
y mi delito indultará la diosa[27];
pero atiende primero, y no te pares
en inquirir la mano prodigiosa:
dones fueron del cielo singulares,
luces el sol la[28] dio, matiz la rosa,
y alma Cortés; que saben sus laureles
comunicar su gloria a los pinceles. (...)

«Pero verás las naves españolas
en que Alaminos,[29] diestro Palinuro,[30]
llevarlos supo por extrañas olas
y preservarlos del naufragio duro,
ya abatiendo sus ricas banderolas,
zozobrar en el puerto más seguro,
el ancla fija, el mar sin movimientos,
el cielo claro, sosegado el viento.

«Corren el marinero y el piloto;
jarcia[31] y velas solícitos redimen:
¿Qué borrasca, dirás, qué airado noto,[32]

qué encalladoras sirtes[33] las oprimen?
¿Qué Scila,[34] qué Caribdis[35] las ha roto?
¿Qué hado fatal que las nereidas[36] gimen?
¿Qué tirano poder turba importuno
la eterna paz que las juró Neptuno?[37]

«—En fin, llegó la suspirada aurora,
ilustres compañeros de mi suerte,[38]
de la hazaña mayor, el mundo ahora
tema, al saberla, vuestro brazo fuerte;
que no os asusta, mi atención no ignora,
la hambre, el cansancio, la prisión, la muerte;
muerte, que es vida del honor,[39] muramos,
y de una vez del mar nos despidamos.

«Si aparenta catástrofe infelice
de esos buques la suerte inesperada,
y decreté su fin, yo los deshice,
y cerré el paso de la patria amada;
no así os ofendo, no el temor me dice
que volveréis la espalda con la armada;
de vuestro pundonor sé que es ajeno;
por eso como inútil la condeno. (...)

«Morir famosos, o vencer valientes;
pompa triunfal o decorosa pira[40]
sólo os aguarda; a las futuras gentes
ya el pierio[41] coro vuestro aplauso inspira;
la fuga que evitamos diligentes
será el objeto de la hispana lira,[42]
dando asunto a sus números suaves,
la destrucción gloriosa de las naves.—»

«Esto el valiente general predice,
y esto se copia allí con mudos labios,
la fama de dos siglos contradice

---

[25]Divinidad alegórica.

[26]Variante de Hernando o Hernán, nombre de bautizo de Cortés.

[27]Es decir, Fama.

[28]Le.

[29]Antón de Alaminos, marinero español del siglo XVI que acompañó como piloto a Colón en su segundo viaje y participó en la expedición de Cortés.

[30]En las aventuras de Ulises, diestro marino que era piloto de los troyanos. Según la leyenda, Venus suplicó a Júpiter que dejara que su hijo Eneas pusiera fin a su largo viaje. Júpiter consintió, exigiendo en pago que se sacrificara a uno de los troyanos. Se escogió a Palinuro. Una noche, mientras el cielo estaba claro y el mar, clamado, Sueño, disfrazado, ofreció reemplazar a Palinuro para que éste pudiera descansar. El marino desconfiaba de la tranquilidad del mar y se negó a entregarle la rueda del timón. Entonces Sueño le hizo dormir y lo tiró al mar. Vaca pone a Palinuro como ejemplo del piloto astuto que no confía en el tiempo, a pesar de lo cual topa con la catástrofe.

[31]Cuerdas de un buque.

[32]Que causa un movimiento del mar en que las aguas se mueven del sur al norte, o al contrario.

---

[33]Bajos de arena en el fondo del mar.

[34]Lucio Cornelio Scila (138-78 a.C.), feroz militar romano que llegó a ser dictador.

[35]Torbellino famoso del estrecho de Mesina, muy temido por los navegantes de la Antigüedad.

[36]Ninfas del mar.

[37]Dios del mar.

[38]Habla Cortés.

[39]Es decir, para el hombre honrado, es mejor morir en la lucha que ceder.

[40]Hoguera en que antiguamente se quemaban los cuerpos de las víctimas de los sacrificios.

[41]Relativo a las musas, es decir, a la inspiración poética.

[42]Es decir, de canciones de futuras generaciones de poetas.

de la envidia los bárbaros agravios[43];
y porque más su hazaña se eternice,
hoy la promueve el coro de los sabios,
que con la noble vista al héroe atenta,
el prodigioso lienzo represente» .

PEDRO MONTENGÓN (1745-1824)

Conocido hoy en día más bien como novelista, el ex-jesuita Pedro Montengón fue también un poeta respetado entre sus coetáneos ilustrados. Escribiendo en el siglo XIX, Gumersindo Laverde observa que Montengón «respondió mejor que ningún contemporáneo al espíritu de su tiempo en las odas de propósito reformista y didáctico acordes con los ideales ilustrados» (Carnero «Estudio preliminar» 57). Sin embargo, hasta las dos últimas décadas del siglo XX los críticos modernos pasaron por alto la poesía de Montengón, probablemente porque no existía una edición de sus obras buena y asequible. En 1990 Guillermo Carnero publicó una edición crítica con una comparación detallada de las tres ediciones tempranas existentes. Divide la poesía del autor en seis bloques—ilustrada, de tema histórico-nacional, de tema americano, de circunstancias, amorosa y de tema literario—los tres primeros de los cuales considera los más importantes. Además, Montengón compuso poesía épica, por ejemplo, «La pérdida de España reparada por el rey Pelayo», publicado en Nápoles en 1820 y «La conquista de México por Hernán Cortés». También hizo varias traducciones, entre ellas *Las tragedias de Sófocles traducidas en verso castellano* y *Fingal y Temora, poemas épicos de Ossián, antiguo poeta céltico, traducidos en verso castellano*. Joaquín Arce hace notar la influencia de Ossián entre los ilustrados españoles (48). Montengón lo leyó en la versión italiana de Cesarotti y lo tradujo de ésta.

En la poesía ilustrada de Montengón se tocan temas de propósito reformista. Se incluyen en este grupo dos odas dedicadas a Carlos III que cantan la protección que el rey ofrece a las artes, a la industria, al comercio y a la agricultura. Otras odas están dedicadas a ministros o a políticos que comparten los ideales de la Ilustración, por ejemplo, Campomanes y Floridablanca. En varios poemas Montengón elogia las actividades que son útiles para el desarrollo de la economía del país: la educación, la industria, el comercio, etc., adoptando cuando habla de estos temas un tono exaltado. En uno de sus cantos al Comercio escribe: «¡Oh, comercio glorioso, / que tales templos al caudal levantas / del mortal industrioso!» En otro, hablando del antiguo Gades (Cádiz), dice: «Sólo el comercio aumenta / su nombre y poderío». Según Carnero, «De la poesía ilustrada de Montengón se deduce la mentalidad de un típico intelectual burgués que opone a la prepotencia e improductividad de la nobleza las actividades y empresas propias de su clase social (industria, comercio, profesiones liberales), consideradas no como meras fuentes de lucro privado sino como meritorias contribuciones a la prosperidad y el progreso colectivos» (*Montengón* 18).

En muchos de estos poemas el autor introduce alusiones mitológicas que reflejan la admiración de los neoclásicos por la cultura antigua. En su poema sobre los canales navegables canta la transformación del campo gracias a la nueva tecnología. También incorpora elementos tradicionales de la poesía clásica y renacentista: el ambiente bucólico, «la ansiosa pastorcilla», el joven que «la reqüesta». Esta combinación de pragmatismo e interés por el progreso con elementos tradicionales es típica de este tipo de poesía.

En su «Epístola a sus amigos salmantinos» Jovellanos recomienda que se escriban poemas de tema histórico-nacional como expresión de patriotismo. Montengón compuso varias odas de este tipo. Laverde señala que el «más acendrado patriotismo» caracteriza toda la lírica de Montengón (40), pero se han clasificado como odas de tema histórico-nacional principalmente las que describen episodios de la historia medieval o del Siglo de Oro, y algunos contemporáneos. Carnero nota que falta en estas odas «la crítica que hubiera podido introducirse a propósito de algunas leyendas tradicionales o de la actuación de Espa-

---

[43]Se refiere a la Leyenda Negra propagada por los rivales militares, políticos y económicos de España, según la cual los españoles fueron excepcionalmente crueles en su trato de los indios. Vaca intenta revindicar a España al celebrar la valentía de los héroes de la Conquista.

ña como potencia católica en tiempos de los Austrias» (*Montengón* 18). La subjetividad y el tono de exaltación de algunos de estos poemas hace que Carnero sugiera que las odas históricas de Montengón, así como su poema épico *La pérdida de España*, pueden haber influido en la poesía narrativa romántica.

En sus poemas de tema americano Montengón perpetúa el mito del «buen salvaje» popularizado por Rousseau y muy aceptado entre los reformadores. Pinta al nativo americano como un ser primitivo idealizado, incontaminado de la corrupción de Europa. Vive feliz en la naturaleza, que le proporciona todo lo que necesita. Aunque hoy en día muchos encontrarían ofensivo su retrato de los primeros americanos como gente «sin artes, sin cultura», Montengón sencillamente expresa una idea corriente en su época; los ilustrados asociaban la América precolombina con la Edad de Oro—ese período mítico descrito en la literatura clásica en el cual reinaban la paz y la armonía, y los hombres vivían en concierto con la naturaleza. En este mundo perfecto la naturaleza es abundante y el erotismo, espontáneo. En varios poemas canta la hermosura de la naturaleza americana, ensalza en uno la grandeza del Imperio Incaico. Curiosamente, en la epopeya sobre «La conquista del Mégico» condena a los aztecas por su despotismo, sus sacrificios humanos y su uso de esclavos, sin fijarse que algunas de estas prácticas también se encontraban entre los incas.

La llegada del europeo estropea la tranquilidad idílica del americano. En «Sobre el descubrimiento» Montengón sugiere que la imagen del español que llega en sus galeones debe haber sido tan aterradora para los indios como lo fue para las almas del Infierno, en el mito clásico, la llegada de Hércules con el león de Nemea. En otros poemas el autor subraya los males que los españoles hicieron en América: la explotación de los indios, la esclavitud de los negros, su fallo en el desarrollo de actividades económicas productivas como el comercio y la agricultura.

Los poemas de circunstancias son los que Montengón compuso para elogiar alguna figura pública o algún amigo, o a veces para consolarlo. Las odas amorosas son más bien anacreónticas y tradicionales. Las de tema literario incluyen un elogio de Garcilaso, con una implícita condena del barroco, otro del fabulista Iriarte y varios de jesuitas conocidos por su sabiduría.

El mejor ejemplo de la poesía épica de Montengón es *La pérdida de España*, que se basa en la conquista árabe. Según la leyenda—que también es tema de «Profecía del Tajo», de fray Luis de León—Don Rodrigo, último rey de los godos, perdió su corona al abandonar su gobierno para entregarse al amor de Florinda, conocida como La Cava, hija del conde don Julián. Éste era gobernador de Ceuta y, para vengarse del ultraje, se alió a los moros, enfrentándose los dos ejércitos en la batalla de Guadalete (711), en la cual don Rodrigo fue derrotado. Carnero nota que la composición «aprovecha y extrema los rasgos distintivos de la novela *El Rodrigo* del mismo Montengón (1793). En magnífico contraste alternan el arcaísmo y la alegoría mitológica con personajes y situaciones de tono romántico y ambiente de novela histórica con toques 'góticos'» (*Montengón* 20). El poeta hace vivir a sus personajes, imbuyéndolos de profundidad psicológica. El rey Rodrigo es un ser atormentado cuya pasión desenfrenada lo lleva a la ruina. La Reina es una mujer buena y sensible que lucha por evitar el desastre. Aunque en algunas versiones de la leyenda Florinda está retratada como una seductora desvergonzada, Montengón la pinta como una doncella frágil e inocente que no se da cuenta del poder que tiene sobre los hombres. Es significativo que no se refiera a ella como La Cava, voz que, según algunos críticos, quiere decir «mujer mala» en árabe. En el fragmento que se reproduce aquí, Montengón infunde a la seducción de Florinda un intenso dramatismo. Alarga la escena al describir los diversos medios que Rodrigo emplea para seducir a Florinda, aumentando así el suspenso y la tensión. Tanto como *El Rodrigo*, *La pérdida de España* anticipa la sensibilidad romántica de principios del siglo XIX por su vivo medievalismo y su contenido dramático.

Aunque la poesía de Montengón fue prácticamente ignorada por la crítica por casi dos siglos, hoy en día se aprecia su contribución no sólo a la las Luces, sino también a la iniciación del Romanticismo en España.

Ambrosio Rial, sobre los canales de navegación

Pasan, Rial, los años
a guisa de[1] raudales silenciosos
sin que los desengaños
ni las penas y anhelos pesarosos
dejen al inocente
que triste vive de su patria ausente.
Dichoso tú que ahora,
gozando en paz de más seguro estado
que tu virtud mejora,
ves abrir a los ríos nuevo vado
y de remotas fuentes
encaminar el arte las corrientes.
Al erïal[2] ufano
cubre nuevo verdor, gaya[3] hermosura,
y el estéril secano
admira la mudanza de Natura,
hechos ya regadíos
de arroyos sesgos y meandrios ríos.
Donde antes el buey lento
araba el suelo, ora veloz navega
sin favorable viento
el holgado manchego entre la vega;
suple matada alfana[4]
a la sonora recua[5] castellana.
El piloto seguro
del ábrego[6] no teme el soplo ayrado,
descuida del arturo[7]
y caminando duerme sosegado;
la ansiosa pastorcilla
sin dueño ve volar la navecilla.
El navegante ocioso
en la popa sentado la reqüesta
con reproche amoroso;
ella veloz se esconde en la floresta,

la sigue su manada,
acecha esquiva y huelga ser llamada.
Engastan las riberas
ya alegres edificios, ya ciudades
que antes las libres fieras
las hacían temibles soledades;
y en selvas teatrales
convierten las incultas los canales.
¡Quién contigo pudiera
disfrutar de tal vista y hermosura
sentado en la ribera,
viendo surcar las aguas de Segura,[8]
coronadas de frutos,
las ninfas que le llevan los tributos,
parias de la riqueza
del íbero trabajo, que gozando
de la real grandeza,
en nuevo mar de dichas navegando,
despliega su talento
las animosas velas del contento!
El opuesto destino
niega a mi triste vida este consuelo,
cerrándome el camino;
mas en las libres alas de mi celo
pasando el Pirineo,
gozo ver lo que finge mi deseo.

Sobre el descubrimiento de la América

En el seno ignorado
de inmenso y rico suelo, la Natura
ofrecía al mortal deshacendado,
sin artes, sin cultura,
portentosos objetos que la mano
sembró del Criador en monte y llano.
Mundo no conocido
del líbico[9] y romano marinero,
donde llegar no pudo, aunque atrevido,
sin abrirse primero
por ignorados mares el camino,
de sus lindes incierto, el tirio[10] pino.[11]
Allí en la excelsa frente

---

[1]**De**... como.
[2]Campo sin labrar. La diéresis indica que el diptongo «ia» se pronuncia como dos sílabas.
[3]Alegre, vistosa.
[4]Caballo fuerte.
[5]Conjunto de mulas.
[6]Viento del Suroeste.
[7]La principal estrella de la constelación del Boyero, situada cerca del Polo Norte. Carnero sugiere que aquí significa «viento del norte».

---

[8]Río que pasa por Murcia y Orihuela y desemboca en el Mediterráneo.
[9]De Libia.
[10]De Tirio, ciudad antigua de Fenicia.
[11]Barco.

de soberanos montes parecía
haber hecho la mano omnipotente
alarde de valía,
y en los vastos raudales cuya anchura
de mares retrataba la llanura.
Sus verdes cabelleras
allí mesmo[12] hacia el cielo levantaban
selvas interminables que a las fieras
en su seno abrigaban,
y a fieras semejantes los mortales
vagaban por frondosos[13] erïales.
La planta les servía
de trox[14] fecunda y de seguro techo;
y en donde el tosco amor enardecía
su desidioso pecho,
tálamo[15] y ara[16] tosca a su deseo
les ofrecía el rústico himeneo.[17]
A la sola querencia
de su apetito el hombre abandonado,
vivía así sin ley y sin decencia,
en el gremio alhagado
de la desidia, sin afán ni anhelo,
cuando Colón apareció en el suelo.
El alto monumento
que Calpe[18] en sus columnas oponía
a tan glorioso y temerario intento
vino al suelo aquel día
en que desde su nave con el dedo
la señaló su intrépido denuedo.
Ni tan gran maravilla
suspensas tuvo en el profundo infierno
las almas cuando vieron en la orilla
del río Averno[19]
al fuerte hijo de Alcmena[20] allá baxando,[21]

de la nemea piel y clava armado,[22]
cuanta al libre salvaje
viendo llegar sobre el alado pino,[23]
tan diversa en las voces[24] y en el traje,
por ondoso camino[25]
guiada de Colón desde el Oriente,
aquella nueva bigotuda gente.

La pérdida de España reparada por el rey Pelayo

Canto 6

Entretanto Florinda, que tocaba
en su edad tierna, apenas, los tres lustros,[26]
hallaba en la grandeza de la Corte
y en su magnificiencia, algún alivio,
y distracción al duelo, que debía
a la reciente muerte de la madre,
y a la ausencia del padre; a cuyo efecto
suplían los esmeros de la Reina
en complacerla, mientras atendía
a preservar ilesa su inocencia
de la pasión del Rey, abandonado
a los trasportes del amor por ella.
Ajena de ellos la doncella ilustre,
como tierna cordera, que comienza,
a divagarse en el florido prado,
sin recelo del lobo, que la acecha,
pasaba, con sus nobles compañeras,
sus inocentes y tranquilos días,
sin nube de temor, ni de recelo,

---

[12]Mismo.

[13]La diéresis (ï) significa que la combinación *ia* se pronuncia como dos sílabas.

[14]Troj, granero.

[15]Cama matrimonial.

[16]Altar.

[17]Casamiento.

[18]Una de las columnas de Hércules, antiguo nombre del promontorio de Gibraltar.

[19]Lago de Italia, cerca de Nápoles, que se consideraba como la entrada a los Infiernos.

[20]Madre de Hércules. El padre fue Júpiter.

[21]Bajando.

[22]Según el mito, Juno, esposa de Júpiter, estaba celosa de Alcmena y mandó a dos serpientes para que devorasen al hijo de ésta. Hércules las estranguló con sus brazos y entonces Juno lo hizo súbdito de su hermano Euristeo, quien lo mandó ejecutar doce difíciles trabajos. El primero fue vencer al león del valle de Nemea, en Grecia, y llevarle la piel del monstruo. Hércules estranguló al león con sus manos y llegó allí llevándolo muerto en sus hombros. El poeta sugiere que esta escena no habrá sido más extraña y maravillosa para las almas de los Infiernos que la imagen de los españoles, con su armadura y sus plumas, llegando en barcos, lo habrá sido para los nativos americanos.

[23]**Alado...** los galeones. Las «alas» son las velas. La madera es «el pino».

[24]Palabras, lenguaje.

[25]**Ondoso...** el mar.

[26]**Tres...** quince años.

que amancillar pudiese su recato
ninguna tentativa deshonesta,
si ofender su decoro. Este adargado[27]
del nativo pudor, condecoraba
mucho más su hermosura, y la servía
de guarda, y de defensa, semejante
a la que la natura oponer suele
en el cepo espinoso de la rosa,
a la mano atrevida, que desea
apoderarse de ella, y disfrutarla.
Mas el Rey, que creía, en el delirio,
de su impaciente amor, haber la diosa
de Citera,[28] otorgado sus intentos,
día y noche apremiaba sus deseos
para satisfacerlos. Mas velaba
el celoso cariño de la Reina
la inocente hermosura de Florinda,
y precaver solía su recato
contra las tentativas amorosas
del rey, que cual[29] novillo agarrochado,[30]
que su dolor expresa con mugidos,
así se resentía del sonrojo
de ver desatendidos sus amores.
Mas como el amor mismo cobra fuerzas
del estorbo, que encuentran sus deseos,
así aquél no desiste de su empeño,
que ora un medio, ora un otro le sugiere
para lograr su intento; pero encuentra
igual estorbo en sus ejecuciones.
En esta lucha su impaciente enfado
romper quiere con todos los respectos,
aunque deba ensayar cualquiera arrojo.
Contiene sin embargo a su despecho,
la idea, que le ocurre, y le sugiere
a culparse a sí mismo, como causa
principal del recato de Florinda,
por no haberlo cebado de antemano,
con dávidas preciosas, a que suele
avasallarse el terco amor del sexo.[31]

No tarda a ver Florinda presentarse,
los más ricos productos del oriente
en joyas, y preseas[32]; pero lejos
de recelar los fines de su amante,
en su inocencia, y sencillez las muestra
a sus curiosas compañeras. Éstas
las alaban y miran de reojo
de recatada envidia; ni a la Reina
las oculta Florinda. Pero aquélla,
viendo crecer el riesgo que corría
la inocente doncella, procuraba
poner a la pasión de su marido
embarazos y obstáculos mayores.
Pero el amor, que ríe de las velas,
y candados de Acrisio,[33] sembró de oro
el sendero, que al fin, al rey condujo
a sitio cohechado,[34] en donde llega
a sorprender a la doncella sola.
Ésta hierta, confusa y asustada
al ver ante sí al rey, sin recelarlo
cual tímida corcilla, sorprendida
en solitario valle, del aspecto
del lobo, que la asalta, tiembla y gime;
así tiembla Florinda, en los recelos
que le infundió la Reina, y se recata
de la vista del Rey, el que creyendo
tener asegurado aquel objeto
de su ardiente pasión, desvanecida
ve su tramada traza, con la vista
repentina de Ersilda, que iba en busca
de Florinda por orden de la Reina,
a tiempo sabedora del peligro,
en que incurrir debía la doncella,
y consigue librarla por tal medio.
No se apagan tan presto las lisonjas,
aunque burladas, del amor. Renacen,
a pesar del enojo, y del despecho.
Fijo el rey en su intento, noche y día

---

[27]Defendido o protegido con una adarga (escudo).
[28]**Diosa**... Venus, diosa del amor.
[29]Como.
[30]**Novillo**... El novillo es un toro joven, de dos o tres años. Durante la corrida se le pica con una garrocha, vara que tiene un gancho en la punta. Es decir, el rey es como un adolescente que sufre por primera vez las penas del amor.
[31]Sexo femenino, mujer.

[32]Joyas y otros objetos preciosos.
[33]Según la mitología griega, se prognosticó que Acrisio, rey de Argos, sería asesinado por su nieto, Perseo, que aun no había nacido. Para engañar el destino, Acrisio secuestró a su hija Dánae y la encerró en una torre, pero Zeus se introdujo en su prisión en forma de lluvia de oro y de esta unión nació Perseo. Acrisio metió a madre e hijo en un cofre y los tiró al mar. El cofre flotó y llegó a la tierra. Entonces Dánae y Perseo se escaparon y la profecía se realizó.
[34]Por medio del soborno.

medita resarcir al primer fallo,
con más segura, y acertada traza,
mas lejos del palacio y de la Corte,
donde retoñecían los estorbos.
A este fin él renueva las ofrendas
de flores y perfumes, en el templo
a Venus erigido en el palacio,
en donde tras los votos[35] le parece
prometerle la diosa el feliz logro
de su amoroso intento, en el recinto
de la granja más próxima a Toledo,
con el sagaz pretexto de la caza,
a que asistir solía de costumbre
la Reina con sus damas, por deporte;
contiguo a las paredes de la granja
había un bosque antiguo, que formaba
un ameno recinto a la redonda,
de sus añejos troncos, a manera
de un selvático templo, al que servían
de bóveda los ramos de las copas
entresí enmarañados y tupidos.
Deliciosa morada en el estío,
vedada al sol, y a sus ardientes rayos,
que penetrar en ella no podían;
mientras las vagas aves, atraídas
del delicioso ambiente, refugiadas
en sus seguros nidos, recrearlo
solían con sus cantos, y gorgeos.
En medio de ella un lecho levantado
de blando musgo, y campesinas flores,
convidaba al descanso de la siesta.
Allí creía el Rey, que Citerea[36]
prometía otorgarle los deseos
de su ciega pasión, si conseguía
atraer a Florinda en aquel sitio.
Mas, ¿cómo conseguirlo sin cohecho?
Mas, ¿qué no tienta una pasión ardiente?
Valerse determina de Delfrida,
amiga y compañera de Florinda,
a quien logra rendir a sus intentos;
y con ella concierta el tiempo y modo
como inducir debía, con engaño,
a Florinda, en ausencia de la Reina,
a disfrutar de aquel selvoso templo.
El aplazado día de la caza

despunta en fin. La aurora coronada
de su roseo esplendor, en movimiento
pone a toda la gente de palacio.
Se ensillan, y aderezan los caballos.
Llevados en la traílla[37] los sabuesos,[38]
expresan su contento con ladridos.
Déjanse ver en fin el Rey y Reina,
montados en preciosos palafrenes
y seguidos de muchos caballeros
a la vecina granja se encaminan.
Ya llegados, el Rey es el primero
a destinar el sitio del ojeo[39]
en busca de la caza. Suena el cuerno
a que aplauden los perros con ladridos.
Síguenles los monteros,[40] que con ellos
penetran en el bosque, en que se interna
también la Reina, amante de la caza.
Pero luego que el Rey les ve engolfados
en busca de las fieras, se escabulle,
y corre a rienda suelta hacia la granja
y al sitio en donde conducir debía
Delfrida a la doncella, al sacrificio
de su honor y decoro. Lo consigue
la traidora Delfrida; y el Rey llega
a sorprender las dos, que descansaban
sobre el mullido lecho; y cual milano,[41]
que en su rápido vuelo se desploma
sobre la vista presa; así se arroja
el Rey sobre Florinda. Mas velaba
desde el excelso trono del Olimpo,[42]
el destino sobre ella; y como él rige
las infinitas suertes, y accidentes,
que alteran los sucesos de la tierra
de sus pueblos y reinos, y acarrean
los bienes y los males de los hombres,
contemplaba, con ceño inalterable,
la funesta pasión del rey Rodrigo,
como causa fatal de la ruina

---

[37]Cuerda con que se llevan atados los perros en las cacerías.
[38]Perros de caza.
[39]Acción de espantar al animal a cazar para hacerle caer donde le han de tirar o coger. Nótese el doble sentido. El Rey caza también a Florinda.
[40]Personas que persiguen los animales en el monte o los ojea hacia donde los cazadores los atrapan o matan.
[41]Ave rapaz conocida por su crueldad.
[42]En la mitología, monte donde viven los dioses.

---

[35]**Tras**...por las promesas que él le ha hecho (a Venus).
[36]Venus.

y de la destrucción que amenazaba
al reino de los godos; y apiadado
de los próximos males de los pueblos,
queriendo diferírselos, y a un tiempo
ahorrar a Florinda por entonces
el grave ultraje, llama en su presencia
al primero de aquellos accidentes,[43]
que suelen impedir deshonras tales;
y dícele; ve luego, y hacia el sitio
en donde el rey Rodrigo ha meditado
violar a Florinda, azora, asusa
al primer jabalí, que los sabuesos
levanten en la caza; y se lo impida
en su carrera impetuosa. Parte,
como rayo lanzado de la nubes,
el veloz mensajero del Destino,
y al ahusmado jabalí dirige
al indicado sitio, adonde llega
al tiempo, en que ya el Rey asegurado
de poseer su presa, se lanzaba
para impedir que huyera, sobre el lecho,
en que Delfrida asida la tenía.
Mas les cuaja la sangre en las entrañas
el acometimiento repentino
de la irritada fiera, que contra ellos
su curso impetuoso dirigía
con fieros rebufidos. Tiene apenas
tiempo el Rey, en su pasmo, de ampararse
de uno de aquellos troncos, medio muerto.
Huye también Delfrida con Florinda.
No tardan a llegar los cazadores,
los perros y monteros que seguían
el rastro de la fiera. Iba tras ellos
la Reina, que se encuentra con Florinda
al tiempo que está en llanto, y desolada
huía de aquel bosque, y del peligro
a que expuso Delfrida su entereza.[44]
La reina la conforta y la consuela,
y consigo a la granja la conduce;
pero viendo no serle ya posible
preservar su hermosura de las trazas
de la pasión del Rey, ponerla en salvo
determina, enviándola a su padre.

---

[43]Mensajeros del Destino que causan incidentes inesperados.

[44]Honor, virginidad.

Los fabulistas

TOMÁS DE IRIARTE (1750-1791); FÉLIX MARÍA DE SAMANIEGO (1754-1801)

La fábula es un relato ficticio, en el Neoclasicismo siempre en verso, que oculta una lección moral; típicamente por lo menos uno de los personajes es un animal, planta u objeto inanimado que habla y se comporta como un ser humano. A menudo la fábula ilustra características humanas universales. A veces termina con una «moraleja» que resume las ideas del autor.

Casi todos los pueblos del mundo han creado fábulas. La mayoría de las que nos han llegado tuvieron su origen en la Grecia antigua o en la India, aunque el género se cultivaba también en otros países de Oriente y entre los hebreos y los árabes. Entre los fabulistas antiguos el más célebre es el griego Esopo (VII-VI a.C.), cuyos cuentos —por ejemplo, «El zorro y las uvas»— son conocidos por su agudeza y humor. Aunque se le ha acreditado como el inventor del género, Esopo se inspiró en muchas fábulas aún más antiguas, algunas de ellas de origen indio.

Es por la obra del poeta latino Fedro (15 a.C.-¿50? d.C.), un antiguo esclavo que fue llevado de Macedonia a Roma y después liberado por el emperador Augusto, que conocemos las fábulas de Esopo. Menos un traductor que un imitador, Fedro escribió las *Fabulae Aesopiae*, las cuales han sido alabadas por la pureza de sus versos pero que fueron poco apreciadas durante la época del autor. Los dos primeros libros de esta colección provocaron el furor del ministro de Tiberio, quien percibió críticas de sí mismo y del emperador en ellos a pesar de que todos los personajes de Fedro son animales. Los tres libros restantes de las *Fabulae Aesopiae* no aparecieron sino en el año 37 d.C., después de la muerte de Tiberio. Una versión anónima en prosa de sus obras fue la fuente principal de las fábulas de Esopo durante la Edad Media.

Durante el medioevo proliferaron los bestiarios —catálogos enciclopédicos de animales, algunos de ellos fabulosos o mitológicos. Los bestiarios describían los rasgos físicos de los animales, a los cuales a menudo les asignaban atributos simbólicos. (La lechuza, por ejemplo, se asociaba con la sabiduría y el zorro con la astucia.) Típicamente, contenían fábulas que demostraban estas características y frecuentemente incluían hermosas ilustraciones. Su fuente principal era el *Bestiario* de Fisiólogo (El Naturalista), del período alejandrino (segundo siglo d.C.), obra que mezcla la ciencia y la fantasía y que entró en la literatura occidental a través de una versión latina del siglo IV o V. Los clérigos fomentaban la creación de bestiarios, ya que éstos servían para ilustrar el poder creador de Dios y el orden natural de todos los seres; además, eran útiles para la enseñanza de lecciones morales. En el siglo XII el francés Philippe de Thaon tradujo el *Bestiario* de Fisiólogo al francés y durante el siglo siguiente, Guillaume le Clerc perfeccionó el género, inbuyéndolo de gran armonía poética e intensidad moral. No todos los bestiarios medievales tenían por objetivo la purificación del espíritu, sin embargo. En el *Bestiaire d'amour*, escrito a mediados del siglo XIII por Richard de Fournival, el autor sustituye la alegoría erótica por la cristiana.

Lo perdurable de la fábula se debe en gran parte a la universalidad del retrato del ser humano que ofrece y también al hecho de que le permite al autor hacer observaciones mordaces acerca de su sociedad —la política, la religión y otras instituciones— sin mencionar a individuos, ya que los personajes no son seres humanos. El poeta francés Jean de La Fontaine (1621-1695) se inspiró en las obras de Esopo, Fedro y numerosos fabulistas medievales para sus *Cuentos* y *Fábulas*, dando a las historias antiguas una nueva vitalidad. Aunque escribió para adultos, hoy en día los niños franceses aprenden las fábulas de La Fontaine en la escuela primaria. La Fontaine fue imitado en muchas partes del mundo. En España Félix María de Samaniego, Tomás de Iriarte y más tarde Juan Eugenio de Hartzenbusch se cuentan entre sus seguidores. En el siglo XIX el ruso Ivan Krylov tradujo mucha de la poesía de La Fontaine y también escribió fábulas originales. Autores irlandes, norteamericanos e ingleses como James Joyce, James Thurber, Edward Lear y Lewis Carroll también incorporaron fábulas en

sus obras. Entre los continuadores franceses del género habría que mencionar a Jules Renard y a Guillaume Apollinaire. No es sorprendente que la fábula gozara de gran popularidad durante el período neoclásico, ya que se presta perfectamente al objetivo del escritor dieciochesco de «aprovechar deleitando».

Los dos fabulistas más ilustres de la época son Félix María Samaniego y Tomás Iriarte. Admiradores del compositor austríaco Franz Josef Haydn, los dos cultivaban la musicalidad en sus versos, pero Samaniego escribía para niños e intentaba imitar la simplicidad del lenguaje infantil en sus poemas, mientras que Iriarte cultivaba un estilo más literario y formal.

Hijo de una familia vasca aristocrática, Samaniego viajó a Francia cuando joven y conoció la obra de los Enciclopedistas y también las fábulas de La Fontaine, quien tendría una influencia profunda en su poesía. Al volver a España, compuso los 137 poemas de sus *Fábulas morales* (1781) para iluminar a los alumnos del Seminario de Vergara, uno de los centros educativos más importantes de la época. El libro, en que el autor ridiculiza los defectos humanos —como, por ejemplo, la vanidad, la pereza y la hipocresía— tuvo un éxito inmediato y aun a mediados del siglo XX las fábulas de Samaniego eran a menudo la primera poesía que aprendía el niño español en el colegio. Curiosamente, donde más ha perdurado la popularidad de Samaniego es en las escuelas católicas, a pesar del volterianismo del autor.

En un principio, Samaniego era amigo y admirador de Iriarte, pero al publicar éste sus *Fábulas literarias* sin mencionar en su prólogo que Samaniego había cultivado el género antes, la amistad se convirtió en enemistad. Samaniego, ofendido por la omisión, inició una polémica literaria típica de las de la época con la publicación de *Observaciones sobre las fábulas literarias*, ataque anónimo contra su antiguo amigo. Partidario de ideas progresistas y anticlericales, también publicó varios ataques contra la Iglesia y cultivó la literatura escabrosa, lo cual le creó conflictos con la Inquisición. Las autoridades eclesiásticas lo hicieron encarcelar en un monasterio carmelita cerca de Bilbao. Al salir, escribió una sátira sobre la pereza y gula de los monjes.

Mientras que muchas de las fábulas de Iriarte aluden a la literatura y al mal gusto de ciertos escritores, las de Samaniego tratan más bien de situaciones reales y concretas. «El Leopardo y las Monas», por ejemplo, enseña una lección práctica que le habría servido al autor, tal vez, en sus relaciones con Iriarte: no hay que confiar en la gente; el que inspira más confianza puede ser el peor enemigo. En «El Ciervo en la fuente» ridiculiza la vanidad y, como buen neoclásico, alaba lo práctico, desvalorando lo meramente hermoso y ornamental si no es también útil. En «El Filósofo y la Pulga» señala que todo depende del punto de vista del individuo. En «Congreso de Ratones» se burla de los políticos que conciben grandes proyectos sin considerar si pueden realmente llevarse a cabo o no. Aunque el lenguaje de Samaniego es directo y hasta prosaico, sus versos contienen mucho humor y su versificación es muy precisa. Samaniego es también autor de una colección de cuentos titulada *El jardín de Venus*.

Aunque hoy en día algunos críticos creen que la obra de Samaniego es estilísticamente superior a la de Iriarte, en su época éste gozó de mayor prestigio. Iriarte nació en Tenerife, Canarias, hijo de una familia culta que lo mandó a Madrid a los trece años a estudiar bajo la supervisión de su tío, el humanista Juan de Iriarte. Al morir éste, Tomás lo sucedió como traductor oficial de la Secretaría de Estado. Pronto llegó a ser una figura importante en el mundo literario. Era un participante frecuente en la famosa tertulia de la Fonda de San Sebastián, donde se involucró en largas polémicas sobre la literatura, a menudo disputando con otros escritores.

A diferencia de Samaniego, su interés principal era el arte de escribir y, por lo tanto, no es sorprendente que sus *Fábulas literarias* (1782) traten más bien de la escritura. En «El Té y la Salvia», por ejemplo, se queja de que la gente aprecie siempre más lo exótico que lo familiar y que, por lo tanto, el español lea a un Boileau o un Tasso antes que a sus propios grandes poetas clásicos. En «El Burro flautista» subraya la importancia de las reglas del arte y muestra desprecio por lo popular y espontáneo. En «La Ardilla y el Caballo» se burla de estos escritores que creen que la cantidad vale tanto como la calidad. Mientras

que Samaniego se dirige al niño o al adolescente, Iriarte escribe para el adulto erudito y conocedor de las artes, en particular, de la literatura. Muchas de sus fábulas son lecciones sobre el escribir bien o sobre la función de la literatura. Otras son comentarios sobre autores contemporáneos.

Más diverso y prolífico que Samaniego, Iriarte cultivaba no sólo la fábula sino el soneto amoroso y otros tipos de verso. Tradujo parte de la *Eneida* de Virgilio y el *Ars poética* de Horacio, además de piezas de teatro de Voltaire, Molière, Goldoni y otros. Escribió varias comedias, entre ellas *El señorito mimado* y *La señorita malcriada*, estudiadas hoy en día más bien por su valor histórico, ya que se consideran antecedentes de la comedia de costumbres. Iriarte también fue autor de varias composiciones musicales. Introdujo en España el «melólogo», especie de monólogo con acompañamiento de orquesta. Su interés en el tema lo llevó a escribir un largo poema titulado «La música» en que expone las reglas de composición y comenta sobre diversos estilos y músicos. Elogiado en Francia, el poema fue censurado y ridiculizado en España. Volteriano como Samaniego, Iriarte fue procesado por la Inquisición en 1786. Su intolerancia con la imaginación libre y su adhesión a los principios del orden, la claridad, la moderación, el formalismo y el buen gusto lo hicieron una de las voces más importantes del movimiento neoclásico.

Tomás de Iriarte

El Té y la Salvia

El Té, viniendo del imperio chino,
se encontró con la Salvia en el camino.
Ella le dijo: «¿Adónde vas, compadre?»
—«A Europa voy, comadre,
donde sé que me compran a buen precio».
—«Yo (respondió la Salvia) voy a China,
que allá con sumo aprecio
me reciben por gusto y medicina.[1]

---

[1]La salvia es una planta de propiedades medicinales de cuyas hoyas se hacen remedios para enfermedades del estómago.

En Europa me tratan de salvaje,
y jamás he podido hacer fortuna».
—«Anda con Dios. No perderás el viaje,
pues no hay nación alguna
que a todo lo extranjero
no dé con gusto, aplauso y dinero».
La Salvia me perdone,
que al comercio su máxima se opone.
Si hablase del comercio literario,
yo no defendería lo contrario;
porque en él para algunos es un vicio
lo que es en general un beneficio;
y español que tal vez recitaría
quinientos versos de Boileau[2] y el Taso,[3]
puede ser que no sepa todavía
en qué lengua los hizo Garcilaso.[4]

El burro flautista

Sin reglas del arte, el que en algo acierta,
acierta por casualidad.

Esta fabulilla
salga bien o mal,
me ha ocurrido ahora
por casualidad.
Cerca de unos prados
que hay en mi lugar,
pasaba un Borrico
por casualidad.
Una flauta en ellos
halló, que un zagal
se dejó olvidada
por casualidad.
Acercóse a olerla

el dicho animal,
y dio un resoplido
por casualidad.
En la flauta el aire
se hubo de colar,
y sonó la flauta
por casualidad.
«¡Oh—dijo el Borrico—,
qué bien sé tocar!
¡Y dirán que es mala
la música asnal!»
Sin reglas del arte,
Borriquitos hay
que una vez aciertan
por casualidad.

La Ardilla y el Caballo

Mirando estaba una Ardilla
a un generoso[5] Alazán,[6]
que dócil a espuela y rienda,
se adiestraba en galopar.
Viéndole hacer movimientos
tan veloces y a compás,
de aquesta suerte le dijo
con muy poca cortedad:

«Señor mío,
de ese brío,
ligereza
y destreza
no me espanto,
que otro tanto
suelo hacer, y acaso más.
Yo soy viva,
soy activa,
me meneo
me paseo,
yo trabajo,
subo y bajo,
no me estoy quieta jamás».
El paso detiene entonces
el buen Potro, y muy formal
en los términos siguientes
respuesta a la Ardilla da:

---

[2]Nicholas Boileau-Despreaux (1636-1711), autor francés que ayudó a fijar los ideales literarios que se concretarían en el Neoclasicismo. Se inspiró principalmente en el poeta latino Horacio. Entre sus obras se cuentan *Sátiras, Epístolas* y *Ars poética.*

[3]Tocuato Tasso (1544-1595), uno de los autores más célebres del Renacimiento italiano. Sus obras más conocidas son el poema épico *La Jerusalén libertada* y el drama pastoril *Aminta.*

[4]Garcilaso de la Vega (1501-1536), uno de los poetas españoles más importantes del Renacimiento. Aunque no fue el primero que escribió sonetos en España, fue responsable del triunfo de ésta y otras formas italianas al principio del siglo XVI.

---

[5]Noble, valiente.
[6]Caballo de color rojo canela.

«Tantas idas
y venidas,
tantas vueltas
(quiero, amiga,
queme diga),
¿son de alguna utilidad?
Yo me afano,
man no en vano.
Sé mi oficio,
y en servicio
de mi dueño
tengo empeño
de lucir mi habilidad».

Con que algunos escritores
Ardillas también serán
si en obras frívolas gastan
todo el calor natural.

Félix María de Samaniego

El Leopardo y las Monas

No a pares, a docenas encontraba
las Monas en Tetuán[7] cuando cazaba
un leopardo: apenas lo veían,
a los árboles todas se subían,
quedando del contrario tan seguras,
que pudiera decir no están maduras.[8]
El cazador astuto se hace el muerto
tan vivamente, que parece cierto;
hasta que las viejas Monas,
alegres en el caso y juguetonas
empiezan a saltar; la más osada
baja, arrímase al muerto de callada;
mira, huele y aún tienta,
y grita contenta:
«Llegad, que muerto está de todo punto,[9]
tanto que empieza a oler el tal difunto».
Bajan todos con bulla y algazara:
ya le tocan la cara,
ya le saltan encima,

aquélla se le arrima,
y haciendo mimos a su lado queda;
otra se finge muerta, y lo remeda.
Mas luego que las siente fatigadas
de correr, de saltar y hacer monadas,
levántase ligero;
y más que nunca fiero,
pilla, mata, devora de manera
que parecía la sangrienta fiera,
cubriendo con los muertos la campaña,[10]
al Cid matando moros en España.[11]
Es el peor enemigo el que aparenta
no poder causar daño; porque intenta,
inspirando confianza,
asegurar su golpe de venganza.

El Ciervo en la fuente

Un Ciervo se miraba
en una hermosa cristalina fuente;
placentero admiraba
los enramados cuernos de su frente;
pero al ver sus delgadas largas piernas,
al alto cielo daba quejas tiernas.
«¡Oh Dioses! ¿A qué intento
a esta fábrica hermosa de cabeza
construís su cimiento,
sin guardar proporción en la belleza?
¡Oh qué pesar! ¡Oh qué dolor profundo
no haber gloria cumplida en este mundo!»
Hablando de esta suerte
el Ciervo vio venir a un Lebrel fiero,
por evitar su muerte
 parte al espeso bosque muy ligero;
pero el cuerno retarda su salida
con una y otra rama entretejida.
Mas libre del apuro
a duras penas, dijo con espanto:
«Si me veo seguro,
pese a mis cuernos, fue por correr tanto.
Lleve el diablo lo hermoso de mis cuernos,
haga mis feos pies el cielo eternos».
Así frecuentemente

---

[7]Ciudad principal de Marruecos.
[8]Alusión a una fábula de Esopo en que un zorro, no pudiendo alcanzar unas uvas que deseaba comer, concluye que «no están maduras».
[9]**De...** completamente.

[10]Campo.
[11]Unos episodios del *Cantar de Mio Cid* describen luchas violentas en que cadáveres y partes de seres humanos y de caballos cubren el campo de batalla.

el Hombre se deslumbra con lo hermoso;
elige lo aparente,
abrazando tal vez lo más dañoso;
pero escarmiente ahora en tal cabeza.
El útil bien es la mejor belleza.

Congreso de los Ratones

Desde el gran Zapirón, el blanco y rubio,
que despúes de las aguas del diluvio
fue padre universal de todo gato,[12]
ha sido Miauragato
quien más sangrientamente
persiguió a la infeliz ratona gente.[13]
Lo cierto es que, obligada
de su persecución la desdichada,
en Ratópolis tuvo su congreso.
Propuso el elocuente Roequeso
echarle un cascabel, y de esa suerte
al ruido escaparían de la muerte.
El proyecto aprobaron uno a uno.
¿Quién lo va a ejecutar? Eso, ninguno.
«Yo soy corto de vista». «Yo muy viejo».
«Yo gotoso», decían. El concejo
se acabó como muchos en el mundo.
Proponen un proyecto sin segundo:
lo aprueban: hacen otro. ¡Qué portento!
Pero ¿la ejecución? Ahí está el cuento.

El Filósofo y la Pulga

Meditando a sus solas cierto día,
un pensador Filósofo decía:
«El jardín adornado de mil flores,
y diferentes árboles mayores,
con su fruta sabrosa enriquecidos,
tal vez entretejidos
con la frondosa vid que se derrama
por una y otra rama,
mostrando a todos lados
las peras y racimos desgajados,
es cosa destinada solamente
para que disfruten libremente

la oruga, el caracol, la mariposa:
no se persuaden ellos otra cosa.
Los pájaros sin cuento,
burlándose del viento,
por los aires sin dueño van girando.
El milano[14] cazando
saca la consecuencia:
para mí los crió la Providencia.
El cangrejo, en la playa envanecido,
mira los anchos mares, persuadido
de que las olas tienen por empleo
sólo satisfacerle su deseo,
pues cree que van y vienen tantas veces
por dejarle en la orilla ciertos peces.
«No hay» prosigue el Filósofo profundo,
«animal sin orgullo en este mundo.
El hombre solamente
puede en esto alabarse justamente».
«Cuando yo me contemplo colocado
en la cima de un risco agigantado,
imagino que sirve a mi persona
todo el cóncavo cielo de corona.
Veo a mis pies los mares espaciosos,
y los bosques umbrosos,
poblados de animales diferentes,
las escamosas gentes,
los brutos y las fieras,
y las aves ligeras,
y cuanto tiene aliento
en la tierra, en el agua y en el viento,
y digo finalmente: Todo es mío.
¡Oh grandeza del hombre y poderío!»
Una Pulga que oyó con gran cachaza
al Filósofo maza,[15]
dijo: «Cuando me miro en tus narices,
como tú sobre el risco que nos dices,
y contemplo a mis pies aquel instante
nada menos que al hombre dominante,
que manda en cuanto encierra
el agua, viento y tierra,
y que el tal poderoso caballero
de alimento me sirve cuando quiero,
concluyo finalmente: Todo es mío.
¡Oh grandeza del Pulga y poderío!»
Así dijo, y saltando se le ausenta.

---

[12]Se refiere al Gran Diluvio del Antiguo Testamento. Se supone que Zapirón fue el gato que se salvó en el Arca de Noé y por consiguiente es «padre de todo gato».
[13]Población ratona.

[14]Ave rapaz conocida por su velocidad.
[15]Pesado.

De este modo se afrenta
aun al más poderoso
cuando se muestra vano y orgulloso.

La Escuela de Salamanca

FRAY DIEGO GONZÁLEZ (1732-1794)

Durante las décadas de los setenta y ochenta se formó un grupo de poetas en la Universidad de Salamanca encabezado por tres profesores—Diego Tadeo González, Juan Fernández de Rojas y Andrés de Corral—y tres estudiantes—José Iglesias de la Casa, Juan Pablo Forner y Juan Meléndez Valdés. Conocido como la Escuela de Salamanca, al igual que el grupo poético del siglo XVI que le sirvió de inspiración, intentó renovar la poesía de fines del siglo XVIII imponiendo las reglas del buen gusto. Sin embargo, a diferencia de los seguidores de Moratín, no se adherían a un Neoclasicismo riguroso sino que ampliaban los parámetros del movimiento imbuyendo su poesía de un contenido neorenacentista. Su afición al Renacimiento se manifiesta no sólo en su temática bucólica, su sentimentalismo, sus tendencias filosóficas, y su preferencia por la égloga y la oda, sino también en su uso de apodos pastorales: González (Delio), Fernández de Rojas (Liseno), del Corral (Andrenio), Iglesias (Arcadio), Forner (Aminta) y Meléndez Valdés (Batilo). Cuando Caldaso (Dalmiro) llegó a Salamanca en 1773 sirvió de estímulo para el grupo. Después se les unió Jovellanos, que estuvo en Salamanca varias veces durante esta época, y que inició a los salmantinos en la lectura de la poesía sentimental y humanitaria francesa e inglesa.

Los poetas de la Escuela de Salamanca tomaron por modelo a fray Luis de León (1527-1591), otro poeta salmantino cuyas obras se consideraban ejemplo de la racionalidad, la moderación, el decoro, la elegancia y la buena forma. Los versos de fray Luis revelan la influencia del poeta latino Horacio; escritos en mayor parte en liras (combinación métrica de dos endecasílabos y tres heptasílabos: aBabB), expresan el desdén del poeta por el poder y por los bienes materiales y su deseo de encontrar la paz espiritual. (Véase *Renacimiento y Siglo de Oro*, págs. 25-30.) Sus admiradores del siglo XVIII encontraron inspiración en el aspecto didáctico de su obra tanto como en su formalidad clásica.

Imitando a Fray Luis, fray Diego Tadeo González, líder del grupo, comenzó a escribir liras. En la Oda que se incluye aquí, se encuentran varios temas que también ocupan a fray Luis: el desprecio al político, la educación de la mujer, la necedad de la devoción vacía y puramente ceremonial. Fray Diego critica a los representantes del Estado que se oponen a la costumbre de enclaustrar a las niñas en el convento a los cinco años para darles una educación práctica y útil. Su insistencia en la necesidad de enseñarle a la mujer «la sabia economía», «difícil y útil ciencia» recuerda *La perfecta casada*, de fray Luis, tratado en que el autor defiende la dignidad de la mujer casada e insiste en la necesidad de darle una educación adecuada para las tareas importantes de administrar una casa y criar hijos.

Los dos poemas más conocidos de fray Diego son «Las edades» y «A las nobles artes». El mismo poeta señala que el primero, que quedó inconcluso, fue producto del estímulo de Jovellanos, quien intentó hacer que los poetas de la Escuela de Salamanca elevaran el tono y temática de su poesía. Completó sólo el primer libro, introducción general que trata de la creación del hombre, su estado de inocencia original, los males que provocó al desobedecer a Dios en el Jardín de Edén, y los bienes que conservó a pesar de la Caída. En esta obra se ve claramente la influencia del poeta inglés John Milton (1608-1674), cuyo gran poema épico-religioso, *El paraíso perdido,* relata la creación y la caída del hombre.

La oda «A las nobles artes» se considera una de las obras culminantes de la fase inicial del Neoclasicismo. Escrita en 1781 y recitada en la Academia de San Fernando, esta obra encierra perfectamente los valores neoclásicos al elogiar las artes y al condenar la pereza, la corrupción y la ostentación barroca. Unas cuatro décadas antes de la composición de este poema, Ignacio Luzán había leído en la misma Academia su «Canción», iniciando una forma típica de la poesía ilustrada: el elogio a las bellas artes. Después de que Luzán introdujo el tema, otros poetas compusieron versos dedicados al valor de las artes o a descripciones de pinturas individuales. La Oda de fray Diego lleva el género a su cenit. Como Luzán, alaba la Virtud antes de hablar de las artes. Exhorta a los jóvenes a abandonar su pereza y a rechazar la mentalidad barroca, la cual ha «manchado» el arte «con gusto depravado». Exalta el trabajo en equipo de la Academia y entonces se dedica a cantar las glorias de cada una de las artes. Usando la terminología técnica («fondos», «lejos», etc.), expresa el aprecio del neoclásico a la pintura realista al definirla como el arte que translada la naturaleza al lienzo y le da nueva vida. Elogia la escultura por eternizar a los héroes que la muerte ha converti-do en ceniza, y la arquitectura por sacar al hombre de la sombra del «olmo frondoso», de «la caverna escura» o de la «choza humilde», donde viviría si no fuera por esta arte. De una manera típicamente neoclásica, señala el valor práctico además del estético de las artes. Concluye con una referencia a Luzán, a quien imita conscientemente.

Aunque mayor que los otros poetas salmantinos cuyas obras reproducimos en esta sección, fray Diego pertenece a la misma generación artística de Iglesias de la Casa y Meléndez Valdés por representar su obra tan perfectamente la mentalidad de la primera fase del Neoclasicismo.

¿Por qué tan riguroso... (Oda)

    ¿Por qué tan riguroso,
político severo,
tuerces con ceño el rostro,[1] y ofendido,
repites desdeñoso
con ademán grosero
el *coax* de la rana desabrido,
porque Celia, cumplido
un lustro[2] solamente,
para ser educada,
del seno es separada
maternal, y cual[3] víctima inocente,
llevada a la clausura,
que tú juzgas eterna sepultura?
    Eterna sepultura,

---

[1]La imagen es semejante a una que emplea fray Luis de León en su Oda I: «no quiero ver el ceño / vanamente severo / del que la sangre sube o el dinero».

[2]Cinco años.

[3]Como.

donde en perpetuo olvido
sus gracias yacerán; pues el estado
del claustro por ventura
le será persuadido;
o cuando deje el claustro, ¿qué ha logrado,
no habiéndola enseñado
la sabia economía
que a la mujer abona
y la forma matrona,
a quien una familia se confía?
Difícil y útil ciencia,
que sólo da el ejemplo y experiencia.
    Y tal vez preocupada,
en nimias devociones
coloca la esperanza de ser buena,
la carga abandonada
de sus obligaciones,
lo que la pura religión condena;
o bien se desenfrena,
y sigue sin medida
los mundanales gustos
y placeres injustos,
a que por tanto tiempo fue impedida;
como río represado,
que el obtáculo puesto ha derrotado.
    ¡Oh! Cuán enormemente
de la razón te alejas,
político, juzgando desdichada
a Celia, la inocente,
que sin duelo ni quejas,
del corrompido mundo separada,
viene a ser cultivada;
como oliva preciosa
entre abrojos nacida,
que de ellos dividida,
y trasplantada a tierra deliciosa,
paga después tributo
dando a su tiempo el sazonado fruto. (...)

A las nobles artes (Oda)

    Levanta ya del suelo
el rostro lagrimoso,
virtud, hija del cielo, don divino;
y recobra el consuelo,
que ciego y alevoso
te robó el ya pasado desatino;
que el áspero camino
por do[4] sigue a la gloria,
y a tu morada guía,
emprenden a porfía

---

[4]Donde.

mil jóvenes, borrando la memoria
del vil ocio indolente
en que yaciera la española gente.

De tu rara belleza,
más que del prometido
rico tesoro, el ánimo aguijado,
sacude la pereza,
y el siglo corrompido,[5]
que el honor de tus artes ha manchado
con gusto depravado,
condena, y rearguye[6]
los pasados errores
con mil bellos primores,
que el usurpado honor las restituye;
y ofrece a los umbrales
de tu templo mil obras inmortales.

Bien como el pequeñuelo
grano, que, cuando nace,
no bien el pico llena a la avecilla,
y el palestino suelo
robusto árbol le hace
después, do anida de aves gran cuadrilla
(¡oh rara maravilla!),
así las diseñadas
obras menudamente
por la asociada gente
en breve carta tiene encerradas
grandezas,[7] cuya suma
no la alcanza la lengua ni la pluma.

De la madre natura[8]
los seres desmayados
a más sublime estado los levantas,
¡oh divina Pintura!
Y al lienzo trasladados,
instruyes la razón, la vista encantas
y así el aire suplantas
de la verdad que imitas,
que con los coloridos
por su mano ofrecidos,
también el ser parece que la quitas,
tanto, que si adivinara
la usurpación, colores no te diera.[9]

En superficie lisa,
sin que causen aumento
colocar valles, montes, selvas, ríos,
a distancia precisa,
acción sin movimiento;
fondos,[10] lejos,[11] alturas y vacíos;
la mar de sus navíos
separar, y la tierra
del globo refulgente,
y sombra que la luz nunca destierra,
jamás logró natura.
¡Sólo es don tuyo, celestial Pintura!

A golpes repetidos
de acero riguroso,
o al vivo fuego sueltos los metales,
y en moldes oprimido
(Que al varón virtuoso
sólo pueden labrar trabajos tales.)
Obras tus inmortales
efectos, ¡oh Escultura!
Por ti son conservados
los héroes celebrados
de la virtud, cuando la muerte dura
los reduce a ceniza,
y tu diestro cincel los eterniza.

La ninfa desdeñosa,[12]
en leño convertida,
huyendo del amor de Apolo ardiente,
con acción prodigiosa
recobra nueva vida
por la escultura, y mano diligente,
que poderosamente
también anima el bruto
mármol con igualarte
en que un día Anaxarte
fue mudada, por ver con ojo enjuto
a su puerta colgado
al mancebo de Cypro malhadado.[13] (...)

[En los versos que faltan el poeta alaba la
Arquitectura.]

---

[5]El barroco, al que los neoclásicos consideraban el colmo
de la degeneración y del mal gusto.
[6]Rechaza.
[7]Referencia al trabajo en equipo de la Academia de San
Fernando. Fray Diego alaba la colaboración en el campo de
las artes.
[8]Naturaleza.
[9]Es decir, si la Naturaleza supiera que la Pintura produce
cuadros tan hermosos que superan la obra de ella (la
Naturaleza), ésta no le prestaría los colores.

[10]Segundo plano de una pintura.
[11]Parte del cuadro que representa los objetos que están
lejos del observador.
[12]Referencia al mito de Dafne, quien fue metamor-
foseada en laurel en el momento en que Apolo quiso
poseerla.
[13]Según el mito, Ifis, joven cipriano de familia humilde,
se enamoró de Anaxarte o Anaxerete, mujer noble y
desdeñosa. Al verse rechazado, Ifis se ahorcó en la puerta de
la casa de su dama, quien, al ver su cadáver en la procesión
funeraria, se transformó en estatua de piedra.

Incauta[14] lira mía,
sólo a humildes cantares
en la margen del Tormes[15] avezada,[16]
¿quién te infundió osadía
para que en Manzanares[17]
cantes cosa tan nueva y elevada?[18]
¡Ay! Deja la empezada
locura; que no es dado
a tus débiles puntos
tratar estos asuntos,
y más, cuando hasta el cielo lo ha alzado,
con verso más divino,
de otras liras el canto peregrino.[19]

JOSÉ IGLESIAS DE LA CASA (1748-1791)

De los estudiantes que pertenecían a la Escuela de Salamanca, Iglesias era el único salmantino; los dos otros eran extremeños. Según testimonio de su hermano mayor, José, era de familia noble, aunque no rica. Estudió Humanidades y Teología en la Universidad de Salamanca, y posiblemente trabajara de platero antes de ordenarse en 1783. Además de poeta respetado, era músico diestro, buen dibujante y excelente escultor en plata, en la cual dejó como testimonio de su talento varias escenas bíblicas. Felipe Beltrán, obispo de Salamanca e Inquisidor General, le concedió el beneficio de Larodrigo y Carabias y, más tarde, el de Carbajosa y Santa María, cuyas iglesias rigió con gran liberalidad, gastando la mayor parte de sus rentas en amparo de sus parroquianos. Padeció numerosas enfermedades y murió prematuramente a la edad de 43 años.

Iglesias compuso sobre todo letrillas, epigramas, odas y poemas anacreónticos, además de algunos villancicos. Era especialmente conocido por sus letrillas de carácter burlesco. Cultivó los metros cortos: el pentasílabo para la letrilla, la doble redondilla (octasílabos en abba, cddc) para el epigrama. Sus versos son ligeros y delicados, a menudo de tema bucólico o amoroso. Uno de sus temas predilectos es la angustia causada por el amor no correspondido o por la muerte, en «El desfallecimiento», la del amante mismo. Hay algunos puntos de coincidencia obvios con la obra de Garcilaso—el ambiente bucólico de las églogas, los pastores y pastoras enamorados, las querellas de amor—pero no se halla en Iglesias la intensa penetración psicológica de su predecesor. El amante de Iglesias, como el de Garcilaso, se queja de que la separación de su dama sea más penosa que la muerte, pero a diferencia de éste, no expresa la voluntad de triunfar sobre la mortalidad, de seguir amando más allá de la tumba. Su actitud es más resignada, su voz, más apagada. A pesar del tono ligero de las letrillas de Iglesias, hay un elemento inquietante, aun morboso, en algunos de sus idilios, en que la muerte es una amenaza constante.

Las letrillas y epigramas de Iglesias a veces contienen notas escabrosas, aunque nunca son de mal gusto. Algunos críticos culpan al poeta de sentimentalismo excesivo, pero, a diferencia de los reformadores que cultivaban un Neoclasicismo más riguroso, Iglesias, Cadalso y otros poetas de los años setenta y ochenta buscan una dirección diferente para la poesía, lo cual, sin alejarlos de los preceptos del buen gusto, los lleva a un acercamiento a la anacreóntica rococó. Introducen nuevos temas y sensibilidad al Neoclasicismo. Se encuentra en esta poesía «de tono menor» un sensualismo, una blandura que la aparta de la generación anterior y va apuntando hacia el sentimentalismo de un Meléndez Valdés.

Joaquín Arce señala que la poesía de Iglesias «está en parte situada en la línea tradicional de las letrillas ágiles y humorísticas», pero lo que distingue e individualiza su obra es «su predilección por los motivos florales y su sentido colorista» (*La poesía del siglo ilustrado*, 202). La vegetación abunda en la obra de Iglesias, pero es más bien de una naturaleza cultivada, domesticada. Las «frescas rosas» y las «ramas bulliciosas» («Debajo de aquel árbol»), el «balcón florido» y la flor corta-

---

[14]Sin arte, cándida.

[15]Río que cruza Ávila, Salamanca y Zamora.

[16]Acostumbrada.

[17]Río que pasa por Madrid.

[18]Estos versos se basan en una larga tradición según la cual el poeta expresa su humildad, diciendo que se cree demasiado inculto para escribir de temas tan refinados y se sorprende que su lira se atreva a cantar «cosa tan nueva y elevada».

[19]Referencia a Luzán, que había escrito acerca del mismo tema, y era conocido por el apodo poético «El Peregrino».

da («El desfallecimiento») no evocan la voluptuosidad del paisaje siciliano del *Polifemo* de Góngora sino la gentilidad de un jardín inglés. También abundan los colores—el «rojo arenal» y el «listón verde» de la letrilla «Fuego amoroso», por ejemplo—pero no se trata de un choque de matices incompatibles sino de una capa de colores primarios y un toque contrastante. Habría que mencionar también los numerosos contrastes entre la luz y la oscuridad, entre «la luz que al mundo alegra» y la «nube negra» de «El desfallecimiento». Bien se nota en estos cuadros poéticos el interés de Iglesias en las artes plásticas. Aunque a veces el poeta recrea *tableaux* mitológicos con deidades, faunos y ninfas, más que las escenas mitológico-campestres, dice Arce, nos llama la atención «su sentido de la naturaleza artificial, hecha jardín galante, con sus mármoles, fuentes y bullir de aguas y espumas, elementos ornamentales del peculiar hedonismo dieciochesco» (*La poesía del siglo ilustrado*, 202-203). El «delicioso vergel», la «fuente risueña» («El desfallecimiento», Idilio), la «fuente sonorosa» («Debajo de aquel árbol») son ejemplos de este artificio que son recurrentes en muchas obras de Iglesias.

Aunque Iglesias fue eclipsado por Menéndez Valdés y hoy en día figura en pocas antologías, su obra marca un paso importante en la evolución de la poesía del siglo XVIII. La mayor parte de sus versos aparecieron póstumamente en dos volúmenes publicados en 1793 y 1798.

Fuego amoroso (Letrilla)

> Mañanita alegre
> del señor San Juan,[1]
> al pie de la fuente
> del rojo arenal,
>   con un listón verde[2]
> que eché por sedal
> y un alfiler corvo
> me puse a pescar.
>   Llegóse al estanque

mi tierno zagal,
y en estas palabras
me empezó a burlar:
   «Cruel pastorcilla,
¿dónde pez habrá
que a tan dulce muerte
no quiera llegar?»
   Yo así de él[3] y dije:
«¿Tú también querrás?
Y este pececillo
no, no se me irá».

Debajo de aquel árbol (Anacreóntica)[4]

Debajo de aquel árbol
de ramas bulliciosas,
donde las auras suenan,
donde el favonio[5] sopla,
donde sabrosos trinos
el ruiseñor entona
y entre guijuelas[6] ríe
la fuente sonorosa,
la mesa, oh Nise,[7] ponme
sobre las frescas rosas,
y de sabroso vino
llena, llena la copa,
y bebamos alegres,
brindando en sed beoda,[8]
sin penas, sin cuidados,
sin gustos, sin congojas,
y deja que en la corte
los grandes, en buen hora,
de adulación servidos,
con mil cuidados coman.

Epigramas[9]

Yo vi en París un peinado

---

[1] El día de San Juan (el 24 de junio) se celebra el principio del verano; también se asocia con el amor y el matrimonio.

[2] Color que se asocia con la esperanza.

[3] **Así...** lo agarré.

[4] Tipo de poesía ligera en que se cantan los placeres del amor, del vino, etc. El nombre deriva de Anacreonte, poeta griego.

[5] Viento o brisa suave; viento que viene del oeste.

[6] Piedrecitas.

[7] Nombre poético de dama.

[8] Borracha.

[9] Composiciones poéticas satíricas.

de tanta sublimidad,
que llegó a hacer vecindad
con el ala de un tejado.

Dos gatos que allí reñían,
luego que el peinado vieron,
a reñir sobre él se fueron
y abajo no los sentían.

Preguntó a su esposo Inés:
¿Qué cosa es la que tropieza
un marido con los pies,
llevándola en la cabeza?»[10]

Puesto el pobre a discurrir,
respondió que no acertaba;
y ella, echándose a reír,
con dos dedos le apuntaba.

El desfallecimiento (Idilio)

Delicioso vergel, fuente risueña,
espumoso raudal que al prado esmalta,
y de la peña que miró más alta
al cóncavo enyedrado de otra peña,
lleno de aljófar, salta,
en este soto un tiempo entretenido,
la flor mi breve pie pisó contento;
vi aquí más verde juncia, allí más viento,
acá hallé fresco, allá un balcón florido,
de mi delicia asiento.
Pues ya del sol la luz que al mundo alegra
huye a mis ojos, que aman el retiro;
y ciega del amor con que suspiro,
y triste y sola entre una nube negra
la fiera Parca[11] miro.
¡Cielos! ¿A cuál deidad tengo agraviada,
que en medio de mi dulce primavera
en tan nuevo rigor quiere que muera,
y que antes de gozarla, parca airada
corte mi flor primera?
Del seno oscuro de la tierra helada
llamarme con terribles voces siento;

---

[10]Se refiere a los cuernos, símbolo del hombre cuya esposa le ha sido infiel. El marido cornudo es uno de los temas favoritos de Iglesias.

[11]En la mitología, las Parcas eran tres deidades de los Infiernos que hilaban las historias de los hombres, de cuyas vidas eran dueñas.

tristes sombras cruzar vi por el viento,
y que me llaman todas de pasada
con lamentable acento.
No me aterra la muerte, ni rehuso
el dejar de vivir de edad florida,
ni he esquivado la muerte tan temida,
que amaneció con mi vivir confuso,
de mi cuidado asida.
Siento haber de dejar deshabitado
cuerpo que amante espíritu ha ceñido,
y yermo un corazón que tuyo ha sido,
donde todo el amor reinó hospedado,
y su imperio ha extendido.
No el morir siento, ¡ay Dios! Siento el dejarte;
¿qué mayor muerte quieres que perderte
si me era paraíso y gloria el verte?
¿qué gozaré, dejando de gozarte,
sino perpetua muerte?

JUAN MELÉNDEZ VALDÉS (1754-1817)

La nueva mentalidad manifiesta en la poesía de Iglesias de la Casa encuentra su expresión más lograda en la obra de Meléndez Valdés, que ya anuncia la explosión romántica del siglo XIX. Azorín, una de las voces más influyentes de la Generación del 98, consideró a Meléndez Valdés como un precursor del Romanticismo, pero por lo general los críticos de la primera mitad del siglo XX veían como una paradoja a éste y a los otros poetas de la Escuela de Salamanca que buscaban imbuir la poesía de una nueva sensibilidad. Frente a la poesía académica y didáctica de los neoclásicos más rígidos, el sentimentalismo de Meléndez Valdés y sus compañeros era una anomalía. No fue sino hasta mediados del siglo XX cuando Russell P. Sebold desarrolló la idea de que Meléndez Valdés no era sólo un neoclásico que se desviaba inexplicablemente de las normas, sino uno de los iniciadores del Romanticismo en España. Para Sebold, como para Azorín, la poesía de Meléndez manifestaba casi todas las características principales que se asociarían con el Romanticismo: el subjetivismo, el lirismo profuso, la musicalidad, la riqueza léxica, el gusto por lo grotesco, la exaltación, la angustia, la melancolía, la desesperación, el intenso personalismo.

De niño, Meléndez Valdés se vio afectado profundamente por la muerte de su madre, que aconteció cuando él tenía siete años. Se convirtió en un muchacho introspectivo y sentimental, lo cual influiría en su futuro desarrollo literario. En 1774 murió su padre y al año siguiente falleció su hermano mayor, acontecimientos que también contribuyeron seguramente a la melancolía que caracteriza una gran parte de su obra.

Meléndez Valdés se educó en Madrid y después, en la Universidad de Salamanca, donde participó en la Escuela Salmantina y en 1773 conoció a José Cadalso. Unos trece años mayor que Meléndez, Cadalso encarnaba las corrientes contradictorias de su época. Hombre fino y culto, fue amigo de Moratín Padre y contertulio de la Fonda de San Sebastián, donde se definían los preceptos de la reforma neoclásica: buen gusto, imitación de modelos clásicos, didacticismo, templanza y racionalismo. Sin embargo, en algunos de sus versos y en sus *Noches lúgubres* se destacan el subjetivismo, la melancolía y el pesimismo, llevando a algunos críticos modernos a concluir que fue realmente un prerromántico que se adelantó en medio siglo al Romanticismo acabado. Al llegar a Salamanca en mayo de 1773, Cadalso se convirtió en núcleo de la Escuela Salmantina. Como se ha visto, los poetas universitarios seguían los preceptos del Neoclasicismo —por ejemplo, buscaban su inspiración en escritores clásicos como Horacio y renacentistas como Garcilaso y fray Luis de León— pero al mismo tiempo intentaban ampliar los objetivos del movimiento. Algunos, en particular, Iglesias, buscaban incorporar nuevos elementos en su poesía: el culto a la mujer, al amor y al placer; el bucolismo refinado, el sentimiento personal, la fiesta galante. Cadalso quedó muy impresionado con estos poetas, cuyas actitudes contrastaban con las de los reformadores más ortodoxos; asimismo, Meléndez quedó impresionado con Cadalso, quien había viajado por diversos países y adquirido un concepto de la vida y del arte muy amplio.

La presencia de Cadalso sirvió como catalizador en el desarrollo artístico de Meléndez, cuya poesía, a partir de este momento, empezó a mostrar incipientes elementos románticos. No abandonó del todo el Neoclasicismo; siguió imitando a Horacio y a otros poetas antiguos y renacentistas y siguió usando formas métricas clásicas como la oda. De hecho, su búsqueda de diferentes formas clásicas y nacionales que pudieran enriquecer su obra lo llevó a experimentar con el romance, que llegó a ser su metro poético predilecto. Meléndez no sólo contribuye a la evolución del romance lírico, sino que se le atribuye también un papel fundamental en la restauración del romance narrativo e histórico iniciado por Moratín Padre. Pero poco a poco Meléndez Valdés comenzó a apartarse de las fórmulas neoclásicas, imbuyendo sus obras de un tono más íntimo. Su personalidad introspectiva fue sin duda un factor importante en el desarrollo de una poesía personal y reflexiva. También contribuyeron a su trasformación artística sus lecturas de poesía inglesa y francesa.

Gaspar Melchor de Jovellanos fue quien introdujo la poesía sentimental filosófica de los grandes maestros franceses e ingleses —Rousseau, Pope, Young— en las lecturas de los poetas salmantinos. Algunos críticos han visto elementos prerrománticos en la visión utópica y pastoral que Jovellanos describe en su *Informe sobre la ley agraria*. En su proyecto reformador se ha visto el deseo de volver a la armonía idílica de las primeras sociedades, de regresar, como Rousseau, al hombre puro y primitivo que no ha sido contaminado por la corrupción de la ciudad. Además de pasar varias breves estancias en Salamanca como visitador de la Universidad con el propósito de reformar algunos de los colegios, Jovellanos mantuvo una larga comunicación epistolar con Meléndez. Se convirtió en amigo constante y guía del poeta, a quien convenció para que intentara formas y temas serios.

La obra poética de Meléndez Valdés demuestra gran variedad. Extremadamente prolífico durante toda su vida, el poeta compuso versos ligeros y alegres además de poemas más profundos. Pero a veces aún las obras que parecen livianas ocultan un fondo serio. Compuso odas anacreónticas, romances, églogas, elegías, sonetos, silvas y otros tipos de composición poética. Como sus modelos clásicos y renacentistas, tiene por temas predilectos el amor y la naturaleza. A veces lamenta las penas del amor no correspondido; a veces celebra, exhuberante, las glorias del amor compartido. Típicamente, el fondo es bucólico.

Con Meléndez Valdés el sensualismo rococó dieciochesco alcanza su punto culminante. Pueblan sus poemas seres miniaturizados: avecillas, hojillas, fuentecillas, arroyuelos, hijos pequeñuelos. De los mundos animal y vegetal escoge imágenes de la inocencia y la fragilidad: la paloma, la hojilla débil, la perfumada fruta. Abundan imágenes de mujeres delicadas y frívolas —Filis jugando con su paloma, por ejemplo— y de adornos y objetos superfluos. Crea en muchos poemas un ambiente de sensualismo refinado que a veces llega al franco erotismo, como, por ejemplo, en «Los besos de amor»:

> cuando a mi ardiente boca
> su dulce labio aprieta
> tan del placer rendida
> que casi a hablar no acierta;
> y yo por alentarla
> corro con mano inquieta
> de su nevado vientre
> las partes más secretas...

Intensifica el sensualismo de Meléndez Valdés las numerosas referencias a las facultades sensoriales y a los aromas, las suaves brisas, los besos, las caricias, los cantares y risas. Apela a todos los sentidos —al olfato, al tacto, al gusto, al oído, a la vista. También evoca las diversas partes del cuerpo, especialmente las más sensibles —la mano, el seno, los labios.

En su oda anacreóntica «A Dorila» el amor es sólo un pretexto. El verdadero tema es el *carpe diem*, exhortación para gozar del momento, ya que el tiempo pasa y pronto la vejez reemplaza la juventud, quitándonos los placeres de la vida. Este poema encierra una suave melancolía, un apagado lamento. Las horas se van, llevándose «los floridos años / de nuestra frágil vida». A diferencia de Quevedo y Góngora, que escribieron sobre el mismo tema, Meléndez Valdés no lleva la consciencia del paso del tiempo a su conclusión filosófica más aplastante, es decir, a una confrontación con la nada que sigue a la muerte. Pero si esta oda no alcanza las dimensiones metafísicas de los maestros del Siglo de Oro, sí expresa una angustia auténtica ante la vejez, que es, sobre todo, «enemiga del amor». Quevedo evoca el horror a la vejez al pintar de una manera gráfica y grotesca la desintegración del cuerpo y la pérdida de las funciones corporales. Meléndez Valdés, en cambio, opta por una descripción más delicada que, no obstante, comunica la noción de la ruina física: «El cuerpo se entorpece, los ayes nos fatigan...» Pero la vejez es odiosa más que nada porque nos quita el placer. Por lo tanto, el poeta alienta a su dama a gozar de la vida, a dedicarse a «juegos y bailes / y cantares y risas», no por miedo a la muerte sino por amor a la vida; aprovechar la juventud es bueno y natural, ya que las divinidades mismas (las Gracias) lo exigen. En vez de terminar en una nota sombría como los sonetos morales de Quevedo y Góngora, el poema de Meléndez Valdés concluye con una imagen de felicidad y una invitación a holgar del momento. Los dos últimos versos están repletos de alusiones a una naturaleza apacible y sensual; la amada es una «paloma», con toda la delicadeza y blandura que el término evoca; el *locus amoenus,* el suelo debajo de las parras «do lene el viento aspira».

En «De la paloma de Filis» el poeta desarrolla una querella de amor a través de una metáfora. Como en el poema que acabamos de examinar, las imágenes son finas y exquisitas. La paloma de Filis es una «avecilla crédula» que confía en su dueña y, después, le perdona sus engaños. Amiga fiel, acude a Filis cuando ésta la llama, abandonando a las otras palomas y olvidándose de los trucos crueles de su dueña. El poeta le pide a su amada que tome a su paloma por ejemplo y le muestre a él la misma devoción que la avecilla le muestra a ella. A pesar de la aparente ligereza de este poema, retrata una situación tormentosa entre hombre y mujer. Al pedir a su amada que imite a la paloma, insinúa que él mismo la ha engañado cruelmente y necesita ser perdonado. Pero ¿quién sabe si Filis será tan generosa como la paloma? La pregunta queda sin contestar. En esta serie dedicada a la paloma de Filis, el poeta crea una tensión erótica que crece con cada poema; las imágenes de Filis que acaricia y burla a la paloma convierte el juego en una compleja metáfora sexual.

La poesía de Meléndez Valdés no se limita a la exaltación de los placeres y de los sentidos, ni tampoco se limita en el tema del jardín, tan elaborado por Iglesias de la Casa. Rechaza el jardín, el parque, la plazoleta —representaciones de lo artificial— para adentrarse en la naturaleza verdadera. Supera lo artificioso del rococó, abarcando una temática lírica mucho más amplia. «Los aradores» revela la nueva consciencia social del siglo XVIII, la cual lleva a muchos poetas a escribir poemas dedicados al labrador. Se trata de la celebración no sólo del villano y del trabajo, sino de un elevado sentido de pragmatismo. El campesino es esencial al bienestar del país. Hace una contribución sin la cual la nación no puede avanzar. Los primeros versos expresan la admiración del poeta por los hombres que aran los campos: «¡Oh! ¡qué bien ante mis ojos / por la ladera pendiente, / sobre la esteva encorvado, / los aradores parecen!» El énfasis está en lo cotidiano, no en lo exótico —en los animales que tiran del arado mientras el arador los anima con su grito. Entonces, se explora la relación entre el hombre y la naturaleza. Aunque ésta puede ser un refugio para el hombre que le ofrece sustento y protección, también deja libres fuerzas destructoras terribles. Cuando «de las nubes / horrísonos se desprenden / los aguaceros, y el día / ahogado entre sombras muere» el hombre se siente a la merced del furor climático que le aterra y a la vez le fascina.

A menudo, la naturaleza refleja el estado del ánimo del poeta. Es un espejo de su alma que revela sus emociones más profundas, sus temores y sus añoranzas. En «A Jovino» (nombre poético de Jovellanos) escribe: «Naturaleza, en su hermosura varia, / parece que a mi vista en luto triste / se envuelve umbría, y que sus leyes rotas, / todo se precipita al caos antiguo». Aquí la naturaleza refleja la profunda melancolía del poeta. Más adelante, en el mismo poema, Meléndez Valdés introduce un concepto que será clave durante el período romántico, el del *mal du siècle* («mal del siglo»), como se llama comúnmente, o como lo llama él, «el fastidio universal». Por todos lados ve la tristeza:

Sí, amigo, sí; mi espíritu, insensible

de vivaz gozo a la impresión süave,
todo lo anubla en su tristeza oscura,
materia en todo a más dolor hallando
y a este *fastidio universal* que encuentra
en todo el corazón perenne causa.

Aunque la «rubia aurora» «asoma su risueña frente», el poeta busca «la negra noche», hundiéndose en una profunda melancolía. Pero si expresa su frustración y su angustia por medio de descripciones de la naturaleza, este proceso termina por ser una purgación que le permite alcanzar cierta paz interior.

Otro tema popular de la época que Meléndez Valdés desarrolla en la elegía «A Jovino» es la amistad. Tanto como la naturaleza, el amigo ayuda al melancólico poeta a sobrevivir los tormentos de la vida. Sin el amigo el poeta se hundiría en el caos y la desesperación.

La exaltación de la amistad se halla en los versos de muchos de los poetas del siglo XVIII. A veces se trata de la relación entre dos amigos, a veces de la que existe entre maestro y discípulo. Menéndez Valdés dedicó numerosos versos a su amigo Jovellanos y en él la amistad se convierte en tema de auténtica expresión prerromántica. Rodeado de tristeza y de dolor, el poeta sólo puede encontrar alivio del «fastidio universal» desahogándose con su amigo. El tono quejumbroso y la efusión emotiva diferencian los versos de Meléndez Valdés de otros sobre el mismo tema compuestos por autores aún dentro del molde de un Neoclasicismo más rígido.

Igual que sus contemporáneos, Meléndez Valdés compuso poemas sobre las nobles artes y sobre las ciencias. Su oda titulada «El deseo de gloria en los profesores de las Artes» es un elogio a los artistas que llenan el mundo de bellezas: «...La mente creadora / émula del gran Ser que le dio vida, / hasta las obras enmendar desea / de su alta, excelsa idea». El artista más célebre de la época era el neoclásico alemán Rafael Mengs, pintor de cámara de Carlos III, cuyas glorias Meléndez Valdés canta en esta misma oda: «Y tú, Mengs sobrehumano, / tú, malogrado Mengs, en ella ardiendo / los pinceles no sueltas de la mano; / ve tus divinas tablas envidiosa / natura, y tu alma grande aún no reposa». La transformación en las ciencias y el culto a la razón llevan a los poetas del siglo XVIII a componer poesías dedicadas a los grandes sabios renacentistas y contemporáneos. Newton, Copérnico, Kepler, Galileo, Bacon, Locke y Descartes son los ídolos no sólo de los científicos de la época sino también de los poetas. En la oda «A un lucero» Meléndez Valdés expresa su admiración por Newton:

Empero el divino Newton,
Newton fue quien a las cimas
alzándose del empíreo,
do el gran Ser más alto habita,
de El mismo aprendió felice
la admirable ley que liga
al universo, sus fuerzas
en nudo eterno equilibra.

Repite esta idea en «A la verdad»:

Y el gran Newton, subido
a la mansión lumbrosa,
cual genio alado tras los astros vuela,
y al mundo absorto a la atracción revela.

Meléndez Valdés gozó de gran respeto y admiración durante su época. En 1780 su égloga «Batilo» fue premiada por la Real Academia Española. Fue profesor de Humanidades en la Universidad de Salamanca y más tarde, magistrado. Además de la poesía, el Derecho fue el gran amor de su vida. En 1798 fue elegido miembro de la Real Academia. Durante la Guerra de la Independencia, se alió con las fuerzas de José Napoleón, por lo cual fue obligado a emigrar a Francia cuando terminó el conflicto. Murió en Montpellier soñando con volver a su país.

Meléndez Valdés es considerado el poeta más destacado del siglo. En él convergen todas las corrientes de la época—la elegancia rococó, la preocupación por la forma, la corriente científica y racional, la celebración de la naturaleza y de la humanidad. Pero más significativo aún, Meléndez Valdés es tal vez la primera voz auténticamente romántica que se levanta en España.

Odas anacreónticas[1]

A Dorila

¡Cómo se van las horas,
y tras ellas los días,
y los floridos años
de nuestra frágil vida!
　La vejez luego viene,
del amor enemiga,
y entre fúnebres sombras
la muerte se avecina,
　que escuálida y temblando,
fea, informe amarilla,
nos aterra, y apaga
nuestros fuegos y dichas.
　El cuerpo se entorpece,
los ayes[2] nos fatigan,
nos huyen los placeres
y deja la alegría.
　Si esto, pues, nos aguarda,
¿para qué, mi Dorila,
son los floridos años
de nuestra frágil vida?
　Para juegos y bailes
y cantares y risas
nos los dieron los cielos,
las Gracias[3] los destinan.
　Ven, ¡ay! ¿Qué[4] te detienes?
Ven, ven, paloma mía,
debajo de estas parras,
do[5] lene[6] el viento aspira,
　y mimosas delicias,
de la niñez gocemos,
pues vuela tan aprisa.

Oda: De la paloma de Filis

Filis, ingrata Filis,
tu paloma te enseña;
ejemplo en ella toma

---

[1]Véase la Nota 4, pág. 95.
[2]Gritos (¡ay ay ay!).
[3]Las tres deidades antiguas que personificaban la belleza.
[4]Para qué.
[5]Donde.
[6]Suave, ligero.

de amor y de inocencia.
    Mira cómo a tu gusto
responde, cómo deja
gozosa, si la llamas,
por ti sus compañeras.
    ¿Tu seno y tus halagos
olvida, aunque severa
la arrojes de la falda,
negándote a sus quejas?
    No, Fili; que aun entonces,
si intento detenerla,
mi mano fiel esquiva,
y a ti amorosa vuela.
    ¡Con cuánto suave arrullo
te ablanda! ¡Cómo emplea
solícita sus ruegos,
y en giros mil te cerca!
    ¡Ah crédula avecilla!
En vano, en vano anhelas;
que son para tu dueño
agravio las finezas.
    Pues ¿qué cuando en la palma
el trigo le presentas,
y al punto de picarlo,
burlándote la cierras?
    ¡Cuán poco del engaño,
incauta, se recela,
y pica, aunque vacía,
la mano que le muestras!
    ¡Qué fácil se entretiene!
Un beso le consuela;
siempre festiva arrulla,
siempre amorosa juega.
    Su ejemplo, Filis, toma,
pero conmigo empieza,
y repitamos juntos
lo que a su lado aprendas.

Romances[7]

Los aradores

¡Oh! ¡qué bien ante mis ojos

por la ladera pendiente,
sobre la esteva encorvados
los aradores parecen!
    ¡Cómo la luciente reja
se imprime profundamente
cuando en prolongados surcos
el tendido campo hienden!
    Con lentitud fatigosa
los animales pacientes,
la dura cerviz alzada,
tiran del arado fuerte.
    Anímalos con su grito,
y con su aguijón los hiere
el rudo gañán, que en medio
su fatiga canta alegre.
    La letra y pausado tono
con las medidas convienen
del cansado lento paso
que asientan los tardos bueyes.
    Ellos las anchas narices
abren a su aliento aridente,
que por la frente rugosa
el hiel en aljófar[8] vuelve;
    y el gañán aguija y canta,
y el sol que alzándose viene
con sus vivíficos rayos
le calienta y esclarece.
    ¡Invierno! ¡Invierno! aunque triste
aun conservas tus placeres,
y entre tus luvias y vientos
halla ocupación la mente.
    Aun agrada ver el campo
todo alfombrado de nieve,
en cuyo cándido velo
sus rayos el sol refleje.
    Aun agrada con la vista
por sus abismos perderse,
yerta la naturaleza
y en un silencio elocuente,
    sin que halle el mayor cuidado
ni el lindero de la suerte,
ni sus desiguales surcos,
ni la mies que oculta crece.
    De los árboles las ramas,
al peso encorvado, ceden,

---

[7]Un «romance» es una composición poética tradicional que usualmente narra una historia y se caracteriza por la repetición al fin de todos los versos pares de una asonancia, y de la ausencia de rima en los impares.

---

[8]Perlas (imagen poética del rocío).

y a la tierra fuerzas piden
para poder sostenerse.

La sirra con su albo[9] manto
una muralla esplendente,
que une el suelo al firmamento,
allá a lo lejos ofrece,
    mientra en las hondas gargantas
despeñados los torrentes,
la imaginación asustan,
cuanto el oído ensordecen;
    y en quietud descansa el mundo,
y callado el viento duerme,
y en el redil el ganado,
y el buey gime en el pesebre.

¿Pues qué, cuando de la nubes
horrísonos[10] se desprenden
los aguaceros, y el día
ahogado entre sombras muere,
    y con estrépito inmenso
cenagosos se embravecen
fuera de madre[11] los ríos,
batiendo diques y puentes?

Crece el diluvio; anegadas
las llanuras desparecen,
y árboles y chozas tiemblan
del viento el furor vehemente,
    que arrebatando las nubes,
cual[12] sierras de niebla leve,
de aquí allá en rápido soplo,
en formas mil las revuelve;
    y el imperio de las sombras,
y los vendavales[13] crecen;
y el hombre, atónito y mudo,
a horror tanto tiembla y teme. (...)

Así el invierno ceñudo
reina con cetro inclemente,
y entre escarchas y aguaceros
y nieve y nubes se envuelve. (...)

Estos hielos erizado,
estas lluvias, estas nieves,
y nieblas y roncos vientos,
que hoy el ánimo estremecen,

serán las flores del mayo,
serán de julio las mieses,
y las perfumadas frutas
con que octubre se enriquece.

Hoy el arador se afana,
y en cada surco que mueve,
miles encierra de espigas
para los futuros meses,
    misteriosamente ocultas
en esos granos, que extiende
doquier liberal su mano
y en los terrones se pierden.[14]

Ved cuál, fecunda la tierra,
sus gérmenes desenvuelve
para abrirnos su tesoros
otro día en faz riente.

Ved cómo ya pululando[15]
la rompe la hojilla débil,
y con el rojo sombrío
cuán bien contrasta su verde,
    verde que el tostado julio
en oro convertir debe,
y en una selva de espigas
esos cogollos nacientes.

Trabaja, arador, trabaja,
con ánimo y pecho fuerte,
ya en tu esperanza embriagado
del verano en las mercedes.

Llena su noble destino,
y haz, cantando, tu afán leve,
mientras insufrible abruma
el fastidio al ocio muelle,
    que entre la pluma y la holanda[16]
sumido en sueño y placeres,
jamás vio del sol la pimpa
cuando lumbroso amanece,
    jamás gozó con el alba
del campo el plácido ambiente,
de la matinal alondra
los armónicos motetes.[17] (...)

Tu esposa al hogar humilde,

---

[9]Blanco.
[10]Con sonidos horribles.
[11]Cauce o lecho de un río.
[12]Como.
[13]Vientos muy fuertes.

[14]Es decir, por dondequiera que la mano generosa del labrador esparza granos, crecerán espigas en el futuro.
[15]Multiplicándose, brotando.
[16]**La pluma...** la almohada y la sábana. (La holanda es un tipo de tela fina.).
[17]Canciones.

apacible te previene
sobria mesa, grato lecho,
y cariño y fe perennes,
　　que oficiosa compañera
de tus gozos y quehaceres,
su ternura cada día
con su diligencia crece;
　　y tus pequeñuelos hijos,
anhelándote impacientes,
corren al umbral, te llaman,
y tiemblan si te detienes.
　　Llegas, y en torno apiñados
halagándote enloquecen;
la mano el uno te toma,
de tu cuello el otro pende;
　　tu amada al paternal beso
desde sus brazos te ofrece
el que entre su seno abriga,
y alimenta con su leche,
　　que en sus fiesta y gorjeos
pagarte ahincado parece
del pan que ya le preparas,
de los surcos donde vienes. (...)
　　¡Vida angelical y pura!,
En que con su Dios se entiende
sencillo el mortal , y le halla
doquer próvido[18] y presente,
　　a quien el poder perdona,
que los mentirosos bienes
de la ambición tiene en nada,
cuando ignora sus reveses.
　　Vida de fácil llaneza,
de libertad inocente,
en que dueño de sí el hombre,
sin orgullo se ennoblece,
　　en que la salud abunda,
en que el trabajo divierte,
el tedio se desconoce,
y entrada el vicio no tiene;
　　y en que un día y otro día
pacíficos se suceden,
cual aguas de un manso río,
siempre iguales y rientes.
　　¡Oh! ¡quién gozarte alcanzara!
¡Oh! ¡quién tras tantos vaivenes

de la inclemente fortuna,
un pobre arador viviese!,
　　uno cual estos que veo,
que ni codician, ni temen,
ni esclavitud los humilla,
ni la vanidad los pierde,
　　lejos de la envidia torpe
y de la calumnia aleve,
hasta que a mi aliento frágil
cortase el hilo la muerte.

Elegía moral

A Jovino[19]: El melancólico

　　Cuando la sombra fúnebre y el luto
de la lóbrega noche el mundo envuelven
en silencio y horror, cuando en tranquilo
reposo los mortales las delicias
gustan de un blando saludable sueño,
tú, único amigo, en lágrimas bañado,
vela, Jovino, y al dudoso brillo
de una cansada luz, en tristes ayes,
contigo alivia su dolor profundo.
　　¡Ah! ¡cuán distinto en los fugaces días
de sus venturas y soñada gloria
con grata voz tu oído regalaba,
cuando ufano y alegre, seducido
de crédula esperanza al fausto soplo,
sus ansias, sus delicias, sus deseos
depositaba en tu amistad paciente,
burlando sus avisos saludables!
Huyeron prestos como frágil sombra,
huyeron estos días, y al abismo
de la desdicha el mísero ha bajado.
　　Tú me juzgas feliz... ¡Oh si pudieras
ver de mi pecho la profunda llaga,
que va sangre vertiendo noche y día!
¡Oh si del vivo, del letal veneno,
que en silencio le abrasa, los horrores,
la fuerza conocieses! ¡Ay, Jovino!
¡ay, amigo! ¡ay de mí! Tú solo a un triste,
leal confidente en su miseria extrema,

---

[18]Benévolo.

[19]Nombre poético de Gaspar Melchor de Jovellanos, amigo del poeta. Una elegía es una composición lírica usualmente de asunto triste.

eres salud y suspirado puerto.[20]
En tu fiel seno, de bondad dechado,
mis infelices lágrimas se vierten,
y mis querellas[21] sin temor; piadoso
las oye, y mezcla con mi llanto el tuyo.
Ten lástima de mí; tú solo existes,
tú solo para mí en el universo.
Doquiera vuelvo los nublados ojos,
nada miro, nada hallo que me cause
sino agudo dolor y tedio amargo.
Naturaleza, en su hermosura varia,
parece que a mi vista en luto triste
se envuelve umbría, y que sus leyes rotas,
todo se precipita al caos antiguo.

Sí, amigo, sí; mi espíritu, insensible
del vivaz gozo a la impresión süave,
todo lo anubla en su tristeza oscura,
materia en todo a más dolor hallando
y a este fastidio universal que encuentra
en todo el corazón perenne causa.
La rubia aurora entre rosadas nubes
plácida asoma su risueña frente,
llamando el día; y desvelado me oye
su luz molesta maldecir los trinos
con que las dulces aves la alborean,
turbando mis lamentos importunos.
El sol, velando en centellantes fuegos
su inaccesible majestad, preside
cual rey al universo, esclarecido
de un mar de luz que de su tronco corre.
Yo empero, huyendo de él, sin cesar llamo
la negra noche y a sus brillos cierro
mis lagrimosos fatigados ojos.
La noche melancólica al fin llega,
tanto anhelada; a lloro más ardiente,
a más gemidos su quietud me irrita.
Busco angustiado el sueño ; de mí huye
despavorido, y en vigilia odiosa
me ve desfallecer un nuevo día,
por él clamando detestar la noche.

Así tu amigo vive; en dolor tanto,
Jovino, el infelice de ti lejos,
lejos de todo bien, sumido yace.
¡Ay! ¿dónde alivio encontraré a mis penas?
¿Quién pondrá fin a mis extremas ansias,

o me dará que en el sepulcro goce
de un reposo y olvido sempiternos?...
Todo, todo me deja y abandona.
La muerte imploro, y a mi voz la muerte
cierra dura el oído; la paz llamo,
la supirada paz, que ponga al menos
alguna leve tregua a las fatigas
en que el llagado corazón guerrea;
con fervosa voz en ruego humilde
alzo al cielo las manos; sordo se hace
el cielo a mi clamor; la paz que busco
es guerra y turbación al pecho mío. (...)

¡Ay! ¡si pudieses ver... el devaneo
de mi ciega razón, tantos combates,
tanto caer, y levantarme tanto,
temer, dudar, y de mi vil flaqueza
indignarme afrentado, en vivas llamas
ardiendo el corazón al tiempo mismo!
¡hacer al cielo mil fervientes votos,
y al punto traspasarlos... el deseo...
la pasión, la razón ya vencedoras...
ya vencidas huir!... Ven, dulce amigo,
consolador y amparo; ven y alienta
a este infeliz, que tu favor implora.
Extiende a mí la compasiva mano,
y tu alto imperio a domeñar[22] me enseñe
la rebelde razón; en mis austeros
deberes me asegura en la escabrosa[23]
difícil senda que temblando sigo.
La virtud celestial y la inocencia
llorando huyeran de mi pecho triste,
y en pos de ellas la paz; tú conciliarme
con ellas puedes, y salvarme puedes.
No tardes, ven, y poderoso templa
tan insano furor; ampara, ampara
a un desdichado que al abismo que huye
se ve arrastrar por invencible impulso,
y abrasado en angustias criminales,
su corazón por la virtud suspira.

NICASIO ÁLVAREZ DE CIENFUEGOS (1764-1809)

Nicasio Álvarez de Cienfuegos y Manuel José

---

[20]Refugio.
[21]Quejas.

[22]Sujetar, domar.
[23]Áspera, difícil.

Quintana se consideran los discípulos más importantes de Meléndez Valdés. Cienfuegos fue alumno de los Reales Estudios de San Isidro y siguió la carrera de leyes en la Universidad de Oñate y en la de Salamanca. Allí conoció a Meléndez, quien le convenció de que comenzara a escribir versos. Al terminar sus estudios se estableció en Madrid, donde inició su carrera de abogado y trabó amistad con Quintana. Empezó a escribir obras de teatro y en 1798 publicó una colección de dramas y poesía. También tuvo éxito en el campo del periodismo y llegó a ser oficial de la Secretaría de Estado. Al año siguiente fue elegido miembro de la Real Academia Española. El 2 de mayo de 1808, día de la sublevación del pueblo madrileño contra los invasores franceses, fue aprobado su ingreso en la Orden de Carlos III. Sus ideales liberales y su exaltado patriotismo llevan a Cienfuegos a oponerse al nuevo gobierno francés que se estableció en España y, como consecuencia, fue llevado como rehén a Francia. Murió tuberculoso en Orthez a los 45 años.

Los primeros versos de Cienfuegos son anacreónticos y pastorales semejantes a los de Meléndez. Su poesía más tardía se aproxima a la romántica por lo personal, lo emotivo y lo hiperbólico. Predominan los temas de la soledad y la muerte. Hay también un elemento revolucionario en su obra. El aspecto social y humanitario inspirado por Rousseau se ve claramente en poemas como «En alabanza de un carpintero llamado Alfonso». Pero el aspecto más notable e innovador de la obra de Cienfuegos es el lingüístico.

Frente a la actitud purista de los neoclásicos con respecto a la lengua, Cienfuegos defiende la necesidad de enriquecer el español al incorporar palabras, locuciones y giros extranjeros. Habiendo absorbido la ideología liberal, desea extender el humanitarismo y el cosmopolitismo a la poesía, superando los límites de las fronteras lingüísticas. Los intelectuales conservadores de la época, que se adhieren a un Neoclasicismo riguroso, atacan a Cienfuegos con vehemencia. Leandro Fernández de Moratín lo acusa de llenar sus poemas de «voces extravagantes que nada significan» (Moratín, *Discurso preliminar*). En cuanto a la estilística, se queja de su «falta de plan poético, pobreza de ideas, redundancia de palabras, apóstrofes

sin número, destemplado uso de metáforas inconexas o absurdas, desatinada elección de adjetivos, confusión de estilos y constante error de creer sencillo lo que es trivial, gracioso lo que es pueril, sublime lo gigantesco, enérgico lo tenebroso y enigmático» (*Discurso preliminar*). La ternura y sensibilidad de sus versos le parecen una «afectación». Su experimentación le parece «artificio pedantesco». Sin embargo, las facciones liberales defienden a Cienfuegos. Larra lo ve como un poeta-filósofo que se atreve a imbuir la poesía de un espíritu de hermandad. Para él, Cienfuegos es un guerrero que usa la poesía como arma en la lucha por derrumbar los límites lingüísticos («Literatura», en *Artículos*).

Cienfuegos es la última voz realmente significativa de la corriente prerromántica. Quintana, aunque ideológicamente muy cerca de él, nunca se entrega a los excesos lingüísticos de su amigo. Antes de que florezca el romanticismo desmesurado de la próxima centuria habrá un resurgimiento de la estética neoclásica debido, en gran parte, a la emergencia de la Escuela de Sevilla, varios miembros de la cual son sacerdotes que abrazan una doctrina estética de formalidad rigurosa.

El precio de una rosa

En todos sus rosales
la madre primavera
jamás a rosa alguna
miró con más terneza.[1]
En mil graciosos rizos
¡cuán varia purpúrea
sobre el ragazo amante
del botón que la estrecha!
¡Cómo en silencio suben,
desde el pie contrapuestas,
dos bien labradas hojas
y se mecen sobre ella!
Una tal vez se dobla,
gira, y fugaz la besa;
la obra lo ve cobarde,
que quiere y va y no llega.

---

[1]Ternura.

Ella, entre tanto, ríe
mil fragantes esencias,
y a su reír, ¡oh cuántos,
cuántos deseos vuelan!
¡Oh rosa, honor del año!
Tu singular belleza,
¡oh cuán feliz sería
si Filis te quisiera!
Tómala, Filis, toma,
y déme en recompensa
la dulce miel de un beso
tu boquita risueña.
Ya vale más la rosa;
no te la doy, no; suelta,
que el beso fue, y lozana
mi flor aquí se queda.
Seis besos y otros tantos
me has de pagar por ella.
Es poco, no; tú ignoras
los ayes[2] que me cuesta.
Fui, y al cortarla, impías
me hirieron dos abejas
de un numeroso enjambre[3]
que a par giraba de ella.[4]
¿No ves cuán lastimada
está mi triste diestra?[5]
¡Ay Filis! Sí, mi rosa
precio mayor desea.
Un beso, ¿y qué es un beso?,
quiere por cada abeja
del numeroso enjambre
que a par giraba de ella.

La desconfianza

Las rosas que, ya marchitas,
de ti con desdén alejas,
la aurora me vio cortarlas,
y hermosas jóvenes eran.
Vivieron; fue para siempre
su honor y antigua belleza.
¡Ay, todo cual[6] sombra pasa,

y el ser a la nada lleva!
Vendrá el agosto abrasado
ahogando flores; y muertas
sus hojas, a otras regiones
volará la primavera.
En pos el maduro otoño,
mostrando su faz risueña,
hará que el lánguido estío
bajo sus pámpanos muera.
Mas el aquilón,[7] bramando,
se arrojará de las sierras,
y lanzando estéril hielo,
cubrirá de horror la tierra,
así la lóbrega noche
sucede a la luz febea,[8]
las risas a los lamentos,
y a los placeres las penas.
Es el universo entero
una inconstancia perpetua;
se muda todo, no hay nada
que firme y estable sea.
Y en medio a tantos ejemplos,
que triste mudanza enseñan,
¡Ay Filis! ¿tu pecho solo
tendrá en amarme firmeza?

Canto fúnebre

CORO DE DONCELLAS:
¿Dónde está nuestra gloria,
oh hijos de Ismael?[9] El marchitado
lauro[10] romped que un día
os ciñó la victoria,
esclava de Almanzor.[11] ¡Infortunado!
¡Le holló la muerte impía!
Venid, y de ciprés[12] la sien orlada,

---

[2]Gritos, gemidos (¡ay ay ay!).
[3]Colonia de abejas.
[4]**A...** En ese momento giraba alrededor de ella.
[5]Mano derecha.
[6]Como.

[7]Viento violento del Norte.
[8]De Febo, o Apolo, dios del Sol. (Luz de Febo=luz del Sol).
[9]En la Biblia, hijo de Abrahán y de su segunda esposa, la esclava egipcia Agar. Ismael es el padre de la raza árabe, conocida por el nombre de «ismaelitas».
[10]Laurel, símbolo de la gloria o del triunfo.
[11]Mohamed Almanzor (939-1002), famoso capitán de la España musulmana. Se apoderó de Santiago de Compostela, pero fue derrotado por los ejércitos de León, Navarra y Castilla.
[12]Símbolo de la muerte.

en lágrimas regad su tumba helada.

CORO DE MANCEBOS:
Cubrid entristecidas,
¡oh hijas de Ismael! vuestra hermosura
de dolor y de muerte.
¡Ay, ay! Ya orfanecidas,
vuestras trenzas cortad, y sin ventura
llorad al grande, al fuerte,
al que héroe entre los héroes relucía,
como en el cielo el luminar del día.

AMBOS COROS:
El cedro,[13] que orgulloso
alza a las nubes la pomposa frente,
cae, y braman temblando,
al caer estruendoso,
las selvas, y a los cielos, inocente,
pide el pastor llorando
su sombra. ¡Oh Almanzor, cedro caído!
Tu sombra paternal hemos perdido.

CORO DE DONCELLAS:
Vírgenes desamadas,
siervas tal vez, del Tajo la ribera
en llanto regaremos.
Allí desperanzadas
y ansiosas de morar, «¡Oh, si viviera
Almanzor!» clamaremos.
Nuestra patria nos viera venturosas
de un guerrero amador tiernas esposas.

CORO DE MANCEBOS:
¿A quién nos volveremos,
que nos pueda salvar, cuando el cristiano
alce la ardiente espada?
«Almanzor», clamaremos,
y Almanzor callará; y el fiero hispano,
¡oh patria desdichada!
Hollando nuestros miembros palpitantes,
derrocará tus muros vacilantes.

AMBOS COROS:
Guarda, oh tumba sombría

---

[13]Símbolo de la fuerza. En la Biblia, el primer templo del rey Solomón estaba construido de madera de los cedros de Líbano.

en paz le guarda con su esposa al lado,
echad polvo, y doliente
alzad la losa fría.
¡Vale, vale, Almanzor desventurado!
¡Ay! Vale eternamente,
y pueda un día infeliz Granada
desagraviar tu sombra ensangrentada.

JUAN BAUTISTA ARRIAZA (1770-1837)

Aunque Arriaza fue un poeta muy respetado —se publicaron siete ediciones de sus obras durante su vida—nunca alcanzó la fama de un Moratín o de un Meléndez Valdés, quizá, como sugiere el crítico inglés decimonónico James Kennedy, porque no se alió claramente con ninguna escuela poética. La mejor edición de sus obras sigue siendo la de 1829 de la Imprenta Real de Madrid, la cual volvió a publicarse en París en 1834.

Arriaza compuso canciones, sátiras y odas anacreónticas, eróticas y patrióticas. Cultivó un estilo sencillo y directo, aunque Kennedy, que tradujo varias de sus obras al inglés, nota que algunos pasajes son más oscuros y difíciles de lo que parecen a primera vista. (*Modern Poetas* 117). Sin embargo, el mismo Arriaza explica en el prólogo a sus obras que su meta es escribir con claridad y gusto. Para él la elegancia no depende de la acumulación de metáforas ni de las complicaciones gramaticales, sino de la expresión nítida de una idea, de la naturalidad y de la armonía. Detestaba las libertades que tomaban los románticos con el metro. Creía que la versificación y el ritmo eran sumamente importantes. Sus versos mantienen un compás tan preciso que varios fueron convertidos en canciones y algunos fueron compuestos tal vez con este propósito. Aunque el poeta sabía inglés, italiano y francés, sus contemporáneos no lo consideraban erudito. No llenaba sus versos de alusiones clásicas, aunque sí hay mención de personajes mitológicos.

Se sabe poco de la vida de Arriaza. Se cree que era de origen vasco y de familia noble por su apellido y porque asistió al Seminario de Nobles en Madrid antes de ingresar en el Colegio Militar de Segovia. Oficial de la marina española, participó en la expedición a Orán, pero se retiró del

del servicio en 1798 a causa de una enfermedad en los ojos. En 1802 fue nombrado Secretario de Legación en Londres, donde compuso *Emilia*, uno de sus poemas más conocidos, el cual dejó sin terminar. Trata de una señora que desea emplear su fortuna en la instrucción de los huérfanos en las bellas artes. Como otras obras de poetas neoclásicos sobre el mismo tema, contiene elogios a las artes—en especial, a la pintura y la escultura. Subraya la idea de que el arte es imitación de la naturaleza y hace hincapié en la capacidad del artista de crear una imagen tan auténtica que apenas se distinga del modelo. Aunque Arriaza verdaderamente no dice nada original sobre el tema, este poema se considera uno de los mejores elogios a las artes de la época.

En 1805 Arriaza partió para París, donde vivió por un tiempo antes de volver a España. De regreso en su país, no sólo compuso numerosos poemas patrióticos sino que combatió activamente contra los franceses y, de hecho, perdió a un hermano en una de las batallas en que los dos peleaban juntos. Uno de sus poemas patrióticos más célebres es la Oda a la Batalla de Trafalgar—demasiado extensa para reproducirla aquí—que narra el triunfo en 1805 del almirante inglés Horace Nelson sobre las flotas reunidas de Francia y España. A pesar de que los ingleses ganaron, los españoles combatieron con gran valor; el poema de Arriaza es un elogio al coraje de sus compatriotas y un tributo al honor nacional. Absolutista que defendía la causa de Fernando VII, fue nombrado Caballero de la Orden de Carlos III cuando el rey volvió al poder. De allí en adelante Arriaza vivió en la Corte dedicándose a la literatura y componiendo homenajes para diversas celebraciones—cumpleaños, nombramientos, entierros y fiestas nacionales.

Arriaza también escribió panfletos políticos, principalmente sobre las relaciones entre ingleses y españoles. En «Observations on the System of War of the Allies in the Peninsula», escrito en inglés, trata de convencer a los británicos de que envíen tropas a España para ayudar a vencer a los invasores franceses. dedicándose a la literatura y componiendo homenajes para diversas celebraciones—cumpleaños, nombramientos, entierros y fiestas nacionales. Kennedy sugiere que

si no se hubiera convertido en «poeta de sociedad», Arriaza habría llegado a ser una de las grandes fuerzas literarias de la época, pero reconoce que el poeta realmente creía en lo que hacía, ya que para él la poesía era un refugio de la política tanto como una forma de activismo.

Sonetos

La guarida de amor

Amor, como se vio desnudo y ciego,
pasando entre las gentes mil sonrojos,
pensó en buscar unos hermosos ojos
donde vivir oculto y con sosiego.

¡Ay Silvia! y vio los tuyos, vio aquel fuego
que rinde a tu beldad tantos despojos,
y hallando satisfechos sus antojos,
en ellos parte a refugiarse luego.

¡Qué extraño es ver ya tantos corazones
rendir, bien mío, los soberbios cuellos
y el yugo recibir que tú les pones,

si a más[1] de que esos ojos son tan bellos,
está todo el amor con sus traiciones
haciéndonos la guerra dentro de ellos!

Consejos a un militar

Si por la noble senda del dios Marte[2]
subir quieres al templo de la Fama,
y arrebatar allí la verdad rama,
que la envidia jamás podrá quitarte;

es fuerza, oh Blanco,[3] a los estudios darte,
pues en las glorias a que el dios te llama
no sirve ya el valor que el pecho inflama,
si no lo templa y modifica el arte.

Es bien que por modelo te presentes
de altos varones la inmortal caterva
que en letras y armas fueron excelentes.

Pues el lauro[4] que Marte se reserva,
para darlo por premio a los valientes,
se lo da por la mano de Minerva.[5]

---

[1] Además.
[2] Dios de la guerra.
[3] Persona ficticia a quien el poeta le dirige el poema.
[4] Laurel, símbolo de la gloria, el triunfo y la fama.
[5] Diosa de la Sabiduría.

En el aniversario de la entrada del Rey,[6] nuestro señor, en Madrid a su vuelta de Francia

Católico monarca, que has vencido,
siendo escudo a la fe de tus mayores,
más que del fiero Marte los rigores,
las perfidias de un siglo corrompido.

Tú, que Fernando y español nacido,
colmaste nuestros votos y clamores,
doblando así la afrenta a los traidores
con dos títulos más de ser querido;

hoy renueva, señor, Madrid el gusto
de haberte visto regresar triunfante
de la opresión de un invasor injusto.

¡Cuánta gloria no encierra un solo instante,
pues da a tu sacra sien lauro el más justo,
y al pueblo libre palma[7] de constante!

Emilia, poema descriptivo y moral

Canto primero
Las artes (fragmento)

Bellos seres,[8] ¿quién[9] sois? ¿acaso el fuego
de mi entusiasmo imágenes aborta,
o algún florido sueño me transporta
a la brillante edad del culto griego?
Y tú, portento amable de belleza,
¿Es sólo tu existencia en mi deseo?
o si a mis ojos creo
que están viendo latir tu pecho blando,
déjame ver de qué naturaleza
es esa encarnación mórbida y vaga
que me parece estarse recreando
en la impresión del aire que le halaga;

¡ay! presta que el sentido satisfaga
tanta curiosidad; ni te sonroses,
esquiva de mi incienso a las primicias,
por complacerte sólo en las caricias,
y en las delicias de los altos dioses.

Trémula llega al banco pie mi mano,
trémula toca, ¡oh Dios! y es mármol frío,
y estatuas y obras son del genio humano
las que animadas vio mi desvarío.
Mármoles que adoré, siempre los hombres
divinos os verán en los cinceles
que os dieron vida: gloria a vuestros nombres,
¡Apolo, Fidias![10] ¡Venus, Praxiteles![11]

Entre portentos tales de escultura
se abrió a mis pasos la risueña puerta
del asilo feliz do está encubierta
de la esfera de amor la luz más pura.
Yo ansioso vuelo a descubrir tal astro;
álzanse en pedestales de alabastro
dos columnas de pórfido luciente;
bellas cual nunca espléndida Semiris[12]
las vio brillando en fábricas de Oriente;
de ambas se apoya en la dorada frente,
no sé si el arco Iris[13]
o de Amor la ballesta;
sé que el que ufano a trasponer se aprieta
el encantado umbral, siente en el alma
a un tiempo una sorpresa y dulce calma,
un embeleso, un halagüeño susto,
como si el arco del Amor le hiriera
cuando el del Iris en los cielos viera.

Así hospedaba a la hermosura el gusto.

MANUEL JOSÉ QUINTANA (1772-1857)

Gran amigo de Cienfuegos, Quintana comparte con él la pasión por la patria y por el humanitaris-

---

[6]Fernando VII (1784-1833). Hijo mayor de Carlos IV, conspiró contra el ministro Godoy y fomentó el motín de Aranjuez. Solicitó el apoyo de Napoleón, quien le hizo ir a Bayona, donde, como a su padre, le arrancó su abdicación, pudiendo así dar el trono español a su hermano José. Napoleón le devolvió la corona en 1813, y Fernando VII regresó a España pensando reestablecer la monarquía absoluta. Aquí, el poeta celebra la vuelta del rey y lo compara con Fernando el Católico, unificador de España a fines del siglo XV.
[7]Símbolo de la gloria y la fama, igual que el laurel.
[8]El poeta se dirige a unas estatuas.
[9]Quiénes.

[10]Famoso escultor griego, nacido en Atenas y muerto hacia el año 431 a. de J.C.
[11]Famoso escultor griego, nacido en Atenas (¿390?-¿330? a. de J.C.), conocido por sus estatuas de Afrodita (Venus).
[12]Reina célebre de Asiria y de Babilonia. Según la leyenda, al morir fue convertida en una paloma y adorada como diosa.
[13]Según la mitología, Iris era mensajera de Juno, esposa de Júpiter. Iris viajaba de un lado del cielo al otro en un inmenso arco, el arcoiris.

mo. Después de completar sus estudios primarios en Córdoba, cursó filosofía y retórica en el Seinario conciliar de Salamanca y derecho civil y canónico en la Universidad. Influido por la Escuela de Salamanca y en particular por Meléndez Valdés, comenzó su carrera escribiendo odas y pastorales. A los dieciséis años publicó su primer tomo de versos, los cuales dejan ver claramente sus conocimientos de la poesía española renacentista y contemporánea salmantina. Aunque Meléndez lo consideraba discípulo suyo, la *Epístola a un profesor de pintura*, impresa dos años después, revela que la poesía de Quintana tomará un rumbo diferente a la del maestro. En vez de un simple elogio a la pintura como los que estaban de moda a fines del siglo, el poema de Quintana revela el idealismo patriótico y el amor a la libertad que serán sellos de su obra. De hecho, en una epístola a Ramón Moreno que Quintana escribió en 1798, rechaza la blandura y sensibilidad cultivadas por Meléndez: «Y no siempre su honor la poesía / fundó en el muelle acento y blando halago, / en los objetos frívolos que ahora / por nuestra mengua sin cesar se emplean». Más tarde, el ardor patriótico hace que Quintana se aleje de Meléndez, cuyas simpatías estaban con los invasores franceses.

Sus versos nacionalistas, casi siempre altisonantes, establecieron muy pronto la reputación de Quintana como defensor del espíritu español. Cuando se firmó el tratado de Basilea en 1795, escribió la oda *A la paz entre España y Francia*, la cual llegó a manos de Manuel Godoy, ayudando así a afianzar su fama de poeta. En 1802, un año después del estreno de su obra *El Duque de Viseo*, publicó sus poesías, las cuales, como la pieza, provocaron censuras inspiradas más por motivos políticos que literarios. No obstante, su obra *Pelayo* fue bien recibida porque, según el mismo autor, «los sentimientos libres e independientes que animan la pieza desde el principio hasta el fin y su aplicación directa a la opresión y degradación que entonces humillaban nuestra patria, ganaron el ánimo de los espectadores». (Cortés, *Quintana* xii-xiii) En 1805 compuso una oda conmemorativa sobre la batalla de Trafalgar. En 1807, el mismo año que publicó su colección de ensayos biográficos, *Vidas de españoles célebres*, dio a la estampa las *Poesías selectas castellanas*, antología que abarca la poesía española desde Juan de Mena hasta el momento actual. Cuando los partidarios de los franceses intentaron ganar a Quintana para su causa política, él rechazó rotundamente su iniciativa y publicó en cambio *España libre* y *Poesías patrióticas*, además de iniciar el periódico *Semanario Patriótico*. Al apoderarse los franceses de Madrid en 1808, compuso versos y proclamas, exhortando al pueblo a mantenerse firme. Sin embargo, él mismo tuvo que huir de la ciudad. En Sevilla y Cádiz siguió sus actividades políticas y literarias con la ayuda de otros intelectuales. En esta época estalló su polémica con Capmany, quien se burlaba del fervor de sus proclamas.

Durante el gobierno absolutista, Quintana sufrió terriblemente. Fue condenado a diez años de destierro y cuatro de confinamiento en la plaza de Badajoz; al final, fue confinado por seis años en la ciudadela de Pamplona y privado de todos sus honores. Mientras tanto, la Inquisición de Logroño revisó sus poesías y suprimió o mandó modificar algunas. Con la llegada del período constitucional de 1820 se vio una vez más en una posición de influencia, pero cuando sobrevino de nuevo el régimen absolutista en 1823 fue obligado a retirarse a un pueblo de Badajoz, donde estuvo hasta 1828. Al año siguiente Fernando VII se casó con María Cristina de Borbón y pidió a Quintana que se uniese a los poetas que participaban en la celebración con composiciones originales. Quintana accedió, escribiendo en esta ocasión su canción epitalámica *Cristina*.

Quintana pasó sus últimos años en la tranquilidad. Le fueron restaurados sus honores y desempeñó varios cargos importantes: secretario de la Interpretación de lenguas, prócer del Reino, ministro del Consejo Real, presidente de la Dirección de Estudios, presidente del Consejo de Instrucción Pública, ayo instructor de la reina Isabel y su hermana María Luisa Fernanda. Fue elegido senador varias veces y dirigió la impresión de sus *Obras completas* para la Biblioteca de Rivadeneyra. También fue el primer poeta español que recibió el honor de ser coronado solemnemente.

Si el fervor patriótico separa a Quintana de la escuela de Salamanca, también lo aleja de los neoclásicos estrictos, que rechazaban su emocionalismo y su rimbombancia. Sus contemporáneos lo veían como innovador y jefe de escuela. Tenía muchos admiradores, pero también muchos críticos que se mofaban de su panfilismo o humanitarismo exagerado, su fogosidad y su uso de neologismos (palabras arcaicas imbuidas de un significado nuevo o vocablos inventados por el autor). Mientras que los «moratinistas» —todos conservadores— insistían en la exactitud de la rima y la corrección del metro, los «quintanistas» sólo tenían una obsesión: la patria. Sin embargo, la poesía de Quintana, aunque apasionada, no es espontánea. Al contrario, escribía con esmero y elevación versos que rebosan sinceridad, asegurando así su lugar en la historia de la literatura.

Cristina

(Canción epitalámica[1] al feliz enlace de Su Majestad Católica don Fernando VII[2] con la serenísima señora doña Cristina de Borbón)

Al Rey Nuestro Señor

Nunca osara, Señor, la musa[3] mía
al eco unir del general aplauso
los ecos de un aliento que se apaga,
por la desgracia y por la edad cansado.

Ved cómo yace envuelta en largo olvido
mi inútil lira: trémula la mano
va sus cuerdas a herir, y a hallar no acierta
su antigua resonancia y su entusiasmo.

Otra fuerza, otra voz, otra armonía
pide al cantarse el venturoso lazo
en que vos afirmáis vuestra ventura,
y también su esperanza el orbe hispano;

y a ensalzar dignamente de Cristina
la florida hermosura, el dulce encanto
y la índole celeste, aún no bastara

a Píndaro[4] su voz, la suya a Horacio.[5]

Mi timidez iguala a mi respeto;
pero vos lo queréis; y a quien los hados
quisieron siempre defender propicios
y en la alta cima del poder sentaron,

¿cómo un flaco mortal, que sin su escudo,
juguete fuera del rencor contrario,
este esfuerzo, aunque débil, negaría,
sin riesgo al fin de parecer ingrato?

¡Ah! no: suene mi voz, los aires rompa;
y aunque ronca y cansada, el holocausto
haga de su temor ante las aras
del refulgente sol que adoramos.

Quizá aquel fuego que a mi musa un día
pudo animar en sus mejores años,
de sus yertas cenizas sacudido,
vuelva a encenderse a tan hermosos rayos.

Otros la cantarán con más fortuna,
con talento mayor; y hasta los astros
alzar conseguirán su ínclito nombre,
en las alas del genio arrebatados.

En mí supla al talento el buen deseo;
y estos rudos acentos de mi labio,
que van de vuestra esposa al regio oído,
hallen, Señor, si no alabanza, agrado.

A la señora doña Gertrudis Gómez de Avellaneda[6]

Ya la corona lírica tus sienes
con no usado esplendor ceñido había,
cuando tú, en tu magnánima porfía,
lauro mayor a tu ambición previenes;

y a vista de Madrid estremecido,
su puñal a Melpómene[7] arrebatas,
y al noble Munio[8] en su dolor retratas,
librándose por siempre del olvido.

Aspira a más; y si el valor guerrero

---

[1] Compuesta en celebración de una boda.
[2] Rey de España que conspiró contra el ministerio de Godoy. Napoleón le arrancó su abdicación en Bayona y colocó a su hermano José en el trono de España. Fernando VII se casó cuatro veces. Sólo María Cristina, su última esposa, produjo una heredera.
[3] Aquí, inspiración poética.
[4] Poeta griego (518-¿438? a. C.), considerado uno de los líricos más importantes de la Antigüedad.
[5] Poeta latino (65-8 antes de Cristo), autor de *Odas, Sátiras y Epístolas*.
[6] Poeta, novelista y dramaturga que nació en Cuba (1814-1873), pero pasó gran parte de su vida en España.
[7] Musa de la Tragedia.
[8] Alusión a *Munio Alfonso*, tragedia de Gómez de Avellaneda.

tal vez tu numen[9] sin igual inflama,
dale aliento a la trompa de la fama
y venza en fuerza y majestad a Homero.[10]
   Así crezca tu honor, Musa[11] española.
Sé del Parnaso[12] gloria y esperanza,
y el mundo te tribute la alabanza
que nadie mereció sino tú sola.

A la invención de la imprenta (fragmentos)

   ¿Será que siempre la ambición sangrienta
o del solio[13] el poder pronuncie sólo
cuando la trompa de la fama alienta
vuestro divino labio, hijos de Apolo[14]?
¿No os da rubor? El don de la alabanza,
la hermosa luz de la brilante gloria
¿serán tal vez del nombre a quien daría
eterno oprobio o maldición la historia?
¡Oh!, despertad: el humillado acento
con majestad no usada
suba a las nubes penetrando el viento;
y si queréis que el universo os crea
dignos del lauro[15] en que ceñís la frente,
que vuestro canto enérgico y valiente
digno también del universo sea.
   No los aromas del loor se vieron
vilmente degradados
así en la Antigüedad: siempre las aras
de la invención sublime,
del Genio bienhechor los recibieron.
Nace Saturno, y de la madre tierra
el seno abriendo con el fuerte arado,
el precioso tesoro
de vivífica mies descubre al suelo,

y grato el canto le remonta al cielo,
y dios le nombra de los siglos de oro.[16]
¿Dios no fuiste también tú, que allá un día
cuerpo a la voz y al pensamiento diste,
y trazándola en letras detuviste
la palabra veloz que antes huía?
   Sin ti se devoraban
los siglos a los siglos, y a la tumba
de un olvido eternal yertos bajaban.
Tú fuiste: el pensamiento
miró ensanchar la limitada esfera
que en su infancia fatal le contenía.
Tendió las alas, y arribó a la altura,
de do[17] escuchar la edad que antes viviera,
y hablar ya pudo con la edad futura.
¡Oh, gloriosa ventura!
Goza, Genio inmortal, goza tú solo
del himno de alabanza y los honores
que a tu invención magnífica se deben:
contémplala brillar; y cual[18] si sola
a ostentar su poder ella bastara,
por tanto tiempo reposar Natura[19]
de igual prodigio al universo avara.
   Pero al fin sacudiéndose, otra prueba
la plugo[20] hacer de sí, y el Rin[21] helado
nacer vio a Gutemberg.[22] «¿Conque es en vano
que el hombre al pensamiento
alcanzase escribiéndole a dar vida,
si desnudo de curso y movimiento
en letargosa oscuridad se olvida?
No basta un vaso a contener las olas

---

[9]Espíritu o inspiración poética.

[10]Célebre poeta griego, posiblemente del siglo IX a.C. Autor de *La Ilíada*, que narra la guerra de Troya y el rapto de Helena, y de *La Odisea*, que cuenta las aventuras de Ulises y la fidelidad de su esposa Penélope.

[11]En la mitología, cada una de las nueve diosas que presidían las diversas artes liberales.

[12]Monte de Grecia consagrado a Apolo, dios de la música y de la poesía, y a las Musas.

[13]Trono.

[14]Dios de la música y de la poesía.

[15]Símbolo del triunfo y de la excelencia poética. En la Antigüedad, se premiaba al mejor poeta con una corona de laurel.

[16]Saturno era dios de la Agricultura entre los romanos. Según el mito, su hijo Júpiter lo destronó, después de lo cual se instaló en Lacio, región de Italia que se encuentra entre Toscana y Campania, donde enseñó a los hombres a cultivar la tierra e hizo florecer la abundancia. Su reinado se llama la Edad de Oro.

[17]Donde.

[18]Como.

[19]Naturaleza.

[20]**La**... quiso, le agradó.

[21]El Rhin, río que nace en los Alpes y atraviesa varias ciudades de Alemania, entre ellas Maguncia (Mainz), donde nació Gutemberg.

[22]Impresor alemán (¿1400?-1468), que inventó la tipografía o impresión con caracteres móviles.

del férvido Oceano,[23]
ni en sólo un libro dilatarse pueden
los grandes dones del ingenio humano.
¿Qué les falta? ¿Volar? Pues si a Natura
un tipo basta a producir sin cuento
seres iguales, mi invención la siga
que en ecos mil y mil sienta doblarse
una misma verdad, y que consiga
las alas de la luz al desplegarse».

Dijo, y la Imprenta fue; y en un momento
vieras la Europa atónita, agitada
con el estruendo sordo y formidable
que hace sañudo el viento
soplando el fuego asolador que encierra
en sus cavernas lóbregas la tierra.
¡Ay del alcázar que al error fundaron
la estúpida ignorancia y tiranía!
El volcán reventó, y a su porfía
los soberbios cimientos vacilaron.
¿Qué es del monstruo, decid, inmundo y feo
que abortó el dios del mal, y que insolente
sobre el despedazado Capitolio[24]
a devorar el mundo impunemente
osó fundar su abominable solio? (...)

Llegó, pues, el gran día
en que un mortal divino, sacudiendo
de entre la mengua universal la frente,
con voz omnipotente
dijo a la faz del mundo: «El hombre es libre».
Y esta sagrada aclamación saliendo,
no en los estrechos límites hundida
se vio de una región: el eco grande
que inventó Gutemberg la alza en sus alas;
y en ellas conducida
se mira en un momento
salvar los montes, recorrer los mares,
ocupar la extensión del vago viento,
y sin que el trono o su furor la asombre,
por todas partes el valiente grito
sonar de la razón: «Libre es el hombre».
Libre, sí, libre; ¡oh dulce voz! Mi pecho

se dilata escuchándote y palpita,
y el numen que me agita,
de tu sagrada inspiración henchido,
a la región olímpica[25] se eleva,
y en sus alas flamígeras me lleva.
¿Dónde quedáis, mortales
que mi canto escucháis? Desde esta cima
miro al destino las ferradas puertas
de su alcázar abrir, el denso velo
de los siglos romperse, y descubrirse
cuanto será. ¡Oh placer! No es ya la tierra
ese planeta mísero en que ardieron
la implacable ambición, la horrible guerra. (...)

¿No la veis? ¿No la veis? ¿La gran columna,
el magnífico y bello monumento
que a mi atónita vista centellea?
No son, no, las pirámides que al viento
levanta la miseria en la fortuna
del que renombre entre opresión granjea.
Ante él por siempre humea
el perdurable incienso
que grato el orbe a Gutemberg tributa,
breve homenaje a su favor inmenso.
¡Gloria a aquél que la estúpida violencia
de la fuerza aterró, sobre ella alzando
a la alma inteligencia!
¡Gloria al que, en triunfo la verdad llevando,
su influjo eternizó libre y fecundo!
¡Himnos sin fin al bienhechor del mundo!

La Escuela de Sevilla

JOSÉ MARÍA BLANCO Y CRESPO (1775-1841). ALBERTO LISTA (1775-1848)

Si Salamanca fue uno de los grandes centros de la poesía dieciochesca, Sevilla fue el otro. Mienras los poetas de Salamanca buscaron su inspiraión principalmente en fray Luis de León, los de Sevilla cultivaban un clasicismo más formal, tomando como modelos autores renacentistas como Herrera y Rioja. Después de varios esfuerzos

---

[23]Nótese que es necesario acentuar la **a** de **Oceano** para mantener la rima: Oceano / humano.

[24]Templo dedicado a Júpiter y, en la Roma Antigua, fortaleza del Capitolino, una de las siete colinas de Roma. Allí se coronaba a los triunfadores. Desde la Roca Tarpeya, que estaba cerca del Capitolio, se despeñaba a los traidores.

---

[25]De Olimpo, el monte donde, según la mitología, vivían los dioses.

por establecer una academia en Sevilla, se fundó en 1793 la Academia Particular de Letras Humanas, que llegó a ser el centro de la escuela de Sevilla. Juan Pablo Forner, una de las fuerzas intelectuales más importantes de la ciudad, ocupaba el puesto de Fiscal de la Audiencia. Como Jovellanos una generación antes, dio ímpetu a la creación de una nueva escuela de poesía, cuyos afiliados incluirían las figuras más destacadas de la época: José Marchena (1768-1821), Manuel María de Arjona (1771-1820), Félix José Reinoso (1792-1841), José María Blanco y Crespo (1775-1841) y Alberto Lista (1775-1848).

Hoy en día la escuela de Sevilla se considera más bien de interés histórico, ya que ninguno de los participantes dejó una obra poética de gran valor. A principios del siglo XIX constituía un núcleo de resistencia revolucionaria, sin embargo, y los poetas del grupo inspiraron a sus lectores con su fervor humanitario. Su liberalismo es algo sorprendente, dado el número de sacerdotes que se encontraba entre ellos y su adhesión al formalismo neoclásico que, en el pasado, había distinguido a intelectuales conservadores como Moratín. Estos poetas de la generación de Quintana se consideran de transición. Si su insistencia en formas y metros clásicos los vincula al siglo XVIII, su liberalismo político, su humanitarismo y su exaltación los acercan a los románticos.

José María Blanco y Crespo, a pesar de ser una de las figuras importantes de la escuela sevillana, pasó poco tiempo en su ciudad natal. Durante la época del ministro Calomarde (1773-1842), en España reina el absolutismo. Miles de liberales españoles huyeron del país, buscando refugio en las Américas, en Francia, en Inglaterra, donde se establecieron la mayoría de ellos. Para sobrevivir en el extranjero, se dedicaban a la traducción, familiarizándose así con textos románticos que después influirían en su propia formación intelectual. En Londres fundaron numerosos periódicos y revistas para difundir sus ideas liberales, los cuales jugarían un papel importante en el desarrollo del español decimonónico. También entablaron relaciones con revolucionarios latinoamericanos, que buscaban apoyo para su causa en Inglaterra.

Sacerdote sevillano de origen irlandés, Blanco y Crespo pasó gran parte de su vida en Inglaterra, donde escribió sus *Letters from Spain*, cuadros costumbristas que describen la vida diaria en Andalucía. En el extranjero empezó a usar su apellido original, White, y llegó a ser conocido como Blanco-White. Compuso poesía en inglés tanto como en español. Sus versos son personales y emotivos. Varios críticos sugieren que Blanco y otros poetas emigrados constituyen la primera generación de románticos españoles, perdida hasta fines del siglo XX para la crítica. En *Una tormenta nocturna en alta mar*, se ven claramente las tendencias románticas del poeta. El emocionalismo expresado a través de exclamaciones, la riqueza descriptiva, la exaltación de la naturaleza, el concepto del hombre como víctima de las circunstancias, la insistencia en lo lúgubre —todas estas características colocan el poema de Blanco dentro de la corriente romántica.

Alberto Lista y Aragón se considera el mejor de los de la escuela de Sevilla. Nació en los arrabales de Sevilla, de padres pobres. Asombrosamente precoz, hizo sus estudios universitarios en su ciudad natal. Cursó Filosofía, Teología y Matemáticas, sirviendo de sustituto en esta última cátedra a la edad de trece años, al mismo tiempo que trabajaba en la fábrica de telares de seda de sus padres. Fue nombrado profesor de matemáticas en el Real Colegio de San Telmo de Sevilla y de allí en adelante se dedicó a la enseñanza. Sacerdote, matemático y pedagogo además de poeta, Lista fue conocido durante su vida sobre todo por sus ideas sobre la educación.

Arrojado al revoltijo político de la época, Lista se muestra algo indeciso. Aunque se opone a los franceses en el momento de la invasión de 1808, se alió más tarde con los extranjeros cuando entraron en Sevilla, por lo cual fue censurado fuertemente por sus compatriotas nacionalistas. Al volver Fernando VII al trono, Lista fue desterrado a Francia. En 1817 volvió a España y se dedicó a la literatura y a la pedagogía.

Los versos de Lista abarcan muchos temas: la religión, la poesía, el humanitarismo, el amor. Él mismo señala en el Prólogo a sus poesías que su modelo principal fue el poeta sevillano del siglo XVII Francisco de Rioja: «mi cuidado al componer ha sido siempre revestir con las formas, la expresión y el lenguaje de este gran poeta los pensamientos que la inspiración me sugería» (Cueto, *Poetas líricos del siglo XVIII* 273). Aunque sus versos están cuidadosamente estructurados y su tono es generalmente sereno, poemas como *La bondad es natural al hombre* se acercan al Romanticismo por su apasionado humanitarismo y *La vegetación* hace pensar más en las alabanzas de la naturaleza de los románticos que en el pragmatismo científico de los neoclásicos. Algunas de sus odas anacreónticas recuerdan la pastoral de Meléndez y sus seguidores. Lista también imitó a san Juan de la Cruz.

José María Blanco y Crespo

A Licio[1]

Torna del año la estación amena,[2]
y ya el agudo hielo
del monte al valle corre desatado:
ya con luz más serena
el sol fecunda el aterido suelo,
la tierra anuncia el fruto deseado,
el prado se florece,
y de verde esmeralda se enriquece.

Las aguas que sus límites pasando
cubrieron la llanura,
cuando del Betis[3] el furor deshecho
Híspalis[4] vio temblando,
no amenazan del campo la hermosura;
que recogido ya el antiguo lecho,
la orilla floreciente
halaga con su plácida corriente.

¿Con vigor nuevo, oh Licio, ves la tierra
cual[5] rejuvenecida
adorna ahora su rostro lisonjero
con cuanto hermoso encierra?
Aguarda, pues, que Febo[6] le despida
en el estivo ardor su rayo fiero

---

[1]Nombre poético de Alberto Lista.
[2]La primavera.
[3]Nombre antiguo del Guadalquivir, río de Andalucía.
[4]Antiguo nombre de Sevilla.
[5]Como.
[6]Apolo, dios del día y del sol.

verás cual desparece[7]
el lozano verdor que la embellece.

Así nada hay estable. Los crüeles
soplos del noto airado
ceden del dulce céfiro[8] al aliento;
del mayo los verjeles
quema agosto de espigas coronado;
luego el otoño alivio da al sediento
campo, y muestra su frente
con mil opimos[9] frutos reluciente.

Vemos, Licio, del tiempo repetido
en sucesión constante,
el año renacer de nuevo al mundo;
mas cuando ya cumplido
de nuestra vida el término, el instante
fatal llegare,[10] entonces en profundo
olvido sepultado,
del tiempo nuestro nombre será hollado.

¡Cuán necio es quien pretende su memoria
de la común ruïna[11]
librar en duros mármoles, que acaba
el tiempo con su historia!
De la inmortalidad se le destina
sólo el asiento a quien su nombre graba
y sus heroicos hechos
con sólo amor en los humanos pechos.

Una tormenta nocturna en alta mar[12] (Silva)[13]

¡Gran Dios, gran Dios, qué miro!
El sol se sumergió, y el negro velo
desarrolló la noche sobre el cielo;
mas con plácido giro
una hueste de estrellas se derrama
por la ancha faz del alto firmamento.

---

[7]Desaparece.
[8]Viento suave.
[9]Ricos, abundantes.
[10]Futuro del subjuntivo. Hoy día diríamos **llegara**.
[11]La diéresis (ï) significa que la combinación **ui** se pronuncia como dos sílabas.
[12]Escrito en Liverpool, en 1839, este poema seguramente describe una experiencia que tuvo Blanco en camino a Inglaterra.
[13]Combinación métrica en que alternan los versos endecasílabos (de once sílabas) con los heptasílabos (de siete sílabas) en distribución caprichosa y con rima al gusto del poeta.

¡Cuál[14] reverbera la gloriosa llama
del gran señor del día![15]
Cuál, rayos no prestados
por las regiones del espacio envía.
¡Oh Dios, y qué soy yo! Punto invisible
entre tanta grandeza:
aquí sentado sobre un mar terrible,
tiemblo al ver su fiereza.
No ha[16] mucho, oh mar, que te miré halagüeño
con bonancible[17] y plácido reposo,
bullendo en risa amable,
juguetear con este enorme leño.
¡Traidor, oh quién juzgara
que tu favor no fuese más estable!
¿Por qué mudas color? ¿Por qué oscureces
el espejo grandioso en que miraba
el estrellado cielo su hermosura?
¡Tan presto, ay de mí, acaba
de un plácido entusiasmo la dulzura!
Embebecido ¡oh Dios! cuando contemplo,
en religiosa calma
ésta, tu habitación, tu eterno templo,
a tu trono inmortal vuela mi alma.
¡Oh! si del bien supremo
pudiese aquí mirar la no turbada
imagen, y gozarme en su belleza!
Mas de uno al otro extremo
del planeta inferior[18] en que resido,
el mal hace su nido,
y por él agitada
la gran naturaleza,
parece apetecer su antigua nada.[19]
¡Oh, cómo gime el viento!
Con lúgubre concierto agudas voces
parecen lamentarse entre las velas,
y estremecer sus telas
con perpetuo temblor, aunque veloces
a escapar se apresuran.
¡Oh, cuán mal aseguran

los marineros sus desnudas plantas![20]
Al cielo te levantas
y bajas al abismo, oh frágil nave,
cual leve pluma, o cual peñasco grave.
¿Por qué no busco asilo
en el estrecho y congojoso seno
del cerrado navío?...
No; rompa aquí, si quiere, el débil hilo
de mi vida la suerte:
no me arredra la muerte,
mas si viniere, ¡oh Dios! en ti confío.
¿Por qué temer? ¿No estás en la tormenta
lo mismo que en la calma más tranquila?
La nube, que destila
aljófar,[21] en presencia de la aurora,
no es tuya, como aquesta que amedrenta
con su espesor mi nave voladora?
¿Y qué es morir? Volver al quieto seno
de la madre común de ti amparado;
o bien me abisme en el profundo cieno[22]
de este mar alterado;
o yazga bajo el cesped y sus flores,
donde en la primavera
cantan las avecillas sus amores.
¡Oh traidores recuerdos que desecho,
de paz, de amor, de maternal ternura,
no interrumpáis la cura
que el infortunio comenzó en mi pecho!
¡Imagen de la amada madre mía,
retírate de aquí, no me derritas
el corazón que he menester de acero,
en el amargo día
de angustia y pena, que azorado espero.
Tú, imagen de mi padre, que me irritas
a contender con el furor del hado,
consérvate a mi lado!
Que aunque monstruo voraz el mar profundo
me sepultare[23] en su interior inmundo,
contigo el alma volará hacia el cielo,
libre y exenta de este mortal velo.[24]

---

[14]Cómo.
[15]**Señor**... el sol.
[16]Hace.
[17]Tranquilo.
[18]El «planeta inferior» es la Tierra.
[19]El tiempo antes de la Creación. La idea es que como el mal se ha anidado en la Tierra, ésta parece querer volver a los tiempos antes de que existiera el hombre y el mundo.

---

[20]Pies.
[21]Perla pequeña de forma irregular. Aquí, gotita de agua.
[22]Todo lo que se deposita en las aguas estancadas.
[23]Futuro del subjuntivo. Hoy día diríamos **sepultara**.
[24]**Exenta**... libre del mundo material.

Alberto Lista

La Resurrección de Nuestro Señor

De tu triunfo es el día,
Oh Santo de Israel. La niebla oscura,
que la maldad impura
al orbe difundía,
con celeste vigor rompe a deshora
inesperada aurora.

Aquella noche horrenda,
que ciñó el mundo de enlutado velo,
robó la luz al cielo
y al sol la ardiente rinda,
y amenazó a la esfera diamantina
su postrimer ruïna:[25]

Y aquel pavor, que el seno
estremeció de la confusa tierra,
mezclando en dura guerra
los aires con el trueno,
cuando vagó el cadáver animado,
del túmulo lanzado:
y el silencio ominoso,
que al pavor sucedió de la natura,[26]
y el luto y la tristura[27]
del suelo temeroso
disipa, inmenso Dios de la victoria,
un rayo de tu gloria.

Tú del sepulcro helado
no esperaste a forzar la piedra dura;
que apenas en la altura
del Aries[28] sonrosado
señaló de tu triunfo el sol brillante
el decretado instante;
con poder silencioso
a la muerte su víctima robaste,
y la tierra agitaste
en pasmo delicioso;
y la prole, ya siglos sepultada,
restituyó admirada.

Entonces vio rompida[29]
el tirano su bárbara cadena,

y la mansión[30] de pena
de santa luz herida:
brama y humilla a su señor la frente
la vencida serpiente.

Que en su sangre bañado
entró una vez al santüario eterno,
y lanzó en el averno[31]
la muerte y el pecado,
y convocó a sus blancos pabellones
ya libres las naciones.

Más tú, pueblo inhumano,[32]
estirpe de Jacob[33] aborrecida,
tiembla: mira erguida
la vengadora mano.
Huye, pérfida turba, la sagrada
de Sión[34] dulce morada.

Jerusalén divina,
ensalza, ensalza tu cerviz gloriosa;
ya prole numerosa
el cielo te destina,
por ti no concebida, que a la gente
tu inmoral gloria cuente.

El fuego soberano
espera ya, que en abrasado aliento
inflamará el acento
del niño y del anciano,
y su visión las vírgenes turbadas
cantarán inspiradas.

A las Musas [35]

Doctas Pimpleas,[36] que las verdes faldas
moráis alegres del feliz Parnaso,[37]

---

[25]La combinación **ui** se pronuncia como dos sílabas.
[26]Naturaleza.
[27]Tristeza.
[28]Constalación del hemisferio del Norte.
[29]Rota.

[30]Morada.
[31]Infierno.
[32]Se refiere al pueblo judío, supuestamente responsable por la muerte de Cristo.
[33]Patriarca hebreo, padre de doce hijos que fundaron las 12 tribus de Israel.
[34]Colina de Jerusalén; aquí, Jerusalén mismo.
[35]En la mitología, las diosas que presidían las artes y las ciencias: Clío (Historia), Euterpe (Música), Talía (Comedia), Melpómene (Tragedia), Terpsícore (Danza), Erato (Elegía), Polimnia (Poesía lírica), Urania (Astronomía) y Calíope (Elocuencia). Son símbolo de la inspiración poética.
[36]Musas.
[37]Monte de Grecia consagrado a Apolo, dios de la música y de la poesía, y a las Musas.

donde Castilia su inspirante onda
vierte suave;

sed a mi canto fáciles, el día
que vuestros dones celebrando grato,
del padre Betis[38] el laurel[39] frondoso
ciño a mi lira.

¿Y cuál primera mi atrevido acento
dirá a Vandalia[40], de canoros[41] cisnes
madre fecunda,[42] del divino Herrera[43]
madre gloriosa?

Tú, Melpómene, del puñal infausto
la diestra armada, que al feroz guerrero
luciente aterra cuando cae del hado
víctima triste.

Oh bien, Urania, de tu voz celeste
arrebatado, la mansión[44] etérea
diré de Jove,[45] y el poder que temen
hombres y dioses.

Que si fulmina su indignada diestra,
sobre los polos del excelso Olimpo[46]
tiembla el palacio, la cabaña humilde
tiembla de Baucis.[47]

Ya de Polimnia los festivos coros
seguiré alegre; cantaré las selvas
tuyas, oh Euterpe; o la que al vicio azota
Musa maligna.

Tú, dulce Erato, de mi amante pecho
nunca olvidada; que si bien los años
con triste hielo mi rugosa frente
ciñen y enfrían;

en otro tiempo me cediste el arpa,
donde resuenan los amores tiernos;
y el blando canto las hermosas ninfas
gratas oyeron.

Debí a tus dones en mi edad florida[48]
dulces contentos que volaron leves;
mas su memoria de agradable pena
baña mi seno.

Tú, Musa augusta, que con santo plectro[49]
muestras al hombre la virtud hermosa,
a ti mi lira, mi postrer aliento
rindo y dedico.

Por ti los muros de la antigua Tebas[50]
levantó osada la anfionia[51] lira;
por ti siguieron al ismario Orfeo[52]
montes y fieras.[53]

Por ti Delille,[54] armonïoso y blando,
gloria es del Sena.[55] Pope[56],
por ti en la cumbre de Helicón[57] sagrada
goza renombre.

Tú, dulce Clío, mi ferviente ruego
oye benigna; desusado canto
y audaz emprendo, que del sacro Betis
pare las ondas.

La bondad es natural al hombre (fragmentos)

¿Quién fue, quien fue el primero
que a la crédula gente dijo impío:
«Despeñado por lúbrico sendero
se precipita al mal vuestro albedrío,

---

[38]Antiguo nombre del río Guadalquivir.

[39]Símbolo de la excelencia poética.

[40]Galias, España y el norte de Africa, áreas invadidas por los Vándalos, pueblo germánico, en los siglos V y VI.

[41]De canto melodioso.

[42]Es decir, Vandalia (Francia y España) ha sido madre de grandes poetas.

[43]Fernando de Herrera (1534-1597), poeta renacentista nacido en Sevilla y por lo tanto «hijo del Betis y de Vandalia». Es conocido por sus versos de tono heroico y por sus sonetos amorosos, que se consideran excelentes ejemplos del neoplatonismo.

[44]Morada.

[45]Júpiter, el planeta más grande y padre de los otros.

[46]En la mitología, monte que era residencia de los dioses.

[47]**La...** tiembla la cabaña de Baucis. Filemón y Baucis eran, según el mito, un matrimonio humilde cuya choza fue convertida en templo por Zeus, como premio de su hospitalidad.

[48]**Edad...** juventud.

[49]En su sentido literal, palillo que usaban los antiguos para tocar ciertos instrumentos de cuerda; en su sentido figurativo, estilo o inspiración.

[50]Ciudad de Grecia, capital de la antigua Beocia.

[51]Que embriaga.

[52]El músico más célebre de la Antigüedad. Según algunos autores, fue hijo de la Musa Calíope.

[53]Según el mito, la música de Orfeo era tan hermosa que adormecía a las fieras.

[54]Jacques Delille (1738-1813), poeta y traductor francés. Era conocido por su poesía didáctica y formal, muy al gusto de los neoclásicos españoles, y por sus traducciones de Virgilio y Milton.

[55]Río que atraviesa París; símbolo de Francia.

[56]Alexander Pope (1688-1744), poeta y pensador inglés, autor de *Ensayo sobre el hombre*.

[57]Monte de Grecia consagrada a las Musas.

y hechuras de una imbécil providencia,
el crimen y el dolor son vuestra herencia»?

    ¿Quién fue, que en torpe olvido
de la virtud sencilla e inocente
el siglo sepultó, que así atrevido
del pecho humano blasfemó insolente,
y calumnió con pérfida impostura
igualmente al Criador[58] y a la criatura?

    El averno profundo
lo abortó en sus furores sobre el suelo
para tender al engañado mundo
del atroz fanatismo el ciego velo,
o porque pueda sancionar impía
sus crímenes la adusta tiranía.

    ¿Malo el hombre, insensato?
¿Corrompido en su ser? De la increada,
de la eterna beldad vivo retrato,
en quien el sacro original se agrada.
¿Sólo un monstruo será, que horror inspira,
prole de maldición, hijo de ira?

    Y ¿por qué en su semblante
la dulzura y bondad impresas lleva?
¿Por qué la vista noble y radïante
al alto Olimpo generoso eleva,
como buscando ansioso e impaciente
de su origen la cuna refulgente? (...)

    La infame sed del oro
y el amor del poder enfurecido
de sangre humana y de inocente lloro
bañó el mísero suelo entristecido,
y en los vestigios de la choza pía
sus palacios alzó la tiranía.

    Y luego levantando
la adulación su fementido acento,
del cielo hizo bajar el regio mando,
santificando al opresor violento;
y a un execrable y bárbaro asesino
proclamó imagen del poder divino.

    Gritó entonces artera
la vil superstición: «tristes humanos,
sufrid y obedeced: si brilla fiera
la dura espada en homicidas manos,
sufrid: nacisteis todos criminales;
así Jove castiga a los mortales».

    Y así fue esclavo el hombre,

y así malvado fue. Su genio ardiente
buscó en la guerra el ínclito renombre:
surcó los mares la perversa gente,
y a sus reyes y dioses imitando,
la triste humanidad fue destrozando.

    ¿Qué fuerza bienhechora
volverá al hombre su bondad natía[59]?
Que del ardiente golfo de la aurora
hasta do[60] hiela Cinosura[61] fría,
el poder, la maldad y la impostura
su sagrado carácter desfigura.

    Vosotras, consagradas
almas a la virtud, la humana mente
formad piadosas; caigan las lazadas
que el fanatismo le ciñó inclemente,
y libre la veréis, noble y gloriosa
lanzarse al bien, que conocer no osa.

    Y si yace oprimida
de la verdad la tímida centella,
cual[62] suele entre la niebla denegrida
que exhala el mar, la vespertina estrella,
romped heroicos con potente mano
el torpe hechizo al corazón humano.

    ¿Dónde el alma sublime
está, que el fuego sacrosanto inflama,
y que del hombre el infortunio gime?
Nazca ya al mundo la encubierta llama,
nazca; y en mil incendios esparcida,
siembre de la bondad la hermosa vida.

---

[58] Creador.

[59] Nativa, original.
[60] Donde.
[61] La última estrella de la cola de la constelación Oso Mayor.
[62] Como.

Teatro

Aunque tradicionalmente se ha hecho hincapié en el descenso en la calidad del teatro durante las primeras décadas del siglo XVIII, hay que notar que el público español siguió asistiendo a las obras con gran entusiasmo. Es cierto que después de la muerte de Calderón en 1681 España produjo pocos dramaturgos de mérito. La Crítica recalca que las piezas que se escribieron durante este período eran más bien imitaciones de las de los maestros del Siglo de Oro, aunque sin la sutileza lingüística, psicológica y filosófica de las originales. Estaban llenas de acción, de enredos amorosos, de cuestiones de honra, de venganzas y de monólogos altisonantes, pero sus tramas eran a menudo repetitivas y huecas. Se podría decir que se llevaban los elementos externos del drama barroco al extremo. Sin embargo, si la Crítica tradicional ha realzado la importancia de las innovaciones introducidas por los teóricos neoclásicos, creando la impresión de que hubo un rechazo general del teatro barroco durante el siglo XVIII, investigaciones realizadas a fines del siglo XX muestran que el público dieciochesco resistió los intentos de los primeros neoclásicos de reformar el teatro, prefiriendo las piezas de estilo barroco a pesar de sus fallas. El teatro de Calderón, por ejemplo, gozaba de gran popularidad. De hecho, el número de representaciones de obras de Calderón sobrepasa al de comedias propiamente dieciochescas (Ebersole 8).

Además, paralelo al tradicional, el teatro lírico alcanzó gran popularidad durante las primeras décadas del siglo XVIII. Recordemos que a principios de siglo Felipe V, duque de Anjou, nieto de Luis XIV de Francia, subió al trono español. Tenía sólo 17 años cuando, en 1701, llegó a Madrid con su corte y sus consejeros, y meses después se casó con María Luisa Gabriela de Saboya. Ninguno de los dos conocía bien el español; el francés y el italiano eran los idiomas de la corte. Bajo estas circunstancias, no es sorprendente que los nuevos reyes mostraran poco interés por las letras nacionales. En 1703 Felipe trajo a una compañía de teatro italiana a España. Conocido con el nombre de los Trufaldines, este grupo representó obras en italiano que incluían bailes y canciones. Más tarde imrovisó una suerte de teatro donde se escenificaban piezas casi todos los días. Después de que este local fuera cerrado a causa de un incendio, la compañía hizo construir otro teatro en los Caños de Peral, donde se representaban obras operísticas (Johns 11). Inspirados por el teatro musical italiano, dramaturgos españoles como José de Cañizares cultivaban el drama lírico, empleando complicadas tramoyas que hacían posible la creación de espectáculos que deleitaban al público.

La segunda esposa de Felipe V fue la princesa italiana Isabel de Farnesio, por lo que pronto se estableció la supremacía de la cultura italiana en Madrid. Su sucesor, Fernando VI, fue también aficionado a la comedia lírica y en 1738 se construyó un teatro en los Caños de Peral donde, en 1746, se reestableció la ópera italiana. Felipe V ya había comenzado a reconstruir algunos de los antiguos corrales de Madrid y Fernando VI continuó esta labor. El monarca vivió en el palacio del Buen Retiro durante todo su reinado y fue en el teatro de la residencia real donde el cantante italiano Carlo Broschi—el famoso soprano *castrato* conocido por el nombre de Farinelli—llegó al cenit de su carrera. Vivió en España unos 25 años y fue nombrado director de funciones teatrales de la Corte. Farinelli gastaba cantidades enormes en sus producciones, llevando a España a muchos célebres cantantes de todas partes de Europa, en particular de Italia. El clavecinista y compositor de óperas Doménico Scarlatti también residió en la Corte entre 1729 y 1754.

El auge del teatro lírico duró hasta la muerte de Fernando VI en 1759. Carlos III, su hermano y sucesor, fue rey de Nápoles durante 16 años antes de ascender al trono de España y había hecho construir un magnífico teatro allí. Sin embargo, Carlos III tenía poco interés en la ópera. Aliado de Francia y admirador de la estética francesa, encarnaba el espíritu reformador de la Ilustración. El Neoclasicismo estaba arraigándose en España y el foco de los reformadores era el teatro. Ya en 1737 hizo su aparición el *Diario de los Literatos*, publicación que, sin atacar directamente a la comedia barroca, empezó a sembrar las semillas del gusto teatral neoclásico. Fue durante el reinado de Carlos III cuando los neoclásicos pudieron por fin obtener la intervención gubernamental en asuntos relativos al espectáculo. El conde de Aranda, presidente del Consejo de Castilla, fue una fuerza poderosa en la reforma. Conocedor de la obra de los Enciclopedistas y amigo de Voltaire, organizó un ataque brutal contra el teatro existente. Bajo la protección de Aranda, José Clavijo y Fajardo publicó una serie de artículos en *El Pensador Matritense* en que se quejaba del teatro de momento que, en su opinión, había llegado a un estado de degeneración completa. El blanco de sus ataques fue la comedia del Siglo de Oro, que tachaba de excesiva, vacua, inmoral y, sobre todo, de mal gusto. Aunque críticos como Francisco Mariano Nipho y Juan Cristóbal Romea y Tapia lanzaron una campaña en defensa del patrimonio dramático nacional, los reformadores lograron varios triunfos, siendo el más significativo la prohibición de autos sacramentales en 1765. También se volvió a vedar la representación de comedias de santos. Aranda deseaba reemplazar las obras españolas tradicionales con importaciones francesas que consideraba modelos de buen gusto. A este fin estableció «reales sitios» donde se representaban dramas franceses en español y también obras operísticas. Clavijo y Fajardo, que fue nombrado director de estos locales, hizo él mismo varias traducciones. En 1777 Aranda cayó del poder y poco después se cerraron los «reales sitios», hecho que tuvo un efecto negativo en la producción de piezas francesas y también en la de óperas italianas.

En pleno siglo XVIII y de modo paralelo al movimiento reformador se desarrolla el sainete, tipo de pieza cómica en un acto que retrata en la escena tipos populares españolísimos: petimetres, majos, manolas, toreros, etc. El género se considera una continuación del teatro breve tradicional representado por dramaturgos del Siglo de Oro como Lope de Rueda, Quiñones de Bena-

vente y Cervantes. El más popular e influyente de los saineteros, Ramón de la Cruz escribió unas 470 piezas. Capta el sabor del ambiente madrileño llevando a la escena un panorama de personajes de todas las capas sociales y de todos los oficios. Se han comparado sus obras con algunos cuadros de Goya por su alegría y color. Caracterizan el teatro de Ramón de la Cruz el lenguaje callejero y pintoresco de Madrid, el chiste, la caricatura y la metáfora sugestiva. Ramón de la Cruz también contribuyó de una manera significativa a la restauración de la zarzuela, la cual apartó de su temática mitológica para infundirle un carácter popular y costumbrista.

De hecho, aun después de la clausura de los «sitios reales», el teatro lírico siguió existiendo en España, en forma de zarzuela. No sólo la gente culta sino también las masas apreciaban estos espectáculos musicales, los cuales se representaban en los teatros públicos de Madrid. Desde 1786 a 1790 se montaron numerosas obras operísticas en los Caños de Peral, a pesar de lo cual el teatro perdió dinero debido a su incompetente administración. En 1790 la Asociación para la Representación de Operas Italianas, sociedad que constaba de gente pudiente que se interesaba en las artes, se encargó de los Caños de Peral. Entre 1790 y 1795 el teatro gozó de un éxito brillante, atrayendo a algunos de los cantantes italianos más célebres de la época. Sin embargo, siguió con problemas financieros y en 1799 el gobierno optó por prohibir la ópera.

El Plan de Reforma, promulgado en 1799, quitó los teatros de Madrid del control del ayuntamiento y los puso bajo el de una Junta que constaba de un presidente (Gregorio de la Cuesta), un censor (Santos Diez González) y Leandro Fernández de Moratín. Los reformadores neoclásicos —notablemente Jovellanos en su *Memoria sobre espectáculos y diversiones públicas en España* y Moratín en una carta a Godoy y a Carlos IV— pedían que el gobierno impusiera normas en la producción teatral desde hacía tiempo.

En aquella época los actores gozaban de tremenda libertad y prestigio. Era costumbre que ellos mismos eligieran sus papeles de acuerdo con su importancia, lo cual quería decir que un actor famoso y experimentado podía optar por hacer el papel de un personaje mucho más joven que él y con características físicas completamente diferentes. Además, los comediantes frecuentemente no se molestaban en asistir a ensayos o en seguir las indicaciones del director. Los autores del Plan de Reforma se enfrentaron a estos problemas. Según el Plan, los actores recibirían un salario fijo y serían obligados a asistir a los ensayos, no tendrían el derecho de influir en la selección de obras, los papeles se asignarían según los talentos y cualidades físicas de los comediantes y no según su fama y años de experiencia, y se reduciría el tamaño de las compañías teatrales. El Plan provocó una reacción inmediata del ayuntamiento, del público, de actores y de dramaturgos que de repente se encontraron desempleados. Finalmente, fue abandonado en enero de 1802.

Los reformadores neoclásicos abogaban por el retorno a los modelos y formas clasicos y renacentistas. Frente a las exageraciones del teatro barroco, pedían la moderación y el buen gusto en la escena. Por ejemplo, las demostraciones excesivas de pasión o de violencia no se permitirían; actos como matar a alguien o ultrajar a una dama no se representarían jamás ante el público.

Los reformadores rechazaban la idea de la *tragicomedia,* tan apreciada por Lope. A diferencia del teatro del Siglo de Oro, en que se mezclaban lo trágico y lo cómico, y se incluían en una obra personajes de diversas clases sociales, el neoclásico exigía una distinción rígida entre tragedia y comedia. La primera, según la interpretación neoaristotélica de Luzán, debía tratar de temas históricos o mitológicos de todos conocidos, y los personajes importantes debían ser de clase elevada. Generalmente, el argumento trataba de problemas dentro del núcleo familiar. La tragedia sigue el precepto aristotélico del «yerro disculpable» o «hamartía», según el cual el héroe es de altas prendas morales, pero le adviene la tragedia por un error involuntario, ya sea un error de cálculo o por la mala influencia de un consejero. El objetivo de la tragedia era producir la catarsis en el público; es decir, el drama debía resultar en la purificación del espectador realizada a través de la descarga emotiva. Los trágicos neoclásicos respetaban las unidades aristotélicas de tiempo,

lugar y acción, según las cuales el argumento debe ocupar el espacio de un solo día y desarrollarse en un solo lugar, y no debe complicarse con subargumentos innecesarios. Sin embargo, había cierta flexibilidad. Aunque las unidades de acción y lugar eran seguidas por todos, Luzán ofecía la posibilidad de que el tiempo se extendiera a unas 48 horas. La teoría aristotéltica codificaba que el número de actos no excediera de cinco, precepto que la mayoría de los trágicos neoclásicos respetaban.

A diferencia de la tragedia, la comedia trataba de temas contemporáneos, y los personajes eran burgueses o de clase baja. El objetivo de la comedia era la crítica de costumbres y la sátira. En la comedia tanto como en la tragedia, el diálogo debía ser natural y reflejar el estado del personaje. Por eso, dramaturgos como Moratín hijo optaron por escribir en prosa en vez de en verso. Los protagonistas de la comedia debían ser modelos de virtud y el desenlace, feliz y lógico. De acuerdo con el concepto de «instruir deleitando», la obra enseñaría una lección moral, la cual se presentaría de una manera clara y directa.

Durante las últimas décadas del siglo se desarrolla la «comedia lacrimosa», género en que se mezclan elementos de la tragedia y de la comedia. La comedia lacrimosa se considera un paso intermedio entre la tragedia neoclásica y el drama romántico de principios del siglo XIX. Los principales ejemplos de este género fueron escritos en 1773 por personalidades literarias asistentes a la Tertulia sevillana, por ejemplo, Jovellanos y Trigueros. Aunque la comedia lacrimosa normalmente se desenvuelve dentro del seno de la familia y en ella se respetan más o menos las unidades aristotélicas, no se adhiere a la normativa trágica en que está escrita en prosa y trata de auntos contemporáneos. Más significativo aún, permite la introducción en el teatro de la agilidad y movimiento propios de la novela.

El ardor reformador de los neoclásicos fue estimulado en gran parte por la severa censura del drama barroco que habían hecho ciertos críticos franceses. Luzán había señalado al principio de su *Poética* que si sus juicios sobre Calderón y Solís parecían desmesuradamente negativos al lector, sólo repetía lo que otros habían dicho. Sin embargo, aunque la preocupación por el buen gusto, del cual los franceses eran considerados los máximos exponentes, llevaría a reformadores como Aranda a encargar numerosas traducciones de obras francesas, en su esencia el teatro neoclásico, como el del Siglo de Oro, fue esencialmente nacionalista y adverso a influencias extranjeras. En su *Poética*, Luzán apoya el uso de temas patrios y, a pesar de la imposición de normas clásicas en la estructura de la obra, en la temática sigue dominando lo español.

La invasión de Napoleón en 1808 provocó una ola de sentimiento nacionalista, poniendo fin por el momento a la obsesión por el buen gusto francés. El teatro romántico de principios del siglo XIX representa en parte una reacción contra las normas rígidas y contrictivas del Neoclasicismo.

Período de transición

JOSÉ DE CAÑIZARES (1676-1750)

Hasta las últimas décadas del siglo XX la Crítica ha venido obviando a los continuadores del Barroco, considerándolos imitadores inferiores de Calderón. Aún hoy día las historias de la literatura suelen calificar el teatro de la primera mitad del XVIII de decadente y desprovisto de originalidad, dando así la impresión de que hubo un gran hueco en la producción dramática hasta el triunfo del Neoclasicismo. Apenas se menciona el éxito que siguió teniendo Calderón, ni las innovaciones de dramaturgos como José de Cañizares y Antonio de Zamora. Sin embargo, estudios recientes muestran que el público acudió a los teatros durante todo el siglo y que las obras de Cañizares gozaron de tremendo favor y fama, incluso en la época del auge del Neoclasicismo (Ebersole 7). Susan Paun de García resume la nueva actitud crítica cuando pregunta: si sus comedias eran tan malas, ¿por qué tuvieron tanto éxito? ([Up]Staging the Magic).

Críticos como Ebersole, Johns, Paun de García, Álvarez y Baena y Calderone han iniciado una revalorización de Cañizares, mostrando que lejos de ser un ciego imitador de Calderón, era un innovador que llevó a la escena óperas, zarzuelas, bailes y entremeses, además de comedias de santos, de figurón, de capa y espada, de magia e históricas. Aunque se adhería más o menos a las nociones de la comedia propias al Siglo de Oro, introdujo nuevos elementos de la ópera italiana y fue de suma importancia en el desarrollo del teatro lírico a principios del siglo.

Ebersole señala que la música y el canto van cobrando cada vez más importancia a través de su producción dramática no sólo en las obras de tema mitológico, escritas para la Corte, sino también en las que compuso Cañizares para el público general. La influencia de la ópera se ve no sólo en su cultivo del elemento lírico, sino también en su uso de tramoyas (máquinas y artificios) y apariencias (decoraciones) teatrales. De hecho, a veces el espectáculo es de tanto interés como el argumento. En vez de descartar estas piezas por su falta de contenido intelectual, podemos apreciarlas como manifestaciones de una cultura en transición, en que los antiguos argumentos de la comedia de la edad áurea siguen gustando al espectador al mismo tiempo que se manifiesta un nuevo interés en los adelantos tecnológicos y escenográficos (Paun «[Up]Staging the Magic»).

De interés particular son las obras operísticas —óperas y zarzuelas— y las comedias de magia. La ópera es un drama enteramente cantado, mientras que en la zarzuela se cantan únicamente ciertas partes, por ejemplo, las que expresan grandes emociones y pasiones. Si bien la ópera nunca alcanzó la misma popularidad en España que en Italia, la zarzuela sigue siendo apreciada en el mundo hispánico aún en nuestros días. Durante el reinado de Felipe IV se representaban estas obras musicales en La Zarzuela, casa de campo del Cardenal-Infante don Fernando de España, de donde viene el nombre del género dramático. La primera zarzuela, *La púrpura de la rosa*, fue compuesta por Calderón. Cañizares compuso varias zarzuelas, siendo una de la más conocidas *Angélica y Medoro*, un fragmento de la cual se incluye aquí.

Cañizares buscó su inspiración para esta pieza en el *Orlando furioso*, obra maestra del poeta italiano Ludovico Ariosto (1474-1533), que a su vez se inspiró en el *Orlando enamorado* de Matteo María Boiardo (1441-1494). Las dos obras italianas son largos poemas narrativos que combinan episodios del ciclo de Carlomagno con otros de las leyendas del rey Arturo. Boiardo se aparta de sus modelos al convertir en tema central el amor de Orlando (Roldán en la epopeya francesa) y su primo Rinaldo por la bella princesa Angélica de Catay, el cual se desarrolla entre episodios de la lucha entre cristianos y sarracenos. Boiardo murió dejando su obra inacabada; el *Orlando enamorado* termina en el momento en que las huestes paganas atacan París. Ariosto lleva la historia a su fin, relatando la derrota de los sarracenos y el triunfo de los cristianos. El episodio principal describe el furor de Orlando, que enloquece al enterarse del amor de Angélica por el sarraceno Medoro. Julius A. Molinaro y Warren T. McCready señalan que, si bien el contenido de la obra de Cañizares proviene de Ariosto, en cuanto al lenguaje el autor dieciochesco sigue el romance de Góngora sobre el mismo tema (10).

Aunque Cañizares califica su pieza de «ópera escénica», es una zarzuela, ya que no es enteramente cantada. Escribió *Angélica y Medoro* para las bodas del Príncipe de Asturias don Luis con doña Luisa Isabel de Borbón. Se estrenó el 21 de enero de 1721 en el Coliseo del Buen Retiro. El escenario es complicado, y el autor se vale de numerosas tramoyas y apariciones. Ebersole nota que «la música y las mutaciones son de más interés que el argumento». (41)

La comedia va precedida de una loa, o breve pieza introductoria, en que Asia, América, África y Europa disputan el privilegio de aplaudir la boda del príncipe y su nueva esposa. Al comienzo de la zarzuela combaten cristianos y moros. Aunque en versiones anteriores de la historia Medoro es herido al rescatar el cuerpo de su amado príncipe, en la obra de Cañizares es Orlando el que casi le quita la vida en la guerra. Antes de poder matar a su futuro rival, Orlando se ve obligado a ausentarse. Angélica encuentra a Medoro, que agoniza, y lo lleva a una casa rústica. Allí lo sana y se realiza una idílica escena de amor. Al entrar al bosque en busca de Angélica y ver el nombre de ella junto con el de Medoro en un árbol, Orlando se da cuenta de su infidelidad y enloquece.

Sin embargo, con la ayuda de la hechicera Elisa, quien le hace tomar una poción mágica, recobra el juicio. En la última escena, que requiere muchas tramoyas, Angélica y Medoro huyen volando por el aire en una galera cuyos remeros son cupidillos. La obra termina con una canción dedicada a la pareja real, don Luis y doña Luisa. Entre los dos actos de la zarzuela hay un entremés que consiste en una conversación embrollada entre un montañés y un gallego.

Si Cañizares explora las posibilidades de la tramoya en la zarzuela, lleva su uso a nuevas alturas en la comedia de magia. Este género dramático tiene sus orígenes en el teatro del Siglo de Oro y en ciertos textos italianos y alemanes, pero fue gracias a Cañizares que se convirtió en uno de los más populares de la primera mitad del siglo XVIII. Distingue la comedia de magia su personaje principal, siempre un mago o una maga, que logra sus proezas «sobrenaturales» por medio de un complejo sistema de maquinaria escénica. Paun de García señala que «Obras de Cañizares como *Don Juan de Espina* (1713), *Marta la Romorantina* (1716), *El anillo de Giges* (1742)... tienen tanto éxito que no solamente siguen representándose a lo largo del siglo, sino que engendran segundas, terceras, y aun cuartas o más partes para prolongar el favor público de que gozan sus personajes. Su éxito se atribuiría al hecho de que, a los elementos más «populares» de la comedia, se añaden unos escenarios tan complejos como vistosos. El sensacionalismo de las comedias de magia resultaba tan atrayente que el público no vacilaba en pagar más que para ver las demás comedias». (Introducción) Si los reformadores neoclásicos criticaban el exceso de estas obras espectaculares, su espectacularidad era precisamente lo que agradaba al pueblo.

Aunque Cañizares apenas es mencionado en los manuales de literatura, durante su vida ganó encomios entusiastas. Nació en Madrid y de joven siguió la carrera militar. Desde 1702 hasta su muerte fue el censor de comedias de la Corte.

Angélica y Medoro

Ópera escénica deducida de la andante caballería

Personajes

Medoro, joven galán	Angélica, dama
Orlando, Paladín[1]	persiana
francés	Agramante, reina
Reinaldos de Montalbán	mora
Marsilio, rey africano	Elisa, mágica
Ferragut, general moro	Armelina, zagala
Malandrín, criado	Bruneta, criada de
de Orlando	Angélica
El Olvido	Damas de Agramante
Dos paladines	Ninfas de Elisa
Comparsa de moros	Zagalas y zagales
Comparsa de franceses	

Acto II

. . .

Se muda el teatro en selva calada,[2] llena de árboles por todas partes, con un tronco corpulento en medio de quien,[3] con caracteres arábigos y transparentes, estará escrito este mote: «Aquí se aman Angélica y Medoro»; y por el lado diestro sale Orlando.

ORLANDO:
    Por esta, que distinta
    plácida senda, que de otras es extraña,
    blanca línea, que tira su maraña[4]
    de mi ausencia, aunque breve,
    a disculpar me lleve
    con Angélica,[5] la ansia de un cariño
    que es mejor vida; y tú, vendado niño,[6]
    en albricias de verla, escucha atento
    cómo un alma le envío en cada aliento.

Aria
    Del arroyo el curso ligero,
    del vago jilguero el ansioso volar,
    son dos copias que explican la prisa

---

[1]Caballero de Carlomagno.
[2]Entretejida como encaje.
[3]Del cual.
[4]Maleza, matorales.
[5]**Por...** Que esta plácida senda, blanca línea que es distinta y extraña de otras, que tira su maraña, me lleve a perdirle perdón a Angélica por mi ausencia, aunque fue breve.
[6]Cupido, que se representa en el arte como un niño que lleva una venda en los ojos porque el amor es ciego.

a que me precisa venirla a buscar.
    Del arroyo etc.
Al pasar repara en el tronco.
    Por aquí. Mas, ¿quién pudo
    caracteres fiar de un tronco rudo
    al agreste papel? Pero, ¿qué aguardo
    que en informarme de la cifra[7] tardo,
    pues el idioma arábigo no ignoro?
Lee
    «Aquí se aman Angélica y Medoro»,
    dice. ¡Cobardes, tímidos, recelos,
    si me engañáis no me engañéis con celos!
    Mas, ¿qué recelo? ¿Puede en su belleza
    ser hoy traición lo que era ayer fineza?
    No, pues miente la cifra irreberente,
    y el filo agudo del acero miente,
    que en su fe, malquistó la peregrina
    constancia de un amor; pero, ¿Armelina?

Al entrarse de prisa sale Armelina que trae puesto el brazalete, y al verle se turba.

ARMELINA:
    ¿Aquí Orlando? ¡Ay de mí!

ORLANDO:
    No te retires,
    y después de que mires
    este implicado emblema,
    dime, ¡ay, Dios...!

ARMELINA:
    ¿Cómo quieres que no tema
    tu justa indignación?

ORLANDO:
    ¿Quién es Medoro?

ARMELINA:
    Un hermoso garzón, un feliz moro
    que de Angélica...

ORLANDO:
    Di.

---

[7]Escritura.

ARMELINA:

    Favorecido,
a su albergue llegando mal herido,
tanto en su afecto gana,
que olvidada de ti...

ORLANDO:

    Calla, villana,
si no quieres que asiéndote de un brazo
te arroje al mar. *Ásela del brazo y se suspende.*

ARMELINA:

    ¡Señor!

ORLANDO:

    Pero, ¿qué es esto?
¿El brazalete que la[8] di trae puesto?
En pago de haber sido mi alquería[9]
su albergue, me le[10] dio.

Salen Bruneta y Malandrín, cada uno por su lado.

BRUNETA:

    Pues llegó el día

MALANDRÍN:

    Pues el día ha llegado

BRUNETA:

    de verte por acá,

MALANDRÍN: de haberte hallado,

LOS DOS:

    La enhorabuena admite desde ahora.

ORLANDO:

    Criado infiel, vil mujer, necia pastora,
todos morir al fuego que respiro,
siendo el tronco en quien miro
con bulto mis ofensas el primero
que el ábrego desoge de mi acero.[11]

---

[8]Le.
[9]Casa de campo.
[10]Lo.
[11]Es decir, mi espada será como el ábrego (viento sur) porque deshojará el árbol.

Saca la espada.

LOS DOS:

    Harás muy bien si así te satisfaces.

ORLANDO:

    En él mi ardor no ha de dejar...
Al herir el tronco, se abre, saliendo Elisa.

ELISA:

    ¿Qué haces?

                       Aria
¡Qué cólera, qué furor
en áduitro[12] del honor
de un ánimo varonil!
Sosiégate al reparar
qué intrépido a tu pesar
le das crédito de vil.

MALANDRÍN:

    Aparte. ¡Tómate esa!

ARMELINA:

    Al mirar la rabia suya
a Angélica diré, que el rigor huya
de su delirio.   *Vase.*

ORLANDO:

    ¡O tú nueva amadría[13]
de este bosque, si al ver la saña mía
a embarazar naciste mi venganza
de la infame raíz de una mudanza,
déjame!

ELISA:

    Antes procuro que el castigo
des a tanta traición, pues siendo amigo
de Reinaldos,[14] tu queja
también me toca a mí. *Deteniéndole.*

ORLANDO:

    Que arroje deja

---

[12]Arbitro.
[13]Hamadríade, ninfa.
[14]Primo de Orlando que Elisa ha salvado de los moros.

el yelmo y el escudo,
y del honor desnudo
que honra fue en Francia de sus doce Pares,[15]
dando muerte, consuele mis pesares,
a quien es más feliz.

ELISA:
                    Repara, advierte,
que yo lo impido.

ORLANDO:
          ¿Cómo?
ELISA:
                              De esta suerte.
Asidos de las manos vuelan de rápido diagonalmente.

BRUNETA:
          ¿Haslo visto?

MALANDRÍN:
                    ¿Pues no?[16]

BRUNETA:
                    Si no estuviera
tan airada contigo, te dijera
mil cosas, mientras doy aviso el ama.

MALANDRÍN:
          Oye primero; éste, ¿cómo se llama?

                    Aria
Oyes, chula embustera,
¿quieres que yo te quiera?
Apropíncuate ya;
anda acá,
bulliciosa.
¡A, donosa,
anda acá!
Pues que mi galanteo
libre está de deseo,
mas si tu gracia toda
ha de pretender boda,
que es lo que yo temí,
entienda que de mí,
no, no lo logrará.

Oyes etc.

BRUNETA:
          Ya estoy algo más blanda. Pero digo,

MALANDRÍN: *Mirando dentro*
          ¿No son tres amos? ¿Si (Dios sea conmigo)
los que hacia aquí se acercan?

BRUNETA:
                    No, que es chanza.

MALANDRÍN:
          Pues, adiós, hasta luego. *Vase.*

BRUNETA:
                    Brava danza
va urdiendo el diablo.
*Salen deprisa y como asustados, Angélica y Armelina y
tras ellas Medoro.*

MEDORO:
          ¿Dónde, hermoso dueño,
sin saber si tu fuga es susto o ceño,[17]
me llevas?

ANGÉLICA:
                    Donde ciegue la importuna
perspicacia cruel de mi fortuna,
pues Marsilio...

MEDORO:
                    Prosigue.

ANGÉLICA: *Aparte.* (Así le engaño.)
en busca de los dos...

MEDORO:
                    Si éste es el daño,
¿qué te acobarda? Mi ánimo arrogante
con el valor desmentirá el semblante:

                    Aria
Aquí estoy yo, que por ti
desharé el susto que así

---

[15]Los caballeros más elevados del reino.
[16]Cómo no.

[17]Enojo.

tu perfección amagó.
Aquí estoy yo,
y teme viviendo en mí
de amor el enojo, sí,
pero el de estrella no.

ANGÉLICA:
    ¿No es mejor, que una nave
    de la armada africana
    al Catay nos conduzca, donde ufana
    logre mi fe sin susto una ventura?

MEDORO:
    En cualquier parte es una tu hermosura[18];
    mas ¿no me dirás antes...

ANGÉLICA:
                No es posible.

ARMELINA:
    ¡Estraña confusión!

BRUNETA:
                ¡Caso terrible!

MEDORO:
    si Galafrón, tu padre...

ANGÉLICA:
                No receles.

MEDORO:
    si Agramante, dudosa...?

ANGÉLICA:
                No te pares;
    y a la piedad apele de los mares
    quien sabe fluctüar[19] en los bajeles.

MEDORO:
    Nada reparo ya.

_____

[18]Es decir, no me importa adónde vayamos con tal de que
esté contigo.
[19]La diéresis significa que la combinación de vocales se
pronuncia como dos sílabas.

ANGÉLICA:
    Pues como sueles
    lisonjearme otras veces, entre tanto
    desde aquí diga lisonjero el canto:

            Dúo
[ANGÉLICA]   Cariños, al mar,
MEDORO: Finezas, al viento,
ANGÉLICA: pedidle que atento
MEDORO: rogad que süave
LOS DOS: permita a la nave
             feliz navegar;
             cariños, al viento
             finezas, al mar.
ANGÉLICA: Que aunque es tan mudable,
MEDORO: Que aunque es tan inestable,
ANGÉLICA: al ver mi firmeza,
MEDORO: si ve esta belleza,
LOS DOS: es fuerza que olvide el saberse
                        [mudar;
             cariños, al viento;
             finezas, al mar.

Vanse, y mudándose la selva en el primer campamento
con foro abierto, salen Marsilio, Agramante, Ferragut
y moros a la marcha.

AGRAMANTE:
    Pues informado ya de tu suceso,
    O Ferragut, la admiración confieso,
    que igual asombro causa, y con la Francia
    tratada ya la tregua, no bien crea
    que sólo la desea
    falta de gente, o falta de arrogancia.
    Para prueba inmortal de mi constancia
    con licencia del rey, la guardia marche
    mudando acampamento.

FERRAGUT:
        Al son del parche
    ya levantado tiendas va la gente.

MARSILIO:
    Cuando la fatal de Medoro siente
    la inclinación que a su valor tenía,
    aun mi esperanza de la suerte fía
    que vuelva a parecer.

FERRAGUT:

Ya a vista tuya,
por más que los objetos disminuya
abara la distancia,
pasan los batallones.

AGRAMANTE:

Con mi acento
yo a la marcha daré segundo aliento.
*La aria que se sigue se ha de poner debajo del mismo
compás con que marchan las guardias de infantería, y
al mismo tiempo irá pasando en la lontananza un
batallón de las guardias de Marsilio el cual se forma
de muchachos de mediana proporción, según las
reglas de la óptica, en el mismo traje que la compañía
principal de moros.*

Aria

¡Suene, suene el parche guerrero,
la marcha guiando
mi brazo y mi acero
del duro combate
a la gloria marcial!
¡Lidie, lidie mi amor el primero
que ya va avisando
el metal lisonjero
porque se dilate
mi nombre inmortal!
¡Suene, etc.   *Llamada dentro.*

MARSILLO:
¡Hermosa vista!

FERRAGUT:

Del clarín el eco
que hizo llamada avisa el enemigo.

AGRAMANTE:
Parlamentar querrá, señor, contigo
los pactos de la tregua. *Aparte.* ¿Quién creyera
que llegara a sentir de esta manera
la fatal de Medoro?

MARSILIO:

Pues deseo
que Carlos me la otorgue, y cerca veo
logro tan importante,
a aduitrar Vuestra Alteza se adelante

en todo, pues de todo ha sido dueño.

FERAGUT:
Aparte. Honor, yo saldré airoso del empeño
si Reinaldos perece.
*Mudándose el teatro al siblo en la gruta subterránea
del primer acto, sale Elisa deteniendo a Orlando.*

ELISA: Tente.

ORLANDO:

Quita,
pues con mayor furor el ver me irrita
que en las alas del viento
me hurtaste a mí venganza.

ELISA:
Mira atneto,
O paladín, que hay poco
desde vivir celoso a morir loco.

ORLANDO:
Cuando a este horror el hado me condena,
¿sabes mi pena tú?

ELISA:

Sé que tu pena
estriba, sin llegar a desventura,
en que nació mujer una hermosura.

ORLANDO:
A otro quiere mi dama.

ELISA:
Dala tú también celos con tu fama.

ORLANDO:
¿Qué me dices en esa?

ELISA:

Que tu gloria
pende de un rendimiento que es victoria.

ORLANDO:
Sin castigo un traidor no ha de quedarse.

ELISA:
No vengarse pudiendo, ya es vengarse.

ORLANDO:
    ¿Quién basta a disuadir mi precipicio?

ELISA:
                    Tu juicio solo.

ORLANDO:
                            ¿Y dónde está mi juicio?

ELISA:
    ¿Quieres hallarle?

ORLANDO:
                        Sí.

ELISA:
    Pues, Ninfas mías,
    acompañad mis dulces melodías.

*Yendo bajando un semicírculo de nubes, que ocupe
desde el perfil de un bastidor a otro, cubierto de una
cortina en quien[20] vendrá pintada la fachada de un
palacio magnífico; y saliendo por ambos lados las seis
ninfas que estuvieron en las repisas del primer acto,
mientras canta Elisa, llega la apariencia a descansar
en el tablado.*

            [*Cantan*] Elisa y las ninfas.
    O tú, vago palacio,
    que de mi gruta el cavernoso espacio,
    cuando en él te introduces,
    si él te mancha con sombras, tú con luces
    al vulgo que interponen mis anhelos,
    rasga las nieblas pues, rasga los velos.

*Recogiéndose la cortina de rápido, se descubre un
gabinete de fábrica hermosamente distribuida entre la
confusión de nubes y adornos, y dentro el Olvido con
ropa talar y una copa con agua en la mano.*

ORLANDO:
    ¿Qué es esto, cielos?

ELISA:
    Tu ventura es ésta.

OLVIDO:
    Y bien lo manifiesta
    ver que, con sólo desmintiendo el daño,
    brindar a la salud del desengaño
    aplauso cobrarás, honor y brío. *Baja.*

ELISA:
    Bebe pues.

ORLANDO:
        Aunque sea desvarío
    creer tan vaga aprehensión, para que veas
    que quien vence verdades vence ideas,
    el vaso apuro; pero, ¿qué beleño[21]...   *Bebe.*
    que el que desvelo fue quiere hacer sueño...
    embarga el movimiento y el sentido?

OLVIDO:
    El que produce el opio del Olvido.

ORLANDO:
    ¿El Olvido eres?

OLVIDO:
    Sí, que él solamente
    sin sentir cura, a quien amando siente.
    Traedle, ninfas, pues, donde su vida,
    repitiendo el licor de mi bebida,
    de nuevo anima.

ELISA:
                A media voz el canto
    con nuestra suavidad destierra el llanto.

            Música
    Duerma en dulce suspensión
    quien se vale del olvido,
    que cuando duerme el sentido
    despertará la razón.

ORLANDO:
    Pues ya en tan dulce calma
    de distinta manera informa el alma,
    dándome nueva acción este esperezo,[22]

---

[20]Que.

[21]Planta cuya raíz es narcótica.
[22]Extender y estirar los miembros.

en música también pondré un bostezo.

Aria

Déjame dormir,
amante pesar, que no es descansar
dejar de vivir,
y sólo el placer
estriba en hacer
estudio a morir.
Déjame etc.

*Entre las ninfas y el Olvido le suben al gabinete que,
mientras la repetición de la música, va subiendo poco
a poco hasta ocultarse.*

OLVIDO:
Pues queda a mi cuidado
que despierte no sólo escarmentado,
sino aun ajeno del primer motivo.
Queda en paz.

ELISA: Los favores que recibo
de ti, aplaudo el acento, que oportuno
previene a todos con decir a uno:

Música
Duerme en dulce etc.

ELISA:
Ya que ha desparecido[23]
con la letal triaca[24] del Olvido
el fantástico alcázar, mi cuidado
a averiguar me lleve en qué ha pasado
de Reinaldos la suerte,
pues a lo lejos esa marcha advierte
que hay novedad.

*Éntranse y, mudándose el teatro en bosque, salen a la
marcha por un lado Marsilio, Agramante, Ferragut y
soldados moros; por el contrario, Reinaldos con
algunos paladines que sólo sirven para el adorno con
todos los demás soldados franceses, quedándose a lo
largo Malandrín y Bruneta.*

MARSILIO:
¿Reinaldos? ¿Oliveros?[25] *Abrazándolos.*

---

[23]Desaparecido.
[24]Confección farmacéutica.
[25]Gran amigo de Orlando.

¿Dudón? ¿Florante? Cuánto aplaudo el veros
indiferentes, ya que no parciales,
mis brazos os dirán.

REINALDOS:
                    Cuando honras tales
premian nuestra atención, todo es trofeo.

AGRAMANTE:
En este plazo a que aspiró el deseo,
el tafetán[26] arrugue en sus países
del Magno Carlos las doradas lises.[27]

REINALDOS:
Aparte. Buscar a Elisa es fuerza, no atribuya
la bizarría[28] propria[29] a ofensa suya.

Aria

MARSILLO:
Mi logro, mi laurel,
es solo ver en el
suspenso el ceño,
pues con remiso ardor,
cuando creció el honor,
cesó el empeño.
Mi logro etc.

AGRAMANTE:
Pues aun espera nuestra confianza
que lo que tregua es hoy sea alianza,
¿no me diréis si un moro
es vuestro prisionero? *Sale Elisa.*
Eso es bien que responda yo primero
que ellos, y pues Orlando
presto parecerá, quizá triunfando
de su proprio valor en la experiencia,
nuevo pasmo os responda.

*Al silbo se muda el teatro en nubes hasta el último
horizonte, empezando a verse en el aire una galera, de
quien son remeros algunos Cupidillos, y dentro de ella
Angélica y Medoro; viéndose en el aire otro muchacho*

---

[26]Bandera.
[27]Flor de lis, símbolo de Francia.
[28]Gallardía, valor.
[29]Propia.

que, al lado siniestro,[30] tiene en la mano la careta de
un viento, de cuya boca sale un pequeño rayo de gasa;
al contrario, otro con la estrella del norte en el aire en
varios penachos de pluma y arreboles, las ninfas de
Elisa ocupando los claros en continuo giro, los demás
Cupidos con teas[31] en las manos; en el tablado
cruzarán las ondas algunos delfines, focas, monstruos
marítimos, navichuelos.

AGRAMANTE:
                                        ¡Cielo santo!
        ¿Qué miro?

UNOS:
                                        ¡Extraño asombro!

OTROS:
                                                ¡Raro espanto!

ELISA:
        Aun falta que escuchéis.

MEDORO:
                                        O tú, volante
        de alados Cupidillos, nuevo errante,
        si en vosotros la suerte nos predijo,
        con un instable soplo, un norte fijo,
        ¿por qué no el cierzo[32] nuestro vuelo ataje?
        Repetid.

1r CORO: ¡Buen viaje!
2o CORO:
        ¡Buen viaje!

BRUNETA:
        ¡Angélica! No vuelve a mi reclamo.

ANGÉLICA:
        Por que más aire al bosque dé mi aliento,
        ¡óyeme, oh tú, diáfano elemento!

                        Aria
        Mil veces dichos
        que debe a Himeneo[33]
        tan alto placer

y más que felice
favor que predice
tan noble trofeo
que alienta mi ser.
Mil veces etc.

MALANDRÍN:
        ¿De suerte que esto ha sido brevemente
        tomar la rauta?[34]

BRUNETA: Sí.

MALANDRÍN: Pues aunque cuente
        otros distintos casos el Ariosto,[35]
        considere el que cuide de su fama
        que uno es poema, otro melodrama.

BRUNETA:
        ¡Quién (¡ay, ama!) se viera en tu paraje!

LOS DOS COROS:
        ¡Iza, iza![36] ¡Buen viaje! ¡Buen pasaje!

AGRAMANTE:
        Pues por sí logra el culto aquel consuelo
        de que la gratitud responda al celo.

REINALDOS:
        En aplauso del día
        diciendo se corone la alegría:
                        Toda la música
        De Luis y de Luisa el consorcio feliz
        aplauda en Madrid el común regocijo,
        siguiéndose al logro que vivan eternos
        la luz de Isabel, el valor de Filipo,
        y repitiendo los aires, polos y signos
        «¡Buen viaje, buen viaje»! que honor de su
                                                [gloria
        aclaman dos orbes sus dueños invictos.
        «¡Buen viaje, buen viaje»!, que en los corazones
        es sólo un concepto mil gozos distintos,
        siguiéndose al logro, que vivan eternos
        la luz de Isabel, el valor de Filipo.

---

[30]Izquierdo
[31]Rajas de madera resinosa que sirven para alumbrar.
[32]Viento frío del Norte.
[33]Dios del matrimonio.

[34]Ruta.
[35]Autor de *Orlando furioso*, que sirvió de fuente para esta
zarzuela. Véase la Introducción.
[36]¡Levanta las velas!

El sainete

RAMÓN DE LA CRUZ (1731-1794)

Durante el Siglo de Oro entremeses como los de Quiñones de Benavente deleitaban al público a tal punto que a veces el éxito de la comedia dependía de los intermedios. La costumbre de representar una pieza breve entre los actos de una obra más larga perduró hasta mucho después de la edad áurea. De hecho, una obra de teatro de la segunda mitad del siglo XVIII solía contener por lo menos dos intermedios principales, de los cuales canciones y bailes formaban una parte integral. Para muchos espectadores, estos intermedios eran lo más interesante y atractivo del espectáculo.

El sainete representa, entonces, una continuación del género entremesil. La palabra *sainete* se refiere a una salsa que se pone a ciertas comidas para hacerlas más ricas. Asimismo, el sainete es la «salsa» que hace más apetitosa la obra principal. Se trata de una pieza jocosa en un acto, de ambiente y personajes populares, que se representaba como intermedio de una comedia o al final, aunque a veces estas obritas eran montadas con autos sacramentales o como funciones independientes. A menudo se intercalaban breves composiciones musicales cantadas que se llamaban *tonadillas*, algunas de las cuales llegaron a ser muy populares. Como indica J.M. Sala Valldaura, durante los dos primeros tercios del siglo XVIII la única diferencia entre un entremés y un sainete era que aquél se representaba en el primer entreacto de una pieza mientras éste se representaba durante el segundo. Más tarde empezó a dominar el término *sainete*. En el ambiente de reforma que caracteriza la época que estudiamos, este tipo de pieza breve llegó a desempeñar un papel especial, ya que a veces la única manera de atraer al público a las nuevas obras de índole neoclásica o de mantener su interés durante una larga serie de representaciones—como durante las fiestas de Corpus, por ejemplo—era mudando regularmente de sainetes (Coulon x). Algunos de los reformadores, disgustados por el ambiente bajo y callejero de estas obras y por la necedad de sus tramas, sugirieron que se suprimieran los sainetes.

La renovación del llamado «género chico» que llevó a cabo Ramón de la Cruz se debe en gran parte a las innovaciones escenográficas de principios de siglo. Si dramaturgos populares como Antonio de Zamora y José de Cañizares, que también cultivaron el teatro menor, habían podido valerse de la nueva tecnología escénica, sus seguidores a menudo representaban sus obras en viejos teatros y no disponían de la maquinaria teatral más reciente.

La situación mejoró después del proceso reformador del conde de Aranda (1766-1773), que resultó en la modernización de ciertos teatros. Las renovaciones favorecían el costumbrismo sainetero de Ramón de la Cruz al permitir que se perfeccionara la ilusión de la verdad (Coulon, *Le Sainete* 129). Es decir, hacían posible que se imitaran en la escena lugares de Madrid—por ejemplo, la Plaza Mayor, el Rastro, la pradera de San Isidro, etc. Estas reconstrucciones le encantaban a un público afanoso de espectáculos.

Al mismo tiempo, De la Cruz era sensible a las normas neoclásicas y expresa en diversas ocasiones ideas estéticas compatibles con las de la ilustración. Sala resume así: «En el sainete de costumbres y la comedia en un acto, la preocupación escenográfica y la inquietud moral son esquinas distintas de un mismo edificio, justamente el que revela el carácter innovador del teatro de Ramón de la Cruz, pese a su tradicionalismo ideológico» (xxxviii).

Se ha caracterizado el estilo de Ramón de la Cruz de impresionista. Los sainetes a menudo carecen de un argumento coherente; son más bien fragmentarios, trozos de conversaciones no siempre entrelazados, sin principio ni fin. Los intercambios son rápidos y naturales, y el lenguaje, informal, popular, vívido. Lo que complica la lectura para el lector moderno es el hecho de que las entradas y salidas no siempre se anuncian. Además, la lista de personajes que aparece al principio de la obra suele mencionar diferentes tipos—el majo, el petimetre—sin identificarlos por nombre. Si se menciona algún nombre, es el del actor asociado con el papel; el del personaje se revela sólo en el diálogo.

John H. Moore define algunos de los arquetipos más comunes del sainete de Ramón de la Cruz: el *abate* es un eclesiástico que ha tomado órdenes probatorias pero que puede optar por no ingresar en la Iglesia; típicamente es un hombre pobre que utiliza su posición en la Iglesia para circular entre gente de clase alta. Listo, agudo, talentoso, es experto en cuestiones de moda y otros asuntos imprescindibles para el éxito social. A menudo sirve de espía o agente secreto para adelantar los intereses de sus amigos. El *cortejo* puede ser el amante de la dama o solamente su acompañante. Si un señor viejo y rico no desea llevar a su esposa a funciones sociales, a la ópera o al teatro, puede permitir que la acompañe el cortejo, que también goza de privilegios sexuales. *El majo* y *la maja* son de clase baja, pero sumamente soberbios. Según Moore, revelan cierta influencia francesa, pero al mismo tiempo representan una reacción contra los franceses. El majo está siempre listo para pelear por cualquier provocación. Típicamente no trabaja, aunque le importan muchísimo su ropa y su apariencia física. La maja, que en las obras de Ramón de la Cruz es a menudo vendedora de frutas o verduras, también es peleadora y pretenciosa. Los *petimetres* y *petimetras* son de la clase media-alta y reflejan la influencia francesa. En los sainetes de Ramón de la Cruz parecen interesarles sólo los paseos y fiestas, la ropa y las vacaciones. El petimetre suele ser soltero mientras la petimetra es casada. El *payo* y la *paya* son rústicos que se encuentran en Madrid. Se sienten fuera de lugar y a menudo son fuente de humor. Se caracterizan por su inocencia, la cual se contrasta con la astucia del majo. El *Usía* (vuestra excelencia) es el noble; aparece con poca frecuencia en la obra de Ramón de la Cruz. (Moore 26-27)

Aunque estos arquetipos no son invenciones de don Ramón, su manera de enfocarlos y combinarlos es original. Dice Sala: «Gracias a una mayor complejidad en su composición, el sainete incluye relaciones de comicidad más cercanas al *reírse-con* que al *reírse-de*, bastante más a menudo que el teatro breve anterior. Por lo mismo, admite la parodia menos burda, al igual que una identificación estética por parte del público mucho más profunda y plural: caben todos los modelos interactivos de identificación...» (xxxviii).

Traductor y adaptador, De la Cruz vertió al español un gran número de obras francesas, y varios críticos, recalcando su familiaridad con el teatro extranjero, lo han acusado de imitador. En contraste, Sala alega que de la Cruz «connatura-

lizó por completo sus fuentes y las adaptó al sainete que cultivaba, por ejemplo cambiando finales o ampliando el papel del gracioso» (lxiv).

Ramón de la Cruz escribió diversos tipos de sainetes. Palacios distingue tres categorías: 1.) Sainetes de costumbres sociales: a) de ambiente rural b.) de ambiente madrileño 2.) Sainetes literarios: a.) de costumbres teatrales b.) polémica literaria c.) parodia literaria 3.) otros. Sala menciona los siguientes tipos: 1.) Los de procedencia carnavalesca o tradicional. 2.) Los «de figuras», que subrayan ciertos defectos de tipos reconocibles. 3.) Los que giran alrededor de una burla. 4.) Los de costumbres, que giran alrededor de alguna usanza o de un grupo social. 5.) Los que giran alrededor de algún individuo, por ejemplo, un petimetre o un advenedizo y se distinguen por su perspectiva moral. 6.) Los polémicos, en que el autor se defiende de los ataques literarios y morales que se le hacen.

Desde un punto de vista estructural, no hay una verdadera distinción entre los diversos tipos de sainete. Más importante que las diferencias compositivas que puede haber entre ellos es la característica que separa todas ellas del teatro breve anterior: el enfoque moral, que es un producto de la concepción neoclásica. Mientras que el entremés y el sainete anterior típicamente concluyen con la llegada providencial de algún personaje (un juez, un vecino) que pone fin al conflicto, las piezas de Ramón de la Cruz terminan a menudo con el arrepentimiento del personaje que había sido objeto de burla y con un consejo moral. Esta inversión de conducta corresponde al uso ilustrado de la comedia y coloca al autor dentro del marco del teatro neoclásico. Un buen ejemplo es *La oposición a cortejo,* en que doña Orosia y su amiga, doña Elvira, hacen planes para conseguir un buen compañero para Laura, la hija de aquélla. Doña Elvira es una mujer casada muy experimentada en cuestiones de cortejos. En contraste, la joven, recién casada y totalmente enamorada de su marido, se opone al proyecto. Cuando interviene don Patricio, marido de Laura, y afirma que sabe lo que están tramando las dos mujeres, doña Elvira reconoce su error y la cordura de su joven amiga.

El sainete que se reproduce aquí, *La pradera de San Isidro,* fue estrenado en el teatro del Príncipe en Madrid en 1766 y fue concebido como «fin de fiesta», es decir, se debía representar después de la obra principal. Ilustra bien el uso de recursos escenográficos, como se ve en la larga acotación en la página 135 en la cual el autor describe el escenario. La acción se divide en dos partes. La primera tiene lugar en la casa de don Nicolás y se representa «en la fachada», o en un pequeño salón. La segunda se representa en la pradera de San Isidro, recreada por el tramoyista, quien se valdrá de los bastidores (armazón de madera o metal que se puede pintar), innovación que ha reemplazado las cortinas tradicionales y permite aumentar el impacto visual de la escena. En el telón de fondo se habrá pintado la ermita de San Isidro. Se ha incluido en la lista de personajes los nombres de ellos.

La pradera de San Isidro

Personajes

Cirilo, paje — Juliana, criada
Don Nicolás, amo — Juan, payo
Nicasia, paya, esposa de Juan
Lorenzo, payo
Paquilla, paya, esposa de Lorenzo
Un niño de pecho, hijo de los payos
Méndez, maja — Isidora, maja
Esteban, majo — Rafael, majo
Joaquina, maja que toca el pandero[1]
Niso, majo pobre — Calderón, soltero
Domingo, gallego, lacayo de Calderón
Gertrudis, tostonera — Vicenta, naranjera
Don Fernando, petimetre — Eusebio, petimetre
Pascual, oficial de coches — Antonia, su esposa
Juan Manuel, guitarrista — Un chico
Algunos muchachos
Empieza en la fachada o salón cortísimo.[2]

Sale Chinica,[3] de milítar, con redecilla[4] y un espejito mirándose.

CIRILO: ¡Hola!, ¡pardiez que me está
mejor la cofia[5] encarnada
que el peluquín y no pesa
un adarme![6] ¡Fiera carga

es para un mísero paje
peluquín por la mañana,
peluquín al mediodía,
la tarde y la noche larga
peluquín, y peluquín
cuando tal vez se levanta
a media noche porque
le ha dado un soponcio[7] al ama!
¡San Isidro de mi vida,
esta tarde, ante su santa
ermita, te he de hacer voto
de llevarte, si me sacas
del triste oficio de paje,
un paje de cera blanca!
Sale Mariquita.[8]

JULIANA: ¿Oyes, pajuncio?[9]
CIRILO: Usted mande.
sirvienta.
JULIANA: De mala gana
te mando yo a ti, pero es
preciso, porque[10] me traigas
dos cuartos[11] de harina y dos
de alfileres.
CIRILO: ¿Eso es para
componerte? La verdad.
JULIANA: Para lo que me da gana;
¿eso qué te importa a ti?
CIRILO: Es que si te pones guapa
tan sólo con la intención
de lucir dentro de casa,
aquí estoy yo; pero si es
para estarte a la ventana
o lucirlo en otra parte,
el que lo ha de ver que vaya
por ello.
JULIANA: ¿No sabes que
tengo licencia de mi ama
yo para ir a San Isidro?
CIRILO: También me la tiene dada
a mí el amo.
JULIANA: De ese modo
es regular que no salga
su merced[12] y que se quede
de guardián.

---

[1] Instrumento rústico de percusión.
[2] Muy pequeño.
[3] Nombre del actor que hace el papel de Cirilo.
[4] Pequeña red que sirve para recoger el pelo.
[5] Red que sirve para cubrir la cabeza.
[6] Peso antiguo equivalente a menos de dos gramos.
[7] Desmayo.
[8] Nombre de la actriz que hace el papel de Juliana.
[9] Forma despectiva de «paje».
[10] Para que.
[11] Moneda de poco valor.
[12] **Es…** Es normal que usted.

CIRILO: Si eso llegara
a suceder, tú no ignoras,
mujer, que la única gracia
que suele tener un paje
es cortejar a madamas.

JULIANA: Siquiera por no irme sola,
te permitiré que vayas
conmigo.
¿Y no, si tuvieras
otro?
Cirilo saca el bolsillo.[13]
Entonces lo pensara.
¿Qué vas a ver?
El estado
en que tengo la mesada[14]
de los tristes veinticinco
reales. Si yo los gastara
con juicio; estamos a quince
hoy, doce y medio quedaban. ¡Hola,
hola!, no estamos mal,
que hay siete reales[15] de plata
y mucho vellón[16]; lo que es
para refresco y naranjas,
puedo dejarte servida.

JULIANA: Deja a ver, si se levanta
el amo, qué es lo que dice:
que aún puede ser que no salgan las
cuentas como se ajustan.

CIRILIO: En el reloj de la sala,
¿qué hora era cuando saliste?

JULIANA: Las tres y media muy dadas.

CIRILIO: Hoy que tenemos que hacer
ha tomado siesta larga
el amo; y el día que uno
la duerme, luego le llaman...

JULIANA: ¿Quieres ver qué presto le hago
despertar?

CIRILIO: ¡Que no pasara
una tropa de tambores
ahora por la calle!

JULIANA: Traza
hay mejor que ésa.

CIRILO: ¿Cuál es?

JULIANA Disparar yo mi garganta
y cantar, como que acaso
de que duerme descuidada
estuve.

CIRILO: Bien dices, y
canta recio, ya que cantas.

JULIANA: Verás qué ruido armo con
mis seguidillas[17] gitanas.

*Canta las seguidillas y luego sale NICOLÁS
Esperezándose , en cuerpo,[18] como de casa.*

D. NICOLÁS ¡Que no has de tener un poco
de miramiento,[19] muchacha!
Sabes que estoy recogido,
y mueves una algazara[20]
y unos gritos que pudieran
oírse desde la plaza.
¡Cierto que es muy lindo modo!

CIRILO: Yo diciéndoselo estaba
ahora, pero ella es así.

D. NICOLÁS: Anda, que tan buena alhaja
eres tú como ella.

CIRILO: ¿Sí?
Pues crea usted que me agrada
la comparación porque
ésta vale mucha plata.

D. NICOLÁS: Buen par de mozos sois ambos!
Anda, ve, tráeme la capa,
el sombrero y espadín.[21]

CIRILO: ¡Adiós con la colorada![22]
Mi gozo en el pozo.[23] *(Vase.)*

JULIANA: Pues
qué, ¿va usted fuera de casa?

D. NICOLÁS: Sí, voy a dar un paseo
por ahí, a que me esparza
la cabeza.[24]

JULIANA: Pues, señor,
a mí me ha dado mi ama
licencia por esta tarde
para ir con una paisana
a San Isidro.

D. NICOLÁS: Pues ve,
que la casa bien guardada
queda quedándose el paje.
Sale CIRILO.

CIRILO: Aquí están capote, espada
y sombrero.

D. NICOLÁS: Oyes, Cirilo,

---

[13]Bolsa pequeña.
[14]Pago mensual.
[15]Moneda antigua.
[16]Moneda de cobre, de poco valor.

[17]Tipo de aire popular (y el baile que le corresponde).
[18]**Esperezándose...** estirando los miembros.
[19]Respeto.
[20]Ruido.
[21]Espada corta.
[22]Se refiere a la capa roja del amo, que él mismo pensaba
ponerse para salir.
[23]Refrán que quiere decir que todo se ha echado a perder.
[24]**Me...** descanse, me desahogue.

¿a qué hora mandó que vayas
tu ama por ella?

CIRILO: A ninguna;
antes dijo esta mañana
su merced, cuando salió,
que es regular que la traigan
en el mismo coche que
va con las otras madamas
a paseo.

D. NICOLAS: Pues supuesto
que por hoy no la[25] haces falta
quédate en casa, y cuidado
que cierres bien y no abras
a nadie.

CIRILO: ¿ Usted no se acuerda
de que ya me tiene dada
licencia de ir a bureo?[26]

D. NICOLÁS: No puede ser, que Juliana

CIRILO: ha de salir.
                    Yo también.

D. NICOLÁS: Eso de que los dos salgan
no puede ser.

CIRILO: Pues, señor,
que se quede la criada.

JULIANA: Señor, que se quede el paje.

D. NICOLÁS: Esas cuentas ajustadlas
entre vosotros, con tal
de que quede asegurada
la casa con uno; y cuenta
que lo que mando se haga. *(Vase.)*

[Juliana y Cirilo deciden salir juntos y volver antes de
que lleguen los amos. Para que nadie los reconozca, se
disfrazarán, él con la ropa y el peluquín del señor, ella
con la basquiña (falda con pliegues) del ama.]

*Se entran y se descubre la vista de la ermita de San
Isidro en el* foro, *sirviendo el tablado a la imitación
propia de la pradera con bastidores de selva y algunos
árboles repartidos, a cuyo pie estarán diferentes ran-
chos[27] de personas de esta suerte: de dos árboles grandes
que habrá en medio del tablado, al pie del uno, sobre
una capa tendida, estarán ESPEJO, CAMPANO, PA-
QUITA y la GUERRERA, de payas, merendando con un
burro en pelo[28] al lado, y un chiquillo de teta sobre el
albardón,[29] que sirve de cuna, y lo mece JUAN cuando
finge que llora. Al pie del otro estarán bailando seguidillas la MÉNDEZ y la ISIDORA, con ESTEBAN y RA-*

*FAEL, de majos ordinarios, de trueno,[30] y la JOAQUINA,
etc. Al primer bastidor se sentará NISO, solo, sobre su
capa, y sacará su cazuela, rábanos, cebolla grande,
lechugas, etc., y hará su ensalada sin hablar, y al de
enfrente estará arrimado CALDERÓN, de capa y gorro
y bastón, con una rica chupa,[31] como atisbando las
mozas; seis u ocho muchachos cruzarán la escena con
cántaros de agua y vasos y ramos de álamo, y al pie del
telón en que está figurada la ermita se verá el paseo de
los coches, y a un lado un despeñadero en que rueden
otros muchachos; y, en fin, esta vista puede el gusto del
tramoyista hacerla a muy poca costa, y hacerla plausible
con lo referido y lo que se le ofrezca de bello y natural.
En ella GERTRUDIS y VICENTA se pasean vendiendo
tostones y ramilletes.*

*Seguidillas, que canta el coro y bailan los majos ordina-
rios, y al mismo tiempo llora el niño y rebuzna el burro.
La señora Joaquina estará con un pandero aquí si
saliese.*

CORO *(Canta.)* El señor San Isidro nos ha enviado,
                    porque le celebremos,
                    un día claro.
                    Bien lo merece,
                    pues es paisano nuestro
                    pese a quien pese.

GERTRUDIS: ¡Tostones tiernos, tostones!

VICENTA: ¡Ramilletes y naranjas!

JOAQUINA: ¡Ea!, vamos a merendar, que la gente
está cansada.

JUAN: Al borrico y al muchacho
darles algo, a ver si callan.

NICASIA: ¿Primero mientas al burro
que al niño? ¡Miá[32] tú qué gracia!

JUAN: Los mayores en edad
y saber, es cosa clara
que han de ir en primer lugar.
Daca[33] la bota, Nicasia.

NICASIA: No bebas mucho, que tienes
que volver a pie a Aravaca.[34]

JUAN: ¿Qué importa? Cuanto más bebo yo,
tengo menos legañas.

PAQUILLA: *A la ro, ro, gua, gua, gua.*[35]
¡Calla, hijo de la borracha!

---

[25]Le.

[26]Juerga, fiesta.

[27]Grupos.

[28]Sin adorno.

[29]Silla de montar.

---

[30]Matones.

[31]Vestidura ajustada al cuerpo que se usa bajo la casaca.

[32] Mira. (vulgarismo)

[33] Dame.

[34] Lugar cerca de Madrid.

[35] Palabras que Paquilla murmura para calmar al niño,
que lleva en brazos.

NICASIA: Cuenta que está aquí su madre;
Paquilla, mira cómo hablas.
PAQUILLA: ¿Y eso qué importa? Aunque fuera su
madre un grande de España,
yo soy su tía, y le puedo
llamar lo que me dé gana.
NISO: Yo me llamo Juan Palomo[36]:
solito haré mi ensalada
y la comeré solito;
muy buen provecho me haga.
(Saca un frasco largo con el ajo.)

Salen Blas y Eusebio, de chuscos.[37]

FERNANDO: ¡Vaya, que está la Pradera,
amigo, que ni pintada![38]
EUSEBIO: Oyes, Fernando, ¿no ves
qué linda es aquella paya?
Al viejo que está con ella
conozco; y si no me engaña
la memoria, se casó
el año pasado. Calla,
que sin duda es su mujer.
EUSEBIO: Vamos a la deshilada[39]
a armar un rato de broma,
que me gusta aquella cara
FERNANDO: Demos por ahí otra vuelta,
pensaremos con qué traza
llegar, y a ver si yo caigo
también en cómo se llama.
EUSEBIO: No dices mal, que esta gente
es maliciosa, aunque sana.
FERNANDO: ¿Hay para todos, amigo?
(Pasando a Niso y se entran.)
NISO Y para más.. que se vayan.

Sale CALDERÓN.

CALDERÓN: Mucho tarda mi lacayo,
aunque no es mala ventana
ésta, y me divierto en ver
las buenas mozas que pasan

Salen de oficiales,[40] *como de maestro de coches*[41] *y de sastre, con vestidos de día de fiesta, PONCE e IBA- RRO, y las señoras PAULA y GRANADINA, muy hue- cas y bizarras, con cofias; y JUAN MANUEL con la*

guitarra debajo del brazo, trayendo dos de ellos servi- lletas atadas y platos que figuren la merienda.

PASCUAL: Toda la Pradera casi
la tenemos ocupada
GINÉS: Pues elegid breve un puesto,
que ya me pesa la carga.
PAULA: No está malo este pradito.
ANTONIA: Bien dice; tended las capas
y despachemos con ello,
que yo también estoy cansada.

Forman rancho.

PAULA: Enfaldémonos,[42] Antonia,
que está la yerba mojada
y se echa a perder la ropa.
ANTONIA: Y además de eso se mancha.
¡Qué lindo guardapiés![43], ¿cuándo
lo has estrenado?
PAULA   Esta Pascua
hizo mi Ginés un terno[44]
para un lugar de la Mancha,
y de un retal que quedó,
como de unas treinta varas,[45]
hice este guardapiés y una
colchita para la cama.
GINÉS: Los pobres sastres, amiga,
nos vestimos de las miajas
que sobran de los vestidos
que en el taller se trabajan.
ANTONIA: Por eso que un oficial
de maestros de coches nada
puede utilizar, sino
que pille astillas o estacas.
PASCUAL: Anda, que también los maestros
cuando visten a las cajas
se visten ellos...
ANTONIA: Ginés,
haz ese pernil[46] tajadas
mientras parto los cogollos,
y tú templa esa guitarra,
que luego hemos de bailar.
GINÉS: Y ahora, para hacer ganas.
CALDERÓN: Ya viene aquí mi Domingo.

Sale, de lacayo, Antonio de la Calle.[47]

---

[36] Se llama así a un hombre que no vale nada. El refrán es: «Juan Palomo, yo me lo guiso y yo me lo como».
[37] Graciosos.
[38] Excelente.
[39] **A...** De uno en uno.
[40] Grado entre aprendiz y maestro.
[41] Maestro carpintero que se dedica a hacer coches.

[42] Recojamos nuestras faldas.
[43] Vestido de tela fina que baja en redondo desde la cintu- ra hasta los pies.
[44] Traje bonito.
[45] Medida de unos 84 centímetros.
[46] Jamón.

DOMINGO: Señor, hay mozas bizarras
y de muy buen cariterio,
peru maldita lla casta
de la que you he cunucido.[48]

[Un chico pasa vendiendo agua y pelea con Niso, que quiere que le dé un poco pero no está dispuesto a pagar. Vienen unos cuantos muchachos, y unos apartan a Niso y otros le destruyen la merienda a pedradas y echan a correr luego. Niso vuelve a su sitio y recoge lo que puede en los cascos. Pasan Gertrudis y Vicenta, hermanas, vendiendo tostones la primera y ramilletes y naranjas la segunda. Calderón ofrece maliciosamente comprar tostones si Gertrudis se los lleva a su casa, pero Vicenta lo hace callarse.]

Sale JULIANA, de basquiña, buena bata y mantilla, con CIRILO, muy petimetre, de capa y una gran espada que le arrastre.

CIRILO: ¡Los conocidos que tienes!
¡Mujer, con todos te paras!
JULIANA: Aquí venimos a ver
y ser vistos.
CIRILO: Destapada
no vas bien, que si encontramos
al amo, ¡buena se arma!

Sale de majo, siguiéndolos, Fuentes.[49]
PEDRO: La Julianita es aquélla,
mi compañera pasada;
pero va con un usía,
no sé si me atreva a hablarla.
CIRILO: ¡Como soy, vas hecha una
señora pintiparada![50]
JULIANA: ¿Qué me falta para serlo?
Sólo que alguna buena alma
con dinero me quisiera,
se empeñase en verme guapa
y se casara conmigo.
CIRILO: O que a mí me acomodara
el amo.
JULIANA: ¿En qué, majadero?
CIRILO: En una de aquellas plazas
que acomodan a los pajes

porque son pajes.
JULIANA: ¡Ea!, calla;
no me rompas la cabeza.
PEDRO: No, pues el que la acompaña
no parece gran persona:
voy a darle una puntada.
¿Va usted arando, caballero?[51]
CIRILO ¿Qué dice usted?
PEDRO Le avisaba
que esa espada es prohibida.
CIRILO: ¿Por?
PEDRO: Porque no es de la marca.
CIRILO: Me la he mandado yo hacer
crecedera, por si salta
cuando riño la mitad,
salir con mi media espada.
JULIANA: ¿Oyes, don Cirilo? Mira:
allí está el sastre de casa
con su familia... *(A Pedro.)* ¡Don Pe
[dro!
PEDRO: Adiós, señora Juliana.
JULIANA: ¡Cuánto ha que no he visto a usted!
CIRILO: ¿También éste es camarada?
JULIANA: Sí, hemos sido compañeros.
PEDRO: Y buenos.
CIRILO: ¿No regañaban
ustedes nunca?
JULIANA: ¡Oh, amigo,
tiene esotro otra crianza
que tú!
CIRILO: También tú con él
serías quizá mejor criada.

[Antonia invita a Juliana y Cirilo a unirse a su grupo y les ofrece comida. Cirilo quiere aceptar, pero Juliana se niega, y el paje no quiere dejar que se vaya con Pedro. Sin embargo, Juliana insiste. Cirilo se queda con Ginés y sus amigos y Juliana se aleja con Pedro.]

PEDRO: ¡Cuanto ha! Más ha de año y medio
JULIANA: ¿Y es empleo de importancia?
PEDRO: Oficial mayor de un puesto
de lotería.
JULIANA: No es mala
prebenda[52]; pues de ese modo
mucho es que usted no se casa.

---

[47] Nombre del actor que hace el papel de Domingo.

[48] **Y...** y de muy bonita cara, pero maldito el linaje de la que yo he conocido. (Domingo es gallego y deforma las palabras castellanas.)

[49] Simón de Fuentes, el actor que hace el papel de Pedro.

[50] **Como...** Juro por mi misma existencia que vas como toda una señora.

[51] El Chinita, actor que hacía el papel de Cirilo era muy bajo. De la Cruz aprovecha su estatura para provocar la risa, haciendo que lleve una gran espada, la cual arrastra como si estuviera arando.

[52] Puesto que requiere poco trabajo pero da buenas ganancias. Se usa aquí con ironía, ya que normalmente el término se refiere a un beneficio eclesiástico.

PEDRO:	Lo voy pensando despacio.
JULIANA:	Yo soy de usted apasionada, porque
	ha sido siempre mozo
	de gran juicio y de esperanzas.
PEDRO:	¿Por dónde hemos de ir?
JULIANA:	Sigamos
	por aquí, si a usted le agrada.
	Se entran.
PAULA:	¡Esto es tener buenos amos,
	don Cirilo, que regalan
	a sus criados!
CIRILO:	Yo lo soy
	de usted.
PAULA:	No ha cuasi nada
	que se hizo en casa esa chupa.
GINÉS:	Y a fe le costó bien cara.
ANTONIA:	¡Vaya, señores!, ¿qué hacemos?,
	¿merendamos o se baila?
JUAN MANUEL:	Bailen, que no ha de volver
	desairada mi guitarra.
ANTONIA:	Pues bailemos; pero si
	se arrima mucha gentualla,[53]
	yo al instante me arrellano.[54]
MÉNDEZ:	Vaya, toca la guitarra
	y empecemos a bailar.
PAULA:	Yo jamás replico a nada.
NISO:	La ensalada no está limpia,
	pero está bien machacada.

Se arman dos corros de baile: el primero de las majas ordinarias, con el pandero; y el segundo, de las señoras PAULA y GRANADINA, con GINÉS y CIRILO, al son de la guitarra de Juan Manuel, y éste y la señora Joaquina cantan cada uno a los suyos.

CALDERÓN:	¿Oyes, Domingo?
DOMINGO:	Señor.
CALDERÓN:	¿Este majito que baila
	no es mi sastre?
DOMINGO:	Ya se ve,
	y su mujer es la sastra.
CALDERÓN:	*(Acercándose.)* Pasar quiero por allí
	que a fe que ha escogido brava
	ropa el dicho sastrecito.
	Adiós, Ginés.
GINÉS:	*(Se levanta)* Señor, vaya
	su señoría con Dios;
	ello no es cosa apropiada
	para usía, mas si usía
	gusta, de muy buena gana...
CALDERÓN:	Yo lo estimo. ¿Oyes?, ¿no sabes

	que me han traído de Francia
	un vestido muy bonito?
GINÉS:	No, señor; yo iré mañana
	a tomar medida y verlo.
CALDERÓN:	Mejor será que no vayas,
	que quiero yo ir a tomar
	las medidas a tu casa.
GINÉS:	Siempre que usía gustare.
CALDERÓN:	Adiós; ya se me olvidaba:
	¿está aquí tu mujer?
GINÉS:	Ésta
	es. ¿Por qué no te levantas
	y hablas a su señoría?
PAULA:	Ya voy.
GINÉS:	Señor, perdonadla,
	que es muy corta.[55]
CALDERÓN:	Señorita,
	usted vea si me manda.
PAULA:	Servir a usía.
CALDERÓN:	¿Y la otra,
	quién es?
ANTONIA:	*(Muy aguda.)* Yo soy su cuñada.
PASCUAL:	¡Que todos estos señores
	hayan de tener la maña
	de ser preguntones!
CALDERÓN:	¡Hola!
	¡Es muy viva y muy aseada!
CIRILO:	*(Aparte.)* Ya podía estar digerida
	la merienda. ¡Lo que tardan
	estas gentes! Caballeros,
	que se enfría la ensalada.
CALDERÓN:	No quiero hacer mala obra.
	(Se retira.) ...
ANTONIA:	¡Brava visita te espera,
	Antonia! ¡Así te regalas tú!
PAULA:	Sólo estos parroquianos
	consiente Ginés que vayan
	a visitarme.
ANTONIA:	¿Porque es
	viejo? ¡Mira tú qué tacha![56]
	Los viejos son como el oro,
	hija, que no ocupa nada
	donde le ponen, y cuando
	le necesitan le hallan.
PASCUAL:	¡Hola, mujer, lo que sabes!
ANTONIA:	Ni aun tú, que tanto me tratas,
	sabes la mujer que tienes.
PASCUAL:	Pues vuelve a decir palabras
	semejantes, y verás
	si vuelves descalabrada.
ANTONIA:	¿Tú a mí?

---

[53] Gentuza.
[54] Vuelvo a sentarme.

[55] Tímida.
[56] Defecto.

PASCUAL: Yo a ti, ¿y por qué no?
ANTONIA: Pues si tú me levantaras
la mano, ¿habías de volver
a Madrid con las quijadas?
PASCUAL: Pues toma, a ver cómo lo haces. *(Le tira un plato, que pasa por cima.)*
ANTONIA: ¡Ay, hermano, que me mata
este hombre!
GINÉS: *(Se levanta.)* ¿Quién eres tú
para cascar mi hermana?
PAULA: *(Se levanta.)* ¡Ginés, por amor de Dios!
PASCUAL: *(Se levanta.)* Su esposo, y puedo cas-
[carla
siempre y cuando...
CIRILO: Dice bien.
(Aparte.) Riñan, que todo es ganancia
para mis dientes. Señores,
que se enfría la ensalada.
(Sigue merendando.)
PAULA: Sentarse; no alborotemos
toda la Pradera.
PASCUAL: En casa
lo verás. Vamos, merienda.
ANTONIA: ¡Veneno![57]
CIRILO: ¡De ésas me hagan!
GINÉS: Ella es viva, y tú temoso,
y vele ahí cómo se arman
quimeras.
PAULA: Dejemos eso
y merendemos en gracia
de Dios.
CIRILO: ¡Que no haya durado
la pendencia hasta mañana!
JUAN: Mira, mujer, mira cómo
duerme el hijo de mi alma.
NICASIA: Déjale, no se despierte.

[Salen Eusebio y Don Fernando. Éste trata de hacerle una mala jugada a Juan, pero el payo sabe proteger sus intereses.]

Sale DON NICOLAS.
D. NICOLÁS: ¡ Semejante desvergüenza
no sé yo dónde se haga!
EUSEBIO y
FERNANDO: Amigo...
D. NICOLÁS: Adiós, caballeros. ¡Que
cupiese tal infamia!
FERNANDO: ¿Por qué vais de tal humor?
D. NICOLÁS: He encontrado a mi criada,
a quien hoy dimos licencia
de venir con su paisana

a paseo, con un chulo[58]
sola, haciendo mil monadas
y dando qué decir.
EUSEBIO: ¡Toma,
eso es corriente!
D. NICOLÁS: No para
aquí el chasco,[59] sino que
se ha puesto la mejor bata
y vuelos de mi mujer.
FERNANDO: Nada de eso nos espanta;
¿y la habéis dicho algo?
D. NICOLÁS: No,
que no es justo alborotara
este concurso.
EUSEBIO: ¿Y el paje?
D. NICOLÁS: Ése me ha salido alhaja:
es muchacho muy honrado
y tiene ley[60] a la casa.
CIRILO: Mi amo... ¡Voto va al demontre![61] *(Se pone la capa.)*
PASCUAL: ¿Para qué os ponéis la capa?
CIRILO: Me ha dado un poco de frío.
FERNANDO: No son mal par de muchachas
las que están en este corro.
D. NICOLÁS: Mi sastre es: eso me agrada.
¡Ginés!
GINÉS: El caso es que ya
ha llegado usté al Deo gracias.[62]
Don Cirilo nos ha honrado.
D. NICOLÁS: ¡Cómo!
CIRILO: ¡No te atragantaras!
D. NICOLÁS: ¡Mi paje!
GINÉS: Pues, no le veis?
PASCUAL: Levantáos, ¿no veis que llama
el amo?
CIRILO: ¿Habrá sastre alguno
más hablador?
D. NICOLÁS: ¡Ah, canalla!
¿conque la casa, por fin,
dejasteis abandonada
los dos? ¡Y qué es lo que miro!:
¿mi ropa más reservada
te atreves a usar!
CIRILO: ¡Señor!...
D. NICOLÁS: Aquí no hay señor que valga;
y tengo de escarmentarte
a porrazos y a patadas.

----

[57] Que sea veneno.

[58] Tipo gracioso y picaresco, pero descarado y atrevido.
[59] Broma.
[60] Lealtad, buena voluntad.
[61] Diablo (eufemismo).
[62] **A**... a Dios gracias, saludo común.

Pégale de patadas y con el espadín.

CIRILO: Señor, que se aja[63] la chupa,
               y que el peluquín se arrastra.
FERNANDO: Dejadle, que se alborota
               esto.
D. NICOLÁS: ¡Aunque se alborotara
               el mundo!
VOCES: ¡Riña, pendencia!
               Llegan todos.
CIRILO: El que lo viera, pensara
               que yo he hecho una picardía.
TODOS: Dejadle, señor; ya basta.
D. NICOLÁS: No basta, pero le dejo
               sólo por no hacer aciaga[64]
               la tarde de San Isidro.
               y porque esta humorada
               otra sea complemento
               más festivo.
EUSEBIO y
FERNANDO: Declaradla.
D. NICOLÁS: Ella lo dirá al instante,
               y si todo esto no basta
               para merecer aplausos
               del auditorio...
TODOS: A sus plantas
               pedimos hoy, reverentes,
               siquiera un perdón de gracia.

Teatro neoclásico

AGUSTÍN DE MONTIANO Y LUYANDO (1697-1764)

La preocupación principal de los neoclásicos era la renovación poética y, aunque los antiguos consideraban el teatro un ramo de la poesía, los innovadores dieciochescos no dirigieron su atención al drama hasta la segunda mitad del siglo. Las obras de estilo barroco de las primeras décadas del siglo XVIII, aunque muy populares, no perduraron. La publicación en 1749 de una edición de varias obras de Cervantes, con prólogo de Blas Nasarre, estimuló un nuevo interés en el teatro. Respondiendo a críticos franceses que censuraban el teatro del Siglo de Oro por la falta de disciplina y moderación de los dramaturgos, que prestaban escasa atención a las normas

---

[63] Estropea.
[64] Desgraciada.

aristotélicas, Nasarre elogia el teatro de Cervantes porque éste sí respeta las reglas. Sin embargo, los comentarios de Nasarre se refieren más bien a la comedia.

En 1750 Agustín Montiano y Luyando publicó su *Discurso sobre las tragedias españolas,* que también contiene una defensa de las normas de Aristóteles, además de su drama original, *La Virginia,* el cual esperaba que sirviera de modelo para la tragedia en España. Según explica el autor, emprendió la defensa del teatro nacional como acto patriótico, ya que los españoles apenas respondían a las censuras de los extranjeros, a pesar de que el Siglo de Oro había producido un gran número de obras compuestas estrictamente según las reglas clásicas. Aunque satisfecho de la defensa de la comedia española que había hecho Nasarre, Montiano creía que era esencial demostrar también el valor de la tragedia. A este fin analiza un gran número de obras, haciendo hincapié en el respeto que los dramaturgos españoles tenían a los preceptos clásicos, pero sin pasar por alto los abusos de las normas de muchos de ellos. Reconoce que el período en el cual se escribieron tragedias según las reglas fue relativamente corto en España y que la corrupción dramática que siguió ha durado hasta entonces. Montiano sugiere que se retoquen y corrijan algunos de los dramas menos defectuosos, aparentemente sin darse cuenta de que autores como Pierre y Thomas Corneille ya lo habían hecho al adaptar obras españolas a la escena francesa (Cook 116). Insiste en que el pueblo español tiene una predilección por la tragedia, aunque reconoce que las masas de cualquier país siempre prefieren entretenimientos ligeros y licenciosos. Ofrece *La Virginia* como ejemplo de una tragedia que podrá reestablecer el honor y la fama de España en el campo literario.

La crítica dieciochesca y decimonónica así como la moderna han sido menos entusiastas que Montiano con respecto a *La Virginia.* En el primer tercio del siglo XIX Martínez de la Rosa escribió en su *Apéndice sobre la tragedia española:* «erudito, juicioso, grave, Montiano enseña con cordura, critica con sensatez, sabe a fondo su arte; pero así que se presenta, por decirlo así en las tablas, se descubre el buen humanista, pero no el poeta trágico» (Citado en Ruiz Ramón 338). Hoy en día se considera una obra confusa y oscura cuyo interés principal es histórico. Es cierto que Montiano se adhiere a los preceptos clásicos y utiliza temas inspirados por la historia romana, pero su argumento es tan inverosímil que apenas tiene interés para un público moderno. Las fuentes inmediatas de *La Virginia* son Livio y Dionísio de Halicarnaso; también existen versiones más modernas de Juan de la Cueva y del dramaturgo francés Campistron, a quien en su Prólogo el autor asegura no haber leído sino hasta después de componer su propia obra.

La Virginia comienza con una conversación entre Virginia y su criada Publica que informa al espectador de la situación en la cual se encuentra la protagonista. Virginia, hija de Lucio, es la prometida de Icilio, pero Claudio el decemviro está enamorado locamente de ella. Temerosa de encontrarse con él en un festival religioso que debe tener lugar en el Foro, Virginia se muestra taciturna. Icilio, interpretando su silencio como una seña de inconstancia, la reprende. Cuando se entera de la razón de su inquietud, decide vengarse de Claudio, pero Numitor, el tío de Virginia lo detiene, convenciéndole de que debe solicitar la ayuda de los senadores Valerio y Horacio. Cuando Ilicio parte para buscarlos, Nimitor manda llamar a Lucio.

En un monólogo al principio del segundo acto, Claudio explica que, como jefe del Imperio Romano, tiene poder supremo y por lo tanto, Virginia debe ceder a su deseo. Marco, secuaz del decemviro, le aconseja que la fuerce a someterse a su voluntad. Valerio y Horacio llegan para interrogar a Claudio acerca del asesinato de un general romano. La reacción violenta del decemviro les convence de que él mismo es responsable del crimen y por lo tanto merece ser castigado..

En el tercer acto, Claudio declara su amor a Virginia, quien lo rechaza. Cuando él la amenaza, ella huye reclamando la venganza de los dioses. Marco asegura a Claudio que puede hacer que Virginia ceda, pero antes de que revele su plan, llega Ilicio para ofrecer sus servicios al decemviro, quien se pone furioso. Icilio jura que tomará venganza antes de la puesta del sol.

Marco explica su plan en el cuarto acto. Declarará que Virginia no es la hija de Lucio, sino de uno de sus esclavos, y por lo tanto pertence

al decemviro. Cuando el secuaz de Claudio reclama la persona de Virginia, Icilio y Numitor llegan con sus seguidores para protestar. Viendo que está en peligro, Claudio promete hacer justicia, pero él mismo juzga la causa y, por supuesto, entrega Virginia a Marco.

El quinto acto comienza con la llegada de Lucio, quien está convencido de que no puede salvar a su hija del decemviro. Finge someterse a la justicia de éste y pide permiso para hablar a solas un momento con Virginia. Se ausenta, y cuando vuelve poco después anuncia que ha matado a la joven y a Marcos. Icilio ataca a Claudio, quien, temiendo no sólo el furor del amante de Virginia sino también el de las masas romanas, huye y se suicida. Los romanos claman justicia y parten a la búsqueda de los cómplices de Claudio a fin de castigarlos. Ilicio se queda a hacer los preparativos para los funerales de su amada, a la memoria de quien piensa mandar construir un magnífico monumento.

Montiano nació en Valladolid de una familia ilustre. Cursó gramática, retórica y poesía antes de dedicarse al estudio de las Leyes. Blas Antonio Nasarre, defensor de la comedia española, fue su profesor en el Colegio del Padre Eterno. Como casi todos los escritores de su época, Montiano se dedicaba a la escritura en sus tiempos de ocio. Ocupó el puesto de Secretario de la Junta de Comisarios españoles e ingleses. Luego desempeñó una plaza en la Primera Secretaría del Despacho Universal del Estado y fue miembro supernumerario de la Academia Española. En 1738 fundó la de la Historia; fue elegido su primer director y luego se le designó director perpetuo. En 1746 ocupó el puesto de Secretario de la Cámara de Gracia y Justicia de Castilla.

En 1750 Montiano publicó su primera defensa de la tragedia española, acompañada de *La Virginia*. En 1753 apareció su segunda defensa, además de la obra *Ataúlfo*. A pesar del poco éxito de su teatro, Montiano era un crítico muy respetado. Durante el siglo XVIII se iniciaron las primeras investigaciones serias sobre la vida y obra de Cervantes. En 1704 se publicó una traducción francesa del *Don Quijote* de Alonso Fernández de Avellaneda, autor de la segunda parte apócrifa de la obra maestra de Cervantes. Curiosamente, varios críticos españoles —entre ellos Montiano— opinaron que Avellaneda era mejor escritor que Cervantes. Aunque pocos defenderían este punto de vista hoy en día, una prueba de la admiración que se le tenía a Montiano durante su época es su nombramiento a la Academia de los Arcades, con el sobrenombre de Leghinto Dulichio. Más tarde, llegó a ser académico de honor y conciliario de la de Bellas Artes.

Virginia

Claudio decreta que Virginia le pertenece por ser hija de una esclava suya.

VIRGINIA:

No disimules, Claudio, que ya alcanzas
que puedo comprobar lo que adelanto[1]
a costa de[2] mi rabia y tu sonrojo.[3]
Y así, antes que, indefensa, me atropelles,
y que el bastardo gusto facilites,
que a tanta sinrazón te precipita;
antes, pues, que la cólera me ahogue,
si aun no lo hace pensar en el agravio;
clamaré, descompuesta, a las Deidades,
(Alzando la voz.)
si no me escuchan con piedad las gentes,
publicaré,[4] porque[5] lo sepan todos,
que es tu villano, que es tu torpe afecto
el único principio...

CLAUDIO:

         No prosigas,
esclava vil. Tú, Marco, la reprime;
y proteged vosotros lo mandado.
Dicho esto a los lictores,[6] pasa Marco a tomar la mano de Virginia.

VIRGINIA:

¿Qué importa que lo intenten, si no es fácil
Levanta la voz, tratando desasirse.

---

[1]Digo, mantengo.
[2]A... con el trabajo de, por medio de.
[3]Acción ofensiva.
[4]Haré público, anunciaré.
[5]Para que.
[6]Entre los romanos, ministros de justicia.

que a su rigor mi queja se sujete.
¡Ciudadanos de Roma, Icilio...!

MARCO:

         Calla,
Amaga a taparla[7] la boca.
o usaré del poder que me es debido
por reprimir a tu insolente labio.

NUMITOR:

¡Marco, Claudio! No así su honor se ultraje;
templad vuestros enojos hastar oírme.

VIRGINIA:

Mi dueño, Icilio, vuelve por tu esposa!
¿Dónde estás, que no vienes a mis voces?
Icilio con algunos romanos, que al salir quita a Virginia con ímpetu de la mano de Marco.

ICILIO:

Ya estoy aquí, mi bien. Bárbaro, aparta;
que no es bien que, sacrílego, profanes
mano que aún no me es lícito que toque.
Tu demanda falaz voló ligera,
hasta llegar a mí, de boca en boca,
en la voz de ese pueblo, que la grita
como el último horror de tus maldades.
El que esparcido aún y errante, vaga
sin salir de los límites de Foro,[8]
confuso gime, e irritado espera
la certidumbre, que con causa duda.
Tú sólo, ciego en el baldón que emprendes,
no miras, obstinado, lo que agravias;
y vanamente tu altivez confía
que su alevosa pretensión se logre.
Pero viviendo Icilio, ¿presumiste
que la declare a tu favor ninguno?

CLAUDIO:

¿Mientras tuviere[9] Roma quien la juzgue,
puede estar la razón sujeta al miedo?
Tarde, Icilio, tu audacia lo pretende;
pues una vez por mí determinado
no lo harán revocar tus amenazas.

---

[7]Taparle.
[8]Plaza en Roma donde se trataban los negocios públicos y donde el pretor o magistrado celebraba los juicios.
[9]Futuro del subjuntivo de *tener*. Hoy día se diría *tuviera*.

ICILIO:

No serán, Claudio, no, mis voces sólo
las que a la infame decisión se opongan;
que aún tiene el brazo reservadas fuerzas
para exponer a tu furor cruento[10]
y al que ostentan tus míseros secuaces
hasta el postrer recurso de la vida,
y el último ardimiento de las venas;
antes que permitir, mientras durare[11]
el espíritu menos animado,
que Marco lleve para ti mi esposa.
¿No te basta, cruel, el que abolidos
estén por tu ambición y felonía
cónsules y tribunos; que era el cierto
común asilo de nobleza y plebe?
¿No te aplaca el haber, infiel, quitado
la apelación del pueblo a la gran junta;
refugio propio, y la mayor defensa
de la preciosa libertad de todos,
sino que quieres, con obsceno insulto,
con villana opresión y trato aleve,
manchar el limpio honor de las romanas,
y reducirlas a insolente pasto
del ansia criminal de tu apetito?
Sacia, sacia la sed que te consume
en cuanto reputares[12] por riqueza;
o sáciala, si no, por más estrago,
en nuestra pura y generosa sangre;
pero no te encarnices en las almas,[13]
voraz y hambriento, con furor lascivo,
que no es posible que romanos pechos
a tan feo sufrir se prostituyan.
Aún vive en su vergüenza la memoria
de sus primeros y altos fundadores;
así hallarás que habrá, si los provocas,
quien acompañe el ejemplar de Bruto.[14]
A mí (si es que el temor aprisionara
los ímpetus que veo concitados[15])

me ha de sobrar, en la pasión que imito,
no menos su virtud que su coraje.
¿Yo recibir tan singular belleza,
cuando me está del padre prometida,
de la indecente, de la impura mano
del vil negociador de tus antojos?[16]
No, Claudio: no lo espere, no, tu ciego,
bajo pensar, tu disoluta idea.
Ese pueblo que ves, que me acompaña,
y el que, feroz, a nuestra acción atiende,
no ha de asentir a tu sentencia inicua:
ni faltarán a Lucio los soldados
que su valor y su honradez conocen.
Y cuando a esta impiedad no hubiera nadie
que por mi honor y el suyo resistiese,
mi corazón, y en él su dueño, bastan
a impedir que, obcecando, la ejecutes.

CÁNDIDO MARÍA TRIGUEROS (1736-¿1799?)

Aunque varios dramaturgos intentaron renovar el teatro español creando obras originales, existía una escuela conservadora que abogaba por la refundición de dramas del Siglo de Oro. En su *Ensayo sobre el teatro español* (1772), Tomás Sebastián y Latre apoyó la idea de que el teatro clásico español era la mejor expresión del alma del pueblo. Aunque, en su opinión, Lope, Calderón y los otros luminares del Siglo de Oro habían traspasado los límites del buen gusto con sus excesos escenográficos, los argumentos de sus obras eran excelentes y se podían adaptar a las reglas clásicas. Para Sebastián y Latre, el rescatar estas piezas, muchas de las cuales habían caído en el olvido, era un servicio que los dramaturgos contemporáneos debían al público. Él mismo emprendió la refundición de dos obras de Moreto, las cuales fueron recibidas tibiamente.

No fue sino hasta el momento en que Cándido María Trigueros compuso *Sancho Ortiz de las Roelas*, basado en *La Estrella de Sevilla*, obra atribuida a Lope de Vega, cuando una refundición tuvo éxito en las tablas. En su Advertencia a la versión publicada en 1800, Trigueros escribe que

---

[10]Cruel.

[11]Futuro del subjuntivo de *durar*. Hoy día se diría *durara*.

[12]Futuro del subjuntivo de *reputar* (apreciar, estimar). Hoy día se diría *reputaras*.

[13]**No...** no te muestres cruel con la gente.

[14]Ahijado de César que participó, con su amigo Casio, en una conspiración contra el emperador. Símbolo del que pone los ideales ante el respeto a la autoridad y las relaciones personales.

[15]Conmovidos.

---

[16]Se refiere a Marco.

aunque Lope llamó a su drama una comedia, es en realidad una tragedia, con personajes sublimes y situaciones magníficas y patéticas. Afirma que Lope sí respeta las tres unidades en la versión original, pero dice que él las ha realzado, evitando cambios de escena —es decir, de lugar— excepto entre los actos. También ha omitido todo lo que precede a la verdadera acción del drama. A causa de los cambios de lugar, ha aumentado el número de actos a cinco, lo cual le ha obligado a agregar muchos versos originales y a ampliar algunas de la situaciones que apenas se mencionaban en la fuente. A pesar de estos cambios, Trigueros insiste en que ha guardado intacta la esencia del argumento.

El primer acto de la obra tiene lugar en un salón del Real Alcázar en Sevilla. El rey confía a Arias, su confidente, que adora a Estrella, hermana de Bustos Tabera y amada de Sancho Ortiz de las Roelas. Se siente desolado porque todo intento por satisfacer su pasión ha sido vano. Arias propone un plan: eliminar a Bustos Tabera para que así el Rey tenga mayor acceso a Estrella. El ejecutor del plan será el mismo Sancho Ortiz de las Roelas. El Rey acepta. Llama a Sancho y le comunica una orden de ejecución, sin decirle el nombre del que ha de morir. Ofrece compensarlo casándolo con quien desee. Para su futura protección, le da por escrito la orden, pero Sancho rompe el papel, asegurando al Rey que para él es suficiente la palabra real. Se marcha llevando la nota que contiene el nombre de su víctima.

Bustos ha decidido casar a su hermana con Sancho Ortiz de las Roelas para proteger la constante amenaza a su honra que la belleza de la doncella provoca. Al salir del palacio, Sancho recibe una nota de Estrella en la cual se le anuncia una «buena nueva». Pero su alegría no durará mucho. Se entera, acto seguido, del nombre de su víctima: su mejor amigo y, como si ello fuera poco, próximo cuñado. Reflexiona y, finalmente, decide ser fiel a la palabra empeñada al Rey. En los pasillos del palacio se encuentra con Bustos, que viene a decirle que ya lo ha casado con su hermana «por escritura». Para gran sorpresa de éste, Sancho se pone bravo —«Casarme quise con ella, / mas ya no, aunque me la dais»— y desafía a Bustos a un duelo.

En el Acto II, la escena cambia a un salón o gabinete en casa de don Bustos. Estrella conversa con su criada Teodora, quien insinúa los peligros que resultarán si el Rey asiste a la boda. Estrella insiste en que el Rey es justo y le tendrá respeto. Llega entonces el alcalde, Pedro Guzmán, trayendo el cadáver de Bustos Tabera. Estrella, dolorida, pide que llamen a Sancho Ortiz para que se encargue de vengar la muerte de su hermano. Guzmán le comunica que Sancho Ortiz es el asesino. Éste, por su parte, está arrepentido de su crimen. Se declara el Caín de Sevilla y clama por su propia muerte. Aunque se declara culpable, rehúsa confesar los móviles del crimen. Cuando se encuentra con Estrella, ella lo recrimina y él se defiende culpando al destino, sin ofrecer mayor explicación. La sinrazón de la situación se expresa por medio de una serie de contradicciones: «y le maté con razón, / matándole sin motivo; / cometí una atrocidad, / mas no cometí delito». Al no contestar cuando Estrella pregunta si el Rey es responsable de su actuación, Sancho implica al monarca, pero Estrella está demasiado confusa para comprender. Aumenta la tensión; Sancho parece hablar en círculos y Estrella se desespera.

El tercer acto se desenrolla en otro gran salón del Alcázar. El Rey, al ser informado de lo acontecido, simula sorpresa. Ante Arias, sin embargo, lamenta los excesos que ha provocado su pasión. Estrella pide al Rey que le entregue al homicida. Él, temeroso, promete concederle tal deseo, suponiendo que quiere ella vengar la muerte de su hermano con sus propias manos.

El Acto IV nos lleva a una prisión en el castillo de Triana. Sancho persiste en no dar explicaciones a su crimen. Sólo pide la muerte. Arias, enviado por el Rey, lo interroga y Sancho sutilmente critica al Rey por no haber cumplido, como él, con su palabra. Estrella libera a Sancho Ortiz apenas se lo entrega el Rey. Sostiene que lo sabe justo y está segura que fue forzado a cometer el delito. Sancho, sorprendido, se niega a aceptar la libertad y sigue pidiendo la muerte. Se separan los amantes; Sancho espera su sentencia.

El último acto nos devuelve al salón del Alcázar, donde se le informa al Rey de lo sucedido. Pide que lo lleven, en secreto, a Sancho Ortiz.

Mientras tanto, reflexiona y decide liberar a éste para evitar remordimientos futuros. Así se lo pide a sus jueces y, aparentemente, los convence. Éstos, sin embargo, fallan en sentido contrario: A Ortiz se le ha de cortar la cabeza. El Rey, ante Estrella y Sancho, viola la decisión de sus jueces. Libera a este último y lo envía, como general, a la frontera de Granada. Los jueces protestan; el Rey, algo contrariado al ver que todos son héroes menos él en Sevilla, se declara culpable y reconoce públicamente haber ordenado a Sancho Ortiz la muerte de Bustos Tabera.

Los jueces se dan por satisfechos y dicen que así Sevilla se desagravia. Sancho se siente complacido con tal descargo. El Rey destierra a Arias y entonces se dispone a cumplir su promesa de casar a Ortiz cuando éste cumpliera su orden. Queda sorprendido al enterarse de que Sancho y Estrella ya están casados por escritura. Sin embargo, a pesar de amar a Ortiz, Estrella se niega a vivir con él dado que es el homicida de su hermano. Decide entrar en un convento mientras su amante se marcha a pelear contra los moros.

Aunque Trigueros simplifica la trama original, conserva el conflicto central entre el honor y el amor, además del tema del desorden causado por los excesos del monarca, quien en principio debería servir de emblema del orden social. La obra contiene, además, algunos pasajes muy logrados y conmovedores que inspiraron elogios de críticos de la época de Trigueros así como de académicos más modernos. De hecho, Menéndez Pelayo llamó *Sancho Ortiz de las Roelas* «uno de los grandes acontecimientos teatrales de aquella época». El éxito de Trigueros probó que las refundiciones podían agradar al público y, aunque el autor falleció antes de que se representaran las tres últimas que hizo, después de su muerte Vicente Rodríguez de Arellano y Enciso Castrillón revisaron algunas obras de Lope según las reglas neoclásicas. En 1802 se estrenó *El precipitado*, comedia lacrimosa original de Trigueros, la cual se había publicado siete años antes en Sevilla.

Sancho Ortiz de las Roelas

Personajes

El Rey don Sancho el Bravo
Don Sancho Ortiz de las Roelas, Veintiquatro[1] de Sevilla
Don Bustos Tabera, Veintiquatro de Sevilla
Doña Estrella Tabera, hermana de don Bustos, amante de don Sancho
Teodora, criada de doña Estrella
Clarindo, criado de don Sancho
Don Arias, confidente del Rey
Don Pedro de Guzmán, Farfán de Ribera, alcaldes mayores de Sevilla
Pedro de Caus, alcaide[2] del castillo de Triana
Pueblo   Ministros de Justicia

Acto II, Escena VII.

FARFÁN:
  Nosotros también el preso
  llevemos, que si le ha visto,
  su dolor.

ESTRELLA:
           Farfán, tened.

FARFÁN:
  ¿Qué mandáis?

ESTRELLA:
               Este hombre digo
  que no os llevéis.

FARFÁN:
                   Ved, señora,
  que llevárnosle es preciso.

ESTRELLA:
  Yo la justicia venero,
  y sus decretos no impido;
  pero detenedle os ruego.

FARFÁN:
  Deténganse, si así os sirvo.

---

[1]Regidor del ayuntamiento.
[2]Guardián.

ESTRELLA:

Sostenme, Teodora, un poco; *Se quiere esforzar a*
levantar; da un paso, y bajando la voz, vuleve a
sentarse.

sostenme, que estoy sin brío...
y acércame a ese infelice,
de mi sosiego enemigo,
que fue duro como un mármol
y está como un mármol frío...
Vuélveme a sentar, amiga...
no pueden mis pies conmigo... *Sancho, que ha*
estado como parado, llora al ver esto.
¿Lloras, Sancho? ¿en ese pecho
tan feroz y empedernido
pudo lástima caber
del pesar y dolor mío?,
¿del dolor que vos causáis?
Acercádmelo, os suplico,
que aun la voz alzar no puedo.

SANCHO:

Gran Dios, ¿hay mayor suplicio?

ESTRELLA:

Dime, corazón de piedra,
Sancho, por mi mal, nacido,
de odio y amor junta extraña,
y origen de mis martirios;
¿en qué te ofendió mi hermano?
Estrella ¿en qué te ha ofendido?
De donde esperé el amparo
la desolación vino.
¿Y no sabré yo la causa,
qué ocasión, o qué motivo
me trajo la desventura
de donde esperé el alivio?

SANCHO:

Pues veis que un corazón duro,
cual³ decís, y empedernido
llora, ¿qué me preguntáis?
leed el interior mío,
que estas lágrimas os dicen
todo aquello que no digo.
El dolor que ellas publican
del aparente delito

pudiera ser gloria acaso
si fuera de ella más digno;
pero de ser digno dejo
porque lo soy de sentirlo.

ESTRELLA:

Yo no os entiendo, don Sancho.

SANCHO:

Ni yo me entiendo a mí mismo.

ESTRELLA:

¿No sabías las venturas
que el amado hermano mío
te preparaba?

SANCHO:

Señora,
Bustos propio me las dijo.

ESTRELLA:

¡Y pagaste su fineza
con darle la muerte, impío!

SANCHO:

Pues entonces le maté,
ved cuál sería el motivo.

ESTRELLA:

¿Dio él la causa?

SANCHO:

No la dio.

ESTRELLA:

¿Os la di yo?

SANCHO:

¿Estáis sin juicio?
¡Vos ofender a don Sancho!

ESTRELLA:

Pues si los dos no hemos sido,
¿quién pudo tanto con vos
que os arrastró a un precipicio?
¿Ha sido el Rey?

SANCHO:

¡Ay, Estrella!

---

³Como.

No fue sino mi destino.
Maté a un hombre, maté a Bustos,
maté a mi mejor amigo,
a un hombre tal, que primero
me mataría a mí mismo,
y le maté con razón,
matándole sin motivo;
cometí una atrocidad,
mas no cometí delito.
Ni puedo, ni diré más,
y aún más que debiera he dicho;
entended vos lo que callo
por lo mismo que no digo.

ESTRELLA:

Id, hombre duro y tenaz,
contradicción de vos mismo,
id donde os llama un misterio
que decir queréis destino;
id a la muerte y gozaos
con aumentar mis conflictos.
Que pues sólo os explicáis
para no ser entendido,
pues placer os da la pena
que acrecienta mi martirio,
yo seré la ejecutora
de vuestro justo castigo.
Quitad, Farfán, de mis ojos,
quitad, os ruego, ese risco;
que es más duro en la disculpa
que fue en el mismo delito.

FARFÁN:

El cielo, Estrella, os consuele.

SANCHO:

Llevadme a morir, amigos;
llevadme al punto[4] a morir,
que ya no puedo sentirlo.[5]

NICOLÁS FERNÁNDEZ DE MORATÍN (1737-1780

La reforma en el teatro a mediados del siglo XVIII se debe en gran parte a los esfuerzos de Nicolás

---

[4] **Al...** Pronto.
[5] Aguantarlo.

Fernández de Moratín, quien, en *Desengaños del teatro español* (1762-63), censura a los dramaturgos del Siglo de Oro y defiende los preceptos del Neoclasicismo. Un año más tarde publica en *El Poeta* unas sátiras que había compuesto en su juventud contra el teatro de Lope y Calderón. Moratín alega que el drama de los siglos áureos es fundamentalmente inmoral porque en él se aplaude el mal mientras la virtud se desprecia. Se queja, además, de su falta de realismo y en particular, de sus anacronismos. Le ofende que los autores no respeten las tres unidades y alega que los múltiples argumentos a veces son complicados y difíciles de seguir. En resumidas cuentas, encuentra que el teatro del Siglo de Oro es de mal gusto—para un crítico neoclásico un pecado imperdonable. Gracias a los escritos de Moratín y a la campaña que hizo José de Clavijo y Fajardo en *El Pensador* contra el teatro barroco, que aún gozaba de gran popularidad, en 1765 el gobierno prohibió que se representaran autos sacramentales en España.

La petimetra (1762) de Moratín es el primer intento de hacer una comedia de acuerdo con las normas dramáticas del Neoclasicismo. Según Moratín hijo, Montiano, quien ya había escrito dos tragedias, desafió a don Nicolás a emprender la creación de una comedia neoclásica. El resultado fue *La petimetra.* Aunque nunca se representó, su prólogo o «disertación», que contiene otra crítica del teatro del Siglo de Oro, alcanzó un público bastante amplio. En este ensayo Moratín adopta una posición algo más moderada. En vez de dirigir diatribas contra la obra entera de los grandes dramaturgos del pasado, reconoce que hay cosas de valor en el teatro de Lope y Calderón. John A. Cook sugiere que Moratín se dio cuenta de que los intentos de Nasarre y otros críticos de imponer las nuevas normas neoclásicas habían fracasado, alejando a un público que interpretaban sus censuras como un ataque contra el honor nacional, y por lo tanto empleó en su «disertación» un tono más suave, menos fanático. (211) Tal vez para contrarrestar las acusaciones de «afrancesado», él, como sus predecesores, insiste en que lo motiva un deseo de vindicar a su patria de las burlas de críticos extranjeros. Pero las imperfecciones de las comedias españolas son tan serias, dice, que hay que reconocer que se justifican algunos de los comentarios negativos que se han hecho al respecto. Para templar su censura, celebra la fluidez del lenguaje de Calderón y la discreción de dramaturgos como Solís, Rojas, Moreto y Candamo.

A pesar de los argumentos de Moratín, el público seguía prefiriendo el estilo barroco y *La Petimetra* no tuvo éxito. La comedia gira alrededor de una compleja trama amorosa, la cual se desarrolla, principalmente, entre Damián, Félix, Jerónima y María. Sucede entre ellos una serie de triángulos: Damián se enamora de Jerónima, que goza de fama por su hermosura y su riqueza. Félix también se enamora de ella, haciéndole competencia a Damián y formando así el primer triángulo. Pronto María, prima de Jerónima, se enamora de Félix, creando otro triángulo paralelo. Cuando Damián empieza a mostrar interés por María, se sugiere la posibilidad de la formación de otro triángulo más en el cual participarán Damián, María y Félix. La presencia de las criadas Martina y Ana, habladoras sin pelos en la lengua, le confiere a la comedia un toque de humor.

A pesar de la falta de entusiasmo del público, en 1763 Moratín escribió otra obra, esta vez una tragedia llamada *Lucrecia,* basada en la historia de una matrona romana que se suicidó después de haber sido ultrajada por un hijo de Tarquino el Soberbio. Esta obra, que también iba precedida de un prólogo, recibió una crítica muy negativa. Sin embargo, en 1770 Moratín publicó otra tragedia, *Hormensinda,* cuya protagonista era hermana del héroe nacional Pelayo. Esta obra se representó debido a los contactos del autor, aunque los actores se opusieron con vehemencia a su «estilo afrancesado». En 1777 escribió una tercera tragedia, *Guzmán el bueno.* A pesar de que el teatro de Moratín fue un fracaso crítico y comercial, estas obras establecieron los fundamentos clásicos y nacionales del teatro neoclásico.

La Petimetra

Disertación [fragmento]

Aunque el arrojarse uno a empeños imposibles con razón es vituperado tan de los cuerdos, suele haber pasiones tan vehementes que, ofuscando el entendimiento, no dejan conocer la temeridad. Yo bien conozco la mía; pero el amor de la Patria puede tanto conmigo que, a trueque de vindicarla en lo que pueda de las injurias de los extraños, me expongo evidentemente a las de los críticos y maldicientes de casa. Bien pudieran excusarme esta afrenta muchos doctos españoles que, con más felicidad, más años, y más estudios que los míos, sabrán perfeccionar la Comedia. Solamente esta proposición era empeño de mayores fuerzas, pues parece blasfemia el decir que, habiendo en el mundo Lope, Calderón, Moreto, Solís, Candamo[1] y otros, haya que añadir perfección a la Comedia; pues lo cierto es que los extranjeros, y algunos naturales, se burlan de las nuestras; y aún ha habido quien afirme que no tenemos una perfecta. Lope dice que escribió seis con las reglas que manda la Arte Poética,[2] con que fuera de éstas, que él no señala cuáles sean, ni a mi noticia han llegado, podemos con licencia suya echar a un lado, por desarregladas, y consiguientemente imperfectas, las muchas que produjo aquel insigne varón. Las disculpa que da no me parece digna del grande entendimiento suyo, pues dice que escribió sin el Arte por congeniar con el pueblo y dar gusto al vulgo ignorante, pero yo no puedo creer que, aunque al vulgo le agrade una cosa desarreglada (que no niego que sucede), le desagrade otra sólo porque está hecha según Arte. La razón es clara, y no la hay para que al vulgo le disguste una comedia, o tragedia, sólo porque guarda las tres unidades de tiempo, lugar y acción; y aun

---

[1]**Félix Lope de Vega y Carpio** (1562-1635): llamado Fénix de los Ingenios y Monstruo de Naturaleza, Lope escribió más de mil quinientas comedias y definió las normas para la escena española hasta fines del siglo XVII. **Pedro Calderón de la Barca** (1600-1681): el dramaturgo más importante del período barroco, escribió autos sacramentales, dramas filosóficos, teológicos y mitológicos, dramas de honor, comedias de capa y espada y otros tipos de obras. **Agustín Moreto y Cabaña** (1618-1669), maestro de la comedia psicológica. **Antonio Solís y Ribadeneyra** (1610-1686): historiador, poeta y dramaturgo, discípulo de Calderón. **Francisco Antonio de Bances Candamo** (1662-1704): autor de comedias históricas, religiosas, etc.
[2]De Aristóteles.

al mismo vulgo, que él tanto quiso agradar, le he visto yo muchas veces admirarse de que los niños pequeños se hagan hombres en el teatro, en un tan pequeño espacio, como es el de tres horas, que regularmente dura una representación, y no menos admiración es, que un vestido dure treinta o cuarenta años, o más, cuando se supone que los dura una comedia, cosa que he visto notada aun de los más ignorantes, sin más noticia del Arte que la razón natural y el descuido de los actores que hacen más visible la impropiedad con no deslucir un traje en tanto tiempo. Algunos juzgan que los Poemas Dramáticos son como los Épicos o Líricos, que refieren lo pasado, o lo futuro, sin que tenga conexión la duración de lo referido con la suya, pues en cortísimo espacio se pueden referir sucesos de muchos siglos; pero la Comedia, o Tragedia, no refiere lo pasado, sino lo presente, y, aunque sean lances muy antiguos, finge que están sucediendo, y cuanta más propiedad tenga la ficción será mejor la comedia, con que siendo inverosímil que en tres horas se vean cosas que se supone que pasan en muchos años, se sigue que la comedia ni está arreglada al Arte ni a la razón natural.

Así como es impropio que en tres horas se represente una crónica entera, lo es también que se mude la escena veinte, treinta o más leguas de donde se empezó. Esto no necesita de autoridades ni sutilezas para probarse, pues a cualquier hombre de juicio le parecerá imposible ver, sin moverse de un puesto, la fachada del Palacio nuevo,[3] el Capitolio de Roma,[4] y la Bahía de Argel. En la unidad de acción se han cometido tantos errores que juzgo que ellos han sido origen de los demás, pues, como han amontonado en las comedias tal multiplicidad de lances, ha sido preciso alargar la duración y alejarse muchas leguas para desatarlos todos. Aquí es donde oigo yo levantarse contra mí la turbamulta[5] de los necios, llamándome atrevido, temerario, sacrílego y blasfemo, enemigo de la Patria, pues digo contra sus hijos semejantes insolencias, habiendo merecido muchos de ellos los mayores elogios de los hombres más insignes del orbe; y, en fin, rematarán diciendo que las comedias, así como están, logran aplauso, y que si querré yo saber más que Lope, ni Calderón,

ni otros muchos que levantaron a los cielos las Musas[6] españolas. Pero ni todas esas voces me espantan, ni todos los defensores juntos estiman ni veneran más a nuestros célebres poetas que yo los estimo y los venero. El que le agraden al vulgo las comedias sólo porque estén desarregladas, con licencia del gran Lope, no me parece muy cierto: lo uno, porque el Arte está fundado en la razón natural, y ésta no desagradó a ninguno; y lo otro, además de otras razones, se infiere de la experiencia, porque al vulgo embelesó en la antigüedad el dulcísimo Terencio[7]. No ha mucho que el célebre Molière[8] fue admiración no sólo de los doctos, sino del vulgo de Francia. Hoy día aplaude hasta el vulgo de Alemania, y aun el de toda la Europa, los dramas que da a luz pública el famoso Abate Don Pedro Metastasio.[9] Y el vulgo de toda Italia corre ansioso a los teatros, por ver las comedias que continuamente produce el naturalísimo Goldoni,[10] abogado y poeta cómico veneciano, y, porque no falte ejemplo español, cuenten las alabanzas que han logrado justamente las grandes tragedias de *Virginia y Ataulfo* del Señor Don Agustín de Montiano[11], y verán que compiten con sus letras. Aplaudir yo a estos célebres varones es deslucirlos, pues nunca podré hacer más que repetir lo que a una voz pregona el mundo. Sólo digo que escribieron ajustadísimos al Arte y lograron los elogios referidos, con que se infiere de aquí que el Arte no es tan aborrecido del pueblo como le parece a Lope, y que una comedia, por sólo estar según Arte, no será mal recibida. Aquí vuelve otra vez el alboroto, diciendo que, estén o no estén según Arte nuestras comedias, ellas agradan así... Para agradar al pueblo no es preciso abandonar el Arte; y si alguna comedia o tragedia escritas sin él agradan, no es por la precisa circunstancia de que estén desarregladas, pues, si

---

[3]El actual Palacio Real de Madrid, que en tiempos de Moratín era nuevo.

[4]La fortaleza de Roma, que se encuentra en la colina Capitolina, donde se encontraban los templos de Júpiter, Juno y Minerva.

[5]Multitud confusa.

[6]En la mitología, las nueve diosas que presidían las diversas artes liberales y las ciencias.

[7]Poeta cómico latino (¿190?-159 antes de Cristo) que imitó a los griegos en sus obras.

[8]Escritor de comedias y actor francés (1622-1673), conocido por su feroz ironía y su don de observación de los vicios y flaquezas humanas. Entre sus obras más conocidas están *El Mísántropo, El Avaro* y *Tartufo*.

[9]Pietro Metastasio (1698-1782), poeta italiano, autor de tragedias musicales.

[10]Carlo Goldoni (1707-1793), escritor de comedias que hizo evolucionar el teatro de su país de los cuadros de la *commedia dell'arte* a las pinturas de costumbres con penetración psicológica.

[11]Dramaturgo contemporáneo de Moratín. Véase la página 140.

la tal composición tuviera el Arte, sería al doble más aplaudida. No solamente espero impugnaciones de los necios, pero aun de algunos más estudiosos que dirán que yo no escribo nada de nuevo, pues no hago más que repetir lo que dice Aristóteles en su *Poética*, y lo que han repetido muchísimos comentadores suyos en las más cultas naciones; pero esta impugnación me sirve de defensa contra la que me censure de introductor de novedades, pues nuestros más selectos autores han tocado ya este punto felizmente, y el condenar yo el método de nuestras comedias, no es atrevimiento mío, pues lo confesó primero el mismo Lope de Vega. . .

La Petimetra

Personajes

Don Damián　　　　　Don Rodrigo, su tío
Don Félix　　　　　　Ana, criada
Doña Jerónima　　　　Martina, criada
Doña María　　　　　Roque

La escena se presenta en Madrid, en el cuarto de Doña Jerónima.

ACTO III, ESCENA I

DON FÉLIX:　Ahora que solo he llegado,
y Jerónima y Damián
discurro que en misa están,
porque yo los he atisbado,
puede ser que halle ocasión
de hablar a doña María,
y decir la pena mía
con respeto y sumisión.
Martinilla puede ser
que dijese alguna cosa,
que una es parlera, curiosa
otra: una y otra mujer.

Escena II

MARÍA:　Don Félix, seáis bien venido.
FÉLIX:　Seáis, señora, bien hallada.
MARÍA:　Sea feliz vuestra llegada.
FÉLIX:　A los cielos eso pido.
MARÍA:　Qué, ¿no habéis acompañado
a mi prima?
FÉLIX:　　　　　　No, señora.
MARÍA:　¿Por qué?
FÉLIX:　　　　　Porque estoy ahora
más altamente empleado.
MARÍA:　¿Pues no estuviérais mejor
con mi prima?
FÉLIX:　　　　　No estuviera,

que a estarlo, lo dispusiera
de otra manera el amor.
MARÍA:　¿Qué amor?
FÉLIX:　　　　　El mucho que os tengo.
MARÍA:　Ahora es buena ocasión,
que de vuestra adulación
a hacer burla me prevengo.
FÉLIX:　¿De mis afectos hacéis
burla?
MARÍA:　　　Sí, don Félix, sí,
Porque lisonjero os vi,
Y vos bien lo conocéis.
FÉLIX:　¿Es lisonja la verdad?
MARÍA:　　　　　¿Qué verdad?
FÉLIX:　El que yo os quiero.
MARÍA:　Dudo el que sea verdadero.
FÉLIX:　¿En qué halláis dificultad?
MARÍA:　El corto mérito mío
me hace dudar.
FÉLIX:　　　　　Pues, señora,
rompa de una vez los grillos
a mi silencio, y aunque
el atrevimiento indigno
de proferir que os adoro
pague con un ceño esquivo,
mas que morir de cobarde,
vale morir de atrevido.
Don Félix soy de Contreras,
tengo un mayorazgo rico,
y esperando por instantes
estoy, señora, el aviso
de un pleito que a mi favor
se habrá sentenciado y visto;
y por si acaso saliese
en contrario, yo he venido
a hacer estas diligencias;
y porque sepáis que os digo
la verdad, esta mañana,
cuando a una posada arribo,
hallé a este Damián, que un
　　　　　　　　　　　　[tiempo
sólo fue mi conocido,
aunque él, por lo que le importa,
dice que somos amigos.
Trájome al instante aquí,
ponderándome el hechizo
de vuestra prima, a quien ama
él con afecto excesivo.
Yo confieso (ahora veréis
que es verdad lo que yo os digo)
que a la primer[12] vista todo

---

[12]Primer. El poeta usa esta forma para conservar el número de sílabas adecuado.

me arrebaté suspendido
de sus aparentes gracias.
No me avergüenzo al decirlo;
pero ya desengañado,
y habiendo bien advertido
cuán diferentes las dos
sois (y agradeced que omito
contar vuestras perfecciones),
ya de veras me he rendido
a vos; vuestro esclavo soy:
no queráis que amor tan fino
se malogre; que yo os juro
por los cielos cristalinos,
que no dejar de amaros,
mientras me miraren vivo.
Yo vengo recomendado
por cartas a vuestro tío,
y al instante que me vea,
como yo le he conocido
en Valladolid, me hará
cuanto agasajo imagino
pueda hacerme; y vos, señora,
no olvidéis lo que os he dicho.
Ved qué respondéis; que ahora,
sin salir de aqueste sitio,
espero de vuestra boca
la libertad o el suplicio.

MARÍA: Para responder, don Félix,
muchas cosas necesito.

FÉLIX: Decidme.

MARÍA: Satisfacerme
primeramente es preciso
de vuestro amor, porque quien
sin consideración quiso
a mi prima, y la aborrece
casi en el instante mismo,
es claro que no podrá
mostrar constancia conmigo.

FÉLIX: El querer a vuestra prima
fue impensado e improviso;
mas el quereros a vos
lance es ya muy prevenido.
Y si no, ¿no os acordáis
del que en Valladolid fino
aquella dichosa tarde
os libró de aquel peligro?

MARÍA: Es verdad: bien os conozco.

FÉLIX: Ved si mi amor es antiguo.

MARÍA: Pues ¿cómo amaste a mi prima?

FÉLIX: No os había conocido.

MARÍA: Ni ahora conocéis tampoco
el corto mérito mío.

FÉLIX: Pues yo os respondo también,
y con toda el alma os digo,
que el artífice supremo

mostrar su habilidad quiso,
cuando os formó tan hermosa;
y aunque no queráis oírlo,
decid que es por despreciarme,
y no busquéis coloridos
a[13] vuestro rigor; y ahora,
que ya el desengaño he visto,
quedaos con Dios.

MARÍA: Don Félix:
¡Qué, sois tan ejecutivo[14]!

FÉLIX: Para decirme sí o no,
que hay bastante tiempo he visto.

MARÍA: Pero decid, si a mi prima
no queréis y habéis querido
en un tan pequeño espacio,
¿Es recelo vano el mío?

FÉLIX: Que la quise a vuestra prima
no dije, que a haberlo dicho,
vive Dios que la quisiera,
aunque estorbos infinitos
se opusieran a mi intento;
y pues a vos os lo digo,
imaginad que es verdad,
o me doy por ofendido
de que a un hombre como yo
le tratéis de fementido[15];
pues quien engaña a una dama
hace tan grande delito.
Quede con Dios.

MARÍA: Mira, Félix.

FÉLIX: ¿Qué decís?

MARÍA: Que no me animo
a decir nada.

FÉLIX: ¿Por qué?

MARÍA: Porque es grande empacho el
                        [mío.

FÉLIX: Yo para engañar tengo;
mas cuando la verdad digo,
ella mesma me da alientos
a hablar lo que solicito.

MARÍA: Pues démele a mí también:
no extrañes, don Félix mío,
que este recato, en mí propio,
me tenga el labio encogido.
Ni extrañes, que ya que suelto
la voz, parezca al decirlo,
que yo estoy acostumbrada
a semejantes estilos;
porque el que una mujer mire
al santo fin que yo miro,

----

[13]Coloridos... pretextos para.
[14]Rápido; que no da ni permite espera.
[15]Engañoso, falso.

MARÍA: Mira, Félix.
FÉLIX: ¿Qué decís?
MARÍA: Que no me animo
a decir nada.
FÉLIX: ¿Por qué?
MARÍA: Porque es grande empacho el
                                    [mío.
FÉLIX: Yo para engañar tengo;
mas cuando la verdad digo,
ella mesma me da alientos
a hablar lo que solicito.
MARÍA: Pues démele a mí también:
no extrañes, don Félix mío,
que este recato, en mí propio,
me tenga el labio encogido.
Ni extrañes, que ya que suelto
la voz, parezca al decirlo,
que yo estoy acostumbrada
a semejantes estilos;
porque el que una mujer mire
al santo fin que yo miro,
ni es de su calidad mengua,
ni es de su fama delito.
Te vi, y bien me pareciste;
perdona, si no te digo
que te quiero, que me abrasa
la vergüenza al proferirlo.
Diez y siete mil ducados,[16]
y aun más es el dote mío,
yo soy tuya, así los cielos
lo han dispuesto y lo han querido:
y siento no tener cuanto
engendra el Potosí[17] rico,
para ofrecerte por muestras,
Félix, de lo que te estimo.
FÉLIX: No al oro y plata, señora,
a ti solamente aspiro.
MARÍA: ¿Me faltarás?
FÉLIX: ¿Qué es faltar?
Primero que lo que digo
falte, verás desplomarse
los círculos de zafiros.
MARÍA: Es que temo...
FÉLIX: Pues ¿qué temes?

MARÍA: si serás para cumplirlo.
FÉLIX: Más temo yo tus mudanzas,
MARÍA: Que no las temas te digo.
FÉLIX: Con que ¿no temo?
MARÍA: No temas.
FÉLIX: ¿Serás mía?
MARÍA: ¿Serás mío?
FÉLIX: Sí.
MARÍA   Sí.
FÉLIX: Pues adiós, señora.
MARÍA: Adiós... Pero aquí mi tío
viene.
FÉLIX: No importa, que yo
saldré bien de este peligro.

VICENTE GARCÍA DE LA HUERTA (1734-1787)

Raquel, de Vicente García de la Huerta, se considera la mejor tragedia neoclásica española. Fue representada en Madrid en 1778, aunque según John A. Cook, posiblemente se estrenara tres años antes en Barcelona, ciudad en que gozó de gran popularidad durante dos décadas (*Neo-Classic Tragedy* 283). Jerry Johnson coloca su estreno aun antes, en 1772, en Orán. El éxito de la pieza fue tal que después de su estreno y antes de su publicación, se hicieron más de dos mil copias de la obra, las cuales fueron distribuidas en España, Francia, Italia, Portugal y los países americanos (Cook 283).

El drama fue recibido favorablemente no sólo entre los neoclásicos sino también en la prensa popular, aunque los elogios no fueron unánimes, ya que críticos como Meléndez Valdés y Moratín censuraron la complejidad retórica del diálogo. Los estudiosos modernos han ofrecido diversas opiniones. R. Merritt Cox critica al dramaturgo por no «soltar a sus personajes emocionalmente», aunque la moderación es precisamente una de las características del Neoclasicismo (*Eighteenth-Century Spanish Literature* 90), mientras que Jerry Johnson opina que «Como personaje dramático, Raquel es la heroína más completa e interesante del teatro español hasta Azucena en *El trovador*» (*Cuatro tragedias* 75).

A pesar de la forma clásica de la obra, la materia es puramente española: se trata del amor de

---

[16]Monedas de oro.
[17]Monte hoy de Bolivia conocido por sus riquezas minerales; simbolizaba la riqueza extraordinaria. **Valer un Potosí** significa «tener un gran valor monetario».

Alfonso VIII, héroe de la Batalla de Las Navas de Tolosa (1212), por la judía Raquel. La leyenda es antigua; es tema de diversos romances y también de varias obras del Siglo de Oro, entre ellas *Las paces de los reyes y Judía de Toledo*, de Lope de Vega, *La desdichada Raquel*, de Mira de Amescua y *La judía de Toledo*, de Juan Diamante (refundición de la de Mira, la cual, a su turno, fue inspirada por un poema épico de Luis Ulloa titulado *Raquel*). El drama de Diamante siguió representándose hasta fines del siglo XVIII, aun después del estreno del de García de la Huerta.

Los tres actos de *Raquel* tienen lugar en el salón común de audiencia del antiguo alcázar de Toledo. La ciudad celebra el séptimo aniversario de la victoria de Alfonso VIII sobre los moros en la batalla de Las Navas de Tolosa. Sin embargo, la preocupación de los nobles por los amores entre el rey y la hermosa judía Raquel ensombrece la ocasión. Raquel ha llegado a ser demasiado poderosa —ella misma reconoce lo insólito del caso— y Hernán García de Castro, caballero que a través de la obra expresa los exaltados sentimientos patrióticos que tanto conmueven al espectador dieciochesco, exhorta a los castellanos a rechazar las fuerzas subversivas introducidas por la bella judía, quien ha traído «el lujo, la avaricia, y todo vicio» a la corte. El pueblo exige la muerte de Raquel. Cuando Alfonso se prepara para castigar a los rebeldes, García enumera las quejas del pueblo y convence al rey que debe expulsar a Raquel y a los demás judíos. Desgarrado entre el amor y el deber, el monarca cede a la razón y comunica su decisión a su amada.

En el segundo acto, los judíos piden a Rubén, confidente de Raquel, que interceda por ellos. La bella hebrea usa sus encantos para hacer que el rey revoque su orden y desoiga los consejos de Hernán García. Alfonso coloca a su amada en el trono con el propósito de obligar a los españoles a aceptarla como reina. Una vez en una posición de poder, Raquel se muestra soberbia, amenazando castigar a sus enemigos haciendo «alfombras» de sus «espíritus altivos».

En el tercer acto, el pueblo clama por la muerte de la mujer a la que culpa de haber hechizado a Alfonso VIII. El rey parte para la caza y en su ausencia el pueblo, encabezado por Alvar Fáñez,

entra en el castillo para matar a Raquel, quien está con Rubén. García, siempre fiel a su soberano, trata de contener a la muchedumbre y proteger a Raquel. Aunque está convencido de que ella representa un peligro para la corona, le repugnan los excesos de la plebe y trata vanamente de parar la violencia. Para no ofender al monarca manchando sus propias manos con la sangre de la judía, Alvar Fáñez hace que Rubén cometa el acto terrible, dándole la opción de morir o de matar a Raquel con su puñal. Alfonso llega justo a tiempo para ver expirar a la bella hebrea, quien afirma que «tu amor es mi delito» y revela que Rubén fue su asesino. Alfonso mata al malvado judío, reconoce su propia culpa y perdona a sus vasallos. Como es costumbre en las obras neoclásicas, *Raquel* termina con una moraleja: Escarmiente en su ejemplo la soberbia: / pues cuando el cielo quiere castigarla, / no hay fueros, no hay poder que la defienda.

García de la Huerta respeta la mayoría de los preceptos clásicos en la composición de *Raquel*. Observa las unidades y limita los actos a tres. Utiliza el romance endecasílabo, con cambios en la asonancia para evitar la monotonía. Si se aparta de la regla que afirma que la tragedia sólo debe incluir a personajes nobles, en esto sigue una larga tradición española que reúne en la escena a diversas clases sociales. Como es de esperar en una pieza neoclásica, los protagonistas no son realmente malos, pero se dejan llevar por la pasión en vez de atender a los dictámenes de la virtud y la razón, provocando así una serie de acontecimientos que llevan a la conclusión trágica. Sempere y Guarinos, en su introducción a la obra, señala la naturaleza esencialmente monolítica de los personajes: Raquel es presuntuosa; Alfonso es un buen monarca que se deja cegar por la pasión; García es un caballero constante y leal a su rey; Rubén es un judío ingenioso y traicionero (III 104). Sin embargo, R. Merritt Cox demuestra que Raquel es un personaje más complejo de lo que parece a primera vista. Aunque al principio da la impresión de ser fatua o pretenciosa, es más bien una mujer ingenua fácilmente engañada por su perverso consejero. En el segundo acto Raquel empieza a transformarse en una verdadera heroína trágica que se enfrenta a su destino con estoicismo (Cox 94). García de la Huerta jamás pone en duda la sinceridad de Raquel; ama a Alfonso con toda su alma y está dispuesta a sacrificarse por el amor. Sin embargo, Raquel no puede liberarse de su herencia judía, y al ceder a su pasión y aspirar a ser reina de Castilla, pasa los límites de la razón, lo cual la llevará inexorablemente a la destrucción.

Hoy en día puede chocarnos la intolerancia racial que se evidencia en esta obra, compuesta en plena Ilustración; de hecho, los prejuicios contra personas de grupos étnicos ajenos al dominante son una característica de la cultura de muchos países occidentales durante este período. Además, para el espectador del siglo XVIII, la historia de Alfonso VIII y Raquel puede haber tenido un significado especial. René Andioc y Jerry Johnson señalan las posibles implicaciones políticas de la obra. En 1766 la desacertada política del ministro de Carlos III, Leopoldo de Grecordio, marqués de Esquilache, causó un motín que acabó en su destierro. Esquilache había traído a España varios consejeros italianos y, como en la tragedia de García de la Huerta, los nobles temían la intrusión de un poderoso elemento extranjero. La expulsión de Esquilache, como la muerte de Raquel, permite que la nobleza vuelva a su lugar privilegiado. Pensadores ilustrados como García de la Huerta apoyaban el concepto jerárquico de la sociedad. Condenan la tiranía; para ellos el monarca debe ser un «déspota ilustrado» que utilice su poder por el bien del pueblo. García de la Huerta presenta a Raquel como una usurpadora que debilita la corona al cautivar a Alfonso. Hernán García es la voz de la Razón que defiende el concepto de un rey responsable y benévolo, mientras que el Garcerán Manrique de Lara encarna el del despotismo absoluto en que los privilegiados son motivados por sus intereses.

A pesar de que *Raquel* fue prohibido por el gobierno en 1802, existen pruebas de representación en Madrid en 1809 y en 1813.

Raquel

Personajes

Alfonso Octavo, Rey de Castilla[1]
Raquel, judía
Rubén, confidente de Raquel
Hernán García de Castro, rico hombre
Álvar Fáñez, rico hombre
Garcerán Manrique de Lara, rico hombre
Castellanos
Guardia del rey
Acompañamiento de judíos y judías

Acto Único
Jornada primera

En el antiguo alcázar de Toledo, salón común de audiencia, con silla y dosel Real en su fondo. Salen GARCERÁN MANRIQUE y HERNÁN GARCÍA.

MANRIQUE:
   Todo júbilo es hoy la gran Toledo:
   en popular aplauso y alegría
   unidos al magnífico aparato,
   las victorias de Alfonso solemnizan.

                 · · ·

GARCÍA:
   Sí, Garcerán: agradecido admito
   tu cortés expresión; mas no repitas
   memorias, que o del todo están borradas,
   o tan notablemente obscurecidas.
   Esperemos, sí, a ver con indolencia,
   que en tan enorme subversión prosiga
   el desorden del reino y su abandono,
   del intruso poder la tiranía,
   el trastorno el público gobierno,

---

[1]Rey de Castilla (1154-1214); durante su minoría reinó bajo la tutela de su madre y perdió una parte de su territorio frente a los reyes de León, Aragón y Navarra. Mayor de edad, hizo restituir estas tierras y agregó a sus estados el condado de Gascuña, dote de su mujer, Leonor de Inglaterra. La invasión de los almohades—dinastía árabe del norte de África y de Andalucía—y la derrota de Alarcos (1195) pusieron en peligro a España, pero Alfonso VIII derrotó al enemigo en las Navas de Tolosa en 1212, batalla decisiva de la Reconquista. Alfonso VIII fundó la primera universidad española en Palencia en 1208 y promulgó el Fuero Real. Sus amores con Raquel son legendarios.

nuestra deshonra, el lujo, la avaricia,
y todo vicio en fin, que todo vicio
en la torpe Raquel se encierra y cifra;
en ese basilisco, que de Alfonso
adormeció el sentido con su vista
tanto, que sólo son sus desaciertos
equívocas señales de su vida.
Siete años hace que el octavo Alfonso
volvió a Toledo en triunfos y alegrías,
y ésos[2] hace también que en vil cadena
trocó el verde laurel[3] que le ceñía.
¿Pues cómo, cuando dices sus hazañas,
Garcerán, no repies la ignominia,
conque hace tanto tiempo que en sus lazos
enredado le tiene una judía?
¿Cómo, cuando sus triunfos nos refieres,
la esclavitud ignominiosa olvidas
de la plebe infeliz sacrificada
de esa ramera vil a la codicia?
¿Cómo de la nobleza y de sus fueros
omites el ultraje y la mancilla?
Reina es Raquel: su gusto, su capricho,
una seña no más ley es precisa
del noble y del plebeyo venerada.
Estas hazañas añadir debías
a la historia de Alfonso, si te precias
de ser, oh Garcerán, su cronista.

Jornada tercera
. . .

Salen ÁLVAR FÁÑEZ y Castellanos, con las espadas desnudas.

ÁLVAR FÁÑEZ:
      Castellanos,
muera aquesta tirana.

CASTELLANOS:
         Muera, muera.

GARCÍA:
Bárbaros, cuyo insulto a sacrilegio
pasa ya: ¿qué furor os atropella?
¿No contiene ese solio vuestras iras?
¿Del lugar lo sagrado no os refrena?

¿Sois castellanos? ¿Sois. . .?

CASTELLANO 2:
      Porque lo somos,
de este lugar vengamos las ofensas.

ÁLVAR FÁÑEZ:
Y porque nos preciamos de leales,
borrar queremos las indignas huellas,
que le profanan con la sangre misma
del sujeto, que obró la irreverencia.
Ea, pues, castellanos, examine
nuestro cuidado hasta las más secretas
cámaras de este alcázar; y tú, Hernando,[4]
no hagas a nuestro intento resistencia;
pues tu valor expones a un desaire,
y tu fidelidad a una sospecha. *Vase.*

GARCÍA:
¡Oh ilusión temeraria! en el delito
citas la lealtad. ¡Oh quién pudiera
contener el exceso! Mas si a Alfonso
corro a avisar, Raquel expuesta queda;
si en su defensa expongo yo mi vida
¿podré lograr acaso con perderla,
librar la suya? ¡Oh extremos infelices!
Si acaso viendo el riesgo, se aprevecha
de mi aviso Raquel? Hacia el postigo
parto veloz con intención resuelta
de libertarla, aunque mi vida arriesgue.
Pero Rubén. . . *Sale Rubén.*

RUBÉN:
¡Oh horror! ¡oh muerte! ¡oh tierra!
¿cómo a este desdichado no sepultas?
Tus profundas entrañas manifiesta,
y esconde en ellas mi cansada vida:
líbrame de los riesgos que me cercan.
¡Qué susto! ¡qué pesar! ¿nadie se duele
de mí?

GARCÍA:
        Sí, infame.

RUBÉN:
          Tu rigor modera:

---

[2] Es decir, los mismos siete años.

[3] El laurel es símbolo de la victoria. En vez de gobernar como un monarca triunfante, Alfonso se ha hecho preso de Raquel.

[4] Variante de Hernán.

ten, Fernando,[5] piedad: no me des muerte.

GARCÍA:

Vil consejero, horrible monstruo, fiera,
cuyo aliento mortal inspiró tantas
máximas detestables a esa hebrea,
que por fin su desdicha han producido,
y la tuya también; aunque merezcas
bien la muerte cruel, que estás temiendo,
sabe, que aqueste acero en tu defensa
arma mi brazo.

RUBÉN:

Cielos, ¿qué he escuchado?

GARCÍA:

Y que a Raquel, si el cielo no lo niega,
he de librar a costa de mi vida.
No por ti, infame hebreo: no por ella:
por ser leal: por ser García de Castro,
y porque el mundo por mis hechos vea,
que el noble noblemente ha de vengarse;
y que cuando del Rey el honor media,
a su decoro deben posponerse
propio agravios, y privadas quejas. *Vase.*

RUBÉN:

¡Oh palabras terribles! ¡cuánto engaño
padece aquel que juzga de apariencias!
¿quién tal creyera de su altanería?
Mas, ¡ay de mí! la débil planta[6] apenas
puedo fijar. ¡Qué sustos, qué congojas
me oprimen! ¡Oh ambición cuánto acarreas
de males al que necio te da entrada!
Ya sin duda a Raquel la furia ciega
habrá dado la muerte: y a la mía
se apresura: ¡ay de mí! ¿Pero no es ésta?
¿No es Raquel la que huyendo hacia aquí viene?
¡Oh si evitar pudiese que me viera!
Retírase detrás del solio. Sale RAQUEL.

RAQUEL:

¡Oh mujer desdichada! A cada paso
el corazón desmaya, el pie tropieza.
¡Oh peligro! ¡Oh dolor! De mil espadas
huyendo vengo: ni en la fuga acierta
mi confusión: el miedo me deslumbra.
Ya el tropel se avecina: ya no queda
refugio a mi temor. Lugar sagrado, *Al solio*
cuya ambición es causa de estas penas,
sed mi asilo esta vez, si otra vez fuisteis
teatro de mi orgullo y mi soberbia:
encubridme a lo menos... mas ¿qué miro?
¡Tú aquí, Rubén; tú, infame! ya no espera
remedio mi desdicha; pues no pueden,
donde esté tu maldad, faltar tragedias.
Ya ves cómo se lucen tus doctrinas,
maestro infame, que en tu torpe escuela
el arte me enseñaste de perderme.
Castellanos, volad: nada os detenga;
aquí a Raquel tenéis, que ya gustosa
morirá, si Rubén muere con ella.

RUBÉN:

¿Cómo, Raquel?... Si el cielo... mas ¿qué
[escucho?

ÁLVAR FÁÑEZ: *Dentro.*

Entrad: no os detengáis: romped la puertas
si estorbasen la entrada.

RAQUEL:

¡Ay de mí, triste!
¡qué confusión! ¡qué susto!
*Salen ÁLVAR FÁÑEZ, y CASTELLANOS con las
espadas desnudas.*

CASTELLANOS:

Muera. Muera.

RAQUEL:

Traidores... mas ¿qué digo? Castellanos,
nobleza de este reino, ¿así la diestra[7]
armáis con tanto oprobio de la fama
contra mi vida? ¿Tan cobarde empresa
no os da rubor ni empacho? ¿Los ardores,
a domar enseñados la soberbia
de bárbaras escuadras de africanos,
contra el aliento femenil se emplean?
¿Presumís hallar gloria en un delito,
y delito de tal naturaleza,
que complica las torpes circunstancias

---

[5]Variante de Hernán, Hernando.
[6]Pie.

[7]Mano derecha.

de audacia, de impiedad y de infidencia?
¿A una mujer acometéis armados?
¿El hecho, la ocasión no os avergüenza?
¿Será blasón cuando el alarbe[8] ocupa
con descrédito vuestro las fronteras,
convertir los aceros a la muerte
de una flaca mujer que vive apenas?
¿Qué causa a tal maldad os precipita?
¿Qué crueldad, qué rigor, qué furia es ésta?

ÁLVAR FÁÑEZ:
El hábito, Raquel, de hacer tu gusto,
y tu misma maldad hacen, no veas
las causas, los principios de este enojo.
Bien lo sabes, Raquel; bien lo penetras,
y bien tu disimulo nos confirma
la justicia y razón que nos alienta.

RAQUEL:
¿Pues mi delito es mas que ser amada
de Alfonso? ¿que pagar yo su fineza?
¿en cuál de estas dos cosas os ofendo?
¿está en mi arbitrio hacer que no me quiera?
Si el cielo, si fuerza de los astros
le inclinan a mi amor, en su influencia,
¿debo culpada ser? ¿Puede el humano
albedrío mandar en las estrellas?
Mas ya sé que diréis que mi delito
es el corresponderle. Cuando intenta
la malicia triunfar, ¡oh cómo abulta
frívolas causas, vanas apariencias!
¿Pude dejar de amarle, siendo amada?
Así un Rey con sólo su precepto fuerza
a su imperio, juntando las caricias,
su amor, su halago, las heroicas prendas,
que le hacen adorable, ¿bastaría
algún esfuerzo a hacerle resistencia?
Juzgad con más acuerdo, oh castellanos;
ved que el enojo la razón os ciega:
remitid esta causa a más examen:
atended...

ÁLVAR FÁÑEZ:
          Ya está dada la sentencia.

RAQUEL:

Mirad que es la pasión quien la fulmina.

ÁLVAR FÁÑEZ:
No, tirana; tu culpa te condena.

RAQUEL:
¿Que en fin he de morir? Aqueste llanto...

ÁLVAR FÁÑEZ:
No nos mueve, Raquel; no tiene fuerza.

RAQUEL:
¿Lo negro de la acción no os horroriza?

ÁLVAR FÁÑEZ:
Si de la patria el bien se cifra[9] en ella,
timbre[10] la juzgarán, y si de Alfonso
el honor restauramos, es proeza.

RAQUEL:
¿Y su honor restaurais cuando atrevidos
muerte le dais? ¿Sabéis que se aposenta
su alma con la mía? ¿Que es mi pecho
de su imagen altar?[11] ¿Que de las fieras
puntas que penetraren mis entrañas,
es fuerza que el dolor las suyas sientan?
¿No veis que él morirá, si yo muriera?

ÁLVAR FÁÑEZ:
El rayo del furor la torpe hiedra
abrasará sin que padezca el tronco
que ella aprisiona con lascivas vueltas.[12]

RAQUEL:
¿El amarle llamáis?

ÁLVAR FÁÑEZ:
          Amor te mata;
si él[13] te ofende, Raquel, de amor te quejas.

RAQUEL:

---

[8]Alárabe; árabe.

[9]Escribe
[10]Acción gloriosa.
[11]**¿Que...** ¿Que mi pecho es altar de su imagen?
[12]Aquí el autor se vale de una antigua metáfora común en la poesía amorosa. La mujer es como la hiedra trepadora que rodea y enreda el tronco (el hombre) con sus brotes.
[13]El amor.

No, traidores; no aleves; no cobardes,
y si porque amo a Alfonso me sentencia
vuestra barbaridad, no me arrepiento;
nada vuestros rigores me amendrentan.
Yo amo a Alfonso, y primero que le olvide,
primero que en mi pecho descaezca
aquel intenso ardor conque le quise,
no digo yo una vida, mil quisiera
tener, para poder sacrificarlas
a mi amor. ¿Qué dudáis? Mi sangre vierta
vuestro rigor. Al pecho, que os ofrezco
tan voluntariamente, abrid mil puertas;
que no cabrá por menos tanta llama,
tanto ardor, tanto fuego, tanta hoguera.

RUBÉN:
A lo mejor Rubén sin defenderse,
no ha de morir.

ÁLVAR FÁÑEZ:
      Matadlos. Mas no sea
nuestro acero infamado con su sangre.
Este hebreo, que el cielo aquí presenta,
ha de ser, castellanos, su verdugo.
Tú, Rubén, si salvar la vida intentas,
pues consejero fuiste de sus culpas,
ahora ejecutor sé de su pena.

RAQUEL:
Oh cielos, qué linaje de tormento
tan atroz!

RUBÉN: ¡Yo!...

ÁLVAR FÁÑEZ: Rubén, no te detengas.
Poniéndole la espada al pecho.
si pretendes vivir.

RUBÉN:
Pues no hay remedio. *(Hiérela.)*
Conserve yo mi vida, y Raquel muera.

RAQUEL: ¡Ay de mí!
ÁLVAR FÁÑEZ:
Pues está ya herida, huyamos.
Vanse ÁLVAR FÁÑEZ y CASTELLANOS.

RAQUEL:
¿Tú me hieres, Rubén? ¿Tú? ¿Satisfecha

no estaba tu maldad con haber sido
la causa de perderme, ¡dura pena!,
sino que eres, infame, el instrumento
de mi muerte también? Mas no es tu diestra,
hebreo vil, la que me da la herida:
amor me da la muerte. ¡Qué torpeza
mis miembros liga! Amado Alfonso mío,
¿dónde estás? ¿Qué descuido así te aleja?
¿Así morir consientes a quien amas?
¿en tanto mal, a quien te adora dejas?
Vuela, Alfonso. ¡Ay de mí! ¡oh amor! ¡oh
                   [muerte!
Apoyándose en una silla.
Y tú, oh trono, que causas mi tragedia,
ayuda a sostener el cuerpo débil,
que el alma desampara. Alfonso, vuela,
y recibe este aliento, que el postrero
es de mi vida. ¡Ay Dios! ¡Que mal se esfuerza
el corazón! Alfonso... amado Alfonso...
¿Qué te detiene? ¿Cómo a ver no llegas?
Cayendo al pie de la silla.
Salen ALFONSO y MANRIQUE escuchando.

ALFONSO:
Cierta es ya mi desdicha. ¡Mas qué veo!
Precipitado hacia Raquel.
¡Raquel! ¡Ay infeliz! ¿Raquel tú muerta?

RAQUEL:
Si, yo muero; tu amor es mi delito;
la plebe, quien le juzga y le condena.
Sólo Hernando es leal; Rubén, ¡qué ansia!
me mata; y yo por ti muero contenta. *Muere.*

La comedia lacrimosa

GASPAR MELCHOR DE JOVELLANOS (1744-1811)

Además de poesía y ensayos, Jovellanos escribió dos piezas teatrales. La primera fue la tragedia *Pelayo*, compuesta en Sevilla en 1769, cuando el autor tenía veinticinco años. Él mismo dice que tomó como modelos las obras de Racine y Voltaire en vez de las de dramaturgos griegos. Según John H. R. Polt, sin embargo, «su imitación consiste sobre todo en adherirse a la preceptiva teatral neoclásica, que en sí no tiene más de «su imitación consiste sobre todo en adherirse a la preceptiva teatral neoclásica, que en sí no tiene más de francesa que de italiana o de española, y que se deriva últimamente de la *Poética* de Aristóteles» (*Jovellanos: Poesía. Teatro* 27). De hecho, Jovellanos respeta todas las normas clásicas: los personajes principales son nobles, aunque Munuza no heredó su título sino que fue elevado a una posición de poder por los moros; toda la acción tiene lugar dentro de un solo día en el palacio de Munuza y no hay subargumentos innecesarios; la obra consta de los cinco actos exigidos por Horacio; la versificación es romance endecasílabo con una sola asonancia por acto.

Como otros dramaturgos españoles de la época, Jovellanos busca su tema en la historia patria. Su inspiración es Pelayo, noble visigodo y primer rey de Asturias, que venció a los musulmanes en Covadonga en el año 718, iniciando así la Reconquista. La acción tiene lugar en vísperas de la famosa batalla y representa un incidente ficticio: la muerte de Munuza, traidor cristiano que los moros habían hecho gobernador de Gijón. Los preceptos exigen que el héroe trágico sea «indiferente», es decir, que no sea ni completamente virtuoso ni totalmente malo, pero Munuza es un personaje tan ambiguo que su muerte apenas comueve al espectador.

Aunque la figura trágica del drama no es el héroe visigodo, el asunto histórico era atractivo para un público dieciochesco. La tragedia de Jovellanos se estrenó en Gijón en 1782 y también se representó en Madrid en 1792. El autor pensaba publicarla, pero murió antes de poder hacerlo.

Probablemente, más o menos al mismo tiempo que componía *Pelayo*, Jovellanos emprendió la traducción de *Iphigénie* de Racine. Más tarde comenzó otra tragedia, *Los españoles en Cholula*, la cual nunca terminó.

En 1773 Jovellanos escribió su segunda obra de teatro, *El delincuente honrado*. J. H. R. Polt sugiere que el argumento puede estar basado en un acontecimiento que realmente ocurrió en Segovia en 1758 y también señala ciertos antecedentes en la literatura clásica (*Jovellanos* 68). La historia gira alrededor de Torcuato, joven de linaje dudoso. Provocado repetidas veces por el marqués de Montilla, Torcuato acepta su reto —a

pesar de que los duelos están prohibidos— y lo mata. Más tarde, se casa con Laura, viuda de su víctima, la cual no sabe que Torcuato es responsable de la muerte de su primer marido. Don Simón, corregidor de Segovia y padre de Laura, ama a Torcuato como a un hijo; tanto él como su hija se sienten defraudados cuando de repente el joven, al saber que un magistrado ha llegado para investigar la muerte del marqués, huye de la ciudad. Cuando las autoridades arrestan a Anselmo, amigo de Torcuato, por el crimen, éste vuelve y confiesa su participación en el lance de honor. Don Justo, el magistrado, lo condena a muerte, pero al enterarse de que Torcuato es realmente su propio hijo natural, se encuentra en un terrible dilema. Sintiendo que el cielo castiga «las flaquezas de [su] liviana juventud», se ve obligado a cumplir la ley. Sin embargo, su corazón le dice que el castigo realmente no es justo y, por lo tanto, intenta conseguir que la corte trate a Torcuato con menos severidad. Por su cuenta, Torcuato, honrado y virtuoso a pesar de su crimen, acepta que su padre cumpla con su deber. En el último momento el rey conmuta la sentencia: Torcuato será desterrado en vez de ejecutado.

El delincuente honrado pertenece a un nuevo género teatral que se venía cultivando en Francia e Inglaterra. En el círculo de don Pablo de Olavide en Sevilla había surgido una discusión sobre los méritos del nuevo tipo de drama en prosa, llamado *tragicomedia, comedia sentimental* o *comedia lacrimosa*. Aunque este género rompía con la doctrina neoclásica al combinar elementos de la comedia y la tragedia, algunos de los participantes decidieron tratar de escribir una obra en el nuevo estilo. *El delincuente honrado*, la contribución de Jovellanos, fue juzgado el mejor drama de este tipo. Se estrenó en 1774 y se representó después con éxito. De hecho, hay noticias de que siguió en cartelera hasta mediados del siglo XIX. Fue publicado, primero en una edición pirata en Barcelona en la que se califica de *tragicomedia,* y después, en 1787, en una edición autorizada por el autor en la cual él mismo la llama *comedia.* Hoy en día se considera el mejor ejemplo de *comedia lacrimosa*.

Este género se aparta de las convenciones de varias maneras. Según las normas clásicas, en la tragedia actúan personajes de alto rango social, mientras que la comedia es el dominio de las clases más bajas. En la comedia lacrimosa no se respeta la división rígida de clases sociales. Los personajes de *El delincuente honrado* son principalmente de la clase media. El asunto es serio, aun potencialmente trágico, pero elementos humorísticos introducidos por los rezongos de don Simón bastan para demostrar que el autor no ha tomado al pie de la letra los dictámenes sobre la división entre tragedia y comedia. Otro factor significativo es que no es el carácter de los personajes sino sus circunstancias lo que motiva el argumento. En esta preocupación por la condición del individuo, la comedia lacrimosa ya anuncia el teatro romántico, vislumbrado también en la intensa emotividad de la trama. Hay que señalar, además, la nueva importancia que Jovellanos da a las acotaciones. Los actores se expresan no sólo por la palabra, sino también por gestos que el autor especifica—otro componente que da a esta obra un aspecto moderno. A diferencia de sus predecesores, Jovellanos emplea la prosa en vez del verso como vehículo dramático, imbuyendo así el diálogo de mayor naturalidad. A pesar de estas modificaciones, conserva los cinco actos recomendados por Horacio y respeta las tres unidades, aunque toma ciertas libertades: la acción dura un poco más de veinticuatro horas y ocurre en diferentes partes de un solo edificio.

Lo principal, tal vez, es que el autor siga adhiriéndose al concepto del drama como vehículo para la instrucción del pueblo. El tema central es el deber del magistrado ante la ley. La opinión expresada por Jovellanos mediante su portavoz, don Justo, el juez virtuoso, es que la ley debe respetarse siempre, pero el magistrado tiene el derecho y aun la obligación de cuestionar cualquier ordenanza que le parezca injusta. Se trata en particular de los códigos sobre el duelo, que dictan que un hombre que mate a otro en un lance de honor será condenado a muerte aunque él no haya provocado el encuentro. Al final del primer acto Simón comenta que don Justo había dicho que «nuestra legislación sobre los duelos necesitaba de reforma, y que era una cosa muy cruel castigar con la misma pena al que admite un desafío que al que le provoca». Torcuato,

quien naturalmente está de acuerdo con el magistrado, agrega: «En los desafíos, señor, el que provoca es, por lo común, el más temerario y el que tiene menos disculpa. Si está injuriado, ¿por qué no se queja a la justicia? Los tribunales le oirán, y satisfarán su agravio, según las leyes... La buena legislación debe atender a todo, sin perder de vista el bien universal. Si la idea que se tiene del honor no parece justa, al legislador toca rectificarla. Después de conseguido se podrá castigar al temerario que confuda el honor con la bravura. Pero mientras duren las falsas ideas, es cosa muy terrible castigar con la muerte una acción que se tiene por honrada».

El honor es un concepto ambiguo. En un sentido moral equivale a dignidad, virtud o probidad, pero en el contexto social sólo tiene que ver con la reputación. Polt comenta: «Jovellanos distingue entre el verdadero honor, que es la honradez, y un honor quimérico, el pundonor, que sin embargo es una realidad social que hay que tomar en cuenta y que es, según Montesquieu, el principio fundamental de una monarquía» (*Jovellanos: Poesía, teatro* 33). Sobre este tema Torcuato elabora: «El honor, señor, es un bien que todos debemos conservar; pero es un bien que no está en nuestra mano, sino en la estimación de los demás. La opinión pública le da y le quita. ¿Sabes que quien no admite un desafío es al instante tenido por cobarde?... Yo bien sé que el honor es una quimera, pero también que sin él no puede subsistir una monarquía; que es el alma de la sociedad; que distingue las condiciones y las clases; que es principio de mil virtudes políticas, y, en fin, que la legislación, lejos de combatirle, debe fomentarle y protegerle». Don Justo opina que el honor es un elemento de la cultura española y, por lo tanto, es injusto castigar a un hombre por actuar según los dictámenes de la sociedad: «Para un pueblo de filósofos sería buena la legislación que castigase con dureza al que admite un desafío... Pero en un país donde la educación, el clima, las costumbres, el genio nacional y la misma constitución inspiran a la nobleza estos sentimientos fogosos... ¿será justa la ley que priva de la vida a un desdichado sólo porque piensa como sus iguales»? Por un lado, el pundonor—el que obliga a un caballero a retar a otro la muerte si cree que lo ha ofendido—es una exageración y una absurdidad y, por lo tanto, es justa la prohibición contra los duelos; por otro, es una costumbre que todos respetan y no es lógico que se castigue al que responda a un desafío sin haberlo provocado.

Otro tema fundamental es la amistad. Arrestado por la muerte del marqués de Montilla, Don Anselmo está dispuesto a sacrificarse por su amigo Torcuato, pero éste, al saber que Anselmo está encarcelado, vuelve a Segovia para confesar su crimen y reemplazar a su amigo en la prisión. Don Justo, horrorizado ante la sentencia que él mismo ha dictado, acude a Anselmo, que tiene valedores en la corte, para ver si consigue que el castigo se conmute. Ante esta petición Anselmo no vacila un instante. Las repetidas muestras de amistad de Torcuato y Anselmo son pruebas de su virtud, ya que para el ilustrado, la amistad es una de las cualidades más apreciables.

El delincuente honrado, con sus modificaciones genéricas y su intensidad emocional, apunta hacia futuros desarrollos en el arte dramático sin romper completamente con las normas neoclásicas. Como en su poesía, en su teatro Jovellanos empuja las convenciones hasta el límite, renovando y enriqueciendo así la comedia.

El delincuente honrado

Interlocutores

Don Justo de Lara, alcalde de casa y corte.
Don Simón de Escobedo, corregidor de Segovia y padre de
Doña Laura, viuda del marqués de Montilla y esposa actual de
Don Torcuato Ramírez, hijo natural, desconocido, de don Justo.
Don Anselmo, amigo de don Torcuato.
Don Claudio, escribano, oficial de la sala.
Don Juan, mayordomo de don Simón.
Felipe, criado de don Torcuato.
Eugenia, criada de doña Laura.
Un Alcalde, dos centinelas, tropa y ministros de justicia.

La escena se supone en el Alcázar de Segovia.

Acto III, Escena V

LAURA: (*Entra asustada.*) Señor, ¿habéis visto a Torcuato?
SIMÓN: Poco ha que salió de aquí. Pero, ¿qué tienes, muchacha? ¿Por qué vienes tan asustada...? Tú has llorado... ¿eh?
LAURA: ¡Ay, padre!
SIMÓN: Pues ¿qué? ¿Qué te ha dado? ¿Has perdido el juicio? Yo no os entiendo. Desde que tu marido resolvió su viaje, andas tan alborotada y tan triste, que no te conozco; y el otro, desde que prendieron a su amigote, anda también fuera de sí. Antes mucha prisa por irse, y ahora ya parece que no se va... Aquí estuvo charlando una hora con don Justo sobre las cosas de don Anselmo, y al fin se fue diciendo que iba a verle.
LAURA: (*Más asustada.*) ¿Y qué? ¿Le habéis dejado ir?
SIMÓN: (*Sereno.*) ¿Dejado? ¿Por qué no?
LAURA: Ay, padre, yo temo una desgracia.
SIMÓN: (*Cuidadoso.*) ¿Una desgracia? ¿Cómo...?
LAURA: ¡Ah! No ha querido oírme... Sin duda se complace en hacerme desdichada... Tal vez a la hora de ésta...
SIMÓN: Pero, muchacha... (*Viendo a Felipe, que entra corriendo y lloros,*) ¿Otra tenemos?

Escena VI

FELIPE: (*Sollozando.*) ¡Ay, señor, qué desgracia! ¡Quién creyera lo que acaba de suceder!
SIMÓN: Pues ¿qué...? ¿Qué hay? ¿Qué traes? ¡Jesús! Hoy todos andan locos en mi casa.
FELIPE: Señor, yo estaba en este instante con los centinelas que guardan al señor don Anselmo, cuando veo a mi amo llegar a la torre con mucha prisa, diciendo que quería hablarle; y aunque los soldados trataban de estorbárselo, manifestó una orden del señor don Justo, y le dieron entrada. Al punto corre hacia su amigo, le abraza, y sin reparar en los que estaban presentes: «Anselmo, le dice, yo vengo a librarte; no es justo que por mi causa padezcas inocente». Don Anselmo, que conoció su idea, procuró contenerle para que callase, le hizo mil señas, le interrumpió mil veces, y hasta le tapó la boca, pero todo fue en vano, porque mi amo, desatinado y como fuera de sí, proseguía diciendo a voces que él había dado muerte al señor marqués.

A este tiempo entra el señor don Justo, a quien mi amo repite la misma confesión, intercediendo por su amigo y asegurándole que estaba inocente. De todo tomó razón el escribano, y ya quedan examinándolos. Don Anselmo quería persuadir al juez que él solo era el reo, pero mi amo se afligió tanto e hizo tantas protestas, que le obligó a desdecirse. El señor don Justo queda sorprendido sobremanera, su amigo confuso e inconsolable, y hasta los centinelas, viendo su generosidad, lloraban como unas criaturas. No, yo no puedo vivir si pierdo a mi amo.

LAURA: ¡Ah, mi corazón me anunciaba esta desgracia! ¡Padre mío...!

SIMÓN: *(Paseándose muy aprisa.)* ¡Yo no sé dónde estoy...! ¿Qué? ¿Torcuato...? ¿Mi yerno...? No, no puede ser... Felipe, ¿estás bien seguro?

FELIPE: Ay, señor, ¡ojalá no lo estuviera! Por señas que antes de apartarse de nuestra vista, me dijo: «Corre, querido Felipe, dile a mi esposa que ya está vengada; pero que si la[1] interesa mi sosiego, me restituya su gracia y moriré contento».

LAURA: ¡Que le restituya mi gracia...! ¡Ah, si pudiera salvarle a costa de mi vida! ¡Desdichada de mí...! ¿A quién acudiré? ¿Quién me socorrerá en tan terrible angustia? ¡Querido padre! ¿Vos me abandonáis en este conflicto? ¿Cómo no volamos a socorrerle?

SIMÓN: No, hija mía; yo no lo creo aún. ¡Qué! ¿tu marido? ¿Torcuato? No, no puede ser... ¿Cómo es posible que nos engañara...? *(Después de una larga pausa.)* Pero si es cierto, si ha sido capaz de una superchería[2] tan infame... No, Laura; no lo esperes, yo no podré perdonársela, antes seré el primero que clame por su castigo... Pues, ¿qué?, después de haberle hospedado y protegido, de haberle agregado a mi familia y tenídole en lugar de hijo, ¿habrá sido capaz de olvidar todos mis beneficios y de engañarme de esta suerte...? Pero, no, no puede ser... yo no lo creo... Él es allá medio filósofo,[3] y tal vez querrá librar a su amigo por medio de

una acción generosa.

LAURA: No, señor, ya es tiempo de hablar con claridad; su delito es cierto; él mismo me lo ha confesado.

SIMÓN: *(Muy enojado.)* ¿Él te lo ha confesado? ¿Y tuviste sufrimiento para oírlo? ¡Pícaro engañador! ¡Llenar de aflicción la familia donde estaba acogido, asesinar al que yo tenía en lugar de hijo, aspirar a la mano de su misma viuda, y lograrla por medio de un engaño...! No, Laura, él es muy digno de toda nuestra cólera, y tú misma no puedes olvidar los agravios que te ha hecho.

LAURA: Padre mío, estoy muy segura de su inocencia. No, Torcuato no es merecedor de los viles títulos con que afeáis su conducta... Sobre todo, señor, él es mi esposo, y debo protegerle; vos sois mi padre, y no podéis abandonarme... *(Simón continúa paseándose, sin ceder de su enojo.)* Pero si vuestro corazón resiste a mis suspiros, yo iré a lanzarlos a los pies del señor don Justo; su alma piadosa se enternecerá con mis lágrimas, le ofreceré mi vida por redimir la de mi esposo; y si no pudiese salvarle moriremos juntos, pues yo no he de sobrevivir a su desgracia.

SIMÓN: *(Más aplacado.)* ¡Laura, Laura...! Yo no sé lo que me pasa; tantas cosas como han sucedido en sólo un día me tienen sin cabeza... ¿Y qué? ¿qué puedo hacer en su favor, aunque quisiera protegerle? No; su delito es de aquéllos que nunca perdonan las leyes; su juez es justo y recto, y las consecuencias son muy fáciles de adivinar.

LAURA: ¿Conque todos me abandonarán en esta tribulación? ¿Y vos también, padre cruel, queréis ver a vuestra hija reducida a nueva y más desamparada viudez? ¡Almas sin compasión! Las lágrimas de una desdichada... Pero no importa; yo sola correré... *(Quiere irse, y se detiene viendo a Anselmo.)* ¡Ay, don Anselmo! Ya lo sabemos todo.

Escena VII

ANSELMO: Señora, no soy capaz de explicaros cuánta es mi aflicción. ¡Generoso amigo...! ¡Con cuánto gusto hubiera dado la vida por salvarle! Pero la suya queda en el más terrible riesgo... No; yo no puedo abandonarle en esta situación; desde ahora voy a sacrificar mi caudal y mi vida por su libertad. Si fuere preciso, iré a los pies del Rey... Pero, señor... *(A Simón.)* No perdamos tiempo; juntemos

---

[1] Le.

[2] Engaño.

[3] John H. R. Polt señala que durante la Ilustración esta palabra significaba «hombre virtuoso». Por supuesto, no se trata de las virtudes cristianas, sino de «la elevación de ánimo de quien obra recta y desinteresadamente» (*Jovellanos II* 258).

todos nuestros ruegos, nuestras lágrimas...

LAURA: *(Con eficacia.)* Sí, padre mío; él está inocente y es muy digno de vuestra protección. ¡Ah! En su alma virtuosa no caben el dolor y la perversidad que caracterizan los delitos.

SIMÓN: Pero, señores, lo que yo no puedo comprender es por qué este hombre nos calló su situación. Al fin, si me hubiera dicho, yo no soy ningún roble... Pero haber callado... Haberse casado...

ANSELMO: ¡Ay, señor! Él es muy disculpable; el amor que profesaba a Laura y el temor de perderla le alucinaron. Creedme, señor don Simón; yo era testigo de todos sus secretos. Apenas se celebraron las bodas, cuando un continuo remordimiento empezó a destrozarle el corazón, y en sus angustias lo que más le afligía era el temor de perder a Laura y de disgustar a su bienhechor.

LAURA: ¡Esposo desdichado! Yo no te merecía.

SIMÓN: *(Enternecido.)* ¡Pobrecita...! Sosiégate, hija mía, y no te abandones al dolor con tanto extremo. Sus lágrimas me enternecen... *(Viendo a Justo.)* ¡Ah, señor don Justo!

Escena VIII

JUSTO: *(En el fondo de la escena.)* ¡Cuán graves y penosas son las pensiones[4] de la magistratura!

LAURA: *(A Justo.)* ¡Ay, señor, si pudiesen las lágrimas de una desdichada...!

JUSTO: ¡Qué terrible conflicto! Yo he traído la tribulación al seno de esta familia. *(A Laura.)* Señora, la virtud y generosidad de don Torcuato excitan mi compasión aún más eficazmente que vuestras lágrimas, y me hallo más interesado en favor suyo de lo que podéis imaginar. Sosegaos, pues, y confiad en la Providencia, que nunca desampara a los virtuosos.

SIMÓN: ¡Ay, señor don Justo! ¿Quién nos diría que vuestro amigo y mi yerno era el delincuente que buscábamos?

JUSTO: ¡Ah!, no podré yo explicar la turbación que causó en mi alma su vista al llegar a la torre. La presencia de don Anselmo, lleno de prisiones,[5] le tenía fuera de sí, y apenas me vio,

cuando empezó a clamar por su libertad con un ardor increíble; pero no bien le miró libre, cuando volvió repentinamente a su natural compostura. Mientras duró la confesión se mantuvo tranquilo y reposado, respondió a los cargos con serenidad y con modestia; y aunque conocía que su delito no tenía defensa alguna contra el rigor de las leyes, no por eso dejó de confesarle con toda claridad. La verdad pendía de sus labios, y la inocencia brillaba en su semblante. Entretanto estaba yo tan conmovido, tan sin sosiego, que parecía haber pasado al corazón del juez toda la inquietud que debiera tener el reo. En medio de este conflicto, ciertas ideas concurrieron a alterar mi interior. ¡Qué ilusión! *(A Laura)* Pero, señora, pensad en vuestro reposo, y moderad los primeros ímpetus de dolor. Señor don Simón, no la abandonéis en situación en que tanto os necesita. Su esposo me la ha recomendado con la mayor ternura, y éste era el único cuidado que afligía su buen corazón.

LAURA: ¡Desventurada!

ANSELMO: ¡Ah, mi buen amigo!

SIMÓN: Sí, hija; vamos a pensar en tu alivio, y cuenta con la ternura de un padre que no es capaz de olvidarse de tu bien. ¡Este don Justo es un ángel! Otros jueces hay tan desabridos, tan secos... No he visto otro por el término.[6]

JUSTO: *(Aparte, profundamente pensativo.)* La fisonomía de don Torcuato... El tono de su voz... ¡Ah, vanas memorias...! Pero es forzoso averiguarlo.

Escena IX

ESCRIBANO: *(Que entra.)* Señor, acaba de llegar del Sitio un expreso[7] con este pliego, y me ha pedido testimonio de la hora de su entrega.

JUSTO: *(Tomando el pliego.)* Veamos. Id a despacharle.

Escena X

JUSTO: *(Solo. Lee.)* «Enterado el Rey de que las averiguaciones hechas últimamente en la causa del desafío y muerte del marqués de Montilla, en que V.S.[8] entiende de su orden, han

---

[4]Trabajos, penas.
[5]Cadenas.

[6]Área, territorio.
[7]Correo extraordinario.
[8]Vuestra Señoría (título de respeto).

producido la prisión del sirviente del mismo marqués, que se hallaba prófugo en Madrid, y de que con este motivo se espera descubrir y arrestar al matador, quiere S.M.[9] que, si así sucediese, proceda V.S. a recibir su confesión al reo; y no exponiendo en ella descargo o excepción que, legítimamente probados, le eximan de la pena de la ley, determine V.S. la causa conforme a la última pragmática de desafíos, consultando con S.M. la sentencia que diere, con remisión de los autos[10] originales por mi mano, todo con la posible brevedad. Nuestro Señor guarde a V.S. muchos años. —San Ildefonso, etc.— Señor don Justo de Lara». (Paseándose con inquietud.) ¡Tanta prisa! ¡Tanta precipitación...! ¡Así trata la corte un negocio de esta importancia...! Pero no hay remedio; el Rey lo manda, y es fuerza obedecer. Yo no sé lo que me anuncia el corazón... Este don Torcuato... Él está inocente... Un primer movimiento... Un impulso de su honor ultrajado... ¡Ah, cuánto me compadece su desgracia...! Pero las leyes están decisivas. ¡Oh, leyes! ¡Oh, duras e inflexibles leyes! En vano gritan la razón y la humanidad en favor del inocente... ¿Y seré yo tan cruel que no exponga al Soberano...? No; yo le representaré en favor de un hombre honrado, cuyo delito consiste en haberlo sido.

La comedia de costumbres

LEANDRO FERNÁNDEZ DE MORATÍN (1760-1828)

Como su padre, Nicolás Fernández de Moratín, Leandro fue partidario entusiasta del Neoclasicismo, aunque a diferencia de aquél, se distinguió por su teatro más que por su poesía. Pero la importancia de Moratín, hijo, reside no sólo en el hecho de que compuso las obras que se consideran las mejores del siglo XVIII, sino en sus esfuerzos por reformar el teatro español.

Debilitado por una seria enfermedad e influido por el ambiente intelectual cultivado por su padre, comenzó a escribir versos a una edad temprana. Muy joven se enamoró de la aristócrata

italiana Sabina Conti, que terminó casándose con un hombre mucho mayor que ella. Algunos críticos subrayan la importancia de este asunto en la creación de *El viejo y la niña* (1785) y *El sí de las niñas* (1801), aunque otros señalan que el tema de la libertad de la mujer para elegir marido estaba muy de moda a fines del siglo XVIII.

Debido al hecho de que Fernández de Moratín no asistió a la universidad, le fue difícil conseguir buenos puestos. Por fin, gracias a la influencia de Jovellanos, llegó a ser secretario del conde Cabarrús, a quien acompañó a Francia. Este viaje influyó de una manera importante en su desarrollo intelectual y artístico, igual que otros que hizo más tarde a Inglaterra y a Italia.

Sin embargo, lo que quería realmente era un trabajo que le permitiera quedarse en Madrid y reanudar sus actividades teatrales, sueño que realizó en 1796 al ser nombrado Secretario de la Interpretación de Lenguas. Su primer proyecto fue la conversión de su zarzuela, *El barón*, en comedia. En 1799, se representaron *El viejo y la niña* y *La comedia nueva*. El dramaturgo mismo dirigió los ensayos de esta última obra, lo cual le dio la oportunidad de poner en práctica algunas de sus innovadoras ideas.

A fines del siglo XVIII el teatro español sufría de carencia de rigor en el entrenamiento y disciplina de los actores, quienes acostumbraban a faltar a los ensayos o llegar tarde, y a veces no aprendían el texto hasta el último momento. Los comediantes mismos decidían cómo interpretar su papel, sin tomar en cuenta los deseos del director. Más problemático aún era la costumbre de dejar que los artistas mismos escogieran sus papeles de acuerdo con su fama e importancia. Según este sistema, una actriz madura y renombrada podía elegir representar a una joven ingenua, aun si era mucho más vieja que el personaje. Moratín intentó cambiar el sistema, haciendo que los actores asistieran a cuántos ensayos él creyera necesarios, que llegaran a tiempo y siguieran sus directivas. De acuerdo con el precepto neoclásico que decía que el arte debía imitar la naturaleza, asignó los papeles buscando al actor que tuviera la edad, porte y fisonomía adecuados para cada uno.

El gobierno apoyó la reforma teatral. Una real

---

[9]Su Majestad (es decir, el Rey).
[10]Resoluciones judiciales.

orden creó una junta de dirección de los teatros y nombró jefe a Moratín, quien renunció casi inmediatamente. Se ha sugerido que tal vez quería más poder o tal vez deseaba dedicarse a escribir. De todos modos, los reformadores neoclásicos habían triunfado en su campaña contra los excesos del teatro barroco y a favor de una vuelta a las normas del teatro clásico y renacentista. Insistían en las tres unidades de tiempo, lugar y acción, según las cuales la obra debía tener lugar dentro del espacio de un solo día y en un solo sitio, y cualquier argumento paralelo o secundario debía suprimirse. Reafirmaban los preceptos del buen gusto y la naturalidad. Los argumentos debían ser lógicos y claros. Los neoclásicos condenaban la violencia inmoderada, las emociones exageradas, los episodios fantásticos y las complicaciones escenográficas. También censuraban las complejidades lingüísticas de los escritores barrocos, optando por un lenguaje más natural y adecuado al personaje. A este fin Moratín dejó de escribir en verso y empezó a componer sus obras en prosa. Siguiendo las ideas de Luzán, los teóricos del Neoclasicismo creían que el teatro debía enseñar tanto como deleitar y que la lección moral debía presentarse de manera que se entendiera fácilmente. El teatro neoclásico refleja el optimismo de una filosofía que ve al hombre como esencialmente bueno y perfectible. Típicamente los personajes son benévolos, virtuosos y razonables. A veces se equivocan, pero son capaces de ver sus errores y de enmendarlos, lo cual conduce a un desenlace feliz.

El sí de las niñas es la obra más célebre de Moratín. Su quinta y última pieza, se estrenó el 24 de enero de 1806 y fue un éxito inmediato. Sin embargo, varios disgustos hicieron que Moratín dejara de escribir para el teatro. Un rival le plagió una obra, la cual se representó en 1803 con el nombre de *La lugareña orgullosa*. Sus adversarios lo atacaban por ser «afrancesado» y fue denunciado al Santo Oficio. Hizo dos adaptaciones de piezas de Molière, a quien consideraba su maestro: *La escuela de maridos* y *El médico a palos*. Pero nunca volvió a componer obras originales.

Su apoyo a los franceses durante la invasión de Napoleón le ganó muchos enemigos y tuvo que huir de Madrid varias veces. En 1812 se escapó a Valencia con el ejército de Bonaparte. Allí vivió un año antes de trasladarse a Peñíscola y después a Barcelona, a Francia y a Italia. Finalmente se refugió en Burdeos, donde vivió rodeado de amigos españoles hasta el fin de su vida.

El sí de las niñas se considera una obra neoclásica por excelencia. Respeta las unidades de lugar y de tiempo; toda la acción transcurre en la sala de una posada durante una sola noche. La unidad de acción se mantiene a pesar de los coqueteos de los sirvientes, puesto que la relación entre Rita y Calamocha no constituye un verdadero subargumento y los amores de sus amos nunca se pierden de vista. La escena es sencilla y realista y el fin didáctico, evidente.

El argumento se basa en una idea muy aceptada entre progresistas franceses y españoles: una joven debe tener el derecho de dar su opinión sobre su futuro marido, quien debe escogerse según las inclinaciones de ella. Como no es natural que una muchacha de quince años se enamore de un hombre de sesenta, la costumbre de arreglar matrimonios entre niñas y viejos por razones económicas, sociales o políticas sin el consentimiento de la interesada debe ser abolida. Otro problema es que aun cuando una joven parece estar conforme con la decisión de sus padres, puede ser que no se atreva a expresarse con franqueza. Para el autor, el «sí» de una joven no vale si no lo da libremente.

En la obra de Moratín, la viuda doña Irene, de una familia honrada pero venida a menos, quiere casar a Francisca, su hija de menos de dieciséis años, con don Diego, un hombre de cincuenta y nueve, para asegurar su propio futuro financiero y el de la niña. Señor bonachón y honesto, Don Diego se deja tentar por el proyecto porque está solo y estima a la joven. Piensa que vivirán castamente —ya que él es muy viejo para comenzar una familia— y que ella lo cuidará en su vejez, arreglo que Moratín ve como completamente antinatural. Criada en un convento donde ha aprendido a obedecer siempre, Francisca no osa oponerse a la voluntad de su madre. Sin embargo, está enamorada de Carlos, sobrino de su prometido, a quien conoció en una salida y ha visto varias veces. Aunque ignora los sentimientos de

Francisca, don Diego sospecha que no ha dado su consentimiento al matrimonio libremente. Por una parte, la ve triste y abatida; por otra, doña Irene no la deja hablar. Al descubrir que ella y Carlos se aman, don Diego abandona sus planes de casarse para unir a los dos enamorados.

El triunfo de la razón se refleja en la iluminación. La acción comienza al anochecer y la escena se oscurece mientras los personajes se hunden en la confusión; durante los primeros momentos del alba la situación se aclara.

Don Diego encarna perfectamente los valores neoclásicos. A diferencia de doña Irene, no está dispuesto a obligar a Francisca a casarse contra su voluntad. Insiste en permitir que la joven exprese sus sentimientos honesta y abiertamente. Moderado, bondadoso y razonable, reconoce su error y renuncia a su proyecto de contraer matrimonio al darse cuenta de que su prometida no lo quiere. Es el vehículo por el cual Moratín comunica su mensaje moral, no sólo porque sirve de ejemplo de buena conducta, sino también porque pronuncia los discursos en los que se exponen las ideas del autor. Es por medio de Don Diego que Moratín expresa su concepto optimista de la vida: el hombre es capaz de aprender y de mejorarse, siempre que se deje guiar por la razón, la consciencia y el sentido común.

Aunque doña Irene es insensata y egoísta, es más una caricatura que un verdadero personaje. A través de la madre de Francisca Moratín expresa su desdén por los padres oportunistas que usan de sus hijas para asegurar su propia posición económica. También se mofa de la religiosidad exagerada y superficial. Hay que recordar, sin embargo, que doña Irene también es producto de una sociedad que le ofrece pocas opciones a la viuda pobre. Si está desesperada por casar a su hija con un hombre rico, es porque no tiene otra manera de resolver el problema de su propio futuro y el de Francisca. Aunque la actitud de Moratín para con doña Irene es negativa, no se trata de una condena vehemente, sino de una burla bien intencionada.

A pesar de sus travesuras, doña Francisca no es una muchacha mala o insolente. Si su conducta es algo atrevida, es porque su madre la ha puesto en una situación difícil. Moratín insiste en las buenas intenciones de la niña. Doña Francisca no quiere herir o desobedecer a su madre. Está dispuesta a casarse con don Diego para complacer a doña Irene, ya que se le ha enseñado que una señorita decente se somete siempre a la voluntad de sus mayores. Al mismo tiempo, estima a don Diego y no quiere ofenderlo. Por un lado, no se resigna a olvidar a don Carlos, pero no ve otro remedio a su dilema.

Como don Diego, Carlos representa ideales de la Iluminación. Oficial del ejército que se distingue por su valor y su inteligencia, el joven no desea desobedecer a su tío, pero no se siente capaz de abandonar a Francisca. Pero cuando se entera de que su rival es su propio tío, Carlos prefiere alejarse y tal vez morir en vez de causarle un disgusto a éste. Con Francisca, se porta siempre de una manera decorosa. Moratín subraya la buena conducta de Carlos, a quien nunca se le ocurriría romper las reglas de la decencia.

En el teatro del Siglo de Oro era común que los criados mantuvieran amores paralelos a los de sus amos, así que Rita y Calamocha continúan una larga tradición literaria. Siendo de la clase baja, pueden coquetear más abiertamente que Francisca y Carlos, ya que no tienen que preocuparse por las apariencias. A veces se lanzan insinuaciones picaronas. De hecho, mucho del humor de la obra proviene de los intercambios algo escabrosos de Rita y Calamocha. Pero éstos nunca ofenden el buen gusto. Además, es claro que los criados realmente aman a sus señores y hacen lo posible para ayudarles a realizar sueños. Como en las obras de los siglos áureos, son los criados los que avanzan la acción y sirven de alter-ego a sus amos, expresando sentimientos que éstos no se atreverían a declarar.

A pesar del progresismo de Moratín, su teatro es ante todo una defensa del orden establecido, ya que reafirma la autoridad del monarca/padre. Como señala Julio Prieto Martínez, el de Moratín es «un teatro anclado en el orden vigente, preocupado por conferir una eficacia absoluta a un determinado sistema de distribución de poder, por evitar la excitación imaginativa (y la eventual sublevación) de las masas populares en contra del sistema de lo real». Los reformadores consideraban peligrosos la fantasía y el desbordamiento que se asocian con el barroco porque éstos correspondían a las fuerzas irracionales que operan dentro del ser humano. Explica Prieto Martínez «En la poética dramática neoclásica y moratiniana la proscripción de la pasión y la fantasía es, sobre todo, una cuestión de orden público, de metodología política y policial» . (Súbditos)

Con *El sí de las niñas* la comedia neoclásica llega a su cenit. Después de la época de Moratín, los gustos cambian y los dramaturgos románticos introducen nuevas normas teatrales.

El sí de las niñas

Personas

Don Diego   Don Carlos   Doña Irene
Doña Francisca
Rita (criada de Doña Irene y Doña Francisca)
Simón (criado de Don Diego)
Calamocha (criado de Don Carlos)

La escena es en una posada de Alcalá de Henares.

Acto I

[En la Escena Primera Don Diego explica a Simón su proyecto de casarse con Doña Paquita, pero éste no entiende bien. Cree, como es lógico, que su patrón piensa desposar a su sobrino Carlos con la joven. Don Diego se fastidia al darse cuenta del error de Simón. En la Escena II Doña Irene presenta su hija a Don Diego.]

Escena III

DOÑA FRANCISCA: ¿Nos vamos adentro, mamá, o nos quedamos aquí?
DOÑA IRENE: Ahora, niña, que quiero descansar un rato.
DON DIEGO: Hoy se ha dejado sentir el calor en forma.
DOÑA IRENE: ¡Y qué fresco tienen aquel locutorio![1] Está hecho un cielo... *(Siéntase Doña Francisca junto a su madre.)* Mi hermana[2] es la que sigue

siempre bastante delicada. Ha padecido mucho este invierno... pero, vaya, no sabía qué hacerse con su sobrina la buena señora. Está muy contenta de nuestra elección.[3]
DON DIEGO: Yo celebro que sea tan a gusto de aquellas personas a quienes debe usted particulares obligaciones.
DOÑA IRENE: Sí, Trinidad está muy contenta; y en cuanto a Circuncisión,[4] ya lo ha visto usted. La ha costado mucho despegarse de ella; pero ha conocido que siendo para su bienestar, es necesario pasar por todo... Ya se acuerda usted de lo expresiva que estuvo, y...
DON DIEGO: Es verdad. Sólo falta que la parte interesada tenga la misma satisfacción que manifiestan cuantos la quieren bien.
DOÑA IRENE: Es hija obediente, y no se apartará jamás de lo que determine su madre.
DON DIEGO: Todo eso es cierto; pero...
DOÑA IRENE: Es de buena sangre,[5] y ha de pensar ien, y ha de proceder con el honor que la corresponde.
DON DIEGO: Sí, ya estoy[6]; pero ¿no pudiera, sin faltar a su honor ni a su sangre...?
DOÑA FRANCISCA: ¿Me voy, mamá? *(Se levanta y vuelve a sentarse.)*[7]
DOÑA IRENE: No pudiera, no señor. Una niña bien educada, hija de buenos padres, no puede menos de conducirse en todas ocasiones como es conveniente y debido. Un vivo retrato es la chica, ahí donde usted la ve, de su abuela que Dios perdone, doña Jerónima de Peralta... En casa tengo el cuadro, ya le habrá usted visto. Y le hicieron, según me contaba su merced,[8] para enviársele a tu tío carnal el padre fray Serapión de San Juan Crisóstomo, electo obispo de Mechoacán.[9]

---

[1]Habitación de los conventos de clausura, dividida por una reja, en que los visitantes pueden hablar con las monjas.
[2]La hermana de doña Irene es monja del convento en el cual se ha criado doña Paquita.

[3]Como explican Dowling y Andioc, doña Irene quiere decir la suya y la de las monjas cuando dice «nuestra elección». Aún no ha consultado a doña Francisca (179).
[4]Moratín ridiculiza a las monjas y se burla de su costumbre de tomar sobrenombres de santos.
[5]Familia, estirpe.
[6]Entiendo.
[7]Se ve que doña Francisca está incómoda y deseosa de irse.
[8]**Su...** tratamiento de cortesía que se usaba con los que no tenían título.
[9]Michoacán, región de México.

DON DIEGO: Ya.

DOÑA IRENE: Y murió en el mar el buen religioso, que fue un quebranto para toda la familia... Hoy es, y todavía estamos sintiendo su muerte; particularmente mi primo don Cucufate,[10] regidor[11] perpetuo de Zamora, no puede oír hablar de su Ilustrísima sin deshacerse en lágrimas.

DOÑA FRANCISCA: Válgate Dios, qué moscas tan...

DOÑA IRENE: Pues murió en olor[12] de santidad.

DON DIEGO: Eso bueno es.[13]

DOÑA IRENE: Sí señor; pero como la familia ha venido tan a menos... ¿Qué quiere usted? Donde no hay facultades.[14] Bien que por lo que puede tronar,[15] ya se le está escribiendo la vida; y ¿quién sabe que el día de mañana no se imprima, con el favor de Dios?

DON DIEGO: Pues ya se ve. Todo se imprime.[16]

DOÑA IRENE: Lo cierto es que el autor, que es sobrino de mi hermano político el canónigo de Castrojériz,[17] no la deja de la mano;[18] y a la hora de ésta lleva ya escritos nueve tomos en folio, que comprenden los nueve años primeros de la vida del santo obispo.

DON DIEGO: ¿Conque para cada año un tomo?

DOÑA IRENE: Sí, señor; ese plan se ha propuesto.

DON DIEGO: ¿Y de qué edad murió el venerable?

DOÑA IRENE: De ochenta y dos años, tres meses y catorce días.

DOÑA FRANCISCA: ¿Me voy, mamá?

DOÑA IRENE: Anda, vete. ¡Válgate Dios, qué prisa tienes!

DOÑA FRANCISCA: *(Se levanta, y después de hacer una graciosa cortesía a don Diego, da un beso a Doña Irene, y se va al cuarto de ésta.)* ¿Quiere usted que le haga una cortesía a la francesa,[19] señor don Diego?

DON DIEGO: Sí, hija mía. A ver.

DOÑA FRANCISCA: Mire usted, así.

DON DIEGO: ¡Graciosa niña! ¡Viva la Paquita, viva!

DOÑA FRANCISCA: Para usted una cortesía, y para mi mamá un beso.

Escena IV

DOÑA IRENE: Es muy gitana[20] y mona,[21] mucho.

DON DIEGO: Tiene un donaire natural que arrebata.

DOÑA IRENE: ¿Qué quiere usted? Criada sin artificio ni embelecos de mundo, contenta de verse otra vez al lado de su madre, y mucho más de considerar tan inmediata su colocación,[22] no es de maravilla que cuanto hace y dice sea una gracia, y *máxime*[23] a los ojos de usted, que tanto se ha empeñado en favorecerla.

DON DIEGO: Quisiera sólo que se explicase libremente acerca de nuestra proyectada unión, y...

DOÑA IRENE: Oiría usted lo mismo que le he dicho ya.

DON DIEGO: Sí, no lo dudo; pero el saber que la merezco alguna inclinación, oyéndoselo decir con aquella boquilla tan graciosa que tiene, sería para mí una satisfacción imponderable.[24]

DOÑA IRENE: No tenga usted sobre ese particular la más leve desconfianza; pero hágase usted cargo de que a una niña no la[25] es lícito decir con ingenuidad lo que siente. Mal parecería, señor don Diego, que una doncella de vergüenza y criada como Dios manda, se atreviese a decirle a un hombre: yo le quiero a usted.

DON DIEGO: Bien; si fuese un hombre a quien hallara por casualidad en la calle y le espetara ese favor de buenas a primeras, cierto que la doncella haría muy mal; pero a un hombre con quien ha de casarse dentro de pocos días, ya pudiera decirle alguna cosa que... Además, que hay ciertos modos de explicarse...

DOÑA IRENE: Conmigo usa de más franqueza. A cada instante hablamos de usted, y en todo mani

---

[10]Otro nombre absurdo inventado por Moratín para ridiculizar a los parientes de doña Irene.

[11]Gobernador.

[12]Fama, opinión.

[13]Nótese el doble sentido. Por un lado, don Diego satiriza el gran número de canonizaciones. Por otro, le pide a doña Irene que se calle, ya que «eso, bueno es» también puede significar *basta*.

[14]Recursos económicos.

[15]Suceder.

[16]Comentario irónico sobre el gran número de libros sin mérito que se imprimen.

[17]Pueblo de Burgos.

[18]Abandona.

[19]Reverencia que le han enseñado en el convento.

---

[20]Atractiva y cariñosa.

[21]Bonita, graciosa.

[22]Es decir, matrimonio.

[23]Principalmente.

[24]Impagable.

[25]Le.

fiesta el particular cariño que a usted le tiene... ¡Con qué juicio hablaba ayer noche, después de que usted se fue a recoger[26]! No sé lo que hubiera dado por que hubiese podido oírla.

DON DIEGO: ¿Y qué? ¿Hablaba de mí?

DOÑA IRENE: Y qué bien piensa acerca de lo preferible que es para una criatura de sus años un marido de cierta edad, experimentado, maduro y de conducta...

DON DIEGO: ¡Calle! ¿Eso decía?

DOÑA IRENE: No; esto se lo decía yo, y me escuchaba con una atención como si fuera una mujer de cuarenta años, lo mismo... ¡Buenas cosas la[27] dije! Y ella, que tiene mucha penetración, aunque me esté mal el decirlo... ¿Pues no da lástima, señor, el ver cómo se hacen los matrimonios hoy en el día[28]? Casan a una muchacha de quince años con un arrapiezo[29] de dieciocho, a una de diecisiete con otro de veintidós; ella niña, sin juicio ni experiencia, y él niño también, sin asomo de cordura ni conocimiento de lo que es mundo. Pues, señor (que es lo que yo digo), ¿quién ha de gobernar la casa? ¿Quién ha de mandar a los criados? ¿Quién ha de enseñar y corregir a los hijos? Porque sucede también que estos atolondrados de chicos suelen plagarse de criaturas en un instante, que da compasión.

DON DIEGO: Cierto que es un dolor el ver rodeados de hijos a muchos que carecen del talento, de la experiencia y de la virtud que son necesarias para dirigir su educación.

...

[Rita se encuentra con Calamocha y se entera de que don Carlos (que Francisca conoce con el nombre de don Félix) está alojado en la posada.]

Escena IX

RITA: ¡Qué malo es!... Pero... ¡Válgame Dios! ¡Don Félix aquí!... Sí, la quiere, bien se conoce... *(Sale Calamocha del cuarto de don Carlos, y se va por la puerta del foro.)* ¡Oh! por más que digan, los hay muy finos[30]; y entonces, ¿qué ha de hacer una?... Quererlos; no tiene remedio, quererlos... Pero ¿qué dirá la señorita cuando le vea, que está ciega[31] por él? ¡Pobrecita! ¿Pues no sería una lástima que...? Ella es. *(Sale doña Francisca.)*

DOÑA FRANCISCA: ¡Ay, Rita!

RITA: ¿Qué es eso? ¿Ha llorado usted?

DOÑA FRANCISCA: ¿Pues no he de llorar? Si vieras mi madre... Empeñada está en que he de querer mucho a ese hombre... Si ella supiera lo que sabes tú, no me mandaría cosas imposibles.... Y que es tan bueno, y que es rico, y que me irá tan bien con él... Se ha enfadado tanto, y me ha llamado picarona,[32] inobediente... ¡Pobre de mí! Porque no miento ni sé fingir, por eso me llaman picarona.

RITA: Señorita, por Dios, no se aflija usted.

DOÑA FRANCISCA: Ya, como tú no lo has oído... Ya dice que don Diego se queja de que yo no le digo nada.... Harto le digo, y bien he procurado hasta ahora mostrarme contenta delante de él, que no lo estoy por cierto, y reírme y hablar niñerías... Y todo por dar gusto a mi madre, que si no... Pero bien sabe la Virgen que no me sale del corazón.

(Se va oscureciendo lentamente el teatro.)

RITA: Vaya, vamos, que no hay motivo todavía para tanto angustia... ¿Quién sabe?... ¿No se acuerda usted ya de aquel día de asueto[33] que tuvimos el año pasado en la casa de campo del intendente?[34]

DOÑA FRANCISCA: ¡Ay! ¿Cómo puedo olvidarlo?... Pero ¿qué me vas a contar?

RITA: Quiero decir que aquel caballero que vimos allí con aquella cruz verde,[35] tan galán, tan fino...

DOÑA FRANCISCA: ¡Qué rodeos!... Don Félix. ¿Y qué?

---

[26]Acostarse.

[27]Le.

[28]**Hoy...** hoy en día.

[29]Muchacho sin medios ni fortuna.

[30]Buenos, constantes y fieles. Rita habla de los hombres. A la criada le gusta Calamocha, con quien coqueteó en la escena anterior. Siendo de la clase humilde, Rita puede expresar sus sentimientos mucho más libremente que Francisca.

[31]Loca.

[32]Maliciosa.

[33]Vacación.

[34]Se trata del intendente de ejército, como se explica en el tercer acto.

[35]Enseña de los caballeros de Alcántara.

RITA: Que nos fue acompañando hasta la ciudad...

DOÑA FRANCISCA: Y bien... Y luego volvió, y le vi, por mi desgracia, muchas veces... Mal aconsejada de ti.[36]

RITA: ¿Por qué, señora?... ¿A quién dimos escándalo? Hasta ahora nadie lo ha sospechado en el convento. Él no entró jamás por la puerta, y cuando de noche hablaba con usted, mediaba entre los dos una distancia tan grande, que usted la maldijo no pocas veces...[37] Pero esto no es el caso. Lo que voy a decir es que un amante como aquél no es posible que se olvide tan presto de su querida Paquita... Mire usted que todo cuando hemos leído a hurtadillas en las novelas[38] no equivale a lo que hemos visto en él... ¿Se acuerda usted de aquellas tres palmadas que se oían entre once y doce de la noche, de aquella sonora[39] punteada con tanta delicadeza y expresión?

DOÑA FRANCISCA: ¡Ay, Rita! Sí, de todo me acuerdo, y mientras viva conservaré la memoria... Pero está ausente... y entretenido acaso con nuevos amores.

RITA: Eso no lo puedo yo creer.

DOÑA FRANCISCA: Es hombre, al fin, y todos ellos...

RITA: ¡Que bobería. Desengáñese usted, señorita. Con los hombres y las mujeres sucede lo mismo que con los melones de Añover.[40] Hay de todo; la dificultad está en saber escogerlos. El que se lleve chasco[41] en su elección, quéjese de su mala suerte, pero no desacredite la mercancía... Hay hombres muy embusteros, muy picarones; pero no es creíble que lo sea el que ha dado pruebas tan repetidas de per

severancia y amor. Tres meses duró el terrero[42] y la conversación a oscuras, y en todo aquel tiempo, bien sabe usted que no vimos en él una acción descompuesta, no oímos de su boca una palabra indecente ni atrevida.

DOÑA FRANCISCA: Es verdad. Por eso le quise tanto, por eso le tengo tan fijo aquí..., aquí... *(Señalando el pecho.)* ¿Qué habrá dicho al ver la carta?...[43] ¡Oh! Yo bien sé lo que habrá dicho...: ¡Válgate Dios! ¡Es lástima! Cierto. ¡Pobre Paquita!... Y se acabó... No habrá dicho más... Nada más.

RITA: No, señora; no ha dicho eso.

DOÑA FRANCISCA: ¿Qué sabes tú?

RITA: Bien lo sé. Apenas haya leído la carta se habrá puesto en camino, y vendrá volando a consolar a su amiga... Pero... *(Acercándose a la puerta del cuarto de doña Irene.)*

DOÑA FRANCISCA: ¿Adónde vas?

RITA: Quiero ver si...

DOÑA FRANCISCA: Está escribiendo.

RITA: Pues ya presto habrá que dejarlo, que empieza a anochecer... Señorita, lo que la[44] he dicho a usted es la verdad pura. Don Félix está ya en Alcalá.

DOÑA FRANCISCA: ¿Conque me quiere?... ¡Ay, Rita! Mira tú si hicimos bien de avisarle... Pero ¿ves qué fineza?... ¡Si vendrá bueno? ¡Correr tantas leguas sólo por verme..., porque yo se lo mando!... ¡Qué agradecida le debo estar!... ¡Oh!, yo le prometo que no se quejará de mí. Para siempre agradecimiento y amor.

RITA: Voy a traer luces. Procuraré detenerme por allá abajo hasta que vuelvan. Veré lo que dice y qué piensa hacer, porque hallándonos todos aquí, pudiera haber una de Satanás[45] entre la madre, la hija, el novio y el amante; y si no ensayamos bien esta contradanza,[46] nos hemos de perder en ella.

DOÑA FRANCISCA: Dices bien... Pero no; él tiene

---

[36]Es muy típico en el teatro del Siglo de Oro y también en el neoclásico que la criada haga avanzar la acción, aconsejando a la dama, llevando mensajes, etc. En este caso, el papel activo de Rita hace resaltar la inocencia de doña Francisca.

[37]Moratín insiste en la inocencia de la relación entre Carlos y Francisca. No son realmente rebeldes; Carlos siempre se ha comportado de una manera decorosa con su amada.

[38]Las novelas de amor normalmente les eran prohibidas a las señoritas de buena familia, especialmente en los conventos.

[39]Tipo de guitarra.

[40]Añover del Tajo, pueblo de la provincia de Toledo, conocido por sus melones.

[41]Suceso que sale contrario a lo que se esperaba.

[42]Cortejo.

[43]Francisca escribió a Carlos informándole de los planes de su madre.

[44]Le.

[45]**Una... un gran lío.**

[46]Baile del siglo XVIII, en el cual bailan ocho personas que forman varias parejas. Aquí, entre Carlos y Francisca, Carlos y su tío, Francisca y don Diego, Francisca y Carlos, Francisca y su madre y todas las obras posibles combinaciones de personajes recuerdan las complejidades de la contradanza.

resolución y talento, y sabrá determinar lo más conveniente... Y ¿cómo has de avisarme?... Mira que así que llegue le quiero ver.

RITA: No hay que dar cuidado. Yo le traeré por acá, y en dándome aquella tosecilla seca.. ¿Me entiende usted?

DOÑA FRANCISCA: Sí, bien.

RITA: Pues entonces no hay más que salir con cualquiera excusa. Yo me quedaré con la señora mayor; la[47] hablaré de todos sus maridos y de sus con cuñados, y del obispo que murió en el mar... Además, que si está allí don Diego...

DOÑA FRANCISCA: Bien, anda; y así que llegue...

RITA: Al instante.

DOÑA FRANCISCA: Que no se te olvide toser.

RITA: No haya miedo.

DOÑA FRANCISCA: ¡Si vieras consolada estoy!

RITA: Sin que usted lo jure lo creo.

DOÑA FRANCISCA: ¿Te acuerdas cuando me decía que era imposible apartarme de su memoria, que no habría peligros que le detuvieran, ni dificultades que no atropellara por mí?

RITA: Sí, bien me acuerdo.

DOÑA FRANCISCA: ¡Ah!... Pues mira cómo me dijo la verdad. *(Doña Francisca se va al cuarto de doña Irene; Rita, por la puerta del foro.)*

Acto II

[Doña Irene trata de convencer a su hija que le conviene casarse con don Diego porque es rico y generoso. Se desespera porque Francisca, aunque no le contradice, no muestra ningún entusiasmo. Piensa que tal vez la joven quiere meterse a monja, pero ésta la asegura que no y promete que «la[48] Paquita nunca se apartará de su madre, ni la[49] dará disgustos».]

Escena V

DON DIEGO: ¿Y doña Paquita?

DOÑA IRENE: Doña Paquita siempre acordándose de sus monjas. Ya la[50] digo que es tiempo de mudar de bisiesto,[51] y pensar sólo en dar gusto a su madre y obedecerla.

DON DIEGO: ¡Qué diantre![52] ¿Conque tanto se acuerda de...?

DOÑA IRENE: ¿Qué se admira usted? Son niñas... No saben lo que quieren, ni lo que aborrecen... En una edad, así, tan...

DON DIEGO: No; poco a poco; eso no. Precisamente en esa edad son las pasiones algo más enérgicas y decisivas que en la nuestra, y por cuanto[53] la razón se halla todavía imperfecta y débil, los ímpetus del corazón son mucho más violentos... *(Asiendo de una mano a doña Francisca, la hace sentar inmediata[54] a él.)* Pero de veras, Doña Paquita, ¿se volvería usted al convento de buena gana?... La verdad.

DOÑA IRENE: Pero si ella no...

DON DIEGO: Déjela usted, señora; que ella responderá.

DOÑA FRANCISCA: Bien sabe usted lo que acabo de decirla.[55] No permita Dios que yo la dé que sentir.

DON DIEGO: Pero eso lo dice usted tan afligida y...

DOÑA IRENE: Si es natural, señor. ¿No ve usted que...?

DON DIEGO: Calle usted, por Dios, doña Irene, y no me diga usted a mí lo que es natural. Lo que es natural es que la chica esté llena de miedo, y no se atreva a decir una palabra que se oponga a lo que su madre quiere que diga... pero si esto hubiese, por vida mía que estábamos lucidos.

DOÑA FRANCISCA: No, señor; lo que dice su merced, eso digo yo; lo mismo. Porque en todo lo que me mande la obedeceré.

DON DIEGO: ¡Mandar, hija mía!... En estas materias tan delicadas los padres que tienen juicio no mandan. Insinúan, proponen, aconsejan; eso sí, todo eso sí; ¡pero mandar!... ¿Y quién ha de evitar después las resultas funestas de lo que mandaron?... Pues ¿cuántas veces vemos matrimonios infelices, uniones monstruosas, verificadas solamente porque un padre tonto se metió a mandar lo que no debiera?... ¡Eh! No, señor; eso no va bien... Mire usted, doña Paquita, yo no soy de aquellos hombres

---

[47]Le.

[48]El nombre propio antecedido de «la» es común en España y muchas partes de Latinoamérica.

[49]Le.

[50]Le.

[51]Cambiar de idea.

[52]Eufemismo por «diablo».

[53]**Por...** por lo tanto.

[54]Cerca de, al lado de.

[55]Aquí y en la próxima frase, le.

que disimulan los defectos. Yo sé que ni mi figura ni mi edad son para enamorar perdidamente a nadie; pero tampoco he creído imposible que una muchacha de juicio y bien criada llegase a quererme con aquel amor tranquilo y constante que tanto se parece a la amistad, y es el único que puede hacer los matrimonios felices. Para conseguirlono he ido a buscar ninguna hija de familia de éstas que viven en una decente libertad... Decente, que yo no culpo lo que no se opone al ejercicio de la virtud. Pero ¿cuál sería entre todas ellas la que no estuviese ya prevenida en favor de otro amante más apetecible que yo? Y en Madrid, figúrese usted en un Madrid... Lleno de estas ideas me pareció que tal vez hallaría en usted todo cuando deseaba.

DOÑA IRENE: Y puede usted creer, señor don Diego, que...

DON DIEGO: Voy a acabar, señora; déjeme usted acabar. Yo me hago cargo, querida Paquita, de lo que habrán influido en una niña tan bien inclinada como usted las santas costumbres que ha visto practicar en aquel inocente asilo de la devoción y la virtud;[56] pero si a pesar de todo esto la imaginación acalorada, las circunstancias imprevistas, la hubiesen hecho elegir sujeto más digno, sepa usted que yo no quiero nada con violencia. Yo soy ingenuo; mi corazón y mi lengua no se contradicen jamás. Eso mismo la[57] pido a usted, Paquita: sinceridad. El cariño que a usted la tengo no la debe hacer infeliz... su madre de usted no es capaz de querer una injusticia, y sabe muy bien que a nadie se le hace dichoso por fuerza. Si usted no halla en mí prendas que la inclinen, si siente algún otro cuidadillo en su corazón, créame usted, la menor disimulación en esto nos daría a todos muchísimo que sentir.

DOÑA IRENE: ¿Puedo hacer ya, señor?

DON DIEGO: Ella, ella debe hablar, y sin apuntador y sin intérprete.

DOÑA IRENE: Cuando yo se lo mande.

DON DIEGO: Pues ya puede usted mandárselo, porque a ella la[58] toca responder... Con ella he de casarme, con usted no.

. . .

[Don Carlos y doña Francisca hablan de su dilema. Carlos promete defender a su amada y le explica que en Madrid puede «contar con el favor de un anciano respetable y virtuoso» sin saber que ese mismo señor es el prometido de Paquita. La joven llora porque no quiere causarle ningún disgusto a su madre, pero Carlos promete buscar una solución. Cuando don Diego se encuentra con su sobrino en la posada, se fastidia porque se supone que Carlos esté en el cuartel en Zaragoza y le manda volver inmediatamente. Al enterarse de que Carlos se ha ido, Francisca se pone a llorar.]

Acto III

[Simón y don Diego oyen música y se esconden. Es que Don Carlos ha vuelto a la posada y le hace una serenata a doña Francisca, quien sale con Rita en la oscuridad y le pide aclaraciones. Don Carlos le tira un papel en que explica por qué había partido. De repente, Simón tropieza con la jaula del tordo de doña Irene y el ruido hace que las muchachas huyan. Don Diego encuentra la nota y, al leerla, se da cuenta de que Carlos y Francisca están enamorados. Se siente profundamente decepcionado.]

Escena VIII

DON DIEGO: ¿Usted no habrá dormido bien esta noche?

DOÑA FRANCISCA: No, señor. ¿Y usted?

DON DIEGO: Tampoco.

DOÑA FRANCISCA: Ha hecho demasiado calor.

DON DIEGO: ¿Está usted desazonada?[59]

DOÑA FRANCISCA: Alguna cosa.[60]

DON DIEGO: ¿Qué siente usted? (Siéntase junto a doña Francisca.)

DOÑA FRANCISCA: No es nada... Así un poco de... Nada..., no tengo nada.

DON DIEGO: Algo será, porque la veo a usted muy abatida, llorosa, inquieta... ¿Qué tiene usted, Paquita? ¿No sabe usted que la quiero tanto?

DOÑA FRANCISCA: Sí, señor.

DON DIEGO: Pues, ¿por qué no hace usted más confianza de mí? ¿Piensa usted que no tendré yo mucho gusto en hallar ocasiones de complacerla?

DOÑA FRANCISCA: Ya lo sé.

DON DIEGO: ¿Pues cómo, sabiendo que tiene

---

[56]Hay cierta ironía en este comentario.
[57]Aquí y en la próxima frase, le.
[58]Le.

[59]Molesta, disgustada.
[60]Un poco.

usted un amigo, no desahoga con él su corazón?

DOÑA FRANCISCA: Porque eso mismo me obliga a callar.

DON DIEGO: Eso quiere decir que tal vez soy yo la causa de su pesadumbre de usted.

DOÑA FRANCISCA: No señor; usted en nada me ha ofendido... No es de usted de quien yo me debo quejar.

DON DIEGO: Pues ¿de quién, hija mía?... Venga usted acá... *(Acércase más.)* Hablemos siquiera una vez sin rodeos ni disimulación... Dígame usted: ¿no es cierto que usted mira con algo de repugnancia este casamiento que se la[61] propone? ¿Cuánto va que si le dejasen a usted entera libertad para la elección no se casaría conmigo?

DOÑA FRANCISCA: Ni con otro.[62]

DON DIEGO: ¿Será posible que usted no conozca otro más amable que yo, que la quiera bien, y que la corresponda como usted merece?

DOÑA FRANCISCA: No, señor; no, señor.

DON DIEGO: Mírelo usted bien.

DOÑA FRANCISCA: ¿No le digo a usted que no?

DON DIEGO: ¿Y he de creer, por dicha, que conserve usted tal inclinación al retiro en que se ha criado, que prefiera la austeridad del convento a una vida más...?

DOÑA FRANCISCA: Tampoco; no señor... Nunca he pensado así.

DON DIEGO: No tengo empeño en saber más... Pero de todo lo que acabo de oír resulta una gravísima contradicción. Usted no se halla inclinada al estado religioso, según parece. Usted me asegura que no tiene queja ninguna de mí, que está persuadida de lo mucho que la estimo, que no piensa casarse con otro, ni debo recelar que nadie me dispute su mano... Pues ¿qué llanto es ése? ¿De dónde nace esa tristeza profunda, que en tan poco tiempo ha alterado su semblante de usted, en términos que apenas le reconozco? ¿Son éstas las señales de quererme exclusivamente a mí, de casarse gustosa conmigo dentro de pocos días? ¿Se anuncian así la alegría y el amor?

(Vase iluminando lentamente la escena, suponiendo que viene la luz del día.)

DOÑA FRANCISCA: Y ¿qué motivos le he dado a usted para tales desconfianzas?

DON DIEGO: ¿Pues qué? Si yo prescindo de estas consideraciones, si apresuro las diligencias de nuestra unión, si su madre de usted sigue aprobándola y llega el caso de...

DOÑA FRANCISCA: Haré lo que mi madre me manda, y me casaré con usted.

DON DIEGO: ¿Y después, Paquita?

DOÑA FRANCISCA: Después..., y mientras me dure la vida, seré mujer de bien.

DON DIEGO: Eso no lo puedo yo dudar... Pero si usted me considera como el que ha de ser hasta la muerte su compañero y un amigo, dígame usted: estos títulos ¿no me dan algún derecho para merecer de usted mayor confianza? ¿No he de lograr que usted me diga la causa de su dolor? No para satisfacer una impertinente curiosidad, sino para emplearme todo en su consuelo, en mejorar su suerte, en hacerla dichosa, si mi conato[63] y mis diligencias pudiesen tanto.

DOÑA FRANCISCA: ¡Dichas para mí!... Ya se acabaron.

DON DIEGO: ¿Por qué?

DOÑA FRANCISCA: Nunca diré por qué.

DON DIEGO: Pero ¡qué obstinado, qué imprudente silencio!... Cuando usted misma debe presumir que no estoy ignorante de lo que hay.

DOÑA FRANCISCA: Si usted lo ignora, señor don Diego, por Dios no finja que lo sabe; y si en efecto lo sabe usted, no me lo pregunte.

DON DIEGO: Bien está. Una vez que no hay nada que decir, que esa aflicción y esas lágrimas son voluntarias, hoy llegaremos a Madrid, y dentro de ocho días será usted mi mujer.

DOÑA FRANCISCA: Y daré gusto a mi madre.

DON DIEGO: Y vivirá usted infeliz.

DOÑA FRANCISCA: Ya lo sé.

DON DIEGO: Ve aquí los frutos de la educación. Esto es lo que se llamar criar bien a una niña: enseñarla[64] a que desmienta y oculte las pasiones más inocentes con una pérfida disimulación. Las juzgan honestas luego que las ven instruidas en el arte de callar y

---

[61]Le.

[62]Doña Francisca no ha leído la nota de don Carlos y por lo tanto no sabe por qué dejó la posada. No está segura que la quiera.

---

[63]Empeño, esfuerzo.

[64]Enseñarle.

mentir. Se obstinan en que el temperamento, la edad ni el genio no han de tener influencia alguna en sus inclinaciones, o en que su voluntad ha de torcerse a capricho de quien las gobierna. Todo se las[65] permite, menos la sinceridad. Con tal que no digan lo que sienten, con tal que finjan aborrecer lo que más desean, con tal que se presten a pronunciar, cuando se lo manden, un sí perjuro, sacrílego, origen de tantos escándalos, ya están bien criadas, y se llama excelente educación la que inspira en ellas el temor, la astucia y el silencio de un esclavo.

DOÑA FRANCISCA: Es verdad... Todo eso es cierto... Eso exigen de nosotras, eso aprendemos en la escuela que se nos da... Pero el motivo de mi aflicción es mucho más grande.

. . .

[Sin revelar que se ha enterado de que Paquita quiere a Carlos, don Diego promete ayudar a la muchacha. Revela a don Carlos que ha leído la nota que tiró por la ventana y sabe que está enamorado de la hija de doña Irene. Carlos le cuenta cómo la conoció y, como no ve manera de realizar su sueño de casarse con ella sin ofender a su tío, anuncia que se marcha a la guerra. Don Diego se turba al darse cuenta de que el amor del joven es tan profundo que él está dispuesto a morir antes de dejarla. Don Diego dice a doña Irene que no puede casarse con su hija porque ella está enamorada de otro señor. Doña Irene se pone furiosa. Niega que Paquita pueda haber conocido a ningún pretendiente en el convento. Don Diego le muestra la nota.]

Escena XII

RITA: Señora.

DOÑA FRANCISCA: ¿Me llamaba usted?

DOÑA IRENE: Sí, hija, sí; porque el señor don Diego nos trata de un modo que ya no se puede aguantar. ¿Qué amores tienes, niña? ¿A quién has dado palabra de matrimonio? ¿Qué enredos son éstos?... Y tú, picarona... Pues tú también lo has de saber... Por fuerza lo sabes... ¿Quién ha escrito este papel? ¿Qué dice? *(Presentando el papel abierto a doña Francisca.)*

RITA: *(Aparte a doña Francisca.)* Su letra es.

DOÑA FRANCISCA: ¡Qué maldad!... Señor don Diego, ¿así cumple usted su palabra?

DON DIEGO: Bien sabe Dios que no tengo la culpa... Venga usted aquí. *(Tomando de una mano a doña Francisca, la pone a su lado.)* No hay que temer... Y usted, señora, escuche y calle, y no me ponga en términos de hacer un desatino... Déme usted ese papel... *(Quitándole el papel.)* Paquita, ya se acuerda usted de las tres palmadas de esta noche.

DOÑA FRANCISCA: Mientas viva me acordaré.

DON DIEGO: Pues éste es el papel que tiraron a la ventana... No hay que asustarse, ya lo he dicho. *(Lee.)* Bien mío: si no consigo hablar con usted, haré lo posible para que llegue a sus manos esta carta. Apenas me separé de usted, encontré en la posada al que ya llamaba mi enemigo,[66] y al verle no sé cómo no expiré de dolor. Me mandó que saliera inmediatamente de la ciudad, y fue preciso obedecerle. Yo me llamo don Carlos, no don Félix. Don Diego es mi tío. Viva usted dichosa, y olvide para siempre a su infeliz amigo.—Carlos de Urbina.

DOÑA FRANCISCA: ¡Triste de mí!

DOÑA IRENE: ¿Conque es verdad lo que decía el señor, grandísima picarona? Te has de acordar de mí. *(Se encamina hacia doña Francisca, muy colérica, y en ademán de querer maltratarla. Rita y don Diego lo estorban.)*

DOÑA FRANCISCA: ¡Madre!... ¡Perdón!

DOÑA IRENE: No, señor; que la he de matar.

DON DIEGO: ¿Qué locura es ésta?

DOÑA IRENE: He de matarla.

Escena XIII

(Sale don Carlos del cuarto precipitadamente; coge de un brazo a doña Francisca, se la lleva hacia el fondo del teatro y se pone delante de ella para defenderla. Doña Irene se asusta y se retira.)

DON CARLOS: Eso no... Delante de mí nadie ha de ofenderla.

DOÑA FRANCISCA: ¡Carlos!

DON CARLOS: *(A don Diego.)* Disimule[67] usted mi atrevimiento... He visto que la insultaban y no me he sabido contener.

DOÑA IRENE: ¿Qué es lo que me sucede, Dios mío? ¿Quién es usted?... ¿Qué acciones son éstas?... ¡Qué

---

[65]Les.

[66]Por ser su rival por la mano de doña Francisca.
[67]Perdone.

escándalo!

DON DIEGO: Aquí no hay escándalos... Ése es de quien su hija de usted está enamorada... Separarlos y matarlos viene a ser lo mismo... Carlos... No importa... Abraza a tu mujer. *(Se abrazan don Carlos y doña Francisca, y después se arrodillan a los pies de don Diego.)*

DOÑA IRENE: ¿Conque su sobrino de usted?

DON DIEGO: Sí, señora; mi sobrino, que con sus palmadas, y su música, y su papel me ha dado la noche más terrible que he tenido en mi vida... ¿Qué es esto, hijos míos; qué es esto?

DOÑA FRANCISCA: ¿Conque usted nos perdona y nos hace felices?

DON DIEGO: Sí, prendas de mi alma... Sí. *(Los hace levantar con expresión de ternura.)*

DOÑA IRENE: ¿Y es posible que usted se determina a hacer un sacrificio?

DON DIEGO: Yo pude separarlos para siempre y gozar tranquilamente la posesión de esta niña amable, pero mi consciencia no lo sufre... ¡Carlos!... ¡Paquita! ¡Qué dolorosa impresión me deja en el alma el esfuerzo que acabo de hacer!... Porque, al fin, soy hombre miserable y débil.

DON CARLOS: Si nuestro amor *(Besándole las manos.)*, si nuestro agradecimiento pueden bastar a consolar a usted en tanta pérdida...

DOÑA IRENE: ¡Conque el bueno de don Carlos! Vaya que...

DON DIEGO: Él y su hija de usted estaban locos de amor, mientras que usted y las tías fundaban castillos en el aire, y me llenaban la cabeza de ilusiones, que han desaparecido como un sueño... Esto resulta del abuso de la autoridad, de la opresión que la juventud padece, y éstas son las seguridades que dan los padres y los tutores, y esto lo que se debe fiar en el sí de las niñas.... Por una casualidad he sabido a tiempo el error en que estaba.... ¡Ay de aquéllos que lo saben tarde!

DOÑA IRENE: En fin, Dios los haga buenos, y que por muchos años se gocen... Venga usted acá, señor; venga usted, que quiero abrazarle. *(Abrazando a don Carlos. Doña Francisca se arrodilla y besa la mano a su madre.)* Hija, Francisquita. ¡Vaya! Buena elección has tenido... Cierto que es un mozo muy galán... Morenillo, pero tiene un mirar de ojos muy hechicero.

RITA: Sí, dígaselo usted, que no lo ha reparado la niña... Señorita, un millón de besos. *(Se besan doña Francisca y Rita.)*

DOÑA FRANCISCA: Pero ¿ves qué alegría tan grande?... ¡Y tú, como me quieres tanto!.... Siempre, siempre serás mi amiga.

DON DIEGO: Paquita hermosa *(Abraza a doña Francisca)*, recibe los primeros abrazos de tu nuevo padre... No temo ya la soledad terrible que amenazaba a mi vejez... Vosotros *(Asiendo de las manos a doña Francisca y a don Carlos)* seréis la delicia de mi corazón; y el primer fruto de vuestro amor..., sí, hijos, aquél..., no hay remedio, aquél es para mí. Y cuando le acaricie en mis brazos, podré decir: a mí me debe su existencia este niño inocente; si sus padres viven, si son felices, yo he sido la causa.

DON CARLOS: ¡Bendita sea tanta bondad!

DON DIEGO: Hijos, bendita sea la de Dios.

FIN

Novela y cuento

«La contribución del siglo XVIII al desarrollo de la novela española nunca ha sido completamente reconocida y apreciada. La mayor parte de los hispanistas suponen que la novela en la Península pasa directamente de la picaresca del siglo XVII a la novela histórica de 1830 sin experimentar los efectos del clasicismo» («Continuity and Innovation» 49). Estas palabras de Rodney T. Rodríguez representan con exactitud la que por siglos ha venido siendo presunción general en torno a la prosa literaria de la época. Al parecer de la Crítica, la novela nunca existió en el país a lo largo del llamado Siglo de las Luces. Tal sostenían, por ejemplo, críticos como José F. Montesinos (*Introducción a una historia de la novela en España en el siglo XIX* 2) y tal había sido la presunción común de los especialistas del XIX y del XX (Brown. *La novela española: 1700-1850*).

Las explicaciones que se venían ofreciendo eran múltiples. Por una parte, la ficción no sufría más que de forma acendrada el general desprecio hacia las Letras setecentistas: si toda la literatura del XVIII era de escasa calidad —según se venía afirmando desde el Romanticismo— la novela ni tan siquiera había dado fruto alguno. En esta misma línea, también se había venido señalando el ambiente poco propicio para la invención de un período en donde literatura significaba cánones, los del Neoclasicismo, y en donde la principal preocupación era la moral. Sin embargo, siendo esto verdad para otros muchos países de Europa, no fueron tales circunstancias en esas latitudes sino propicias para el desarrollo de su novela. Otra explicación con la que se justifica la debilidad de la novela dieciochesca es la constante vigilancia del género por parte de moralistas y censura, la cual provocaría incluso su prohibición en 1799 y que bien pudiese haber obstaculizado su natural desarrollo.

Joaquín Álvarez Barrientos ha atribuido la desaparición de la novela en el Setecientos a razones estrictamente literarias. Ni el culteranismo ni el conceptismo barroco ni la normativa neoclásica dieciochesca favorecieron un género que tiene su verdadero carácter en la pintura referencial de la sociedad. Sólo cuando el adveni-miento de la burguesía propicie el estudio detenido de su hábitat, la novela va a reaparecer (*La novela del siglo XVIII* 11-15).

No obstante el triste panorama crítico en torno a ella, en las últimas décadas la novela dieciochesca va hallando su lugar en la historia de la literatura. Hoy, algunos especialistas presienten que su supuesta humildad más que real tiene un sólo origen: la falta de investigaciones, consecuencia —por otra parte— de los antiguos prejuicios recién aludidos.

En la actualidad, si todavía no contamos con una lista completa, ni con puntuales monografías, al menos panoramas como el de Brown, antes citado, el de Becerra («La novela española, 1700-1850»), el de Barjau Condomines («La novela española, 1700-1850»), el de Ferreras (*La novela en el siglo XVIII*) o el de Álvarez Barrientos nos permiten contabilizar a lo largo de la centuria unos 100 títulos aproximadamente. La cifra, no obstante, es provisional mientras no se lleve a cabo un exaustivo recuento por bibliotecas y publicaciones. Y sin una bibliografía completa y sin estudios monográficos, difícil es aventurar una clasificación, aunque Álvarez Barrientos lo ha intentado y sus conclusiones nos sirven de guía.

Distingue tres diferentes períodos. El primero, de inicios de siglo hasta la publicación del *Fray Gerundio* del padre Isla (1758). El segundo, desde 1758 hasta los años ochenta. Y el último, incluiría las dos últimas décadas del siglo decimoctavo hasta el levantamiento contra Napoleón. Estos tres períodos participan —como ya notase Brown en su obra— de un mismo carácter: todos ellos siguen en íntima conexión con la novelística nacional del siglo XVII (*La novela española* 20). Pero, a la vez que conectan con la tradición y continúan algunas de sus más logradas modalidades y de sus más características maneras, ensayan también nuevos caminos que van a abocar muy pronto en las coordenadas propias de la ficción decimonónica. «De la tradición a la originalidad» podría ser, pues, el lema del quehacer de los novelistas del Setecientos.

1. Desde 1700 hasta el *Fray Gerundio* (1758) del padre Isla. Es en estos años cuando la ya mencionada conexión con la novela del Siglo de Oro es más evidente. Se reeditan tanto las mejores obras de la picaresca (diez veces el *Lazarillo*, seis el *Buscón* y el *Guzmán de Alfarache*, dos *Marcos de Obregón* y *El donado hablador* y una vez la *Pícara Justina*) como las de la novela corta (Céspedes y Meneses, Zayas, Montalbán, Lozano, etc.); se escriben textos de carácter costumbrista bajo el influjo de Zabaleta (*La virtud en el estrado*, de Juan de la Paz, o *Morir viviendo en aldea y vivir muriendo en la Corte*, de Antonio Muñoz, ambas publicadas en 1737) y se continúa el género de las misceláneas (*El entretenido*, de José Patricio Moraleja Navarro, de 1741). Asimismo la primera mitad de la centuria crea manifestaciones originales en la tradición de otros géneros áureos. La *Historia de Liseno y Felisa* (1701), por ejemplo, de Francisco Párraga Martel de la Fuente, es continuación de la novela bizantina y pastoril. La picaresca tiene nueva representación en una obra de José de Viera y Clavijo, *Vida del noticioso Jorge Sargo* (entre 1744 y 1748) y también en el que se considera uno de los mejores logros de esta primera mitad de siglo, la *Vida, ascendencia, nacimiento, crianza y aventuras del doctor don Diego de Torres Villarroel*, si bien este texto participa de otra modalidad grata al Siglo de Oro, la de la autobiografía.

2. Del *Fray Gerundio* hasta los años ochenta. En esta segunda etapa (1750-1780), continúan imperando las formas y motivos áureos. José Francisco de Isla traduce la novela *Gil Blas de Santillana* del francés Lesage, pero con sabor propiamente castizo y aureosecular. Es también en esta época cuando alcanza su máxima efervescencia el influjo de Cervantes. Bajo la inspiración del *Quijote* se escriben obras como *Vida y empresas literarias del ingeniosísimo caballero don Quijote de la Manchuela* (1767), de «Donato de Arenzana» (Cristóbal Anzarena), como *Vida, hechos y aventuras de Juan Mayorazgo alusivos a la buena y mala crianza del señorito en su pueblo, y cadete en la milicia* (1779), obra de Félix Antonio Ponce de León y Ponce de León, o la novela aparecida en 1780 con el título de *La acción de gracias a doña Paludesia*, que firma el bachiller Sansón Carrasco. «En realidad, la huella de Cervantes en los novelistas españoles del si-

glo XVIII es enorme. No sólo en aquéllos que de manera explícita señalan en sus obras su voluntad de continuar el *Quijote* o episodios y vidas de personajes que en él aparecen; no sólo en aquellas obras, alguna de las cuales hemos visto más arriba, que pretenden situarse bajo la protección del creador de la novela moderna. En realidad, los que usan el modelo quijotesco no entienden casi nunca el *Quijote* como una novela, sino como una sátira y, así, la aplican a los diferentes asuntos que critican, pero también desde los diferentes géneros que practican» (Álvarez Barrientos 130). Éste es el caso, por ejemplo, de la novela original del padre Isla, *Historia del famoso predicador fray Gerundio de Campazas* (1758), inspirada en el *Quijote*, pero en la forma en que éste se entendió en el siglo, como sátira de costumbres. Importante también en este segundo período es la abundacia de títulos extranjeros, que, más que traducciones al castellano, son verdaderas connaturalizaciones o recreaciones. Ya se mencionó el *Gil Blas* de Lesage, reinterpretado por el padre Isla, y mucho mayor fue la aportación española a otro texto de la época, *Los viajes de Enrique Wanton a las tierras incógnitas australes y al país de las monas*, original italiano del conde Zaccaria Seriman, pero rehecho en la Península por Gutierre Joaquín Vaca de Guzmán en los años de 1769, 1771 y 1778. Por último, merecen destacarse los tres tomos de Fernando Gutiérrez de Vegas, con título *Los enredos de un lugar o historia de los prodigios y hazañas del célebre abogado de Conchuela el licenciado Tarugo, del famoso licenciado Carrales y de otros ilustres personajes del mismo pueblo antes de haberse despoblado* (entre 1778 y 1781), por cuanto premonizan la manera de novelar del período que les sigue y por cuanto entroncan ya con el realismo de la segunda mitad del XIX.

3. De los años ochenta a la Guerra de la Independencia. En este último segmento del siglo XVIII continúan algunas de las líneas destacadas en el anterior. Siguen publicándose innumerables imitaciones del *Quijote* (por ejemplo, las *Adiciones a la Historia del ingenioso hidalgo don Quijote de la Mancha en que se prosiguen los sucesos ocurridos a su escudero el famoso Sancho Panza* (1786), de Jacinto María Delgado, o el *Quijote de* *la Cantabria* (1792-1793 y 1800), de Bernardo Alonso Ribero y Larrea, y sigue en auge la traducción-connaturalización (Vicente María Santiváñez, en 1787, trasladó al castellano *La buena madre* de Marmontel y Fernando Gilleman tradujo las *Veladas de la quinta o novelas sumamente útiles* [1788], de la condesa de Genlis). Destacan también en este período dos eventos de carácter tanto literario como sociológico: por una parte, la proliferación de colecciones de *novelas* (o sea, de cuentos o novelas cortas), tanto nacionales (*Colección de novelas escogidas de los mejores ingenios españoles*, editada de 1788 a 1791) como procedentes del extranjero (la *Colección de novelas escogidas o anécdotas sacadas de los mejores autores de todas naciones. Anécdotas inglesas*, de 1795, o la *Colección de novelas extranjeras de las más exquisitas y raras*, del mismo año que la anterior), y, por otra, la intensificación a fines de siglo de la fobia antinovelística de ciertos sectores de intransigencia moral que acabará provocando la prohibición del género en 1799.

No obstante las dificultades, se produce en estos años en España lo mejor de la narrativa del siglo, en ocasiones a la par, en ocasiones bajo influjo de lo mejor de Europa. Los españoles leen en estos días al padre portugués Teodoro de Almeyda—quien, siguiendo el camino iniciado por *Las aventuras de Telémaco*, de François de Salignac de La Mothe-Fénelon (1651-1715), escribió *El hombre feliz, independiente del mundo y la fortuna*. Señalado éxito adquiere en estos años en España la condesa Stéphanie Félicité de Genlis (1746-1830), cuya *Adela y Teodoro o cartas sobre la educación* y otras muchas de sus obras son ampliamente traducidas. Asimismo mucho se divulgan los franceses, Jean François Marmontel (1723-1799), bien conocido por sus *Cuentos morales* y sus novelas históricas, *Belisario* y *Los incas o la destrucción del imperio de Perú*, y Jean-Pierre Claris de Florian (1755-1794), conocido por su *Gonzalo de Córdoba o la conquista de Granada* y su *Galatea*. El inglés Samuel Richardson (1689-1761) es también famoso en la Península, en especial su *Pamela Andrews o la virtud recompensada*, aunque sus versiones al castellano son bastante tardías. Por último, Jean Jacques Rousseau (1712-1778) es muy

estudiado y comentado en España durante el Setecientos, pero su *Julia o la nueva Eloísa* y su novela-tratado pedagógico, *Emilio*, verán luz en castellano sólo en los albores del siglo XIX.

Así pues, en la última década del XVIII, las raíces propiamente nacionales y las influencias de Europa se aúnan para dar su mejor fruto en autores como los siguientes: Vicente Martínez Colomer (quien, en 1790, publica bajo el pseudónimo de «Francisca Boronat y Borja» la *Nueva colección de novelas ejemplares* y, en 1792, su novela *El Valdemaro*); Ignacio García Malo (*Voz de la naturaleza*, aparecida entre 1787 y 1803 bajo el pseudónimo de «Mariano de Anaya»); Pedro María Olive (autor de una miscelánea en siete volúmenes de «historias verdaderas», «fábulas mitológicas», «novelas» e «historia natural», con el título *Las noches de invierno* y aparecida de 1796 a 1797); Antonio Valladares de Sotomayor (creador de una inconclusa obra, *La Leandra*, que sin embargo se publicó en nueve tomos de 1797 a 1807); José Mor de Fuentes (quien escribe en género epistolar *La Serafina* [1798], uno de los mayores éxitos de la época); Cándido María Trigueros (autor de la novela pastoril *Los enamorados o Galatea y sus bodas* [1798] y una *Colección de varios papeles o mis pasatiempos, almacén de fruslerías agradables*, libro de cuentos del mismo año que la anterior); Gaspar Zavala y Zamora (autor prolífico entre cuya producción destaca *Eumenia o la madrileña* [1805]); Francisco de Tojar (quien en una narrativa sentimental semejante a Mor de Fuentes y Zavala y Zamora publicó *La filósofa por amor* [1799]); Luis Gutiérrez (cuya novela, *Bororquia o la víctima de la Inquisición*, de 1801, causó gran revuelo en su día); Pedro Montengón, autor de los «best-sellers» del siglo XVIII *Antenor* [1788-1789], *El Rodrigo* [1793], *Eudoxia, hija de Belisario* [1793] y *Mirtilo o los pastores trashumantes* [1795]). Todos estos autores contribuyeron a la creación de un público y establecieron las bases que llevarían a la novela desde el realismo áurosecular al nuevo realismo del siglo XIX.

Estas obras y autores son una firme prueba de que las aportaciones del siglo XVIII no fueron nada despreciables. En realidad, el Setecientos inicia bastantes de los temas más característicos de la novelística decimonónica sin olvidar que en él se originan la técnica y las modalidades que culminan en el Realismo del XIX.

El autor de la época neoclásica concibe su obra a partir del principio horaciano del «utili dulci», en donde la educación es su fin primordial («utili») mientras que el deleite atrapa la voluntad de los lectores («dulci»). Con esta base, la novela del Siglo de las Luces hará honor a su centuria introduciendo los nuevos principios y temas de la Ilustración. En sus páginas se discutirán los sueños ideológicos del siglo, si bien siempre enfocados hacia sus posibilidades prácticas, es decir, atendiendo a su aplicabilidad social.

El buen gobierno, los problemas socio-económicos de España y la educación resumen las preocupaciones de la novela. Se debate el origen del poder, sus diversas especies y la legitimidad de los levantamientos. Por otra parte, la despoblación, la penuria de la agricultura, el mal estado de caminos y calzadas, y la ineptitud e inmoralidad de la nobleza de sangre y de la plebe son algunos de los tristes cuadros de la novela dieciochesca. Y en educación, los autores discuten cuál sea el más perfecto currículum (las disciplinas tradicionales o las ciencias modernas y las artes prácticas) y los caracteres propios del educador (amplitud de conocimientos, ejemplaridad ética y relación más de padre que de dómine con su educando). La novela del XVIII se preocupa por los beneficios del viaje para el intelecto, y del deporte y de la higiene para la salud corporal. En otro orden de cosas, el «utili» novelesco parece ir encaminado hacia un público joven y, fundamentalmente, femenino. De ahí, el valor que se atribuye en estas novelas a la temática amorosa y matrimonial, en sus múltiples modalidades. Se discute la variedad de engaños de los que son víctimas las mujeres, las opciones socioeconómicas de las solteras sin recursos, las nuevas pragmáticas sobre la potestad de los padres en el tema del matrimonio o la más moderna legislación sobre el rapto. Temas todos los anteriores que son también característicos del siglo XIX, tanto en las formas novelísticas de su primera mitad (el folletín o la novela histórica romántica) como en las del Realismo y del Naturalismo de los años setenta y ochenta (así, en las novelas de Galdós).

Desde el punto de vista técnico, las aportaciones de la novela del XVIII al futuro no son en manera alguna despreciables. La evolución del Empirismo desde la obra de sir Francis Bacon (1561-1626) y la filosofía sensualista (que pone en los sentidos el origen de las ideas) acaudillada por las figuras de John Locke (1632-1704) y de Etienne Bonnot de Condillac (1715-1780) proporcionaron una nueva predisposición mental para el análisis y conocimiento del mundo. En literatura, tales circunstancias dirigen el interés hacia la Realidad y su objetiva representación, fines que más tarde se teorizan en los manifiestos poéticos del Realismo y del Naturalismo del XIX. Estos cambios mentales y literarios coincidían además en sus intenciones e intereses con un tercer elemento de carácter sociológico. El progresivo poderío de la burguesía iba a favorecer —por intereses obviamente de clase— el detenido estudio de las circunstancias que habían posibilitado su emergencia y que la explicaban y justificaban como cuerpo social. El Realismo se convierte así en una estética burguesa y en un instrumento de auto-conocimiento por parte del nuevo grupo.

El Empirismo y el Sensualismo favorecieron también el estudio científico del Yo. Desde tiempos de Juan Huarte de San Juan (¿1530?-1591) se reconocía en España la impronta del medio en la configuración de la personalidad de un individuo. El Empirismo y el Sensualismo reenforzaron esta misma concepción, que —en la esfera literaria— tuvo enormes consecuencias con respecto a la pintura de los personajes. A partir de este instante, la complejidad psicológica, social y económica de cada uno de ellos se alcanzará dibujando su fisonomía según la ciencia de Johann Caspar Lavater (1741-1801), mostrándolos en plena actuación, retratando fielmente sus palabras y rodeándoles de un peculiar medio que los determina en el presente y que los ha venido modelando desde su infancia.

La Realidad penetra cada vez más en la Literatura y lo hace en dos diferentes direcciones. Algunos se van a interesar por la vida contemporánea y de ella ofrecen una imagen al por menor. Otros van a dirigir su vista al pasado y tratan de reproducirlo con toda su verdad. La novela de tiempo pretérito del XVIII es novela arqueológica y su representación de viejas sociedades y hombres pretende ser —dentro de los limitados conocimientos del siglo— científica. Se construye a base de dos distintas fuentes de documentación: o los estudios históricos accesibles, o la literatura escrita en aquel tiempo que se toma como marco de la novela.

Así concebimos hoy la obra de los novelistas del XVIII, pero ¿cómo veían sus propios autores el género en que trabajaban? Es el período neoclásico y éste, fideicomiso de Grecia y Roma, sólo reconoció como literatura lo escrito en verso. La novela nunca fue aceptada por el sector más purista. Ni Luzán ni otros comentaristas la incluyen en sus respectivas poéticas, aunque no participaron de su misma opinión otros muchos eruditos. Hombres como Mayáns, Vázquez, Clemencín, Isla, Valladares de Sotomayor, de los Ríos, Pellicer, García de Arrieta, Gómez Hermosilla, Trigueros, Santiváñez, o Salvá van a tratar de legitimarla dentro de los cánones del Arte.

Uno de los más sorprendentes rasgos de la Literatura del XVIII es su peculiar noción de novela. Se la define como Poesía y —soslayando su evidente prosa— el teórico del siglo la estudia (y sus mismos creadores la practican) dentro de la Poética. Seríamos del todo ahistóricos, sin embargo, si creyésemos connatural del Neoclasicismo la arriba mencionada interpretación. El concepto y praxis del *poema en prosa* fue una herencia que tratadistas y autores de la centuria decimoctava reciben del Siglo de Oro.

Desbordando los límites poéticos de la Antigüedad, el Humanismo se interesó por la novela y —por medio de una reinterpretación de Aristóteles— logró hacerle un lugar dentro de la Poesía y de sus cánones. Hombres como López Pinciano, Cervantes y Lópe de Vega comprendieron la narración literaria como un tipo de poema, aunque en prosa. Poesía no es verso, sino mímesis, es decir, imitación o representación de la realidad. Por lo tanto, la literatura en prosa —asimismo representativa— pertenece a su dominio. Tal establece Francisco de Lugo y Dávila en 1622: «la novela es un poema regular, fundado en la imitación... porque toda la poética, según la definió Aristóteles, es imitación de la naturaleza» (*Teatro popular* 24). Los humanistas de los siglos XVI y XVI afirman que escribir poéticamente no es el uso de sílabas contadas «porque de la imitación se cobra el nombre de poeta, no del verso» (García Berrio. *Introducción a la poética clasicista: Cascales* 140). Esta idea fue —entre los Antiguos— no sólo de Aristóteles (Lugo y Dávila 24-25). Y si esto era así, la novela podía ahora legítimamente penetrar en el reino de las Bellas Letras, antes digno únicamente de los tres géneros clásicos: la poesía lírica, la poesía épica y la dramática (comedia y tragedia, ambas en verso).

Así también pensaron muchos intelectuales del XVIII, quienes definieron el género novelístico como «poema en prosa». Uno de los primeros que en la centuria hizo una afirmación parecida fue Mayáns. En 1737, aparece su *Vida de Miguel de Cervantes*, en la que define la novela como un género de Poesía y —como tal— la pone en relación con las otras modalidades de la composición versificada: con la épica, la lírica, la comedia y la tragedia, así como con otros subgéneros poéticos menores (188-195). Sin embargo, los más de los tratadistas del XVIII —si bien de acuerdo con Mayáns en entender la novela como un «poema en prosa»— prefirieron, no obstante, considerando su cercanía constitutiva y comunidad de principios, asimilarla a una de las modalidades poéticas, el canto heroico, y definirla finalmente como un «poema épico en prosa».

Pero, ¿cómo se pudo concebir como poesía heroica la novela? Tal fue posible gracias a los peculiares caracteres con que las Artes del Neoclasicismo definían lo lírico, lo épico y lo dramático. La voz lírica narraba el Yo del autor. El teatro —así en su vertiente seria como en la cómica— reproducía los discursos de los personajes. Por último, lo épico participaba de las dos naturas anteriores, la lírica y la teatral, ya que, en sus páginas, «el poeta habla por sí algunas cosas» y «además introduce personas que hablen y conferencien» (Díez González, *Instituciones poéticas* 38). Es decir, la poesía heroica era —según las Artes del XVIII— «narración dramática».

Tal amplitud de su ser convirtió a este género de poesía en el predilecto del siglo: «La gran epopeya es, sin disputa, la producción más noble de las Bellas Artes» (Batteux, *Principios filosóficos de la literatura o curso razonado de Bellas Artes*

Vol. 4, 233). Se la consideró a partir de los elementos constitutivos del teatro (diálogo) y de la poesía lírica (narración de un Yo) y así se la estudiaba en las Artes neoclásicas en referencia a lo lírico, lo cómico y lo trágico. Puesto que la novela se constituía —al igual que la composición heroica— de la voz de un narrador y del discurso de unos personajes, era por tanto un tipo de «poema épico» (aunque «en prosa») y, así, se la analizó en los mismos términos que a éste, comparándola con la poesía lírica, pero sobre todo con las dos especies teatrales, la comedia y la tragedia.

Una vez realizadas todas estas analogías, el siglo no tuvo más que distinguir en la novela las mismas modalidades que en el género heroico, a saber: la especie trágica y la cómica. Henry Fielding —teorizando sobre su «poesía épica en prosa», *The History of the Adventures of Joseph Andrews and his friend Mr. Abraham Adams*— así lo había hecho: «La épica, como el drama, se divide en tragedia y comedia» (iii). Incluso cree el novelista inglés que Homero no sólo escribió su epopeya trágica, la *Ilíada*, sino una epopeya cómica, aunque perdida: «Homero, que es el padre de esta especie de poesía nos ofreció un modelo de las dos, y si bien el primer tipo se perdió totalmente, según nos dice Aristóteles, guardaba la misma relación con la comedia que la *Ilíada* tiene con la tragedia» (*Joseph Andrews*, iii-iv). Asimismo, en Francia, en 1700, Pierre Daniel Huet no sólo sabía que las novelas eran «poemas épicos en prosa», sino que enumeraba ya sus contactos con la tragedia y la comedia (*Zaide* 9). Y también en España —al igual que lo hiciesen los arriba mencionados autores— diversos eruditos se habían ocupado muy por extenso de la clasificación del poema heroico en prosa. En 1787, Santiváñez decía que «los preceptos de la novela son los mismos que los de la comedia» (*Novelas morales* xvii) y comparaba ambos géneros en su similitud y diversidad. Por otro lado, Francisco Vázquez, en 1799, atendía al parentesco de la epopeya —de la rimada y de aquélla en prosa— con lo trágico al prologar *El feliz independiente del mundo y de la fortuna*: «Un poema épico tanto es más agradable cuanto es más semejante a una tragedia» (Vol. 1, xii). La asimilación entre la novela y las dos formas del drama se dio incluso

más allá del siglo XVIII. Aún en 1829, José Marchena la seguía señalando, diciendo que «Los medios de excitar vivamente los afectos del lector, la compasión, el terror, el odio, el cariño, etc. los mismos son en estos escritos [las novelas] que en los dramas» (*Lecciones de Filosofía Moral y Elocuencia* xxvii) y que «según el carácter de los actores así se arrima la novela a la tragedia o a la comedia» (xxvii).

Otro de los aspectos de la crítica literaria setecentista que provoca gran extrañeza es el vocabulario que usa para referirse a lo que hoy conocemos como «novela» o «cuento». La época neoclásica no sólo trató de legitimar dentro de la Poesía estas dos manifestaciones en prosa, sino que a menudo vino refiriéndose a ellas de modo diferente a la actualidad. «Novela» significaba en el Setecientos lo que significó en el Siglo de Oro. Es decir, se llamaba «novela» al cuento mientras que lo que hoy llamamos novela se solía aludir en el XVIII a través del término «romance». «Romance» y «novela» compartían, en el XVIII, una misma naturaleza temática y estructural y se diferenciaban sólo en su longitud y complejidad. Así lo afirmaba, por ejemplo, Juan Andrés: «Pequeños romances son las novelas, en las cuales sin tanto enredo de aventuras y variedad de accidentes se expone un solo hecho y pueden considerarse respecto de los romances lo que los dramas de un solo acto en comparación de una comedia completa»(*Origen, progresos y estado actual de toda la literatura* Vol. 4, 526), y así lo afirmó también Francisco Sánchez Barbero: «Los cuentos y novelas se diferencian de los romances únicamente por su menor extensión» (*Principios de retórica y poética*135). Estos peculiares usos y conceptos literarios convivieron en el Dieciocho con los de quienes denominaban ambas especies de narración de manera muy semejante a como viene haciéndose hoy en día. Por fin, hacia el primer cuarto del siglo decimonoveno, la intelectualidad española tiende a olvidar las antiguas denominaciones y conceptos de «novela» como cuento y de «romance» como novela para defender criterios más actuales como el expresado por José Gómez Hermosilla: «Las novelas y los cuentos no se distinguen más que en la extensión. Cuando los sucesos que contienen son muchos y abrazan un período considerable de tiempo, se llaman *novelas*; cuando son pocos y no ocupan mucho tiempo, toman el nombre de *cuentos*; sin que sea fácil, ni muy importante tampoco, fijar con rigurosa exactitud sus respectivos límites y determinar la extensión que ha de tener un cuento para que merezca ya el título de novela. En esto hay mucha arbitrariedad» (*Arte de hablar en prosa y verso* 314). Hacia 1826, época en que Gómez Hermosilla publicó la primera edición de su *Arte*, los términos para referirse a la ficción en prosa se habían ya establecido en modo muy semejante a los utilizados en la actualidad.

Un último aspecto de la teoría neoclásica de la novela resulta también hoy muy sorprendente. Cuando sus teóricos explican cómo ella se desarrolla a lo largo del Setecientos, dicen que se trata de un tipo preciso de ficción, al que denominan «novela moral». Creer nosotros que el calificativo «moral» alude a las indudables intenciones éticas de la ficción de aquellos años sería simplificar el asunto y —en suma— no comprender su alcance, y significaría también obviar las profundas conexiones que existen entre la novela dieciochesca y la del siglo XIX.

De nuevo hemos de acercarnos al Siglo de Oro para comprender la profundidad del término «novela moral». No sólo implica moralidad, tal como hoy se entiende, sino que el concepto deriva de la significación clásica de «mores» como «costumbres». No es de extrañar, por tanto, que los teóricos setecentistas afirmen que «romances» y «novelas» tienen por objeto la representación de *costumbres*. No es de extrañar tampoco que —a pesar de la incomprensión de la crítica literaria del siglo XX— intelectuales y novelistas del XIX como Mesonero, Alarcón, Galdós, Pereda, Vidart, etc. no calificasen sus obras o las de sus contemporáneos como realistas o naturalistas, sino como «novelas de costumbres». Y tampoco es extraño que estudiosos modernos de la narrativa del Siglo de las Luces comiencen a comprender la importancia de la novela dieciochesca en la evolución nacional del género y que algunas voces aisladas afirmen ya que los orígenes del Realismo decimonónico se encuentran en la «novela moral» del Setecientos.

Desde 1700 hasta 1758

DIEGO DE TORRES VILLARROEL (1694-1770)

Figura clave del primero de los períodos novelísticos del XVIII (de los albores del siglo hasta la publicación de *Fray Gerundio* del padre Isla), Torres Villarroel, académico de la Universidad de Salamanca, ejemplifica mejor que ningún otro de sus contemporáneos las grandezas y limitaciones de la primera mitad del Setecientos. Es en esta época cuando fenece parte de la ideología y de las formas de la España antigua y cuando surge un nuevo espíritu, síntesis de la tradición superviviente y de ciertas importaciones de Europa, y fundamento de la cultura que caracteriza a la España moderna. En esta encrucijada temporal, Torres Villarroel apostará por lo antiguo y por lo que —él cree— es castizo español. Sin embargo, aun siguiendo este rumbo, su legado va más allá de su centuria pues es paladín en ella de gran número de los contenidos ideológicos que conformarán el ABC de los tradicionalistas del XIX.

La base del pensamiento de Torres Villarroel se halla —como muy bien discierne Ivy Lilian McClelland— en el Siglo de Oro, al cual idealiza y cuya cultura convierte en consustancial al español. «Cuando toma conciencia, con el paso de los años, de que, salvo él, ningún otro autor defendía ni los principios ni las maneras del Siglo de Oro, y de que las modas francesas competían por abrirse un lugar en España, su primer instinto fue satirizar lo nuevo y su segundo ignorarlo» (*Diego de Torres Villarroel* 88). Torres Villarroel tomará frente a la impronta francesa una actitud defensiva, hecho como estaba su espíritu a la inconsciente necesidad de dogmatismo.

A parte de su prosa satírica, *El correo del otro mundo* (1725), *La barca de Aqueronte* (1731) y *Los desahuciados del mundo y de la gloria* (1736-1737), la producción propiamente literaria de nuestro autor incluye otros dos textos considerados los más prestigiosos de su bibliografía. Se trata de *Visiones y visitas de Torres con Francisco de Quevedo por la Corte* (1727-1728) y de la *Vida, ascendencia, nacimiento, crianza y aventuras del doctor don Diego de Torres Villarroel, catedrático de prima de Matemáticas en la Universidad de Salamanca* (1743).

La primera de estas obras pertenece a la tradición de la literatura moral del Siglo de Oro, asentando sus raíces en libros como los *Sueños* de Francisco de Quevedo —a quien rinde público homenaje— o *El diablo cojuelo* de Luis Vélez de Guevara. En las *Visiones*, el sueño —marco narrativo muy común durante la época renacentista y barroca— sirve al narrador Torres para pasar revista a las lacras de la desnaturalizada sociedad de su siglo mientras la presencia de don Francisco de Quevedo la utiliza para idealizar un tiempo pasado —el Siglo de Oro— que para él resume el más puro y virginal espíritu español. De esta forma, las *Visiones* conectan con el costumbrismo. No sólo con su ideología, que de hecho se formulará en su totalidad en los años cuarenta y cincuenta del siglo XIX (casticismo, fobia hacia lo galo y exaltación del Siglo de Oro), sino con sus mismos caracteres formales (estudio realista de la sociedad) y temas (pintura de un medio y de sus individuos característicos). En las *Visiones* de Torres, la descripción físico-moral, es decir, fisionómica de los principales tipos que pululan por las calles madrileñas (el abate, los petimetres y lindos, ...) y la misma fisiología de la ciudad se retratan de un modo —a la vez— realista y desrealizado, realista por ser copia verdadera de la Corte, desrealizado por cuanto la valoración moral deforma el carácter fotográfico del modelo. En este último punto, Torres conecta más estrechamente con la manera quevediana (cosificación y animalización) y con el Barroco (juegos conceptuales) que con las pinturas realistas que de Madrid hará un siglo después Ramón de Mesonero Romanos. No obstante, tal consideración en modo alguno le resta modernidad, ya que en el mismo siglo XIX Pedro A. de Alarcón (*El sombrero de tres picos*) e incluso a inicios del XX Ramón del Valle Inclán (*Ruedo ibérico*) retomarán esas mismas técnicas para elaborar nuevos retratos.

La *Vida* de Torres Villarroel, por su parte, se viene estudiando en relación a otro de los grandes géneros de la prosa del Siglo de Oro, la novela picaresca. De hecho, la ascendencia, nacimiento, crianza y aventuras del catedrático de la Universidad de Salamanca está muy cerca en su forma y objetivos de *La vida de Lazarillo de Tormes, y de sus fortunas y adversidades* por cuanto es la historia —contada con orgullo por su mismo protagonista— de un proceso de elevación y reconocimiento social. Frente a un mundo tradicionalmente inmóvil por prejuicios y exenciones, Torres escribe la autobiografía de quien —por su propio valer— se abre camino. Su elevación desde el vulgo a una clase que, si no noble, al menos es respetada por su mérito justifica que Torres tome su pluma y relate su existencia, una existencia común, pero a la que se concibe tan ejemplar como lo fueron en otros siglos las de guerreros y santos. Torres representa a una incipiente burguesía que, por su autorreconocimiento y orgullo, está consolidándose como clase.

A la *Vida* de Torres algunos le discuten ser una novela. Si en el caso del *Lazarillo* su ficción literaria es obvia, el carácter real de la autobiografía de aquél más le acerca a las vidas de santos y militares que a las creaciones literarias. Con esta razón, algunos niegan la naturaleza novelística de la obra de Torres, señalando que su tono indudablemente picaresco «es resultado de la cultura y de las lecturas de su autor» (Álvarez Barrientos, *La novela del siglo XVIII* 74) y no de su voluntad de escribir una novela. Para este grupo, la *Vida* es una autobiografía en donde —como sucede en toda manifestación de este género— el autor inventa y construye una imagen de sí mismo, una ficción con bases reales y con determinados intereses.

Lo cierto es que —sin que tal cosa niegue el argumento de los anteriores— Torres aludió a su creación como «novela certificada». Éste debe entenderse en su contexto histórico-filológico, en donde la palabra «novela» significa «historia ficticia» y el autor la denomina «certificada», es decir, con visos de verdad, oponiéndola a la «novela fingida», o sea, a la invención totalmente imaginaria, como la de los libros de caballería. En su contexto, el término «novela certificada» apoya tanto una biografía real con toques ficticios como una ficción con pinceladas reales. En el fondo nos hallamos en el límite común a dos géneros, la novela autobiográfica y la autobiografía.

Vida, ascendencia, nacimiento, crianza y aventuras del doctor don Diego de Torres Villarroel, catedrático de prima de Matemáticas en la Universidad de Salamanca, escrita por él mismo

Introducción

Mi vida, ni en su vida ni en su muerte, merece más honras ni más epitafios que el olvido y el silencio. A mí sólo me toca morirme a oscuras, ser un difunto escondido y un muerto de montón, hacinado entre los demás que se desvanecen en los podrideros. A mis gusanos, mis zancarrones[1] y mis cenizas deseo que no me las alboroten ya que en la vida no me han dejado hueso sano. A la eternidad de mi pena o de mi gloria no la han de quitar ni poner trozo alguno los recuerdos de los que vivan con que,[2] no rebajándome infierno y añadiéndome bienaventuranza sus conmemoraciones, para nada me importa que se sepa que yo he estado en el mundo. No aspiro a más memorias que a los piadosísimos sufragios que hace la Iglesia, mi madre, por toda la comunidad de los finados de su gremio. (...)

A los frailes y a los ahorcados—antes y después de calaveras—les escribe el uso,[3] la devoción o el entretenimiento de los vivientes las vidas, los milagros y las temeridades. A otras castas de hombres, vigorosos[4] en los vicios o en las virtudes, también les hacen la caridad de inmortalizarlos un poco con la relación de sus hazañas. A los muertos, ni los sube ni los baja, ni los abulta ni los estrecha la honra o la ignominia con que los sacan segunda vez a la plaza del mundo los que se entrometen a historiadores de sus aventuras porque ya no están en estado de merecer, de medrar, ni de arruinarse. Los aplausos, las afrentas, las exaltaciones, los contentos y las pesadumbres, todas se acaban el día que se acaba. (...)

A los que leen dicen que les puede servir al escarmiento o la imitación la noticia de las virtudes o las atrocidades de los que con ellas fueron famosos en la vida. No niego algún provecho, pero también descubro en su lectura muchos daños cuando no lee sus acciones el ansia de imitar las unas y la buena intención de aborrecer las otras, sino el ocio impertinente y la curiosidad mal empleada. Lo que yo sospecho es que si este estilo produce algún interés lo lleva sólo el que escribe porque el muerto y el lector pagan de contado,[5] el uno con los huesos que le desentierran y el otro con su dinero. Yo no me atreveré de culpar absolutamente esta costumbre que ha sido loable entre las gentes, pero afirmo que es peligroso meterse en vidas ajenas y que es difícil describirlas sin lastimarlas. (...)

Las relaciones de los sucesos gloriosos, infelices o temerarios de infinitos vivientes y difuntos podrán ser útiles, importantes y aun precisas. Sean enhorabuena[6] para todos, pero a mí por lado ninguno me viene bien, ni vivo ni muerto, la memoria de mi vida, ni a los que la hayan de leer les conduce para nada el examen ni la ciencia de mis extravagancias y delirios. Ella es tal que ni por mala ni por buena, ni por justa ni por ancha puede servir a las imitaciones, los odios, los cariños ni las utilidades. Yo soy un mal hombre, pero mis diabluras, o por comunes o por frecuentes, ni me hacen abominable ni exquisitamente reprehensible. Peco, como muchos, emboscado y hundido,[7] con miedo y con vergüenza de los que me atisban.[8] Mirando a mi conciencia soy facineroso, mirando a los testigos soy regular, pasadero y tolerable. Soy pecador solapado y delincuente oscuro,[9] de modo que se sospeche y no se jure.[10] Tal cual vez[11] soy bueno, pero no por eso dejo de ser malo. Muchos disparates de marca mayor[12] y desconciertos plenarios tengo hechos en esta vida, pero no tan únicos que no los hayan ejecutado otros infinitos antes que yo. (...)

Sobre ninguna de las necedades y delirios de mi libertad, pereza y presunción se puede fundar ni una breve jácara[13] de las que para el regodeo de los pícaros com-

---

[1] Huesos de los esqueletos de difuntos.

[2] **Con...** así que.

[3] **El...** la costumbre.

[4] Sobresalientes.

[5] **De...** por supuesto.

[6] **Sean...** El término «enhorabuena» acompañado de una forma verbal en imperativo muestra con enojo que el que habla no se opone a lo que el verbo expresa.

[7] **Emboscado...** a escondidas y abatido moralmente.

[8] **De...** de los que le intuyen su represible forma de actuar.

[9] **Soy...** Soy pecador disimulado y delincuente taimado.

[10] **De...** de manera que sólo se pueda sospechar que peca, pero nadie pueda afirmarlo rotundamente.

[11] **Tal...** De vez en cuando.

[12] **De...** muy grandes.

[13] Romance jocoso en el que usualmente se referían sucesos de carácter rufianesco.

ponen los poetas tontos y cantan los ciegos en los cantones[14] y corrillos. Yo estoy bien seguro que es una culpable majadería poner en crónica las sandeces de un sujeto tan vulgar,[15] tan ruín y tan desgraciado que por extremo alguno no[16] puede servir a la complacencia, al ejemplo ni a la risa. El tiempo que se gaste en escribir y en leer no se entretiene ni se aprovecha, que todo se malogra, y, no obstante estas inutilidades y perdiciones, estoy determinado a escribir los desgraciados pasajes que han corrido por mí en todo lo que dejo atrás de mi vida. Por lo mismo que ha tardado mi muerte, ya no puede tardar y quiero, antes de morirme, desvanecer con mis confesiones y verdades los enredos y las mentiras que me han abultado los críticos y los embusteros. La pobreza, la mocedad, lo desentonado de mi aprehensión,[17] lo ridículo de mi estudio, mis almanaques, mis coplas y mis enemigos me han hecho hombre de novela, un estudiantón[18] extravagante y un escolar[19] entre brujo y astrólogo, con visos de[20] diablo y perspectivas de[21] hechicero. Los tontos que pican en[22] eruditos me sacan y me meten en sus conversaciones, y en los estrados[23] y las cocinas, detrás de un aforismo del calendario me injieren[24] una ridícula quijotada y me pegan un par de aventuras descomunales y, por mi desgracia y por su gusto, ando entre las gentes hecho un mamarracho, cubierto con el sayo que se les antoja y con los parches e hisopadas[25] de sus negras noticias. Paso entre los que me conocen, y me ignoran, me abominan y me saludan por un Guzmán de Alfarache,[26]

un Gregorio Guadaña[27] y un Lázaro de Tormes,[28] y, ni soy éste, ni aquél, ni el otro, y, por vida mía, se ha de saber quién soy. Yo quiero meterme en corro[29] y ya que cualquiera[30] monigote presumido se toma de[31] mi murmuración, murmuremos a medias que yo lo puedo hacer con más verdad y con menos injusticia y escándalo que todos. Sígase la conversación y crea después el mundo a quien quisiere.

No me mueve a confesar en el público mis verdaderas liviandades el deseo de sosegar los chismes y las parlerías con que anda alborotado mi nombre y forajida[32] mi opinión[33] porque mi espíritu no se altera con el aire de las alabanzas ni con el ruido de los vituperios. A todo el mundo le dejo garlar[34] y decidir sobre lo que sabe o lo que ignora sobre mí o sobre quien agarra al vuelo su voluntad, su rabia o su costumbre. (...)

Dos son los especiales motivos que me están instando a sacar mi vida a la vergüenza.[35] El primero nace de un temor prudente, fundado en el hambre y el atrevimiento de los escritores agonizantes y desfarrapados[36] que se gastan[37] por permisión de Dios en este siglo. Escriben de cuanto entra, pasa y sale en este mundo y el otro, sin reservar asunto ni persona, y temo que, por la codicia de ganar cuatro ochavos,[38] salga algún tonto levantando nuevas maldiciones y embustes a mi sangre, a mi flema y a mi cólera.[39] Quiero adelantarme a su agonía y hacerme el mal que pueda, que, por la propia mano, son más tolerables los azotes. Y, finalmente, si mi vida ha de valer

---

[14] **Los...** las esquinas.

[15] Común y corriente.

[16] **Por...** de ningún modo.

[17] **Mi...** mis obsesiones.

[18] Pésimo estudiante.

[19] Cualquier persona (catedrático, doctor o estudiante) que convive en un centro escolar y se dedica al estudio.

[20] **Con...** con cierta apariencia de.

[21] **Perspectivas...** apariencia de.

[22] **Que...** que desean parecer.

[23] Salas donde recibían las visitas las damas.

[24] Atribuyen.

[25] Metafóricamente, aspersiones.

[26] Protagonista de la novela de Mateo Alemán titulada *Vida y hechos del pícaro Guzmán de Alfarache* (1599-1604).

[27] Protagonista de la novela de Antonio Enríquez Gómez, con título *El siglo pitagórico y vida de don Gregorio Guadaña* (1644).

[28] Protagonista de la novela anónima *La vida de Lazarillo de Tormes, y de sus fortunas y adversidades* (1554).

[29] **Meterme...** tomar parte en este asunto.

[30] Cualquier.

[31] Metafóricamente, se ensucia o corrompe con. En sentido recto, se utiliza con los metales para indicar la acción de cubrirse de moho o herrumbre.

[32] Perseguida como a un malhechor.

[33] Fama.

[34] Hablar mucho y de manera indiscreta.

[35] **A...** a hacer pública mi vida a través de este escrito.

[36] Desharrapados, es decir, andrajosos.

[37] **Se...** existen.

[38] **Cuatro...** un poco de dinero.

[39] **A mi sangre...** humores del cuerpo humano en los que—según la medicina antigua—radica el carácter de una persona.

dinero, más vale que lo tome yo que no otro, que mi vida hasta ahora es mía y puedo hacer con ella los visajes[40] y transformaciones que me hagan al gusto y a la comodidad[41] y ningún bergante[42] me la ha de vender mientras yo viva y, para después de muerto, les queda el espantajo[43] de esta historia para que no lleguen sus mentiras y sus ficciones a picar en mis gusanos. Y estoy muy contento de presumir[44] que bastará la diligencia de esta escritura que hago en vida para espantar y aburrir[45] de mi sepultura los grajos, abejones[46] y moscardas[47] que sin duda llegarían a zumbarme la calavera y roerme los huesos.

El segundo motivo que me provoca a poner patentes[48] los disparatorios[49] de mi vida es para que de ellos coja noticias ciertas y asunto verdadero el orador que haya de predicar mis honras a los doctores del reverente claustro de mi Universidad. A mi opinión, le tendrá cuenta que se arreglen[50] las alabanzas a mis confesiones y, a la del predicador, le convendrá no poco predicar verdades. Como he pasado lo más de mi vida sin pedir ni pretender honores, rentas ni otros intereses, también deseo que en la muerte ninguno me ponga ni me añada más de lo que yo dejare declarado que es mío. Materiales sobrados contiene este papel[51] para fabricar veinte oraciones fúnebres y no hará demasiada galantería el orador en partir con mi alma la propina[52] porque le doy hecho lo más del trabajo. Acuérdese de la felicidad que se halla el que recoge junto, distinguido y verdadero el asunto de los funerales, que es una desdicha ver andar a la rastra,[53] en muriendo uno de nosotros, al pobre predicador, mendigando virtudes y estudiando ponderaciones para sacar con algún lucimiento a su difunto. Preguntan a unos, examinan a otros y, al cabo de uno, dos o más años, no rastrean otra cosa que ponderar del muerto si no es la caridad, y ésta la deducen porque algún día lo vieron dar un ochavo[54] de limosna. Empéñanse en canonizarlo y hacerle santo aunque haya sido un Pedro Ponce[55] y es preciso que sea en fuerza de fingimientos,[56] ponderaciones y metafísicas. A mí no me puede hacer bueno ninguno después de muerto, si yo no lo he sido en vida. Las bondades que me apliquen tampoco me pueden hacer provecho. Lo que yo haga y lo que yo trabaje es lo que me ha de servir aunque no me lo cacareen.[57] Ruego desde ahora al que me predique que no pregunte por más ideas ni más asuntos que los que encuentre en este papel. Soy hombre claro y verdadero y diré de mí lo que sepa, con la ingenuidad que acostumbro. Agárrese de la misericordia de Dios y diga que de su piedad presume mi salvación[58] y no se meta en el berenjenal de[59] hacerme virtuoso porque más ha de escandalizar que persuadir con su plática. Si mi Universidad puede suspender la costumbre de predicar nuestras honras, yo deseo que empiece por mí y que me cambie a misas y responsos el sermón, el túmulo,[60] las candelillas[61] y los epitafios. Gaste con otros sujetos[62] más dignos y más acreedores a las pompas sus exageraciones y el bullaje[63] de los sentimientos enjutos[64] que yo moriré muy agradecido sin la esperanza de más honras que las especiales que me tiene dadas en vida. Éstos son los motivos que tengo para sacarla[65] a luz de entre tantas tinieblas y, antes de empezar conmigo, trasplantaré a la vista de todos el rancio alcornoque de mi alcurnia para

---

[40] En sentido metafórico, cambios; en el recto, muecas y gestos exagerados del rostro.
[41] **Me...** desee.
[42] Pícaro o sinvergüenza.
[43] Espantapájaros.
[44] Suponer.
[45] Alejar para siempre.
[46] Abejorros.
[47] Insecto que parece una mosca grande.
[48] Por escrito.
[49] Discursos llenos de disparates.
[50] Ajusten.
[51] Escrito.
[52] Estipendio que recibían los claustrales de una universidad por asistir a los diferentes actos que ésta celebraba.
[53] **Andar...** desenvolverse con gran dificultad en una materia.

[54] Moneda de cobre con valor de dos maravedís.
[55] Criminal de la época de Torres.
[56] **Y...** y tal cosa sólo pueden lograrla con mentiras.
[57] Pregonen o publiquen por ahí.
[58] **De...** por su piedad quiere creer que Torres se salvará.
[59] **Y...** y no trate con miles de dificultades de.
[60] Armazón de madera, cubierta y adornada con paños y otras insignias de luto, que se erige en honor de un finado durante sus honras fúnebres.
[61] Velas pequeñas y delgadas.
[62] Individuos.
[63] Concurso y confusión de muchas personas.
[64] **De...** alude a que las personas que asisten a semejantes actos fúnebres a menudo lo hacen por pura obligación sin sentir nada por el finado.
[65] Se refiere a su autobiografía o *Vida*.

que se sepa de raíz[66] cuál es mi tronco, mis ramos y mis frutos.

Del Fray Gerundio hasta los 80

JOSÉ FRANCISCO DE ISLA (1703-1781)

José Francisco de Isla pertenece al segundo de los períodos que Álvarez Barrientos distingue en la novela dieciochesca, del cual es su más fiel representante. Educado en la Compañía de Jesús, y jesuita él mismo, participa de la superioridad intelectual que dicha Orden mantiene —frente a sus colegas en la religión— a lo largo del siglo XVIII. Mientras la Universidad española se alimenta todavía del Aristotelismo y de la Escolástica, los centros docentes de dependencia jesuítica aceptaron en sus cátedras las innovaciones de la ciencia más moderna (Bacon, Descartes, Locke, etc.), aunque, eso sí, acotándolas al ámbito terrenal y advirtiendo a sus máximos paladines cuando se atrevían a poner en duda lo sobrenatural. Isla es un representante del eclecticismo, como lo fuera también su maestro Luis de Losada cuando en su *Cursus philosophicus* (1724) admira el método experimental aunque sin verdadero compromiso. Esa misma actitud toma nuestro novelista en sus primeras sátiras, *Papeles crítico-apologéticos* y *El tapaboca*, de los años 1726 y 1727, en las cuales defiende la *Medicina escéptica* (1725) del doctor Martínez y el *Teatro crítico* (1726) de Feijoo si bien abandona a los modernos y se acerca a los escolásticos en cuanto el materialismo amenaza su fe.

Contemporáneo de Henry Fielding y de Laurence Sterne, la novela del padre de Isla se halla en sus orígenes e intenciones muy cerca a la de éstos, aun sin existir entre los tres comunicación alguna. Les une, no obstante, la común influencia del *Quijote*, al que todos toman como mode-

lo. La segunda mitad del XVIII ve nacer el mito cervantino y nuestro autor —al igual que sus contemporáneos ingleses y franceses— toma de él su sustancia literaria, a la manera en la que los hombres del siglo la comprendieron. En esta época, el *Quijote* es el máximo ejemplo literario de sátira de costumbres y, si Cervantes satirizó el pernicioso influjo de las novelas de caballerías en su sociedad, el padre Isla lo hace de la no menos perniciosa predicación barroca en la suya. Nuestro novelista aprovecha la lección del *Quijote* para atacar uno de los grandes males de su tiempo, la pompa lingüística de la oratoria sagrada, y favorecer de este modo los ideales literarios gratos al Neoclasicismo (la claridad y la sencillez).

No todo, sin embargo, es influencia de Cervantes. En su obra, *Historia de fray Gerundio de Campazas* (1758), se le ha señalado otra profunda fuente de inspiración, la de la novela picaresca. Esta doble vertiente literaria es, no obstante, una diferenciación moderna ya que los intelectuales del XVIII nunca vieron como distintas la materia de pícaros y la sátira social. La picaresca reflejaba las costumbres del siglo con el propósito de hacer su crítica mientras Cervantes escribió su obra como representación y sátira de la realidad contemporánea: el fin, por tanto, de ambas manifestaciones o géneros —según concepto del siglo XVIII— coincidía.

Esta conexión de la materia picaresca y de la obra de Cervantes con la que era su realidad cotidiana planteó de nuevo en el Neoclasicismo la vieja cuestión de las relaciones entre la Historia y la Poesía (es decir, la Literatura) pues, de hecho, ambas manifestaciones novelísticas historiaban, ya fuese la época contemporánea, ya fuese cualquier otra pretérita. Así lo plantea el padre Isla en el prólogo de sus dos mencionadas narraciones en donde afirma la cercanía de la novela a la Historia. Ésta —dice nuestro autor en términos áureos— tiene por objetivo la verdad mientras a aquélla le es suficiente lo verosímil. Es decir, novela e historia participan de un mismo carácter referencial si bien se diferencian por cuanto la segunda reproduce el presente o el pasado con verdad mientras la primera lo hace tan sólo con verosimilitud. El padre Isla contaba además en su momento, para la perfecta consecución de su

---

[66] **De...** desde un principio y con detalle. Subyace un juego de palabras por estar refiriéndose Torres a su árbol genealógico (a través del término «alcornoque»), del cual desmembrará cada una de sus partes («raíz», «tronco», «ramos» o ramas y «frutos»).

fotografía verosímil de las costumbres contemporáneas, con los adelantos filosóficos del Sensualismo. Éste había permitido profundizar —literariamente hablando— en dos direcciones: el estudio del medio y la configuración de los personajes. El padre Isla aprovechó las dos. Campazas y, en suma, todo el país se describen minunciosamente, ya en su estado físico como espiritual. Al protagonista de la novela y al resto de sus personajes se les dibuja según apuntes tomados de la realidad contemporánea. Por último, todo individuo está determinado por su medio, como Gerundico, cuya verborrea sagrada y barroca tiene su origen en las malas influencias y peores modelos que vienen rodeándolo desde su infancia. Isla incluso insinúa cierto determinismo hereditario ya que —se trate solamente de un recurso cómico— la pobreza intelectual de fray Gerundio parece efecto de la estupidez, analfabetismo y promiscuidad sexual de sus padres. «De este modo, las posibilidades vitales de Gerundico vienen a ser igualmente limitadas que las de personajes zolescos» (Sebold, «Introducción», *Fray Gerundio de Campazas* 68-69).

La novela no sólo inagura técnicas y contenidos que más tarde formarán parte del credo naturalista, sino que la peculiar distorsión jocosa de muchos de los personajes de su novela, a la vez que sigue la tradición novelística áurea, conecta con obras como *El sombrero de tres picos* (1874) de Pedro A. de Alarcón y con el esperpento finisecular decimonónico de Ramón del Valle-Inclán.

Historia del famoso predicador fray Gerundio de Campazas, alias Zotes. Escrita por el licenciado don Francisco Lobón de Salazar, presbítero, beneficiado de preste en las villas de Aguilar y de Villagarcía de Campos, cura en la parroquial de San Pedro de ésta y Opositor a cátedras en la Universidad de la Ciudad de Valladolid

Capítulo VI. En que se parte el capítulo quinto, porque ya va largo

Pues con este cuidado que el maestro tenía de Gerundico, con la aplicación del niño y con su viveza e ingenio, que realmente le tenía, aprendió fácilmente y presto todo cuanto le enseñaban. Su desgracia fue que siempre le deparó la suerte maestros estrafalarios y estrambóticos, como el cojo, que en todas las facultades le enseñaron mil sandeces, formándole desde niño un gusto tan particular[1] a todo lo ridículo, impertinente y extravagante que jamás hubo forma de quitárselo y, aunque muchas veces [se] encontró con sujetos[2] hábiles, cuerdos y maduros que intentaron abrirle los ojos para que distinguiese lo bueno de lo malo (como se verá en el discurso de esta puntual historia), nunca fue posible apearle[3] de su capricho, tanta impresión habían hecho en su ánimo los primeros disparates. El cojo los inventaba cada día mayores y, habiendo leído en un libro que se intitula *Maestro del maestro de niños* que éste debe poner particular cuidado en enseñarles la lengua propia, nativa y materna con pureza y propiedad por cuanto enseña la experiencia que la incongruidad,[4] barbarismos y solecismos[5] con que la hablan toda la vida muchos nacionales dependen de los malos modos, impropiedades y frases desacertadas que se les pegan cuando niños, él hacía grandísimo estudio de enseñarles a hablar bien la lengua castellana, pero era el caso que él mismo no la podía hablar peor, porque, como era tan presumido y tan exótico en el modo de concebir, así como había inventado una extravagantísima ortografía, así también se le había puesto en la cabeza que podía inventar una lengua no menos extravagante.

Mientras fue escribiente del notario de San Millán, había notado en varios procesos que se decía así: «cuarto testigo examinado, María Gavilán; octavo testigo examinado, Sebastiana Palomo». Esto le chocaba infinitamente porque decía que si los hombres eran «testigos» las mujeres se habían de llamar «testigas» pues lo contrario era confundir los sexos y parecía romance de vizcaíno.[6] De la misma manera no podía sufrir que el autor de la *Vida de santa Catalina* dijese: «Catalina, sujeto de nuestra historia», pareciéndole que «Catalina» y «sujeto» eran mala concordancia pues venía a ser lo mismo que si se dijera: «Catalina, el hombre de nuestra historia», siendo cosa averiguada que solamente los hombres se deben llamar «sujetos», y las mujeres «sujetas». Pues, ¿qué cuando

----

[1] Apegado.
[2] Individuos.
[3] Separarle.
[4] Falta de congruencia.
[5] Falta de sintaxis.
[6] **Romance...** lengua («romance») mal concertada gramaticalmente («de vizcaíno»).

encontraba en un libro, «era una mujer no común, era un gigante»? Entonces perdía los estribos de la paciencia y decía a sus chicos todo en cólera y furioso: «Ya no falta más sino que nos quiten las barbas y los calzones y se los pongan a las mujeres. ¿Por qué no se dirá 'era una mujer no comuna, era una giganta'?». Y por esta misma regla les enseñaba que nunca dijesen «el alma, el arte, el agua», sino «la alma, la agua, la arte» pues lo contrario era «ridicularia», como dice el indigesto y docto Barbadiño.[7] Sobre todo estaba de malísimo humor con aquellos verbos y nombres de la lengua castellana que comenzaban con «arre», como «arrepentirse, arremangarse, arreglarse, arreo», etc., jurando y perjurando que no había de parar hasta desterrarlos de todos los dominios de España porque era imposible que no los hubiesen introducido en ella algunos arrieros de los que conducían el bagage de los godos y de los árabes.[8] Decía a sus niños que hablar de esta manera era mala crianza porque era tratar de burros o de machos a las personas. Y a este propósito les contaba que, yendo un padre maestro de cierta religión por Salamanca y llevando por compañero a un frailecito irlandés recién trasplantado[9] de Irlanda, que aún no entendía bien nuestra lengua, encontraron en la calle del río muchos aguadores[10] con sus burros delante, que iban diciendo «arre», «arre». Preguntó el irlandesillo al Padre Maestro qué quería decir «are», pronunciando la «r» blandamente, como lo acostumbran los extranjeros. Respondióle el Maestro que aquello quería decir que anduviesen los burros adelante. A poco trecho después, encontró el maestro a un amigo suyo con quien se paró a parlar[11] en medio de la calle. La conversación iba algo larga, cansábale al irlandés y no sabiendo otro modo de explicarse, cogió de la manga a su compañero y le dijo con mucha gracia: «Are, Padre Maestro, are», lo cual se celebró con grande risa en Salamanca. Pues, ahora—decía el cojo, hecho un veneno[12]—que el «arre» vaya solo, que vaya con la comitiva y acompañamiento de otras letras, siempre es «arre», y siempre es

una grandísima desvergüenza y descortesía que a los racionales[13] nos traten de esta manera y, así, tenga entendido todo aquél que me arreare las orejas que yo le he de arrear a él el cu..., y acabólo[14] de pronunciar redondamente. A este tiempo le vino gana de hacer cierto menester a un niño que todavía andaba en sayas,[15] fuese[16] delante de la mesa donde estaba el maestro, puso las manicas[17] y le pidió la caca con grandísima inocencia, pero le dijo que no sabía «arremangarse». Pues yo te enseñaré, grandísimo bellaco, le respondió el Cojo enfurecido y, diciendo y haciendo, le levantó las faldas y le asentó[18] unos buenos azotes, repitiéndole a cada uno de ellos: «Anda, para que otra vez no vengas a arremangarnos los livianos[19]».

Todas estas lecciones las tomaba de memoria admirablemente nuestro Gerundico y como, por otra parte, en poco más de un año aprendió a leer por libro, por carta y por proceso, y aún a hacer palotes[20] y a escribir de a ocho,[21] el maestro se empeñó en cultivarle más y más, enseñándole lo más recóndito que él mismo sabía y con lo que se había lucido en más de dos convites de cofradía,[22] asistiendo a la mesa algunos curas que eran tenidos por los mayores moralistones[23] de toda la comarca y uno que tenía en la uña[24] todo el Larraga[25] y era un hombre que se perdía de vista,[26] se quedó embobado, habiéndole oído en cierta ocasión.

Fue pues el caso que, como la fortuna o la mala trampa deparaban al buen Cojo todas las cosas ridículas y él tenía tanta habilidad para que lo fuesen en su boca las más discretas, por no saber entenderlas ni aprovecharse de ellas, llegó a sus manos, no se sabe cómo, una comedia castellana intitulada: *El villano caballero* que es copia

---

[7] Alonso Jerónimo de Salas o «Barbadillo» (1580-1635), poeta dramático y novelista español.

[8] Los «godos» y los «árabes» aluden a la invasión visigoda (410-711) y musulmana (711-1492) que sufrió la Península Ibérica.

[9] Destinado.

[10] Persona que en el pasado, cuando no existía agua corriente en las casas, se dedicaba a su transporte y venta.

[11] Hablar.

[12] Muy enfadado.

[13] **Los...** las personas.

[14] Lo acabó.

[15] **Andaba...** llevaba todavía faldas porque era pequeño.

[16] Fue.

[17] Diminutivo cariñoso de manos.

[18] El verbo significa dar golpes de plano.

[19] Pulmones.

[20] Trazo que los niños hacen en el papel pautado para aprender a escribir.

[21] **A...** quizás se refiera a escribir los números de ocho en ocho.

[22] Congregación o hermandad de devotos.

[23] Clérigos que se ordenan sin haber estudiado otra cosa que latín y moral.

[24] **Tenía...** se sabía y dominaba perfectamente.

[25] **Todo...** se refiere al *Prontuario de teología moral* (1717), de fray Francisco de Lárrega.

[26] **Que...** de muchos conocimientos.

mal sacada, y peor zurcida, de otra que escribió en francés el incomparable Molier [sic], casi con el mismo título.[27] En ella se hace una graciosísima burla de aquellos maestros pedantes que pierden el tiempo en enseñar a los niños cosas impertinentes y ridículas que tanto importa ignorarlas como saberlas y, para esto, se introduce[28] al maestro o al preceptor del repentino caballero[29] que, con grande aparato y ostentación de voces, le enseña como se pronuncian las letras vocales y las consonantes. El cojo de mis pecados tomó de memoria todo aquel chistosísimo pasaje y, como era tan cojo de entendederas,[30] como de pies, entendióle con la mayor seriedad del mundo y la que, en realidad, no es más que una delicadísima sátira, se le representó como una lección tan importante que, sin ellas, no podía haber maestro de niños que en Dios y en conciencia mereciese serlo.

Un día, pues, habiendo corregido las planas[31] más aprisa de lo acostumbrado, llamó a Gerundico, hízole poner en pie delante de la mesa, tocó la campanilla a silencio, intimó[32] atención a todos los muchachos y dirigiendo la palabra al niño Gerundio, le preguntó con mucha gravedad: «Dime hijo, ¿cuántas son las letras?». Respondió el niño prontamente: «Señor Maestro, yo no lo sé porque no las he contado». Pues has de saber —continuó el Cojo—que son veinticuatro y, si no, cuéntalas. Contólas el niño y dijo con intrepitez: «Señor Maestro, en mi cartilla salen veinticinco». Eres un tonto—le replicó el Maestro—porque las dos «A a» primeras no son más que una letra, con forma o con figura diferente. Conoció que se había cortado[33] el chico y para alentarle añadió: «No extraño que, siendo tú un niño y no habiendo[34] más que un año que andas a la escuela, no supieses el número de las letras porque hombres conozco yo que están llenos de canas, se llaman doctísimos y se ven en grandes puestos y no saben cuántas son las letras del abecedario, pero ¡así anda el mundo!, y, al decir esto,

arrancó[35] un profundísimo suspiro. La culpa de esta fatal ignorancia la tienen las repúblicas[36] y los magistrados que admiten para maestros de escuela a unos idiotas que no valían ni aún para monacillos,[37] pero esto no es para vosotros ni para aquí. Tiempo vendrá en que sabrá el rey lo que pasa. Vamos adelante.

De estas veinticuatro letras, unas se llaman «vocales» y otras «consonantes». Las vocales son cinco «a, e, i, o, u». Llámanse vocales porque se pronuncian con la boca. ¿Pues acaso las otras, Señor Maestro,—le interrumpió Gerundico con su natural viveza— se pronuncian con el cu...?, y díjolo por entero. Los muchachos se rieron mucho, el Cojo se corrió[38] un poco, pero tomándolo a gracia, se contentó con ponerse un poco serio, diciéndole: «No seas intrépido y déjame acabar lo que iba a decir. Digo, pues, que las vocales se llaman así porque se pronuncian con la boca y puramente con la voz, pero las consonantes se pronuncian con otras vocales. Esto se explica mejor con los ejemplos. 'A', primera vocal, se pronuncia abriendo mucho la boca: 'A'». Luego que oyó esto Gerundico, abrió su boquita y mirando a todas partes, repetía muchas veces: «A, a, a». —«Tiene razón el señor maestro». Y éste prosiguió. —La «E» se pronuncia acercando la mandíbula inferior a la superior, esto es, la quijada de abajo a la de arriba: «E». A ver, a ver como lo hago yo, Señor Maestro—dijo el niño—: «E, e, e, a, a, a, e». ¡Jesús, y qué cosa tan buena!» —La «I» se pronuncia acercando más las quijadas una a otra y retirando igualmente las dos extremidades de la boca hacia las orejas: «I, i». —Deje usted, ¿a ver si yo sé hacerlo?: «I,i,i» —Ni más ni menos, hijo mío, y pronuncias la «i» a la perfección. La «O» se forma abriendo las quijadas y después juntando los labios por los extremos, sacándolos un poco hacia fuera y formando la misma figura de ellos como una cosa redonda que representa una «o». Gerundillo con su acostumbrada intrepidez luego[39] comenzó a hacer la prueba y a gritar: «O, o, o». El Maestro quiso saber si los demás muchachos habían aprendido también las importantísimas lecciones que les acababa de enseñar y mandó que todos a un tiempo, y en voz alta, pronunciasen las letras que les había explicado. Al punto[40] se oyó una gritería, una confusión y una algarabía de todos

---

[27] **Molier...** alude a la obra: *Le bourgeois gentilhomme*, de Molière (1622-1673), comediógrafo y escritor francés.

[28] **Se...** se hace aparecer en la comedia.

[29] **Repentino...** dice Isla «repentino» porque el caballero no lo es de sangre, sino por riqueza.

[30] **Cojo...** falto de inteligencia.

[31] Prácticas que hacen los niños en una cara de papel para aprender a escribir.

[32] Requirió con amenaza.

[33] Aturdido.

[34] Haciendo.

---

[35] Lanzó con violencia.

[36] **Las...** los gobiernos.

[37] Monaguillo.

[38] **Se...** se molestó.

[39] Inmediatamente.

[40] **Al...** en ese preciso instante.

los diantres.[41] Unos gritaban: «A, a», otros: «E, e», otros: «I, i», otros: «O, o». El Cojo andaba de banco en banco mirando a unos, observando a otros y enmendando a todos. A éste le abría más las mandíbulas, a aquél se las cerraba un poco. A uno le plegaba los labios, a otros se los descosía[42] y, en fin, era tal la gritería, la confusión y la zambra[43] que parecía la escuela ni más ni menos al coro de la santa iglesia de Toledo en las vísperas de la Expectación.[44]

Bien atestada[45] la cabeza de estas impertinencias y muy aprovechado en necedades y en extravagancias, leyendo mal y escribiendo peor, se volvió nuestro Gerundio a Campazas porque el maestro había dicho a sus padres que ya era cargo de conciencia tenerle más tiempo en la escuela, siendo un muchacho que se perdía de vista, y encargándoles que no dejasen de ponerle luego a la Gramática[46] porque había de ser la honra de la tierra. La misma noche que llegó, hizo nuestro escolín[47] ostentación de sus habilidades y de lo mucho que había aprendido en la escuela, delante de sus padres, del cura del lugar[48] y de un fraile que iba con obediencia[49] a otro convento, porque de éstos apenas se limpiaba la casa. Gerundico preguntó al cura: «¿A que no sabe Ud. cuántas son las letras de la cartilla?». El cura se cortó oyendo una pregunta que jamás se la habían hecho y respondió: «Hijo, yo nunca las he contado». Pues, cuéntelas Ud.—prosiguió el chico—, y va un ochavo[50] a que, aún después de haberlas contado, no sabe cuántas son. Contó el cura veinticinco después de haberse errado dos veces en el «A, b, c» y el niño, dando muchas palmadas, decía: «¡Ay, ay, que le cojí, que le gané porque cuenta por dos letras las dos 'A, a' primeras y no es más que una letra escrita de dos modos diferentes». Después preguntó al Padre.[51] —Vaya otro ochavo a que no me dice Ud. cómo se escribe «burro», con «b» pequeña o con «b» grande? Hijo—respondió el buen religioso—,

yo siempre lo he visto escrito con «b» pequeña. No señor, no señor—le replicó el muchacho—, si el burro es pequeñito y anda todavía a la escuela, se escribe con «b» pequeña, pero si es un burro grande, como el burro de mi padre, se escribe con «B» grande porque dice Señor maestro que las cosas se han de escribir como ellas son y que por eso una pierna de vaca se ha de escribir con una «P» mayor que una pierna de carnero. A todos les hizo gran fuerza[52] la razón y no quedaron menos admirados de la profunda sabiduría del maestro que del adelantamiento del discípulo, y el buen Padre confesó que, aunque había cursado en las dos universidades de Salamanca y Valladolid, jamás había oído en ellas cosa semejante, y, vuelto a Antón Zotes y a su mujer, les dijo muy ponderado: «Señores hermanos, no tienen que arrepentirse de lo que han gastado con el maestro en Villaornate porque lo han empleado bien». Cuando el niño oyó «arrepentirse», comenzó a hacer grandes aspamientos y a decir: «¡Jesús, Jesús!, ¡qué mala palabra!, «arrepentirse», no señor, no señor, no se dice «arrepentirse» ni cosa que lleve «arre» que eso dice Señor maestro que es bueno para burros o para las ruecas». «Recuas»[53] querrás decir, hijo,—le interrumpió Antón Zotes, cayéndosele la baba—. —Sí, señor, para las recuas y no para los cristianos, los cuales debemos decir «enrepentir», «enremangar», «enreglar» el papel[54] y cosas semejantes. El cura estaba aturdido, el religioso se hacía cruces,[55] la buena de la Cantala lloraba de gozo y Antón Zotes no se pudo contener sin exclamar: «¡Vaya, que es bobada!», que es la frase con que se pondera en Campos una cosa nunca vista ni oída.

Como Gerundico vio el aplauso con que se celebraban sus agudezas, quiso echar todos los registros[56] y, volviéndose segunda vez al cura, le dijo: «Señor cura, pregúnteme Ud. de las vocales y de las consonantes». El cura que no entendía palabra de lo que el niño quería decir, le respondió: «¿De qué brocales,[57] hijo? ¿Del brocal del pozo del Humilladero y del otro que está junto a la ermita de San Blas?». —No, señor, de las letras consonantes y de las vocales. Cortóle[58] el bueno del cura con-

---

41 Demonios.

42 Separaba.

43 Bulla.

44 Fiesta que con el nombre de «Nuestra Señora de la Esperanza» se celebra el día 18 de diciembre en honor de la Virgen.

45 Llena.

46 A... en una escuela que enseñase la lengua latina.

47 Escolar.

48 Del... de la aldea o pueblo.

49 Entre los religiosos, traslado a otro convento o permiso de un Superior para ir a predicar o hacer algún viaje.

50 Moneda de cobre de escaso valor.

51 No se refiere al padre del niño, sino al fraile.

---

52 **Hizo...** convenció.

53 Mulas.

54 **«Enreglar»...** reglar o arreglar el papel, o sea, señalar con una regla las líneas por donde van los renglores que sirven de guía a la escritura.

55 **Hacía...** maravillaba.

56 **Echar...** lucirse de nuevo.

57 Antepecho alrededor de la boca de un pozo.

58 Le cortó.

fesando que a él nunca le habían enseñado cosas tan hondas. Pues, a mí sí—continuó el niño—, y de rabo a oreja,[59] sin faltarle punto ni coma les encajó toda la ridícula arenga que había oído al cojo de su maestro sobre las letras vocales y consonantes y, en acabando, para ver si la habían entendido dijo a su madre: «Madrica, ¿cómo se pronuncia la 'A'?». —Hijo, ¿cómo se ha de pronunciar? Así: «A», abriendo la boca. —No, madre, pero ¿cómo se abre la boca? —¿Cómo se ha de abrir?, hijo, de esta manera: «A». —Que no es eso, señora. Pero, cuando Ud. la abre para pronunciar la «A», ¿qué es lo que hace? —Abrirla, hijo mío, respondió la bonísima Cantala. —¡Abrirla!, eso cualquiera lo dice, también se abre para pronunciar «E» y para pronunciar «I, O, U». Y, entonces, [Gerundico] se pronuncia[60] «A». —Mire Ud., para pronunciar «A» se baja una quijada y se levanta otra, de esta manera. Y, cogiendo con sus manos las mandíbulas de la madre, le bajaba la inferior y le subía la superior, diciéndole que cuanto más abriese la boca, mayor sería la «A» que pronunciaría. Hizo después que el padre[61] pronunciase la «E», el cura la «I», el fraile la «O» y él escogió por la más dificultosa de todas la pronunciación de la «U», encargándolos que, todos a un tiempo, pronunciasen la letra que tocaba a cada uno, levantando la voz todo cuanto pudiesen y observando unos a otros la postura de la boca para que viesen la puntualidad[62] de las reglas que le había enseñado el Señor maestro. El metal de las voces[63] era muy diferente porque la tía Cantala la tenía hombruna y carraspeña,[64] Antón Zotes clueca[65] y algo aternerada, el cura gangosa[66] y tabacuna, el Padre, que estaba ya aperdigado[67] para vicario de coro,[68] corpulenta y becerril, Gerundico atiplada[69] y de chillido. Comenzó cada uno a representar su papel y a pronunciar su letra levantando el grito a cual más podía. Hundíase el cuarto, atronábase la casa, era noche de verano y todo el lugar estaba tomando el fresco a las puertas de la calle. Al estruendo y a la algarada[70] de la casa de Antón Zotes acudieron todos los vecinos, creyendo que se quemaba o que había sucedido alguna desgracia. Entran en la sala, prosiguen los gritos descompasados, ven aquellas figuras y, como ignoraban lo que había pasado, juzgan que todos se han vuelto locos. Ya iban a atarlos cuando sucedió una cosa nunca creída ni imaginada que hizo cesar de repente la gritería y por poco no convirtió la música en responsos.[71] Como la buena de la Cantala abría tanto la boca para pronunciar su «A» y naturaleza, liberal,[72] la había proveído de este órgano abundantísimamente, siendo mujer que de un bocado se engullía una pera de donguindo[73] hasta el pezón, quiso su desgracia que se le desencajó la mandíbula inferior tan descompasadamente que se quedó hecha un mascarón[74] de retablo, viéndosele toda la entrada del esófago y de la traquearteria[75] con los conductos salivales tan clara y distintamente que el barbero dijo descubría hasta los vasos linfáticos,[76] donde excretaba[77] la respiración. Cesaron las voces, asustáronse todos, hiciéronse mil diligencias para restituir la mandíbula a su lugar, pero todas sin fruto hasta que al barbero [se] le ocurrió cogerla de repente y darle por debajo de la barba un cachete tan furioso que se la volvió a encajar en su sitio natural, bien que como estaba desprevenida se mordió un poco la lengua y escupió algo de sangre. Con esto paró en rifa[78] la función y habiéndose instruido los concurrentes del motivo de ella, quedaron pasmados de lo que sabía el niño Gerundio y todos dijeron a su padre que le diese estudios porque sin duda había de ser obispo.

---

[59] **De...** de principio a fin.
[60] **Se...** pronuncia.
[61] **El...** su padre.
[62] Validez.
[63] **Metal...** timbre de las voces.
[64] Áspera.
[65] Débil.
[66] Propia de quien habla con la nariz.
[67] Preparado.
[68] **Vicario...** religioso que rige el coro.
[69] Como de tiple, es decir, muy alta y aguda.
[70] Gran vocería.
[71] Rezos para difuntos.
[72] O sea, muy generosa.
[73] Variedad de peral que tiene sus frutos más grandes de lo común.
[74] Cara disforme o fantástica que se usa como adorno en ciertas esculturas.
[75] Tráquea.
[76] **Los...** en el pasado se creía que dichos vasos segregadores de la linfa» (humor acuoso) estaban principalmente situados en la región torácica del cuerpo.
[77] Se producía.
[78] Riña o enfado.

De los años ochenta a la Guerra de la Independencia

PEDRO MONTENGÓN Y PARET (1745-1824)

Publica Montengón en el tercer período novelístico señalado por Barrientos. De él, es quizás su figura más sobresaliente o, al menos, el novelista más leído y de más éxito en la época. Su producción en prosa comprende cinco «romances»: *Eusebio, ... sacada de las memorias que dejó él mismo* (1786-1788), *El Antenor* (1788), *Eudoxia, hija de Belisario* (1793), *El Rodrigo. Romance épico* (1793) y *El Mirtilo o los pastores trashumantes* (1795) y, a pesar de ser este número tan escaso, su importancia es trascendental para el estudio de las formas, objetivos, influencias y significado de la mejor novela española del XVIII.

La excelente educación jesuítica de Montengón (ex-jesuita él mismo) y su apertura a los más recientes e innovadores logros intelectuales del espíritu dieciochesco convierten a su novela en ejemplo trascendental de las deudas del siglo XVIII al pasado y de su propia originalidad y aportaciones al futuro.

Desde el punto de vista formal, «los romances» de Pedro Montengón se alimentan de algunos de los mejores frutos temáticos y estructurales de la novela del Siglo de Oro. El *Eusebio*, por ejemplo, teje su estructura apropiándose de dos de las formas novelísticas predilectas de los siglos áureos, el gusto por el personaje dual —presente en la dicotomía don Quijote/Sancho, por ejemplo— y el uso del viaje como itinerario formativo del individuo. No es, sin embargo, del *Quijote* de donde Montengón toma estas estructuras. Como muy bien señala Pilar Palomo, nuestro novelista las hereda de otro de los clásicos españoles más leídos en Europa a lo largo del siglo XVIII, Baltasar Gracián. El *Criticón* proporciona al *Eusebio* «la forma del significado», es decir, «el personaje dual y el viaje como aprendizaje de la vida, con una meta espacial —plena de simbolismo— que representa la perfección del hombre como individuo —persona— o como ser social» («Gracián y la novela didáctica del siglo XVIII: *El*

Criticón y *El Eusebio*» 226). Para el Setecientos —siglo rusoniano por excelencia—, el hombre puro y la sociedad ideal sólo pueden existir más allá de la civilización, es decir, de Europa. No es extraño, pues, que Eusebio se halle a sí mismo y halle su hogar en el Nuevo Mundo, concretamente entre los cuáqueros de Filadelfia, hábitat socio-político y religioso ideal a juicio de Voltaire y de los más innovadores filósofos de Francia.

Otro elemento estructural que el *Eusebio* toma en préstamo del Siglo de Oro es el cañamazo en que se tejen las historias tangenciales a su argumento. Ya en el *Quijote*, Cervantes había presentado bajo la forma de «novela» múltiples historias que servían de muestrario de la problemática sentimental de su siglo. Montengón va a hacer algo semejante en su *Eusebio*, en donde el novelista presenta todo un vademécum práctico-amoroso para instrucción de su lector y en donde se señalan claramente todas las llagas sociales del XVIII en materia sentimental. Éstos son los objetivos de la trágica historia de Omfis, Earina y Silio (para demostrar las consecuencias catastróficas de la mala elección matrimonial), de la muy feliz de Isidoro (ejemplo de cómo una buena elección significa felicidad) y de la de Orme y Leocadia (escrita para ejemplificar el candente tema del rapto y de sus posibilidades legales). Los mismos son los objetivos en el episodio de Kirke y Elena (un abuso de poder con fines amorosos), en el de Blund (como prevención de los males provocados por las meretrices) y en el de lord Hams... y Nancy (en favor de los matrimonios desiguales, pero virtuosos). Y tampoco aquéllos cambian en la historia de Adelaida y del fingido noble Larval (advirtiendo a los burgueses deslumbrados ante la posibilidad de penetrar en la nobleza a través del matrimonio de sus hijas), en la historia del libertino lord Som... y las virtuosas Julia y Liseta (ejemplo del abuso de la disoluta aristocracia ante la precariedad de las doncellas pobres), y, por último, en la de Gabriela y don Fernando (en contra de las penosas prácticas matrimoniales que favorecen los intereses del mayorazgo). Es curioso cómo entretejidas con el argumento del *Eusebio* encontramos aquí —en la forma breve de «novelas»— la mayoría de las cuestiones socio-sentimentales de los folletines o de la obra socialista y mucha de la problemática amorosa que —en forma más extensa—desarrollarán en la segunda mitad del XIX novelas como *La desheredada* de Benito Pérez Galdós.

Montengón conecta con un último elemento formal procedente de la novelística del Siglo de Oro. Su novela *El Mirtilo* continúa uno de los géneros más estimados por la época áurea, el de los pastores, es decir, el género pastoril en el que habían sobresalido durante los siglos XVI y XVII novelas como *Los siete libros de la Diana* de Jorge de Montemayor. En las últimas décadas del siglo XVIII, la materia pastoril resurge bajo las propicias circunstancias que aporta la exaltación setecentista de la naturaleza como fuente de sabiduría y felicidad y su acendrado fisiocratismo. Por esos años, en París, Pablo de Olavide alecciona en los clásicos españoles a un joven académico, Jean-Pierre Claris de Florian. Estas tertulias tienen como fruto la decisión del francés de concluir en su propio idioma *La Galatea* de Cervantes (1783). La obra obtiene tal éxito que —sólo en Francia—se reedita antes de 1800 diez veces e incluso se traduce al italiano en 1788 y al inglés en 1813. En la Península Ibérica, en 1798, Casiano Pellicer traduce al español *La Galatea de Cervantes, imitada, compendiada y concluida por M. Florian*, y, en la misma fecha, Cándido María de Trigueros imprime *Los enamorados o Galatea y sus bodas. Historia pastoral comenzada por Miguel de Cervantes Saavedra, abreviada después y continuada y últimamente concluida....*

Todas las precedentes fueron novelas creadas para concluir la inconclusa pastoral de Cervantes, pero el género también iba con Jean-Pierre Claris a seguir otra senda. En 1788, el joven académico publica su *Estelle* y, siete años después, aparece *El Mirtilo* (1795) de Montengón. Ambas, novelas originales. La importancia de estas dos obras radica en que ejemplifican cómo el siglo XVIII reinterpretó la materia pastoril y cómo este género áureo replantea su contenido y estructura para ajustarse a las exigencias neoclásicas y de las Luces. En el caso de *El Mirtilo*, su gran significación reside en que no sólo es la primera bucólica en lengua castellana en más de cien años, sino también en que muy posiblemente fue su autor quien redescubre las posibilidades

del género en la nueva centuria. La *Estelle, roman pastoral* se publica en 1788 y *El Mirtilo, o los pastores trashumantes* ve la luz en 1795. Las fechas parecen decir que la obra española nació inspirada por el éxito de la *Estelle* y, sin embargo, no fue así. Incluso Montengón quizás sea pionero del romance original de pastores, pues, si bien *El Mirtilo* es de 1795, en 1788—fecha de la publicación de la *Estelle* y de la traducción de la *Galatea* de Florian al italiano—ya tenía Antonio Sancha en Madrid la obra del ex-jesuita español, y desde bastante tiempo atrás: «Convengo también —le decía éste a aquél en 1788—en lo que V. M. me propone sobre el *Mirtilo*, que no sé cómo haya quedado tanto tiempo embargado en poder de su censor» (González Palencia, «Pedro Montengón y su novela *El Eusebio*» 146). Por lo tanto, quizás al alicantino le corresponda el honor de vislumbrar el primero las enormes posibilidades de una nueva bucólica y también de inscribirla al gusto del siglo XVIII. De ser así, se comprende la debilidad profesada por Montengón hacia su *Mirtilo*: «Espero que cuando se publique tendrá mayor despacho que el *Eusebio* y el *Antenor*, o mucho me debo engañar» (González Palencia 146).

La presencia del espíritu áureo no se limita a los aspectos formales de la novela de Pedro Montengón, sino que alcanza su más importante influjo en las ideas educativas y políticas de *El Antenor, Eusebio* y *Eudoxia*. Las Luces españolas heredan lo mejor de su ideología de los logros intelectuales de los siglos XVI y XVII. Así ocurre en el caso de Pedro Montengón, quien en su *Eusebio* y *Eudoxia* reinterpreta—ajustándolas a las nuevas circunstancias del siglo—las ideas pedagógicas de uno de los grandes filósofos españoles del Quinientos, Juan Luis Vives. No únicamente nuestro novelista se basa en la obra del este filósofo, sino que—a través de éste y de la tradición—recogerá los mejores frutos de la filosofía clásica, en su caso, del estoicismo de Epícteto y Séneca (ambos del siglo I d. de C.). Lo mismo ocurre en *El Antenor*. El espíritu pacifista y democrático de Juan Luis Vives informa sus páginas y es este espíritu el que sitúa a la obra de Montengón a la par con los ideales más avanzados de la *Enciclopedia* francesa.

El Antenor narra la historia del hijo de Laodoco, quien huyendo de Troya, funda —al igual que lo hiciese Eneas con Roma— la ciudad de Venecia. Este marco pseudohistórico sirve a Montengón para explicar cómo este príncipe troyano consigue transformar a su pueblo, de monárquico, guerrero, supersticioso y cazador, en una colectividad pacífica, agrícola, industriosa, comercial, culta y —casi— republicana. La novela es pionera del pacifismo, aunque éste sirva a intereses ulteriores del Estado democrático. La paz auspicia las Artes y las Ciencias y —con visión puramente ilustrada— el príncipe de los troyanos la cree imprescindible para su proyecto de regeneración nacional. La supresión de las trabas aduaneras interiores del país, la creación de un impuesto único, la construcción de nuevos caminos y carreteras que faciliten el movimiento de mercancías, la repoblación de los campos, el incremento de la agricultura y la ganadería, el desarrollo de la industria y la protección del comercio tanto terrestre como marítimo son los objetivos del programa económico de Antenor. La lucha contra la superstición y la implantación de un culto racional es el fin que se propone el príncipe en el terreno religioso. Por último, en política —siendo Antenor mismo un rey, pero monarca dotado del espíritu de las mejores Luces— su obra parece querer servir de guía a aquellos otros dirigentes que con su ilustración preparan el camino a la democracia. En suma, *El Antenor* podría resumirse con el lema: «por la paz a la libertad», eslogan inspirado por la filosofía que subyace bajo la novela, aquélla de *Concordia et discordia in humano genere (Concordia y discordia en el linaje humano)*, elaborada en 1526 por Vives.

Vives, Séneca y Epícteto inspiran, en cambio, las teorías pedagógicas de Montengón. Semejantes paladines son índice del carácter moral de sus propuestas, ya que cada uno de estos tres filósofos defendió el estoicismo y —en el caso del primero— un estoicismo cristiano. Para nuestro novelista la base de toda educación debe ser el aprendizaje de la técnica del autoconocimiento con el fin de detectar nuestras pasiones y dominarlas. De ahí que tanto para Eudoxia como para Eusebio Montengón sea necesaria la lectura de los especialistas clásicos de este arte además de las Santas Escrituras. Llegados a este punto,

Montengón diferencia los estudios propios de los varones y los de la mujer. Sigue a Vives en la educación de Eudoxia y reinterpreta el *Emilio* de Jean-Jacques Rousseau a la hora de educar a Eusebio y al hijo de éste, Enriquito. El bebé no tendrá ni una nodriza —como acostumbraban los vástagos nobles de la época— ni un preceptor mercenario, sino que —bajo directa inspiración de Rousseau— lactará el pequeño de los pechos de su propia madre y será educado por su padre. Tampoco verá aprisionado su cuerpo por una faja ni se le atenderán sus lloros, pues así lo recomendó el autor del *Emilio* en pro de un perfecto desarrollo físico y moral del individuo desde su misma cuna. En donde Montengón se separa del filósofo francés es en lo referente al currículum de materias a cursar por el educando. Rousseau —siempre enemigo de la cultura— prohibe todo libro hasta la edad de doce y, entre los doce y los quince, sigue soslayando todo conocimiento en Artes y Letras con la excepción de la lectura de *Robinson Crusoe* de Daniel Defoe. En cambio, Montengón —si bien coincide con el filósofo ginebrino en considerar básico el aprendizaje de un oficio manual y la práctica diaria de ejercicio físico— no deja por ello de elaborar para Eusebio un exhaustivo y coherente plan de estudios en Ciencias y Humanidades. A los siete años domina perfectamente el castellano, ha aprendido a leer y escribir el inglés y conoce las nociones básicas de la Aritmética. A sus catorce, bajo la tutoría de su maestro y tío, Hardyl, leerá, copiará y memorizará a Epícteto, en traducción española. A los diecisiete, inicia Eusebio el estudio de las lenguas clásicas y más tarde el de la Lógica, la Geometría y la Física. Posteriormente, se le introduce en las reglas de la prosa y de la poesía y se le inicia en el arte de la composición. Pero el final de todo el programa de Artes y Humanidades lo reserva Hardyl a la ciencia más excelente para el conocimiento del corazón de los hombres, la Historia. A esta altura de su vida, Eusebio cuenta con todo instrumento teórico de interpretación de la realidad, sólo ha de ponerlos en práctica, es decir, introducirse en el mundo, y, para ello, preceptor y pupilo inician un largo viaje por Europa. El distinto trato que Rousseau y Montengón otorgan a las Humanidades y las Ciencias es el elemento más importante que les separa. Rousseau con su noción de que el hombre es bueno por naturaleza equivoca—a juicio de muchos intelectuales dieciochescos, incluido Montengón—un punto de su pedagogía, la necesidad de las Artes y Letras para el perfeccionamiento moral.

Y a su perfeccionamiento moral va dirigida toda la educación que recibirá Eudoxia. Se le busca un aya que cultive la virtud, Domitila, y toda su docencia va a consistir en el estudio microscópico del alma y en la reflexión con el objetivo de desentrañar los recónditos orígenes y procederes de las afecciones anímicas. No es el *Emilio* de Jean-Jacques Rousseau quien informa—en este caso—la pedagogía de Domitila, sino un texto del filósofo quinientista Juan Luis Vives, *De institutione feminae christianae (La mujer cristiana)*. A él sigue Montengón cuando reduce las disciplinas apropiadas a la mujer a la lectura y escritura, la Aritmética y, en suma, a aquellas ciencias que sirvan para los siguientes objetivos: el régimen y gobierno de la casa y la adecuación de las costumbres a la virtud. En absoluto Vives y Montengón proscriben las Letras y las Ciencias a la mujer ya que creen que éstas le son cruciales para el destierro de su inopia y de sus prejuicios. Se las seleccionan, no obstante, con minucioso cuidado, se las subyugan siempre a la Filosofía Moral y se las prescriben—únicamente—para las festividades y horas de asueto.

Si *Eudoxia* y *Eusebio* se presentaban como tratados de educación para miembros de una alta burguesía e incluso aristocracia y si—en ellos—a través de los Clásicos greco-latinos y del Siglo de Oro español (Epícteto, Séneca y Vives, principalmente) se llegaba a tesis tan modernas como las de Rousseau y Voltaire, su planteamiento sin embargo difiere mucho del que da origen a otras dos novelas de carácter también pedagógico del mismo Montengón. Nos referimos a *El Antenor* y *El Rodrigo*. Mientras estas dos últimas van dirigidas a la formación de la cabeza del Estado, el monarca, *Eudoxia* y *Eusebio* se preocupan de una parte no menos importante para el buen discurrir social, la educación de los ciudadanos. No obstante, todas ellas van orientadas a un mismo fin: a través de la educación se quiere que una sociedad que ha sido por siglos monárquica y que in-

cluso posee todavía muchos de los rasgos de la tiranía evolucione hacia las formas democráticas, para las cuales—a juicio de Montengón—no sólo se necesita formar nuevos individuos (ciudadanos) sino que—soñando el novelista en una evolución pacífica—lo más urgente en la sociedad es la ilustración del príncipe para que a través de su despotismo dirija a su pueblo hacia la fraternidad, libertad e igualdad de la República. *El Antenor* y *El Rodrigo*, pues, sirviéndose del género de la epopeya—siempre particularmente dirigida a grandes generales y monarcas—, aleccionan al dirigente del XVIII en las exigencias políticas de su época y en la responsabilidad que ésta le exige: la dirección pacífica de su pueblo de formas antiguas casi tiránicas a las de una monarquía ilustrada y, de éstas, a las de la igualdad y libertad propias de la República.

El Antenor sigue la *Eneida* de Virgilio. Eneas, superviviente de la trágica Ilión, protagoniza diversas aventuras por tierras del Mediterráneo hasta llegar a Italia y fundar allí la ciudad de Roma. De igual modo, otro de los supervivientes de Troya, Antenor, logra escapar de la ciudad y, tras un largo aprendizaje político por tierras del Mediterráneo, se establece en Italia y funda allí una urbe que—al pasar el tiempo—se va a convertir en un gran centro republicano, Venecia. Antenor, sin embargo, es más que el fundador de una nueva Troya, es un espíritu ilustrado. El novelista lo elige por ser el único de los líderes de Ilión que, a las puertas de su conflicto con los Griegos, aconseja la paz. Más tarde, en un gesto de perdón y fraternidad entre los pueblos, se casa con Penélope, viuda del peor enemigo de los troyanos, Ulises. Por fin, cuando ocupa el trono del Chersoneso, Antenor dirige en él un programa político, social y económico totalmente ilustrado. Su pueblo ha vivido por siglos abandonado a la guerra, la caza y la superstición y ahora su nuevo líder pretende transformarlo en una colectividad pacífica, industriosa e ilustrada. Antenor sustituye el culto sangriento a Diana de Taurea por el más útil, humano y edificante a la diosa de la Paz. La caza, sustento de los pueblos más primitivos, la sustituirá este príncipe por el cultivo de la tierra. La tercera parte del programa de Antenor va dirigida al desarrollo de la industria. Suprime cargas impositivas, fomenta el trazo de caminos y carreteras, fleta algunos buques, etc., en favor del desarrollo de la artesanía y de su comercio. Por último, el monarca activa también un plan de saneamiento, por un lado, de las preocupaciones culturales de sus vasallos, por otro, de las finanzas públicas de su nación, a través de la reducción de los gastos de la Corte y del fasto de su monarquía. En suma, Montengón realiza en su novela un dibujo del ideal dieciochesco de monarca déspota ilustrado, un líder —a juicio de Montengón— con una misión divina, la de convertir a su país de monárquico, preocupado y primitivo en un pueblo moderno.

El Rodrigo por su parte plantea un mismo tema, pero desde muy distinto enfoque. Epopeya de corte neoclásico, se preocupa asimismo por la figura de su monarca. Tal cosa se hace patente desde su mismo título. La novela reinterpreta uno de los episodios míticos más célebres de la historia de España: la destrucción de la monarquía visigótica por ejércitos musulmanes, quienes acuden en ayuda del conde godo don Julián, cuyo rey, Rodrigo, le ha violado su hija (Florinda). Bajo esta historia subyace, sin embargo, una admonición a aquellos monarcas que, desoyendo el flujo político de su época, retroceden en el tiempo e imponen a sus vasallos un régimen casi absolutista. La novela está basada en *De l'esprit des lois (El espíritu de las leyes)* (1748), del filósofo francés Montesquieu, para quien hay tres clases de gobierno: el republicano, el monárquico y el despótico. El que imponen a sus súbditos el rey godo y su valido, Gutrando, responde a la perfección a lo que Montesquieu señala como origen, caracteres y fin de un gobierno tiránico. Rodrigo, rey de excelente natural, sucumbe no obstante a un irresistible amor, circunstancia que permite a su primer ministro manejar a su voluntad los asuntos del estado..

No es, sin embargo, hoy día el aspecto político de *El Rodrigo* el más interesante. La novela, partiendo de postulados clásicos, premoniza algunos de los aspectos más innovadores de la creación en prosa de la primera mitad del siglo XIX. Combinando las características poéticas de la epopeya (lo maravilloso, por ejemplo) con los de la tragedia (la descripción de grandes pasiones con final fúnebre para el logro de la catarsis de sentimientos en el lector-espectador), Montengón se acercará al Romanticismo. *El Rodrigo* es una novela histórica de tema nacional muy anterior a la obra de sir Walter Scott y de los novelistas románticos españoles. Se halla asimismo muy cerca de otras producciones que en su mismo período sentaban precedente para algunos de los rasgos más propios de la narrativa del Romanticismo. Como Guillermo Carnero afirma, en España, en las últimas décadas del Setecientos, se desarrolla un tipo de arte muy cercano a lo que se conoce como literatura gótica («*La holandesa* de Gaspar Zavala y Zamora»). A esta modalidad literaria, caracterizada por la elección en sus argumentos de épocas remotas (preferentemente la Edad Media), por su fascinación con la figura del tirano, por la incapacidad de los personajes buenos por competir literariamente con los malvados, por la presencia de una heroína atribulada y víctima de la fatalidad y, finalmente, por la recreación de lo terrorífico natural (grutas, cavernas, bosques), arquitectónico (ruinas, criptas, pasadizos) y sobrenatural (cadáveres animados, fantasmas), a esta modalidad literaria pertenece *El Rodrigo*. Es decir, la obra es en un precedente directo del Romanticismo, no sólo por lo que posee de lúgubre y de sobrenatural, sino por su naturaleza de novela histórica.

Eusebio, sacada de las memorias que dejó él mismo[1]

Poco tiempo después que llegaron a Filadelfia, sintió Leocadia los anuncios del parto antes de lo que ella esperaba y que tuvieron un éxito más feliz que el que la misma temía, dando a luz un niño, cuyo dichoso nacimiento disipó las angustias que había concebido el tierno padre por su amada esposa en aquel trance que el amor representa tan peligroso, e inundó de júbilo su corazón y

---

[1] Los fragmentos elegidos son ejemplo de la impronta del *Emilio* de Rousseau. Versan sobre tres de los temas más innovadores de la pedagogía del filósofo francés: la lactancia del hijo por su propia madre, su educación en manos del padre y la actitud que los progenitores deben tomar ante los lloros infantiles.

el de Enrique Miden[2] que quiso solemnizar el nacimiento del hijo y el dulce título de padre con que acababa de condecorar a Eusebio la naturaleza.

El reconocimiento de la ternura de éste para con su buen padre Enrique Miden exigía de él que diese este mismo nombre de Enrique a su hijo en el bautismo, que se celebró en la capilla donde se había celebrado el casamiento.[3] Se le destinó una cuna de juncos, que quiso Susana[4] se conservase en casa con otras cosillas que trabajó Eusebio en la tienda de Hardil,[5] y [a la cual] le llegó el plazo[6] de ser empleada con gozo de Eusebio que la trabajó, bien ajeno entonces de pensar que le pudiese caber aquel destino con que renovaba los sentimientos de moderación en que lo había educado Hardil y en que quería educar él mismo a su propio hijo desde la cuna. El hijo no puede tener mejor maestro que el padre, ni debieran tener otros los hijos. Mas, ¿cuántos hay que conozcan y ejerciten esta obligación que la naturaleza les impone? Las mismas madres hacen traición a la más pura ternura de su afecto para eludir la incomodidad de criar a sus pechos los hijos.

Mas Leocadia, llegada a ser felizmente madre de un hijo, objeto de los esmeros y cuidados de su corazón sensible,[7] ¿cómo querrá dispensarse del dulce trabajo de alimentarlo a su seno? No [se] le ocurrirá tampoco que la riqueza pudiera eximirla de la función más propia y obligatoria de la maternidad, ni que ella le impedirá el hacer y recibir visitas, ni asistir a los divertimientos,[8] ni al juego, ni a los paseos, ni a los teatros, ni todos los demás motivos del trato [que] corrompen insensiblemente en las grandes ciudades los más puros sentimientos de la naturaleza y del amor, [y] que estragan las costumbres. Nada de todo esto había en la morigerada Filadelfia[9] que pudiese

retraer de su tierna inclinación a la virtuosa Leocadia. Obraría del mismo modo si viviera en medio de las ciudades más corrompidas. Ni ella ni Eusebio, su marido, pondrían su vanidad en vivir a la moda, confiando la subsistencia, la salud y vida de su hijo a un ama mercenaria,[10] pudiéndolo la madre alimentar por sí propia.

Luego que se elude y altera el orden de la naturaleza,[11] se altera y corrompe el moral. De ahí proceden los daños de los hijos y de los mismos padres, que, deslumbrados de los ejemplos y tren[12] del mundo, no ven los males que les acarrean por seguirlos hasta que los prueban, y aún después de probados soportan sus pesares y disgustos por faltarles ánimo y voluntad para desviarse de la mala costumbre que los arrastra, a costa de que el hijo perezca.[13] Ni es éste tal vez el mayor mal que se teme aunque suceda, ni es el solo[14] que no se prevé, ni el que se [re]conozca, aún después de acontecido, pues aun[15] muchas de las madres que están en estado de padecer todos estos males y daños, y que los padecen, serán tal vez las primeras en preguntar, ¿qué daños son ésos? Oídlos.

Los que siguen a la indiferencia, o al afecto del solo interés del ama de leche,[16] o al fraude de su salud tal vez infecta,[17] o de su oculto preñado,[18] los que acompañan a su mal genio, a sus descuidos, a sus groseros modos o malas costumbres y a sus pretensiones[19] que os acarrean mayores disgustos, mayores desazones y pesares que todos aquellos de que os pretendéis eximir, desperdiciando vuestra leche antes que el hijo propio la chupe. Cuanto más apartan a las madres del primitivo fin de la naturaleza las prevenciones[20] y errores del lujo, de la ambi-

---

[2] **Enrique...** padre adoptivo de Eusebio, de religión cuáquera.

[3] **Que...** la transigencia característica de los cuáqueros permitió a Eusebio conservar la religión de sus difuntos padres españoles, la católica.

[4] Madre adoptiva de Eusebio, también cuáquera.

[5] Cestero de Filadelfia, al que Enrique y Susana Miden eligen como preceptor de su hijo adoptivo por ser de nacionalidad española como éste y por su reconocida virtud. En cierto momento de la novela, se descubre que es tío carnal de Eusebio.

[6] **El...** el momento.

[7] Cargado de sensibilidad afectiva.

[8] **Los...** las diversiones.

[9] **Morigerada...** moderada, es decir, de buenas costumbres.

---

[10] Se refiere aquí Montengón a la costumbre de la época—entre las clases altas—de alquilar un ama de cría para el cuidado y la lactancia de los recién nacidos.

[11] El culto dieciochesco a la Naturaleza lleva al siglo a considerar racional todo lo que siga sus leyes e irracional o supersticioso todo lo que no lo haga.

[12] Pompa u ostentación.

[13] Muchos de los bebés bajo el cuidado de amas de leche no solían sobrevivir.

[14] Único.

[15] Incluso.

[16] **O...** o al hecho de que el ama tan sólo tenga—al cuidar al niño—intereses económicos y, por tanto, no lo alimentase lo suficiente o no lo atendiera con dignidad.

[17] Contagiada de alguna enfermedad.

[18] Es posible que en el siglo XVIII se pensase que la leche de una nodriza nuevamente preñada perdiera calidad.

[19] Exigencias y caprichos.

[20] Exigencias.

ción y de la vanidad tanto más agravan[21] los trabajos y engorros de la crianza de los hijos. Por el contrario, cuanto más nos acerquemos con los ojos al mismo primitivo fin, veremos que los mayores cuidados y desvelos, en vez de ser sensibles[22] a las madres, se sienten al contrario impelidas[23] a ellos con la dulce fuerza del afecto[24] que lucha en cualquier pena y trabajo[25] que lo contrasta.[26]

¡Con qué apasionado afecto miran los animales a sus cachorros! ¡Con qué incansable paciencia los velan! ¡Qué penas, qué trabajos distraen a las madres salvajes de alimentar a sus hijos llevándolos en sus brazos enteros días de camino! ¡Qué trabajos, qué labores del campo después que lo regaron con sus sudores distraen a las labradoras de la crianza de los suyos, ni les disminuye el amor y afán que por ellos sienten! Mas al paso que nos acerquemos con la imaginación a las ciudades y a los estrados[27] sentiremos el aire de la corrupción que inficiona[28] por grados[29] los más puros afectos y los más fuertes que infundió la naturaleza en el corazón humano, pervertido de la opinión[30] y de los perjuicios[31] de la disolución,[32] del dañado entendimiento, del libertinaje, que no sufre,[33] que antes bien se indigna, y por lo mismo hace befa[34] de los estorbos que opone a su inclinación o a su pasión una tierna madre,[35] que, o por virtud o por dulce genio, se atreve todavía representar en rico estado la imagen de la mujer fuerte.[36]

Mas, a pesar de las befas del disoluto[37] y de las murmuraciones de las del sexo,[38] el concepto[39] y respeto que su ejemplo[40] exige[41] la humilla y confunde.[42] Su casa, a la verdad, no se verá tan frecuentada de visitas, pero tampoco sufrirá sus molestias. Ella misma no se verá cortejada[43] a pesar de los atractivos de su hermosura, pero suplirán a las veleidades del cortejo, el puro, tierno y sincero amor de sus hijos y las adoraciones del marido que, penetrado de la tierna y virtuosa paciencia de su esposa, sentirá crecer su inestinguible afecto para con ella y hacerse más dichosa su unión, antes con los alicientes de su virtud que con los de su belleza. Ésta resplandecerá mucho más en medio de sus hijos que las joyas de que otras se adornan para lucir en los saraos[44] y, desde el retiro de sus estancias, exigirá su concepto[45] mayor veneración del público que la que se pudiera prometer del imperio de la moda y del universal cortejo.[46]

Leocadia no obra por este fin. Sin tener ejemplos contrarios, sigue la inclinación de su genio, el impulso de su amor y ternura para con el hijo a quien cría a sus pechos. Ni [se] le ocurre, ni sabe que su crianza puede estorbarle las visitas ni impedirle el galanteo. Hace lo que le enseña la naturaleza, lo que le dicta la misma. Hubiera bien sí querido tener a su hijo en una rica cuna, en finos lienzos y encajes y se resiente un poco que su marido, que quiere comenzar a educarlo desde la niñez, le haya destinado una de juncos y de pañales sólo decentes, pero condesciende finalmente con su voluntad porque Eusebio no la exigía con imperio[47] ni con voluntad resoluta,[48] sino con modesta y cariñosa persuasión, haciéndole ver que si la cuna dorada y los encajes no podían fomentar la vanidad del hijo recién nacido, tardarían poco a fomentársela o,

---

[21] Molestan.
[22] Desagradables.
[23] Impulsadas.
[24] Amor.
[25] Dificultad.
[26] **Lo...** se le opone.
[27] Salas en donde antiguamente recibían las señoras sus visitas.
[28] Corrompe.
[29] **Por...** gradualmente.
[30] **La...** de los falsos conceptos.
[31] Prejuicios.
[32] Relajación moral.
[33] Soporta.
[34] Burla.
[35] **De...** de la resistencia que una buena y responsable madre pone a caer en todos aquellos prejuicios —antes aludidos— que le hacen odiosa la lactancia de su bebé.
[36] La imagen femenina de moda en los salones aristocráticos del XVIII era la de mujer débil y de extrema sensibilidad, que hoy calificaríamos de enfermiza o insulsa.
[37] **Del...** de los hombres libertinos.

[38] **De...** de las otras mujeres.
[39] **El...** la admiración.
[40] **Su...** se refiere al ejemplo de la mujer que en estas adversas circunstancias sociales se atreve a alimentar ella misma a sus hijos.
[41] Provoca.
[42] **La...** es la tal mujer tan modesta y de tan puros sentimientos que la admiración y respeto que levanta por sus valientes actos la humilla y confunde.
[43] Referencia al «cortejo», costumbre del siglo XVIII por la cual las señoras se dejaban acompañar y agasajar continuamente por un hombre que no era su esposo.
[44] **Los...** fiestas de sociedad.
[45] Calidad humana y moral.
[46] **Que la...** que la que pudiera alcanzar reinando en sociedad.
[47] Despotismo.
[48] Intransigente.

cuando no, servirían sólo para fomentar la de los padres que complaciéndose en ver al niño ricos pañales no podrían reducirse a verlo ya crecido en vestido sólo decente.

No fue ésta la sola oposición que encontró Leocadia en Eusebio sobre la primera educación y crianza de su hijo. La madre seguía buenamente la costumbre,[49] y era ésta la que Eusebio quería evitar en lo que le parecía oponerse a la razón y a las leyes y orden de la naturaleza, y por lo mismo al bien del niño. Leocadia, según costumbre, quiso fajarle todo el cuerpo hasta los pies y cubrirle bien la cabeza con doble capillo.[50] Esto para que no se resfriase, aquéllo para que no se maltratase. Eusebio al contrario pretendía que el niño tuviese las manos y pies libres para que las extendiese, encogiese y menease a su agrado y la cabeza desnuda por la razón opuesta para que no se resfriase, acostumbrándolo desde la infancia a la impresión del aire. Por parte de Leocadia estaba la preocupación,[51] por la de Eusebio la razón física.[52]

Pero, ¿cómo dar a entender ésta y destruir aquélla en la opinión de una tierna madre? Con el amor, guiado de la persuasión, sin resabio de[53] autoridad y de imperiosos modos que en vez de obtener lo que pretenden excitan la alteración en los padres sin conseguirlo o, si lo consiguen, es con disgusto de entrambos y con airada sumisión del que cede. Leocadia, persuadida de las razones de Eusebio y convencida por él mismo [de] que los antiguos usos[54] de los pueblos no debían ser apreciados por su antigüedad sino por la razón, quitó las fajas y tocas[55] del cuerpo de Enriquito. Los pañales cubrían su desnudez y abrigábanle sin ningún apremio.[56] Así, la libre circulación de la sangre y la transpiración, que son los dos fomentos principales de la salud del hombre, no sufrían violencia, causa de los ajes[57] y enfermedades que contraen insensiblemente los niños agarrotados en las fajas. (...)

Éste (el aire) es reputado generalmente el capital enemigo de la salud del hombre, siendo así que es su principio vital y su mayor amigo, al que con él se familiariza desde la infancia. Los padres, engañados de los daños y males que experimentan ya grandes en sí mismos si no les cierran la entrada por todas partes cubriéndose bien la cabeza y el pecho, infieren[58] que enfermarán del mismo modo los niños si no usan con ellos la misma precaución. En fuerza de[59] esta dañosa prevención, en vez de fortalecerlos, los enflaquecen y por falso temor de que no padezcan, siendo niños, los acostumbran a ser víctimas de mil ajes, cuando crecidos y cuando adultos. Las fibras de los niños son tiernas y delicadas—¿quién lo duda?—, por lo mismo conviene comenzar desde luego[60] a endurecerlas y a hacerlas un escudo de la salud. Tan tiernos nacen los salvajes cuanto los europeos. Aquéllos por crecer desnudos al sol, al viento, a la lluvia, a las inclemencias de los tiempos, ¿crecen por eso enfermizos o padecen menoscabo en su salud? ¿Quién más robusto que un salvaje?

Enriquito podía mover en la cuna pies y manos a su antojo. No estaba en ella ni atado como esclavo ni amortajado como momia. Pero el tierno corazón de la madre no podía dispensarse de acariciarlo, de contemplarlo y atenderlo más tal vez de lo que conviniera. La madre que amamanta a su propio hijo carga por efecto de este mismo amoroso cuidado con el otro de tenerlo consigo en su mismo cuarto para poder acallar por la noche sus lloros y atender a sus nacesidades y desvelos. Éstos suelen ser frecuentes y molestos, especialmente en niños achacosos y mal humorados. Enriquito no manifestó ser ni uno ni otro en los primeros meses de su vida, pero poco a poco iba perdiendo su natural bondad de modo que parecía haber mudado de genio, no dejando dormir ni sosegar a sus cariñosos padres.

Una noche entre otras prorrumpió en llanto tan pertinaz que no bastando a la afanada madre todos los medios y expedientes[61] para acallarlo viose precisado Eusebio a levantarse para tentar de por sí[62] lo que no había podido conseguir Leocadia después de haberlo desnudado para registralo y mudádolo[63] de pañales. Pareciendo a Eusebio que el niño tuviese alterado el pulso, ruega a Leocadia que se acueste pues el mal no tenía otro remedio por aquella noche que la paciencia y, tomando a Enriquito en sus brazos, comenzó el sufrido padre a pasearlo en ellos

---

[49] **La...** aquí en sentido peyorativo, entendida como supersticiosa o, por lo menos, como no fundada en principios naturales o racionales.

[50] Cubierta de tela que para abrigo de la cabeza se les ponía a los niños nada más nacer.

[51] Concepción errónea sobre algo.

[52] Natural, es decir, conformada con las leyes naturales.

[53] **Resabio...** sabor a.

[54] Costumbres.

[55] Cubiertas de tela, generalmente muy finas, que cubren la cabeza.

[56] **Sin...** sin impedir su libertad de movimiento.

[57] Achaques.

[58] Concluyen.

[59] **En...** Influidos por.

[60] Muy pronto.

[61] Recursos.

[62] **Tentar...** tratar él mismo.

[63] De haberle cambiado.

por el cuarto, acomodando su paciente ánimo a aquel accidente.[64] Leocadia instaba con afán para que se llamase al médico en aquella hora. Eusebio rehusaba a ello, diciéndole que el pulso no indicaba tal necesidad y que el último partido que tomaría[65] sería el que le aconsejaba.

Como no se le oponía en cosa alguna sin darle razón de su contrario parecer le dijo que la naturaleza era el mejor médico de los niños, que ella sola suplía a la ciencia y medicinas, a quien hacía inútiles aquella edad en que los niños faltos de expresión para indicar o declarar sus males, dejaban a oscuras las luces de los médicos, los cuales la mayor parte procedían a tientas y a la ventura en tales curas, que si en ellas podían acertar, era más probable que pudiesen errar y apresurar la muerte del niño, que sin ellos viviría, dejado al solo cuidado de la naturaleza. Que ninguno de los niños que había obtenido esta entera contextura[66] y complexión perecía por achaque accidental si no lo agrababan los mismos médicos pues toda buena complexión[67] llevaba consigo fuerzas intrínsecas para resistir a la alteración de los malos humores,[68] de donde el mal procedía.

Ni éstas ni otras razones de Eusebio sosegan al afanado corazón de Leocadia y, no pudiendo convencerla, dejaban lugar a la materna porfía y a las quejas de que en todo había de hallar oposición en su esposo, [de] que si las más veces había condescendido hasta entonces, no podía resolverse a ceder en esta en que se trataba de la salud del niño y [de] que si no quería hacer llamar al médico, lo haría llamar ella. Eusebio le dijo entonces que estaba muy ajeno de persistir en su parecer, después de habérselo propuesto, que si no quedaba persuadida de sus razones, no por eso la impedía satisfacer a los deseos que manifestaba de llamar el médico. Esta suave condescendencia acalló de repente los alterados sentimientos de Leocadia y los convirtió en mayor ternura de afecto para con él, disputándose entre sí la carga del niño y el santo sufrimiento que les exigía su inacallable[69] llanto, haciendo pasar en claro[70] toda aquella larga noche a sus virtuosos padres, cuyo afán y paciencia endulzaba el amor que se profesaban.

Con la luz del venido día se fue sosegando el niño y, con él, el cuidado[71] de sus buenos padres. El médico llamado comparece, mas no sabiendo encontrar mal en el niño dejó con todo su receta a tenor de[72] las informaciones de la madre, a quien Eusebio dejó obrar hasta que, partido el médico, al tiempo que enviaba ella a Taidor[73] a la botica[74] con la receta, quiso verla Eusebio y, vista, le dice a Leocadia: «Aunque esta receta me confirma más en mi opinión, dejo con todo que vaya a su destino por complaceros. Espero que Enriquito no necesitará de ella pues duerme, según parece». Habíase, de hecho, dormido y continuó a dormir la mayor parte del día. Pero venida la noche comenzó a regañar, prometiendo otra peor que la pasada a sus padres.

Eusebio aconseja a Leocadia que encargue el niño al cuidado de una de las criadas para que pudiese ella dormir pues había ya pasado en vela algunas noches continuadas. Leocadia no sabe resolverse a ello,[75] lisojeándose que el niño se sosegaría. Desvanecióse luego esta lisonja, pues pareció que Enriquito esperase el momento que sus padres estuviesen en cama para prorrumpir en más recio llanto que el de la noche antecedente. Leocadia exclamó entonces:

LEO.: ¿Qué será esto, Eusebio? ¿De qué podrá proceder ese llanto? El médico no supo acertarle el mal.

EUS.: Temo, Leocadia, que lo erramos en contemplar demasiado al niño. Entro en sospechas que esos lloros sean antes afectos de pertinacia[76] que de mal ni de enfermedad.

LEO.: ¡Pertinacia en un niño de tres meses!

EUS.: No lo debéis extrañar. La malicia es el primer vicio que se despierta en el hombre. Él es efecto de las primeras ideas del alma, sugeridas del amor propio, que es el primer sentimiento y pasión que aviva la naturaleza.

LEO.: ¿Cómo es posible?

EUS.: Es más difícil de explicar que de concebir. Lo apuntaré con todo.[77] El niño ve a la luz y la ama porque

---

[64] Suceso imprevisto.

[65] **El...** la última cosa que haría.

[66] Constitución física.

[67] Constitución corporal.

[68] Hasta inicios del siglo XIX se vino explicando el funcionamiento del cuerpo humano como combinación armónica de humores, y la enfermedad como el desequilibrio de éstos.

[69] Interminable.

[70] **Haciendo...** no permitiendo dormir.

[71] **El...** la preocupación.

[72] **A...** juzgando por.

[73] Criado de Eusebio, español y superviviente como él del mismo naufragio.

[74] Farmacia.

[75] **No...** no es capaz de tomar tal decisión.

[76] Terquedad.

[77] **Lo...** Trataré de hacerlo de todas maneras.

lo regocija, entreteniéndole la embaída[78] vista con los claros objetos que le presenta. Él mismo aborrece las tinieblas porque a más de robarle todos aquellos objetos, infunden en su alma las semillas del temor, asombrándola con la oscuridad. A más de esto, de día ve a sus padres que continuamente lo acarician y las caricias lo alegran porque lo alhagan y se huelga en[79] sentirse sompesado[80] en ajenos brazos. De noche nada ve y se halla tendido en una cuna insensible[81] que nada le dice y en postura a que tal vez no quiere sujetarse. Ved aquí muchas causas de ese llanto importuno.

LEO.: ¿Pero no está tendido de día en la cuna y duerme y calla en ella?

EUS.: Ése será cabalmente el motivo también porque ni calla, ni duerme de noche, ni nos deja dormir. Yo sería de parecer que tentásemos no dejarlo dormir tanto de día y a más de esto que nos hiciésemos una ley de[82] no manifestarle tanto nuestro amor con cariñosas demostraciones. Éstas obran más de lo que os podéis imaginar en el alma y sentimientos de los niños. A fin pues de prevenir con tiempo todos [los] siniestros afectos,[83] deseara proponeros otro expediente[84] aunque temo que os haya de ser sensible[85] y, por lo mismo, que no lo abracéis.

LEO.: ¿Qué expediente?

EUS.: El de tenerlo en cuarto a parte de día y de noche para acostumbrarlo a las tinieblas y a la soledad.

LEO.: ¿Os sufriera el corazón tal extravagancia? Extraño, Eusebio, que [se] os haya ocurrido.

EUS.: ¿Mas [de] qué se trata, Leocadia? ¿No es del bien del niño? ¿Nuestros cuidados y desvelos no llevan por mira este fin? Pongamos, pues, los medios para conseguirlo.

LEO.: ¿Y qué bien se le podrá seguir por dejarlo solo y desamparado en un cuarto?

EUS.: Muchos a mi parecer. Oid algunos. Acostumbrarlo con tiempo a no temer, antes de que el temor preocupe sus conocimientos.[86] El quitarle todas ocasiones que pudiesen hacerlo tenaz obstinado y regañón. El alejar de su ojos y oídos todos los objetos que suelen fomentar

en los niños sus primeros caprichos y fantasías, las cuales es indecible cuán presto se despiertan en el alma de los mismos y avivan en ellos a las demás pasiones. El niño, acostumbrado a tener, a ver y a recibir continuas prendas y objetos de aprecio y de estimación, luego que le faltan, las desea, deseándolas las pide, ni sabe pedirlas sino con imperio, con grito y con llanto, faltándole otra expresión a su porfía.[87] Si no lo contempláis, le encendéis en enojo, luego la venganza, en cuyas demostraciones lo veréis prorrumpir. Si condescendéis con él y satisfacéis sus deseos para acallarlo, se los aviváis mucho más y ponéis cabo a su obstinación. Ved algunos de los muchos males que pudiéramos evitar criándolo en cuartos a parte, como dije.

LEO.: No podré jamás resolverme a eso, Eusebio.

EUS.: Debe costar, no hay duda, al amor materno. Mas, sin esfuerzo y vencimiento, no hay virtud. Otras madres no necesitarían de ella para abrazar de contado el partido.[88]

LEO.: ¿Llamáis virtud el sofocar los sentimientos del amor de madre?

EUS.: No digo sofocar, bien lejos estoy de eso, pero bien si reprimirlos de modo que no redunden en daño del niño por querer mirar sobrado por su bien.[89] No es todo amor puro el que sentimos por los hijos, Leocadia. Lleva mucha liga de[90] amor propio y de vanidad. A las veces nos amamos más a nosotros que a los mismos hijos. Tiene también sus vicios el amor paterno, y el principal entre ellos es el que nos incita a condescender con lo que muestran querer los niños, temiendo darles que sentir[91] si se lo negamos. Así los hacemos viciosos y mal criados. La naturaleza engendra al hombre sin antojos, sin ansias, sin deseos, fuera de los que contribuyen a la conservación de su ser. Todos los demás se los infunde nuestro ejemplo, se los fomenta nuestro vicioso amor. Nosotros somos los que los cargamos de nuestras pasiones.

LEO.: ¿Qué sabe de todo eso el niño?

EUS.: Ése es el engaño universal de casi todos los padres, persuadidos de que los niños no conocen las cosas. Pero, cuando menos se catan,[92] ven que el niño que

---

[78] Divertida.
[79] **Se...** se alegra de.
[80] Levantado.
[81] Incapaz de producir sensaciones.
[82] **Hiciésemos...** propusiésemos.
[83] Pasiones.
[84] Medio de conseguirlo.
[85] **Ser...** disgustar.
[86] **Preocupe...** se apodere de su mente.

[87] Empeño.
[88] **Abrazar...** determinarse sin vacilación a tal cosa.
[89] **Por...** sus demasiados cuidados.
[90] **Mucha...** mucho acompañamiento de.
[91] **Darles...** hacerles sufrir.
[92] **Cuando...** cuando menos se lo esperan.

llevó dije[93] de oro, o de plata, echa de revés[94] el de madera, el de hueso, o el de cobre, si se lo presentan. Así sucede en todo lo demás. Insensiblemente, echamos en sus ánimos las semillas de los vicios, que tarde o nunca llega a sufocar[95] la educación. Lo que le hemos pues de negar con el tiempo, neguémoselo ahora y acostumbrémoslo a lo que tal vez después no lo podremos acostrumbrar.

LEO.: Podéis tener razón en lo que decís, pero también puede ser causa del extraordinario llanto del niño algún mal interno que ni vos ni el médico conocéis. Probaré a darle esos polvos que el médico le receto.

EUS.: No quise oponerme a ello, os dejé hacer, aún después de haber visto la receta y de traída a casa la medicina. Tratándose ahora de dársela al niño, debo preveniros que esa medicina puede darle la muerte. Es opio lo que el médico receto, en fuerza de la relación que le hicisteis de los desvelos que el niño padece.

LEO.: ¿El opio puede matarlo?

EUS.: No fuera el primero a quien esa medicina hizo cerrar los ojos para siempre. ¿Quién os asegura que aunque la dosis sea competente para el niño no se le haya ido en ella la mano al boticario[96]? Ved aquí una prueba de lo que os decía acerca del llamar al médico a que os oponíais. Vale más que suframos también esta noche su llanto y que mañana hagamos firme resolución de destinarle cuarto a parte donde podrá gritar y llorar a su grado sin que nos obligue a fomentar el antojo, si ya lo tiene, de querer que estemos despiertos y de ver la luz.

LEO.: Podrá estar con él una de las criadas.

EUS.: No, Leocadia, hagamos también esta fuerza[97] de tenerlo solo porque, si no, no conseguiremos el fin. Oirá menearse, bullir, roncar, resollar, conocer que está con gente, hará lo mismo que hace con nosotros. La criada lo contemplará o lo maltratará tal vez, si llega a perder la paciencia y a enfadarse.

LEO.: ¿Y si le sobreviene algún mal o quiere el pecho?

EUS.: ¿Si le sobreviniera estando con nosotros, lo remediarían por ventura nuestras caricias? ¿Deja de llorar por estar nosotros? Finalmente, si quiere el pecho, tendrá paciencia hasta que llegue el día, no morirá por ello. Vuelvo a decirlo, Leocadia, generalmente los lloros de los niños son las quejas y lamentos de ciertos adultos que quieren ser atendidos, compadecidos y contemplados.

Tanto instó Eusebio sobre esto que Leocadia condescendió en hacer este sacrificio de su cariño. Se trasladó su cuna al cuarto destinado donde Enriquito pasó todo aquel día asistido por lo común de Leocadia que no sabía desprenderse de él. Llegada la noche y la hora de irse a la cama, después de haberle dado Leocadia el pecho, lo tendió en la cama. Pareció que conociese Enriquito la intención que llevaban sus padres de dejarlo solo pues, habiendo callado hasta entonces, prorrumpió en llanto tan recio al ver que le volvían la espalda que titubeó la constante ternura de Leocadia.

Eusebio, que quiso estar presente a la separación, viendo que iba a ceder el materno cariño, cruza el brazo por la cintura de Leocadia y, más con tiernas persuasiones que con la fuerza, logra arrancarla del cuarto, cierra la puerta y se encamina al suyo donde el afán[98] que aquejaba al corazón materno por el llanto del hijo y por su desamparo, tardó poco a ceder a la fuerza del sueño de que estaba falta, no habiendo dormido algunas noches antecedentes.

Amanecido apenas el siguiente día, levantóse Leocadia para ir a ver al abandonado Enriquito a quien encontró dormido. Volvió a dar a Eusebio esta alegre noticia y motivo con ella de complacerse en la tomada resolución. Luego que se despertó el niño, acudió la alborozada madre para darle el pecho, haciéndose suma violencia[99] para no besarlo ni acariciarlo, como antes solía. Acababa de prometer a Eusebio de no hacerlo y dejarlo solo luego que le hubiese dado el pecho, y así lo cumplió a pesar del llanto del niño. De esta manera se fueron agotando poco a poco sus lloros, por lo mismo que conocía[100] que no era oído ni atendido.(...)

A poco tiempo de esta práctica, tan cómoda para los padres, aunque pueda parecer extravagante y austera, experimentó Leocadia el efecto de las persuasiones de Eusebio. Cuantas menos especies[101] y objetos se imprimían en la fantasía de Enriquito, tantos menos afectos y deseos debían engendrar en su corazón. Su alma, acostumbrada insensiblemente a aquella especie de desamparo, se amoldaba a la necesidad, al silencio y a la quietud a que la sujetaban. Pero, de este modo el niño tardará a hablar y se hará estúpido y alelado. Queda a cargo de sus padres el que así no sea mientras trabajan en sufocar en su ánimo

---

[93] Joya.
[94] **Echa...** desprecia.
[95] Sofocar, o sea, dominar.
[96] Farmacéutico.
[97] **Esta...** este esfuerzo.

[98] **El...** la congoja.
[99] **Haciéndose...** conteniéndose.
[100] Sabía.
[101] Imágenes.

los sentimientos de imperio, de cólera y de obstinación. Éstos se manifiestan en los niños antes de que pueden declararlos con palabras, ni hablan si no al paso que se perfecciona la organización y que se aclara su memoria y entendimiento para recibir en ellos las especies, signos y voces por medio de los sentidos.

Tenía motivo de complacerse Eusebio en el buen efecto de la condescendencia de Leocadia a las máximas de la crianza y educación de su hijo. Como no ponían su felicidad en disipar sus corazones en los divertimientos, ni en sufrir las molestias e importunidades del trato, a falta de no saber qué hacer, habíanse prevenido de antemano contra el ocio, dedicándose al trabajo y al estudio de la sabiduría, que les fomentaban la dulce paz y tranquilidad en su nuevo estado, y ahora el pequeño Enrique les daba otra nueva ocupación, interesante y gustosa para el amor paterno, que la mira como la más propia y esencial, como la miraba Eusebio que estudiaba en amoldar a su hijo a la virtud desde la cuna, impidiendo que se arraigasen en su ánimo los siniestros[102] de las pasiones.

VICENTE MARTÍNEZ COLOMER (1762-¿?)

Es Vicente Martínez Colomer, tras Pedro Montengón, el otro gran éxito de la novela española del Setecientos. Aparte de otras producciones históricas, políticas, poéticas y religiosas, dio a luz dos novelas originales, *El Valdemaro* (1792) y *Sor Inés* (1815), una traducción de la novela de Chateaubriand, *Vida del joven René* (1813), y dos colecciones de cuentos, *Nueva colección de novelas ejemplares* (1790) (a la que más tarde añadió *El impío por vanidad* [1795] y le modificó su título por el de *Novelas morales* [1804]), y *Reflexiones sobre las costumbres* (1818). Su narrativa se divide en dos tipos: los relatos de costumbres contemporáneas (*El impío por vanidad*) y los fantásticos, exóticos y de aventuras (*La Dorinda, El hallazgo de Alejandría* (Carnero, «Estudio preliminar», *El Valdemaro* 31). Martínez Colomer puede ejemplificar el estado en que se halla el estudio de la narrativa dieciochesca española ya que su obra—como la de la mayoría de novelistas de últimos de siglo, exceptuando al-

gunas de Montengón—no ha sido modernamente reeditada. De esta afirmación se escapa tan sólo *El Valdemaro.*

La Providencia es el tema de *El Valdemaro* tal como afirman hoy Guillermo Carnero y Ricardo de la Fuente. Dijo en su día el propio Martínez Colomer en su «Prólogo»: «me he propuesto manifestar que la providencia de Dios asiste en todos los acontecimientos de la vida humana y que el hombre, lejos de resistir a sus disposiciones, debe dejarse gobernar por ella» (52). Dicho tema se halla consustancialmente integrado en la misma construcción de la obra gracias al aprovechamiento de la teoría del poema épico, la cual en el Setecientos—al igual que en el Siglo de Oro—sirvió para sustentar el entramado teórico de la novela. *El Valdemaro* nace también a la sombra de Cervantes, pero esta vez no como descendiente del *Quijote*, sino de la *Historia de los trabajos de Persiles y Segismunda*, con quien coincide en su naturaleza de «Historia septentrional» (es decir, ubicada en el Norte de Europa), en su carácter alegórico y en su evidente dependencia de la normativa clásica en lo relativo a la invención de su argumento.

Como Montengón, Martínez Colomer recreaba en algunas de sus obras modelos áureos. *El Valdemaro* pertenece al género de aventuras o bizantino. Guarda esta obra, además, un ulterior interés ya que transparenta perfectamente los cánones con los que los siglos clásicos escribían (normativa que hoy generalmente tan sólo hallamos en las viejas poéticas). Nuestro novelista redacta siguiendo la legislación al uso sobre la heroica ya que la novela venía considerándose desde el Renacimiento como una modalidad versificada del poema épico.

La finalidad de la Literatura (o de la Poesía, según términos de la época) era el deleite y la instrucción. Martínez Colomer no deja de recordarlo al crear y prologar su escrito: «Placer y utilidad, he aquí los principales caracteres que debe tener una obra para que sea recomendable» (51). A partir de aquí, quienes aceptaban el ser heroico o épico de la novela, la construían siguiendo los elementos propios de este tipo de poesía. Uno de los básicos era la alcurnia de sus protagonistas, siempre alta, como en la tragedia. *El Valdemaro*

---

[102] Daños.

sigue tal ley: «Los personajes, pertenecientes todos al grupo de los que informaban los cantos épicos, las tragedias y las mismas novelas antiguas: príncipes, reyes, damas, nigromantes, etc.» (Álvarez Barrientos. *La novela del siglo XVIII* 259). Con estos protagonistas, el fin de la epopeya (en verso o en prosa) debía ser también grande y dirigido a igual tipo de lectores. *El Valdemaro* tenía por finalidad el aleccionamiento de monarcas, príncipes o generales, en manos de quienes se dejaba la salud pública, aunque por su carácter predominantemente ético fueran útiles a todo tipo de ciudadano. Quizás donde más claramente se observe la dependencia de *El Valdemaro* con la legislación del canto épico sea en el tema de lo maravilloso. Los fenómenos supranaturales habían sido muy comunes en la epopeya clásica. La presencia de los dioses en el discurrir diario de sus héroes era uno de sus rasgos más característicos. La cristianización de lo heroico, y la cada vez más racionalista visión del mundo con el paso del tiempo, convirtió esta omnipresencia de los dioses en antinatural y, sobre todo, anacrónica. Montengón tuvo ya que vencer tal dificultad en sus dos «romances épicos», *El Antenor* y *El Rodrigo*, y lo hizo conservando los niveles mitológicos y las supersticiones propias de aquellos siglos históricos únicamente por fidelidad arqueólogica a la mentalidad de aquellos tiempos. En el caso de Martínez Colomer, la solución fue adecuar lo maravilloso supranatural a su época, es decir, cristianizar la máquina. La Providencia en *El Valdemaro* es a la vez requisito de la legislación clásica y tesis de la obra: la voluntad divina o Providencia sustituye la acción omnipotente de los antiguos dioses paganos. De este modo, viejas leyes se actualizan justificándose incluso temáticamente. Otros motivos poéticos de la teoría clásica parecen todavía mucho más extraños. Por ejemplo, uno muy corriente en Martínez Colomer y que no forma hoy parte de la teoría novelística moderna. Se trata de los adornos de la fábula denominados agnición (reconocimiento de una persona), peripecia (cambio súbito de fortuna) y perturbación (intriga que inquieta al lector), tendentes al logro del interés y al movimiento de las pasiones, y en los cuales se incluían motivos como los naufragios, los encuentros fortuitos con reconocimiento de parientes y las separaciones forzosas, muy comunes en la narrativa áurea y tanto más en *El Valdemaro*. En suma, esta novela descubre perfectamente los hilos de la composición clásica y subraya la necesidad del estudio de los capítulos teóricos sobre poética (y, en particular, sobre la poesía heroica) si lo que se quiere es comprender la elaboración de este tipo de narrativa. Que *El Valdemaro* se elaboró de la manera como dejamos dicho queda patente cuando su autor presenta sus intenciones en estos términos tan propios de la poética clásica: «formar una fábula maravillosa y verosímilmente sostenida, cuyos episodios sean oportunos, bien pintados los caracteres de las personas, vivas y graciosas las descripciones, animadas las narraciones, afectuosas y patéticas las escenas, exacta la elocución y primorosamente ejecutado [es] cuanto se requiere para una obra de esta clase» (*El Valdemaro*, 51).

El Valdemaro

Con torcidos pasos corría Valdemaro hacia la cumbre de un empinado risco para precipitarse, cuando le sorprendieron unas voces que decían: «No, no te precipites. Tente, aguarda.»[1] Volvió luego la vista y vio a un venerable anciano que, con más ligereza de la que prometían sus años,[2] subía por una ladera del mismo monte. Era su cabeza calva y los pocos cabellos que le quedaban podían competir con la nieve en blancura no menos que su barba, que le llegaba hasta el pecho. Su frente serena y espaciosa, sus ojos rasgados y vivaces y todo su venerable aspecto manifestaban el fondo de prudencia y sabiduría que atesoraba su alma.

Apenas llegó a la cumbre del monte donde estaba Valdemaro, todavía no bien desembarazado[3] de su sorpresa, le dijo, después de haber reconocido su semblante:

«Hijo mío, ¿qué insensato furor[4] os conduce al precipicio? Cuando con generosa magnanimidad[5] debíais triunfar de las desgracias que os persiguen, ¿os dejáis

---

[1] **Tente...** Detente, espera.

[2] **Prometían...** de la que alguien supondría a sus años.

[3] Libre.

[4] Furia.

[5] **Generosa...** grandeza de ánimo.

abatir de ellas hasta llegar al infeliz extremo de procurar vuestra propia muerte? Ésta es la más infame cobardía que puede caber en el corazón del hombre. El hombre debe esperarlo todo mientras viva, y, aunque se vea por todas partes combatido de miserias, jamás ha de abandonarse. ¿Resistirá rebelde a los designios ocultos de aquel Dios que le dio el ser? ¿No sabe que todo depende de su providencia?[6] ¿Por qué, pues, no se deja gobernar por ella y se somete dócil a sus disposiciones? Abrid, abrid, hijo mío, vuestros ojos, y dad lugar a que la luz de la verdad entre a desvanecer las sombras que os ofuscan el entendimiento.»

A todas estas razones estuvo Valdemaro sin pestañear, fija siempre la vista en un mismo sitio. Su rostro lánguido y extenuado iba sucesivamente variando de color: ya aparecía cárdeno,[7] ya pálido, ya encendido; en sus ojos se retrataba el furor y en su frente estaba de asiento[8] la desesperación cuando, arrojando un profundo y dilatado suspiro, dijo:

«Conozco muy bien las verdades que acabáis de insinuarme, pero el tropel de infortunios que me persigue ha podido ofuscarlas de tal suerte que he llegado a verme en los términos de desesperación en que me halláis. Si supierais... ¡Oh ambición...! ¡Oh reino...! ¡Oh Cristerno[9] cruel...!»

No sale con tanta violencia la sangre de una vena oprimida cuando la rompe la aguzada punta[10] como salieron en este instante las lágrimas de los ojos de Valdemaro. Un nuevo aire de turbación y de ferocidad se dejó ver de improviso[11] en todas sus acciones, y consecutivamente se fue esparciendo por su rostro una palidez poco menos que mortal. Bien presto conoció el anciano la causa de tan funestos accidentes, pero disimulando que la conocía le dijo, después de haberle consolado tanto:

«Hacedme el favor de veniros a mi estancia, que no está lejos de nosotros. Allá podréis, hijo mío, darme cuenta[12] más tranquilamente del origen de vuestros males, y yo tendré la complacencia de daros el alivio que alcanzaren mis fuerzas». (...)

Si la relación de mis infortunios puede servir de recompensa a la voluntad que mostráis de favorecerme —respondió Valdemaro—, yo os la haré con toda la sinceridad de mi corazón, aunque se renueve mi pesar con la repetición de memorias[13] tan funestas, pero confío en que sabréis depositarlas en vuestro pecho sin que se trasluzcan por ningún término.[14]

«Heroldo, rey de Dinamarca, después de haber gobernado sus pueblos por espacio de diez años, murió infelizmente a manos de Cristerno, el menor de sus dos hijos. Ocupado sólo en arrebatar la corona que en algún tiempo había de ceñir sus sienes, se le veía andar errante de un negocio en otro, lleno su corazón de inquietudes y proyectos, de temores y esperanzas. Parecíanle muy perezosos los pasos del tiempo, que se dilataba en colocar la corona sobre su cabeza, y, no pudiendo sufrir tanta dilación,[15] inventó la maldad más fea y detestable que se puede imaginar.

Logró introducir veneno en la copa de oro en que bebía Heroldo, y como no tenía éste la más leve desconfianza en sus vasallos por su candor y justicia, prendas que le hacían dueño de los corazones de todos y no le permitían formar de nadie la más ligera sospecha, bebió el veneno que el mayordomo, cohechado[16] por Cristerno, le dio entre las alegrías de un convite. ¡Ay de mí! Cogióle al instante un mortal desmayo. Cristerno fue el primero que se arrojó sobre su muribundo padre, y, aunque tenía por cierta su muerte, disimuló con hacerle aplicar remedios.[17] Los ministros[18] que se hallaron presentes vieron sobrecogidos el espanto y se abandonaron a una torpe inacción. Sólo Cisterno y el infame cómplice de su maldad tuvieron el valor para dar gritos, mesarse los cabellos, rasgarse los vestidos[19] y bañar al infelice rey con sus fingidas lágrimas. Al instante se extendió la confusión por todo el palacio, y no se percibía sino el eco triste que repetía: 'El rey es muerto,[20] el rey es muerto'».

Suspendióse[21] aquí Valdemaro un largo espacio, y, animándole el anciano para que prosiguiese, exclamó:

---

[6] Cuidado que Dios tiene de sus criaturas.

[7] Color azul amoratado.

[8] **De...** establecida.

[9] Hermano de Valdemaro y rey de Dinamarca desde la muerte de su padre.

[10] **Aguzada...** aguda punta.

[11] **De...** súbitamente.

[12] **Darme...** contarme.

[13] Recuerdos.

[14] **Sin...** Pide Valdemaro que su interlocutor guarde en secreto lo que va a contarle sobre su persona.

[15] Espera.

[16] Sobornado.

[17] **Con...** ordenando que le hiciesen alguna cura.

[18] Servidores tanto domésticos como políticos.

[19] **Mesarse...** En las antiguas culturas, éstos eran signos externos de duelo.

[20] **Es...** ha muerto.

[21] Se paró.

«Padre mío, amado padre mío... ¡Ah, y si hubiera tenido yo la fortuna de morir con vos! ¡No se vería ahora vuestro hijo Valdemaro hecho blanco de las crueldades de Cristerno...! ¡Cristerno cruel! ¿No te contentaste con quitar la vida a tu viejo padre, sino que echaste sobre mí la infamia de su muerte? Adorado padre mío, si allá en la región de los inmortales os queda libertad para volver hacia mí vuestros amables ojos, miradme gimiendo los reveses de una enemiga suerte, mirad a vuestro hijo Valdemaro inicuamente perseguido del pérfido Cristerno. ¡Ah!, y si en el feliz estado en que os halláis pudierais sentir algún género de dolor, ¡cuál[22] lo tendríais de ver la ciega ambición de Cristerno y las desgracias de Valdemaro!

Las lágrimas y suspiros que arrojaba casi no le dejaban proferir palabra. Serenándole el anciano con sus discretas reflexiones, le dijo, disimulando el dolor que al oírle había penetrado su alma: «Pues, ¿de dónde vino que Cristerno os atribuyese el infame parricidio que había cometido?».

Como yo era el heredero inmediato de la corona—respondió Valdemaro—, era preciso que, muerto Heroldo, me diese a mí también la muerte o que inventase otra perfidia para que yo no fuese obstáculo de su ambición y pudiera él coronarse pacíficamente. En efecto, apenas el veneno comenzó a entorpecer los movimientos de Heroldo, mi hermana Ulrica-Leonor y yo nos rendimos a[23] un desmayo poco menos que mortal, y, cuando volví en mi acuerdo,[24] me hallé entre los horrores de una cárcel, cargado de cadenas y de esposas. Entonces fue cuando el impío Cristerno publicó a su salvo[25] que yo había envenenado a mi padre y que, avergonzado y lleno de terror por tanta maldad, había buscado mi asilo[26] en la fuga. ¡Oh, y cómo sabe fingir la malicia!

Para hacer más creíble tan execrable impostura despachó inmediatamente varias postas[27] para que me hiciesen prender dondequiera que me hallasen. ¡Qué superfluas diligencias! Bárbaro hermano, ¿cómo no partías el veneno para que una misma muerte arrebatara mi vida juntamente con la de mi padre, o, por qué, ya que la ambición del cetro te cegaba tanto, por qué no me dabas a mí todo el veneno y dejabas en paz la vida de tu anciano padre, que no estaba ya muy distante del sepulcro? Qué, ¿te parecía largo el corto tiempo que podía tardar en caérsele la corona de la cabeza? Monstruo de maldad, ¡cuánto mejor sería que hubieras quedado muerto en la misma cuna! (...)

Luego que Valdemaro acabó de referir su historia, hizo el anciano algunas sabias reflexiones para consolarle y desarraigar de su alma aquella violenta pasión que le dominaba, cuidando al mismo paso de disponerle para que concibiese una bien ordenada confianza en la Suprema Providencia.

¿Quién me hizo desviar tanto ayer tarde de este recinto—le dijo—, cuando rara vez acostumbro a salir de él? Llevado de un secreto impulso me fui alejando insensiblemente[28] hasta que llegué adonde unos tristes lamentos fijaron mi atención. Recorrí entonces con la vista todo aquel distrito[29] y os vi cruzar el valle atropelladamente, insultando a la Providencia[30] con vuestras desesperadas expresiones.[31] ¡Qué violenta conmoción sintió entonces mi alma! Apresuré mis tardos[32] pasos, y viéndoos correr precipitado hacia la cumbre del monte pensé que ibais a despeñaros. Entonces fue cuando, lastimado de vuestra infeliz suerte, me esforcé a llamaros de lejos para impedir vuestra desesperada resolución. ¿Qué motivo tenéis, pues, para quejaros de la infinita Providencia, si cuando con una mano os ponía en los peligros, por decirlo así, con la otra os sacaba de ellos sin lesión[33]?

Fue casualidad librarme yo de los riesgos a que me condujo la fortuna—respondió Valdemaro—. La fortuna no buscaba sino mi destrucción.

¿Cómo es eso—replicó el anciano—que, la fortuna os condujo a los peligros y la casualidad os libró de ellos? ¿Conque hasta ahora no ha tenido que ver con vos la Providencia Suprema? Si los lances de vuestra vida han sido ordenados por la causalidad y la fortuna, Dios habrá estado ocioso en la eminencia de su trono, mirando las obras de esos dos agentes.

Pues haced a Dios, si os parece—dijo Valdemaro—, autor de todos los acontecimientos que observamos cada día y nos veremos precisados a decir que es un Dios injusto, porque regularmente vemos oprimidos a los buenos y ensalzados a los malos. Cuando vemos a los hombres

---

[22] Cuán grande y profundo.
[23] **Nos...** caímos en.
[24] **Volví...** recobré la consciencia.
[25] **A...** sin problema.
[26] Salvación.
[27] Soldados centinelas.

[28] Sin darme cuenta.
[29] Terreno.
[30] **La...** la Divina Providencia, es decir, Dios.
[31] Palabras.
[32] Lentos.
[33] **Sin...** sano y salvo.

disipados[34] y perversos habitar en soberbios palacios, pasearse en magníficos trenes[35], circuidos[36] de una brillante confusión de criados que los inciesan, colocados sobre las riquezas y los honores, al mismo paso que[37] observamos a los justos caminando sobre la tierra abandonados en la soledad, seguidos de la desolación y del desprecio, ¿diremos que Dios es el autor de estos desórdenes? Y cuando veo a mi hermano Cristerno sobre el trono de Dinamarca, después de haber muerto a su padre y atribuídome[38] a mí la infamia del parricidio, al mismo tiempo que yo voy errante sin más compañía que la de mis desgracias y sin otra esperanza que la de morir desastradamente,[39] ¿tendré osadía para decir que Dios así lo dispone? La fortuna, ese inestable monstruo, es el autor de semejantes absurdos. (...)

—No hay fortuna, hijo mío, no hay casualidad. Todo lo dispone el Altísimo con su sabia providencia. Todo lo mueve, todo lo alimenta, todo lo gobierna. Esa inmensidad de objetos derramados sobre la tierra, esa multitud de aves que pueblan el aire, ese brillante cúmulo de luces que vemos sobre nuestra cabeza, todos son reflejos de la infinita luz del Supremo Hacedor, y todo está sujeto a su mano poderosa. A la más ligera insinuación de su voluntad, el sol se cubre de luto, la noche se viste de resplandores, los vientos forman horrorosas tempestades, las ondas del mar se enfurecen, los cielos se conmueven, los abismos tiemblan, ábrense[40] los sepulcros y la mano de la muerte derriba y sumerge en ellos sin discernimiento a los pobres y a los ricos, a los nobles y a los villanos, a los jóvenes y a los viejos, a los reyes y a los pastores. Habla, y su voz se extiende por todos los extremos de la tierra. Manda, y sus preceptos justamente arreglados al nivel de la equidad[41] son ejecutados. Su providencia brilla por todas partes.

Ni presumáis que se descuida cuando veis a los perversos seguir impunemente su carrera entre fastos y riquezas, entre honores y placeres. Antes bien, aquí es donde más debéis admirarla. Apenas hay hombre, por díscolo que sea, que no practique alguna virtud moral, y, como Dios, rectísimo juez que todo lo pesa en su justísima balanza, no deja ninguna obra buena sin su debida recompensa, he aquí por qué veis colmados de bienes a unos hombres que parece no debían encontrar asilo sobre la tierra. Pero, ¿qué bienes son éstos? Bienes falaces[42] y caducos, bienes solamente capaces de premiar una virtud pasajera, bienes que jamás llegan a satisfacer el corazón del hombre y que, por lo mismo, pueden servirle de despertador[43] para que advierta el camino de la perdición que sigue y emprenda el de la justicia que había abandonado. Y ved aquí uno de los medios de que se vale la Divina Providencia para procurarnos la verdadera felicidad, al contrario del que suele usar con otros hombres igualmente perversos a quienes sigue la persecución por donde quiera que giren. A todos quiere la bondad de Dios hacernos felices y, para ello, suele colmar a unos de bienes temporales, les permite el logro de todos sus deseos, les deja correr por el espacioso[44] camino de los placeres, a otros les hace gemir bajo el peso del infortunio, les abruma con trabajos, les aterra con tal cual golpe de su indignación a la manera que el diestro cazador—si me es lícito usar de esta comparación—se vale de la dulzura del cebo algunas veces para prender blandamente[45] la caza en el disimulado lazo y otras echa mano del hierro de la violencia para cogerla con estrépito.

Pero, ¿qué diremos de los justos, de esa porción escogida del Señor? Si los veis gemir ordinariamente entre tormentos, pobrezas, persecuciones y destierros, también debéis admirarlo como efecto de la Suma Providencia, para que con una cristiana constancia hagan mayores méritos y se granjeen para después mayor gloria, y para que vea el mundo que no es feliz el que goza de una salud robusta, sino el que dentro de una carne flaca y enferma mantiene una heroica fortaleza, ni los ricos soberbios que habitan en suntuosos palacios, donde los placeres, los honores, el fasto y las riquezas andan a porfía,[46] sino el pobre humilde que habita dentro de sí mismo y tiene hermoseada su alma con las verdaderas virtudes, ni aquél a quien una no interrumpida prosperidad va llenando los espacios de sus deseos, sino el que por la escabrosa senda de las adversidades camina plácidamente a la patria de los sabios.

¿Veis, hijo mío, cómo la mano de Dios todo lo dispone con la suavidad y cómo igualmente cuida de todas las

---

[34] Inmorales.

[35] **En...** con gran aparato o pompa.

[36] Rodeados.

[37] **Al...** a la vez que.

[38] De haberme atribuido.

[39] De manera funesta.

[40] Se abren.

[41] **Arreglados...** regulados por la justicia.

[42] Aparentes.

[43] Alerta.

[44] Dilatado.

[45] **Prender...** apresar sin dolor ni sangre.

[46] **A...** compitiendo unos con otros.

cosas? ¿Quién puede apartarse de su providencia? Toma alas[47] y elévate sobre las estrellas, transpórtate hasta los extremos de los mares, busca los desiertos más remotos, penetra hasta el más profundo seno del abismo, todo lo encontrarás lleno del espíritu de Dios. Dios es quien lo gobierna todo y todo lo dispone, no la fortuna, no la casualidad. (...)

JOSÉ MOR DE FUENTES (segunda mitad del siglo XVIII y principios del XIX)

José Mor de Fuentes forma parte —al igual que Montengón y Martínez Colomer— de la narrativa de fines de siglo. Sin embargo quizás sea él quien en su tiempo mejor precede las formas literarias que van a caracterizar unos cincuenta años más tarde la novela del Realismo.

La primera edición de *La Serafina* se publica en 1798, la segunda en 1802 y una tercera ampliada —única de la cual hoy se conocen ejemplares— vio luz en 1807. Es una novela de costumbres que alcanzó notable éxito en su época. Trata de la conversión de Alfonso Torrealegre, de empedernido don Juan a feliz esposo por el benéfico influjo de su enamorada Serafina. Su amor vive diversos problemas, el más importante de los cuales es la dificultad en hacer pública y formal su relación por la escasez de bienes del pretendiente. Sin embargo, la voluntad de Alfonso consigue allanar las diferencias y la novela tiene un final feliz, acorde con el objeto que Mor de Fuentes se propone desde el inicio.

La Serafina es una novela epistolar, pero no a lo Richardson o a lo Goethe (a quien, por otro lado, Mor de Fuentes tradujo). La carta la utiliza por ser el género que más se ajusta a sus propósitos, la verosimilitud, es decir, la ilusión de realidad. Mor crea todavía en términos clásicos, como pone de manifiesto su *Elogio de Miguel de Cervantes* (1835), no obstante éstos son interpretados a la manera de novelistas como Fernán Caballero o Galdós. Se preocupa por la unidad de acción y por eliminar de su obra todo lo episódico —según las leyes poéticas—, pero en él aparecen otros rasgos de carácter muy moderno: el uso de la carta familiar como cañamazo de una obra o la importancia otorgada a la reproducción realista del lenguaje.

El uso de la carta es el procedimiento que mayor carácter realista otorga a la novela de Mor de Fuentes. Ella sirve no sólo a la fiel reproducción de la intimidad de una historia sentimental, sino que permite también que *La Serafina* sea un retrato objetivo del ambiente social e ideológico en el que se desarrolla el amor de sus protagonistas. A diferencia de novelas como *El Antenor*, *El Rodrigo* o *El Valdemaro*, que intentan reproducir la mentalidad y las formas externas del pasado, *La Serafina* tiene por marco histórico la época contemporánea y así su pintura se entretiene en atinar los colores propios de la sociedad burguesa zaragozana, como más tarde lo hará Benito Pérez Galdós con la madrileña o Leopoldo Alas con la ovetense (Vetusta).

Mor de Fuentes no moraliza en su obra porque pertenece al grupo de aquellos autores que tienen ya clara conciencia de que «novela moral» significa «novela de costumbres». Para él la novela es de por sí moral si lo que hace es una fiel reproducción de las costumbres de una determinada sociedad. Es por ello que la mejor definición de los fines y la naturaleza de la obra de Mor de Fuentes la podemos hallar en el siguiente párrafo de su maestro, Vicente María Santiváñez: «Yo he considerado siempre las novelas y romances como un retrato de las costumbres y un termómetro de la ilustración del siglo y país en que se escribieron» («Prólogo», *Novelas morales* i-ii).

La Serafina

Antes de anoche padecí uno de los crueles desvelos que favorecen muy a menudo a mi imaginación inquieta. Con el fin de cebarla en[1] objetos placenteros me puse a contar las diferentes Dulcineas de quienes he merecido alguna correspondencia en el discurso de[2] mi carrera y, después de una prolija[3] y madura enumeración, vi que no pasaban de cuarenta y dos.

---

[47] **Toma...** Confía.

[1] **Alimentarla con.**
[2] **En...** a lo largo de.
[3] Detallada.

No dejó de darme pesadumbre la cortedad[4] de esta suma que mi abultador amor propio alargaba en globo siquiera hasta[5] unas sesenta. En efecto, es limitadísimo aquel número en razón de la soltura y especie de maestría que, gracias a la experiencia, he llegado a adquirir manteniéndome siempre entre dos aguas, sacando, como dicen, un clavo con otro y haciendo que la una me fuese sucesivamente desimpresionando de la otra para que ningún atractivo llegase a encarnarme[6] entrañablemente. A veces me verías entablarles muy de verás la conversación más frívola, cortarla, volverla a anudar,[7] y todo esto sin poner el menor estudio,[8] ni casi acordarme de lo que estoy haciendo. (...)

Más, Eugenio mío, volviendo al asunto y mirándolo a la luz de la reflexión, ¿no es una ridiculez, tanto en hombres como en mujeres, esto de traer, según la frase vulgar, muchas personas al retortero?[9] Quien pretenda que todas le correspondan finamente[10] será un delirante y quien lo haga sólo por divertirse, puede poner en la lista de sus apasionadas cuantas le miren, o, al menos, cuantas le saluden. Sobre todo, hagámonos cargo de que una pasión vehemente,[11] compañera por lo común de un talento[12] original y a veces sublime, señorea[13] el corazón y arrolla todas las demás inclinaciones.

En prueba de ello recuerdo que hace algunos meses te escribí una carta que empezaba de este modo: «¿Quién podrá apurar[14] la agitación, los violentos altibajos de mi espíritu en un día de paseo? La sonrisa de Fermina lo halaga, el mirar de Paula lo embelesa, el saludo de Helena lo cautiva y el ceño, tal vez estudiado, de Teodora lo trastorna». Pero, en el día,[15] amigo, Serafina es el blanco de todos mis pasos, el único objeto de mi inflamada voluntad.[16] Cuando no asiste al paseo, que es lo más ordinario, mi corazón está ausente y las gracias de todas las demás se me figuran lánguidas y casi marchitas. Las tardes que va, como ayer, no encuentro sino bultos embarazosos que me defraudan en parte del embeleso[17] que me causa su presencia. Pero, ¡lo que padece mi interior en semejantes ocasiones! Me desconsuela si no me mira y si me fija aquellos ojos tan expresivos, tan hablantes, tan encantadores, quisiera parecerle un agregado[18] completo de cuantas perfecciones son imaginables para vincular en mí todo su espíritu y, por desgracia, la cortedad de mis prendas en cotejo de las suyas[19] me llena de zozobras[20] y desconfianzas. ¡Pues qué si alguien llega a saludarla! Ayer se le incorporó[21] un atolondrado manteísta[22] que no dejó de merecerle alguna sonrisa. ¡Oh, si yo hubiera podido despegarlo con el deseo del lado de mi deidad!, ¡qué largos se me hicieron aquellos minutos a pesar de las miradas con que me favorecía de cuando en cuando Serafina para templar[23] la amargura de mi situación! A tanta costa más valdría que no se apareciese... Pero, ¿qué dije? Véanla mis ojos y más que[24] padezca cuanto quiera mi pecho... ¡Qué sé yo lo que anhelo! Sí, ya se me va trasluciendo,[25] quisiera que me tratase para que, desviando su consideración de mis imperfecciones y fijándola tan sólo en la hidalguía de mis entrañas,[26] la regularidad de mis procedimientos[27] y la medianía de mis potencias,[28] me colocase en el predicamento[29] a que aspiro... Mas, ¿qué es esto?, ¿me constituyo[30] mi propio panegirista? ¡Oh, amor propio, cómo nos deslumbras! ¡Oh, pasión, cómo me aniñas! ¡Oh, Serafina, Serafina...! Adiós.

20 de agosto

La otra tarde me dio la corazonada de ir a pasear por la orilla del Ebro y no bien salí de las puertas cuando avisté[31] a Serafina con su madre. Fui conteniendo el paso por arreglarme[32] al suyo y disfrutar más tiempo aquella cer-

---

[4] Lo escaso.
[5] **Alargaba...** aumentaba hasta el número de.
[6] Arraigarse en mí.
[7] Retomar.
[8] **El...** la menor atención.
[9] **Esto...** hacer muchas conquistas amorosas, únicamente por el placer de conquistar.
[10] De corazón.
[11] Fuerte.
[12] Espíritu.
[13] Se apodera de.
[14] Agotar.
[15] **En...** en la actualidad.
[16] **Mi...** mi amor.

[17] **Que...** que destruyen en parte el embeleso.
[18] Cúmulo.
[19] **La...** la poca valía de mi persona frente a la suya.
[20] Intranquilidad.
[21] **Se...** le saludó con reverencia.
[22] Estudiante de universidad.
[23] Disminuir.
[24] **Y...** por más que.
[25] **Ya...** ya lo sé.
[26] **Mis...** mi corazón.
[27] Actos.
[28] **Mis...** mi inteligencia.
[29] Grado de estimación.
[30] **Me...** me convierto en.
[31] Vi.
[32] **Por...** para ajustarme.

canía tan deleitosa. En esto se apareció una barquilla por el río y se pararon a mirarla. Detúveme[33] igualmente hasta que continuaron su camino y, por fin, llegó el caso de pasarles delante. Entonces tuve ocasión de observar a Serafina y empaparme en aquella sonrisa candorosa, aquel agrado inexplicable que es el distintivo más eminente de su persona. Luego vi que se entraban por la puerta llamada de Sancho, pero yo seguí mi paseo por las huertas que están al poniente de la ciudad.

A poco rato encontré a una ramera desastrada que venía dándose de empellones[34] con unos soldados y voceando mil indecencias, con el descoco propio de su profesión. Al instante hice interiormente el cotejo de aquel objeto inmundo con la imagen sobrehumana que llevaba todavía delante de mis ojos. ¿Es posible—decía yo—que Serafina, quien pudiera servir de figura[35] a las inteligencias celestes[36] si tratasen de hacerse visibles, y esta hedionda criatura sean de una misma especie? ¡Oh, corrupción de costumbres! ¡Oh, lastimosa depravación de la naturaleza humana! En fin, la mujer, en mi concepto, es el mejor y el peor de los vivientes, no tanto por el atractivo o disformidad[37] de su exterior como por los dotes[38] inestimables o desbarros[39] frenéticos de su espíritu.

Retiréme[40] a casa con el espíritu embargado[41] en estas reflexiones y a la mañana siguiente me salí a pasear por el propio paraje. No vi a Serafina, ni era de presumir,[42] pero fui siguiendo los pasos y repitiendo los mismos altos del día anterior y estuve así un rato entretenido con aquel fantástico remedo[43] de tan venturoso encuentro. ¡Feliz—decía yo—este suelo que pisaron tus plantas! ¡Felices aquellos árboles donde fijó sus ojos!, añadiendo a éstas otras extravagancias naturales para un amante y ridículas para quien se halla ajeno de semejante dolencia. ¡Ay, amigo, cuán fácil es el reírse de estos delirios!, pero ¡cuán arduo el contener dentro de sí los impulsos de una pasión extremada! Adiós.

30 de agosto

---

[33] Me detuve.
[34] Empujones.
[35] Cuerpo.
[36] **A...** a los ángeles.
[37] Deformidad.
[38] **Los...** las gracias.
[39] Disparates.
[40] Me retiré.
[41] Absorto.
[42] Esperar.
[43] **Aquel...** aquella fantástica imitación.

Si yo me dedicase a componer una novela, escogería para héroes personajes a la verdad extraordinarios, pues de otro modo interesarían poquísimo, pero con sus imperfecciones muy notables, cuidando de equilibrarlas y aún sobrepujarlas[44] un tantito por prendas[45] relevantes.

Advierte, Eugenio, que las mujeres más leídas en historietas son las más descontentadizas y, si las vemos entretenidas con muebles[46] de poca valía, es por una razón bien obvia. Su natural propensión al amor, fomentada con las especies anoveladas[47] que les atufan[48] el cerebro, las obliga a echar mano del primer individuo que se les depara,[49] aunque esté muy lejos de henchir las medidas de su voluntad.[50] Ya ves qué cariño será éste que se profesa a un objeto a quien la razón desestima, y, por lo mismo, tienen tan poca duración semejantes amoríos.

Vas a decirme que, por lo común, en la competencia de varios aspirantes, tienen el acierto de prendarse del menos recomendable, aun en la figura y en aquella viveza insustancial[51] que tanto atrae a las mujeres. Así es, mas ya sabes que en esta materia hay infinito que distinguir. Las muy niñas se pagan de[52] esas cualidades, pero luego los desengaños las hacen recelosas y se van con el más a propósito para obedecer, llevar—por decirlo así—el grillete y suplir faltas,[53] hasta tanto que[54] se aparece un campeón de primera suerte,[55] en cuyo caso todas se van tras él, dejando a un lado sistemas,[56] reflexiones, miramientos, etc. En efecto, las mujeres temen cervalmente[57] a cuántos las tratan con una igualdad desdeñosa, con una indiferencia que prescinde de su buen o mal humor, de su aprobación o desagrado y, sobre todo, que hace perpetua mofa y chanzoneta[58] de cuanto suena a galanteo y, sábete, amigo mío, que yo, en este punto como en otros muchos, no me considero dotado de la gracia de muy comedido.

---

[44] Superarlas.
[45] Virtudes.
[46] Bienes movibles, pero es posible que aquí se refiera en lenguaje coloquial a «enamorados».
[47] **Las...** las falsas ilusiones de las novelas.
[48] Envenenan.
[49] Presenta.
[50] **De...** de ser lo que ellas deseaban.
[51] Sin profundidad ninguna.
[52] **Se...** se aficionan a.
[53] **Suplir...** disimular defectos.
[54] **Hasta...** hasta el momento en que.
[55] **Un...** un paladín hermoso y galante.
[56] Normas.
[57] **Temen...** sienten gran temor.
[58] Burla.

¡Si vieras cuánto me complazco en mortificar a una coquetuela! Entonces mis entrañas,[59] de suyo tan afectuosas, se inhumanan y se ensañan[60] con tanta más crudeza cuanto la hermosura acompañada de semejante delirio[61] queda para mí absolutamente destituida de atractivo. Al contrario, el candor y la inocencia le comunican una pujanza[62] irresistible. ¡Oh, Serafina!, una mirada tuya, donde se estampa la sublime pureza de tu alma, traspasa mi pecho y esclaviza mi espíritu, al paso que todos aquellos pueriles[63] artificios, provocándome a risa, me infunden tan sólo altísimo menosprecio. Adiós.

3 de setiembre

Todo es paz, todo armonía y todo bienaventuranza. Ya estamos mutuamente convencidos de que Alfonso[64] nació para Serafina y Serafina para Alfonso, y, si en mi espíritu cupiese el angélico sosiego que rebosa en el semblante, ojos y palabras de Serafina, me consideraría encaramado en la cumbre[65] de la felicidad.

Has de saber, sin embargo, que, si bien se nos mira ya generalmente en clase de amantes,[66] yo nunca secreteo[67] con Serafina pues, además de haber tachado[68] esto mismo en otras personas como una grosería insultante, doña Vicenta[69] nos deja bastantes ocasiones de podernos comunicar nuestras interioridades.

En éstas, no ha olvidado Serafina las asechanzas que, para desviarme[70] de la casa, se me están armando de continuo bajo la dirección del insigne don Judas,[71] que tiene en la uña[72] la chismografía[73] del pueblo y está muy ducho en zurcir[74] embustes para conseguir sus depravados fines. También se me han dicho algunas medias palabras acerca

de Rosalía[75] que se me va haciendo sospechosa pues, aunque se profesa[76] íntima de Serafina, la amistad de las muchachas, por más fina[77] que parezca, suele flaquear y aún desaparecerse en mediando[78] un amante.

¿Y a nosotros qué nos sucede en hallándonos en una competencia amorosa? Lo mismito, amigo mío.

Hasta otro día.

8 de enero

Ayer mañana[79] volví a las andadas, esto es, hice otra visita a Serafina que me sirvió todavía de más pesadumbre que la anterior. Dígolo[80] porque a poco rato entró don Ambrosio[81] y me saludó con una voz hueca,[82] con un ademán sesgo[83] y de protección que significaba a mi entender: «¡Ah, pobre hombre! Ya no estás en un café, ni se trata de enseñanza pública, sino que paras en mis dominios y vienes en busca de Serafina, a quien tengo en mis garras[84]». En efecto, se puso a chancear[85] con ella y a acariciarla tosca y familiarmente con el objeto, sin duda, de darme más dentera,[86] como él diría. Luego se salió a la antesala y dijo con no sé quién: «Es un partido ventajoso[87] y la muchacha entrará con mil amores[88]». Tras esto, se volvió a aparecer en la sala y anduvo así entrando y saliendo largo rato, ostentando siempre confianza y aparentando misterios.

Marchéme,[89] por fin, tan desazonado como se deja discurrir[90] a casa con mi nueva amiga doña Úrsula y, contándole lo recién acaecido, me respondió: «En efecto me acaban de informar que se trata de boda con un ricacho

---

[59] **Mis...** mi personalidad.
[60] **Se...** se irritan.
[61] Se refiere a la coquetería.
[62] Fuerza.
[63] Infantiles.
[64] Nombre del protagonista de la novela y redactor de las cartas, Alfonso Torrealegre.
[65] **Encaramado...** en lo alto de la cumbre.
[66] **Se...** se nos cuenta entre el número de los enamorados.
[67] «Secretear» es la acción de hablar dos personas en voz baja, apartándose de las demás.
[68] Criticado.
[69] Madre de Serafina.
[70] Apartarme.
[71] Personaje caracterizado por su maldad y chismorrería.
[72] **Tiene...** sabe muy bien.
[73] **La...** todos los chismes.
[74] **Está...** es muy diestro en inventar.

[75] Amiga de Serafina.
[76] **Se...** se dice ella misma.
[77] Sincera.
[78] **En...** en habiendo de por medio.
[79] Por la mañana.
[80] Lo digo.
[81] Primo de Serafina, que desea casarla con un favorecido suyo.
[82] Hinchada por presunción.
[83] Grave.
[84] **En...** en mi poder.
[85] Bromear.
[86] Envidia.
[87] **Es...** O sea, que casarse Serafina con el pretendiente que él le propone es—dada la riqueza de aquél—ventajoso para la familia.
[88] **Entrará...** lo aceptará de buen gusto.
[89] Me marché.
[90] **Como...** como se puede imaginar.

de Calatayud[91] y lo más peregrino[92] del caso es que ese botarate[93] de don Ambrosio, quien otras veces suele olvidar y aún escarnecer mis indisposiciones,[94] ha venido en persona a participarme[95] tan plausible enlace, añadiendo que era obra suya, de la marquesa[96] y del invisible don Judas». —¡Qué precioso triunfo!—exclamó la catedrática.[97] —Con efecto—le dije—, la marquesa *hombrea*[98] tanto que puede emparejarse con sus dos asociados. Y, en seguida, me planté en[99] la calle para respirar con algún desahogo.

Ya te puedes figurar cuál estará éste tu amigo con una novedad tan impensada. Mi situación, querido Eugenio, se hace tanto más crítica y aún deplorable cuanto Serafina es heredera de un patrimonio cuantioso y, estando yo atenido[100] casi únicamente a las mercedes de mi tío, que nunca podrán ser, ni con mucho, tan considerables como los bienes de mi competidor, debo, según el voto[101] generalmente interesado[102] de las familias, quedar propuesto.[103]

Mas, vengan contratiempos, que mi pecho tiene mucho que dar de sí todavía. Me explicaré. Yo amo a Serafina más que a mí mismo, pero no trato de volver por su casa en muchos días porque amo todavía más el decoro, de manera que, a trueque de salir con mi intento,[104] pasaría por todo, todo absolutamente, excepto por hacer un papel desairado y ridículo en la sociedad.[105] ¡Qué batalla de impulsos encontrados se me espera!, pero a bien que mis entrañas están aguerridas y sabrán portarse como tales. Pásalo mejor que este quijotesco enamorado.

26 de abril

---

[91] Ciudad de España, en Zaragoza.

[92] Extraño.

[93] Bobo.

[94] **Escarnecer...** burlarse de mis achaques de salud.

[95] **A...** a darme la noticia de.

[96] Se alude a la marquesa de los Collados en distintas ocasiones como una de las principales damas del círculo que frecuentan Alfonso y Serafina.

[97] Se refiere a doña Úrsula, por saber tanto del asunto.

[98] Sin saber exactamente a qué se refiere, sin embargo, parece claro que se trata de una valoración despectiva de la marquesa.

[99] **Me...** llegué a.

[100] **Estando...** manteniéndome yo gracias.

[101] **El...** la elección.

[102] Preocupado por el provecho material.

[103] Es decir, propuesto o candidato para la competición, pero no elegido.

[104] **A...** a cambio de conseguir lo que deseo.

[105] Se refiere en la Buena Sociedad.

Amigo mío, volví el otro día lleno de anuncios favorables a casa de Serafina y quiso mi suerte que en lo posible correspondiese el logro[106] colmadamente a mis esperanzas. En resolución, la madre se me mostró ajena[107] de favorecer al consabido[108] cuanto más de violentar la voluntad de su hija y, deponiendo todo rebozo,[109] me habló de esta manera: «Mi marido ha puesto la educación y acomodo[110] de Serafina a mi cuidado. El primo don Ambrosio, fraguador de esa boda, con algún otro que tampoco está muy corriente[111] con usted, ha interesado a su favor a la marquesa de los Collados, con quien tiene el pretendiente qué sé yo qué relaciones. En consecuencia, dicha señora nos envió a llamar y, aunque Serafina por su cortedad[112] natural lo repugnaba, le hicimos nuestra visita. Desde luego se puso a catequizarla, pero no le hizo mella alguna a pesar del encogimiento, la especie de sumisión con que estaba en su presencia...». Interrumpí aquí a doña Vicenta para volverme a Serafina y preguntarle con ahinco, ¿reconoce usted alguna superioridad en la marquesa? Como no la tengo tratada—me dijo, sonrojándose—. Es una mujer—le repliqué—algo menos que las demás.[113] En esto llegaron visitas y cesó la conversación, pero comprendí que mi desentono había disgustado a la madre.

¿Y cómo podía yo refrenar mis impulsos conociendo tan bien a la marquesa? El despecho me ahogaba al considerar que el ídolo de mi voluntad[114] miraba con respeto a una calavera[115] deshecha, a una hedionda disoluta.[116] Mi único anhelo en aquel instante hubiera sido hallarme a la par a entrambas para que Serafina viese en la ingenua expresión de mis ojos y semblante el pundonoroso desvío, el alto menosprecio que profesa este pecho a toda ramera titulada.[117]

No estoy para más. Adiós.

20 de mayo

---

[106] Se refiere al regreso a la residencia de Serafina.

[107] Muy lejos.

[108] **Al...** al consabido pretendiente.

[109] **Deponiendo...** sin rodeos.

[110] Matrimonio.

[111] **Muy...** en muy buena relación.

[112] Timidez.

[113] Nueva alusión a la marquesa claramente despectiva, pero difícil de precisar su concreto significado.

[114] **Ídolo...** es decir, Serafina.

[115] Viciosa.

[116] Libertina.

[117] Noble, es decir, con título nobiliario.

Querido Eugenio:

Estuve ayer en mi santuario[118] y hablé a solas con el numen. Díjome que don Ambrosio insistía siempre en su empeño, pero que se hallaba más animosa para resistirle con el apoyo de la madre, quien estaba ya enteramente de su parte gracias a la discreta y esforzada oficiosidad de mi invariable amigo don Félix. Propuse a Serafina el pedirla[119] con las formalidades de estilo bien que—añadí—yo no me hallo con haberes[120] suficientes para cohonestar[121] mi demanda pues,[122] si ésta no es circunstancia esencial con usted,[123] tratarían los deudos[124] de pura calaverada[125] el intento de matrimoniarse con un descamisado.[126]

En consideración de todo esto quedamos en ir yo a Daroca[127] para solicitar de mi tío el beneplácito y los favores[128] que, según sus palabras, debo prometerme[129] en el presente caso. Entró la madre, informéla[130] de todo, y aunque no se comprometió a sostenerme, tampoco desaprobó mi determinación con que en seguida envié dos caballos a situarse en los respectivos tercios del camino para llegar esta tarde mismo, si es posible, a Daroca y volver cuanto antes a estrechar[131] el desenlace de éste, para mí, tan interesante y angustioso drama.

Adiós. Hasta la vuelta.

23 de mayo

¡Si vieras, Eugenio mío, cómo bulle la casa de Serafina con nuestra boda!

Has de saber que la susodicha marquesa se destempló[132] con don Ambrosio por haberle acarreado con sus imprudentes facilidades dos sonrojos, a cual más vergonzoso. Y el tal, después de haber desaparecido, como suele, por temporadas, se me muestra ahora muy benévolo, pero, hecho cargo[133] sin duda de la entereza de mi carácter apenas osa hablarme directamente y así él como el padre no hacen más que entrar y salir, decir vaciedades[134] y estorbar cuanto pueden. El don Judas ni asoma[135] por ahora, ni vendrá, según espero, a anublar[136] con su funesta presencia la serenidad[137] que disfrutamos. Don Félix se manifiesta gozoso en cuanto lo permite su roedora melancolía[138] pues sabe que entrambos interesados[139] le estamos y le estaremos entrañablemente agradecidos. Nogales se esmera en hacer más diligencias[140] que se le encargan y entremedias[141] no deja de atormentar a las muchachas, motejando[142] y escarneciendo[143] los trajes y labores que les cuestan tantos afanes,[144] y a lo mejor sale el formalísimo don Cosme a confirmar sus saetillas volanderas[145] con ataques desaforados. Ayer se acaloró tanto que salió más que nunca de madre[146] y, puesto en pie, terciando[147] el cuerpo con pausados quiebros a lo espadachín,[148] llevado de su habitual y despegada bronquedad[149] (sin aquellos atemperantes preliminares[150] en el tono, ademán y palabras, y sin aquel sobredorado y como sainete que reboza y sazona, en cierto modo, hasta lo más desabrido y repugnante[151] a la nimiedad puntosa del ajeno

---

[118] O sea, en casa de Serafina, a la que siguiendo la imagen califica de «numen».

[119] Pedir su mano.

[120] Riquezas.

[121] Hacer legítima.

[122] Conjunción ilativa, intercambiable por una «y».

[123] **Si...** alude aquí Alfonso a una conversación anterior con Serafina, en la cual ella le dijo preferir, en un pretendiente, más sus buenas prendas personales que su riqueza.

[124] **Tratarían...** considerarían sus parientes (de Serafina).

[125] Insensatez.

[126] Hombre pobre.

[127] Ciudad de la provincia de Zaragoza.

[128] Obsequios económicos.

[129] Esperar de él.

[130] La informé.

[131] Dirigir.

[132] **Se...** perdió la paciencia.

---

[133] **Hecho...** dándose cuenta.

[134] Tonterías.

[135] **Ni...** ni tan siquiera nos visita.

[136] Nublar, o sea, ensombrecer.

[137] Tranquilidad.

[138] **Roedora...** debilitadora melancolía. El siglo consideraba a la melancolía una enfermedad.

[139] **Entrambos...** es decir, él mismo y a Serafina.

[140] Gestiones.

[141] Entre una y otra.

[142] Criticando.

[143] Burlándose de.

[144] **Tantos...** tanto trabajo (ya que los hacen a mano).

[145] **Saetillas...** o sea, sus críticas, ni mordaces ni hirientes.

[146] **Se...** se excedió más que nunca en sus apreciaciones.

[147] Ladeando.

[148] **Con...** y doblándolo con lentos movimientos como hacen los espadachines.

[149] Mal genio.

[150] **Atemperantes...** preliminares que suavizan.

[151] **Sin...** sin aquel embellecimiento y tono jocoso que cubre y hace grato, en cierto modo, hasta lo más desagradable y repugnante.

y discorde amor propio[152]), dijo con voz en grito que, si le dejasen, había de acabar con todos los chuchumecos[153] y aún con todas las fatuas[154] que inventaban las modas. «Arrogante moro estáis[155]»—le consté sonriéndome—. «Toda la arrogancia es mía» —me replicó en el mismo tono—y, luego, vuelto en sí, convino conmigo en que al principio abominábamos siempre de las nuevas *ridiculeces*[156] y luego las seguíamos, cual más cual menos, generalmente todos.

Siguiendo mi relación, Serafina, con todo su despejo y su igualdad genial[157], está a ratos bulliciosa y a ratos como suspensa y cortada.[158] Rosalía, al contrario, ríe y chancea y trabaja infatigablemente procurando por una parte desagraviarnos[159] y borrar los asomos de envidia y mala correspondencia[160] que ha podido haber anteriormente en su conducta y por otra esperando para muy breve iguales buenos oficios de todos[161] y, en especial, de su amiga. Y, por último, doña Úrsula preside con la correspondiente gravedad el consejo de las ancianas, encargado de arreglar los principales preparativos.

En el centro de este hervidero, yo, que soy el galán de tan peregrina comedia, estoy a ratos agitado y casi enloquecido, a ratos absorto y estático, cual si me adormeciera en el regazo[162] de mi inefable dicha.

En fin, mañana es el día escogido para nuestro feliz desposorio, con que dalo, Eugenio, por verificado[163] y acuérdate mucho de éste tu siempre sino amigo,

Alfonso Torrealegre, 6 de abril

---

[152] **A...** a la meticulosidad puntillosa («puntosa») del amor propio de las personas que discrepan de opinión («discorde»).

[153] Insulto dirigido a los hombres (significa feos y despreciables en sus acciones).

[154] Insulto dirigido a las mujeres (significa engreídas y vanas).

[155] **Arrogante...** broma para indicar a alguien que se excede en su enfado.

[156] Se refiere a las de la moda.

[157] **Despejo...** viveza y genio constante.

[158] **Suspensa...** anonada y aturdida.

[159] Reparar las ofensas.

[160] **Mala...** mal trato.

[161] **Para...** que muy pronto todos hagan lo mismo por ella.

[162] **El...** los brazos.

[163] Efectuado.

IGNACIO GARCÍA MALO (segunda mitad del siglo XVIII y principios del XIX)

Con Ignacio García Malo penetramos en el subcapítulo sobre narrativa breve dieciochesca. El otro máximo representante del género es Cándido María de Trigueros. También debemos mencionar a Vicente Martínez Colomer, Ignacio González del Castillo, Vicente Rodríguez de Arellano y Pedro María Olive.

El cuento alcanza a fines del siglo XVIII un esplendor desconocido desde tiempos de los Austrias (siglos XVI y XVII). Este éxito pudo deberse a una combinación de factores sociales, literarios y editoriales. Por una parte, las doctrinas pedagógicas del siglo y su aplicación durante los reinados borbónicos de Felipe V, Carlos III y Carlos IV, supuso un gran aumento del número de lectores, los cuales dejaron de pertenecer en su totalidad a las clases privilegiadas para integrar individuos de dos muy distintos orígenes, por un lado, una incipiente burguesía y, por otro, una gran abundancia de mujeres. Por otra parte, los editores aprovecharon este aumento de público para lanzar colecciones de cuentos o novelitas breves, sueltas o en tiradas, las cuales se comercializaron a través de los mecanismos propios de la literatura popular. Otro factor que pudo contribuir a la elevación del cuento a fines del siglo XVIII pudiera haber sido la impronta de Cervantes en los círculos literarios de la época, quienes en muchos casos apreciaron tanto o más que el *Quijote* sus *Novelas ejemplares*. Por último, otra circunstancia en pro de la revitalización que el cuento sufre por estas fechas podría haber sido el aplauso con que se recibieron en toda Europa las *Novelas morales* de Marmontel, bajo cuya inspiración escribió—por ejemplo—Ignacio García Malo su *Voz de la Naturaleza. Colección de anécdotas, historias y novelas, tan agradables como útiles a toda clase de personas* (1787-1803).

García Malo consideraba sus cuentos «unos pequeños poemas» (*Voz de la Naturaleza.* Vol. 2, i), lo que nos descubre su conexión con las leyes de la Poesía. Siendo así es lógico que en los prólogos a los distintos volúmenes de su obra incida en la que, según la poética clásica, era finalidad de toda creación literaria: «Para instruirlo [al hombre] se requiere no solamente darle ideas puras que lo iluminen, sino imágenes sensibles que le hagan descubrir la verdad, sin que se violente nuestra pereza natural con repetidas máximas morales en abstracto. El origen y fin de la Poesía lleva por delante este objeto tan interesante pues, al mismo tiempo que deleita, amonesta y enseña» (*Voz de la naturaleza*. Vol. 1, i). Instruir a través del deleite es el fin que se propone García Malo en su obra; cada una de sus composiciones se inicia con una moralina, a la que en realidad el cuento sirve de ejemplificación.

En la *Voz de la naturaleza*, los relatos y sermones morales que les preceden atacan las lacras más profundas de la sociedad del Antiguo Régimen, y lo hacen amparándose en temas comunes del siglo: la amistad, el amor y el matrimonio. Siendo la narrativa de García Malo a la vez edificante y espejo de las costumbres (es decir, doblemente moral, en cuanto ofrece modelos de conducta y en cuanto reproduce «mores»), su motivo predilecto es asimismo uno de los favoritos de la época y, por tanto, presente en gran parte de su prosa literaria: la potestad paterna en el matrimonio de los hijos y sus abusos.

La actitud ante este gran problema no será la que van a tomar años después los autores exaltados del romanticismo decimonónico (totalmente en favor de la libertad sentimental de los hijos), sino la legislativa de Carlos III y IV. Éstos, ante la continua desobediencia filial dictan nuevas pragmáticas en favor de la voluntad de los padres, aunque piden a éstos que antepongan el bienestar de sus hijos a los intereses económicos de las alianzas; tal es la actitud de García Malo: apoyo a la patria potestad en materia matrimonial, pero defensa de los hijos en caso de abuso.

Voz de la naturaleza. Colección de anécdotas, historias y novelas, tan agradables como útiles a toda clase de personas

Lisandro y Rosaura

De la elección de estado[1] depende la felicidad o infe-

licidad temporal y espiritual. Toda persona cristiana, prudente y sabia debe tener grabada en su corazón esta verdadera y provechosa máxima. Los padres de familias deben mirarla como una de sus más graves obligaciones y para cumplirla exactamente deben no dar a sus hijos estado contrario a su voluntad. Si considerasen antes de oponerse a ella los gravísimos e irremediables daños que se pueden seguir de la violencia y de la sugestión,[2] no se verían tantos desgraciados hijos gemir, suspirar y quejarse de la dureza e indiscreción[3] de su padres. Éstos miran solamente para establecerlos la brillante apariencia[4] de esta vida miserable y corta y quieren proporcionarlos[5] para el mundo y no para la eterna felicidad. El interés[6] y la vanidad, enemigos tan poderosos de los obcecados[7] mortales, se apodera de sus corazones y, deslumbrados a la vista de varias preocupaciones[8] ridículas, extravagantes y perniciosas, sacrifican a sus pobres hijos como crueles parricidas, ofenden la religión y ultrajan la humanidad.[9]

En ningún estado se ven tantos prejuicios como en el del matrimonio. Rara vez es la unánime voluntad la que lo contrae. La fuerza, el orgullo y la avaricia son por lo regular las que unen un lazo tan estrecho e indisoluble. De aquí se siguen las más enormes desavenencias entre los esposos, los malos tratamientos,[10] las desazones estrepitosas,[11] las prostituciones vergonzosas, la mala educación de los hijos, las ruinas de las familias y los divorcios escandalosos. ¿Y quién tiene la culpa de estos frecuentes desórdenes? ¡Ah!, ¡qué lástima! ¿Quién la ha de tener? Los padres inhumanos y bárbaros que, ofuscados de un vano esplendor, llenos de soberbia, poseídos de la indolencia e impelidos de la sed insaciable de las riquezas, del fausto y de la ostentación, conducen como tiernos corderillos a sus hijos a presentarlos e inmolarlos en las indignas aras del interés y de los locos y

---

[1] Consorte.

[2] **De...** se refiere a la imposición por la fuerza o pre-sión de los padres a tomar un determinado consorte.

[3] Falta de prudencia.

[4] **La...** es decir, las riquezas y todo lo material.

[5] Proveerlos.

[6] **El...** Los intereses materiales.

[7] Ciegos (en sentido moral).

[8] Valores a los que falsos principios sociales dan importancia sin tenerla, si son juzgados con profundidad de pensamiento.

[9] Sentimiento de compasión ante las desgracias de nuestros semejantes.

[10] Tratos.

[11] **Las...** los grandes desasosiegos.

perecederos respetos del mundo corruptor. ¡Ah! ¡Cómo se estremece un corazón humano a la vista de tantos objetos lastimosos que cada instante se le ponen delante pidiendo venganza contra quien les causó tan cruel y horrible sacrificio! ¡Oh, padres indiscretos, indolentes y temerarios! Leed, examinad las desgracias, las miserias e infelicidades que ocasionó otro semejante a vosotros a una hija inocente y virtuosa que servirá de asunto a la historia siguiente y ¡quiera el piadoso cielo que, atemorizados de un espectáculo tan sensible,[12] penetrante y compasivo, no violentéis a los mismos que disteis el ser ni los precipitéis al profundo abismo del infortunio y de la desventura irreparable y eterna!

En la ciudad de Módena,[13] capital del ducado de este nombre, vivía el marqués de N..., de una de las más ilustres familias de ella, el cual tenía una hija llamada Rosaura, de mucha gracia, virtud y hermosura. Saliendo a pasearse un día fuera de la ciudad, acompañada de su aya,[14] se dispararon[15] los caballos y se rompió el coche. Un caballero joven de Placencia,[16] que iba a Módena, vio el riesgo de las personas que estaban dentro y, movido de caridad, bajó de su berlina,[17] se acercó al coche volcado y halló a Rosaura desmayada bajo las ruedas, el rostro pálido y algo ensangrentado por haberse hecho una pequeña herida encima de una ceja. Aunque el aya estaba también sin sentido acudió Lisandro—éste era el nombre del caballero—al socorro de Rosaura, cuya tierna edad, que sería de 18 años, y maravillosa belleza interesaron más su corazón. La sacó de allí exánime, hizo a un criado que iba con él sacase también al aya pues los lacayos y cocheros de Rosaura estaban bastante mal tratados[18] y con un pomito de olor[19] que llevaba en el bolsillo pudo reanimar su desalentado espíritu.

Apenas volvió en sí Rousaura y se vio en brazos de Lisandro, que era un joven de un bellísimo aspecto y natural gracejo, cuando, incorporándose un poco, con un tono trémulo y feble,[20] le dijo: «Caballero, quien quiera que seáis, que tan caritativamente me habéis socorrido en esta desgracia, no dudéis de mi sincera gratitud. Yo soy de Módena, hija del marqués de N..., a cuya casa os ruego me acompañéis para que, instruido[21] mi padre de vuestra beneficencia, os pueda recompensar como merecéis. Señora—le respondió Lisandro—, yo soy hombre de honor y no puedo tener mayor recompensa que la venturosa suerte de haber llegado a tiempo de poder salvar vuestra preciosa vida. Yo os acompañaré muy gustoso a vuestra casa, entrad en mi berlina y vamos inmediatamente para que sangrándoos[22] se puedan precaver las malas resultas[23] que pudiera causaros este susto. La herida que tenéis es leve, en la que os he puesto un poco de bálsamo[24] por pronta medicina y os he atado un pañuelo. Yo os confieso que creía haberos sacado de debajo de los fragmentos del coche ya cadavérica y el veros viva me parece una especie de milagro y llena mi corazón de alegría. —¡Ah, piadoso joven, el cielo os trajo tan oportunamente para que me preservaseis de tan gran peligro. —Sin duda fue así, y yo le doy mil gracias porque me ha proporcionado tanta dicha. (...)

Yo soy el conde Lisandro de N..., natural de Plasencia, tan feliz en mi ilustre nacimiento como desgraciado en mi adversa fortuna. Habrá[25] 12 años que murieron mis amados padres, dejándome en la edad de 7 años bajo tutela de un hombre tan inhumano que, después de haberme tratado con el más cruel rigor, me consumió casi todo mi patrimonio que era muy considerable. Cuando llegué a los 15 años, viendo la malversación de mis caudales, acudí a la justicia pidiendo reintegración e indemnización de los que me había usurpado y seguridad de los pocos que me quedaban. En vista del derecho que me asistía, prendieron a mi tutor y le embargaron lo que tenía, que era muy poco, pues, no contento con malgastar lo mío, había disipado también lo suyo. Murió de allí a cuatro meses en la prisión y, deducidos los gastos de la causa y mucho que me estafaron, me quedó solamente lo vinculado,[26] que es cosa corta,

---

[12] Lastimoso.

[13] Ciudad italiana.

[14] Persona en una casa para el cuidado y la educación de los niños o jóvenes.

[15] **Se...** se desbocaron.

[16] Piacenza, ciudad italiana.

[17] Coche cerrado de dos asientos comúnmente.

[18] **Mal...** lastimados.

[19] **Pomito...** frasco de perfumes.

[20] Débil.

---

[21] Informado.

[22] Procedimiento de la medicina antigua que consistía en abrir o punzar una vena y dejar salir determinada cantidad de sangre.

[23] Consecuencias.

[24] Medicamento que se aplicaba en las heridas y llagas.

[25] Hará.

[26] Aquellos bienes que se sujetan a una familia para perpetuarlos en ella.

porque el caudal de mis padres, aunque era muy excesivo, era volante[27] y con el producto de esta hacienda me mantengo con alguna decencia, pero no con el lustre[28] que corresponde a mi calidad.[29] Ahora vengo a Módena a varios asuntos de mi casa, en donde me detendré algunos días. Esta casualidad me ha proporcionado la ventura de poder prestaros mis débiles auxilios y de ofreceros mi persona, deseoso de que me empleéis en vuestro servicio. Rosaura y el aya le correspondieron con la mayor cortesanía y expresión,[30] reiterándole su agradecimiento y haciéndole las más generosas exhibiciones.[31]

Ya[32] llegaron a casa del marqués—quien se asustó, como era regular—, al ver a su hija de aquel modo. Ésta le refirió todo lo ocurrido, mandó fuesen al instante a traer a los criados que quedaban en el camino y que fuese el sangrador[33] para sangrar a Rosaura y a su aya. También llamaron a médicos y cirujanos[34] y el marqués se manifestó tan reconocido[35] a Lisandro que de ningún modo le permitió saliese de su casa en donde le mandó dar el correspondiente alojamiento. (...)

El marqués, Rosaura y todos los demás de la casa se esmeraban en obsequiar y servir a Lisandro, cuyas apreciables prendas excitaban la admiración y estimación de todos. Rosaura le consideraba como su restaurador[36] y le parecía que no era acaso[37] el que por tan raro medio hubiese llegado a conocerle. Lisandro miraba a Rosaura como un objeto que deleitaba su corazón. Su modestia, su talento perspicaz y el atractivo de su conversación, hacían nacer en él una vehemente inclinación. Las frecuentes expresiones[38] que mutuamente se hacían, los ojos parleros,[39] que son las más veces fieles pregoneros de los impulsos del alma, los suspiros interrumpidos, la turbación en ciertos casos y la mutación de color al ir a hablarse que observaban entre sí respectivamente con otras demostraciones sensibles que produce el amor iban abrasando rápidamente sus tiernos corazones. El mayor gusto de Rosaura era estar con Lisandro, y la mayor complacencia de éste ver y hablar a Rosaura. Cada uno de por sí procuraba ocultar al marqués su propensión, manifestando delante de él una indiferencia regular, pero, si por cualquiera casualidad se apartaba de su vista una mirada penetrante, daba una completa satisfacción del disimulo.[40]

Estos actos repetidos y evidentes prepararon los ánimos de tal modo que ambos a dos estaban internamente persuadidos de que se amaban. Pero Rosaura era muy virtuosa, Lisandro no lo era menos y consideraba su poca fortuna y el genio vano, presuntuoso, altanero y codicioso de su padre, y ni uno ni otro se atrevían a declararse. De este modo, pasaron 15 días padeciendo interiormente tormentos y penas inexplicables. Una noche estaban los dos solos. Rosaura gustaba mucho de la poesía, particularmente de la dramática. Lisandro le leía algunas composiciones de esta clase y, con este motivo, le rogó leyese una. Lisandro, que no deseaba sino complacerla, abrió un libro de varias tragedias y comedias y justamente se encontró con una, cuyo título era *El tímido y constante amante*.

Leedme esa comedia—le dijo Rosaura—pues no dejará de ser buena. Así me parece a mí—respondió Lisandro— y sin decir otra cosa principió a leerla. La fábula[41] de esta composición dramática en que fingía el poeta a Lidoro, caballero de poco fortuna, enamorado de Isabela, señora de mucha opulencia, y cobarde y tímido en manifestarla su amor, casi era un argumento semejante a lo que estaba pasando entre Lisandro y Rosaura. El primer acto se reducía a que Isabela, viendo la pusilanimidad[42] de Lidoro, a quien ella amaba tiernamente, no omitía cosa alguna para darle a entender su pasión, a fin de que se declarase, pero la humildad con que Lidoro pensaba de sí mismo le detenía a llegar a manifestar a Isabela su corazón. Ya en el segundo acto, estando a solas con ella, y tomando un poco de espíritu, la dice así:

[Lisandro declama una confesión de amor]
Suspended de leer—dijo Rosaura—que ese problema

---

[27] Compuesto por bienes móviles, es decir, no vinculados.
[28] Distinción.
[29] Nobleza.
[30] **Cortesanía...** cortesía y buenas palabras.
[31] Demostraciones de afecto y educación.
[32] Cuando.
[33] Quien practicaba sangrías a los enfermos.
[34] Quienes curaban heridas y llagas y abrían tumores.
[35] Agradecido.
[36] Quien le recupera o restaura a su estado habitual, en este caso a la vida.
[37] Casualidad.
[38] Manifestaciones de afecto.
[39] Expresivos.

---

[40] **Si...** es decir, si el marqués dejaba de observarlos, entonces volvían a mirarse tiernamente.
[41] Historia.
[42] Timidez.

me ha agradado, pues yo también soy naturalmente[43] opuesta a los amantes tímidos. ¿Qué pensáis vos? Yo, señora —le respondió Lisandro—, soy del parecer que esa misma timidez es hija del amor. —Pero, llegando a conocer que el objeto que ama le corresponde, es una cobardía demasiado extraña. —No, señora, el verdadero amante teme declararse aunque se crea correspondido porque su mucho amor le representa la imagen que idolatra superior a su mérito. —Según eso, vos seríais como Lidoro en igual caso. —¡Ah, señora, no sé qué haría! Yo soy pobre como él, y la pobreza abate al hombre más magnánimo. —¿Os ha sucedido algún lance semejante? —Y aun puedo deciros que me está sucediendo. —¿Y teméis declararos? —Sí, señora, temo y con razón. —Yo no la hallo. —Yo, sí. Ya os he dicho que soy pobre, y esto basta. —Quien prefiere las riquezas al mérito personal tiene un alma baja o indigna. Si os despreciase por esa causa la dama que amáis, la tendría sin duda alguna. —Sin duda no la tiene, según decís. —Pues, ¿cómo he de saberlo yo? —Porque sois vos misma. Sí, vuestra hermosura adoro. Esos honestos sentimientos animan mi cobardía. Desde que os vi pálida y semiviva en mis brazos, penetró vuestra belleza mi corazón. Ya no lo puedo negar, piedad, generosa Rosaura, a vuestros pies.

Alzad del suelo —le interrumpe Rosaura como turbada—, levantáos, Lisandro. En vano me esforzaría a ocultar y disimular un sentimiento que mis ojos, mis acciones y mis palabras os han descubierto tantas veces. Apenas volví del parasismo,[44] cuando vuestro semblante noble y generoso hirió mi alma, ni sé si fueron sentimientos impulsos de[45] la gratitud, considerando os debía la vida o si fueron efectos involuntarios de amor. Lo que yo puedo deciros es que casi se me hizo dulce la caída por haber logrado tan buen encuentro y, después, pareciéndome que vuestros ojos se entendían con los míos, se ha ido fomentando el incentivo en mi pecho, de modo que sin vos no encuentro reposo ni descanso. (...) Lisandro, ya es hora de que mi padre vuelva a casa. No ignoráis su genio impetuoso y altivo y si llega a penetrar[46] nuestro amor, nos exponemos a una desgracia. —Eso es lo que yo temo pues, aunque sabe que en nacimiento, si no le excedo, lo igualo, como me ha favorecido tan poco la fortuna, tal vez... (...)

---

[43] Por genio.
[44] Accidente semejante a la muerte.
[45] **Impulsos...** impulsados por.
[46] Darse cuenta de.

[El padre de Rosaura le anuncia a ésta su voluntad de casarla]

«Querida Rosaura mía, el deseo que siempre he tenido de tu felicidad me ha estimulado a procurártela por todos los medios posibles. Una prudente economía doméstica me ha proporcionado el gusto de acumular bastantes joyas y dinero para poderte dar un dote de mucho valor y hoy logro la mayor satisfacción que jamás podía esperar. El duque de N..., joven de 22 años, de gallarda presencia, conducta arreglada,[47] y el más rico e ilustre de esta ciudad, muere por ti de amor y desea ser tu esposo. Por todas las circunstancias que median no podías nunca hacer matrimonio más ventajoso y, conociendo yo esto mismo, tu mucha humildad y obediencia, he empeñado mi palabra.[48] Te lo prevengo[49] así para que lo tengas entendido[50] y te dispongas pues, dentro de breves días, se han de efectuar los desposorios. Parece que te has quedado turbada: ¿Qué significa esta suspensión?[51]».

Padre y señor —le responde trémulamente Rosaura—, no debéis extrañar que me suspenda una noticia tan inesperada, cuando, sin consultar primero mi voluntad,[52] tomáis una determinación que ignoráis si puede acomodarme.[53] Yo tengo una natural aversión a ese caballero porque sé que su conducta, genio y circunstancias son muy opuestas a lo que decís, y casarme con un hombre que no amo, más debéis llamarla desgracia que felicidad. Nunca esperaba, Rosaura, —le replica el marqués, algo enojado— que tendrías valor para responderme con tanta osadía y repudiar mi propuesta. ¿No sabes que soy tu padre? —Sí, señor, sí, lo sé, y como tal os venero. —¿No sabes que debes obedecerme? —Sé que debo obedeceros, pero esta obediencia tiene sus límites, y no me obliga a sacrificarme por seguirla. —Ese sacrificio es aparente. —No es sino muy efectivo cuando tengo que violentar mi corazón para hacer lo que me proponéis. —Calla, audaz, temeraria, ¿cómo te atreves a profanar el respeto que me debes? —Yo, señor..., no me

---

[47] Conforme a las normativas sociales y morales.
[48] El padre de Rosaura transgrede aquí las leyes pues —a pesar de que los hijos deben obedecer la voluntad de los padres— aquéllas obligan a que éstos les consulten antes de concertar su matrimonio.
[49] Advierto.
[50] **Tengas...** sepas.
[51] Perplejidad.
[52] Le recuerda Rosaura a su padre lo estipulado por las leyes.
[53] Serme grata.

parece que os he perdido el respeto. —Lo pierdes no obedeciendo mis preceptos. En libertad te dejo para pensar, en breve vuelvo a verte y pobre de ti si aún permaneces obstinada en tus extravagantes caprichos.

No hay palabras para explicar la pena y dolor que traspasaron el sensible corazón de Rosaura al oír estas palabras inhumanas de su padre. Quedó esta afligida joven tan consternada que las lágrimas en precipitados torrentes y los suspiros en tropel se embarazaban unos a otros el paso. No hallaba consolación en tan grave mal, y, como fuera de sí, prorrumpió de esta manera:

«¡Qué es lo que me sucede, piadoso cielo! ¡Qué noticia funesta es la que me sorprende! ¡Mi padre, airado contra mí, proponerme un esposo que aborrezco, obligarme a dejar abandonado a mi amado Lisandro! ¿¡Puede haber mayor desventura!? ¡Ay de mí, en este estado soy digna de piedad! ¿Quién me consuela?. Yo no puedo respirar. ¡Ah, bárbaro tormento! ¡Qué penas no pasarás, Lisandro mío, al oír tan funesta nueva! No estará tu alma preparada a golpe tan fatal, no. Una esperanza lisonjera te mantenía en vida. ¡Ah!, ya se disipó esta esperanza, ya no habrá felicidad para nosotros. Pero, ¿será mi padre tan cruel que insista en darme la muerte? No, no es posible que nutra en su corazón tanta inhumanidad. El primer impulso le transportó,[54] pero al fin es padre y resentirá[55] los poderosos gritos de la naturaleza. No hay duda. El furor tiene sus límites. Puede llegar a su extremo, pero, por la misma razón, regularmente se calma. Voy a confesarle mi amor. Lisandro es de ilustre nacimiento, está muy próximo a ser rico, es amigo de mi padre, sabe que me salvó la vida, conoce su mucha virtud, y todas estas consideraciones ablandarán su rigor».

En estas reflexiones y otras semejantes, pasó hasta que volvió su padre, y animada de su interior esperanza, arrojándose a sus pies y bañándole de lágrimas las manos, le dice así: «Padre mío, tened piedad de mí, no me sacrifiquéis, considerad que me disteis el ser, no permitáis...». ¿Qué demostraciones son éstas, Rosaura?—la interrumpió su padre con un tono colérico—, ¿aún permaneces obcecada en tu temeridad? ¿Quieres apurar mi paciencia? —Señor, no os irritéis de ese modo. Disculpa merece mi resistencia. Tened la bondad de oírme y la sabréis. —Dí, pero que sea breve. —Ya sabéis que debo a Lisandro la vida, que es de un origen tan ilustre como el nuestro y que sus virtudes morales y gracia personal son dignas de estimación. —¿Y qué quieres decir con eso? —Que estimulada de mi gratitud y movida de su tierno amor, le ofrecí ser su esposa. —¡Qué dices!, ¿ser su esposa? —Sí, señor. Ya no tiene remedio. Una vida que le debo es razón[56] que se la consagre. En nada agravio a mi sangre, ni a vos. Mi corazón acostumbrado a amarle, no podrá tener reposo sin él. Acordáos de cuanto le debo, reflexionad que es vuestro amigo. ¡Ah, padre mío, a compasión os mueva mi tierno llanto! Si deseas mi felicidad, éste es el único medio para que la consiga. —¿Estáis loca, Rosaura? ¿Has perdido el sentido? ¿Tú crees que yo puedo permitir que te cases con un hombre tan pobre, que en dos días disipará mis caudales? ¿Tú crees que puedo preferirlo a un esposo tan rico e ilustre como el que te ofrezco? Déjate de extravagancias, no irrites mi furor. No, no lo pienses. Yo he dado mi palabra y, a pesar del mundo entero, he de cumplirla. Lisandro no será tu esposo. Un pobre... —Señor, la pobreza no es desmérito si está acompañada de la virtud y del honor. Además, aunque Lisandro es ahora pobre, está pleiteando unos estados[57] cuantiosos, y esta carta os instruirá[58] de su derecho... —Siempre es contingente.[59] No te canses. Yo lo mando y, si me replicas, verás hasta donde llega mi enojo. —Todos los tormentos juntos no son capaces de arrancar de mi corazón a Lisandro. Él será mi esposo, aunque exponga mi vida. —No lo será insolente, atrevida. Y, dándola una bofetada, transportado de cólera, se salió y la dejó encerrada en el cuarto. La pobre Rosaura, sin poder resistir a la opresión de su corazón, perdió el uso de los sentidos y cayó desmayada.

Parece que no es fácil que se halle un padre tan cruel, pero ¡cuántos hay en el mundo semejantes a él! ¡Ojalá que fuese engaño! Mas no lo es. Muy frecuentes son los desgraciados ejemplos que autorizan[60] y confirman esta verdad. Apenas habrá lugar en la tierra donde no se hagan tan injustos y enormes sacrificios. Los padres interesados, vanos, avarientos y poco cristianos creen que el derecho y dominio paterno les da autoridad para usar las más indignas violencias con sus hijos y no se acuerdan que es muy contraria la doctrina que nos enseña la religión y la naturaleza. Arrastrados de un pérfido

---

[54] Enajenó.
[55] Oirá.

[56] Justo.
[57] **Unos...** unas riquezas y posesiones.
[58] Informará.
[59] Que puede suceder o no.
[60] Comprueban.

interés, preocupados de una loca vanidad, ya sacrifican a un hijo en[61] estado eclesiástico, ya a otro en el religioso, y ya en el matrimonio, causando las más veces tales y tan lastimosos perjuicios[62] que despúes lloran su indiscreción[63] cuando no tiene remedio.

No hay duda en que la juventud necesita de freno, que frecuentemente se extravían los hijos e intentan cometer los mayores atentados,[64] pero en semejantes casos la corrección suave, la prudencia y la razón deben obrar para apartarlos del error y aún, si fuese preciso, no es extraño[65] el rigor. Mas cuando únicamente les predomina el interés o el capricho, como al padre de Rosaura, ¿no merecerían los padres inhumanos el más severo castigo? (...)

Luego que[66] volvió del parasismo[67] la desgraciada Rosaura y se halló encerrada, rodeada de confusión, de espanto y oscuridad, porque ya era de noche y le habían cerrado las ventanas para que ni aún la claridad de la luna pudiese prestarle alguna luz, deshecha en lágrimas y agitada de su turbación, exclamó en alta voz: «¿Podrá encontrarse mayor crueldad? ¿Podrá creerse que un padre que me dio el ser tenga valor para tratarme con tanta inhumanidad? ¡Ay, desventurada de mí! ¡Qué haré en esta oscuridad sin tener quien me socorra! Pobre Lisandro mío, si supieras cómo me hallo por tu amor, ¡qué tormento no sería el tuyo! ¡Qué designios serán los de mi padre! ¡Qué pensará hacer de mí! (...) Del carácter avaro e interesado de mi padre, siempre me temía este infortunio. ¡Ay de mí! ¿De qué me sirven los tesoros que me ofrece, si pierdo el más estimable de todos, mi amado Lisandro, cuya virtud vale más que todas las riquezas del mundo? Yo no podré consentir jamás que me vea en brazos de otro esposo. Sufriré, padeceré los mayores martirios con ánimo y firmeza, nada me desmayará. Si condesciendo a los intentos[68] de mi padre, moriré desesperada al verme al lado de un esposo con quien sólo puede unirme la violencia y no la voluntad, pues, más vale morir aquí, resignándome en mis penas y tribula-

ciones. No os enojéis contra mí, santo cielo. Yo venero y respeto a mi padre y, si sus ideas fuesen justas y no estimuladas de un vil interés, le obedecería gustosa.

En estas exclamaciones estaba la infeliz Rosaura cuando siente abrir una pequeña ventana y una voz desconocida que la dice: «Tomad, señora, este pedazo de pan y esta jarra de agua, cuyo alimento tendréis—y no otro—mientras no obedezcáis a vuestro padre». Hombre humano, cualquiera[69] que seáis, que no os conozco—le responde, anegada[70] en lágrimas—, ¿qué delitos he cometido yo para tanta crueldad? ¿Es posible que no haya quien tenga lástima de mí, siquiera porque soy mujer? El que le llevaba la cena la dejó en el poyo[71] de la ventana, la cerró y se retiró sin responderle una palabra. Quedó la afligida Rosaura casi sin poder respirar al ver la tiranía de su padre. Un sudor frío bañaba su delicado rostro y en tan triste soledad sólo hallaba algún descanso con el llanto. (...)

Apenas amaneció cuando volvió su padre a entrar en el cuarto, más irritado que la mañana anterior. Luego que le vio Rosaura, se hincó de rodillas y, sumergida en un mar de lágrimas, le dijo tan tiernas palabras, tan expresivas y convincentes razones que no es fácil de exprimir[72]. Pero lejos de ablandar la dureza de aquel inicuo[73] corazón, más sañudo[74] e iracundo la castigó, la arrastró de los cabellos e hizo con ella los más horribles excesos. (...)

Ya había ocho días que estaba encerrada en el cuarto la infeliz Rosaura sufriendo los más malos tratamientos[75] de su padre y sin poder excitar en su corazón el menor impulso de piedad, cuando, conociendo el marqués que todos los géneros de castigo que había inventado su severidad no eran bastantes para vencer a Rosaura, maquinó el más indigno, escandaloso y protervo[76] que se puede imaginar, con el cual no dudó lograría sus pérfidos intentos. Con este designio entró en la estancia, estrecha cárcel de su hija, y con un tono más soberbio y altivo empezó a persuadirla.[77] Rosaura multiplicó sus ruegos y

---

[61] Al.
[62] **Lastimosos...** lastimosas calamidades.
[63] Error.
[64] Desvaríos.
[65] Impropio.
[66] Tan pronto como.
[67] Paroxismo: ataque casi mortal en que el enfermo pierde el sentido y la acción por largo tiempo.
[68] **Los...** las intenciones.

[69] Quienquiera.
[70] Bañada.
[71] Banquito que se construye arrimado a las paredes de las ventanas, puertas o zaguanes.
[72] Expresar.
[73] Injusto.
[74] Enojado.
[75] Tratos.
[76] Malvado.
[77] Hablarle para conseguir sus fines.

gemidos, pero su padre, después de haberla despreciado con enojo e injuriado impíamente de palabra y obra, le dijo: «Parece, ingrata y pérfida hija, que te has empeñado en darme que sentir,[78] oponiéndote a mis ventajosos y justos deseos. Ésta es la última vez que llego a hablarte y no sé cómo no me arrebata mi enojo y te hago mil pedazos. Pero yo refrenaré tu audacia y haré que te arrepientas de tu inobediencia». Señor—le interrumpe Rosaura, llena de temor—, yo no soy inobediente. Vos me imponéis un precepto contra la caridad y yo no debo obedeceros. La autoridad paterna no tiene facultades para mandar lo que no es justo. Dios nos dio un libre albedrío y no dio permiso a ningún padre para violentar a sus hijos a abrazar un estado que les es repugnante. —¿No tengo facultades?, yo lo veré. Prevente[79] para unirte al esposo que te propongo o mando al instante que asesinen a Lisandro. —Padre de mis entrañas, ¡qué es lo que proferís! ¿Vos os olvidáis de que sois cristiano? ¿Vos os valéis de un medio tan execrable para sacrificarme? ¿Vos tenéis valor para acción tan enorme? ¿Un delito queréis que os abra la puerta para otro? ¡Ah!, reflexionad que hay justicia en el cielo, si no la hay en la tierra. —No te canses en reconvenciones[80] infructuosas. Si no te casas esta misma noche, juro por quien soy que Lisandro morirá, y tu obstinación será su cruel verdugo. Dentro de poco tiempo vuelvo y mira bien lo que resuelves[81] pues soy hombre que no faltaré a mi palabra. Con esto se salió, cerrando la puerta con una furia tan estrepitosa que estremeció todo el cuarto. (...)

Impaciente el marqués de saber la resolución de su hija, volvió a la estancia [cuando] serían las cuatro de la tarde. Al instante se echó Rosaura a sus pies, repitió sus tiernas súplicas y, hallando a su padre incontrastable[82] en sus protervos designios, le dice que, desde luego, está pronta[83] a obedecer su voluntad. Alegre y regocijado el marqués de haber conseguido su victoria, sin considerar los indignos medios que había usado para ella, sacó a su hija de la prisión, la hizo vestir ricamente, adornarla de preciosas joyas y diamantes, y aquella misma noche dispuso se efectuase el casamiento. No es posible referir

la pena que laceró[84] el tierno corazón de Rosaura al dar la mano a su esposo. Ya se consideró la criatura más infeliz de la tierra y ya acabó para ella todo consuelo. (...)

[Rosaura escribe a Lisandro, contándole lo sucedido. Éste le contesta informándola de su decisión de entrar en un convento]

Luego que el duque sació los primeros impulsos de su amor, miraba a Rosaura con bastante indiferencia, sin embargo que[85] ella le demostraba el mayor afecto. No bien se habían pasado tres meses cuando ya la trataba con desprecio. Era el duque de un genio muy perverso, muy vano y gastador, lleno de amor propio, propenso al deleite y de unas inclinaciones protervas. Se había criado sin freno y acompañado siempre de jóvenes disolutos. Todas sus máximas[86] eran muy opuestas a la virtud de Rosaura, la cual sufría con la mayor humildad todos sus insultos y ultrajes. A pesar de la modestia y respeto que notaba en su esposa, fue aumentando sus malos tratamientos de tal modo que ya la aborrecía. En medio de las concurrencias más numerosas, la hacía los mayores desaires y la pobre Rosaura callaba, ejercitaba su paciencia y se consumía entre sí.[87] ¡Cuántas veces se acordaba del infeliz Lisandro! Se figuraba el desconsuelo que le atormentaría en la tétrica soledad del claustro y, con profundos suspiros y continuo llanto, desahogaba su dolor.

Su esposo, ingrato e indolente, maquinaba cuantos medios le sugería la iniquidad para darla que sentir.[88] Se dio a tratos ilícitos y muchas veces tenía la insolencia de alabar a los indignos objetos de sus deleites[89] en presencia de Rosaura. Esta desconsolada señora nunca le respondía una palabra, reprimía sus sentimientos y a nadie se atrevía a comunicarlos. Todos estos continuados pesares la tenían tan consternada que su salud iba rápidamente desfalleciendo. No se compadecía el duque del feral[90] y lamentable estado de su esposa y, olvidado de su propia obligación, cada día era más y más tirano. Llegó a tanto su maldad que le escaseaba su necesario sustento, la encerraba cuando menos lo esperaba en un cuarto lóbrego y oscuro, nunca oía palabra que no fuese

---

[78] **Darme...** disgustarme.
[79] Prepárate.
[80] Reproches.
[81] Decides.
[82] Inmutable.
[83] Dispuesta.

[84] Hirió.
[85] **Sin...** a pesar de que.
[86] **Todas...** Toda su conducta.
[87] **Entre...** a solas.
[88] **Darla...** hacerla sufrir.
[89] **Los...** otras mujeres.
[90] Mortal.

una injuria y aún tenía frecuentemente la temeridad de darle de bofetadas[91] y maltratarla con la mayor severidad.

De un hombre de tan desordenadas costumbres no se podían esperar sino desarreglos. No sabiendo manejarse a sí mismo, era muy regular[92] que tampoco supiese manejar los negocios domésticos y así todo era en aquella casa desorden y confusión. Aunque por sí solo era muy rico, y se había multiplicado su opulencia con la crecida dote de Rosaura, nada bastaba a los excesivos y exorbitantes gastos que superfluamente hacía para contentar y saciar sus indignos apetitos y pasiones. Una casa que gobernada con discreción hubiera sido la más fuerte del estado, llegó en poco más de un año a deteriorarse de tal modo que tuvo el duque que empeñarse para sostenerla.

Viendo el padre de Rosaura la mala inversión que el duque hacía de sus numerosos caudales y el desprecio y dureza con que trataba a su hija, como reflexionaba que su indiscreción era la causa de tantos perjuicios, se consumía de pena y no se atrevía a manifestarlo a su hija, temeroso de que no se lo echase en cara y le reconviniese[93] que con su avaricia había ocasionado tan considerables males. Esto es lo que comúnmente sucede a todos los padres injustos que hacen infelices a sus pobres hijos. Cuando conocen los daños que ha producido su barbaridad e indolencia, se ven combatidos de un cruel arrepentimiento que incesantemente los inquieta y perturba. Si antes examinasen bien que no puede tener buen éxito un modo tan pérfido de obrar, que el estado que violentamente les hacen abrazar a los hijos es para mientras dure la vida y que nunca puede ser bueno si la voluntad no lo admite sin repugnancia, no llegaría el caso de que sus mismos remordimientos los persiguiesen y atormentasen cuando no es fácil indemnizar el detrimento[94] que hicieron a las leyes humanas y divinas. Ningún padre que piense y obre como el de la desventurada Rosaura, será disculpable delante de Dios, ni aún a la vista del mundo, ni quedará impune, antes bien será condenado a padecer eternamente los más rígidos tormentos. (...)

La pena interior que laceraba el afligido corazón del marqués que cada día conocía más sus errores, le redujeron a una triste melancolía[95] que poco a poco le extenuaba y debilitaba su salud. Ya se temían algunas malas consecuencias de su profunda tristeza, a la cual se entregaba, como un hombre desesperado, a quien agobia el peso de su existencia. Con nada hallaba consuelo ni sosiego este hombre acongojado y confuso y cada vez que se le presentaba a su vista el tierno y deplorable objeto de su hija sacrificada e infeliz, se multiplicaba su íntimo y funesto dolor. Hacía ya dos meses que no salía de su casa porque su languidez y achaques no se lo permitían cuando una tarde fue su pobre hija a verle y, estando los dos solos, le habló el marqués de las extravagancias, caprichos y desórdenes de su marido. Rosaura, por no afligirle más, procuró sincerar[96] la conducta de su esposo, queriendo persuadir a su padre que ya se había enmendado y era más tratable. Pero el marqués, que estaba bien informado de que era todo lo contrario, conoció que la virtud hacía hablar a su hija y esto le oprimía el corazón de tal modo que se sentía morir. En fin, tomándola por la mano, lleno de lágrimas y con una voz débil, le habló así: «Hija de mis entrañas, desgraciada víctima de mi furor e inhumanidad, si supieras la terrible aflicción que me rodea, verías que no hay tormento mayor que el que yo padezco. Me horrorizo al pensar que yo soy la cruel causa de todos tus infortunios. Me parece que no puede tener perdón del cielo un padre tan bárbaro como yo que, no oyendo los tiernos clamores de la naturaleza, tuvo valor para hacerte infeliz. ¡Ay, hija de mi vida! Yo soy un monstruo infame, que merezco los mayores castigos y rigores. (...) Perdóname, hija de mi alma, perdóname tantos agravios como te ha ocasionado mi dureza. No te acuerdes de mis impiedades, sino de que soy tu padre, y de que ésta es la última gracia que imploro de ti. Así lo espero de tu piedad, hija mía, y con esto moriré menos angustiado. (...) Abre el marqués los ojos, los clava en su amada hija, y la da a entender con las más sensibles demostraciones su profundo dolor. Batalla con las ansias, congojas y tribulaciones[97] que acompañan en la tremenda hora al delincuente y, exhalando un íntimo suspiro, queda calavérico. (...)

Si hasta entonces había sido malo el duque, después que se apoderó de tanta hacienda, se volvió más perverso y trataba tan inicuamente a su mujer que la pobre infeliz, con el dolor de haber perdido a su padre y verse en poder de un hombre tan vil y brutal, cayó mala brevemente. Se iba agravando su enfermedad. Su marido, divertido en

---

[91] **De...** muchas bofetadas.
[92] De esperar.
[93] Reprochase.
[94] **Indemnizar...** compensar el daño.
[95] Abatimiento.

[96] Justificar.
[97] Penas.

sus amores y caprichos, ni aun si quiera la visitaba. Este injusto desprecio la atormentaba acerbamente[98] y apresuraba el curso de sus días. Los médicos le dijeron que se moría sin remedio y Rosaura recibió esta funesta noticia con una serenidad admirable, pareciéndole que, después de las penas y tormentos que con tanta resignación había sufrido en esta vida, lograría en premio la eterna felicidad. Participaron[99] al duque el deplorable y calamitoso estado de su esposa y su ingrato y pérfido corazón no resintió[100] el menor impulso de compasión, antes bien respondió con mucha frialdad: «Si se muere, buen provecho la haga, no hay sino mujeres en el mundo y mejores que ella». (...)

Apenas murió la desgraciada Rosaura cuando su indigno marido pensó volverse a casar, pero el cielo, que había tolerado hasta entonces sus maldades, cansado ya de su obstinación, quiso castigarle para escarmiento de otros libertinos y malvados semejantes a él. Un día se empeñó en domar un caballo. Varias personas le aconsejaron que no lo hiciese porque era muy furioso y soberbio, pero él, preciado de valiente y diestro en el manejo de la brida, lo montó. Al instante empezó a asperearse,[101] lo estrechó para sujetarlo, pero el bruto indómito partió como una furia. Nadie se atrevía a detenerlo y ya ciega e impetuosamente se precipitó por unos eminentes escollos haciendo mil pedazos al duque.

Todo el mundo se consternó al saber el desastrado[102] fin que tuvo este vicioso e inicuo joven, atribuyéndolo a venganza del cielo en castigo de sus enormes desórdenes y delitos. Muy diverso fue el del virtuoso Lisandro, quien murió poco después que Rosaura, dejando a sus religiosos compañeros muchos dignos ejemplos de humildad, de paciencia y religión que imitar y afligidos de haber perdido un socio en quien brillaban en grado heroico las más puras virtudes y costumbres.

¡Ah!, padres crueles, reflexionad con la debida atención todas las miserias que padeció la infeliz Rosaura estrechada[103] y obligada por su padre a contraer matrimonio contra su voluntad. Considerad el arrepentimiento y confusión que le asaltó a su padre en la terrible hora de la muerte conociendo su injusticia e inhumanidad y no

seáis pérfidos y crueles verdugos de vuestros mismos hijos, cuyo sacrificio no mirará el cielo con indiferencia y seréis responsables de todos los daños y perjuicios que ocasione vuestra dureza e impiedad. Ojalá que a la vista de tan formidable y horroroso ejemplo, se contenga vuestra bárbara crueldad y que no se vean tantos desdichados llorar, padecer y pedir vindicta[104] contra los impíos y tiranos padres que les constituyeron[105] en la amarga y deplorable necesidad de vivir eternamente infelices.

CÁNDIDO MARÍA DE TRIGUEROS (1736-1798)

Una de las características fundamentales de la narrativa dieciochesca es su gusto por el adoctrinamiento. Salvo quizás Mor de Fuentes, todos los narradores del XVIII se caracterizan por la doble naturaleza de su «novela moral». Por un lado, comprenden su moralidad en términos éticos y por otro, como reflejo de costumbres, dando entrada de este modo a la técnica de reproducción realista. Por lo general, los novelistas finiseculares manifiestan en digresiones o apartes su fin moral, destruyendo la ilusión literaria. Todos reflejan costumbres, pero, mientras Mor descubre la ejemplaridad de la vida y, por tanto, la reproduce tal como es, gran número de sus contemporáneos le superponen un mensaje, inseguros quizás de que lo que diga sea de utilidad social.

Cándido María de Trigueros es uno de estos últimos. En el «Prólogo» a sus *Pasatiempos. Almacén de fruslerías agradables* (1804) se presenta como moralista que reniega de lo que España recibe del exterior. Ataca las traducciones de obras narrativas que «intentan persuadirnos que son el medio más proporcionado para la corrección moral de la sociedad y un sabroso antídoto contra la corruptela: de letra de molde se ha publicado pocos meses ha que, sin otro maestro ni otro libro que ciertas novelas que allí se nombran, y son harto triviales, se puede perfeccionar la gran

---

[98] Cruelmente.
[99] Comunicaron.
[100] Sintió.
[101] Irritarse.
[102] Trágico.
[103] Empujada con amenazas.

[104] Venganza.
[105] El verbo «constituir» significaba colocar y elevar a uno en una dignidad. Es decir, los padres, pretendiendo poner a sus hijos en una situación ventajosa, no les causan más que sufrimiento.

obra de nuestra educación nacional» (Vol. 1, viii). Trigueros no ataca la creación de novelas y cuentos ni sus traducciones, sino el mal uso que se hace de ellas, ya que muy a menudo tales obras «ofrecen corrección y dan corrupción» (xi). Lo que le molesta son los nuevos conceptos filosóficos del siglo, los cuales—bajo apariencia edificante—corrompen la ideología tradicional española, destruyen las costumbres antiguas y, en suma, corroen los cimientos del Antiguo Régimen.

Reaccionando contra este tipo de ficción, pero consciente de que compone en el mismo género que difama, Trigueros escribirá dos volúmenes de «fruslerías» (cosas de poco valor), algunas originales, otras, más que traducción, adaptaciones de sus temas al ser nacional. Muchas con raíces en viejos géneros y motivos, algunas bajo ropajes de moda (la epístola, por ejemplo), pero absolutamente todas repletas de moralidad. El primer volumen contiene *El casado que lo calla, El criado de su hijo, La mujer prudente, Adelaida, Cuatro cuentos en un cuento* y *Los enredos de un lugar*, los dos últimos títulos con acumulación de técnicas de la novela del Siglo de Oro: la anagnórisis,[1] el recurso a las fuentes manuscritas y la estructura de narraciones situadas una dentro de otra. El segundo volumen posee sabor oriental: *La hija del visir de Garnat, El juez astuto, El paraíso de Shedad, El santón Hascan* y *El egipcio generoso*, pero incluye también el cuento *El mundo sin vicios*, una biografía, la *Vida de don Alfonso Pérez de Guzmán, el Bueno, primer Señor de San Lúcar de Barrameda*, y dos traducciones, una procedente de *Lady's Magazine, Los dos desesperados*, y otra de las *Six nouvelles (Seis cuentos)* de Florian, a la que Trigueros titula *Bliomberis*. La finalidad, sin embargo, de todas estas narraciones es establecer modelos de buena conducta y aleccionar contra los errores morales de la sociedad contemporánea: los perniciosos efectos del excesivo mimo en la educación de los jóvenes, la condenación del suicidio, los deberes del esposo o la paciencia y perdón de las mujeres

a sus libertinos cónyuges. «La diversa procedencia de los relatos incluidos en *Mis pasatiempos* no impide que haya en todos una misma filosofía de la vida: la felicidad sólo se puede conseguir mediante la conducta virtuosa» (Aguilar Piñal 262). Para defender este principio escribe Trigueros y, como los más de sus contemporáneos, convierte su prosa novelada en casi un tratado moral.

Mis pasatiempos, almacén de fruslerías agradables

Adelayda, cuento

Fastidiada de estar sola con su marido, la mujer de un caballero que casi todo el año vivía en una aldea con sobriedad y sin brillantez se escapó un día secretamente y se encaminó a la más cercana ciudad, donde cambió algunas alhajas de plata por cintas, blondas, gasas y otras despreciables bagatelas[2] de las que tanto atraen a las mujeres y aún a los hombres que no tienen pensamientos juiciosos e ideas sólidas. Tomó luego un asiento en el coche de diligencia y partió para la capital, disfrazada con el supuesto nombre de señora del Arno. Se estableció en un decente cuarto de una posada, donde vivía con una tierna hija de sólo cuatro años.

En los primeros días de su detención[3] despachó la señora del Arno las bagatelas que había traído para venderlas y, finalizada la venta, comenzó a visitar los edificios y paseos públicos, los teatros y los demás monumentos que para ella, acostumbrada a la pobreza de su aldea, eran otros tantos objetos de admiración, pero a una señora bella y de poca edad no le estaba bien recorrer sola las calles y plazas de una gran ciudad, por tanto, la señora del Arno aceptó la oferta de acompañarla que le hizo un oficial mozo que habitaba en otro cuarto de la misma posada y había así podido tratarla y trabar amistad con ella.

La señora del Arno era agradecida y el oficial amable. Iban siempre juntos al paseo, al teatro y a todas partes y, al fin, se acomodaron tan bien uno con otro que llegó un día en que no volvieron a la posada. En ésta, se creía al principio que habrían ido a visitar alguna de las magní-

---

[1] Término usado por Aristóteles en la *Poética* para describir el momento en que el personaje reconoce una verdad que lo conduce a la sabiduría. Normalmente corresponde a un cambio abrupto de fortuna.

---

[2] Cosa de poco valor.
[3] Su estancia en la dicha ciudad.

ficas curiosidades de la vecindad y que al día siguiente estarían de vuelta, pero se engañaban absolutamente en la posada porque no volvieron a aparecer en ella.

Entretanto la tierna Adelayda, sola en su habitación, lloraba sin consuelo y no cesaba de llamar a su querida mamá. Los amos de la posada, conmovidos de sus lágrimas y del cariño que habían tomado a tan amable niña, se esmeraban con el mayor ahínco en procurarla consolar, pero ni lograban enjugar sus ojos,[4] ni podían volverla a sus parientes porque no sabían de dónde había venido, ni cual era el nombre de su familia, ni la niña era capaz de darles luz alguna sobre estos puntos esenciales. Solamente pudieron entender que el nombre de la señora del Arno era un mero disfraz y fingimiento.

En este tiempo llegó a la posada una señora que se alojó en el mismo cuarto en que estaba Adelayda abandonada. Viendo tan graciosa niña y siendo informada de su desventura, se movió a lástima en tanto grado que deseó recogerla y criarla como hija. Los amos de la posada consintieron de buena voluntad que se la llevara, tanto por saber que era muy rica la señora cuanto porque, sin embargo del[5] amor que tenían a la desamparada niña, se hacían cargo de que si permanecía allí vendría a ser una carga demasiado pesada para ellos. De este modo por suma y muy extraordinaria ventura, halló Adelayda una segunda madre en la baronesa del Puerto, que así se llamaba esta señora, mujer muy favorecida de la naturaleza y de la fortuna, pero que sin embargo no podía decirse venturosa.[6]

Viva, hermosa, tierna, rica y adornada de todo género de atractivos, jamás había podido fijar con ellos el cariño de su inconstante marido, el cual entregado al tumultuoso libertinaje del mundo, tenía a su mujer lejos de sí, desterrada en una de sus posesiones, y no contento con esto aún la privaba del gusto de ver y educar el único hijo que de él le quedaba, al cual mantenía el barón lejos de su cariñosa madre. Privada así de todos los objetos en que pudiera emplearse su natural ternura, la ocupó toda en cuidar y educar esta bella huérfana en quien había puesto el amor de una verdadera madre. A su lado tuvo Adelayda todos los maestros y auxilios[7] que podían contribuir a perfeccionar las buenas disposiciones de su alma y los

atractivos de su figura, por manera que su merecimiento[8] crecía con la edad y aún se adelantaba a ella.

Aunque el barón había fijado su morada en la capital, daba de cuando en cuando algunas vueltas a su casa no olvidándose de ejecutarlo cuando era el tiempo de que sus arrendadores[9] y demás deudores hiciesen sus pagos. La primera vez que vio la huérfana que su mujer había recogido llevó bastante mal su determinación, no viendo en ella más que un superfluo aumento de gasto, pero poco a poco se fue acostumbrando a las gracias de la niña y pasados bastantes años, cuando ya dejaba de serlo y se habían desenvuelto y perfeccionado con el arte y el esmero las muchas y muy apreciables prendas de que la había dotado la naturaleza, comenzó a celebrar la buena elección de su mujer y la veía más a menudo, estando en su casa con más complacencia.

La baronesa, que al observar esta mutación de proceder creía nacer de las costumbres de su consorte, que le parecían menos corrompidas, se lisonjeaba de verle volver a su obligación y, viendo cuánto apreciaba los esmeros que tenía con la bella huérfana, para atraerle más, le propuso casarla con su hijo, que finalizaba entonces el curso de su educación. Pero se había entregado con poca reflexión la crédula baronesa a una vana esperanza. El proyecto de su marido era muy diverso. (...)

Sin embargo, disimuló y aparentó que aprobaba las buenas intenciones de su mujer, oponiendo sola y débilmente la dificultad de averiguar el nombre y la condición de la familia de Adelayda, pero insinuando que tal obstáculo parecía no ser suficiente para que su hijo dejase de casarse con una doncella tan adornada de las más apreciables prendas. Después de esta conversación, se restituyó[10] a la capital.

No ignoraba Adelayda lo que se había tratado entre marido y mujer porque la confianza y cariño de ésta no era capaz de ocultarle un designio tan importante para ella, y ella, aun sin pararse en sus propias conveniencias, por mero reconocimiento miraba como su mayor felicidad la ejecución de un plan que se dirigía a estrechar su unión con su bienechora por medio de los vínculos de la sangre. En medio de tan deliciosas esperanzas, un funesto accidente trastornó de repente todos estos proyectos.

Lo mucho que por espacio de tantos años había hecho sufrir a la baronesa la corrupción de las costumbres de su

---

[4] **Enjugar...** poner fin a sus lágrimas.
[5] **Sin...** a pesar de.
[6] Feliz.
[7] Medios.

[8] Mérito.
[9] Arrendatarios.
[10] **Se...** regresó.

consorte había alterado poco a poco su débil temperamento, en tal grado que cualquiera[11] enfermedad que le sobreviniese podría tener muy malos efectos. Sobrevínole[12] una ocasionada de las noticias ciertas que tuvo de nuevos y muy ruidosos desórdenes de su marido, los cuales causaron tanto más estrago cuanto menos los esperaba por creerle más corregido. En efecto se agravó tan violentamente que dentro de pocos días expiró entre los brazos de Adelayda. Envióse[13] por la posta[14] la noticia de la peligrosa enfermedad de la baronesa tanto a su marido como a su hijo, pero solamente vino el padre, el cual la encontró difunta.

No es posible pintar el dolor de Adelayda, ni pueden compararse las lágrimas que derramó al perder su verdadera madre con las congojas que ahora padecía. (...) Entretanto el barón se esmeraba en consolarla por varios medios, pero sin que ninguno de ellos fuese el darle cuenta del proyecto de la difunta sobre casarla con su hijo. Viendo entonces Adelayda que ya no podía lisonjearse de que se verificase su casamiento con el señorito, al cual por otra parte jamás había visto, pidió al señor barón que le permitiese retirarse a un monasterio. ¡Un monasterio!—dijo el barón—, ¿estáis totalmente determinada a ello? (...) Hay para vos un método de vida más agradable y más brillante, y el único que debéis elegir, si no queréis proceder sin juicio. Como que[15] os amo cual[16] si fuerais mi hija, he pensado seriamente en ello de algún tiempo a esta parte, seguid pues mis consejos, entendida en[17] que soy muy capaz de labrar[18] vuestra fortuna.

Este equívoco modo de expresarse, le acompañó con algunas señas de afecto particular y este afecto le caracterizó con varios discursos que, aunque ambiguos, no lo fueron tanto que no los comprendiese Adelayda, no obstante[19] su inocente pudor.

Oprimida de vergüenza, de dolor y de espanto, se retiró a su cuarto donde permaneció tres días encerrada y como presa sin atreverse a salir de él, sin probar alimento alguno, aún sin rendirse al sueño y solamente ocupada en derramar continuamente un copioso torrente de lágrimas. Pasado este tiempo, se vio precisada a salir de su encierro porque el barón hizo que la llamaran con mucha seriedad.

Adelayda—le dijo este endurecido libertino con una sonrisa llena de doblez—, Adelayda, me parece que has tenido tiempo bastante para reflexionar sobre lo que te dije el otro día. —¡Ah!, señor, he reflexionado como debo. —Y bien, ¿qué es lo que has resuelto? —He resuelto morir. —Míralo bien, hija mía, y considera que de todos modos te conviene prestarte a mis consejos. —¡Ah!, no señor, primero querré morirme que envilecerme en tanto grado. —Pues bien, señorita, ya que abusáis así de mi bondad, preparaos para volver al triste mesón de dónde os sacó mi mujer. Yo propio[20] os conduciré a él. (...)

Superfluo sería decir que durante el camino empleó [el barón] cuantos discursos pudo inventar para seducirla. (...) Pero todo fue en vano y no hubo modo de hacer titubear la constancia de la virtuosa doncella. Llegaron por fin a la posada y la abandonó en ella el torpe y despiadado barón del Puerto.

Después de doce años todo se había cambiado en la posada. A los que antes la tenían, habían sucedido sus herederos, que no conocieron a Adelayda, sino por una vaga tradición. Se contentaron con asignarla por compasión un cuarto pequeño y retirado, mirándola como una aventurera,[21] de quien se fiaban poco. Ella, encerrada y acongojada, no hacía sino llorar, pensando siempre lo que sería de ella sin amparo ni conocimiento alguno y sin más bienes que una escasa provisión[22] de su peor ropa y veinte o treinta ducados de dinero. (...)

Una semana había pasado esta infeliz en tan deplorable situación cuando en un magnífico tren de camino[23] llegó a la posada una señora de edad algo avanzada que, suponiendo venir de Flandes,[24] comenzó desde luego[25] a informarse si como[26] doce años antes había estado allí y dejado una niña llamada Adelayda la señora del Arno. La favorable respuesta que la dieron le ocasionó tan violenta

---

[11] Cualquier.

[12] Le sobrevino.

[13] Se envió.

[14] **La...** antiguo medio de enviar noticias, correspondiente a nuestro actual correo.

[15] **Como...** Pues.

[16] Como.

[17] **Entendida...** sabedora de.

[18] Propiciaros.

[19] A pesar de.

[20] Mismo.

[21] Mujer de mala vida o, por lo menos, vagabunda.

[22] Surtido.

[23] **Tren...** carruaje de lujo.

[24] Antigua región de Europa que actualmente comprendería parte de Francia, Bélgica y Holanda.

[25] **Desde...** inmediatamente.

[26] Aproximadamente.

sensación que estuvo para desmayarse sobrecogida por el extremo gozo y apenas con suma admiración supo que actualmente estaba allí la doncella. Corrió sin detenerse a su cuarto y, llamándola «querida sobrina», la estrechó con el mayor amor entre sus brazos. «No puedes negar quién eres»—le dijo—, toda tu estampa es un verdadero retrato de mi hermano. ¡Pobre hermano mío!, ¡cual será tu contento cuando sepas que, al cabo de tantos años y de tan inútiles pesquisas, ha aparecido al fin tu preciosa hija que, con su mismo exterior, acredita serlo! Parecíale[27] que estaba soñando a la admirada doncella, pero, vivamente asegurada por las repetidas expresiones de la señora, comenzó a dar crédito y a corresponder con ternura a sus enérgicos extremos[28], y aún a dar gracias al Cielo que, por medio del riesgo y terror, la había guiado a la felicidad.

Supo al otro día que su tía había escrito a su hermano, dándole cuenta de tan venturoso hallazgo, para que sin demora se pusiese en camino y viniese a estrechar en sus paternales brazos, a recoger y hacer feliz tan amable hija. Entretanto que[29] llegaba, determinó la tía tomar una casa de alquiler donde esperarle y recibirle. Así se ejecutó y, sin detención, se pasó a ella con su querida sobrina.

Sin embargo de que[30] en esta casa vivían con mucho retiro, no dejó de divulgarse la noticia de que había llegado a la capital la ilustre madama Robart, que así se llamaba la recién venida tía de Adelayda. Acudieron a cumplimentarla varias personas de distinción y ella no pudo dejar de advertir a su sobrina que, siendo ambas de una familia muy esclarecida, ni podían dejar de tratar con sus iguales ni aspirar ella a otra cosa que a proporcionarse un matrimonio muy ventajoso. En nada pensaba madama Robart si no es su sobrina y, habiendo hallado en ella el más claro ingenio, la más hechicera gracia y los modales de la mejor educación, deseosa de divertirla mientras venía su padre, comenzó a frecuentar en su compañía las personas cultas, los teatros, los bailes, los paseos y todas las más brillantes concurrencias. Su tertulia fue dentro de poco muy numerosa y los más distinguidos jóvenes aspiraban a porfía[31] a la fortuna de poseer el corazón de Adelayda.

Uno de éstos era Vallemonte, hijo único de una familia muy rica y condecorada,[32] que, habiéndola visto en el teatro y concurrido con ella en un baile, muy enamorado de ella, había logrado que le presentasen a la tertulia de la tía y, siendo conocido por persona rica, ilustre y de muy buenas costumbres, tuvo en ella muy buen acogimiento. Declarado dentro de poco éste y hallando honrada correspondencia en Adelayda, la aprobó la tía, asegurando que no dejaría de hacer lo mismo su hermano luego que[33] llegase, por lo cual podían mirarse y tratarse de allí adelante como destinados uno para el otro. Adelayda indicó a la tía cuánto la afligía la fastidiosa turba[34] de petimetres[35] atolondrados que la rodeaba y asediaba, fatigándola con sus estudiadas[36] expresiones y con la repetida y molestísima oferta de su mano y de su corazón. Por tanto la tía desembarazó muy presto su casa de esta muchedumbre de galanes zánganos y quedó libre el campo al venturoso Vallemonte, que, con su modo tímido y respetuoso, ganaba cada día más la tierna confianza de la sobrina y la complacencia de la tía. (...)

Una noche fueron las dos señoras en casa de una parienta de madama Robart, que las había convidado a cenar, y el feliz Vallemonte tuvo el placer de ser elegido para acompañarlas. No tuvo más concurrencia que unas cinco o seis señoras y otros tantos caballeros y la cena fue abundante y exquisita. Se vaciaron alegremente muchas botellas y sin embargo de que[37] Adelayda fue muy moderada en la bebida, al cabo de la cena sintió fuertes desvanecimientos de cabeza que la obligaron a la necesidad de procurar serenarse con el sosiego,[38] reclinándose sobre un sofá donde, asida de la mano de su futuro esposo, se quedó dormida. Fue tal el sueño que, aunque agitada por extraordinarios ensueños y pesadillas, no pudo abrir los ojos en toda la noche.

Al fin, ya muy de día, despertó y con grande admiración suya se halló en casa de su tía, en la misma alcoba donde las demás noches, desnuda y acostada en el mismo lecho en que solía dormir, aunque acordándose muy bien de que se había dormido en otra casa, vestida y sola-

---

[27] Le parecía.
[28] Manifestaciones extremadas o desorbitantes del estado de ánimo.
[29] **Entretanto...** Mientras.
[30] A pesar de que.
[31] **A...** compitiendo.

[32] De gran prosapia o abolengo.
[33] **Luego...** tan pronto como.
[34] Muchedumbre.
[35] Jovencitos de familia distinguida de vida insustancial y disipada.
[36] Amaneradas.
[37] **Sin...** a pesar de que.
[38] **El...** la tranquilidad.

mente recostada. Confusa por no acordarse cómo ni cuándo la habían vuelto a su casa desnudándola y acostándola en su propio lecho, temerosa, pues, de que se engañaba, saltó de la cama y, en camisa,[39] fue a descorrer las cortinas y abrir las ventanas, pero, al volverse, ¡cuál fue su sorpresa y su temor viendo a Vallemonte que, sentado en su canapé,[40] la contemplaba de un modo triste, silencioso y confuso! Comprendió entonces la desventurada todo el horrible misterio y, faltándole al instante las fuerzas aun para pronunciar una sola palabra, se desmayó de repente y hubiera caído hasta el suelo si, sosteniéndola Vallemonte, no lo hubiera impedido. Restituyóla a[41] su lecho y con el oportuno remedio de aguas espiritosas,[42] hizo que poco a poco se fuese restableciendo en su sentido.

Cuando la infeliz Adelayda pudo abrir los ojos, encontró a su lado de rodillas al desolado Vallemonte que, teniéndola asida una mano la inundaba con expresivas lágrimas. Retiróla[43] con desdén y, aunque Vallemonte intentaba hablarle, volvió con despecho a otro lado la cabeza, negándose enteramente a escucharle. Sin embargo, el dulce nombre de cara[44] esposa[45] que lleno de aflicción repetía el amante, la expresión del más vivo y sincero arrepentimiento y el deseo de que pusiese remedio a su desgracia cumpliendo sus promesas, movieron al fin a la malaventurada joven a que, con menos rigor, dejase concebir a su enamorado esperanzas de mejor acogimiento, y aun de su completo perdón.

Salió entonces Vallemonte y, dirigiéndose a toda prisa en busca de madama Robart, iba a oprimirla con[46] improperios e insultos como a una indigna que, engañándole, le había precipitado a cometer una vileza, la cual, causando la desolación de su amada, le oprimía a él mismo con intenso dolor. Cuando llegó donde estaba, la encontró el afligido mancebo como en consulta con... su propio padre. ¡Con su propio padre!—dirán, admirados, los que lo oigan—, sí, su padre era el barón del Puerto y

Vallemonte y aquél era el hijo que en otro tiempo había sido destinado para esposo de Adelayda, el cual por causa de un vínculo[47] que obligaba a ello, y había heredado poco antes, se había mudado el antiguo nombre en el que ahora llevaba. Habíase[48] introducido en casa de la Robart porque, habiendo ésta observado que Adelayda le miraba con ternura y como con inclinación, había hecho que le llevase a su casa uno de aquellos malvados aventureros que con el disfraz de personas de distinción corrompen la juventud en las grandes ciudades.

El barón y su hijo quedaron igualmente sorprendidos de haberse encontrado en aquella casa porque la frecuentaban sin saber uno de otro, pero, aunque sin preparación ambos supieron disimular, y Vallemonte se despidió lo mejor que pudo, sin decir a la Robart los improperios que deseaba. El barón, oyendo entonces a la malvada Robart que aquél era el mancebo que había destinado para ganar el corazón de Adelayda y que así sirviese para hacerla condescendiente a todos sus execrables[49] proyectos, se llenó de furia y enojo y, lanzando contra la vieja mil imprecaciones,[50] salió de su casa y el mismo día hizo que su hijo partiese sin ver a nadie para su regimiento.

Mas, ¿quién era la ilustre y buena madama Robart? ¿Quién era la tierna y cariñosa tía de Adelayda? Era una de aquellas mujeres infernales que por desgracia suelen abundar en las grandes ciudades, de aquellas mujeres que, habiéndoseles ya pasado la edad que presta auxilios al libertinaje propio, se emplean en solicitar[51] y promover el ajeno, aspiran a corromper la juventud y asedian la inocencia para abandonarla en los brazos de la infamia y de una vida entregada a la maldad y a la corrupción, una de aquellas mujeres sin vergüenza que hacen tráfico[52] de la belleza de algunas mal aconsejadas víctimas que se confían en ellas. Finalmente, uno de aquellos monstruos que son el oprobio[53] y baldón[54] de su sexo, la cizaña y polilla para el nuestro y el más abominable escándalo de la naturaleza y de la virtud. (...) El detestable barón que había jurado la pérdida[55] de Adelayda había desatado

[39] Prenda, generalmente de lino, que se colocaban las mujeres debajo de todos sus vestidos.
[40] Sofá con el asiento y el respaldo acolchados.
[41] **Restituyóla...** La acostó de nuevo en.
[42] **Aguas...** licores medicinales.
[43] La retiró.
[44] Querida.
[45] En el siglo XVIII, «esposa» es el término utilizado en los compromisos o noviazgos formales.
[46] **Oprimirla...** cargarla de.

[47] Mayorazgo.
[48] Se había.
[49] Condenables.
[50] Maldiciones.
[51] Provocar.
[52] Negocio.
[53] **El...** la ignominia.
[54] Deshonor.
[55] Corrupción.

contra ella[56] este monstruo y, a sus expensas,[57] se dirigían y efectuaban los ardides y empresas de la maldita vieja.

Adelayda, viendo que no volvía Vallemonte, confió a la que creía su tía la honrosa desgracia que la atormentaba y la infernal corruptora, conservando la máscara de su hipocresía, procuró disculpar la que llamaba fogosidad de la juventud, que sin duda se corregiría, y deseosa de completar su obra, se esmeró en consolar a la joven y enjugar[58] sus lágrimas, manejando con la más fina delicadeza todos los artificios de su maligna seducción. No obstante su estudiado disimulo, Adelayda observó con desconfianza y conoció muy presto sus dobleces y tramas y deseó libertarse de ellas. El casual conocimiento de una viuda pobre, pero honrada y virtuosa, la sugirió la idea y la esperanza de conseguirlo. Una noche logró escaparse de aquella funesta prisión y se refugió en el asilo de la humilde y honrada casa de esta mujer de bien que moraba en un paraje poco frecuentado y muy distante del tráfico de la ciudad. No llevó más que el poco dinero que le restaba y la ropa que tenía puesta y, con las escasas facultades de la viuda y su trabajo personal, estableció un género de vida laborioso, parco y seguro, pero que aun no era suficiente para consolar su suerte infeliz y el oprobio de que, aunque inocente, se veía amenazada.

Una noche que, paseándose con su amiga, la honrada viuda iba sumergida en su profunda melancolía, sintió que la tocaron ligeramente en un brazo. Volvió la cabeza y se halló con Vallemonte que acababa de volverse de su destino. Fácil es de comprender el temor y la sorpresa mutua que ambos sintieron. Explicaron al vuelo lo que estaba en sus corazones y, oyendo Vallemonte que Adelayda se había libertado de las redes de la infame Robart, le propuso que le siguiese y se estableciese con él.

Yo—le dijo—he sido la causa de vuestra desgracia. Cruelmente engañado permití y aproveché las tramas puestas contra vuestra integridad y vuestra inocencia. A mí es a quien toca remediar los daños que os he causado. Olvidemos, cara esposa, todo lo pasado, no viváis en adelante sino para mí. Yo viviré solamente para vos, y os juro que no tendréis que arrepentiros de haberos unido a Vallemonte.

Aunque Adelayda, movida de su natural inclinación, amaba cordialmente a este joven, no se dejó llevar de sus promesas ni de sus juramentos, pero, consintiendo en la oferta que le repitió de casarse con ella, venció los estímulos de su tierna pasión, quedándose como estaba en compañía de la honrada viuda, aunque dando permiso a su futuro esposo para que alguna vez las visitase con recato. En estas visitas, que solían dirigirse a dar algún socorro a su esposa futura y que siempre se verificaron sin ofensa de la virtud, descubrió Vallemonte que Adelayda, por[59] colmo de su infortunio, padecía indicios evidentes de maternidad y, habiéndole por tanto instado ella varias veces para que acelerase la legítima unión a que aspiraba, él, pretextando su infalible cumplimiento, le manifestó las dificultades que tenía para abreviarla y que provenían de ser hijo de familia[60] y del genio de su enojado padre, el barón del Puerto.

Sorprendida la infeliz, desamparada con esta noticia, y sin descubrirle todo el horror de las iniquidades del barón, hizo sabidor al hijo de todo el resto de su trágica historia, sin omitir el último proyecto de la difunta baronesa. Por estos medios se aseguró más y más Vallemonte en el designio de casarse con Adelayda luego que[61] pudiese efectuarlo con libertad, y prosiguieron tratándose algunos meses con más frecuencia, pero siempre sin ofensa de la virtud.

Más de ocho habían pasado después de que la infame Robart había perdido la esperanza de lucro que se tenía prometido sacar de Adelayda cuando por un extraordinario acaso[62] vino a descubrir que Vallemonte la trataba. Enfurecida con esta noticia hizo que llegase a oídos del barón, el cual aún no había desistido de lograr algún día sus deseos, y, lleno del más ruin despecho, puso tales medios que consiguió hacer arrestar a su hijo.

Verificado el arresto, lo avisó Vallemonte a su esposa por medio de un breve billete,[63] que recibió en la calle, y casi a las puertas del hospital general. Desolada con este nuevo mal se accidentó[64] tan gravemente que la recogieron sin sentido en aquella casa de piedad donde con dificultad lograron volverla en su acuerdo[65] después de haber dado a luz una hermosa niña. Puesta entonces en los brazos de la muerte, que conocía ella y le aseguraban todos ser inevitable, escribió al barón el siguiente billete.

---

[56] **Había...** la había abandonado en manos de.
[57] **A...** financiadas por él.
[58] Enjuagar.

[59] Para.
[60] **De...** noble.
[61] **Luego...** tan pronto como.
[62] Casualidad.
[63] Cartita.
[64] Indispuso.
[65] **En...** en sí.

Billete

«Ya podéis, señor barón, poner en libertad y volver a vuestra gracia a vuestro hijo, a quien tan injustamente habéis privado de una y de otra. Al tiempo que recibáis ésta, habrá ya dejado de vivir la infeliz Adelayda que os sirve de pretexto para tratarle como delincuente. Reflexionad vuestros propios procedimientos[66] con esta desventurada y disculparéis sin duda los suyos y, ya que me habéis reducido a tanto infortunio, acordaos que fui destinada para ser su esposa. Amadle como merece, pedid a Dios que os perdone, como yo os perdono, y, pues habéis precipitado al sepulcro a la que tantas veces llamasteis vuestra hija, mirad a lo menos con caridad a vuestra nieta y a vuestro hijo que le ha dado el ser. Ya expirando, no puedo escribir más. Adelayda».

Cuando el barón recibió esta carta de mano de un dependiente[67] del hospital, supo que efectivamente hacía algunas horas que había expirado Adelayda y que su hija la había recogido la piedad de aquella casa como suele hacerse con otras criaturas desamparadas. Sospechoso,[68] no obstante, de que en esto hubiese algún fraude y conmovido por otra parte a justa, pero tardía lástima, quiso averiguarlo y, encaminándose con el portador al hospital, encontró difunta a Adelayda. (...) Descubrióla, y su mortal palidez le llenó de horror y de dolor. Anegado[69] en llanto aquel hombre duro, estremeciéndose, sobrecogido, sin saber qué hacer ni qué decir, dio al administrador de la casa el dinero que llevaba consigo rogándole que hiciese a la madre un entierro más aparatoso[70] que a los demás y que cuidase con esmero a la hija, seguro de[71] que vendría a recogerla.

Pálido y terrorizado se pasó por la casa de la Robart y recogió (...) un cofre en que estaban todas las alhajas y prendas que habían sido dádivas,[72] o suyas o de su mujer, para Adelayda y que había depositado en manos de aquella malvada tercera para entregárselas prontamente luego que comenzase a prestarse a sus deseos. Partió de allí, dejando despechada a la infame mujer y sacando de su arresto a Vallemonte, al cual sólo contó una parte de lo sucedido y tomó con poca detención[73] el camino de su país donde esperaba libertarse de sus acerbos remordimientos y poder consolar a su hijo.

Poco habían caminado, cuando, saliendo de una espesura cinco hombres a caballo y enmascarados, detuvieron el coche y con pistolas en las manos les pidieron lo qué llevaban. (...) Quisieron ponerse en defensa los caballeros y a sus primeros movimientos uno de los ladrones disparó una pistola e hirió gravemente al barón, el cual, correspondiéndole con otra, dejó tendido en el suelo a su matador, que cayó del caballo con estruendo. Este incidente y dos carruajes que se descubrían hacia el lado de la capital y que se apresuraron al oír el ruido, turbaron a los cuatro salteadores y escaparon a toda carrera sin empeñarse más en la acción.

Llegaron los dos carruajes muy presto y, apeándose de ellos dos ancianos, uno de los cuales llevaba uniforme de coronel, acudieron a socorrer al barón, que encontraron herido de cuidado. Recogieron la sangre como pudieron, determinados a restituirse a la capital, donde, si fuese posible, le curasen.

Quitaron la máscara al bandido, que parecía difunto, y todos quedaron pasmados al oír que el barón y Vallemonte gritaban a una voz: «¡Oh mujer malvada!». Era, en efecto, mujer, y era la misma Robart que, pronta para cualquiera[74] maldad y viéndose llevar las alhajas de Adelayda que había creído tener aseguradas, determinó robárselas al barón y, para ello, se disfrazó y enmascaró[75] acompañada de cuatro de aquellos malvados que en su casa hacían papel de grandes caballeros. Aún no había expirado y, recobrando en su misma rabia un poco de esfuerzo, entre lamentos y execraciones, habló lo suficiente para descubrir toda su maldad, y acabó con estas notables y horrorosas expresiones: «Muero rabiando y muero por tu mano, barón indigno, pero tengo al morir la agradable satisfacción de que también tú mueres por la mía..., las balas que introduje en tu cuerpo están envenenadas. Ojalá hubiera podido hacer que igual suerte hubiera libertado al mundo de la gazmoña, de la fugitiva Adelayda, que se escapó...», y, sin poder decir más, expiró entre contorsiones y blasfemias a medio pronunciar.

Todos se horrorizaron, mas el que tenía divisa de coronel se adelantó diciendo con mucho ahinco: «¿Qué Adelayda es ésta de que habla?» Es mi desventurada es-

---

[66] Actos.
[67] Empleado.
[68] Sospechando.
[69] Hundido.
[70] Lujoso.
[71] **Seguro...** asegurándole.
[72] Regalos.

---

[73] **Con...** muy poco después.
[74] Cualquier.
[75] Cubrió el rostro con una máscara.

posa—respondió Vallemonte—. Pero, ¿es acaso...?—replicaba el coronel—. Mas el otro anciano le interrumpió diciendo: «Pero vos, ¿quién sois?». Es mi hijo único—replicó el mal herido barón—. Y los dos advenedizos preguntaron a una voz[76]: «¿y quién sois finalmente vos?». —Vuestro servidor, el barón del Puerto. ¡El barón del Puerto!—exclamó cada uno por su parte—. —¿Y vuestra esposa? —Mi esposa es ya difunta..., pero había recogido y educado..., había educado a Adelayda... ¿Y Adelayda—dijo el coronel—ha vivido con madama Robart? Y su compañero añadió: «¿Era, por ventura, hija de una que se llamaba la señora del Arno?» Sin duda alguna—respondieron padre e hijo—, de la señora del Arno, que desapareció dejándola abandonada de solo cuatro años. Basta, basta—dijeron los otros—, no perdamos tiempo, apresurémonos para llegar a la ciudad y curar al señor barón, sabemos bastante, allí nos informaremos por menor.[77] En efecto tomaron el camino de la capital, llevando atravesado en su caballo el cadáver de la infeliz malhechora.

Llegaron a la capital y todos se hospedaron en la misma posada donde Adelayda había sido abandonada por dos veces. Los cirujanos no juzgaron que la herida del barón era[78] por sí misma de mucho peligro, pero notaron algunos síntomas que les dieron bastante cuidado. Reconocieron el cadáver de aquella difunta vestida de hombre y todos los de la posada aseguraron ser aquella la misma mujer que, diciendo ser tía suya, había sacado de allí a la joven Adelayda. La justicia, que fue al instante llamada, después de hacer una información sumaria, se llevó el cadáver y el caballo, dejando presos en la posada, bajo su palabra de honor, al barón y a todos los que habían venido con él. Pero poco duró esto porque por indicios que sacaron del caballo descubrieron y prendieron muy presto[79] a los cuatro salteadores, los cuales confesaron todo el caso y, de resultas,[80] quedaron en libertad todos los demás.

El barón satisfizo completamente la curiosidad del coronel y del otro anciano en cuanto a Adelayda, contando toda su historia sin ocultar sus propios errores, de que se mostró muy arrepentido y muy dolorido de no poderlos reparar. Vallemonte añadió a esta relación la parte que a él le tocaba, y el coronel, después de haberlos oído, refirió que él era albacea y testamentario de la vizcondesa del Paso, que acababa de morir en el Guarico,[81] muy rica y arrepentida, habiendo declarado toda la historia de su extravío, de su fuga y del abandono de su hija, la muerte del oficial que la acompañaba y el modo con que había enriquecido, comerciando con el corto caudal que tenía. De todo dejó por heredera a su Adelayda, encargando que la buscasen. Traía consigo el valor de la herencia, el testamento y una carta para el vizconde. Hechas varias diligencias y habiéndole referido lo que por memoria sabían en aquella misma posada, había salido, cuando los encontró con dirección para el estado[82] del barón del Puerto, por si pudiese descubrir noticias de Adelayda y con ánimo de dirigirse después al vizconde del Paso para ver si las hallaba de la tía que se la había llevado y que ahora descubría ser una malvada y tía fingida que había pagado ya su delito.

Mas habéis conseguido que lo que pensáis—dijo, luego que acabó, el otro anciano que con suma atención y conmoción lo había escuchado todo—, mas habéis hecho. Vais en busca de la hija, como yo mismo voy, y, con la noticia de ella, habéis encontrado también a su padre. Yo soy el vizconde del Paso, el infeliz esposo de la que, por huir de su lado, se disfrazó con el nombre de la señora del Arno. ¡Oh, bien empleado viaje y mil veces venturoso susto! Ved aquí la carta de vuestra esposa. Entregósela, y decía así:

Carta

«En esta última y terrible hora que ya me amenaza con la infalible eternidad y la dudosa decisión de mi suerte, señor vizconde—que no me atrevo a deciros esposo después de tan antiguo extravío—, en esta fatal hora sólo escribo para pediros humildemente perdón, deseosa de que éste sea preliminar del que espero de Dios. En mi testamento que, con mis bienes y con ésta, lleva mi albacea, el coronel Bertrand, encontraréis las señas donde dejé abandonada nuestra hija Adelayda. Si la habéis recogido o la encontráis ahora, servid de medianero para que perdone a su arrepentida madre aquella inconsiderada crueldad. Ahora que tendrá diecisiete años y mucha hermosura, con vuestros bienes y los que yo la dejo, podrá encontrar un buen partido para casarse. Casadla, pero casadla por elección y gusto

---

[76] **A...** a una vez.
[77] **Por...** minuciosamente.
[78] Fuese.
[79] Pronto.
[80] **De...** consecuentemente.

[81] Estado de Venezuela.
[82] **El...** territorio poseído y gobernado por un señor.

suyo para no exponerla a cometer algún error semejante al de su madre. Mi aversión a una edad...».

No hay para que leer más—dijo el vizconde—, mi hija, según la relación que me habéis hecho, ama a vuestro hijo y vuestro hijo muestra corresponderla con ternura. Casémoslos, y olvidemos absolutamente todo lo pasado. Ojalá pudiera esto verificarse[83]—respondió el barón—, llevaría yo a lo menos a la huesa[84] el consuelo de no haber sido causa de su muerte, pero ya no hay remedio, pues no vive. Yo propio la he visto difunta en el mísero lecho de un hospital. He pagado su entierro. He dado para que cuiden de su hija mientras se recoge, como os encargo encarecidamente. He otorgado yo mismo un codicilo,[85] dejando declaradas las alhajas y prendas que fueron de su madre, y contiene ese cofre, añadiéndola una considerable manda[86] y substituyéndola en toda mi herencia a mi hijo, si muriese sin otra sucesión.

Con este nuevo pesar, se indispuso gravemente el vizconde y fue forzoso retirarle a su cuarto y se separaron. El barón sintió desde luego muy agravados los síntomas de su herida y, antes de amanecer, expiró del veneno que la infame Robart había introducido con las balas. Atónitos todos con el más grave pesar y congoja, dieron a la tierra[87] su cuerpo haciéndole las debidas exequias, y permanecían absortos sin saber qué hacer ni qué resolverse. Inconsolable Vallemonte, lloraba como una mujer, y el prudente vizconde en medio de su inexplicable aflicción se esmeraba por aliviar sus penas.

Al cabo de tres días, libres ya de toda opresión exterior, determinaron ir los tres a recoger la niña y a mandar que se hiciese un honroso funeral a su madre. Sumo fue su placer cuando habiendo preguntado por aquélla se la presentaron muy bella, muy robusta y muy aseada. ¡Qué completo retrato de Adelayda!—exclamó al verla Vallemonte—. Mejor lo diríais—replicó el administrador—, si la viérais ahora como yo acabo de verla. —¿Acaso en el sepulcro? —¡Qué sepulcro!, en su cama está y, aunque sin haberse librado de riesgo, tan mejorada que va adquiriendo el más hermoso color. —¿Cómo es posible—dijo el vizconde—si la han visto difunta? Es verdad—dijo el administrador—, la vio un caballero

algunas horas después que todos la creíamos muerta, y aún dejó dinero para pagar su entierro, pero volvió de su accidente,[88] y las medicinas y grande cuidado con que la tenemos en una sala separada la van restableciendo. (...) Sin detención fueron conducidos a la cama en que estaba.

Gracias a Dios—exclamó Adelayda, con voz apagada y fijando los ojos en Vallemonte—, gracias a Dios estáis ya en libertad y no padecéis por causa de una mujer malaventurada.[89] Pero, ¿para qué me presentáis esta huérfana infeliz como su madre? Esto añadió al ver la niña que llevaba en los brazos el vizconde. Consoláronla[90] entonces con reserva[91] y poco a poco le refirieron todo lo acaecido, descubriéndola cuánto ignoraba y alentándola con la certeza de su matrimonio con el nuevo barón y con la agradable perspectiva de una vida feliz. A todo lo cual contestó besando la mano a su padre y estrechando su hija entre los brazos.

Si alguna cosa—dijo—puede darme algún contento en todo lo que decís es la felicidad que espera a esta tierna prenda de mi corazón. Para mí, ninguna puede haber si no en Dios. No niego que he amado y amo a Vallemonte, que me complazco con la memoria y aun más con el arrepentimiento de mi madre, y que es extremo mi gozo al encontrar mi venerado padre, pero mi situación no es para aspirar a los contentamientos[92] de este mundo. Dentro de poco pasaré a ser juzgada donde lo ha sido el barón y la infeliz Robart, no me distraigáis y dejadme morir sin remordimientos.

Se esmeraron en consolarla, y por no molestarla se retiraron. El padre entraba a verla todos los días y el barón, temeroso de ofenderla, se contentaba con verla desde la puerta y con enviarla algunos recados. (...) Insensiblemente se recobraba y mejoraba su salud con tales auxilios y, antes de un mes, se halló restituida a su mayor robustez. Celebróse[93] a gusto de todos el casamiento, asistiendo también la honrada viuda, que se quedó con ella y en adelante vivió tan venturosa como infeliz había vivido hasta entonces, sirviendo de ejemplo de cómo premia el Cielo a los que respetan la virtud aún en medio de sus mayores desventuras.

---

[83] Llevarse a cabo.

[84] Tumba.

[85] Disposición de última voluntad que se hace como adición a un testamento.

[86] Legado de un testamento.

[87] **A...** sepultura a.

[88] **Volvió...** se restableció de su enfermedad.

[89] Desgraciada.

[90] La consolaron.

[91] **Con...** con cautela, sin decirle lo acontecido de una sola vez.

[92] Placeres.

[93] Se celebró.

España en el siglo XIX

La Ilustración española supuso para el país una revolucionaria renovación intelectual. No obstante, este hervidero de ideas fue exclusivamente teórico y en muy escasas ocasiones se vio seguido de logros prácticos. Cierto es que desde los tiempos del emperador Carlos V España nunca había estado culturalmente tan cerca de Europa como en el siglo XVIII, pero, a pesar de esto, diversos factores frustraron lo que hubiera podido ser el inicio de su plena modernización.

Los impedimentos en el camino hacia la modernidad se resumen todos en la naturaleza económico-social del país, la cual explica a su vez perfectamente el origen y los fines del Despotismo ilustrado borbónico. Mientras Gran Bretaña dirigía sus esfuerzos hacia una producción de tipo capitalista y justificaba ésta y a sus dirigentes con nuevas teorías culturales, el pensamiento más avanzado español continuaba siendo de raíz aristocrática y, si bien defendía algunos cambios, eran tan sólo aquellos que pudiesen repercutir en una mayor efectividad de la maquinaria del Antiguo Régimen y, en consecuencia, en una superior rentabilidad de sus ancestrales privilegios. Ello explica por qué la *inteligentsia* ilustrada desea encauzar el progreso dentro de los márgenes del orden y por qué aceptó siempre de buen grado el papel rector de la monarquía borbónica. El hecho de que las Luces en la Península fueran dirigidas por el monarca y la oligarquía noble explica sus limitaciones y fracasos. Cuando, más allá de las fronteras españolas, la modernidad conduce a la Revolución Francesa (1789), no sólo la Corona teme perder su secular prestigio, también gran parte de la aristocracia, quien observa cómo un nuevo cuerpo social abate el viejo orden y cómo en Francia impera el caos. Es en este preciso momento cuando la modernidad española frena su curso y pone marcha atrás.

La obsesión ilustrada por educar a la mujer tuvo su éxito, pero nunca quiso abarcar a toda la población, sino tan sólo a las damas nobles, en quienes recaía la importante misión de dirigir los primeros pasos de los futuros rectores de la sociedad. Al resto de mujeres se las mantuvo en la más pura ignorancia, al igual que a sus compañeros masculinos, para los cuales las Luces tan sólo exigían aquella doctrina cristiana, moral y limpieza que pudiesen repercutir en su mayor productividad y sujección.

A los herederos de las principales casas nobiliarias, sumidos muy a menudo en el ocio y la ignorancia, se dirige la pedagogía y las reformas educativas de los Borbones y de sus fieles ilustrados. Y, en realidad, también aquí las Luces obtuvieron su fruto, como lo demuestra el número abrumador de nobles que dirigirán la cultura española del siglo XIX.

La desamortización de las tierras vinculadas, defendida por algunos ilustrados con el fin de acabar con las enormes extensiones de terreno sin cultivar, no atacó las propiedades y privilegios nobiliarios. Los limitó sí, pero nunca se propuso ni la desvinculación de sus posesiones ni la supresión de mayorazgos, ya que sus miras se pusieron en la propiedad eclesiástica y comunitaria. En el siglo XIX, cuando ante la urgencia del tesoro público, se lleva a la praxis la antigua tesis desvinculadora de la Ilustración, ésta tan sólo afectará a las propiedades religiosas y a las tierras del común y va a acabar favoreciendo —precisamente— a la nobleza absentista, que podrá sin gran desembolso ampliar sus posesiones.

En conjunto, el siglo acabó con un panorama agrícola de corte feudal, basado en técnicas arcaicas, con rendimientos muy bajos y hallándose casi siempre sujeta la explotación a un señorío. Muy pocos fueron a lo largo del siglo XVIII los campesinos propietarios. Existieron en la Cataluña Oriental, en donde tanto éstos como el arrendatario disfrutaron de una situación bastante favorable debido a que ciertas costumbres y leyes les protegían. En el resto de España, la condición del campesinado fue muy dura, sobre todo en Castilla y en la zona Sur.

La empresa industrial española derivaba también de la Edad Media, si bien los Borbones protegieron ciertas manufacturas de objetos de lujo que, en su gran mayoría, resultaron ser un fracaso y una carga para los presupuestos estatales. Cierta industria de tipo moderno sólo aparece en Cataluña, en donde las fábricas de «indianas» (telas de algodón) lograron muy pronto homologarse con las de Inglaterra del mismo período.

Pero, quizás el más importante fracaso de la política económica de la Ilustración fue la imposibilidad de integrar el mercado nacional. La mayor parte del país a fines de siglo se estructura todavía en células económicas locales que se autoabastecen y que mantienen escasos contactos unas con otras. La ampliación de la red de comunicaciones auspiciada por el Estado no surtió efecto alguno, exceptuando las rutas comerciales dirigidas hacia Madrid, cuyo abastecimiento movía un volumen de mercancías de gran calibre.

No todo, sin embargo, fueron proyectos frustrados. La obra de los Borbones consiguió verdadero fruto en el que fue uno de sus grandes objetivos, la centralización política y administrativa del país. Abolió las autonomías que disfrutaban aún de muchos territorios (Provincias Vascas, Navarra y la antigua Corona de Aragón), simplificó el poder central al organizarlo en ministerios (Hacienda, Guerra, Marina, Justicia, Indias y Estado o Asuntos Exteriores), creó un modelo único de administración en sus distintas provincias (el Capitán General y la Audiencia), pero sobre todo su más importante reforma tuvo lugar en el ámbito de la Hacienda. Abolió el viejo sistema impositivo de origen medieval, considerado con razón complejo e ineficiente, y lo sustituyó por un fondo común centralizado, mucho más sencillo y racional. Estas mejoras en el sistema contributivo acrecentaron enormemente los caudales del Tesoro, los cuales fueron utilizados para la reconstrucción de la flota nacional y la protección con ella de las rutas comerciales de España, saboteadas de continuo por mercantes ingleses.

A fines de la centuria, no obstante, los signos de prosperidad desaparecen por completo, dando entrada a una gran crisis. Malas cosechas, epidemias, la continua guerra con Inglaterra y, más tarde, con la Francia revolucionaria terminan de arruinar la ya muy crítica economía española. Mientras tanto, Gran Bretaña vive la explosión de prosperidad fruto de su recién triunfante revolución industrial y el establecimiento definitivo de las nuevas formas sociopolíticas propias de la revolución burguesa. Algo que en la Península tan sólo sucederá bien entrado en el siglo XX.

Ésta es la situación económica que vive España a fines de siglo XVIII y que el XIX apenas mejorará, no sólo a causa del conflicto armado contra Bonaparte y de la pérdida de sus colonias, sino, sobre todo, debido a la caótica situación política interna del país y al terrible manejo a lo largo de la centuria de los asuntos públicos por parte de las distintas facciones en el poder. Si los siglos XVI y XVII, e incluso el XVIII, se habían caracterizado por una gran belicosidad, al menos en aquellos tiempos sus conflictos se desarrollaron más allá de las fronteras del país. Algo muy diferente ocurrirá en el XIX, período en que las turbulencias no disminuirán, pero —esta vez— quedarán confinadas en el propio territorio español. Napoleón invade la Península a principios de siglo. Tras la paz interior de los siglos XVI, XVII y XVIII, el Ochocientos verá en el espacio de cien años una guerra contra el invasor francés, tres diferentes dinastías (la Borbónica, la de los Bonaparte y la de los Saboya), tres guerras civiles (las carlistas), múltiples levantamientos y avatares políticos que desarticularán poco a poco el inmovilista *status quo* del Antiguo Régimen.

En tres grandes períodos puede dividirse el discurrir político del siglo XIX español. El primero comprendería desde fines del siglo XVIII hasta la muerte de Fernando VII (1833), pasando por los fatídicos años de la Guerra de la Independencia. El segundo abarcaría de 1833 a 1868, fecha en que tiene lugar la Revolución de Septiembre o «La Gloriosa». Y, por último, el tercero se iniciaría en 1868 y concluiría a fines de siglo, con dos tristes acontecimientos: el asesinato, en 1897, del presidente Cánovas y la pérdida del último reducto colonial, Cuba, en 1898.

1. Del reinado de Carlos IV a la muerte de Fernando VII.

En 1788 —un año antes del estallido de la Revolución Francesa— hereda el trono español el hijo de Carlos III, Carlos IV. A Floridablanca, ministro que gobernará hasta 1792, le sucede Aranda y éste, muy poco tiempo después, va a ser sustituido por Godoy, figura muy indicativa del cambio de rumbo que seguirá la política española durante el corto reinado del nuevo rey. La apertura ilustrada de los ministros que rodearon a Carlos III fenece para dar paso a una paulatina cerrazón ideológica y a una política marcada por el despotismo ministerial de Godoy. La situación se agrava cuando, en 1807, el ministro firma con el gobierno napoleónico el tratado de Fontainebleau, permitiendo a las tropas francesas que se dirigen al ataque de Portugal su paso por la Península. Pronto el objetivo de Napoleón se hace evidente: no sólo desea castigar a los aliados tradicionales de Inglaterra, los portugueses, sino que pretende asimismo la conquista de toda España. Cuando Godoy y Carlos IV quieren dar marcha atrás, es tarde pues un partido cortesano afín al príncipe Fernando organiza un levantamiento popular, el motín de Aranjuez (1808), y logra que el monarca destituya a Godoy y que él mismo abdique en favor de su hijo, el futuro Fernando VII. Tales sucesos, sin embargo, no van a tener trascendencia alguna, ya que Bonaparte, a través de una inteligente maniobra política, consigue pocos días después la abdicación voluntaria de los Borbones en favor de su hermano José.

La inmensa mayoría de españoles nunca aceptó estas abdicaciones. Cuando los ejércitos franceses penetran en España e instauran en su trono a José Bonaparte, el pueblo protagoniza un levantamiento nacional contra el invasor (2 de mayo de 1808). El fracaso de Napoleón fue definitivo en julio de 1812 cuando las tropas francesas fueron vencidas en Los Arapiles y tuvieron que iniciar una rápida retirada. No toda la gloria, sin embargo, de la derrota de los franceses ha de otorgarse al ejército profesional. Se venció gracias a la lucha de guerrillas, sostenida por el pueblo español, que obligó a los invasores a una guerra continua, donde las victorias no se contabilizaban por el número de territorios conquistados, sino por las pérdidas materiales.

En 1814 Fernando VII regresa a España para reinar en un país dividido en muy diversas facciones. La Iglesia y todo el pueblo le adora y él se apoyará en este numeroso grupo reaccionario. También simpatizan con el nuevo rey los «persas» (grupo partidario del absolutismo) y parte del ejército. No obstante, desde el levantamiento nacional y a lo largo de todo el conflicto contra el invasor francés, otras facciones políticas salen a la palestra. Algunas son herederas del pensamiento más puro de la Ilustración, como Jovellanos y sus seguidores; otras, las de los liberales, están fuertemente influidas por las tesis de la Revolución Francesa de 1789. En 1812 estos dos grupos habían ya medido sus fuerzas, uno contra otro y ambos contra los absolutistas. El triunfo fue para los seguidores del Liberalismo, mientras los absolutistas se convertían en seguidores de Fernando VII (los «persas») y los herederos de Jovellanos no hallaban lugar en el nuevo tiempo histórico.

Mas, la Constitución de las Cortes de Cádiz no tuvo aplicación alguna. Fue un primer intento democratizador en una España fundamentalmente absolutista. La libertad de prensa, el liberalismo económico, la extinción de los mayorazgos, la reforma agraria y el aniquilamiento del Tribunal de la Santa Inquisición, todas ellas leyes de las dichas Cortes de 1812, fueron durante el siglo XIX el ideal imposible con el que siempre soñaron los más progresistas entre los liberales.

Cuando en 1814 Fernando VII se instaló en el poder, su primera acción fue anular lo hecho en 1812. Comenzó su reinado con un régimen totalmente absolutista que supuso el exilio al completo de la facción liberal. En el campo económico, el rey paralizó toda iniciativa peligrosa para los privilegiados del Antiguo Régimen, si bien nunca quiso reconocer la deuda exterior contraída para sufragar los gastos de la guerra. Su política agravó el desbarajuste económico y financiero de España así como favoreció la radicalización de los programas liberales y absolutistas.

Tras el paréntesis del Trienio Liberal (1820-1823), posible gracias a la sublevación del coronel Quiroga y del comandante Riego, se recrudece el absolutismo y la represión contra los liberales. Ambas finalizarán una década después cuando Fernando VII y su esposa María Cristina necesiten el apoyo de este grupo. Hacia 1832 muchos absolutistas (que recibirán el nombre de «los apostólicos») van a agruparse en torno a don Carlos, hermano del rey, y se negarán a reconocer como futura reina de España, a la hija de Fernando VII, Isabel. La candidatura de la princesa será sostenida por «isabelinos» y «cristinos», reclutados entre las filas del absolutismo moderado y del liberalismo. Cuando, en 1833, muere Fernando VII, la política española cambia de rumbo, liberalizándose progresivamente.

2. De 1833 a la Revolución de Septiembre (1868).

Sin lugar a dudas, el período que abarca de la muerte de Fernando VII a 1868, año en que tiene lugar la revolución denominada «La Gloriosa», es el más febril de la historia de la España contemporánea. En él tendrá lugar la Primera Guerra entre los seguidores de don Carlos y diversos gobiernos liberales, ya moderados ya progresistas. Hasta 1843, fecha en que Isabel II obtendrá su mayoría de edad, ocupan el poder o los absolutistas moderados o los liberales.

En un principio María Cristina, regente hasta 1840, se acerca al grupo más moderado de entre los absolutistas. Sin embargo, la política de Cea Bermúdez no satisface a los liberales y éstos presionan a la Regente para que se elabore un régimen constitucional. En 1834, Martínez de la Rosa y María Cristina ofrecen al país el Estatuto Real, constitución en la órbita del Liberalismo, pero extremadamente moderada. Mantenía, por ejemplo, una muy restringida libertad de prensa y limitaba el sufragio al 0,15 por 100 de la población. La ineficacia reformista de este gobierno provocó, un año después, diversas algaradas de la burguesía de las ciudades, por lo que la Regenta tuvo que entregar el poder a un liberal progresista, Álvarez Mendizábal.

Mendizábal continuó la obra de las Cortes de Cádiz de 1812. Sus mayores logros se centraron en dos frentes: en la solución de los problemas financieros del país a través de la desamortización de las tierras de las órdenes religiosas y en la reorganización del ejército isabelino, gracias a

la cual en 1839 el general Espartero pudo vencer a los carlistas, sublevados desde 1833.

Cuando ciertas desavenencias con María Cristina causan la renuncia de ésta a la Regencia, la cual pasa inmediatamente a manos de Espartero (1840). La ineptitud del general como político lleva el país al caos. En 1842, ante la posibilidad de la firma de un acuerdo comercial con Inglaterra que podía perjudicar a la industria textil, los obreros y empresarios de Barcelona preparan un levantamiento. El Regente, para dominar a la ciudad, decide su bombardeo, lo cual provoca un descontento general entre la población. Ésta da el triunfo en 1843 al general Narváez, líder por aquel entonces del moderantismo. Espartero, para evitar otras regencias, parte a Inglaterra y se adelanta la mayoría de edad de la princesa Isabel en un año.

Durante la década que comprende desde la muerte de su padre (1833) al entronamiento de Isabel II (1843), el Liberalismo inspira el sistema político del país, instaurando los siguientes principios: soberanía nacional plasmada en una Constitución y otorgada ésta por unas Cortes elegidas. No obstante, el moderantismo y el progresismo interpretan de modo diferente estas bases comunes. Mientras el primero piensa que la soberanía nacional corresponde conjuntamente a la Corona y a las Cortes, el progresismo pone la soberanía nacional exclusivamente en manos de las Cortes y preconiza el sufragio universal.

La posición radicalizada de los progresistas les apartará del poder durante los veintitrés años del reinado de Isabel II, concretamente hasta que ésta pierda el trono a consecuencia de la Revolución de Septiembre de 1868, conocida con el nombre de «La Gloriosa» o «Septembrina». Con los moderados en el poder y con Narváez como jefe del Gobierno, la Corona acapara innumerables prerrogativas. El voto es tan censitario que sólo lo pueden ejercer 157.000 individuos de los 15 millones del país. Por otra parte, los moderados se tendrán que enfrentar con dos grandes problemas: la libertad de prensa, que los progresistas deseaban de mayor calibre, y el control de la administración local, que se logra en 1845 mediante la ley de los ayuntamientos. Pero, es en el campo de la centralización en el que el moderantismo alcanza un total éxito. España fue durante este período un país relativamente en paz, que se beneficia de la excelente coyuntura económica del momento. Un sólo conflicto destaca: la Segunda Guerra Carlista (1847-1860).

Hacia los años sesenta, no obstante, desaparece la recién aludida tranquilidad. La crisis económica y las pugnas entre el grupo de Narváez y la Unión Liberal causan el destronamiento de Isabel II (1868). Es entonces cuando se evidencia el número y calibre de los cambios ideológicos sufridos por la sociedad española. Muchos antiguos progresistas son ahora acérrimos demócratas (defensores del sufragio universal y de una única Cámara) y más a su izquierda se sitúan nuevos partidos políticos, el republicano y el socialista.

3. De «La Gloriosa» al desastre colonial (1898).

El período que va de la Revolución de Septiembre (1868) a fines de siglo será aun más ajetreado que el anterior, por lo menos hasta llegar a la Restauración Borbónica de 1874. Él va a presenciar el destronamiento de Isabel II, el reinado de una nueva dinastía (la inagurada por Amadeo I de Saboya), la Tercera Guerra Carlista, la Primera República, la Restauración de los Borbones, el asesinato del promotor indiscutible de la política finisecular, Cánovas del Castillo, y la pérdida de los últimos reductos coloniales.

La revolución de 1868 provocó la partida de Isabel II a Francia y la constitución allende los Pirineos de un gobierno provisional, a cuyo frente se pondría el general Serrano (líder, de la Unión Liberal). Toma así las riendas el grupo más indefinido de entre los liberales, que defiende la monarquía, aunque no a Isabel, y que tan sólo desea sustituir la constitución y a la presente monarca. Junto a él han luchado los progresistas, ahora encabezados por el general Prim, y los demócratas que se escindirán en dos, los que quieren unirse a los partidos monárquicos (unionistas y progresistas) y los que, amigos de las clases populares urbanas y del medio rural, pasarán a engrosar las filas del republicanismo. En la oposición quedan, por primera vez, los moderados, a quienes se alude ahora con el término de «conservadores».

El éxito de la Revolución de Septiembre reac-

tiva el Carlismo. El nuevo pretendiente es el nieto del infante don Carlos, Carlos VII, quien conseguirá el apoyo de toda la prensa neocatólica y de los carlistas vascos, navarros y catalanes de vieja raigambre. La Tercera Guerra Carlista dura de 1872 a 1876. También por las fechas de «La Gloriosa» va a extenderse con rapidez la ideología de la Asociación Internacional de Trabajadores. Las tesis del anárquico Bakunin se propagarán con rapidez por Barcelona y Madrid, aunque en esta última toman pronto un carácter marxista. Por fin, tras el Congreso Obrero celebrado en Zaragoza en 1872, ambas ramas se configuran definitivamente: Pablo Iglesias da forma al socialismo español, que se centrará principalmente en Madrid, y obreros catalanes y campesinos andaluces toman filas en el republicanismo federal.

Una vez triunfada la Revolución del 68, se convocaron elecciones y el grupo progresista arrasó a las demás fuerzas participantes en el plesbicito. Los vencedores promulgaron una constitución, la de 1869, de carácter totalmente liberal. El sufragio dejó de ser censitario, la soberanía se deposita en manos de las Cortes y se otorga libertad de prensa, de asociación, de reunión, de enseñanza y de culto (si bien el Estado se comprometió a financiar al clero católico). Serrano fue elegido Regente y Prim se encargó de la búsqueda de un rey para España.

Se elige a Amadeo de Saboya, quien llega a la Península al finalizar 1870, en el preciso momento en que muere asesinado su protector, el general Prim. El nuevo rey es un constitucional convencido, a quien, cuando llega al país, se le hace centro de un mar de disensiones. Carlistas, alfonsinos y republicanos no le apoyan mientras el bloque progresista-unionista es cada vez más débil. Amadeo I decide abdicar tres años después de haberse sentado en el trono.

En esas circunstancias, en solución de urgencia, el Congreso y el Senado españoles deciden el destino político del país. Por inmensa mayoría se proclama la República y como Presidente se elige a Estanislao Figueras (1873). En junio, hay un nuevo viraje político. Las Cortes instauran una República Federal y Pi y Margall sustituye a Figueras. Se vota una nueva constitución y, en ella, España queda configurada en quince estados federales, que incluyen Cuba y Puerto Rico. Sin embargo, esta reestructuración territorial y política nunca se llevará a efecto, pues, en diversos puntos del país, estallan una serie de disturbios de carácter social y separatista, fruto de la mala interpretación del federalismo de Pi y Margall y de las doctrinas anarquistas. El presidente de la República dimite, siendo sustituido por Salmerón, quien logra dominar a los sublevados, excepto en Cartagena. Con tales acciones, el federalismo paulatinamente se desacredita y, al dimitir Salmerón, el nuevo Presidente, Castelar, declara el federalismo fuera de ley y dirige su esfuerzo hacia otros graves problemas, las campañas de los carlistas en el Norte y la insurrección de Cuba. La Primera República muere en 1874, cuando Castelar dimite y toma las riendas el general Serrano.

Muerto el Republicanismo, fue ganando adeptos la candidatura de Alfonso, hijo de la destronada Isabel II. Durante los últimos días de 1874 se proclama la Restauración Borbónica en la persona de Alfonso XII. Pero no sólo la monarquía borbona se reinstaura, sino también el liberalismo doctrinario de 1868. Es decir, el país está de nuevo bajo la dirección de la burguesía conservadora y latifundista, o sea, de los moderados.

Si la turbulencia había caracterizado casi la totalidad del siglo XIX, sus dos últimas décadas serán muy estables. Así fue en toda Europa, dada la organización de mecanismos de poder por parte de los gobiernos (una sólida burocracia, la utilización con fines estatales del telégrafo y el ferrocarril y el apoyo de una buena organización policial). El sistema canovista se aprovechará de esta feliz coyuntura, la cual le ofreció terreno fértil para el desarrollo de su programa político.

Con el nuevo soberano en Madrid y bajo un clima de paz y transigencia, se realizaron elecciones por sufragio universal y, una vez constituidas las Cortes, se votó la carta constitucional. La Constitución de 1876 nació fuertemente inspirada por Cánovas, quien, tratando de que se convirtiera en una base estable para todo partido en el poder, englobó las aspiraciones de muy distintas tendencias políticas. Se tomó como modelo la democracia parlamentaria anglosajona: dos cámaras y dos partidos políticos, pero modificando el sistema al permitir constitucionalmente la intervención real. Cánovas mismo construye y dirige uno de los partidos, «el conservador», mientras Práxedes Mateo Sagasta, antiguo progresista, funda el partido «liberal», sin que sus programas queden ni bien definidos ni auténticamente diferenciados. El eclecticismo de ambos dirigentes permitirá a partir de 1881, fecha en que alcanza por primera vez el poder el partido liberal, un turno pacífico: cuando unos tienen problemas o pierden la confianza de las Cortes, cederán su puesto al contrario.

Esta alternancia corromperá progresivamente el mecanismo electoral, pues las elecciones van a ser siempre manejadas por una prepotente oligarquía. Al igual que el gobierno de la nación se reparte por el acuerdo de sus jefes, Cánovas y Sagasta, la vida política de las zonas rurales será usufructo de una figura muy especial, «el cacique», personaje influyente que controla las voluntades y los votos de los más humildes, a veces por medios muy deshonestos.

El sistema ni tan siquiera cambió cuando murió Alfonso XII. A fines de siglo España está en crisis. La política de centralización seguida durante los siglos XVIII y XIX dio pie a la aparición de distintos regionalismos, entre los que destaca el catalán. La libertad, por otra parte, produjo la proliferación de las asociaciones obreras, la acción de las cuales, si en un principio fue propagandística, a fines de siglo, con la crisis económica, acabó siendo algunas veces sangrienta. Por último, para agravar el ya dificultoso panorama, estalla en Cuba, en 1895, y en Filipinas, en 1896, un movimiento emancipador que, tras un proceso bélico, desemboca en la pérdida de los últimos territorios coloniales españoles. Y en 1897, muere asesinado Cánovas.

Un siglo tan abarrotado de peripecia no favoreció en absoluto el desarrollo económico. Los años de la Guerra de la Independencia poco o nada significaron en el proceso económico español, ya bastante comprometido por la crisis finisecular del Setecientos. Una vez finalizado el conflicto (1814), la recuperación fue muy lenta, notándose cierta mejoría sólo en el sector del trigo (ya que en 1820 el gobierno liberal prohíbe las importaciones) y en la industria textil catalana.

La situación varía a partir de 1835, sobre todo en el sector agrario, en donde los progresistas, emprendieron una serie de reformas tendentes a modificar la estructura de la propiedad y de la explotación de las tierras. El programa ilustrado del XVIII va a llevarse a término un siglo después. Por fin se logra la abolición de los mayorazgos y se pone a la venta la propiedad eclesiástica y los bienes comunales. Pero esta obra se frustró por el temor del gobierno a enfrentarse con la aristocracia. En muy raras ocasiones el campesino llegó a poseer la tierra y, en general, las familias nobles se hicieron con la propiedad absoluta de los señoríos que ellas y sus cultivadores se disputaban. Donde —como dijimos— se produjo un cambio sorprendente fue en la desamortización de los bienes eclesiásticos. Entre 1836 y 1841, el Estado declaró bienes de la nación las propiedades del clero. Con la riqueza así adquirida, Mendizábal consiguió financiar la guerra contra el pretendiente don Carlos y saldar en parte la enorme Deuda Pública. Entre1854 y 1856, los progresistas acabaron de liquidar los bienes eclesiásticos y vendieron las propiedades de los municipios, sin que ni esta subasta ni la anterior del año 36 favoreciese al campesino, quien en muy pocas ocasiones se convirtió en propietario. En resumen, a lo largo del siglo XIX, ni la nobleza ni los grandes latifundistas de origen burgués perdieron su base económica mientras los pequeños arrendatarios vieron empeorar su situación. El número de campesinos jornaleros aumentó, convirtiéndose en un auténtico proletariado agrario.

En el terreno de la industria surgen plenamente en España los dos tipos de empresa más característicos de la revolución industrial, el textil y la siderurgia. Otro elemento reactivador de la economía en este período fue el trazado y construcción de la red de ferrocarriles. En 1844, el gobierno inicia las concesiones, en un principio destinadas a grupos financieros nacionales. Sin embargo, visto el escaso éxito que consiguieron, el Estado decide modificar las condiciones para la concesión, creando una serie de ventajas económicas, de las que muy bien supieron aprovecharse las sociedades de crédito francesas, que construirán casi todo el trazado de las líneas ferroviarias españolas.

Semejante a la rentabilidad del trazado de la red de ferrocarriles fue la de la explotación minera. Las minas fueron desde el siglo XVI propiedad del Estado, pero cuando éste, tras la Revolución de 1868, se enfrentó a un gran déficit, los políticos del partido progresista defendieron su venta a particulares. Así, España se convirtió entre los años 1880 y 1910 en uno de los grandes productores mundiales de hierro, cobre y plomo, pero el país apenas pudo beneficiarse de ello pues, de un total de 564 empresas de extracción, sólo 399 eran españolas y, muy a menudo, éstas fueron las menos productivas. Muy diferente fue la explotación de los recursos hidráulicos, financiados casi todos ellos por empresas españolas, con la excepción de las centrales del Pirineo Catalán, construidas por la compañía llamada «La Canadiense».

Otro de los éxitos financieros entre 1886 y 1918 fue la transformación de la banca nacional. La crisis económica de 1868 supuso el descalabro de la banca isabelina, lo que a su vez permitió su total reestructuración. En pocos años, los bancos acumularon cantidades importantes de capital (procedentes de los españoles repatriados tras la pérdida de Cuba y Filipinas y, más tarde, de la acumulación de beneficios durante la Primera Guerra europea), capital que se dedicaría a dos tipos de operaciones nuevas en España: el crédito a empresas comerciales o industriales y la adquisición de acciones de compañías de muy diverso género.

La vitalidad de las finanzas y el desarrollo de la gran industria naturalmente creó toda una nueva problemática social, apenas existente cincuenta años antes. El crecimiento de la gran industria trajo como consecuencia, no sólo el nacimiento de una robusta clase empresarial, sino la formación de un verdadero proletariado. El conflicto entre ellos no estallará, no obstante, hasta la segunda década del siglo XX, pues, en la centuria anterior, el nivel de los salarios permitía la supervivencia, si bien precaria, de los obreros y sus familias. Sólo cuando el poder adquisitivo baje y la crisis económica suba los índices del paro, se exacerbará el conflicto, pero esos serán ya tiempos de la Segunda República (1931).

Teatro

Nuestra discusión de la renovación literaria de la primera mitad del Siglo XIX comienza con el teatro porque es precisamente en la escena donde se ven las manifestaciones más interesantes del nuevo movimiento que caracteriza el período. A pesar de la *Idea de una reforma de los teatros de Madrid*, aprobada en 1799, y el éxito de *El sí de las niñas* (1806) de Moratín, el triunfo del drama neoclásico fue poco duradero. La entrada de las tropas napoleónicas en Madrid en mayo de 1808 cambió radicalmente la dirección del teatro en España. En un principio, la invasión puso fin a toda actividad dramática. Cuando finalmente volvieron a abrirse los teatros, la escena se había convertido en un campo de batalla en el que los partidarios de José Bonaparte y los de Fernando VII luchaban por la defensa de su causa.

Los *afrancesados* que apoyaban a Bonaparte intentaron extender sus ideas progresistas e «iluminadas» y al mismo tiempo vincular al nuevo monarca con el pasado glorioso de España. Dramaturgos como Francisco Comella y Gaspar Zavala apelaban al fervor patriótico del público, alcanzando gran popularidad durante la ocupación. Sin embargo, siempre que fuera posible, los adversarios del nuevo régimen llevaban a las tablas obras que celebraban victorias militares contra los franceses o atacaban figuras como Napoleón y el odiado «Pepe Botella».

Al volver al poder Fernando VII en 1814, reinó un ambiente de represión. La estricta censura y problemas con la administración de los teatros causaron que muchos futuros dramaturgos se fueran del país, entre ellos Francisco Martínez de la Rosa, que habría de ser uno de los iniciadores del teatro romántico en España. No fue sino hasta 1823 cuando la situación empezó a cambiar, gracias al empresario y dramaturgo francés Juan de Grimaldi (1796-1872). Al establecerse en Madrid, Grimaldi convenció a las autoridades municipales de que le entregaran las riendas de dos importantes teatros de Madrid, el Cruz y el Príncipe, los cuales renovó por completo. No sólo arregló

y redecoró los edificios, sino que buscó nuevos actores y dramaturgos. Montó óperas, refundiciones de obras del Siglo de Oro y comedias de magia que apelaban a los gustos populares. Éstas eran obras en la tradición de Cañizares; se valían de efectos visuales, del humor y de referencias a hechos del momento para mantener el interés del espectador. Comedias de magia como *La pata de cabra*, que montó en 1829, atraían a multitudes y ayudaron a aficionar las masas al teatro. La gente llegaba de todas partes de España para ver esta obra. De hecho, más de 72,000 pasaportes provinciales fueron timbrados autorizando a sus dueños a ir a Madrid a ver *La pata de cabra*. Durante la administración de Grimaldi se mejoraron las técnicas dramáticas y el teatro ganó una nueva respetabilidad. Sin embargo, debido al ambiente de sospecha y a las restricciones impuestas por el gobierno, el teatro realmente no volvió a florecer sino hasta después de la muerte del rey, en 1834.

Aunque la censura no desapareció durante la época de María Cristina, por lo menos existía un ambiente más abierto y tolerante que se prestaba a la experimentación teatral. Influido por el teatro francés, Martínez de la Rosa introdujo el drama romántico con *La conjuración de Venecia,* que, como muchas de las nuevas obras de la época, fue montado por Grimaldi. Siguieron dramas como *Macías*, de Larra, *Los amantes de Teruel*, de Hartzenbusch, *Don Alvaro o la fuerza del sino*, del duque de Rivas, *El trovador* de Antonio García Gutiérrez y *Don Juan Tenorio* de Zorrilla. Estas obras, consideradas chocantes y revolucionarias por el público, inspiraban debates muy vivos entre críticos e intelectuales. Muchos españoles consideraban dramas como *Don Alvaro, El trovador* y *Los amantes de Teruel* una amenaza a la estabilidad social porque ponían en cuestión el *status quo*.

La figura dominante del drama romántico es siempre un galán valiente, rebelde y atrevido. Encarna el ideal de la libertad, o porque lucha contra la tiranía política o porque rompe con las convenciones sociales que restringen la conducta del individuo. Se rebela contra todo: la ley, la Iglesia, la autoridad paterna, aun su propio destino. Alcanza dimensiones heroicas al combatir contra fuerzas que están más allá de lo humano. A menudo es un ser marginado—un huérfano o un extranjero, por ejemplo. El tema central del drama romántico es el amor, aun en obras de contenido político, como *La conjuración de Venecia* y *El trovador.* Si bien el héroe romántico rompe todas las reglas humanas y divinas, es fiel a su amada, quien desafía a la familia o al claustro para seguirle. Se trata casi siempre de un amor prohibido. Los parientes de la joven desprecian al héroe porque lo creen de bajo linaje (aunque a veces resulta ser tan noble como ellos) o por su mala fama. El héroe romántico se describe a menudo como un ser satánico que ha sido rechazado por Dios y por el mundo. La amada es virtuosa, angelical, capaz de desafiar a todos por su amante y, en el caso de doña Inés en *Don Juan Tenorio*, de arriesgar su propia salvación para ayudarle a él a alcanzar la suya.

Hacia principios de 1840 Grimaldi ya no estaba a cargo de ningún teatro madrileño y en algunos casos los actores mismos funcionaban como empresarios. Se seguían produciendo obras del Siglo de Oro, refundiciones y traducciones de obras francesas, además de obras nuevas cada vez más ideológicas. Crecía el número de teatros particulares que competían con los del Estado. Por una cuota semanal o mensual los socios de aquéllos podían asistir a cierto número de obras que eran, en algunos casos, más innovadoras que las que se montaban en los teatros del Estado. Muchos dramaturgos y actores establecidos criticaban la proliferación de nuevos teatros, alegando que las obras que presentaban eran de baja calidad y podían perjudicar la moral pública. Además, les quitaban negocio a los teatros más antiguos, aumentando los riegos financieros y las posibilidades de quiebra. Durante este período se estableció el uso del *copyright* o derechos de autor que obligaban al empresario a pagar al dramaturgo cuya obra montaba. Aunque esto ofrecía alguna protección al autor, aumentaba el costo de una producción teatral. Para mediados del siglo, varios de los grandes teatros de Madrid habían quebrado o estaban en peligro de ello.

En 1849 se creó el Teatro Español, cuya misión era la renovación de la tradición dramática nacional. Patrocinado por el gobierno y dirigido por Ventura de la Vega (1807-1865), uno de los dramaturgos más respetados de la época, el Teatro Español debía abrir nuevas oportunidades a los dramaturgos nacionales y ofrecer al creciente público burgués obras que fueran más de su gusto. Sin embargo, debido a peleas internas y a ataques de varios periódicos, el proyecto fracasó.

A pesar del fracaso del Teatro Español, crecía el interés por el drama. De hecho, la década de 1850 produjo el mayor número de obras del siglo. A mediados de los años 50 la «alta comedia» o «la comedia dramática» empezó a reemplazar al teatro romántico. Ésta comprende las «comedias de costumbres»—tipo de obra que responde a las preocupaciones y valores de la clase media acomodada, la cual se siente cada vez más insegura respecto al porvenir político y económico. Las piezas que compone la nueva generación de dramaturgos abarcan un gran número de temas, pero todas recrean un segmento de la sociedad —con sus maneras, usos, debilidades y obsesiones—en que están en conflicto la moralidad tradicional y los nuevos valores de una España que se industrializa y se moderniza. El banquero, el hombre de negocios, el oportunista, el libertino son arquetipos importantes en este tipo de teatro, en el cual se retrata a menudo la corrupción en las instituciones sociales—el matrimonio, la familia, la religión—por causa del materialismo y la ambición. El político vicioso y los abusos del poder también son temas corrientes.

Ventura de la Vega se considera el creador de la alta comedia. Nacido en Buenos Aires, se integró completamente a la vida intelectual española, entablando amistad con escritores conocidos, en particular, con Espronceda. Con obras como *El hombre del mundo* (1845) introdujo un nuevo eclecticismo en el teatro, incorporando elementos del Romanticismo—cuyos valores rechaza—al marco realista. Manuel Tamayo y Baús (1829-1898) es otro temprano exponente de la alta comedia; sus primeras obras son más bien moralizadoras, pero después del éxito de *Hija y madre* (1855) y *La bola de nieve* (1866) comenzó a buscar un estilo más realista. La primera de estas comedias trata de la movilidad social, mientras que la segunda trata de la envidia y los celos, que el autor identifica como vicios particularmente característicos de la personalidad española. En *Un drama nuevo* (1867), considerado su obra maestra, Tamayo vuelve a los temas de *La bola de nieve*, pero combina la realidad y la fantasía de una manera interesante e innovadora.

También habría que mencionar a tres otros autores que se asocian con la alta comedia: Adelardo López de Ayala (1828-1879), Gaspar Núñez de Arce (1834-1903) y Narciso Serra (1830-1877). Estos dramaturgos retratan al hombre común en situaciones cotidianas, aunque sus obras a veces retienen elementos románticos. El que más se estudia hoy en día es López de Ayala que, siguiendo el camino abierto por Ventura de la Vega, censura las costumbres de su época. En *El tejado de vidrio* (1865) ataca el libertinaje y en *El tanto por ciento* (1863) condena la avaricia que hace que el hombre se olvide incluso del honor y del amor. Núñez de Arce figura en algunas historias de la literatura más bien por su poesía. Entre sus obras dramáticas se cuentan *Deudas de la honra* (1863), *Quien debe, paga* (1867) y *El haz de leña* (1872). Serra sin embargo apenas figura en las antologías, aunque obras como *La calle de la Montera* (1859), *¡Don Tomás!* (1858), *La boda de Quevedo* (1854) y *El loco de la guardilla* (1861) —sobre Cervantes— gozaron de gran popularidad. Aunque estos tres dramaturgos tuvieron éxito durante las primeras décadas de la segunda mitad del siglo XIX, contribuyeron poco al desarrollo de la estructura dramática y a la escenografía, y hoy en día la crítica apenas se ocupa de ellos.

Durante las décadas de los setenta y ochenta domina el teatro de José Echegaray (1832-1916). Aunque el lector o espectador encuentra hoy su teatro sumamente anticuado, se consideraba un gran dramaturgo en su época y los críticos no se cansaban de elogiarlo. Matemático y científico de profesión, combinaba la rigurosa lógica y el melodrama para crear obras poco creíbles y sin embargo conmovedoras para su público. Todos sus dramas son trágicos y típicamente giran alrededor de los imperativos del honor y del deber. Aunque sus primeras obras son románticas, casi siempre de tipo histórico o caballeresco, es más conocido por sus obras «de tesis» —las que apoyan una idea o tesis central.

Durante esta época varias mujeres contemporáneas de Echegaray empezaron destacarse como dramaturgas. Hacia 1840 Manuela Cambronero, Carolina Coronado y Joaquina Vera ya habían empezado a escribir para el teatro. Les sigue Gertrudis Gómez de Avellaneda, que logra que se monten sus obras durante la década de los cincuenta. Veinte años más tarde, mujeres como Rosario de Acuña y Villanueva de la Iglesia (1851-1923) y Elisa de Luxán de García Dana hicieron contribuciones valiosas al teatro español. Acuña es la más conocida de ellas. Muy controvertidas durante su época, sus obras tratan del matrimonio civil, las condiciones en las prisiones, la situación de los hijos naturales y el fanatismo religioso. También escribió varias obras de tema patriótico. Sus dramas más conocidos son *Rienzi el tribuno* (1876), *Amor a la patria* (1877) y *La voz de la patria* (1893). También escribió varios estudios de tipo sociológico. La obra más conocida de Luxán es *Ethelgiva* (1877).

Mientras la alta comedia atraía a un público acomodado y relativamente culto, la zarzuela, la farsa y otros tipos de espectáculos y diversiones atraían a un público más amplio. Algunas comedias de magia siguieron montándose, así como melodramas y adaptaciones de obras clásicas. También se producían breves obras satíricas, pero no como los entremeses que se representaban entre los actos de una pieza más larga, sino en programas independientes. También se montaban imitaciones burlescas de los grandes éxitos románticos. De hecho, más de dos docenas de parodias y continuaciones de *Don Juan Tenorio*, la obra más popular del siglo, fueron publicados en los años después del estreno de la pieza original. En una de ellas, *Doña Juana Tenorio* (1876), de Rafael Liern y Cerach, se subvierte el arquetipo del seductor irresistible al convertir al personaje principal en mujer. La agresiva, lujuriosa doña Juana seduce a Serafín, un joven estudiante de religión, quien se entrega a ella pronunciando las palabras que pronuncia Doña Inés al entregarse a don Juan. En una manifestación del materialismo de la segunda parte del siglo, doña Juana enumera todos los regalos que piensa hacerle a su enamorado. Obras como esta imitación burlesca de un clásico romántico mantanían teatros que sin ellas habrían tenido que cerrar sus puertas. Durante la segunda mitad del siglo creció el número de «teatros por horas» o «teatrillos» que presentaban breves farsas que los críticos consideraban de mal gusto y acusaban de pervertir la moralidad pública, pero que tuvieron un éxito espectacular.

Durante la segunda mitad del siglo se construyeron un gran número de teatros, lo cual refleja el entusiasmo del público por las actividades dramáticas. A pesar de ello, los críticos se quejaban sin cesar de la decadencia del teatro español. Señalaban los inconvenientes del realismo y el exagerado melodramatismo de algunas piezas; se burlaban de las estúpidas rivalidades entre grupos teatrales y de la mala conducta de los actores, muchos de los cuales tenían grandes pretensiones pero poca preparación profesional. A menudo los actores se negaban a aceptar un papel porque el personaje no era atractivo. A veces tenían tanto poder que controlaban cada aspecto de la producción.

Las últimas décadas del siglo trajeron cambios no sólo en el contenido de las obras sino también en el aspecto físico del teatro. Por ejemplo, poco a poco la luz eléctrica empezó a reemplazar el gas en los edificios donde se montaban espectáculos, aunque hubo resistencia a causa del ruido que producían los generadores. En cuanto a las obras mismas, hacia fines del siglo la corriente realista se hace más fuerte. Se nota también la influencia de Zola y del naturalismo, con su énfasis en los aspectos negativos de la sociedad: la miseria, el abuso sexual, el alcoholismo, las perversiones. A pesar del éxito de algunas de estas obras realistas o naturalistas, el público general seguía prefiriendo los melodramas, piezas cortas burlescas, zarzuelas y óperas en lenguas extranjeras, induciendo a los críticos a renovar sus ataques contra el estado deplorable del teatro.

Varios escritores—incluyendo a novelistas conocidos como Galdós—compusieron obras con el fin de mejorar la situación y, de hecho, algunas

obras de Galdós despertaron tremendo entusiasmo por parte del público. Antonio Vico y, más tarde, María Guerrero, dos actores de ideas modernas y de tremendo carisma y energía, también lucharon por cambiar la dirección del teatro en España. A fines de los ochenta y a principios de los noventa aumentó la actividad dramática no sólo en Madrid sino también en Barcelona, donde florecía el teatro en catalán, gracias a los esfuerzos de dramaturgos como Angel Guimerà.

Sin embargo, no fue sino hasta la aparición de Jacinto Benavente (1866-1954), con sus ácidos retratos de la aristocracia y de la clase media, que se pudo hablar de una verdadera renovación. Radicalmente diferente a los dramaturgos que le precedieron, Benavente introdujo una nueva visión en sus obras. En vez de piezas de tesis, llevó a las tablas cuadros de la vida real en que los personajes no declamaban sino que hablaban en tono normal usando un vocabulario coloquial. Sin recurrir a la retórica o al melodrama, exponía la hipocresía y valores torcidos de la sociedad española con perspicacia y mordacidad. Durante la última década del siglo el arte dramático en España daba nuevas señales de vida que anunciaban la revolución artística e intelectual de la próxima generación—la del 98.

Teatro romántico

FRANCISCO MARTÍNEZ DE LA ROSA (1787-1862)

Figura de transición, Martínez de la Rosa pertenece por sus fechas a la generación de Quintana. Sin embargo, es a él a quien se le acredita el haber lanzado el movimiento romántico en la Península. Dramaturgo, poeta, historiador, se formó en el Neoclasicismo y cultivó todos los temas y géneros propios de este movimiento. Sin embargo, sus actividades políticas lo llevaron a Londres y París, donde conoció a escritores románticos y pronto empezó a experimentar con los nuevos conceptos literarios.

Martínez de la Rosa encarna muchos de los conflictos políticos y literarios de principios de siglo. Patriota ferviente, viajó a Inglaterra para conseguir ayuda para la causa española después de la invasión francesa de 1808. Allí publicó un ensayo periodístico, «La revolución actual en España» que atrajo la atención de la comunidad intelectual. Al volver a España, fue elegido a las Cortes de Cádiz, que habían elaborado la Constitución de 1812, de tendencia liberal. Al volver Fernando VII al trono y declarar nulo este documento, Martínez de la Rosa fue encarcelado y sentenciado a muerte. Sin embargo, cuando en 1820, una sublevación capitaneada por Riego de nuevo puso en vigor la constitución, nuestro autor volvió a ofrecer sus servicios al gobierno. Había suavizado su posición y evolucionado hacia el centro político. El período consitucional terminó en 1823 cuando un ejército francés (los Cien Mil Hijos de San Luis) entró en España y restauró el poder real. Entonces, Martínez de la Rosa salió desterrado y pasó los ocho próximos años en Francia, donde el ambiente intelectual de dicho país nutrió su desarrollo político y literario. En París publicó su primera colección de *Obras literarias* (1827-1830). En 1833 aparecieron sus *Poesías,* que formal y temáticamente aún reflejan la influencia del Neoclasicismo. A la muerte de Fernando VII, María Cristina de Borbón, cuarta esposa del rey, ocupó la regencia durante la minoría de su hija, Isabel II, y le pidió a Martínez de la Rosa que volviera y presidiera el gobierno liberal. En 1834 promulgó el Estatuto Real. Ese mismo año publicó una biografía, *Hernán Pérez del Pulgar,* y estrenó su obra *La conjuración de Venecia*, que había escrito en París. Este drama se considera un paso importante hacia el Romanticismo porque contiene varios elementos que caracterizan dicho movimiento: un héroe rebelde, misterioso, huérfano, valiente y triste; la defensa de la libertad y el rechazo de la tiranía; una trágica historia de amor. Aunque Martínez de la Rosa compuso varios tratados políticos y una novela histórica después de la publicación de esta obra de teatro, se considera que *La conjuración* representa el punto culminante de su carrera literaria. En 1839 fue nombrado director de la Academia Española. Cuando María Cristina fue exiliada, la siguió a París, donde vivió hasta 1844, momento en que los moderados volvieron al poder. Martínez de la Rosa se mantuvo activo en la política durante el resto de su vida, sirviendo en las Cortes y como embajador en París y en Roma.

No caracterizan su obra la fantasía ni las emociones volcánicas. Sus primeras poesías y obras de teatro pertenecen al ámbito neoclásico. En su *Poética* (1827) explica que en la literatura tanto como en la política conviene buscar «el justo medio». Sin embargo, en París, contagiado del entusiasmo romántico, se permite un momento de exceso. El resultado son dos dramas históricos, *Aben Humeya*, escrito en francés, sobre la rebelión de los moriscos en las Alpujarras, durante la época de Felipe II, y *La conjuración*, basado en una revuelta popular en Venecia, una noche de carnaval, en el siglo XIV.

La Conjuración de Venecia

Advertencia (fragmento)

De algunos años a esta parte, deseaba yo componer una obra dramática cuyo argumento fuese tomado de la historia de Venecia: la forma de gobierno de aquella república, la severidad de sus leyes, el rigor y el misterio de algunos de sus tribunales, me han parecido siempre muy propios para una composición de esta clase... Entre los grandes sucesos..., me pareció preferible, por varias razones, la célebre conjuración acaecida en Venecia al comenzar el siglo XIV[1]; fue tal vez la más grave, y la que más influjo tuvo en la suerte ulterior de aquella República; no abortó antes de tiempo, como la atribuida al marqués de Bedmar y otras; su malogro consolidó por siglos el poder de un corto número de familias, y desde aquella época puede decirse que empezó para Venecia una nueva era...

Personas
Rugiero, casado en secreto con
Laura, hija del senador
Juan Morosini, hermano de
Pedro Morosini, presidente 1° ⟩
Presidente 2°   ⟩ del tribunal de los Diez
Presidente 3°   ⟩
Secretario   ⟩
El Embajador de Génova   Su Secretario
Marcos Querini ⟩

---

[1] El año exacto es 1310.

Jacobo Querini ⟩
Boemundo Thiépolo ⟩ Cabezas de la Conjuración
Andrés Dauro ⟩
Badoer ⟩
Juan Mafei ⟩
Comandante de Laguerra del Dux[2]
Espía 1°   Espía 2°
Matilde, aya[3] de Laura
Julián Rossi, soldado de la bandera de Rugiero
Un artesano, Un marinero, Una mujer del vulgo, Su marido, Peregrino anciano, Peregrino mozo, Conjurados, soldados, pueblo, jueces, subalternos del tribunal

ACTO I, ESCENA II

EMBAJADOR, SECRETARIO, MARCOS QUERINI, JACOBO QUERINI, THIÉPOLO, BADOER, MAFEI, DAURO, otros TRES CONJURADOS.

EMBAJADOR (*Echando una mirada por la sala*):
Ya me parece que han llegado todos... (*Al secretario.*) Copiad ahora en cifra lo que contiene este escrito, en tanto que celebramos nuestra junta.
(*El embajador se dirige hacia los conjurados, y va dando la mano a cada uno de ellos sucesivamente.*)
SECRETARIO (*Leyendo para sí el papel*):
«Apuntad los nombres de todos los concurrentes; y sin hacer ni el más leve ademán de atender a lo que aquí pase, escribid la substancia de los razonamientos, y apuntad fielmente cuanto notéis».
EMBAJADOR: ¿Todos amigos?
CONJURADOS: Todos.
(*Quítanse las máscaras, se saludan cortésmente y toman asiento.*)
EMBAJADOR: ¿Falta alguno?
MAFEI: Sólo echo de menos a Rugiero.
EMBAJADOR: A pesar de sus pocos años, no creo que le hayan detenido las diversiones del Carnaval[4]; ama mucho a su patria adoptiva, y no piensa sino en salvarla.

---

[2]Magistrado supremo en Venecia y Génova.
[3]Mujer encargada de cuidar a un niño.
[4]Jean Sarrailh señala que la conjuración estalló el 15 de junio, pero el autor aprovecha el anacronismo para valerse de algunos recursos dramáticos en el acto IV, en que los personajes aparecen con máscaras y disfraces. (252) El Carnaval se celebra en febrero; es el tiempo que se destina a las diversiones antes del miércoles de Ceniza.

THIÉPOLO: Sólo tendría alguna disculpa su tardanza, si fuese cierto, como dicen, que está perdido de amores, y, lo que es peor, sin esperanza de lograr su dicha...Debemos ser indulgentes con los desgraciados.
DAURO: Mi amigo no ha menester compasión ni indulgencia: cuando se trata de cumplir con un deber, nadie en el mundo le lleva ventaja.
MARCOS QUERINI: ¿Y quién pudiera dudarlo?... Cabalmente sus buenas prendas le han granjeado el afecto de todos, y lejos de mirársele en Venecia como extranjero, sin más recomendación que su espada, se le considera con razón como uno de sus mejores hijos. Si hoy tarda, por primera vez, debe de motivarlo alguna causa poderosa...
DAURO: Quizá sea ése que llega...
EMBAJADOR: No hay duda.

ESCENA III
DICHOS. RUGIERO
(*Presenta éste su contraseña[5] al máscara,[6] el cual se retira al mandárselo el embajador, dejando cerrada la puerta.*)

RUGIERO (*Se descubre y saluda a los demás.*): No ha sido culpa mía el haber tardado estos pocos momentos; una casualidad, tal vez de leve importancia, me ha hecho suspender de propósito entrar en el palacio...Toda la noche había notado que me seguía un máscara vestido de negro... En vano atravesaba yo los puentes, cruzaba el bullicio en la plaza, mudaba mil veces de rumbo...; siempre le veía cerca de mí, cual[7] si fuese mi sombra. A veces sospeché, hallándole por todas partes, que quizá fuesen varios de traje parecido; y hasta llegué a dudar si sería mi propia imaginación la que así los multiplicaba ante mis ojos... Al cabo me vi libre un instante, y lo he aprovechado.
MAFEI: En esta época del año, nada tiene de singular esa aventura[8]: tal vez os hayan confundido con otro; y aun la mera curiosidad bastaría para que alguno haya formado empeño de conoceros.

---

[5]Señal o palabra para conocerse unos a otros.
[6]Hombre que lleva una máscara.
[7]Como.
[8] En Venecia, durante el Carnaval la gente andaba con disfraz y máscara; el Carnaval se asociaba con la intriga, la conspiración y el crimen.

DAURO: Ni la más leve circunstancia debe desatenderse en crisis de tanto momento...¿Quién sabe si acecharán los pasos de Rugiero por algún recelo o sospecha?... Todos conocemos a fondo las malas artes de ese Tribunal, digno apoyo de la tiranía: mina la tierra que pisamos, oye el eco de las paredes, sorprende hasta los secretos que se escapan en sueños...

THIÉPOLO: Poco le han de valer ya astucia misteriosa, sus infames espías, sus mil *bocas de bronce*, abierta siempre a la delación y a la calumnia...Si se muestra ahora aún más activo y tremendo, desde que está a su frente el cruel Morosini, antes lo tengo por buen anuncio que por malo: no es síntoma de robustez, sino la agonía de un moribundo.

BADOER: ¿Y por qué tardamos en señalar su última hora?... En las grandes empresas el mayor peligro está en la dilación...

JACOBO QUERINI: Y tal vez en precipitarlas. No es mi ánimo, nobles señores, contrarrestar vuestra resolución generosa; y después de haber agotado en vano todos los medios de persuación y de templanza, conozco a pesar mío que es necesario, so pena de mayores males, oponerse resueltamente a tamaño atentado. Mas ya que la ceguedad de unos pocos nos obligue a tan duro extremo, ¿no debemos prever todas las consecuencias, y evitar los estragos de una revolución?... No basta tener en favor nuestro la razón y las leyes; siempre es aventurado encomendar su triunfo al incierto trance de las armas; y es mala lección para los pueblos enseñarles a reclamar justicia, desplegando la fuerza...

THIÉPOLO (*Interrumpiéndole*): ¿Y qué otro recurso nos queda para arrancar a unos detentores infames el depósito que han usurpado?... ¡Vosotros lo sabéis: las quejas se gradúan de delito, las reclamaciones de crimen y el patíbulo ahoga la voz de los que osan invocar las leyes!—En ese mismo palacio, cuyas puertas se cerraron ante mi padre, alzado por aclamación pública a la suprema dignidad, en ese mismo palacio, en que un Dux orgulloso, nombrado por sus cómplices, trama noche y día la servidumbre de su patria, no ha faltado ya quien reclame en favor de nuestros derechos; ¿y cuál ha sido la respuesta? No necesito recordársela; ¡aun no está enjunta la sangre de las víctimas!— ¡Sin proceso ni tela de juicio, sin acusación ni defensa, en la oscuridad de la noche, a la sombra de impenetrables muros, cayeron los leales a manos de los pérfidos; y por colmo de horror y escándalo, se apellidó luego justicia la venganza de los asesinos![9]

MARCOS QUERINI: Calma, Boemundo, calma ese aliento generoso, tan necesario en la pelea como arriesgado en el consejo; cuando se trata de asunto de tamaña importancia, más vale seguir la luz de la prudencia que los ímpetus del corazón. Nuestros sentimientos son los mismos, uno nuestro deseo; y aunque ves estas canas sobre mi frente, tan resuelto estoy como el que más a derramar mi sangre, por no dejar a mi patria en tan indigna esclavitud. Mas antes de aventurarlo todo, conviene no olvidar el poder y la astucia de nuestros contrarios, y asegurar el buen éxito de la empresa por cuantos medios estén al alcance de la prudencia humana...

BADOER: ¿Y qué nos falta ya?... Las tropas de mi mando están prontas, y llegarán de Padua[10] al momento preciso...

RUGIERO: Los guerreros que siguen mis banderas me demandan a cada instante la señal anhelada...

EMBAJADOR: Por no excitar inquietud y sospechas, aun no se han internado en el golfo las galeras de Génova; pero el almirante aguarda sus órdenes, y el pabellón de una República amiga vendrá a solemnizar también el triunfo de Venecia.

JACOBO QUERINI: ¿Y los nobles?¿Y el pueblo?...

DAURO: ¿Quién puede dudar de que estén por nosotros? Despojadas de su prerrogativa cien familias ilustres, perseguidas otras, amenazadas todas, ansían en secreto la caída de los usurpadores y el recobro de los antiguos fueros[11]; a una voz, a un acento, no habrá noble veneciano, digno de su estirpe, que no empuñe la espada en nuestro favor.

BADOER.—Y yo respondo con mi cabeza de la cooperación del pueblo. La ruina de nuestra armada en Curzola,[12] la derrota de Po,[13] la pérdida de

---

[9] El pasaje se refiere a la conspiración de Marino Bocconio contra Gradénigo. Bocconio y sus compañeros fueron arrestados y ejecutados dentro del espacio de unas horas (Serrailh 255).

[10] Ciudad cerca de Venecia.

[11] Leyes.

[12] La armada veneciana fue destruida por la de Génova el 8 de septiembre de 1298, delante de la isla de Curzola, de Dalmacia.

[13] Alusión probable a una batalla que perdieron los venecianos tratando de defender Ferrara contra los ejércitos del Papa, en 1309.

Tolemaida,[14] la miseria y el hambre, todas las plagas juntas, han apurado ya la paciencia y el sufrimiento: no hay nadie que no anhele ver el término de tantos males.

MAFEI: ¡La maldición del cielo ha caído sobre Venecia, y pide a gritos el castigo de los culpables; ni aun nos queda el recurso, en medio de tantas desdichas, de recibir los consuelos de la religión y llorar siquiera en los templos!... Cerradas sus puertas, prófugos sus ministros, interrumpidos los cánticos y sacrificios, en vano tendemos los brazos al Pastor santo de los fieles... Su tremendo entredicho pesa sobre nosotros, y a su voz todas las naciones nos repulsan como apestadas o nos persiguen como fieras.

THIÉPOLO: ¿Qué aguardamos, pues; qué aguardamos?...

DAURO: A cada instante se agravan los males y se dificulta el remedio.

RUGIERO: La menor tardanza puede sernos funesta.

MAFEI: ¡Ni un día más!

VARIOS CONJURADOS: ¡Ni un solo día!

MARCOS QUERINI: Pues tan resueltos os mostráis a tentar cuanto antes el último recurso, concertemos el plan con madurez y detenimiento, dejando cuanto menos sea dable a los azares de la suerte. Sé bien que podemos contar, al menos por el pronto, con más fuerzas que nuestros contrarios; ¿pero no debemos procurar que nuestro triunfo cueste pocas lágrimas, y evitar con todo empeño el derramamiento de sangre?... Quisiera yo también, y daría mi vida por lograrlo, que se tomasen todas las precauciones para que el pueblo no sacuda el freno, y no empañe nuestra victoria con desórdenes y demasías. Ha nacido para obedecer, no para mandar; y al mismo tiempo que vea desmoronarse la obra inicua de la usurpación, debe admirar más firme y sólido al antiguo edificio de nuestras leyes. Rescatemos, sí, rescatemos de manos infieles la herencia de nuestros mayores; mas no expongamos el bajel del Estado a las tormentas populares.

EMBAJADOR: Bien se echa de ver, noble Querini, bien se echa de ver en vuestras razones aquella prudencia consumada que os ha granjeado tanto crédito entre los Padres de Venecia. Tan persuadido estoy, por lo que a mí toca, de la oportunidad de tan saludables consejos, que siempre ha sido de dictamen de que debe emplearse la sorpresa y la astucia, más bien que empeñar una larga contienda, incierta tal vez dudosa. Por lo mismo que nuestros contrarios confían tanto en su previsión y en sus fuerzas; por lo mismo que se han reunido pocos, para oprimir más a su salvo, ha de ser menos difícil lograr nuestro propósito por algún medio pronto, osado, que no hayan podido siquiera imaginar. Tal sería, si bien os pareciese, apoderarnos por sorpresa del Dux y de sus principales cómplices; y arrojándolos lejos de la patria, que no merecen, proclamar al punto el restablecimiento de las antiguas leyes...

MAFEI: Anoche mismo, paseándome por los pórticos, noté cuán factible era apoderarse de rebato del palacio ducal. La guardia me pareció escasa y desapercibida; la plaza estaba hirviendo de gente; las oleadas llegaban hasta dentro de las mismas puertas, sin excitar recelo... ¿Qué riesgo habría en mezclarnos con la muchedumbre, acechando la ocasión oportuna y abalanzarnos, a una seña, sin dar siquiera tiempo de ponerse en defensa?

THIÉPOLO: Reunidas en secreto nuestras tropas en el palacio de Querini, pocos instantes habrían menester par ocupar el puente de Rialto[15] y cortar la comunicación entre ambas partes de la ciudad.

BADOER: Algunos hombres escogidos, mezclados entre la turba, podrían apoderarse de improviso de las avenidas de la plaza y contener a un tiempo a los usurpadores y al pueblo.

JACOBO QUERINI: Lo que urge más que todo es apoderarse desde luego del Dux... Yo conozco a Gradénigo, hombre audaz, obstinado, inflexible, que expondrá mil veces la vida antes que ceder.

THIÉPOLO: ¿Y de qué le servirá su arrojo cuando se halle sorprendido, abandonado de los suyos, sin recurso en la tierra? También eran valientes los que abusaron antes que él de la suprema potestad, y no por eso se pusieron a salvo del castigo de nuestros padres. ¡Dichosos se llamaron los que pasaron desde el solio[16] a un triste monasterio; mientras

---

[14] En 1291 los cristianos—entre ellos muchos venecianos—perdieron Tolemaida, ahora Akka, puerto de Israel.

[15] Venecia estaba dividida en dos partes por el Gran Canal atravesado por sólo un puente, el cual unía la pequeña isla de Rialto con el sector más poblado de la ciudad. Es decir, este puente era el único medio de comunicación entre las dos mitades de Venecia.

[16] Trono.

proscritos, otros, privados hasta de los ojos para llorar su afrenta, por única merced demandaban la muerte!

EMBAJADOR.—Mas fácil será ahora nuestro triunfo, ya que la suerte se nos brinda propicia...Pasado mañana, por último día de Carnaval, celebra el Dux el festín magnífico, a que asistirán sus consejeros, y muchos miembros del Senado, sus principales cómplices; nuestros amigos y parciales pueden concurrir igualmente, disfrazados como los demás nobles, y su sola presencia bastaría para afianzarnos la victoria. Al momento que estalle el tumulto en la plaza, debe resonar el mismo grito en los salones del palacio, y hallarse el Dux cercado de cien desconocidos. La confusión, la sorpresa, la imposibilidad de distinguir amigos y contrarios, quebrantarán el ánimo de los más audaces; y sin osar resistir siquiera, caerán en nuestras manos.

MARCOS QUERINI: A pesar de que juzgo ese plan menos arriesgado, y harto probable su buen éxito, no dejemos por eso de tomar todas las precauciones... Muchas empresas se han malogrado en el mundo por haberse desatendido una circunstancia muy leve; y no es lo más difícil imaginar un plan, sino concertar bien los medios de llevarle a cabo.

EMBAJADOR: ¿Y quién mejor que vos, respetable Querini, dotado de la prudencia de la edad madura y del aliento de la mocedad, pudiera cargarse de tan arduo negocio? Cierto estoy que no habrá uno solo de estos nobles patricios que no se someta a vuestro dictamen, pronto a ejecutar vuestra órdenes.

RUGIERO: Todos estamos prontos.

CONJURADOS: ¡Todos!

MARCOS QUERINI: Aunque tanto me honra vuestra confianza, no quisiera yo cargar sobre mis flacos hombros un peso tan grave; antes bien me atrevería a suplicaros que nombraseis algunos de vosotros que me auxiliasen y sostuviesen.

DAURO: Sin salir de vuestro palacio, ¿no tenéis en él a vuestro hermano y a vuestro ilustre yerno?...

(*Señalando a Jacobo Querini y a Thiépolo*)

MAFEI: Nadie mejor que ellos; uno auxiliará vuestra mente, y otro vuestro brazo.

BADOER: Así también se evita la necesidad de reunirnos, a riesgo de excitar sospechas.

RUGIERO: A nosotros nos bastará recibir mandato, aprestarnos y obedecer.

EMBAJADOR (*Levantándose*): Ea, pues, señores; despidámonos hasta el día feliz en que ha de respirar Venecia...Envidio vuestra gloria; y mi propia sangre daría por poderme contar, como vosotros, entre los libertadores de mi patria.

JACOBO QUERINI: Quien vuelve por las leyes no hace más que pagar una deuda: nada hay que agradecerle.

RUGIERO: Aun cuando la suerte nos fuese adversa, antes quiero perecer con las víctimas que no triunfar con los verdugos.

DAURO: ¿Por qué has de pensar siempre lo más triste y funesto? No se trata de morir, sino de vencer.

MAFEI: Nuestra causa es la causa de Dios, y Él volverá por ella.

MARCOS QUERINI: Vamos a poner todos los medios que pendan de nosotros...¡y cúmplase después la voluntad del cielo!

(*Se despiden y salen por la galería; el embajador manda al secretario que le siga, y se va por una puerta lateral.*)

ÁNGEL DE SAAVEDRA, DUQUE DE RIVAS (1791-1865)

Si Martínez de la Rosa dio el primer paso hacia la creación de un teatro romántico en España, el Duque de Rivas completó la tarea. *Don Álvaro o La fuerza del sino* se considera un modelo de su género. Comenta Díez Borque: «Era la obra de ruptura, el primer drama romántico plenamente logrado; en otros términos, era, finalmente, la obra maestra que llevaba a cabo el arraigo firme y definitivo del romanticismo en el teatro dramático español» (*Historia del teatro* 458).

Ángel de Saavedra nació en Córdoba, segundo hijo de una aristocrática familia andaluza. Recibió una sólida educación neoclásica, estudiando con maestros franceses que habían huido de su patria durante la Revolución. Desde joven sobresalió en la poesía y la pintura. Después del fallecimiento de su padre, la familia se trasladó a Madrid, donde Saavedra ingresó en el Seminario de Nobles, la institución educativa más prestigiosa de la época. En 1806 ingresa en el ejército como alférez de despacho en la Compañía Flamenca de Guardias de Corp. Allí trabó amistad con otros jóvenes que se interesaban por la literatura y empezó a publicar algunos poemas en una revista que ellos mismos publicaban. Fue testigo del Motín de Aranjuez, en el que se exigió la dimisión de Godoy y también del levantamiento de 1808.

Con su hermano, el joven Saavedra se unió a las tropas que luchaban contra las de Bonaparte. A causa de su comportamiento heroico, subió de rango durante la guerra hasta ocupar el de teniente coronel. Sobre las «once heridas mortales» recibidas en la batalla de Ocaña escribiría un célebre romance. Después de su convalecencia fue nombrado oficial del Estado Mayor; fue encargado del negociado de fotografía e historia militar, cargo ideal para él por su interés en el arte y la literatura. En esta época entabló amistad con varios escritores, entre ellos Nicasio Gallego, Arriaza, Quintana y Martínez de la Rosa. Cuando terminó la guerra, se retiró del ejército y se dedicó principalmente a sus actividades literarias.

En los años que siguen escribe varias tragedias, *Ataúlfo, Aliatar, Doña Blanca, El Duque de Aquitania* y *Malek-Adjel*, todas de índole neoclásica. En 1820, siendo diputado, se alía con los liberales. Con la vuelta del absolutismo, es condenado a muerte y huye a Gibraltar con su amigo Alcalá Galiano. De allí parte para Londres, pero a causa de los efectos del clima británico en su delicada salud, vuelve a Gibraltar, donde se casa, y luego se traslada con su joven esposa a Italia. A causa de complicaciones políticas, se ve obligado a marcharse de nuevo. Parte para Malta, donde lo reciben con grandes honores. Allí conoce a John Hookham Frere, ex-embajador inglés en España, que despertó en Saavedra el gusto por el estilo romántico. En Malta, el duque compone dos de sus poesías más conocidas: la oda «Al faro de Malta» y el poema narrativo «Florinda», que, inspirado en la *Crónica general* de Alfonso el Sabio y otras fuentes medievales, aúreas y más recientes, relata los amores de don Rodrigo y Florinda, los cuales provocaron la invasión musulmana de España. También compuso la tragedia *Arias Gonzalo,* la comedia *Tanto vales cuanto tienes,* que imita el estilo de Leandro Fernández de Moratín, y parte de su famoso poema narrativo, «El moro expósito». En 1830 va a Francia, donde compone la primera versión de *Don Álvaro o la fuerza del sino*, los poemas «Un gran tormento» y «La sombra del trovador», la oda «A mi hijo Gonzalo de edad de cinco meses». También termina

«El moro expósito» que, con prólogo de Alcalá Galiano, alcanzó una popularidad considerable.

Vuelve a España en 1834, gracias a la amnistía otorgada por María Cristina, y es elegido miembro de la Real Academia Española y presidente del Ateneo. Ese mismo año muere su hermano, por lo que hereda el título de Duque de Rivas. Saavedra había escrito *Don Álvaro* en prosa. En España versificó una gran parte de la obra, que estrenó en Madrid el 22 de marzo de 1835. La obra se representó en once ocasiones en el teatro del Príncipe antes de que acabara la temporada teatral. Tuvo una recepción positiva, aunque no fue un éxito desmesurado. Sin embargo, la obra despertó grandes polémicas y poco a poco fue convirtiéndose en símbolo del movimiento romántico. Por supuesto, los neoclásicos la detestaron, a pesar de lo cual terminó por obtener la aprobación crítica y popular.

Con su mezcla de prosa y verso, su yuxtaposición de metros poéticos de diferentes tipos, sus 56 personajes y dieciséis cambios de escena y la introducción de cuadros costumbristas extraños al argumento, la obra es un modelo de exceso y audacia románticos. Se consideraba una obra revolucionaria no sólo por su forma, sino también por su ideología: Don Álvaro, el protagonista, es un ser marginado, un mestizo dotado de cualidades ejemplares; sus adversarios, aristócratas mezquinos, egoístas y caducos. Es la lucha de lo nuevo contra lo viejo, el liberalismo contra el conservadurismo. Don Álvaro está enamorado de Leonor, hija del marqués de Calatrava, pero el viejo aristócrata lo rechaza por no ser de linaje noble. Impulsado por su pasión, el pretendiente se humilla a los pies del marqués, arrojando la pistola con la que pensaba defenderse. Pero interviene «la fuerza del sino». El arma se dispara y mata al padre de la amada. Éste es el momento clave de la obra porque de aquí en adelante el destino adverso y los Calatrava persiguen a don Álvaro. Doña Leonor se retira al convento de los Ángeles, donde se dedica a una vida de penitencia. Don Álvaro busca la muerte en los campos de batalla de Veletri, donde hace grandes proezas, refugiándose más tarde en el convento. Los hijos del marqués, Carlos y Alfonso, lo retan a muerte. Este último mata a Leonor y don Álvaro termina asesinando a los dos. Al final de la obra, don Álvaro (quien ahora es el padre Rafael), enloquecido por las burlas del destino, toma el destino en su mano y se suicida.

Una de las innovaciones importantes del duque de Rivas es la mezcla de verso y prosa. Por lo general, las escenas en prosa informan sobre los personajes principales, casi siempre en cuadros costumbristas. Con algunas excepciones, las escenas en verso suponen un desarrollo de la acción. Como en el teatro áureo, se yuxtaponen lo trágico y lo cómico, pero no se funden. Lo cómico se encuentra en las escenas costumbristas y en los episodios en que aparecen personajes procedentes del pueblo. Lo trágico caracteriza las escenas protagonizadas por los personajes principales, que son de las clases elevadas. Se diferencia de las obras neoclásicas por el gran número de personajes y de escenas, y especialmente por el carácter del protagonista. Don Álvaro es un hombre marginado, despreciado por sus orígenes a pesar de su valor y bondad. Todos sus logros serán inútiles, ya que la fuerza del sino lo lleva inexorablemente a la destrucción. No sólo se perjudica a sí mismo sino a todos aquéllos con los que tiene relación —a Leonor, a quien ama, y a Carlos, con quien guarda una fuerte amistad. No condena a Don Álvaro su mezcla racial, como observa María Socorro Perales, sino el hecho de que no estaba llamado a lograr la felicidad (58). Escribe: «don Álvaro es la plasmación de todas las frustraciones del hombre romántico: intentar amar, fracasar en el amor; intentar triunfar, caer en la ignominia; intentar escapar, verse cazado por el destino; y al final la inevitable enajenación y el consiguiente suicidio» (58).

El liberalismo del duque de Rivas fue debilitándose después de la publicación de *Don Álvaro* y, aunque la obra inspiró otros dramas románticos, el radicalismo político y literario de Saavedra desembocó en a una posición más moderada. El poeta sirvió a la regenta María Cristina hasta 1836, cuando asumieron el poder liberales más progresistas y fue desterrado una vez más. Volvió a España en 1837 y se estableció en Sevilla, habiéndose retirado temporalmente de la vida pública. En 1841 publicó sus *Romances históricos*, que versan sobre leyendas populares y ce-

lebran el pasado de España aunque sin hundirse en el melodramatismo de algunas de sus obras anteriores. Sus obras tardías incluyen *Solaces de un prisionero* (1841), *La morisca de Alajuar* (1841), *El crisol de la lealtad* (1842), *El parados de Bailén* (1844) y *El desengaño en un sueño* (1844). Sólo ésta última, la favorita del autor, ha atraído la atención crítica.

En 1844 volvió al servicio del estado; fue embajador en Nápoles y Sicilia durante el régimen del general Narváez, y entre 1859 y 1860, embajador en Francia. Cuando volvió a España, fue nombrado director de la Real Academia Española y recibió varios honores más. En 1854 publicó sus *Leyendas*, largos poemas narrativos. Sus *Obras completas* fueron publicadas póstumamente por su hijo. *La forza del destino* (1862), ópera de Giuseppi Verdi, está basada en *Don Álvaro*.

Don Álvaro y la fuerza del sino

Personajes

Doña Leonor	El Canónigo	Un Viejo
Curra,[1] *criada*	Oficial 1°	El tío Paco
Preciocilla, *gitana*	El marqués de Calatrava	
La Mesonera, *gitana*	El capitán del Regimiento	
El Estudiante	Un Cojo	El teniente
La Moza del Mesón	Pedraza	El Cirujano
Don Álvaro	Habitante 1°	El Alcalde
Don Carlos de Vargas		El Subteniente
Un Sargento	Don Alfonso de Vargas	
Habitante 2°	Un Manco	El Padre Guardián
El tío Trabuco	Oficial 2°	El Hermano Melitón
Un Majo	Oficial 3°	El Ventero, *gitano*
Oficial 4°	Oficial 5°	El Capitán
Un Teniente	Un Arriero	Una mujer

El capitán Preboste,[2] Soldados, Hombres y Mujeres del pueblo, Pobres de todas clases y legos y frailes de San Francisco, que no hablan.

Jornada Primera
La escena es en Sevilla y sus alrededores.

---

[1] Diminutivo de Francisca.
[2] Capitán que está encargado de velar el cumplimiento de las ordenanzas.

ESCENA VII

DON ÁLVARO, *en cuerpo,*[3] *con una jaquetilla de mangas perdidas sobre una rica chupa*[5] *de majo, redecilla, calzón de ante, etc., entra por el balcón, y se echa en brazos de* LEONOR.

D. ÁLVARO: (*Con gran vehemencia.*)
    ¡Ángel consolador del alma mía!...
    ¿Van ya los santos cielos
    a dar corona eterna a mis desvelos?
    Me ahoga la alegría...
    ¿Estamos abrazados
    para no vernos nunca separados?...
    Antes, antes la muerte,
    que de ti separarme y que perderte.
LEONOR:
    ¡Don Álvaro! (*Muy agitada.*)
D. ÁLVARO:
    Mi bien, mi dios, mi todo.
    ¿Qué te agita y te turba de tal modo?
    ¿Te turba el corazón ver que tu amante
    se encuentra en este instante
    más ufano que el sol?... ¡Prenda adorada!
LEONOR:
    Es ya tan tarde...
D. ÁLVARO: ¿Estabas enojada
    porque tardé en venir? De mi retardo
    no soy culpado, no, dulce señora;
    hace más de una hora
    que despechado aguardo
    por los alrededores
    la ocasión de llegar, y ya temía
    que de mi adversa estrella[6] los rigores
    hoy deshicieran la esperanza mía.
    Mas no, mi bien, mi gloria, mi consuelo,
    protege nuestro amor el santo cielo,
    y una carrera eterna de ventura,
    próvido[7] a nuestras plantas asegura.
    El tiempo no perdamos.
    ¿Está ya todo listo? Vamos, vamos.
CURRA:
    Sí; bajo del balcón, Antonio, el guarda,

las maletas espera;
    las echaré al momento.   (*Va hacia el balcón.*)
LEONOR: (*Resuelta.*)   Curra, aguarda,
    detente... ¡Ay Dios! ¿No fuera,
    don Álvaro, mejor...?
D. ÁLVARO: ¿Qué, encanto mío?...
    ¿Por qué tiempo perder?... La jaca[8] torda,[9]
    la que, cual[10] dices tú, los campos borda,
    la que tanto te agrada
    por su obediencia y brío,
    para ti está, mi dueño,[11] enjaezada,[12]
    para Curra el overo.[13]
    Para mí el alazán[14] gallardo y fiero...
    Oh, ¡loco estoy de amor y de alegría!
    En San Juan de Alfarache, preparado
    todo, con gran secreto, lo he dejado.
    El sacerdote en el altar espera,
    Dios nos bendecirá desde su esfera;
    y cuando el nuevo sol en el Oriente,
    protector de mi estirpe soberana,
    numen[15] eterno en la región indiana,
    la regia pompa de su trono ostente,
    monarca de la luz, padre del día,
    yo tu esposo seré, tú esposa mía.
LEONOR:
    Es tan tarde... ¡Don Álvaro!
D. ÁLVARO: (*A Curra.*)   Muchacha,
    ¿qué te detiene ya? Corre, despacha
    por el balcón esas maletas, luego...
LEONOR: (*Fuera de sí.*) Curra, Curra, detente.
    ¡Don Álvaro!
D. ÁLVARO: ¡Leonor!
LEONOR: ¡Dejadlo, os ruego,
    para mañana!
D. ÁLVARO: ¿Qué?
LEONOR: Más fácilmente...
D. ÁLVARO: (*Demudado*[16] *y confuso.*)
    ¿Qué es esto, qué Leonor? ¿Te falta ahora

---

[3]**En...** en camisa. Don Álvaro aparece vestido de majo.
[4]Chaqueta corta.
[5]Pieza de vestir con faldillas y mangas ajustadas.
[6]Sino, destino.
[7] Providente, propicio.

[8]Caballo pequeño.
[9]Negro y blanco.
[10]Como.
[11]Don Álvaro llama a Leonor «mi dueño», empleando la forma masculina.
[12]Es decir, ya le han puesto los aparejos.
[13]Caballo de color melocotón.
[14]Caballo color canela.
[15]Espíritu.
[16]Alterado.

resolución?... ¡Ay, yo desventurado!
LEONOR:
　　¡Don Álvaro! ¡Don Álvaro!
D. ÁLVARO:　　　　　　¡Señora!
LEONOR:
　　¡Ay, me partís el alma!...
D. ÁLVARO:　　　　　　Destrozado,
tengo yo el corazón... ¿Dónde está, dónde
vuestro amor, vuestro firme juramento?
Mal con vuestra palabra corresponde
tanta irresolución en tal momento.
Tan súbita mudanza...
No os conozco, Leonor. ¿Llevóse el viento
de mis delirios toda la esperanza?
Sí, he cegado en el punto
en que apuntaba el más risueño día.
Me sacarán difunto
de aquí cuando inmortal salir creía.
Hechicera engañosa,
¿la perspectiva hermosa
que falaz me ofreciste así deshaces?
¡Pérfida! ¿Te complaces
en levantarme el trono del eterno,
para después hundirme en el infierno?
¿Sólo me resta ya?...
LEONOR: (*Echándose en sus brazos.*)
　　　　　　　　No, no, te adoro.
¡Don Álvaro!... ¡Mi bien!... Vamos, sí, vamos.
D. ÁLVARO:
　　¡Oh mi Leonor!
CURRA:　　　　El tiempo no perdamos.
D. ÁLVARO:
　　¡Mi encanto! ¡Mi tesoro!
(*Doña Leonor, muy abatida, se apoya en el hombro de
don Álvaro, con muestras de desmayarse.*)
　　Mas ¿qué el esto?... ¡Ay de mí!... ¡Tu mano yerta!
Me parece la mano de una muerta...
Frío está tu semblante
como la losa de un sepulcro helado...
LEONOR:
　　¡Don Álvaro!
D. ÁLVARO:　　¡Leonor! (*Pausa.*) Fuerza bastante
hay para todo en mí... ¡desventurado!
La conmoción conozco que te agita,
inocente Leonor. Dios no permita
que por debilidad en tal momento
sigas mis pasos, y mi esposa seas.
Renuncio a tu palabra y juramento,

hachas[17] de muerte las nupciales teas[18]
fueran para los dos... Si no me amas,
como te amo yo a ti... Si arrepentida...
LEONOR:
　　Mi dulce esposo, con el alma y vida
es tuya tu Leonor; mi dicha fundo
en seguirte hasta el fin del ancho mundo.
Vamos, resuelta estoy, fijé mi suerte,
separarnos podrá sólo la muerte.
(*Van hacia el balcón, cuando de repente se oye ruido,
ladridos, y abrir y cerrar puertas.*)
LEONOR: ¡Dios mío! ¿Qué ruido es éste? ¡Don Álvaro!
CURRA: Parece que han abierto la puerta del patio...
　　y la de la escalera...
LEONOR: ¿Se habrá puesto malo mi padre?...
CURRA: ¡Qué!, no, señora; el ruido viene de otra parte.
LEONOR: ¿Habrá llegado alguno de mis hermanos?
D. ÁLVARO: Vamos, vamos, Leonor no perdamos ni un
　　instante. (*Vuelven hacia el balcón y de repente se ve
　　por él el resplandor de hachones de viento, y se oye
　　galopar de caballos.*)
LEONOR: Somos perdidos... Estamos descubiertos...,
　　imposible es la fuga.
D. ÁLVARO: Serenidad es necesaria en todo caso.
CURRA: La Virgen del Rosario nos valga, y las ánimas
　　benditas... ¿Qué será de mi pobre Antonio? (*Se aso-
　　ma al balcón y grita.*) Antonio, Antonio.
D. ÁLVARO: Calla, maldita, no llames la atención hacia
　　este lado; entorna el balcón. (*Se acerca el ruido de
　　puertas y pisadas.*)
LEONOR: ¡Ay, desdichada de mí!... Don Álvaro, escón-
　　dete... aquí..., en mi alcoba...
D. ÁLVARO: (*Resuelto.*) No, yo no me escondo... No te
　　abandono en tal conflicto. (*Prepara una pistola.*)
　　Defenderte y salvarte es mi obligación.
LEONOR: (*Asustadísima.*) Qué intentas?... ¡Ay!, retira
　　esa pistola, que me hiela la sangre... Por Dios, suél-
　　tala... ¿La dispararás contra mi buen padre?... ¿Contra
　　alguno de mis hermanos?... ¿Para matar a alguno de
　　los fieles y antiguos criados de esta casa?
D. ÁLVARO: (*Profundamente conmovido.*) No, no,
　　amor mío..., la emplearé en dar fin a mi desventurada
　　vida.
LEONOR: ¡Qué horror! ¡Don Álvaro!

---

[17]Velas de cera grandes ygruesas.
[18]Raja de madera resinosa, que sirve para alumbrar.

ESCENA VIII

Ábrese la puerta con estrépito después de varios golpes en ella, y entra el MARQUÉS en bata y gorro, con un espadín desnudo en la mano, y detrás dos criados mayores con luces.

MARQUÉS: (*Furioso.*) Vil seductor..., hija infame.

LEONOR: (*Arrojándose a los pies de su padre.*) ¡Padre! ¡Padre!

MARQUÉS: No soy tu padre..., aparta... Y tú vil advenedizo...

D. ÁLVARO: Vuestra hija es inocente... Y soy el culpado..., atravesadme el pecho. (*Hinca una rodilla.*)

MARQUÉS: Tu actitud suplicante manifiesta lo bajo de tu condición...

D. ÁLVARO: (*Levantándose.*) ¡Señor Marqués!... ¡Señor Marqués!...

MARQUÉS: (*A su hija.*) Quita, mujer inicua.[19] (*A Curra, que le sujeta el brazo.*) ¿Y tú, infeliz..., osas tocar a tu señor...?* (*A los criados.*) Ea, echáos sobre ese infame, sujetadle, atadle...

D. ÁLVARO: (*Con dignidad.*) Desgraciado del que me pierda el respeto. (*Saca una pistola y la monta.*)

LEONOR: (*Corriendo hacia Don Álvaro.*) ¡Don Álvaro!... ¿Qué vais a hacer?

MARQUÉS: Echáos sobre él al punto.[20]

D. ÁLVARO: ¡Ay de vuestros criados si se mueven! Vos sólo tenéis derecho para atravesarme el corazón.

MARQUÉS: ¿Tú morir a manos de un caballero?[21] No; morirás a las del verdugo.

D. ÁLVARO: ¡Señor marqués de Calatrava!... Más, ¡ah!, no; tenéis derecho para todo... Vuestra hija es inocente..., más pura que el aliento de los ángeles que rodean el trono del Altísimo. La sospecha a que puede dar origen mi presencia aquí a tales horas concluya con mi muerte, salga envolviendo mi cadáver como si fuera mi mortaja... Sí, debo morir..., pero a vuestras manos. (*Pone una rodilla en tierra.*) Espero resignado el golpe, no lo resistiré; ya me tenéis desarmado. (*Tira la pistola, que al dar en tierra se dispara y hiere al Marqués, que cae moribundo en los brazos de su hija y de los criados, dando un alarido.*)

MARQUÉS: Muerto soy... ¡Ay de mí!...

---

[19]Malvada.

[20]**Al...** inmediatamente.

[21]El código de honor prohibía que un noble riñera con uno que no lo fuera.

D. ÁLVARO: Dios mío! ¡Arma funesta! ¡Noche terrible!

LEONOR: ¡Padre, padre!

MARQUÉS: Aparta; sacadme de aquí..., donde muera sin que esta vil me contamine con tal nombre.

LEONOR: ¡Padre!...

MARQUÉS: Yo te maldigo. (*Cae Leonor en brazos de don Álvaro, que la arrastra hacia el balcón.*)

Jornada Quinta
ESCENA X

DON ALVARO, DON ALFONSO y DOÑA LEONOR, *vestida con su saco y esparcidos los cabellos, pálida y desfigurada, aparece a la puerta de la gruta, y se oyen repicar a lo lejos las campanas del convento*

LEONOR: Huíd, temerario; temed la ira del cielo.

D. ÁLVARO: (*Retrocediendo horrorizado por la montaña abajo.*) ¡Una mujer!... ¡Cielos!... ¡Qué acento!... ¡Es un espectro!... Imagen adorada... ¡Leonor! ¡Leonor!

D. ALFONSO: (*Como queriéndose incorporar.*) ¡Leonor!... ¿Qué escucho? ¡Mi hermana!

LEONOR: (*Corriendo detrás de Don Álvaro.*) ¡Dios mío! ¿Es Don Álvaro?... Conozco su voz... El es... ¡Don Álvaro!

D. ALFONSO: ¡Oh furia! Ella es... ¡Estaba aquí con su seductor!... ¡Hipócritas!... ¡Leonor!...

LEONOR: ¡Cielos! ¡Otra voz conocida!... Mas ¿qué veo?... (*Se precipita hacia donde ve a DON ALFONSO.*)

D. ALFONSO: ¡Ves al último de tu infeliz familia!

LEONOR: (*Precipitándose en los brazos de su hermano.*) ¡Hermano mío!... ¡Alfonso!

D. ALFONSO: (*Hace un esfuerzo, saca un puñal y hiere de muerte a Leonor.*) Toma, causa de tantos desastres, recibe el premio de tu deshonra... Muero vengado. (*Muere.*)

D. ÁLVARO: Desdichado!... ¿Qué hiciste?... ¡Leonor! ¿Eras tú?... ¿Tan cerca de mí estabas?... ¡Ay! (*Sin osar acercarse a los cadáveres.*) Aún respira..., aún palpita aquel corazón todo mío... Ángel de mi vida..., vive, vive... Yo te adoro... ¡Te hallé, por fin..., sí, te hallé... muerta! (*Queda inmóvil.*)

ESCENA ÚLTIMA

Hay un rato de silencio; los truenos resuenan más fuertes que nunca, crecen los relámpagos y se oye cantar a lo lejos el Miserere[22] a la Comunidad,[23] que se acerca lentamente.

VOZ: (*Dentro.*) Aquí, aquí, ¡qué horror! (*Don Álvaro vuelve en sí, y luego huye hacia la montaña. Sale el Padre Guardián con la Comunidad, que queda asombrada.*)

GUARDIÁN: ¡Dios mío!... ¡Sangre derramada! ¡Cadáveres!... ¡La mujer penitente!

TODOS LOS FRAILES: ¡Una mujer!... ¡Cielos!

GUARDIÁN: ¡Padre Rafael![24]

D. ÁLVARO: (*Desde un risco, con sonrisa diabólica, todo convulso, dice*): Busca, imbécil, al Padre Rafael... Yo soy un enviado del infierno, soy el demonio exterminador... Huíd, miserables.

TODOS: ¡Jesús, Jesús!

D. ÁLVARO: Infierno, abre tu boca y trágame. Húndase el cielo, perezca la raza humana, exterminio, destrucción... (*Sube a lo más alto del monte y se precipita.*)

EL GUARDIÁN Y LOS FRAILES: (*Aterrados y en actitudes diversas.*) ¡Misericordia, Señor! ¡Misericordia!

JUAN EUGENIO HARTZENBUSCH (1806-1880)

Como otros dramaturgos románticos, Hartzenbusch se sintió atraído por lo histórico y épico. *La jura en Santa Gadea* (1844) se basa en una leyenda del Cid, mientras que su obra más conocida, *Los amantes de Teruel* (1837), dramatiza una historia antigua ya utilizada por Tirso, Pérez de Montalbán y otros.

Hijo de padre alemán, Hartzenbusch estudió lenguas y filosofía. Quedó tan impresionado durante su primera visita al teatro en 1821 que empezó a traducir dramas. Pronto se sintió atraído por la exhuberancia de los románticos madrileños. Escribió artículos, discursos y poemas abarcando los grandes temas del momento, pero sus contribuciones más importantes a las letras del

siglo XIX son *Los amantes de Teruel* y las numeras refundiciones (nuevas versiones o adaptaciones) que hizo de dramas áureos y extranjeros, entre ellos: *Floresinda* (1827), basado en una obra de Voltaire; *El amo criado* (1829), basado en una obra de Rojas Zorrilla; *Ernesto* (1837), basado en una obra de Alexandre Dumas; *Primero yo* (1842), basado en una novela del escritor alemán Heinrich Zschokke; *La abadía de Penmarch* (1844), traducción de una pieza de Tournemine; *La estrella de Sevilla* (1852), adaptación de una obra atribuida a Lope de Vega. El trabajo de Hartzenbusch es un testimonio de la importancia de las refundiciones para espectadores ávidos de novedades teatrales.

Hartzenbusch también hizo grandes esfuerzos por aumentar los conocimientos de los españoles de su propia literatura. Su *Romancero pintoresco* (1848) es una colección de romances antiguos. Sus ediciones de obras del Siglo de Oro, con estudios introductorios, fueron publicadas por Rivadeneyra en su extensa Biblioteca de Autores Españoles. También hizo una edición anotada en cuatro volúmenes de *Don Quijote* (1863).

Los amantes de Teruel fue un éxito no sólo en la escena sino también en sus numerosas ediciones impresas. Basada en la leyenda medieval de los amores y el trágico fin de don Diego de Marsilla y doña Isabel de Segura, la obra tiene lugar en el siglo XIII, el primer acto en Valencia y los demás en Teruel. Don Pedro, padre de Isabel, da permiso a Don Diego para casarse con su hija, con tal de que haga fortuna dentro del plazo de seis años y siete días. Nacido en Teruel, Don Diego combatió en las Navas de Tolosa. En Siria salvó la vida a un francés, quien le dejó en herencia su fortuna, pero unos piratas moros lo llevaron preso a Valencia. Al principio del primer acto se encuentra en el Alcázar de esta ciudad, cautivo de los árabes. Zulima, esposa del rey moro, se enamora de él, pero don Diego es fiel a su amada y rechaza las insinuaciones de la sultana, quien decide vengarse. Cuando don Diego descubre una conspiración contra el rey moro valenciano, le advierte del peligro y lo defiende al frente de los otros cautivos.

El segundo acto comienza en casa de don Pedro, quien vuelve de un viaje que hizo para ofre-

---

[22]El salmo cincuenta, que empieza con esta palabra, la cual significa «ten compasión», o cualquier canto compuesto sobre este salmo.

[23]Es decir, la comunidad de religiosos.

[24]Don Álvaro es ahora el padre Rafael.

cer al rey don Jaime tropas alistadas en Teruel. Ya que no han tenido noticias de don Diego en seis años, propone a don Rodrigo de Azagra como futuro esposo de su hija. Si don Diego no vuelve dentro de tres días, se concertará el matrimonio con su rival. Don Martín, padre de don Diego, había acusado a don Pedro de enviar a su hijo a buscar fortuna por avaricia. A causa de esta acusación, los dos padres tenían un duelo pendiente, pero se reconcilian y don Pedro se arrepiente de haber prometido la mano de su hija a Azagra. Cuando llega éste a casa de los Segura, doña Margarita, madre de doña Isabel, le pide que desista del casamiento. Azagra rehusa, diciendo que sabe de una relación que tuvo la dama con cierto caballero. Como prueba, tiene las cartas que doña Margarita escribió a aquel señor y amenaza con mostrárselas a don Pedro si ella insiste en deshacer el proyectado matrimonio. Isabel, que oye la conversación, decide casarse con Azagra para salvar el honor de su madre. Zulima llega disfrazada de noble aragonés y cuenta que don Diego tuvo amores con la sultana y fue muerto por su esposo.

Al principio del tercer acto doña Isabel se prepara para su boda y entonces la comitiva se dirige hacia la iglesia. Un moro valenciano llega a Teruel y explica a don Martín que su hijo no está muerto; el sultán no sólo le ha concedido la libertad sino que lo ha colmado de riquezas por la ayuda que le ha prestado. Cerca de Teruel, don Diego es atacado por unos hombres que lo dejan atado a un árbol. Zulima, que ha ideado el asalto, le anuncia que Isabel ya está casada. Unos moros del rey de Valencia piden a los cristianos que entreguen a Zulima, que está escondida en la casa de los Segura, pero Isabel le perdona y no la entrega. Al llegar a Teruel, don Diego entra en la habitación de su amada por una ventana. Isabel admite que lo ama todavía pero le dice que se vaya porque le debe fidelidad a su esposo. Don Diego le cuenta que tuvo a Azagra en su poder en un duelo, pero en vez de matarlo, le perdonó la vida. Furioso, Azagra amenazó con vengarse con «las cartas». Don Diego no sabe a qué cartas se refiere, pero Isabel, al oír la historia, tiembla de miedo y le dice a don Diego que lo aborrece para que se vaya y no se descubra el secreto de

su madre. Creyendo que Isabel lo desprecia, don Diego muere y ella, dándose cuenta del efecto de sus palabras, también expira.

Se encuentran en *Los amantes de Teruel* los grandes temas románticos: el amor desdichado, el destino, el honor, la Edad Media con sus conflictos entre moros y cristianos. Al tomar en cuenta los comentarios de los críticos después del estreno, Hartzenbusch incorporó unas modificaciones en la segunda edición, de 1838. Hizo aún más cambios en la tercera edición, de 1849, en la que redujo a cuatro los actos y eliminó casi por completo las escenas en prosa. Tomás Bretón compuso una ópera basada en *Los amantes de Teruel* que se estrenó en 1889. Hartzenbusch escribió varios otros dramas, pero la Crítica los considera mediocres y ninguno ha perdurado.

Los amantes de Teruel

Personajes

Juan Diego Garcés de Marsilla[1]   Zulima
Isabel de Segura   Don Pedro de Segura
Don Rodrigo de Azagra[2]   Teresa
Doña Margarita   Adel
Don Martín Garcés de   Osmín, africano
   Marsilla

ACTO IV, ESCENA IV

ADEL, ISABEL

ADEL:
   Cristiana, que das honor
   a tu equivocada ley,
   yo imploro en nombre del Rey
   de Valencia tu favor.
ISABEL:
   ¿Mi favor?
ADEL:
            ¿Tendrás noticia
   de que salió de su Corte
   Zulima, su infiel consorte,
   huyendo de su justicia?

---

[1] Garcés de Marsilla es una conocida familia navarra de antiguo linaje, asentada en Aragón.

[2] Familia noble aragonesa de Albarracín, en la provincia de Teruel, cerca de la ciudad del mismo nombre.

ISABEL:
Sí.
ADEL: Mi señor decretó,
con rectitud musulmana,
castigar a la Sultana
ya que a Marsilla premió.
ISABEL:
¡Premiar?... ¿Ignoras, cruel,
que le dio muerte sañuda?
ADEL:
Tú no le has visto, sin duda,
entrar, como yo, en Teruel.
ISABEL: ¿Marsilla en Teruel?
ADEL: Sí.
ISABEL: Mira
si te engañas.
ADEL: Mal pudiera.
Infórmate de cualquiera,
y mátenme si es mentira.
ISABEL:
No es posible. ¡Ah, sí! Que siendo
mal, no es imposible nada.
ADEL:
Por la villa alborotada
su nombre va repitiendo.
ISABEL:
¡Eterno Dios! ¡Qué infelices
nacimos!—¿Cuándo ha llegado?
¿Y tú por qué me lo dices?
ADEL:
Porque estás, a mi entender,
en grave riesgo quizá.
ISABEL:
Perdido Marsilla, ya
¿qué bien tengo que perder?
ADEL:
Con viva lástima escucho
tus ansias de amor extremas;
pero aunque tú nada temas,
yo debo decirte mucho.
Marsilla a mi Rey salvó
de unos conjurados moros,
y el Rey vertió sus tesoros
en él y aquí le envió.
Él despreció la liviana
inclinación de la infiel...
ISABEL:
¡Oh! ¿Sí?

ADEL: Y airada con él,
vino y se vengó villana
contando su falso fin.
ISABEL:
¡Ella!
ADEL: Con una gavilla[3]
de bandidos, a Marsilla
detuvo, ya en el confín
de Teruel, donde veloces,
corriendo en tropel armado,
le hallamos a un tronco atado,
socorro pidiendo a voces.
ISABEL:
Calla, moro; no más.
ADEL: Pasa
más y es bien que te aperciba.
La sultana fugitiva
se ha refugiado en tu casa.
ISABEL:
¡En mi casa mi rival!
ADEL:
Tu esposo la libertó.
ISABEL:
¡Ella donde habito yo!
ADEL:
Guárdate de su puñal.
Por celos allá en Valencia
matar a Marsilla quiso.
ISABEL:
A tiempo llega el aviso.
ADEL:
Confirma tú la sentencia
que justo lanzó el Amir.[4]
Por esa mujer malvada,
para siempre separada
de Marsilla has de vivir.
Ella te arrastra al odioso
tálamo de don Rodrigo.
Envíala tú conmigo
al que le apresta su esposo,
pena digna del ultraje
que siente.
ISABEL: Sí, moro; salga
pronto de aquí, no le valga

---

[3]Grupo, banda.
[4]Emir, príncipe o jefe árabe.

el fuero[5] del hospedaje.
Como perseguida fiera
entró en mi casa: pues bien,
al cazador se la den,
que la mate donde quiera.
Mostrarse de pecho blando
con ella, fuera rayar
en loca: voy a mandar
que la traigan arrastrando.
Sean de mi furia jueces
cuantas pierdan lo que pierdo.
¡Jesús! Cuando yo recuerdo
que hoy puede... ¡Jesús mil veces!
No le ha de valer el llanto,
ni el ser mujer, ni ser bella,
ni Reina. ¡Si soy por ella
tan infeliz... tanto, tanto!
Vamos a ver, tu señor
¿qué suplicio la impondrá?

ADEL:
    Una hoguera acabará
con su delincuente amor.

ISABEL:
    ¡Su amor! ¡Amor desastrado!
    Pero es amor...

ADEL: ¿Y es bastante
    esa razón?...

ISABEL: ¡Es mi amante
tan digno de ser amado!
Le vio, le debió querer
en viéndole. ¡Y yo que hacía
tanto que no le veía...
y ya no le puedo ver!
Moro, la víctima niego
que me vienes a pedir:
quiero yo darle a sufrir
castigo mayor que el fuego.
Ella con feroz encono
mi corazón desgarró...
me asesina el alma... yo
la defiendo, la perdono. (*Vase.*)

ESCENA V

ADEL

ADEL:
    He perdido la ocasión.
Suele tener esta gente
acciones que de un creyente
propias en justicia son.
Yo dejara con placer
este empeño abandonado:
pero el Amir lo ha mandado,
y es forzoso obedecer. (*Vase.*)

ESCENA VI
MARSILLA, por la ventana

MARSILLA:
    Jardín... una ventana... y ella luego.
Jardín abierto hallé y hallé ventana;
mas, ¿dónde está Isabel? Dios de clemencia,
detened mi razón, que se me escapa;
detenedme la vida, que parece
que de luchar con el dolor se cansa.
Siete días hace hoy, ¡qué venturoso
era en aquel salón! Sangre manaba
de mi herida, es verdad; pero agolpados
alrededor de mi lujosa cama,
la tierna historia de mi amor oían
los guerreros, el pueblo y el Monarca,
y entre piadoso llanto y bendiciones,
«Tuya será Isabel», juntos clamaban
súbditos y señor. Hoy no me ofende
mi herida, rayos en mi diestra lanza
el damasquino acero... No le traigo...
¡y hace un momento que con dos me hallaba!
Salvo en Teruel y vencedor, ¿qué angustia
viene a ser ésta que me rinde el alma,
cuando, acabada la cruel ausencia,
voy a ver a Isabel?

ESCENA VII
ISABEL, MARSILLA

ISABEL: Por fin se encarga
mi madre de Zulima.

MARSILLA: ¡Cielo santo!

ISABEL:
    ¡Gran Dios!

MARSILLA: ¿No es ella?

ISABEL: ¡El es!

MARSILLA: ¡Prenda adorada!

---

[5]Privilegio. (El «fuero del hospedaje» se refiere a la
atención y cortesía que se le debe al huésped de una casa.)

ISABEL:
  ¡Marsilla!
MARSILLA: ¡Gloria mía!
ISABEL: ¿Cómo, ¡ay!, cómo
  te atreves a poner aquí la planta[6]?
  Si te han visto llegar... ¿A qué has venido?
MARSILLA:
  Por Dios... que lo olvido. Pero ¿no basta,
  para que hacia Isabel vuele Marsilla,
  querer, deber, necesitar mirarla?
  ¡Oh qué hermosa a mis ojos te presentas!
  Nunca te vi tan bella, tan galana...
  y un pesar, sin embargo, indefinible
  me inspiran esas joyas, esas galas.
  Arrójalas, mi bien: Lana modesta,
  cándida flor, en mi jardín criada,
  vuelvan a ser tu original adorno:
  mi amor se asusta de riqueza tanta.
ISABEL: (Aparte.)
  (¡Delira el infeliz! Sufrir no puedo
  su dolorida, atónita mirada.)
  ¿No entiendes lo que indica el atavío
  que no puedes mirar sin repugnancia?
  Nuestra separación.
MARSILLA: ¡Poder del cielo!
  Sí. ¡Funesta verdad!
ISABEL: ¡Estoy casada!
MARSILLA:
  Ya lo sé. Llegué tarde. Vi la dicha,
  tendí las manos y voló al tocarla.
ISABEL:
  Me engañaron; tu muerte supusieron
  y tu infidelidad.
MARSILLA: ¡Horrible infamia!
ISABEL:
  Yo la muerte creí.
MARSILLA: Si tú vivías,
  y tu vida y la mía son entrambas
  una sola no más, la que me alienta,
  ¿cómo de ti sin ti me separara?
  Juntos aquí no desterró la mano
  que gozo y pena distribuye sabia;
  juntos al fin de la mortal carrera
  nos toca ver la celestial morada.
ISABEL: ¡Oh si me oyera Dios!...

---

[6] El pie.

MARSILLA: Isabel, mira,
  yo no vengo a dar quejas, fueran vanas.
  Yo no vengo a decirte que debiera
  prometerme de ti mayor constancia,
  cumplimiento mejor del tierno voto
  que, invocando a la Madre inmaculada,
  me hiciste amante la postrera noche
  que me apartó de tu balcón el alba.
  ¡Para ti, sollozando me decías,
  o si no para Dios! ¡Dulce palabra,
  consoladora fiel de mis pesares
  en los ardientes páramos del Asia
  y en mi cautividad! Hoy, ni eres mía,
  ni esposa del Señor. Di, pues, declara
  (esto quiero saber) de qué ha nacido
  el prodigio infeliz de tu mudanza.
  Causa debe tener.
ISABEL: La tiene.
MARSILLA: Grande.
ISABEL:
  Poderosa, invencible: no se casa
  quien ama como yo sino cediendo
  a la fuerza mayor en fuerza humana.
MARSILLA:
  Dímelo pronto, pues, dilo.
ISABEL: Imposible.
  No has de saberlo.
MARSILLA: Sí.
ISABEL: No.
MARSILLA: Todo.
ISABEL: Nada.
  Pero tú en mi lugar también el cuello
  dócil a la coyunda sujetaras.
MARSILLA:
  Yo, no, Isabel, yo, no. Marsilla supo
  despreciar una mano soberana
  y la muerte arrostrar por quien ahora
  la suya vende y el porqué le calla.
ISABEL: ¡Madre, madre! (Aparte.)
MARSILLA: Responde.
ISABEL: (Aparte.)   (¿Qué le digo?)
  Tendré que confesar... que soy culpada.
  ¿Cómo no lo he de ser? Me ves ajena.
  Perdóname... Castígame por falsa. (Llora.)
  Mátame, si es tu gusto... Aquí me tienes
  para el golpe mortal arrodillada.
MARSILLA:
  Idolo mío, no; y sí que debo

poner mis labios en tus huellas. Alza.
No es de arrepentimiento el lloro triste
que esos luceros fúlgidos [7] empaña;
ese llanto es de amor, yo lo conozco,
de amor constante, sin doblez, sin tacha,
ferviente, abrasador, igual al mío.
¿No es verdad, Isabel? Dímelo franca:
va mi vida en oírtelo.

ISABEL: ¿Prometes
obedecer a tu Isabel?

MARSILLA: ¡Ingrata!
¿Cuándo me rebelé contra tu gusto?
¿Mi voluntad no es tuya? Dispón, habla.

ISABEL: Júralo.

MARSILLA: Sí.

ISABEL: Pues bien: yo te amo, vete.

MARSILLA:
¡Cruel! ¿Temiste que ventura tanta
me matase a tus pies, si su dulzura
con venenosa hiel no iba mezclada?
¿Cómo esas dos ideas enemigas
de destierro y de amor hiciste hermanas?

ISABEL:
Ya lo ves, no soy mía; soy de un hombre
que me hace de su honor depositaria
y debo serle fiel. Nuestros amores
mantuvo la virtud libres de manchas:
su pureza de armiño[8] conservemos.
Aquí hay espinas, en el cielo palmas.
Tuyo es mi amor y lo será; tu imagen
siempre en el pecho llevaré grabada,
y allí la adoraré; yo lo prometo,
yo lo juro; mas huye sin tardanza.
Libértame de ti, sé generoso:
libértame de mí...

MARSILLA: No sigas, basta.
¿Quieres que huya de ti? Pues bien, te dejo.
Valor... y separémonos. En paga,
en recuerdo si no de tantas penas
con gozo por tu amor sobrellevadas,
permite, Isabel mía, que te estrechen
mis brazos una vez.

ISABEL: Deja a la esclava
cumplir con su señor.

---

[7]Ojos resplandecientes.
[8]La piel de armiño, por ser perfectamente blanca, es símbolo de la pureza.

MARSILLA: Será el abrazo
de un hermano dulcísimo a su hermana,
el ósculo será que tantas veces
cambió feliz en la materna falda
nuestro amor infantil.

ISABEL: No lo recuerdes.

MARSILLA:
Ven...

ISABEL: No, jamás.

MARSILLA: En vano me rechazas.

ISABEL:
Detente, o llamo...

MARSILLA: ¿A quién? ¿A don Rodrigo?
No te figures que a tu grito salga.
No lisonjeros plácemes oyendo,
su vanidad en el estrado sacia,
no; lejos de los muros de la villa
muerde la tierra que su sangre baña.

ISABEL:
¡Qué horror! ¿Le has muerto?

MARSILLA: Pérfida, ¿te afliges?
Si lo llego a saber, ¿quién le librara?

ISABEL:
¿Vive?

MARSILLA: Merced a mi nobleza loca,
vive: apenas cruzamos las espadas,
furiosa en él se encarnizó la mía:
un momento después hundido estaba
su orgullo en tierra, en mi poder su acero
¡Oh maldita destreza de las armas!
¡Maldito el hombre que virtudes siembra,
que le rinden cosechas de desgracias!
No más humanidad, crímenes quiero.
A ser cruel tu crueldad me arrastra,
y en ti la he de emplear. Conmigo ahora
vas a salir de aquí.

ISABEL: ¡No, no!

MARSILLA: Se trata
de salvarte, Isabel. ¿Sabes qué dijo
el cobarde que lloras desolada
al caer en la lid? «Triunfante quedas;
pero mi sangre costará bien cara.»

ISABEL:
¿Qué dijo, qué?

MARSILLA: «Me vengaré en don Pedro,
en su esposa, en los tres: guardo las cartas.»

ISABEL:
¡Jesús!

MARSILLA: ¿Qué cartas son?
ISABEL: ¡Tú me has perdido!
    La desventura sigue tus pisadas.
    ¿Dónde mi esposo está? Dímelo pronto,
    para que, fiel, a socorrerle vaya,
    y a fuerza de rogar venza sus iras.
MARSILLA:
    ¡Justo Dios! ¿Y decía que me amaba?
ISABEL:
    ¿Con su pasión funesta reconviene
    a la mujer del vengativo Azagra?
    Te aborrezco. (*Vase.*)

ESCENA VIII
MARSILLA

MARSILLA: ¡Gran Dios! Ella lo dice.
    Con furor me lo dijo: no me engaña.
    Ya no hay amor allí. Mortal veneno
    su boca me arrojó, que al fondo pasa
    de mi seno infeliz, y, una por una,
    rompe, rompe, me rompe las entrañas.
    Yo con ella, por ella, para ella
    viví... Sin ella, sin su amor, me falta
    aire que respirar... Era amor suyo
    el aire que mi pecho respiraba.
    Me le negó, me le quitó; me ahogo,
    no sé vivir.
VOCES: (*Dentro.*) Entrad, cerrad la casa.

ESCENA XIX
ISABEL, trémula y precipitada, MARSILLA

ISABEL:
    Huye, que viene gente, huye.
MARSILLA: (*Todo trastornado.*)   No puedo.
VOCES:
    ¡Muera, muera! (*Dentro.*)
MARSILLA: Eso sí.
ISABEL: Ven.
MARSILLA: ¡Dios me valga!
(ISABEL *le ase la mano y se entra con él por la
puerta del fondo.*)

ESCENA X
ADEL, huyendo de varios caballeros con espadas
desnudas.
DON PEDRO, MARGARITA, CRIADOS

CABALLERO:
    ¡Muera, muera!
PED. *y* MARG.:   Escuchad.
ADEL: Aragonés,
    yo la sangre vertí de la Sultana;
    pero el Rey de Valencia, esposo suyo,
    tras ella me envió para matarla.
    Consorte criminal, amante impía,
    la muerte de Marsilla maquinaba,
    la muerte de Isabel: para ambos era
    esta punta sutil envenenada.
    (*Muestra el puñal de* ZULIMA.)
    Marsilla lo que digo corrobore.
    Cerca de aquí ha de estar.
Abrese la puerta del fondo y sale por ella ISABEL,
que se arroja en brazos de MARGARITA; MAR-
SILLA *aparece tendido en un escaño.*[9])

ESCENA ÚLTIMA
ISABEL, DICHOS

ISABEL: ¡Madre del alma!
ADEL:
    Vedle allí...
MARGARITA: ¡Santo Dios!
PEDRO: Inmóvil...
ISABEL: ¡Muerto!
ADEL:
    Cumplió Zulima su feroz venganza.
ISABEL:
    No le mató la vengativa mora.
    Donde estuviera yo, ¿quién le tocara?
    Mi desgraciado amor, que fue su vida;
    su desgraciado amor es quien le mata.
    Delirante le dije: «Te aborrezco»;
    él creyó la sacrílega palabra
    y expiró de dolor.
MARGARITA: Por todo el cielo...
ISABEL:
    El cielo, que en la vida nos aparta,
    nos unirá en la tumba.
PEDRO: ¡Hija!
ISABEL: Marsilla
    un lugar a su lado me señala.
MARGARITA: ¡Isabel!

---

[9] Banco con respaldo, donde pueden sentarse varias
personas.

PEDRO:　　　¡Isabel!
ISABEL:　　　　　　　Mi bien, perdona
mi despecho fatal.　Yo te adoraba.
Tuya fui, tuya soy; en pos del tuyo
mi enamorado espíritu se lanza.
(*Dirigese donde está el cadáver de* MARSILLA;
*pero antes de llegar cae sin aliento con los brazos
tendidos hacia su amante*)

ANTONIO GARCÍA GUTIÉRREZ (1813-1884)

García Gutiérrez nació en la provincia de Cádiz. Según sus biógrafos, su padre quería que estudiara medicina, pero el joven se inclinaba más a la poesía y escribía sus versos en letras diminutas para hacer creer a su progenitor que eran apuntes de clase. A la edad de veinte años salió para Madrid a pie, tardando diecisiete días en llegar. Una vez en la capital se encontró con una vida dura y penosa; además, tuvo mucha dificultad en integrarse a los círculos literarios. Cuando finalmente logró leer su primera obra, *El trovador* (1835), ante un grupo de literatos madrileños, su reacción negativa lo dejó tan desanimado que ingresó en el ejército. En 1836 un conocido actor, Antonio Guzmán, decidió montar la obra. A diferencia de la élite intelectual, el público recibió *El trovador* con gran entusiasmo—tanto que el autor se vio obligado a subir a la escena para recibir los aplausos. En reseñas publicadas en *El español* el 4 y el 5 de marzo de 1836, Mariano José de Larra elogió la producción, comparando al joven dramaturgo con Calderón y Shakespeare.

Esta representación de *El trovador* lanzó a García Gutiérrez. En los años que siguieron compuso varias obras más, entre ellas *El paje* (1837); *El rey monje* (1837) y *Simón Bocanegra* (1843), una de sus piezas más conocidas. También publicó dos colecciones de poemas, *Poesías* (1840) y *Luz y tinieblas* (1842). Cansado de las rivalidades e injusticias del mundo literario español, García Gutiérrez partió para el Nuevo Mundo en 1844. Pasó seis años en Cuba y en México, donde compuso obras originales y también tradujo varias composiciones del francés. De este período es *Los hijos del tío Tronera* (1846), parodia de *El trovador.* García Gutiérrez volvió a España en

1850. Al año siguiente Giuseppe Verdi compuso *Il trovatore*, ópera basada en la obra de García Gutiérrez. En 1853 el dramaturgo escribió varias zarzuelas: *La espada de Bernardo, El hijo de familia o el lancero voluntario, El grumete, La cacería real.* En total compuso unas catorce zarzuelas durante su larga carrera.

En 1855 un incendio en casa de su hermano en Sevilla destruyó numerosos manuscritos de García Gutiérrez. Alcanzó a reescribir uno de ellos, *Roger de Flor*, cambiando el título a *Venganza catalana.* Entre 1855 y 1858 desempeñó un cargo diplomático en Londres. Durante este período recibió varios premios, pero parece que no escribió ninguna obra nueva. En 1857 Giuseppe Verdi hizo una adaptación operística de *Simón Bocanegra.* En 1862 García Gutiérrez fue nombrado miembro de la Real Academia Española. En 1866 sus admiradores recogieron muchas de sus obras en un volumen. Ocupó puestos diplomáticos en Bayona y Genova. Era director del Museo de Arqueología en Madrid cuando murió en 1884. Su última obra, *Un grano de arena,* fue compuesta en 1880.

Uno de los dramaturgos románticos más elogiados por la crítica, García Gutiérrez se distingue por su espontaneidad y su sensibilidad artística. Señalando el lirismo que caracteriza su lenguaje, Carmen Iranzo hace hincapié en la influencia en su obra de la música italiana, la cual se nota no sólo en sus librettos para zarzuelas, sino también en su prosa y versos dramáticos (23).

A diferencia de los escritores españoles que se refugiaron en París y se inspiraron directamente en las obras de Hugo y Dumas, García Gutiérrez buscó sus temas en el pasado nacional. Pero más que por sus temas, se distingue por su nuevo concepto del teatro. Para David Gies, es García Gutiérrez el que transforma el drama español a principios del siglo diecinueve al empujar los límites de la respetabilidad al máximo. (114)

Se ha asociado a García Gutiérrez con la causa liberal; la lucha contra la opresión y el conflicto entre ricos y pobres son frecuentes elementos de sus obras. Sin embargo, estos temas usualmente se presentan dentro de un contexto histórico; rara vez se encuentran referencias a la situación política actual. Además, según demuestra María Luisa Guardiola Tey, el teatro de García Gutiérrez evoluciona a medida que el autor va volviéndose más conservador (158). En los años que transcurren entre 1836, cuando se estrena *El trovador,* y 1880, cuando se escribe *Un grano de arena,* el romanticismo cede al realismo, transición que necesariamente se refleja en la obra del dramaturgo. Por lo general, la Crítica asocia a García Gutiérrez con el Romanticismo, ya que se considera su trabajo tardío inferior por ser «aleccionador» y «amanerado» (Guardiola 1). Guardiola explica: «García Gutiérrez va dejando de lado el elogio de la fogosidad romántica, e introduce poco a poco la razón en la escena. La noción de individualidad exaltada va desapareciendo como algo positivo, por sus características de inmadurez y debilidad. Nuestro autor va dejando paso a una visión del mundo mucho más moderada» (158). Dentro de este nuevo esquema, la mujer deja de ser la apasionada heroína romántica y se convierte cada vez más en un instrumento moralizador. De hecho, las últimas obras de García Gutiérrez van acercándose a la comedia burguesa, en la cual la mujer, en vez de ser una aristócrata rebelde, es un miembro de la clase media, y combina la emoción con un fuerte sentido del deber y del orden.

La obra más conocida de García Gutiérrez sigue siendo *El trovador,* drama de cinco actos en verso y en prosa, que sí cabe plenamente dentro del concepto romántico. El autor sitúa la acción en el siglo XV, durante el reinado de Alfonso V de Aragón, período que se asocia con la magia, la superstición y el violento conflicto político. En el palacio de la Aljafería en Zaragoza, Jimeno, criado de Nuño de Artal, conde de Luna, les cuenta a dos compañeros la historia de Juan, hermano de éste. Según Jimeno, de niño Juan enfermó después de ser hechizado por una gitana. Después de reponerse, el niño desapareció y más tarde se encontró su cuerpo chamuscado. Todos sospecharon que Azucena, hija de la gitana, lo habían matado.

Guzmán, otro sirviente de don Nuño, relata que su amo muere de amor por doña Leonor de Sesé, hermana de Guillén de Sesé. Ella, por su parte, está enamorada de un misterioso trovador que se llama Manrique y le da serenatas por las noches. Con la intención de gozar a Leonor, el conde se introduce en su cuarto en el palacio. Justo en ese momento oye el laúd del trovador, que viene del jardín. Pensando que Leonor estará con él, baja al jardín y Leonor, tomándolo en la oscuridad por el trovador, lo conduce por lo más oculto del lugar hasta darse cuenta de su error. En este momento aparece el trovador, quien ataca al conde y lo deja herido y desarmado.

Guillén de Sesé regaña a su hermana por no corresponder al conde de Luna. Amenaza con encerrarla en un convento si no se casa con él. De las dos opciones, Leonor prefiere la primera. Después de que se va su hermano, confiesa su amor por Manrique a su criada Jimena. El trovador llega; explica que su vida peligra porque él apoya al enemigo de Nuño, el conde de Urgel, quien encabeza una rebelión contra Alfonso V. En ese momento entra el conde de Luna. Disputa con Manrique y los dos salen para pelear.

El segundo acto tiene lugar un año más tarde. Nuño y Guillén hablan de la insurrección de Urgel y el conde de Luna jura que se vengará del rebelde. Leonor, creyendo que el trovador ha muerto, ha decidido ingresar en un convento para no casarse con Luna. Después de la marcha de Guillén, Nuño conspira con los sirvientes para raptar a Leonor. Llega la noticia de que se acercan los rebeldes, con Manrique —a quien todos creían muerto— a su frente.

Leonor se prepara para tomar los votos. Manrique escala el convento con la intención de llevarse a su amada antes de que ella se haga novicia, aunque vacila ante la idea de quitársela a Dios. Las monjas cantan mientras que Leonor pronuncia sus votos. De repente, la joven ve al trovador y se desmaya.

En el tercer acto, Azucena cuenta a Manrique cómo su madre fue ajusticiada por haber hechizado al pequeño Juan de Artal. Para vengar su muerte, Azucena decidió matar al niño y a ese fin hizo una hoguera. Sin embargo, algo en ella se resistía a la idea que hacerle daño. Histérica, llorando, agarró al muchacho y lo tiró a las llamas para darse cuenta después, horrorizada, que había matado a su propio hijo. Manrique está confuso. Si Azucena mató a su hijo, ¿quién es él? Turbada, Azucena le dice que todo ha sido mentira; no mató a su hijo, sino al pequeño conde de Luna. Insiste en que Manrique sí es su hijo. Después de que él parte con su criado, Ruiz, Azucena, desconcertada, reconoce que casi ha revelado su secreto.

En el convento, Leonor lamenta su suerte. Sabe que ha ofendido a Dios al pronunciar sus votos mientras todavía sueña con Manrique, pero no puede «arrancar del corazón / esta violenta pasión». De repente la sorprenden la voz y el laúd del trovador. Cuando Manrique aparece, Leonor lucha entre su deseo de seguirle y su miedo a continuar ofendiendo a Dios. El trovador le convence de que sus votos «no complacen a Dios» ya que no nacieron de una auténtica devoción religiosa. Además, ella ha roto la promesa que le hizo a él cuando juró que lo amaba. Leonor decide huir con él, pero de repente oye un sonido amenazante y se desmaya. Ruiz anuncia que los hombres del rey están cerca. Se oye ruido de armas. Manrique y Leonor intentan huir, pero Nuño y Guillén los detienen.

En la confusión, los dos amantes se escapan, y al principio del Acto IV Nuño y Guillén se preparan para buscarlos. Llega una gitana que reclama a su hijo, que ha desaparecido. Cuando Jimeno reconoce a Azucena, Nuño hace que la lleven presa. Ella sigue gritando y el conde entiende que el trovador es su hijo, lo cual aumenta su deseo de vengarse.

En un castillo de Castellar, Manrique despierta de una terrible pesadilla. En su sueño un espectro aparece durante una tempestad y le pide venganza. Al darse la vuelta para mirar a Leonor, ve que ella se ha convertido en un esqueleto. Manrique teme que su amada esté en peligro. Ruiz le dice a su amo que los hombres del conde han encarcelado a una gitana y el trovador decide tratar de ayudarla. Temerosa, Leonor quiere acompañarlo pero él se niega a llevarla con él.

Leonor piensa en cómo puede salvar a Manrique, preso en la torre del palacio de la Aljafería. Oye el laúd y la voz del trovador, que en su canción relata que va a morir por el amor de ella. La joven siente una tremenda angustia porque no puede comunicarse con su amado. Toma una poción que Ruiz le dio, jurando que no se entregará jamás al conde. Mientras tanto, Nuño y Gui-

llén preparan la muerte del trovador, y el conde decide que Azucena será ajusticiada también por la muerte de su hermano, Juan de Artal. Leonor aparece y se ofrece a Nuño a cambio de la libertad de Manrique. Después de vacilar, el conde acepta a condición de que el trovador no vuelva a Aragón. Cuando Leonor le cuenta a su amado que ha conseguido su libertad, él, pensando que ha sacrificado su virginidad, reacciona violentamente. Ella le revela que se ha envenenado y muere en sus brazos. Azucena se despierta y pregunta por su hijo. El conde cruelmente la obliga a ver la ejecución del trovador desde la ventana. Entonces, Azucena revela a Nuño que Manrique es realmente su hermano Juan. Furioso, el conde la arroja al suelo. Ella, expirando, le grita a su madre que está vengada.

El estreno de *El trovador* marca un momento decisivo en el desarrollo del teatro español. El autor crea una tremenda tensión dramática al hacer que se enamoren dos personajes aparentemente de diversos mundos que, a causa de diferencias sociales y rivalidades perversas, no pueden unirse jamás. Aumentan la tensión el hecho de que Nuño y Manrique (Juan) sean hermanos y el conflicto interior de Leonor, que se siente desgarrada entre sus votos y su amor por el trovador. Además, la presencia de gitanas, brujas, buhos que ululan en la noche, pesadillas que presagian desastres, tormentas y esqueletos producen un ambiente misterioso, sobrenatural, que inspira miedo y asombro. El autor utiliza varios temas heredados del Siglo de Oro. La obsesión de Guillén con el honor y su desprecio por Manrique, a quien cree de linaje inferior, recuerdan ciertos pasajes de obras de Lope y Calderón. Los equívocos de identidad, el gemelo perdido y el campesino honrado que resulta ser un noble son todos recursos utilizados por escritores españoles e italianos en siglos anteriores.

Sin embargo, a pesar de estas convenciones, *El trovador* introduce innovaciones radicales. David Gies muestra que García Gutiérrez da un paso revolucionario al permitir que su héroe escale el convento y se lleve a Leonor en brazos. Escribe Gies: «Esta penetración escandalosa y no convencional del espacio sagrado simboliza de una manera eficaz el desdén romántico por las restricciones... y sirvió de aviso al público madrileño de que un nuevo orden de cosas, si no había triunfado aún, por lo menos había sido conceptualizado» (115). Fue *El trovador* y no *Don Álvaro*, señala Gies, el drama que llevó la rebelión romántica a su apogeo. La obra de García Gutiérrez refleja una nueva sensibilidad, una nueva audacia, que caracterizarán el teatro español en los años venideros.

El Trovador

Drama caballeresco en cinco jornadas, en prosa y en verso

Personajes

Don Nuño de Artal, *conde de Luna* Azucena
Don Manrique Don Guillén de Sesé
Don Lope de Urrea Doña Jimena
Doña Leonor de Sesé Religiosas
Guzmán, Jimeno, Ferrando, *criados del Conde de Luna*
Ruiz, *criado de Don Manrique*
Un Soldado, Soldados, Sacerdotes

PRIMERA JORNADA, ESCENA II

Cámara de doña Leonor en el palacio.
LEONOR, JIMENA, DON GUILLÉN

GUILLÉN: Mil quejas tengo que daros,
si oírme, hermana, queréis.
LEONOR: Hablar, don Guillén, podéis,
que pronta estoy a escucharos.
Si a hablar del Conde venís,
que será en vano os advierto,
y me enojaré, por cierto,
si en tal tema persistís.
GUILLÉN: Poco estimáis, Leonor,
el brillo de vuestra cuna,
menospreciando al de Luna
por un simple trovador.
¿Qué visteis, hermana, en él
para así tratarle impía?
¿No supera en bizarría
al más apuesto doncel?
A caballo, en el torneo,
¿no admirasteis su pujanza?
A los botes de su lanza...

LEONOR: Que cayó de un bote creo.
GUILLÉN: En fin: mi palabra di
de que suya habéis de ser,
y cumplirla he menester.
LEONOR: ¿Y vos disponéis de mí?
GUILLÉN: O soy o no vuestro hermano.
LEONOR: Nunca lo fuerais, por Dios,
que me dio mi madre en vos,
en vez de amigo, un tirano.
GUILLÉN: En fin, ya os dije mi intento;
ved cómo se ha de cumplir...
LEONOR: ¡No lo esperéis!
GUILLÉN: O vivir
encerrada en un convento.
LEONOR: Lo del convento más bien.
GUILLÉN: ¿Eso tu audacia responde?
LEONOR: Que nunca seré del Conde...
nunca. ¿Lo oís, don Guillén?
GUILLÉN: Yo haré que mi voluntad
se cumpla, aunque os pese a vos.
LEONOR: Idos, hermano, con Dios.
GUILLÉN: ¡Leonor..., adiós os quedad[1]!

ESCENA IV
LEONOR, MANRIQUE

LEONOR: ¡Manrique! ¿Eres tú?
MANRIQUE: Yo, sí...
No tembléis.
LEONOR: No tiemblo yo;
mas si alguno entrar te vio...
MANRIQUE: Nadie.
LEONOR: ¿Qué buscas aquí?
¿Qué buscas?... ¡Ah..., por piedad!...
MANRIQUE: ¿Os pesa de mi venida?
LEONOR: No, Manrique, por mi vida.
¿Me buscáis a mí, es verdad?
Sí, sí... Yo apenas pudiera
tanta ventura creer.
¿Lo ves? Lloro de placer.
MANRIQUE: ¡Quién, perjura, te creyera!
LEONOR: ¿Perjura?
MANRIQUE: Mil veces sí...
Mas no pienses que, insensato,
a obligar a un pecho ingrato,
a implorarte vine aquí.

[1] Dios esté contigo.

No vengo lleno de amor,
cual un tiempo[2]...

LEONOR:　　　　　　　　Desdichada!

MANRIQUE:　¿Tembláis?

LEONOR:　　　　　　No, no tengo nada...
mas temo vuestro furor.
¡Quién dijo, Manrique, quién,
que yo olvidarte pudiera
infiel, y tu amor vendiera,
tu amor, que es sólo mi bien!
¿Mis lágrimas no bastaron
a arrancar de tu razón
esa funesta ilusión?

MANRIQUE:　Harto tiempo me engañaron.
Demasiado te creí
mientras tierna me halagabas
y, pérfida, me engañabas
¡Qué necio, qué necio fui!
Pero no, no impunemente
gozarás de tu traición...
Yo partiré el corazón
de ese rival insolente.
¡Tus lágrimas! ¿Yo creer
pudiera, Leonor, en ellas,
cuando con tiernas querellas
a otro halagabas ayer?
¿No te vi yo mismo, di?

LEONOR:　Sí, pero juzgué, engañada,
que eras tú; con voz pausada
cantar una trova[3] oí.
Era tu voz, tu laúd,
era el canto seductor
de un amante trovador,
lleno de tierna inquietud.
Turbada, perdí mi calma,
se estremeció el corazón
y una celeste ilusión
me abrazó de amor el alma.
Me pareció que te vía[4]
en la oscuridad profunda;
que a la luna moribunda
tu penacho descubría.
Me figuré verte allí
con melancólica frente,
suspirando tristemente,

tal vez, Manrique, por mí.
No me engañaba... Un temblor
me sobrecogió un instante...
Era, sin duda, mi amante;
era, ¡ay Dios!, mi trovador.

MANRIQUE:　Si fuera verdad, mi vida,
y mil vidas que tuviera,
ángel hermoso, te diera.

LEONOR:　¿No te soy aborrecida?

MANRIQUE:　¿Tú, Leonor? ¿Pues por quién
así en Zaragoza entrara,
por quién la muerte arrostrara
sino por ti, por mi bien?
¡Aborrecerte! ¿Quién pudo
aborrecerte, Leonor?

LEONOR:　¿No dudas ya de mi amor,
Manrique?

MANRIQUE:　　　　　No, ya no dudo.
Ni así pudiera vivir.
¿Me amas, es verdad? Lo creo,
porque creerte deseo
para amarte y existir,
porque la muerte me fuera
más grata que tu desdén.

LEONOR:　¡Trovador!

MANRIQUE:　　　　No más; ya es bien
que parta.

LEONOR:　　　　¿No vuelvo a verte?

MANRIQUE:　Hoy no, muy tarde será.

LEONOR:　¿Tan pronto te marchas?

MANRIQUE:　　　　　　　　Hoy
ya se sabe que aquí estoy;
buscándome están quizá.

LEONOR:　Sí, vete.

MANRIQUE:　　　　Muy pronto fiel
me verás, Leonor, mi gloria,
cuando el cielo dé victoria
a las armas del de Urgel.
Retírate... Viene alguno.

LEONOR:　¡Es el Conde!

MANRIQUE:　　　Vete.

LEONOR:　　　　　　　¡Cielos!

MANRIQUE:　Mal os curasteis, mis celos...
¿Qué busca aquí este importuno?

JORNADA SEGUNDA, ESCENA VII

[El Convento.] Salen por la izquierda DON MAN-
RIQUE, *con el rostro cubierto con la celada, y* RUIZ.

---

[2]**Cual...** como antes.
[3]Poema, canción.
[4]Veía.

RUIZ: Éste es el convento.

MANRIQUE: Sí,
Ruiz, pero nada veo.
¿Si te engañaron...?

RUIZ: No creo...

MANRIQUE: ¿Estás cierto que era aquí?

RUIZ: Señor, muy cierto.

MANRIQUE: Sin duda
tomó ya el velo.

RUIZ: Quizá.

MANRIQUE: ¡Ya esposa de Dios será,
ya el ara[5] santa la escuda![6]

RUIZ: Pero...

MANRIQUE: Dejadme, Ruiz;
ya para mí no hay consuelo.
¿Por qué me dio vida el cielo,
si ha de ser tan infeliz?

RUIZ: Mas, ¿qué causa pudo haber
para que así consagrara
tanta hermosura en el ara?
Mucho debió padecer.

MANRIQUE: Nuevas falsas de mi muerte
en los campos de Velilla
corrieron, cuando en Castilla
estaba yo.

RUIZ: De esa suerte...

MANRIQUE: Persiguiéronla inhumanos
que envidiaban nuestro amor,
y ella busca al Redentor,
huyendo de sus tiranos.
Si supiera que aún existo
para adorarla... ¡No, no!...
¡Ya olvidarte debo yo,
esposa de Jesucristo!...

RUIZ: ¿Qué hacéis? Callad...

MANRIQUE: Loco estoy...
¿Y cómo no estarlo, ¡ay, cielo!,
Si infelice mi consuelo
pierdo y mis delicias hoy?
No los perderé: Ruiz,
déjame.

RUIZ: ¿Qué vais a hacer?

MANRIQUE: Pudiérela acaso ver...
Con esto fuera feliz.

RUIZ: Aquí el locutorio está.

MANRIQUE: Vete.

RUIZ: Fuera estoy.

ESCENA VIII
MANRIQUE. *Después* GUZMÁN, FERRANDO.

MANRIQUE: ¿Qué haré?
Turbado estoy... ¿Llamaré?
Tal vez orando estará.
Acaso en este momento
llora cuitada[7] por mí:
nadie viene... por aquí...
Es la iglesia del convento.

FERRANDO: Tarde llegamos, Guzmán.

GUZMÁN: ¿Quién es ese hombre?

FERRANDO: No sé.

(Las religiosas cantarán dentro un responso[8]; el canto no cesará hasta un momento después de concluida la jornada.)

GUZMÁN: ¿Oyes el canto?

FERRANDO: Sí, a fe.

GUZMÁN: En la ceremonia están.

MANRIQUE: ¡Qué escucho..., cielos! Es ella....
(Mirando a la puerta de la iglesia.)
Allí está bañada en llanto,
junto al altar sacrosanto,
y con su dolor más bella.

GUZMÁN: ¿No es ésa la iglesia?

FERRANDO: Vamos.

MANRIQUE: Ya se acercan hacia aquí.

FERRANDO: Espérate.

GUZMÁN: ¿Vienen?

FERRANDO: Sí.

MANRIQUE: No, que no me encuentre...
[Huyamos.

(Quiere huir; pero, deteniéndose de pronto, se apo-ya vacilando en la reja del locutorio. Leonor, Ji-mena y el séquito salen de la iglesia y se dirigen a la puerta del claustro; pero al pasar al lado de Manrique, éste alza la visera y Leonor, recono-ciéndole, cae desmayada a sus pies. Las religiosas aparecen en el locutorio llevando velas encen-didas.)

GUZMÁN: ¡Esta es la ocasión!... ¡Valor!

LEONOR: ¿Quién es aquél? (*A Jimena..*) Mi

---

[5]Altar.
[6]Protege.

[7]Afligida.
[8]Oración.

[deseo
me engaña... ¡Sí, es él!

JORNADA TERCERA, ESCENA IV

El teatro representa una celda; en el fondo, a la izquierda, habrá un reclinatorio, en el cual estará arrodillada LEONOR; se ve un crucifijo pendiente de la pared, delante del reclinatorio.

LEONOR: Ya el sacrificio que odié,
mi labio trémulo y frío
consumó... ¡Perdón, dios mío;
perdona si te ultrajé!
Llorar triste y suspirar
sólo puedo. ¡Ay, Señor, no!...
Tuya no debo ser yo,
recházame de tu altar.
Los votos que allí te hiciera
fueron votos de dolor,
arrancados al temor
de un alma tierna y sincera.
Cuando en el ara fatal
eterna fe te juraba,
mi mente, ¡ay, Dios!, se extasiaba
en la imagen de un mortal,
imagen que vive en mí,
hermosa, pura y constante...
No; tu poder no es bastante
a separarla de aquí.
Perdona, Dios de bondad,
perdona; sé que te ofendo.
Vibre tu rayo tremendo
y confunda mi impiedad.
Mas no puedo en mi inquietud
arrancar del corazón
esta violenta pasión,
que es mayor que mi virtud.
Tiempos en que amor solía
colmar piadoso mi afán,
¿qué os hicisteis? ¿Dónde están
vuestra gloria y mi alegría?
De amor el suspiro tierno
y aquel placer sin igual,
tan breve para mi mal,
aunque en mi memoria eterno,
ya pasó... Mi juventud
los tiranos marchitaron,
y a mi vida prepararon,
junto al ara, el ataúd.

Ilusiones engañosas,
livianas como el placer,
no aumentéis mi padecer...
¡Sois, por mi mal, tan hermosas!...
(Una voz, acompañada de un laúd, canta las siguientes estrofas después de un breve preludio. Leonor manifiesta, entre tanto, la mayor agitación.)
    Camina orillas del Ebro[9]
caballero lidiador,
puesta en la cuja[10] la lanza
que mil contrarios venció.
Despierta, Leonor,
    Leonor.
Buscando viene anhelante
a la prenda de su amor,
a su pesar consagrada
en los altares de Dios.
Despierta, Leonor,
    Leonor.

LEONOR: Sueños, dejadme gozar...
    No hay duda... Él es... trovador...
(Viendo entrar a Manrique.)
    ¡Será posible...!
MANRIQUE: ¡Leonor!
LEONOR: ¡Gran Dios, ya puedo expirar!

ESCENA V
MANRIQUE, LEONOR

MANRIQUE:
    Te encuentro al fin, Leonor.
LEONOR:
    Huye. ¿Qué has hecho?
MANRIQUE:
    Vengo a salvarte, a quebrantar osado
los grillos que te oprimen, a estrecharte
en mi seno de amor enajenado.
¿Es verdad, Leonor? Dime si es cierto
que te estrecho en mis brazos, que respiras
para colmar hermosa mi esperanza,
y que extasiada de placer me miras.
LEONOR:
    ¡Manrique!
MANRIQUE: Sí; tu amante que te adora,
más fue nunca feliz.

---

[9]Río de Zaragoza.
[10]Bolsita de cuero cosida a la silla del caballo, donde se mete la lanza.

LEONOR: ¡Calla!...
MANRIQUE: No temas:
todo en silencio está, como el sepulcro.
LEONOR:
    ¡Ay! Ojalá que en él feliz durmiera,
antes que delincuente profanara,
torpe esposa de Dios, su santo velo!
MANRIQUE:
    ¡Su esposa tú!... ¡Jamás!
LEONOR: Yo, desdichada,
yo no ofendiera con mi llanto al cielo.
MANRIQUE:
    No, Leonor; tus votos indiscretos
no complacen a Dios; ellos le ultrajan.
¿Por qué temes? Huyamos. Nadie puede
separarme de ti... ¿Tiemblas?... ¿Vacilas?...
LEONOR:
    Sí. ¡Manrique!... ¡Manrique!... Ya no puede
ser tuya esta infeliz. Nunca... Mi vida,
aunque llena de horror y de amargura,
ya consagrada está, y eternamente,
en las aras de un Dios omnipotente.
Peligroso mortal, no más te goces
envenenando ufano mi existencia.
Demasiado sufrí; déjame, al menos,
que triste muera aquí con mi inocencia.
MANRIQUE:
    ¡Esto aguardaba yo![11] Cuando creía
que más que nunca enamorada y tierna
me esperabas ansiosa, así te encuentro:
¡sorda a mi ruego, a mis halagos fría!
Y tiemblas, di, de abandonar las aras
donde tu puro afecto y tu hermosura
sacrificaste a Dios... ¡Pues qué!... ¿No fueras
antes conmigo que con Dios perjura?
Sí, en una noche...
LEONOR: ¡Por piedad!
MANRIQUE: ¿Te acuerdas?
En una noche plácida y tranquila...
(Aparte.) (¡qué recuerdo, Leonor!; nunca se
                           [aparta
de aquí, del corazón). La luna hería
con moribunda luz tu frente hermosa,
y de la noche el aura silenciosa
nuestros suspiros tiernos confundía.

«Nadie cual[12] yo te amó», mil y mil veces
me dijiste falaz. «Nadie en el mundo
como yo puede amar». Y yo, insensato,
fiaba en tu promesa seductora,
y feliz y extasiado en tu hermosura,
con mi esperanza allí me halló la aurora.
¡Quimérica esperanza! ¡Quién diría
que la que tanto amor así juraba,
juramento y amor olvidaría!
LEONOR:
    Ten de mí compasión. Si por ti tiemblo,
por ti y por mi virtud, ¿no es harto triunfo?
Sí, yo te adoro aún; aquí, en mi pecho,
como un raudal de abrasadora llama
que mi vida consume, eternos viven
tus recuerdos de amor; aquí, y por siempre,
por siempre aquí estarán, que en vano quiero,
bañada en lloro, ante el altar postrada,
mi pasión criminal lanzar del pecho.
No encones más mi endurecida llaga;
si aún amas a Leonor, huye, te ruego,
libértame de ti.
MANRIQUE: ¡Que huya me dices!...
¡Yo, que sé que me amas!
LEONOR: No; no creas...
No puedo amarte yo... Si te lo he dicho,
si perjuro mi labio te engañaba,
¿lo pudiste creer? Yo lo decía,
pero mi corazón... te idolatraba.
MANRIQUE:
    ¡Encanto celestial!... Tanta ventura
puedo apenas creer.
LEONOR: ¿Me compadeces?
MANRIQUE:
    Ese llanto, Leonor, no me lo ocultes.
Deja que ansioso en mi delirio goce
un momento de amor... injusto he sido,
injusto para ti... Vuelve tus ojos
y mírame risueña y sin enojos.
¿Es verdad que en el mundo no hay delicia
para ti sin mi amor?
LEONOR: ¿Lo dudas?...
MANRIQUE: Vamos...
Pronto huyamos de aquí.
LEONOR: ¡Si ver pudieses
la lucha horrenda que mi pecho abriga!...

---

[11]Sarcástico.

[12]Como.

¿Qué pretendes de mí? ¿Que infame, impura,
abandone el altar, y que te siga,
amante tierna a mi deber perjura?
Mírame aquí a tus pies; aquí te imploro
que del seno me arranques de la dicha.
Tus brazos son mi altar; seré tu esposa,
y tu esclava seré. ¡Pronto, un momento,
un momento pudiera descubrirnos
y te perdiera entonces!
MANRIQUE: ¡Angel mío!
LEONOR:
Huyamos, sí... ¿No ves allí, en el claustro,
una sombra?... ¡Gran Dios!
MANRIQUE: No hay nadie, nadie...
Fantástica ilusión.
LEONOR: Ven, no te alejes.
¡Tengo un miedo!... No, no... te han visto...
                                        [Vete...
¡Pronto, vete, por Dios!... Mira el abismo
bajo mis pies abierto... No pretendas
precipitarme en él. (Se desmaya.)
MANRIQUE: Leonor, respira.
¡Respira, por piedad! Yo te prometo
respetar tu virtud y tu ternura.
No alienta; sus sentidos, trastornados...
Me abandonan sus brazos... No; yo siento
su seno palpitar... Leonor, ya es tiempo
de huir de esta mansión, pero conmigo
vendrás también. Mi amor, mis esperanzas,
tú para mí eres todo, ángel hermoso.
¿No me juraste amarme eternamente,
por el Dios que gobierna el firmamento?
Ven a cumplir, ven, tu juramento.

JOSÉ ZORRILLA (1817-1893)

José Zorrilla llegó a la atención del público español cuando, durante el entierro de Larra, pronunció unos versos que definieron el momento. Pastor Díaz describe la escena así en su Prólogo a *Las obras poéticas* de Zorrilla.

Era una tarde de febrero. Un carro fúnebre caminaba por las calles de Madrid. Seguíanle en silenciosa procesión centenares de jóvenes, con semblante melancólico, con ojos aterrados. Sobre aquel carro iba un ataúd; en el ataúd, los restos de Larra; sobre el ataúd, una corona. Era la primera que en nuestros días se consagraba al talento; la primera vez acaso que se declaraba que el ge-

nio es en la sociedad una aristocracia, un poder... Todos tristes, todos abismados en el dolor, conducíamos a nuestro poeta a su capitolio... Un numeroso concurso llenaba aquel patio pavimentado de huesos, incrustado de lápidas, entapizado de epitafios; y la descolorida luz del crepúsculo de la tarde daba palidez y aire de sombras a todos nuestros semblantes...

Entonces, en medio de nosotros, y como si saliera debajo de aquel sepulcro, vimos brotar y aparecer un joven, casi un niño, para todos desconocido. Alzó su pálido semblante, clavó en aquella tumba y en el cielo una mirada sublime, y dejando oír una voz que por primera vez sonaba en nuestros oídos, leyó en cortados y trémulos acentos [sus] versos..., y que el señor Roca tuvo que arrancar de su mano, porque desfallecida a la fuerza de su emoción, el mismo autor no pudo concluirlos. Nuestro asombro fue igual a nuestro entusiasmo; y así que supimos el nombre del dichoso mortal, que tan nuevas y celestiales armonías nos había hecho escuchar, saludamos al nuevo bardo con la admiración religiosa de que aún estábamos poseídos; bendijimos a la Providencia, que tan ostensiblemente hacía aparecer un genio sobre la tumba de otro, y los mismos que en fúnebre pompa habíamos conducido al ilustre Larra a la mansión de los muertos, salimos de aquel recinto llevando en triunfo a otro poeta al mundo de los vivos, y proclamando con entusiasmo el nombre de Zorrilla. (Obras completas 105-106)

Se considera a Zorrilla el mejor representante del aspecto nacional y tradicionalista del romanticismo. Si Larra y Esproceda se asocian con lo liberal y progresista, Zorrilla se asocia con los elementos conservadores. Si a ellos les preocupan las corrientes filosóficas europeas, a Zorrilla le interesa principalmente lo nacional. Zorrilla añora el pasado glorioso de una España cristiana y monárquica en que dominan los valores del caballero—el heroísmo, la leatad, el espíritu de la aventura. Como los personajes de Espronceda, los de Zorrilla son figuras rebeldes y satánicas que desafían las creencias religiosas y las convenciones sociales. Sin embargo, en las obras de éste se ofrece una reconciliación con los antiguos valores españoles.

A diferencia del Duque de Rivas, de Espronceda y de Larra, que se habían formado dentro del ambiente neoclásico y habían viajado al extranjero, Zorrilla fue el producto de una formación enteramente romántica y española. No viajó a París por primera vez hasta 1845, cuando ya había escrito la mayoría de sus obras más conocidas. Si de joven conoció el romanticismo francés, inglés o alemán, fue por sus lecturas. Además de a los románticos españoles, leyó a Walter Scott, a Chateaubriand, a Dumas, a Victor Hugo, a James Fenimore Cooper y a Hoffmann. Se empapó de las tradiciones y leyendas relatadas por estos autores; más tarde buscaría inspiración en episodios y arquetipos de la historia nacional para sus propias composiciones.

Zorrilla escribió memorias, obras de teatro y leyendas en verso basadas en tradiciones españolas. Lo que le fascinaba de las leyendas era lo nacional, lo tradicional, lo fantástico. Como en el caso de otros románticos, sitúa sus obras en la Edad Media, no porque quiera reproducir con exactitud aquel período histórico, sino para recrear el ambiente de la España legendaria e heroica. Sus fuentes principales son el Romancero y el teatro del Siglo de Oro—especialmente Tirso y Calderón. *Margarita la Tornera,* por ejemplo, relata una historia que se encuentra en la *Cantiga 94* de Alfonso el Sabio, en *Los milagros de Nuestra Señora* de Berceo y en Gautier de Coincy.

A pesar del entusiasmo de Pastor Díaz por la poesía de Zorrilla, su fama radica más en su producción dramática que en sus versos. De hecho, la poesía de Zorrilla es muy dispareja. Algunas de sus composiciones son excelentes mientras que otras se consideran muy pobres. En cambio, sobresalió como dramaturgo. Fue Zorrilla el que realmente nacionalizó el teatro romántico. No caracterizan sus obras las ideas originales ni los sentimientos delicados y profundos, sino el espíritu tradicionalista y popular. La religión es uno de sus temas predilectos, pero sus obras carecen de la dimensión doctrinal que se encuentra en los grandes dramaturgos aúreos como Tirso y Calderón. Se trata más bien de la fe del vulgo, de lo milagroso y lo maravilloso. Los elementos fantásticos o sobrenaturales sirven para crear un ambiente medieval en que florecen el heroico caballero cristiano y el valiente árabe. Los protagonistas de Zorrilla son típicamente hombres aventureros, fuertes y donjuanescos. A veces aparecen en sus obras figuras históricas como el Cid o el rey don Pedro.

Zorrilla nació en Valladolid, hijo único de una familia muy conservadora. Su padre llegó a ocupar un cargo importante bajo Fernando VII y a apoyar a la facción carlista, tan aborrecida por Larra. Zorrilla estudió en Madrid en el Real Seminario de Nobles entre 1827 y 1833. Entonces emprendió la carrera de leyes en las universidades de Toledo y Valladolid. Allí conoció a otros jóvenes que serían importantes en el movimiento romántico, notablemente a Enrique Gil y Carrasco. Parece que Zorrilla encontró a su padre excesivamente dominante y en 1836 huyó a Madrid, abandonando estudios y familia, y llevando una vida de bohemio. Después de su entrada dramática en el mundo literario en el entierro de Larra, trabó amistad con muchos escritores importantes, entre ellos Hartzenbusch, Esproceda y García Gutiérrez. Publicó su primer volumen, *Poesías,* en 1837 y empezó a escribir para varios periódicos. En los dos años siguientes, publicó tres colecciones más, todas bien recibidas. En 1839 se casó con Florentina O'Reilly, dieciséis años mayor que él. El matrimonio fracasó casi inmediatamente.

El primer drama de Zorrilla, *Juan Dándalo,* compuesto en colaboración con García Gutierrez en 1839, tuvo una recepción tibia, igual que sus dos siguientes intentos teatrales. *El zapatero del rey* (1840) fue su primer éxito crítico. Gracias a él, Zorrilla llegó a ser conocido como dramaturgo tanto como poeta. A este drama le siguió una serie de éxitos—*El eco del torrente* (1842), *Los dos virreyes*(1842), *Sancho García* (1842), *El puñal del godo* (1943). La obra que establecería el lugar de Zorrilla en los anales de la literatura española—*Don Juan Tenorio* (1844)—fue escrita, según el autor, en tres semanas y no despertó gran entusiasmo por parte del público. De hecho, Zorrilla mismo la criticó en su vejez. Sin embargo, sigue siendo una de las obras más representadas del mundo hispánico y más conocidas por el público en general. Ese mismo año se estrenó *La copa de marfil* y un año después se publicó otra colección de poesías, *Recuerdos y fantasías.* En 1845 aparecieron dos libros de versos más y Zorrilla partió para París, donde conoció a Georges Sand, Musset y Gautier. De vuelta a Madrid, compuso varias obras, siendo la favorita del autor *Traidor, inconfeso y mártir* (1849). Trata esta obra de las hazañas de don Sebastián, rey de

Portugal, cuya muerte misteriosa llevó a varios impostores a reclamar el trono. En 1852 publicó el poema narrativo *Granada.*

A pesar de sus éxitos, Zorrilla siempre tuvo problemas financieros, y en 1854 partió para México, donde vivió durante doce años. La llegada del emperador Maximiliano le garantizó varios puestos en el gobierno que le proporcionaban un ingreso. En 1864 se inauguró el Teatro del Palacio con una representación de *Don Juan Tenorio.* En 1866 volvió a España, donde fue colmado de premios y honores. Escribió varias obras de teatro, además de un poema autobiográfico, *Album de un loco* (1867) y una historia poética del imperio mexicano de Maximiliano. Habiéndose quedado viudo, se casó con una joven de veinte años y partió para Italia para hacer unas investigaciones para el gobierno español, trabajo que no le agradó pero que le dio un dinero que necesitaba. Cuando se agotó esta fuente de dinero, *El imparcial* le ofreció un buen precio por sus memorias, las cuales publicó primero en entregas y después como libro con el título de *Recuerdos del tiempo viejo* (1880-1882).

Hoy en día *Don Juan Tenorio* se considera la mejor de sus obras. Drama de un tremendo teatralismo y belleza lírica, *Don Juan* transforma en una historia de *hubris* y regeneración la leyenda medieval hecha famosa por Tirso de Molina.[1] La trama ha pasado a la mitología moderna. Don Juan, seductor famoso, apuesta a don Luis que le quitará su prometida, doña Ana de Pantoja. Oye el desafío el Comendador don Gonzalo, padre de doña Inés, quien debe casarse con don Juan, y deshace el matrimonio convenido. Don Juan jura a don Gonzalo que le robará a su hija. Escala el convento donde está encerrada la joven y la rapta. Curiosamente, don Juan, que nunca se ha enamorado de ninguna mujer, queda prendado de doña Inés y ella de él. Don Luis y don Gonzalo se enfrentan al Tenorio y ambos mueren a sus manos. Don Juan huye a Italia. Cuando vuelve a España cinco años más tarde, visita el panteón familiar donde encuentra la tumba de doña Inés, muerta de dolor por él. Ella también ha hecho una apuesta; ha apostado su alma por su amante. Es decir, si él se salva, ella también se salvará; si él se condena, ella compartirá su destino. Siguiendo el modelo de Tirso, don Juan invita a cenar a la estatua de don Gonzalo; éste acude a la cita y a su vez invita a don Juan a cenar con él en el sepulcro. Pero justo cuando el Comendador va a conducir a don Juan al infierno, doña Inés interviene. Don Juan, por amor a ella se arrepiente, se salva y sube al cielo en una apoteosis de cantos e imágenes sagradas.

Rebelde, diabólico, desafiador, don Juan responde perfectamente al arquetipo del héroe romántico, mientras que doña Inés es la heroína que está dispuesta a entregarse plenamente a la pasión. Aun en el convento se muestra inquieta, deseosa de conocer los misterios del amor. El amor opera cambios dramáticos en la personalidad de don Juan. En presencia de Inés, por primera vez frena sus impulsos. En vez de deshonrarla, la defiende. Se pone de rodillas ante don Gonzalo y le pide perdón. Es sólo después de sentirse rechazado por el Comendador y Dios mismo que vuelve a su vida revoltosa. En la obra de Tirso, don Gonzalo arrastra al burlador al infierno. En la de Zorrilla, el amor se convierte en una fuerza salvadora, lo cual permite una conciliación entre la ortodoxia religiosa y la imagen romántica del héroe seductor y arrogante.

En su prólogo a su edición de la obra, Luis Fernández Cifuentes muestra que el romanticismo de *Don Juan Tenorio* va más allá del satanismo y la temeridad del protagonista y la pasión de la dama. Partiendo de conceptos de Michel Foucault, Fernández concluye que la obra de Zorrilla representa «una quiebra radical en las estructuras y los medios de conocimiento... que se manifestó con especial puntualidad en la separación de las palabras y las cosas»; ésta es una característica esencial del romanticismo (57). Por una parte, el texto romántico «encierra su propio comentario, dramatiza su propio problema» (58). Un asunto fundamental de *Don Juan* es el de la adecuación entre palabra y realidad; ¿cómo transmitir la autenticidad de la circunstancia a través de la pala-

---

[1] La paternidad de *El burlador de Sevilla* ha provocado un animado debate. La obra tradicionalmente ha sido atribuida a Tirso de Molina, pero Alfredo Rodríguez López-Vázquez ha sugerido que realmente fue escrita por Claramonte, mientras que Luis Vázquez ha defendido la autoría de Tirso.

bra? «Don Juan—autor, escritor, dueño y víctima de las palabras—es sólo el medio por el que la obra se contempla y examina la condición de las palabras que la componen» (57). Una vez que el protagonista se reforma y rechaza su antigua manera de ser, ¿cómo convencer al otro de esta transformación? La escena clave es la confrontación entre don Juan y don Gonzalo, en la que el Tenorio proclama su transformación y el Comendador se niega a creerle; es decir, las palabras no son adecuadas para comunicar esta nueva realidad. La insuficiencia de la palabra, la incapacidad de don Juan de restaurar la unidad del lenguaje para expresar su condición interior son el núcleo de la problemática de la obra.

Otro elemento es la naturaleza escindida de don Juan. Durante la primera parte de la pieza, responde al concepto tradicional del personaje, que se concibe como un ser que se resiste a la modificación. Este es el don Juan épico: «un héroe en constante repetición... de su yo definitivo, sin indecisión alguna» (Fernández 58). Pero en la segunda parte se convierte en la figura cambiante del héroe novelesco que rechaza su pasado y busca redefinirse. Esto es lo que diferencia este don Juan de los que le preceden y lo coloca plenamente dentro del concepto romántico.

Con Zorrilla concluye el Romanticismo en España. La próxima generación de escritores y críticos, influidos por el realismo, juzgó la obra de Zorrilla con ojos bastante duros, pero en nuestros días ha vuelto a aumentar su popularidad.

Don Juan Tenorio

Personajes

Don Juan Tenorio   Don Luis Mejía
Don Gonzalo de Ulloa, comendador de Calatrava
Don Diego Tenorio, *padre de don Juan*
Doña Inés de Ulloa   Doña Ana de Pantoja
Christófano Buttarelli, *dueño de la hostería*
Marco Ciutti   Brígida
Pascual   El capitán Centellas
Don Rafael de Avellaneda Lucía
La abadesa de las Calatravas[2] de Sevilla

La tornera[3] de ídem[4]   Gastón
Miguel   Un escultor
Alguaciles 1° y 2°   Un paje (que no habla)
La estatua de don Gonzalo (él mismo)
La sombra de dóna Inés (ella misma)
Caballeros sevillanos, encubiertos, curiosos, esqueletos, estatuas, ángeles, sombras, justicia y pueblo
La acción en Sevilla, por los años de 1545, últimos del emperador Carlos V. Los cuatro primeros actos pasan en una sola noche. Los tres restantes, cinco años después y en otra noche.

ACTO PRIMERO
Libertinaje y escándalo
ESCENA XII

DON DIEGO, DON GONZALO, DON JUAN, DON LUIS, BUTTARELLI, AVELLANEDA, CABALLEROS, CURIOSOS Y ENMASCARADOS

AVELLANEDA: (*A Centellas, por don Juan.*)
　　　　　Verás aquél, si ellos vienen,
　　　　　qué buen chasco que se lleva.
CENTELLAS: (*A Avellaneda, por don Luis.*)
　　　　　Pues allí va otro a ocupar
　　　　　la otra silla; ¡uf!, aquí es ella.
D. JUAN: (*A don Luis.*) Esa silla esta comprada,
　　　　　hidalgo.
D. LUIS: 　　　　(*A don Juan*) Lo mismo digo,
　　　　　hidalgo; para un amigo.
　　　　　Tengo yo esotra pagada.
D. JUAN: Que ésta es mía haré notorio.
D. LUIS. Y yo también que ésta es mía.
D. JUAN: Luego sois don Luis Mejía.
D. LUIS: Seréis, pues, don Juan Tenorio.
D. JUAN: Puede ser.
D. LUIS: 　　　　　　　Vos lo decís.
D. JUAN: ¿No os fiáis!
D. LUIS: 　　　No.
D. JUAN: 　　　　　　　Yo tampoco.
D. LUIS: Pues no hagamos más el coco.[5]
D. JUAN: Yo soy don Juan. (*Quitándose la*

---

[2]Orden religiosa.

[3]La monja que sirve en el torno, armario giratorio , empotrado en una pared, que en un convento sirve para pasar cosas de una habitación a otra sin que las personas que están a cada lado se vean.

[4]Lo mismo, es decir, el convento de las Calatravas de Sevilla.

[5]**No...** No perdamos más tiempo en tonterías.

máscara.)
D. LUIS: (*Idem.*) Yo soy don Luis.
(*Se descubren y se sientan. El capitán Centellas, Ave-
llaneda, Buttarelli y algunos otros se van a ellos y les
saludan, abrazan y dan la mano, y hacen otras
semejantes muestras de cariño y amistad. Don Juan y
Don Luis las aceptan cortésmente.*)
CENTELLAS: ¡Don Juan!
AVELLANEDA: ¡Don Luis!
D. JUAN: ¡Caballeros!
D. LUIS: ¡Oh amigos! ¿Que dicha es ésta?
AVELL.:   Sabíamos vuestra apuesta,
           y hemos acudido a veros.
D. LUIS: Don Juan y yo tal bondad
           en mucho os agradecemos.
D. JUAN: El tiempo no malgastemos,
           don Luis. (*A los otros.*) Sillas
                              [arrimad.
(*A los que están lejos.*) Caballeros, yo supongo
           que a ustedes también aquí
           les traerá la apuesta, y por mí,
           a antojo tal no me opongo.
D. LUIS: Ni yo, que aunque nada más
           fue el empeño entre los dos,
           no ha de decirse, por Dios,
           que me avergonzó jamás.
D. JUAN: Ni a mí, que el orbe es testigo
           de que hipócrita no soy,
           pues por doquiera[6] que voy
           va el escándalo conmigo.
D. LUIS: ¡Eh! ¿Y esos dos no se llegan
           a escuchar? Vos. (*Por don Diego
       y don Gonzalo.*)
D. DIEGO: Yo estoy bien.
D. LUIS: ¿Y vos?
D. GONZALO: De aquí oigo también.
D. LUIS: Razón tendrán si se niegan.
       (*Se sientan todos alrededor de la mesa en que están
don Luis Mejía y don Juan Tenorio.*)
D. JUAN: ¿Estamos listos?
D. LUIS: Estamos.
D. JUAN: Como quien somos cumplimos.[7]
D. LUIS: Veamos, pues, lo que hicimos.
D. JUAN: Bebamos antes.
D. LUIS: Bebamos. (*Lo hacen.*)

D. JUAN: La apuesta fue...
D. LUIS: Porque un día
           dije que en España entera
           no habría nadie que hiciera
           lo que hiciera Luis Mejía.
D. JUAN: Y siendo contradictorio
           al vuestro mi parecer,
           yo os dije: «Nadie ha de hacer
           lo que hará don Juan Tenorio».
           ¿No es así?
D. LUIS: Sin duda alguna;
           y vinimos a apostar
           quién de ambos sabría obrar
           peor, con mejor fortuna,
           en el término de un año;
           juntándonos aquí hoy
           a probarlo.
D. JUAN: Y aquí estoy.
D. LUIS: Y yo.
CENTELLAS: ¡Empeño bien extraño,
           por vida mía!
D. JUAN: Hablad, pues.
D. LUIS: No, vos debéis empezar.
D. JUAN: Como gustéis, igual es,
           que nunca me hago esperar.
           Pues, señor, yo desde aquí,
           buscando mayor espacio
           para mis hazañas, di
           sobre Italia, porque allí
           tiene el placer un palacio.
           De la guerra y del amor
           antigua y clásica tierra,
           y en ella el Emperador,
           con ella y con Francia en guerra,[8]
           díjeme: «¿Dónde mejor?
           Donde hay soldados hay juego,
           hay pendencias y amoríos.»
           Di, pues, sobre Italia luego,
           buscando a sangre y a fuego
           amores y desafíos.
           En Roma, a mi apuesta fiel,
           fijé entre hostil y amatorio,
           en mi puerta este cartel:
           *Aquí está don Juan Tenorio
           para quien quiera algo de él.*

---

[6]Dondequiera.
[7]Es decir, hemos cumplido como hombres de honor
porque somos hombres de honor.

---

[8]Carlos V combatió contra Francisco I de Francia en
Italia.

De aquellos días de la historia
a relataros renuncio;
remítome a la memoria
que dejé allí, y de mi gloria
podéis juzgar por mi anuncio.
Las romanas, caprichosas,
las costumbres, licenciosas,[9]
yo, gallardo y calavera,
¿quién a cuento redujera
mis empresas amorosas?
Salí de Roma por fin
como os podéis figurar,
con un disfraz harto ruin
y a los lomos de un mal rocín,
pues me quería ahorcar.
Fui al ejército de España;
mas todos paisanos míos,
soldados y en tierra extraña,
dejé pronto su compaña
tras cinco o seis desafíos.
Nápoles, rico vergel
de amor, de placer emporio,
vio en mi segundo cartel:
Aquí está don Juan Tenorio,
y no hay hombre para él.[10]
Desde la princesa altiva
a la que pesca en ruin barca,
no hay hembra a quien no suscriba,[11]
y cualquier empresa abarca
si en oro o valor estriba.
Búsquenle los reñidores;
cérquenle los jugadores;
quien se precie que le ataje,
a ver si hay quien le aventaje
en juego, en lid o en amores.
Esto escribí; y en medio año
que mi presencia gozó
Nápoles, no hay lance extraño,
no hubo escándalo ni engaño
en que no me hallara yo.
Por dondequiera que fui,
la razón atropellé,
la virtud escarnecí,

a la justicia burlé
y a las mujeres vendí.
Yo a las cabañas bajé,
yo los claustros escalé,
y en todas partes dejé
memoria amarga de mí.
Ni reconocí sagrado,
ni hubo razón ni lugar
por mi audacia respetado;
ni en distinguir me he parado
al clérigo del seglar.
A quien quise provoqué,
con quien quiso me batí,
y nunca consideré
que pudo matarme a mí
aquél a quien yo maté.
A esto don Juan se arrojó,
y escrito en este papel
está cuanto consiguió,
y lo que él aquí escribió,
mantenido está por él.

D. LUIS: Leed, pues.
D. JUAN: No; oigamos antes
vuestros bizarros extremos,
y si traéis terminantes
vuestras notas comprobantes,[12]
lo escrito cotejaremos.
D. LUIS: Decís bien; cosa es que está,
don Juan, muy puesta en razón,
aunque, a mi ver, poco irá[13]
de una a otra relación.
D. JUAN: Empezad, pues.
D. LUIS: Allá va.
Buscando yo, como vos,
a mi aliento empresas grandes,
dije: «¿Dó[14] iré, ¡vive Dios!,[15]
De amor y lides en pos[16]
que vaya mejor que a Flandes?[17]

[Sigue una larga descripción de las aventuras de don Luis.]

---

[12]Evidencia convincente.
[13]**Poco...** Habrá poca diferencia.
[14]Dónde.
[15]**Vive...** Juramento. Para demostrar su hombría don Juan y don Luis a menudo usan este tipo de lenguaje.
[16]**De...** Detrás de amores y lides.
[17]Carlos V heredó Flandes de su abuelo Maximiliano I, y su posesión ocasionó una large serie de guerras.

---

[9]Roma era conocida por la corrupción y la lujuria de sus habitantes.
[10]**No...** No hay hombre que lo iguale; no hay hombre capaz de vencerlo.
[11]Se entregue a él.

Y cual[18] vos, por donde fui
la razón atropellé,
la virtud escarnecí,
a la justicia burlé
y a las mujeres vendí.
Mi hacienda llevo perdida
tres veces; mas se me antoja
reponerla, y me convida
mi boda comprometida
con doña Ana de Pantoja.
Mujer muy rica me dan,
y mañana hay que cumplir
los tratos que hechos están;
lo que os advierto don Juan,
por si queréis asistir.
A esto don Luis se arrojó,
y escrito en este papel
esto que consiguió;
y lo que él aquí escribió,
mantenido está por él.

D. JUAN: La historia es tan semejante,
que está en fiel[19] la balanza;
mas vamos a lo importante,
que es el guarismo a que alcanza
el papel; conque adelante.

D. LUIS: Razón tenéis en verdad.
Aquí está lo mío; mirad,
por una línea apartados
traigo los nombres sentados,[20]
para mayor claridad.

D. JUAN: Del mismo modo arregladas
mis cuentas traigo en el mío:
en dos líneas separadas
los muertos en desafío
y las mujeres burladas.
Contad.

D. LUIS   Contad.

D. JUAN: Veintitrés.

D. LUIS: Son los muertos. A ver vos.
¡Por la cruz de San Andrés![21]
Aquí sumo treinta y dos.

D. JUAN: Son los muertos.

D. LUIS: Matar es.

---

[18]Como.
[19]**En...** igual para los dos.
[20]Escritos.
[21]Hermano de San Pedro, San Andrés fue crucificado en
una cruz en forma de aspa o X.

D. JUAN: Nueve os llevo.

D. LUIS: Me vencéis.
Pasemos a las conquistas.

D. JUAN:. Sumo aquí cincuenta y seis.

D. LUIS: Y yo sumo en vuestra lista
setenta y dos.

D. JUAN: Pues perdéis.

D. LUIS: ¡Es increíble, don Juan!

D. JUAN: Si lo dudáis, apuntados
los testigos ahí están,
que si fueren preguntados
os lo testificarán.

D. LUIS: ¡Oh! Y vuestra lista es cabal.

D. JUAN: Desde una princesa real
a la hija de un pescador,
¡oh!, ha recorrido mi amor
toda la escala social.
¿Tenéis algo que tachar?

D. LUIS: Sólo una os falta en justicia.

D. JUAN: ¿Me lo podéis señalar?

D. LUIS: Sí, por cierto; una novicia
que esté para profesar.

D. JUAN: ¡Bah! Pues yo os complaceré
doblemente, porque os digo
que a la novicia uniré
la dama de algún amigo
que para casarse esté.

D. LUIS   ¡Pardiez, que sois atrevido!

D. JUAN: Yo os lo apuesto si queréis.

D. LUIS: Digo que acepto el partido;
para darlo por perdido,
¿queréis veinte días?

D. JUAN: Seis.

D. LUIS: ¡Por Dios que sois hombre extraño!
¿Cuántos días empleáis
en cada mujer que amáis?

D. JUAN: Partid los días del año
entre las que ahí encontráis.
Uno para enamorarlas,
otro para conseguirlas,
otro para abandonarlas,
dos para sustituirlas
y una hora para olvidarlas.
Pero la verdad a hablaros,
pedir más no se me antoja,
y pues que vais a casaros,
mañana pienso quitaros
a doña Ana de Pantoja.

D. LUIS: Don Juan, ¿qué es lo que decís?

D. JUAN: Don Luis, lo que oído habéis.
D. LUIS: Ved, don Juan lo que emprendéis.
D. JUAN: Lo que he de lograr, don Luis.
D. LUIS: ¡Gastón!
GASTÓN: Señor.
D. LUIS: Ven acá.
(*Habla don Luis en secreto con Gastón, y éste se va precipitadamente.*)
D. JUAN: ¡Ciutti!
CIUTTI: Señor.
D. JUAN: Ven aquí.
         (*Don Juan Idem con Ciutti, que hace lo mismo.*)
D. LUIS: ¿Estáis en lo dicho?²²
D. JUAN: Sí.
D. LUIS: Pues va la vida.²³
D. JUAN: Pues va.
(*Don Gonzalo, levantándose de la mesa en que ha permanecido inmóvil durante la escena anterior, se afronta con don Juan y don Luis.*)
D. GONZALO:
         ¡Insensatos! Vive Dios
         que, a no temblarme las manos,
         a palos, como villanos,
         os diera muerte a los dos.
D. JUAN Y D. LUIS:
         Veamos.   (*Empuñando*)
D. GONZALO: Excusado es,
         que he vivido lo bastante
         para no estar arrogante
         donde no puedo.
D. JUAN: Idos, pues.
D. GONZALO:
         Antes, don Juan, de salir
         de donde oírme podáis,
         es necesario que oigáis
         lo que os tengo que decir.
         Vuestro buen padre don Diego,
         porque pleitos acomoda,
         os apalabró una boda
         que iba a celebrarse luego;
         pero por mí mismo yo,
         lo que erais queriendo ver,
         vine aquí al anochecer,
         y el veros me avergonzó.
D. JUAN: ¡Por Satanás, viejo insano,

que no sé cómo he tenido
calma para haberte oído
sin asentarte la mano!
Pero ¡di pronto quién eres,
porque me siento capaz
de arrancarte el antifaz
con el alma que tuvieres!
D. GONZALO:
                ¡Don Juan!
D. JUAN: ¡Pronto!
D. GONZALO: (*Se quita el antifaz.*) Mira, pues.
D. JUAN: ¡Don Gonzalo!
D. GONZALO: El mismo soy.
         Y adiós, don Juan; mas desde hoy
         no penséis en doña Inés.
         Porque antes que consentir
         en que se case con vos,
         el sepulcro, ¡juro a Dios!,
         por mi mano la he de abrir.
D. JUAN: Me hacéis reír don Gonzalo;
         pues venirme a provocar,
         es como ir a amenazar
         a un león con un mal palo.
         Y pues hay tiempo, advertir
         os quiero a mi vez a vos
         que, o me la dais, o ¡por Dios
         que, ha quitárosla he de ir!
D. GONZALO:
         ¡Miserable!
D. JUAN: Dicho está;
         sólo una mujer como ésta
         me falta para mi apuesta;
         ved, pues, que apostada va.
(*Don Diego, levantándose de la mesa en que ha permanecido encubierto mientras la escena anterior, baja al centro de la escena, encarándose con don Juan.*)
D. DIEGO: No puedo más escucharte,
         vil don Juan, porque recelo
         que hay algún rayo en el cielo
         preparado a aniquilarte.
         ¡Ah!... No pudiendo creer
         lo que de ti me decían,
         confiado en que mentían,
         te vine esta noche a ver.
         Pero te juro, malvado,
         que me pesa haber venido
         para salir convencido

---

²²**Estás...** ¿Hablás en serio?
²³**Va...** Estás arriesgando tu vida.

de lo que es para ignorado.[24]
Sigue, pues, con ciego afán
en tu torpe frenesí,
mas nunca vuelvas a mí;
no te conozco, don Juan.

D. JUAN: ¿Quién nunca a ti se volvió,
ni quien osa hablarme así,
ni qué se me importa a mí
que me conozcas o no?

D. DIEGO: Adiós, mas no te olvides
de que hay un Dios justiciero.

D. JUAN: Ten.[25] *(Deteniéndole.)*

D. DIEGO: ¿Qué quieres?

D. JUAN: Verte quiero.

D. DIEGO: Nunca; en vano me lo pides.

D. JUAN: ¿Nunca?

D. DIEGO: No.

D. JUAN: Cuando me cuadre.[26]

D. DIEGO ¿Cuándo?

D. JUAN: Así. *(Le arranca el antifaz.)*

TODOS: ¡Don Juan!

D. DIEGO: ¡Villano!
Me has puesto en la faz la mano.

D. JUAN: ¡Válgame Cristo, mi padre!

D. DIEGO: Mientes; no lo fui jamás.

D. JUAN: ¡Reportaos, con Belcebú!²⁷

D. DIEGO: No; los hijos como tú
son hijos de Satanás.
Comendador nulo sea
lo hablado.

D. GONZALO: Ya lo es por mí;
vamos.

D. DIEGO: Sí; vamos de aquí
donde tal monstruo no vea.
Don Juan, en brazos del vicio
desolado te abandono;
me matas..., mas te perdono
de Dios en el santo juicio.

(Vanse poco a poco don Diego y don Gonzalo.)

D. JUAN: Largo el plazo me ponéis²⁸;

---

²⁴ **Para...** Es mejor dejar ignorado.
²⁵Espera.
²⁶Me dé la gana.
²⁷**Con...** Vete al Diablo.
²⁸A menudo la figura del padre es símbolo de Dios. Don Diego perdona a su hijo, como Dios lo hará más tarde. La respuesta de don Juan recuerda el refrán de su antecesor en la obra del Siglo de Oro atribuida a Tirso: «tan largo me lo

mas ved que os quiero advertir
que yo no os he ido a pedir
jamás que me perdonéis.
Conque no paséis afán
de aquí adelante por mí,
que como vivió hasta aquí,
vivirá siempre don Juan.

ACTO TERCERO
Profanación
Celda de doña Inés. Puerta en el fondo y a la izquierda.

ESCENA I
DOÑA INÉS Y LA ABADESA

ABADESA: (...)¡Ay!. En verdad que os envidio,
venturosa doña Inés,
con vuestra inocente vida,
la virtud del no saber.
Mas, ¿ por qué estáis cabizbaja?
¿Por qué no me respondéis
como otras veces, alegre,
cuando en lo mismo os hablé?
¿Suspiráis?...¡Oh! Ya comprendo;
de vuelta aquí hasta no ver
a vuestra aya, estáis inquieta,
pero nada receléis.
A casa de vuestro padre
fue casi al anochecer,
y abajo en la portería,
estará; ya os la enviaré,
que estoy de vela esta noche.
Conque, vamos, doña Inés,
recogeos, que ya es hora;
mal ejemplo no me deis
a las novicias, que ha tiempo
que duermen ya; hasta después.

Dª. INÉS: Idos con Dios, madre abadesa.

ABADESA: Adiós, hija.

ESCENA II
DOÑA INÉS

Dª. INÉS: Ya se fue.
No sé qué tengo, ¡ay de mí!,

---

fiáis». Pero a diferencia del don Juan de *El burlador de Sevilla*, éste jura que no se arrepentirá ni cambiará su conducta jamás.

que en tumultuoso tropel
mil encontradas ideas
me combaten a la vez.
Otras noches, complacida,
sus palabras escuché,
y de esos cuadros tranquilos,
que sabe pintar tan bien,
de esos placeres domésticos
la dichosa sencillez
y la calma venturosa,
me hicieron apetecer
la soledad de los claustros
y su santa rigidez.
Mas hoy la oí distraída,
y en sus pláticas hallé,
si no enojosos discursos,
a lo menos aridez.
Y no sé por qué al decirme
que podría acontecer
que se acelerase el día
de mi profesión, temblé,
y sentí del corazón
acelerarse el vaivén,
y teñírseme el semblante
de amarilla palidez.
¡Ay de mí!... Pero mi dueña,[29]
¿dónde estará?... Esa mujer,
con sus pláticas, al cabo,
me entretiene alguna vez.
Y hoy la echo de menos... Acaso
porque la voy a perder;
que en profesando, es preciso
renunciar a cuanto amé.
Mas pasos siento en el claustro;
¡oh!, reconozco muy bien
sus pisadas... Ya está aquí.

ESCENA III
DOÑA INÉS Y BRÍGIDA

BRÍGIDA:
    Buenas noches, doña Inés.
Dª. INÉS: ¿Cómo habéis tardado tanto?
BRÍGIDA: Voy a cerrar esta puerta.
Dª. INÉS: Hay orden de que esté abierta.
BRÍGIDA: Eso es muy bueno y muy santo
para las otras novicias

que han de consagrarse a Dios;
no, doña Inés, para vos.
Dª. INÉS: Brígida, ¿no ves que vicias
las reglas del monasterio,
que no permiten...?
BRÍGIDA: ¡Bah! ¡Bah!
Más seguro así se está,
y así se habla sin misterio
ni estorbos. ¿Habéis mirado
el libro que os he traído?
Dª. INÉS: ¡Ay, se me había olvidado!
BRÍGIDA: Pues, ¡me hace gracia el olvido!
Dª. INÉS: ¡Como la madre abadesa
se entró aquí inmediatamente!
BRÍGIDA: ¡Vieja más impertinente!
Dª. INÉS: Pues, ¿tanto el libro interesa?
BRÍGIDA: ¡Vaya si interesa, y mucho!
Pues, ¡quedó con poco afán
el infeliz!
Dª. INÉS: ¿Quién?
BRÍGIDA: Don Juan.
Dª. INÉS: ¡Válgame el cielo! ¿Qué escucho?
¿Es don Juan quien me le envía?
BRÍGIDA: Por supuesto.
Dª. INÉS: ¡Oh! Yo no debo
tomarle.
BRÍGIDA: ¡Pobre mancebo!
Desairarle así, sería
matarle.
Dª. INÉS: ¿Qué estás diciendo?
BRÍGIDA: Si ese Horario[30] no tomáis,
tal pesadumbre le dais
que va a enfermar, lo estoy viendo.
Dª. INÉS: ¡Ah! No, no; de esa manera
le tomaré.
BRÍGIDA: Bien haréis.
Dª. INÉS: ¡Y qué bonito es!
BRÍGIDA: Ya veis;
quien quiere agradar, se esmera.
Dª. INÉS: Con sus manecillas de oro.
¡Y cuidado que está prieto![31]
A ver, a ver si completo
contiene el rezo del coro.
(*Le abre y cae una carta entre sus hojas.*)
Mas, ¿qué cayó?

---

[29]Aya.

[30]Libro de devociones.
[31]**Y...** Es muy compacto.

BRÍGIDA: Un papelito.
Dª. INÉS: ¡Una carta!
BRÍGIDA: Claro está;
en esa carta os vendrá
ofreciendo el regalito.
Dª. INÉS: ¡Qué! ¿Será suyo el papel?
BRÍGIDA: ¡Vaya que sois inocente!
Pues que os feria,[32] es consiguiente
que la carta será de él.
Dª. INÉS: ¡Ay Jesús!
BRÍGIDA: ¿Qué es lo que os da?[33]
Dª. INÉS: Nada, Brígida, no es nada.
BRÍGIDA: No, no; ¡si estáis inmutada!
                (Aparte) Ya presa en la red está.
¿Se os pasa?
Dª. INÉS: Sí.
BRÍGIDA: Eso habrá sido
cualquier mareíllo vano.
Dª. INÉS: ¡Ay, se me abrasa la mano
con que el papel he cogido!
BRÍGIDA: Doña Inés, ¡válgame Dios!
Jamás os he visto así;
estáis trémula.
Dª. INÉS: ¡Ay de mí!
BRÍGIDA: ¿Qué es lo que pasa por vos?
Dª. INÉS: No sé... El campo de mi mente
siento que cruzan perdidas
mil sombras desconocidas
que me inquietan vagamente,
y ha tiempo al alma me dan
con su agitación tortura.
BRÍGIDA: ¿Tiene alguna,[34] por ventura,
el semblante de don Juan?
Dª. INÉS: No sé; desde que le vi,
Brígida mía, y su nombre
me dijiste, tengo a ese hombre
siempre delante de mí.
Por doquiera me distraigo
con su agradable recuerdo,
y si un instante le pierdo,
en su recuerdo recaigo.
No sé qué fascinación
en mis sentidos ejerce,
que siempre hacia él se me tuerce
la mente y el corazón;

y aquí, y en el oratorio,
y en todas partes, advierto
que en el pensamiento divierto
con la imagen de Tenorio.
BRÍGIDA: ¡Válgame Dios! Doña Inés,
según lo vais explicando,
tentaciones me van dando
de creer que eso amor es.
Dª. INÉS: ¿Amor has dicho?
BRÍGIDA: Sí, amor.
Dª. INÉS: No, de ninguna manera.
BRÍGIDA: Pues, por amor lo entendiera
el menos entendedor;
mas vamos la carta a ver.
¿En qué os paráis? ¿Un suspiro?
Dª. INÉS: ¡Ay! Que cuanto más la miro,
menos me atrevo a leer.
                (Lee.) «Doña Inés del alma mía.»
¡Virgen Santa, qué principio!
BRÍGIDA: Vendrá en verso, y será un ripio[35]
que traerá la poesía.
¡Vamos, seguid adelante!
Dª. INÉS: *(Lee)* «Luz de donde el sol la toma,
hermosísima paloma
privada de libertad;
si os dignáis por estas letras
pasar vuestros lindos ojos,
no los tornéis con enojos
sin concluir; acabad...»
BRÍGIDA: ¡Qué humildad y qué finura!
¿Dónde hay mayor rendimiento?
Dª. INÉS: Brígida, no sé qué siento.
BRÍGIDA: Seguid la lectura.
Dª. INÉS: *(Lee.)* «Nuestros padres de consuno[36]
nuestras bodas acordaron,
porque los cielos juntaron
los destinos de los dos;
y halagado desde entonces
con tal risueña esperanza,
mi alma, doña Inés, no alcanza
otro porvenir que vos.
De amor con ella en mi pecho,
brotó una chispa ligera,
que han convertido en hoguera
tiempo y afición tenaz.

---

[32]**Os...** Os lo regala.
[33]**Qué...** ¿Qué os pasa?
[34]Es decir, alguna sombra.

[35]Palabra inútil que sólo se usa para completar el verso.
[36]**De...** juntos.

Y esta llama, que en mí mismo
se alimenta, inextinguible,
cada día más terrible
va creciendo y más voraz...»

BRÍGIDA: Es claro; esperar le hicieron
en vuestro amor algún día,
y hondas raíces tenía
cuando a arrancársele fueron.
Seguid.

Dª. INÉS: (*Lee.*) «En vano a apagarla
concurren tiempo y ausencia,
que, doblando su violencia,
no hoguera ya, volcán es.
Y yo, que en medio del cráter
desamparado batallo,
suspendido en él me hallo
entre mi tumba y mi Inés...»

BRÍGIDA: ¿Lo veis, Inés? Si ese Horario
le despreciáis, al instante
le preparan el sudario.

Dª. INÉS: Yo desfallezco.

BRÍGIDA: Adelante.

Dª. INÉS: (*Lee*) «Inés, alma de mi alma,
perpetuo imán de mi vida,
perla sin concha escondida
entre las algas del mar;
garza que nunca del nido
tender osastes[37] el vuelo
al diáfano azul del cielo
para aprender a cruzar;
si es que a través de esos muros
el mundo apenada miras,
y por el mundo suspiras,
de libertad con afán,
acuérdate que al pie mismo
de esos muros que te guardan,
para salvarte te aguardan
los brazos de tu don Juan...»

(*Representa.*) ¿Qué es lo que me pasa, ¡cielo!,
que me estoy viendo morir?

BRÍGIDA: (*Aparte.*) Ya tragó todo el anzuelo.
Vamos, que está al concluir.

Dª. INÉS: (*Lee.*) «Acuérdate de quien llora
al pie de tu celosía,
y allí le sorprende el día
y le halla la noche allí;

acuérdate de quien vive
sólo por ti, ¡vida mía!,
y que a tus pies volaría
si le llamaras a ti...»

BRÍGIDA: ¿Lo veis? Vendría.

Dª. INÉS: ¡Vendría!

BRÍGIDA: A postrarse a vuestros pies.

Dª. INÉS: ¿Puede?

BRÍGIDA: ¡Oh, sí!

Dª. INÉS: ¡Virgen María!

BRÍGIDA: Pero acabad, doña Inés.

Dª. INÉS: (*Lee.*) «Adiós, ¡oh luz de mis ojos!;
adiós, Inés de mi alma;
medita, por Dios, en calma
las palabras que aquí van;
y si odias esa clausura
que ser tu sepulcro debe,
manda, que a todo se atreve,
por tu hermosura, don Juan».

(*Representa doña Inés.*) ¡Ay! ¿Qué filtro
[envenenado
me dan en este papel,
que el corazón desgarrado
me estoy sintiendo con él?
¿Qué sentimientos dormidos
son los que revela en mí;
qué impulsos jamás sentidos,
qué luz que hasta hoy nunca vi?
¿Qué es lo que engendra mi alma
tan nuevo y profundo afán?
¿Quién roba la dulce calma
de mi corazón?

BRÍGIDA: Don Juan.

Dª. INÉS: ¡Don Juan dices!... ¿Conque ese
[hombre
me ha de seguir por doquier?
¿Sólo he de escuchar su nombre,
sólo su sombra he de ver?
¡Ah, bien dice! Juntó el cielo
los destinos de los dos,
y en mi alma engendró este anhelo
fatal.

BRÍGIDA: ¡Silencio, por Dios!
(*Se oyen dar las ánimas.*[38])

Dª. INÉS: ¿Qué?

---

[37]Forma arcaica de **osaste.**

[38]Toque de campanas en la iglesia por la noche para que
se ruegue a Dios por las ánimas en el Purgatorio.

BRÍGIDA:	Silencio.
Dª. INÉS:	Me estremezco.
BRÍGIDA:	¿Oís, doña Inés, tocar?
Dª. INÉS:	Sí; lo mismo que otras veces,
	las ánimas oigo dar.
BRÍGIDA:	Pues no habléis de él.
Dª. INÉS:	¡Cielo santo!
	¿De quién?
BRÍGIDA:	¿De quién ha de ser?
	De ese don Juan que amáis tanto,
	porque puede aparecer.
Dª. INÉS:	¡Me amedrantas! ¿Puede ese hombre
	llegar hasta aquí?
BRÍGIDA:	Quizá,
	porque el eco de su nombre
	tal vez llega adonde está.
Dª. INÉS:	¡Cielos! ¿Y podrá?...
BRÍGIDA:	¡Quién sabe!
Dª. INÉS:	¿Es un espíritu, pues?
BRÍGIDA:	No; mas si tiene una llave...
Dª. INÉS:	¡Dios!
BRÍGIDA:	Silencio, doña Inés.
	¿No oís pasos?
Dª. INÉS:	¡Ay! Ahora
	nada oigo.
BRÍGIDA:	Las nueve dan.
	Suben..., se acercan..., señora...,
	ya está aquí.
Dª. INÉS:	¿Quién?
BRÍGIDA:	Él.
Dª. INÉS:	¡Don Juan!

ESCENA IV
DOÑA INÉS, DON JUAN Y BRÍGIDA

Dª. INÉS:	¿Qué es esto? ¿Sueño..., delirio?
D. JUAN:	¡Inés de mi corazón!
Dª. INÉS:	¿Es realidad lo que miro,
	o es una fascinación[39]?...
	Tenedme..., apenas respiro...;
	Sombra..., ¡huye, por compasión!
	¡Ay de mí!

(*Desmáyase doña Inés, y don Juan la sostiene. La carta de don Juan queda en el suelo, abandonada por doña Inés al desmayarse.*)

---

[39]Fantasía.

BRÍGIDA:	La ha fascinado[40]
	vuestra repentina entrada,
	y el pavor la ha trastornado.
D. JUAN:	Mejor; así nos ha ahorrado
	la mitad de la jornada.
	¡Ea! No desperdiciemos
	el tiempo aquí en contemplarla,
	si perdernos no queremos.
	En los brazos a tomarla
	voy, y cuanto antes, ganemos
	ese claustro solitario.
BRÍGIDA:	¡Oh! ¿Vais a sacarla así?
D. JUAN:	Necia, ¿piensas que rompí
	la clausura, temerario,
	para dejármela aquí?
	Mi gente abajo me espera;
	sígueme.
BRÍGIDA:	¡Sin alma[41] estoy!
	¡Ay! Este hombre es una fiera;
	nada le ataja ni altera...
	Sí, sí, a su sombra me voy.[42]

ESCENA IX
LA ABADESA, DON GONZALO y LA TORNERA

TORNERA:	Señora...
ABADESA:	¿Qué es?
TORNERA:	¡Vengo muerta!
D. GONZALO:	¡Concluid!
TORNERA:	No acierto a hablar...
	He visto a un hombre saltar
	por las tapias de la huerta.
D. GONZALO:	¿Veis? ¡Corramos, ay de mí!
ABADESA:	¿Dónde vais, Comendador?
D. GONZALO:	¡Imbécil! Tras de mi honor,
	que os roban a vos de aquí.

ACTO CUARTO
ESCENA III
DOÑA INÉS, BRÍGIDA Y DON JUAN

D. JUAN:	¿A dónde vais, doña Inés?
Dª. INÉS:	Dejadme salir, don Juan.
D. JUAN:	¿Que os deje salir?
BRÍGIDA:	Señor,

---

[40]Trastornado.
[41]**Sin...** muerta de miedo.
[42]**A...** Voy a seguirle.

D. JUAN: sabiendo ya el accidente
del fuego, estará impaciente
por su hija el Comendador.

D. JUAN: ¡El fuego! ¡Ah! No os dé
[cuidado
por don Gonzalo, que ya
dormir tranquilo le hará
el mensaje que le he enviado.

Dª. INÉS: ¿Le habéis dicho...?

D. JUAN: Que os hallabais
bajo mi amparo segura,
y el aura del campo pura
libre por fin respirabais. (*Vase
BRÍGIDA.*)
Cálmate, pues, vida mía;
reposa aquí, y un momento
olvida de tu convento
la triste cárcel sombría.
¡Ah! ¿No es cierto, ángel de amor,
que en esta apartada orilla
más pura la luna brilla
y se respira mejor?
Esta aura que vaga, llena
de los sencillos olores
de las campesinas flores
que brota esa orilla amena;
esa agua limpia y serena
que atraviesa sin temor
la barca del pescador
que espera cantando el día,
¿no es cierto, paloma mía,
que están respirando amor?
Esa armonía que el viento
recoge entre esos millares
de floridos olivares,
que agita con manso aliento;
ese dulcísimo acento
con que trina el ruiseñor,
de sus copas morador,
llamando al cercano día,
¿no es verdad, gacela mía,
que están respirando amor?
Y estas palabras que están
filtrando insensiblemente
tu corazón, ya pendiente
de los labios de don Juan,
y cuyas ideas van
inflamando en su interior
un fuego germinador
no encendido todavía,
¿no es verdad, estrella mía,
que están respirando amor?
Y esas dos líquidas perlas[43]
que se desprenden tranquilas
de tus radiantes pupilas
convidándome a beberlas,
evaporarse a no verlas
de sí mismas al calor[44];
y ese encendido color
que en tu semblante no había,
¿no es verdad, hermosa mía,
que están repirando amor?
¡Oh! Sí, bellísima Inés,
espejo y luz de mis ojos;
escucharme sin enojos
como lo haces, amor es;
mira aquí a tus plantas, pues,
todo el altivo rigor
de este corazón traidor
que rendirse no creía,
adorando, vida mía,
la esclavitud de tu amor.

Dª. INÉS: Callad, por Dios, ¡oh!, don Juan,
que no podré resistir
mucho tiempo sin morir,
tan nunca sentido afán.
¡Ah! Callad, por compasión;
que, oyéndoos, me parece
que mi cerebro enloquece
y se arde mi corazón.
¡Ah! Me habéis dado a beber
un filtro infernal, sin duda,
que a rendiros os ayuda
la virtud de la mujer.
Tal vez poseéis, don Juan,
un misterioso amuleto,
que a vos me atrae en secreto
como irresistible imán.
Tal vez Satán puso en vos
su vista fascinadora,
su palabra seductora
y el amor que negó a Dios.
¿Y qué he de hacer, ¡ay de mí!,
Sino caer en vuestros brazos,

---

[43]Es decir, lágrimas.

[44]**Evaporarse...** a no verlas evaporarse al calor de sí mismas.

si el corazón en pedazos
me vais robando de aquí?
No, don Juan; en poder mío
resistirte no está ya;
yo voy a ti, como va
sorbido al mar ese río.
Tu presencia me enajena,
tus palabras me alucinan,
y tus ojos me fascinan,
y tu aliento me envenena.
¡Don Juan! ¡Don Juan! Yo lo
        [imploro
de tu hidalga compasión:
o arráncame el corazón,
o ámame, porque te adoro.

D. JUAN: ¡Alma mía! Esa palabra
cambia de modo mi ser,
que alcanzo que puede hacer
hasta que el Edén se me abra.
No es, doña Inés, Satanás
quien pone este amor en mí:
es Dios, que quiere por ti
ganarme para Él quizá.
No; el amor que hoy se atesora
en mi corazón mortal,
no es un amor terrenal
como el que sentí hasta ahora;
no es esa chispa fugaz
que cualquier ráfaga apaga;
es incendio que se traga
cuanto ve, inmenso, voraz.
Desecha, pues, tu inquietud,
bellísima doña Inés,
porque me siento a tus pies
capaz aun de la virtud.
Sí; iré mi orgullo a postrar
ante el buen Comendador,
y, o habrá de darme tu amor,
o me tendrá que matar.

Dª. INÉS: ¡Don Juan de mi corazón!
D. JUAN: ¡Silencio! ¿Habéis escuchado?
Dª. INÉS: ¿Qué?
D. JUAN: Sí; una barca ha atracado
debajo de este balcón.
Un hombre embozado de ella
salta... Brígida, al momento
(Entra BRÍGIDA.)
pasad a esotro aposento,
y perdonad, Inés bella,

si sólo me importa estar.
Dª. INÉS: ¿Tardarás?
D. JUAN: Poco ha de ser.
Dª. INÉS: A mi padre hemos de ver.
D. JUAN: Sí, en cuanto empiece a clarear.
                    (...)

ESCENA IX
DON JUAN y DON GONZALO

D. GONZALO: ¿Adónde está ese traidor?
D. JUAN: Aquí está, Comendador.
D. GONZALO: ¿De rodillas?
D. JUAN: Y a tus pies.
D. GONZALO: Vil eres hasta en tus crímenes.
D. JUAN: Anciano, la lengua ten,
y escúchame un solo instante.
D. GONZALO: ¿Qué puede en tu lengua haber
que borre lo que tu mano
escribió en este papel?
¡Ir a sorprender, infame,
la cándida sencillez
de quien no pudo el veneno
de esas letras precaver!
¡Derramar en su alma virgen
traidoramente la hiel
en que rebosa la tuya,
seca la virtud y fe!
¡Proponerse así enlodar
de mis timbres[45] la alta prez,[46]
como si fuera un harapo
que desecha un mercader!
¿Ése es el valor, Tenorio,
de que blasonas? ¿Ésa es
la proverbial osadía
que te da al vulgo a temer?
¿Con viejos y con doncellas
las muestras?... ¿Y para qué?
¡Vive Dios! Para venir
sus plantas así a lamer,
mostrándote a un tiempo ajeno
de valor y de honradez.
D. JUAN: ¡Comendador!
D. GONZALO: ¡Miserable!
Tú has robado a mi hija Inés

---

[45] Insignia en su escudo.
[46] **La...** el gran honor.

D. JUAN:
de su convento, y yo vengo
por tu vida o por mi bien.

D. JUAN:
Jamás delante de un hombre
mi alta cerviz incliné,
ni he suplicado jamás
ni a mi padre, ni a mi rey.
Y pues conservo a tus plantas
la postura en que me ves,
considera, don Gonzalo,
qué razón debo tener.

D. GONZALO:
Lo que tienes es pavor
de mi justicia.

D. JUAN:
¡Pardiez!
Óyeme, Comendador,
o tenerme[47] no sabré,
y seré quien siempre he sido,
no queriéndolo ahora ser.

D. GONZALO:
¡Vive Dios!

D. JUAN:
Comendador,
yo idolatro a doña Inés,
persuadido de que el cielo
me la quiso conceder
para enderezar mis pasos
por el sendero del bien.
No amé la hermosura en ella,
ni su gracia adoré;
lo que adoro es la virtud,
don Gonzalo, en doña Inés.
Lo que justicias ni obispos
no pudieron de mí hacer
con cárceles y sermones,
lo pudo su candidez.
Su amor me torna en otro
[hombre,
regenerado en mi ser,
y ella puede hacer un ángel
de quien un demonio fue.
Escucha, pues, don Gonzalo,
lo que te puede ofrecer
el audaz don Juan Tenorio
de rodillas a tus pies.
Yo seré esclavo de tu hija;
en tu casa viviré;
tu gobernarás mi hacienda
diciéndome *esto ha de ser*.
El tiempo que señalares,

en reclusión estaré;
cuantas pruebas exigieres
de mi audacia o mi altivez,
del modo que me ordenares,
con sumisión te daré.
Y cuando estime tu juicio
que la pueda merecer,
yo la daré un buen esposo,
y ella me dará el Edén.

D. GONZALO:
Basta, don Juan; no sé cómo
me he podido contener,
oyendo tan torpes pruebas
de tu infame avilantez.[48]
Don Juan, tú eres un cobarde
cuando en la ocasión te ves,
y no hay bajeza a que no oses
como te saque con bien.

D. JUAN:
¡Don Gonzalo!

D. GONZALO:
Y me avergüenzo
de mirarte así a mis pies,
lo que apostabas por fuerza
suplicando por merced.

D. JUAN:
Todo así se satisface,
don Gonzalo, de una vez.

D. GONZALO:
¡Nunca! ¡Nunca! ¿Tú su esposo?
Primero la mataré.
Ea, entregádmela al punto,[49]
o, sin poderme valer,
en esa postura vil
el pecho te cruzaré.

D. JUAN:
Míralo bien, don Gonzalo,
que vas a hacerme perder
con ella hasta la esperanza
de mi salvación tal vez.

D. GONZALO:
¿Y qué tengo yo, don Juan,
con tu salvación que ver?

D. JUAN:
¡Comendador, que me pierdes![50]

D. GONZALO:
¡Mi hija!

D. JUAN:
Considera bien
que por cuantos medios pude
te quise satisfacer,
y que con armas al cinto
tus denuestos toleré,
proponiéndote la paz
de rodillas a tus pies.

---

[47]Controlarme.

[48]Vileza, maldad.
[49]**Al...** inmediatamente.
[50]Condenas al Infierno.

ESCENA X

DICHOS y DON LUIS, *soltando una carcajada de burla*

D. LUIS: Muy bien, don Juan.
D. JUAN: ¡Vive Dios!
D. GONZALO: ¿Quién es ese hombre?
D. LUIS: Un testigo
de su miedo, y un amigo,
Comendador, para vos.
                        (...)
D. GONZALO: ¡Oh! Ahora comprendo...¿Sois vos
el que...?
D. LUIS: Soy don Luis Mejía,
a quien a tiempo os envía
por vuestra venganza Dios.
D. JUAN: ¡Basta, pues, de tal suplicio!
Si con hacienda y honor
ni os muestro ni doy valor
a mi franco sacrificio,
y la leal solicitud
conque ofrezco cuanto puedo
tomáis, vive Dios, por miedo
y os mofáis de mi virtud,
os acepto el que me dais
plazo breve y perentorio,
para mostrarme el Tenorio
de cuyo valor dudáis.
D. LUIS: Sea, y cae a nuestros pies
digno al menos de esa fama,
que por tan bravo te aclama...
D. JUAN: Y venza el infierno, pues.
¡Ulloa, pues mi alma así
vuelves a hundir en el vicio,
cuando Dios me llame a juicio,
tú responderás por mí! (*Le da un
                        [pistoletazo.*)
D. GONZALO: (*Cayendo.*) ¡Asesino!
D. JUAN: Y tú, insensato,
que me llamas vil ladrón,
di en prueba de tu razón
que cara a cara te mato. (*Riñen, y
le da una estocada.*)
D. LUIS: (*Cayendo.*) ¡Jesús!
D. JUAN: Tarde tu fe ciega
acude al cielo, Mejía,
y no fue por culpa mía;
pero la justicia llega,
y a fe que ha de ver quién soy.
CIUTTI: (*Dentro.*) ¡Don Juan!

D. JUAN: (*Asomándose al balcón.*) ¿Quién es?
CIUTTI: (*Dentro.*) Por aquí;
salvaos.
D. JUAN: ¿Hay paso?
CIUTTI: Sí;
arrojaos.
D. JUAN: Allá voy.
Llamé al cielo, y no me oyó;
y pues sus puertas me cierra,
de mis pasos en la tierra
responda el cielo, no yo.
(*Se arroja por el balcón, y se le oye caer en el agua del río, al mismo tiempo que el ruido de los remos muestra la rapidez del barco en que parte; se oyen golpes en las puertas de la habitación; poco después entra la justicia, soldados, etc.*)

SEGUNDA PARTE

Panteón de la familia Tenorio—El teatro representa un magnífico cementerio, hermoseado a manera de jardín. En primer término,[51] *aislados y de bulto, los sepulcros de don Gonzalo de Ulloa, de doña Inés y de don Luis Mejía, sobre los cuales se ven sus estatuas de piedra. El sepulcro de don Gonzalo a la derecha, y su estatua de rodillas; el de don Luis a la izquiera, y su estatua también de rodillas; el de doña Inés en el centro, y su estatua de pie. En segundo término otros dos sepulcros en la forma que convenga; y en tercer término, y en puesto elevado, el sepulcro y estatus del fundador, don Diego Tenorio, en cuya figura remata la perspectiva de los sepulcros. Una pared llena de nichos y lápidas circuye el cuadro hasta el horizonte. Dos llorones*[52] *a cada lado de la tumba de doña Inés, dispuestos a servir de la manera que a su tiempo exige el juego escénico. Cipreses y flores de todas clases embellecen la decoración, que no debe tener nada de horrible. La acción se supone en una tranquila noche de verano, y alumbrada por una clarísima luna.*[53]

ACTO TERCERO
Misericordia de Dios y Apoteosis del Amor.

---

[51]Plano (sección del escenario que está más cerca del público. El «segundo término» es la parte del centro y el «último término» es la parte más atrás.).

[52]Árbol que, como el ciprés, tradicionalmente simboliza la tristeza y la muerte.

[53]Escenario del Acto Primero de la Segunda Parte, el cual se repite en el tercer acto, con la modificación indicada.

Panteón de la familia Tenorio, menos las estatuas de doña Inés y de don Gonzalo, que no están en su lugar.

ESCENA II
DON JUAN, LA ESTATUA DE DON GONZALO *y* LAS SOMBRAS

ESTATUA: Aquí me tienes, don Juan,
y he aquí que vienen conmigo
los que tu eterno castigo
de Dios reclamando están.

D. JUA N.: ¡Jesús!

ESTATUA: ¿Y de qué te alteras
si nada hay que a ti te asombre,
y para hacerte eres hombre
platos con sus calaveras?[54]

D. JUAN: ¡Ay de mí!

ESTATUA: ¿Qué? ¿El corazón
te desmaya?

D. JUAN: No lo sé;
concibo que me engañé;
¡no son sueños..., ellos son! (*Mirando a los espectros.*)
Pavor jamás conocido
el alma fiera me asalta,
y aunque el valor no me falta,
me va faltando el sentido.

ESTATUA: Eso es, don Juan, que se va
concluyendo tu existencia,
y el plazo de tu sentencia
fatal ha llegado ya.

D. JUAN: ¡Qué dices!

ESTATUA: Lo que hace poco
que doña Inés te avisó,
lo que te he avisado yo,
y lo que olvidaste loco.
Mas el festín que me has dado
debo volverte; y así,
llega don Juan, que yo aquí
cubierto te he preparado.

D. JUAN: ¿Y qué es lo que ahí me das?

ESTATUA: Aquí fuego, allí ceniza.

D. JUAN: El cabello se me eriza.

ESTATUA: Te doy lo que tu serás.

D. JUAN: ¡Fuego y ceniza he de ser!

ESTATUA: Cual los que ves en redor[55];
en eso para el valor,
la juventud y el poder.

D. JUAN: Ceniza, bien; pero, ¡fuego...!

ESTATUA: El de la ira omnipotente,
do arderás eternamente
por tu desenfreno ciego.

D. JUAN: ¿Conque hay otra vida más
y otro mundo que el de aquí?
¿Conque es verdad, ¡ay de mí!,
Lo que no creí jamás?
¡Fatal verdad que me hiela
la sangre del corazón!
¡Verdad que mi perdición
solamente me revela!
¿Y ese reloj?

ESTATUA: Es la medida
de tu tiempo.

D. JUAN: ¿Expira ya?

ESTATUA: Sí; en cada grano se va
un instante de tu vida.

D. JUAN: ¿Y ésos me quedan no más?

ESTATUA: Sí.

D. JUAN: ¡Injusto Dios! Tu poder
me haces ahora conocer,
cuando tiempo no me das
de arrepentirme.

ESTATUA: Don Juan,
un punto de contrición
da a un alma la salvación,
y ese punto aún te lo dan.

D. JUAN: ¡Imposible! ¡En un momento
borrar treinta años malditos
de crímenes y delitos!

ESTATUA: Aprovéchale con tiento, (*Tocan a muerto.*[56])
Porque el plazo va a expirar,
y las campanas doblando
por ti están, y están cavando
la fosa en que te han de echar.

(*Se oye a lo lejos el oficio*[57] *de difuntos. Se ve pasar por la izquierda luz de difuntos.*)

D. JUAN: ¿Conque por mí doblan?

ESTATUA: Sí.

D. JUAN: ¿Y esos cantos funerales?

ESTATUA: Los salmos penitenciales

---

[54]Es decir, eres tan valiente que usarías sus calaveras como platos.

[55]**Cual...** Como los que ves alrededor.

[56]**Tocan...** Las campanas tocan por los muertos.

[57]Rito, oración.

que están cantando por ti.

(*Se ve pasar por la izquierda luz de hachones, y rezan dentro.*)

D. JUAN: ¿Y aquel entierro que pasa?

ESTATUA: Es el tuyo.

D. JUAN: ¡Muerto yo!

ESTATUA: El Capitán te mató
a la puerta de tu casa.

D. JUAN: Tarde la luz de la fe
penetra en mi corazón,
pues crímenes mi razón
a su luz tan sólo ve.
Los ve... Y con horrible afán,
porque al ver su multitud,
ve a Dios en su plenitud
de su ira contra don Juan.
¡Ah! Por doquiera que fui
la razón atropellé,
la virtud escarnecí,
y a la justicia burlé.
Y emponzoñé cuanto vi,
y a las cabañas bajé,
y a los palacios subí,
y los claustros escalé;
y pues tal mi vida fue,
no, no hay perdón para mí.

(*A los fantasmas.*) ¡Mas ahí estáis todavía
con quietud tan pertinaz!
Dejadme morir en paz,
a solas con mi agonía.
Mas con esa horrenda calma,
¿qué me auguráis, sombras fieras?
¿Qué esperáis de mí?

ESTATUA: Que mueras
para llevarse tu alma.
Y adiós, don Juan; ya tu vida
toca a su fin; y pues vano
todo fue, dame la mano
en señal de despedida.

D. JUAN: ¿Muéstrasme ahora amistad?

ESTATUA: Sí, que injusto fui contigo,
y Dios me manda tu amigo
volver a la eternidad.

D. JUAN: Toma, pues.

ESTATUA: Ahora, don Juan,
pues desperdicias también
el momento que te dan,
conmigo al infierno ven.

D. JUAN: ¡Aparta, piedra fingida!

Suelta, suéltame esa mano,
que aún queda el último grano
en el reloj de mi vida.
Suéltala, que si es verdad
que un punto de contrición
da a un alma la salvación
de toda una eternidad,
yo, Santo Dios, creo en Ti;
si es mi maldad inaudita,
tu piedad es infinita...
¡Señor, ten piedad de mí!

ESTATUA: Ya es tarde.

(*Don Juan se hinca de rodillas, tendiendo al cielo la mano que le deja libre la ESTATUA. Las sombras, esqueletos, etc., van a abalanzarse sobre él, en cuyo momento se abre la tumba de doña Inés y aparece ésta. Doña Inés toma la mano que don Juan tiende al cielo.*)

ESCENA III
DON JUAN, LA ESTATUA DE DON GONZALO,
DOÑA INÉS, SOMBRAS, ETC.

Dª. INÉS: No; heme ya aquí,
don Juan; mi mano asegura
esta mano que a la altura
tendió tu contrito afán,
y Dios perdona, don Juan
al pie de mi sepultura.

D. JUAN: ¡Dios Clemente! ¡Doña Inés!

Dª. INÉS: Fantasmas, desvaneceos;
su fe nos salva...; volveos
a vuestros sepulcros, pues.
La voluntad de Dios es;
de mi alma con la amargura
purifiqué un alma impura,
y Dios concedió a mi afán
la salvación de don Juan
al pie de la sepultura.

D. JUAN: ¡Inés de mi corazón!

Dª. INÉS: Yo mi alma he dado por ti,
y Dios te otorga por mí
tu dudosa salvación.
Misterio que es comprensión
no cabe de crïatura,[58]
y sólo en vida más pura

---

[58]La dieresis significa que la combinación de vocales (ia) se pronuncia como dos sílabas.

los justos comprenderán
que el amor salvó a don Juan
al pie de la sepultura.
Cesad, cantos funerales; (*Cesa la
música y salmodia.*)
callad, mortuorias campanas; (*Dejan
de tocar a muerto.*)
Ocupad, sombras livianas,
vuestras urnas sepulcrales;
(*Vuelven los esqueletos a sus tumbas, que se
cierran.*)
volved a los pedestales,
animadas esculturas;
(*Vuelven las estatuas a sus lugares.*)
Y las celestas venturas
en que los justos están
empiecen para don Juan
en las mismas sepulturas.

(*Las flores se abren y dan paso a varios angelitos,
que rodean a doña Inés y a don Juan, derramando
sobre ellos flores y perfumes, y al son de una música
dulce y lejana se ilumina el teatro con luz de aurora.
Doña Inés cae sobre un lecho de flores, que quedará a
la vista, en lugar de su tumba, que desaparece.*)

ESCENA ÚLTIMA
DOÑA INÉS, DON JUAN *y* LOS ÁNGELES

D. JUAN: ¡Clemente Dios, gloria de Ti!
Mañana a los sevillanos
aterrará el creer que a manos
de mis víctimas caí.
Mas es justo; quede aquí
al universo notorio
que, pues me abre el purgatorio
un punto de penitencia,
es el Dios de la clemencia
el Dios de don Juan Tenorio.

(*Cae don Juan a los pies de doña Inés, y mueren
ambos. De sus bocas salen sus almas, representadas
en dos brillantes llamas, que se pierden en el espacio
al son de la música. Cae el telón.*)

La segunda mitad del siglo

JOSÉ ECHEGARAY (1832-1916)

Uno de los dramaturgos más exitosos de su épo-

ca, Echegaray escribió dramas de tesis (aquéllos en los que se defiende cierta posición moral o política) que para los gustos de hoy parecen excesivamente melodramáticos. Todos giran en torno a una pasión central y terminan en tragedia. Siguen una fórmula casi matemática; se trata de contrastes absolutos —personajes ejemplares o irremediablemente corruptos. Son arquetipos más que individuos, es decir, más que hombres y mujeres de carne y hueso. Asimismo, los valores dominantes se conciben como preceptos omnímodos: el honor y el deber en su sentido más puro. El autor no busca la sutileza sino el efecto conmovedor. Aunque la Crítica moderna ha tachado su obra de sensacionalista, exagerada y anticuada, en su tiempo se le elogiaba con entusiasmo. Recibió el Premio Nóbel de Literatura en 1904.

Nacido en Madrid, fue el octavo hijo de un médico y profesor de botánica y de una madre guipuzcoana. Echegaray fue Bachiller a los catorce años y estudió entonces ingeniería de caminos en la universidad. Al concluir su carrera, obtuvo un puesto en el distrito de Granada, pero poco después regresó a la Escuela de Ingenieros de Caminos en Madrid, donde enseñaría hasta 1868. Se destacó en el campo científico y fue nombrado miembro de la Real Academia de Ciencias Exactas, Físicas y Naturales en 1865. Su discurso de entrada provocó una animada polémica, ya que el joven ingeniero declaró con audacia que España nunca había producido ningún matemático de importancia. Echegaray también se interesaba por la economía y se afilió a la escuela librecambista, que combatía contra el proteccionismo. Fue nombrado director de Obras Públicas en 1868, pero en 1873, a causa de la situación caótica del país, se vio obligado a emigrar a Francia, donde vivió durante seis meses. Al regresar a España, volvió a emprender sus actividades en la política y la economía. Entre 1868 y 1908 ocupó los puestos de ministro de Fomento, de Hacienda, de Obras Públicas, presidente de Instrucción Pública y director del Timbre. Se ha atribuido a Echegaray la salvación de la economía española por su papel en la creación del Banco de España, el cual puso en circulación el papel-moneda.

¿Cómo pudo llegar este matemático-político a

ser uno de los dramaturgos más célebres de su época? El hecho es que desde muy joven mostró interés en el teatro. De niño asistió a muchas representaciones de dramas románticos y más tarde, cuando era estudiante, no sólo frecuentó los teatros sino que compuso una comedia llamada *La cortesana* en defensa de los derechos de la mujer. Esta obra nunca fue representada, pero Echegaray siguió componiendo obras y, por fin, el director y actor Manuel Catalina se interesó por *El libro talonario*. Para entonces, Echegaray ya era ministro de Hacienda y Catalina pensaba que su nombre atraería al público. El drama se estrenó con éxito el 18 de febrero de 1874.

Para el triunfo de *La esposa del vengador*, obra que se estrenó ese mismo año, ya no se tuvo que contar con la fama del autor como figura política. Siguieron en rápida sucesión *La última noche* y *En el puño de la espada*, ambos compuestos en 1875. El éxito de esta última convirtió a Echegaray en el dramaturgo más popular de Madrid. Su carrera culminó en 1881 con *El gran galeoto*, que fue traducido a numerosos idiomas. Al año siguiente fue elegido miembro de la Real Academia Española. Aunque gozó de muchísmos éxitos más, el triunfo de *El gran galeoto* sólo fue superado por *Mariana* (1892). Los elogios no fueron siempre unánimes, pero las reacciones tanto del público como de la prensa nunca dejaron de ser apasionadas. Aunque su fama duró poco, Echegaray logró revitalizar el teatro español. Escribe Frederick de Armas: «Echegaray fue un verdadero meteoro, irrumpiendo en un teatro ya moribundo, llenándolo de pasión y de violencia. Llegó, triunfó y finalmente desapareció de la escena casi tan rápidamente como había llegado a ella. En la noche del olvido el único destello ha sido la crítica negativa que recibió y sigue recibiendo». (*Premio Nóbel* 2)

Como todas las obras del autor, *El gran galeoto* gira alrededor de una sola idea central, en este caso, el poder destructor de la calumnia. El título proviene de la *Divina comedia*, en que dos amantes encuentran el valor de expresar sus deseos al leer la historia de Lanzarote y Ginebra, en la que Galeotto sirve de intermediario. De ahí, «galeoto» viene a significar «alcahuete». En la obra de Echegaray, Ernesto, joven huérfano que aspira a escri-

tor, vive en casa de don Julián, que lo quiere como a un hijo. La presencia del muchacho, que tiene casi la misma edad que Teodora, la esposa de don Julián, en el hogar de éste, causa murmuraciones. Don Severo, hermano de don Julián, cree que los rumores pueden deshonrar a la familia y quiere que se tomen medidas para proteger su reputación. Al principio, don Julián se indigna contra los que insinúan una relación ilícita entre su protegido y su mujer. Sin embargo, ya se ha plantado la semilla de la sospecha en su mente. Sus dudas crecen y termina por creer las acusaciones contra Teodora y Ernesto. Pierde la vida en una riña con un vizconde calumniador y don Severo echa a Teodora de la casa. Ernesto la recoge y acepta que, a pesar de su inocencia, el mundo —el gran galeoto— los ha unido.

La popularidad de Echegaray duró hasta fines del siglo diecinueve, pero *Malas herencias*, compuesta en 1902, despertó poco entusiasmo por parte del público y *La desequilibrada*, escrita al año siguiente, tuvo la misma suerte. Su última obra, *El preferido y los cenicientos* (1908), fue un fracaso completo. Los gustos habían cambiado; el sensacionalismo de las obras de Echegaray ya no agradaba a un público preocupado por la pérdida de sus últimas colonias y el porventir de su nación. Sin embargo, en 1904 la Academia Sueca, reconociendo que Echegaray había sido una fuerza vital en el teatro español durante tres décadas, le otorgó el Premio Nóbel de Literatura, el cual compartió con el francés Federico Mistral.

La nueva generación de intelectuales españoles no aceptó la decisión de la Academia sin protestar. Rubén Darío —que había llegado a ser una voz importante entre los escritores españoles—, Pío Baroja, Unamuno y Valle-Inclán firmaron una carta afirmando que Echegaray no representaba sus ideales artísticos y filosóficos. Aunque algunos corrieron a la defensa del ya viejo dramaturgo premiado, la reputación de Echegaray nunca se repuso de los ataques de los jóvenes que formarían la Generación del 98.

El gran galeoto

Personajes

Ernesto	Don Julián	Teodora	
Mercedes	Severo	Pepito	Criado

DIÁLOGO

La escena representa un gabinete de estudio. A la izquierda, un balcón; a la derecha, una puerta; casi en el centro, una mesa con papeles, libros y un quinqué encendido; hacia la derecha, un sofá. Es de noche... [El Diálogo es el prólogo de la obra. En la primera escena, Ernesto, sentado a una mesa, trata de escribir y se queja de no poder dar forma a la idea del drama.]

ESCENA II
ERNESTO, DON JULIÁN

Éste por la derecha, de frac y con el abrigo al brazo.

D. JULIÁN: *(Asomándose a la puerta, pero sin entrar.)* Hola, Ernesto.

ERNESTO: ¡Don Julián!

D. JULIÁN: ¿Trabajando aún...? ¿Estorbo?

ERNESTO: *(Levantándose)* ¡Estorbar! ¡Por Dios, Don Julián!... Entre usted, entre usted. ¿Y Teodora? *(D. Julián entra.)*

D. JULIÁN: Del Teatro Real venimos. Subió ella con mis hermanos al tercero, a ver no sé qué compras de Mercedes, y yo me encaminaba hacia mi cuarto, cuando vi luz en el tuyo, y me asomé a darte las buenas noches.

ERNESTO: ¿Mucha gente?

D. JULIÁN: Mucha, como siempre; y todos los amigos me preguntaron por ti. Extrañaban que no hubieses ido.

ERNESTO: ¡Oh!... ¡Qué interés!

D. JULIÁN: El que tú te mereces, y aún es poco. Y tú, ¿has aprovechado estas tres horas de soledad y de inspiración?

ERNESTO: De soledad, sí; de inspiración, no. No vino a mí, aunque rendido y enamorado la llamaba.

D. JULIÁN: ¿Faltó a la cita?

ERNESTO: Y no por vez primera. Pero si nada hice de provecho, hice, un provechoso descubrimiento.

D. JULIÁN: ¿Cuál?

ERNESTO: Éste: que soy un pobre diablo.

D. JULIÁN: ¡Diablo! Pues me parece descubrimiento famoso.[1]

ERNESTO: Ni más, ni menos.

D. JULIÁN: ¿Y por qué tal enojo contigo mismo? ¿No sale acaso el drama que me anunciaste el otro día?

ERNESTO: ¡Qué ha de salir! Quien sale de quicio soy yo.

---

[1] Notable, extraordinario.

D. JULIÁN: ¿Y en que consiste ese desaire que juntos hacen la inspiración y el drama a mi buen Ernesto?

ERNESTO: Consiste en que, al imaginarlo, yo creí que la idea del drama era fecunda, y al darle forma, y al vestirla con el ropaje propio de la escena, resulta una cosa extraña, difícil, antidramática, imposible.

D. JULIÁN: Pero, ¿en qué consiste lo imposible del caso? Vamos, dime algo, que ya voy entrando en curiosidad. *(Sentándose en el sofá.)*

ERNESTO: Figúrese usted que el principal personaje, el que crea el drama, el que desarrolla, el que lo anima, el que provoca el catástrofe, el que la devora y la goza, no puede salir a escena.

D. JULIÁN: ¿Tan feo es? ¿Tan repugnante o tan malo?

ERNESTO: No es feo. Feo, como cualquiera: como usted o como yo. Malo, tampoco: ni malo ni bueno. Repugnante, no en verdad: no soy tan escéptico, ni tan misantrópico, ni tan desengañado de la vida estoy, que tal cosa afirme o que tamaña injusticia cometa.

D.. JULIÁN: Pues, entonces, ¿cuál es la causa?

ERNESTO: Don Julián, la causa es que el personaje de que se trata no cabría materialmente en el escenario.

D. JULIÁN: ¡Virgen Santísima, y qué cosas dices! ¿Es drama mitológico por ventura y aparecen los titanes?

ERNESTO: Titanes son, pero a la moderna.

D. JULIÁN: ¿En suma?

ERNESTO: En suma: ese personaje es...¡«Todo el mundo», que es una buena suma!

D. JULIÁN: «¡Todo el mundo!» Pues tienes razón: todo el mundo no cabe en el teatro; he ahí una verdad indiscutible y muchas veces demostrada.

ERNESTO: Pues ya ve usted cómo yo estaba en lo cierto.

D. JULIÁN: No completamente. «Todo el mundo» puede condensarse en unos cuantos tipos o caracteres. Yo no entiendo de esas materias; pero tengo oído que esto han hecho los maestros más de una vez.

ERNESTO: Sí; pero en mi caso, es decir, en mi drama, no puede hacerse.

D. JULIÁN: ¿Por qué?

ERNESTO: Por muchas razones que fuera largo de explicar, y, sobre todo, a estas horas.

D. JULIÁN: No importa: vengan algunas de ellas.

ERNESTO: Mire usted: cada individuo de esa masa total, cada cabeza de ese monstruo de cien mil cabezas, de ese titán del siglo que yo llamo «todo el mundo», toma parte en mi drama un instante brevísimo, pronuncia una palabra no más, dirige una sola mirada; quizá toda su acción en la fábula es una sonrisa; aparece un punto[2] y luego se aleja: obra sin pasión, sin saña, sin maldad, indifirente y distraído; por distracción muchas veces.

D. JULIÁN: ¿Y qué?

ERNESTO: Que de esas palabras sueltas, de esas miradas fugaces, de esas sonrisas indiferentes, de todas esas pequeñas murmuraciones y de todas esas pequeñísimas maldades; de todos ésos que pudiéramos llamar rayos insignificantes de luz dramática, condensados en un foco y en una familia, resulta el incendio y la explosión, la lucha y las víctimas. Si yo represento la totalidad de las gentes por unos cuantos tipos o personajes simbólicos, tengo que poner en cada uno lo que realmente está disperso en muchos, y resulta falseado el pensamiento; unos cuantos tipos en escena, repulsivos y malvados, inverosímiles porque su maldad no tiene objeto; y resulta, además, el peligro de que se crea que yo trato de pintar una sociedad infame, corrompida y cruel, cuando yo sólo pretendo demostrar que ni aun las acciones más insignificantes son insignificantes ni perdidas para el bien o para el mal, porque sumadas por misteriosas influencias de la vida moderna pueden llegar a producir inmensos efectos.

D. JULIÁN: Mira: no sigas, no sigas; todo eso es muy metafísico. Algo vislumbro, pero al través de muchas nubes. En fin, tú entiendes de estas cosas más que yo: si se tratase de giros, cambios, letras, descuentos, otra cosa sería.

ERNESTO: ¡Oh, no: usted tiene buen sentido, que es lo principal!

D. JULIÁN: Gracias, Ernesto, eres muy amable.

ERNESTO: Pero, ¿Está usted convencido?

D. JULIÁN: No lo estoy. Debe de haber manera de salvar ese incoveniente.

ERNESTO: ¡Si fuera eso sólo!

D. JULIÁN: ¿Hay más?

ERNESTO: Ya lo creo. Dígame usted, ¿cuál es el resorte dramático por excelencia?

D. JULIÁN: Hombre, yo no sé a punto fijo qué es eso que tú llamas «resorte dramático»; pero yo lo que te digo es que en los dramas en que no hay amores, sobre todo amores desgraciados, que para amores felices tengo bastante con el de mi casa y con mi Teodora.

ERNESTO: Bueno, magnífico; pues en mi drama casi, casi no puede haber amores.

D. JULIÁN: Malo, pésimo, digo yo. Oye: no sé lo que es tu drama, pero sospecho que no va a interesar a nadie.

ERNESTO: Ya se lo dije yo a usted. Sin embargo, amores pueden ponerse, y hasta celos.

D. JULIÁN: Pues por eso, con una intriga interesante y bien desarrollada, con alguna situación de efecto...

ERNESTO: No Señor; eso sí que no; todo ha de ser sencillo, corriente, casi vulgar... Como que el drama no puede brotar a lo exterior. El drama va por dentro de los personajes; avanza lentamente; se apodera hoy de un pensamiento, mañana de un latido del corazón; mina la voluntad poco a poco.

D. JULIÁN: Pero todo eso, ¿en qué se conoce? Esos estragos interiores, ¿qué manifestación tienen? ¿Quién se los cuenta al espectador? ¿Dónde los ve? ¿Hemos de estar toda la noche a caza de una mirada, de un suspiro, de un gesto, de una frase suelta? Pero, hijo, ¡eso no es divertirse! ¡Para meterse en tales profundidades se estudia filosofía!

ERNESTO: Nada: repite usted como un eco todo lo que yo estoy pensando.

D. JULIÁN: No; yo tampoco quiero desanimarte. Tú sabrás lo que haces. Y... ¡Vaya!...aunque el drama sea un poco pálido, parezca pesado y no interese...con tal que luego venga la catástrofe con bríos... y que la explosión...¿eh?

ERNESTO: ¡Catástrofe...explosión!... Casi, casi, cuando cae el telón.

D. JULIÁN: Es decir, ¿que el drama empieza cuando el drama acaba?

ERNESTO: Estoy por decir que sí, aunque ya procuraré ponerle un poquito de calor.

D. JULIÁN: Mira: lo que has de hacer es escribir «ese segundo drama», ése que empieza cuando acaba el primero; porque el primero, según tus noticias, no vale la pena y ha de darte muchas.

ERNESTO: De eso estaba yo convencido.

D. JULIÁN: Y ahora lo estamos los dos; tal maña te has dado y tal es la fuerza de tu lógica. ¿Y qué título tiene?

ERNESTO: ¡Título!... ¡Pues ésa es otra!... Que no puede tener título.

D. JULIÁN: ¿Qué?... ¿Qué dices?... ¡Tampoco!...

ERNESTO: No, señor; a no ser que lo pusiéramos en

---

[2] Momento.

griego para mayor claridad, como dice don Hermó-
genes.[3]

D. JULIÁN: Vamos, Ernesto; tú estabas durmiendo
cuando llegué; soñabas desatinos y me cuentas tus
sueños.

ERNESTO: ¿Soñando?... Sí. ¿Desatinos?... Tal vez.
Y sueños y desatinos cuento. Usted tiene buen
sentido y en todo acierta.

D. JULIÁN: Es que para acertar en este caso no se
necesita de gran penetración. Un drama en que el
principal personaje no sale, en que no sucede nada
que no suceda todos los días, que empieza al caer el
telón en el último acto y que no tiene título, yo no sé
cómo puede escribirse, ni cómo representarse, ni
cómo ha de haber quien lo oiga, ni cómo es drama.

ERNESTO: ¡Ah!... Pues drama es. Todo consiste en
darle forma y en que yo no sé dársela.

D. JULIÁN: ¿Quieres seguir mi consejo?

ERNESTO: ¿Su consejo de usted?... ¿De usted, mi
amigo, mi protector, mi segundo padre? ¡Ah!... ¡Don
Julián!

D. JULIÁN: Vamos, vamos, Ernesto; no hagamos
aquí un drama sentimental a falta del tuyo que hemos
declarado imposible. Te preguntaba si quieres seguir
mi consejo.

ERNESTO: Y yo decía que sí.

D. JULIÁN: Pues déjate de dramas; acuéstate, descansa, vente a cazar conmigo mañana, mata unas
cuantas perdices, con lo cual te excusas de matar un
par de personajes de tu obra, y quizá de que el público haga contigo otro tanto, y a fin de cuentas tú me
darás las gracias.

ERNESTO: Eso sí que no. El drama lo escribiré.

D. JULIÁN: Pero desdichado, tú lo concebiste en
pecado mortal.

ERNESTO: No sé cómo, pero lo concebí. Lo siento en
mi cerebro; en él se agita; pide vida en el mundo
exterior, y he de dársela.

D. JULIÁN: Pero ¿no puedes buscar otro argumento?

ERNESTO: Pero ¿y esta idea?

D. JULIÁN: Mándala al diablo.

ERNESTO: ¡Ah, don Julián! ¿Usted cree que una idea
que se ha aferrado aquí dentro se deja anular y
destruir porque así nos plazca? Yo quisiera pensar en

otro drama; pero éste, este maldito de la cuestión no
le dejará sitio hasta que no brote al mundo.

D. JULIÁN: Pues nada... Que Dios te dé feliz alum-
bramiento.

ERNESTO: Ahí está el problema, como dice Hamlet.

D. JULIÁN: ¿Y no podrás echarlo a la inclusa literaria
de las obras anónimas? (En voz baja y con misterio
cómico.)

ERNESTO: ¡Ah, don Julián! Yo soy hombre de conciencia. Mis hijos, buenos o malos, son legítimos:
llevarán mi nombre.

D. JULIÁN: (Preparándose a salir.) No digo más. Lo
que ha de ser está escrito.[4]

ERNESTO: Eso quisiera yo. No está escrito, por desgracia, pero no importa; si yo no lo escribo, otro lo
escribirá.

D. JULIÁN: Pues a la obra; y buena suerte, y que nadie
te tome la delantera.

ESCENA III
ERNESTO, D. JULIÁN, TEODORA

TEODORA: (Desde afuera.) ¡Julián!... ¡Julián!...

D. JULIÁN: Es Teodora.

TEODORA: ¿Estás aquí, Julián?

D. JULIÁN: (Asomándose a la puerta.) Sí, aquí estoy;
entra.

TEODORA. (Entrando.) Buenas noches, Ernesto.

ERNESTO: Buenas noches, Teodora. ¿Cantaron bien?

TEODORA: Como siempre. Y usted, ¿ha trabajado
mucho?

ERNESTO: Como siempre: nada.

TEODORA: Pues para eso, mejor le hubiera sido acompañarnos. Todas mis amigas me han preguntado por
usted.

ERNESTO: Está visto que «todo el mundo» se interesa
por mí.

D. JULIÁN: ¡Ya lo creo!... Como que de «todo el mundo» vas a hacer el principal personaje de tu drama.
Figúrate si les interesará tenerte por amigo.

TEODORA: Con curiosidad. ¿Un drama?

D. JULIÁN: ¡Silencio!... Es un misterio... No preguntes
nada. Ni título, ni personajes, ni acción, ni catástrofe... ¡Lo sublime! Buenas noches, Ernesto. Vamos,
Teodora.

ERNESTO: ¡Adiós, don Julián!

---

[3] Personaje pedante de *La comedia nueva o el Café*
(1792), de Leandro Fernández de Moratín.

[4] Está escrito en las estrellas; es decir, ya se ha
determinado el destino de cada uno.

TEODORA: Hasta mañana.
ERNESTO: Buenas noches.
TEODORA: *(A don Julián.)* ¡Qué preocupada
   estaba Mercedes!
D. JULIÁN: Y Severo hecho una furia.
TEODORA: ¿Por qué sería?
D. JULIÁN: ¡Qué sé yo! En cambio, Pepito, alegre por
   ambos.
TEODORA: Ése siempre. Y hablando mal de todos.
D. JULIÁN: Personaje para el drama de Ernesto. *(Salen
   Teodora y D. JULIÁN: por la derecha.)*

ESCENA IV
ERNESTO

ERNESTO: Diga lo que quiera don Julián, yo no abandono mi empresa. Fuera insigne cobardía. No, no re-
trocedo...; adelante. *(Se levanta y se pasea agitada-
mente. Después se acerca al balcón.)* Noche, pro-
tégeme que en tu negrura, mejor que en el manto azul
del día, se dibujan los contornos luminosos de la inspiración. Alzad vuestros techos, casas mil de la heroica villa,[5] que, por un poeta en necesidad suma, no habéis de hacer menos que por aquel diablillo cojuelo[6]
que traviesamente os descaperuzó. Vea yo entrar en
vuestras salas y gabinetes damas y caballeros buscando, tras las agitadas horas de públicos placeres, el
nocturno descanso. Lleguen a mis aguzados oídos las
mil palabras sueltas de todos esos que a Julián y a
Teodora preguntaron por mí. Y como de rayos dispersos de luz por diáfano cristal recogidos se hacen
grandes focos, y como de líneas cruzadas de sombra
se forjan las tinieblas, y de granos de tierra los montes, y de gotas de agua los mares, así yo, de vuestras
frases perdidas, de vuestras vagas sonrisas, de vuestras miradas curiosas, de esas mil trivialidades que en
cafés, teatros, reuniones y espectáculos dejáis disper-
sas, y que ahora flotan en el aire, forje también mi
drama, y sea el modesto cristal de mi inteligencia lente
que traiga al foco luces y sombras, para que en él
broten el incendio dramático y la trágica explosión de
la catástrofe. Brote mi drama, que hasta título tiene,
porque allá, bajo la luz del quinqué, veo la obra in-

mortal del inmortal poeta florentino,[7] y dióme en italiano lo que en buen español fuera buena imprudencia
y mala osadía escribir en un libro y pronunciar en la
escena. Francesca y Paolo, ¡válganme vuestros amores! *(Sentándose a la mesa y preparándose a
escribir.)* ¡Al drama!... ¡El drama empieza! Primera
hoja: ya no está en blanco...ya tiene título. *(Escribiendo.)* EL GRAN GALEOTO. *(Escribe febril-
mente.)*

ACTO I
ESCENA VII
TEODORA, MERCEDES, DON JULIÁN Y SEVERO
*El orden de los personajes, de izquierda a derecha, es el
siguiente: MERCEDES, TEODORA, DON JULIÁN,
SEVERO. TEODORA y DON JULIÁN formando un
grupo: ella en los brazos de él.*

D. JULIÁN: Pase por primera vez,
   y ¡vive Dios![8] que es pasar;
   pero quien vuelva a manchar
   con lágrimas esta tez, *(Señalando a
   TEODORA.)*
   yo juro, y no juro en vano,
   que no pasa, si tal pasa,
   los umbrales de esta casa,
   ni aun siendo mi propio hermano.
(Pausa. D. JULIÁN: acaricia y consuela a TEODORA.)
SEVERO: Repetí lo que la gente
   murmura de ti, Julián.
D. JULIÁN: Infamias.
SEVERO: Pues lo serán.
D. JULIÁN: Lo son.
SEVERO: Pues deja que cuente
   lo que todo el mundo sabe.
D. JULIÁN: ¡Vilezas, mentiras, lodo!
SEVERO: Pues repetirlo...
D. JULIÁN: No es modo
   ni manera de que acabe. *(Pequeña pausa.)*
SEVERO: No tienes razón.

---

[5]Se refiere a Madrid.

[6]Referencia a *El diablo cojuelo* de Vélez de Guevara. El
personaje principal levanta los techos de las casas de Madrid
para que su compañero pueda observar la vida íntima de los
madrileños.

[7]Dante Alighieri (1265-1321), poeta nacido en Florencia,
autor de la *Divina Comedia*. En el Canto V, dos enamorados,
Paolo y Francesca leen los amores de Lanzarote (Lancelot) y
Ginebra (Guinevere), en los cuales Galeoto (Galehault) sirvió de intermediario. La lectura alienta a los amantes a be-
sarse, conduciendo a Dante a comentar: «Galeoto fue el libro
y quien lo escribió». Desde entonces «galeoto» significa
alcahuete.

[8] Juramento.

D. JULIÁN: Razón
y de sobra. Fuera bueno
que me trajeses el cieno[9]
de la calle a mi salón.
SEVERO: ¡Pues será!
D. JULIÁN: ¡Pues no ha de ser!
SEVERO: ¡Mío es tu nombre![10]
D. JULIÁN: ¡No más!
SEVERO: ¡Y tu honor!
D. JULIÁN: Piensa que estás
delante de mi mujer. (*Pausa*)
SEVERO: *(A Julián en voz baja.)* ¡Si nuestro padre
[te viera!
D. JULIÁN: ¡Cómo!... Severo, ¿qué es esto?
MERCEDES: Silencio, que viene Ernesto.
TEODORA: *(Aparte.)* ¡Qué vergüenza!... ¡Si él
[supiera!
(TEODORA *vuelve el rostro y lo inclina.* DON JU-
LIÁN *la mira fijamente.*)

ESCENA VIII
TEODORA, MERCEDES, DON JULIÁN, SEVERO,
ERNESTO Y PEPITO
*Los dos últimos por el foro. El orden de los personajes
es el siguiente, de izquierda a derecha:* MERCEDES,
PEPITO, TEODORA, DON JULIÁN, ERNESTO, SE-
VERO. *Es decir, que al entrar* ERNESTO *y* PEPITO *se
separan: aquél viene al lado de* DON JULIÁN, *éste, al
lado de* TEODORA.

ERNESTO: *Observando un instante desde el fondo el
grupo de Teodora y de DON JULIÁN.*
(*Aparte.*) (Ella y él... No es ilusión.)
¿Si será lo que temí?...
Lo que a ese imbécil oí...
(Refiriéndose a PEPITO, *que en este momento entra.)*
(No fue suya la invención.)
PEPITO: *(Que ha mirado con extrañeza a uno y a otro
lado.)*
Salud y buen apetito,
porque se acerca la hora.
Aquí está el palco, Teodora.
Don Julián...
TEODORA: Gracias, Pepito. *(Tomando el palco
maquinalmente.)*

ERNESTO: *(A DON JULIÁN: en voz baja.)*
¿Qué tiene Teodora?
D. JULIÁN: Nada.
ERNESTO: *(Como antes.)* Está pálida y llorosa.
D. JULIÁN: *(Sin poder contenerse.)*
No te ocupes de mi esposa.
(*Pausa.* D. JULIÁN y ERNESTO *cruzan una mirada*)
ERNESTO. *(Aparte.)*
¡Miserable! Fue jornada
completa.
PEPITO: Loco de atar.
(*A su madre en voz baja, señalando a* ERNESTO.)
Por que le di cierta broma
con Teodora...toma, toma...
¡que me quería matar!
ERNESTO: *En voz alta; triste, pero resuelto y con
ademán noble.*

Don Julián, pensé despacio
en su generosa oferta[11]...
y aunque mi labio no acierta...
y anda torpe y va reacio...
y aunque conozco que yo
ya de su bondad abuso...
En fin, señor, que rehuso
el puesto que me ofreció.
D. JULIÁN: ¿Por qué?
ERNESTO: Porque yo soy así:
un poeta, un soñador.
Nunca mi padre, señor,
hizo carrera de mí.[12]
Yo necesito viajar;
soy rebelde y soy inquieto;
vamos, que no me sujeto,
como otros, a vegetar.
Espíritu aventurero,
me voy cual[13] nuevo Colón...
En fin, si tengo razón,
que lo diga don Severo.
SEVERO: Habla usted como un abismo
de ciencia y como hombre ducho.
Hace mucho tiempo, mucho,
que pensaba yo lo mismo.
D. JULIÁN: ¿Conque sientes comezón[14]
de mundos y de viajar?

---

[9] Lodo.
[10] Tú llevas el mismo nombre que yo, así que, si te
deshonran a ti también me deshonran a mí.

---

[11] Don Julián le ofreció un puesto de secretario.
[12] **Hizo...** logró que yo hiciera nada útil.
[13] Como.
[14] Deseo, inquietud.

¿Conque nos quieres dejar?
Y los medios... ¿Cuáles son?

SEVERO: Él... se marcha... adonde sienta
que ha de estar más a gusto.
Lo demás, para ser justo,
ha de correr de tu cuenta.
(*A DON JULIÁN.*) Cuanto quiera... No concibo
que economice ni un cuarto.[15]

ERNESTO: *(A Severo.)* Ni yo deshonras reparto,
ni yo limosnas recibo.   *(Pausa)*
Pero, en fin, ello ha de ser;
y como la despedida
fuera triste, que en la vida...
Quizá no les vuelva a ver,
es lo mejor que ahora mismo
nos demos un buen abrazo...
(*A D. JULIÁN.*) y rompamos este lazo...
y perdonen mi egoísmo. *(Profundamente
conmovido)*

SEVERO: *(Aparte.)* ¡Cómo se miran los dos!

TEODORA: *(Aparte.)* ¡Qué alma tan hermosa tiene!

ERNESTO: Don Julián, ¿qué le detiene?
Éste es el último adiós.

*(Dirigiéndose a DON JULIÁN con los brazos abier-
tos. DON JULIÁN le recibe en los suyos y se abrazan
fuertemente.)*

D. JULIÁN: No; las cosas bien miradas,
ni el último, ni el primero;
es el abrazo sincero
de dos personas honradas.
De ese proyecto insensato
no quiero que me hables más.

SEVERO: Pero, ¿no se va?

D. JULIÁN: Jamás.
Yo no mudo a cada rato
el punto en que me coloco,
o aquel plan a que me ciño,
por los caprichos de un niño
o los delirios de un loco.
Y aun fuera mayor mancilla
el sujetar mis acciones
a necias murmuraciones
de la muy heroica villa.

SEVERO: Julián...

D. JULIÁN: Basta, que la mesa
nos aguarda.

ERNESTO: ¡Padre mío!...
no puedo.

D. JULIÁN: Pues yo confío
en que podrás. ¿O te pesa
mi autoridad?

ERNESTO: ¡Por favor!

D. JULIÁN: Vamos allá, que ya es hora.
Dale tu brazo a Teodora
y llévala al comedor.

ERNESTO: ¡A Teodora!... *(Mirándola y retrocediendo.)*

TEODORA.   *(Lo mismo.)* ¡Ernesto!...

D. JULIÁN: Sí;
como siempre.

*(Movimiento de duda y vacilación en ambos. Al fin
se acerca ERNESTO, y TEODORA se apoya en su
brazo, pero sin mirarse, cortados, conmovidos, violentos.
Todo ello queda encomendado a los actores.)*

(*A PEPITO*) Y vamos, tú...
el tuyo..., ¡por Belcebú!
a tu madre y junto a mí, (PEPITO *da el
brazo a* MERCEDES.)
Severo, mi buen hermano: *(Apoyándose
en él un momento.)*
y así, en familia comer,
¡Y que rebose el placer
con las copas en la mano!
¿Hay quien murmura? Corriente;
pues que murmure o que grite,
a mí se me da un ardite[16]
de lo que dice la gente.
Palacio quisiera ahora
con paredes de cristal,
y que a través del fanal
viesen a Ernesto y Teodora
los que nos traen entre manos,[17]
porque entendiesen así
lo que se me importa a mí
de calumnias y villanos.
Cada cual siga su suerte.

*(En este momento aparece un criado con traje de
etiqueta; de negro y corbata blanca.)*
La comida.

CRIADO: Está servida.

---

[15]Unidad monetaria de poco valor.

[16]Moneda antigua de poco valor.
[17]**Los...** los murmuradores.

(Abre la puerta del comedor: se ve la mesa, los sillones, lámpara colgada del techo, etc.; en suma, una mesa y un comedor de lujo.)

D. JULIÁN: Pues hagamos por la vida,[18]
            que ya harán por nuestra muerte.
            Vamos... *(Invitando a que pasen.)*
TEODORA: Mercedes...
MERCEDES: Teodora...
TEODORA: Ustedes...
MERCEDES: Pasen ustedes...
TEODORA: No; ve delante, Mercedes.

(MERCEDES y PEPITO pasan delante y se dirigen al comedor lentamente. TEODORA y ERNESTO quedan todavía inmóviles y como absortos en sus pensamientos. ERNESTO fija en ella la vista.)

D. JULIÁN: *(Aparte.)* (Él la mira y ella llora.)

(Siguen muy despacio a MERCEDES. TEODORA vacilante, deteniéndose y enjugando el llanto.)

           ¿Se habla bajo? *(A SEVERO, aparte.)*
SEVERO: No lo sé,
          pero presumo que sí.
D. JULIÁN: ¿Por qué vuelven hacia aquí
          la vista los dos?... ¿Por qué?
(ERNESTO y TEODORA se han detenido y han vuelto la cabeza furtivamente. Después siguen andando.)
SEVERO: Ya vas entrando en razón.[19]
D. JULIÁN: ¡Voy entrando en tu locura!
          ¡Ah! ¡La calumnia es segura:
          va derecha al corazón! *(Él y SEVERO se dirigen al comedor.)*

BENITO PÉREZ GALDÓS (1843-1920)

La producción novelística de Galdós es tan importante que a menudo se olvida que el célebre autor canario también escribió numerosas obras de teatro. No fue sino hasta las últimas décadas del siglo XX que la Crítica comenzó a ocuparse del drama de Galdós.

Galdós sintió una verdadera fascinación por el teatro. De hecho, empezó y terminó su carrera escribiendo dramas, algunos de los cuales están basados en novelas suyas. Compuso cuatro piezas antes de la publicación de su primera novela: *Quién mal hace, bien no espere* (1861), *El hombre fuerte* (1863-65), *La expulsión de los moriscos* (1865), *Un joven de provecho* (1867). También hizo una contribución importante a la crítica dramática, que apenas existía en la España de fines del siglo XIX, iniciando una sección dedicada al teatro en *La Revista de España.*

Galdós desempeñó un papel significativo en la renovación del teatro. Más que ningún otro dramaturgo de su época, fue responsable de liberar el teatro nacional de las convenciones del Romanticismo. Gracias a él, volvió a introducirse en la escena el realismo social, elemento esencial del drama español desde el temprano Renacimiento, y evidente en los pasos de Lope de Rueda, los entremeses de Cervantes y las comedias de Lope de Vega; más tarde retomarán este hilo realista y popular autores del siglo XX como Buero Vallejo y Sastre. Muchas de las obras de Galdós son polémicas; se asocia al autor con el «drama de tesis»—pieza que defiende una posición política o filosófica—aunque su teatro es muy complejo para encasillarse dentro de un género rígido. No todas sus composiciones dramáticas fueron éxitos comerciales y críticos, pero tuvo una influencia profunda en los dramaturgos de la siguiente generación.

Galdós no abandona por completo el sentimentalismo que caracteriza el teatro de su época. Sin embargo, se aparta de sus contemporáneos de varias maneras. A diferencia de Echegaray, por ejemplo, que se apasiona por la retórica, Galdós usa un lenguaje popular, convencional. Echegaray y sus seguidores empezaron por escribir sus obras en verso, abandonando la práctica después. Galdós escribe en prosa siempre porque en su teatro tanto como en sus novelas busca captar lo real y cotidiano. Elimina de la escena los grandes gestos, gritos, desmayos y otras extravagancias que caracterizan el teatro romántico, considerándolos poco apropiados para un público burgués más interesado en el dinero, el progreso tecnológico y la posición social que en los raptos de novicias. Se le ha comparado con dramaturgos europeos como Ibsen y Chéjov, cuyo interés en los cambios a los cuales se enfrenta su sociedad señala una nueva dirección en el teatro.

Como en su ficción, Galdós demuestra en sus

---

[18]Es decir, comamos.
[19]**Ya...** Ya vas dándote cuenta de la verdad.

obras una fascinación por la psicología. Retrata la vida española en gran detalle, aunque hacia el fin de su carrera empieza a abandonar el regionalismo por una visión más universal. Examina la mentalidad del español, prestando atención particular a esos aspectos de la sociedad que ve como destructores, asfixiantes o aplastantes—la corrupción moral y política, la obsesión por el honor y el linaje, la decadencia de la aristocracia, el deseo de subir de categoría social y la perduración de una jerarquía social que hace inevitable el uso del «enchufe». Toma como su punto de partida la *alta comedia*—o comedia de costumbres—de la segunda mitad del siglo, que refleja los valores y usos de la burguesía española. Pero Galdós revitaliza el género al imbuirlo de un elemento ideológico y reformador. Aun cuando sus obras no inspiran grandes elogios del público, casi siempre provocan la reflexión.

A menudo Galdós se vale del simbolismo—por ejemplo, nombres o atributos sugestivos. En este sentido sus obras pueden entenderse como alegorías. Sin embargo, aunque sus personajes a menudo representan una perspectiva social o política, no son meras abstracciones sino personas de carne y hueso—contradictorias a veces, vívidas y convincentes casi siempre—las cuales el autor desarrolla a través de la exposición lenta y la escena larga. Además, los personajes de Galdós no son meros portavoces del autor. A pesar de su liberalismo político, Galdós no idealiza al pobre. Crea a personajes rústicos que son mezquinos y deshonestos y nobles bien intencionados. El malo convencional realmente no existe en su teatro. Casi siempre hay elementos que explican o atenúan su vileza. Como Cervantes, a quien admira y emula, muestra compasión por todos sus personajes, aun por los que se extravían. Para Galdós, la realidad es multifacética, y este perspectivismo impide que sus obras se conviertan en verdaderas obras de tesis.

Las técnicas que emplea no están de moda cuando empieza a escribir para el teatro, pero él cree que el arte dramática ni puede ni debe someterse a normas fijas, sino que tiene que evolucionar. Por lo tanto, dramaturgo y público deben mantener su mente abierta y estar dispuestos a experimentar con nuevas formas y estilos.

Tanto en sus obras como en sus novelas, Galdós presenta una gran variedad de personajes: tipos urbanos y cosmopolitas, entre ellos aristócratas, profesionales, funcionarios de alta y baja categoría, dependientes, sirvientes, mendigos; figuras provincianas, entre ellas hidalgos locales, rústicos, gitanos y vagabundos. Aparecen personajes de todas las inclinaciones políticas; también hay gente muy devota, hipócritas religiosos y ateos. Hay degenerados, oportunistas, idealistas, soñadores y visionarios. Hay fanáticos y moderados, españoles y extranjeros. Retrata a personas de todas las edades, de todos los orígenes.

Después de sus primeros intentos teatrales en los años 60, Galdós se dedica a la novela y al periodismo. Casi treinta años más tarde, después de haber alcanzado fama como novelista, vuelve a escribir para la escena. *Realidad* se estrena el 15 de marzo de 1892. En cinco actos Galdós explora los temas del honor, la realidad y la ilusión, tan populares en el Siglo de Oro, pero a diferencia de Calderón—o de Echegaray—Galdós no resuelve el problema del honor con un asesinato. *Realidad* gira en torno a un adulterio que, en el drama de honor convencional, siempre requiere que el marido mate a su rival. En *Realidad*, sin embargo, los personajes, en vez de someterse a las exigencias del código de honor—es decir, a normas externas—luchan con sus creencias y sentimientos, su realidad interna. Se trata de varias realidades, o varias capas de realidad. Cuando los rumores de los amoríos de Augusta, esposa de Orozco, con Federico, su amigo, llegan a oídos del marido, cada personaje tiene que enfrentarse a sus propios motivos y emociones. En el acto IV Federico se suicida, pero en vez de terminar la obra con este acto violento, Galdós agrega un último acto en el cual Orozco y su esposa tienen que hacer cara a las múltiples realidades que forman sus vidas. Al final de la obra, Orozco abraza la imagen de Federico, expresando así su esfuerzo por llegar a una conciliación.

Electra (1901) estableció a Galdós como el dramaturgo español más importante de la primera década del siglo XX. A causa de su ataque vehemente contra la ceguera moral del clero, provocó un escándalo. Al mismo tiempo, fue un fabuloso éxito comercial y crítico, no sólo en Madrid y otras ciudades españolas, sino también en París, Roma, Buenos Aires, Santiago de Chile, Lima y Caracas. Hasta se representó en Rusia.

El argumento es sencillo: Electra, joven de dieciocho años, es hija de un padre desconocido y de Eleuteria, mujer libertina que se arrepiente de su vida escandalosa y muere regenerada en San José de la Penitencia. La traen a vivir con ellos sus tíos, don Urbano y doña Evarista, burgueses ricos y sin hijos, quienes se exasperan un poco con ella porque es traviesa e infantil, y todavía juega con muñecas. Éstos han concertado el matrimonio de Electra con Máximo, sobrino de don Urbano. El prometido es un científico de treinta y cinco años, viudo, con dos hijos pequeños que cría solo. El sacerdote, alvador de Pantoja, asustado por la energía y voluntad de Electra y en repulsa por el racionalismo de Máximo, le cuenta a la joven que Máximo es realmente su hermano, lo cual pone fin al noviazgo. Desconsolada, Electra no ve otro remedio que entrar en un convento. Antes de que tome votos, el fantasma de su madre se le aparece. Eleuteria, desde la tumba, jura que el clérigo ha mentido y aconseja a su hija que siga sus inclinaciones. Entonces Electra rechaza a Pantoja y corre hacia Máximo.

A pesar de su aparente simplicidad *Electra* es una metáfora compleja de la situación de España a principios del siglo XX. Niña inculta, inmadura y *naive*, Electra simboliza la patria que Galdós desea integrar al mundo moderno. Las influencias religiosas, representadas por Pantoja, la han mantenido en un estado de atraso. Para que pueda gozar de un futuro feliz con Máximo, quien representa la ciencia, el racionalismo y la modernidad, tiene que rechazar el fanatismo y la superstición. Los tíos de Electra se dejan manipular por el cura. Simbolizan un modo de pensar anticuado y peligroso que ha conducido al estancamiento.

Electra, cuyo nombre la vincula con la electricidad, es un personaje de múltiples facetas y posibilidades. Según su tío, «destruye, trastorna, ilumina». Es, como la electricidad en su estado natural, una fuerza violenta y destructora, pero cuando la ciencia la controla y le da dirección, se convierte en una fuerza magnífica, poderosa y productiva. Para Galdós, la unión de Electra y Máximo simboliza la fusión de España con la modernidad, pero ésta sólo puede ocurrir cuando se haga manifiesta la falsedad del clero. Es decir, los españoles necesitan reconocer y rechazar las fuerzas oscuras y dañinas que los han hundido en la ignorancia para integrarse a una Europa que avanza con confianza hacia el futuro.

El dinero es un elemento importante en la obra galdosiana. *El abuelo* (1904) destaca un tipo muy familiar: el aristócrata venido a menos que lucha por mantener su posición social. El conde de Albrit, don Rodrigo de Arisca-Potestad, ya envejecido, vuelve de Perú, donde ha tratado en balde de salvar su fortuna. Encontrándose ahora sin un centavo, el conde tiene que aceptar la hospitalidad de Venancio y su esposa Gregoria, antiguos empleados suyos que ahora son dueños de la casa. El hijo del conde ha muerto y su nuera, Lucrecia, es una extranjera libertina. Sus hijas, Dolly y Nell, viven con Venancio y Gregoria.

El argumento y el problema filosófico giran alrededor de la paternidad de las niñas. El conde sufre grandes angustias al enterarse que una de ellas no es una Albrit legítima. Arrogante y obsesionado con su linaje, intenta averiguar cuál es la veredadera, pero es casi completamente ciego y le cuesta distinguir una de la otra. Las dos quieren a su abuelo y ninguna parece ser superior a la otra. La única diferencia significativa es que Dolly (la ilegítima) es pintora mientras que su hermana no lo es. Un amante de la madre era pintor, pero en el don artístico de Dolly, Albrit ve sólo un indicio de su sensibilidad. Lucha con la evidencia y llega a la conclusión de que Dolly es su heredera legítima porque percibe en la soberbia de la niña una prueba de su superioridad. La ceguera del conde simboliza su incapacidad de ver la verdad. La obra termina con la regeneración del abuelo que, al enterarse de la verdad, rechaza sus antiguos valores y acepta que el amor y la devoción son más importantes que el linaje.

Como los personajes novelísticos de Galdós, el conde es algo ambiguo. Mandón y testarudo, sus apellidos, Arisca (áspero, intratable) y Potestad (poder) reflejan su inflexibilidad y su obsesión con la autoridad concedida por el linaje. Irrita, pero al mismo tiempo, despierta nuestra compasión. El realismo de Galdós radica en el detalle, en la descripción de lugares y costumbres, en la autenticidad psicológica de sus creaciones. Sin embargo, sus personajes a menudo son exageraciones grotescas de tendencias humanas.

En su prólogo a *Los condenados,* Galdós escribió que el propósito de una obra de teatro es interesar y conmover al público, captando su atención, excitando su interés y creando un vínculo con los personajes. Así se funden la experiencia del espectador y el mundo imaginario creado por los actores. Típicamente, cada obra de Galdós gira alrededor de un solo problema filosófico, social o moral. En *Realidad* es el de las múltiples capas de verdad que forman la existencia humana. En *Electra,* es la transición de España de un sistema arcaico y moribundo a la modernidad. En *El abuelo,* es la obsesión española con el linaje. En *El tacaño Salomón* son la avaricia y la caridad y en *La fiera,* la tiranía.

Algunos críticos han tachado el teatro de Galdós de melodramático o se han quejado de que sus obras son demasiado largas y enredadas. A pesar de estas críticas, a Galdós se le reconoce hoy como un observador perspicaz que luchaba por exponer los defectos de su sociedad y por obligar a su público a reflexionar.

Electra

Personajes
Electra (18 años)
Evarista (50 años), esposa de Don Urbano
Maximo (35 años)   Don Salvador Pantoja (50 años)
Marqués de Ronda (58 años)
Don Leonardo Cuesta, agente de bolsa (50 años)
Don Urbano García Yuste (55 años)
Mariano, auxiliar de laboratorio
Gil, Calculista   Balbina, criada vieja
Patros, criada joven   José, criado viejo
Sor Dorotea   Un operario
La sombra de Eleuteria

La acción en Madrid, rigurosamente contemporánea.

ACTO PRIMERO, ESCENA VII
PANTOJA, CUESTA, EVARISTA, DON URBANO,
el MARQUÉS

ELECTRA: *(Entra corriendo y riendo, perseguida por MÁXIMO, a quien lleva ventaja en la carrera. Su risa es de miedo infantil.)* Que no me coges... Bruto, fastíadiate.

MÁXIMO: *(Trae en una mano varios objetos, que indicará, y en la otra una ramita larga de chopo, que esgrime como un azote.)* ¡Pícara, si te cojo...!

ELECTRA: *(Sin hacer caso de los que están en escena, recorre ésta con infantil ligereza, y va a refugiarse en las faldas de DOÑA EVARISTA, arrodillándose a sus pies y echándole los brazos a la cintura.)* Estoy en salvo...; tía, mándele usted que se vaya.

MÁXIMO: ¿Dónde está esa loca? *(Con amenaza jocosa.)* ¡Ah! Ya sabe dónde se pone.

EVARISTA: Pero, hija, ¿cuándo tendrás formalidad? Máximo, eres tú tan chiquillo como ella.

MÁXIMO: *(Mostrando lo que trae.)* Miren lo que me ha hecho. Me rompió estos dos tubos de ensayo.. Y luego..., vean estos papeles en que yo tenía cálculos que representan un trabajo enorme. *(Muestra los papeles suspendiéndolos en alto.)* Éste lo convirtió en pajarita; éste lo entregó a los chiquillos para que pintaran burros, elefantes... y un acorazado[1] disparando contra un castillo.

PANTOJA: Pero ¿se metió en el laboratorio?

MÁXIMO: Y me indisciplinó a los niños, y todo me lo han revuelto.

PANTOJA: *(Con severidad)* Pero, señorita...

EVARISTA: ¡Electra!

MARQUÉS: ¡Deliciosa infancia! *(Entusiasmado.)* Electra, niña grande, benditas sean tus travesuras. Conserve usted mientras pueda su preciosa alegría.

ELECTRA: Yo no rompí los cilindros. Fue Pepito... Los papeles llenos de garabatos sí los cogí yo, creyendo que no servían para nada.

CUESTA: Vamos, haya paces.

MÁXIMO: Paces. *(A Elcctra)* Vaya, te perdono la vida, te concedo el indulto por esta vez... Toma. *(Le da la vara.* ELECTRA *la coge pegándole suavemente.)*

ELECTRA: Esto por lo que me has dicho. *(Pegándole con fuerza.)* Esto por lo que callas.

MÁXIMO: ¡Si no he callado nada!

PANTOJA: Formalidad, juicio.

EVARISTA: ¿Qué te ha dicho?

MÁXIMO: Verdades que han de serle muy útiles... Que aprenda por sí misma lo mucho que aún ignora; que abra bien sus ojitos y los extienda por la vida

---

[1] Gran navío de guerra.

humana para que vea que no es todo alegrías, que hay también deberes, tristezas, sacrificios...

ELECTRA: ¡Jesús, qué miedo! *(En el centro de la escena la rodean todos, menos* PANTOJA, *que acude al lado de* EVARISTA.)

CUESTA: Conviene no estimular con el aplauso sus travesuras.

D. URBANO: Y mostrarle un poco de severidad.

MÁXIMO: A severidad nadie me gana... ¿Verdad, niña, que soy muy severo y que tú me lo agradeces? Di que me lo agradeces.

ELECTRA: *(Azotándole ligeramente.)* ¡Sabio cargante! Si esto fuera un azote de verdad, con más gana te pegaría.

MARQUÉS: *(Risueño y embobado.)* ¡Adorable! Pégueme usted a mí, Electra.

ELECTRA: *(Pegándole con mucha suavidad.)* A usted no, porque no tengo confianza.. Un poquito no más..., así... *(Pegando a los demás.)* Y a usted..., a usted..., un poquito.

EVARISTA: ¿Por qué no vas a tocar el piano para que te oigan estos señores?

MÁXIMO: ¡Si no estudia una nota! Su desidia[2] es tan grande como su disposición para todas las artes.

CUESTA: Que nos enseñe sus acuarelas y dibujos. Verá usted, Marqués. *(Se agrupan todos junto a la mesa, menos* EVARISTA *y* PANTOJA, *que hablan aparte.)*

ELECTRA: ¡Ay, sí! *(Buscando su cartera de dibujos entre los libros y revistas que hay en la mesa.)* Verán ustedes, soy una gran artista.

MÁXIMO: Alábate, pandero.[3]

ELECTRA: *(Desatando las cintas de la cartera.)* Tú a deprimirme, yo a darme bombo,[4] veremos quién puede más... ¡Ea! *(Mostrando dibujos.)* quédense pasmados. ¿Qué tienen que decir de estos magníficos apuntes de paisajes, de animales que parecen personas, de personas que parecen animales? *(Todos se embelesan examinando los dibujos, que pasan de mano en mano.)*

EVARISTA: *(Que apartando su atención del grupo del centro entabla una conversación íntima con* PANTOJA.) Tiene usted razón, Salvador. Siempre la tiene, y ahora, en el caso de Electra, su razón es como un astro de luz tan espléndida que a todos nos obscurece.

PANTOJA: Esa luz que usted cree inteligencia, no lo es. Es tan sólo el resplandor de un fuego intensísimo que está dentro: la voluntad. Con esta fuerza, que debo a Dios, he sabido enmendar mis errores.

EVARISTA: Después de la confidencia que me hizo usted anoche,[5] veo muy claro su derecho a intervenir en la educación de esta loquilla...

PANTOJA: A marcarle sus caminos, a señalarle fines elevados...

EVARISTA: Derecho que implica deberes inexcusables...

PANTOJA: ¡Oh! ¡Cuánto agradezco a usted que así lo reconozca, amiga del alma! ¡Yo temía que mi confidencia de anoche, historia funesta que ennegrece los mejores años de mi vida, me haría perder su estimación!

EVARISTA: No, amigo mío. Como hombre ha estado usted sujeto a las debilidades humanas. Pero el pecador se ha regenerado, castigando su vida con las mortificaciones que trae el arrepentimiento y enderezándola con la práctica de la virtud.

PANTOJA: La tristeza, el amor a la soledad, el desprecio de las vanidades, fueron mi salvación. Pues bien: no sería completa mi enmienda si ahora no cuidara yo de dirigir a esta niña para apartarla del peligro. Si nos descuidamos, fácilmente se nos irá por los caminos de su madre.

EVARISTA: Mi parecer es que hable usted con ella...

PANTOJA: A solas.

EVARISTA: Eso pensaba yo: a solas. Hágale comprender de una manera delicada la autoridad que tiene sobre ella...

PANTOJA: Sí, sí... No es otro mi deseo. *(Siguen en voz baja.)*

ELECTRA: *(En el grupo del centro, disputando con* MÁXIMO.) Quita, quita. ¿Tú qué sabes? *(Mostrando un dibujo.)* Dice este bruto que el pájaro parece un viejo pensativo, y la mujer una langosta desmayada.

MARQUÉS: ¡Oh!, no..., que está muy bien.

MÁXIMO: A veces, cuando menos cuidado pone, tiene aciertos prodigiosos.

CUESTA: La verdad es que este paisajito, con el mar lejano y estos troncos...

---

[2] Negligencia.
[3] Necio.
[4] **Darme...** elogiarme exageradamente.

---

[5] Le ha dicho que es el padre de Electra.

ELECTRA: Mi especialidad, ¿no saben ustedes cuál es? Pues los troncos viejos, las paredes en ruinas. Pinto bien lo que desconozco; la tristeza, lo pasado, lo muerto. La alegría presente, la juventud, no me salen. (*Con pena y asombro.*) Soy una gran artista para todo lo que no se parece a mí.

D. URBANO: ¡Qué gracia!

CUESTA: ¡Deliciosa!

MARQUÉS: ¡Cómo chispea[6]! Me encanta oírla.

MÁXIMO: Ya vendrá la reflexión, las responsabilidades...

ELECTRA: (*Burlándose de* MÁXIMO.) ¡La razón, la serenidad! Miren el sabio.. fúnebre. Yo tengo todo eso el día que me dé la gana..., y más que tú.

MÁXIMO: Ya lo veremos, ya lo veremos.

PANTOJA: (*Que ha prestado atención a lo que hablan en el grupo del centro.*) No puedo ocultar a usted que me desagrada la familiaridad de la niña con el sobrino de Urbano.

EVARISTA: Ya la corregiremos. Pero tenga usted presente que Máximo es un hombre honradísimo, juicioso...

PANTOJA: Sí, sí, pero... Amiga mía, en los senderos de la confianza tropiezan y resbalan los más fuertes; me lo ha enseñado una triste experiencia.

ELECTRA: (*En el grupo del centro.*) Yo sentaré la cabeza cuando me acomode. Nadie se pone serio hasta que Dios lo manda. Nadie dice ¡ay, ay! hasta que le duele algo.

MARQUÉS: Justo.

CUESTA: Y ya, ya aprenderá cosas prácticas.

ELECTRA: Cierto; cuando venga Dios y me diga: «Niña, ahí tienes el dolor, los deberes, la duda...»

MÁXIMO: Que lo dirá..., y pronto.

EVARISTA: Electra, hija mía, no tontees...

ELECTRA: Tía, es Máximo, que... (*Pasa al lado de su tía.*)

D. URBANO: Máximo tiene razón...

CUESTA: Seguramente. (CUESTA *y* D. URBANO *pasan también al lado de* EVARISTA, *quedando solos a la izquierda* MÁXIMO *y el* MARQUÉS.)

MÁXIMO: ¿Puedo saber ya, señor Marqués, el resultado de su primera observación?

MARQUÉS: Me ha encantado la chiquilla. Ya veo que no había exageración en lo que usted me contaba.

---

[6]Reluce.

MÁXIMO: ¿Y la penetración de usted no descubre bajo esos donaires algo que...?

MARQUÉS: Ya entiendo... Belleza moral, sentido común... No hay tiempo aún para tales descubrimientos. Seguiré observando.

MÁXIMO: Porque yo, la verdad, consagrado a la ciencia desde edad muy temprana conozco poco el mundo, y los caracteres humanos son para mí una escritura que apenas puedo deletrear.

MARQUÉS: Pues en esa criatura y en otras sé yo leer de corrido.

MÁXIMO: ¿Viene usted a mi casa?

MARQUÉS: Iremos un rato. Es posible que mi mujer me riña si sabe que visito el taller de electrotecnia y la fábrica de luz. Pero Virginia no ha de ser muy severa. Puedo aventurarme... Después volveré aquí, y con el pretexto de admirar a la niña en el piano hablaré con ella y continuaré mis estudios.

MÁXIMO: (*Alto.*) ¿Viene usted, Marqués?

D. URBANO: Pero ¿nos dejan?

MARQUÉS: Me voy un rato con este amigo.

EVARISTA: Marqués, estoy muy enojada por sus largas ausencias, pero muy enojada. No podrá usted desagraviarme más que almorzando hoy con nosotros. Es castigo, don Juan; es penitencia..

MARQUÉS: Yo la acepto en descargo de mi culpa, bendiciendo la mano que me castiga.

EVARISTA: Tú, Máximo, vendrás también.

MÁXIMO: Si me dejan libre a esa hora, vendré.

ELECTRA: No vengas, hombre..., por Dios, no vengas. (*Con alegría que no puede disimular.*) ¿Vas a venir? Di que sí. (*Corrigiéndose.*) No, no; di que no.

MÁXIMO: ¡Ah! No te libras de mí. Chiquilla loca, tú tendrás juicio.

ELECTRA: Y tú lo perderás, sabio tonto, viejo... (*Le sigue con la mirada hasta que sale. Salen* MÁXIMO *y el* MARQUÉS *por el jardín.* JOSÉ *entra por el foro.*)

ACTO CUARTO, ESCENA VIII
ELECTRA y PANTOJA

PANTOJA: Hija mía, ¿te asustas de mí?

ELECTRA: ¡Ay, sí!..., no puedo evitarlo... Y no debiera, no... Don Salvador, dispénseme... Me voy al corro.

PANTOJA: Aguarda un instante. ¿Vas a que los pequeñuelos te comuniquen su alegría?

ELECTRA: No, señor; voy a comunicársela yo a

ellos, que la tengo de sobra. (*Se aleja el canto del corro de niños.*)

PANTOJA: Ya sé la causa de tu grande alegría, ya sé...

ELECTRA: Pues si lo sabe, no hay nada que decir... Hasta luego, don Salvador.

PANTOJA: (*Deteniéndola.*) ¡Ingrata! Concédeme un ratito.

ELECTRA: ¿Nada más que un ratito?

PANTOJA: Nada más.

ELECTRA: Bueno. (*Se sienta en el banco de piedra. Pone a un lado las flores, y las va cogiendo para adornarse con ellas, clavándoselas en el pelo.*)

PANTOJA: No sé a qué guardas reservas conmigo, sabiendo lo que me interesa tu existencia, tu felicidad...

ELECTRA: (*Sin mirarle, atenta a ponerse las florecillas.*) Pues si le interesa mi felicidad, alégrese conmigo: soy muy dichosa.

PANTOJA: Dichosa hoy. ¿Y mañana?

ELECTRA: Mañana más... Y siempre más, siempre lo mismo.

PANTOJA: La alegría verdadera y constante, el gozo indestructible, no existen más que en el amor eterno, superior a las inquietudes y miserias humanas.

ELECTRA: (*Adornado ya el cabello, se pone flores en el cuerpo y talle.*) ¿Salimos otra vez con la tecla[7] de que yo he de ser ángel[8]...? Soy muy terrestre, don Salvador. Dios me hizo mujer, pues no me puso en el cielo, sino en la tierra.

PANTOJA: Ángeles hay también en el mundo; ángeles son los que en medio de los desórdenes de la materia saben vivir la vida del espíritu.

ELECTRA: (*Mostrando su cuello y talle adornados de florecillas. Oyese más claro y próximo el corro de niños.*) ¿Qué tal? ¿Parezco un ángel?

PANTOJA: Lo pareces siempre. Yo quiero que lo seas.

ELECTRA: Así me adorno para divertir a los chiquillos. ¡Si viera usted cómo se ríen! (*Con una triste idea súbita.*) ¿Sabe usted lo que parezco ahora? Pues un niño muerto. Así adornan a los niños cuando les llevan a enterrar.

PANTOJA: Para simbolizar la ideal belleza del cielo adonde van.

ELECTRA: (*Quitándose flores.*) No, no quiero parecer niño muerto. Creería yo que me llevaba usted a la sepultura.

PANTOJA: Yo no te entierro, no. Quisiera rodearte de luz. (*Se va apagando y cesa el canto de los niños.*)

ELECTRA: También ponen luces a los niños muertos.

PANTOJA: Yo no quiero tu muerte, sino tu vida; no una vida inquieta y vulgar, sino dulce, libre, elevada, amorosa, con eterno y puro amor.

ELECTRA: (*Confusa.*) ¿Y por qué desea usted para mí todo eso?

PANTOJA: Porque te quiero con un amor de calidad más excelsa que todos los amores humanos. Te haré comprender mejor la grandeza de este cariño diciéndote que por evitarte un padecer leve tomaría yo para mí los más espantosos que pudieran imaginarse.

ELECTRA: (*Atontada, sin entender bien.*) Abnegación es eso.

PANTOJA: Considera cuánto padeceré ahora viendo que no puedo evitarte una penita, un sinsabor...

ELECTRA: ¡A mí!...

PANTOJA: A ti.

ELECTRA: ¡Una penita...!

PANTOJA: Una pena... que me aflige más por ser yo quien he de causártela.

ELECTRA: (*Rebelándose, se levanta.*) ¡Penas!... No, no las quiero. ¡Guárdeselas usted!...   No me traiga más que alegrías.

PANTOJA: (*Condolido.*) Bien quisiera; pero no puede ser.

ELECTRA: ¡Oh!, ya estoy aterrada. (*Con súbita idea que la tranquiliza.*) ¡Ah!..., ya entiendo... ¡Pobre don Salvador! Es que quiere decirme algo malo de Máximo, algo que usted juzga malo en su criterio y que, según el mío, no lo es... No se canse..., yo no he de creerlo... (*Precipitándose en la emisión de la palabra, sin dar tiempo a que hable* PANTOJA.) Es Máximo el hombre mejor del mundo, el primero, y a todo el que me diga una palabra contraria a esta verdad, le detesto, le...

PANTOJA: Por Dios, déjame hablar..., no seas tan viva... Hija mía, yo no hablo mal de nadie, ni aun de los que me aborrecen. Máximo es bueno, trabajador, inteligentísimo... ¿Qué más quieres?

ELECTRA: (*Gozosa.*) Así, así.

PANTOJA: Digo más: te digo que puedes amarle, que es tu deber amarle...

ELECTRA: (*Con gran satisfacción.*) ¡Ah!...

PANTOJA: Y amarle entrañablemente... (*Pausa.*) Él

---

[7]Refrán.

[8]Pantoja quiere que Eletra ingrese en el convento de San José de la Penitencia.

no es culpable, no.

ELECTRA: ¡Culpable! (*Alarmada otra vez.*) Vamos, ¿a qué acabará usted por decir de él alguna picardía?)

PANTOJA: De él, no.

ELECTRA: ¿Pues de quién? (*Recordando.*) ¡Ah!... Ya sé que el padre de Máximo y usted fueron terribles enemigos... También me han dicho que aquel buen señor, honradísimo en los negocios, fue un poquito calavera[9]..., ya usted me entiende.... Pero eso a mí nada me afecta.

PANTOJA: Inocentísima criatura, no sabes lo que dices.

ELECTRA: Digo que... aquel excelente hombre...

PANTOJA: Lázaro Yuste, sí... Al nombrarle, tengo que asociar su triste memoria a la de una persona que no existe..., muy querida para ti...

ELECTRA: (*Comprendiendo y no queriendo comprender.*) ¡Para mí!

PANTOJA: Persona que no existe, muy querida para ti. (*Pausa. Se miran.*)

ELECTRA: (*Con terror, en voz apenas perceptible.*) ¡Mi madre! (PANTOJA *hace signos afirmativos con la cabeza.*) ¡Mi madre! (*Atónita, deseando y temiendo la explicación.*)

PANTOJA: Han llegado los días del perdón. Perdonemos.

ELECTRA: (*Indignada.*) ¡Mi madre, mi pobre madre! No la nombran más que para deshonrarla..., y la denigran los mismos que la envilecieron. (*Furiosa.*) Quisiera tenerlos en mi mano para deshacerles, para destruirles, y no dejar de ellos ni un pedacito así.

PANTOJA: Tendrías que empezar tu destrucción por Lázaro Yuste.

ELECTRA: ¡El padre de Máximo!

PANTOJA: El primer corruptor de la desgraciada Eleuteria.

ELECTRA: ¿Quién lo asegura?

PANTOJA: Quien lo sabe.

ELECTRA: ¿Y...? (*Se miran*, PANTOJA *no se atreve a explanar[10] su idea.*)

PANTOJA: ¡Oh, triste de mí! No debí, no, no debí hablar de esto. Diera yo por callarlo, por ocultártelo, los días que me quedan de vida. Ya comprenderás

que no podía ser... Mi cariño me ordena que hable.

ELECTRA: (*Angustiada.*) ¡Y tendré yo que oírlo!

PANTOJA: He dicho que Lázaro Yuste fue...

ELECTRA: (*Tapándose los oídos.*) No quiero, no quiero oírlo.

PANTOJA: Tenía entonces tu madre la edad que tú tienes ahora: diez y ocho años...

ELECTRA: (*Airada, rebelándose.*) No creo... Nada creo.

PANTOJA: Era una joven encantadora, que sufrió con dignidad aquel grande oprobio...

ELECTRA: (*Rebelándose con más energía.*) ¡Cállese usted!... No creo nada, no creo.

PANTOJA: Aquel grande oprobio, el nacimiento de Máximo.

ELECTRA: (*Espantada, descompuesto el rostro, se retira hacia atrás, mirando fijamente a* PANTOJA.) ¡Ah...!

PANTOJA: Procediendo con cierta nobleza, Lázaro cuidó de ocultar la afrenta de su víctima..., recogió al pequeñuelo..., llevóle consigo a Francia...

ELECTRA: La madre de Máximo fue una francesa: Josefina Perret...

PANTOJA: Su madre adoptiva..., su madre adoptiva. (*Mayor espanto de* ELECTRA.)

ELECTRA: (*Oprimiéndose el cráneo con ambas manos.*) ¡Horror! El cielo se cae sobre mí...

PANTOJA: (*Dolorido.*) ¡Hija de mi alma, vuelve a Dios tus ojos!

ELECTRA: (*Trastornada.*) Estoy soñando... Todo lo que veo es mentira, ilusión. (*Mirando aquí y allí con ojos espantados.*) Mentira estos árboles, esta casa..., ese cielo... Mentira usted..., usted no existe..., es un monstruo de pesadilla... (*Golpeándose el cráneo.*) Despierta, mujer infeliz, despierta.

PANTOJA: (*Tratando de sosegarla.*) ¡Electra, querida niña, alma inocente...!

ELECTRA: (*Con grito del alma.*) ¡Madre, madre mía...!, la verdad, dime la verdad... (*Fuera de sí recorre la escena.*) ¿Dónde estás, madre?... Quiero la muerte o la verdad... Madre, ven a m í...¡M a d r e, madre! (*Sale disparada por el fondo, y se pierde en la espesura lejana. Suena próximo el canto de los niños jugando al corro.*)

---

[9]Dado al vicio.

[10]Declarar, explicar.

Poesía

Aunque el Romanticismo gozó de sólo un breve florecimiento durante la primera mitad del siglo diecinueve—generalmente se sitúa entre 1834 y 1844—, fue paradójicamente uno de los movimientos literarios más duraderos de España. Como ya se ha visto, la sensibilidad romántica comienza a hacerse presente durante el Siglo de las Luces y se prolongará, en pleno Realismo, en la poesía de Vicente W. Querol y aún en algunas obras tempranas de Echegaray y Galdós. De hecho, es una constante en la literatura hasta bien entrado el siglo veinte. Es decir, las características más sobresalientes del romanticismo—el enfoque individualista, el rechazo de reglas tradicionales, la exaltación de las emociones, la idealización de la naturaleza y del hombre común y la glorificación de la libertad—se detectan en España antes de que el Romanticismo vea la luz y predominarán en ciertos escritores hasta comienzos de la Primera Guerra Mundial.

La Crítica tiende a identificar tres generaciones de poetas románticos. La primera consta de los que nacieron entre 1785 y 1799 e incluye a Martínez de la Rosa y al duque de Rivas. Estos poetas, todos productos de una formación neoclásica, vivieron en el extranjero y «se convirtieron» al romanticismo después de conocer el movimiento en otros países. Sus obras representan un primer intento de incorporar a su obra un nuevo concepto de arte que celebra el individualismo y la emoción. Poetas como el duque de Rivas experimentan con temas románticos, pero conservan un espíritu clásico, el cual se revela, por ejemplo, en el rigor formal de sus *Romances históricos*. La segunda generación es la de los que nacieron entre 1800 y 1815—los románticos por excelencia; encabezada por Espronceda, incluye también a Pastor Díaz y a Gómez de Avellaneda. Aunque muchos de estos poetas también recibieron una educación neoclásica, representan claramente el nuevo enfoque decimonónico. Nacieron durante el período de la invasión francesa y, sean conservadores o liberales, el acontecimiento y sus repercusiones influyen profundamente en su concepto de la vida y del arte. Caracterizan su obra el dramatismo, la emoción,

la experimentación. La tercera es la de los nacidos entre 1816 y 1825; Zorrilla y Coronado cuentan entre los más destacados de este grupo. Estos poetas se formaron en pleno Romanticismo español; aunque conocían el extranjero por sus lecturas, no viajaron necesariamente a otros países durante sus años de formación. Su enfoque es más nacional y su estilo muestra menos evidencia de influencias francesas, inglesas o alemanas. La próxima generación—la de Bécquer y Castro, quienes nacen en 1836 y 1837 respectivamente—a menudo se identifica como «posromántica». Se apartan estos poetas del dramatismo exagerado que caracteriza el Romanticismo nacional, y algunos críticos han visto en su obra la más pura expresión del europeo.

Muchos poetas románticos se destacaron con obras de otros géneros literarios—teatro, novela, ensayo. De hecho, Martínez de la Rosa y Zorrilla son más conocidos como dramaturgos que como poetas, y Larra, quien nunca logró desarrollar un estilo poético personal, alcanzó fama como periodista. A causa de la inestabilidad política, el periodismo era un vehículo natural para la expresión de opiniones sobre el estado de la nación. Sin embargo, la poesía se consideraba el vehículo de expresión por excelencia del romántico y todos intentaron escribir poesía en algún momento de su vida.

¿Qué es lo que distingue la poesía romántica? ¿Cuál es el enfoque especial de lo que Espronceda llama la «moderna escuela»? A principios del siglo diecinueve surge la famosa «querella entre antiguos y modernos» cuya importancia se ha minimizado en nuestros días, pero que nos puede servir para señalar ciertas actitudes particulares a la nueva escuela. Los neoclásicos habían recomendado la imitación de modelos antiguos, aunque ellos también terminaron por adaptar estos modelos a realidades españolas. Los románticos también se servían de modelos antiguos, pero no para imitarlos, sino para inspirarse en ellos. «...Lejos de despreciar los modelos de la Antigüedad, como se nos supone, en ellos fundamos nuestra doctrina», escribe Espronceda en *El Siglo* (24 enero 1834). Los antiguos, explica, no imitaron a nadie sino que buscaron sus modelos en la naturaleza, y *la moderna escuela* sigue su ejemplo, rechazando la imitación y dejando que la naturaleza nutra su espíritu creador.

Esta posición refleja la nueva importancia que el romántico da al individualismo. Sea liberal o conservador, el romántico es partidario de la libertad —aunque sea en un sentido abstracto— en el arte y en la política. Esta tendencia se evidencia en las innovaciones métricas que introducen los poetas románticos, que inventan nuevos tipos de versificación, cultivan la polimetría y utilizan formas antiguas de nuevas maneras. La celebración del hombre común que ya hemos visto en Jovellanos y otros lleva a los poetas decimonónicos a interesarse en la canción folklórica. En su poesía de inspiración popular predomina el romance, pero también hay ejemplos de villancicos, seguidillas y otras formas tradicionales. Así que, aunque rechazan los modelos clásicos, los románticos no desdeñan por completo las reglas de la versificación, sino que las imbuyen de nuevos sentidos y funciones.

Los poetas cultivan la misma temática que ya se ha señalado en la discusión general del movimiento al principio de este capítulo. Como en el Siglo de las Luces, la contemplación de la naturaleza sigue siendo una fuente de inspiración. Sin embargo, los poetas románticos infunden el tema con una nueva emoción; dominan en su poesía los paisajes sombríos, la melancólica noche, las tempestades terribles, la luna que enloquece. La naturaleza lleva al poeta a otros grandes temas eternos, por ejemplo, la muerte y el amor. Para el romántico la muerte se convierte en una obsesión, el fin de una vida de fracasos y decadencia. El amor es un delirio; puede destruir al hombre (Espronceda) o salvarlo (Zorrilla).

La libertad y el individualismo son temas inseparables; el héroe romántico se aparta del mundo hostil o se enfrenta con él, pero siempre persigue su destino sin preocuparse por el «qué dirán». El individualismo conduce a la soledad y a la melancolía. Al mismo tiempo, la exaltación de la libertad lleva a una preocupación por la patria. El hecho de que tantos románticos de la primera generación hayan vivido en el exilio hace que la añoranza de la tierra natal sea un tema importante en su poesía, como lo son también el destierro y la vuelta a España. Y liberales tanto como conservadores lamentan la decadencia del poder español.

El interés en la patria también se manifiesta en el gusto por lo histórico. Caracteriza el Romanticismo una fascinación por lo exótico, lo cual lleva a los poetas españoles a examinar su propia Edad Media. Poetas como Gallardo y el duque de Rivas evocan mundos perdidos y al mismo tiempo un sentido de familiaridad, ya que se inspiran en la historia popular. Otro tema favorito es el de las ciudades y los monumentos nacionales. También hay poetas que celebran tierras lejanas, como por ejemplo Enrique Gil y Carrasco en su *Polonia*. De hecho, estas descripciones de acontecimientos y lugares lejanos deben más a la imaginación que a los hechos geográficos o históricos. Para el romántico, la emoción que evocan sus palabras es más importante que la exactitud de los hechos.

Se ha dicho que la poesía romántica española es menos intelectual, auténtica e íntima que la de otras naciones. Con Bécquer, sin embargo, esto cambia. Abandonando la rimbombancia que caracteriza a sus predecesores, Bécquer crea una poesía delicada y fina que se acerca mucho a la de los románticos alemanes. Rosalía de Castro, conocida por sus bellas descripciones de Galicia, Augusto Ferrán, que vivió en Alemania y tradujo la poesía de Heine, y Vicente W. Querol, que tradujo *El corsario* de Lord Byron, siguen este mismo camino.

Poetas de principios del siglo

BARTOLOMÉ JOSÉ GALLARDO (1776-1852); EUGENIO DE TAPÍA (1776-1860); JUAN NICASIO GALLEGO (1777-1853); JOSÉ SOMOZA (1781-1852)

La invasión francesa produjo una reacción violenta en España, la cual se hace sentir en las letras tanto como en la política. Si Cienfuegos fue uno de los primeros que se enfrentaron con los franceses, no faltaron seguidores que retomaron el hilo patriótico en su poesía. Manuel José Quintana, Juan Bautista Arriaza y Juan Nicasio Gallego son los más conocidos, pero también se podría mencionar a José Vargas Ponce, Gaspar María de Nava (Conde de Noroña) y Francisco Sánchez Barbero. El fenómeno es curioso. Los avatares políticos de principios de siglo privaron de vitalidad a los otros géneros literarios, pero la poesía no sufrió el mismo decaimiento que el teatro, la novela y aun el ensayo. En España, como en Inglaterra e Italia, la poesía se pone al servicio de la causa revolucionaria, del patriotismo y del progreso. Los sonetos a la luz eléctrica reemplazan los informes sobre el desarrollo industrial. Las odas al hombre común reemplazan los ensayos sobre la educación pública.

Si la poesía sigue respetando el formalismo neoclásico, su tono exaltado es romántico. Se ha llamado el grupo de poetas que escribe a fines del siglo XVIII y a principios del XIX «la tercera generación neoclásica». Sin embargo, se une a la primera generación romántica no sólo en cuanto a la voz y al espíritu, sino también a sus temas. Disminuye a principios del siglo el interés en la pastoral, tan cultivada por la escuela de Salamanca; ahora están de moda el humanitarismo, el patriotismo, el liberalismo. Se cultiva la poesía declamatoria, de carácter militar, y también la burlesca, que sirve para mofarse de los franceses y del rey José Bonaparte (Pepe Botellas). Poetas como Gallardo y Tapía se ríen de tipos y convenciones sociales. En *La semana,* del primero, el tema es la arquetípica dama fría que martiriza a su admirador. En *La nueva nomenclatura galo-hispana*Tapía se burla de los afrancesados—los que adoptan costumbres francesas y emplean galicismos sin que haya necesidad. Gallego, en cambio, adopta un tono apasionado para condenar la tiranía extranjera en las artes en *A la influencia del entusiasmo público en las artes*. La voz de Somoza es más frágil y apagada en su colección de sonetos, *La libertad*. «A la primera violeta de la primavera» rebosa en humanitarismo romántico; es un elogio al hombre común que es, como la violeta, honesto, humilde y virtuoso, pero casi siempre olvidado. «A la luz eléctrica» es una alabanza al progreso que recuerda los informes sobre las ciencias de la generación anterior. Por su preferencia por el soneto—forma renacentista por

excelencia—y su fe en la virtud y en la razón, Somoza cabe bien dentro del marco neoclásico. Sin embargo, Somoza, como los otros de su generación, es un poeta de transición, por la nueva sensibilidad de la cual imbuye sus versos.

Existen grandes diferencias entre los poetas de esta generación. No todos fueron tan nacionalistas como Cienfuegos, Quintana y sus seguidores. Algunos se aliaron con los franceses mientras que otros se mantuvieron al margen de las luchas políticas. Pero todos compusieron poesía que refleja de una manera este momento de transición entre el Neoclasicismo y el Romanticismo completamente desarrollado del siglo XIX.

Bartolomé José Gallardo

La semana (romance)

Lunes
El lunes por la mañana
salió a paseo la Inés.
Me encontré con la inhumana,
dije, postrado a sus pies:
«Señorita, si usted gusta,
mi corazón le daré».
Y respondió mesurada:
«Mañana al anochecer».

Martes
El martes, siguiente día,
en su calle me paré,
y la vi salir airosa,
más bien ángel que mujer.
Alargué el paso, y la[1] dije:
«Señorita, esperaré»?
Y responde la taimada:
«Mañana al anochecer».

Miércoles
Miércoles, lleno de gozo,
por dicha la vi también
salir con su madre al lado.
¡Ay de mí! ¿Si le hablaré?
Al punto que me vio, dice:

---

[1]Le.

«No me puedo detener.
Tenga paciencia y aguante:
Mañana al anochecer».

Jueves

El jueves, yo desvelado,
disperté[2] al amanecer.
Al punto[3] marché a su casa,
y cerrada la encontré.
Volví luego, y ella duerme;
y entre sueños dicemé[4]:
«Ya no es hora, que hace frío:
Mañana al anochecer».

Viernes

Viernes, fue el gusto cumplido,
que hablarle a solas logré,
y merecí contestase
a todo afable y cortés;
mas al llegar a pedirle
el favor de antes de ayer,
con grande sorna responde:
«Mañana al anochecer».

Sábado

Llegó el sábado, que un siglo
se tardó a mi parecer,
y rendido la pregunto:
«Señorita, ¿me ama usted?
Si me ama, yo la amo.
No sea ya más crüel.[5]
«Consuélese», dijo entonces:
«Mañana al amanecer».

Domingo

Gozoso al fin, el domingo
la fui su mano a besar,
y retirándola ingrata,
con irónico ademán,
dice: «la semana entera
bien se puede trabajar,

pero la Iglesia nos manda
el domingo descansar».

Eugenio de Tapía

La nueva nomenclatura galo-hispana

Dice, caro amigo,
Fabio el cortesano,
que es el castellano
pobre en la dicción.
      ¡Mira qué aprensión!
Y él del extranjero[1]
voces nuevas toma,
funde nuestro idioma,
y hácele gascón.[2]
      ¡Mira qué aprensión!
Clase y *jerarquía*
voces son del moro;
rango es más sonoro,
dice el fantasmón.
      ¡Mira qué invención!
Él ha introducido
notabilidades,
y *capacidades*,
y *cotización*.
      ¡Mira qué aprensión!
Usa *financiero*
si habla de la hacienda,
no hay quién le comprenda,
todo es confusión.
      ¡Mira qué invención!
Entrome en la Bolsa,
háblanme de *prima*,[3]
Lucas se me arrima,
pídeme un *cupón*.[4]
      ¡Mira qué aprensión!
Zoilo el periodista
sigue la reforma,
quiere *dar la norma*

---

[2]Desperté.
[3]**Al...** inmediatamente.
[4]**Díceme.** El poeta acentúa la última sílaba para mantener la rima.
[5]La diéresis (ü) indica que la combinación **ue** se pronuncia como dos sílabas.

---

[1]**Él...** él dice que del idioma extranjero.
[2]Es decir, francés.
[3]Recompensa. Cantidad que se paga como indemnización o premio que concede el gobierno para estimular empresas de interés común.
[4]Billete. Parte de una acción u obligación que se corta a cada vencimiento y sirve para cobrar los intereses.

en la locución.

　　　¡Mira qué invención!
Llama a sus rivales
seres *refractarios*,[5]
puros *doctrinarios*,
gente de *fusión*.[6]
　　　¡Mira qué aprensión!
Brilla en la *polémica*;
si alguien su honor mancha,
toma la *revancha*,[7]
ruge cual[8] león.
　　　¡Mira qué invención!
Club llama a la junta,
ve la trama *sorda*,[9]
óyele que *aborda*
franco[10] la cuestión.
　　　¡Mira qué aprensión!
El nada pretende,
los ministros huye,
y se *constituye*
en la oposición.
　　　¡Mira qué invención!
Hay en la política
marcha acelerada,
marcha retardada,
y emancipación.
　　　¡Mira qué aprensión!
Hay oscurantismo,
tabla de derechos;
hay rampantes pechos
hijos de opresión.
　　　¡Mira qué invención!
¿Ves los corazones
cómo fraternizan?
¡Todos simpatizan,
todo es efusión!
　　　¡Mira qué aprensión!
¿Dices que no entiendes

esta algarabía?[11]
Hombre, si es del día,[12]
lengua de fusión.
　　　Ya que la extranjera
hueste allá no asoma,
hay en el idioma
franca intervención.

Juan Nicasio Gallego

A la influencia del entusiasmo público en las artes
(fragmento)

　　　¿Cuál,[1] en rápido vuelo,
el numen[2] fue que a Píndaro[3] y a Apeles[4]
al remoto cénit[5] alza y encumbra
del estrellado cielo
sobre el astro inmortal que al mundo alumbra?
¿Quién es el poderoso
genio que al vate[6] y al pintor valiente
la débil línea y el fugaz sonido,
venciendo al orgullo
Atlas[7] que erguida la marmórea frente
sobre los montes de África descuella,
con marca fiel de eternidad los sella?
　　　¿Quién? Sólo el corazón. Cuando inflamado
de vehemente pasión oprime el pecho,
la osada fantasía
cede a su ardor, y el cerco de la esfera,
siendo ya a su poder límite estrecho,
sus obras inmortales
de tiempo vencen la veloz carrera.

---

[11]Palabras que no significan nada; lengua ininteligible.
[12]**Es**... está de moda.
[1]Cómo.
[2]Inspiración artística.
[3]Poeta griego (518-¿438? antes de Cristo), considerado uno de los más grandes líricos de la Antigüedad.
[4]Pintor griego (siglo IV antes de Cristo), quien vivió en la corte de Alejandro Magno y pintó su retrato.
[5]Punto más alto.
[6]Poeta.
[7]En la mitología griega, hijo de Zeus, que vivía en las montañas que llevan su nombre en el noroeste de África. Atlas fue condenado a sostener el cielo sobre sus hombros por haber participado en la guerra contra Uranio. En el arte, Atlas está representado sosteniendo el mundo en los hombros. El poeta se refiere aquí a una estatua de Atlas.

---

[5]Rebelde; que se niega a aceptar el progreso o las nuevas normas.
[6]Se refiere a la unión de diversos grupos o sociedades para defender una causa común.
[7]Venganza.
[8]Como.
[9]Cavernosa.
[10]Nótese el juego de palabras: *franco* quiere decir «sincero» y también «francés».

Él fue quien blando suspiró en Tibulo,[8]
trazó los celestiales
rasgos que a Venus[9] dan gracia y belleza;
él la noble osadía
fijó de Apolo[10] en la gentil cabeza;
y a par que en el sonoro
canto de Homero[11] al implacable Aquiles[12]
el penacho[13] agitó del yelmo de oro,
y en su seno encender los ayes[14] supo
con la triste Andrómaca[15] suspira,
dio el intenso gemir al noble grupo
do[16] en lastimero afán Laocoonte[17] espira,
    él solo fue. Si la espartana[18] gente,
ardiendo en sedición, calmó Terpandro[19];
si Timoteo[20] audaz con prestos sones
logró encender el alma de Alejandro[21]

---

[8]Aull Albio Tibulo (¿50?- ¿18? antes de Cristo), célebre poeta latino.

[9]Diosa del amor y símbolo la belleza femenina. En el salón de la Academia de San Fernando, donde Gallego recitó esa oda, había reproducciones de la Venus de Médicis, el Apolo de Belvedere y el Laocoonte. El poeta alude a estas estatuas en los versos que siguen.

[10]Dios de la música y de la poesía, y también del día y del sol.

[11]Poeta griego que vivió posiblemente en el siglo IX antes de Cristo. Autor de *La Ilíada* y *La Odisea*.

[12]El más famoso de los héroes de *La Ilíada*, mató a Héctor en la batalla de Troya. Murió de una herida en el talón.

[13]Adorno de plumas.

[14]Gritos.

[15]Esposa de Héctor. Después de la toma de Troya, fue esclava del hijo de Aquiles. En *La Ilíada* es la encarnación del amor conyugal.

[16]Donde.

[17]Sacerdote de Apolo en Troya, quien, según la mitología, fue ahogado con sus hijos por dos serpientes monstruosas.

[18]Esparta fue una ciudad famosa de Grecia conocida por la ferocidad de sus guerreros. Dominó toda la región y triunfó sobre Atenas en el año 404 antes de Cristo.

[19]Poeta y músico griego (¿700?-¿650? antes de Cristo), a quien se ha llamado el padre de la música clásica. Según la leyenda, fue a Esparta por orden del Oráculo y allí calmó a los espartanos.

[20]San Timoteo (35-97), discípulo de San Pablo y misionero en varias ciudades griegas y en Macedonia.

[21]Alejandro Magno (356-323 antes de Cristo), rey de Macedonia, conquistó a Grecia, Tiro, Sidón, Egipto, Babilonia y numerosos otros países de la Antigüedad. Vivió

en el vario volcán de las pasiones,
primero las sintió. Quien a los ecos
de virtud y de gloria no se inflama,
ni al tierno sollozar del afligido
súbito llanto de piedad derrama;
el que al público bien o al patrio duelo,
de gozo o noble saña arrebatado,
cual fuego que entre aristas se difunde,
o como chispa eléctrica invisible
que en instantáneo obrar rápida cunde,
su corazón de hielo
hervir no siente en conmoción secreta,
ni aspire a artista, ni nació poeta.

    ¡En balde, ansioso, el mármol fatigando,
puliendo el bronce, en desigual contienda
pugnará con tesón! Por más que hollando
de insuficiente imitación la senda
al Correggio[22] sus gracias pida, ¡en vano!
alma al gran Rafael[23], brillo a Ticiano,[24]
nunca en su tabla el hijo de Dïone[25]
maligno excitará falaz sonrisa,
o al fiero ardor de los combates Ciro;
ni hará gemir la moribunda Elisa,
ni Hécuba sierva arrancará un suspiro.

    ¿Y ¡qué! en las artes sólo
ejerce el corazón su noble influjo?
Cuánto el hombre en magnánima osadía
digno, grandioso y singular produjo,
obra es suya también. Dadme que un día
su frente un pueblo alzando
al bladón de extranjera tiranía,
temblar de justa indignación se vea;
que la máscara hipócrita arrojando,
que al bien opone el sórdido egoísmo,
el honor, la virtud su numen sea;

---

tres siglos antes de San Timoteo.

[22]Antonio Allegri, llamado il Correggio (¿1489?-1534), considerado un precursor del Barroco.

[23]Rafaello (1483-1520), uno de los pintores más célebres del Renacimiento Italiano.

[24]Tiziano (¿1488?-1576), el representante más famoso del Renacimiento veneciano; conocido especialmente como colorista.

[25]Ninfa que tuvo con Zeus a Afrodita, o Venus, madre de Cupido. Referencia tal vez a una de las numerosas pinturas de Venus o de Cupido hechas por Tiziano. Los personajes mitológicos e históricos mencionados en los próximos versos están representados en diversos cuadros.

y antes que, en muda admiración suspenso,
sus rasgos de heroísmo,
su saber, su valor, sus glorias cuente,
podré el cauce agotar del mar inmenso,
y a par de Sirio[26] levantar mi frente.

¡Oh tú, claro esplendor del griego nombre,
célebre Atenas, de las artes templo,
y hora[27] mísero polvo y triste ejemplo
de la barbarie y del furor del hombre!
Ya sus leyes dictando
contemple a tu Solón[28], o a Fidias[29] mire
la gran deidad del Ática[30] animado;
ya embebecido admire
del dulce Anacreón[31] la voz divina,
o al fuerte impulso de tu heroico brío
hollada en Maratón[32] y en Salamina[33]
la soberbia de Jerges y Darío[34];
de tu gloria, asombrado,
ante el coloso excelso me confundo,
y veces mil te aclamo, enajenado,
modelo, envidia y admiración del mundo.

Mas ¿quién podrá del público entusiasmo
los portentos medir? Su hermosa llama
no bien lució en tu seno, oh patria mía,
y ya al índico[35] mar vuela tu fama.
Tú, que atenta me escuchas,
amable juventud, y en lid activa
entre las armas y las artes luchas,
contempla ¡cuán hermosa perspectiva
de grandeza y de honor se abre a tus ojos!

Tú, de fervor patriótico inflamada,
en tanto que entre bélicos despojos
aterra al domador de cien naciones
la saña de los hésperos[36] leones,
por cuanto el mar abarca con sus olas
extenderás sus hechos generosos
y el blasón de las artes españolas.

...

José Somoza

A la primera violeta de la primavera

Naces de la planta inculta,[1] flor modesta,
con la viciosa zarza confundida,
por el ingrato cierzo[2] sacudida,
a la inclemencia del invierno expuesta.

Solitaria, olvidada, humilde, honesta,
entre lóbregas nieblas escondida;
nueva esperanza, empero, y nueva vida
va en tu aroma al desierto, y es floresta.

A tu fragante olor ríe natura,[3]
huye el genio del mal del yerto suelo,
torna Céfiro,[4] Amor,[5] Pomona,[6] y Ceres.[7]

Anuncio de bonanza y de ventura,
de la aterida humanidad consuelo,
y amable imagen de la virtud eres.

A la luz eléctrica

A Prometeo[8] Alcides[9] ha vengado

---

[26]Estrella más brillante de la constelación del Can Mayor.
[27]Ahora.
[28]Legislador de Atenas, uno de los Siete Sabios de Grecia (¿640?-¿558? antes de Cristo).
[29]Famoso escultor de la Grecia antigua (siglo V antes de Cristo).
[30]Región de la antigua Grecia de la cual Atenas era el capital. El poeta se refiere a la Minerva de Fidias, que estaba en el Partenón de Atenas.
[31]Anacreonte (560-478 antes de Cristo), poeta lírico griego, cuyas obras celebran el placer, el amor, el buen vino, etc.
[32]Aldea de Ática.
[33]Isla de Grecia.
[34]Jerges I, hijo de Darío I y rey de Persia de 485 a 465 antes de Cristo. Invadió Ática y se apoderó de Atenas, pero fue derrotado en Salamina.
[35]Relativo a las Indias Orientales; el Océano Índico.

[36]Españoles.
[1]Silvestre, que no se ha cultivado.
[2]Viento frío del Norte.
[3]Naturaleza.
[4]En la mitología, hijo de Aurora y viento del Oeste. En contraste con el cierzo, es un viento suave.
[5]El niño Amor, o Cupido, hace que la gente se enamore.
[6]Deidad de los frutos y jardines.
[7]Diosa latina de la agricultura.
[8]En la mitología, dios del fuego e iniciador de la civilización. Con su hermano Epimeteo, Prometeo recibió la tarea de crear la humanidad y de suministrarla de todas las cosas que pudiera necesitar para sobrevivir. Para que los humanos fueran superiores a los animales, hizo que caminaran ergidos y con sólo dos pies. Entonces encendió una antorcha con el fuego del sol y se la dio al Hombre, dotándole así del fuego, el regalo más valioso del mundo.

del negro buitre que sobre él tendía
el ala, y garra y pico hundido había
en el gigante al Cáucaso amarrado.

El genio se levanta, y denodado,
su antorcha agita, y luz al mundo envía,
y el mundo admira, y duda, y desconfía,
que siglos de tinieblas le han cegado.

Hijos de la verdad, que en la alta ciencia
de la naturaleza estáis leyendo
la ley que dicta y guarda el cielo mismo;
Númenes[10] de la eterna omnipotencia
sois, como Prometeo, conduciendo
luz, electricidad y magnetismo.

Románticos y posrománticos

JOSÉ DE ESPRONCEDA (1808-1842)

Máximos exponentes del Romanticismo de la primera mitad del siglo XIX, José de Espronceda y José Zorrilla representan dos tendencias diversas del movimiento. Espronceda se asocia con lo revolucionario, progresista y europeizante; Zorrilla, con lo tradicional y conservador. Los dos crean personajes apasionados y rebeldes, pero Espronceda a menudo retrata tipos marginados —el criminal, el mendigo, el pirata—, mientras Zorrilla prefiere al protagonista aristocrático y heroico.

Se ha construido toda una leyenda acerca de la rebeldía política y personal de Espronceda. Hijo de un militar, ingresó en la Academia de Artillería en 1821, pero pronto la abandona e inicia la carrera de Letras. De 1821 a 1825 estudia con el poeta neoclásico Alberto Lista en el Colegio de San Mateo, donde aprende a apreciar la poesía griega y latina, además de la del Siglo de Oro es-

pañol. También estudia a poetas neoclásicos y prerrománticos. Por su cuenta aprenderá inglés y francés y leerá a Ossián, Byron, Scott, Ronsard y Béranger. Cerrado el colegio por una Real orden, pasa luego a otro fundado por Lista. Se interrumpen sus estudios cuando, el día que fue ahorcado el general Rafael del Riego por orden de Fernando VII, organiza la sociedad secreta Los Numantinos para vengar su muerte, y es arrestado y encarcelado. Tenía quince años. Durante esta época comenzó *El Pelayo,* composición de tema épico sugerida por Lista.

A los dieciocho años, deseoso de ver mundo y harto de abusos políticos, se embarca en Gibraltar y va a Lisboa. En el barco conoce a diversos personajes curiosos que retrata en su artículo «De Gibraltar a Lisboa». En la capital portuguesa conoce a Teresa Mancha. Cuando la joven y su padre son desterrados a Inglaterra, Espronceda les sigue. Faltan datos sobre esta primera gran pasión del poeta, pero según la leyenda, Espronceda vivía con holgura mientras que su compañera era pobre. Goza de amores con Teresa durante más o menos un año. Entonces, la inquietud política y el anhelo de acción lo llevan a París, donde combate en la Revolución de Julio, que depuso a la rama primogénita de los Borbones y dio el poder a la rama segunda encabezada por Luis Felipe. Mientras tanto, Teresa se casa con un comerciante.

A Espronceda le atrae la acción. Animado por el triunfo de la Revolución de Julio y pensando contar con el apoyo del gobierno francés, con otros emigrados penetra en España con el propósito de fomentar una sublevación. El proyecto fracasa y muere el líder del grupo, Joaquín de Pablo, cuyo triste fin Espronceda canta en un poema. Entonces el joven vuelve a sus preocupaciones amorosas. Una vez más en París, rapta a Teresa y se la lleva a España. Después de un tiempo de turbulentos amores, ella lo abandona, dejándole una niña de cuatro años. Poco después, Teresa muere tísica y Espronceda observa su cadáver a través de la reja de un piso bajo en la calle de Santa Isabel, en Madrid. La historia de su apasionada relación con Teresa inspira su canto *A Teresa,* una de las obras poéticas más logradas y célebres del autor.

También engañó a los dioses, dándoles las peores partes de los animales que se les sacrificaban y reservando la mejor carne para los seres humanos. Furioso, Zeus lo encadenó a una roca en el Cáucaso, las montañas del Norte de África donde vivía. Allí un águila (en el poema, un buitre) lo amenazó hasta que Hércules lo liberó y mató el águila. En el arte se retrata típicamente con una antorcha en la mano.

[9]Hércules, héroe mitológico conocido por su fuerza física.

[10]Divinidades.

En vez de morirse de pena o ahogarse en el alcohol, Espronceda sigue su vida. Su exaltación republicana a veces roza el anarquismo. Continúa con sus actividades políticas y literarias, escribiendo poesía, novelas y artículos periodísticos; también se distingue como orador. En 1834 publica la novela *Sancho Saldaña o El castellano de Cuéllar.* Con unos compañeros funda el periódico *El Siglo.* En 1840 publica sus *Poesías,* las cuales dedica a cierta señora de Osorio, de quien está enamorado. Su contribución a las letras españolas consta principalmente de los poemas de esta colección y de sus dos obras en verso más largas, *El estudiante de Salamanca* (1840) y *El diablo mundo* (1840-42), del cual el segundo canto es *A Teresa.* También escribió tres obras de teatro: *Ni el tío ni el sobrino* (1834), *Amor venga sus agravios* (1838) y *Blanca de Borbón* (1870).

Con el nuevo régimen liberal logra el cargo de Secretario de la Legación española a La Haya. Después sirve como diputado por Almería y prepara informes económicos para las Cortes. Su actividad política aumenta su popularidad literaria y se convierte en una especie de héroe en los dos campos. Sin embargo, según testimonio de su amigo Patricio de la Escosura, parece que en estos momentos comienza a anhelar una vida más tranquila y convencional. Muere a los 34 años, cuando está a punto de casarse con una joven burguesa, Bernarda de Beruete.

En el caso de Espronceda ha sido difícil separar la realidad del mito porque el mismo poeta cultivó la imagen de poeta y revolucionario apasionado. Para la generación de Espronceda, como señala Guillermo Carnero, vida y obra se confundían. «Inconcebible era... una obra escrita fuera del fuego de la convicción y el apasionamiento. Es inconcebible también el que una vida no apasionada pudiera fomentar una adecuada escritura del apasionamiento. Así el poeta romántico se veía obligado, de manera inconsciente, a comportarse de modo que pudieran su vida y actitudes ser la de uno de sus personajes» (*Espronceda* 15). El creador del canto *A Teresa* y del diabólico estudiante de Salamanca tenía que ajustarse a la imagen del *byronic hero* cínico y desafiador, y contribuir de esta forma a la creación de su propio mito. A principios del siglo XX

empezó a crecer una contra-leyenda, según la cual la pasión revolucionaria y artística de Espronceda no era más que histrionismo, ya que lo que realmente quería el poeta era casarse y vivir tranquilamente en el seno de la burguesía.

La Crítica moderna ha rechazado la contra-leyenda, reconociendo que en la literatura tanto como en la política Espronceda tuvo propósitos serios; de hecho, se lo ha comparado con Byron y aun con Baudelaire. A pesar de que el autor fingió cierto desprecio hacia su propia producción poética y redactó pocas ideas teóricas con respecto a la literatura, comprendió muy bien que el Neoclasicimo ya no respondía a los gustos y necesidades del público. Propuso en un artículo publicado en *El Siglo* que al cantar las proezas de héroes nacionales, «con su fisonomía propia, no vestidas a la griega o a la romana», el escritor moderno captaba el espíritu de los modelos de la Antigüedad mejor que los neoclásicos que los imitaban ciegamente (24-I-1834; Carnero 93). Carnero, partiendo de unas ideas de Enrique Gil, sugiere que la grandeza de Espronceda radica en su capacidad de combinar las ideas importantes de su tiempo con lo auténticamente individual, expresado en su propio lenguaje poético (Carnero 93). Espronceda es el que mejor tradujo al contexto español el espíritu byrónico y el que más contribuyó a la renovación del lenguaje literario en el siglo XIX. Una vez escrito *El Diablo Mundo,* según Carnero, «no le falta al lenguaje de la poesía castellana, para posibilitar la del siglo XX, más que liberarse de la sujeción a los esquemas estróficos, último obstáculo que echarán abajo los modernistas» (94).

Si los poemas políticos de Espronceda carecen de interés para el lector moderno, los de índole cívico-moral revelan una auténtica sensibilidad y preocupación por los seres marginados que les dan vigencia hoy. La *Canción del pirata* es tal vez el más logrado de este grupo, que incluye también *El mendigo, El verdugo* y *El reo de muerte.* En su imagen del hombre solitario y aventurero que celebra la libertad y desprecia la muerte, Espronceda encarna la esencia de la rebelión romántica. El pirata rechaza las convenciones; carece de patria y de bienes materiales; vive al margen de la sociedad. Espronceda se vale de numerosos lugares comunes románticos: la naturaleza indómita, la luna que ilumina e inspira miedo, la música creada no por instrumentos fabricados por el hombre sino por fuerzas naturales.

El estudiante de Salamanca se inspira en el mito de don Juan, tan popular entre los de su generación. Don Félix de Montemar, el estudiante de Salamanca, es una síntesis del héroe romántico —«fiera e insolente, / irreligioso y valiente, / altanero y reñidor». No ama a las mujeres; las conquista y las abandona. Arrogante y violento, le interesan sólo el sexo y la sangre. Como carece de consciencia, no le importan las consecuencias de sus acciones para las mujeres que arruina. A diferencia del don Juan áureo de *El Burlador de Sevilla*, quien piensa en arrepentirse antes de morir, o del de Zorrilla, que se salva por el amor, don Félix se rebela contra la religión. A través del poema se caracteriza como ser «diabólico» y «satánico».

Doña Elvira, inocente víctima de las burlas de don Félix, es la típica heroina romántica que se entrega plenamente a su pasión y termina volviéndose loca y muriendo de amor. Don Diego, hermano de doña Elvira, piensa vengar su muerte enfrentándose con don Félix, pero éste lo mata en un duelo. Al alejarse de la escena del crimen, don Félix topa con una procesión funeraria y se da cuenta de que él mismo es uno de los muertos. El horror ante la muerte que el hombre experimenta ante su propio cadáver es un lugar común romántico por excelencia. De hecho, hay un episodio semejante en la obra de Zorrilla, pero mientras en *Don Juan* la confrontación con la muerte anticipa la salvación del héroe por intervención del espíritu de la amada, en el poema de Espronceda la mujer se convierte en una fuerza irresistible que destruye al burlador.

El estudiante de Salamanca es una obra compleja estilísticamente. Las largas ennumeraciones de adjetivos sin pausa —«galvánica, crüel, nerviosa y fría, / histérica y horrible sensación»— crean una impresión de nerviosismo y el vocabulario romántico rico en esdrújulas —«lúgubre eco», «lánguido beso»— intensifica el drama. El autor produce un efecto de horror al hacer hincapié en lo macabro, lo grotesco y al crear imágenes des-

concertantes como la de «la blanca dama del gallardo andar» convertida en «sórdida, horrible calavera». Palabras claves como *horrible, hórrido* y sus sinónimos se repiten a través del poema. Va aumentando e intensificándose la sensación de repulsión; el esqueleto es «cariado, lívido»; en la próxima estrofa su «boca cavernosa busca / la boca a Montemar». Hay cierta ironía en el hecho de que don Félix, antes el seductor invencible, se sienta impotente para resistir al espectro terrible de doña Elvira, pero el propósito de Espronceda no es dar una lección moral, sino horrorizar al lector. El cuerpo de don Félix se debilita, pero su ánimo no se deja vencer. Es el héroe romántico —fuerte, valiente, desdeñoso de la muerte— hasta el final. Como otros autores de su generación, Espronceda busca inspiración en la Edad Media. La imagen del baile de don Félix y doña Elvira remonta al tema medieval de la danza de la muerte. El protagonista siente una fascinación irresistible por el espectro terrible que lo llama y lo seduce. En éste y otros poemas de Espronceda la muerte es inseparable del erotismo.

Espronceda emplea variedad de metros en *El estudiante de Salamanca*. La caracterización de don Félix al principio del poema se presenta en rápidas octavillas agudas (ABBÉ: ACCÉ o ABBÉ: CBBÉ), mientras que las descripción de doña Elvira está en pausadas octavas reales (ABABA-BCC). Esta sección termina con el lamento de la joven, quien no se arrepiente de su amor y sólo desea la felicidad de su amado; se señala el fin del segmento con un cambio de versificación de octavas reales a cuartetos. Para el diálogo entre los varios personajes se emplea el octosílabo asonante, con la excepción de la presentación de don Diego, la cual se hace en endecasílabos. Las últimas boqueadas de don Félix, cada vez más cortas, se expresan a través de versos cuyo número de sílabas disminuye hasta terminar en una sola: «son». El último comentario del poeta-narrador aparece en octavas reales, metro que expresa la vuelta a la normalidad reflejada en las imágenes del cielo sereno, la mañana calma y los hombres que regresan a sus talleres.

Espronceda murió antes de terminar *El diablo mundo*, su ambicioso poema de más de 6000 versos. El canto más conocido es el segundo, que, según el autor mismo, tiene poco que ver con el resto de la obra. El propósito del poema es «recorrer punto por punto» (v. 1359) toda la historia de la raza humana. «Es muy obvio», comenta Roberto Landeira, «que no le falta confianza en su inspiración, sus talentos heurísticos, o la amplitud del tema que la seleccionado» (100). *El diablo mundo* expresa una actitud pesimista y rebelde que encierra la esencia del Romanticismo. Sin embargo, muchos críticos lo consideran un fracaso por su estructura fragmentada, sus digresiones y su falta de organización. También se ha señalado que Espronceda nunca logró imbuir la obra del sentido de universalismo que promete en las primeras estrofas, sino que limita la acción a la España—y en particular al Madrid—de los años alrededor de 1840. Según Landeira, no hay ningún indicio de que el poeta hubiera resuelto estos problemas si hubiera terminado la obra.

El único canto que ha perdurado es *A Teresa*, que narra la triste historia del poeta y Teresa Mancha. Como en *El estudiante de Salamanca*, en esta obra el autor hace hincapié en lo grotesco y morboso. Aunque en vida Teresa fue «tan cándida y tan bella», «aérea como una mariposa», el poeta-narrador no la imagina en el paraíso, sino pudriéndose en la tumba:

> !Pobre Teresa! Al recordarte siento
> un pesar tan intenso... embarga impío
> mi quebrantada voz mi sentimiento,
> y suspira tu nombre el labio mío:
> para allí su carrera el pensamiento,
> hiela mi corazón punzante frío,
> antes mis ojos la funesta losa,
> donde vil polvo tu beldad reposa.

Como el pirata, el mendigo y otros arquetipos de Espronceda, Teresa es un ser marginal. Es la rebelde, la mujer caída que todo lo sacrifica por el amor. Termina sola, envilecida, rechazada por sus propios hijos. (Tuvo un hijo de su esposo y otro de Espronceda, los cuales abandonó.)

> Roída de recuerdos de amargura,
> árido el corazón sin ilusiones,
> la delicada flor de tu hermosura
> ajaron del dolor los Aquilones:

> sola, y envilecida, y sin ventura,
> tu corazón secaron las pasiones,
> tus hijos ¡ay! de ti se avergonzarán,
> y hasta el nombre de madre te negarán.

El tremendo cinismo del poeta-narrador se evidencia en las dos últimas estrofas: ella se entrega al amor y termina destruida; él, en cambio, sigue viviendo según las reglas sociales y hundiendo su dolor en los placeres. Ella muere pobre y miserable; él se entretiene pensando en sus penas. La amargura y la desilusión penetran los versos:

> ¡Oh! ¡Cruel! ¡Muy cruel!... ¡Ah! Yo entretanto
> dentro del pecho mi dolor oculto,
> enjugo de mis párpados el llanto
> y doy al mundo el exigido culto.
> Yo escondo con vergüenza mi quebranto,
> mi propia pena con mi risa insulto,
> y me divierto en arrancar del pecho
> mi mismo corazón pedazos hecho.

> Gocemos sí; la cristalina esfera
> gira bañada en luz; ¡bella es la vida!
> ¿Quién a parar alcanza la carrera
> del mundo hermoso que al placer convida?
> Brilla radiante el sol, la primavera
> los campos pinta en la estación florida:
> truéquese en risa mi dolor profundo...
> ¡Que haya un cadáver más, qué importa al
> [mundo!

La Canción del Pirata

> Con diez cañones por banda,
> viento en popa, a toda vela,
> no corta el mar, sino vuela
> un velero bergantín:
>   bajel pirata que llaman,
> por su bravura, el *Temido*,
> en todo mar conocido
> del uno al otro confín.
>   La luna en el mar riela,
> en la lona gime el viento,
> y alza en blando movimiento
> olas de plata y azul;
>   y ve el capitán pirata,

cantando alegre en la popa,
Asia a un lado, al otro, Europa
y allá a su frente, Estambul.

«Navega, velero mío,
    sin temor,
que ni enemigo navío,
ni tormenta, ni bonanza
tu rumbo a torcer alcanza
ni a sujetar tu valor.

    «Veinte presas
    hemos hecho
    a despecho
    del inglés,
    y han rendido
    sus pendones
    cien naciones
    a mis pies.

    «Que es mi barco mi tesoro,
    que es mi Dios la libertad;
    mi ley, la fuerza y el viento;
    mi única patria la mar.

«Allá muevan feroz guerra
        ciegos reyes
por un palmo más de tierra:
que yo tengo aquí por mío
cuanto abarca el mar bravío,
a quien nadie impuso leyes.

    «Y no hay playa,
    sea cualquiera,
    ni bandera
    de esplendor,
    que no sienta
    mi derecho,
    y dé pecho
    a mi valor.

«Que es mi barco mi tesoro...

«A la voz de '¡Barco viene!'
    es de ver
cómo vira y se previene
a todo trapo escapar:
que yo soy el rey del mar,

y mi furia es de temer.

    «En las presas
    yo divido
    lo cogido
    por igual;
    sólo quiero
    por riqueza
    la belleza
    sin rival.

«Que es mi barco mi tesoro...

«¡Sentenciado estoy a muerte!
    yo me río;
no me abandone la suerte,
y al mismo que me condena,
colgaré de alguna antena,
quizá en su propio navío.

    «Y si caigo,
    ¿qué es la vida?
    Por perdida
    ya la di,
    cuando el yugo
    del esclavo,
    como un bravo,
    sacudí.

«Que es mi barco mi tesoro...

«Son mi música mejor,
        aquilones;
el estrépito y temblor
de los cables sacudidos,
del negro mar los bramidos
y el rugir de mis cañones.

    «Y del trueno
    al son violento,
    y del viento
    al rebramar,
    yo me duermo
    sosegado,
    arrullado
    por la mar.

«Que es mi barco mi tesoro,

que es mi Dios la libertad,
mi ley la fuerza y el viento,
mi única patria la mar».

El estudiante de Salamanca

Parte Primera
Era más de medianoche,
antiguas historias cuentan,
cuando, en sueño y en silencio
lóbrega envuelta la tierra,
los vivos muertos parecen,
los muertos la tumba dejan.
Era la hora en que acaso
temerosas voces suenan
informes,[1] en que se escuchan
tácitas pisadas huecas,
y pavorosas fantasmas
entre las densas tinieblas
vagan, y aúllan los perros
amedrantados al verlas;
en que tal vez la campana
de alguna arruinada iglesia
da misteriosos sonidos
de maldición y anatema,
que los sábados convoca
a las brujas a su fiesta.
El cielo estaba sombrío,
no vislumbraba una estrella,
silbaba lúgubre el viento,
y allá en el aire, cual[2] negras
fantasmas, se dibujaban
las torres de las iglesias,
y del gótico castillo
las altísimas almenas,
donde canta o reza acaso
temeroso el centinela.
Todo, en fin, a medianoche
reposaba, y tumba era
de sus dormidos vivientes
la antigua ciudad que riega
el Tormes,[3] fecundo río,
nombrado de los poetas,
la famosa Salamanca,

insigne en armas y letras,
patria de ilustres varones,
noble archivo de las ciencias.[4]
Súbito rumor de espadas
cruje y un ¡ay! se escuchó;
un ¡ay! moribundo, un ¡ay!
que penetra el corazón,
que hasta los tuétanos hiela
y da al que lo oyó temblor.
Un ¡ay! de alguno que al mundo
pronuncia el último adiós.
     El ruido
     cesó,
     un hombre
     pasó
     embozado,
     y el sombrero
     recatado
     a los ojos
     se caló.
     Se desliza
     y atraviesa
     junto al muro
     de una iglesia,
     y en la sombra
     se perdió.

     Una calle estrecha y alta,
la calle del Ataúd,
cual si de negro crespón
lóbrego eterno capuz
la vistiera, siempre oscura
y de noche sin más luz
que la lámpara que alumbra
una imagen de Jesús,
atraviesa el embozado
la espada en la mano aún,
que lanzó vivo reflejo
al pasar frente a la cruz.
     Cual suele la luna tras lóbrega nube
con franjas de plata bordarla en redor
y luego, si el viento la agita, la sube
disuelta a los aires en blanco vapor,
     así vaga sombra de luz y de nieblas,
mística y aérea dudosa visión,

---

[1]Sin forma.
[2]Como.
[3]Río que pasa por Salamanca.

[4] La universidad de Salamanca, una de las primeras de Europa, fue fundada en 1220 por Alfonso IX.

ya brilla, o la esconden las densas tinieblas
cual dulce esperanza, cual vana ilusión.
    La calle sombría, la noche ya entrada,
la lámpara triste ya pronta a expirar
que a veces alumbra la imagen sagrada
y a veces se esconde la sombra a aumentar,
    el vago fantasma que acaso aparece,
y acaso se acerca con rápido pie,
y acaso en las sombras tal vez desaparece,
cual ánima en pena del hombre que fue,
    al más temerario corazón de acero
recelo inspirara, pusiera pavor;
al más maldiciente feroz bandolero
el rezo a los labios trajera el temor.
    Mas no al embozado, que aún sangre su espada
destila, el fantasma terror infundió,
y, el arma en la mano con fuerza empuñada,
osado a su encuentro despacio avanzó.

        Segundo don Juan Tenorio,[5]
    alma fiera e insolente,
    irreligioso y valiente,
    altanero y reñidor;
        siempre el insulto en los ojos,
    en los labios la ironía,
    nada teme y todo fía
    de su espada y su valor.
        Corazón gastado, mofa
    de la mujer que corteja,
    y, hoy despreciándola, deja
    la que ayer se le rindió.
        Ni el porvenir temió nunca
    ni recuerda en lo pasado
    la mujer que ha abandonado
    ni el dinero que perdió.
        Ni vio el fantasma entre sueños
    del que mató en desafío
    ni turbó jamás su brío
    recelosa previsión.
        Siempre en lances y en amores,
    siempre en báquicas[6] orgías,
    mezcla en palabras impías
    un chiste a una maldición.

        En Salamanca famoso

por su vida y buen talante,
    al atrevido estudiante
    lo señalan entre mil;
        fueros[7] le da su osadía,
    lo disculpa su riqueza,
    su generosa nobleza,
    su hermosura varonil.
        Que su arrogancia y sus vicios,
    caballeresca apostura,
    agilidad y bravura
    ninguno alcanza a igualar;
        que hasta en sus crímenes mismos,
    en su impiedad y altiveza,
    pone un sello de grandeza
    don Félix de Montemar.

Don Juan seduce y entonces abandona a la hermosa El-
vira, quien termina por volverse loca. La bella joven va-
ga por las calles de Salamanca, arrancando los pétalos
de flores.

        Hojas de árbol caídas
    juguetes del viento son:
    las ilusiones perdidas,
    ¡ay!, son hojas desprendidas
    del árbol del corazón.
        ¡El corazón sin amor!
    ¡Triste páramo cubierto
    con la lava del dolor,
    obscuro inmenso desierto
    donde no nace una flor!
    . . . .

        Tú eres, mujer, un fanal[8]
    transparente de hermosura;
    ¡ay de ti si por tu mal
    rompe el hombre en su locura
    tu misterioso cristal!
        Mas, ¡ay!, dichosa tú, Elvira,
    en tu misma desventura,
    que aún deleites te procura,
    cuando tu pecho suspira,
    tu misteriosa locura:
        que es la razón un tormento,
    y vale más delirar

---

[5]Véase el comentario sobre José Zorrilla.
[6]Borrachas.

[7]Privilegios.
[8]Campana de cristal.

sin juicio, que el sentimiento
cuerdamente analizar,
fijo en él el pensamiento.

*Antes de morir, Elvira escribe una carta apasionada a
don Juan en la cual le perdona. El hermano de ella, don
Diego, intenta vengar su muerte, pero don Juan lo mata.
Al alejarse de la escena del crimen, don Juan se
encuentra con una dama vestida de blanco que tiene la
cara cubierta con un velo. La sigue. Topa con una
procesión funeraria y ve que uno de los muertos es su
víctima, don Diego, y el otro es él mismo. Sigue
intrépido tras la mujer de blanco que lo lleva finalmente
a una tumba abierta.*

Y entonces la visión del blanco velo
al fiero Montemar tendió una mano,
y era su tacto de crispante hielo,
y resistirlo audaz intentó en vano:
  galvánica, cruel, nerviosa y fría,
histérica y horrible sensación
toda la sangre coagulada envía
agolpada y helada al corazón...

  Y a su despecho y maldiciendo al cielo,
de ella apartó su mano Montemar,
y temerario alzándola a su velo,
tirando de él le descubrió la faz.
  ¡Es su esposo! los ecos retumbaron.
¡La esposa al fin que su consorte halló!
Los espectros con júbilo gritaron:
¡Es el esposo de su eterno amor!
  Y ella entonces gritó: *¡Mi esposo!* Y era
(¡desengaño fatal! ¡triste verdad!)
una sórdida, horrible calavera,
la blanca dama del gallardo andar...

  Luego un caballero de espuela dorada,
airoso, aunque el rostro con mortal color,
traspasado el pecho de fiera estocada,
aun brotando sangre de su corazón,
  se acerca y le dice, su diestra tendida,
que impávido estrecha también Montemar;
—Al fin la palabra que disteis, cumplida,
doña Elvira, vedla; vuestra esposa es ya.

  Mi muerte os perdono.—Por cierto, don Diego—
repuso don Félix tranquilo a su vez—,
me alegro de veros con tanto sosiego,
que a fe no esperaba volveros a ver.

  En cuanto a ese espectro que decís mi esposa,
raro csamiento venísme a ofrecer:
su faz no es, por cieri, ni amable ni hermosa;

mas no se os figure que os quiera ofender.
  Por mujer la tomo, porque es cosa cierta,
y espero no salga fallido mi plan,
que en caso tan raro y mi esposa muerta,
tanto como viva no me cansará.
  Mas antes decidme si Dios o el demonio
me trajo a este sitio, que quisiera ver
al uno o al otro, y en mi matrimonio
tener por padrino siquiera a Luzbel[9];
  cualquiera o entrambos, con su corte toda
estando estos nobles espectros aquí,
no perdiera mucho viniendo a mi boda...
Hermano don Diego, ¿no pensáis así?—
  Tal dijo don Félix con fruncido ceño,
en torno arrojando con fiero ademán
miradas audaces de altivo desdeño,
al Dios por quien jura capaz de arrostrar.
  El cariado, lívido esqueleto,
los fríos, largos y asquerosos brazos,
le enreda en tanto en apretados lazos,
y ávido lo acaricia en su ansiedad;
  y con su boca cavernosa busca
la boca a Montemar, y a su mejilla
la árida, descarnada y amarilla,
junta y refriega, repugnante faz.
  Y él, envuelto en sus secas coyunturas,
aun más sus nudos que se aprietan siente,
baña un mar de sudor su ardida frente
y crece en su impotencia su furor.
  Pugna con ansia a desasirse en vano,
y, cuanto más airado forcejea,
tanto más se le junta y lo desea
el rudo espectro que le inspira horror.
  Y en furioso, veloz remolino,
y en aérea fantástica danza,
que la mente del hombre no alcanza
en su rápido curso a seguir,
los espectros su ronda empezaron
cual en círculos raudos el viento
remolinos de polvo violento
y hojas secas agita sin fin.
  Y elevando sus áridas manos,
resonando cual lúgubre eco,
levantóse en su cóncavo hueco
semejante a un aullido una voz
pavorosa, monótona, informe,

---

[9] El demonio.

que pronuncia sin lengua su boca,
cual la voz que del áspera roca
en los senos del viento formó.

   —Cantemos—dijeron sus gritos—,
la gloria, el amor de la esposa,
que enlaza en sus brazos dichosa
por siempre al esposo que amó;
su boca a su boca se junte,
y selle su eterna delicia,
suave, amorosa caricia
y lánguido beso de amor.

   Y en mutuos abrazos unidos,
y en blando y eterno reposo,
la esposa enlazada al esposo
por siempre descansen en paz;
y en fúnebre luz ilumine
sus bodas fatídica tea,[10]
les brinde deleites y sea
la tumba su lecho nupcial—.

   Mientras, la ronda frenética
que en raudo giro se agita,
más cada vez precipita
su vértigo sin ceder,
más cada vez se atropella,
más cada vez se arrebata,
y en círculos se desata
violentos más cada vez.

   Y escapa en rueda quimérica
y negro punto parece
que entorno se desvanece
a la fantástica luz,
y sus lúgubres aullidos,
que pavorosos se extienden,
los aires rápidos hienden
más prolongados aún.

   Y a tan continuo vértigo,
a tan funesto encanto,
a tan horrible canto,
a tan tremenda lid,
entre los brazos lúbricos
que aprémianle sujeto,
del hórrido esqueleto,
entre caricias mil,
   jamás vencido el ánimo,
su cuerpo ya rendido,
sintió desfallecido

faltarle Montemar;
y a par que más su espíritu
desmiente su miseria
la flaca, vil materia
comienza a desmayar.

   Y siente un confuso
loco devaneo,
languidez, mareo
y angustioso afán;
y sombras y luces,
la estancia que gira,
y espíritus mira
que vienen y van.

   Y luego, a lo lejos,
flébil[11] en su oído,
eco dolorido
lánguido sonó,
cual la melodía
que el aura amorosa,
y el arpa armoniosa
de noche formó.

   Y siente luego
su pecho ahogado,
y desmayado,
turbios sus ojos,
sus graves párpados
flojos caer;
la frente inclina
sobre su pecho,
y a su despecho,
siente sus brazos,
lánguidos, débiles
desfallecer.

   Y vio luego
una llama
que se inflama
y murió;
y perdido,
oyó el eco
de un gemido
que expiró.

   Tal, dulce,
suspira
la lira
que hirió
en blando

---

[10]Raja de madera resinosa que sirve para alumbrar.

[11]Lamentando.

concento[12]
del viento
la voz,
  leve,
  breve
  son.[13]

En tanto, en nubes de carmín y grana
su luz el alba arrebolada envía,
y alegre regocija y engalana
las altas torres del naciente día:
sereno el cielo, clama la mañana,
blanda la brisa, transparente y fría,
vierte a la tierra el sol con su hermosura
rayos de paz y celestial ventura.

Y huyó la noche y con la noche huían
sus sombras y quiméricas mujeres,
y a su silencio y clama sucedían
el bullicio y rumor de los talleres;
y a su trabajo y a su afán volvían
los hombres, y a sus frívolos placeres,
algunos hoy volviendo a su faena
de zozobra y temor el alma llena.

¡Que era pública voz,[14] que llanto arranca
del pecho pecador y empedernido,
que en forma de mujer y en una blanca
túnica misteriosa revestido,
aquella noche el diablo a Salamanca
había, en fin, por Montemar venido!...
Y si, lector, dijeres ser comento,[15]
como me lo contaron, te lo cuento.

NICOMEDES PASTOR DÍAZ (1811-1863)

A pesar haber sido prácticamente olvidado por la Crítica, Pastor Díaz fue un intelectual influyente durante su época. Fundó el periódico *El Conservador* en 1841. Fue diputado en las Cortes, ministro de Comercio y Educación y rector de la Universidad de Madrid. Publicó sus *Poesías* en 1840, aunque muchas de ellas habían aparecido anteriormente en revistas. Un comentario que hizo Pastor Díaz sobre los versos que Zorrilla re-

citó en el entierro de Larra ayudó a lanzar la carrera de éste. Se ha sugerido que la vida de Pastor Díaz inspiró la novela de Alarcón *El escándalo.* Además de versos, escribió ensayos históricos, biográficos, literarios y sociológicos, además de discursos parlamentarios y ficción. José María Castro y Calvo lo describe como «un historiador imparcial y sereno... de ideas profundamente conservadoras... pero liberal en los sentimientos» (xxiii). Su novela autobiográfica, *De Villahermosa a la China: coloquios íntimos* (1858) recibió mala crítica. También dirigió la *Galería de españoles célebres contemporáneos* (1841-1864), colección de nueve volúmenes, y editó las obras de Gertrudis Gómez de Avellaneda y las del Duque de Rivas.

Pastor Díaz nació en Vivero, en Galicia, en medio de un mundo todavía empapado de la cultura neoclásica. En cuanto a la formación intelectual, no había muchas posibilidades. En el Seminario Conciliar se leían los clásicos latinos y Pastor Díaz mantuvo siempre respeto hacia ellos y hacia la religión, aun durante el Romanticismo. Para él, como para otros románticos como Espronceda, el deseo de liberarse de las restricciones del Neoclasicismo y de la obligación de imitar modelos no significaba que se debía rechazar las grandezas literarias de la Antigüedad.

De adolescente partió para Madrid, donde contaba con la protección de personas influyentes, como Varela, comisario general de Cruzada, y Manuel José Quintana, y conoció a escritores como Donoso Cortés, Serafín Estébanez Calderón y Espronceda y Larra. Terminó sus estudios en la Universidad Complutense y frecuentó círculos literarios, donde se hablaba animadamente de nuevas ideas políticas y se defendía con entusiasmo el nuevo estilo romántico. Allí Pastor Díaz se submergió en el ambiente que durante toda su vida influiría en su concepto de la literatura. Una circunstancia importante en el desarrollo literario del autor es la creación en 1834 del periódico *El Siglo*, del cual fue uno de los principales fundadores. Aunque duró poco, le sirvió para publicar sus primeros intentos poéticos, algunos de los cuales atrajeron la atención de figuras importantes en el movimiento romántico, como Juan Eugenio Hartzenbusch.

---

[12]Armonía.

[13]**Que...** que la voz del viento hirió en blando concento.

[14]**Que...** Se decía públicamente, todo el mundo sabía...

[15]**Y...** Y si dijera que esto es mentira..

El fenómeno es curioso, nota Castro y Calvo, porque los gemidos que lanza en el huracán romántico son los de una voz «melancólica y triste y apagada» (xx). En cuanto a su tono y su actitud, Pastor Díaz se asemeja más a Bécquer que a los exponentes del Romanticismo volcánico como Espronceda y Zorrilla. Joaquín Marco señala la delicadeza lírica y la fuerza expresiva de Pastor Díaz, que enlazan su obra con la de los poetas posrománticos (103). Hay en su poesía un elemento fantástico, que proviene tal vez de su niñez gallega y que se evidencia en referencias a sortilegios, bosques y selvas encantadas. En «Mi inspiración», uno de sus poemas más conocidos, recoge lugares comunes del Romanticismo —el destino, el amor, la muerte. Pero a pesar de compartir la temática de sus contemporáneos, dominan en todas sus obras «el sentimiento y la imaginación, en una pesquisa constante del la esencia del ser» (Castro xlv).

A lo largo de su agitada vida política, Pastor Díaz nunca abandonó la literatura. Escribió composiciones en gallego tanto como en castellano.

Mi inspiración

Cuando hice resonar mi voz primera
fue en una noche tormentosa y fría:
un peñón de la cántabra[1] ribera
      de asiento me servía:
      el aquilón[2] silbaba;
la playa y la campiña estaban solas;
      a mis pies estrellaba.

No brillaban los astros en el cielo,
ni en la tierra se oía humano acento:
estaba oscuro, silencioso el suelo,
      y negro el firmamento.
      Sólo en el horizonte
alguna vez relámpagos lucían;
y al mugir de los mares respondían
      los pinares del monte.

Fuera ya entonces cuando el pecho mío,
lanzado allá de la terrestre esfera,

vio que el mundo era un árido vacío;
      el bien, una quimera.
      Nunca un placer pasaba
blando ante mí, ni su ilusión mentida;
y el peso enorme de una inútil vida
      mi espíritu agobiaba.

Quise admirar del mundo la hermosura,
y hallé doquiera el mal. De amor ardía,
y nunca a mi benévola ternura
      otro amor respondía.
      Solo y desconsolado,
cantar quise a la tierra mi abandono,
mas ¿dó[3] tienen los hombres voz ni tono
      para un desventurado...?

Al destino acusé, y acusé al cielo
porque este corazón dado me habían;
y de mi queja, y de mi triste anhelo
      los cielos se reían.
      ¿Dó acudir...? ¡Ay...! Demente
visitaba las rocas y las olas
por gozarme en su horror, llorar a solas,
      y gemir libremente.

Un momento a mi lánguido gemido
otro gemido respondió lejano,
que sonó por las rocas, cual[4] graznido
      de escuálido milano.[5]
      De repente se tiende
mi vista por la playa procelosa,[6]
y de repente una visión pasmosa
      mis sentidos sorprende.

Alzarse miro entre la niebla oscura
blanco un fantasma, una deidad radiante,
que mueve a mí su colosal figura
      con pasos de gigante.
      Reluce su cabeza
como la luna en nebuloso cielo;
es blanco su ropaje, y negro velo
      oculta su belleza.

Que es bella, sí: de cuando en cuando el viento

---

[1] De Cantabria, región del Norte de España.
[2] Viento violento del Norte.

[3] Dónde (forma antigua y poética).
[4] Como.
[5] Ave rapaz diurna.
[6] Borrascosa.

alza fugaz los móviles crespones,
y aparecen un rápido momento
   celestiales facciones.
   Pero nube de espanto
tiñó de palidez sus formas bellas,
y sus ojos, luciendo como estrellas,
   muestran reciente el llanto.

   Cual ciega trompa que aquilón levanta
en los mares del Sur, así camina;
y sin hollar el suelo con su planta,
   a mi escollo[7] se inclina.
   Llega, calladamente
en sus brazos me ciñe, y yo temblando
recibí con horror ósculo[8] blando,
   con que selló mi frente.

   El calor de su seno palpitante
tornóme en breve de mi pasmo helado:
creí estar en los brazos de una amante.
   Y... «¿Quién, clamé arrobado,
   quién eres... que mi vida
intentas reanimar, fúnebre objeto?
¿Calmarás tú mi corazón inquieto?
   ¿Eres tú mi querida?»

   «¿O bien desciendes del elíseo[9] coro
sola, y envuelta en el nocturno manto,
a ser la compañera de mi lloro,
   la musa de mi canto?
   Habla, visión oscura;
dame otro beso, o muéstrame tu lira:
de amor o de estro[10] el corazón inspira
   a un mortal sin ventura».

   «No, me responde con acento escaso,[11]
cual si exhalara su postrer gemido;
nunca, nunca los ecos del Parnaso[12]
   mi voz han repetido.

   No tengo nombre alguno;
y habito entre las rocas cenicientas,
presidiendo al horror y a las tormentas
   que en los mares reúno».

   «Mi voz sólo acompaña los acentos
con que el alción[13] en su viudez suspira,
o los gritos y lánguidos lamentos
   del náufrago que expira.
   Y si una noche hermosa
las playas dejo y su pavor sombrío,
sólo la orilla del cercano río
   paseo silenciosa."

   «Entro al vergel, so[14] cuya sombra espesa
va un amante a gemir por la que adora;
voy a la tumba que una madre besa,
   o do un amigo llora.
   ¡Pero en vano mi anhelo!
Sé trocar en ternezas mis terrores,
sé acompañar el llanto y los dolores;
   mas nunca los consuelo».

   «¡Ni a ti, infeliz...! el dedo del Destino
trazó tu oscura y áspera carrera.
Yo he leído en su libro diamantino
   la suerte que te espera.
   A vano, eterno llanto
te condenó, y a fúnebres pasiones,
dejándoos sólo los funestos dones
   de mi amor y mi canto».

   De ébano y concha ese laúd te entrego
que en las playas de Albión[15] hallé caído;
no empero de él recobrará su fuego
   tu espíritu abatido.
   El rigor de la suerte
cantarás sólo, inútiles ternuras,
la soledad, la noche, y las dulzuras
   de apetecida muerte».

   «Tu ardor no será nunca satisfecho;
y sólo alguna noche en mi regazo
estrechará tu desmayado pecho

---

[7]Peñasco medio escondido y por lo tanto difícil de descubrir.
[8]Beso.
[9]Del Elíseo, en la mitología estancia de los héroes y de los hombres virtuosos después de su muerte.
[10]Ardor.
[11]**Acento...** poca intensidad.
[12]Monte consagrado a Apolo, dios de la música, y a la poesía, y a las musas.

---

[13]Ave mitológica que sólo anidaba sobre un mar tranquilo; símbolo de la paz y de la tranquilidad.
[14]Bajo.
[15]Gran Bretaña.

iluso, aéreo abrazo.
¡Infeliz si quisieras
realizar mis fantásticos favores!
Pero ¡más infeliz si otros amores
    en ese mundo esperas»!

Diciendo así, su inanimado beso
tornó a imprimir sobre mi labio ardiente.
Quise gustar su fúnebre embeleso;
    ¡pero huyó de repente!
    Voló: de mi presencia
desapareció cual ráfaga de viento,
dejándome su lúgubre instrumento,
    y mi fatal sentencia.

¡Ay! se cumplió... que desde aquel instante
mi cáliz amargar plugo[16] a los cielos,
y en vano a veces mi nocturna amante
    torna a darme consuelos.
    Mis votos más queridos
fueron siempre tiranas privaciones;
mis afectos, desgracias o ilusiones;
    ¡Y mis cantos... gemidos!

En vano algunos días la fortuna
ondeó sobre mi faz gayos[17] colores:
en vano bella se meció mi cuna
    en un Edén de flores;
    en vano la belleza
y la amistad sus dichas me brindaron:
¡Rápidas sombras, ¡ay!, que recargaron
    mi sepulcral tristeza...!

Escrito está que este interior veneno
roa el placer que devoré sediento.
Canta, pues, los combates de mi seno,
    ¡infernal instrumento!
    Destierra la alegría,
que nunca pudo a su región moverte;
y exhala ya tus cánticos de muerte
    sin torno ni armonía.

Y tú, amor, si tal vez te me presentas,
no pintaré tu imagen adorada;
describiré el horror de las tormentas,

---

[16]Quiso.
[17]Alegres.

y mi visión amada.
    En mi negro despecho
rocas serán mis campos de delicias,
lánguidas agonías mis caricias,
    ¡y una tumba mi lecho!

RAMÓN DE CAMPOAMOR (1817-1901)

Extremadamente popular durante su vida, después de su muerte Campoamor fue despreciado y casi olvidado por la élite intelectual. Si Juan Valera lo comparó favorablemente con Bécquer, Azorín lo llamó un símbolo de «una época de trivialidad» (*La voluntad* 112). Hoy día la Crítica ha emprendido una revaloración de su obra y, aunque no se lo ha devuelto a su lugar original en el panteón de los poetas, por lo menos se ha intentado analizar su poesía con objetividad y justicia.

Si Campoamor gozó de gran estima a mediados del siglo diecinueve, es porque su poesía cantaba los valores de la nueva sociedad que nacía en ese momento. Sin desprenderse por completo de la visión romántica, esta sociedad se entregaba a la actividad financiera, a la industria y a la minería. Es la época en la que los ferrocarriles empiezan a cruzar Europa, la clase media crece y cobra nueva importancia y el capitalismo reemplaza las antiguas estructuras económicas. «Campoamor se mueve temáticamente entre los valores que sustenta esta burguesía», explica Jorge Campos (10). Describe el amor y el matrimonio —con sus variantes— dentro de este marco. «Más el poeta no es un canto ditirámbico de virtudes», continúa Campos, «sino un descubridor de pecados y fallas que no hiere porque sus versos están envueltos en suave ironía o matizado humor» (10-11). Campoamor se identifica con la burguesía acomodada; pinta una imagen del bienestar material y del progreso y expresa su desprecio por el pueblo y, en particular, por los revolucionarios. La visión de Campoamor, insiste Campos, no es realista en una España repleta de tensiones sociales, y este concepto reduccionista e inauténtico es uno de los factores que lo separan de futuras generaciones de intelectuales.

La carrera de Campoamor fue muy larga. Aunque asociamos al poeta con el último tercio del siglo XIX, en realidad comenzó a escribir a principios del romanticismo. Sus primeras poesías aparecen en revistas como *No Me Olvides* (1837-38) y *El Alba* (1838-39). En un artículo que escribió durante este período expresa una actitud negativa hacia el Romanticismo aunque la crítica ha señalado en sus primeros versos ciertos rasgos románticos, especialmente en cuanto a la forma y la métrica. En 1840 aparece *Poesías,* su primera colección, que más tarde se volverá a publicar con el título de *Ternezas y flores.* En su segundo libro, *Ayes del alma*, publicado en 1842, todavía se ve la influencia romántica. Sin embargo, una pequeña colección de fábulas del mismo año ya apunta hacia algo distinto. Desviándose del modelo tradicional, Campoamor omite la moraleja de la fábula, convirtiendo la composición en un vehículo para las ideas que ya prefiguran sus futuros *Doloras* y *Humoradas.*

Doloras se publica en 1846. El título se refiere a un nuevo género que el poeta define como «una composición poética en la cual se debe hallar unida la ligereza con el sentimiento y la concisión con la importancia filosófica» (Campos 17). Se trata de pequeños dramas, como el que se desenvuelve en *¡Quién supiera escribir!*, reproducido aquí. Estos poemas expresan un sentimiento de dolor o de melancolía en tono menor; a diferencia de los versos románticos, no son melodramáticos o rimbombantes. Representaron una gran novedad para los lectores de la época, ya que en vez de lo exótico o grandioso reproducían pequeñas escenas familiares. Caracterizan estos poemas la sencillez lingüística y métrica. El lenguaje corresponde a la condición social del que habla. Aunque hay algunos ejemplos de símiles y metáforas, por lo general hay pocos tropos. Escribe Mercedes Saenz: «Ramón de Campoamor destruye el mito del lenguaje poético y podemos decir que se adelantó casi un siglo a los poetas de posguerra» (82).

Los pequeños poemas (1871-92) representan una ampliación de estas tendencias. El adjetivo «pequeño» no se refiere al tamaño de la composición, sino a «la reducción de su escenario y dimensiones» (Campos 19). Estas «pequeñas» obras encierran temas universales. Al mismo tiempo, son íntimos, sencillos y sentimentales.

Las *Humoradas* son aforismos, breves sentencias que expresan una idea filosófica o moral. Campos las describe como «pensamientos capaces de dar nacimiento a una dolora o, si se quiere, su síntesis; moraleja también de una fábula no escrita» (20).

Además de poesía, Campoamor compuso varias obras de teatro y algunos tratados filosóficos. Su *Poética* (1863) y otras obras en prosa fueron estudiadas detalladamente por Vicente Gaos, quien encuentra al poeta extremadamente consistente en sus ideas a través de las décadas. Si Campoamor fue conservador en el campo político, también lo fue en cuanto a sus ideas sobre la poesía. Gaos señala que más que nada, Campoamor se preocupaba por cuestiones de composición y de estructura. Aunque la crítica ha visto la *Poética* y los demás estudios teóricos de Campoamor como obras polémicas, Gaos afirma que son mucho más que eso. Son «la obra de un racionalista»que es, además, un idealista (21-22). Aunque la atmósfera científica de la época y el entusiasmo por el positivismo dejaron huellas en la obra de Campoamor, su actitud hacia la vida era en su esencia antiempírica y antipositivista. De adolescente tuvo una crisis religiosa y aunque no tuvo consecuencias duraderas, el anhelo de espiritualidad que la provocó también fue un factor en su decisión de abandonar el estudio de la medicina y dedicarse a la poesía. Durante toda su vida, Campoamor fluctuó entre la filosofía y el arte. Su obra refleja un esfuerzo por integrar las dos disciplinas.

Aunque la popularidad de Campoamor disminuyó progresivamente, él tuvo, según muestra Mercedes Saenz, una influencia considerable en los poetas de fines de siglo precursores del modernismo. En Hispanoamérica, se evidencia su influencia en escritores como el mexicano Manuel Gutiérrez Nájera, el colombiano José Asunción Silva y aun el nicaragüense Rubén Darío, padre del modernismo (89-92).

¡Quién supiera escribir!

I

—Escribidme una carta, señor cura.
—Ya sé para quien es.

—¿Sabéis quién es, porque una noche oscura nos visteis juntos?
—Pues.
—Perdonad, mas...
—No extraño ese tropiezo.
La noche... la ocasión...
Dadme pluma y papel. Gracias. Empiezo:
Mi querido Ramón:
—¿Querido?... Pero, en fin, ya lo habéis puesto...
—Si no queréis...
—¡Sí, sí!
¡Qué triste estoy! ¿No es eso?
—Por supuesto.
—*¡Qué triste estoy sin ti!*
Una congoja, al empezar, me viene...
¿Cómo sabéis mi mal?...
—Para un viejo, una niña siempre tiene el pecho de cristal.
—*¿Qué es sin ti el mundo? Un valle de amargura. ¿Y contigo? Un edén.*[18]
—Haced la letra clara, señor cura que lo entienda eso bien.
—*El beso aquel que de marchar a punto te di...* —¿Cómo sabéis?...
—Cuando se va y se viene y se está junto, siempre... no os afrentéis.
—¿Sufrir y nada más? No, señor cura, ¡que me voy a morir!
—¿Morir? ¿Sabéis que es ofender al cielo?...
—Pues sí, señor; ¡morir!
—Yo no pongo *morir.* —¡Qué hombre de hielo! ¿Quién supiera escribir! (...)

Cosas del tiempo

Pasan veinte años; vuelve él,
y, al verse, exclaman él y ella:
(—¡Santo Dios! ¿Y éste es aquél?...)
(—¡Dios mío! ¿Y ésta es aquélla?...)

Los dos espejos

En el cristal de un espejo
a los cuarenta me vi,
y, hallándome feo y viejo,
de rabia el cristal rompí.

---

[18]Paraíso.

Del alma en la transparencia
mi rostro entonces miré,
y tal me vi en la conciencia,
que el corazón me rasgué.
    Y es que, en perdiendo el mortal
la fe, juventud y amor,
¡se mira al espejo y ... mal!,
¡se ve en el alma y ... peor!

Dolorosas, *Primera Serie*

I
La niña es la mujer que respetamos
y la mujer la niña que engañamos.

II
Según creen los amantes,
las flores valen más que los diamantes.
Mas ven que al estinguirse los amores,
valen más los diamantes que las flores.

CCLXI
Yo no sé en qué consiste
que al verte tan feliz me siento triste.

Segunda Serie

XL
¡Todo pasa, lo mismo que las rosas,
los hombres, los imperios y las cosas!

LXXXVII
Aprende, niña bella,
que tan sólo es dichoso el que no olvida
que, aunque no hay nada inútil en toda ella,
no hay cosa más inútil que la vida.

CAROLINA CORONADO (1821-1911)

Nacida en Almendralejo (Badajoz), Carolina Coronado comenzó a escribir poesía muy joven. Como otras poetas de su época, publicó sus primeros poemas en revistas literarias. A mediados del siglo XIX las publicaciones periódicas, muchas de ellas de duración muy corta, comenzaban a llevar poemas escritos por mujeres a un público que incluía un número creciente de lectoras. También surgían muchas revistas especializadas para mujeres. Típicamente las poetas comenzaban su carrera publciando poemas en una de estas revistas, y entonces lograban publicar un libro de poesía. Para la publicación de un tomo, se necesitaba el apoyo de un hombre, ya fuera un padre dispuesto a sufragar los gastos de publicación, ya fuera un escritor conocido que actuara como mentor. En el caso de Coronado, J. E. Hartzenbusch la ayudó a llevar sus obras al público. Apareció su primera colección en 1843 y pronto se dio a conocer en todas partes de la Península.

Existía mucha solidaridad entre las escritoras. Una vez establecidas, ayudaban a otras a publicar sus primeras composiciones, y Coronado fue muy activa en la labor de facilitar la publicación de composiciones a sus contemporáneas. También escribió artículos sobre muchas de ellas. Éstos se publicaron en su *Galería de poetisas contemporáneas,* fuente de información importante sobre las poetas del siglo XIX.

Si por un lado en este período iba creciendo el interés en las letras femeninas, por otro iba formándose «una norma poderosa y estrictamente limitada de la femininidad, un modelo de ser mujer al que varias representaciones de la época llamaban 'el ángel del hogar'» (Kirkpatrick 12-13). No es sorprendente que Coronado tuviera que enfrentarse a bastante resistencia a sus actividades literarias por parte de su familia. En una carta a Hartzenbusch reproducida en parte por Emma Sepúlveda-Pulvirenti, la poeta se queja no sólo de los hombres sino también de las mujeres que, sin entender sus versos, «me han consagrado por ellos todo el resentimiento de su envidia» (130). Ante todo, la mujer tenía que ajustarse con la norma social. Tenía que ser hija obediente, madre devota, esposa fiel. Según el testimonio de la misma Coronado, la mujer de su época no debía leer literatura. Tampoco debía estudiar porque no sería nunca catedrática y es más, su incursión en el mundo académico sería «ridículamente escandalosa» (Sepúlveda 132). De hecho, muchas madres creían era su deber castigar a sus hijas cuando éstas mostraran demasiado interés en las letras. Los prejuicios contra las mujeres «literatas» eran tales que cuando Coronado envió un poema a un concurso en 1848, se excluyeron sus versos porque se supo que eran de una mujer. Escribe a Hartzenbusch: «Dijéranme Vs. que

para entrar en ese concurso era menester ser barbudo y yo me hubiera disfrazado» (Sepúlveda 135). Se consideraba la costura la actividad por excelencia de la mujer, y la aguja llegó a ser símbolo de su suerte. Coronado protesta con fervor contra la posición de su sexo. En *Libertad* escribe: «¡Libertad! ¿qué nos importa? /¿qué ganamos, qué tendremos?/¿un encierro por *tribuna*?/¿y una aguja por *derecho*?» En el ambiente de exaltación revolucionaria que caracteriza la primera mitad del siglo, poetas como Espronceda celebran la libertad, mientas que «poetisas» como Coronado, denuncian la esclavitud de la mujer. De hecho, por su amargura, su sarcasmo, su perspicacia y su posición combativa, algunos críticos la ven como una precursora del feminismo moderno.

Aunque muchas de las escritoras del siglo XIX eran de pueblos pequeños, las que tuvieron éxito casi siempre terminaban en Madrid. Tal fue el caso de Coronado, que tuvo una vida literaria intensa en la capital entre 1849 y 1852. Escribió reseñas de teatro y crónicas de viajes, publicó una nueva versión de sus *Poesías* (1852), varias novelas y su *Galería de poetisas contemporáneas.*

Coronado perteneció a lo que Susan Kirkpatrick llama «la primera generación» de escritoras decimonónicas, las que empiezan a escribir en la década de 1840 y a forjar un lenguaje poético que respondiera a las exigencias artísticas y sociales de la mujer. En vez de la pasión erótica, tan marcada en la obra de poetas masculinos como Espronceda y Zorrilla, se distinguen en la de ellas la ternura, el sentimentalismo. También se nota en su poesía cierta tensión entre el deseo de liberarse y la necesidad de ajustarse al papel tradicional de la mujer. La naturaleza era un tema frecuente en las obras de Coronado y sus contemporáneas, ya que los paisajes, las flores, las aves se asociaban con la pureza y la inocencia y, por lo tanto, apropiados para la pluma femenina. Sin embargo, en *El girasol* la poeta usa la imagen de la flor para expresar frustración y enjenación. Kirkpatrick ha sugerido que en este poema Coronado emplea un procedimiento metafórico por el cual el girasol llega a ser símbolo de la mujer que sigue una pasión autodestructiva o, en otro plano, la pasión de la flor puede interpretarse como la aspiración poética, fatal en la mujer (18).

En 1852 Coronado se casó con Justo Horacio Perry, cónsul norteamericano en Madrid. Tuvieron tres hijos, dos de los cuales murieron antes de 1870. Sus actividades literarias disminuye-
ron después de su matrimonio. La generación de
poetas que siguió a la suya se mostró más adep-
ta al modelo del «ángel del hogar» y hasta la misma Coronado escribió en *Galerías*: «en la sociedad actual hace ya más falta la mujer que la
literata».

El salto de Leucades[1]

El sol a la mitad de su carrera
rueda entre rojas nubes escondido;
contra las rocas la oleada fiera
rompe el Leucadio[2] mar embravecido.

Safo aparece en la escarpada orilla,
triste corona funeral ciñendo:
fuego en sus ojos sobrehumano brilla,
el asombroso espacio audaz midiendo.

Los brazos tiende, en lúgubre gemido
misteriosas palabras murmurando,
y el cuerpo de las rocas desprendido
«Faón» dice, a los aires entregando.

Giró un punto en el éter[3] vacilante;
luego en las aguas se desploma y hunde:
el eco entre las olas fluctuante
el sonido tristísimo difunde.

El girasol

¡Noche apacible! En la mitad del cielo
brilla tu clara luna suspendida.
¡Cómo lucen al par tus mil estrellas!
¡Qué suavidad en tu ondulante brisa!

Todo es calma: ni el viento ni las voces
de las nocturnas aves se deslizan,

y del huerto las flores y las plantas
entre sus frescas sombras se reaniman.

Sólo el vago rumor que al arrastrarse
sobre las secas hojas y la brizna[4]
levantan los insectos, interrumpe
¡oh noche! aquí tu soledad tranquila.

Tú que a mi lado silencioso velas,
eterno amante de la luz del día,
solo tú, girasol, desdeñar puedes
las blandas horas de la noche estiva.

Mustio inclinando sobre el largo cuello
entre tus greñas la cabeza oscura,
del alba aguardas el primer destello,
insensible a la noche y su frescura.

Y alzas alegre el rostro desmayado,
hermosa flor, a su llegada atenta:
que tras ella tu amante, coronado
de abrasadoras llamas se presenta.

Cubre su luz los montes y llanuras;
la tierra entorno que te cerca inflama;
mírasle fija; y de su rayo apuras
el encendido fuego que derrama.

¡Ay, triste flor! que su reflejo abrasa
voraz, y extingue tu preciosa vida.
Mas ya tu amante al occidente pasa,
y allí tornas la faz descolorida.

Que alas te dan para volar parece
tus palpitantes hojas desplegadas,
y hasta el divino sol que desparece
transportarte del tallo arrebatadas.

Tú le viste esconderse lentamente,
y la tierra de sombras inundarse.
Una vez y otra vez brilló en oriente,
y una vez y otra vez volvió a ocultarse.

Al peso de las horas agobiada,
por las ardientes siestas consumida,
presto sin vida, seca y deshojada,
caerás deshecha, en polvo convertida.

¿Qué te valió tu ambición, por más que el vuelo
del altanero orgullo remontaste?
Tu mísera raíz murió en el suelo,
y ese sol tan hermoso que adoraste
sobre tus tristes fúnebres despojos
mañana pasará desde la cumbre.
Ni a contemplar se detendrán sus ojos
que te abrasaste por amar su lumbre.

[1]Uno de los poemas de Coronado dedicados a Safo
(¿625?-¿580? antes de Cristo), poeta griega nacida en
Lesbos, autora de himnos y elegías. Enamorada de Faón y no
pudiendo vencer su pasión, Safo saltó de Léucades, roca
escarpada desde lo alto de la cual se arrojaba a los
condenados a muerte, y así murió. Safo era un tema favorito
de las románticas.
[2]De la isla de Léucade, donde se sitúa la famosa roca.
[3]Según los antiguos, fluido que llenaba los espacios
situados más allá de la atmósfera.

[4]Hilo delgado.

Libertad

Risueños están los mozos,
gozosos están los viejos,
porque dicen, compañeras,
que hay libertad para el pueblo.
Todo es la turba cantares,
los campanarios estruendo,
los balcones luminarias,
y las plazuelas festejos.
Gran novedad en las leyes,
que, os juro que no comprendo,
ocurre cuando a los hombres
en tal regocijo vemos.
Muchos bienes se preparan,
dicen los doctos al reino;
si en ello los hombres ganan,
dicen los doctos al reino;
si en ello los hombres ganan,
yo, por los hombres me alegro,
mas por nosotras, las hembras,
ni lo aplaudo ni lo siento,
pues aunque leyes se muden,
para nosotras no hay *fueros*.[5]
¡Libertad! ¿qué nos importa?
¿qué ganamos, qué tendremos?
¿un encierro por *tribuna*[6]
y una aguja por *derecho?*
¡Libertad! pues, ¿no es sarcasmo
el que nos hacen sangriento
con repetir ese grito
delante de nuestros hierros?
¡Libertad! ¡ay! para el llanto
tuvímosla en todos tiempos;
con los tribunos lloraremos;
que, humanos y generosos
estos hombres, como aquéllos,
a sancionar nuestras penas
en todo siglo están prestos.
Los mozos están ufanos,
gozosos están los viejos,
igualdad hay en la patria,
libertad hay en el reino.
Pero os digo, compañeras,

que la ley es sola de ellos,
que las hembras no se cuentan
ni hay Nación para este sexo.
Por eso aunque los escucho,
ni me aplaudo ni lo siento;
si pierden, ¡Dios se lo pague!
y si ganan, ¡buen provecho!

---

[5]Leyes; privilegios concedidos por las leyes.
[6]Conjunto de oradores políticos; **por...** por declaración.

GERTRUDIS GÓMEZ DE AVELLANEDA (1814-1873)

Nacida en Puerto Príncipe, Cuba, Gómez de Avellaneda se trasladó a España cuando su madre contrajo segundas nupcias con un coronel del ejército español. No se entendía con la familia de su padrastro y partió con su hermano a Sevilla, donde vivían parientes de su padre. Allí se dedicó a la literatura, publicando su primera colección de versos en 1839, en Cádiz. El libro fue un éxito inmediato, y cuando Gómez de Avellaneda llegó a Madrid in 1841, ya era conocida como poeta. Se adaptó fácilmente al mundo intelectual de la capital, participando en lecturas públicas y en círculos literarios. Ese mismo año aparecieron sus *Poesías.* Su novela, *Sab,* también publicada en 1841, gira alrededor de un esclavo mulato y la hija del amo; es la primera novela en español que trata del tema de la abolición de la esclavitud. Gómez de Avellaneda publicó todas sus obras en España; después de emigrar a Europa sólo pasó cinco años en su tierra materna, entre 1859 y 1864. Sin embargo, Cuba siguió siendo un tema importante para la escritora durante toda su vida.

Se nota en la poesía de Gómez de Avellaneda, como en la de su contemporánea, Carolina Coronado, cierta tensión entre la rebeldía byroniana —erótica y egoista— y la imagen convencional de la mujer. En la de la primera, el elemento sexual es más marcado, más explícito. Como Espronceda, Gómez de Avellaneda describe la trayectoria de la inocencia infantil e idílica al peligroso despertar erótico. En el poema *A él,* por ejemplo, la figura masculina encarna una atración fatal que arrastra a la narradora fuera de su paraíso y la termina devorando. Como la mujer en la poesía masculina, «él» es divino y demoníaco a la vez. Experimenta su presencia en una especie de trance místico. La poeta expresa el delirio amoroso y la destrucción de la amada por medio de varias imágenes sacadas de la naturaleza. La mujer es mariposa que se quema al acercarse a la luz (al entregarse a la pasión); es nube arrastrada por el viento, hoja llevada por el huracán. Los paisajes ardientes de Cuba reflejan el ardor de ella.

Impetuosa y atormentada, La Avellaneda—como se la suele llamar—era romántica en su modo de vivir tanto como en su poesía. Alternaba entre arranques místicos e intensas pasiones amorosas. En 1845 se casó con el político Pedro Sabater, que murió de cáncer ese mismo año, y en 1855 volvió a contraer matrimonio, esta vez con Domingo Verdugo, coronel de infantería. Además, tuvo relaciones con muchos otros, entre ellos el poeta Gabriel Tassara; de esta unión nació una hija que vivió sólo unos meses. Después de cada aventura erótica la escritora sufría sentimientos de profunda culpabilidad y buscaba entonces consuelo en la religión. Por un tiempo hasta consideró la idea de ingresar en una orden religiosa. Su conducta escandalizó a la rígida y conservadora sociedad española; se ha sugerido que por ser mujer y por haberse burlado de las normas sociales nunca fue admitida en la Real Academia Española.

A pesar de su naturaleza romántica y rebelde, sus versos son formalmente equilibrados. En cuanto a la estructura, conserva mucho de la tradición neoclásica. Sus primeros versos son íntimos y aún delicados, pero con el tiempo su poesía se hace más declamatoria y rimbombante.

Además de poesía, Gómez de Avellaneda escribió ficción y dramas. Por ser una fuerte protesta contra la esclavitud, su primera novela, *Sab,* se ha comparado con *Uncle Tom's Cabin.* Su novela *Guatimozín* (1845) se inspiró en temas indígenas americanos. *Dos mujeres* es una crítica de la institución del matrimonio. La Avellaneda fue un dramaturgo prolífico y algunas de sus obras fueron éxitos comerciales. Las más conocidas son *Munio Alfonso* (1844), *El Príncipe de Viana* (1844), *Egilona* (1845), *Saúl* (1846) y *Baltasar* (1858). Una segunda edición de sus *Poesías* fue publicada en 1858.

Al partir[1]

¡Perla del mar! ¡Estrella del Occidente!
¡Hermosa Cuba! Tu brillante cielo
la noche cubre con su opaco velo
como cubre el dolor mi triste frente.
    ¡Voy a partir!... La chusma[2] diligente
para arrancarme del nativo suelo
las velas iza, y pronto a su desvelo
la brisa acude de tu zona ardiente.
    ¡Adiós, patria feliz, edén[3] querido!
¡Doquier[4] que el hado en su furor me impela,
tu dulce nombre halagará mi oído!
    ¡Adiós!... ¡Ya cruje la turgente[5] vela...
el ancla se alza... el buque, estremecido,
las olas corta y silencioso vuela!

A él[6]

Era la edad lisonjera[7]
en que es un sueño la vida,
era la aurora hechicera
de mi juventud florida,
en su sonrisa primera:
    cuando contenta vagaba
por el campo, silenciosa,
y en escuchar me gozaba
la tórtola que entonaba
su querella lastimosa.
    Melancólico fulgor
blanca luna repartía,
y el aura leve mecía
con soplo murmurador
la tierna flor que se abría.
    ¡Y yo gozaba! El rocío,
nocturno llanto del cielo,
el bosque espeso y umbrío,
la dulce quietud del suelo,

---

[1]La poeta compuso este poema cuando tenía 22 años, en el barco que la llevaba a España.

[2]Tripulación, personas que trabajan en el barco.

[3]Paraíso.

[4]Donde quiera.

[5]Abultada.

[6]Primera versión de este poema. Una segunda versión se publicó en la edición ampliada de *Poesías* en 1850.

[7]Deleitosa, agradable.

el manso correr del río.

Y de la luna el albor,
y el aura que murmuraba,
acariciando a la flor,
y el pájaro que cantaba,
todo me hablaba de amor.

Y trémula, palpitante,
en mi delirio extasiada,
miré una visión brillante,
como el aire perfumada,
como las nubes flotante.

Ante mí resplandecía
como un astro brillador,
y mi loca fantasía
al fantasma seductor
tributaba idolatría.[8]

Escuchar pensé su acento
en el canto de las aves:
eran las auras su aliento
cargadas de aromas suaves,
y su estancia el firmamento.

¿Qué ser divino era aquél?
¿Era un Ángel o era un hombre?
¿Era un Dios o era Luzbel[9]...?
¿Mi visión no tiene nombre?
¡Ah! nombre tiene ... ¡Era *él!*

El alma guardaba tu imagen divina
y en ella reinabas ignoto señor,
que instinto secreto tal vez ilumina
la vida futura que espera el amor.

Al sol que en el cielo de Cuba destella,
del trópico ardiente brillante fanal,
tus ojos eclipsan, tu frente descuella
cual[10] se alza en la selva la palma real.

Del genio la aureola, radiante, sublime,
ciñendo contemplo tu pálida sien,
y al verte, mi pecho palpita, y se oprime,
dudando si formas mi mal o mi bien.

Que tú eres no hay duda mi sueño adorado,
mas ¡ay! que mil veces el hombre, arrastrado
por fuerza enemiga, su mal anheló.

Así vi a la mariposa
inocente, fascinada

en torno a la luz amada
revolotear con placer.

Insensata se aproxima
y le acaricia insensata,
hasta que la luz ingrata
devora su frágil ser.

Y es fama que allá en los bosques
que adornan mi patria ardiente,
nace y crece una serpiente
de prodigioso poder,

que exhala en torno su aliento
y la ardilla palpitante,
fascinada, delirante,
corre... ¡y corre a perecer!

¿Hay una mano de bronce,
fuerza, poder, o destino,
que nos impele al camino
que a nuestra tumba trazó?

¿Dónde van, dónde esas nubes
por el viento compelidas?...
¿Dónde esas hojas perdidas
que del árbol arrancó?

Vuelan, vuelan resignadas,
y no saben donde van,
pero siguen el camino
que les traza el huracán.

Vuelan, vuelan en sus alas
nubes y hojas a la par,
ya los cielos las levante
ya las sumerja en el mar.

¡Pobres nubes! ¡pobres hojas
que no saben dónde van!...
pero siguen el camino
que les traza el huracán.

Imitando una oda de Safo[11]

¡Feliz quien junto a ti por ti suspira,
quien oye el eco de tu voz sonora,
quien el halago de tu risa adora,
y el blando aroma de tu aliento aspira!

Ventura tanta, que envidioso admira
el querubín que en el empíreo mora,[12]

---

[8]**Tributaba...** se sometía completamente.
[9] El demonio.
[10] Como.

---

[11]Safo (¿625?-¿580? antes de Cristo), poeta griega nacida en Lesbos, autora de himnos y elegías.
[12]**Que...** que vive en el cielo; se refiere a Cupido.

el alma turba, al corazón devora,
y el torpe acento, al expresarla, expira.

    Ante mis ojos desparece[13] el mundo,
y por mis venas circular ligero
el fuego siento del amor profundo.[14]

    Trémula, en vano resistirte quiero...
De ardiente llanto mi mejilla inundo...
¡delirio, gozo, te bendigo y muero!

GUSTAVO ADOLFO BÉCQUER (1836-1870

El Romanticismo europeo se distingue por una actitud filosófica que concibe la realidad no como lo empíricamente verificable, sino como lo interno, íntimo y misterioso. Hace hincapié en las emociones y en los enigmas que florecen en el alma humana. Para el romántico la verdad se conoce por medio de la subjetividad y la intuición. La imaginación no depende del universo externo o de modelos literarios o artísticos, sino de las facultades interiores. El arte emana del alma del artista que, sensible a la esencia de las cosas, la capta y le da forma en su obra.

Gustavo Adolfo Bécquer es el poeta español en quien se reflejan mejor estos conceptos y, sin embargo, la Crítica vacila sobre si se le debe calificar de romántico o no. Por una parte, cuando Bécquer comienza a escribir, el Romanticismo ya ha pasado de moda en España. Por otra, según críticos como F. Courtney Tarr y Edmund L. King, no caracterizan el Romanticismo español la autenticidad de los sentimientos ni la profundidad filosófica, sino lo superficial, hiperbólico, declamatorio y hueco. En contraste, la poesía y prosa de Bécquer corresponden al *Weltanschauug* o *world view* del romanticismo europeo; de la rimbombancia que se asocia con el movimiento en España no se encuentra nada y, por lo tanto, el poeta no cabe dentro del concepto convencional del Romanticismo español. Aunque cultiva muchos de los mismos temas que Espronceda y Zorrilla—el amor y la magia, lo exótico y lo arcai-

co—su estilo es sutil, apagado.

Hoy día la Crítica tiende a clasificar a Bécquer como «posromántico», viéndolo, por su sensibilidad y tono íntimo, como un precursor del espíritu poético del siglo XX. Sin embargo, en un estudio publicado en 1993 B. Brant Bynum afirma que, de hecho, Bécquer es es el producto más sobresaliente del movimiento romántico en España. Lo que define a Bécquer como romántico es su uso de la imaginación, «poder dinámico que se encuentra en el núcleo de su proceso creativo, proceso que se nos transmite por último por la palabra escrita, por la poesía» (124). Críticos como Kessel Schwartz y Bynum han señalado la comunicación entre lo material y lo espiritual, lo real y lo irreal, en la obra de Bécquer. «La imaginación ayuda a explicar la cualidad de indefinido... de las obras de Bécquer», explica Bynum, porque es el medio por el cual el reino del espíritu y de la poesía toma forma, mientras que el mundo material pierde su potencia. El espíritu informa la materia por medio de la imaginación» (124).

La obra de Bécquer representa una búsqueda de la esencia de la realidad—siempre elusiva, misteriosa e intangible—la cual el poeta intenta comunicar en el poema. Su poesía es profundamente subjetiva porque, para él, es precisamente por medio del deslumbramiento intuitivo que el artista capta lo auténtico de la existencia. Bécquer busca la realidad más allá del mundo material y de la rutina cotidiana. Sus *rimas* son poemas más bien cortos que giran alrededor de un puñado de temas—el amor, el recuerdo, la esencia poética. Cultiva lo sobrenatural y lo fantástico; le fascinan los tiempos y los lugares remotos y exóticos. Por medio del arte desea revelar las realidades más profundas y primordiales. Bécquer no intenta analizar, sino maravillar o asombrar para despertar en el lector sensaciones puras—por ejemplo, el terror, la belleza, el amor. No es la manifestación concreta y específica lo que le interesa, sino la idea. Es decir, no anhela a la mujer bella, sino la belleza misma. Por eso en «Yo soy ardiente» rechaza a la mujer de carne y hueso que se ofrece plenamente y opta por la que es «un sueño, un imposible».

Para Bécquer, el poeta no inventa la poesía, sino que percibe las esencias poéticas que exis-

---

[13] Desaparece.

[14] **Circular...** siento circular ligero (rápidamente) el fuego del amor profundo.

ten en el mundo y las expresa en su poema. La poesía son los «perfumes y armonías», «el abismo» en el mar o en el cielo «que el cálculo» resiste, los recuerdos y esperanzas y otros elementos intangibles que el poeta capta y expresa por medio de su imaginación en una obra de arte. La poesía son esas realidades que desafían a la ciencia y a la lógica; son esas sensaciones puras y espontáneas que se sienten ante la risa de la amada o los rayos de sol que parten las nubes después de una tempestad. El poema es sólo el vehículo, el receptáculo que da forma a esencias que existen independientemente de él. Por eso, «Podrá no haber poetas, pero siempre / habrá poesía».

El recuerdo es un tema clave en la obra de Bécquer. En manos del poeta, el tiempo se convierte en un obstáculo entre lo posible o lo real. En poemas como «Volverán las oscuras golondrinas» se evoca un pasado feliz, pero irrecuperable. El momento del deslumbramiento en que se conoce una verdad humana —ese momento, por ejemplo, en que los amantes miran una gota de rocío temblar y caer—queda perdido en la lejanía del tiempo, en el reino de lo inasequible.

Además de *rimas*, Bécquer escribió unas cuantas *leyendas* —cuentos en prosa poética o poemas en prosa. Se incluye un ejemplo en esta sección porque la prosa de Bécquer realmente no puede separarse de su poesía. En las *leyendas*, el recuerdo colectivo e histórico reemplaza el recuerdo personal. Al colocar la acción en la Edad Media, Bécquer reproduce claustros, monasterios, ruinas, palacios, alcázares a fin de crear la sensación y el ambiente del pasado. No se trata de una recreación exacta de un período histórico, sino de una atmósfera—las iglesias heladas y sombrías, los bosques poblados de fantasmas, las tropas que van a la guerra llevando pendones y colores. Los cuentos no enfocan la acción, la aventura o la intriga, sino el misterio, la fantasía y la magia. El estilo es lírico en vez de novelesco. Como los versos de Bécquer, sus *leyendas* evocan las esencias inalcanzables e intangibles que son fundamentales al alma humana.

En contraste con el de los primeros románticos españoles, el lenguaje de Bécquer es claro, recatado en el mundo interior del poeta. Sus versos tanto como su prosa son sonoros, senci-

llos, fluidos. De joven fue aprendiz de un pintor y se evidencia en su lírica su sensibilidad a la luz, al color, a la forma.

Pobre y enfermizo durante toda la vida, Bécquer nació en Sevilla y quedó huérfano a los nueve años. Cuando tenía dieciocho, se trasladó a Madrid donde, con su hermano Valeriano, intentó ganarse la vida escribiendo y pintando. Casi toda su producción literaria, que consta de setenta y nueve *rimas* y nueve *leyendas*, es el resultado de diez años de trabajo que transcurren entre 1860 y 1870. A causa de su salud delicada, Bécquer se retiró con su hermano a vivir en un monasterio cerca de Zaragoza. Más tarde, fueron a vivir a Toledo. Después del fracaso de una relación amorosa, Bécquer se casó impetuosamente con Casta Esteban, pero no encontró la felicidad en el matrimonio a pesar de que amaba profundamente a sus hijos. La infidelidad de su mujer tuvo un efecto terrible en el poeta e inspiró algunas de sus poesías más hermosas y amargas. Valeriano murió cuando Bécquer tenía treinta y cuatro años. Privado así de su confidente más íntimo y amado, el poeta mismo sucumbió a una enfermedad misteriosa y murió tres meses más tarde.

Los críticos de la época no apreciaron su obra. Su lenguaje simple y delicado era tan distinto del de sus antecesores que sus contemporáneos no supieron cómo interpretar su lírica. Hablaban con desdén de sus influencias extranjeras y de su tono «germánico». No fue hasta el triunfo del Modernismo que Bécquer fue reconocido como el mejor poeta del siglo XIX. Con su énfasis en lo delicado, lo refinado, lo efímero e indefinible, los modernistas veían en Bécquer el precursor de su movimiento. Las *Rimas* fueron publicadas por amigos suyos un año después de su muerte.

Rimas

I

Yo sé un himno gigante y extraño
que anuncia en la noche del alma una aurora,
y estas páginas son de este himno cadencias que el aire
dilata en las sombras.

Yo quisiera escribirlo, del hombre
domando el rebelde, mezquino idioma,
con palabras que fuesen a un tiempo
suspiros y risas, colores y notas.

Pero en vano es luchar; que no hay cifra
capaz de encerrarlo, y apenas, ¡oh, hermosa!
si, teniendo en mis manos las tuyas,
pudiera, al oído, contártelo a solas.

IV

No digas que agotado su tesoro,
de asuntos falta, enmudeció la lira.
Podrá no haber poetas, pero siempre
    habrá poesía.

Mientras las ondas de la luz al beso
    palpiten encendidas;
mientras el sol las desgarradas nubes
    de fuego y oro vista;

mientras el aire en su regazo lleve
    perfumes y armonías;
mientras haya en el mundo primavera,
    ¡habrá poesía!

Mientras la ciencia a descubrir no alcance
    las fuentes de la vida,
y en el mar o en el cielo haya un abismo
    que el cálculo resista;

mientras la Humanidad, siempre avanzando,
    no sepa a do[1] camina;
mientras haya un misterio para el hombre,
    ¡habrá poesía!

Mientras sintamos que se alegra el alma
    sin que los labios rían;
mientras se llore sin que el llanto acuda
    a nublar la pupila;

mientras el corazón y la cabeza
    batallando prosigan;
mientras haya esperanzas y recuerdos,
    ¡habrá poesía!

Mientras haya unos ojos que reflejen
    los ojos que los miran;
mientras responda el labio suspirando
    al labio que suspira;

mientras sentirse puedan en un beso
    dos almas confundidas;
mientras exista una mujer hermosa,
    ¡habrá poesía!

V

    Espíritu sin nombre,
    indefinible esencia,
    yo[2] vivo con la vida
    sin forma de la idea.
    Yo nado en el vacío
    del sol tiemblo en la hoguera,
    palpito entre las sombras
    y floto con las nieblas.
    Yo soy el fleco de oro
    de la lejana estrella;
    yo soy de la alta luna
    la luz tibia y serena.
    Yo soy la ardiente nube
    que en el ocaso ondea;
    yo soy del astro errante
    la luminosa estela.
    Yo soy nieve en las cumbres,
    soy fuego en las arenas,
    azul onda en los mares
    y espuma en la ribera.
    En el laúd soy nota,
    perfume en la violeta,
    fugaz llama en las tumbas,
    y en las ruinas hiedra.
    Yo canto con la alondra
    y zumbo con la abeja,
    yo imito los ruidos
    que en la alta noche suenan.
    Yo atrueno en el torrente,
    y silbo en la centella,
    y ciego en el relámpago,
    y rujo en la tormenta.
    Yo río en los alcores,[3]
    susurro en la alta hierba,
    suspiro en la onda pura
    y lloro en la hoja seca.
    Yo ondulo con los átomos
    del humo que se eleva
    y al cielo lento sube

---

[1]Donde.

[2]«Yo» se define en la última estrofa.
[3]Colinas.

en espiral inmensa.
　　Yo, en los dorados hilos
que los insectos cuelgan,
me mezco entre los árboles
en la ardorosa siesta.
　　Yo corro tras las ninfas
que en la corriente fresca
del cristalino arroyo
desnudas juguetean.
　　Yo, en bosque de corales
que alfombran blancas perlas,
persigo en el Océano
las náyades ligeras.[4]
　　Yo, en las cavernas cóncavas,
do el sol nunca penetra,
mezclándome a los gnomos,[5]
contemplo sus riquezas.
　　Yo busco de los siglos
las ya borradas huellas,
y sé de esos imperios
de que ni el hombre queda.
　　Yo sigo en raudo vértigo
los mundos que voltean,
y mi pupila abarca
la creación entera.
　　Yo sé de esas regiones
a do un rumor nos llega,
y donde informes[6] astros
de vida un soplo esperan.
　　Yo soy sobre el abismo
el puente que atraviesa;
yo soy la ignota[7] escala
que el cielo une a la tierra.
　　Yo soy el invisible
anillo que sujeta
el mundo de la forma
al mundo de la idea.
　　Yo, en fin, soy ese espíritu,
desconocida esencia,
perfume misterioso

de que es vaso[8] el poeta.

XI

　　«Yo soy ardiente, yo soy morena,
yo soy el símbolo de la pasión;
de ansia de goces mi alma está llena.
¿A mí me buscas»? «No es a ti, no».
　　«Mi frente es pálida; mis trenzas, de oro;
puedo brindarte dichas sin fin;
yo de ternura guardo un tesoro.
¿A mí me llamas»? «No; no es a ti».
　　«Yo soy un sueño, un imposible,
vano fantasma de niebla y luz;
soy incorpórea, soy intangible;
no puedo amarte». «¡Ah ven; ven tú!»

LIII

　　Volverán las oscuras golondrinas
en su balcón sus nidos a colgar,
y otra vez con el ala a sus cristales
　　jugando llamarán;
　　pero aquéllas que el vuelo refrenaban,
tu hermosura y mi dicha al contemplar;
aquéllas que aprendieron nuestros nombres,
　　ésas... ¡no volverán!
　　Volverán las tupidas madreselvas
de tu jardín las tapias a escalar,
y otra vez a la tarde, aun más hermosas,
　　sus flores se abrirán;
　　pero aquéllas cuajadas de rocío,
cuyas gotas mirábamos temblar
y caer, como lágrimas del día...
　　ésas... ¡no volverán!
　　Volverán del amor en tus oídos
las palabras ardientes a sonar;
tu corazón, de su profundo sueño
　　tal vez despertará;
　　pero mudo y absorto y de rodillas,
como se adora a Dios ante su altar,
como yo te he querido... desengáñate:
　　¡así no te querrán!

La promesa

I

　　Margarita lloraba con el rostro oculto entre las manos;
lloraba sin gemir, pero las lágrimas corrían silenciosas a

---

[4]En la mitología, el Océano era un gran río que rodeaba
la tierras. Las náyades eran las ninfas del río.
　　[5]En la mitología, seres enanos que habitaban las entrañas
de la tierra y vigilaban y protegían sus tesoros.
　　[6]Sin forma.
　　[7]Secreta.

[8]Uno que recibe un espíritu.

lo largo de sus mejillas, deslizándose por entre sus dedos para caer en la tierra, hacia la que había doblado su frente.

Junto a Margarita estaba Pedro, quien levantaba de cuando en cuando los ojos para mirarla, y viéndola llorar tornaba a bajarlos, guardando a su vez un silencio profundo.

Y todo callaba alrededor y parecía respetar su pena. Los rumores del campo se apagaban; el viento de la tarde dormía, y las sombras comenzaban a envolver los espesos árboles del soto.

Así transcurrieron algunos minutos, durante los cuales se acabó de borrar el rastro de luz que el sol había dejado al morir en el horizonte; la luna comenzó a dibujarse vagamente sobre el fondo violado del cielo del crepúsculo, y unas tras otras fueron apareciendo las mayores estrellas.

Pedro rompió al fin aquel silencio angustioso, exclamando con voz sorda y entrecortada y como si hablase consigo mismo:

—¡Es imposible..., imposible!

Después, acercándose a la desconsolada niña y tomando una de sus manos, prosiguió con acento más cariñoso y suave:

—Margarita, para ti el amor es todo, y tú no ves nada más allá del amor. No obstante, hay algo tan respetable como nuestro cariño: es mi deber. Nuestro señor el conde de Gómara parte mañana de su castillo para reunir su hueste a las del rey don Fernando,[9] que va a sacar a Sevilla del poder de los infieles, y yo debo partir con el conde. Huérfano oscuro, sin nombre y sin familia, a él le debo cuanto soy. Yo le he servido en el ocio de las paces, he dormido bajo su techo, me he calentado en su hogar y he comido el pan de su mesa. Si hoy le abandono, mañana sus hombres de armas, al salir en tropel por las poternas[10] de su castillo, preguntarán maravillados de no verme: «¿Dónde está el escudero favorito del conde de Gómara?», y mi señor callará con vergüenza, y sus pajes y bufones dirán en son de mofa: «El escudero del conde no es más que un galán de justas,[11] un lidiador de

cortesía[12]».

Al llegar a este punto, Margarita levantó sus ojos llenos de lágrimas para fijarlos en los de su amante, y removió los labios como para dirigirle la palabra; pero su voz se ahogó en un sollozo.

Pedro, con acento aun más dulce y persuasivo, prosiguió así:

—No llores, por Dios, Margarita; no llores, porque tus lágrimas me hacen daño. Voy a alejarme de ti; mas yo volveré después de haber conseguido un poco de gloria para mi nombre oscuro. El cielo nos ayudará en la santa empresa. Conquistaremos a Sevilla, y el rey nos dará feudos[13] en las riberas del Guadalquivir[14] a los conquistadores. Entonces volveré en tu busca y nos iremos juntos a habitar en aquel paraíso de los árabes, donde dicen que hasta el cielo es más limpio y más azul que el de Castilla. Volveré, te lo juro, volveré a cumplir la palabra solemne empeñada el día en que puse en tus manos ese anillo, símbolo de una promesa.

—¡Pedro! —exclamó entonces Margarita dominando su emoción y con voz resuelta y firme—: Ve, ve a mantener tu honra—y al pronunciar estas palabras, se arrojó por última vez en los brazos de su amante. Después añadió, con acento más hondo y conmovido—: Ve a mantener tu honra; pero vuelve..., vuelve a traerme la mía.

Pedro besó la frente de Margarita, desató su caballo, que estaba sujeto a uno de los árboles del soto, y se alejó al galope por el fondo de la alameda.

Margarita siguió a Pedro con los ojos hasta que su sombra se confundió entre la niebla de la noche, y cuando ya no pudo distinguirlo, se volvió lentamente al lugar donde la aguardaban sus hermanos.

—Ponte tus vestidos de gala —le dijo uno de ellos al entrar,—que mañana vamos a Gómara con todos los vecinos del pueblo para ver al conde, que se marcha a Andalucía.

—A mí más me entristece que me alegra ver irse a los que acaso no han de volver —respondió Margarita con un suspiro.

—Sin embargo —insistió el otro hermano—, has de venir con nosotros y has de venir compuesta y alegre; así no dirán las gentes murmuradoras que tienes amores en el castillo y que tus amores se van a la guerra.

---

[9]Fernando III el Santo, rey de Castilla y León (1201-1252) conquistó a los moros en Córdoba, Sevilla, Murcia y Jaén y redujo a su vasallaje al rey de Granada.

[10]Portillos o puertas pequeñas.

[11]Torneos; es decir, combate sólo por deporte o diversión, pero no en la guerra.

---

[12]En las fiestas de la Corte.

[13]Contrato mediante el cual el rey cedía a su vasallo una tierra.

[14]Río que pasa por Córdoba y Sevilla.

II

Apenas rayaba en el cielo la primera luz del alba, cuando empezó a oírse por todo el campo de Gómara la aguda trompetería de los soldados del conde, y los campesinos que llegaban en numerosos grupos de los lugares cercanos vieron desplegarse al viento el pendón señorial en la torre más alta de la fortaleza.

Unos sentados al borde de los fosos,[15] otros subidos en las copas de los árboles, éstos vagando por la llanura, aquéllos coronando las cumbres de las colinas, los de más allá formando un cordón a lo largo de la calzada, ya haría cerca de una hora que los curiosos esperaban el espectáculo, no sin que algunos comenzaran a impacientarse, cuando volvió a sonar de nuevo el toque de los clarines, rechinaron las cadenas del puente, que cayó con pausa sobre el foso, y se levantaron los rastrillos, mientras se abrían de par en par y gimiendo sobre sus goznes las pesadas puertas del arco que conducía al patio de armas.

La multitud corrió a agolparse en los ribazos del camino para ver más a su sabor las brillantes armaduras y los lujosos arreos del séquito del conde de Gómara, célebre en toda la comarca por su esplendidez y sus riquezas.

Rompieron la marcha los farautes,[16] que deteniéndose de trecho en trecho, pregonaban en alta voz y a son de caja[17] las cédulas[18] del rey llamando a sus feudatarios a la guerra de moros, y requiriendo a las villas y lugares libres para que diesen paso y ayuda a sus huestes.[19]

A los farautes siguieron los heraldos de corte, ufanos con sus casullas[20] de seda, sus escudos bordados de oro y colores, y sus birretes[21] guarnecidos de plumas vistosas.

Después vino el escudero mayor de la casa, armado de punta en blanco,[22] caballero sobre un potro morcillo, llevando en sus manos el pendón de ricohombre con sus motes y sus cadenas, y al estribo izquierdo el ejecutor de las justicias del señorío, vestido de negro y rojo.

Precedían al escudero mayor hasta una veintena de aquellos famosos trompeteros de la tierra llena, célebres en las crónicas de nuestros reyes por la increíble fuerza de sus pulmones.

Cuando dejó de herir el viento el agudo clamor de la formidable trompetería, comenzó a oírse un rumor sordo, acompasado y uniforme. Eran los peones de la mesnada,[23] armados de largas picas y provistos de sendas adargas[24] de cuero. Tras éstos no tardaron en aparecer los aparejadores[25] de las máquinas, con sus herramientas y sus torres de palo, las cuadrillas de escaladores y la gente menuda del servicio de las acémilas.

Luego, envueltos en la nube de polvo que levantaba el casco de sus caballos, y lanzando chispas de luz de sus petos[26] de hierro, pasaron los hombres de armas del castillo formados en gruesos pelotones, que semejaban a lo lejos un bosque de lanzas.

Por último, precedido de los timbaleros,[27] que montaban poderosas mulas con gualdrapas[28] y penachos, rodeado de sus pajes, que vestían ricos trajes de seda y oro, y seguido de los escuderos de su casa, apareció el conde.

Al verlo, la multitud levantó un clamor inmenso para saludarlo, y entre el confuso vocerío se ahogó el grito de una mujer, que en aquel momento cayó desmayada y como herida de un rayo en los brazos de algunas personas que acudieron a socorrerla. Era Margarita. Margarita, que había conocido a su misterioso amante en el muy alto y muy temido señor conde de Gómara, de los más nobles y poderosos feudatarios de la corona de Castilla.

III

El ejército de don Fernando, después de salir de Córdoba, había venido por sus jornadas hasta Sevilla, no sin haber luchado antes en Écija, Carmona, Alcalá del Río de Guadaira,[29] donde, una vez expugnado el famoso castillo, puso los reales[30] a la vista de la ciudad de los infieles.

El conde de Gómara estaba en la tienda sentado en un escaño de alerce,[31] inmóvil, pálido, terrible, las manos

---

[15]Excavaciones profundas que rodean una fortaleza o un castillo para impedir que se acerquen enemigos.

[16]Heraldos, mensajeros del rey.

[17]Tambor.

[18]Despacho, comunicación.

[19]Era obligación de los ciudadanos dar paso a los ejércitos del rey por los pueblos y alojar y alimentar a sus soldados en sus casas.

[20]Vestidura que se pone encima del hábito.

[21]Gorros.

[22]**De...** con todas las piezas de la armadura.

[23]Compañía de soldados.

[24]Escudos ovalados.

[25] Los que preparan a las caballerías y las máquinas de guerra.

[26]Armadura para el pecho.

[27]Los que tocan el timbal, tipo de tambor con la caja semiesférica.

[28]Cobertura larga que cubre las ancas del caballos.

[29]Ciudades de Andalucía, de la zona de Sevilla.

[30]Campamentos que muestran el estandate real.

[31]**Escaño...** banco grande de cedro.

cruzadas sobre la empuñadura del montante y los ojos fijos en el espacio, con esa gravedad del que parece mirar un objeto y, sin embargo, no ve nada de cuanto hay en su alrededor.

A un lado y de pie, le hablaba el más antiguo de los escuderos de su casa, el único que en aquellas horas de negra melancolía hubiera osado interrumpirle sin atraer sobre su cabeza la explosión de su cólera.

—¿Qué tenéis, señor?—le decía—. ¿Qué mal os aqueja y consume? Triste vais al combate, y triste volvéis, aun tornando con la victoria. Cuando todos los guerreros duermen rendidos a la fatiga del día, os oigo suspirar angustiado, y si corro a vuestro lecho, os miro allí luchar con algo invisible que os atormenta. Abrís los ojos, y vuestro terror no se desvanece. ¿Qué pasa, señor? Decídmelo. Si es un secreto, yo sabré guardarlo en el fondo de mi memoria como en un sepulcro.

El conde parecía no oír al escudero; no obstante, después de un largo espacio, y como si las palabras hubiesen tardado todo aquel tiempo en llegar desde sus oídos a su inteligencia, salió poco a poco de su inmovilidad, y atrayéndole hacia sí cariñosamente, le dijo con voz grave y reposada:

—He sufrido demasiado en silencio. Creyéndome juguete de una vana fantasía, hasta ahora he callado por vergüenza; pero no, no es ilusión lo que me sucede. Yo debo de hallarme bajo la influencia de una maldición terrible. El cielo o el infierno deben de querer algo de mí, y lo avisan con hechos sobrenaturales. ¿Te acuerdas del día de nuestro encuentro con los moros de Nebrija en el aljarafe[32] de Triana[33]? Éramos pocos; la pelea fue dura, y yo estuve al punto de perecer. Tú lo viste: en lo más reñido del combate, mi caballo, herido y ciego de furor, se precipitó hacia el grueso de la hueste mora. Yo pugnaba en balde por contenerlo. Las riendas se habían escapado de mis manos, y el fogoso animal corría llevándome a una muerte segura. Ya los moros, cerrando sus escuadrones, apoyaban en tierra el cuento de sus largas picas para recibirme en ellas. Una nube de saetas silbaba en mis oídos. El caballo estaba a algunos pies de distancia del muro de hierro en que íbamos a estallarnos, cuando... Créeme: no fue una ilusión: vi una mano que agarrándolo de la brida lo detuvo con una fuerza sobrenatural, y volviéndolo en dirección a las filas de mis soldados, me salvó milagrosamente. En vano pregunté a los otros por

mi salvador. Nadie lo conocía, nadie lo había visto. «Cuando volabais a estrellaros en la muralla de picas —me dijeron— ibais solo, completamente solo. Por eso nos maravillamos al veros tornar, sabiendo que ya el corcel no obedecía al jinete».

Aquella noche entré preocupado en mi tienda. Quería en vano arrancarme de la imaginación el recuerdo de la extraña aventura. Mas al dirigirme al lecho, torné a ver la misma mano, una mano hermosa, blanca hasta la palidez, que descorrió las cortinas, desapareciendo después de descorrerlas. Desde entonces, a todas horas, en todas partes, estoy viendo esa mano misteriosa que previene mis deseos y se adelanta a mis acciones. La he visto, al expugnar el castillo de Triana, coger entre sus dedos y partir en el aire una saeta que venía a herirme; la he visto, en los banquetes donde procuraba ahogar mi pena entre la confusión y el tumulto, escanciar el vino en mi copa, y siempre se halla delante de mis ojos, y por donde voy me sigue: en la tienda, en el combate, de día, de noche... Ahora mismo, mírala, mírala aquí apoyada suavemente en mis hombros.

Al pronunciar estas últimas palabras, el conde se puso en pie y dio algunos pasos como fuera de sí y embargado de un terror profundo.

El escudero se enjugó una lágrima que corría por sus mejillas. Creyendo loco a su señor, no insistió, sin embargo, en contrariar sus ideas, y se limitó a decirle con voz porfundamente conmovida:

—Venid... salgamos un momento de la tienda; acaso la brisa de la tarde refrescará vuestras sienes, calmando ese incomprensible dolor, para el que yo no hallo palabras de consuelo.

IV

El real de los cristianos se extendía por todo el campo del Guadaira, hasta tocar en la margen izquierda del Guadalquivir. Enfrente del real y destacándose sobre el luminoso horizonte, se alzaban los muros de Sevilla, flanqueados de torres almenadas y fuertes. Por encima de la corona de almenas rebosaba la verdura de los mil jardines de la morisca ciudad, y entre las oscuras manchas del follaje lucían los miradores blancos como la nieve, los alminares[34] de las mezquitas y la gigantesca atalaya sobre cuyo aéreo pretil lanzaban chispas de luz, heridas por el sol, las cuatro grandes bolas de oro, que

---

[32]Terreno alto.
[33]Al suroeste de Sevilla.

[34]Torre de una mezquita desde la cual se llama a los fieles a la oración.

desde el campo de los cristianos parecían cuatro llamas.

La empresa de don Fernando, una de las más heroicas y atrevidas de aquella época, había traído a su alrededor a los más célebres guerreros de los diferentes reinos de la Península, no faltando algunos que de países extraños y distantes vinieran también, llamados por la fama, a unir sus esfuerzos a los del santo rey.

Tendidas a lo largo de la llanura, mirábanse, pues, tiendas de campañas de todas formas de colores, sobre el remate[35] de las cuales ondeaban al viento distintas enseñas[36] con escudos partidos, astros, grifos, leones, cadenas, barras y calderas, y otras cien y cien figuras o símbolos heráldicos que pregonaban el nombre y la calidad de sus dueños. Por entre las calles de aquella improvisada ciudad circulaban en todas direcciones multitud de soldados, que hablando dialectos diversos y vestidos cada cual al uso de su país, y cada cual armado a su guisa, formaban un extraño y pintoresco contraste. Aquí descansaban algunos señores de las fatigas del combate sentados en escaños de alerce a la puerta de sus tiendas y jugando a las tablas, en tanto que sus pajes les escanciaban el vino en copas de metal; allí algunos peones aprovechaban un momento de ocio para aderezar y componer sus armas, rotas en la última refriega; más allá cubrían de saetas un blanco los más expertos ballesteros de la huesta entre las aclamaciones de la multidud, pasmada de su destreza; y el rumor de los tambores, y el clamor de las trompetas, las voces de los mercaderes ambulantes, al golpear del hierro contra el hierro, los cánticos de los juglares que entretenían a sus oyentes con la relación de hazañas portentosas, y los gritos de los farautes que publicaban las ordenanzas de los maestres de campo, llenando los aires de mil y mil ruidos discordes, prestaban a aquel cuadro de costumbres guerreras una vida y una animación imposibles de pintar con palabras.

El cónde de Gómara, acompañado de su fiel escudero, atravesó por entre los animados grupos sin levantar los ojos de la tierra, silencioso, triste, como si ningún objeto hiriese su vista ni llegase a su oído el rumor más leve. Andaba maquinalmente, a la manera de un sonámbulo, cuyo espíritu se agita en el mundo de los sueños, se mueve y marcha sin la conciencia de sus acciones y como arrastrado por una voluntad ajena a la suya.

Próximo a la tienda del rey y en medio de un gran corro de soldados, pajecillos y gente menuda que lo escuchaban con la boca abierta, apresurándose a comprarle algunas de las baratijas que anunciaba a voces y con hiperbólicos encomios, había un extraño personaje, mitad romero, mitad juglar, que ora recitando una especie de letanía en latín bárbaro, interminable relación de chistes capaces de poner colorado a un ballestero, con oraciones devotas, historias de amores picarescos, con leyendas de santos. En las inmensas alforjas[37] que colgaban de sus hombros se hallaban revueltos y confundidos mil objetos diferentes: cintas tocadas en el sepulcro de Santiago; cédulas con palabras que él decía ser hebraicas, las mismas que dijo el rey Salomón cuando fundaba el templo, y las únicas para libertarse de toda clase de enfermedades contagiosas; bálsamos maravillosos para pegar a hombres partidos por la mitad; Evangelios cosidos en bolsitas de brocatel[38]; secretos para hacerse amar de todas las mujeres; reliquias de los santos patrones de todos los lugares de España; joyuelas, cadenillas, cinturones, medallas y otras muchas baratijas de alquimia, de vidrio y de plomo.

Cuando el conde llegó cerca del grupo que formaban el romero y sus admiradores, comenzaba éste a templar una especie de bandolina[39] o guzlá[40] árabe con que se acompañaba en la relación de sus romances. Después que hubo estirado bien las cuerdas unas tras otras y con mucha calma, mientras su acompañante deba la vuelta al corro sacando los últimos cornados[41] de la flaca escarcela[42] de los oyentes, el romero empezó a cantar con voz gangosa y con un aire monótono y plañidero un romance que siempre terminaba en el mismo estribillo.

El conde se acercó al grupo y prestó atención. Por una coincidencia, al parecer extraña, el título de aquella historia respondía en un todo a los lúgubres pensamientos que embargaban su ánimo. Según había anunciado el canto antes de comenzar, el romance se titulaba el *Romance de una mano muerta*.

Al oír el escudero tan extraño anuncio, pugnó por arrancar a su señor de aquel sitio; pero el conde, con los ojos fijos en el juglar, permaneció inmóvil, escuchando la cantiga:

---

[35]Fin, extremo.
[36]Insignias.

[37]Sacos.
[38]Tejido de cáñamo y seda.
[39]Instrumento musical de cuerdas.
[40]Instrumento musical de una sola cuerda.
[41]Moneda antigua de cobre.
[42]Especie de bolsa que se llevaba de la cintura.

I

La niña tiene un amante
que escudero se decía.
El escudero le anuncia
que a la guerra se partía.
«Te vas y acaso no tornes».
«Tornaré por vida mía».
Mientras el amante jura,
diz[43] que el viento repetía:
¡Malhaya quien en promesas
de hombre fía!

II

El conde, con la mesnada
de su castillo salía.
Ella, que lo ha conocido,
con grande aflicción gemía:
«¡Ay de mí, que se va el conde
y se lleva la honra mía»!
Mientras la cuitada[44] llora,
diz que el viento repetía:
¡Malhaya quien en promesas
de hombre fía!

III

Su hermano, que estaba allí
estas palabras oía:
«Nos ha deshonrado», dice.
«Me juró que tornaría».
«No te encontrará si torna,
donde encontrarte solía».
Mientras la infelice muere,
diz que el viento repetía:
¡Malhaya quien en promesas
de hombre fía!

IV

Muerta la llevan al soto;
la han enterrado en la umbría;
por más tierra que le echaban,
la mano no se cubría;
la mano donde un anillo
que le dio el conde tenía.
De noche, sobre la tumba
diz que el viento repetía:
¡Malhaya quien en promesas
de hombre fía!

Apenas el canto había terminado la última estrofa cuando, rompiendo el muro de curiosos que se apartaban con respeto al reconocerlo, el conde llegó adonde se encontraba el romero, y cogiéndolo con fuerza del brazo, le preguntó en voz baja y convulsa:

—¿De qué tierra eres?

—De tierra de Soria[45] —le respondió éste sin alterarse.

—Y ¿dónde has aprendido ese romance? ¿A quién se refiere la historia que cuenta? —volvió a exclamar su interlocutor, cada vez con muestras de emoción más profunda.

—Señor —dijo el romero clavando sus ojos en los del conde con una fijeza impeturbable—, esta canción la repiten de unos en otros los aldeanos del campo de Gómara, y se refiere a una desdichada cruelmente ofendida por un poderoso. Altos juicios de Dios han permitido que al enterrarla quedase siempre fuera de la sepultura la mano en que su amante le puso un anillo al hacerle una promesa. Vos sabrás quizá a quien toca cumplirla.

V

En un lugarejo miserable y que se encuentra a un lado del camino que conduce a Gómara, he visto hace mucho el sitio en donde se asegura tuvo lugar la extraña ceremonia del casamiento del conde.

Después que éste, arrodillado sobre la humilde fosa, estrechó con la suya la mano de Margarita y un sacerdote autorizado por el Papa bendijo la lúgubre unión, es fama que cesó el prodigio, y *la mano muerta* se hundió para siempre.

Al pie de unos árboles añosos y corpulentos hay un pedacito de prado que, al llegar la primavera, se cubre espontáneamente de flores. La gente del país dice que allí está enterrada Margarita.

ROSALÍA DE CASTRO (1837-1885)

Por su intenso lirismo, Rosalía de Castro se asocia con Bécquer, aunque su enfoque regionalista y su sensibilidad femenina la apartan bastante del poeta sevillano. Hija natural, Castro nació en Santiago de Compostela y fue criada por un cura, pariente de su padre, hasta que su madre se la llevó a vivir con ella. Sus raíces gallegas tuvieron una profunda influencia en sus escritos. Las rías

---

[43]Se dice.
[44]Pobre, adolorida.

---

[45]Región conocida por sus mitos y leyendas.

(fiordos), los hermosos paisajes, el riquísimo caudal folklórico, las supersticiones y el suave lenguaje gallego en que tantos poetas medievales habían compuesto sus obras no podían dejar de influir en una escritora de la finura de Castro.

De salud delicada, recibió una educación pobre. De niña demostró talento para la música, cualidad que se destacaría más tarde en su poesía, sumamente melódica. En 1856 fue a Madrid a vivir con una tía, pero no se acostumbró a Castilla, que encontraba hostil y fría. Al año siguiente publicó su primera colección de poesía en castellano, *La flor.* En 1858 se casó con el periodista gallego Manuel Martínez Murguía. Ese mismo año perdió a su madre y también publicó su primera novela, *La hija del mar.* Nostágica y triste, ella y su marido volvieron a Galicia a vivir en su provincia natal a orillas del río Sar. Desanimada por la pobreza y por problemas domésticos, creció su melancolía.

En estos años empezó a componer poesía en gallego. A instancia de su marido, publicó sus *Cantares gallegos* en 1863, y también *A mi madre,* versos en castellano conmemorando la muerte de su madre. *Cantares* tuvo un gran éxito y ayudó a reestablecer el gallego como lengua literaria. Su próxima colección *Follas novas (Hojas nuevas),* también en gallego, apareció en 1880. Caracteriza estos libros la aparente falta de artificio, evocadora de la poesía folklórica. *Cantares* refleja las costumbres y el estilo de vida de su amada Galicia, mientras que *Follas* capta la tristeza de la autora.

Aunque publicó varias novelas en castellano, su obra más conocida en este idioma es la colección de poesía *En las orillas del Sar,* publicado en 1884, cuando ya padecía de tuberculosis. Falleció un año después, a los 48 años, de cáncer.

Rosalía de Castro pertenece a lo que Susan Kirkpatrick llama «la segunda generación» de poetas románticas. Parte de la misma base que sus contemporáneas; emplea muchos de los mismos temas, metáforas e imágenes que ellas. Sin embargo, la poesía de Castro está impregnada de una profunda y personalísima melancolía. A diferencia de Bécquer y de algunas de las poetas de su generación, parte de situaciones reales, concretas. En *Volved,* por ejemplo, alude a la migración gallega a otras partes de España o a las Américas, causada por la terrible pobreza de la región. Expresa su añoranza de los viejos tiempos y de los amigos que se han ido, y también su resignación ante las circunstancias—porque sabe que Galicia no les puede ofrecer nada.

La muerte es uno de los temas fundamentales de Rosalía de Castro. Como señala Kirkpatrick, la pérdida de un hijo era un fenómeno muy frecuente en el siglo XIX. «Tan común era esta experiencia en un siglo en que la tasa de mortalidad infantil permanecía muy alta, que casi todas las poetas que llegaron a tener hijos dejaron constancia en su obra de la muerte de uno o más de ellos»(35). Si para los escritores románticos masculinos la muerte era una abstracción atractiva y seductora—a menudo la representaban como una bella mujer—para la poeta era una dura realidad, la privación irremediable de un ser amado, de la cual se desahogaba en su poesía. Sin embargo, en los versos de Rosalía de Castro el tema adquiere nuevas dimensiones; en los poemas de *A mi madre,* por ejemplo, la poeta subraya la angustia y el sentido de desamparo que le causa la muerte. La naturaleza, que la generación anterior había asociado con la inocencia, en la poesía de Castro vuelve a la función que tenía en la lírica renacentista: borrar las distinciones entre el mundo interno y el externo. El dolor se expresa con imágenes de una naturaleza amenazante o triste: negras nubes, sol turbio. Los elementos naturales representan metafóricamente a la poeta misma.

A través de estas imágenes Castro se aparta del concepto de la mujer angelical. En vez de «cándidas y hermosas» como muchachas modelos, las nubes (símbolo del alma de la autora) de *Ya pasó la estación de los calores* son «errantes, fugitivas, misteriosas», «llenas de amargura y desconsuelo», «suelto el ropaje y la melena al viento», «locas en incesante movimiento». Se trata de otra imagen de la mujer romántica: loca, libre, apasionada, melancólica. A primera vista, esta imagen de la mujer irracional parece aproximarse algo a la de poetas románticos como Espronceda que, a diferencia de sus antecesores del temprano Renacimiento que pintaban a la mujer como fría y distante en su pedestal, la transforman en un ser inestable y ardoroso, dispuesto a sacrificarlo todo por el amor. Sin embargo, no es la pasión amorosa lo que motiva a la mujer de Castro, sino el intenso dolor.

En *Era apacible el día*, inspirado por la muerte de su penúltimo hijo, Castro subraya la ambigüedad de sus sentimientos al pintar el día en contrastes: es apacible y templado y, al mismo tiempo, «llovía y llovía»—oposición que refleja tanto el sosiego que trae la muerte, concebida como fin del dolor, como las lágrimas de la madre desconsolada. La poeta intensifica la emoción al hacer que el lector presencie el entierro: «Tierra sobre el cadáver insepulto / antes que empiece a corromperse... ¡tierra! / Ya el hoyo se ha cubierto, sosegaos...» El uso del presente perfecto vivifica la imagen, haciéndola real e inmediata, mientras que el uso de palabras como «cadáver» subrayan la realidad brutal de la situación. Más adelante surge otro tema inquietante: la mención de la primavera que se acerca y de la hierba «verde y pujante» que crecerá sobre la tumba trae la promesa de renovación. Por otra parte, «no puede acabar lo que es eterno» parece ser una afirmación de la inmortalidad del alma. Sin embargo, la esperanza y la fe quedan anuladas en la última estrofa. Cambiando abruptamente de dirección y entregándose al pesimismo, la poeta declara que «Nada hay eterno para el hombre...»; el poema termina con el amargo presentimiento de que la muerte es absoluta y final.

En este poema y otros, Castro rompe con el molde de la poesía femenina, concebida hasta ahora como un vehículo para el desahogo de la mujer, y se revela como una escritora consciente de las dimensiones filosóficas del arte. En el conflicto entre el amor materno, caracterizado por el deseo de creer en perduración del alma, y la conciencia de la finalidad de la muerte, se anuncia ya la temática de los escritores del 98.

Pero no es sólo por sus dimensiones existenciales que Castro se aparta de otras poetas de su generación. Demuestra en los prólogos a sus obras claras nociones de que el suyo no es un arte puramente inconsciente y espontánea. A pesar de la influencia de fuentes orales y la aparente sencillez de su expresión, la poesía de Castro revela una complejidad considerable que incluye contrastes rítmicos interesantes, una variedad de voces poéticas y metáforas que funcionan a múltiples niveles. En la segunda estrofa de *Volved,* por ejemplo, introduce un cambio radical, pasando del verso largo y melódico al verso corto, de compás rápido. El empleo de vocablos como «linfa» por «agua» también enriquecen el poema. Las metáforas de Castro son de interés especial. En *Ya pasó la estación de los calores* las «mustias flores» simbolizan no sólo el fin del verano sino también el de las ilusiones; asimismo, las nubes señalan no sólo el cambio de estación sino el estado interior de la poeta.

Los críticos tardaron en reconocer el valor de la obra de Rosalía de Castro—ni Juan Valera ni Menéndez Pelayo la incluyeron en sus antologías—pero hoy en día se la considera como una de las mejores poetas del siglo XIX.

Volved

I

Bien sabe Dios que siempre me arrancan tristes
                [lágrimas
  aquéllos que nos dejan;[1]
pero aún más me lastiman y me llenan de luto
  los que a volver se niegan.

  ¡Partid, y Dios os guíe..., pobres desheredados
para quienes no hay sitio en la hostigada[2] patria[3];
partid llenos de aliento en pos de[4] otro horizonte,
pero... volved más tarde al viejo hogar que os llama.

Jamás del extranjero el pobre cuerpo inerte,
como en la propia tierra en la ajena descansa.[5]

II

  Volved, que os aseguro
que al pie de cada arroyo y cada fuente
  de linfa[6] transparente,
donde se reflejó vuestro semblante,
  y en cada viejo muro

---

[1]Se refiere a los gallegos que emigran a otras partes de España o a las Américas.

[2]Desgraciada.

[3]Se refiere a la «patria chica», la región natal.

[4]**En...** tras.

[5]**Jamás...** Jamás el pobre cuerpo inerte del extranjero descansa en la ajena tierra como en la propia.

[6]Agua.

que os prestó sombra cuando niños erais
   y jugabais inquietos,
y que escuchó más tarde los secretos
   del que ya adolescente
   o mozo enamorado,
en el soto, en el monte y en el prado,
   dondequiera que un día
   os guió el pie ligero...,
   yo os digo y os juro
   que hay genios[7] misteriosos
que os llaman tan sentidos y amorosos
y son tan hondo y dolorido acento,
que hacen más triste el suspirar del viento,
cuando en las noches del invierno duro
de vuestro hogar que entristeció el ausente,
discurren por los ámbitos medrosos
y en las eras sollozan silenciosos,
   y van del monte al río
llenos de luto y siempre murmurando:
«¡Partieron!... ¿Hasta cuándo?
¡Qué soledad! ¿No volverán, Dios mío?

Sintiéndose acabar con el estío

   Sintiéndose acabar con el estío
la desahuciada enferma,
¡moriré en el otoño!
—pensó, entre melancólica y contenta—,
y sentiré rodar sobre mi tumba
las hojas también muertas.
   Mas...ni aun la muerte complacerla quiso,
cruel también con ella:
perdonóle la vida en el invierno,
y, cuando todo renacía en la tierra,
la mató lentamente, entre los himnos
alegres de la hermosa primavera.

A la luna

¡Con qué pura y serena transparencia
   brilla esta noche la luna!
A imagen de la cándida inocencia,
   no tiene mancha ninguna.

De su pálido rayo la luz pura,
   como lluvia de oro cae
sobre las largas cintas de verdura

que la brisa lleva y trae;

y el mármol de las tumbas ilumina
   con melancolía lumbre;
y las corrientes de agua cristalina
   que bajan de la alta cumbre.

La lejana llanura, las praderas,
   el mar de espuma cubierto,
donde nacen las ondas plañideras,
   el blanco arenal desierto,
la iglesia, el campanario, el viejo muro,
   la ría en su curso varia,
todo lo ves desde tu cenit puro,
   casta virgen solitaria.

Oigo el toque sonoro que entonces
a mi lecho a llamarme venía
con sus ecos, que el alba anunciaban;
   mientras cual[8] dulce caricia
   un rayo de sol dorado
alumbraba mi estancia tranquila.

Puro el aire, la luz sonrosada.
   ¡Qué despertar tan dichoso!
Yo veía entre nubes de incienso
   visiones con alas de oro
que llevaban la venda celeste
   de la fe sobre sus ojos . . .

   Ese sol es el mismo, mas ellas
   no acuden a mi conjuro;
y a través del espacio y las nubes,
y del agua en los limbos confusos,
y del aire en la azul transparencia,
¡ay!, ya en vano las llamo y las busco.

   Blanca y desierta la vía,
   entre los frondosos setos
y los bosques y arroyos que bordan
sus orillas, con grato misterio
atraerme parece, y brindarme
a que siga su línea sin término.
   Bajemos, pues, que el camino
   antiguo nos saldrá al paso,
aunque triste, escabroso y desierto,

---

[7]Espíritus.

[8]Como.

y cual nosotros, cambiado
lleno aún de las blancas fantasmas
    que en otro tiempo adoramos.

¡Oh tierra, antes y ahora, siempre fecunda y bella!
Viendo cuán triste brilla nuestra fatal estrella,
    del Sar cabe la orilla,
al acabarme, siento la sed devoradora
y jamás apagada que ahoga el sentimiento,
y el hambre de justicia, que abate y que anonada
cuando nuestros clamores las arrebata el viento
    de tempestad airada.

Ya en vano el tibio rayo de la naciente aurora,
    tras del «Miranda» altivo,
valles y cumbres dora con su resplandor vivo;
en vano llega mayo, de sol y aromas lleno,
con su frente de niño de rosas coronada
    y con su luz serena:
en mi pecho ve juntos el odio y el cariño,
    mezcla de gloria y pena;
mi sien por la corona del mártir agobiada,
y para siempre frío y agotado mi seno.

Ya que de la esperanza para la vida mía
triste y descolorido ha llegado el ocaso,
a mi morada oscura, desmantelada y fría
    tornemos paso a paso,
porque con su alegría no aumente mi amargura
    la blanca luz del día.
Contenta, el negro nido busca el ave agorera;
bien reposa la fiera en el antro escondido;
en su sepulcro, el muerto; el triste, en el olvido,
    y mi alma en su desierto.

Detente un punto, pensamiento inquieto

Detente un punto, pensamiento inquieto:
    la victoria te espera,
el amor y la gloria te sonríen.
¿Nada de esto te halaga ni encadena?

—Dejadme solo, y olvidado, y libre:
quiero errante vagar en las tinieblas;
    mi ilusión más querida
sólo allí dulce y sin rubor me besa.

Ya siente que te extingues en su seno

Ya siente que te extingues en su seno,
    llama vital, que dabas

luz a su espíritu, a su cuerpo fuerzas,
    juventud a su alma.

Ya tu calor no templará su sangre,
    por el invierno helada,
ni harás latir su corazón, ya falto
    de aliento y de esperanza.
    Mudo, ciego, insensible,
    sin gozos ni tormentos,
será cual astro que apagado y solo
perdido va por la extensión del cielo.

Si para que se llene y se desborde
el inmenso caudal de los agravios
quiere que nunca hasta sus labios llegue
    más que el duro y amargo
pan que el mendigo con dolor recoge
    y ablanda con su llanto,
sucumbirá por fin, como sucumben
    los buenos y los bravos,
cuando en batalla desigual los hiere
la mano del cobarde o del tirano.

Y ellos entonces vivirán dichosos
    su victoria cantando,
como el cárabo canta en su agujero
    y la rana en su charco.
Mas en tanto ellos cantan . . . ,
    ¡muchedumbre
que nace y muere en los paternos campos,
siempre desconocida y siempre estéril!,
triste la Patria seguirá llorando,
    siempre oprimida y siempre
de la ruindad y la ignorancia pasto.

Cuando sopla el Norte[9] duro

    Cuando sopla el Norte duro
y arde en el hogar el fuego,
y ellos pasan por mi puerta
flacos, desnudos y hambrientos,
el frío hiela mi espíritu,
como debe helar su cuerpo.
Y mi corazón se queda
al verlos ir sin consuelo,
cual ellos, opreso y triste,
desconsolado cual ellos.

---

[9]Viento del Norte.

Era niño y ya perdiera[10]
la costumbre de llorar;
la miseria seca el alma
y los ojos además:
era niño y parecía,
por sus hechos, viejo ya.
    ¡Experiencia del mendigo!
Eres precoz como el mal,
implacable como el odio,
dura como la verdad.
    De polvo y fango nacidos,
fango y polvo nos tornamos;
¿por qué, pues, tanto luchamos
si hemos de caer vencidos?
    Cuando esto piensa humilde y temerosa,
        como tiembla la rosa
        del viento al soplo airado,
tiembla y busca el rincón más ignorado
para morir en paz, si no dichosa.

A la sombra te sientas

    A la sombra te sientas de las desnudas rocas,
y en el rincón te ocultas donde zumba el insecto,
y allí donde las aguas estancadas dormitan
y no hay humanos seres que interrumpan tus sueños,
¡quién supiera en qué piensas, amor de mis amores,
cuando con leve paso y contenido aliento, temblando
 a que percibas mi agitación extrema,
allí donde te escondes ansiosa te sorprendo!
    —¡Curiosidad maldita!, frío aguijón que hieres
las femeninas almas, los varoniles pechos:
tu fuerza impele al hombre a que busque la hondura
del desencanto amargo y a que remueva el cieno
donde se forman siempre los miasmas infectos.
    —¿Qué has dicho de amargura y cieno y
desencanto?
¡Ah! no pronuncies frases, mi bien, que no comprendo;
dime sólo en qué piensas cuando de mí te apartas
y huyendo de los hombres vas buscando el silencio.
    —Pienso en cosas tan tristes a veces y tan negras
y en otras tan extrañas y tan hermosas pienso,
que . . . no las sabrás nunca, porque lo que se ignora
no nos daña si es malo, ni perturba si es bueno.
Yo te lo digo, niña, a quien de veras amo.

Brillaban en la altura

10Había perdido.

Brillaban en la altura cual moribundas chispas
    las pálidas estrellas,
y abajo ..., muy abajo, en la callada selva,
sentíase en las hojas próximas a secarse,
    y en las marchitas hierbas,
algo como estallidos de arterias que se rompen
    y huesos que se quiebran..
¡Qué cosas tan extrañas finge una mente enferma!

    Tan honda era la noche,
    la oscuridad tan densa,
    que, ciega, la pupila,
    si se fijaba en ella,
creía ver brillando entre la espesa sombra,
como en la inmensa altura, las pálidas estrellas.
¡Qué cosas tan extrañas finge una mente en tinieblas!

En su ilusión, creyóse por el vacío envuelto,
    y en él queriendo hundirse
y girar con los astros por el celeste piélago,
fue a estrellarse en las rocas, que la noche ocultaba
    bajo su manto espeso.

Cuando en la planta con afán cuidada

    Cuando en la planta con afán cuidada
la fresca yema de un capullo asoma,
lentamente arrastrándose entre el césped,
la salta el caracol y la devora.
    Cuando de un alma atea
en la profunda oscuridad medrosa
brilla un rayo de fe, viene la duda
y sobre él tiende su gigante sombra.

Ya que de la esperanza

Ya que de la esperanza para la vida mía
triste y descolorido ha llegado el ocaso,
a mi morada oscura, desmantelada y fría
    tornemos paso a paso,
porque con su alegría no aumente mi amargura
    la blanca luz del día.

Contenta, el negro nido busca el ave agorera;
bien reposa la fiera en el antro escondido;
en su sepulcro, el muerto; el triste, en el olvido,
    y mi alma en su desierto.

Ya pasó la estación de los calores

I
Ya pasó la estación de los calores,

y lleno el rostro de áspera fiereza,
sobre los restos de las mustias flores
asoma el crudo invierno su cabeza.

Por el azul del claro firmamento
tiene sus alas de color sombrío,
cual en torno de un casto pensamiento
sus alas tienden un pensamiento impío.

Y gime el bosque, y el torrente brama,
y la hoja seca, en lodo convertida,
dale llorosa al céfiro[11] a quien ama
la postrera y doliente despedida.

II

Errantes, fugitivas, misteriosas,
tienden las nubes presuroso el vuelo,
no como un tiempo, cándidas y hermosas,
si llenas de amargura y desconsuelo.

Más allá..., más allá..., siempre adelante,
prosiguen sin descanso su carrera,
bañado en llanto el pálido semblante
con que riegan el bosque y la pradera.

Que enojada la mar[12] donde se miran
y oscurecido el sol que las amó,
sólo saben decir cuando suspiran:
«Todo para nosotras acabó».

III

Suelto el ropaje y la melena al viento,
cual se agrupan en torno de la luna...,
locas en incesante movimiento,
remedan el vaivén de la fortuna.

Pasan, vuelven y corren desatadas,
hijas del aire en forma caprichosa,
al viento de la noche abandonadas
en la profunda oscuridad medrosa.

Tal en mi triste corazón inquietas
mis locas esperanzas se agitaron,
y a un débil hilo de placer sujetas,
locas..., locas también se quebrantaron.

Era apacible el día[13]

Era apacible el día
y templado el ambiente,
y llovía, llovía

callada y mansamente
y mientras silenciosa
lloraba yo y gemía,
mi niño, tierna rosa,
durmiendo se moría.

Al huir de este mundo, ¡qué sosiego en su frente!
Al verle yo alejarse, ¡qué borrasca en la mía!

Tierra sobre el cadáver insepulto
antes que empiece a corromperse..., ¡tierra!
Ya el hoyo se ha cubierto, sosegaos,
bien pronto en los terrones removidos
verde y pujante crecerá la hierba.

¿Qué andáis buscando en torno de las tumbas,
torvo el mirar, nublado el pensamiento?
¡No os ocupéis de lo que al polvo vuelve!
Jamás el que descansa en el sepulcro
ha de tornar a amaros ni a ofenderos.

¡Jamás! ¿Es verdad que todo
para siempre acabó ya?
No, no puede acabar lo que es eterno,
ni puede tener fin la inmensidad.

Tú te fuiste por siempre; mas mi alma
te espera aún con amoroso afán,
y vendrás o iré yo, bien de mi vida,
allí donde nos hemos de encontrar.

Algo ha quedado tuyo en mis entrañas
que no morirá jamás,
y que Dios, porque es justo y porque es bueno,
a desunir ya nunca volverá.[14]
En el cielo, en la tierra, en lo insondable
yo te hallaré y me hallarás.
No, no puede acabar lo que es eterno,
ni puede tener fin la inmensidad.

Mas... es verdad, ha partido
para nunca más tornar.
Nada hay eterno para el hombre, huésped
de un día en este mundo terrenal,
en donde nace, vive y al fin muere,
cual todo nace, vive y muere acá.

---

[11]Viento suave.
[12]«Mar» es a menudo femenino en la poesía.
[13]Este poema se escribió en la ocasión de la muerte del penúltimo hijo de la autora, a los 20 meses de edad.

---

[14]A... Ya nunca volverá a desunir.

La prosa de ideas

A grandes rasgos, la actividad intelectual del siglo XIX puede estudiarse dividida en dos grandes épocas: la que antecede y la posterior a la Revolución de 1868. El primer período viene marcado, al menos hasta la muerte de Fernando VII, por el dominio de la cultura más característica de la vieja España. El monarca destruyó los débiles adelantos filosóficos, sociales, políticos y religiosos, fruto de la apertura ideológica de la Ilustración. En las universidades vuelve a reinar el Escolasticismo, las buenas costumbres son consideras más importantes que las ideas, los museos se clausuran y la vida intelectual se empobrece.

Algunos desafían el absolutismo de Fernando VII, como la sociedad secreta de *Los Numantinos*, pero sus componentes, entre los que destacaron Patricio de la Escosura y Espronceda, terminarán en Londres. Otros formarán tertulias en un intento por paliar los daños intelectuales de la política fernandina, por ejemplo la que se celebraba en la residencia de José Gómez de la Cortina y a la que asistieron jóvenes como Mesonero Romanos. Hacia 1830, un tercer grupo paliaba la dejadez cultural gubernamental acudiendo cada noche al café *Parnasillo*. Eran los componentes de la *Partida del trueno*, en la que también figuraron Espronceda, Patricio de la Escosura, Bretón de los Herreros, Gil y Zárate y Larra. A pesar de estos pequeños focos de actividad, la nación entera durmió los treinta primeros años del siglo XIX una oscura y larga noche intelectual.

Ciertas señales de mejora se observan en esta primera mitad del siglo tras la muerte de Fernando VII en 1833. Las necesidades políticas de su esposa María Cristina, en defensa de su hija Isabel ante el pretendiente don Carlos, la llevan a aliarse con algunos sectores de tendencia liberal. Regresan a España los desterrados o huidos en tiempos de Fernando VII y la Península lentamente se recobra de su dolencia cultural.

A esta revitalización colaboró sobre todo el que quizás sea el movimiento filosófico más importante de todo el siglo XIX: el Krausismo. Contemporáneo de Hegel, discípulo de Fichte y de Schelling, el alemán Karl Christian Friedrich Krause (1781-1732) alcanzó una gran popularidad en España, donde su pensamiento —o una reinterpretación que de él hiciera Julián Sanz del Río (1814-1869)— alimentó muy distintas generaciones de intelectuales.

En 1843, se le facilita a Sanz del Río, profesor de la Universidad de Madrid, una beca para el estudio en Alemania de las nuevas corrientes filosóficas. Se decide por el pensamiento de Krause porque en él halla, no un sistema cerrado, sino una filosofía capaz de integrar y armonizar toda vertiente de la vida del hombre y de su historia. Cuando regresa a la Península, Sanz del Río tiene ya perfectamente esbozada su interpretación particular del *Urbild der Menschheit* (1811) del filósofo alemán, y la expone —tres años antes de salir a la luz su adaptación al castellano: *Ideal de la Humanidad para la vida* (1860)— en la Universidad de Madrid, en su Discurso inagural correspondiente al curso académico 1857-1858.

Tras la publicación del *Ideal de la Humanidad para la vida*, Sanz del Río sigue dando publicidad a la filosofía de Krause desde la cátedra y en el seno de un pequeño círculo de amigos, reunidos semanalmente en tertulia. El principio fundamental de la filosofía de Sanz del Río es el «armonismo». La realidad es para él un compuesto consustancial de materia y espíritu, sin que ninguno de estos dos elementos posea superior importancia frente al otro. Como parte de la realidad, el hombre es también una conjunción de materia y espíritu, en donde el alma —a diferencia de la concepción tradicional católica— tiene exactamente el mismo valor que el cuerpo. Dios también se compone de materia y espíritu. Por eso, al Krausismo se le consideró siempre panteísta, pues, hallaba la esencia de Dios en el universo entero. Los krausistas, sin embargo, preferían al término *panteísmo* el de *panenteísmo* porque pensaban que el mundo o la realidad no agota la esencia divina. Al pensamiento de Sanz del Río también se le calificó de *panfilista* ya que afirmaba que, si Dios lo era todo, todas las criaturas —y en especial los hombres— debían amarse y amar cada criatura de la creación para amar a Dios.

El Krausismo tuvo también su peculiar concepto de la historia, según el cual la humanidad, desde su principio, camina hacia un fin, Dios, que es el Ideal. Cada período histórico es una interpretación humana peculiar de la mente divina, es decir, una idea de Dios. El hombre, en cada etapa de su historia, ha de intentar acercarse lo más posible a Dios, el cual es una suprema armonía de espíritu y materia. Para hacerlo, puede utilizar dos instrumentos de idéntica categoría, la razón o la imaginación o fe. Ambas son la base de diferentes caminos de estudio de la Idea de Dios: la Religión, la Ciencia y el Arte —muy específicamente dentro del último, la Literatura.

En suma, el Krausismo, en el terreno religioso fue profundamente espiritual, pero ajeno a la estructura eclesiástica católica. En el ámbito político, se caracterizaron Sanz del Río y sus más fieles seguidores por rehuir cualquier afiliación si bien simpatizaban todos con el Liberalismo. En lo económico, fueron librecambistas. Sin embargo, la especialidad en la que sin duda sobresalió la escuela fue la educación. Los partidarios del Krausismo defendieron la libertad de enseñanza y, conscientes del papel que ésta tenía para la regeneración nacional, se dedicaron por completo a ella. Los krausistas se apoderaron de la Universidad Central de Madrid; Francisco Giner de los Ríos fundó la Institución Libre de Enseñanza y el espíritu de Sanz del Río inspira incluso la Extensión Universitaria de Oviedo. En su labor docente reside la impronta que el Krausismo dejó en España por más de ciento cincuenta años. Aún en la primera mitad del siglo XX, muchos de los intelectuales españoles son —de una manera u otra— herederos krausistas (Azorín, Machado, Unamuno) u hombres educados en la Institución Libre de Enseñanza (Lorca, Dalí).

El Positivismo, si bien inagurado como tal por Auguste Comte, tenía muy remotos orígenes. Sus bases se hallaban ya en la filosofía sensualista que triunfó a lo largo del XVIII gracias a pensadores como Bacon, y su precedente más cercano era el Empirismo del médico francés Claude Bernard.

En España, el Positivismo hace su presentación pública en el Ateneo de Madrid en 1874-75 en un debate entre krausistas y positivistas. Amparados en recientes leyes como la de la libertad de prensa y de educación y la separación de poderes entre la Iglesia y el Estado, los positivistas españoles —todos ellos militantes del Liberalismo y, dentro de éste, de su tendencia más progresista— van a dedicarse por completo a ciencias como la Biología, o a campos más propiamente sociales como la Criminología. Al alcanzar el trono Alfonso XIII en 1902, los Positivistas conseguirán colocar en el poder a uno de sus máximos representantes, Carlos María Cortezo, bajo cuyos auspicios se creará el Instituto de Biología y Vacunación, centro en la Península de los estudios de inmunología y epidemias.

La base del Positivismo es el método inductivo de análisis, que Auguste Comte consideraba ley general, no sólo en el funcionamiento de la Naturaleza, sino en toda ciencia histórica y social. Con tales principios, el Positivismo rechazó todas aquellas disciplinas de la actividad intelectual con fundamento en principios abstractos o en el método deductivo. Así, el sistema dirigirá toda su inquina hacia la Lógica de filiación escolástica y hacia disciplinas como la Metafísica, la Moral o la Teología. En cambio, trabajará en busca de leyes de orden natural *cuasi* para la organización de la sociedad —iniciando así un nuevo campo, el de la Sociología— o creará descubrir pautas científicas de comportamiento patológico en los criminales de la época (Criminología).

El Positivismo contó también con su peculiar interpretación histórica. Comte dividió el discurrir de la humanidad en tres diferentes estadios: el teológico, el metafísico y el positivo. En el primero, caracterizado por el fetichismo, por el politeísmo, o por una religión monoteísta, los hombres explicaban el universo por la acción directa y continua de agentes sobrenaturales. En el estadio metafísico, tales agentes sobrenaturales son sustituidos por abstracciones personificadas que se creen capaces de engendrar todos los fenómenos observados. Por último, en el estadio positivo, el hombre renuncia a las nociones absolutas y a la búsqueda del origen y fin del universo para dedicarse, usando su razón y la observación, al establecimiento de las leyes científicas subyacentes bajo los fenómenos de la Naturaleza, del Hombre y de su Historia.

¿Cómo pudo el Positivismo ganar adeptos en una España tradicionalmente católica y profundamente espiritualista? El Positivismo interpretaba a los defensores del *status quo*, católicos y tradicionalistas, como restos anacrónicos del antiguo estadio metafísico de la Humanidad mientras veía a sus adeptos —miembros de la creciente clase burguesa— como sacerdotes del futuro de la Humanidad y de la religión positiva. No es de extrañar, pues, que españoles católicos y tradicionalistas vieran siempre al Positivismo como un peligro para la sociedad y constantemente le acusasen de la decadencia moral de la España contemporánea. Pero no sólo éstos se sintieron amenazados por el agnosticismo y materialismo que el pensamiento positivista acarreaba. Espíritus más abiertos como los del Krausismo también se sentían atacados.

No todos fueron críticos con el Positivismo. El Darwinismo, otra de las grandes corrientes de pensamiento de la segunda etapa fue en cierta manera filial o, al menos, reforzó las tesis positivistas. El Darwinismo era el resultado de la aplicación del método positivista a las ciencias naturales. Por medio de la observación de las diferentes especies vivientes y su comparación con los restos fósiles, el inglés Charles Robert Darwin destruyó el principio de la constancia de las especies, universalmente admitido en la época. Al respecto, publica en 1859, *The Origen of the Species by Means of Natural Selection*, texto en el que sienta la teoría de la transformación de unas especies en otras, sobreviviendo tan sólo a la selección natural aquéllas mejor preparadas para la lucha por la vida. Más tarde, Darwin aplicó las anteriores conclusiones al estudio específico de la evolución humana, dando a la imprenta, en 1871, su libro *The Descent of Man and Selection in Relation to Sex*, en el que estableció la famosa genealogía animal del hombre.

Aunque hay indicaciones claras de que las ideas de Darwin se conocían en España con anterioridad a la Revolución de 1868, no se difundieron en todo el país hasta algo más tarde (García Sarriá vi). El darwinismo español, más que seguidor directo de las hipótesis de Darwin, lo fue de las de su divulgador en Alemania, Haeckel. A Haeckel se le traduce por vez primera en 1879 (*Historia de la creación natural o doctrina científica de la evolución*), aunque el público español estaba familiarizado con el pensamiento del alemán por sus publicaciones en la *Revista Europea*, ya hacia el año 1867. La importancia del alemán radica en que, más que exponer las teorías científicas de Darwin, él las completa para formular un sistema totalizador del hombre y del mundo, muy atractivo para una comunidad intelectual acostumbrada a la filosofía armónica krausista.

Muy semejante fue la atracción que los españoles sintieron por otro darwinista, Herbert Spencer. Semejante a Haeckel, Spencer superaba las limitaciones científicas del Positivismo y el Darwinismo, dándoles trascendencia social. Su interés no reside en el estudio natural del hombre, sino en la aplicacion de las mismas leyes de tal estudio a la sociedad y su historia. Además, su noción de lo *incognoscible* dejaba de nuevo abierta la entrada a disciplinas como la metafísica, la moral o la religión que el Positivismo y, en menor medida, el Evolucionismo habían negado explícitamente.

Si en el campo científico y filosófico el Positivismo y el Darwinismo lucharon a lo largo del siglo XIX, en concreto, a partir de 1868, por implantarse en la vida cultural de la sociedad española, no menor fue la lucha que, en política, desde comienzos de la centuria, el Liberalismo libró por alcanzar parte activa en el discurrir histórico nacional. En nuestra Introducción al Siglo XIX hemos estudiado ya los avatares en los que este sistema político se vio inmerso en España. Aquí, deseamos únicamente establecer sus principios ideológicos, contraponiéndolos a los del Tradicionalismo, *modus vivendi* y modo de pensar de la gran mayoría del pueblo español y de muchos de sus intelectuales y opuesto radicalmente a los principios del Liberalismo.

Hasta principios del siglo XIX, todo el pueblo español fue —en términos generales— fiel al sistema político y social que hacía de la religión católica la base y fundamento de la vida personal y pública y que consideraba la autoridad del rey como garante del orden público. Si esto era cierto, no lo era menos que a lo largo del siglo XVIII, la apertura ideológica promovida por los Borbones había favorecido un no desdeñable renacimiento intelectual indígena y la penetración de nuevas ideas, procedentes en principio de Francia, pero también de otros países europeos. Fuese producto nacional o importación extranjera, poco a poco un nuevo espíritu fue adueñándose de algunas de las mentes más activas de la cultura española setecentista que, una vez agotado el siglo XVIII, reencontramos en los tiempos de la Guerra de la Independencia y de las Cortes de Cádiz. Si en el pasado se calificaron tales ideas de ilustradas, en el siglo XIX, recibirán el nombre de liberales.

El corpus ideológico del Liberalismo tenía por base las ideas de igualdad y libertad, originadas en los tiempos de la Enciclopedia. Con ellas, se minaban los principios del pensamiento tradicional español. Frente a la veneración antigua y el respeto al monarca como garante de las leyes y de la justicia, los liberales ponían el principio de los tres poderes (legislativo, judicial y ejecutivo) en el principio de la soberanía nacional, es decir, en las Cortes, y pretendían limitar los poderes del rey al orden ejecutivo. En las Cortes, por tanto, residía —a juicio de los liberales— todo poder y, en especial, el legislativo, siendo las leyes fruto del sentir natural del Pueblo ya que aquéllas debían constituirse por elección democrática entre los ciudadanos. Entendidas así las cosas, es el Estado el máximo organismo político por ser la fuente de la representación nacional y aquél ya nunca más se confundirá con la Corona, la cual pierde muchas de sus ancestrales prerrogativas frente a las Cortes.

Una misma pérdida va a sufrir la Iglesia dentro de la ideología liberal. Si bien el Liberalismo español, aún después de establecer la libertad de cultos, seguirá ofreciendo un trato privilegiado al Catolicismo, nunca más va a aceptarse el antiguo binomio Iglesia/ Estado. El origen del poder ya no reside en el rey, como representante de Dios, sino en cada individuo. Es decir, en el siglo XIX, al secularizarse el concepto de soberanía e independizarse de un origen divino, pierde toda justificación la antigua alianza entre Estado (rey) e Iglesia (Dios). A medida que el influjo liberal avance, el Catolicismo, aun sin que mengüe su impronta espiritual —incluso entre los mismos liberales—, sí perderá la justificación que en el pasado le posibilitaba su directa influencia política.

Por otra parte, residiendo el origen de toda organización social en el individuo, era lógico que las leyes tuvieran su bienestar por principal objetivo. Será gracias al Liberalismo que se establezcan en la sociedad otros principios caros al Siglo de las Luces, los de igualdad y libertad, principios que van a regir en las primeras Constituciones españolas. La igualdad civil supondrá la supresión de todos los privilegios de clase propios del Antiguo Régimen. La libertad, sobre todo de pensamiento, permitirá no sólo la libre exposición de opiniones, sino la abolición de la Inquisición y la elaboración de leyes como la de libertad de imprenta, de enseñanza y de culto.

En el terreno económico, el Liberalismo defendió unas de las ideas más características de la Ilustración española: la desamortización. A lo largo de los diversos gobiernos liberal-progresistas, los bienes propiedad de órdenes religiosas saldrán a pública subasta aunque nunca servirán, como era el original propósito ilustrado, para el renacimiento de la agricultura española, ni para una más justa distribución de la riqueza en manos de sus verdaderos trabajadores, sino para el mayor enriquecimiento de la aristocracia y la burguesía.

Todas estas nuevas ideas liberales, claramente restrictivas del poder tradicional en España de la monarquía y de la Iglesia, no fueron bien aceptadas por aquellos círculos que se sentían estrechamente consolidados en y con el pasado. Es por ello que frente al programa liberal creció con fuerza un grupo opositor, los defensores del Tradicionalismo, que contaron a principios de siglo con el apoyo de la gran mayoría del pueblo llano y con parte de la más rancia aristocracia.

Tradicionalismo y Liberalismo se enfrentaron a lo largo del siglo XIX en todo campo. No nos referimos aquí a un enfrentamiento político o armado, que también existió, sino a su controversia ideológica.

Mientras el Tradicionalismo creía consustanciales al ser español el respeto al monarca y a la religión católica, el Liberalismo era demócrata y defendía la libertad de cultos. Mientras el Tradicionalismo hallaba en el espíritu caballeresco de la Edad Media y en los ideales monárquicos y religiosos del Siglo de Oro la máxima expresión del ser nacional (Monarca y Dios), el Liberalismo interpretaba la historia española de muy diferente modo. Para los liberales, los Austrias habían destruido las libertades características de las *demo-*

cráticas Cortes castellanas medievales mientras la alianza de aquéllos con la Iglesia había traído como consecuencia, no sólo la corrupción del estamento eclesiástico, sino la pérdida de una espiritualidad verdaderamente cristiana. También en el orden de la ciencia ambos -ismos se oponían. El Tradicionalismo trataba de rescatar del pasado las grandes aportaciones españolas al discurrir científico-filosófico europeo y consideraba el espíritu europeo —y sobre todo francés— posterior a la Ilustración, la Revolución francesa de 1789 y a Bonaparte (es decir, la democracia republicana, el ateísmo y el materialismo) el agente corruptor de la moral, la religiosidad y el amor a la monarquía tradicionales en España.

Una postura semejante tomaban ambos oponentes en relación a la Literatura. El Tradicionalismo consideraba expresión castiza de los más altos valores nacionales (Monarquía y Catolicismo) al romancero y a la literatura áurea y creía que este ancestral espíritu era el que todavía sobrevivía en el pueblo español; de ahí que la manifestación decimonónica literaria del pensamiento tradicionalista fuera el Costumbrismo, literatura que pretendía, por una parte, el retrato de los viejos usos y costumbres ya desaparecidos, y por otra, el dibujo de los tipos más característicos del Pueblo español, en donde todavía sobrevivía el castizo y antiguo espíritu nacional.

La batalla ideológica entre tradicionalistas y liberales comenzó en los mismos tiempos de la Constitución de Cádiz (1812). Ciertos intelectuales de la época defendían los postulados tradicionalistas o liberales en continuas publicaciones. En cuanto a la prosa de ideas, debe ser claramente establecido que el siglo XIX es, por circunstancias de la época, profundamente política. Y si esto es cierto, más lo es que no fueron ni los libros, ni los ateneos, ni las tertulias el instrumento principal de difusión de ideas políticas, sino las publicaciones periódicas. El periódico es el verdadero promotor de la efervescencia política del siglo XIX.

Pero las primeras publicaciones periódicas —al igual que cualquier otro fenómeno decimonónico intelectual— tuvieron su origen la centuria anterior. Existen, sin embargo, dos grandes diferencias entre las publicaciones periódicas características del Dieciocho y las propias del siglo posterior. Mientras en el siglo XIX la gran mayoría de periódicos se concentran en la temática política, en el XVIII sus temas comprehenden un abanico más amplio. La segunda diferencia reside en la distinta conexión del periódico con el gobierno a lo largo del XVIII y XIX. En el Setecientos, se puede afirmar que la prensa era un instrumento utilizado por el Poder para la divulgación de sus intereses. En el XIX, en cambio, la prensa no sólo será fundamentalmente política, sino que en gran número de casos tendrá por función la crítica del Gobierno o grupo en el poder y, tras la decepción liberal de 1823, la prensa abandonará su dieciochesco apoyo incondicional a la figura del monarca. «El periódico es durante la mayor parte del siglo fundamentalmente un arma de combate político. Más que el 'cuarto poder' que pretende ser, la prensa será expresión de los distintos poderes, o grupos de interés que en cada momento luchan por imponerse o al menos hacer oír su voz»(Seoane 1992, 15). Invistiéndose ellos mismos con una sagrada misión, los hombres de la prensa tratarán de convertir a sus periódicos en configuradores de la opinión pública. Ello explica la progresiva aparición —en una España profundamente Tradicionalista— de una amplia audiencia de gusto liberal, casi inexistente durante la vida de Fernando VII.

El periódico del siglo XIX vive intensamente cada una de las vicisitudes políticas de su época. En tiempos del levantamiento nacional (1808) y de las Cortes de Cádiz (1812), la promulgación de la ley de libertad de imprenta y la efervescencia ideológica del momento, favorece la explosión de la prensa periódica. Por vez primera, una gran masa de la población española se pondrá en contacto con nuevas ideas —anteriormente usufructo de un pequeño círculo ilustrado— procedentes principalmente de los próceres de la Ilustración francesa. Las palabras y temas claves del periodismo de la época son todavía los del Despotismo Ilustrado del siglo anterior, sin embargo su divulgación ahora por medio de la prensa periódica hace que se conviertan no sólo en terminología en uso de unos pocos, sino en conversación cotidiana de un público más numeroso. La actividad de estos años inicia el proceso de transformación del Pueblo español, cuyo arraigado Tradicionalismo cultural progresivamente se abrirá a nuevas opciones políticas y sociales.

En tiempos de la Constitución de 1812, los liberales defendieron sus tesis en periódicos como *El conciso* y *El concisín*, cuyo programa pretendía el exterminio de las preocupaciones, del fanatismo y del error, como *Abeja Española*, dirigida por Bartolomé José Gallardo, *El Robespierre español*, *El semanario patriótico*, de Quintana, *El Tribuno Español*, *El Amigo de las Leyes*, etc. Por su parte, serviles, absolutistas o tradicionalistas exponían sus ideas en periódicos como *El Procurador General de la Nación y del Rey*, *El Centinela de la Patria*, *El Censor General*, *El Observador* o *La Gaceta del Comercio*.

Con el regreso de Fernando VII, el panorama cambia. El rey suprime la libertad de imprenta, la cual tan sólo se reimplantará durante el período del Trienio Liberal (1820-1823). Es entonces cuando la prensa renace, fundamentalmente todavía en manos de antiguos afrancesados que la dotaron de una excelente calidad. Aparecen también periódicos moderados como *La Colmena* o exaltados como el que irónicamente lleva el título de *El Conservador*. Hace asimismo aparición en esta época un nuevo tipo de prensa, que alcanzará su total expresión algo más tarde, en época de Espartero (1840-1843), y tras la Restauración borbónica (1875). Se trata del periodismo satírico, iniciado en Andalucía, en 1821, con *El Zurriago*. A excepción de éste, el resto de prensa del período se caracteriza todavía por su lenguaje de raíces enciclopedistas e ilustradas y por la defensa de la figura real.

Tras la década «ominosa» (1823-1833), cuando Fernando VII defrauda al pueblo español, la prensa nunca más defenderá en masa la figura real; lo harán tan sólo aquellos periódicos que se autodefinan como monárquicos. En este nuevo período absolutista, la prensa fundamentalmente se escribirá en el exilio, aprovechando desde Inglaterra las oportunidades económicas del mercado de lectores en español de América. Así, españoles en tierra inglesa redactan periódicos como *Ocios de los Españoles Emigrados,* de Jaime y Joaquín Lorenzo y Canga Argüelles, o como *Variedades* y *El Mensajero de Londres,* dirigidos

ambos por Blanco White. La prensa peninsular no será —como se comprende por sus circunstancias— destacable, salvo en el caso de periódicos como *El Europeo* de Barcelona, redactado por los italianos Luigi Monteggia y Lorenzo Galli y los catalanes López Soler y Aribau, o como *El Diario Mercantil*, de Madrid.

A partir de 1833, comienza el proceso de transición del Absolutismo al Liberalismo. Comienza ahora la verdadera escisión política entre la familia liberal, cuya principal arma de combate entre ellos será el periódico, tanto para moderados como para progresistas. Entre estos últimos caben citar el *Eco del Comercio* y la *Revista-Mensajero* y entre los moderados *La Abeja* y *El Español*. Otra gran efeméride del periodismo de esta época es el comienzo literario de uno de los grandes articulistas del siglo, Mariano José de Larra, fundamentalmente dedicado al artículo político, pero dadas las dificultades de la época, cubiertas en muchos casos sus intenciones bajo la engañosa superficie del artículo literario o del artículo de costumbres, del cual fue junto a Ramón Mesonero Romanos uno de sus mejores exponentes. Larra es ya un periodista totalmente liberal y, dentro del grupo, específicamente progresista. Sus contactos con el pensamiento de la Enciclopedia son las de un heredero que, no obstante, se halla situado en una nueva época. Otro tipo de publicaciones de esta época son, más que políticas, artístico-literarias, como es el caso de *El Artista*, de Eugenio de Ochoa y Federico Madrazo, o del *Semanario Pintoresco*, fundado por Ramón Mesonero Romanos. Ambos periódicos favorecieron el desarrollo y vida de un Romanticismo moderado, lleno de buen sentido.

El panorama se amplia hacia 1836, cuando la progresiva escisión entre moderados y progresistas y el desencanto de muchos de estos últimos ante la política de Espartero (1840-1843) provocará la aparición del partido republicano y, con él, de su particular prensa. Bajo la órbita republicana nacen en Madrid, por ejemplo, *El Huracán*, de Patricio Olavarría, *El Regenerador*, de Ordax Avecilla, *El Peninsular*, de García Uzal, y *Guindilla*, de Ayguals de Izco. No obstante, es quizás en Barcelona donde se establece el periódico más radical dentro de esta ideología. Nos referimos a *El Republicano*, bajo la dirección de Juan Manuel Carsy.

Es también durante los años 1840 a 1843, en la época del trienio esparterista, cuando la progresiva apertura ideológica de la sociedad española se hace de nuevo evidente. Periódicos republicanos como *El Huracán*, de Madrid, o *El Republicano*, de Barcelona, se abrieron totalmente a la problemática obrera y hacen una estusiasta defensa del naciente sindicalismo. Mas tarde, en la década moderada (1843-1854), el socialismo no necesitará ya del apoyo republicano. Ordax Avecilla, antiguo director de *El Regenerador*, es el primer diputado a Cortes que se declara manifiestamente socialista. Colabora en el primer periódico marcadamente socialista utópico, *La Atracción*, fundado en 1847 por Sixto Cámara y Fernando Garrido, quienes posteriormente lo continuaron con el título de *La Organización del Trabajo* (1848). En este periódico ya claramente se apoyan los principios básicos del socialismo: la asociación obrera y el derecho al trabajo.

La proliferación de la prensa liberal y de los primeros brotes del periodismo republicano y socialista provocó la toma de conciencia por parte del sector de pensamiento reaccionario de las nuevas circunstancias de la sociedad española, preparándose de este modo para hacerles frente con propiedad y con una actitud combativa y a la altura de sus enemigos políticos e intelectuales. La Iglesia y los defensores de la monarquía saben ahora que su control sobre la mentalidad y las conciencias no es absoluto, como ocurriera en un pasado reciente, y de que —al igual que han hecho las diferentes facciones del Liberalismo— deben sacar partido del extraordinario instrumento de propaganda que es la prensa. Es sólo en este instante preciso cuando las publicaciones periódicas de corte tradicionalista levantan sus vuelos para acercarse a un público ilustrado, comparable al lector de altura de la prensa liberal. Periódicos como *El Correo Catalán* o la revista *La Hormiga de Oro* van a contar entre sus colaboradores con intelectuales como Jaime Balmes o Juan Donoso Cortés.

En términos generales puede afirmarse que, hasta fines de siglo, la prensa continuará escindida entre periódicos de tendencia tradicionalista o absolutista, periódicos liberales, moderados o progresistas, periódicos republicanos y periódicos socialistas. Esto en cuanto a las publicaciones propiamente políticas. A ellas debieran añadirse las que —apoyando cualquier ideología— más que al sostén de un determinado partido, se dedicaban a la sátira de todos o de algunos. Tres fenómenos diferencian el periodismo de la segunda mitad del siglo del de la primera. Primero, la aparición de un tipo de prensa dedicada a la pura información. Segundo, la importancia del folletín durante la década moderada de 1843-1854, desplazado hacia 1874 por la noticia sensacionalista. Finalmente, tan sólo destacar el escaso eco que tendrá en la prensa un hecho tan importante para España como el desastre colonial de 1898.

En cuanto a la aparición de la prensa puramente informativa es un fenómeno cada vez más evidente a partir de los años 40. La introducción del telégrafo hace posible que, en vez de las noticias extraídas de otros periódicos regionales o del extranjero y enviadas por los corresponsales, ahora aparezcan en los periódicos las recién recibidas por telégrafo. «Signo de esta preocupación creciente por lo informativo, que andando el tiempo acabará desplazando en el periodismo la primacía de lo político, es la fundación en octubre de 1848 de la *Carta Autógrafa* por Manuel María de Santa Ana. La *Carta Autógrafa*, aunque germen del periódico *La Correspondencia de España*, que Santa Ana publicaría a partir de 1859, no era un periódico, sino un servicio de noticias, que su dinámico y emprendedor fundador recogía personalmente en ministerios, centros de negocio y cualquier otro lugar donde la noticia interesante pudiera producirse, escritas a mano y reproducidas luego en escasos ejemplares por medio de una prensa litográfica de mano y servidas a los suscriptores, fundamentalmente periódicos. Santa Ana fundó, pues, con la *Carta*, no un periódico, sino la primera y rudimentaria agencia de prensa española, con considerable retraso con respecto a las europeas, pues la célebre agencia Havas francesa data de 1835»(Seoane, 201). Un periódico que nace con la moderna pretensión de ser fundamentalmente informativo es *Las Novedades*, fundado por Ángel Fernández de los Ríos, de extraordinaria venta, tan sólo desplazado una década más tarde por el primer periódico totalmente informativo, *La Correspondencia de España* (1858), del mismo Fernández de los Ríos.

Representativo también de la progresiva independencia que los periódicos van tomando de la política, es la presencia en ellos del folletín-novela como medio de atracción del público. El folletín estaba fundamentalmente dedicado a las mujeres y en muchas ocasiones su temática tenía conexiones profundas con la ideología del periódico. Éste es el caso, por ejemplo, de *El Heraldo*, periódico moderado de Luis Sartorius, que publicó las primeras novelas de Fernán Caballero. Otros periódicos, como *El Español*, preferían la publicación en folletín de novelas históricas como *El Anticristo*, *Doña Blanca de Navarra* o *Las dos hermanas* de Francisco Navarro Villoslada.

RAMÓN LÓPEZ SOLER (1806-1836)

Las primeras décadas del siglo ven una transformación en las actitudes hacia la sociedad, la política, la moral y la estética que encuentran su expresión literaria en un nuevo movimiento, el Romanticismo, las características del cual se describen detalladamente en las secciones dedicadas a la poesía, el teatro y la novela. Basta señalar aquí que el Romanticismo representa, por lo menos en parte, una reacción contra el Neoclasicismo. Frente al racionalismo y el culto del buen gusto que caracterizan el pensamiento de un Moratín, el Romanticismo exalta las pasiones, la rebelión, la libertad estética y el exotismo.

Entre 1823 y 1824 se publica en Barcelona la revista *El Europeo*, en que participan algunos de los defensores más fervorosos del Romanticismo en España, entre ellos Ramón López Soler. Esta revista difunde las ideas de románticos alemanes e ingleses como Schiller, Bryron y Scott. En ella se ensayan nuevos temas y formas que después transformarían la literatura española.

Junto con Agustín Durán y Antonio Alcalá Galiano, López Soler articuló las ideas fundamentales del Romanticismo. En 1830 publicó la primera novela histórica española escrita a imitación de Walter Scott, *Los bandos de Castilla*, con la cual inicia el movimiento romántico en la prosa.

Los bandos de Castilla o el caballero del cisne

Prólogo (fragmento)

(...) Libre, impetuosa, salvaje, por decirlo así, tan admirable en el osado vuelo de sus inspiraciones, como sorprendente en sus sublimes descarríos, puédese afirmar que la literatura romántica es el intérprete de aquellas pasiones vagas e indefinibles que, dando al hombre un sombrío carácter, le impelen hacia la soledad, donde busca, en el bramido del mar y en el silbido de los vientos, las imágenes de sus recónditas pesares. Así, pulsando una lira de ébano, orlada la frente de fúnebre ciprés, se ha presentado al mundo esta musa solitaria, que tanto se complace en pintar las tempestades del universo y las del corazón humano; así, cautivando con mágico prestigio la fantasía de sus oyentes, inspírales fervorosa el deseo de la venganza o enternéceles melancólica con el emponzoñoso recuerdo de pasadas delicias. En medio de horrorosos huracanes, de noches en las que apenas se trasluce una luna amarillenta, reclinada al pie de los sepulcros, o errando bajo los arcos de antiguos alcázares y monasterios, suele elevar su peregrino canto semejante a aquellas aves desconocidas, que sólo atraviesan los aires cuando parecen anunciar el desorden de los elementos, la cólera del Altísimo o la destrucción del universo.

JUAN DONOSO CORTÉS (1809-1853)

Juan Donoso Cortés y Jaime Balmes fueron los más elocuentes de los adversarios del liberalismo político, tan de moda entre románticos como Espronceda y Larra. Gran orador y político apasionado, Donoso Cortés defendía el catolicismo y la monarquía empleando la lógica y la retórica.

Nacido en Badajoz, Donoso Cortés estudió en Cáceres y Sevilla, donde llegó a ser profesor del Colegio de Humanidades. Inició su carrera como liberal, y en 1829 pronunció en el Colegio un discurso afirmando los valores románticos y citando a autores europeos que se asociaban con el Romanticismo de índole democrático. Sin embargo, frente a los ataques krausistas a las instituciones tradicionales, Donoso, como Balmes y Menéndez y Pelayo, reaccionó con vehemencia.

Al trasladarse a Madrid, comenzó a participar en la política y a hacerse conocer por sus talentos oratorios. De hecho, durante su vida fue más conocido como orador y polemista que como escritor. Pronto empezó a publicar artículos en que defendía el autoritarismo y la Iglesia y en 1851 apareció su *Ensayo sobre el catolicismo, el liberalismo y el socialismo,* en el cual intenta derrumbar los argumentos de los liberales y socialistas mostrando que son contradictorios y absurdos, mientras que el catolicismo tiene un sólido fundamento en la lógica. El libro provocó una virulenta polémica en España y en el extranjero. Se han publicado los discuros de Donoso ante el Ateneo,[1] además de otras conferencias y cartas.

Donoso Cortés ocupó varios cargos diplomáticos. Sirvió al Gobierno como miembro de la delegación española en Prusia. En 1851, después de haber recibido el título de Marqués de Valdegamas, fue nombrado Ministro plenipotenciario en París, donde trabó amistad con escritores católicos como el historiador y político liberal Charles Forbes René de Montalembert (1810-1870). Murió en París. Sus obras completas fueron publicadas en 1946.

El catolicismo, el liberalismo y el socialismo
Capítulo III

Cada uno de los dogmas católicos es una maravilla fecunda en maravillas. El entendimiento humano pasa de unos a otros como de una proposición evidente a otra proposición evidente, como de un principio a su legítima consecuencia, unidos entre sí por la lazada de una ilación[2] rigurosa. Y cada nuevo dogma nos descubre un nuevo mundo, y en cada nuevo mundo se tiende la vista por nuevos y más anchos horizontes; y a la vista de esos anchísimos horizontes el espíritu queda absorto con el resplandor de tantas y tan grandes magnificencias.

Los dogmas católicos explican por su universalidad todos los hechos universales; y estos mismos hechos, a su vez, explican los dogmas católicos; de esta manera, lo que es vario se explica por lo que es uno, y lo que es uno por lo que es vario; el contenido por el continente, y el continente por el contenido. El dogma de la sabiduría y

de la providencia de Dios explica el orden y el maravilloso concierto de las cosas creadas; y por ese mismo orden y concierto vamos a parar a la explicación del dogma católico. El dogma de la libertad humana sirve para explicar la prevaricación primitiva; y ese misma prevaricación, atestiguada por todas las tradiciones, sirve de demostración de aquel dogma. La prevaricación adámica,[3] a un mismo tiempo dogma divino y hecho tradicional, explica cumplidamente los grandes desórdenes que alteran la belleza y la armonía de las cosas; y esos mismos desórdenes, en sus manifestaciones evidentes, son una demostración perpetua de la prevaricación adámica. El dogma enseña que el mal es una negación, y el bien una afirmación; y la razón nos dice que no hay mal que no se resuelva en la negación de una afirmación divina. El dogma proclama que el mal es modal,[4] y el bien substancial; y los hechos demuestran que no hay mal que no se resuelva en cierta manera viciosa y desordenada de ser, y que no hay sustancia que no sea relativamente perfecta. El dogma afirma que Dios saca el bien universal del mal universal, y un orden perfectísimo del desorden absoluto; y ya hemos visto de qué manera todas las cosas van a Dios, aunque vayan a él por caminos diferentes, viniendo a constituir por su unión con Dios el orden universal y supremo.

Pasando del orden universal al orden humano, la conexión y armonía, por una parte, de los dogmas entre sí, y por otra, de los dogmas con los hechos, no es menos evidente. El dogma que enseña la corrupción simultánea en Adán del individuo y de la especie, nos explica la transmisión, por vía de generación, de la culpa y de los efectos del pecado; y la naturaleza antitética, contradictoria y desordenada del hombre, que todos vemos nos lleva como por la mano, de inducción en inducción, primero al dogma de una corrupción general de toda la especie humana, después al dogma de una corrupción transmitida por la sangre, y por último al dogma de la prevaricación primitiva; el cual enlazándose con el de la libertad dada al hombre y con el de la Providencia que le dio aquella libertad, viene a ser como el punto de conjunción de los dogmas que sirven para explicar el orden

---

[1]Instituto cultural fundado en Madrid en 1820, disuelto tres años más tarde y reestablecido por Mesonero Romanos en 1835.

[2]Dependencia, enlace natural.

[3]Referencia al adamismo, doctrina de una secta de herejes del siglo II que celebraban sus reuniones desnudos, como Adán, y practicaban la poligamia. Aquí el autor alude oblicuamente a las doctrinas liberales que predican, según su modo de ver, el libertinaje y el desorden.

[4]Relativo a los modos o formas de una substancia.

y el concierto especial en que fueron puestas las cosas humanas, con aquellos otros más universales y más altos, que sirven para explicar el peso, número y medida en que fueron criadas por el Criador todas las criaturas.

Siguiendo ahora en la exposición de los dogmas relativos al orden humano, veremos salir de ellos, como de copiosísima fuente, aquellas leyes generales de la humanidad que nos dejan atónitos por su sabiduría y como pasmados por su grandeza. (…)

[La] responsabilidad en común, a que llaman *solidaridad*, es una de las más bellas y augustas revelaciones del dogma católico. Por la solidaridad el hombre, levantado a mayor dignidad y a más altas esferas, deja de ser un átomo en el espacio y un minuto en el tiempo; y anteviviéndose y sobreviviéndose a sí mismo, se prolonga hasta donde los tiempos se prolongan, y se dilata hasta donde se dilatan los espacios. Por ella se afirma, y hasta cierto punto se crea la humanidad, con cuya palabra, que carecía de sentido en las sociedades antiguas, se significa la unidad substancial de la naturaleza humana, y el estrecho parentesco que tienen entre sí unos con otros todos los hombres.

Desde luego se echa de ver que lo que por este dogma gana la naturaleza humana en lo grandioso, eso gana el hombre en lo nobilísimo; al revés de lo que sucede con la teoría comunista de la solidaridad, de que hablaremos más adelante: según esa teoría, la humanidad no es solidaria, en el sentido de que es el vasto conjunto de todos los hombres solidarios entre sí porque por la naturaleza son unos, sino en el sentido de que es una unidad orgánica y viviente, que absorbe a todos los hombres, los cuales en vez de constituirla la sirven. Por el dogma católico, la misma dignidad a que es levantada la especie, alcanza a los individuos. El Catolicismo no levanta por un lado su altísimo nivel para abatirle por otro, ni ha descubierto los títulos nobiliarios de la humanidad para humillar al hombre; sino que la una y el otro se levantan juntamente a las divinas grandezas y a las divinas alturas. Cuando poniendo mis ojos en lo que soy, me considero en comunicación con el primero y con el último de los hombres; y cuando poniéndolos en lo que obro, veo a mi acción sobrevivirme y ser causa, en su perpetua prolongación, de otras y de otras acciones que a su vez se sobreviven y se multiplican hasta el fin de los tiempos; cuando pienso que todas esas acciones juntas, que en mi acción tienen su origen, toman un cuerpo y una voz, y que alzando esa voz que toman, me aclamen no sólo por lo que hice sino por lo que hicieron otros a causa de mí, digno de galardón o digno de muerte; cuando todas estas cosas considero, yo de mí sé decir que me derribo en es-

píritu ante el acatamiento de Dios, sin acabar de comprender y de medir toda la inmensidad de mi grandeza.

¿Quién, sino Dios, pudo levantar tan concertadamente y por igual el nivel de todas las cosas? Cuando el hombre quiere levantar algo, no lo hace nunca sin deprimir aquello que no levanta: en las esferas religiosas, no sabe levantarse a sí propio sin deprimir a Dios, ni levantar a Dios sin deprimirse a sí propio; en las esferas políticas, no aciertan a rendir culto a la libertad, sin negar a la autoridad su culto y su homenaje; en las esferas sociales, no sabe otra cosa sino sacrificar la sociedad al individuo o los individuos a la sociedad… fluctuando perpetuamente entre el despotismo comunista o la anarquía proudhoniana.[5] (…)

Esto serviría para explicar la impotencia absoluta a que todos los partidos equililbristas aparecen condenados en la historia; y por qué el gran problema de la conciliación de los derechos del Estado con los individuales, y del orden con la libertad, es todavía un problema, viniendo como viene planteado desde que tuvieron principio las primeras asociaciones. El hombre no puede mantener en equilibrio las cosas sino manteniédolas en su ser, ni mantenerlas todas y bien asentadas por Dios en sus firmísimos asientos, toda mudanza en su manera de estar asentadas y puestas es necesariamente un desequilibrio. Los únicos pueblos que han sido a un tiempo mismo mesurados y fuertes, son aquéllos en que no se ve la mano del hombre, y en que las instituciones se vienen formando con aquella lenta y progresiva vegetación con que crece todo lo que es estable en los dominios del tiempo y de la historia. (…)

[Sigue una defensa de la monarquía hereditaria.]

La escuela liberal y racionalista niega y concede la solidaridad a un mismo tiempo, siendo siempre absurda, así cuando la concede como cuando la niega. En primer lugar, niega la solidaridad humana en el orden religioso, negando la doctrina de la transmisión hereditaria de la pena y de la culpa, fundamento exclusivo de este dogma; la niega en el orden político; proclamando máximas que contradicen la solidaridad de los pueblos. Entre ellas merecen una mención especial la que consiste en proclamar el principio de no intervención, y aquella otra, que es correlativa, según la cual cada uno debe mirar por sí y ninguno debe salir de su casa para cuidar de la ajena. Estas máximas idénticas

---

[5]De Pierre Proudhon (1809-1826), filósofo socialista francés, que decía que la propiedad era «un robo». Fue fundador de un sistema mutualista, doctrina que considera la humanidad como una asociación de servicios mutuos.

entre sí no son otra cosa sino el egoísmo pagano sin la virilidad de sus odios. Un pueblo adoctrinado por las doctrinas enervantes de esta escuela llamará a los otros extraños, porque no tiene fuerza para llamarlos enemigos.

La escuela liberal y racionalista niega la solidaridad familiar, por cuanto proclama el principio de la aptitud legal de todos los hombres para obtener todos los destinos públicos y todas las dignidades del Estado, lo cual es negar la acción de los ascendientes sobre sus descendientes, y la comunicación de las calidades de los primeros a los segundos por transmisión hereditaria. Pero al mismo tiempo que niega esa transmisión, la reconoce de dos maneras diferentes; la primera, proclamando la perpetua identidad de las naciones; y la segunda, proclamando el principio hereditario en la monarquía. El principio de la identidad nacional, o no significa nada, o significa que hay comunidad de méritos y deméritos, de glorias y de desastres de talentos y de aptitudes entre las generaciones pasadas y las presentes, entre las presentes y las futuras; y esta misma comunidad es de todo punto inexplicable, si no se la considera como el resultado de nuestra transmisión hereditaria. Por otra parte, la monarquía, considerada como institución fundamental del Estado, es una institución contradictoria y absurda allí en donde se niega el principio de la virtud de transmisión de la sangre, que es el principio constitutivo de todas las aristocracias históricas. Por último, la escuela liberal y racionalista, en su materialismo repugnante, da a la riqueza que se comunica, la virtud que niega a la sangre que se trasmite. El mando de los ricos la[6] parece más legítimo que el mando de los nobles.

Vienen en pos de esta escuela efímera y contradictoria las escuelas socialistas, las cuales, concediéndola[7] todos sus principios, la[8] niegan todas sus consecuencias. Las escuelas socialistas toman de la racionalista y liberal la negación de la solidaridad humana en el orden político y en el orden religioso; negándola en el orden religioso, niegan la transmisión de la culpa y de la pena, y además la pena y la culpa; negándola en el orden político, toman de la escuela socialista y liberal el principio de la igual aptitud de todos los hombres para obtener los destinos y las dignidades del Estado; pasando empero más adelante, demuestran a la escuela liberal que ese principio lleva consigo en buena lógica la supresión de la monarquía hereditaria, y que esta supresión de la monarquía, que no siendo hereditaria, es

una institución inútil y embarazosa. En seguida demuestran, sin grande esfuerzo de razón, que, supuesta la igualdad nativa del hombre, esa igualdad lleva consigo la supresión de todas las distinciones aristocráticas, y por consiguiente la supresión de censo electoral, en el cual no se puede reconocer esa virtud misteriosa de conferir los atributos soberanos, habiéndosele negado a la sangre, sin una contradicción evidente. (…) Así como proclaman la perfecta igualdad de todos los hombres, proclaman también la igualdad perfecta de todos los pueblos.

De aquí se deducen las siguientes consecuencias: siendo los hombres perfectamente iguales entre sí es una cosa absurda repartirlos en grupos, como quiera que esa manera de repartición no tiene otro fundamento sino la solidaridad de esos mismos grupos, solidaridad que viene negada por las escuelas liberales como origen perpetuo de la desigualdad entre los hombres. Siendo esto así, lo que en buena lógica procede, es la disolución de la familia: de tal manera procede esta disolución del conjunto de los principios y de las teorías liberales, que sin ella aquellos principios no pueden realizarse en las asociaciones políticas. En vano proclamaréis la idea de la igualdad; esa idea no tomará cuerpo mientras la familia esté en pie. La familia es un árbol de este nombre, que en su fecundidad prodigiosa produce perpetuamente la idea nobiliaria.

Pero la supresión de la familia lleva consigo la supresión de la propiedad como consecuencia forzosa. El hombre, considerado en sí, no puede ser propietario de la tierra, y no puede serlo por una razón muy sencilla: la propiedad de una cosa no se concibe sin que haya cierta manera de proporción entre el propietario y su cosa; y entre la tierra y el hombre no hay proporción de ninguna especie. Para demostrarlo cumplidamente, bastará observar que el hombre es un ser transitorio, y la tierra una cosa que nunca muere y nunca pasa. Siendo esto así, es una cosa contraria a la razón que la tierra caiga en propiedad de los hombres, considerados individualmente. La institución de la propiedad es absurda sin la institución de la familia: en ella o en otra que se la asemeje, como los institutos religiosos, está la razón de su existencia. La tierra, cosa que nunca muere, no puede caer sino en la propiedad de una asociación religiosa o familiar que nunca pasa: luego, suprimida implícitamente la asociación doméstica, y explícitamente la asociación religiosa, a lo menos la monástica, por la escuela liberal, procede la supresión de la propiedad de la tierra, como consecuencia lógica de sus principios. Esta supresión de tal manera va embebida en los principios de la escuela liberal, que ha comenzado siempre

---

[6]Le.
[7]Concediéndole.
[8]Le.

el período de su dominación por apoderarse de los bienes de la Iglesia, por la supresión de los institutos religiosos y por la de los mayorazgos, sin advertir que apoderándose de los unos y suprimiendo los otros, bajo el punto de vista de sus principios, hacía poco; bajo el punto de vista de sus intereses, en calidad de propietaria, hacía demasiado. La escuela liberal, que de todo tiene menos de docta, no ha comprendido jamás que siendo necesario, para que la tierra sea susceptible de apropiación, que caiga en manos de quien pueda conservar su propiedad perpetuamente, la supresión de los mayorazgos y la expropiación de la Iglesia con la cláusula de que no pueda adquirir es lo mismo que condenar la propiedad con una condenación irrevocable. Esa escuela no ha comprendido jamás que la tierra, hablando en rigor lógico, no puede ser objeto de apropiación individual sino social, y que no puede serlo, por lo mismo, sino bajo la forma monástica o bajo la forma familiar de mayorazgo; las cuales, bajo el punto de vista de la perpetuidad, vienen a ser una misma forma, como quiera una y otra subsisten perpetuamente. La desamortización eclesiástica y civil proclamada por el liberalismo en tumulto,[9] traerá consigo en tiempo más o menos próximo, pero no muy lejano si atendemos al paso que llevan las cosas, la expropiación universal. Entonces sabrá lo que ahora ignora: que la propiedad no tiene razón de existir sino estando en manos muertas,[10] como quiera que la tierra, perpetua de suyo, no puede ser materia de apropiación para los vivos que pasan, sino para esos muertos que siempre viven.

Cuando los socialistas, después de haber negado la familia como consecuencia implícita de los principios de la escuela liberal, y la facultad de adquirir en la Iglesia, principio reconocido así por los liberales como por los socialistas, niegan la propiedad como consecuencia última de todos estos principios, no hacen otra cosa sino poner término dichoso a la obra comenzada cándidamente por los doctores liberales. Por último, cuando después de haber suprimido la propiedad individual, el comunismo proclama el Estado propietario universal y absoluto de todas las tierras, aunque es evidentemente absurdo por otros conceptos, no lo es si se le considera bajo nuestro actual punto de vista. Para convencerse de ello, basta considerar que una vez consumada la disolución de la familia en nombre de los principios de la escuela liberal, la cuestión de la pro-

piedad viene agitándose entre los individuos y el Estado únicamente. Ahora bien: planteada la cuestión en estos términos, es una cosa puesta fuera de toda duda que los títulos del Estado son superiores a los de los individuos, como quiera que el primero es por su naturaleza perpetuo, y que los segundos no pueden perpetuarse fuera de la familia.

De la perfecta igualdad de todos los pueblos, deducida lógicamente de los principios de la escuela liberal, sacan los socialistas, o saco yo en nombre suyo, las siguientes consecuencias. Así como de la perfecta igualdad de todas las familias que componen el Estado, saca la escuela liberal por consecuencia lógica la no existencia de la solidaridad en la sociedad doméstica, del mismo modo, y por la misma razón de la perfecta igualdad de todos los pueblos en el seno de la humanidad, resulta la negación de la solidaridad política. No siendo solidaria la nación, es fuerza negarla todo aquello que se niega lógicamente de la familia, en la suposición de que no es solidaria. (...) Lo que se niega de la familia, da por resultado lógico la destrucción en el hombre de aquel apego al hogar que constituye la dicha de la asociación doméstica; por identidad de razón, lo que niega de la nación, da por resultado forzoso la destrucción radical de aquel amor a su patria, que levantando al hombre sobre sí mismo, le impulsa a acometer con intrépido arrojo las empresas más heroicas.

Por donde se ve que de estas negaciones se sacan para la sociedad doméstica y para la política estas consecuencias: la solución de continuidad de la gloria; la supresión del amor de la familia; y del patriotismo, que es el amor de la patria; y por último la disolución de la sociedad doméstica y de la sociedad política, las cuales ni pueden existir ni pueden concebirse sin ese enlace de los tiempos, sin la comunión de la gloria, y sin estar asentadas en aquellos grandes amores. (...)

JAIME BALMES (1810-1848)

Escritores tradicionalistas y católicos como Jaime Balmes, también conocido por su nombre catalán, Jaume, y Donoso Cortés, ofrecen una visión que contrasta con el pesimismo romántico. Político, filósofo y teólogo, Balmes estudió teología en el Seminario de Vic y en el Colegio de San Carlos; se doctoró en teología en 1835. Al año siguiente fue nombrado catedrático en matemáticas de la Societat d' Amics del País.

---

[9]En 1836, Juan Álvarez Mendizábal, Jefe del Gobierno, hizo votar las leyes que desamortizaron (pusieron en venta) los bienes de las comunidades eclesiásticas.
[10]Estado de los bienes inalienables de las comunidades religiosas u otras instituciones.

Balmes es uno de los importantes pensadores del conservadurismo catalán. A pesar de su devoción a su tierra, escribió casi exclusivamente en castellano. Aunque sus ideas no son particularmente originales —reflejan la influencia de santo Tomás, de la escuela escocesa, de Descartes y de Leibniz— su lógica, presentada de una manera clara y lúcida, se opone al emocionalismo de muchos de sus coetáneos.

Hoy día sus escritos políticos carecen de interés. Sin embargo, sus tratados sobre la filosofía y la teología todavía se estudian. En su libro *El protestantismo comparado con el catolicismo en sus relaciones con la civilización* (1842-44), defiende el catolicismo contra los alegatos de François Guizot en su *Histoire de la civilization en Europe*. Este libro, así como *El criterio* (1845), estableció la reputación de Balmes en España y también en el extranjero.

Fue uno de los padres del Renaixença (Renacimiento) Catalán y durante la última década de su vida finalmente escribió un libro en su lengua materna: *Conversa d'un pagès de la muntanya sobre lo papa (Conversación con un campesino montañés sobre el Papa)* (1842). La crítica estima que la prosa catalana de Balmes es superior a la castellana. En su *Filosofía fundamental* (1846), ataca el escepticismo y el relativismo que habían invadido el pensamiento español.

El criterio
Los periódicos

I. Una Ilusión

Creen algunos que con respecto a los países donde está en vigor la libertad de imprenta, no es muy difícil encontrar la verdad, porque teniendo todo linaje de intereses y opiniones algún periódico que les sirve de órgano, los unos desvanecen los errores de los otros, brotando del cotejo la luz de la verdad. «Entre todos lo saben todo y lo dicen todo; no se necesita más que paciencia en leer, cuidado en comparar, tino en discernir, y prudencia en juzgar». Así discurren algunos. Yo creo que esto es pura ilusión; y lo primero que asiento es que ni con respecto a las personas ni a las cosas, los periódicos no lo dicen todo, ni con mucho, ni aun aquello que saben bien los redactores, hasta en los países mas libres.

II. Los periódicos no lo dicen todo sobre las personas

Estamos presenciando a cada paso que los partidarios de lo que se llama una notabilidad, la ensalzan con destemplados elogios; mientras sus adversarios le regalan a manos llenas los dictados de ignorante, estúpido, inhumano, sanguinario, tigre, traidor, monstruo, y otras lindezas por este estilo. El saber, los talentos, la honradez, la amabilidad, la generosidad y otras cualidades que le atribuían al héroe los escritores de su devoción, quedan en verdad algo ajadas con los cumplimientos de sus enemigos; pero al fin, ¿qué sacáis en limpio de esta barahúnda? ¿Qué pensará el extranjero que ha de decidirse por uno de los extremos, o adoptar un justo medio a manera de árbitro arbitrador? El resultado es andar a tientas, y verse precisado a caer en crasos errores. La carrera pública del hombre en cuestión no siempre está señalada por actos bien caracterizados; y además lo que haya en ellos de bueno o malo, no siempre es bien claro si debe atribuirse a él o a sus subalternos.

Lo curioso es que a veces entre tanta contienda, la opinión pública en ciertos círculos, y quizás en todo el país, está fijada sobre el personaje; de suerte que no parece sino que se miente de común acuerdo. En efecto, hablad con los hombres que no carecen de noticias; quizás con los mismos que le han declarado mas cruda guerra; «lo que es talento, oiréis, nadie se lo niega; sabe mucho y no tiene malas intenciones; pero qué quiere V? .... se ha metido en eso, y es preciso desbancarle; yo soy el primero en respetarle como a persona privada; y ojalá que nos hubiese escuchado a nosotros; nos hubiera servido mucho, y habría representado un papel brillante». ¿Veis a ese otro tan honrado, tan inteligente, tan activo y enérgico, que al decir de ciertos periódicos, él y solo él, puede apartar la patria del borde del abismo? Escuchad a los que le conocen de cerca, y tal vez a sus mas ardientes defensores. «Que es un infeliz, ya lo sabemos; pero al fin es el hombre que nos conviene, de alguien no hemos de valer. Se le acusa de impuros manejos; esto ¿quién lo ignora? en el banco A ha puesto tales fondos, y ahora va a hacer otro tanto en el banco B. En verdad que roba de una manera demasiado escandalosa; pero mire usted, esto es ya tan común... y además, cuando le acusan nuestros adversarios, no es menester que uno le deje en las astas del toro. ¿No sabe usted la historia de ese hombre? pues yo le voy a contar a usted su vida y milagros...» Y se os refieren sus aventuras, sus altos y bajos, y sus maldades o miserias, o necedades, y desde entonces ya no padecéis ilusiones, y juzgáis en adelante con seguridad y acierto.

Estas proporciones no las disfrutan por lo común los extranjeros, ni los nacionales que se contentan con la lectura de los periódicos, y así creyendo que la comparación de los de opuestas opiniones les aclara suficientemente la verdad, se forman los más equivocados conceptos sobre les hombres y las cosas.

El temor de ser denunciados, de indisponerse con determinadas personas, el respeto debido a la vida privada, el decoro propio, y otros motivos semejantes impiden a menudo a los periódicos el descender a ciertos pormenores, y referir anécdotas que retratan al vivo al personaje a quien atacan; sucediendo a veces que con la misma exageración de los cargos, la destemplanza de las invectivas, y la crueldad de las sátiras, no le hacen ni con mucho el daño que se le podría hacer con la sencilla y sosegada exposición de algunos hechos particulares.

Los escritores distinguen casi siempre entre el hombre privado y el hombre público; esto es muy bueno en la mayor parte de los casos, porque de otra suerte la polémica periodística ya demasiado agria y descompuesta, se convirtiera bien pronto en un lodazal donde se revolverían inmundicias intolerables; pero esto no quita que la vida privada de un hombre no sirva muy bien para conjeturar sobre su conducta en los destinos públicos. Quien en el trato ordinario no respeta la hacienda ajena, ¿creéis que procederá con pureza cuando maneje el erario[1] de la nación? El hombre de mala fe, sin convicciones de ninguna clase, sin religión, sin moral, ¿creéis será consecuente en los principios políticos que aparenta profesar, y que en sus palabras y promesas puede descansar tranquilo el gobierno que se vale de sus servicios? El epicúreo por sistema, que en su pueblo insultaba sin pudor el decoro público, siendo mal marido y mal padre, ¿creéis que renunciará a su libertinaje cuando se vea elevado a la magistratura, y que de su corrupción y procacidad[2] nada tendrán que temer la inocencia y la fortuna de los buenos, nada que esperar la insolencia y la injusticia de los malos? Y nada de esto dicen los periódicos, nada pueden decir, aunque les conste a los escritores sin ningún género de duda.

III. Los periódicos no lo dicen todo sobre las cosas

Hasta en política, no es verdad que los periódicos

los digan todo. ¿Quien ignora cuánto distan por lo común las opiniones que se manifiestan en amistosa conversación de lo que se expresa por escrito? Cuando se escribe en público hay siempre algunas formalidades que cubrir, y muchas consideraciones que guardar; no pocos dicen lo contrario de lo que piensan; y hasta los mas rígidos en materias de veracidades se hallan a veces precisados ya que no a decir lo que no piensan, al menos a decir mucho menos de lo que piensan. Conviene no olvidar estas advertencias, si se quiere saber algo mas en política de lo que anda por ese mundo como moneda falsa de muchos reconocida, pero recíprocamente aceptada, sin que por esto se equivoquen los inteligentes sobre su peso y ley.

JULIÁN SANZ DEL RÍO (1814-1869)

Aunque escribió varios tratados de filosofía abstracta, fue en el campo de la educación donde Julián Sanz del Río tuvo mayor influencia. Después de doctorarse en derecho canónigo en 1836, Sanz del Río estudió jurisprudencia civil en la Universidad de Madrid y comenzó a ejercer su profesión. En 1843 fue nombrado profesor de historia de filosofía en la Universidad de Madrid, bajo la condición de que pasara dos años en el extranjero mejorando su formación filosófica. Fue primero a París, pero no encontró un programa de estudios a su gusto. Luego fue a Bruselas y a Heidelberg, donde estudió con Carl David August Roeder.

Durante su estancia en Alemania en calidad de pensionado del gobierno español, Sanz estudió el «racionalismo armónico», filosofía desarrollada por Karl Christian Friedrich Krause. Al regresar a España, en vez de comenzar a enseñar inmediatamente, se refugió en Illescas, donde siguió estudiando y meditando. Durante este período escribió *Lecciones para el sistema de filosofía analítica de K. Ch. F. Krause* (1850). En 1854 volvió a sus tareas académicas y difundió el krausismo entre sus estudiantes. El discurso que pronunció para la inauguración del año académico 1857-1858 abarcaba todo un programa de renovación con implicaciones no sólo para la cátedra sino también para la vida personal. En 1860 publicó *Ideal de la humanidad para la vida*, adaptación libre de *Das*

---

[1]Tesoro público.
[2]Insolencia.

Urbild der Menschheit (1811) de Krause, y *Sistema de la filosofía: Metafísica.*

Según la doctrina krausista propagada por Sanz del Río, la cual se conocía por el nombre de panenteísmo, el espíritu divino se da a conocer mediante ciertas acciones o demostraciones en el tiempo y el espacio. El mundo es un compendio de estas manifestaciones. La Humanidad está formada de Naturaleza y Espíritu, y por medio de estos dos elementos asciende hacia la armonía perfecta de Dios. El fin de la educación es cultivar la razón y despertar el espíritu científico para que el individuo vaya comprendiendo que es una combinación de naturaleza y espíritu y aspire a la armonía entre ellos, llegando así a gozar de una vida plena.

Aunque sus ideas no eran originales y sus tratados filosóficos se tachaban de demasiado abstractos y teóricos, Sanz del Río tuvo una profunda influencia en la educación española. Debido a la atmósfera de insatisfacción y controversia que existía en el país, había gran interés en el nuevo movimiento, el cual promovía el espíritu racionalista que dominaba en el resto de Europa, y al mismo tiempo tenía implicaciones algo místicas que a las que eran especialmente sensibles un pueblo de profundas tradiciones católicas. Discípulos de Sanz del Río—Francisco Giner de los Ríos, Gumersindo de Azcárate y Nicolás Salmerón—fueron abandonando los aspectos teóricos de la doctrina krausista y buscaron sus aplicaciones prácticas, principalmente en el campo de la educación.

En 1867, dos años antes de morir, Sanz del Río se negó a firmar un juramento de fe religiosa y política, por lo cual perdió su puesto universitario. Dejó varias obras sin terminar.

Carta primera[1]

Sr. D. José de la Revilla[2]: (...) Confieso que desde España miraba yo mi encargo y los deberes que me imponía con ojos más ligeros y más por encima de lo que el asunto merece. Contaba a la verdad con mi buen deseo, con los tal cuales conocimientos que yo tenía en la filosofía y en la lengua alemana y con las fuerzas que da al ánimo en las empresas difíciles la consideración del porvenir. Pero una idea perfectamente clara, interior, de todo lo que determinadamente tenía yo que hacer para desempeñar mi cometido, no la tenía al salir de España. En Bruselas, y en mis relaciones con Mr. Ahrens,[3] conocí que las dificultades de la lengua, y muy principalmente el lenguaje filosófico eran, aunque graves y costosas de vencer, de mucha menor entidad que las que nacían del objeto mismo, de las ideas en sí y en la indefinida diversidad con que se han manifestado en la filosofía moderna alemana desde Kant hasta Schelling.[4]

Como guía que me condujera con claridad y seguridad por el caos que se presentaba ante mi espíritu hube de escoger de preferencia un sistema a cuyo estudio me debía consagrar exclusivamente hasta hallarme en estado de juzgar con criterio los demás. Escogí aquél que, según lo poco que yo alcanzaba a conocer, encontraba más consecuente, más completo, más conforme a lo que nos dicta el sano juicio en los puntos en que éste puede juzgar y, sobre todo, más susceptible de una aplicación práctica, razones todas que, si no eran rigurosamente científicas, bastaban a dejar satisfecho mi espíritu en cuanto al objeto especial que por entonces yo me proponía, fuera de que estaba yo convencido que tales y no otros debían ser los caracteres de la doctrina que hubiera de satisfacer las necesidades intelectuales de mi país.

Dirigido por estos pensamientos me propuse estudiar el sistema de K. C. F. Krause (...) Desde luego aseguro a usted que mi resolución invariable es consagrar todas mis fuerzas durante mi vida al estudio, explicación y propagación de esta doctrina, según sea conveniente y útil en nuestro país. Esto último admite consideraciones de circunstancias, sobre todo tratándose de ideas que son esencialmente prácticas y aplicables a la vida individual y pública, pero sobre todas estas consideraciones es mi convicción íntima y completa acerca de la verdad de la doctrina de Krause. Y esta convicción no nace de motivos puramente exteriores, como de la comparación de este sistema con los

---

[1] Escrita el 30 de mayo de 1844 en Heidelberg, donde se hallaba pensionado por el gobierno.

[2] Manuel de la Revilla y Moreno (1846-1881) fue un conocido crítico literario, orador y ensayista. Fundó varias revistas y fue jefe del departamento de Literatura de la Universidad de Madrid. Influyeron en sus ideas el krausismo, el neo-kantismo y el positivismo.

---

[3] Se refiere al filósofo Heinrich Ahrens.

[4] **Emmanuel Kant** (1724-1804), filósofo alemán, autor de la *Crítica de la razón pura* y otras obras en las cuales avanza la idea que aunque la razón no puede justificar nociones como la inmortalidad y la existencia de Dios, la ley moral las presupone. **Friedrich Wilhelm**

demás que yo tenía conocidos, sino que es producida directa e inmediatamente por la doctrina misma que no encuentro dentro de mí mismo y que infaliblemente encontrará cualquiera que sin preocupación, con sincera voluntad y con espíritu libre y tranquilo se estudia a sí mismo, no bajo tal o cual punto de vista aislado, parcial, sino en nuestro ser mismo, uno, idéntico, total.

(…) Desde luego Krause sostiene y demuestra que es posible y real el conocimiento científico del ser absoluto, de Dios, y esto de tal manera que la ciencia misma sólo es posible y real en virtud y por causa de este conocimiento anterior a ella. Esto entendido, la doctrina filosófica tiene naturalmente dos partes: la primera puramente analítica, en la cual el espíritu, recogiendo su atención, elevándose de lo múltiple, diferente, parcial a lo que es simple, idéntico, total, sube gradual e inevitablemente al conocimiento intuitivo racional del Ser absoluto. Este conocimiento existe en la vida común y es el supuesto inevitable y último de todo lo que pensamos. El filósofo no se distingue en esto del que no lo es, sino en que mira con más atención, en que no se distrae. Pero si este conocimiento supremo, absoluto existe y es posible, es preciso que en la intuición del Ser veamos todo conocimiento posible y sólo se trata en esta segunda parte sintética de componer la ciencia en todo su organismo interno bajo la luz de esta intuición. Yo no hago a usted esta primera indicación, sino únicamente para que entienda hasta dónde alcanzan las pretensiones de esta doctrina, no para que forme usted una opinión acerca de su verdad o falsedad. Éste es un punto demasiado grave y yo espero en Dios, que si consigo volver a mi país con el mismo buen ánimo con que me encuentro ahora, podré acaso convencer a usted, no sólo de la posibilidad de este conocimiento, sino lo que es más aún, que es imposible dejar de llegar a él si buscamos de buena fe y con ánimo atento la verdad, no de hoy o ayer, sino de todos los siglos, eterna, absoluta.

Los caracteres externos que en general resaltan más en esta doctrina, o por lo menos los que yo he notado hasta ahora, son éstos. Su método científico. Aquí no se supone jamás. No se afirma más que lo que se ve directa, inmediatamente, desde la primera verdad de intuición inmediata, *Yo*, hasta la última verdad, la intuición *Ser,* en la cual y por la cual existe y es posible la intuición *Yo.* El orden de progresión es tan circunspecto, tan rigurosamente gradual, que no es posible negar el asentimiento a cada afirmación sucesiva. En ningún sistema moderno alemán, y en general en ningún sistema filosófico, se halla esta condición esencial satisfecha completamente sino en éste. Otro carácter

propio de este sistema es lo que yo me atreveré a llamar su realidad, por la cual palabra, para explicarme brevemente, entiendo que en él no se tiene por objeto la *idea*, como en todos los demás, sino el fundamento de la idea, la intuición directa del Ser, en virtud de la cual la idea existe. Así, no se espere de la doctrina de Krause una metafísica abstracta y puramente formal, por consiguiente inútil en la vida, sino que el conocimiento supremo en este sistema es conocimiento de la suprema realidad del Ser absoluto, en el cual es esta realidad parcial, individual, en la cual el hombre pierde continuamente su atención y la identidad de su ser y de su conocimiento. Otro carácter de este sistema es lo que yo llamaré su *omneidad*. Como nada hay que en ser, y por consiguiente en el conocimiento de ello, no esté contenido y subordinado al Ser principio, Krause demuestra cómo se realiza este contenido y subordinación orgánica en el conocer de los seres. Nada puede excluirse de esta universalidad de relación. Así, en cuanto al contenido, a la ciencia del Ser es interior, inferior y subordinada la ciencia del Ser naturaleza, Ser razón, Ser humanidad o unión orgánica de naturaleza y razón; en cuanto a la forma, las matemáticas, ciencia de la omneidad absoluta (pero considerada sólo formalmente como tal, prescindiendo del contenido), contienen en sí, como ciencias matemáticas subordinadas, la ciencia de la omneidad de espacio, la de tiempo, la de cuantidad, etc., bajo cuyas formas reconocemos todos los seres. Así, por ejemplo, lo que se llama ciencias naturales, ciencias morales y políticas, ciencias fisico-matemáticas, no son en este sistema consideradas sino como armónicamente unidas entre sí y subordinadas ordenadamente a la ciencia una del Ser absoluto. Siento no poder evitar ahora la duda o acaso extrañeza que causará a Usted lo que escribo, pero ya llegara día en que hablemos claro y despacio sobre la materia. No quiero, sin embargo, dejar de hacer a Usted algunas indicaciones, aunque externas, que autorizan mi palabra y el sistema en cuestión. En cuanto a determinar el conocimiento absoluto, fundamento del conocimiento humano, es la cuestión que desde Kant ha ocupado a todos los filósofos alemanes, Fichte, Hegel,[5] Schelling y Krause: la necesidad de esta determinación resulta de la observación sencillísima, pero esencial y que puede

---

[5] **Johann Gottlieb Fichte** (1762-1814), filósofo alemán, discípulo de Kant y maestro de Schelling. Derivada del sistema de Kant, su doctrina es la del idealismo absoluto. **Georg Wilhelm Friedrich Hegel** (1770-1831), autor de *Fenomenogía del espíritu,* identifica la naturaleza y el espíritu con un principio único, la *idea,* que se desarrolla por el proceso dialéctico.

hacer cualquier pensador poco atento. ¿Por qué afirmo yo que las cosas son como yo las pienso (o que mi pensamiento tiene valor real objetivo) si me es de todo punto imposible conocer esta relación objetiva de mi pensamiento a la cosa puesto que yo no tengo conciencia inmediata sino de mi pensamiento propio, cuya verdad no puedo yo comprobar sino por pensamientos tan subjetivos como el primero, pero no por la cosa en sí? Luego conozco yo algo sobre mi pensamiento y sobre lo exterior, de cuyo conocimiento resulta (aunque en el conocimiento vulgar no pensemos en ello) la invencible afirmación de que existe una realidad exterior a mi ser y a mi pensamiento de ella. Esta cuestión fundamental de la filosofía, Fichte la resuelve imaginando un *Yo* absoluto; Hegel, por una idea absoluta; pero Krause dice que si conocer no es más que una esencia o propiedad de *Ser,* si yo conozco los seres individuales exteriores y a mí mismo, siempre como tal determinado individual, lo cual supone inevitablemente Ser no determinado, no individual, todos mis conocimientos de los seres no son más que determinaciones del conocimiento del *Ser,* y éste (si miramos con ánimo libre y sincero) no es otro que lo que llamamos *Dios.* (…) Verdad que no se conoce sólo con la cabeza, sino que con ella deben obrar en armonía todas las facultades del hombre. (…)

Krause es el primero que considera y trata las matemáticas como la forma de la Filosofía, no sólo porque el objeto de las matemáticas, la *omneidad* (como forma en abstracción del contenido) es la forma del objeto de la Filosofía: el Ser que es todo (*omne*), sino porque (como consecuencia de lo anterior) las matemáticas dan a la Filosofía regularidad, precisión, rigor y evidencia demostrativa. Yo estoy ya bastante convencido de esto para volver a mi estudio de las matemáticas, aunque en verdad de una manera bien diferente de la común. Si lo que he dicho excita en Usted el temor de que esta doctrina sea quizá demasiado buena o demasiado elevada para mi país, que ha de traer consecuencias prácticas demasiado graves, diré a Usted en primer lugar que aunque se bien que hoy me falta muchísimo para poder enseñar a otros este sistema, mi convicción ha llegado, sin embargo, a un grado bastante firme para que ninguno de estos motivos me impida en lo más mínimo trabajar en conocerlo hasta donde alcanzan mis fuerzas, después que precisamente una de las perfecciones de la doctrina de Krause es que pueda acomodarse perfectamente a los diferentes grados de cultura del espíritu humano y yo considero ya hoy mismo, como punto en que habré de meditar muy detenidamente, qué parte enseñaré y cómo la enseñaré en mi país, de

suerte que se avive natural y gradualmente entre nosotros la vida de espíritu y el amor a la verdad para adelantar poco a poco, pero con paso seguro, en este camino. Por último, que estoy íntimamente convencido de que si una ciencia trata verdad y si se encierra rigurosamente en su carácter de ciencia, jamás serán temibles sus consecuencias prácticas porque éstas no pueden entrar sino lentamente en la vida y al paso que se va formando la convicción, fuera de que ¿cree usted sinceramente que la ciencia, como conocimiento consciente y reflexivo de la verdad, no ha adelantado bastante en diez y ocho siglos sobre la fe, como creencia sin reflexión, para que en adelante, en los siglos venideros haya perdido ésta la fuerza con que ha dirigido hasta hoy la vida humana? ¿Por qué no ha de poder estar en armonía la ciencia y la fe puesto que si la fe nos viene de Dios, también la ciencia nos viene del mismo origen y si por medio de ésta conocemos los seres, mirando en la ciencia misma (pensando el pensar) es imposible que no reconozcamos (de un modo finito) el Ser cuya vida es saber, ciencia absoluta, de la cual nosotros participamos de un modo limitado en verdad, pero tan real y esencialmente como es esencial la ciencia misma?

Por todas estas consideraciones, amigo mío, yo estoy resuelto a seguir, aunque me cuesta no pequeña fatiga, la senda comenzada pues que, aún prescindiendo del motivo temporal que a ello me empeña, hallo ya hoy en mí motivos más elevados que me obligarían a ello aun sin aquél.

CONCEPCIÓN ARENAL (1820-1893)

El trabajo de Concepción Arenal abarda un gran número de temas sociales, desde la filantropía hasta la educación, desde la criminalidad hasta el papel de la religión. Perspicaz y aguda, Arenal dedicó su vida a la búsqueda de soluciones a los problemas sociales. Demuestra su inteligencia excepcional en estudios como *La beneficiencia, la filantropía y la caridad* (1861) y *La instrucción del pueblo* (1881), los cuales fueron premiados por la Real Academia de Ciencias Morales y Políticas. Entre sus obras también se cuentan *Cartas a los delincuentes* (1865), *La cuestión social, Cartas a un obrero y a un señor* (1880) y *La mujer de su casa* (1883). Desarrolla sus temas de una manera clara y lógica, utilizando un vocabulario sencillo y evitando latinismos, alusiones rebuscadas y argumentos torcidos. Caracterizan su estilo las enumeraciones, repeticiones y frases interrogativas.

Arenal creía absolutamente en la necesidad de la educación, que veía como la solución a muchos de los problemas a los cuales se enfrentaba la España decimonónica. Compartía con los progresistas la noción de que la instrucción primaria debía ser obligatoria para todos, incluso para los obreros, los labradores y las mujeres. Sin embargo, rechaza el socialismo y otros movimientos político-sociales que siembran el descontento entre las masas. Anticipa a Ortega y Gasset en su noción de que la democracia mal entendida fomenta la discordia y el resentimiento al incitar al pueblo a exigir derechos que no sabe ejercer bien, aunque, a diferencia de Ortega y Gasset, cuando Arenal habla de las *masas* se refiere claramente a las capas inferiores de la sociedad y no a los mediocres de cualquier clase social. Defiende la religión y la jerarquía porque las cree necesarias en una nación ordenada y moral, pero basa sus argumentos en la razón en vez de en antiguas y anticuadas nociones de autoridad. Para Arenal, el obrero debe ser educado para que pueda moderar su conducta, entender sus derechos y participar plenamente en el proceso electoral. Arenal asume una sociedad estable y estratificada en que el trabajador, una vez educado, seguirá siendo trabajador; la mobilidad social —idea que empieza a verse en el siglo XIX y llega a ser un ideal en los Estados Unidos—le parece un resultado del más bajo materialismo.

En *La mujer del porvenir* (1869), Arenal intenta desvanecer ciertas ideas que existen sobre la mujer. Refuta los argumentos del Dr. Gall, fisiólogo alemán, que alega en su *Fisiología del cerebro* que la mujer es por naturaleza inferior al hombre porque su cerebro está menos desarrollado que el de él. Aunque Arenal señala ciertas diferencias intrínsecas entre hombres y mujeres —cree que la mujer es más sensible que el hombre y posee una dulzura natural—arguye que el llamado «sexo débil» es más inteligente y capaz de lo que la gente suele pensar. Arguye que las mujeres deben ser educadas y desempeñar los mismos oficios que los hombres, siempre que éstos

no choquen con sus sensibilidades, y el estado físico de ellas no se lo impida.

El lector moderno podrá cuestionar ciertos argumentos de la autora. Sin embargo, fue una las mujeres más respetadas de su época y sus contribuciones a las ciencias sociales durante la segunda mitad del siglo XIX fueron considerables.

Del porvenir de la mujer (Conclusión)

¿Defendemos lo que se ha llamado *emancipación de la mujer*? No está muy bien definido lo que con estas palabras se quiere dar a entender, y nosotros deseamos consignar con claridad nuestro pensamiento.

Queremos para la mujer todos los derechos civiles.

Queremos que tenga derecho a ejercer todas las profesiones y oficios que no repugnen a su natural dulzura.

Nada más. Nada menos.

Queremos para la mujer la dependencia del cariño y la que ha establecido la naturaleza haciéndola más débil, más sufrida y más impresionable; pero rechazamos la dependencia apoyada en leyes injustas, en costumbres inmorales o absurdas, y en la pobreza o la miseria de quien no tiene medios de ganar su subsistencia. Queremos la independencia moral de un ser racional y responsable; pero estamos persuadidos de que la felicidad de la mujer no está en la independencia, sino en el cariño, y que como ame y sea amada, cederá sin esfuerzo por complacer a su marido, a su hermano y a su hijo.

Queremos que sea dócil, dulce: madre, hija y esposa tierna antes que todo; que su misión sea una especie de sacerdocio, y que la llene con todo el amor de su corazón y todas las facultades de su inteligencia.

Queremos que puesto que las costumbres le conceden mayor libertad que a la mujer del Oriente, de la Edad Media y aun de principios de este siglo, su educación esté en armonía con esta libertad, para que sepa usar de ella.

Queremos que sea la compañera del hombre. Pudo serlo sin educar, del hombre ignorante de los pasados siglos; no lo será del hombre moderno, mientras no exista entre sus ideas la misma armonía que hay en sus sentimientos.

Queremos que no se establezcan diferencias caprichosas entre los dos sexos, sino que se dejen las establecidas por la naturaleza que están en el carácter y bastan para la armonía, porque conviene no olvidar que ésta se establece con tanta mayor facilidad, cuanto las ideas están más acordes.

Queremos que en la vida social esté representado el sentimiento y admitida la realidad de sus verdades; que esta representación la tengan las mujeres principalmente, y lleven a las costumbres, a la opinión y por consiguiente a las leyes, un elemento que muchas veces les falta. Que sin negar a la razón los derechos, hagan valer los del corazón, y digan y prueben que hay casos y cuestiones, grandes cuestiones, en que un ¡ay! es un argumento, y una lágrima, una demostración.[1]

Queremos que la mujer avive el sentimiento religioso por medios que estén en armonía con la época en que vive. Ya no se imponen las creencias con la autoridad ni se infunden por el martirio. La caridad y la razón deben fortificar la idea de Dios. La caridad está viva, pero la razón yace casi muerta en la mujer, semejante a un misionero que ignorase el idioma de los pueblos que quería convertir. Es necesario que aprenda ese lenguaje, que purifique sus creencias de toda superstición; que con su ejemplo combata la idea de los que pretenden hacer incompatible la instrucción y la piedad; que multiplique los caminos para llegar a Dios, y sobre todo, que no haga reflejar sobre la religión algo del descrédito intelectual de quien la practica.

La mujer tiene que quebrantar por segunda vez la cabeza de la serpiente,[2] de ese escepticismo que se enrosca alrededor de nuestra existencia, que nos inocula su veneno, que nos hiela con su frío, y en vez de armonías sublimes, nos da su silbar siniestro.

Las grandes cuestiones se resuelven hoy a grandes alturas intelectuales; es necesario que la mujer pueda elevarse hasta allí, para que no preponderen el egoísmo, la dureza y la frialdad, para que no se llame razón al cálculo, y cálculo a la torpe aplicación de la aritmética.

Dulce, casta, grave, instruida, modesta, paciente y amorosa; trabajando en lo que es útil, pensando en lo que es elevado, sintiendo lo que es santo, dando parte en las cosas del corazón a la inteligencia del hombre, y en las cuestiones del entendimiento a la sensibilidad femenina; alimentando el fuego sagrado de la religión y del amor; presentando en esa Babel[3] de aspiraciones, dudas y desalientos el intérprete que todos comprenden, la caridad; oponiendo al misterio la fe, la resignación al dolor, y a la desventura la esperanza; llevando el sentimiento a la resolución de los problemas sociales, que nunca, jamás se resolverán con la razón sola; tal es la mujer como la comprendemos, tal es la mujer del porvenir. Por ella nacerán a la vida del alma los hijos del pueblo en las generaciones futuras; por ella será más pausada y más continua la marcha de las sociedades, sin alternativas de velocidad vertiginosa y de paralización mortal; por ella se acabarán si es posible las luchas sangrientas y las victorias de la fuerza; por ella será magnetizado ese mundo, tantas veces impenetrable a la palabra de vida.

Y si todos los pueblos necesitan que conmueva sus entrañas la sensibilidad de la mujer, mucho más aquellos menos adelantados y menos dichosos. La comunicación continua con otros países da lugar a comparaciones desventajosas, que si unas veces determinan nobles impulsos de emulación, no pocas inspiran desdén y desaliento, y afán de ir a gozar en el extranjero las ventajas de una civilización más adelantada. Contra este deseo, tantas veces puesto por obra y causa permanente de empobrecimiento, ¿pediremos leyes a los hombres? No. Invoquemos una que Dios ha grabado en el corazón de la mujer. Vosotras, ¡oh mujeres!, que no dais el primer lugar en vuestro cariño a los predilectos de la naturaleza o de la fortuna; vosotras que queréis más al hijo enfermizo, deforme, desventurado, comunicad al hombre el más generoso de vuestros instintos, enseñadle a amar a la patria, a su madre, porque es infeliz; hacedle sentir cuán vil es y cuán culpable, el que abandona a los suyos en la desgracia; cread una nueva, una grande escuela política, que no combata más que un adversario: el egoísmo; que no escuche más que un oráculo: el corazón.

FRANCISCO GINER DE LOS RÍOS (1839-1915)

Uno de los más influyentes de los educadores krausistas, Giner de los Ríos comenzó sus estu-

---

[1] Es decir, en un argumento, la mujer a veces se expresa con sólo emitir un grito (un ¡ay!) o con derramar una lágrima.

[2] Se refiere a la serpiente bíblica, que sedujo a Eva y la convenció que debía desconfiar de la palabra de Dios. En el arte la Virgen a menudo se representa con la cabeza de la serpiente bajo el pie, simbolizando la liberación del pecado que permite la venida de Cristo.

[3] Referencia a la historia bíblica de la torre de Babel, según la cual los descendientes de Noé querían elevar una torre para alcanzar al cielo, y Dios castigó su soberbia al hacer que hablaran diferentes idiomas y no pudieran entenderse.

dios universitarios en Barcelona, donde tomó cursos con el célebre profesor Javier Lloréns que le aficionó a la filosofía. Sin embargo, «No parece que esta filosofía fuera la escocesa del 'sentido común' que explicaba el profesor catalán», señala Juan López-Morillas (Prólogo 8). Lo que influyó en el joven Giner— y en otro famoso discípulo de Lloréns, Menéndez y Pelayo—fue la fuerte personalidad del profesor, que animaba a sus estudiantes a pensar y a dialogar. Más tarde Giner se trasladó a Granada, donde conoció algunas obras de filosofía alemana que circulaban en traducciones españolas y francesas, y entonces a Madrid, donde estudió para su doctorado en derecho y ocupó un puesto en la sección diplomática del Ministerio de Estado. En 1866 fue nombrado profesor de derecho y de derecho internacional en la Universidad de Madrid. Ese mismo año publicó su primer libro, *Estudios literarios,* que incluía algunos artículos que Giner había publicado en la *Revista Meridional,* en Granada.

En la capital Giner se inició en el krausismo y llegó a ser un ávido admirador de Sanz. En 1868 fue expulsado de la Universidad por apoyar a Sanz y otros profesores que aspiraban a modernizar el sistema de educación superior. La revolución de septiembre, en 1868, introdujo una atmósfera más abierta y tolerante. Giner volvió a la Universidad, siempre con la idea de reorganizarla según las ideas krausistas. Entre otras cosas, deseaba la reducción de la influencia del gobierno y de la Iglesia en la educación. Sin embargo, cuando, en 1874, la Restauración reestableció a los Borbones en el trono de España, comenzó un nuevo período de represión. Se estableció un sistema de rígidos controles en la educación y se inició un período de persecución de los krausistas. Giner fue exilado a Cádiz, donde concibió la idea de crear un nuevo tipo de academia.

En 1876 Giner realizó su sueño al fundar la Institución Libre de Enseñanza con Gumersindo de Azcárate, Nicolás Salmerón y otros. Inspirado por las ideas innovadoras de Rousseau, Pestalozzi y Froebel, quienes hacían hincapié en la singularidad de cada niño y en la importancia de despertar su curiosidad natural, y por la doctrina krausista, Giner y sus compañeros deseaban crear una escuela que desarrollara cada aspecto del individuo—el intelectual, el artístico, el espiritual y el físico. En vez de aulas estériles en que el profesor dictaba lecciones, el Instituto Libre favorecía el diálogo activo, la experimentación y la observación de primera mano. El profesor debía ser amigo y guía del estudiante. Debía animarle a cuestionar, a debatir y a defender sus ideas. Este «método intuitivo» debía producir hombres que se dieran cuenta de su responsabilidad social y estuvieran dispuestos a servir a su comunidad y a su patria. El objetivo de la educación sería la creación de ciudadanos que obedecieran las leyes espontáneamente, ya que el sentido de lo moral nacería dentro del hombre y sería mucho más eficaz que decretos y restricciones legales. La creación de individuos completos, con un fuerte sentido de lo ético, conduciría, por lo tanto, a la reforma social, ya que con el tiempo el espíritu de la moralidad aumentaría dentro del país.

Aunque Giner habla en sus ensayos del papel de la educación en la formación del hombre, Emilia Pardo Bazán lo calificó como un feminista que se interesaba por todo lo que pudiera mejorar el estado de la mujer y creía que hombres y mujeres debían gozar de los mismos derechos. De hecho, el crítico canadiense Solomon Lipp dice que el movimiento feminista moderno podría considerar a Giner su «padrino espiritual» (138). Giner rechazaba la imagen del español como un ser quijotesco en busca de aventuras y de la historia de España como una serie de hazañas caballerescas (Lipp 139). Para él, el meollo de España se encontraba en el espíritu de su gente, en su profundo espiritualismo. Libre él mismo de dogmas religiosos, Giner apreciaba sin embargo el aura mística teñida de panteísmo que empapaba los pueblos españoles (Lipp 139).

En 1881 Giner volvió a ocupar su puesto en la Universidad de Madrid. Durante los años siguientes viajó a Inglaterra, Francia y los Países Bajos, dedicando su tiempo a la escritura. Algunos de sus ensayos más importantes fueron publicados durante este período. Sus artículos se reúnen en *Estudios de literatura y arte* (1876), *Estudios filosóficos y religiosos* (1876), *Estudios sobre educación* (1886), *Educación y enseñanza* (1889) y *Pedagogía universitaria; Problemas y noticias* (1924). Sus *Obras completas* fueron publicadas en veinte volúmenes por Espasa-Calpe, de 1916 a 1936.

Discurso inaugural del curso 1880-1881 de la Institución Libre de Enseñanza

Yo no sé si por ley de su naturaleza, mas de seguro sí por la del tiempo, entre esas fuerzas civilizadoras de nuestra sociedad corresponde el primero y más íntimo influjo a la enseñanza. Debido, empero, a causas muy complejas, dependientes de una imperfecta concepción del ser, vida y desenvolvimiento del hombre, hoy es el día en que apenas principia a ser considerada en la integridad de su destino. Por fortuna, aun aquellas dos grandes naciones a quienes la Humanidad tanto debe, pero en las cuales la enseñanza ha tenido el carácter más intelectual posible, patria del Alemania, la nuevo escolasticismo[1]—como alguien la llamaba no ha mucho tiempo—; Francia, donde oscilaba entre el mecanismo y la retórica, principian bajo el imperio de las nuevas ideas a reformar sus instituciones docentes para concertarlas con las sociedades actuales.

En efecto; el movimiento insuperable que en este orden se advierte no aspira sólo a extender la enseñanza con potentísima energía, sino también a corregir su cualidad desde sus primeros fundamentos.

Y si no,[2] estudiad los progresos del método intuitivo. No pide este método, como se piensa a veces, que la enseñanza sea siempre experimental, que presente a los sentidos del alumno hechos, datos, formas individuales y concretas sobre que levantar luego sus conclusiones. La observación sensible, con todos sus precesos particulares, tiene lugar, sin duda, y prepotente, en los primeros tiempos del desarrollo del espíritu, que entonces apenas excede esos límites de los cuales ha de alzarse un día a más amplias esferas. Asimismo lo tiene como función particular, entre otras, en la génesis de todo conocimiento y disciplina por fundamentales que sean: desde la ciencia geométrica—que, según ha logrado mostrar uno de nuestros profesores,[3] nada gana con apartarse de la observa-

ción morfológica[4] de la naturaleza y de la fantasía—, a la misma metafísica, la cual halla en el fondo hasta del último individuo los elementos categóricos, universales y comunes del parentesco sustancial de los seres.

Calculad dentro de este orden la importancia del método intuitivo, que sustituye la realidad a la abstracción, la luz que el objeto nos presta a la que nos viene de la palabra del maestro, su eco ya descolorido, aun la más viva, pintoresca y brillante.

Pues no es menor su importancia en la esfera de las ideas primordiales, en la dialéctica de su formación, allí donde no alcanza la observación sensible. Él es quien, rompiendo los moldes del espíritu sectario, exige del discípulo que piense y reflexione por sí, en la medida de sus fuerzas, sin economizarlas con imprudente ahorro; que investigue, que arguya, que cuestione, que intente, que dude, que despliegue las alas del espíritu, en fin, y se rinda a la conciencia de su personalidad racional: la personalidad racional, que no es una vana prerrogativa de que puede ufanarse y malgastar a su albedrío, sino una ley de responsabilidad y de trabajo.

Así considerado este método intuitivo, realista, autóptico,[5] de propia vista y certeza, el método, en suma, de Sócrates, no es un proceso particular, empírico, ni mejor entre otros, sino el único autorizado en todo linaje de enseñanza. No es, pues, maravilla si, aplicado a la infancia en tiempos modernos merced a los esfuerzos de Rousseau, de Pestalozzi, de Froebel,[6] va poco a poco extendiéndose a diversos estudios, en los cuales la indagación familiar ha de sustituir a aquellas antiguas formas expositivas y dogmáticas que Cousin[7] creía indispensables para penetrar en el espíritu de la juventud y que a lo sumo serán útiles para conferencias dirigidas a muchedumbres

---

[1]Sistema de enseñanza que se originó en la Edad Media; se basa en los preceptos de Aristóteles y emplea rigurosos métodos de lógica y tecnicismo científico.

[2]**Y...** y si no estáis convencidos.

[3]A. G. De Linres, en sus investigaciones morfológicas publicadas en la *Revista de España* y en el *Boletín de la Institución Libre de Enseñanza*. (Nota del autor).

[4]Relativo a las formas (de los animales, plantas, etc.).

[5]Basado en el examen minucioso de las cosas.

[6]**Jean Jacques Rousseau** (1712-1778), escritor de lengua francesa, nacido en Suiza. Creía que el hombre es por naturaleza bueno y la sociedad corrompe esta bondad. Sus ideas sobre la educación se basan en la idea de que hay que dejar al niño libre para que explore su mundo y para desarrollar su curiosidad intelectual. **Johann Heinrich Pestalozzi** (1746-1827), también suizo, era discípulo de Rousseau. Sus teorías, que hacen hincapié en la individualidad de cada niño y en la importancia de la observación y la práctica, forman la base de la educación primaria moderna. El educador alemán, **Friedrich Froebel** (1782-1852), estudió con Pestalozzi y fundó el primer jardín infantil o *Kindergarten*.

[7]Victor Cousin (1792-1867), jefe de la escuela espiritualista ecléctica.

anónimas. Como también se comprende al punto que, por su virtud vivificante, haya ido despertando en las inteligencias la idea de que la educación, no la mera instrucción, ha de ser siempre el fin de la enseñanza.

A la hora presente, este carácter que, con error nada liviano, suele estimarse privilegio de la escuela primaria va comenzando a ganar otras esferas; y aun aquéllas que se proponen como objeto, no la cultura general del individuo, sino su preparación para determinadas profesiones, concluirán un día por emanciparse de ese torpe sentido, según el cual el abogado, el médico, el ingeniero y hasta al maestro les basta con aprender un manual de secas fórmulas y adiestrarse luego en la práctica de sus respectivos oficios. De aquí, son esas funciones donde la rutina, la aridez, la falta de espontaneidad y de atractivo más se advierten, salvo en personalidades superiores, tantas veces triste y desabrido recurso para remediar las comunes urgencias de la vida; las menos, funciones racionales que respondan a la libre vocación del espíritu.

Una autoridad insigne lo ha dicho: «Si veis en la escuela niños quietos, callados, que ni ríen ni alborotan, es que están muertos: enterradlos».[8] Pues ese principio severo, ese axioma de vitalidad que hace del trabajo el medio ambiente y natural del hombre y lo corona de alegría, no lo ha traído al mundo la Pedagogía moderna en balde, ni sólo para la escuela primera donde, por desgracia, apenas aún existe; penetrad bien su íntimo sentido y extendedlo entonces sin pueril recelo a todos los grados de la educación y la enseñanza. Transformad esas antiguas aulas; suprimid el estrado y la cátedra del maestro, barrera de hielo que lo aísla y hace imposible toda intimidad con el discípulo; suprimid el banco, la grada, el anfiteatro, símbolos perdurables de la uniformidad y del tedio. Romped esas enormes masas de alumnos, por necesidad constreñidas a oír pasivamente una lección o a alternar en un interrogatorio de memoria, cuando no a presencias desde distancias increíbles ejercicios y manipulaciones de que apenas logran darse cuenta. Sustituid en torno del profesor a todos esos elementos clásicos un círculo poco numeroso de escolares activos que piensan, que hablan, que discuten, que se mueven, que *están vivos*, en suma, y cuya fantasía se ennoblece con la idea de una colaboración en la obra del maestro. Vedlos excitados por su propia espontánea iniciativa, por la conciencia de sí mismos, porque sienten ya que son algo en el mundo y que no es

pecado tener individualidad y ser hombres. Hacedles medir, pesar, descomponer, crear y disipar la materia en el laboratorio; discutir, como en Grecia, los problemas fundamentales del ser y destino de las cosas; sondear el dolor en la clínica, la nebulosa en el espacio, la producción en el suelo de la tierra, la belleza y la Historia en el museo; que descifren el jeroglífico, que reduzcan a sus tipos los organismos naturales, que interpreten los textos, que inventen, que descubran, que adivinen nuevas formas doquiera... Y entonces la cátedra es el taller y el maestro un guía en el trabajo; los discípulos, una familia; el vínculo exterior se convierte en ético e interno; la pequeña sociedad y la grande respiran un mismo ambiente; la vida circula por todas partes y la enseñanza gana en fecundidad, en solidez, en atractivo lo que pierde en pompa y en gallardas libreas.[9]

Ahora, este sentido educador para el cual la instrucción, la asimilación receptiva del saber heredado, no es más que un elemento subalterno de la cultura intelectual, y ésta sólo un factor de la cultura general del hombre, trae a su vez consigo— nunca se repetirá bastante—la necesidad de mantener en la enseñanza un carácter universal, enciclopédico. No cabe promover el desarrollo de la inteligencia sin el de nuestras restantes facultades; como no se tome por ese desarrollo el pálido incremento de algunas funciones secundarias, condenadas a innumerables extravíos cuando se aíslan con temeridad y arraigan en arenal desierto: con que el alma del hombre queda para siempre mutilada y contrahecha. Si en todos los períodos de su vida el hombre ha de ser hombre, sin declinar un punto de su naturaleza ni de la integridad de sus relaciones cardinales, ¿qué pensar de esas *cramming schools*[10] donde, so[11] pretexto de amaestrarlo en una habilidad particular, se atrofian sus principales órganos, en detrimento de la salud de su espíritu? Cierto que todos sin excepción nos debemos, por corto que sea nuestro alcance, al ejercicio de aquel fin social a que nuestra vocación nos impele; mas el naturalista, el industrial, el magistrado, por serlo, ¿dejan de ser hombres? Y así, un sistema de educación que no menosprecia torpemente la conciencia de su ministerio como sutil refinamiento delicado, mal puede ya huir en nuestros días, cuando el principio de la unidad

---

[8]*Conférences faites aux instituteurs réunis à la Sorbonne à l' occasion de l'Exposition Universelle de 1867,* por Mame. Marie Pape-Carpentier, 2a ed., p. 9. (Nota del autor).

[9]Trajes.

[10]Así llaman los ingleses a la preparación apresurada, superficial y angustiosa de los alumnos para salir del paso en sus exámenes, rellenándoles *(cramming)* la memoria mecánicamente. (Nota del autor).

[11]Bajo.

orgánica del ser humano ha llegado a imponerse a todas las inteligencias, no sólo de guardar, mas de desenvolver esa unidad orgánica a compás, justamente, con la preparación peculiar para las diversas profesiones.

No será la escuela, de otra suerte, en sus distintos grados reflejo de la sociedad de su tiempo y digno germen de la venidera; disponiendo al joven, merced a esa atención que le obliga a dirigir hacia todos los horizontes visibles e invisibles, para que, emancipado gradualmente de su tutela bienhechora, entre en plena posesión de sí mismo y entre también en el concierto del mundo, el ánimo orientado y sereno, armado de todas armas y apto para llevar de frente las múltiples relaciones de una vida cada vez más compleja. Para quien halla en lo profundo de su espíritu esta necesidad imperiosa no hay más triste espectáculo que el de estos jóvenes macilentos, consumidos por una vejez prematura, víctimas de un intelectualismo despótico, sin vitalidad, sin salud, sin alegría, apartados de la Naturaleza, de la sociedad y aun de sí propios; plantas ahiladas, estilistas profanos en perdurables penitencia ascética, prontos, por su misma debilidad e inexperiencia de las cosas, a quebrantarse a las primeras tentaciones del sentido.

Mas ¿cómo ha de encontrar hoy este espíritu acceso en la educación profesional cuando la misma secundaria, cuyo carácter sintético reconocen ya todos, apenas comienza a entreabrirse a su influjo? La mayor amplitud y variedad de sus programas, la introducción de la gimnasia y de otros ejercicios corporales viene quebrantando el antiguo sistema académico que entumecía al hombre y lo sacrificaba a la retórica, dejándole de repente, al salir de las aulas, a ciegas en el mundo y apercibido para dominar sus conflictos interiores y los graves problemas sociales de aquella docta jerga «de hipotiposis, sinécdoques y metonimias».[12]

Pero si en el programa ese sistema se derrumba de hora en hora, el espíritu vivo, actual, realista, falta todavía en la segunda enseñanza: no es maravilla, pues, falte en aquellas otras que un largo hábito lleva a concebir como ceñidas exclusivamente para facilitar un determinado aprendizaje.

* * *

A difundir este sentido universal, educador e íntimo que no tiende a instruir, sino en cuanto la instrucción puede cooperar a formar hombres, aspira con sincero esfuerzo la *Institución Libre,* de cuyo pensamiento quisiera en esta hora ser fiel órgano. (...)

GUMERSINDO DE AZCÁRATE (1840-1917)

Gumersindo de Azcárate fue unos de los seguidores más influyentes de Sanz del Río. Filósofo, político y educador krausista, fundó con Francisco Giner de los Ríos y otros la Institución Libre de Enseñanza. Su obra autobiográfica, *Minuta de un testamento* (1876), se considera un documento krausista de suma importancia.

Azcárate era de una familia intelectual en la que circulaban libremente las ideas sobre filosofía, la política y la sociedad. Su padre, Patricio de Azcárate (1800-1886), era un filósofo respetado, conocido por obras como sus *Veladas sobre la filosofía moderna* (1854), su *Exposición histórico-crítico de los sistemas filosóficos modernos* (1861) y sus traducciones de Leibniz. Gumersindo estudió derecho en Oviedo y Madrid y fue profesor de derecho comparado en la Universidad de Madrid entre 1873 y 1875. Su dedicación al krausismo puso fin a su carrera universitaria temporalmente, cuando Alfonso XII purgó las instituciones educativas de partidarios de este sistema filosófico. Volvió a su puesto en 1881. En 1886 fue elegido a diputado a Cortes.

Azcárate hizo contribuciones importantes en los campos de la política, la economía y la sociología y la educación. Apoyó el sistema parlamentario y defendió la existencia de partidos políticos, los cuales creía que proveían a la sociedad de un vehículo para el libre y ordenado intercambio de ideas. Pensaba que por medio de estas instituciones un país podía gobernarse y alcanzar un grado de armonía interna. Otro tema importante de Azcárate es la separación de Estado e Iglesia, sobre lo cual expone sus ideas en el ensayo que incluimos aquí. La meta de todas sus teorías es la compatibilidad entre la libertad indi-

---

[12]Elementos de la retórica. La hipotiposis es la descripción viva de una persona o cosa. La sinécdoque es una metáfora que consiste en designar una cosa con el nombre de algo que no es más que una parte de ella (por ejemplo, «faldas» para referirse a las mujeres). La metonimia es un tipo de metáfora que consiste en tomar el efecto por la causa, el instrumento por el agente, el signo por la cosa, etc. (por ejemplo, «descansa en sus laureles», en que «laureles» significa gloria).

vidual y el organismo estatal, es decir, la creación de una sociedad armoniosa en que cada ciudadano sea libre y al mismo tiempo responsable por el bienestar y funcionamiento eficaz de la nación. Más que ideas abstractas, Azcárate buscaba soluciones prácticas a los problemas con los cuales se enfrentaba la España de la segunda mitad del siglo.

«El derecho y la religión», fue publicada originalmente en *Revista Europea* 3, nº 147 (1876): 769-777.

El derecho y la religión

La mutua y respectiva independencia del orden religioso y del jurídico o civil, como suele decirse, es un principio reconocido por todas las escuelas y partidos, pues que nadie defiende la justicia ni la conveniencia de organizaciones teocráticas como la de los brahamanes[1] de la India o la que llevó a cabo Mahoma con la creación del profeta-emperador; ni nadie deja de considerar como cosa destinada a perecer el doble carácter de jefe de Estado y de la Iglesia que todavía revisten el zar de la Rusia y el rey de la Gran Bretaña. El Cristianismo inició en el mundo la distinción de estos dos órdenes de la vida, afirmando la completa y absoluta independencia del espíritu en la esfera de las creencias y la necesaria e ineludible sumisión del ciudadano a la ley del Estado, doctrina no sólo proclamada por Jesús, sino además mostrada en la práctica con ocasión de repetidos actos de su vida. No dejó la Iglesia de invocar esta independencia en los primeros siglos cuando el Estado, lejos de ampararla y mantenerla en su derecho, la perseguía soñando hasta con su exterminio. Alcanzó luego la paz y cuando hubo convertido todos los pueblos bárbaros al Catolicismo, después de haber desaparecido los últimos restos de la religión pagana, no contenta con la unidad que había obtenido tan sólo por medios morales, aspiró a mantenerla por el ministerio del Estado, exigiendo de éste que se condujera con los infieles y con los herejes de un modo análogo al que con ella emplearon durante tres siglos los emperadores romanos. Entonces aparece aquella doctrina política que va unida a los nombres de Gregorio VII, Inocencio III y Bonifacio VIII[2] y que aspiraba a someter el orden temporal al espiritual, considerando aquél como cosa terrena y pasajera, éste como cosa divina y eterna. Pero los pueblos y los reyes comprendieron instintivamente las consecuencias a que conducían semejantes pretensiones e iniciaron un movimiento de lucha y de resistencia que, coincidiendo con la consolidación y exaltación de la monarquía, se acentúa en el Renacimiento y se lleva a cabo durante la época actual, constituyendo lo que se ha llamado *secularización* del poder civil.

Parecía que la Iglesia había renunciado definitivamente a las pretensiones que formulara en aquellos siglos, dando por muertos los que fueron sus ideales durante la Edad Media. Pero hechos recientísimos demuestran que, si bien por distintos caminos, aspira a la realización de análogos propósitos. Es verdad que se afirma la distinción del orden religioso y del civil, evitando cuidadosamente el que se pueda imaginar que aquélla pretende establecer una teocracia al modo de las de Oriente y procurando mostrar que el sacerdocio quiere permanecer extraño a la esfera entregada por Dios a las disputas de los hombres; en una palabra, que no aspira a que sean los obispos jefes de las provincias, ni los párrocos jefes de los municipios, pero el hecho es que por otro procedimiento y empleando ciertos rodeos, se pretende hoy lo mismo que en otros tiempos se pretendió.

Enfrente de todo el movimiento científico, social, político y religioso de los tiempos modernos, la Iglesia afirma, no sólo sus principios religiosos y morales, si no que también, como derivación de ellos, una ciencia católica, un arte católico, un derecho católico, una economía católica; es decir que aspira a deducir de sus creencias religiosas y de sus reglas morales las bases en que se han de asentar todos aquellos órdenes de la vida los cuales adquieren así naturalmente un carácter dogmático e indiscutible. Después de fijar estos jalones, de levantar estas vallas, de señalar estos linderos, no es maravilla que

---

[1]Sacerdotes de Brahma, dios supremo de los antiguos hindúes.

[2]**Gregorio VII**, papa de 1073 a 1085, adoptó numerosas medidas de disciplina eclesiástica, entre ellas el celibato de los sacerdotes. Luchó contra el emperador de Occidente Enrique IV. **Inocencio III**, papa de 1198-1216, luchó contra Felipe Augusto y Juan Sin Tierra y tomó la iniciativa de la Cuarta Cruzada y de la expedición contra los albigenses, secta religiosa que se propagó por el sur de Francia. **Bonifacio VIII**, papa de 1294 a 1303, es célebre por sus disenciones con Felipe el Hermoso, rey de Francia. Los tres fueron papas enérgicos que intervinieron en asuntos del Estado.

diga al hombre y a la sociedad: «dentro de ese lecho de Procusto,[3] movéos libremente».

Las consecuencias de esta doctrina son llanas. La Iglesia renuncia en apariencia a intervenir en los distintos órdenes de la actividad, salvo el religioso y el moral, pero resulta que, en realidad, no sólo aspira a mantener en éstos su predominio mediante la intolerancia, sino que también en el científico con el derecho de policía e inspección que se atribuye con relación al libro y a la enseñanza; en el literario, con la censura; en el económico, con la tasa; en el jurídico, con el fuero[4] eclesiástico, con el matrimonio religioso y con la extensión de su jurisdicción en otros puntos análogos. Es decir, que por este camino se llegaría a donde se llegó en la Edad Media, invocando el principio llamado de la *conexión* de la causas y que dio lugar a que la jurisdicción de la Iglesia se extendiera como una red que todo lo cubría y a todas partes alcanzaba. Entonces, porque el hombre nacía a la vida religiosa con el bautismo, la Iglesia se atribuyó el registro de nacimientos; porque el matrimonio era un acto sagrado, no consintió otro que el que se celebraba delante de los altares; porque en el testamento había mandas piadosas, se atribuyó el derecho de intervenir en su cumplimiento; porque en los contratos y en la prescripción se trataba a veces de discernir si había o no buena fe, y esto tocaba a la moral, se creyó también autorizada a intervenir con este motivo; porque el juramento tenía un carácter religioso, entendió en el procedimiento; porque los sacerdotes le pertenecían en alma y cuerpo, creó y extendió de un modo pasmoso el fuero eclesiástico, así en el orden civil como en el criminal; porque el Pontificado era autoridad universalmente respetada y común a todos los pueblos católicos, se constituyó, a veces para bien de la civilización, en tribunal internacional. Todo lo cual, junto con la importante jurisdicción relativa a beneficios, diezmos,[5] etc., dio por resultado que en el corazón de la Edad Media la Iglesia estaba por completo apoderada de la vida jurídica de los pueblos y que tenía en sus manos gran parte del poder y autoridad que de derecho corresponde al Estado.

Cómo éste ha ido recobrando su independencia, la plenitud de sus facultades, lo muestra claramente la historia. Desde los últimos siglos de la Edad Media comienzan los pueblos y los reyes a luchar con la teocracia política y con la teocracia jurisdiccional; durante la época de la monarquía absoluta los reyes llegan, no sólo a conseguir la independencia del Estado, sino a someter ésta a aquél mediante el sistema de regalías y concordatos; y lo que ellos dejaron por hacer, lo ha llevado a cabo en nuestros días la Revolución, en términos de que de aquella inmensa autoridad, de aquel ilimitado poder, no queda en los más de los pueblos resto alguno y en otros sólo dura lo relativo al matrimonio. Hecho elocuentísimo que no puede menos de convencer hasta a los más preocupados de que el camino andado durante seis siglos en este punto muestra con evidencia que la jurisdicción de la Iglesia en asuntos propios del Estado, después de tener su período de crecimiento, ha entrado en su ocaso y le falta bien poco para desaparecer.

Sería injusto decir que la Iglesia se propone renovarlo en la forma que antes revistiera, pero, como hemos indicado más arriba, pretende de nuevo avasallar la sociedad contemporánea aunque siguiendo otro camino y apelando a distintos procedimientos. Hoy no aspira en verdad a formar parte de los consejos de príncipes, a que sus altos dignatarios sean por derecho propio legisladores, a que sus tribunales reduzcan casi a la nulidad los tribunales del Estado, ni a que los gobiernos sometan sus diferencias al obligado arbitraje del pontífice romano, pero pretende que las constituciones y las leyes se inspiren, no sólo en la doctrina de la Iglesia, constituida por sus dogmas y principios fundamentales de moral, sino también en todas y cada una de las consecuencias que de aquéllos se derivan con aplicación a los distintos órdenes sociales y tales como aparecen formuladas y resumidas en el *Syllabus*[6] y en la encíclica[7] *Quanta cura*.[8] Y como esta doctrina es por confesión propia una negación manifiesta de todos los principios que inspiran la civilización moderna, resulta de aquí que si los estados accedieran a las pretensiones de la Iglesia, vendría al suelo todo cuanto ha llevado a cabo la época presente al consagrar en sus códigos los derechos de la personalidad humana y la soberanía de las sociedades. Entonces sería una verdad que cada cues-

---

[3]En la mitología, bandido de Ática, quien, depués de robar a sus víctimas, los adaptaba al tamaño de un lecho de hierro, mutilándolas o descoyuntándolas.

[4]Ley.

[5]Décima parte de los frutos que pagaban los fieles a la Iglesia o al rey.

---

[6]Lista de errores en materia de fe condenados por el Papa.

[7]Carta solemne que el Papa dirige al clero del mundo católico o a los obispos de una nación.

[8]Cuantos Remedios.

tión social o política lleva envuelta en sí otra religiosa y los parlamentos habrían de convertirse forzosamente en concilios puesto que en vez de discutir y deliberar aquéllos en la esfera racional y libre del derecho, la cual es a todos común, quedaría reducida la investigación en cada caso a examinar y dilucidar cuáles eran los principios que lógicamente se deducían de los mantenidos por la Iglesia. De donde resultaría el absurdo de que con motivo de cada cuestión jurídica o política surgiría un debate sobre quién era más genuino y fiel representante de la buena doctrina dentro del Catolicismo y aparecerían a cada momento las luchas entre la escuela liberal y la ultramontana[9]; y si la discusión era mantenida por Católicos y Protestantes, se produciría perpetuamente la cuestión de averiguar cuál de las dos iglesias representaba con más derecho el Cristianismo y si entre cristianos y racionalistas, con ocasión de cualquiera ley, discutirían los parlamentos el valor respectivo de la religión natural y de las religiones positivas.

¿Cuál es el medio de evitar estas absurdas consecuencias? Mantener y afirmar lo que se llamó primero *prerrogativas* del poder, más tarde *secularización* del mismo y que hoy sostiene la ciencia denominándolo *sustantividad* del derecho, *soberanía* e independencia del Estado. En efecto, las sociedades son las únicas que tienen poder, y poder soberano, no para crear, pero sí para declarar el derecho y velar por su cumplimiento sin que sea preciso al carácter sagrado de aquél la inspiración directa de la Iglesia puesto que basta que los individuos, las instituciones y los pueblos se inspiren en la justicia cuyo fundamento absoluto es Dios para que puedan llevar a cabo su obra en esta esfera de la vida con un carácter verdaderamente piadoso. Un distinguido pensador de nuestra patria hacía oportunamente notar en ocasión reciente la trascendencia que en esta cuestión había tenido una tecnología tradicional, pero equivocada. De tal modo estamos habituados a denominar respectivamente al poder de la Iglesia poder *espiritual* y al del Estado poder *temporal* que nos es imposible desprendernos de la idea de que, mientras el primero tiene un carácter elevado, sagrado y divino, el segundo, por el contrario, es algo pequeño, humano y puramente terreno. Esta creencia tenía su explicación en la Edad Media, cuando en correspondencia con aquel absoluto predominio del espíritu sobre la naturaleza se suponía que el reinado y destino del primero era el cielo, y el reinado y destino del cuerpo la vida presente, la cual, por lo mismo, carecía de valor propio, no siendo otra cosa que un estado pasajero y preparación para la vida ultraterrena, de donde venía a resultar que, mirando la religión más allá de la tumba y quedándose todo lo demás del lado de acá, mientras era eterno el interés que aquella representaba, era transitorio el referente a la actividad del Estado. Pero hoy que no puede menos de reconocerse que el derecho es por sí mismo divino y además universal en cuanto condiciona todas las esferas de la vida y no meramente la corporal y en correspondencia con ella la económica, ¿cómo es posible mantener la oposición que arguye la doble denominación de poder espiritual y poder temporal? Cierto que no están desligadas la esfera jurídica y la religiosa puesto que ésta, además de un carácter sustantivo, tiene otro adjetivo en virtud del cual debe producirse la vida toda y por tanto la jurídica en forma piadosa; pero esta relación entre uno y otro orden se ha de mantener libremente como se mantiene la que se da entre el jurídico y el científico, el artístico, el económico, etc. Así, el influjo legítimo que pueda ejercer una Iglesia en una sociedad ha de reflejarse naturalmente en la vida jurídica y política de ésta, pero ha de ser, no mediante la acción directa de la doctrina de esa Iglesia declarada e impuesta por los órganos oficiales de la misma, sino merced al sentido que ella determine en el espíritu de los fieles, los cuales, si son como tales miembros de la Iglesia, son como ciudanos miembros también del Estado.

Ni vale tampoco el hacer notar cómo, siendo predominantes en un pueblo ciertas creencias religiosas, están obligados los legisladores a tomarlas en cuenta al formular las reglas que han de presidir a la vida jurídica de las sociedades que rigen; pues claro es, de un lado, que si un país tiene la debida organización política y por tanto las leyes que formule han de corresponder necesariamente a la opinión pública, al sentimiento nacional, a la voluntad común, en ellas ha de reflejarse necesariamente esa creencia religiosa dominante; y de otro, no es menos evidente que los jurisconsultos y políticos han de prestar atención a ese *hecho,* pero sólo como tal y en cuanto constituye parte de la realidad, la cual es en cada momento un elemento esencial que han de tomar muy en cuenta la ciencia y el arte de la legislación para determinar el sentido en que debe desenvolverse la vida jurídica y política de los pueblos a fin de que sea sucesiva y continua mediante la composición del hecho con la idea, de la tradición con el progreso. Estos prejuicios que impiden ver

---

[9]Extremadamente conservadora.

cómo en el seno de la sociedad influyen libremente unos órdenes en otros, procede de una preocupación tradicional de que no sabemos librarnos y que consiste en no reconocer otra acción real, viva y eficaz que la acción del Estado y eso que debiera ser bastante a desarraigarla el rico contenido y el influjo manifiesto que en nuestros días han alcanzado por sí mismas y sin la intervención del Estado la vía económica y la científica.

En suma, aunque se afirma en principio la independencia respectiva del orden religioso y del jurídico, de los llamados poder espiritual y poder temporal, en una palabra, del Estado y de la Iglesia, viene a resultar en el hecho que, renunciando a una organización teocrática que rija directamente a las sociedades, se aspira a realizar el mismo propósito por medios indirectos, encerrando todos los órdenes de la vida dentro de límites, vallas y linderos que pone y señala el poder de la Iglesia.

JOAQUÍN COSTA (1844-1911)

Político y escritor aragonés, Joaquín Costa se destacó por sus estudios sobre cuestiones sociales, legales, económicas, históricas y literarias. Se educó en el krausismo y con sus escritos apasionados y sus campañas públicas, sacudió el ambiente de conformismo que caracterizaba que caracterizaba ciertos sectores de la sociedad de la Restauración. Era conocido por su capacidad de condensar sus ideas en frases simples, por ejemplo, «escuela y despensa» o «desafricanización y europeización de España». Incitó a los jóvenes a abrirse a nuevas ideas y a adaptarse a las nuevas corrientes que procedían de Europa.

Se ha llamado a Costa precursor de la Generación del 98, aunque más que nada fue un hombre de la Restauración, un pensador de la Generación de 1868 que avanzó ideas que después serían adoptadas por otros, notablemente Unamuno, Azorín y, más tarde, Ortega y Gasset. Al asistir a la Exposición Internacional en 1867, se dio cuenta del terrible atraso de España en los campos de la ciencia, la tecnología y la política. Desde entonces, trabajó por renovar España, luchando por el progreso y el republicanismo. *Oligarquía y caciquismo*, un fragmento del cual se incluye aquí, es una serie de conferencias pronunciadas en 1901 en las cuales Costa ataca el caciquismo que había contribuido a la corrupción

y ayudado a mantener a España en un estado de inferioridad con respecto al resto de Europa.

Otros libros importantes de Costa son: *Teoría del hecho jurídico individual y social* (1880); *La poesía española* (1881); *Mitología y literatura celto-hispana* (1888), *El colectivismo agrario* (1898), *La tierra y la cuestión social* (1912). Sus obras completas fueron publicadas en 21 tomos entre 1911 y 1924.

Oligarquía y caciquismo

El prohombre u oligarca

La transición no puede ser más obvia. En colectividades tan extensas y tan complicadas como son, por punto general, las nacionalidades modernas, el régimen oligárquico supone necesariamente grados, correspondientes a los distintos círculos que se señalan en el organismo del Estado, regiones, provincias, partidos o cantones, valles, planas y serranías, ciudades, villas y lugares; y para subsistir, le es precisa una representación central que los trabe y concierte entre sí y les afiance el concurso de la fuerza social. El prohombre u oligarca no es más que el remate[1] de esa organización, el último grado de esa jerarquía. Y es claro que para que el sistema funcione con regularidad y responda a su fin—(la apropiación y monopolio de todas las ventajas sociales),—es condición precisa que todas las piezas que entran a la parte se muevan armónicamente, inspiradas en un común espíritu, que aprecien de idéntica manera los fines, y por tanto, que sea una misma en todos su naturaleza moral, no siendo posible en absoluto establecer una línea divisoria como entre cabeza y manos o instrumento,[2] y menos para disputar las que serían cabezas por honradas donde los que serían instrumentos pasan plaza[3] de malhechores.[4]

Hace pocas semanas, un sesudo diario de la Corte,[5] *El Español*, abundando en la tesis que acabamos de ver acreditada por tantas y tan calificadas autoridades, registraba en un editorial esta preciosa observación: «Persona-

---

[1] Cabo.

[2] Las «manos» son «instrumento» en el sentido que se emplean para producir el efecto que la «cabeza» dicta.

[3] **Pasan...** Sirven.

[4] Aquí Costa incluye una larguísima nota en que define «cacique». Se ha omitido de esta edición por falta de espacio.

[5] Madrid.

jes y ministros que no darían la mano a algunos individuos, que no los admitirían a su mesa ni en su casa, que si los hallaran en despoblado[5] se llevarían instintivamente las manos al bolsillo, no tienen inconveniente en entregarles una o muchas municipalidades, una Comisión provincial o una Diputación entera».[6] El hecho es rigurosamente exacto; lo que no se me alcanza a mí es por qué los personajes y ministros aludidos no habían de dar la mano y alojar en su casa a los tales sujetos; y no se me alcanza esto, porque para mí, lo mismo que para Cánovas del Castillo[7] hace cuarenta años, el personaje en cuestión asume tanta culpa, es tan execrable sujeto, tan digno de desprecio y tan necesitado de corrección, su condición moral es tan inferior como la del pobre diablo, cliente de la Guardia civil, a quien ha dado bula y pasaporte para robar y oprimir, y no debería ser declarado menos que él enemigo público.
(...)

En 1859, el Congreso de los Diputados declaró haber lugar a exigir la responsabilidad al Ministro que había sido de Fomento don Agustín Esteban Collantes, por motivo de la contrata ajustada seis años antes, entre el Director de Obras Públicas don José María Mora y un Sr. Luque, para el acopio de 130.000 cargos de piedra con destino a la reparación de las carreteras de la provincia de Madrid; y para que sostuviese la acusación ante del Senado, constituido en tribunal de justicia, nombró una Comisión, de la cual formaban parte Romeo Ortiz y Cánovas del Castillo. En el curso del juicio, el ex-Ministro alegó en descargo suyo, entre otras cosas, que él no se había lucrado de las resultas del delito. Cánovas entonces con feliz oportunidad, exhumó los argumentos del orador romano[8] y los ingirió en su grandilocuente oración, fulminando con ellos al procesado y sacando por conclusión que para la moralidad del país y la ordenada marcha de la administración, era aquél responsable del crimen perpetrado, lo mismo si había obrado con intención como si no había mediado más que negligencia.[9] Y pasaron treinta y seis

años: era Cánovas Jefe del Gobierno; acababan de ocurrir sucesos... y en aquel memorable día de 9 de diciembre (1895), en que tuvo lugar en Madrid la manifestación de los 80.000, los adversarios del estadista conservador desenterraron su terrible acusación de 1859, arguyéronle con sus propios razonamientos a lo Cicerón, hiciéronle trocar el antiguo papel de acusador por el de acusado, y no halló manera de salvarse sino arrojando a los acusadores carne de Ministerio, llevando a cabo una crisis, demasiado fresca todavía para que pueda ser recordada en este sitio.

Nada pues, tengo que decir de los primates u oligarcas: ellos se lo han dicho todo; ellos han dicho que lo que hace el cacique, que lo que hacen sus hechuras y sus instrumentos, lo hace el personaje mismo o ministro que lo ha promovido o consentido y aprovechado. Esto, sin contar con lo suyo personal, ni más honesto ni menos abominable. Deduje de aquí, con Cánovas, que en las fechorías, inmoralidades y crímenes que forman el tejido de la vida política de nuestro país, el oligarca es tan autor como el cacique, como el funcionario, como alcalde, como el agente, como el juez, e igualmente culpable que ellos; pero no he dicho bien: esa culpa es infinitamente mayor, y sería si acaso (volviendo a la sentencia de *El Español*), sería, si acaso, el instrumento o el cacique quien tendría moralmente razón para negar el saludo al personaje o al ministro, que fríamente y a mansalva armó su brazo, haciendo de él un criminal cuando pudo y debió hacer de él un ciudadano. Más culpable, sí: 1.°-, por causa de su educación ordinariamente superior a la del cacique y a la de sus agentes; 2.°-, a causa de su posición económica, que les tiene sustraídos por punto general (como no, por punto general, al cacique ni a sus instrumentos) a los estímulos y solicitaciones de la necesidad; 3.°-, por ser también mayor su deuda con el pueblo, por hallarse más obligados a restitución con la Nación, sobre cuyas espaldas se han escaramado, de cuya sangre han vivido, cuyo patrimonio han malbaratado, cuyo derecho han tenido cobarde y criminalmente en secuestro y a quien con su abandono, con su falta de estudio y sus rutinas mentales y su torpe ambición y sus egoísmos han causado tantas aflicciones y acortado tanto la vida, hecha un reguero de lágrimas, haciéndole maldecir a la sociedad y dudar de la Providencia, en términos de que no les bastaría toda una vida de expiación y de sacrificio para

---

[5] En un lugar inhabitado.
[6] 24 de enero de 1901. (Nota del autor).
[7] Antonio Cánovas del Castillo (1883-1897), político conservador que fue seis veces presidente del Consejo de ministros y líder del movimiento que condujo a la restauración de 1874. Murió asesinado.
[8] Marco Tulio Cicerón (106-43 antes de Cristo), orador y político romano que denunció la conjuración de Catilina y atacó a Marco Antonio, enemigo de César. Llevó la elocuencia latina a su apogeo.
[9] El Ministro acusado fue declarado inculpable, y condenado el Director general de Obras Públicas, don José María

Mora, por los delitos de fraude, estafa y falsedad, a veinte años de presidio y resarcimiento de cerca de un millón de reales. (Nota del autor).

compensarle el daño que le han hecho, para restituirle el bien que le han quitado.

MARCELINO MENÉNDEZ Y PELAYO (1876-1912)

El ambiente intelectual de la segunda mitad del siglo XIX, con su nuevo énfasis en el espíritu científico y en la renovación cultural, se presta al desarrollo de la literatura de ideas. Todos los campos —historia, crítica, filosofía, política, religión, moral, ciencias— se examinan, lo cual provoca numerosas polémicas que tienen lugar no sólo en el parlamento o en academias y universidades, sino también en revistas y periódicos. La prensa popular va cobrando un carácter más intelectual, preparando el camino para el ensayismo de la generación del 98. Si el artículo y el discurso a menudo adquieren un aspecto pomposo, rimbombante o melodramático, reflejando cierto desdén por los datos concretos, también abren fronteras para la discusión. La próxima generación reaccionará contra el emocionalismo y vaguedad de la prosa de ideas de la segunda mitad del siglo XIX y su censura sigue influyendo en los círculos académicos hasta hace relativamente poco. Sin embargo, hoy día se ha vuelto a reconocer el valor de los ensayos de algunas de las figuras más importantes de aquella época, especialmente en el campo de la crítica literaria. Las ideas de pensadores como Valera, Clarín, Pardo Bazán y las contribuciones a la historia literaria de Amador de los Ríos, el marqués de Valmar y Milá i Fontanals, entre muchos otros, se aprecian como fundamentales para la comprensión del desarrollo de las ideas en España. La figura más sobresaliente de este período —la que domina en la crítica y en la historia— es don Marcelino Menéndez y Pelayo.

Menéndez y Pelayo desempeñó un papel de suma importancia en la revalorización de la cultura española que se inició a fines del siglo XIX y continuó durante las primeras décadas del XX. En vez de trabajos de análisis de tipo monográfico, emprendió investigaciones de amplio alcance, obras como *La ciencia española* (1882), *Historia de los heterodoxos españoles*

(1880-1882), *Historia de las ideas estéticas en España* (1883-1884), *Antología de poetas líricos castellanos* (1890-1908), u *Orígenes de la novela española* (1905-10). Además, preparó estudios para acompañar las numerosas ediciones que hizo para la Real Academia de las obras de Lope de Vega y de Calderón; también examinó la presencia de Horacio en la literatura española y trabajó durante años en una *Bibliografía hispanolatina clásica*.

El objetivo de Menéndez y Pelayo era buscar la unidad en la cultura española en su sentido más amplio, lo cual lo llevó a estudiar no sólo la literatura española de todas las épocas, sino también la literatura hispanolatina, la hispanoamericana y la portuguesa. Basándose en una sólida preparación humanística, veía la cultura y la literatura españolas como una síntesis de diversos elementos —humanismo latino, catolicismo y sentido de identidad nacional— los cuales, más que la lengua o la geografía, unían al mundo hispánico. Además del método histórico, se valía del cuidadoso análisis estético.

Durante su vida Menéndez y Pelayo fue muy conocido y respetado. Mantuvo correspondencia con los hombres estelares de la época, entre ellos Pérez Galdós y Clarín. Sus polémicas con krausistas eminentes como Nicolás Salmerón y Francisco Giner de los Ríos le alejaron hasta cierto punto de la reforma educativa y, de hecho, parecía sentir desdén por el mundo académico. Fue profesor en la Universidad de Madrid entre 1878 y 1898 y, cuando renunció a su puesto para aceptar el de director de la Biblioteca Nacional, este acto se interpretó como indicio de que consideraba que el verdadero trabajo investigador y creador se hacía fuera de la academia —percepción que reforzó el hecho de que su discípulo más conocido, Ramón Menéndez Pidal, siguió su ejemplo.

Se ha censurado a Menéndez Pelayo por su orientación tradicionalista, nacionalista y católica, la que se nota sobre todo en sus primeros libros, entre ellos *La ciencia española* y *La historia de los heterodoxos españoles*. La carta que sigue es un ejemplo de la polémica y de las diversas posturas eruditas de liberales y reaccionarios frente al tema de la filosofía y de la ciencia española. En ella vemos claramente el ardor con el cual Menéndez y Pelayo defendía las instituciones españolas, incluso la Inquisición, y el sarcasmo que caracterizaba sus ataques contra los krausistas y otros que consideraba enemigos de la patria. A pesar de su estrechez de miras, Menéndez y Pelayo estableció un nuevo rigor en las investigaciones literarias e históricas. Gracias a él se elevó la calidad docente en las instituciones de enseñanza. Hoy día sus libros todavía se estudian no sólo en España sino también en Latinoamérica y en los Estados Unidos.

Con el fin de rescatar su reputación, la Sociedad Menéndez Pelayo de Santander publicó en 1983 «Menéndez Pelayo: hacia una nueva imagen». En esta colección de artículos Ciriaco Morón Arroyo y otros defienden al investigador decimonónico contra las acusasiones de ser poco original y de emplear una anticuada metodología escolástica. *Epistolario de Menéndez Pelayo* (1986), una colección de sus cartas, ofrece al lector una excelente fuente de información sobre el hombre y sus ideas.

Mr. Masson redimuerto.[1] Al Sr. Gumersindo Laverde Ruiz, catedrático de Literatura en la Universidad de Valladolid

Mi distinguido paisano y amigo:

Picó Mr. Masson en el cebo,[2] ya le tenemos en campaña. Si yo no conociera un poquito (aunque de oídas) el corazón humano y otro poquito el carácter de mi adversario, extrañaría una contestación tan descomedida, contradictoria y poco meditada en asunto que requiere moderación y estudio.

Empieza por decir el Sr. de la Revilla[3] en el último número de la *Revista Contemporánea* que mi carta roturada «Mr. Masson redivivo»[4] está escrita con ira, furia y no sé qué más cosas y que tiene un carácter personalísimo.[5] No sé que ultrajes, furias o personalidades ha visto allí el Sr. de la Revilla. Le he llamado «crítico ingenioso y agudo», he hablado de su «claro entendimiento», y me parece que todo esto (dicho con la mayor sinceridad del mundo) ha de sonar a elogio. ¿Qué más quiere el Sr. de la Revilla? ¿Que le llamemos más filósofo que Descartes, más poeta que Byron, mejor crítico que Villemain o Sainte-Beuve o Jeffrey[6]? ¿Que tengamos por obras inmortales, asombro de los nacidos, las *Dudas y tristezas*, el *Curso de literatura* o las revistas críticas que en diversos periódicos ha dado a la estampa? ¿Que reconozcamos su competencia hasta en cuestiones que no ha saludado, como la de la Filosofía española? ¿Qué es, pues, lo que quiere el Sr. de la Revilla?¿Han de ser los artículos polémicos un continuo sahumerio del autor refutado? ¡Cuánto según esto deberán de escandalizarle las contiendas literarias de los humanistas del Renacimiento, que se decían en seco los más atroces improperios! Convengo en que la cultura moderna exige más cortesía y miramientos, pero ¿he faltado a ellos por ventura? ¿He proferido alguna expresión que desdore su crédito moral? Si lo que digo de los oradores de ateneo y de las discusiones de *omni re scibili*[7] es aplicable en algún modo al Sr. de la Revilla, el público y la propia conciencia han de decírselo. Si dicen que sí, y él se enoja, ¿qué culpa tengo yo, ni por qué he de ser víctima de sus arrebatos y furores?

> A todos y a ninguno
> Mis advertencias tocan;
> Quien haga aplicaciones
> Con su pan se lo coma.

Lo que hay en mi pobre artículo son verdades como el puño que mi contrincante ha tomado por donde que-

---

[1]Juego sobre *redivido*. El significado se explica más abajo.
[2]**Picó...** Empezó a tomar la cosa en serio.
[3]Véase la selección de Julián Sanz de Río, nota 2.
[4]Resucitado.

[5] Dice el Sr. de la Revilla que no se explica lo que él juzga acritud mía porque no se acuerda de haberme ofendido nunca. Así es, en efecto, pero yo, que jamás vengaré ofensas propias, gasto poca tolerancia con los desafueros al sentido común y a la patria. *(Nota de Menéndez y Pelayo)*.
[6]**René Descartes** (1596-1650), filósofo francés, padre de la metafísica moderna que impuso un nuevo método de raciocinio. **George Gordon, lord Byron** (1788-1824), poeta romántico inglés, autor de obras atormentadas y violentas. **Charles Auguste Sainte-Beuve** (1804-1860), escritor romántico francés, autor de novelas y estudios críticos. **Francis Jeffrey** (1773-1850), crítico inglés, editor de la *Edinburgh Review*.
[7]Todo lo que se puede conocer.

man hasta el punto de salir desaforado y lanza en ristre[8] contra un oscuro bibliófilo, procedente de una ciudad de provincia y poco o nada conocido en la república de las letras, sobre todo en el barrio que han tomado por asalto el Sr. de la Revilla y sus amigos. Y para confundir y aniquilar a semejante pigmeo, ignoto estudiantillo y principiante, emplea todo un artículo titulado con mucho énfasis: «La filosofía española», y en él se defiende y defiende a su amada revista (solidaria sin duda de sus ideas y opiniones, por lo cual hice bien en atacarla), y hasta la redacción de ésta encaja una nota al pie de ciertos cuadros de la enseñanza que se da en las universidades alemanas (muy sustanciosos, sin duda, para quien asista a esos cursos, pero inútiles o poco menos para los españoles que adelantan harto poco con saber que el profesor Nahlowsky explica este verano la teoría del sentimiento en la Universidad de Czernowich), quejándose de «la recelosa y estrecha suspicacia que se abstiene de estudiar la civilización de otros pueblos», cuando precisamente la que no se estudia poco ni mucho es la española.

Pero como ni los exabruptos[9] del Sr. de la Revilla ni las notas de la *Revista Contemporánea* me hacen perder la tranquilidad ni el aplomo, voy a contestar al nuevo Mr. Masson, cuyo artículo (adviértase esto), infinitamente más destemplado y furibundo que el mío, está escrito en un tono autoritario y dictatorial verdaderamente delicioso. Yo no tengo el mal gusto de enfadarme como el señor de la Revilla, ni me reputo agraviado por estas cosas pues bien sé que flechas de pluma no hieren cuando se tiran a bulto y desatentamente. Tengo por honra grandísima el que el Sr. de la Revilla me llame «neocatólico, inquisitorial, defensor de instituciones bárbaras» y otras lindezas. Soy católico, no nuevo ni viejo, sino católico a macha-martillo, como mis padres y abuelos, y como toda la España histórica, fértil en santos, héroes y sabios bastante más que la moderna. Soy católico apostólico romano sin mutilaciones ni subterfugios, sin hacer concesión alguna a la impiedad ni a la heterodoxia en cualquiera forma que se presenten, ni rehuir ninguna de las consecuencias de la fe que profeso, pero muy ajeno, a la vez, de pretender convertir en dogmas las opiniones filosóficas de éste o el otro doctor particular, por respetable

que sea en la Iglesia. Estimo cual blasón[10] honrosísimo para nuestra patria el que no arraigase en ella la herejía durante el siglo XVI y comprendo y aplaudo y hasta bendigo la Inquisición como fórmula del pensamiento de unidad que rige y gobierna la vida nacional a través de los siglos, como hija del espíritu genuino del pueblo español, y no opresora de él, sino en contados individuos y en ocasiones rarísimas. Niego esas supuestas persecuciones a la ciencia, esa anulación de la actividad intelectual y todas esas atrocidades que rutinariamente y sin fundamento se repiten y tengo por de mal gusto y atrasadas de moda elucubraciones[11] como las del Sr. de la Revilla. No necesitábamos, en verdad, ir a Alemania, ni calentarnos mucho los cascos[12] para aprender todo eso. Ya lo sabían los bienaventurados liberales del año 20.

Por lo demás no me quitan el sueño los calificativos de «enemigo implacable de la civilización y de la patria» que me prodiga el Sr. de la Revilla. Creo que la verdadera civilización está dentro del catolicismo y que no es enemigo de la patria el que sale mejor o peor a su defensa.

El Sr. de la Revilla dice que nunca ha pertenecido a la escuela hegeliana. En hora buena: me interesan poco sus trasformaciones filosóficas. Hoy pasa por neokantiano, pero no niega sus tendencias al positivismo. Lo averiguado y cierto es que siempre ha militado en las filas de la impiedad, con una u otra bandera. No sé de qué católicos ha hablado con respeto el Sr. de la Revilla, sería sin duda de los llamados católicos viejos, que tienen tanto de católicos como yo de turco, siendo en realidad unos protestantes nuevos. Y también es peregrina[13] ocurrencia la del Sr. de la Revilla al asegurar que no hace caso de ciertos ataques y no necesita de ciertas defensas, y empeñarse en ellas dos líneas antes.

Dice que, al censurar de extranjerada a su *Revista*, no he pensado lo que digo y debí leer lós índices para convencerme de que eran más los escritos de autores españoles que los de extranjeros. Sin hacer grande esfuerzo de pensamiento, leí a su tiempo dichos índices y aún examiné la colección entera y por eso dije lo que vio el Sr. de la Revilla. «Muy pocas veces—éstas fueron mis palabras—he tenido la dicha de encontrar algún artículo, pá-

---

[8]Hierro del peto de la armadura antigua, donde se afianzaba la lanza. **Lanza en ristre** = listo para atacar.
[9]Arrebatamientos, expresiones de furor.

[10]**Cual...** como escudo.
[11]Elucubraciones, obras hechas a fuerza de velar y trabajar.
[12]**Calentarnos...** fatigarnos mucho en el estudio.
[13]Extraña.

rrafo o línea, castellanos por el pensamiento o por la frase». Claro es que, al decir «pocas veces», exceptuaba un artículo del Sr. Valera, poesías varias del Sr. Campoamor, etc., etc., pero del resto digo que no es español ni en el pensamiento ni en la forma, por más que sean españoles (sin duda, por equivocación) sus autores, pues nadie me hará creer que son castellanas las ideas ni el estilo de los señores Montoro, del Perojo y tantos otros bien conocidos del Sr. de la Revilla, y considero semejante *Revista* como empresa anti-católica, anti-nacional y anti-literaria pues lo que hoy importa no es propagar en malas traducciones arreglos y extractos de la ciencia extranjera, que esa por todos lados entra y es de fácil asimilación, sino trabajar algo por redimir del olvido a la española, cuya existencia es muy cómodo negar cuando no se la estudia ni se la conoce. En cuanto a «los chistes de mal gusto» que el Sr. de la Revilla me reprende, ya sabía yo que no hay más chistes cultos ni delicados que los de la Puerta del Sol o los del Casino. ¿Qué chistes sino frailunos y de sacristía ha de decir un neocatólico de provincias, falto de esa chispa cortesana que tanto enaltece al Sr. de la Revilla?

Tras estos preliminares, el Sr. de la Revilla entra en materia dando una en el clavo y ciento en la herradura,[14] aunque a él, ofuscado por la pasión y el orgullo, se le antoja lo contrario. Dice que «yo no niego por completo su aserto respecto a la inferioridad de los españoles en las ciencias exactas, físicas y naturales». Esto que para el Sr. de la Revilla es curioso, maldita la curiosidad que tiene pues ni implica contradicción, ni favorece a mi adversario en nada. Desde mi primera carta vengo diciendo que «hay relativa inferioridad en este punto, mas no absoluta pobreza», y el Sr. de la Revilla, en vez de admirarse de ello, hubiera hecho bien en contestar a las proposiciones siguientes que en diversas partes he sostenido y razonado:

1ª. La intolerancia religiosa no influyó poco ni mucho en las ciencias que no se rozaban con el dogma. No hubo prohibiciones de libros útiles, ni persecuciones de sabios (sino en casos raros, y eso por otras causas), ni nada, en fin, que impidiese nuestro progreso en dichos ramos del saber. El señor de la Revilla no se ha acordado de destruir ni aun de mentar mi argumentación en este punto. Él sabrá la razón... y yo también la sé.

2ª. Los talentos de segundo orden en las ciencias, los expositores, indagadores, etc., son dignos de muy honrosa memoria en la historia de las mismas, y nunca será completa la que no abrace sus tareas y descubrimientos. Sostuve esta verdad en la carta a que el Sr. de la Revilla contesta, haciéndose cargo de la fuerza del argumento, pero procurando eludirle con un sofisma de tránsito que no deslumbraría a un mal principiante de lógica. Dice que en la historia literaria suponen poco los autores de segundo orden y deduce que ello mismo acontecería en la científica. Pues, cabalmente sucederá todo lo contrario porque en las obras de índole estética no se toleran medianías (...) al paso que en las destinadas a un fin útil, cuales son las científicas, caben los esfuerzos de todo hombre investigador y laborioso. (...) El Sr. de la Revilla insiste en creer que los sabios nacen y viven como los hongos y para él nada son ni significan los modestos científicos (hágote sustantivo por la gracia de Dios, ¡resabios krausistas!) que les allanan el camino, ni los que siguen sus huellas y explican, explanan o completan su doctrina. Sería cieramente curiosa la historia de la ciencia que escribiese el Sr. de la Revilla. Él no sabe ver más que cosas grandes y como el puño,[15] lo demás son puerilidades y miserias. El desdén soberano con que trata de cuantos en España han cultivado la ciencia, teniéndolos por dignos de todo olvido y menosprecio porque no le parecen genios, me recuerda el caso de aquel jándalo[16] fachedoso[17] que tiraba con desgaire el pañuelo al entrar en su pueblo, añadiendo: «Camarada no le levante, que diez llevo perdidos desde Reinosa». Al Sr. de la Revilla debe importarle muy poco perder los pañuelos, o séase, la ciencia española, porque, en su entender, todo lo que no sea Galileos, Kepleros y Newtones es cosa de ninguna monta.[18] A bien que ahora vamos a tener cosecha de ellos,[19] gracias a la *Revista Contemporánea*.

El que las historias de la ciencia no hablen o hablen poco de los españoles nada tiene de extraño. Son en su mayor parte obra de autores extranjeros que no conocen el desarrollo de nuestra actividad intelectual, muy difícil de estudiar hoy por la rareza de los libros que proodujo y hasta por la falta de diccionarios bibliográficos que

---

[14] **Dando...** sin entender bien el tema.

[15] **Como...** obvias.

[16] Andaluz.

[17] Vanidoso.

[18] Es decir, para él, la ciencia española vale tan poco como un pañuelo.

[19] *Ellos* se refiere a los pañuelos. (Ahora que la *Revista Contemporánea* trae al pueblo las ideas de los krausistas, abundará la ciencia en España.).

indiquen sus títulos y paradero. Siempre fuimos pródigos en hazañas y cortos en escribirlas, y no es maravilla que los de fuera desdeñen lo que con soberbia ignorancia niegan los de casa. Pero aún en esas historias escritas con falta de noticias en esta parte, hallamos celebrados algunos españoles. En casi todos los anales de la botánica se habla con elogio de los fitólogos que he recordado en otras cartas. Apenas hay historia de la astronomía y de las matemáticas en que no suenen las *Tablas* alfonsinas[20] y otros monumentos del saber de nuestros antepasados en diversos siglos. La historia de la medicina (y esto no lo niega el Sr. de la Revilla) está llena de nombres españoles y sin gran esfuerzo pudieran citarse aquí como famosos y consignados en libros corrientes los de infinitos matemáticos, químicos, metalurgistas y geopónicos.[21] Debe pasar un mal rato el Sr. de la Revilla cada vez que ve mentado a un español en libros de ciencia: a tal punto le arrastra el odio ciego que las cosas de su patria le inspiran, sólo porque esta patria es y ha sido católica.

Con habilidad—llamémosla así—impropia de polémicas serias dice el Sr. de la Revilla que, por confesión mía, únicamente dos descubrimientos (fuera de los marítimos) se deben a los españoles: las cartas esféricas y el nonius.[22] En inguna parte he dicho semejante cosa. Cité estos dos *exempli gratia*[23] como hubiera podido citar otros veinte. (...)

Los nombres mismos de infinitas plantas pregonan la gloria de los botánicos españoles: Queria, Minuartia, Meletia, Monarda, Ovieda, Ortegia, Salvadora, Barnadegia, Mutisia... ¿eran calmucos[24] o daneses los naturalistas en cuyo honor se titularon así estas especies? Y si hasta en los nombres está consignada su memoria, ¿cómo ha de faltar en los libros de historia de la ciencia?

No amontonaré nombres propios puesto que no agrada esto al Sr. de la Revilla, sin duda porque es más cómodo para él no citarse más que a sí propio y a sus amigos. Pero sí le diré que hipótesis muy célebres—por más que

él lo niegue—, v. gr., la del flogisto[25] en química claramente presentada por Vallés en su *Philosophia sacra* y la del P. Feijoo sobre los terremotos considerándolos como fenómenos eléctricos son de origen español; que los descubrimientos médicos, no tienen número; que los astrónomos españoles del siglo XVI, entre ellos Alfonso de Córdoba y Juan de Rojas (de quienes no puede decirse que están ignorados puesto que los cita Moutucla en su conocidísima *Historia de las matemáticas*) eran estimados por de los más eminentes de Europa, y venían los extraños a recibir sus enseñanzas; que Núñez puede estimarse, al igual que Vieta, padre del Álgebra, y que no está tan averiguado como el Sr. de la Revilla supone con ligereza imperdonable que sean de segundo orden todos los científicos españoles, por la sencilla razón de que ni el Sr. Revilla ni nadie que sepamos se ha tomado la molestia de probarlo. Trabajen y averigüen estas cosas los doctos en las ciencias positivas (sin duda en oposición a la negativa muy común en estos tiempos), pesen y quilaten ellos los méritos respectivos de nuestros sabios y de los extranjeros y cuando estos doctos matemáticos, físicos, químicos y naturalistas (bibliófilos además, circunstancia precisa para estar en autos) hayan sentenciado en pro o en contra, yo acataré su decisión porque si soy implacable con la universalidad superficial y el saber aparente, nadie me gana en respeto al especialísimo profundo y al saber sólido y verdadero. Pero lo que desde luego puede afirmarse, mediante el sentido común y la ligera noticia que de tales cosas puede tener un profano, es que la ciencia alcanzó un desarrollo muy notable en España, produciendo infinidad de libros más o menos útiles (sobre lo cual no ha de decidir el Sr. de la Revilla sin examinarlos antes uno a uno, si tiene competencia para ello) y multitud de descubrimientos y observaciones parciales consignables, y consignados ya algunos, en cualquier historia formal, todo lo cual es título de gloria bastante para que se hable de ciencia española, no pomposa sino justamente y en el tono de piedad filial con que debemos hablar todos de nuestra patria, sin atribuirla ajenas glorias, pero procurando investigar y poner en su punto las verdaderas, sin adularla, pero guardándonos de dirigirla a tontas y a locas infundadas injurias. Y convénzase el Sr. de la Revilla de que no hay historia de la ciencia sin España porque la ciencia no se compone sólo de

---

[20]Referencia a Alfonso X el Sabio (1221-1284), rey de Castilla y León, conocido por su obra literaria y científica. Dirigió obras de gran importancia en los campos de la astronomía y la astrología.

[21]Personas que estudian la agricultura.

[22]Tipo de regla que se emplea para hacer cálculos, inventado por Nunes, matemático portugués.

[23]Ejemplos seleccionados al azar.

[24]De la Mongolia occidental.

[25]Principio para explicar los fenómenos caloríficos, suponiendo que formaba parte de la composición de todos los cuerpos y se desprendía de ellos en la combustión.

dos teorías y de tres o cuatro hipótesis y de uno o dos principios fundamentales, sino de una larga serie de cabos sueltos que suponen el trabajo y el esfuerzo de pueblos y generaciones enteras, esfuerzos que deben quedar registrados en la historia, si ésta ha de ser completa, enlazada, útil y fructuosa. Y repito que es excusada y sofística la comparación con el arte literario porque si en este montan poco cien poemas malos o medianos pues que ningún fruto saca la humanidad de las tareas poéticas realizadas con escaso númen,[26] de trabajos científicos de segundo orden saca la humanidad incalculables ventajas. Poco aprovecharemos a nadie el Sr. de la Revilla ni yo con lanzar sendos tomitos de poesías líricas al mundo, maldito si la posteridad ha de descalabrarse investigando nuestras vidas y milagros, ni nos ha de levantar estatuas y monumentos; al olvido iremos como tantos otros dignos de mejor suerte, pero ¿cómo ha de olvidarse nunca al que descubre un cuerpo simple o un fenómeno fisiológico o estudia por primera vez un mineral o una planta o demuestra algún ignorado teorema?

Y diré para terminar esta enojosa materia que más honra a un país y más actividad científica demuestra en él la circunstancia de que haya producido doscientos sabios modestos y útiles que un solo genio porque el genio le da Dios (así lo creemos los neos y oscurantistas) al paso que el trabajo y la constancia y el estudio, previas ciertas condiciones, dependen en gran parte de la voluntad humana. Olvidábaseme advertir que no está aplicado con bastante propiedad el nombre de descubrimientos al de las cartas esféricas y al del nonius, que deben calificarse de invenciones, lo mismo que el del telégrafo eléctrico, vislumbrado por Fernán P. de Oliva y llevado en parte a ejecución por el físico catalán Salvá en los primeros años de este siglo, el arte de enseñar a los mudos, debido al benedictino Fr. Pedro Ponce y al aragonés Juan Pablo Bonet, el de enseñar a los ciegos, expuesto por el maestro Alejo de Venegas en su *Tratado de ortografía*, impreso en 1531, y tantas otras que fuera prolijo enumerar...

[Sigue un segmento en que Menéndez y Pelayo defiende la filosofía española; menciona a numerosos grandes pensadores ibéricos del pasado y ataca al Sr. de la Revilla por su de conocimientos.]

Dice el Sr. de la Revilla que para probar la existencia de la filosofía española cito a todos los que se han ocupado de ella, lo cual califica de desahogo de bibliófilo. Per-

done el Sr. de la Revilla, no los cité para eso, sino para demostrar que no somos usted y yo solos los defensores de la filosofía ibérica. Ahí está mi carta que no me dejará mentir. Entre eso y lo que el Sr. de la Revilla dice hay bastante diferencia. Aquí vendría bien la usada cortesía de que el Sr. de la Revilla no me había entendido, pero como yo me pago poco de fórmulas[27] y sé que el señor de la Revilla me entiende perfectamente como yo a él, diré sin rebozo (y si es «personalidad» no le ofenda) que no quiso entenderme porque así le convenía.

Y sepa el Sr. de la Revilla (aunque nada quiere saber de boca mía) que, aun empleado como argumento de autoridad, ese catálogo[28] sería de gran fuerza:

1°. Por contener nombres ilustres y de primera importancia científica y bibliográfica.

2°. Por haber entre ellos sectarios de todas las escuelas filosóficas desde las más radicales hasta las más ortodoxas, lo cual excluye hasta la sospecha de ser el nombre de filosofía española bandera de secta o de partido.

3°. Por haber florecido los autores allí citados en muy diversos tiempos y naciones, lo cual excluye asimismo toda idea de confabulación y acuerdo.

Por eso, y porque no soy tan inmodesto que prescinda de la autoridad de los que me han precedido, me permití aquel desahogo que tan mal ha sentado al Sr. de la Revilla y tan triste idea le ha hecho formar de la generación educada en las bibliotecas con estudios de cal y canto.[29] Quizá esa generación (que aún está por ver) no competirá

En sal,[30] en garabato, en aire[31] y chiste

con la dorada juventud que hoy puebla los ateneos y habla con sublime aplomo de transformar el Cristianismo, como si se tratase de remendar unos calzones viejos, pero de seguro tendrá la buena condición de no tratar cuestiones que no entienda, ni entretenerse en denigrar ni escarnecer por sistema cuanto hicieron y pensaron nuestros abuelos. El Sr. de la Revilla que me tiene a mí (aunque indigno) por de esa generación, dice que «será divertida, a juzgar por la muestra». Es posible que yo no divierta al Sr. de la Revilla, en cambio, él me

---

[26]Inspiración.

[27]**Me...** les doy poca importancia a las fórmulas.
[28]Se refiere al catálogo de filósofos mencionado en el segmento que hemos omitido.
[29]**De...** sólidos.
[30]Agudeza, donaire.
[31]Vanidad.

divierte mucho, muchísimo y sentiría verme privado de sus donosas y eruditísimas elucubraciones acerca de la Filosofía española. (...)

ADOLFO GONZÁLEZ POSADA (1860-1944)

Los krausistas compartían con sus predecesores del Siglo de las Luces la creencia en la perfectibilidad del hombre y de la sociedad. Estas preocupaciones se ven claramente en la obra de Adolfo González Posada, sociólogo y autor de tratados sobre el sistema parlamentario, la reforma laboral, las constituciones, la jurisprudencia y la criminalidad.

Escritor prolífico, González Posada produjo unos 65 libros originales y traducciones en los cuales se destaca su interés en buscar la aplicación práctica de las teorías sociológicas y políticas. Entre sus obras sobre el parlamentarismo se cuentan *Estudios sobre el regimen parlamentario en España* (1891) y *Regimen parlamentario en la práctica* (1931). Sobre las constituciones publicó *La crisis del constitucionalismo* (1925). Sobre el concepto del estado escribió *Idea del estado y la guerra europea* (1915) e *Idea pura del estado* (1944). Considera el problema del conflicto armado en el primero de estos estudios y también en *Actitud ética ante la guerra* (1923). Hizo varios estudios sobre la situación laboral en España, entre ellos *Instituto del trabajo: datos para la historia de la reforma social* (1902). Sobre el derecho y la criminalidad escribió *Criminalidad comparada* (1893) y *La culpa en el derecho civil moderno*. Produjo numerosos tratados sobre la ciudad moderna y sobre la administración política y social. También digna de mención es su historia del krausismo español, publicada en una nueva edición en 1981.

Como otros de los llamados «Hombres de la Restauración», González Posada tenía gran interés en la educación. No sólo escribió sobre la enseñanza del derecho en las universidades, sino que también preparó guías para el estudio y aplicación del derecho constitucional. También publicó algunos estudios literarios, incluyendo uno sobre Clarín.

González y Posada viajó por Latinoamerica y extendió su interés a las instituciones políticas y sociales a las del Nuevo Mundo, como se ve en obras como *Instituciones políticas de los pueblos hispanoamericanos* (1900) y *Las constituciones de Europea y América* (1927). Entre sus libros de viajes se incluyen *República de Paraguay: Impresiones y comentarios* (1911), *República de Argentina: Impresiones y comentarios* (1912), *Pueblos y campos argentinos —sensaciones y recuerdos* (1926). Le interesaban también los Estados Unidos y publicó algunos estudios sobre el estado Norteamericano, en particular sobre el gobierno de Woodrow Wilson.

Tradujo libros del italiano y del alemán, entre ellos *Prehistoria de los indoeuropeos* (1896) de Rudolf von Jhering y un estudio sobre la evidencia criminal titulado *De la certidumbre en los juicios criminales*, de Ellero Pietro. Varios de los libros de González Posada fueron publicados en lenguas extranjeras. Sus *Memorias* aparecieron en edición moderna en 1983.

Importancia del sufragio

1. El problema del sufragio. —Bueno o malo, aceptable o digno de reprobación, el sufragio es un hecho consagrado en todos los pueblos cultos. Estímase en muchos como la base principal del Estado, como el órgano más inmediato de la soberanía y como el juez inapelable en las cuestiones políticas; en algunos, y en todos, como uno de los factores indispensables del gobierno. Esta universalidad del sufragio y la fuerza indudable que en todas partes se le atribuye explica sobradamente la importancia que el mismo tiene, tanto en la doctrina como en la práctica, y justifica además la atención con que filósofos, tratadistas y hombres de Estado lo estudian y el afán con que, estos últimos sobre todo, procuran resolver las complejas cuestiones que entraña un funcionamiento regular y constante del sufragio.

Y que no son poco numerosas las cuestiones que el sufragio suscita, lo mismo desde el punto de vista de quien se ve obligado a ordenarlo como institución política de un pueblo cualquiera, que desde el punto de vista de quien trate de analizar su naturaleza, indagar su fundamento, determinar su alcance, explicar su acción, etc., etc. No se concibe hoy una doctrina del Estado sin una teoría particular del sufragio, ni es posible imaginar una organización política, dentro de los moldes corrientes del régimen llamado representativo, sin una solución general del problema del sufragio y una serie de soluciones concretas de todas las complejas dificultades con que tropieza en cada país y en cada momento, su práctica efectiva.

2. Teoría y práctica del sufragio. Naturalmente, la indicación de estos dos aspectos o modos de considerar el sufragio no quiere decir que haya dos maneras diferentes de resolver sus problemas, hasta el punto de que sea una la doctrina y otra cosa distinta la práctica de aquél como institución viva o activa. Se anotan esos dos aspectos tan sólo para señalar el criterio, a la vez científico y práctico, de aplicación en la política del sufragio. La doctrina y la práctica, aquí como en todos los problemas del saber y del obrar humanos, entrañan solamente puntos de vista de un mismo objeto y, por lo tanto, propósitos diversos: el sabio nos dirá lo que es el sufragio y el hombre de estado resolverá cómo éste se pondrá en acción, siempre según el criterio doctrinal que siga, el cual criterio se habrá formado, claro es, en vista de las necesidades de la acción. La diferencia no pasa de ahí; por eso, pues, debe considerarse la doctrina del sufragio como guía y luz de sus aplicaciones a la vida del Estado, interesando su estudio, no meramente como una pura curiosidad científica, sino para obrar en la práctica de una manera adecuada y en consonancia con su naturaleza.

3. Interés apremiante del estudio del sugragio. E interesa saber y conocer la doctrina del sufragio de una manera apremiante, precisamente por su trascendencia práctica. Basta hablar de él para que, desde luego, se sepa a qué nos referimos, a lo menos de una manera general, pero lo suficientemente clara para que salte a la vista que se trata de algo muy universalizado, muy común, muy al alcance de todos, o de casi todos los ciudadanos de los modernos estados; algo, en suma, muy difundido por la sociedad política y que por esto importa a un gran número de personas de todas las condiciones sociales y que, por lo mismo, conviene que sea conocido por el mayor número de personas posible. Puede decirse que, en los países cultos, el que no es elector, va a serlo o aspira a algo que le pertenece de derecho. Ahora bien, siendo esto así, ¿qué menos podría desearse que, el que tiene el sufragio, espera tenerlo o aspira a tenerlo, sepa qué es el sufragio? ¿Qué menos podría pedirse que en un país donde hay sufragio se hable de él y se procure que su doctrina, tan rica, difícil y tan en crisis, se divulgue lo

más expansivamente que dable[32] sea, de suerte que, a la larga, las ideas más generales y más admitidas o admisibles acerca de semejante institución, entren a formar parte del caudal común de la cultura popular?

Aún suponiendo que el sufragio sea una solución política discutible, en todas sus formas, o en las formas que acepten éstos o aquellos partidos y escuelas, lo que no cabe discutir es que existe, que lo hay, que se *vota*, bien o mal, con fe o sin ella, con conciencia de lo que se hace o de una manera maquinal, o de muy mala manera; y esto supuesto, la necesidad, o si se quiere, la utilidad, de hablar del sufragio, a ser posible, en el lenguaje al alcance de la mayor parte de los que de él gozan, es, a mi ver, elementalísima en todos los pueblos modernos. Creo que la doctrina del sufragio es, o debía ser, una de las partes más esenciales de una buena *educación cívica*; en el acto de votar, mejor quizá, en el período preparatorio de este acto, hay una serie de problemas de conducta que conviene, primero, que el ciudadano sepa que los hay, y segundo, que pueda resolverlos con un criterio racional, para obrar en consecuencia. Esto aparte de los problemas anteriores que el supuesto del sufragio entraña, problemas de psicología social, de política en el más alto sentido de la palabra, y de derecho.

4. Referencias a España. Y no sólo esto. Si las brevísimas indicaciones que quedan hechas, justifican todo trabajo de vulgarización de la doctrina del sufragio, podrían, tratándose de España, aducirse otras mucho más apremiantes todavía. Arrastrados por las corrientes irresistibles de los pueblos más civilizados hemos consagrado aquí, en nuestras leyes, el sufragio, unas veces como un privilegio de clase o posición social, otras con el carácter de una concesión al espíritu democrático de los tiempos; pero es notorio cómo andamos en este punto. Somos, así como suena, una excepción —¡vergonzosa excepción!—en Europa, en materia electoral. En realidad, no tenemos sufragio más que de una manera nominal, en el papel. El problema hondo de psicología individual y colectiva que el sufragio supone, aquí no podríamos plantearlo porque no hemos practicado semejante institución. No pasa éste de ser un engaño más, una ficción mil veces censurable, en que se revela nuestro atraso y nuestro decaimiento moral. Tan cierto es esto que el peligro que se corre al hablar de las cuestiones jurídicas, sociológicas y *éticas* que el sufragio

---

[32]Posible.

suscita es el de provocar la risa en los espíritus escépticos y no demasiado cultos que forman el núcleo más numeroso del mundo político.

Mas no importa. Nuestra situación, por lo mismo que es tan precaria y tan excepcionalmente desfavorable, es de las que con más urgencia piden que del sufragio se hable a fin de difundir por todos los medios imaginables la doctrina política que encierra. Es preciso divulgar su noción, hay que explicar cómo debe ser y, sobre todo, es necesario llevar al ánimo de los ciudadanos la idea de que, independientemente del fundamento racional del sufragio, y aunque éste no sea de tanto alcance político como pretenden los que ven en el *que vota* un depositario actual de la soberanía, el *voto* es una cosa muy seria, es una de las funciones del *deber cívico* que impone a quien lo tiene más obligaciones de las que al pronto pudiera creerse y a todos la elementalísima de respetarlo, donde quiera que se manifieste.

LEOPOLDO ALAS (CLARÍN) (1852-1901)

Leopoldo Alas, más conocido por su seudónimo Clarín, fue uno de los críticos más influyentes y temidos de su época. Aunque hoy día se estudian principalmente sus novelas y cuentos, los ensayos de Clarín desempeñaron un papel importante en la formación de gustos y criterios literarios a fines del siglo XIX.

Alas nació en Zamora, pero a los once años se trasladó a Oviedo, capital de Asturias, donde realizó su tesis bajo la dirección de Giner de los Ríos. Durante estos años, entró en contacto con los krausistas y con pensadores democráticos. Vivió un tiempo en Madrid, donde escribió para periódicos radicales republicanos, y en uno de ellos, *El Solfeo*, comenzó a usar el seudónimo Clarín. Pronto el joven autor llegó a ser conocido por sus violentos ataques contra el conservadurismo español.

En 1882 consiguió un puesto de catedrático en la Universidad de Zaragoza, y el curso siguiente fue trasladado a Oviedo, donde desempeñaría el trabajo de profesor de derecho en la Universidad de Asturias y donde viviría el resto de sus días. Desde entonces, Clarín es asociado con la capital asturiana, la «Vetusta» de su novela *La Regenta* (1884). Sus artículos seguirían apareciendo no sólo en Madrid, sin embargo, sino también en periódicos hispanoamericanos. Pronto se estableció como árbitro de las letras españolas cuyas opiniones eran buscadas y al mismo tiempo temidas, ya que Clarín atacaba sin piedad a los escritores que consideraba mediocres.

Con la excepción de sus novelas largas y sus *Folletos literarios,* toda la producción de Clarín fue publicada en periódicos. Se dio a conocer como periodista satírico y político en las publicaciones radicales de la Restauración, en el momento en el que el gobierno de Cánovas intentaba silenciar a los defensores de la democracia. Mantendría su vocación periodística hasta el fin de su vida. Publicó sus apasionados ensayos en varios libros: *Solos de Clarín* (1881), *Sermón perdido* (1885), *Nueva campaña* (1887), *Mezclilla* (1889), *Ensayos y revistas* (1892), *Palique* (1893), ocho *Folletos literarios* (1886-1891) y *Galdós* (1912), tomo breve dedicado al análisis del autor que fue su principal modelo español.

Los artículos de Clarín abarcan amplio terreno y tratan siempre de temas vigentes. La política, la moral, la filosofía y el estado actual de la sociedad española son todos temas constantes de su obra ensayística. La literatura fue sin duda una de sus preocupaciones principales, aunque muchos de sus textos sobre este tema no fueron publicados en volúmenes hasta que Sergio Beser los recogió en *Leopoldo Alas: Teoría y crítica de la novela española.* (1972) Todas las facetas de la expresión literaria le fascinaban. El positivismo, el naturalismo, el idealismo espiritual fueron transcendentales en su formación de criterios literarios. En muchos de sus escritos defiende la experimentación y la novedad literarias sin menospreciar las corrientes que han pasado de moda, como, por ejemplo, en su artículo «Del teatro», donde escribe: «Pensar que toda obra literaria que no refleje la última tendencia, la actualidad *palpitante*, como se dice, es sólo por eso secundaria, aunque revele gran ingenio, aunque atesore bellezas de gran valor, es manifestar un exclusivismo de secta que nada bueno puede producir en literatura; pero es otro exclusivismo aún más pernicioso el de aquéllos que tienen por absolutos y eternos cánones históricos, al romper con los cuales es preciso romper también con las leyes constantes de lo bello» (173).

Clarín escribió extensamente acerca de la novela, examinando el estado actual de la narrativa y dedicando páginas a muchos y diversos autores contemporáneos: Valera, Alarcón, Castelar, Galdós, Pereda, Pardo Bazán. Entre los extranjeros que merecen su atención están Zola, padre del naturalismo francés, que tuvo una profunda influencia en su ficción, y Baudelaire, con quien también tiene una gran afinidad.

Con Pardo Bazán, Clarín se considera el mayor exponente del naturalismo español. Para él, el naturalismo consiste en la minuciosa observación de la realidad; no es ni optimista ni pesimista porque, a diferencia del autor tendencioso o de tesis, el naturalista no parte de ideas preconcebidas, sino que reproduce con arte y gracia lo que observa. A pesar de esta afirmación, Clarín adopta posiciones muy definidas en su ficción tanto como en sus ensayos, modelando los hechos para presentar una crítica mordaz de una España en decadencia.

Se ha dividido la producción crítica de Clarín en dos categorías: la «seria» y la «satírica». La segunda es la que ha alcanzado mayor popularidad. Incluye los artículos cortos y a veces sarcásticos denominados «paliques», que algunos de sus coetáneos consideraban demasiado ligeros y de poca calidad. Entre los «serios» se encuentran sus artículos dedicados a la novela y también algunos acerca del teatro y de la poesía. Curiosamente, Clarín llegó a apreciar la novela relativamente tarde. No fue hasta comenzar a leer las novelas de Galdós que se entusiasmó por el género. Su primer artículo sobre Galdós, un análisis de *Gloria*, ya revela su concepción historicista y utilitaria del arte (Beser 18). Si al principio su crítica literaria tiene un carácter más bien nacional, pronto va desarrollando una perspectiva más amplia, más europea, que refleja sus conocimientos de la novela naturalista y de las corrientes psicológicas y espiritualistas de fines del siglo, hasta terminar por colocarse plenamente en el plano internacional.

Del naturalismo

¿Qué es el naturalismo? A esta cuestión que la lógica exige que sea la primera, para que las ulteriores tengan valor racional, no es posible contestar perentoriamente con una definición; porque en pura ciencia, que es donde las definiciones se presentan con todos los requisitos de tales, el naturalismo no ha sido aún estudiado sistemáticamente; pero dejando aparte estos escrúpulos científicos, cabe examinar el concepto de nuestro objeto; y para esto, conviene ir eliminando ciertas notas que indebidamente se le atribuyen, para quedarnos con lo que, en conciencia, podemos todos admitir como propio del naturalismo.

No representa éste una total escuela filosófica o científica que tenga sus naturales aplicaciones al arte; pues no se puede decir que lo que hoy se llama naturalismo en la ciencia, como sistema que corresponde a determinadas doctrinas acerca de la esencia y las leyes del mundo, tenga directa e inmediata relación con el naturalismo de que nosotros tratamos. La palabra *natural*, de donde derivamos el nombre que se da a la moderna escuela, se toma, no en el sentido de oposición a idea o espiritual, no en referencia única al mundo que conocemos por los sentidos, sino en la acepción[1] de ser el objeto de que se trata, el arte, conforme a la realidad, siguiendo en su mundo imaginado las leyes que esa realidad sigue, y ateniéndose a sus formas.

Cuando un fenómeno se cumple conforme a las leyes que atribuimos a la realidad de su esencia, decimos que es natural que así sea, y esta acepción de la palabra es lo que tiene en cuenta y toma para sí el naturalismo.

Esta advertencia le quita toda afinidad con determinado sentido filosófico o científico; pues ni con éste, a que el nombre empleado parecía inclinarle, ni con otro alguno, tiene el naturalismo relación de dependencia.

Ha nacido por la evolución natural del arte y obedeciendo a las leyes biológicas de la cultura y de la civilización en general, y en particular del arte. Es una escuela artística, y en el concreto sentido histórico de que se trata, es predominantemente literaria esa escuela. No nace ni de metafísica ni de negaciones de metafísica, ajenas al arte, sino del histórico desenvolvimiento de la literatura, sin más filosofía que la que lleva en sus entrañas, en sí mismo. No exige un determinado concepto ni del mundo, ni de Dios, ni aun de la belleza en sí; en estas cuestiones es neutral, y por esta parte señalamos el primer límite que nos sirve ya para ir determinando el concepto. Es una teoría que se concreta al modo de la manifestación de la belleza en la obra de finalidad artística, y no presupone ningún sis-

---

[1] Significado.

tema filosófico anterior y superior; ella tiene en sí propia todo lo que necesita para su objeto.

¿Cuál es el objeto, y cuál es el fin del arte?

Aquí comienza el naturalismo a tener propia existencia, doctrina propia. (…) El naturalismo niega el concepto del arte que, exclusivamente, ofrece el idealismo. Niega que el arte sólo sea bello cuando expresa concepciones personales en que el artista ha modificado los datos de la realidad para producir un trasunto de ella depurado, separado de la vida ordinaria en que tanto influye lo accidental, lo impuro y pasajero, que, ajeno a la idea, no tiene significación, no ofrece nada sustantivo y digno de ser copiado como bello.

Niega el naturalismo que el arte se proponga influir en la vida siempre por la idealización de los objetos, elevándolos a tipos que nos den algo como la visión beatífica de lo perfecto que en el mundo no hallamos.

Y niega todo esto por exclusivo, lo niega en cuanto se pretende que lo admitamos como el fin único del arte, pero no como un momento de la literatura predominante en determinado período histórico del arte, siempre escaso, digno de ser admirado cuando el genio nos lo ofrece, pero impropio ya en épocas que piden otras aspiraciones al arte, las aspiraciones que el naturalismo presenta. (…) No es cierto que el naturalismo se presente como exclusivista. (…) El naturalismo reconoce que el clasicismo y el romanticismo han sido legítimas y oportunas manifestaciones del arte; no niega que quepan en la estética los fundamentos a que obedecieron en su formación estas escuelas, como tampoco niega que muchos elementos del naturalismo existieron dispersos, pero apreciados en las obras anteriores de la literatura y de la crítica. Lo que se dice es, que ha llegado el momento en que el arte necesita, por sus propias leyes de vida, y por la de su relación a la actividad social toda, ser experimentalista, históricamente. No se olvide esta confesión del naturalismo: es una escuela histórica, que en absoluto sólo se opone al exclusivismo idealista; las obras de éste las admite como buenas, pero no como las únicas buenas para siempre, ni como las oportunas en este tiempo. Dice el naturalismo que el objeto real no necesita, al pasar a la expresión artística, sufrir más transformaciones que las que esencialmente ha de traer todo remedo humano de realidad exterior. Es claro que el naturalista que con mayor esmero copia la realidad, no puede hacer: 1°) que el material que él maneja sea idénticamente de la misma materia que copia; la imitación no está en la materia, si no en la forma. 2°) Tampoco puede prescindir de las leyes psicológicas que exigen ver siempre de un modo singular los objetos, de una *manera* y expresarlos con un estilo, sin que nada de esto sea tomado de lo exterior, sino formas de la personalidad. Con esta sola consideración queda destruido el argumento baladí de la *reproducción fotográfica,* que muchos creen que es la aspiración suprema del naturalismo. Nadie pretende un imposible, que aun sería, suponiéndole realizable, del todo inútil. La reproducción artística requiere siempre la intervención de la finalidad del artista y de su consciencia y habilidad; por esto se halla la variante que introduce el nuevo partido literario. ¿Cómo se puede decir que pide una copia exacta, pero inconsciente, mecánica, como es la fotografía, el criterio artístico que habla de observación, que exige tanto trabajo personal, genial, con finalidad, y que habla también de experimentación, esto es, de disposición racional de los objetos para que los datos de la observación se muevan y sirvan para que deduzcamos o induzcamos las leyes y las formas de los fenómenos? No hay, pues, ni copia mecánica, insignificante, ni remedo somero e infiel y de intento alterado, para la expresión de un tipo ideal, en lo que pide el naturalismo. (…)

Se ha dicho que el naturalismo nace del pesimismo y es pesimista. (…) El naturalismo pide que se reproduzca la realidad tal como es, observada en el estudio previo y experimentada en la acción en que se coloca artísticamente, y esto sin el subjetivo influjo del querer probar algo, que todo es malo en el mundo, por ejemplo. La nueva escuela cree que hay para el arte suficiente finalidad en reproducir la realidad en la obra bella, y que precisamente contemplar bajo el prisma del criterio subjetivamente adquirido y hacerla expresar después opiniones y creencias dadas, es faltar a lo esencial del arte naturalista, es volver al idealismo y abandonar la misión actual del arte; la cual consiste en ofrecer el mundo a la reflexión y al sentimiento en un modo de reproducción que sea, según su naturaleza, tan exacto como el científico. Pero sin tener el aspecto abstracto que en la ciencia exige el análisis. Así como el científico rechaza todo conocimiento de preocupación, preconcebido, en cualquier sentido, al indagar el objeto del conocimiento, así el naturalista rechaza el arte *tendencioso,* como se le ha llamado, que falsifica la realidad queriendo hacerla decir lo que el artista crea bueno o cierto y sabroso, siendo así que la realidad a cada cual le dice cosa distinta, según sus ideas. (…) El naturalismo no puede hacer la causa ni del optimismo ni del pesimismo, sin faltar a sus dogmas esenciales.

El cuadro de costumbres

Durante la primera mitad del siglo XIX los periódicos y revistas empezaron a publicar «cuadros de costumbres»—descripciones de tipos o escenas locales cuyo propósito era, al principio, conservar para la posteridad usos locales que comenzaban a desaparecer. Si el romanticismo cultivaba lo exótico y grandioso, también celebraba lo tradicional, nacional y folklórico. Los retratos verbales conocidos como cuadros o artículos de costumbres recreaban diversos aspectos de la vida diaria—lenguaje, vestuario, fiestas, juegos, bailes, comida, ferias, ritos sociales y religiosos. Incluían una amplia galería de tipos pintorescos (el gitano, el conspirador, el político, el erudito, el clérigo pobre, la bailarina) y de ambientes (el café, la taberna, el teatro, etc.). Los escritores buscaban captar lo «castizo» o puro, pero esto se entendía en el contexto de lo regional—lo andaluz, lo madrileño, etc. De hecho, muchos de estos cuadros de costumbres contienen numerosas palabras en cursiva, términos dialectales que abundan tanto que en ocasiones un lector que no sea del área en cuestión puede tener dificultad en leer el texto.

A lo largo del período romántico estos cuadros de costumbres fueron extremadamente populares. Vicente Llorens señala que: «No hay publicación periódica de entonces que no incluya artículos de costumbres españolas redactadas por muy diversos autores» (338). En 1843-1844, al final de la época romántica, se publicó un libro compuesto enteramente de cuadros costumbristas titulado *Los españoles pintados por sí mismos.* La idea no fue original, puesto que ya se había publicado en 1840-1842 un libro semejante en francés: *Les Français peints par eux-mêmes.* Se trata de una colección de 98 artículos escritos por 51 autores. Colaboraron autores viejos y jóvenes, conservadores y progresistas, aunque predominan los moderados. A pesar de que la intención de los editores fue incluir retratos de una gran variedad de españoles en vez de limitarse a un tipo local o a un lugar en particular, en realidad, el libro ofrece un panorama bastante limitado. No hay representantes de Cataluña, por ejemplo, ni de Aragón, Navarra o del País Vasco. En cambio, hay un gran número de tipos madrileños, aunque hasta en este medio faltan representantes de ciertos grupos sociales, notablemente la nobleza y, con escasas excepciones, la alta burguesía. Tampoco figuran clérigos de alto rango.

En vez de escenas o cuadros de la vida diaria local, el libro consta de retratos de «tipos». Algunos de estos personajes son claramente españoles—el torero, la maja—mientras que otros son tipos universales: el médico, la actriz, etc. Un detalle interesante es que los artículos llevan ilustraciones, dándoles una dimensión que no tienen los cuadros de costumbres que aparecen en los periódicos.

Los primeros modelos para el cuadro de costumbres fueron extranjeros. Los románticos franceses, ingleses y alemanes dibujaban cuadros exóticos de España, subrayando lo singular y pintoresco. Costumbristas españoles como Serafín Estébanez Calderón compartieron el sentimentalismo romántico de estos escritores extranjeros, como Prosper Mérimée, que veía España como un país lleno de color y de pasión. Si los tempranos cuadros de costumbres sólo crean una imagen limitada y parcial del país, costumbristas más tardíos intentan, por medio de sus artículos, corregir ciertas exageraciones de los observadores forasteros.

En los cuadros de Ramón de Mesonero Romanos se vislumbra este intento. Si la crítica de Mesonero toma la forma de burla suave y bien intencionada, la de Fermín Caballero es más mordaz y sarcástica. De hecho, Caballero, como otros colaboradores de *Los españoles pintados por sí mismos,* revela una actitud más bien negativa con respecto a las clases populares. Es en manos de Mariano José de Larra, sin embargo, que el artículo de costumbres se convierte en un verdadero instrumento de censura social.

Larra, que muchos críticos han visto como la encarnación del espíritu romántico, se distingue de otros románticos, no obstante, por su vituperio contra algunos elementos de la sociedad española. Si muchos de los cuadros de Larra son cómicos y ligeros, nunca falta la burla ni la reprobación de características que el autor cree que contribuyen al atraso nacional.

Esta actitud crítica y el afán de observar a los españoles como son *realmente*, en vez de enfocar sólo lo curioso y pintoresco, representa un paso importante hacia el realismo. De hecho, se ha visto el costumbrismo como un puente entre el romanticismo y la siguiente generación de escritores.

SERAFÍN ESTÉBANEZ CALDERÓN (1799-1867)

En su libro *El romanticismo español,* el crítico Vicente Llorens llama al malagueño Serafín Estébanez Calderón el «escritor costumbrista más original de su tiempo» (326). Profesor de Griego en la Universidad de Granada, de Retórica en el Seminario de Málaga y de Árabe en el Ateneo de Madrid, Estébanez fue conocido durante su vida como bibliófilo, arabista, escritor y hombre público. En 1830 se trasladó de Málaga a Madrid, donde inició su carrera literaria escribiendo para el *Correo literario mercantil* con el seudónimo «El Solitario en acecho». Al año siguiente colaboró en *Cartas Españolas* con algunos cuadros costumbristas que escribió bajo el nombre de «El Solitario» y luego, empezó a contribuir con el mismo tipo de artículo en la *Revista Española.* Mientras tanto publicó sus *Poesías*, que reflejan más bien los gustos clasicistas del siglo anterior. A fines de 1833 fue nombrado redactor principal y director del *Diario de la Administración*, pero pronto aceptó el puesto de auditor del ejército que operaba en el Norte, combatiendo a los carlistas. Ingresó en la vida pública al ser nombrado jefe político de Logroño. Sin embargo, en agosto de 1836 los guardias de la Residencia Real en La Granja se rebelaron, forzando a la regente, María Cristina a restaurar la Constitución de 1812. A causa del caos causado por ese suceso, Estébanez volvió al periodismo y al estudio del árabe. En 1838 fue nombrado jefe político de Cádiz y Sevilla, pero su retorno a la vida pública fue breve, ya que, debido a una sublevación militar, se vio obligado a huir de la zona.

Ese mismo año se publicó su novela histórica, *Cristianos y moros*, que narra los amores de una mora y un cristiano durante la época de Carlos V. En 1844 ingresó en la Academia de la Historia por su *Manual del oficial en Marruecos.* Sin embargo, ésta era una obra de segunda mano, basada, según Estébanez mismo, en descripciones geográficas de un autor extranjero; de hecho, Estébanez nunca estuvo en Marruecos.

En 1846 recopiló en *Escenas andaluzas* los cuadros costumbristas que había publicado en periódicos y revistas a través de los años. Ésta es la obra del autor que tuvo mejor aceptación del público y por la cual es conocido hoy en día. Se trata de una colección de cuadros que recrean el lenguaje y color de la vida andaluza. El vocabulario es a veces arcaico, debido en parte al interés del autor en la literatura del Siglo de Oro. Se ha criticado a Estébanez por su verborrea, el exceso de detalles, las descripciones larguísimas y la falta de acción. Llorens señala que el casticismo exagerado de Estébanez no era del gusto de todos, especialmente en una época en que se tendía a escribir un castellano llano y corriente. Escribe el crítico: «Los ringorrangos casticistas de Estébanez lo hacían y siguen haciéndolo difícil para muchos... porque Estébanez llegó a extremos intolerables» (327).

El propósito del autor, según él mismo indica en las *Escenas andaluzas*, es captar la esencia de lo español: «español castizo para españoles castizos», explica Llorens (327). Pero, para Estébanez, «lo español... se reduce a lo andaluz» (328). Como los extranjeros que describen España en sus novelas exóticas y sus libros de viajes, Estébanez busca lo pintoresco—tipos como la bailarina, por ejemplo, o el contrabandista. Si bien esta tendencia de los extranjeros de reducir al español al torero o al bailarín de flamenco molesta a muchos compatriotas de Estébanez, él comparte la fascinación por los arquetipos andaluces de su amigo, el escritor francés Prosper Mérimée (1803-1870), autor de *Carmen*, historia en la cual se basa la famosa ópera de Bizet, «El Solitario fue un andaluz muy entusiasta de su tierra...» dice Llorens, «...admiraba hasta las peculiaridades menos recomendables de los andaluces. Y aunque es verdad que las presentaba irónicamente, no por ello amenguaba su prestigio; en la mitología del mundo andaluz, a la que contribuyó como nadie, hasta la mentira es aceptada por lo ingeniosa» (328).

Algunos cuadros de las *Escenas andaluzas* son magníficas fuentes de información sobre el baile y el canto de Andalucía. En «Un baile en Triana» y «El bolero», el autor muestra sus conocimientos de la historia y la música. En este último describe una tarde en el teatro, donde una bella y graciosa bailarina demuestra su destreza. Un vejete sentado cerca del narrador lo entretiene con un número vertiginoso de datos sobre el bolero. En otros cuadros trata de una manera satírica al político rural o a tipos como el embustero sevillano. También escribe con precisión sobre temas como la tauromaquia.

El bolero

Arrimó a un lado la guitarra y ordenando a sus discípulos diesen principio a ejercer sus habilidades, empezó la batahola.[1] Algunos se agarraron a las cuerdas y sostenidos por ellas se ejercitaban en hacer cabriolas; otros paseaban con gravedad el salón y de rato en rato hacían mil mudanzas diferentes. Éstas levantando sus guardapieses[2] hasta las rodillas apoyadas en algún mozalbete, subían y bajaban los pies.

El Bolero

Fila sexta, número onceno, y en cierto corral de comedias de esta corte,[3] tiene cada prójimo por sí solo, y todo el público *in solidum*[4] y de mancomún, un sitial holgado y cómodo, de donde poder atalayar con los ojos y escuchar con las orejas (¡atención!) desde el farsado más humilde y villanesco[5] hasta lo más encumbrado y estupendo en lo gañido, tañente y mallado[6] que vulgarmente llamamos canto nosotros los *dilettan-*

tis.[7] Todo ello lo puede haber cualquiera por un ducado y algunos cornados[8] más, suma despreciable para estos tiempos óptimos (...) Soy contento con entrar en día no feriado ni notable al hora circuncirca en que se media o biparte la función,[9] y pagando con un saludo al alojador,[10] me aprovecha más asentarme sosegadamente y ver el rabo y cabo del espectáculo, puesto que el fin de una comedia del día no es el peor plato que se puede servir al gusto. No ha muchas noches, que con estas tales circunstancias ocupé el referido sitial once, teniendo por cenit[11] la araña rutilante,[12] y por nadir un ruedo de atocha[13] valenciana, que algún aficionado hubo de colocar allí para peldaño y alfombra: bien hace de poner en cobro sus pies, pues no faltará femenil persona que cuide de su cabeza. Un can que busca abrigo en las frialdades del invierno, suele, formando rosca, aumentar el calor de la estancia, y como que un golpe lo puede irritar, sirve de saludable despertador con sus gruñidos y sus dientes caninos para las adormideras[14] que las musas sirven hoy en los teatros.

No fue el can solo mi única compañía, pues como quien dice, tabique por medio, se encontraba un vejete limpio y atildado, de ojos saltadores y lengua bien prendida que no ansiaba cosa mejor que por conversación y plática. Apenas, catalejo[15] en mano, concluí mis observaciones astronómicas por aquella esfera no celeste del teatro, cuyas estrellas por mayor seña todas estaban eclipsadas, cuando mi vecino con voz suficiente y sonante me dijo: «amigo, comedia mala o mala comedia, que todo es lo mismo, o lo que es igual detestable y pésima representación». Yo que no gusto contradecir a nadie le respondí con un gesto afirmativo, y mi hombre prosiguió diciendo: «Las piezas malas por sí solas y las buenas por los atajos e intercalares que las dan los farsantes poetas, pronto dejarán el corral vacío, aparte que los Zabalas[16] y Comellas[17] no

---

[1] Ruido, jaleo.
[2] Especie de falda que se usa debajo de la basquiña o falda exterior.
[3] **Corral...** teatro de esta capital.
[4] Como un solo cuerpo; como unidad.
[5] Rústico, ordinario.
[6] **Gañido...** gritado, tocado y enmallado.

[7] Diletantes, apasionados, aficionados.
[8] El «ducado» era una moneda de oro, y el «cornado» era una moneda pequeña de cobre.
[9] **Al...** alrededor de la hora en que se divide la función en dos, es decir, cuando ya ha pasado la mitad de la función.
[10] Acomodador de teatro (el que acomoda a la gente en sus asientos).
[11] Punto más alto, contrario de «nadir».
[12] **Araña...** candelabro de cristal.
[13] Esparto.
[14] Obra que hace dormir. (Literalmente, planta de la cual se saca el opio.).
[15] Anteojo de larga vista.
[16] Probable referencia a Juan de Zabaleta (1610-¿1670?), dramaturgo del Siglo de Oro, más conocido por sus crónicas y cuadros costumbristas que por sus obras de teatro. En *El día de fiesta por la mañana* (1654) describe veinte personajes

parece sino que se han vuelto semilla volante que pulula y germina a más no poder por las cimas y faldas del Parnaso[18] español; por mí le aseguro, y me miraba de hito en hito, que a no ser por el baile no salvaría el umbral de esta casa». —«¿Y qué tienen esta noche de bueno?» le pregunté. —«¡Oh amigo»! respondió. Vuestra merced[19] verá cierta andaluza recién llegada que baila a las mil maravillas, y feria un bolero tan galano, que los adornos, gracias y aditamentos que lleva no se ven ha mucho tiempo. Es linda y bien cortada, y en cuanto Vuestra merced la vea sospechará como yo que en la fábrica y estructura de su persona tienen más parte el aire y el fuego que no el agua y la tierra». Decir esto, sonar el silbato del señor Consueta (siempre hablé con respeto), subir el telón y aparecer la perla bailadora, fue todo en un punto.[20] En verdad, en verdad, pocas mujeres vi nunca tan cumplidas, y por el prendido dificultosamente se hallaría cosa tan rica ni tan airosa. Los instrumentos comenzaron a marcar la medida con la gracia y viveza que tienen las tonadas del melodía, cuando mi parlador vecino, inclinándose al lado me dijo: «Todo es completo por felicidad nuestra; el acompañamiento está tomado de la tiranilla[21] *Solitaria* y del bolero antiguo de las *campanas;* pero el revuelto está hecho con maestría, y ni Gorito[22] lo fraguara mejor. Yo lo vi bailar años pasados al Rondeño y a la Celinda, pero sobre todo la Almanzora....» No sé dónde hubiera ido a dar con su biografía boleresca, cuando finalizado el retonelo se lanzó la zagala al baile, y el vejete cayó en éxtasis en su asiento, dejándome en paz.

No podré más decir por parte mía, sino que desde el primer lazo y rueda que tejió y deshizo con sus brazos airosos la danzadora gentil, me sentí llevado en hilo a otro país encantado. El donaire y de los movimientos

---

arquetípicos, entre ellos el galán, el dormilón, el jugador de naipes, etc. En *El día de fiesta por la tarde,* describe las diversiones de los madrileños, entre ellas, la comedia. Moralista didáctico, por medio de estos cuadros satíricos Zabaleta critica la frivolidad de sus contemporáneos y ridiculiza su conducta.

[17] Referencia a Luciano Francisco Comella (1751-1812), uno de los dramaturgos más populares de Madrid. Aunque nació en Cataluña, pasó casi su vida entera en la capital, donde cultivó todos los géneros dramáticos—comedia, zarzuela, sainete, etc.

[18] En la mitología, Parnaso es el monte en Grecia dedicado a Apolo, dios de la poesía y del arte, y a las musas.

[19] **Vuestra merced**, forma antigua de «usted».

[20] **Fue...** (todo) ocurrió al mismo tiempo.

[21] Canción popular antigua.

[22] Famoso tañedor y maestro de bolero en Andalucía. (Nota del autor).

---

contrastaba con cierto pudor que autorizaba y daba señoría al rostro, y este pudor era más picante resultando con el fuego que derramaban dos ojos rasgados, y envueltos en un rocío lánguido y voluptuoso. Mi vista corría desde el engarce del pie pequeñuelo hasta el enlace de la rodilla, muriéndose de placer pasando y repasando por aquellos mórbidos llenos[23] y perfiles ágiles... En fin, aquella visión hermosa se mostró más admirable, más celestial, cuando tocando ya al fin, la viveza y rapidez de la música apuntaron el último esfuerzo de los trenzados, sacudidos y mudanzas: las luces, descomponiéndose en las riquezas del vestido, y este agitado y más y más estremecido por la vida de la aérea bailadora, no parecía sino que escarchaba en copos de fuego el oro y la plata de las vestiduras, o que llovía gloria de su cara y de su talle. Cayendo el telón quedé como si hubieran apagado a un tiempo todas las luces. Del casi parasismo[24] en que me hallaba, sacóme el erudito del bolero diciendo: --«No me dirá que el encarecimiento fue superior a lo encarecido: sin embargo en las campanelas[25] le pidiera yo más redondez, y en los cuatropeados[26] más vibración: ya le dije que la Almanzora y la Celinda....» Yo que nada aborrezco tanto como estas exigencias de lo mejor, que aguan el sabor y gusto de lo bueno, le atajé en su tarabilla[27] diciéndole: —«Es indudable que el bolero es una danza árabe, y que tal como se ve tendrá sus reglas y tratado en letra de molde». —

El hombre, mirándome de hito en hito,[28] me respondió con voz doctoral y tono de suficiencia. «Ha dicho, caballero mío, un disparate, y ha hecho una mala suposición; el bolero no es morisco ni tiene tratado escrito, pues lo que se ha impreso en la materia más bien es invectiva apasionada que no tratado curioso o doctrinal». Picado yo de su sesgo decisivo le quise arrollar con el peso de una autoridad, arma para un erudito más poderosa que la razón y el sentido común, y le dije: «Amigo, lea las aventuras que corren impresas del último Abencerraje,[29] y verá allí pintado el bolero, y filiado por de legítima raza mora». Apenas hube

---

[23] **Mórbido...** suaves y delicadas carnes.

[24] Exaltación apasionada.

[25] Tipo de paso característico de ciertas danzas.

[26] Otro movimiento de la danza.

[27] Copia de palabras sin sentido.

[28] **De...** fijamente.

[29] *Abencerraje y la hermosa Jarifa* es una novela morisca que narra los amores de Abindarráez y Jarifa, su amada esposa. Diversas versiones aparecieron en España a mediados del siglo XVI. En 1828 el escritor francés Chateaubriand publicó *Les aventures du dernier Abencérage.*

hablado (y nunca lo hubiera hecho), cuando mi vejete, enfurecido como víbora herida, me replicó: «Aunque el caso es de poca monta,[30] siempre prueba lo que me tengo asentado en la mollera luengo tiempo hace; conviene a saber, que no entendemos de nuestro país sino lo que quieren decirnos los extranjeros: hay disculpa para ignorar muchas cosas; mas cuando se quiere saber es preciso aprender donde mejores documentos hay, y aunque diéramos de barato que todo el ingenio y talento se hallare allende de los Pirineos, fuerza será para hablar de España que apelemos a los españoles». Tomando aliento el orador prosiguió más sosegado: «el ilustre escritor del Abencerraje no tiene obligación de saber el origen de un baile español: mas para que nosotros hablemos de nuestras costumbres y de nuestra literatura, es preciso revolver más libros que el L'Harpe y los viajes por España». Yo, curioso de ver algún retazo de tan extraña erudición, y dando lugar el intersticio[31] del sainete para continuar la plática, le rogué al vejete que puesto que yo era un ignorante en danzarinas honduras, todavía era bastante curioso para querer saber de dónde pudo venir el bolero. El hombre, halagado con mi lisonjera deferencia, puso punto y coma[32] a su razonamiento de reprimenda y dijo: «El bolero no es baile que se remonta en antigüedad más arriba que a los mediados del pasado siglo, y bien considerado no es más que una glosa más pausada de las seguidillas,[33] baile que, según testimonio de Cervantes, comenzó a tañerse y danzarse en su tiempo, como se ve por la arenga de la dueña Dolorida.[34] Ésta no es sola opinión mía, puesto que ya mi buen amigo don Preciso lo tiene asegurado y puesto de patente al público, sacando a luz el nombre del que primero compuso en la Mancha danza tan donosa,[35] que por ser toda en saltos y como en vuelo fue llamada *bolero*, título que dio gran consuelo a los etimologistas[36] y académicos, por ser significativo, sonoro y llevar en sí mismo la ejecutoria del padre de donde viene. Don Preciso no ha hecho más que decirnos sobre su palabra el nacimiento del don Bolero, más yo que gusto (no embargante mi

edad mayúscula) de las cosas escondidas, he probado de alzar el telón de boca de este misterio, aunque en otros me quede con dientes largos.[37] No solo he leído los discursos sobre el arte del danzado de Juan Esquivel Navarro[38], no sólo he leído al Padre Astete[39], de donde por contradictoria se saca de claro en claro muchos arrequives del baile, el danzado a la española de Pablo Minguet e Irol,[40] y la *Bolerogía* de Rodríguez Calderón,[41] sino que también he observado las costumbres populares, comparándolas con las notas de Pellicer al Quijote y a la vida de Saavedra, en donde toca de intento y con picante curiosidad algunos de estos puntos substanciales para el público sabidillo del día. El Esquivel que cita cuantos bailes se danzaban en su tiempo, apuntando hasta los maestros que más se aventajaban y discípulos más sueltos y diestros que sobresalían, nada habla del Bolero, siendo así que hace mención de la Chacona, Rastro, Tárraga, Jácara y Zarabanda, bailes muy alegres con que se solazaban aquellas generaciones hispanas. Pellicer se engaña lastimosamente cuando afirma en una de sus notas, que no queda memoria de tales danzas, pues cuales han tomado otros nombres, y tales, como los grandes territorios que se disuelven, han entrado descompuestos en los pasos y mudanzas de otros bailes». (…)

[El vejete describe varios bailes que han influido en el desarrollo del bolero.]

Muy bien, le dije a mi catedrático danzarín, pero siempre resultará que esas danzas que cita, serían de baja alcurnia y no de las que tendían entrada en los estrados y saraos[42] de la gente principal y noble. — «Otro disparate, me repuso mi inflexible orador; otro disparate, y hable con más pulso[43] en materia que no entiende. Es cierto que no todas estas danzas gozaban de la propia autoridad, pues en parte donde tuviese lugar la airosa Gallarda, el grave Rey don Alonso, y el Bran de Inglaterra, no pudieran danzarse las mudanzas de la Chacona y Zarabanda que a veces las sacaba de quicio, dándoles demasiado picante y significación a la malicia femenil; pero aun con esto eran tenidos por bailes de

---

[30] Importancia.
[31] Intervalo.
[32] **Punto...** pausa.
[33] Aire popular y danza que lo acompaña; composición poética de siete versos que se usa en este tipo de canción.
[34] Personaje del *Quijote*.
[35] Según don Preciso el inventor del bolero fue un hidalgo manchego llamado don Sebastián Cerezo; pero otros aseguran que lo fue un calesero sevillano conocido por Antón Boliche. (Nota del autor).
[36] Persona que estudia el origen de las palabras.

[37] **Con...** con el deseo (de saber).
[38] Impreso en Sevilla por Juan Gómez Blas. (Nota del autor).
[39] Institución y guía de la juventud cristiana. (Nota del autor).
[40] Madrid, 1737. (Nota del autor).
[41] Bolerogía escrita por don Juan Jacinto Rodríguez Calderón, impresa en Filadelfia por Zacarías Poulson, 1807.
[42] Fiesta en que se baila y toca música.
[43] Cuidado.

escuela y cuenta, y no por de botarga[44] y cascabel. Ningún maestro de fama como los Almendas y los Quintanas, que lo fueron los tres Filipos,[45] ni otros sus discípulos ensayaron ni enseñaron estas danzas de por la calle que llamaban de *tararira*[46]: hubieran creído rebajar y vilipendiar un arte, que con autoridades y ejemplos lo hacían casi celestial».

Pero volvamos al bolero. (…) Es el caso que ya fuese el inventor del tal baile *Cerezo* o *Antón*, aquél en la Mancha o éste en Sevilla, ello es cierto que la danza se propagó con gran rapidez, empeñándose en enriquecerla con sus invenciones y mudanzas los mejores ingenios danzarines que por aquel tiempo poblaban los tablados de los teatros y las casas de regocijo de Triana, Valencia, Murcia, Cádiz y Madrid. Antón Boliche en verdad no fue gran inventor en pasos y mudanzas, contentándose con acomodar al compás y medida del *bolero* lo que encontró de gracioso y notable en el antiguo fandango, en los polos, tirana y demás bailes de su tiempo, pero a poco los discípulos corrigieron el descuido del maestro. En Cádiz el ayudante de ingenieros don Lázaro Chinchilla inventó e introdujo la mudanza de las *Glisas*, ofreciendo a la vista un tejido de pies de efecto deslumbrador y pasmoso. Un practicante o mano de medicina de Burgos sacó el *mata-la-araña*, suerte[47] muy picante singularmente en el pie y entre los pies de alguna pecadora a quien no obligue el ayuno.[48] *Juanillo el ventero*, el de Chiclana, puso en feria[49] el *Laberinto*, trenzado[50] de piernas de prodigioso efecto: también a esta suerte la llamaron la *Macarena*. El *Pasuré* ya cruzado y ya sin cruzar tuvo patente de invención en *Perete* el de Ceuta que ganó gran fama por su habilidad. El *Taconeo*, el *Avance* y *Retirada*, el paso *Marcial*, las puntas, la vuelta de pecho, la vuelta perdida, los trenzados y otras cien diferencias que fuera prolijo relatar, son muestras de otros cien varones ilustres que consagraron sus estudios al mayor encumbramiento de esta ciencia, ¡tan modestos que ninguno quiso dar su nombre a la estampa, tan llenos de entusiasmo y tan sedientos de gloria que casi todos expiraron o patirotos en los teatros o en las camas de algún hospi-

tal, adonde los llevó su amor al estudio y sus esfuerzos en los saltos, cabriolas, volatas y vueltas de pecho!!! Esteban Morales, inventor de esta última suerte, fue el primer mártir de la invención, habiendo autores que afirman que esta sola mudanza tiene llevada más gente a los cementerios que las pulmonías en Madrid y en Andalucía los tabardillos pintados. A remediar tanto mal, salió el buen ingenio y rara habilidad de murciano Requejo, que después de haber asombrado a su patria y a los reinos de Valencia y Aragón con su agilidad y destreza con sus giros, saltos y vueltas, apareció en Madrid a ser nuevo legislador del bolero. Efectivamente compadecido este buen legislador de la madre que lloraba a un hijo desgraciado por saltarín en la flor de los años, del padre que veía eclipsarse los ojos y la existencia de una hija por trenzar demasiado o girar con mucha violencia, quiso poner coto[51] a tanto mal y para ello se propuso despojar al bolero de todo lo pernicioso y antisalubre. Así pues comenzó por descartar del baile lo demasiadamente violento y estrepitoso; ajustó los movimientos a compases más lentos y pausados y chapodó[52] las figuras, pasos y suertes de todo lo exuberante y rústicamente dificultoso, rematando con dejar al *bolero* armado caballero en toda regla, obteniendo lugar y plaza de baile de cuenta y escuela por el universo mundo, así en los estrados particulares, como en los salones de la corte. Y el bolero no contento ya de extenderse por dentro de los límites españoles, saltó las fronteras, conquistó territorios y fue a causar la maravilla y felicidad de las capitales más remotas de la Europa. (…) Se derramó por todas partes, aseguró su imperio, y si no dio al traste del todo al todo con los demás bailes sus rivales, fue el que quedó como Rey e imperante sobre los teatros hasta nuestros días.

Mucho ayudaron a este triunfo con sus gracias, giros y vueltas y con su belleza y donaire las incomparables Antonia Prado y la Caramba, envidias del mismo aire, émulas de Terpsícore,[53] extremos de la hermosura y sonrojos hasta de las mismas sílfides[54] y mariposas. Estas dos hermosas bailadoras las admiré yo y las celebré con delirio allá cuando los verdores de mis años,[55] aumentando el inmenso séquito de sus cautivos adoradores. ¡Ah querido amigo mío! (añadió el viejo fijándome los ojos con los suyos) era imposible mirar a

---

[44] Tipo de traje ridículo usado por los bufones. La idea es que éstos son bailes serios y dignos de la atención de los estudiosos, y no cosa insignificante.
[45] Los tres reyes Felipe: Felipe II, III y IV.
[46] Ruido alegre, alboroto.
[47] Jugada, movimiento, paso.
[48] Hambre. (Es decir, alguna mujer enérgica y lista que sepa arreglárselas.).
[49] Exhibición; es decir, introdujo al público.
[50] Salto ligero en el cual se cruzan los pies en el aire.

[51] Límite.
[52] Cortó, suprimió.
[53] Musa de la danza y del canto.
[54] En la mitología, ninfas del aire.
[55] **Cuando…** en mi juventud.

la *Caramba* sin afición, más difícil todavía no seguirla y requerirla blandamente de amores, y ya en este punto era lo excusado el pensar el pobre enamorado en separarse, desenredarse, huir y desasirse, pues de tal capricho a cual caricia, de este favor a otro desdén, de ciertos desengaños a inciertas esperanzas, de aquel sobrecejo a estotra sonrisa, y de una burla o desenfado a cien hieles y amarguras, iba el pobre ánima del cautivo caballero de precipicio en precipicio, de abismo en abismo, hasta dar en la cárcel y prisiones que nunca podría ni dejar ni romper. Su continente era señoril y de majestad, su talle voluptuoso por lo malignamente flexible, y sus ojos lucían sabrosamente traviesos bajo unos arcos de ceja apicarados y flechadores, y una nariz caprichosamente tornátil[56] y la boca siempre placentera, si entre búcaros si entre claveles y azahares, formaba del todo el gesto más gustoso y tentador que ojos humanos pudieron ver, admirar y desear. Pero éstos que le parecerán, amigo mío (prosiguió mi hombre mirándome atentamente), encarecimientos prolijos, no serán sino desmayados reflejos a su buen juicio, si los compara con los encantos y perfecciones que os revelará este retrato. Diciendo esto y enjugándose con el mismo guante al pasar la mano por la jurisdicción de la cara cierta lágrima involuntaria que a su despecho se le desprendió, sacó del bolsillo interior de su levitón[57] una caja que encerraba el retrato de más diestro pincel y de más linda mujer que idearse puede. Si aquél era el retrato de Caramba, y a tales rasgos era razón añadir la vida y la intención que presta siempre a la fisonomía la inteligencia femenil y el regocijo de la vida del teatro, es indudable que la Caramba fue una mujer celestial. Bien lo demostraba así la profunda impresión que de su hermosura conservaba la memoria de mi buen interlocutor.

Llegando a este punto volvió a plegarse el telón y comenzó el sainete graciosísimo. (...) Finalizada la representación, volvió a enlazar la conversación suya con no poco contento mío y me dijo: «Entre todas las bailadoras que ha producido España, ninguna como Brianda, que por su gentileza y danzado tuvo amores en la corte, siendo objeto de los versos y galanterías de los principales caballeros y poetas de su tiempo: oiga, me dijo, el romancete que sigue, que es documento para los inteligentes.

A BRIANDA
Mientras entrega a España
Una mano aleve,
a la vil codicia
de malos franceses,
y otro Roncesvalles[58]
y un Bernardo[59] viene,
báilame, Brianda,
trisca y tus pies mueve.

Aquí llegaba mi caro vejete, bebiendo yo, que no escuchando sus palabras, cuando llegando a la puerta del teatro un aluvión de gente que se atropellaba por salir, lo envolvió y me lo separó arrastrándolo por no sé donde, y sin poderlo yo seguir por más conato que puse en ello. Desesperado de encontrarle y no conociéndole sino por aquel acaso, no pensé sino en retirarme a mi guarida, donde por no perder la memoria de este coloquio, lo apunté para diversión mía y cartilla de los que gusten aprender el Bolero.

FERMÍN CABALLERO (1800-1876)

Entre los autores que contribuyeron a *Los españoles pintados por sí mismos* se destaca el crítico y periodista Fermín Caballero. Mientras que Mesonero Romanos y Estébanez Calderón pintaban escenas costumbristas, los redactores de esta antología pintaban «tipos». En artículos como «El clérigo de misa y olla», Caballero retrata a personajes de la clase humilde, pero como señala Vicente Llorens, los colaboradores de *Los españoles pintados por sí mismos* no presentan una imagen muy positiva de los tipos populares. Dice Llorens que las «clases ínfimas» no sólo no están vistas con gran simpatía, sino que «en vez de embellecer» a estos tipos, «se tiende a afearlos» (341).

Esto ciertamente es verdad con respecto al «clérigo de misa y olla», el cura rural que Caballero pinta como necio, perezoso, materialista y poco devoto. A pesar de su falta de talento de conocimientos, este religioso inepto puede con-

---

[56] Cambiante. Es decir, cambia según el ángulo desde el cual uno la vea.

[57] Levita grande. (Una levita es una vestidura de hombre, con faldones largos.).

[58] También conocido por los nombres Orlando, Roldán y Roldano, Roncesvalles era paladín de Carlomagno. En 778 fue derrotada la retaguardia del ejército de Carlomagno por lo vascones y Roncesvalles perdió la vida en la batalla.

[59] Bernardo del Carpio, personaje mítico español cuyas hazañas son tema de muchos romances.

tar con el apoyo de autoridades eclesiásticas y políticas que le ayudan y encubren sus fallas. Se dedica a la vida social, a los chismes y a la acumulación de bienes, mientras sus familiares viven de su beneficio. Progresista fervoroso, Caballero veía este tipo de inculto como un estorbo al progreso nacional. Pero critica no sólo al clérigo incompetente, sino también a la sociedad que lo tolera y lo enaltece.

Caballero fue un político activo. Miembro del consejo de ministros bajo el gobierno de Joaquín María López, defendió la posición liberal. Sin embargo, sus contribuciones más duraderas fueron en el campo de las letras. En su libro *Vidas de los conquenses ilustres* (1868-75), explora las historias de los grandes hombres de Cuenca, entre ellos Alonso Díaz de Montalvo, Alfonso y Juan de Valdés y Melchor Cano. También escribió *Pericia geográfica de Miguel de Cervantes* (1840), *Memoria sobre el fomento de la población rural* (1862) y *Fisonomía natural y política de los procuradores en las Cortes de 1834, 1835 y 1836*.

El clérigo de misa y olla

Érase un labradorcillo de mediana fortuna (que medianía en los pueblos cortos[1] es tener pan moreno que comer, seis gallinas que pongan huevos, y un pedazo de tierra donde coger algunas patatas y berzas), casado con una aldeana misticona,[2] buena hilandera y en extremo hacendosa. Vivían en una paz sepulcral sólo interrumpida por los lloros de los chiquillos, que eran doce hembras y un varón. Éste se dedicó de tierna edad al cultivo del campo en el cual despuntaba por sus fuerzas hercúleas, por su dureza en aplicarlas, por su asiduidad de yunque, y porque nada le distraía sino el azadón o la esteva. ¡Qué pesar sentían sus padres viéndole en la pubescencia sin medios para librarle de la quinta! Porque ni él daba muestras de inclinarse al matrimonio, ni podía ordenarse a título de insuficiencia[3]; ni contaban recursos para ponerle un sustituto (caso de que entonces existiesen empresas y comercio de sangre humana); ni tenía hernia ni otro defecto corporal que le eximiera de ser soldado.

Mas la Providencia que hasta de los pájaros cuida, vino a proporcionar un consuelo a esta familia predestinada. Cayóle al chico una capellanía colativa[4] por muerte de un clérigo su pariente, y cátate abierto[5] un ancho campo de esperanzas risueñas a los ancianos padres y a las desvalidas hermanas. Ya se creían en el goce de prebendas[6] y de diezmos[7]; ya se repartían de memoria la copia y los derechos de estola,[8] y ya se figuraban a su neófito[9] todo un capellán de honor, un abad mitrado *vere nullius*,[10] o un obispo *in partibus infidelium*.[11] El muchacho tenía encallecidas las manos y no menos entumecido el cerebro para estudiar lo más preciso, pero no era cosa de abandonar el beneficio real, positivo y palpable, por cosas meramente ideales, abstractas y de pura imaginación. ¡Bueno fuera que despreciaran la fortuna que se les metía en casa por miedo de la ignorancia! Si el ser tonto arredra[12] al que logra una toga, un ministerio, una mita o un capelo, ¿qué mucho que el paleto[13] se atreva con una capellanía? Pecho al agua[14] dijo, y dijo como un ángel.

Empezó a aprender las primeras letras con el maestro del lugar, que al cabo de tres años le dio por suficiente en leer el catecismo, y en firmar sin muestra.[15] Continuó sus estudios con el padre cura, que le procuró instruir en deletrear el latín y le enseñó de memoria unas cuantas reglas de Nebrija.[16] Ora que le pareciese bastante para ser capellán lo que le había enseñado de gramática, ora que llegado el mozo a los veinte y cinco años no consentía demoras su ordenación, pasó a darle algunas lecciones del Lárraga,[17] novena vez ilustrado, y antes de que cumpliese los treinta años se aventuró a aconsejarle que solicitase la tonsu-

---

[1] Pequeños.

[2] Santurrona, muy devota.

[3] Ni... ni podía ingresar en la Iglesia porque era demasiado pobre para estudiar para cura.

---

[4] Beneficio eclesiástico conferido por un canónigo.

[5] **Cátate...** Mira como se abrió.

[6] Renta que corresponde a ciertas dignidades eclesiásticas.

[7] Décima parte de los frutos de su labor que los fieles pagan a la Iglesia.

[8] Ornamentos sagrados y, por extensión, los derechos de eclesiástico.

[9] Persona recién convertida a la religión.

[10] Verdaderamente como ningún otro.

[11] En los países ocupados por los infieles. (Es decir, lo ven como un héroe de la Iglesia convirtiendo a las masas.).

[12] **Arredra...** acobarda.

[13] Rústico.

[14] **Pecho...** Hay que ser valiente y fuerte.

[15] Modelo. Es decir, firmar sin copiar.

[16] Gramática. (Antonio de Nebrija [1441-1522] publicó la primera *Gramática castellana* en 1492.)

[17] Teología. Francisco Larraga (o Lárraga) era un célebre teólogo.

ra,[18] los grados y las órdenes mayores. Contaba el párroco, su director, con que la rudeza ostensible del discípulo, y su hablar balbuciente, serían un motivo de compasión para las sinodades,[19] y confiaba todavía más en a bondad acreditada del prelado, que por no causar penas a las familias, ni privarlas del que miraban como sustentáculo de su vejez y orfandad, ordenaba sin escrúpulo a todo yente y veniente[20] que llamaba a sus puertas. No dicen los anales si este suceso acaeció en el obispado de Santo Domingo de la Calzada, pues según el proverbio,

En Calahorra [21]
al asno hacen de corona;

o si tuvo lugar en el episcopado de Solano, sucesor de san Julián, que en esto de dar órdenes era tan franco como el diputado don Francisco en dar cartas de recomendación. Nuestro héroe logró aquellos tiempos anchurosos, que han traído a la iglesia estos otros de estrechez.

Hízose en efecto clérigo de corona[22] y de menores,[23] a beneficio de la indulgencia sin límites de los examinadores y del diocesano; empero quedó el pobre capellán tan fatigado y aturdido del sínodo, que por su voluntad (si es que la tenía propia) fuera capigorrón[24] eterno, antes que presentarse otra vez a prueba tan terrible. Sólo el aguijón del cura y los llantos de la madre y hermanas pudieron obligarle a que pretendiera ordenarse in sacris.[25] Las misas en seco que tuvo que decir para adiestrarse en las rúbricas, los sobos[26] que dio a la hoja del Te igitur[27] y las páginas del padre Paco que le concernían, y las angustias que pasó hasta contarse en el presbiterado sólo él y Dios lo supieron, sino es que su torpeza y falta de memoria reservaron a Dios solo este conocimiento. Por fin, sufrió el examen, le ordenaron de epístola,[28] evangelio y misa, y recogió el título para ganar una peseta diaria con la intención (que la tenía como un toro), y para invertir en su congrua sustentación las rentas de la capellanía, y demás bienes eclesiásticos que adquiriese. ¡Albricias ilustrísimo señor!. . . ¡Victoria por Mosén Zoilo,[29] o el licenciado Cermeño! ¡Sea enhorabuena, familia bienaventurada! ¡Feliz tú que has logrado meter por las bardas de la Iglesia un hijo, que puede llegar a ser Papa; pues de menos nos hizo Dios!

Aquí tienen ustedes lo que propiamente se llama en Castilla un Clérigo de misa y olla,[30] porque es un presbiterio sin carrera, un clérigo en bruto, un capellán que no sabe de la misa la media, un eclesiástico raro, un clérigo de los de su misa y su doña Luisa, un clérigo echado en casa, un curalienzos, un cantacredos, un saltatumbas, un clerizonte,[31] en fin, por su vestimenta y modales, y un alquitivi, por servir mejor para alquilón[32] de pasos que para preste de procesiones. Trasladando esta definición á otras profesiones y materias para compararlas, resulta que el Clérigo de misa y olla es el maestrante de la milicia cristiana, pues viste el uniforme sin ir a la guerra; es el esbirro de la iglesia militante que cobra el sueldo por soplar[33] y oír chismes; es el editor responsable de lo que hacen canónigos y prelados; es el burro de la viña mística, que únicamente sirve para los oficios más bajos y groseros; y es el mágico de los bienes temporales, porque espiritualiza con su solo contraste los edificios, las tierras y los olivares.

Tenemos a nuestro clérigo misicantano,[34] esto es, preparándose para hacer el primer sacrificio, que vulgarmente se llama cantar misa, y en términos técnicos decir la misa nueva. El día señalado para esta ceremonia aparatosa ondea sobre la picota del campanario una bandera encarnada, que suele ser un pañuelo de seda toledano, regalado al dicente por una monja compatriota. Y además de llamar la atención por la vista se

---

[18] Celebración de la Iglesia que consiste en cortar al aspirante a sacerdote un poco de pelo en la coronilla.

[19] Miembros de la asamblea de eclesiásticos que se reúnen para tomar decisiones sobre asuntos relativos a la diócesis.

[20] **Todo...** todo el mundo.

[21] Ciudad de La Rioja, en el Norte de España. El proverbio significa que hasta el tonto puede llegar a ser rey.

[22] Tonsura.

[23] De órdenes menores (las cuatro primeras de la jerarquía eclesiástica).

[24] Clérigo que no pasa nunca a las órdenes mayores.

[25] En las cosas sagradas.

[26] Soba, acción de sobar o manosear.

[27] Dos primeras palabras del canon romano; por extensión, la misa en latín.

[28] Lección sacada de las Epístolas (cartas escritas por los Apóstoles que forman parte de la Sagrada Escritura), y que se canta o dice en la iglesia antes del Evangelio.

[29] Significa «tonto».

[30] Expresión que se emplea para referirse a un clérigo de cortos alcances, es decir, de poca capacidad, de poco talento.

[31] Términos que sugieren la ineptitud del nuevo clérigo.

[32] Término despectivo que se usa para referirse a algo o alguien que se alquila. El cura se presta (se alquila) para participar en las procesiones. (Un paso es una figura que se lleva en las procesiones.) Es decir, participa como si fuera una estatua inanimada y no un preste (cura, sacerdote).

[33] Chismear, contar chismes.

[34] Misacantano, sacerdote que dice su primera misa.

excitan las sensaciones del oído con repiques, gaitas y festejos; las de ambos sentidos juntos con voladores y carretillas; las del olfato con las hierbas y flores que adornan la iglesia; y para el gusto se preparan abundantes comidas por el estilo de las bodas de Camacho.[35] Los curas de la contorna convierten la parroquia en una colegiata,[36] por todas partes se encuentran gentes forasteras, y todo el pueblo anda revoloteando y de jolgorio.

Acabada la misa, en que don Zoilo ha lucido su voz de sochantre,[37] se celebra el solemnísimo besamanos. En una zafa de Alcora muy rameada[38] sirve el padrino lego el lavatorio al celebrante, no sé si para evitar que las chuponas beatas tomen alguna partícula sagrada, o para que acaben de limpiarse las escamas campesinas, y queden propiamente manos de cura. Por primera vez se lavan las palmas del capellán con agua de colonia; y como si se le quedaran yertas con tan desusada ablución, tienen que suspenderlas los padrinos eclesiásticos, ínterin que el pueblo fiel toca con sus labios donde tantas veces se limpiaron las narices del patán.

Llegado el cortejo a la casa clerical, empieza la enhorabuena, cumplida, interesante, tierna. La madre rompe la marcha, abrazando cordialmente a su prenda, y embargada de alegría hace esta exclamación: «¡Quién me lo había a mí de decir que mi Zoilo metería barba en cáliz y sería padre de las almas!» A las hermanitas se les van las aguas sin sentirlo, y al oír que su mayorazgo se ha casado con la Iglesia, arden en deseos de matrimoniar aunque fuera con el sacristán y por detrás del coro. Cual pariente se promete que a la sombra del nuevo capellán estudiará el sobrinillo y le sucederá en el beneficio: otro celebra lo bien que le cae la casulla y el bonete y la gracia con que se maneja: y los mozallones, antiguos compañeros de fatigas, recuerdan lances del boleo y de la barra; y alguno que piensa que el campo espiritual se cultiva a fuerza de puños, asegura que no ha entrado operario más tieso que Zoilo en la viña del Señor.

El nuevo estado produce mudanzas marcadas en el héroe de nuestra historia. La primera es en el traje porque desde el principio cuida de que olviden las gentes lo que fue y le presten el homenaje de lo que es. No se quita el alzacuello ni aun para dormir la siesta: el sombrero de canal le acompaña por todas partes aunque vaya de chaqueta: al color de la lana y a todo otro color

sustituye el lúgubre negro, y en la casa suele revestirse de un raído talar que fue balandrán de su difunto tío. Huye del trato con los profanos, ya por aparentar retraimiento del mundo y ocupaciones de su ministerio; ya por evitar que le recuerden bromas y simplezas pasadas; ya por quitar la confianza a los que le tuteaban. Pasea solo por los parajes más extraviados y camina con los ojos bajos, aunque al soslayo y a hurtadillas guste de enterarse de todo y especialmente de las perfecciones de las criaturas.

Lo común es separarse de la familia y poner casa aparte; y a pesar del empeño de una y otra hermana por emanciparse a título de cuidarle, él prefiere para sirvienta a la hija del tamborilero, que es una muchacha rolliza, desenvuelta y de disposición para todo. En los antiguos Cánones se llamaba esta ayuda de parroquia, compañera y barragana del clérigo: hoy se titula el *ama* por decencia clerical, pero jamás se confunde ni en el trato, ni en el porte, ni en el nombre con la simple criada.

Otra variedad causa en don Zoilo el cambio de estado. Antes embotaba sus potencias el ejercicio corporal: ahora si bien no ha ganado mucho en despejo, suelta algunas sentencias tradicionales contra libertinos y filósofos aunque ignora qué casta de pájaros son; habla de duendes, brujos y de ánimas aparecidas y contradice todo lo que suena a invenciones y novedades. En una palabra se considera tan otro desde el día en que se abrió la corona y se vistió los hábitos que por inmunidad entiende que ningún juez del mundo tiene que ver con él, sino el obispo o el Papa; y al príncipe temporal le considera como un pobre penitente rendido a sus pies, que espera humildemente su absolución o que le envíe por ella á Roma, si no ha comprado la bula de la santa cruzada.

Andando el tiempo va volviendo el capellán, sin sentirlo a su prístino ser, como la cabra que siempre tira al monte. Su única obligación es decir los días de preceptomisa de alba en la sementera y de once en los agostos; y aunque el resto del año nunca deja de celebrar, estando sano, ni tiene precisión de madrugar, ni de estarse en ayunas hasta el medio día. En veinte minutos hace su deber y su negocio, y como dos horas le bastan para comer y diez para dormir, el resto del día en algo ha de ocuparlo. Ya le cansa la conversación perpetua de su sirvienta; no le satisface su exclusiva privanza, y se aburre del retraimiento por los andurriales. Empieza a salir de la monotonía entrando en alguna casa de más confianza: va por las tardes y noches a

---

[35] Referencia a un episodio del *Quijote* en el que se describe una fiesta de bodas muy suntuosa.

[36] Iglesia que pertenece a un capítulo de canónigos.

[37] El que dirige el coro en los oficios divinos.

[38] **Zafa...** receptáculo pintado de flores.

echar un truque[39] con la gente de su estambre, y anuda relaciones que los humos clericales habían interrumpido. Recobra la anterior franqueza, tira el cuellecillo reservándolo para los oficios eclesiásticos; sale en mangas de camisa durante la canícula; se detiene a hablar con las mujeres que lo merecen, mirándolas de hito en hito, y si le enfadan los muchachos, o el ruido de los perros; o las rondas a deshoras, echa sus tacos y votivas, como un hombre de carne y hueso. El genio bravío y los resabios de la educación no le abandonarán hasta la huesa; y guárdate no le duren, como diz que dura el carácter sacerdotal; hasta en los infiernos.

Éste es el período álgido de los goces clericales, supuesto que a la compostura afectada y al aparato exterior ha sucedido la naturalidad grotesca y sin aprensión. El ama procura por todos los medios que en su casa encuentre el señor lo que necesite, y que le parezca mejor que lo ajeno; ni la madre Celestina sería más diestra en aderezar tónicos, corroborantes, excitantes, dulcificantes y sustancias suculentas. Del agua no prueba más gota que la que destila con la cucharilla en el cáliz; pero todas las vinajeras del vino le parecen chicas, y golosos todos los monaguillos que le ayudan. Para él está demás el sumidero, aunque le caiga en el sangüis un mosquito o una avispa, que con los alcohólicos todo pasa por sus tragaderas espaciosas; y si en vez del pan ácimo le dieran un hornazo o un hojaldre de a libra se lo engulliría en un santiamén, sin que los fieles conociesen si consumía una hostia. En resumen, come como un eleogábalo, bebe de lo tinto a boca de jarro, duerme como un lirón; engorda como un tudesco; huelga placenteramente, y deja rodar la bola de este diablo mundo.

No se vaya a juzgar por lo referido que el clérigo de misa y olla es el hombre feliz por excelencia. Momentos llegan de zozobra en que tiene que poner en tortura sus embotadas potencias, y volver a arrastrar las hopalandas. Un año y no más le duran las licencias de celebrar y confesar, y con esta frecuencia ha de solicitarlas de nuevo, previo el examen correspondiente. Si de recién eleccionado había tantos trabajos para el sínodo ¿cuánto crecerán los apuros con el tiempo perdido en la molicie y en el embrutecimiento? Si no ha vuelto a abrir un libro ni a tener conferencia ¿qué mucho que haya olvidado lo poco que sabía? Del idioma latino no conserva otras palabras que las vulgarizadas entre los labriegos; el *busilis, el intríngulis,* el *cum quibus,* un *quidam,* un *agibilibus,* la *vita bona,* la *pecunia,*

de *facto* y *de populo bárbaro.* Baste saber que habiéndole rogado unos cazadores amigos que les dijera misa de madrugada, encareciéndole la ligereza con la frase de misa de palomas, pasó largo rato buscando por el misal este oficio, hasta que tropezando con la *Dominica impalmis,* que él leyó *in palomis,* les encajó la pasión entera del Redentor, dejando a los cazadores crucificados.

Las interminables abreviaturas del Añalejo eran para nuestro cura letras gordas, como lo son para algunos canónigos, más oscuros que el sirioco y el rúnico.[40] Tomando la cartilla por almanaque de Torres, o por Piscato Sarrabal, cuando veía que las lecciones del primer nocturno eran *Justus si morte,* decía que aquél era buen día para morirse en gracia de Dios: cuando señalaba *Mulierem fortem,* retraía a los hombres de que se casasen, porque era día de mujer testaruda, y si en el rezo se prevenía el salmo *Confitemini:* abreviado *confit.,* aseguraba que era el día propio para comprar dulces en las zuclerías. El siete de marzo tuvo una petera escandalosa con el sacristán, obstinado en que le había de poner el altar en medio de la nave, porque el añalejo decía *Missa In medio Ecclesiae:* y la *Dominica in albis* se empeñó en celebrar sin casulla, tomando al pie de la letra lo de *en alba.*

En tan lastimoso estado de ignorancia era matarle inhumanamente hacerle comparecer a examen. Así es que se valía de certificados de los facultativos para excusar el viaje, y comprometía todas las relaciones de los curas y caciques de la comarca para lograr *remisiva* cerca de un párroco conocido y asequible. Y si a pesar de los pesares no alcanzaba eximirse y comparecía en sínodo, aquello era un aluvión de disparates, que anegaba en barbarismos a los examinadores hasta las melenas y cerquillos. Si le preguntaban por el *título colorado* de supuesta jurisdicción, respondía con el *lege coloratum* de los rubricistas. Interrogado sobre si se podía decir misa con hostia de papel, contestaba con un *distingo.* Y escudriñándole acerca de la confesión *auricular,* decía cándidamente que en su tierra no se estilaba esta confesión, sino la de pascua florida. Los jueces o lo tomaban a risa, o tenían compasión, o le dejaban por incorregible.

Toda la vida de don Zoilo fue un tejido de chistes y de anécdotas capaces de enriquecer una floresta. La historia refiere lances curiosísimos, y muchos se han hecho proverbiales en España, corriendo de boca en

---

[39] Juego de cartas.

[40] Antigua escritura germánica formada con signos especiales llamados runas.

boca, de generación en generación. Aquí le pintan diciendo misa, y al ver por una ventana contigua al altar que un chicuelo gateaba por un donguindo de su huerto para robarle las peras, dice alzando la hostia (que éste era el momento de la observación) ¡ahora sube el hi de puta! Allá le recuerdan rezando la novena de Dolores, y al llegar a la adoración de las llagas, anuncia la del pie izquierdo en estos términos: «A la llaga de la *pata zurda*.» Acullá refieren que no queriendo recibir la primera y única carta que le llevó el valijero, éste le objetó que para él venía dirigida, pues decía en el sobre *A don Zoilo Cermeño, presbítero,* pero obstinóse en la negativa protestando que Cermeño sí se llamaba, mas que el apellido *presbítero* no era de ninguno de su casta. Finalmente, nuestro capellán era de los que niegan todo lo que no entienden, porque le es más fácil negar que comprender, y por eso a un criado que le hizo una diligencia de bastantes leguas en pocas horas, creyéndole brujo, le ajustó la cuenta y lo despidió diciendo que no quería en su casa criado tan listo. Que no rezaba las horas canónicas[41] lo evidenció un curioso, pues viéndole el Breviario empolvado se lo sustrajo, y en muchos meses no lo echó de menos. Lo que es misas sí, decía regularmente 365 en año no bisiesto,[42] porque a cambio de las cuatro que dejaba en semana santa, ensartaba los dos ternos de los Santos y de Navidad, y salían pie con bola.[43] Esto por lo que toca a celebrar, que en tomar limosna era más amplio. ¡Sobre celemín[44] y medio de garbanzos se hallaron a su muerte en un arcón, donde había depositado uno por cada peseta que no aplicaba!

Hasta aquí la descripción acompasada y prosaica del tipo que me he propuesto delinear, pero quiero también echar un cuarto a espadas, trazando algunos rasguños románticos y pinceladas goyescas,[45] que sirvan de epílogo, o sea miniatura del cuadro.

El clérigo de misa y olla con relación a los demás hombres, presenta anomalías misteriosas dignas de ocupar una imaginación ardiente y un genio filosófico; su estudio puede ayudar a conocer ciertas notabilidades políticas y literarias; Nuestro ejemplar presenta estos caracteres:

1. *No es capacidad y el vulgo le mira como inteligente:* Le creen un calendario vivo si anuncia temporales. —Le juzgan adivino si predice acontecimientos.

2. *No es propietario, ni mayor contribuyente,*[46] *y le rinden homenaje debido a la aristocracia de riqueza.* Pídenle limosna, aunque él la necesite —Sin sólida hipoteca alcanza su crédito a los bolsillos ajenos. Todos los vecinos y allegados son sus sirvientes voluntarios.

3. *Es del estado general,*[47] *clase pechera,*[48] *y goza del fuero de hidalguía.*[49] En los padrones[50] ocupa un lugar aparte como los nobles y capitulares. —Tiene tratamiento de *don* y de su merced. Ni sufre alojamientos ni cargas concejiles.[51]

4. *Nació aislado, no ganó un amigo, y por todas partes halla afiliados y protectores.* El organista, el acólito, el niño de coro, el campanero, el salmista; el sepulturero y hasta el pariente del vecino del sacristán; que se considera gente de iglesia, se creen obligados a defenderle a capa y espada.

5. *Es de naturaleza flaca*[52] *y le veneran santamente.* Le quitan el sombrero mejor que al alcalde. —Los muchachos le besan la mano al encontrarle. —Se le levantan las mujeres cuando pasa, y aquí me ocurre una

Nota. Esta diferencia del bello sexo, que ni con autoridades ni principales se tiene, que ni los caballeros ni los tíos admiten, en obsequio a la beldad; que en nación alguna consiente la virilidad de la débil mujer, de la bella mitad, de la femenil flaqueza., de la diosa de las gracias, del ídolo del amor, de la compañera inseparable, del depósito de las confianzas, del objeto de las consideraciones humanas ¿será porque los clérigos gastan faldas y se visten por la cabeza como las hembras? ¿O será que no teniendo los eclesiásticos libertad de galantear en público, ellos y las mujeres guardan la etiqueta para la calle, y la franqueza para dentro de casa.

Éste es el tipo común, el característico del Clérigo que se llama de misa y olla, porque no sabe más que mal decir una misa y tragar, pero hay también excep-

---

[41] **horas…** *Libro de horas,* que contiene diversas partes del rezo divino.

[42] Año de 366 días.

[43] **Pie…** bien, acertados.

[44] Medida de cuatro litros y medio.

[45] Del pintor Francisco de Goya (1746-1828), conocido, entre otras cosas, por sus grabados sombríos y grotescos.

[46] El que paga contribuciones o impuestos.

[47] Estado llano; es decir, no es noble.

[48] Plebeyo, obligado a pagar impuestos.

[49] **Fuero…** leyes de la clase hildalga (es decir, de la nobleza menor).

[50] Lista de personas que viven en un pueblo.

[51] Los ciudadanos estaban obligados a alojar a los soldados del Rey cuando éstos pasaban por el pueblo. Los nobles estaban exentos de esta obligación. Don Zoilo, como ellos, no «sufre alojamientos» ni tampoco cargas impuestas por el consejo o ayuntamiento del pueblo.

[52] Débil.

ciones y variedades.

El clérigo ramplón[53] de que hemos hablado, se abre una corona frailuna como un plato, ostentando vano lo que no merece. Otro la toma por la inversa y se la deja como real de vellón para que no le conozcan la clerecía ni con microscopio.

En lugar de una capellanía miserable logra otro majadero un pingüe patronato, y en vez de la vida mojigata y de padre quieto anda de feria en feria, de banca en garito, con perros, con caballos, en cacerías, fumando puros habanos, y cortejando viudas, casadas y doncellas.

Si aquél sigue el precepto de ser cauto, éste se echa el alma atrás, abraza la vida airada, hace alarde de ir con su dama a las funciones y espectáculos, y riñe en público sobre celos y sobre otros asuntos casi matrimoniales.

Por último, tal hay que enreda todo el pueblo a fuerza de chismes e intrigas solapadas sin descubrir el cuerpo a estilo de policía secreta; y cual que desaforadamente se pone a la cabeza de un bando, promueve pleitos, maneja ayuntamientos, dirige elecciones y atrae sobre el vecindario las plagas de Faraón.[54]

Réstanos observar una diferencia cronológica. Ejemplares como el del clérigo que dejamos pintado, han existido hasta hoy en número crecidísimo; en adelante o no los habrá, o serán más raros: llegará a ser este tipo una entidad histórica. Como nacía y medraba en tiempos de absolutismo, la libertad, la ilustración y la imprenta, le resisten, le matan. Entonces sabía más el clero, ahora dan lecciones los legos. Entonces la iglesia adquiría muchos bienes; hoy los ha perdido. Entonces un fanático con un crucifijo conmovía las masas: ahora no las mueve contra su interés ni un terremoto. Entonces en fin, daba consideración la ropa talar y encubría las miserias, y al presente se aprecia la diferencia que hay del saber y de la virtud a un Clérigo de misa y olla.

RAMÓN DE MESONERO ROMANOS (1803-1882)

Madrileño de clase media, Mesonero Romanos se dedicó a los negocios durante trece años después de la muerte de su padre. Entonces, satisfecho de su fortuna, abandonó el mundo de las finanzas para dedicarse a la literatura y la filantropía. Su primer libro fue una guía de Madrid que después amplió y publicó con el título de *El antiguo Madrid*. Más tarde, inspirado por el amor a su ciudad natal, emprendió una serie de *cuadros de costumbres* que describen diversos aspectos de la vida madrileña; a veces se trata de una zona o calle de la ciudad, de un rasgo psicológico, de un prejuicio social o de algún mal urbano que debe corregirse. Se recogieron sus cuadros más conocidos en dos colecciones, *Panorama matritense* (1832-1835), que contiene descripciones de costumbres, y *Escenas matritenses* (1836-1842), que hace hincapié en lo moral. Los artículos del segundo volumen aparecieron bajo el seudónimo «El Curioso Parlante» en el primer periódico ilustrado de Madrid, *Semanario pintoresco español,* que Mesonero fundó en 1836. *Tipos de caracteres* (1843-1862) y *Memorias de un setentón* (1880) son sus últimos libros.

En una época de violentas pasiones políticas y literarias, Mesonero se distingue por su moderación. Burgués cómodo y bonachón, carece de la vehemencia que caracteriza a Larra. Las *Escenas matritenses* reflejan los cambios que ocurren en España después de la muerte de Fernando VII (1833) y la primera guerra Carlista (1833-1839), pero a diferencia de Larra, Mesonero no se desespera, no se hunde en la amargura. Ni siquiera demuestra grandes preocupaciones políticas. Emplea la ironía, pero rara vez el sarcasmo; en sus artículos se destaca más bien lo cómico de la condición humana tal como se lo observa en Madrid.

Mesonero compartía el entusiasmo de sus contemporáneos románticos por el teatro del Siglo de Oro e hizo estudios de dramaturgos áureos para la Biblioteca de Autores Españoles. Sin embargo, nunca se entregó a los excesos del movimiento. En «El Romanticismo y los románticos» se burla de la exageración, el intenso emocionalismo y la fascinación por lo macabro de los jóvenes de la época. Afirma que el Romanticismo es un fenómeno español por excelencia porque a sus compatriotas les encanta el melodrama. El teatro romántico, con sus incontables personajes, elementos sobrenaturales, venenos, puñales y muertos que hablan desde más allá de la tumba provocan en Mesonero una risa graciosa.

---

[53] Grosero, tosco.
[54] Se refiere a la historia bíblica de las diez plagas de Egipto que Dios mandó para castigar a la gente.

Como Larra, Mesonero fue un observador fiel y perspicaz de las debilidades y obsesiones de sus contemporáneos. Hoy día sus ensayos son una rica fuente de información sobre la vida madrileña del siglo XIX.

El romanticismo y los románticos

Señales son del juicio
ver que todos lo perdemos,
unos por carta de más
y otros por carta de menos.
Lope de Vega[1]

Si fuera posible reducir a un solo eco las voces todas de la actual generación europea, apenas cabe ponerse en duda que la palabra *romanticismo* parecería ser la dominante desde el Tajo al Danubio, desde el mar del Norte al estrecho de Gibraltar.[2]

Y sin embargo (¡cosa singular!) esta palabra tan favorita, tan cómoda, que así aplicamos a las personas como a las cosas, a las verdades de la ciencia como a las ilusiones de la fantasía; esta palabra que todas las plumas adoptan, que todas las lenguas repiten, todavía carece de una definición exacta que fije distintamente su verdadero sentido.

¡Cuántos discursos, cuántas controversias han prodigado los sabios para resolver acertadamente esta cuestión!, y en ellos ¡qué contradicción de opiniones!, ¡qué extravagancia singular de sistemas! . . .«¿Qué cosa es romanticismo?. . .», les ha preguntado el público; y los sabios le han contestado cada cual a su manera. Unos le han dicho que era todo lo ideal y romanesco; otros, por el contrario, que no podía ser sino lo escrupulosamente histórico; cuáles han creído ver en él a la naturaleza en toda su verdad; cuáles a la imaginación en toda su mentira; algunos han asegurado que sólo era propio a describir la Edad Media; otros le han hallado apacible también a la moderna; aquéllos le han querido hermanar con la religión y con la moral; éstos le han echado a reñir con ambas; hay quien pretende dictarle reglas; hay, por último, quien sostiene que su condición es la de no guardar ninguna.

Dueña, en fin, la actual generación de este pretendido descubrimiento, de este mágico talismán, indefinible, fantástico, todos los objetos le han parecido propios para ser mirados a través de aquel prisma seductor; y no contenta con subyugar a él la literatura y las bellas artes, que por su carácter vago permiten más libertad a la fantasía, ha adelantado su aplicación a los preceptos de la moral, a las verdades de la historia, a la severidad de las ciencias, no faltando quien pretende formular bajo esta nueva enseña[3] todas las extravagancias morales y políticas, científicas y literarias. . .

«La necedad se pega»,[4] ha dicho un autor célebre. No es esto afirmar que lo que hoy se entiende por romanticismo sea necedad, sino que todas las cosas exageradas suelen degenerar en necias; y bajo este aspecto la romanticomanía se pega también. Y no sólo se pega, sino que al revés de otras enfermedades contagiosas que a medida que se transmiten pierden en grados de intensidad, ésta, por el contrario, adquiere en la inoculación tal desarrollo, que lo que en su origen pudo ser sublime pasa después a ser ridículo; lo que en unos fue un destello del genio, en otros viene a ser un ramo de locura.

Y he aquí por qué un muchacho que por los años de 1811 vivía en nuestra corte[5] y su calle de la Reina, y era hijo del general francés *Hugo* y se llamaba *Víctor*, encontró el romanticismo donde menos podía esperarse, esto es, en el Seminario de nobles[6]; y el picaruelo conoció lo que nosotros no habíamos sabido apreciar y teníamos enterrado hace dos siglos con Calderón; y luego regresó a París, extrayendo de entre nosotros esta primera materia, y la confeccionó a la francesa, y provisto como de costumbre con su patente de invención, abrió su almacén y dijo que él era el Mesías de la literatura, que venia a redimirla de la esclavitud de la reglas; y acudieron ansiosos los noveleros,[7] y la manada

---

[1] Félix Lope de Vega y Carpio (1562-1635), una de las figuras cumbres del teatro español. El sentido del verso es que uno o lleva las cosas demasiado lejos o no las lleva bastante lejos.

[2] El río Tajo pasa por Toledo y penetra en Portugal. El río Danubio atraviesa Alemania, Austria, Hungría y Rumania. El mar del Norte baña Francia, Gran Bretaña, Noruega, Dinamarca, Alemania, Holanda y Bélgica. El estrecho de Gibraltar está entre España y Marruecos.

[3] Insignia.

[4] Es decir, es contagiosa.

[5] Es decir, en Madrid.

[6] Victor Hugo (1802-1885), el escritor francés que llegó a ser jefe de la escuela romántica, asistió al Seminario de Nobles —centro de enseñanza para los hijos de los nobles— durante su juventud. Claro que no aprendió acerca del romanticismo allí, sino al volver a Francia e iniciar su carrera artística. Sin embargo, se puede decir que Hugo descubrió el espíritu romántico en España, ya que, según ciertos pensadores del período, los personajes de Tirso, Calderón y otras grandes figuras del Siglo de Oro son prototipos del héroe romántico.

[7] Amigos de las novedades.

[8] Amigos de las novedades.

de imitadores (*imitatores servum pecus*,[8] que dijo Horacio[9]) se esforzaron en sobrepujarle y dejar atrás su exageración, y los poetas transmitieron el nuevo humor a los novelistas; éstos a los historiadores; éstos a los políticos; éstos a todos los demás hombres; éstos a todas las mujeres; y luego salió de Francia aquel virus, ya bastardeado, y corrió toda la Europa, y vino, en fin, a España, y llegó a Madrid (de donde había salido puro), y de una en otra pluma, de una en otra cabeza, vino a dar en la cabeza y en la pluma de mi sobrino, de aquel sobrino de que ya en otro tiempo creo haber hablado a mis lectores; y tal llegó a sus manos que ni el mismo Víctor Hugo lo conociera, ni el Seminario de nobles tampoco.

La primera aplicación que mi sobrino creyó deber hacer de adquisición tan importante fue a su propia física persona, esmerándose en poetizarla por medido del romanticismo aplicado al tocador.

Porque (decía él) la fachada de un romántico debe ser gótica, ojival, piramidal y emblemática.

Para ello comenzó a revolver cuadros y libros viejos, y a estudiar los trajes del tiempo de las Cruzadas[10]; y cuando en un códice roñoso y amarillento acertaba a encontrar un monigote formando alguna letra inicial de capítulo, o rasguñado al margen por infantil e inexperta mano, daba por bien empleado su desvelo, y luego poníase a formular en su persona aquel trasunto de la Edad Media.

Por resultado de estos experimentos llegó muy luego a ser considerado como la estampa más romántica de todo Madrid, y a servir de modelo a todos los jóvenes aspirantes a esta nueva, no sé si diga, ciencia o arte. Sea dicho en verdad; pero si yo hubiese mirado el negocio sólo por el lado económico, poco o nada podía pesarme de ello: porque mi sobrino, procediendo a simplificar su traje, llegó a alcanzar tal rigor ascético, que un ermitaño daría más que hacer a los *Utrillas* y *Rougets*.[11] Por de pronto eliminó el frac,[12] por considerarle del tiempo de la decadencia, y aunque no del todo conforme con la levita,[13] hubo de transigir con ella,

como más análoga a la sensibilidad de la expresión. Luego suprimió el chaleco, por redundante; luego el cuello de la camisa, por inconexo; luego las cadenas y relojes; los botones y alfileres por embarazosos; luego las aguas de olor, los cepillos, el barniz de las botas y las navajas de afeitar, y otros mil adminículos que los que no alcanzamos la perfección romántica creemos indispensables y de todo rigor.

Quedó pues, reducido todo el atavío de su persona a un estrecho pantalón que designaba la musculatura pronunciada de aquellas piernas; una levitilla de menguada faldamenta, y abrochada tenazmente hasta la nuez de la garganta; un pañuelo negro descuidadamente anudado en torno de ésta, y un sombrero de misteriosa forma, fuertemente introducido hasta la ceja izquierda. Por bajo de él descolgábanse de entrambos lados de la cabeza dos guedejas de pelo negro y barnizado, que formando un bucle convexo se introducían por bajo de las orejas, haciendo desaparecer éstas de la vista del espectador; las patillas, la barba y el bigote, formando una continuación de aquella espesura, daban con dificultad permiso para blanquear a dos mejillas lívidas, dos labios mortecinos, una afilada nariz, dos ojos grandes, negros y de mirar sombrío; una frente triangular y *fatídica*.[14] Tal era la *vera efigies*[15] de mi sobrino, y no hay que decir que tan uniforme tristura ofrecía no sé qué de siniestro e inanimado, de suerte que no pocas veces, cuando cruzado de brazos y la barba sumida en el pecho, se hallaba abismado en sus tétricas reflexiones, llegaba yo a dudar de si era él mismo o sólo su traje colgado de una percha; y aconteciome más de una ocasión el ir a hablarle por la espalda, creyendo verle de frente, o darle una palmada en el pecho juzgando dársela en el lomo.

Ya que vio romantizada su persona, toda su atención se convirtió a romantizar igualmente sus ideas, su carácter y sus estudios. Por de pronto me declaró rotundamente su resolución contraria a seguir ninguna de las carreras que le propuse, asegurándome que encontraba en su corazón algo de volcánico y sublime, incompatible con la exactitud matemática, o con las fórmulas del foro; y después de largas disertaciones vine a sacar en consecuencia que la carrera que le parecía más análoga a sus circunstancias era la carrera de poeta, que según él es la que guía derechita al templo de la inmortalidad.

---

[8] La servil banda de imitadores.

[9] Poeta latino (65-8 antes de Cristo), autor de *Odas, Sátiras* y *Epístolas*.

[10] Se refiere a las expediciones militares organizadas del siglo XI al XIII para quitar la Tierra Santa a los Infieles. Los románticos buscaban inspiración en la Edad Media; como en el sobrino del autor, todo es exageración; así, el joven busca ideas para su atuendo en libros antiguos.

[11] Sastres conocidos en la época.

[12] Vestidura de hombre de faldones estrechos y largos.

[13] Otra vestidura de hombre, también con faldones.

---

[14] Mesonero se burla de la exagerada importancia de lo fatídico, o sea del destino, en las obras románticas.

[15] Verdadera imagen.

En busca de sublimes inspiraciones, y con el objeto sin duda de formar su carácter tétrico y sepulcral, recorrió día y noche los cementerios y escuelas anatómicas; trabó amistosa relación con los enterradores y fisiólogos; aprendió el lenguaje de los buhos y de las lechuzas; encaramóse a las peñas escarpadas y se perdió en la espesura de los bosques; interrogó a las ruinas de los monasterios y de las ventas (que él tomaba por góticos castillos[16]); examinó la ponzoñosa virtud de las plantas, e hizo experiencia en algunos animales del filo de su cuchilla, y de los convulsos movimientos de la muerte. Trocó los libros que yo le recomendaba, los Cervantes, los Solís, los Quevedos, los Saavedras, los Moretos, Meléndez y Moratines, por los Hugos y Dumas, los Balzacs, los Sands y Soulíes[17]; rebutió su mollera de todas las encantadoras fantasías de Lord Byron, y de los tétricos cuadros de d'Arlincourt; no se le escapó uno solo de los abortos teatrales de Ducange, ni de los fantásticos ensueños de Hoffmann; y en los ratos en que menos propenso estaba a la melancolía, entreteníase en estudiar la Craneoscopia del doctor Gall, o las Meditaciones de Volney.[18]

Fuertemente pertrechado con toda esta diabólica erudición, se creyó ya en estado de dejar correr su pluma, y rasguñó unas cuantas docenas de *fragmentos* en prosa poética, y concluyó algunos *cuentos* en verso prosaico; y todos empezaban con puntos suspensivos y concluían en *¡maldición!*; y unos y otros estaban atestados de *figuras de capuz*, y de *siniestros bultos*, y de *hombres gigantes* y de *sonrisa infernal*, y de *almenas altísimas*, y de *profundos fosos*, y de *buitres carnívoros*, y de *copas fatales*, y de *ensueños fatídicos*, y de *velos transparentes*, y de *aceradas mallas*, y de *briosos corceles*, y de *flores amarillas*, y de *fúnebre cruz*. Generalmente todas estas composiciones *fugitivas* solían llevar sus títulos tan incomprensibles y vagos como ellas mismas; v.g.[19]: *¡¡¡Qué será!!!* — *¡¡¡No!!!* — *¡Más allá! ...* — *Puede ser.* — *¿Cuándo?* — *¡Acaso! ...* — *¡Oremus!*[20]

Esto en cuanto a la forma de sus composiciones; en cuanto al fondo de sus pensamientos, no sé qué decir, sino que unas veces me parecía mi sobrino un gran poeta, y otras un loco de atar; en algunas ocasiones me estremecía al oírle cantar el suicidio o discurrir dudosamente sobre la inmortalidad del alma; y otras teníale por un santo, pintando la celestial sonrisa de los ángeles o haciendo tiernos apóstrofes a la Madre de Dios. Yo no sé a punto fijo qué pensaba él sobre esto, pero creo que lo más seguro es que no pensaba nada, ni él mismo entendía lo que quería decir.

Sin embargo, el muchacho con estos *raptos* consiguió al fin verse admirado por una turba de aprendices del delirio, que le escuchaban enternecidos cuando él, con voz monótona y sepulcral, les recitaba cualquiera de sus composiciones, y siempre le aplaudían en aquellos rasgos más extravagantes y oscuros, y sacaban copias nada escrupulosas y las aprendían de memoria, y luego esforzábanse a imitarlas, y sólo acertaban a imitar los defectos y de ningún modo las bellezas originales que podían recomendarlas.

Todos estos encomios y adulaciones de pandilla lisonjeaban muy poco al altivo deseo de mi sobrino, que era nada menos que atraer hacia sí la atención y el entusiasmo de todo el país. Y convencido de que para llegar al templo de la inmortalidad (partiendo de Madrid) es cosa indispensable el pasarse por la calle del Príncipe,[21] quiero decir, el componer una obra para el teatro, he aquí la razón por qué reunió todas sus fuerzas intelectuales; llamó a concurso su fatídica estrella, sus recuerdos, sus lecturas; evocó las sombras de los muertos para preguntarles sobre diferentes puntos; martirizó las historias, y tragó el polvo de los archivos, interpeló a su calenturienta musa, colocándose con ella en la región aérea donde se forman las románticas tormentas; y mirando desde aquella altura esta sociedad terrena, reducida por la distancia a una pequeñez microscópica, aplicado al ojo izquierdo el catalejo romántico, que todo lo abulta, que todo lo descompone, inflamóse al fin su fosfórica fantasía, y compuso un drama.

¡Válgame Dios! ¡Con qué placer haría a mis lectores el mayor de los regalos posibles, dándoles *in inte-*

---

[16] Alusión a don Quijote, que tomaba las ventas por castillos.

[17] Miguel de Cervantes, Antonio de Solís y Ribadeneyra, Francisco de Quevedo, Diego de Saavedra y Agustín Moreto fueron escritores del Siglo de Oro. Meléndez fue un célebre poeta neoclásico y prerromántico y Moratín, el más conocido de los dramaturgos neoclásicos. El sobrino del autor cambió estos respetados autores españoles por los nuevos escritores románticos franceses.

[18] De los nuevos intelectuales y artistas que menciona Mesoneros, los más conocidos son Lord Byron, el célebre escritor romántico inglés, el músico y escritor alemán E. T. A. Hoffman, el fisiólogo alemán Gall, conocido por sus estudios del sistema nervioso y del cerebro, y el Conde de Volney, librepensador célebre por sus conocimientos de lenguas y culturas orientales.

[19] *Verbigratia*, por ejemplo.

[20] Recemos (en Latín).

[21] Donde se encontraba el teatro principal de Madrid.

grum[22] esta composición sublime, práctica explicación del sistema romántico, en que según la medicina homeopática, que consiste en curar las enfermedades con sus semejantes, se intenta a fuerza de crímenes corregir el crimen mismo! Mas ni la suerte ni mi sobrino me han hecho poseedor de aquel tesoro, y únicamente la memoria, depositaria infiel de secretos, ha conservado en mi imaginación el título y personajes del drama. Hélos aquí:

¡¡¡ ELLA!!!... y ¡¡¡ÉL!!!...

Drama Romántico Natural,
emblemático-sublime, anónimo, sinónimo, tétrico y
espasmódico,

ORIGINAL, EN DIFERENTES PROSAS Y VERSOS
EN SEIS ACTOS Y CATORCE CUADROS
por...

(Aquí había una nota que decía: *Cuando el público pida el nombre del autor;* y seguía más abajo):

Siglos IV y V.—La escena pasa en Europa y dura cien años.

INTERLOCUTORES

La mujer (todas las mujeres, toda la mujer).
El marido (todos los maridos).
Un hombre salvaje (el amante).
El Dux[23] *de Venecia.*
El tirano de Siracusa.
El doncel.
La Archiduquesa de Austria.
Un espía.
Un favorito.
Un verdugo.
Un boticario.
La Cuádruple Alianza.[25]
El sereno del barrio.
Coro de monjas carmelitas.
Coro de padres agonizantes.[26]
Un hombre del pueblo.

---

[22] En su forma completa.
[23] Magistrado supremo.
[24] Juego sobre la Triple Alianza, compuesta de Argentina, Brasil y Uruguay, que combatió contra Paraguay (1864-1870).
[25] Curas que se dedican a cuidar a las personas que están muriendo.

Un pueblo de hombres.
Un espectro que habla.
Otro ídem[26] *que agarra.*
Un demandadero de la Paz y Caridad.
Un judío.
Cuatro enterradores.
Músicos y danzantes.
Comparsas de tropa, brujas, gitanos, frailes y gente ordinaria.

Los títulos de las jornadas (porque cada una llevaba el suyo a manera de código) eran, si mal no me acuerdo, los siguientes: 1a. *Un Crimen.*—2a. *El veneno.*—3a. *Ya es tarde.*—4a. *El panteón.*—5a. *¡Ella!*—6a. *¡Él!*, y las decoraciones eran las seis obligadas en todos los dramas románticos, a saber: *Salón de baile; Bosque; La capilla; Un subterráneo; La alcoba,* y *El cementerio.*

Con tan buenos elementos confeccionó mi sobrino su admirable composición, en términos que si yo recordara una sola escena para estamparla aquí, peligraba el sistema nervioso de mis lectores; con que así no hay sino dejarlo en tal punto y aguardar a que llegue día en que la fama nos la transmita en toda su integridad, día que él retardaba, aguardando a que las *masas* (las masas somos nosotros) se hallen (o nos hallemos) en el caso de digerir esta comida que él modestamente llamaba *un poco fuerte.*

De esta manera mi sobrino caminaba a la inmortalidad por la senda de la muerte, quiero decir que con tales fatigas cumplía lo que él llamaba *su misión sobre la tierra.* Empero, la continuación de las vigilias y el obstinado combate de sentimientos tan hiperbólicos habíanle reducido a una situación tan lastimosa de cerebro, que cada día me temía encontrarle consumido a impulsos de su fuego celestial.

Y aconteció que, para acabar de rematar lo poco que en él quedaba de seso, hubo de ver una tarde por entre los más labrados hierros de su balcón a cierta Melisendra[27] de diez y ocho abriles,[28] más pálida que una noche de luna, y más mortecina que lámpara sepulcral; con sus luengos cabellos trenzados a la veneciana, y sus mangas a lo María Tudor, y su blanquísimo vestido aéreo a lo Estaniera, y su cinturón a la Esmeralda, y su cruz de oro al cuello a lo huérfana de Underlach.[29]

---

[26] De la misma cosa, es decir, otro espectro.
[27] Personaje de los romances carolingios, esposa de don Gaiferos e hija de Carlomagno; también aparece en *Don Quijote,* en el episodio del retablo de Maese Pedro.
[28] Es decir, de 18 años.
[29] Alusión a personajes femeninos de obras románticas

Hallábase a la sazón meditabunda, los ojos elevados al cielo, la mano derecha en la apagada mejilla, y en la izquierda sosteniendo débilmente un libro abierto…, libro que, según el forro amarillo, su tamaño y demás proporciones, no podía ser otro, a mi entender, que el *Han de Islandia* o el *Bug-Fargal*.[30]

No fue menester más para que la chispa eléctrico-romántica atravesase instantáneamente la calle y pasase desde el balcón de la doncella sentimental al otro frontero donde se hallaba mi sobrino, viniendo a inflamar súbitamente su corazón. Miráronse pues; creyeron adivinarse; luego se hablaron; y concluyeron por no entenderse; esto es, por entregarse a aquel sentimiento vago, ideal, fantástico, frenético, que no sé bien cómo designar aquí, si no es ya que me valga de la consabida calificación de… *romanticismo puro*.

Pero al cabo el sujeto en cuestión era mi sobrino, y el bello objeto de sus arrobamientos, una señorita, hija de un honrado vecino mío, procurador de número,[32] y clásico por todas sus coyunturas. A mí no me desagradó la idea de que el muchacho se inclinase a la muchacha (siempre llevando por delante la más sana intención), y con el deseo de distraerle también de sus melancólicas tareas, no sólo le introduje en la casa, sino que favorecí (Dios me lo perdone) todo lo posible el desarrollo de su inclinación.

Lisonjeábame, pues, con la idea de un desenlace natural y espontáneo, sabiendo que toda la familia de la niña participaba de mis sentimientos, cuando una noche me hallé sorprendido con la vuelta repentina de mi sobrino, que en el estado más descompuesto y atroz corrió a encerrarse en su cuarto, gritando desaforadamente: —¡Asesino!... ¡Asesino!... ¡Fatalidad!... ¡Maldición!

—¿Qué demonios es esto?—. Corro al cuarto del muchacho; pero había cerrado por dentro y no me responde; vuelo a casa del vecino, por si alcanzo a averiguar la causa del desorden, y me encuentro en otro no menos terrible a toda la familia: la chica accidentada y convulsa, la madre llorando, el padre fuera de sí...

—¿Qué es esto, señores? ¿Qué es lo que hay?

—¿Qué ha de ser? (me contestó el buen hombre), ¿qué ha de ser, sino que el demonio en persona se ha introducido en mi casa con su sobrino de usted? ... Lea usted, lea usted qué proyectos son los suyos, qué ideas de amor y de religión... Y me entregó unos papeles que por lo visto había sorprendido a los amantes.

Recorrílos rápidamente, y me encontré diversas composiciones de éstas de tumba y hachero que yo estaba tan acostumbrado a escuchar al muchacho. En todas ellas venía a decir a su amante con la mayor ternura que era preciso que se muriesen para ser felices; que se matara ella, y luego él iría a derramar flores sobre su sepulcro, y luego se moriría también, y los enterrarían bajo una misma losa... Otras veces la proponía que para huir de la tiranía del hombre («este hombre soy yo», decía el pobre procurador) se escurriese con él a los bosques o a los mares, y que se irían a una caverna a vivir con las fieras, o se harían piratas o bandoleros; en unas ocasiones la suponía ya difunta, y la cantaba el responso en bellísimas quintillas y coplas de pie quebrado[32]; en otras llenábala de maldiciones por haberle hecho probar la ponzoña del amor.

—Y a todo esto (añadía el padre), nada de boda, nada de solicitar un empleo para mantenerla...; vea usted, vea usted, por ahí ha de estar..; oiga usted cómo se explica en este punto... ahí en esas coplas, seguidillas,[33] o lo que sean, en la que dice lo que tiene que esperar de él...

> Y en tan fiera esclavitud
> sólo puede darte mi alma
> un suspiro... y una palma...,
> una tumba... y una cruz...

Pues cierto que son buenos adminículos para llenar una carta de dote... ¿no?; si no, échelos usted en el puchero y verá qué caldo sale... Y no es esto lo peor —continuaba el buen hombre—, sino que la muchacha se ha vuelto tan loca como él, y ya habla de féretros y letanías, y dice que está deshojada, y que es un tronco carcomido, con otras mil barbaridades que no sé cómo no la mato...; y a lo mejor nos asusta por las noches despertando despavorida y corriendo por toda la casa,

---

populares. María Tudor, reina de Inglaterra, inspiró la obra del mismo nombre de Victor Hugo. *La Straniera* es una ópera de Bellini. Esmeralda es la heroína de *Notre Dame de Paris*, de Hugo. *La huérfana de Underlach* es la heroína de *Solitaire*, de d'Arlincourt.

[30] Novelas de Hugo.

[31] El procurador es el que en los tribunales, hace, a petición de otro, todas las diligencias necesarias. Un procurador de número es miembro de la hermandad de los de su oficio. Resulta que la profesión del padre de la bella vecina es de las más banales.

---

[32] La quintilla es una composición de cinco versos octosílabos; las coplas de pie quebrado constan usualmente de dos versos de ocho sílabas y uno de cuatro. Son combinaciones métricas que se emplean a menudo en composiciones ligeras.

[33] La seguidilla es una corta composición poética de siete versos usada en cantos populares.

diciendo que la persigue la sombra de yo no sé qué Astolfo[34] o Ingolfo *el exterminador;* y nos llama tiranos a su madre y a mí; y dice que tiene guardado un veneno, no sé bien si para ella o para nosotros; y entre tanto las camisas no se cosen y la casa no se barre, y los libros malditos me consumen todo el caudal.

—Sosiéguese usted, señor don Cleto, sosiéguese usted.

Y llamándole aparte, le hice una explicación del carácter de mi sobrino, componiéndolo de suerte que, si no lo convencí que podía casar a su hija con un tigre, por lo menos le determiné a casarla con un loco.

Satisfecho con tan buenas nuevas, regresé a mi casa para tranquilizar el espíritu del joven amante; pero aquí me esperaba otra escena de contraste, que por lo singular tampoco dudo en apellidar romántica.

Mi sobrino, despojado de su lacónico vestido y atormentado por sus remordimientos, había salido en mi busca por todas las piezas de la casa, y no hallándome, se entregaba a todo el lleno de su desesperación. No sé lo que hubiera hecho considerándose solo, cuando al pasar por el cuarto de la criada hubo sin duda ésta de darle a conocer por algún suspiro que un ser humano respiraba a su lado. (Se hace preciso advertir que esta tal moza era una moza gallega, con más cuartos que peseta columnaria,[35] y que hacía ya días que trataba de entablar relaciones clásicas con el señorito.) La ocasión la pintan calva,[36] y la gallega tenía buenas garras para no dejarla escapar; así es que entreabrió la puerta y, modificando todo lo posible la aguardentosa voz, acertó a formar un sonido gutural, término medio entre el graznido del pato y los golpes de la codorniz.

—Señuritu…, señuritu…, ¿qué diablus tiene?… Entre y dígalo; si quier una cataplasma para las muelas o un emplasto para el hígadu…

(Y cogió y le entró en su cuarto y sentóle sobre su cama, esperando sin duda que él pusiera algo de su parte.)

Pero el preocupado galán no respondía, sino de cuando en cuando exhalaba hondos suspiros que ella contestaba a vuelta de correo con otros descomunales, aderezados con aceite y vinagre, ajos crudos y cominos, parte del mecanismo de la ensalada que acababa de cenar. De vez en cuando tirábale de las narices o le pinchaba las orejas con un alfiler (todo en muestras de cariño y de tierna solicitud); pero el hombre estatua permanecía siempre en la misma inmovilidad.

Ya estaba ella en términos de darse a todos los diablos por tanta severidad de principios, cuando mi sobrino, con un movimiento convulsivo, la agarró con una mano la camisa (…), e hincando una rodilla en tierra levantó en ademán patético el otro brazo y exclamó:

> Sombra fatal de la mujer que adoro,
> ya el helado puñal siento en el pecho;
> ya miro el funeral lúgubre lecho,
> que a los dos nos reciba al perecer.
> Y veo en tus miembros palpitantes,
> que reclama dos míseros amantes
> que la tierra no pudo comprender.

—Ave María purísima… (dijo la gallega santiguándose). Mal demoñu me lleve si le comprendu… ¡Habrá cermeñu![37]… pues si quier lechu, ¿tien más que tenderse en ése que ésta ahí delante, y dejar a los muertos que se acuesten con los difuntus?

Pero el amartelado galán seguía, sin escucharla, su improvisación, y luego, variando de estilo y aun de metro, exclamaba:

> ¡Maldita seas, mujer!
> ¿No ves que tu aliento mata?
> si has de ser mañana ingrata.
> ¿por qué me quisiste ayer?
> ¡Maldita seas, mujer!

—El malditu sea él y la bruja que lo parió…, ¡ingratu!, después que todas mañanas le entru el chucolate a la cama, y que por él he despreciadu al aguador Toribiu y a Benitu el escaroleru del portal…

> —Ven, ven y muramos juntos,
> huye del mundo conmigo,
> ángel de luz,
> al campo de los difuntos;
> allí te espera un amigo
> y un ataúd.

—Vaya, vaya, señoritu, esto ya pasa de chanza; o usted está locu, o yo soy una bestia… Váyase con mil demonius al cementeriu u a su cuartu, antes que empiece a ladrar para que venga el amu y le ate.

---

[34] Personaje del *Orlando furioso* de Ariosto.

[35] **Peseta…** moneda de plata que llevaba al reverso dos columnas. Los gallegos tenían fama de tacaños. La moza, que tenía más monedas chicas (cuartos) que grandes, trataba de seducir al señorito para mejorar su posición en el mundo.

[36] **La…** Hay que aprovechar la oportunidad cuando se presenta.

[37] Cermeño, hombre tosco, necio.

Aquí me pareció conveniente poner un término a tan grotesca escena, entrando a recoger a mi moribundo sobrino y encerrarle bajo de llave en su cuarto; y al reconocer cuidadosamente todos los objetos con que pudiera ofenderse, hallé sobre la mesa una carta sin fecha, dirigida a mí, y copiada de la *Galería fúnebre*, la cual estaba concebida en términos tan alarmantes, que me hizo empezar a temer de veras sus proyectos y el estado infeliz de su cabeza. Conocí, pues, que no había más que un medio que adoptar, y era el arrancarle con mano fuerte a sus lecturas, a sus amores, a sus reflexiones, haciéndole emprender una carrera activa, peligrosa y varia; ninguna me pareció mejor que la militar, a la que él también mostraba alguna inclinación; hícele poner una charretera al hombro izquierdo, y le vi partir con alegría a reunirse a sus banderas.

Un año ha transcurrido desde entonces, y hasta hace pocos días no le había vuelto a ver; y pueden considerar mis lectores el placer que me causaría al contemplarle robusto y alegre, la charretera a la derecha[38] y una cruz[39] en el lado izquierdo, cantando perpetuamente zorcicos y rondeñas,[40] y por toda biblioteca en la maleta, la *Ordenanza militar* y la *Guía del oficial en campaña*.

Luego que ya le vi en estado que no peligraba, le entregué la llave de su escritorio; y era cosa de ver el oírle repetir a carcajadas sus fúnebres composiciones; deseoso sin duda de probarme su nuevo humor, quiso entregarlas al fuego; pero yo, celoso de su fama póstuma, me opuse fuertemente a esta resolución y únicamente consentí en hacer un escrupuloso escrutinio, dividiéndolas, no en clásicas y románticas, sino en tontas y discretas, sacrificando aquéllas y poniendo éstas sobre las niñas de mis ojos. En cuanto al drama, no fue posible encontrarle, por haberle prestado mi sobrino a otro poeta novel,[41] el cual le comunicó a varios aprendices del oficio, y éstos le adoptaron por tipo y repartieron entre sí las bellezas de que abundaba, usurpando de este modo ora los aplausos, ora los silbidos que a mi sobrino correspondían, y dando al público en mutilados trozos el esqueleto de tan gigantesca composición.

La lectura, en fin, de sus versos trajo a la memoria del joven militar un recuerdo de su vaporosa deidad; preguntóme por ella con interés, y aun llegué a sospe-char que estaba persuadido de que se habría evaporado de puro amor; pero yo procuré tranquilizarle con la verdad del caso, y era que la abandonada Ariadna[42] se había conformado con su suerte; ítem más, se había pasado al género clásico, entregando su mano, y no sé si su corazón, a un honrado mercader de la calle de Postas; ¡ingratitud notable de mujeres! Bien es la verdad que él por su parte no la había hecho, según me confesó, sino unas catorce o quince infidelidades en el año transcurrido. De este modo concluyeron unos amores que, si hubieran seguido su curso natural, habrían podido dar a los venideros Shakespeares materia sublime para otro nuevo *Romeo*.

MARIANO JOSÉ DE LARRA (1809-1837)

Larra es el más conocido de los costumbristas y, de hecho, algunos críticos los consideran el mejor escritor de su generación. Aunque comparte con los románticos el rechazo de ideas y de normas anticuadas, la pasión reformadora, la inquietud sombría y fatídica, el intenso emocionalismo y la actitud desesperada hacia el amor, evita los excesos estilísticos que caracterizan el movimiento. Se destacó como periodista y crítico, y en muchos aspectos sus artículos muestran más influencia del Neoclasicismo que del Romanticismo. Se revela en sus artículos el gusto por lo racional y ordenado. En su crítica dramática, censura la superficialidad y el lenguaje pomposo de muchos de sus contemporáneos. Escribió bajo muchos seudónimos: Fígaro (tomado del personaje del novelista francés Beaumarchais); El Duende y el Pobrecito Hablador (ambos nombres de periódicos que él había fundado); Andrés Niporesas y Ramón Arriala (anagrama de su propio nombre).

El padre de Larra, médico que había colaborado con Bonaparte, tuvo que huir de España después de la expulsión de los franceses. La familia fue a Francia, donde Mariano estudió en Bordeaux y en París. Algunos historiadores han sugerido que en Francia Larra olvidó el español y tuvo que volver a aprenderlo al regresar a su patria, después de que Fernando VII otorgó

---

[38] Indicando que ha subido de rango.
[39] Medalla.
[40] El zorcico es un tipo de música y baile propios del país vasco. La rondeña es un canto popular típico de Ronda.
[41] Principiante.

---

[42] En la mitología, la amante abandonada de Teseus.

amnistía a los emigrados políticos. A causa de su formación en Francia y sus excelentes conocimientos de la lengua y cultura francesas, Larra era gran admirador de lo galo, al mismo tiempo que se burlaba despiadadamente de los afrancesados —españoles que imitaban ciega y ridículamente todo lo francés. En Madrid estudió gramática, humanidades y matemáticas en la Escuela Pía de San Antón. Después de pasar un año en Navarra, retornó a sus estudios en Madrid, esta vez en el Colegio Imperial de la Compañía de Jesús. También estudió leyes en Valencia. Comenzó su carrera literaria en 1827, cuando volvió a Madrid y se unió al grupo literario conocido por el nombre de Parnasillo. A los 18 años, ya había ingresado en los círculos intelectuales más influyentes del país. Gracias a las conexiones de su padre, pudo contar con la protección de gente culta y poderosa como el duque de Frías, el Comisario de la Cruzada don Manuel Fernández de Valera y el político don Manuel María de Cambonero, cuya nuera, Dolores Armijo, sería el gran amor de su vida.

Al año siguiente, a los 19 años, fundó dos periódicos: *El Duende Satírico del Día* y *El Pobrecito Hablador.* Aunque duraron poco, Larra comenzaba a establecerse como escritor. Al aceptar el puesto de crítico literario de *La Revista Española,* adoptó el nombre de Fígaro. Más tarde trabajó para *El Español, El Mundo* y *El Observador.* En 1829 se casó con Josefina Wetoret y Martínez. El matrimonio fue desastroso. Se rumoreaba la infidelidad de su mujer, y Larra mismo emprendió una relación adúltera con Dolores Armijo. La situación afectó profundamente la actitud del escritor hacia el matrimonio y hacia la vida en general, lo cual se refleja en artículos como «El casarse pronto y mal». Aunque siempre había evitado la participación política, en 1836 se presentó como candidato a diputado a fin de poder hacer campaña en Ávila, donde vivía Dolores. Fue elegido, pero no llegó a ocupar su puesto debido a los trastornos políticos del momento: la revolución de La Granja le privó de la oportunidad de servir en las Cortes. Amargado por la decadencia de su patria y el estado de su vida personal, se hundió en el pesimismo y en la melancolía. Al año

siguiente, Dolores Armijo decidió abandonarle y reunirse con su marido en las Filipinas, insistiendo en que le devolviera las cartas que le había escrito. Poco después de entregárselas, Larra se suicidó. Tenía 28 años.

Aunque Larra escribió poesía, un drama histórico, *Macías,* y una novela, *El doncel de don Enrique el Doliente,* e hizo varias traducciones al francés, son sus artículos lo que ha asegurado su lugar en la historia de las letras españolas. En ellos Larra satiriza diversos aspectos de la vida madrileña. A diferencia de la mayoría de los costumbristas, cuyo objetivo es conservar las usanzas y tradiciones pintorescas para la posteridad, Larra tiene propósitos sociales, morales y políticos. Manteniendo siempre una actitud crítica, se burla de la burguesía, del esnobismo del afrancesado, del patriotismo fanático y mal entendido que mantiene al país en un estado de atraso. También son blanco de sus burlas la indolencia, la burocracia aplastante, la mala educación y la falta de honestidad, así como los actores incompetentes, los literatos petulantes y numerosas otros arquetipos españoles. Se retrata a sí mismo como un observador que, a pesar de su enajenación, sufre profundamente por la decadencia de su país y además, reconoce algunas de las características que critica en su propia personalidad. En su crítica teatral, se burla de la superficialidad y el estilo pretencioso de ciertos actores y dramaturgos españoles y también extranjeros.

Para Larra, la literatura es un instrumento del progreso. Liberal apasionado, se asfixia bajo el régimen de Fernando VII. Por medio de sus artículos, defendía los ideales de la reforma y de la Revolución Francesa —la tolerancia, la igualdad ante la ley, la justicia, la libertad política, la independencia intelectual. La sátira es su arma principal. A menudo emplea el doble sentidos y la ironía. A menudo incorpora técnicas novelísticas como el diálogo.

Los primeros artículos de Larra son jocosos, pero más tarde el pesimismo y la melancolía van reemplazando el tono festivo. En «El día de difuntos de 1836», publicado el 2 de noviembre de 1836, poco después de la revolución de La Granja, Larra revela su profunda melancolía.

El Día de Difuntos se convierte en una compleja metáfora por medio de la cual el escritor expresa su tristeza por la muerte de la libertad en España. Terriblemente sombrío, este artículo revela el estado de ánimo de Larra durante los últimos meses de su vida y refleja cómo el autor transforma su experiencia personal en una conmovedora obra de arte. Describe un paseo por Madrid en el que visita varios lugares significativos —el Palacio Real, la Bolsa, los Teatros; cada uno de estos lugares le recuerda el deterioro de algún aspecto de la cultura o de la política española. La Armería le trae a la mente la muerte del valor castellano; la cárcel, la muerte de la libertad de pensamiento; la imprenta Nacional, la muerte de la verdad. Larra entrelaza su desesperación personal con el dolor que siente por la corrupción de las instituciones españolas.

Aunque Larra hace sentir su angustia en sus artículos, fue ante todo un humorista de gran talento, y muchos de sus escritos son muy divertidos. A pesar de mantener siempre una distancia, observando su sociedad con un ojo frío y analítico, sabe mostrar el lado cómico de las cosas. Mientras que hoy en día las obras de otros costumbristas pueden parecernos exageradas o arcaicas, las de Larra siguen conservando su vitalidad y su frescura.

Don Timoteo el Literato

Genus irritabile vatum,[1] ha dicho un poeta latino. Esta expresión bastaría a probarnos que el amor propio ha sido en todos los tiempos el primer amor de los literatos si hubiéramos menester más pruebas de esta incontestable verdad que la simple vista de los más de esos hombres que viven entre nosotros de literatura. No queremos decir por eso que sea el amor propio defecto exclusivo de los que por su talento se distinguen; generalmente se puede asegurar que no hay nada más temible en la sociedad que el trato de las personas que se sienten con alguna superioridad sobre sus semejantes. ¿Hay cosa más insoportable que la conversación y los dengues[2] de la hermosa que lo es a sabiendas? Mírela usted a la cara tres veces seguidas; diríjale usted la palabra con aquella educación, deferencia o placer que difícilmente pueden dejar de tenerse hablando con una hermosa; ya le cree a usted su don *Amadeo*,[3] ya le mira a usted como quien le perdona la vida. Ella sí, es amable, es un modelo de dulzura; pero su amabilidad es la afectada mansedumbre del león, que hace sentir de vez en cuando el peso de sus garras; es pura compasión que nos dispensa.

Pasemos de la aristocracia de la belleza a la de la cuna. ¡Qué amable es el señor marqués, qué despreocupado, qué llano! Vedle con el sombrero en la mano, sobre todo para sus inferiores. Aquella llaneza, aquella deferencia, si ahondamos en su corazón es una honra que cree dispensar, una limosna que cree hacer al plebeyo. Trate éste diariamente con él, y al fin de la jornada nos dará noticias de su amabilidad; ocasiones habrá en que algún manoplazo[4] feudal le haga recordar con quién se las ha.

No hablemos de la aristocracia del dinero, porque si alguna hay falta de fundamento, es ésta: la que se funda en la riqueza que todos pueden tener en el oro, de que solemos ver henchidos los bolsillos de éste o de aquél alternativamente, y no siempre de los hombres de más mérito; en el dinero, que se adquiere muchas veces por medios ilícitos, y que la fortuna reparte a ciegas sobre sus favoritos de capricho.

Si algún orgullo hay, pues, disculpable, es el que se funda en la aristocracia del talento, y más disculpable, ciertamente, donde es a toda luz más fácil nacer hermosa, de noble cuna, o adquirir riqueza, que lucir el talento que nace entre abrojos cuando nace, que sólo acarrea sinsabores y que se encuentra aisladamente encerrado en la cabeza de su dueño como en callejón sin salida. El estado de la literatura entre nosotros y el heroísmo que en cierto modo se necesita para dedicarse a las improductivas letras es la causa que hace a muchos de nuestros literatos más insoportables que los de cualquier otro país; añádase a esto el poco saber de la generalidad, y de aquí se podrá inferir que entre nosotros el literato es una especie de oráculo que, poseedor único de su secreto y solo iniciado en sus misterios recónditos, emite su opinión obscura con voz retumbante y hueca, subido en el trípode que la general ignorancia le fabrica. Charlatán por naturaleza, se rodea del aparato ostentoso de las apariencias, y es un cuerpo más impenetrable que la célebre cuña de la milicia romana. Las bellas letras, en una palabra, el saber escri-

---

[1] La raza irritable de los poetas.
[2] Delicadezas afectadas.

[3] Su amante.
[4] Golpe dado con la manopla, una pieza de armadura que servía para guardar la mano.

bir, es un oficio particular que sólo profesan algunos cuando debiera constituir una pequeñísima parte de la educación general de todos.

Pero si atendidas estas breves consideraciones es el orgullo del talento disculpable, porque es el único modo que tiene el literato de cobrarse el premio de su afán, no por eso autoriza a nadie a ser en sociedad ridículo, y éste es el extremo por donde peca don Timoteo.

No hace muchos días que yo, que no me precio de gran literato; yo, que de buena gana prescindiría de esta especie de apodo si no fuese preciso que en sociedad tenga cada cual el suyo, y si pudiese tener otro mejor, me vi en la precisión de consultar a algunos literatos con el objeto de reunir sus diversos votos y saber qué podrían valer unos opúsculos[5] que me habían traído para que diese yo sobre ellos mi opinión. Esto era harto difícil en verdad, porque si he de decir lo que siento, no tengo fijada mi opinión todavía acerca de ninguna cosa y me siento medianamente inclinado a no fijarla jamás; tengo mis razones para creer que éste es el único camino del acierto en materias opinables; en mi entender, todas las opiniones son peores; permítaseme esta manera de hablar antigramatical y antilógica.

Fuime, pues, con mis manuscritos debajo del brazo (circunstancia que no le importará gran cosa al lector) deseoso de ver a un literato, y me pareció deber salir para esto de la atmósfera inferior, donde pululan los poetas noveles y lampiños, y dirigirme a uno de esos literatos abrumados de años y de laureles.

Acerté a dar con uno de los que tienen más sentada su reputación. Por supuesto que tuve que hacer una antesala[6] digna de un pretendiente, porque una de las cosas que mejor se saben hacer aquí es esto de antesalas. Por fin tuve el placer de ser introducido en el obscuro santuario.

Cualquiera me hubiera hecho sentar; pero don Timoteo me recibió en pie, atendida sin dudar la diferencia que hay entre el literato y el hombre. Figúrense ustedes un ser enteramente parecido a una persona; algo más encorvado hacia el suelo que el género humano, merced, sin duda, al hábito de vivir inclinado sobre el bufete; mitad sillón, mitad hombre; entrecejo, arrugado; la voz más hueca y campanuda que la de las personas; las manos *mitj* y *mitj*,[7] como dicen los chuferos[8] valencianos, de tinta y tabaco; gran autoridad en el decir; mesurado compás de frases; vista insultante-

mente curiosa y que oculta a su interlocutor por una rendija que le dejan libres los párpados fruncidos y casi cerrados, que es manera de mirar sumamente importante y como de quien tiene graves cuidados; los anteojos encaramados a la frente, calva hija de la fuerza del talento, y gran balumba[9] de papeles revueltos y libros confundidos que bastaran a dar una muestra de lo coordinadas que podía tener en la cabeza sus ideas; una caja de rapé[10] y una petaca: los demás vicios no se veían. Se me olvidaba decir que la ropa era adrede mal hecha, afectando desprecio de las cosas terrenas, y todo el conjunto no de los más limpios, porque éste era de los literatos rezagados del siglo pasado, que tanto más profundos se imaginaban cuanto menos aseados vestían. Llegué, le vi, dije: Éste es un sabio.

Saludé a don Timoteo y saqué mis manuscritos.

—Hola! — me dijo ahuecando mucho la voz para pronunciar.

—Son de un amigo mío.

—¿Sí? — me respondió. ¡Bueno! ¡Muy bien!

Y me echó una mirada de arriba abajo por ver si descubría en mi rostro que fuesen míos.

—¡Gracias! — repuse, y empezó a hojearlos.

—«Memoria sobre las aplicaciones del vapor». ¡Ah!, esto es acerca del vapor, ¿eh? Aquí encuentro ya... Vea usted...: aquí falta una coma; en esto soy muy delicado. No hallará usted en Cervantes usada la voz *memoria* en este sentido; el estilo es duro, y la frase es poco robusta... ¿Qué quiere decir presión y ...?

—Sí, pero acerca del vapor..., porque el asunto es saber si...

—Yo le diré a usted; en una oda que yo hice allá cuando muchacho, cuando uno andaba en esas cosas de literatura..., dije... cosas buenas...

—Pero, ¿qué tiene que ver?...

—¡Oh!, ciertamente, ¡oh! Bien, me parece bien. Ya se ve; estas ciencias exactas son las que han destruido los placeres de la imaginación; ya no hay poesía.

—¿Y qué falta hace la poesía cuando se trata de mover un barco, señor Timoteo?

—¡Oh!, cierto... Pero la poesía..., amigo..., ¡oh!, aquellos tiempos se acabaron. Esta..., ya se ve..., estará bien, pero debe usted llevarlo a un físico, a uno de esos...

—Señor don Timoteo, un literato de la fama de usted tendrá siquiera ideas generales de todo, demasiado sabrá usted...

---

[5] Folletos; obras científicas o literarias muy pequeñas.
[6] **Hacer...** esperar en la antesala.
[7] Mitad y mitad.
[8] Chistosos, burlones.

---

[9] Bulto, montón formado de diferentes cosas.
[10] Tabaco en polvo.

—Sin embargo…, ahora estoy escribiendo un tratado completo, con notas y comentarios, míos también, acerca de quién fue el primero que usó el asonante castellano.

—¡Hola! Debe usted darse prisa a averiguarlo; esto urge mucho a la felicidad de España y a las luces…[11] Si usted llega a morirse nos quedamos a buenas noches en punto a asonantes… y…

—Sí, y tengo aquí una porción de cosillas que me traen a leer; no puedo dar salida a los que… ¡Me abruman a consultas!… ¡Oh! ¿Usted habrá leído mis poesías? Allí hay algunas cosillas…

—Sí, pero un sabio de la reputación de don Timoteo habrá publicado además obras de fondo y…

—¡Oh!, no se puede…, no saben apreciar…, ya sabe usted… a salir del día… Sólo la maldita afición que uno tiene a estas cosas…

—Quisiera leer, con todo, lo que usted ha publicado: el género humano debe estar agradecido a la ciencia de don Timoteo… Dícteme usted los títulos de sus obras. Quiero llevarme una apuntación.

—¡Oh! ¡Oh!

«¿Qué especie de animal es éste, iba yo diciendo ya para mí, que no hace más que lanzar monosílabos y hablar despacio, alargando los vocablos y pronunciando más abiertas las *aes* y las *oes*?»

Cogí, sin embargo, una pluma y un gran pliego de papel, presumiendo que se llenaría con los títulos de las luminosas obras que había publicado durante su vida el célebre literato don Timoteo.

—Yo hice—empezó—una oda a la *continencia*.

—*Continencia*—dije yo repitiendo. Adelante.

—En los periódicos de entonces puse algunas anacreónticas[12]; pero no puse mi nombre.

—*Anacreónticas;* siga usted; vamos a lo gordo.

—Cuando los franceses,[13] escribí un folletito que no llegó a publicarse… ¡Como ellos mandaban!…

—*Folletito* que no llegó a publicarse.

—He hecho una oda al Huracán, y una silva a Filis.

—*Huracán, Filis.*

—Y una comedia que medio traduje de cualquier modo; pero como en aquel tiempo nadie sabía francés,

pasó por mía; me dio mucha fama. Una novelita traduje también.

—¿Qué más?

—Ahí tengo un prólogo empezado para una obra que pienso escribir, en el cual trato de decir modestamente que no aspiro al título de sabio; que las largas convulsiones políticas que han conmovido a la Europa y a mí a un mismo tiempo, las intrigas de mis émulos, enemigos y envidiosos, y la larga carrera de infortunios y sinsabores en que me he visto envuelto y arrastrado juntamente con mi patria, ha impedido que dedicara mis ocios al cultivo de las musas; que habiéndose luego el Gobierno acordado y servídose de mi poca aptitud en circunstancias críticas, tuve que dar de mano a[14] los estudios amenos, que reclaman soledad y quietud de espíritu, como dice Cicerón[15]; y en fin, que en la retirada de Vitoria[16] perdí mis papeles y manuscritos más importantes; y sigo por ese estilo…

—Cierto… Ese prólogo debe darle a usted extraordinaria importancia.

—Por lo demás, no he publicado otras cosas…

—Conque una oda y otra oda—dije yo recapitulando—, y una silva,[17] anacreónticas, una traducción original, un folletito que no llegó a publicarse y un prólogo que se publicará…

—Eso es. Precisamente.

Al oír esto no estuvo en mí tener más la risa; despedíme cuanto antes pude del sabio don Timoteo y fuime a soltar la carcajada al medio del arroyo[18] a todo mi placer.

—¡Por vida de Apolo![19]—salí diciendo—. ¿Y es éste don Timoteo? ¿Y cree que la sabiduría está reducida a hacer anacreónticas? ¿Y porque ha hecho una oda le llaman sabio? ¡Oh reputaciones fáciles! ¡Oh pueblo bondadoso!

¿Para qué he de entretener a mis lectores con la poca diversidad que ofrece la enumeración de las demás consultas que en aquella mañana pasé? Apenas encontré uno de esos célebres literatos que así pudiera dar su voto en poesía como en legislación, en historia como en medicina, en ciencias exactas como en… Los literatos aquí no hacen más que versos, y algunas ex-

---

[11] La iluminación del pueblo.

[12] Odas ligeras y graciosas, en el estilo del poeta lírico griego, Anacreonte (560-478 antes de Cristo).

[13] Cuando los franceses ocuparon España. (Cuando el ejército francés cruzó los Pirineos y se apoderó de las principales bases estratégicas españolas, el pueblo madrileño se sublevó el 2 de mayo de 1808, iniciando la Guerra de la Independencia.)

[14] **Dar…** cesar.

[15] Político, pensador y orador romano (106-43 antes de Cristo).

[16] Se refiere a la derrota de Napoleón.

[17] Combinación métrica en que se alternan los versos endecasílabos (de 11 sílabas) con los heptasílabos (de 7 sílabas).

[18] Aquí, calle.

[19] **Por…** por Dios.

cepciones hay y si existen entre ellos algunos de mérito verdadero que de él hayan dado pruebas positivas, ni el autor de *Vidas de los españoles célebres*, ni el del *Edipo*, ni algunos tres o cuatro más nombrar pudiera, son excepciones suficientes para variar la regla general.

¿Hasta cuándo, pues, esa necia adoración a las reputaciones usurpadas? Nuestro país ha caminado más de prisa que esos literatos rezagados; recordamos sus nombres, que hicieron ruido cuando, más ignorantes éramos los primeros a aplaudirlos y seguimos repitiendo siempre como papagayos *Don Timoteo es un sabio. ¿Hasta cuándo?* Presenten sus títulos a la gloria y los respetaremos y pondremos sus obras sobre nuestra cabeza. ¡Y al paso que nadie se atreve a tocar a esos sagrados nombres, que sólo por antiguos tienen mérito, son juzgados los jóvenes que empiezan con toda la severidad que aquéllos merecían! El más leve descuido corre de boca en boca; una reminiscencia es llamada robo; una imitación, plagio, y un plagio verdadero, intolerable desvergüenza. Esto en tierra donde hace siglos que otra cosa no han hecho sino traducir nuestros más originales hombres de letras.

Pero volvamos a nuestro don Timoteo. Háblasele de algún joven que haya dado alguna obra.

—No la he leído... ¡Como no leo esas cosas! — exclama.

Hable usted de teatros a don Timoteo.

—No voy al teatro; eso está perdido.

Porque quieren persuadirnos de que estaba mejor en su tiempo; nunca verá usted la cara del literato en el teatro. Nada conoce; nada lee nuevo, pero de todo juzga, de todo hace ascos.

Veamos a don Timoteo en el Prado, rodeado de una pequeña corte, que a nadie conoce cuando va con él; vean ustedes cómo le oyen con la boca abierta; parece que le han sacado entre todos a paseo para que no se acabe entre sus investigaciones acerca de la rima, que a nadie le importa. ¿Habló don Timoteo? ¡Qué algazara[20] y qué aplausos! ¿Se sonrió don Timoteo? ¿Quién fue el dichoso que le hizo desplegar los labios? ¿Lo dijo don Timoteo, el sabio autor de una oda olvidada o de un ignorado romance? Tuvo razón don Timoteo.

Haga usted una visita a don Timoteo; en buena hora[21]; pero no espere usted que se la pague. Don Timoteo no visita a nadie. ¡Está tan ocupado! El estado de su salud no le permite usar de cumplimientos; en una palabra, no es para don Timoteo la buena crianza.

Véamosle en sociedad. ¡Qué aire de suficiencia, de autoridad, de supremacía! Nada le divierte a don Timoteo. ¡Todo es malo! Por supuesto que no baila don Timoteo, ni habla don Timoteo, ni hace nada don Timoteo de lo que hacen las personas. Es un eslabón roto en la cadena de la sociedad.

¡Oh sabio don Timoteo! ¿Quién me diera a mí hacer una mala oda para echarme a dormir sobre el colchón de mis laureles; para hablar de mis afanes literarios, de mis persecuciones y de las intrigas y revueltas de los tiempos; para hacer ascos de la literatura; para recibir a las gentes sentado; para no devolver visitas; para vestir mal; para no tener que leer; para decir del alumno de las musas que más haga: «es un mancebo de dotes muy recomendables, es mozo que promete»; para mirarle a la cara con aire de protección y darle alguna suave palmadita en la mejilla, como para comunicarle por medio del contacto mi saber; para pensar que el que hace versos, o sabe dónde han de ponerse las comas, y cuál palabra se halla en Cervantes, y cuál no, ha llegado al *summum*[22] del saber humano; para llorar sobre los adelantos de las ciencias útiles; para tener orgullo y amor propio; para hablar pedantesco y ahuecado; para vivir en contradicción con los usos sociales; para ser, en fin, ridículo en sociedad, sin parecérselo a nadie?

Día de difuntos[23] de 1836

«FIGARO» EN EL CEMENTERIO

Beati qui moriuntur in Domino.[24]

En atención a que[25] no tengo gran memoria, circunstancia que no deja de contribuir a esta especie de felicidad que dentro de mí mismo me he formado, no tengo muy presente en qué artículo escribí (en los tiempos en que yo escribía) que vivía en un perpetuo asombro de cuantas cosas a mi vista se presentaban. Pudiera suceder también que no hubiera escrito tal cosa en ninguna parte, cuestión en verdad que dejaremos a un lado por harto poco importante en época en que nadie parece acordarse de lo que ha dicho ni de lo que otros han hecho. Pero suponiendo que así fuese, hoy,

---

[20] Ruido, vocerío.
[21] **En**... Buena suerte.

[22] Máximo.
[23] Observado por los católicos el 2 de noviembre con misas y oraciones para los muertos. El artículo de Larra se basa en la costumbre de ir al cementerio para visitar las tumbas de familiares difuntos.
[24] Benditos son los que mueren en el Señor. (Oración para los muertos que se reza el Día de Difuntos).
[25] **En**... Debido al hecho que.

día de difuntos de 1836, declaro que si tal dije es como si nada hubiera dicho, porque en la actualidad maldito si me asombro de cosa alguna.[26] He visto tanto, tanto, tanto..., como dice alguien en *El califa*.[27] Lo que sí me sucede es no comprender claramente todo lo que veo, y así es que al amanecer un día de difuntos no me asombra precisamente que haya tantas gentes que vivan: sucédeme, sí, que no lo comprendo.

En esta duda estaba deliciosamente entretenido el Día de los Santos,[28] y fundado en el antiguo refrán, que dice: *Fíate en la Virgen* y *no corras*[29] (refrán cuyo origen no se concibe en un país tan eminentemente cristiano como el nuestro), encomendábame a todos ellos con tanta esperanza,[30] que no tardó en cubrir mi frente una nube de melancolía; pero de aquellas melancolías de que sólo un liberal español, en estas circunstancias, puede formar una idea aproximada. Quiero dar una idea de esta melancolía; un hombre que cree en la amistad, y llega a verla por dentro; un inexperto, que se ha enamorado de una mujer; un heredero, cuyo tío indiano[31] muere de repente sin testar;[32] un tenedor de bonos de Cortes,[33] una viuda que tiene asignada pensión[34] sobre el Tesoro español, un diputado elegido en las penúltimas elecciones,[35] un militar que ha perdido una pierna por el Estatuto[36] y se ha quedado sin pierna y sin Estatuto, un grande que fue liberal por ser prócer[37] y que se ha quedado sólo liberal, un general constitucional que persigue a Gómez,[38] imagen fiel del hombre corriendo siempre tras la felicidad, sin encontrarla en ninguna parte; un redactor de *El Mundo,*[39] en la cárcel, en virtud de la libertad de imprenta[40]; un ministro de España y un rey, en fin, constitucional, son todos seres alegres y bulliciosos, comparada su melancolía con aquélla que a mí me acosaba, me oprimía y me abrumaba en el momento de que voy hablando.

Volvíame y me revolvía en un sillón de éstos que parecen camas, sepulcro de todas mis meditaciones, y ora me daba palmadas en la frente, como si fuese mi mal mal de casado[41]; ora sepultaba las manos en mis faltriqueras, a guisa de buscar mi dinero, como si mis faltriqueras fueran el pueblo español y mis dedos otros tantos gobiernos[42]; ora alzaba la vista al cielo como si, en calidad de liberal, no me quedase más esperanza que en él; ora la bajaba avergonzado, como quien ve un faccioso[43] más, cuando un sonido lúgubre y monótono, semejante al ruido de los partes,[44] vino a sacudir mi entorpecida existencia.

¡Día de difuntos!, exclamé, y el bronce[45] herido que anunciaba con lamentable clamor la ausencia eterna de los que han sido, parecía vibrar más lúgubre que ningún año, como si presagiase su propia muerte. Ellas también, las campanas, han alcanzado su última hora,[46] y sus tristes acentos son el estertor del moribundo; ellas también van a morir a manos de la libertad, que todo lo vivifica, y ellas serán las únicas en España, ¡santo Dios!, que morirán colgadas. ¡Y hay justicia divina!

La melancolía llegó entonces a su término; por una reacción natural, cuando se ha agotado una situación, ocurrióme de pronto que la melancolía es la cosa más alegre del mundo para los que la ven, y la idea de servir yo entero de diversión... ¡Fuera, exclamé, fuera!, como si estuviera viendo representar a un actor español; ¡fuera! como si oyese hablar a un orador en las Cortes; y

---

[26] **Maldito...** Ya absolutamente nada me asombra.
[27] *El Califa de Bagdad*, ópera de Rossini que Larra reseñó en 1833.
[28] Fiesta celebrada el 1° de noviembre en honor a todos los santos de la Iglesia.
[29] Proverbio que se dice para burlarse de los que no hacen un esfuerzo por remediar sus propios problemas.
[30] Es decir, con tan poca esperanza.
[31] Español que va a Latinoamérica (generalmente, a Cuba) para hacer su fortuna. Estos españoles a menudo regresaban a España muy ricos.
[32] Dejar testamento.
[33] Parlamento español. (En 1836 no había dinero en los cofres del gobierno y los bonos de Cortes no valían nada).
[34] Como el gobierno no tenía dinero, no podía pagar pensiones.
[35] Las Cortes no se reunieron a causa de la revolución de La Granja. Larra, que había sido elegido diputado, no pudo ocupar su puesto. La Granja era la residencia real donde, en agosto de 1836, los guardias se rebelaron y forzaron a la Regenta, María Cristina, a restaurar la Constitución de 1812.
[36] El Estatuto Real de 1834 había autorizado el parlamento de dos cámaras, pero en 1836 ya había sido abolido.
[37] Muchos grandes (nobles) se hicieron liberales para poder ocupar puestos en la cámara alta, pero después de la abolición del Estatuto Real, terminaron siendo liberales pero no diputados.
[38] Miguel Gómez, general carlista que en 1836 eludió a los militares que le perseguían.
[39] Periódico liberal.
[40] Irónico. Larra implica que los periodistas ejercen su profesión sólo para terminar en la cárcel.
[41] Es decir, como si fuera un cornudo. (Se da palmadas en la frente en el lugar donde estarían sus cuernos. Los cuernos son símbolo del esposo de una mujer adúltera).
[42] Los gobiernos constantemente tienen las «manos» en los bolsillos de los ciudadanos».
[43] Aquí, pretendiente carlista.
[44] Partes de guerra, comunicados sobre la guerra.
[45] Se refiere al tañido de las campanas.
[46] Referencia a la quema de conventos. A menudo se robaban las campanas para hacer municiones.

arrojéme a la calle; pero, en realidad, con la misma calma y despacio como si tratase de cortar la retirada a Gómez.[47]

Dirigíanse las gentes por las calles en gran número y larga procesión serpenteando de unas en otras, como largas culebras de infinitos colores; ¡al cementerio, al cementerio! ¡Y para eso salían de las puertas de Madrid!

Vamos claros, dije yo para mí; ¿dónde está el cementerio? ¿Fuera o dentro? Un vértigo espantoso se apoderó de mí, y comencé a ver claro. El cementerio está dentro de Madrid. Madrid es el cementerio, donde cada casa es el nicho de una familia, cada calle el sepulcro de un acontecimiento, cada corazón la urna cineraria de una esperanza o de un deseo.

Entonces, y en tanto que los que creen vivir acudían a la mansión que presumen de los muertos, yo comencé a pasear con toda la devoción y recogimiento de que soy capaz las calles del grande osario.

«Necios, decía a los transeúntes, ¿os movéis para ver muertos? ¿No tenéis espejos, por ventura? ¿Ha acabado también Gómez con el azogue[48] de Madrid? ¡Miraos insensatos, a vosotros mismos, y en vuestra frente veréis vuestro propio epitafio! ¿Vais a ver a vuestros padres y a vuestros abuelos cuando vosotros sois los muertos? Ellos viven, porque ellos tienen paz; ellos tienen libertad, la única posible sobre la tierra, la que da la muerte; ellos no pagan contribuciones,[49] que no tienen; ellos no serán alistados ni movilizados; ellos no son presos ni denunciados; ellos, en fin, no gimen bajo la jurisdicción del celador del cuartel; ellos son los únicos que gozan de la libertad de imprenta, porque ellos hablan al mundo. Hablan en voz bien alta, y que ningún jurado se atrevería a encausar y a condenar. Ellos, en fin, no reconocen más que una ley, la imperiosa ley de la naturaleza que allí los puso, y ésa la obedecen».

¿Qué monumento es éste?, exclamé al comenzar mi paseo por el vasto cementerio.

¿Es el mismo un esqueleto inmenso de los siglos pasados o la tumba de otros esqueletos? ¡Palacio![50] Por un lado mira a Madrid, es decir, a las demás tumbas; por otro, mira a Extremadura, esa provincia virgen..., como se ha llamado hasta ahora.[51] Al llegar aquí me

acordé del verso de Quevedo.[52]

Y ni los v...[53]ni los diablos veo.

En el frontispicio[54] decía: *Aquí yace el trono; nació en el reinado de Isabel la Católica, murió en La Granja, de un aire colado.*[55] En el basamento se veían cetro y corona y demás ornamentos de la dignidad real. *La Legitimidad,*[56] figura colosal, de mármol negro, lloraba encima. Los muchachos se habían divertido en tirarle piedras, y la figura maltratada llevaba sobre sí las muestras de la ingratitud.

¿Y este mausoleo, a la izquierda? *La Armería.* Leamos: *Aquí yace el valor castellano, con todos sus pertrechos. R.1.P.*[57] *Los ministerios. Aquí yace media España. Murió de la otra media.*[58]

Doña María de Aragón.[59] *Aquí yacen los tres años.*[60]

Y podía haberse añadido: aquí callan los tres años. Pero el cuerpo no estaba en el sarcófago; una nota, al pie, decía: *El cuerpo del santo se trasladó a Cádiz en el año 23, y allí, por descuido, cayó al mar.*[61]

Y otra añadía, más moderna, sin duda: *Y resucitó al*

---

[47] Es decir, sabiendo que era inútil. El general Gómez eludió repetidamente a los ejércitos de la Reina, así que tratar de «cortarle la retirada» era inútil.

[48] Mercurio (que se usa para hacer espejos).

[49] Impuestos.

[50] El Palacio Real.

[51] Virgen en el sentido de que no había sido atacada hasta

la invasión del general Gómez.

[52] Francisco de Quevedo (1580-1645), uno de los escritores más célebres del Siglo de Oro, conocido por su poesía (amorosa, moral, filosófica, satírica), sus tratados, su prosa satírica y una novela picaresca, *El buscón.* Larra cita incorrectamente un verso de los *Riesgos del matrimonio en los ruines casados.*

[53] Vírgenes. Larra quiere decir que ya no hay nada en España, no hay ni posibilidades ni esperanzas.

[54] Se trata del epitafio que Larra dice que lee en el edificio.

[55] Es decir, cogió aire, se resfrió. Se refiere a la fragilidad de la monarquía, que se derrumba con un aire.

[56] La sucesión al trono basada en la legitimidad, es decir, en la herencia. (Fernando VII había promulgado la Pragmática Sanción que restablecía el derecho de las mujeres a la sucesión, tratando de asegurar así la sucesión de su hija, Isabel II.).

[57] *Requiescat in Pace:* Descanse en paz.

[58] Alusión a la guerra civil que había dividido al país.

[59] Antiguo convento fundado en 1590 por la reina de Castilla. Más tarde el edificio se usó para las reuniones de las Cortes.

[60] Los tres años de 1820 a 1823 del gobierno constitucional.

[61] Fernando VII abolió la constitución en 1820, provocando una sublevación liberal. Los liberales pusieron de nuevo en vigor la constitución de 1812, pero el período constitucional terminó con la intervención de los franceses en 1823. Se escaparon los rebeldes liberales a Cádiz , habiendo obligado al rey a ir con ellos. Los franceses encerraron la ciudad y el rey (a quien Larra se refiere con ironía como *el santo*) se unió a ellos por mar («cayó al mar»).

tercer día.[62]

Más allá, ¡santo Dios!: *Aquí yace la inquisición, hija de la fe y del fanatismo. Murió de vejez.* Con todo, anduve buscando alguna nota de resurrección; o todavía no la habían puesto, o no se debía de poner nunca.

Alguno de los que se entretienen en poner letreros en las paredes había escrito, sin embargo, con yeso, en una esquina, que no parecía sino que se estaba saliendo, aun antes de borrarse: *Gobernación.*[63] ¡Qué insolentes son los que ponen letreros en las paredes! Ni los sepulcros respetan.

¿Qué es esto? ¡*La cárcel! Aquí reposa la libertad del pensamiento.* ¡Dios mío, en España, en el país ya educado para instituciones libres! Con todo, me acordé de aquel célebre epitafio, y añadí involuntariamente:

Aquí el pensamiento reposa,
en su vida hizo otra cosa.

Dos redactores de *El Mundo* eran las figuras lacrimatorias de esta grande urna. Se veían en el relieve una cadena, una mordaza y una pluma. Esta pluma, dije para mí, ¿es la de los escritores, o la de los escribanos?[64] En la cárcel todo puede ser.

La calle de Postas, la calle de la Montera. Estos no son sepulcros. Son osarios, donde, mezclados y revueltos, duermen el comercio, la industria, la buena fe, el negocio.

Sombras venerables, ¡hasta el valle de Josafat![65]

Correos.[66] ¡*Aquí yace la subordinación militar!*

Una figura de yeso, sobre el vasto sepulcro, ponía el dedo en la boca[67]; en la otra mano, una especie de jeroglífico hablaba por ella: una disciplina rota.[68]

Puerta del Sol. La puerta del Sol[69]; ésta no es sepulcro sino de mentiras.

La Bolsa. Aquí yace el crédito español. Semejante a las pirámides de Egipto, me pregunté, ¿es posible que se haya erigido este edificio sólo para enterrar en él una cosa tan pequeña?[70]

La imprenta Nacional.[71] Al revés que la Puerta del Sol, éste es el sepulcro de la verdad. Única tumba de nuestro país donde, a uso de Francia, vienen los concurrentes a echar flores.[72]

La Victoria.[73] *Ésa yace para nosotros en toda España.* Allí no había epitafio, no había monumento. Un pequeño letrero que el más ciego podía leer decía sólo: *¡Este terreno lo ha comprado a perpetuidad, para su sepultura, la Junta de Enajenación de Conventos!*[74]

¡Mis carnes se estremecieron! Lo que va de ayer a hoy. ¿Irá otro tanto de hoy a mañana?

Los Teatros. Aquí reposan los ingenios españoles. Ni una flor, ni un recuerdo, ni una inscripción.

El Salón de Cortes. Fue casa del Espíritu Santo; pero ya el Espíritu Santo no baja al mundo en lenguas de fuego. [75]

Aquí yace el Estatuto;
vivió y murió en un minuto.

Sea por muchos años, añadí; que así será. Éste debió de ser raquítico, según lo poco que vivió.

El Estamento de Próceres.[76] Allá, en el Retiro.[77] Cosa singular ¡Y no hay[78] un Ministerio que dirija las co-

---

[62] Como Cristo, Fernando «resucitó» al tercer día. Es decir, tres días después de volver a asumir el poder absoluto, rompió todas sus promesas y comenzó a perseguir a los liberales despiadadamente.

[63] Ministerio del Interior.

[64] Funcionarios públicos autorizados para dar fe de las escrituras que pasan ante él. Los documentos de los escribanos podían causar el encarcelamiento de un individuo.

[65] **Hasta...** Hasta el Juicio Final (que tendrá lugar en el valle de Josafat).

[66] En 1834-1836 hubo un motín en la Casa de Correos, pero los rebeldes no fueron castigados.

[67] Señal de silencio.

[68] Juego de palabras. La disciplina (azote) no se usó; por lo tanto, se rompió la disciplina militar.

[69] En el centro de Madrid. Lugar de mucho comercio, tertulias, chismes, etc.

[70] Es decir, el crédito español es tan pequeño que no se necesita un edificio entero para contenerlo.

[71] Donde se censuraban los documentos.

[72] Juego de palabras: «Echar flores» significa elogiar; también se echan flores a las tumbas el Día de Difuntos. Como la gente tiene que «echar flores» en vez de decir la verdad, se ha suprimido completamente la libre expresión de ideas.

[73] Un antiguo monasterio expropiado en 1835. También se refiere a la victoria sobre los Carlistas que no llega.

[74] Comisión que se estableció para la confiscación de conventos y otros bienes eclesiásticos. Para Larra, esta victoria de los liberales era hueca.

[75] El Salón de Cortes había sido un antiguo convento (casa del Espíritu Santo), pero ahora el Espíritu Santo no baja a tierra en lenguas de fuego (como en los Actos de los Apóstoles 2:3-4, en los que Dios inspira a los Apóstoles a hablar con elocuencia). En otras palabras, ya no se oye la buena retórica en las Cortes.

[76] La Cámara Alta.

[77] Juego de palabras. Se refiere al Parque del Buen Retiro, en Madrid, donde se encontraba el Estamento de Próceres y también al retiro de los próceres, que son ineficaces e inútiles.

[78] **Y...** Y dicen que no hay.

sas del mundo, no hay una inteligencia provisora, inexplicable! Los próceres y su sepulcro en el Retiro.

El sabio, en su retiro, y el villano, en su rincón.[79]

Pero ya anochecía, y también era hora de retiro para mí. Tendí una última ojeada sobre el vasto cementerio. Olía a muerte próxima. Los perros ladraban, con aquel aullido prolongado, intérprete de su instinto agorero: el gran coloso, la inmensa capital, toda ella, se removía como un moribundo que tantea la ropa; entonces no vi más que un gran sepulcro; una inmensa lápida se disponía a cubrirlo como una ancha tumba.

No había *aquí yace* todavía; el escultor no quería mentir; pero los nombres del difunto saltaban a la vista, ya distintamente delineados.

¡Fuera, exclamé, la horrible pesadilla, fuera! ¡Libertad! ¡Constitución! ¡Tres veces![80] ¡Opinión nacional! ¡Emigración! ¡Vergüenza! ¡Discordia! Todas estas palabras parecían repetirme a un tiempo los últimos ecos del clamor general de las campanas del día de difuntos de 1836.

Una nube sombría lo envolvió todo. Era la noche. El frío de la noche helaba mis venas. Quise salir violentamente del horrible cementerio. Quise refugiarme en mi propio corazón, lleno no ha mucho de vida, de ilusiones, de deseos.

¡Santo cielo! También otro cementerio. Mi corazón no es más que otro sepulcro. ¿Qué dice? Leamos. ¿Quién ha muerto en el? ¡Espantoso letrero! ¡*Aquí yace la esperanza!*

¡Silencio, silencio!

ANTONIO FLORES (1818-1865)

Aunque rara vez figura en las antologías modernas, Antonio Flores fue en su tiempo un hombre de letras respetado. Periodista, traductor, crítico teatral, escritor de folletines, cronista y costumbrista, produjo escritos que nos ofrecen una vista panorámica muy amplia de sus coetáneos. Sus divertidos cuadros de costumbres retratan en particular a la capa baja de la sociedad madrileña.

Enrique Rubio Cremades, en su estudio del autor, señala obvias semejanzas entre Flores y otros dos retratistas de costumbres: Larra y Mesonero Romanos (33). Con el primero comparte el afán reformador. En sus escritos se destacan sus opiniones contra la pena de muerte y el sistema penitenciario, así como su desprecio del noble, a quien a menudo ridiculiza. Con el segundo tiene en común los tipos sociales y escenas que retrata. Sin embargo, lo que distingue a Flores es su afición a las clases populares. Retrata a manolos y majas, usando un lenguaje plagado de vulgarismos. Incorpora la jerga de los gitanos, de los ladrones y otra gente que vive al margen de la sociedad.

En cuanto a su temática, la educación, el matrimonio, el mayorazgo, la cesantía y el progreso científico ocupan un lugar importante en su obra. Ataca la normativa social de mediados de siglo en general, y en particular, instituciones como el sistema hereditario. Elogia las costumbres de generaciones previas para contrastarlas con las actuales. A diferencia de Larra, no alaba a los franceses; al contrario, «la xenofobia de Flores irá *in crescendo*...» (Cremades 35). Se burla de los afrancesados, especialmente de los aristócratas, que son, a su modo de ver, el germen de la obsesión por lo galo. Censura no sólo a los extranjeros, sino también a los que introducen en la lengua neologismos superfluos. La actitud que expresa hacia el lenguaje es la de un purista, aunque en realidad él mismo emplea numerosos galicismos.

Su colección *Ayer, hoy y mañana, o La fe, el vapor y la electricidad* (1853) contiene escenas que tienen lugar en 1800, en 1850 y en 1899 (el futuro en el momento en que Flores escribió su libro). Entre sus otras obras se debe mencionar el satírico *Doce españoles de brocha gorda* (1846) e *Historia del matrimonio* (1858). También escribió una novela, *Fe, esperanza y caridad* (1857), imitación de las obras del escritor francés, Eugène Sue (1804-1857), conocido por sus novelas de tema humanitario. Flores tradujo una novela de Sue, *Les mystères de Paris*. También escribió libros de viaje como, por ejemplo, su *Crónica del viaje de SS. MM. a las Islas Baleares, Aragón y Cataluña.*

Donde Flores se destaca más es en los cuadros de costumbres. El inicio de su publicación costumbrista data de 1834, cuando se saca a luz *Los españoles pintados por sí mismos*, una

---

[79] Alusión a una obra de Lope de Vega, *El villano en su rincón.* Es decir, cada uno debe ocupar su lugar.

[80] La constitución estuvo en vigor tres veces, en 1812, en 1820 y en 1836.

colección de artículos por diversos autores sobre arquetipos y usanzas nacionales, en la cual participa Flores. *Ayer, hoy y mañana* representa el momento culminante de su carrera como costumbrista. Se considera una obra fundamental no sólo para el estudio de Flores, sino también para el de la sociedad de mediados del siglo XIX.

Ayer, hoy y mañana o la fe, el vapor y la electricidad

El amor de la lumbre

Cuando me ocurre pensar en la falta de abrigo que tuvieron los hombres de *ayer*, me maravilla y me pasma el no haberlos encontrado dando diente con diente[1] y aún yertos de frío a todos, suspirando por una chimenea francesa,[2] pensando en las futuras estufas de carbón de piedra y soñando con los caloríferos de vapor. Imposible parece que se criaran tan robustos y tan sanos y que alcanzasen tan larga vida no habiendo conocido ni el traje *boaté*,[3] ni el edredón[4] de pluma, ni tantos otros abrigos como tenemos los que después de haber descubierto cien modos y maneras de viciar y de purificar la atmósfera, hemos inventado el *confort* para las personas, los capuchones[5] para los caballos y los perros chinos, y el gusano para las plantas.

El carbón de piedra vivía retirado del mundo en las entrañas de la tierra, sin haber descubierto la misión que tenía sobre ésta y dejándose enseñar como un ejemplar curioso de piedra negra en la celda de algún sabio jesuita o agustino. Tampoco el vapor andaba por callejones de hierro para abrigar las paredes de las habitaciones, ni el agua hirviendo se dejaba encerrar en tubos de lata para calentar los pies a las señoras, haciendo *confortables* los salones y los carruajes.

Vidrieras dobles en las ventanas de los conventos, cuyos huéspedes eran los únicos que conocían el *confort*, sin haberles ocurrido darle nombre y el resto de las gentes se abrigaban los pies con un felpudo de esparto o

una piel de carnero y el cuerpo con una manta de Palencia. Pero el fraile, como la monja y los seglares, tenían además de estos caloríferos de ropa un mueble de abrigo, del cual no podemos dispensarnos de hablar en esta primera parte de nuestra obra, siquiera este cuadro sea un discurso necrológico cuando llegue la hora de escribir la última.

Aludimos al brasero.

No al que encendían los del Santo Tribunal para tostar al prójimo, sino al utensilio o vaso que así decía el Diccionario de entonces, en que se echaba carbón o herraj,[6] y que de azófar, de hierro o de barro era una prenda indispensable en todas las casas. Una prenda de abrigo y al mismo tiempo de unión, de paz y de concordia en todas las familias.

El brasero, que produjo más tarde el calentador para las camas, la escalfeta para las mesas y aun el escalfador para los barberos, era el amigo de confianza en las tertulias, el tercero[7] en los amores, el lazo de unión en las disensiones domésticas, el gran ocultador de pláticas amorosas, el centro de todos los placeres caseros, y por decirlo de una vez, el punto de apoyo que habían hallado las gentes de ayer en el espacio inmenso de los disturbios y de las desavenencias domésticas entre los parientes naturales y los políticos. Siempre el fuego constituyó el hogar y el hogar fue la base de la familia, pero ésta no alcanzó todo su bienestar ni llegó al apogeo de su dicha hasta que se hubo inventado el brasero. Hasta que el fuego hubo salido de los fogones y de las hornillas para colocarse en una cazuela de barro o de metal sobre una tarima de madera circular, no se conoció el amor de la lumbre, que es el amor de los amores.

Recuerdos del brasero y preludios de su descubrimiento eran la hoguera que el pastor encendía en medio del valle para tostarse la cara con el vivo resplandor de la llama y asar en el rescoldo unas patatas y unas bellotas, y la chimenea de los lugares, donde el labrador congregaba su familia para oír algún trozo de doctrina cristiana al cura del pueblo o una relación misteriosa y un cuento de brujas a la vieja más decidora de la aldea, y aunque en ambos fuegos ardía el amor de la familia, el brasero ha sido el que ha dado su verdadera importancia a este amor, fuente de todos los amores.

No trato de hacer aquí un cuadro, ni de la cocina del hogar en el tiempo de invierno, ni de la fogata de los pas-

---

[1]**Dando...** temblando de frío.
[2]Parte de la chimenea que se ve desde la habitación.
[3]Acolchado, caliente.
[4]Almohadón relleno de plumón que se suele colocar en las camas.
[5]Manto con capucha.

---

[6]Carbón hecho con huesos de aceituna.
[7]Intermediario.

tores porque, aunque turbada la calma y el recogimiento de las primeras por el silbido de las locomotoras y amenguada la poesía de las segundas por el túnel que horada la montaña, todavía existen y aún puede verlas el lector cuando le acomode. El brasero, que si no ha desaparecido por completo está próximo a hacerlo, y de todos modos ya no existe desde el punto de vista que yo pienso examinarle, es asunto del presente cuadro.

Empezaban sus funciones caseras desde que las criadas, contra lo prevenido por la autoridad, le sacaban a encencer al balcón en las primeras horas de la mañana y no acababan hasta que esas mismas mujeres recogían la lumbre de manera que el brasero que había apagado durante el día el fuego de la discordia casera no produjera por la noche un incendio en la casa. Gastaba el brasero sus primeros ardores en caldear la habitación y en templar el agua para que se afeitase el señor y en secar los pañales del recién nacido con un verdadero amor de madre y en calentar la papilla y en otras faenas análogas; y cuando la señora de la casa había oído misa y dado una vuelta a sus quehaceres domésticos, hacía su primera visita al brasero, no para sentarse a su lado, ni para hurgarle, porque esto decían que era pasar la lumbre sin substancia, sino para *echar una firma.* Operación dificilísima y de gran importancia en aquellos tiempos en que había pocas personas que supieran firmar, y aun los que sabían hacerlo sobre el papel no podían ejecutarlo sobre un brasero. Por eso la que era verdadera señora de su casa y enemiga del despilfarro del fuego, le movía por sí propia y aún escondía la badila[8] y sólo a ciertas gentes les brindaba, más de cumplido que de buena voluntad, a que echasen una firma.

Pero por la mañana ella sola las echaba y añadía un puñado de espliego[9] y una cáscara de membrillo y a veces un poco de azúcar, cuyo humo a la vez que perfumaba la habitación calentaba el aire de ella. De manera que una sala en aquellos tiempos, a pesar de sus dimensiones resultaba abrigada y aun *confortable* sin más que la estera de pleita blanca, un ruedo de esparto en cada balcón y un brasero con espliego y su camilla para las noches.

Con semejantes elementos pasaban las familias muy bien los inviernos, y especialmente de noche, aunque los de cada casa estuviesen solos, se consideraban muy acompañados.

—Yo no sé lo que tiene el brasero —decían aquellas gentes—, que aunque esté apagado siempre hace compañía.

A las hijas de familia, sólo de noche, y eso para hacer labor sobre la camilla, les estaba permitido el acercarse al brasero porque constantemente les decían sus madres que era feo el ver una joven junto a la lumbre y que las chicas debían avergonzarse de tener frío. Los señores mayores eran los únicos que se acercaban al brasero durante el día y con especialidad después de comer, por más que en estos momentos el amor de la lumbre no fuese amor de madre, sino amor de madrastra. Por más precauciones que tomaban las amas de casa para que el carbón viniera bien pasado y no hubiese tufo, al amorcillo del fuego se dormían los hombres, y arrullando tranquilamente una apoplejía, contestaban cada vez que querían despertarlos «que el amor de la lumbre les daba la vida y que les dejasen estar allí un momento más».

—Quítate del fuego y vete a dar un paseo que está la tarde muy hermosa —decía la esposa a su cara mitad[10]—, mira que el brasero es muy malsano y que tú estás muy expuesto a una apoplejía.

—Ya voy, ya voy —respondía el marido con voz balbuciente, sin abrir los ojos y con esa sonrisa burlona del bienestar congestivo.

Y no se movía hasta que con un sueño y otro había engruesado la sangre, resecando el cerebro con el calor del brasero, sobre el cual se colocaba la camilla, y encendida la luz y rezado, en latín, por supuesto, el *Angelus Domini*[11] y el rosario y las devociones particulares de la casa, todos de rodillas rodeaban el brasero, y al amor de la lumbre se ponían las mujeres a hacer labor, los hombres a jugar a las damas y todos a sentir reanimarse con el calor del brasero sus respectivos amores y muy principalmente el amor de la familia; la cual antiguamente no se componía de sólo los padres y los hijos y los demás parientes, sino que formaban parte integrante de ella los criados; porque en aquellos tiempos de servidumbre y opresión no tenían los criados libertad para separarse de sus señores ni éstos para prescindir de ellos. Asociábanse para gozar los buenos sucesos y lloraban juntos los adversos; de manera que el joven que para ganar su sustento tenía que pasar por el dolor de abandonar el hogar

---

[8]Paleta de metal para remover la lumbre en las chimeneas y braseros.
[9]Planta cuyas semillas se emplean como sahumerio; alhucema.

[10]**Cara...** marido.
[11]Oración que se reza por la mañana, al mediodía y al anochecer en honor de la Encarnación.

paterno, reconocía otra patria potestad[12] y hallaba otra familia en la de sus amos, si procedía con honradez en el servicio.

La joven que venía a Madrid en busca de acomodo no traía recomendación para un memorialista, ni menos para la agencia de sirvientes, que no existía entonces, sino que acompañada de su madre o de alguna otra persona de su familia iba derecha a una casa determinada, donde se entablaba el siguiente diálogo entre el ama de la casa y la madre de la lugareña.

—¿Conque ésta es la moza? —decía la señora.

—Sí, señora; nosotras semos[13] para servir a Dios y a su mercé,[14] yo la madre y ésta la hija, la que su mercé encomendó al tío Pucheritos.

—¿Al tío Pucheritos?

—Así le icimos[15] por mal nombre al carbonero del lugar que trae el avío[16] todos los años a esta casa.

—¿Y traes buenos ánimos, muchacha? —le preguntaba la señora. ¿Qué sabes hacer?

La joven callaba y no alzaba los ojos del suelo hasta que su madre decía:

—Mire su mercé, señora; ella... yo voy a ser franca, grandes habilidades no sabe; ¡para qué se ha de decir una cosa por otra!; pero atenta a su obligación, y a barrer y a fregar y... vamos, al avío de una casa, pocas habrá más listas, aunque me esté mal decirlo.

—Es decir —replicaba la señora—, que no sabe hacer nada; porque del gobierno de una casa de pueblo a una de Madrid hay una distancia muy grande; pero eso a mí no me importa y casi prefiero que no sepa nada porque así podré enseñarla[17] y hacerla a mis mañas, si ella es dócil y quiere aprender.

—Pues qué tiene que hacer sino deprender[18] todo lo que su mercé la enseñe, que a eso ha venido, y su mercé haga de ella lo que quiera, y péguela si es mala, que su mercé es el cuchillo y ella la carne, y ya la he dicho que los amos son unos segundos padres.

—Ella no dará lugar a que la[19] peguen ni la regañen —decía el ama sonriendo y mirando a la muchacha con cierto cariño.

Y dirigiéndose a la madre, añadía:

—Aquí, si ella se aplica, saldrá el día de mañana una mujer hecha y derecha, y no verá malos ejemplos porque mi casa es muy cristiana y de mucho orden, aunque no me esté bien decirlo, y el mes corriente no le faltará nunca; y si aprende a ganarlo, se le irá subiendo el salario hasta que llegue a veinte reales, como tenía la que se me ha casado ahora después de estar a nuestro lado quince años.

Y la señora de la casa se enternecía como pudiera haberlo hecho al recordar la pérdida de un hijo, y cortaba la conversación mandando a la muchacha que se quitase el pañuelo que traía a la cabeza, disponiendo que almorzara la madre y volviéndose a su marido y a sus hijos para decirles:

—Me gusta la pinta de esta chica, y la madre tiene trazas de ser muy buena cristiana y mujer de su casa porque, aunque pobre, viene muy aseada.

Con esto quedaba instalada la lugareña, no para servir, sino para aprender a hacerlo; y la señora de la casa la enseñaba, con una paciencia ejemplarísima a barrer, a limpiar, a guisar y a coser, cuidando de que una de sus hijas la instruyese en la doctrina cristiana. Y con esto, la criada era un individuo más de la familia, que salía a paseo los domingos con los amos, que rezaba con ellos el rosario, que iba a confesar con la señora todos los meses y que de su salario y propinas la[20] compraban la ropa, que la ayudaban a coser las hijas de la señora, y por último, que si no bastaban a corregirla de sus defectos las reprensiones y algún pellizco para que no se durmiera rezando o haciendo labor, se avisaba al pueblo para que su madre viniera a llevársela.

Con esto, la criada iba haciendo su baúl para el día de mañana; enviaba algunos ahorros a sus padres con el carbonero del lugar, y si éste no estaba muy distante de la corte, en la fiesta del santo patrono solía ir algún año llevando en su compañía a las señoritas de la casa, que la consideraban como una hermana. Si andando el tiempo se enamoraba de algún honrado tendero de comestibles o del barbero de la vecindad, el novio empezaba por pedir la mano de la criada a los amos, y éstos, después de ver si la boda era conveniente, lo participaban a los padres y se brindaban a ser padrinos de ella.

Ésta era la servidumbre en tiempo de la ignorancia y

---

[12]**Patria...** autoridad paterna.
[13]Somos.
[14]Su merced (usted).
[15]Decimos.
[16]Provisiones.
[17]Enseñarle.
[18]Aprender.
[19]Le.

---

[20]Le.

antes de que la civilización la hubiese elevado a la categoría de contrato bilateral que hoy tiene.

Al amor de la lumbre, que vivificaba y mantenía sin relajación los lazos de la familia, se engendraba el cariño de los amos para con los criados, y éstos, que veían en aquéllos la representación de sus propios padres, los servían con amoroso respeto y hacían por ellos esfuerzos de abnegación sublime, sin interés alguno y sin pensar que llegaría un día en que el remedo imperfecto de aquellas virtudes sería objeto de pública licitación para premiarlas con lotes metálicos. Verdad es que entonces, aunque no se daban premios a la virtud, tampoco se daban bailes en Capellanes,[21] ni se conocía el Ariel ni el Paraíso.[22] El único paraíso de las criadas de servicio era la pradera de la Teja, la Virgen del Puerto o el Retiro, adonde iban con sus propios amos, no a bailar, que esto sólo lo hacían por Navidad y por Carnestolendas[23] en su casa, sino a pasearse y divertirse honestamente.

Al amor de la lumbre pasaban las familias las noches de los días de fiesta, oyendo la vida del santo o algún capítulo de la *Guía de pecadores* de fray Luis de Granada,[24] y jugando un rato a la perejila o a los tres sietes,[25] y alguna vez, como hemos visto en otros cuadros, se entretenían en juegos de prendas. Pero la prenda de todo era el brasero, símbolo del hogar y de la felicidad doméstica, al cual se arrimaban todos frotándose las manos para ahuyentar el frío y excitar la alegría, y estrechándose y reduciéndose para que cupiesen muchos pies sobre la tarima. Pies masculinos, se entiende, porque a las jóvenes les estaba prohibido hacerlo.

Y el brasero que servía de núcleo a aquellas rede solía ser de hierro con tarima de pino, y la lumbre y la ceniza no eran de oro y de plata como la que regaló cierto personaje de la corte a una de las primeras actrices de entonces; suceso histórico que no puedo dispensarme de referir como verdadero corolario al amor de la lumbre.

Había en Madrid un duque casi emparentado con reyes y cuyos estados eran de los más poderosos de España, el cual, sintiéndose con cierta afición al teatro acabó por enamorarse perdidamente de una célebre comedianta. En el portal de la casa en que vivía la dama de las comedias había, como en otras muchas de la corte, un retablo en el que estaba pintado un Eccehomo,[26] y cada vez que el duque entraba allí arrojaba un pañuelo a la cara del Divino Señor y subía precipitadamente la escalera, satisfecho de haber pasado sin que la santa efigie le hubiese visto. Así transcurrió algún tiempo, gastando el bueno del duque un par de pañuelos en cada visita, cosa que sería muy del agrado del que los encontrara, y un día de los más fríos del invierno, en que el galán buscaba con el amor de la cómica el amor de la lumbre, sintió la falta del brasero y aún reconvino a la dama porque no le había mandado encender. Díjole ésta que no le tenía, y el duque ofreció enviársele al día siguiente, como en efecto lo hizo. Pero como S.E.[27] era, según hemos dicho, muy rico y persona muy principal, hacíalo todo como quien era, y no sólo envió a su dama un brasero, sino que le mandó también la lumbre; pero no lumbre de carbón vegetal, ni de cisco,[28] como entonces se usaba, ni de carbón de piedra y cok[29] como ahora se usa, sino de oro y plata. En un modesto brasero de hierro vació unos cuantos talegos de onzas de oro con que imitó la brasa, y en derredor una gran cantidad de mejicanos de plata, que hacían las veces de ceniza.

He dicho y repito que este lance es histórico, y digo, y no me cansaré de repetir, que la comedianta debió cobrar gran afición y tener gran fe en *el amor de la lumbre*.

---

[21]**Daban...** alborotaban.

[22]Ariel es el ángel rebelde en el *Paraíso perdido* del poeta inglés Milton; símbolo de la rebeldía y del mal.

[23]Los tres días de carne antes del miércoles de Cenizas.

[24]Fray Luis de Granada (1504-1588) fue un escritor y orador sagrado de la orden de Santo Domingo. Escribió varias obras de tipo ascético.

[25]Nombres de juegos de naipes.

[26]Imagen de Jesucristo, coronado de espinas.

[27]Su Excelencia.

[28]Carbón menudo (en trozos pequeños).

[29]Coque, tipo de carbón poroso.

Novela y cuento

La Crítica ha venido ofreciendo una visión de la prosa literaria del siglo XIX en exceso simplista y con gran lastre de viejos prejuicios. Sin embargo, en estos últimos años, gracias a nuevas investigaciones y a una perspectiva histórica más coherente, la interpretación de la novela y del cuento decimonónicos, va tomando un nuevo perfil.

Los estudios tradicionales dividían el siglo XIX en dos secciones: el Romanticismo caracterizaba la primera; para la segunda se utilizaban como membretes varios términos como Costumbrismo, Idealismo, Realismo o Naturalismo. Por otra parte, del Romanticismo interesaba a la Crítica fundamentalmente su drama, en menor grado su poesía y en pocas ocasiones su novela. En cambio, al pasar a la segunda mitad del XIX, los términos Costumbrismo, Idealismo, Realismo y Naturalismo iban dirigidos exclusivamente a la prosa literaria, olvidando casi por completo la poesía y el teatro.

Al buscar las raíces o fuentes ideológicas tanto del Romanticismo como de los -ismos de la segunda mitad del XIX, los estudios tradicionales raramente acudían al pasado nacional, sino que hacían hincapié en la imitación de obras inglesas, francesas y alemanas. Este panorama ha cambiado radicalmente en las dos últimas décadas como consecuencia de los descubrimientos realizados en el campo del siglo XVIII. El espíritu generador de la literatura romántica y de la novela y cuento de la segunda mitad de la centuria deja ya de ponerse —sin despreciar, sin embargo, la influencia extranjera— más allá de los Pirineos. Por otra parte, la innovación y libertad que se adjudicaba en el pasado a la literatura romántica frente al período inmediatamente anterior, el Neoclasicismo, es hoy valorada con mejor perspectiva. Estudios recientes han posibilitado a la Crítica descubrir la deuda del Romanticismo a la literatura neoclásica, hablando hoy en día no de ruptura en el paso del XVIII al XIX, sino de evolución, y no de antítesis, sino de continuidad.

También la interpretación de la literatura de la segunda mitad del XIX presenta un nuevo panorama. Por un lado, se han buscado los puntos de continuidad entre la novela histórica romántica y las manifestaciones del género en la segunda mitad del siglo. Por otro, se ha valorado con mayor precisión la nomenclatura y significado del gran número de -ismos de la segunda mitad del XIX, descubriendo bajo ellos, más que una diferente concepción de la novela, una enconada carga ideológica de carácter político.

La prosa literaria más característica del Romanticismo es la novela histórica. Este tipo de novela combina generalmente un argumento histórico (que a menudo se sitúa en la Edad Media) con una historia sentimental. Los protagonistas son una joven pareja cuyo amor es siempre imposible por la acción de un destino contrario que, en ocasiones, se reduce a las propias circunstancias históricas y, las más de las veces, a una combinación de éstas con la maldad de un tercer personaje. Éste, enemigo, perseguidor encarnizado y casi siempre pariente de la joven pareja, la conduce hacia un final desgraciado. La heroína suele morir en manos de ese perverso miembro de su propia familia, o de su propio amante, mientras éste, sumido en la desesperación por su pérdida, acude al suicidio. Además, toda la historia aparece coloreada de tintes lúgubres: cavernas, grutas, tempestades, movimientos sísmicos, espectros, escenas sangrientas y cualquier otro motivo que pueda despertar inquietud o sentimientos extremos en el lector (Florensa 38-40).

El análisis de la Teoría Literaria neoclásica ha explicado definitivamente la génesis y naturaleza de la novela histórica. En nuestro capítulo dedicado a la prosa literaria del Siglo XVIII se explicó cómo la novela y el cuento fueron considerados por el Neoclasicismo *poemas épicos en prosa*. También se habló de la cercanía en la teoría poética neoclásica entre la Epopeya y la Tragedia y, en consecuencia, entre la *poesía épica en prosa* y el coturno trágico. Pues bien, la novela histórica romántica no es más que la aplicación de las leyes poéticas de la Epopeya y la Tragedia a la prosa, en otras palabras, es un *poema epicotrágico en prosa*.

En cuanto es *poema* (es decir, imitación de la Realidad), la novela histórica técnicamente está constituida de los siguientes elementos: la *fábula* o argumento, los *caracteres* o personajes y la *dicción* o estilo. En cuanto es *poema épico* va a participar de los rasgos característicos de la Epopeya, a saber: su asunto histórico; sus personajes, nobles, entretenidos en la práctica de la guerra o la caballería y determinados por la *máquina*, es decir, por el Destino o por la Divina Providencia; un paisaje dirigido a provocar la *admiración* de los lectores (ruinas, castillos, grutas, cuevas) y todo esto matizado con los más extremos fenómenos admosféricos (truenos, rayos, centellas, huracanes, avalanchas, terremotos). Por último, la novela histórica en cuanto *poema trágico* tendrá también argumento histórico y el objetivo básico de la Tragedia: despertar el sentimiento patético del público o lector. ¿Y a través de qué procedimientos el coturno trágico exaltaba el patetismo? A través de un tema, el amor desgraciado; de un peculiar personaje, un malvado perseguidor de la pareja enamorada; del conflicto psicológico del protagonista, desgarrado íntimamente entre el deber, sus circunstancias y su pasión amorosa; de muertes trágicas (asesinatos entre parientes o allegados y suicidio) y de toda una imaginería macabra (sangre, degollamientos, espectros).

Desde el punto de vista teórico, es una *epopeya trágica en prosa*, como lo fuera ya *El Rodrigo* (1793) de Montengón. Sin embargo, junto a esta armazón poética, la novela histórica del Romanticismo heredó también cierta imaginería del siglo precedente, en concreto, una peculiar concepción del protagonista de sus novelas de origen rusoniano.

La novela histórica siente predilección por los héroes marginados: o claramente perseguidos por la sociedad, o en silenciosa oposición con el orden establecido. Son frutos ideológicos de Rousseau, educados en plena Naturaleza o en ambientes ajenos a la Civilización y, por tanto, buenos salvajes, vírgenes de todo prejuicio cultural. En consecuencia, cuando las circunstancias les obliguen a restituirse en la sociedad, el choque entre ésta y el héroe provocará su ostracismo o persecución. Llegados a este punto, la novela romántica se complacerá en la descripción de los efectos psicológicos que en el héroe produce su pugna con el statu quo social. Abandonado y perseguido por todos, no hallará el protagonista consuelo en sí mismo pues su Yo será incapaz de autoanálisis, achacando siempre su desgracia a fuerzas exteriores: a una especie de pecado original o a un destino adverso. De ahí que el héroe romántico se autoidentifique como ángel o como Jesucristo, es decir, como un enviado de Dios para la defensa y difusión de una nueva ética, pero que sus semejantes—con excepción de la heroína—vean en él un demonio o el Anticristo aniquilador del orden preestablecido. El desenlace es fatal. La sociedad hace del héroe y la heroína sus víctimas, pero la muerte es para ellos más que un castigo o un descanso, un oasis de paz que sólo pudieron disfrutar por muy breves instantes en el seno de la madre Naturaleza.

Técnicamente, la novela histórica romántica es novela arqueológica, es decir, con pretensiones de seriedad científica. Valorándola a partir de nuestros conocimientos modernos puede que no nos parezca así, pero en su época fue creada usando los estudios históricos y fuentes histórico-literarias que los autores tuvieron a su alcance. Pretendían con ello la reproducción fiel y minuciosa del marco en el cual situaban sus argumentos. En cambio, la historia sentimental y sus personajes protagonistas—según se dijo en párrafos anteriores—eran casi siempre ficticios aunque su peripecia discurriera sobre un fondo histórico real. Pongamos un ejemplo. Enrique Gil y Carrasco publica en 1844 *El señor de Bembibre*. Durante los años en que el novelista escribió su obra era bibliotecario de la Biblioteca Nacional de Madrid. Jean-Luis Picoche ha estudiado las fuentes históricas y literarias que utilizara Gil y Carrasco como documentación para su historia. La lista—aquí reproducida en síntesis—es abrumadora: Mariana, *Historia general de España*; Campomanes, *Disertaciones históricas del Orden y Caballería de los Templarios*; Garibay y Zamalloa, *Los cuarenta libros del Compendio Historial*; Salazar y Castro, *Historia genealógica de la casa de Lara*; Villanueva, *Viaje literario a las iglesias de España*; Michelet, *Histoire de France*; también la *Crónica de don Fernando IV* (Picoche 152). Entre fuentes literarias, destacan las siguientes: Pérez de Montalbán, *Los Templarios*; Raynouard, *Les Templiers*; Scott, *Ivanhoe* y *The Talisman*; Cortada, *El templario y la villana* y *El rapto de doña Almodis* (152-153). Sin embargo, si atendemos a la historia sentimental de *El señor de Bembibre*, sus protagonistas, doña Beatriz y don Álvaro, son totalmente ficticios, pues toda esa detallada documentación de orden histórico tan sólo sirvió a Gil y Carrasco para pintar con intención realista-arqueológica el marco de la acción de su obra.

Como herencia también del siglo XVIII, la novela histórica lucía, tanto en la descripción de sus ambientes, como de sus costumbres, como en las psicologías de sus protagonistas una pintura minuciosa y un verdadero lujo de detalles. Consciente de la importancia de la Realidad y de su objetiva representación, gracias a la impronta del Empirismo y del Sensualismo dieciochescos, realizó el novelista histórico pormenorizadas pinturas del pasado. Tan sólo cometió un desliz. Su dibujo, perfecto en lo posible en el escenario y las costumbres, erró en las psicologías, reproduciendo la mente del hombre romántico de su época y no la de los individuos del período que retrataba (Florensa 76).

Un segundo elemento también destruía la fidelidad de la imagen del pasado. El Romanticismo informa su novela con una dimensión ideológica. La efervescencia política se manifestó claramente en las productos literarios. Bajo una apariencia histórica pretérita, muy a menudo medieval, los novelistas románticos expresaron sus idearios político-sociales. Ideológicamente, la novela histórica del Romanticismo es, o conservadora (Cosca Vayo, Martínez de la Rosa, Navarro Villoslada y Gil y Carrasco), o liberal (Larra, La Escosura, Ochoa, Gómez de Avellaneda) pues el pasado sirvió a unos y otros para justificar y defender sus convicciones (Ferreras 143). Por ejemplo, la novela histórica conservadora veía en la Edad Media el feliz tiempo en que España disfrutaba, virgen y en pleno vigor, su idiosincrasia nacional: la Monarquía, el Catolicismo y las costumbres caballerescas. En cambio, para la novela histórica liberal el pasado representaba tiranía y oscurantismo, fuentes de todos los males contemporáneos que el Liberalismo deseaba desterrar. En otros casos, la referencia a la actualidad del siglo XIX era todavía más evidente. Ejemplificando de nuevo con *El señor de Bembibre*, si bien Gil y Carrasco defendía el Tradicionalismo, es decir, la Corona, el Catolicismo y la moral caballeresca, el fin de los Templarios le sirve no obstante para alegorizar sobre su inmediato presente, el reinado de Fernando VII y los acontecimientos posteriores a su desaparición (Picoche 169).

La pregunta básica, sin embargo, es por qué la novela logra progresivamente desde fines del siglo XVIII primacía incuestionable sobre los demás géneros literarios. Es un hecho sorprendente que el número de novelas publicadas en estos períodos —comparándolo con el de las epopeyas, libros de poesía lírica y dramas (incluyendo aquí los románticos, las comedias, otras obras más o menos trágicas y los sainetes o piezas de tono popular)— es abrumador, y eso tan sólo hablando del producto propio, es decir, sin considerar las traducciones de novelas extranjeras. Tomemos por ejemplo la novela histórica. Ferreras suma en quince años, de 1830 a 1844, un total de 110 novelas; el número aumenta en los once años siguientes (1845-1855) hasta 117 novelas; y, pasando al período de 1856 a 1870 (o sea, quince años más), la cifra alcanza el número de 201 novelas. «Si, siempre quedándonos cortos, calculamos a mil ejemplares por título, obtendremos 400.000 volúmenes; cifra terriblemente inferior a la realidad pues ninguna novela por entregas se tiró a 1.000 ejemplares, sino a 10.000 y más» (Ferreras 208). Es decir, el mercado se vio abrumado de prosa literaria en el siglo XIX.

Sin embargo, la pregunta del párrafo precedente sigue en pie. ¿Por qué la novela logra progresivamente primacía incuestionable sobre los demás géneros? La respuesta se halla en la aparición desde mediados del siglo XVIII de lo que podríamos llamar el negocio editorial. La emergencia de las editoriales como industria organizada con fines lucrativos trajo preciosas repercusiones de carácter sociológico que afectaron muy directamente a la novela pues la convirtieron —junto a la prensa periódica y en muchas ocasiones dentro de ésta— en artículo de consumo predilecto de la sociedad.

¿Quiénes formaban ese lector colectivo suficiente para convertir la prensa en industria editorial? «Ante todo, tengamos en cuenta que un libro en 1830 solía publicarse en 16º, con 200 o 300 páginas, y que costaba, por suscripción, de seis a ocho reales, o de ocho a diez reales, según se vendiera en la ciudad donde aparecía o 'en provincias'» (Ferreras 51). Si se agrandaba el formato, entonces se usaban otros medios para hacer económicamente aceptable el volumen: «Cuando el libro es en 8º los precios doblan, aunque para no elevar demasiado el precio, en este caso el número de páginas solía ser de 200 ó menos» (51). Lo interesante es saber que casi toda novela histórica aparecía no en un sólo volumen, sino en un mímimo de cuatro o cinco tomos, lo que significa que un texto completo costaba a su lector hasta cuarenta reales. Es decir, el libro romántico fue caro y, consecuentemente, tan sólo al alcance de los privilegiados.

No obstante, si los lectores hubieran sido tan sólo las clases superiores, es decir, la aristocracia de sangre y la de dinero, la industria editorial nunca hubiera florecido como realmente lo hizo por aquellos años. El negocio fue rentable gracias a otro público y a otros tipos de publicación y procedimientos editoriales gratos y accesibles a él. Por ejemplo, la entrega y el folletín.

Las novelas de cuarenta reales eran inaccesibles si ese dinero se desembolsaba de una vez, pero podían ser lectura de un más amplio auditorio al adquirirse por entregas. «La entrega consiste en un cuadernillo equivalente a un pliego de imprenta, va en 4º y se emplean caracteres de cuerpo 9 ó 10, procedimiento que permitía rellenar papel. Su precio, casi constante, aunque hubo algunas variaciones al principio, es de un real» (Ferreras 39). Este nuevo método enriqueció a partir de 1844 a editoriales como los Ayguals, Hortelano, Manini o Gaspar Roig, que lograron tiradas de hasta más de 10.000 entregas, mientras las de cualquier libro oscilaban entre los 1.000 o 2.000 ejemplares. Aquí hablamos, por tanto, de otro tipo de lector que incluiría un crecido grupo de burgueses y ciertos artesanos, comerciantes e incluso modistillas que podían adquirir la tirada con sus otras compañeras de trabajo. A través de este procedimiento se publicó uno de los éxitos editoriales de mediados de la

centuria, *María, o la hija de un jornalero* (1845), de Wenceslao Ayguals de Izco, cuyas entregas podían adquirirse en cinco lugares diferentes de Madrid y en más de 230 ciudades y pueblos del interior (Benítez 43).

Ferreras señala que: «Lectores, editores, autores, novelas…, todo se puede contar con números de más de dos cifras; son más de cien los editores madrileños y barceloneses que trabajan entre 1840 y 1870; son más de cien los autores que escriben para estos editores entre 1840 y finales de siglo; son más de mil, quizá dos mil, las novelas…, y cada novela podía tirarse a miles de ejemplares (de 4.000 a 15.000, a veces más). Si ahora calculamos tres o cuatro lectores por ejemplar…, podremos comprobar lo que significó este tipo de publicación durante cincuenta o sesenta años del siglo XIX» (21). Pero, ¿quién consumió toda esta literatura? ¿Quién leyó la entrega, claramente destinada a un lector en absoluto de alto nivel intelectual? «Una novela por entregas se publica, aproximadamente, para 10.000 lectores; esto es, se publican diez mil entregas semanales; estos diez mil lectores que son suscriptores y pagadores semanales han de encontrarse, para empezar, en las ciudades» (Ferreras 31). Ya dentro de la urbe, los temas y el nivel cultural de esta literatura declaran que es literatura para obreros, artesanos, pequeños burgueses (de ahí que fuera en muchos casos literatura filial del socialismo utópico) y, lo más interesante — dentro de estos grupos—para sus integrantes femeninas (sirvientas, costureras, planchadoras, etc.). En relación a esto último, destaquemos tan sólo algunos títulos así publicados: *Consuelo o el sacrificio de una madre, El llanto de una hija*, ambas de Rafael del Castillo; o *Un hijo natural, La parricida*, de Julio Nombela; o *La esposa mártir, La mujer adúltera*, de Enrique Pérez Escrich. El carácter de este público lector, si bien fenómeno sociológico nuevo, es fácilmente explicable, ya que los años del florecimiento de la entrega coinciden con los de la implantación del capitalismo industrial en España, con el crecimiento de las ciudades y con la integración de la mujer pobre al mundo del trabajo. Por último, tan sólo añadir que este tipo de literatura fue un medio de explotación, primero, porque la entrega era cara, considerando los diez reales diarios que ganaba un jornalero o los siete u ocho de las mujeres (tal cantidad ni tan siquiera cubría las necesidades de la familia, de ahí que muy a menudo la entrega se adquiriese en grupo), y segundo porque estos lectores pagaban cuatro o cinco veces más de lo que les hubiese costado en forma de libro, aunque —eso sí— lo desembolsaban en pequeñas porciones. En conclusión, «comercialmente hablando, la novela por entregas fue uno de los mejores negocios de la época; moralmente hablando, y si este modo de hablar significa algo, la técnica de venta de la novela por entregas fue una estafa» (Ferreras 36).

Otra técnica editorial fue quizás tan exitosa a lo largo de todo el siglo XIX como la anterior: el folletín. Se trata de novelas publicadas semanalmente por partes en los mejores periódicos o revistas del momento (uno o dos capítulos en cada número). Las publicaciones periódicas eran muchísimo más baratas que el libro y tenían en su favor el agrupar su lectorado según criterios ideológicos o sociales, alcanzando tanto las clases privilegiadas como los obreros urbanos.

En 1820, tan sólo en Madrid, existían 65 periódicos. El número se reduce a 4 después de la reacción política de 1823, pero en 1843 de nuevo la cantidad vuelve a ser considerable: existen 43 diarios en la Capital de España. Y todos estos periódicos cuentan con su sección de Literatura, es decir, con su folletín. *El Heraldo*, por ejemplo, publicó *La Gaviota* (1849), novela de costumbres de Cecilia Böhl de Faber.

Junto al periódico, existían las revistas, que proliferaron en tiempos del Romanticismo, continuando a lo largo de toda la segunda mitad del siglo XIX, y que también contaban con sus folletines. En fecha tan tardía como 1874, la *Revista Europea* publicó en cinco tiradas la novela histórico-jocosa de Pedro A. de Alarcón, *El sombrero de tres picos*. Y en cuanto a obras de costumbres actuales, en 1871, la *Revista de España* publica *La sombra* de Emilia Pardo Bazán; en 1874, en la misma revista aparecen *Pepita Jiménez* y *Las ilusiones del doctor Faustino*, de Juan Valera; *Doña Perfecta*, de Benito Pérez Galdós, sale también en *Revista de España*, en 1876, y, entre 1878 y 1879, la *Revista contemporánea*

publicará *Doña Luz*, de Valera (Asún 87).

Otro negocio editorial muy productivo fue la publicación de traducciones. José M. Montesinos trató el asunto en su *Introducción a una historia de la novela en España en el siglo XIX* y Ferreras ha señalado la desproporción entre el número de veces que se edita un texto nacional y la cantidad de reediciones de novelas en traducción. De Walter Scott, de 1825 a fines de siglo, se encuentran hasta 231 ediciones. De Alejandro Dumas existen, de 1837 a 1860, cerca de 200 y de Eugène Sue, entre las mismas fechas, aparecen más de 100.

Otro elemento a tener en consideración es que no sólo ciertos novelistas traducidos se leen más que los escritores nacionales, sino que incluso ciertos títulos de la novela dieciochesca —fundamentalmente extranjeros, pero también autóctonos— se reeditaron más que las novelas originales españolas del siglo XIX. Por ejemplo, a lo largo de la centuria se siguen reimprimiendo y no en número despreciable obras de novelistas como François de Salignac de La Mothe Fénélon (1651-1715), Jean Pierre Claris de Florian (1755-1794), Stéphanie Félicité de Genlis (1746-1830), Jean-François Marmontel (1723-1799), Jean Jacques Rousseau (1712-1778) o Bernardin de Saint-Pierre (1737-1814). Y entre los nacionales, destacan los nombres de Pedro Montengón (1745-1824), Ignacio García Malo (1758-1812) y el relato anti-inquisitorial *Cornelia Bororquia* (1800). Este dato tiene fuertes implicaciones económicas. Para un mismo —e incluso superior— rendimiento, las editoriales preferían reeditar una obra del siglo XVIII, o pagar el bajo salario de un traductor, que las cantidades desembolsadas por una novela original española. Recordemos que novelistas de éxito como Fernández y González, Böhl de Faber o Alarcón vivieron muy holgadamente gracias a su pluma.

Al llegar a mediados de la centuria, el negocio editorial se hallaba plenamente consolidado y también los canales de distribución y el público a quien se dirigían. Y éstas serán las bases sobre las que se sustentará la novela de la segunda mitad del siglo XIX. El movimiento costumbrista fue el primero en hacer su aparición. Su ensayo se retrotrae a la época romántica, en concreto, a los años treinta y tiene muy larga vida, alcanzando el mismo siglo XX. Su novela, en cambio, surge veinte años más tarde y tiene corta vida. A la escuela costumbrista siguieron el Idealismo, la novela de tesis y el Realismo, en los años setenta. Por último, diez años después, hizo su aparición la escuela naturalista.

El Costumbrismo fue el primer movimiento que con plena conciencia trató de reproducir la Realidad o—como en la época se decía—«el estado de las costumbres contemporáneas». Cronológicamente, se localiza el clímax de este movimiento de los años de 1830 a 1850, pero sus raíces fueron tan profundas que llegaron incluso a inicios del siglo XX. Los géneros básicos del Costumbrismo fueron dos, el ensayo breve o artículo de costumbres y la novela, a pesar de que su influjo alcanzó también la poesía y el teatro. En cuanto a la ideología, tanto el cuadro de costumbres como las novelas, fueron fundamentalmente conservadores, tratando de registrar la psicología cultural del país o de una región, la que iba perdiéndose por la impronta de una cultura moderna de origen totalmente extranjero. Quizás sólo Larra practicó un costumbrismo de tinte liberal; el resto de los costumbristas fueron defensores del antiguo orden. No obstante, a pesar de su diferente tinte político, «se observa en los tres una reacción contra el irrealismo histórico de la novela romántica y el deseo de reflejar la sociedad contemporánea con cierta fidelidad» (Ucelay Da Cal 42).

El Costumbrismo fue un movimiento de gran magnitud. No sólo hubo figuras particulares dedicadas al cuadro de costumbres, se escribieron también grandes colecciones colectivas como, por ejemplo, *Los españoles pintados por sí mismos* (1843). Primeras figuras de la cultura española del Romanticismo, e incluso de la novela realista, idealista o naturalista, colaboraron en estas colecciones (Rubio Cremades 146-147).

En cuanto a la novela del Costumbrismo, su figura preeminente fue Cecilia Bölh de Faber («Fernán Caballero»), autora de grandes cuadros como *La Gaviota* (1849), *Elia* (1849), *La familia de Alvareda* (1849), *Lágrimas* (1850) o *Clemencia* (1852), e ideológicamente afiliada al conservadurismo. Su novela es fundamentalmente un estudio de Andalucía y, desde el punto de vista social, de dos clases, la alta nobleza y el pueblo, si bien en novelas como *La Gaviota* su análisis trasciende el regionalismo para dar un panorama cultural de todo el país.

Hacia los años setenta aparece el Realismo. Del término se hace mención ya en 1857, pero no se llevará ni la palabra ni el concepto a debate hasta dos décadas más tarde. Es en estos años cuando aparecen artículos como el de Leopoldo Augusto de Cueto, «El realismo y el idealismo en las artes» y la contestación a éste del marqués de Molíns (ambos de 1872) o el opúsculo, también publicado en *Revista Europea* un año después, *El realismo en el arte contemporáneo* (1874), de Emilio Nieto, o la serie de conferencias del Ateneo, de marzo a abril de 1875, sobre «El realismo en el arte dramático», o el artículo de Luis Vidart en *Revista Contemporánea* titulado «Una nueva teoría acerca de las obras novelísticas» (Eoff 293). La aparición de toda esta polémica, sin embargo, no cambiará fundamentalmente el concepto que del arte de novelar ya se tenía en la época del Costumbrismo. Se incide—ahora como antes—en la observación y en el papel de ésta para retratar la Realidad, a la que los críticos del XIX mucho más a menudo se refieren con el término de «las costumbres». Todos inciden en la necesidad de una fiel representación, aunque se oponen a la idea de una copia fotográfica, aduciendo el peligro del prosaísmo y la trivialidad. A esta objeción se añade la de negar valor artístico a las pinturas excesivamente francas en lo que respecta a realidades hediondas, añadiendo que cualquier pintura debe ser copia de «una realidad idealizada», es decir, de la Realidad, no como es, sino como debiera ser.

Pero, aparte de estos puntos básicos en común entre la novela costumbrista y realista, el Realismo supuso—por su hincapié en la fidelidad del retrato—la purificación del panorama novelístico español. En primer lugar, consciente de la imposibilidad de la pintura psicológica de las mentes—e incluso de las costumbres—pretéritas, el Realismo provocó el abandono casi definitivo de la novela histórica en favor de la de asunto contemporáneo. En segundo lugar, por antipatía a excesos y salidas de tono que rompiesen la ilusión de realidad, se aniquiló todo sentimentalismo. Finalmente, al creer con firmeza que la sola pintura bastaba como análisis o autoanálisis de una sociedad, el Realismo desterró de sus páginas toda moralización. Es por ello que el Realismo se opuso a las tendencias idealistas de la época y a la novela de tesis. En el instante en que se creyó que la pintura en sí misma encerraba el análisis de la Realidad, todo arte que superpusiera o incluyese en dicha imagen realista un sentido ideológico no era fiel reproducción y, por tanto, era considerado de calidad inferior.

Sin embargo, la obra de un Alarcón o de un Valera, por ejemplo, suele ser tan neutra que se borran las fronteras entre los -ismos. La novela de Alarcón ha sido calificada de costumbrista (*El sombrero de tres picos*, 1874; *El capitán Veneno*, 1881), de idealista (*El Niño de la Bola*, 1880; *La Pródiga*, 1882), y como novela de tesis aliada del Tradicionalismo (*El escándalo*, 1875). La Crítica, a la hora de caracterizar sus producciones, se hunde en una gran confusión terminológica. Por ejemplo, en las historias literarias, su nombre puede circular en muy diferentes capítulos, muy cerca—o dentro—del Realismo o aplicándosele membretes como los arriba mencionados. En realidad, las novelas de Alarcón pretendieron ser un análisis de la cultura del período romántico y de su misma trayectoria ideológica personal, la cual pasó de un Romanticismo exaltado (del tipo de Lord Byron, Victor Hugo o José de Espronceda) al Romanticismo de corte tradicionalista (Florensa 1-8).

Otro caso diferente es Juan Valera. Su obra, siempre colocada en los capítulos sobre el Realismo, sin embargo, recibe muy a menudo la tilde de esteticista en la forma y de vaguedad—rayando en idealismo—en su fondo. Ideológicamente, el autor nunca se afilió, ni bajo la bandera tradicional, ni bajo la de la libertad (según Manuel Azaña, su primer biógrafo, que define su pensamiento como «liberalismo individualista»). Los intereses de Valera fueron siempre filosóficos más que políticos e, incluso, estéticos más que filosóficos. Tal quizás sea la razón por la cual novelas como *Pepita Jiménez* (1874), en donde se persigue una síntesis armónica de naturaleza y espíritu, muy cercana a postulados krausistas, o

como *Las ilusiones del doctor Faustino* (1875), *El comendador Mendoza* (1877), *Doña Luz* (1879), *Juanita la Larga* (1895) o *Morsamor* (1899), a pesar de ser tan distantes en el tiempo, le valieran a su autor el membrete de idealista.

La novela de José María de Pereda tiene sus raíces en el Costumbrismo. Su narrativa es regionalista, centrándose en el retrato de paisajes, escenas, tipos e—incluso—el habla de su tierra natal, Santander. Su ideología es conservadora y católica. Y con tales bases técnicas y pensamiento político escribió *El buey suelto* (1878), *Don Gonzalo González de la Gonzalera* (1879) y *De tal palo tal astilla* (1880), a las que algunos han calificado de novelas de tesis por la ridiculización de las ideas liberales presente en ellas. A su posterior novela, publicada en 1882, *El sabor de la tierruca*, la Crítica la define como gran ejemplo de novela regionalista-realista santanderina (Clarke) y a la siguiente, de 1884-1885, titulada *Sotileza*, se la entronca con el Naturalismo, principalmente por la meticulosidad en la reproducción del lenguaje popular, de las duras escenas e, incluso, de las pasiones y vicios de los pescadores cántabros. Pero a la hora de concluir, nadie le cuestiona a Pereda su inclusión en el Realismo—ni aun en el de la novela naturalista—aunque, eso sí, todos reconocen que su vigoroso retrato de la Realidad se mantuvo—al igual que en casi todos sus coetáneos españoles, y a diferencia de muchos naturalistas franceses—dentro del decoro artístico (Eoff 301).

Benito Pérez Galdós tiene un puesto de honor dentro del Realismo. Sus primeras producciones son novelas históricas (*Episodios Nacionales*) donde el período en estudio es tan cercano a la actualidad (recrean las vicisitudes del país desde 1808) que casi pueden considerarse novelas de historia contemporánea. Al novelista le sirvieron como indagación de las raíces de la actualidad, al igual que otras de sus primeras novelas de ambiente casi contemporáneo, como *La fontana de oro* (1870) o *El audaz* (1871). Después, Galdós comenzó a escribir entre 1876 y 1878 novelas plenamente contemporáneas (casos de conciencia debatiendo cuestiones religiosas o políticas palpitantes en aquel momento), pero con marcado tinte ideológico (*Doña Perfecta, Gloria, Maria-*

nela, La familia de León Roch), a las que la Crítica suele calificar de novelas de tesis. Más tarde, su realismo fue purificando su explícita dirección ideológica hasta llegar incluso a hacer suyos algunos de los temas y principios básicos del Naturalismo en novelas como *La desheredada* (1881) o *Fortunata y Jacinta* (1886-1887). Por último, hacia fines del siglo, su naturalismo toma en ocasiones cierto giro espiritualista, como es el caso de obras como *Nazarín* (1895), *Halma* (1895) o *Misericordia* (1897).

En Galdós fue clara ya la impronta del Naturalismo, al igual que lo fuera en las figuras de Leopoldo Alas («Clarín») y Emilia Pardo Bazán. El movimiento penetró en España por los años 80, iniciándose con un acalorado debate a propósito de la publicación en español de *L'Assommoir* (1880), de Émile Zola, el que acabaría por el año de 1882. En esta polémica participaron varios de los intelectuales y novelistas más prestigiosos del momento, como «Clarín», Gómez Ortiz, Urbano González-Serrano y Emilia Pardo Bazán. De los textos de estos autores se desprende que el Naturalismo español nunca se identificó con el francés, sino que, aprovechando y siguiendo las conclusiones a las que había llegado el Realismo, aclimató la novela naturalista francesa al ser literario de la Península. «Gifford Davis, en un artículo publicado en 1969, 'The Spanish Debate over Idealism and Realism before the Impact of Zola's Naturalism', señalaba ya que en aquel debate sobre el Idealismo y el Realismo se emplearon los mismos argumentos que luego fueron sistemáticamente utilizados para descalificar al Naturalismo» (Caudet 59).

De Francia llegaba el movimiento naturalista cargado no sólo de las ideas de Hipólito Taine sobre la influencia del medio en el carácter de las naciones, sino también de las de Claude Bernard en torno al determinismo hereditario y de las positivistas de Augusto Comte. En España, cuya cultura había sido por siglos fundamentalmente católica y metafísica, Taine pudo ser fácilmente asimilado, pero Bernard se entendió desde el primer momento como un ataque a la noción cristiana del libre albedrío y a Comte ni tan siquiera mentes tan progresistas como la de Leopoldo Alas le apoyaron. Había también otros elementos

del Naturalismo que difícilmente convencían a la intelectualidad española. Por ejemplo, se consideraba este tipo de literatura como una influencia nociva en la sociedad por su apego a lo más bajo, ruin, repugnante y vulgar. Asimismo molestaba la prolijidad nimia en las descripciones y la erudición científica que el Naturalismo lucía.

Los literatos peninsulares estaban de acuerdo, sin embargo, sobre la aportación técnica del Naturalismo, a saber: el hincapié en la paciente observación y en un método sólido y eficaz de reproducir lo real. Con pocas excepciones los españoles —desde Pereda a Clarín y a Pardo Bazán— defendían un «naturalismo espiritual», acorde con la idiosincrasia española (Caudet 67). Es decir, deseaban una técnica de reproducción fiel que retratase la Realidad en toda su amplitud, con su innegable componente físico, pero también con su componente espiritual.

Como se dijo al comienzo de este Capítulo, en las últimas dos décadas parte de la Crítica ha iniciado un profundo replanteamiento de antiguas creencias sobre la novela del pasado siglo. Hoy es claro que términos como Costumbrismo, Realismo o Naturalismo aluden todos a una no muy distinta reproducción y representación literaria de la Realidad. Algunos críticos creen que las diferencias que justificaban los distintos -ismos en la segunda mitad del XIX fueron producto más de divergencias políticas de los escritores que de una diferente técnica de imitación. Esto ha llevado a reconsiderar la validez de tales nociones, llegando a la conclusión de que quizás ni Costumbrismo, ni Realismo, ni Naturalismo sean palabras que definan con exactitud la novela a la que se refieren. Los decimonónicos nunca subtitularon sus obras con los membretes de «novela costumbrista», «novela realista» o «novela naturalista». Tampoco los eruditos que hicieron crítica de ellas las denominaron de tal modo. Todos utilizaron siempre una misma terminología: los hombres del Ochocientos hablaban de «novela de costumbres».

La «novela de costumbres», técnicamente, iba en busca de una fiel reproducción de la Realidad, pero con muy concretas intenciones. Su fin era estudiar España a través de la minuciosa pintura de una región o de un segmento social. La técnica de imitación de la «novela de costumbres» era un instrumento para el análisis del estado de la cultura o psicología nacional. A través de la novela, el País se conocía a sí mismo, buscando soluciones a su problemática y un camino de felicidad hacia el futuro. El término que abarca tanto la técnica como el propósito que ésta persigue, no es ni el de Costumbrismo, ni el de Realismo, ni el de Naturalismo, sino el que usó el siglo XIX y que tan sólo la Crítica del XX ha olvidado, el término de «novela de costumbres».

Ocurre que si aceptamos tal denominación como la única que define en toda su amplitud la novela de la segunda mitad del siglo pasado, adquiere también coherencia la narrativa de la primera mitad de la centuria. Esto es así porque la novela romántica —como dijimos— pretendía ser una copia «científica» o históricamente fiel de épocas pasadas. Por ello se la llamó «novela histórica» o «novela de costumbres históricas». Por otra parte, el propósito de tal reproducción era también preciso. Pretendía analizar aquellas circunstancias del pasado que explicaban la historia presente del País.

A mitad de siglo los cambios que sufre la novela no fueron en modo alguno abruptos. Con una misma técnica reproductiva y unas mismas intenciones, los escritores preferirán el estudio de su presente inmediato al de épocas pretéritas y, por ello, llamarán a su obra «novela de costumbres contemporáneas». Nunca, «novela costumbrista», ni «realista», ni «naturalista».

La novela histórica de la primera mitad del siglo

RAMÓN LÓPEZ SOLER (1806-1836)

La novela histórica de la primera mitad del XIX comienza en 1830, aunque se encuentran importantes antecedentes en las primeras décadas del siglo y aún en el siglo anterior, entre ellos *El Rodrigo*, de Pedro Montengón. Estos antecedentes incluyen no sólo novelas en español sino también algunas escritas en inglés por españoles que vivían fuera de España, como, por ejemplo, Blanco-White, autor de *Vargas, a Tale of Spain* (Lon-

dres 1822) y Telesforo Trueba y Cossío, autor de *The Castilian* (Londres 1829). Juan Ignacio Ferreras afirma que «Durante siete años aproximadamente la novela histórica española no se cultiva en España, de 1823, fecha del *Ramiro* [de Rafael Húmara], hasta 1830, fecha de *Los bandos de Castilla*, de López Soler, la novela española se cultiva en Inglaterra y en inglés» (299-300). Sin embargo, éstos no son años carentes de novela en España, ya que durante este tiempo se publican traducciones que van despertando en los lectores españoles el entusiasmo por la novela histórica.

En 1830 se publicaron en Valencia tres novelas históricas, siendo una de ellas *Los bandos de Castilla o el Caballero del Cisne,* obra que, según Rafael Rodríguez Marín, «abre, definitivamente, el camino a la novela romántica española» (15). La novela de López Soler está basada en *Ivanhoe* de Sir Walter Scott. Uno de los temas predilectos del autor escocés era el conflicto entre diferentes culturas. *Ivanhoe* (1819), por ejemplo, trata de la lucha entre normandos y sajones. Producto de la Ilustración, Scott creía que el ser humano era básicamente bueno, cualquiera que fuera su clase, origen o inclinación política. En la versión de López Soler, se evoca el reinado de Juan II de Castilla (1405-1454) y su favorito Álvaro de Luna a quien, a causa de presiones de la alta nobleza, de su esposa y del príncipe, el rey mandó ejecutar. En el fragmento de la novela que se reproduce aquí, que es del último capítulo del segundo volumen, se recrea una batalla entre las fuerzas castellanas y las de Aragón. Como en las novelas de Scott, se retrata con cierta simpatía a personajes de diversas creencias políticas.

Durante las cuatro primeras décadas del siglo XIX se publicaron varias colecciones o «bibliotecas» de novelas. La primera, *Colección de historias interesantes y divertidas* (Madrid 1805-07), contiene no sólo novelas sino también cuentos y cuadros, sobre todo traducciones. Otras colecciones de este tipo (*Biblioteca Selecta de las Damas*, Madrid 1806-07; *Biblioteca Británica*, Madrid 1807-08; *Biblioteca Universal de Novelas, Cuentos e Historias Instructivas y Agradables*, Madrid 1816-19; *Colección de Novelas*, Valencia 1818-56) van introduciendo nuevos gustos y temas al lector español. La publicación en 1831-32 en Madrid de la *Nueva colección de novelas de diversos autores, traducidas al castellano por una sociedad de literatos,* que en 1832 tomó el nombre de *Nueva colección de novelas de Sir Walter Scott,* demuestra claramente la popularidad del autor escocés en España a pesar de los problemas que tienen sus obras para pasar la censura, sobre todo a causa del protestantismo del autor (Rodríguez Marín 15). En 1832-34 aparece en Madrid la *Colección de Novelas Históricas Originales Españolas,* considerada la «biblioteca» más importante de este tipo de la época. En ella se incluye *La catedral de Sevilla,* de Ramón López Soler, imitación de *Notre Dame de Paris,* de Victor Hugo. López Soler nacionaliza la historia al trasladar la acción a la Sevilla de la época de Pedro el Cruel.

López Soler fue un periodista influyente. Trabajó para varias publicaciones importantes y fue uno de los fundadores de *El Europeo,* revista que promovió el Romanticismo en España. Bajo el pseudónimo de Gregorio Pérez de Miranda, publicó *Kar-Osman. Memorias de la casa de Silva* (1832), novela de inspiración byroniana; *Jaime «el Barbudo»* (1832); y *El promogénito de Alburquerque* (1833). También hizo varias traducciones. López Soler es considerado el precursor de autores de novelas históricas como Larra y Gil y Carrasco.

Los bandos de Castilla o El caballero del Cisne

Entusiastas y bizarros, los escogidos guerreros que componían aquel formidable ejército vencieron los inconvientes de una marcha penosa y dilatada hasta llegar a poca distancia de los escuadrones mandados por el rey don Juan de Castilla. También el monarca de Pamplona iba animando con su presencia las haces capitaneadas por el infante de Aragón, el cual con su afabilidad y belicosas maneras, al paso que las mantenía, el cual son su afabilidad y belicosas maneras, al paso que las mantenía en el fervor de su primitiva cólera, no dejaba de tener a raya[1] sus naturales ímpetus. Nacido con el raro talento de mandar a los demás, supo obligar a aquella desordenada turba a que obedeciera ciegamente sus órdenes sin que echase de ver el impulso que la conducía. Así es que la licencia en tan numerosas huestes se convertía en disciplina, la temeridad en mansedumbre, la impaciencia en silenciosa confianza; y a pesar de ser un cuerpo compuesto de tan diversas pasiones y contrarios elementos, no parecía sino que tuviese un alma sola, según era dócil y sumiso a las voluntades de su general. No de otra suerte se reprime el impetuoso caballo para obedecer las insinuaciones del jinete: por más que le exalta el eco de la trompa guerrera, acorta el paso, reprime su ardor y se contenta con bañar de espuma el freno, mientras no se le manda acometer.

Con tan felices disposiciones asentaron los aragoneses sus reales[2] sobre la villa de Aivar, que se tenía por los contrarios, haciéndola respetable y fuerte determinados guerreros, altos torreones y sólidos baluartes. Acudieron los castellanos y avistáronse aquellos dos ejércitos, cuyas filas encerraban los más célebres campeones de entrambos reinos. Sin embargo, la proximidad de la noche hizo que se mantuviesen tranquilamente en sus trincheras, dispuestos a resistir al enemigo si trataba de forzarlas, pero resueltos a no pelear sino con la luz del día. Brillaban en uno y otro campamento innumerables hogueras, en derredor de las cuales se distinguían varios grupos de soldados con su férreo casco en la cabeza, apoyados en las picas y absortos, al parecer, en serias meditaciones; mientras, ocupándose otros en bruñir paveses,[3] acicalar yelmos, limpiar corazas y aguzar los filos de toda clase de armas ofensivas.

Los principales jefes del ejército enemigo se hallaban entonces reunidos en consejo, discutiendo ya con prudencia, ya con belicoso ardor el plan del combate que se había de dar al siguiente día. Don Álvaro de Luna, su hijo don Pelayo, Rodrigo de Arlaza, el maestre de Calatrava,[4] Ramiro de Astorga y otros capitanes defendían ser del caso, aunque hubiesen de abandonar para ello su ventajosa posición, acometer desde que amaneciese al enemigo, contra el prudente dictamen del príncipe de Viana, del duque de Castromerín, don Luis Biamonte, jefe de los

---

[1] **Tener...** controlar, contener.

[2] Campamentos.

[3] El «pavés» era un tipo de escudo oblongo que cubría el cuerpo del combatiente.

[4] El «maestre» es el superior general de una orden militar o de caballería. La orden religiosa y militar de Calatrava, fundada en 1158, fue una de las más poderosas de la España medieval.

biamonteses, del caballero Monfort y de otros muchos, a los que parecía inclinarse el irresoluto monarca. Acalorábanse los ánimos, proponíanse nuevos y descabellados medios, y puesto que no reinase la mayor sensatez en muchos de los pareceres, brillaba casi en todos la más temeraria audacia.

No fueron tan fogosas las discusiones entre los jefes del ejército de Aragón, a pesar de que se hallaban animados de un iracundo espíritu de venganza. El infante, por ejemplo, iba a destruir para siempre el bando que dio la muerte a su padre; peleaba el conde Arnaldo para colocarle en el trono y libertar a Matilde; el caballero del Cisne por andar sediento de la sangre de su rival, y los demás combatientes para destruir de raíz los enemigos de Aragón, y volver triunfantes a su patria con nuevos y gloriosos timbres.

Salió el sol espléndido y sereno, derramando sus rayos de oro sobre las haces aragonesas y castellanas, que, puestas en orden en la espaciosa llanura, observábanse en silencio cual antiguamente dos gladiadores antes de arrojarse el uno contra el otro en medio de la arena olímpica. En sus manos hallábase entonces colocada la suerte de la Península, y en la actitud imponente que guardaban parecían como convencidos de los grandes resultados que acaso acarrearía a la España el éxito de la batalla. El príncipe don Enrique, acompañado de los jefes del ejército, iba recorriendo las filas y exhortando animosamente a los soldados. Otro tanto hicieron los capitanes de las huestes castellanas, y un prolongado grito fue la contestación de aquella muchedumbre de guerreros, señal evidente de que iba a darse principio a la pelea.

Presentaban los infantes del ejército aragonés un dilatado frente de dos líneas, mientras dividida la caballería en dos legiones, mandadas por Belisario y Ramiro de Linares, veíase en cada uno de los extremos dispuesta a sostener los flancos. Tomó su posición un poco a la espalda de los de a pie; y allá en remoto término, formando punto céntrico con ella, brillaba otro bosque de lanzas, que componían el cuerpo de reserva al mando del conde del Ruisellón, donde también se hallaban los leales agramonteses, capitaneados por el marqués de Cortes, custodiando al rey de Navarra, que escogiera en razón de la edad aquel puesto a pesar de su indómita altanería. Tan precisos eran los movimientos de estos escuadrones, que mirado el ejército de Aragón desde la cumbre de los montes inmediatos, se parecía al arco de un flechero cuando tira éste de la cuerda para disparar la saeta.

El centro de las falanges castellanas era conducido por el príncipe de Viana, y al frente de las dos alas destinadas a sostenerlo marchaban con gentil talante el membrudo Arlanza y el duque de Castromerín. Los grandes que iban en el ejército, los ricos-homes[4] y los hidalgos de mayor pujanza rodeaban a don Juan el II, formando un muro impenetrable en derredor de su sagrada persona. Elevábase ondeando en medio de aquella espléndida cohorte el pendón real de Castilla, que veces tantas se enarboló triunfante, ya a despecho de las lises[5] de Francia, ya sobre las medias lunas de la imperial Toledo y la opulenta Sevilla.

Metíase en esto por entre las filas el condestable[6] don Álvaro, dando las últimas órdenes a los jefes. En su rostro, desmejorado por las zozobras y cavilaciones de un espíritu artificioso, se notaba cierta desazón interior, efecto sin duda de su crítica situación, pues casi pendía la suerte de su bando del éxito de la batalla. Revolvía con frecuencia hacia el escuadrón sagrado que aguardaba la persona real, cual si temiese que durante aquella célebre jornada se la hubieran de arrebatar como había acaecido otras veces; y su aire inquieto, receloso y algún tanto irresoluto, hacía singular contraste con el del manso príncipe de Viana, cuyos apacibles rasgos indicaban sólo la profunda aflicción que causaba a su espíritu el verse luchando de poder a poder contra su propio padre el rey don Juan de Navarra.

Así bajaban en buen orden al valle, mientras al eco de los timbales y clarines se adelantaban también a su encuentro las inmensas líneas del ejército contrario, entre las cuales de cuando en cuando se oían las voces de «¡flecheros de Aragón!», «¡lanzas de Navarra!» y otras a este tenor, indicando la porfía de los cabos en alinear las tropas y hacerlas avanzar, según los usos militares de aquellos tiempos. Levantaban, marchando con silencioso compás, una nube de menudísimo polvo; y, al llegar casi a tiro de ballesta de los castellanos, doblaron unánimemente una rodilla y recibieron la bendición del anciano obispo de Albarracín, por cuyo pálido semblante se veían correr algunas lágrimas al cumplir con este deber triste de su augusto ministerio. Latió con violencia a tan tierno espectáculo el corazón del caballero del Cisne, y no pudo dejar de pensar en que dentro de un instante muchos de aquellos valientes dormirían en eterno sueño.

Arnaldo y Ramiro recibieron orden de verse con el príncipe don Enrique, al que hallaron bajo de un árbol sentado sobre un haz de sarmientos, en medio de algunos barones y capitanes.

---

[4] «Ricoshombres», nobles de elevada categoría.

[5] La *fleur-de-lis* es el símbolo de Francia.

[6] En la Edad Media, el que ejercía en nombre del rey la primera autoridad en la milicia.

—Las primeras líneas del ejército —dijo a los dos amigos— han empezado a disparar los arcabuces; y aun, si no me engaño, anuncian ya los clarines que están las haces próximas a revolver unas contra otras. Halláisme tranquilo, no obstante, debajo de este nogal sin participar del lauro[7] de mis compañeros peleando a la cabeza de los escuadrones. No lo extrañéis: acaba de proponerme un labrador de esos campos que conducirá a una parte de mi ejército por incógnitos senderos al través de lagunas y pantanos hasta pillar la espalda de los enemigos. Ardua es la empresa, ya por su celeridad, ya por el riesgo de que se descubra el trozo destinado a llevarla a cabo. Conde Urgel, dos horas os doy de tiempo para su ejecución, y entretanto, con Ramiro de Linares y esos bravos capitanes que me acompañan, procuraremos sostener el choque de los castellanos, y dar con esto el tiempo necesario a la carga de vuestros montañeses.

—Me honráis con una comisión que pide de suyo más prudencia de la que esperar se puede de mis pocos años. Sólo siento no pelear al lado de mi hermano de armas; pero le cito para que nos reunamos en el corazón del ejército enemigo.

Encendiéronse en vivo fuego las mejillas del conde Arnaldo, manifestando la impaciencia en que su gallardo pecho ardía por verse en medio de las falanges castellanas. Hizo un profundo acatamiento, abrazó al caballero del Cisne y echó a andar tras de su conductor, mientras subía el príncipe a caballo para irse a colocar al frente de las legiones, rodeado de algunas de las lanzas que obedecían al hijo de don Íñigo y a su impávido maestro.

Marchaba en tanto el fogoso conde al través de matorrales y pantanosas malezas, sin poder reprimir el furor que le causaba el ver retardar el momento de arrojarse a los contrarios. Subía de punto su impaciente cólera oyendo a su derecha los gritos de los combatientes, el fragoso estruendo de las armas, los tiros de los arcabuces, las carreras y relinchos de los caballos, el son de las trompetas y el crujir de los botes, grandes cuchilladas y portentosos reveses. Mandaba acelerar el paso a sus fieros catalanes, y se irritaba teniendo que andar a menudo con el cuerpo algo inclinado para no ser visto de los enemigos, o meterse en espesos erizales e infestadas lagunas, no pudiendo por lo mismo adelantarse con la velocidad que deseaba su alma turbulenta y belicosa.

Venció, por último, tan insuperables obstáculos, llegando a ganar una colina que se elevaba a espaldas de los castellanos, desde donde se descubría con la mayor claridad lo que pasaba en el campo de batalla. Era el día limpio y despejado, y lanzaba el disco del sol desde lo más alto del cielo viva y esplendorosa lumbre sobre la vasta llanura donde se decidía con tanta obstinación y pujanza la suerte de Aragón y de Castilla. Contempló Arnaldo con silencioso placer aquel sangriento espectáculo: desenvainó el acero, y diciendo a sus soldados que se acordasen del conde Armengol y de la pobre Matilde, arrojóse con ellos dando desaforados gritos a las falanges castellanas y leonesas, que, enteramente ajenas de semejante acometida, no pudieron casi resistir un tan inesperado y valeroso ímpetu.

Disputábanse, en tanto, desde mucho rato los combatientes de ambas partes una victoria que con el esfuerzo de tantos héroes manteníase constantemente dudosa. Desde que el infante don Enrique apareció al frente de su ejército acompañado del caballero del Cisne, brilló un férvido entusiasmo en los escuadrones de Aragón, que cayeron con desatinada furia sobre las huestes enemigas. Don Álvaro y su hijo vieron vaciar un poco desde lejos en el lado opuesto los hidalgos de Castilla, y alzándose la visera corrieron a todo escape para detener los fugitivos, llevando consigo a Monfort, al señor de Arlanza y a otros acreditados guerreros.

—¿Adónde vais? —gritábales don Álvaro de Luna—. ¡Insensatos! ¿Dó corréis? En la lid está la vida y la victoria; fuera del campo, el deshonor y la muerte.

Sonrojáronse con tales razones aquellos famosos veteranos; y, conducidos por sus jefes, volvieron el rostro a la pelea, y no sólo detuvieron el ímpetu de los soldados de Aragón y Navarra, que ya les iban al alcance; sino que lograron dar a la batalla un carácter formidable e imponente.

—Haz tocar al arma —gritó Roldán al del Cisne, al notar el singular esfuerzo con que de nuevo acometía la flor de los campeones castellanos. Haz tocar al arma; te digo. ¿No ves, pecador de mí, que aquellos jayanes del ala derecha tratan de envolver la línea de nuestro ejército? Al arma, al arma, repito; he aquí el momento de hacer nuestro deber. Por lo menos, ha corrido media hora desde que se oyeron las cornetas de Claramonti anunciando el ataque contra el ala donde pelea el salvaje de Arlanza.

—En efecto —dijo su discípulo, paréceme que muestran los de don Álvaro la intención que acabáis de suponerles, y sólo nuestro escuadrón puede impedir que logren llevarla a cabo. Bien sabe Dios si quisiera aguardar el beneplácito del infante; pero esos perros no tienen traza de darnos tiempo.

—Repara, si no —interrumpió Roberto, en el rey de

---

[7] Gloria, honor.

armas que corre seguido de dos lanceros hacia aquella cuesta para asegurar el movimiento de la línea.

—Así es la verdad —repuso Ramiro; y volviéndose a sus guerreros—: ¡Amigos míos! —exclamó—. ¡Lanzas en ristre! Corramos a salvar nuestros camaradas en nombre de Aragón y de san Jorge.[8]

—¡Pimentel! ¡Pimentel! ¡Viva el hijo de nuestro conde! —respondieron los soldados a grandes gritos, y arrojándose a todo escape detrás de Roldán y su discípulo.

Pero no tenían que haberlas con enemigos de flaco y desmayado espíritu. El numeroso cuerpo que iban a acometer era todo compuesto de infantería, a excepción de algunos oficiales que iban montados. Al ver la acometida de los caballos que mandaba el del Cisne, la primera línea dobló una rodilla en tierra, y la segunda y tercera permanecieron inmóviles. Los guerreros de aquélla hincaron en sus mismos pies el acerado cuento de las lanzas, mientras presentaban los de las otras la punta de las suyas por encima de la cabeza de sus compañeros, oponiendo de esta manera al vigoroso empuje de los aragoneses la misma defensa que el erizo a sus mortales enemigos. Pocos caballeros lograron de pronto abrirse paso al través de aquella estacada de acero; pero el paladín del Cisne tuvo la suerte de ser uno de tantos. Metiendo la espuela a su caballo de batalla hizo saltar al noble animal un espacio de doce pies, hallándose de repente en medio de la falange enemiga. Trató entonces de buscar al objeto de su odio, y no se sorprendió poco de ver al buen Roberto combatiendo desesperadamente a su lado. La ternura, el valor, la firme resolución de vencer o morir con su discípulo, habían hecho acometer al honrado veterano con el mismo arrojo que sugerían a don Ramiro el amor, la gloria y la venganza.

—Ánimo, hijo del valiente don Íñigo—decíale Roldán, descargando cuchilladas y reveses—. ¡San Jorge! ¡San Jorge! ¡Bravo! ¡Lanzada estupenda! Ya se lo llevaron dos mil demonios. Guarda, guarda, discípulo; revuelve, por vida de Satanás, contra el de las armas negras. ¡Excelente bote! ¡Ah, perros! ¡Así os volveremos a todos patas arriba! ¡San Jorge! ¡San Jorge!...

Hirió entonces los aires, desde la otra parte del campo castellano, el estrepitoso son de las trompetas anunciando el imprevisto ataque de los montañeses acaudillados por el conde de Urgel.

—Ved allí la victoria, amigos míos— gritó el infante—. Nuestros compañeros de armas tienen cercada la columna central de los enemigos... ¡San Jorge por Aragón!

Y lanzando este grito de guerra, hizo sentir el acicate a su caballo, metiéndolo por entre los castellanos, que en balde, para animarse, respondían con las voces de «Santiago!»,[9] «¡España!», «¡España!». Introdúcese desde aquel momento en ellos la confusión y el desorden . (...)

La formidable línea de los aragoneses envuelve el centro de los castellanos acosados por el repentino ataque del señor de Urgel. Al mismo tiempo, habiendo el caballero del Cisne completamente desbandado el ala derecha de los contrarios, vuela a socorrer a Claramonti, que con este inesperado auxilio hace otro tanto con la izquierda. Ya no resisten las falanges: ábrense atemorizadas, y dejan penetrar hasta su seno los soldados enemigos. Llénanse el suelo de penachos, hierros de lanzas, cotas de malla, alfanjes[10] corvos y acuchillados broqueles; levántase una nube de polvo sobre el campo; y hácenla más densa los vapores de la sangre, el humo de las máquinas que arden y el inflamado aliento de sesenta mil guerreros. Suceden entonces al combate general mil riñas particulares, y la batalla se convierte en duelo: el jefe busca al jefe, el soldado lucha con el soldado, nadie se acuerda de vencer, a nadie seducen las ilusiones de la gloria, sólo se pelea para matar o vender cara la existencia, porque a todos igualmente hostiga el bárbaro placer de la venganza.

El soberbio Arnaldo, saciado de víctimas, contempla con insultante sonrisa, desde el corazón del ejército castellano, cuál huyen por todas partes los que se preciaban descender de Pelayo y Rodrigo de Vivar. Descúbrelo Montalbán, señor de las Torres de Allende, que venía mandando los caballeros de Santiago, y sorprendido de ver brillar a la vista de tan lastimoso cuadro cierto aire de satisfacción en aquel gesto feroz, jura castigar su desalmada insolencia.

—¡Bárbaro! —le grita corriendo hacia él—. No volverás a las horrorosas grutas de tus bosques, ni a vivir con las fieras que te dieron el ser.

—¿Y quién eres tú, esclavo vil de un favorito —responde Arnaldo, lívido y trémulo de cólera—, para insultar a un guerrero que te desprecia por cobarde?

—¡Aleve! —replica Montalbán, casi llorando de rabia. Eres valiente cuando traidoramente asaltas como el ladrón; pero tiemblas delante de un hombre con quien hayas de pelear cara a cara.

El conde de Urgel se arroja sobre Montalbán echan-

---

[8] Patrón de Aragón y de varias órdenes de caballería.

[9] Patrón de España. «¡Santiago!» es el grito de los castellanos.
[10] Sables.

do espuma por la boca: agítanse los músculos de su rostro, y en toda su persona se advierte una especie de sacudimiento o convulsión que le quita hasta la fuerza de contestar palabra alguna. El más profundo silencio reinó de repente en derredor, porque Roldán se puso a gritar con todas sus fuerzas:

—¡Nadie se menee! ¡Armas iguales! Dejadles guerrear como buenos caballeros.

Con lo cual, todos suspendieron el golpe que iban a descargar, para poner atención en el combate de los héroes.

Mátanse en el primer encuentro los caballos y desenvainan los aceros: rompe la espada de Montalbán el escudo de su enemigo; pero la del rabioso conde corta de un revés las correas de su yelmo y deja indefensa la testa de aquel cruzado. Lánzase entonces con el instinto del tigre sobre el adalid de Castilla, que en balde procura resguardar la frente por medio del triangular escudo donde brilla en campo de plata la roja cruz de Santiago: cierra Arnaldo contra él; persíguelo sediento de su sangre, sin generosidad, sin compasión, y alcanzándole con otra cuchillada derriba su cabeza, que da tres saltos por el suelo murmurando fugitivas imprecaciones. El cuerpo cubierto de hierro, de cuyos hombros cuelga todavía el albo manto de la orden, mantiénese un momento en pie; pero pronto pierde el equilibrio, vacila y cae también ruidosamente a las plantas del vengativo conde.

Con este último golpe empezaron a retirar en buen orden los caballeros de Santiago, que rato había eran los únicos que resistieran el ímpetu de los aragoneses, a fin de favorecer la fuga de los castellanos, y de que el rey don Juan tuviese tiempo para ponerse en salvo. Lograron su principal objeto combatiendo con valor sin igual; mas no pudieron salvar al príncipe de Viana, que quedaba entre los prisioneros. Veíales escapar el conde Urgel con la ira del gavilán cuando huye la víctima de sus garras, y no apartaba los ojos del blanco pendón que ondulaba a lo lejos, célebre insignia de aquellos ilustres campeones. Cesó desde entonces el combate: a los gritos sucedieron los clamores, a los insultos el lánguido suspiro de los moribundos. Atrás quedaban varios pelotones de castellanos combatiendo; pero su escaso número, su desesperación, su desaliento mismo hacían de ellos un objeto de lástima y no de recelo.

Mandó entonces el infante don Enrique tocar la retirada, y los escuadrones fuéronse recogiendo a sus trincheras. Él mismo recorrió todo el campo para apaciguar el encarnizamiento de los vencedores y dar lugar a que no fuesen maltratados los enemigos que cayeron prisioneros. Errando por entre aquella confusión, pol-

vareda y gritería, dirigíase a todo escape el caballero del Cisne hacia el pabellón del príncipe aragonés; y, aunque empezaba a cubrir los campos el crepúsculo de la noche, vio desde lejos venir corriendo otro guerrero, en quien reconoció muy pronto al infatigable conde de Urgel.

Abrazáronse tiernamente los dos amigos cual si hubiese mucho tiempo que no se hubieran visto, y siguiendo juntos su camino entraron enlazados por la mano en la tienda del infante, donde ya estaba reunido el consejo, presidido por el monarca de Navarra. Por entre la estrepitosa llama de las hogueras que ardían en derredor de aquel sitio, se paseaban lentamente los soldados de escogida guardia con orden de no permitir que se acercara persona alguna, y en lo alto del pabellón tremolaba la bandera aragonesa ostentando en campo blanco las armas de los antiguos condes de Barcelona. Los barones y capitanes que asistían al consejo se habían señalado en la refriega con hechos dignos de su alto valor y esclarecido linaje; mas cuando el resplandor de las antorchas que iluminaban la sala vieron entrar al hijo de Pimentel y al impetuoso Arnaldo, se levantaron con un movimiento espontáneo y natural, tributando por un espíritu caballeresco esa especie de homenaje a las proezas que hicieran los dos héroes en aquella célebre jornada. Aumentóse con esto el entusiasmo de la heroica asamblea que acababa de ceñirse el laurel de la victoria, y celebraba su junta en medio de los restos todavía humeantes de los bravos escuadrones de Castilla. Felicitábanse mutuamente por tan próspero suceso; y ensalzando hasta las nubes al caballero del Cisne, al conde de Urgel y al infante de Aragón, aseguraban que al lado de aquellos valientes llevarían el terror hasta la corte misma de Valladolid, arrancando de su alcázar al pérfido favorito por quien tanta sangre se vertía.

—¿Quién habla de castigar solamente al indigno favorito? —gritó Arnaldo, con voz de trueno, en medio de la augusta concurrencia—. ¿Os parece que hemos abandonado nuestros hogares y permitido que nos robasen, durante la ausencia, las dulces prendas de nuestro amor, para que el monarca imbécil de Castilla se deje dominar de otro privado tan codicioso y fiero como don Álvaro de Luna? ¡Príncipes y capitanes! Cuando nuestros ilustres abuelos corrían al socorro de los castellanos para hacerles triunfar en las Navas o enarbolar la cruz en lo alto de las cúpulas de la santa ciudad de Córdoba, no creían por cierto que hubiésemos de venir un día a vengar las alevosías de un miserable aventurero. Mayores las sufriremos aún como no arranquemos de raíz el emponzoñado aliento que las vivifica y favorece. La victoria que acabamos de conseguir nos abre el camino hasta el trono de Pelayo... ¡Ay de nosotros si no colocamos en él un monarca amigo de la paz y de la justicia, que sepa conjurar con una sola palabra los elementos de eternas desavenencias, que incesantemente atiza el débil príncipe que ahora reina en Segovia! Ya es tiempo de que cesen esas ominosas revueltas; ya es tiempo de que los estados diversos de la Península, enlazados entre sí por los vínculos del común interés, de la religión y de la sangre, sean como aquel antiguo pueblo que se conservaba unido en medio de la corrupción universal, sin tener más que un templo, una ley, un sacrificio; ya es tiempo, en fin, de que la armonía de los españoles se aproveche de la enemistad de los africanos, repeliéndolos a los abrasados desiertos que los vomitaron. Para que luzcan tan benéficas auroras, caiga don Juan el II, y un príncipe de la actual casa de Aragón haga conocer la felicidad a los pueblos de Castilla.

Este discurso, pronunciado con vehemencia a la vista de los cadáveres y destrozados despojos de la batalla, y ante encarnizados guerreros, cuyos rostros polvorosos y sangrientos parecían aún más siniestros al reflejo de la luz artificial, produjo una fuerte impresión en los capitanes y príncipes del consejo. Unos querían partir sin dilación alguna contra el resto de las legiones castellanas; otros decían que se habían de consultar primero al rey don Alfonso de Aragón. Éstos gritaban que era preciso atropellarlo todo para seguir un parecer dictado por el genio mismo de la guerra y de la justicia; respondían aquéllos que la precipitación juvenil era un delito en orden a asuntos de tanta madurez e importancia. Inflamábanse los ánimos, el furor no bien apagado de la pelea renacía en aquellos caracteres siempre sedientos de sangre, siempre dispuestos a decidirlo todo con la espada; y con tantas voces, aclamaciones y pareceres, convirtiérase aquel consejo, denantes[11] grave y sesudo, en una tumultuosa asamblea casi semejante al encarnizado festín de los lapitas,[12] o a las reuniones nocturnas de los galos.

Cuando se apaciguó algún tanto aquel tumulto, dejóse oír la voz sonora del caballero del Cisne.

—¿A qué os dejáis arrebatar —les dijo— de un fuego inútil? Temed que el enemigo revuelva contra vosotros y se aproveche de una discordia criminal. A pesar de que lo habéis completamente derrotado, no creáis por eso que nos hallemos triunfantes en las torres de Valladolid y de Segovia: preciso será valernos de toda nuestra unión y disciplina para acometer en el mismo corazón de las Castillas a los que arrancarlas supieron de la árabe pujanza. No dudo que, reinando entre nosotros la misma armonía que hasta aquí, dejemos de confundir a don Álvaro de Luna y su partido; pero me parece no sólo injusto, sino contrario a los intereses mismos de la corona de Aragón, el destronar a don Juan el II por una caprichosa venganza. ¿Qué ventaja nos produce semejante violación de los fueros, ejecutada contra una rama de la misma familia que tan gloriosamente reina en Nápoles y Zaragoza? Más nos conviene la imbecilidad del rey don Juan que la energía de cualquier otro monarca: debilita aquél el espíritu marcial de los castellanos, al paso que despertándoles éste de su letargo los llevaría continuamente a las fronteras de nuestro reino, ahora en gran manera ocupado con las brillantes campañas que sostiene osadamente en Italia. Creedme, ¡oh príncipes y barones!, favorece más nuestros proyectos la pusilánime indolencia de don Juan el II que su ruina total. Vacile enhorabuena sobre el trono; desaliente con su floja cobardía la audacia de los castellanos; mas no les demos otro rey que les recuerde los Fernandos y los Alonsos, ni atraigamos sobre nuestras cabezas los rayos del Vaticano y el odio de la Europa entera con medida tan inútil como injusta, hija por consiguiente de una política falsa.

Las palabras del hijo de Pimentel apaciguaron las pasiones de aquella tumultuosa asamblea, y dieron a conocer a casi todos sus individuos lo que convenía obrar en tan críticas circunstancias, sin dejarse arrebatar de los inciensos de la primera victoria. Aplaudieron el discurso de aquel héroe, que aún permanecía en pie con su talla gentil y majestuosa, mientras se extendía en torno un murmullo de admiración que encendía en vivo y modesto fuego su agraciado semblante. Las palabras del conde Arnaldo habían herido la fantasía, habían exaltado las pasiones marciales y violentas; pero hablando las del caballero del Cisne a la sana razón calmaron el volcánico movimiento causado por las primeras, en fuerza de blanda y flexible elocuencia, al propio tiempo dotada de un espíritu de claridad y convicción.

Quiso abrir otra vez los labios el descendiente de los condes de Urgel, desesperado de ver que su hermano de armas acababa de echar a tierra sus planes favoritos; pero ya no halló los ánimos en la misma disposición que al principio, y se levantaron cien guerreros para demostrar la sandez y el ningún fruto de su descabellado proyecto.

El mismo príncipe don Enrique, en vista de lo que

---

[11] Antes.

[12] Pueblo legendario de Tesalia, famoso por su ferocidad y por haber vencido a los centauros.

había dicho el hijo de Pimentel, manifestóse enteramente contrario al plan de destronar al rey de Castilla; y, aunque el monarca de Navarra aprobaba en su interior esta providencia vengativa y destructora, reprimióse, no obstante, por ver tan pronunciada y general la opinión de aquella especie de cortes, y manifestó quedar satisfecho con tener a su disposición al desgraciado príncipe de Viana.

Determinóse, pues, continuar la guerra contra Castilla, avanzando lentamente hacia Valladolid, sin más objeto que perseguir al condestable don Álvaro y exterminar su pérfido partido; después de lo cual levantáronse los personajes del consejo, y saliendo del ancho pabellón, atravesaron a la luz de la luna aquel lastimoso campo de batalla lleno de cadáveres ya desnudos, y oyéndose los débiles suspiros de los que por falta de socorro luchaban con las últimas agonías.

ENRIQUE GIL Y CARRASCO (1815-1846)

Enrique Gil y Carrasco es el más conocido de los autores de novelas históricas de mediados del siglo XIX. Romántico por excelencia, además de prosa, escribió poesía melancólica y conmovedora sobre temas típicos del movimiento: el amor, la muerte, el patriotismo, la belleza y el sufrimiento.

Nació en Villafranca del Bierzo, región del oeste de la provincia de León; el paisaje de su infancia serviría más tarde como escenario para su novela, *El señor de Bembibre* (1844), el único libro que publicó durante su vida. Aunque la descripción paisajística es un elemento importante de la novela histórica en general, en la de Gil y Carrasco juega un papel particularmente significativo, pasando a veces al primer plano de la narración. Varios críticos han comparado a Gil y Carrasco con Walter Scott y han comentado la superioridad de los paisajes del español. Jean-Louis Picoche ha señalado que aunque la Crítica ha clasificado *El señor de Bembibre* como una novela clásica, de hecho tiene elementos sentimentales, folklóricos, regionalistas y psicológicos también. De hecho, hasta se le encuentran características de la novela de costumbres contemporáneas. Es decir, se trata de una obra sumamente compleja—«una obra indefinible, una en su diversidad, rica por sus numerosos elementos» (Picoche 351).

El señor de Bembibre es un relato de aventuras en la tradición de Sir Walter Scott. El fondo histórico son las luchas, durante el siglo XIV,

de los Templarios—orden militar y religiosa que adquirió tremendo poder y riqueza en la Edad Media y fue suprimida por el papa Clemente V en 1312. El argumento es semejante al de numerosas obras de teatro románticas de la época. Cuenta los amores infelices de Beatriz de Osorio y Álvaro de Yáñez, señor de Bembibre. A causa de innumerables complicaciones, los amantes se ven obligados a separarse durante un largo período, y doña Beatriz, al creer muerto a su amado, se casa con otro. Álvaro ingresa entonces en la Orden de los Templarios. Más tarde, cuando Beatriz queda viuda, su padre trata de conseguir permiso del Papa para anular los votos del joven. Sin embargo, doña Beatriz muere después de una prolongada enfermedad causada, en parte, por su sufrimiento emocional. Gil y Carrasco logró unir la acción amorosa a los hechos auténticos de la disolución de la Orden de los Templarios. Reprodujo el ambiente histórico atendiendo a los más minuciosos detalles.

Gil y Carrasco estudió en Ponferrada, en Astorga y en la Universidad de Valladolid, donde conoció a importantes escritores como José Zorrilla. En 1836 se trasladó a Madrid, donde trabó amistad con Espronceda, Larra y el duque de Rivas. Influenciado por otros románticos, empezó a componer poesía. Su primer éxito fue la lectura del poema «Una gota de rocío», que leyó en el Liceo, centro literario donde se reunían autores románticos. Pronto empezó a escribir para periódicos como *El Español, Semanario Pintoresco Español, El Pensamiento* y *El Laberinto*. A fines de 1839 cayó gravemente enfermo y volvió a Ponferrada, donde visitó muchos de los lugares que había conocido de joven. De las observaciones que hizo durante este viaje nació su cuento, *El lago de Carucedo*, publicado en 1840. Ese mismo año empezó a trabajar en la Biblioteca Nacional.

La muerte de Espronceda en 1842 afectó profundamente a Gil y Carrasco. Leyó su elegía «A Espronceda» en los funerales de su amigo. Luego volvió a su tierra natal. Allí escribió unas bellísimas descripciones paisajísticas que publicó en el periódico *El Sol* y que emplearía después en *El señor de Bembibre*. Después de trabajar un tiempo como crítico de teatro, aceptó un puesto diplomático, viajando a Prusia para defender los intereses de Isabel II. Murió de tuberculosis en Berlín.

Picoche afirma que *El señor de Bembibre* no marca el fin de un género, sino que influye en la novela histórica de mediados del siglo, como, por ejemplo, *Guatimozín* (1846) de Gómez de Avellaneda o *Felipe V el animoso* (1857?) de Juan de Dios Mora.

El señor de Bembibre

Capítulo VIII

[Su padre trata de obligar a Beatriz a casarse con el conde de Lemus, pero ella expresa su oposición. En castigo a su rebelión, él la recluye en el monasterio de Villabuena, cuya abadesa es pariente suya. Desde allí Beatriz manda una carta a su amado pidiéndole que no adopte «ninguna determinación violenta» contra su padre y venga el primer domingo después del inmediato a la iglesia del convento y pase la noche allí para que puedan hablar.]

Cuantos días siguieron al encierro de doña Beatriz fueron efectivamente para el señor de Bembibre todo lo penosos y desabridos que le hemos oído decir, y aun algo más. Sin embargo, su natural violento e impetuoso mal podía avenirse con un pesar desmayado y apático, y día y noche había estado trazando proyectos a cual más desesperados. Unas veces pensaba en forzar a mano armada el asilo pacífico de Villabuena, al frente de sus hombres de armas, en mitad del día y con la enseña de su casa desplegada. Otras resolvía enviar un cartel al conde de Lemus. Ya imaginaba pedir al auxilio a algunos caballeros templarios[1]... y ya, finalmente, aunque como relámpago fugaz, parto de la tempestad que estremecía su alma, llegó a aparecérsele la idea de una alianza con el jefe de bandidos y proscritos, llamado el Herrero, que de cuando en cuando se presentaba en aquellas montañas a la cabeza de una cuadrilla de gentes, restos de las disensiones domésticas que habían agitado hasta entonces la corona de Castilla.

Como quiera, a cada una de estas quimeras salía al paso prontamente ya la noble figura de doña Beatriz, indignada de su audacia; ya el venerable semblante de su tío el maestre, que le daba en rostro con los peligros que acarreaba a la Orden; ya, finalmente, la voz inexorable de su propio honor, que le vedaba otros caminos, y entonces el caballero volvía a su lucha y a sus angustias, temblando por su única esperanza y entregado a todos los vaivenes de la incertidumbre. En tal estado sucedió la escena de que hemos dado cuenta a nuestros lectores, y don Álvaro hubo de ceder en sus desmandados propósitos, por ventura avergonzado de que la ele-

vación de ánimo de una sola y desamparada doncella así aleccionase su impaciencia. De todas maneras, aquella conversación que había descorrido enteramente el velo y manifestado el corazón de su amante en el lleno de su virtud y belleza, contribuyó no poco a sosegar su espíritu rodeado hasta allí de sombras y espantos.

Así se pasó algún tiempo, sin que don Alonso hostigase a su hija, siguiendo en esto los consejos de su mujer y de la piadosa abadesa; y doña Beatriz, por su parte, sin quejarse de su situación y convertida en un objeto de simpatía y de ternura por aquellas buenas religiosas, que se hacían lenguas[2] de su hermosura y apacible condición. Gozaba, como hemos dicho, de bastante libertad, y paseaba por las huertas y sotos que encerraba la cerca del monasterio, y su corazón llagado se entregaba con inefable placer a aquellos indefinibles goces del espíritu que ofrece el espectáculo de una Naturaleza frondosa y apacible. Su alma se fortificaba en la soledad, y aquella pasión, pura en su esencia, se purificaba y acendraba más y más en el crisol del sufrimiento, ahondando sus raíces a manera de un árbol místico en el campo del destierro y levantando sus ramas marchitas en busca del rocío bienhechor de los cielos.

Esta calma, sin embargo, duró muy poco. El conde de Lemus volvió a presentarse, reclamando sus derechos, y don Alonso entonces intimó a su hija su última e irrevocable resolución. Como éste era un suceso que forzosamente había de llegar, la joven no manifestó sorpresa ni disgusto alguno, y se contentó con rogar a su padre que le dejase hablar a solas con el conde, demanda a que no pudo menos de acceder.

Como nuestros lectores habrán de tratar un poco más de cerca a este personajes en el curso de esta historia, no llevarán a mal que les demos una ligera idea de él. Don Pedro Fernández de Castro, conde de Lemus, señor más poderoso de toda Galicia, era un hombre a quien venían por juro[3] de heredad[4] la turbulencia, el desasosiego y la rebelión, pues sus antecesores, a truque de engrandecer su casa, no habían desperdiciado ocasión, entre las muchas que se les presentaron, cuando el trono glorioso de San Fernando[5] se deslustró en manos de su hijo y de su nieto con la sangre de las re-

---

[1] El tío de Álvaro, Rodrigo Yáñez, es maestre de los templarios españoles.

[2] Alababan muchísimo.
[3] Derecho perpetuo.
[4] Herencia.
[5] Fernando III, rey de Castilla y de León (1201-1252). Combatió contra los moros y se mostró muy severo con los herejes.

vueltas intestinas.[6] Don Pedro, por su parte, como venido al mundo en época más acomodada a estos designios, pues alcanzó la minoría de don Fernando el Emplazado,[7] aumentó copiosamente sus haciendas y vasallos con la ayuda del infante don Juan, que entonces estaba apoderado del reino de León, y sin reparar en ninguna clase de medios. Por aquel tiempo fue cuando, con amenaza de pasarse al usurpador, arrancó a la reina doña María[8] la dávida del rico lugar de Monforte, con todos sus términos, abandonándola en seguida y engrosando las filas de su enemigo. Esta ruindad, que, por su carácter público y ruidoso, de todos era conocida, tal vez no equivalía a los desafueros de que eran teatro entonces sus extendidos dominios. Frío de corazón, como la mayor parte de los ambiciosos; sediento de poder y riquezas con que allanar el camino de sus deseos; de muchos temido, de algunos solicitado y odiado del mayor número, su nombre había llegado a ser aborrecible a todas las gentes dotadas de algún pundonor y bondad. A vueltas de tantos y tan capitales vicios, no dejaba de poseer cualidades de brillo: su orgullo desmedido se convertía en valor siempre que la ocasión lo requería; sus modales eran nobles y desembarazados, y no faltaba a los deberes de la liberalidad en muchas circunstancias, aunque la vanidad y el cálculo fuesen el móvil secreto de sus acciones.

Éste era el hombre con quien debía unir su suerte doña Beatriz. Cuando llegó el día de la entrevista, se adornó uno de los locutorios del convento con esmero para recibir a un señor tan poderoso, y presunto esposo de una parienta inmediata de la superiora. La comitiva del conde, con don Alonso y algún otro hidalguillo del país, ocupaban una pieza algo apartada, mientras él, sentado en un sillón a la orilla dela reja, aguardaba con cierta impaciencia, y aun zozobra, la aparición de doña Beatriz.

Llegó, por fin, ésta, acompañada de su tía, y ataviada como aquel caso lo pedía, y haciendo una ligera reverencia al conde, se sentó en otro sillón destinado para ella en la parte de adentro de la reja. La abadesa, después de corresponder al cortés saludo y cumplimiento del caballero, se retiró, dejándolos solos. Doña Beatriz, entre tanto, observó con cuidado el aire y facciones de aquel hombre que tantos disgustos le había acarreado y que tantos otros podía acarrearle todavía. Pasaba de treinta años, y su estatura era mediana; su semblante, de cierta regularidad, carecía, sin embargo, de atractivo, o por mejor decir, repelía por la expresión de ironía que había en sus labios delgados, revestidos de cierto gesto sardónico; por el fuego incierto y vagoroso de sus miradas, en que no asomaba ningún vislumbre de franqueza y ligeramente surcada de arrugas, rastro de pasiones interesadas y rencorosas, no de la meditación ni de los pesares. Venía cubierto de un rico vestido y traía al cuello, pendiente de una cadena de oro, la cruz de Santiago. Habíase quedado en pie y con los ojos fijos en aquella hermosa aparición, que, sin duda, encontraba superior a los encarecimientos que le habían hecho. Doña Beatriz le hizo un ademán lleno de nobleza para que se sentase.

—No haré tal, hermosa señora —respondió él cortésmente—, porque vuestro vasallo nunca querría igualarse con vos, que en todos los torneos del mundo seríais la reina de la hermosura.

—Galán sois —respondió doña Beatriz—, y no esperaba yo menos de un caballero tal; pero ya sabéis que las reinas gustamos de ser obedecidas, y así espero que os sentéis. Tengo, además, que deciros cosas en que a entrambos nos va mucho —añadió con la mayor seriedad.

El conde se sentó no poco cuidadoso, viendo el rumbo que parecía tomar la conversación, y doña Beatriz continuó:

—Excusado es que yo os hable de los deberes de la caballería y os diga que os abro mi pecho sin reserva. Cuando habéis solicitado mi mano sin haberme visto y sin averiguar si mis sentimientos me hacían digna de semejante honor, me habéis mostrado una confianza que sólo con otra igual puedo pagaros. Vos no me conocéis, y por lo mismo no me amáis.

—Por esta vez habéis de perdonar —repuso el conde—. Cierto es que no habían visto mis ojos el milagro de vuestra hermosura, pero todo se han conjurado a ponderarla, y vuestras prendas, de nadie ignoradas en Castilla, son el mayor fiador de la pasión que me inspiráis.

Doña Beatriz, disgustada de encontrar la galanería estudiada del mundo, donde quisiera que sólo apareciese la sinceridad más absoluta, respondió con firmeza y decoro:

---

[6] Que suceden en el interior de una sociedad o de una familia.

[7] Fernando IV, rey de Castilla y de León (1285-1312). Según la leyenda, hizo matar injustamente a Juan y Pedro Alonso Carvajal, dos enemigos políticos. Estos emplazaron al rey para que apareciera a los treinta días ante el tribunal divino a responder por su acción, cumpliendo la predicción.

[8] María de Molina (¿1265?-1321), reina de Castilla, esposa de Sancho IV de Castilla. Al morir éste, defendió la corona de su hijo Fernando contra las pretensiones de otros príncipes. Cuando murió Fernando, María aceptó reinar como regente durante la minoría de su nieto Alfonso XI.

—Pero yo no os amo, señor conde, y creo bastante hidalga vuestra determinación para suponer que sin el alma no aceptaríais la dávida de mi mano.

—¿Y por qué no, doña Beatriz? —repuso él con su fría y resuelta urbanidad—. Cuando os llaméis mi esposa, comprenderéis el dominio que ejercéis en mi corazón, me perdonaréis esta solicitud, tal vez harto viva, con que pretendo ganar la dicha de nombraros mía, y acabaréis, sin duda, por amar a un hombre cuya vida se consagrará por entero a preveniros por todas partes deleites y regocijos, y que encontrará sobradamente pagados sus afanes con una sola mirada de esos ojos.

Doña Beatriz comparaba en su interior este lenguaje artificioso, en que no vibraba ni un solo acento del alma, con la apasionada sencillez y arrebato de las palabras de su don Álvaro. Conoció que su suerte estaba echada irrevocablemente, y entonces, con una resolución digna de su noble energía, respondió:

—Yo nunca podré amaros, porque mi corazón ya no es mío.

Tal era en aquel tiempo el rigor de la disciplina doméstica, y tal la sumisión de las hijas a la voluntad de los padres, que el conde se pasmó al ver lo profundo de aquel sentimiento, que así traspasaba los límites del uso en una doncella tan compuesta y recatada.

—Algo había oído decir —exclamó— de esa extraña inclinación hacia un hidalgo de esta tierra; pero nunca pude creer que no cediese a la voz de vuestro padre y a los deberes de vuestro nacimiento.

—Ése a quien llamáis con tanto énfasis hidalgo —respondió doña Beatriz sin inmutarse— es un señor no menos ilustre que vos. La nobleza de su estirpe sólo tiene por igual la de sus acciones, y si mi padre juzga que tan reprensible es mi comportamiento, no creo que os haya delegado a vos su autoridad, que sólo en él acato.

Quedóse pensativo el conde un rato, como si en su alma luchasen encontrados afectos, hasta que en fin, sobreponiéndose a todo, según suele suceder, la pasión dominante, respondió con templanza y con un acento de fingido pesar:

—Mucho me pesa, señora, de no haber conocido más a fondo el estado de vuestro corazón; pero bien veis que, habiendo llevado tan adelante este empeño, no fuera honra de vuestro padre ni mía exponernos a las malicias del vulgo.

—¿Quiere decir —replicó doña Beatriz con amargura— que yo habré de sacrificarme a vuestro orgullo? ¿De eso traéis pendiente del cuello ese símbolo de la caballería española? Pues sabed —añadió con una mirada propia de una reina ofendida— que no es así como se gana mi corazón. Id con Dios, y que el cielo os guarde, porque jamás nos volveremos a ver.

El conde quiso replicar, pero le despidió con un ademán altivo que le cerró los labios, y, levantándose, se retiró paso a paso y como desconcertado, más que por el justo arranque de doña Beatriz, por la voz de su propia conciencia. Sin embargo, la presencia de don Alonso y de los demás caballeros restituyó bien presto su espíritu a sus habituales disposiciones, y declaró que por su parte ningún género de obstáculo se oponía a la dicha que se imaginaba entre los brazos de una señora dechado de discreción y de hermosura. El señor de Arganza, al oírlo, y creyendo tal vez que las disposiciones de su hija habían variado, entró en el locutorio apresuradamente.

Estaba la joven todavía al lado de la reja, con el semblante encendido y palpitante de cólera; pero al ver entrar a su padre, que, a pesar de sus rigores, era en todo extremo querido a su corazón, tan terribles disposiciones se trocaron en un enternecimiento increíble, y con toda la violencia de semejantes transiciones, se precipitó de rodillas delante de él, y extendiendo las manos por entre las barras de la reja, y vertiendo un diluvio de lágrimas, le dijo con la mayor angustia:

—¡Padre mío, padre mío! ¡No me entreguéis a ese hombre indigno, no me arrojéis en brazos de la desesperación y del infierno. ¡Mirad que seréis responsable delante de Dios, de mi vida y de la salvación de mi alma!

Don Alonso, cuyo natural franco y sin doblez no comprendía el disimulo del conde, llegó a pensar que su discreción y tino cortesano habían dado la última mano a la conversación de su hija, y aunque no se atrevía a creerlo, semejante idea se había apoderado de su espíritu mucho más de lo que podía esperarse en tan corto tiempo. Así, pues, fue muy desagradable su sorpresa viendo el llanto y desolación de doña Beatriz. Sin embargo, le dijo con dulzura:

—Hija mía, ya es imposible volver atrás; si éste es un sacrificio para vos, coronadlo con el valor propio de vuestra sangre y resignación. Dentro de tres días os casaréis en la capilla de nuestra casa con toda la pompa necesaria.

—¡Oh, señor, pensadlo bien! ¡Dadme más tiempo siquiera!...

—Pensado está —respondió don Alonso—, y el término es suficiente para que cumpláis las órdenes de vuestro padre.

Doña Beatriz se levantó entonces, y apartándose los cabellos con ambas manos de aquel rostro lívido, clavó en su padre una mirada de extraordinaria intención, y le dijo con voz ronca:

—Yo no puedo obedeceros en eso, y diré «no» al pie de los altares.

—¡Atrévete, hija vil! —respondió el señor de Arganza fuera de sí de cólera y de despecho—, y mi maldición caerá sobre tu rebelde cabeza y te consumir como fuego del cielo. Tú saldrás del techo paterno bajo su peso, y andarás como Caín, errante por la tierra.

Al acabar estas tremendas palabras se salió del locutorio, sin volver la vista atrás, y doña Beatriz, después de dar dos o tres vueltas como una loca, vino al suelo con un profundo gemido. Su tía y las demás monjas acudieron muy azoradas al ruido, y, ayudadas de su fiel criada, la transportaron a su celda.

FRANCISCO NAVARRO VILLOSLADA (1818-1895)

Tradicionalista y católico, Francisco Navarro Villasolada fue defensor fervoroso de don Carlos, hermano de Fernando VII. Nació en Navarra y después de estudiar teología y filosofía en Santiago de Compostela y derecho en Madrid, se lanzó a su carrera política, llegando a ser diputado y senador.

Se destacó como novelista, periodista y dramaturgo, pero ante todo fue campeón de la Fe. Fue un activista en pro de la religión y algunos lo han visto como un precursor de la Acción Católica. Fundó varios periódicos, entre ellos *El Arpa del Creyente, El Padre Cobos* y *El pensamiento español*. Era conocido por la agresividad con la que atacaba a los que veía como enemigos de los valores tradicionales españoles. No era ciego a los defectos de los carlistas y nunca negó los excesos de algunos miembros del partido, pero creía sinceramente que don Carlos era el rey cristiano que defendería la patria contra avances cesaristas—es decir, contra fuerzas progresistas, materialistas y laicas que destruirían la base cristiana del país.

Navarro Villoslada escribió varias novelas históricas en un período en que este género ya no estaba de moda. Entre sus novela más conocidas se cuentan *Doña Urraca de Castilla* (1849), *Doña Blanca de Navarra* (1874) y *Amaya, o Los vascos en el siglo VIII* (1877). La primera trata de las contiendas que tuvieron lugar en Galicia entre Doña Urraca y el obispo Diego Gelmírez en el siglo XII. Doña Urraca, reina de Castilla y León, se casó con Raimundo

de Borgoña. Después de la muerte de éste, se casó con Alfonso I el Batallador, rey de Aragón, pero el matrimonio fue anulado. Luchó largo tiempo contra su segundo marido y contra su hijo, Alfonso VII, reconocido como rey por los castellanos. Navarro Villasolanda reproduce aquella época hosca, sangrienta y feudal, pintando un cuadro sombrío en que Gelmírez va tramando el reinado glorioso de Alfonso VII.

Doña Blanca, que tiene lugar en el siglo XV, trata de la hermana del príncipe de Viana, casada con Enrique IV de Castilla. Fue traducida al portugués y al inglés.

Amaya, que algunos críticos han comparado con *Ivanhoe,* cuenta la historia de las fuerzas cristianas, compuestas de vascos y visigodos, que se enfrentaron a los moros en el siglo VIII. Escribe Juan Nep. Goy: «Cuando el naturalismo francés iba a cruzar nuestras fronteras, bien hacía un escritor tan católico y ponderado en lanzar aquella obra, verdadera epopeya vasca, en la que asistimos a los combates de tres civilizaciones que chocan: la pagana éuskara, representada por Amagoya; la gótica de Ramiro, que desemboca en Amaya, prototipo de hermosura moral y física; la unión de los pueblos rivales empieza cuando se enlaza con el guerrero de Abárzuza; y la acometida musulmana es el último envión que la consolida. Los que han leído con atención *Amaya,* verán que allí Navarro Villoslada se produjo como verdadero épico. Me atrevería a afirmar que acaso no haya encontrado obra que así reúna las condiciones para la verdadera epopeya como la novela de *Amaya*».

Las novelas de Navarro Villolada son conocidas por su ambiente histórico, que el autor logra al combinar personajes y acontecimientos reales y ficticios, y por su diálogo animado.

Doña Urraca de Castilla

[El conde de los Notarios, el maese Sisnando y el padre Prudencio han estado hablando de Bermudo de Moscoso, que está en la prisión desde hace muchos años pero que ven como candidato ideal para monarca. Para conseguir que ocupe el trono será necesario que la Reina lo solicite. El único problema es que ya se había casado con otra mujer, aunque los conspiradores se han enterado de que su matrimonio es nulo. El conde está encargado de contarle a noticia a la Prín-

cesa y de despertar su interés en la posibilidad de un nuevo matrimonio.]

Cuando anunciaron a la Princesa el arribo del ministro estaba lamentándose a solas de la servidumbre en que la tenían los ricohombres,[1] la cual le impedía volar en socorro de un amigo injustamente perseguido, y castigar a un vasallo tirano y caprichosamente cruel. Era doña Urraca doblemente infortunada en aquella ocasión, pues conocía que tan molesta dependencia no sólo dimanaba de la organización feudal de la monarquía, sino de los errores y extravíos del monarca, y se revolvía furiosa contra sí misma, como una serpiente irritada que se azota con la cola y se muerde con rabia, no pudiendo devorar a su perseguidor.

Entró el conde de los Notarios y hallóla en pie, dispuesta, al parecer, a salir del monasterio, las mejillas encendidas de cólera y vergüenza, próxima a prorrumpir en insultos y amenazas, por lo mismo que conocía su impotencia.

—¿Habéis cumplido mis órdenes?— dijo al de Castro con un acento que debía ser altivo, y fue más bien turbado.

—Puntualmente, señora— respondió modesto el conde; —he visto a Pelayo el mudo; he examinado al obispo.

—¿Y bien?— exclamó doña Urraca, temiendo todavía hallar en el ministro la resistencia de otras veces—. ¿Habéis acabado de convenceros de que Ramiro es hijo de...?

No se atrevió a terminar la pregunta. Cierto respeto religioso le impedía pronunciar irritada el nombre que faltaba para completar la frase.

Fernández de Castro comprendió que tan exquisita delicadeza suponía un amor inmenso, y que este amor exigía en aquellas circunstancias las mayores atenciones y miramientos.

—Sí, señora— respondió como impregnado de estas consideraciones—; tengo el convencimiento moral de que Ramiro es hijo del inolvidable don Bermudo de Moscoso.

—¡Oh!— dijo doña Urraca suspirando—. Diómelo el corazón desde el primer instante en que le vi, y mi corazón es el único que no me engaña. Perdonad, Gutierre— añadió luego sonriéndose, ya desenojada—; me olvidaba de que si vos me ofendéis a menudo, no me engañáis jamás.

—Jamás; permítame vuestra señoría que lo repita ahora, para no tener que recordarlo luego.

¿Venís ya con enigmas y misterios, conde de los Notarios? —repuso la Princesa con pecho palpitante—. De veras, os tengo miedo. ¿Qué reparo tenéis en ir al castillo de Ataulfo y rescatar al verdadero ricohombre y castigar al bárbaro fratricida?

—Ninguno.

—¡Oh! ¿Oh veis cómo yo tenía razón? ¿Cómo el corazón de una pobre mujer es superior a vuestra bien organizada cabeza? No perdamos un momento más.

—Antes de partir, señora, es preciso que acabéis de saberlo todo.

—¡Gran Dios! ¿Ataulfo ha sido capaz?... —exclamó bruscamente doña Urraca, perdiendo el color de sus hermosas mejillas.

—Nada temáis— respondió el conde con marcada intención—; la vida de cuantas personas os interesan ha sido respetada. Yo sólo quería participaros, para que obréis con todo conocimiento de causa, que Ramiro no es hijo legítimo de Bermudo de Moscoso.

—¡Pero es hijo suyo!

—Eso sí.

—Basta; creo, sin embargo, que estáis engañado. Moscoso estuvo casado en secreto con Elvira de Trava.

—Fue nulo el matrimonio.

—¡Nulo! Bueno, ¿y qué nos importa?

—Mucho pudiera importaros— contestó Gutierre con misterio—, si el padre de Ramiro existiese; porque en tal caso, Ataulfo quedaría legítimo dueño de Elvira y Bermudo absolutamente libre... Libre, no sólo ante Dios y los hombres, sino ante su corazón; quedaría probablemente curado de su afición a la infiel bastarda.

—Pero ¿a qué renováis esas llagas de mi alma?—exclamó la Reina con un gesto de amargura—. Bermudo no existe: murió asesinado por su hermano, y deber es de cuantos en vida lo quisimos vengarlo en muerte.

—¡Pues ahí está, señora! Hay quien dice que aquel leal y cumplido caballero no murió...

—¿Cómo?

—Tan presto —añadió Gutierre con viveza, creyendo haber avanzado mucho.

—¡Ah! Contadme, contadme, conde— dijo la Princesa, trémula de impaciencia—. ¿Qué se sabe? Corrieron acerca de su muerte tan extraños rumores...

—Que no sería extraño que la verdad hubiese quedado oscurecida. También Bernardo de Carpio[2] creía que su padre había perecido víctima de la venganza de vuestro ilustre abuelo Alfonso el Casto...

—Y el conde de Saldaña vivía en una torre, de donde jamás pudieron sacarle todo los esfuerzos, todas las hazañas del hijo.

—¡Cielos!— gritó la Reina, mirándole con ojos desencajados—. ¿Qué queréis decir?

—Que Bermudo de Moscoso vive; vive encerrado en el castillo de Altamira, y esta noticia es cierta: yo no os engaño jamás. Ha llegado a mis oídos por dos opuestos conductos. Vive, señora, y con el favor de Dios, luego se verá en libertad; volverá al mundo que

---

[1] Nobles.

[2] Personaje mítico español cuyas hazañas son el tema de un ciclo del romancero.

tanto echaba de menos sus proezas, sus virtudes, su dignidad, su tesón y bizarría.

Este discurso podía haber terminado muy bien en la primera frase, pero Gutierre Fernández de Castro iba estirándolo y amplificándolo sin temor de ser molesto, esperando ser interrumpido por los transportes de júbilo de regocijadas exclamaciones de la Reina.

No era fácil que tal sucediera porque doña Urraca se quedó sin voz y sin aliento, como sobrecogida de un pasmo, y vaga y turbia la mirada. Apenas daba otra señal de vida que el mantenerse en pie con los brazos lánguidamente abandonados a su propio peso.

MANUEL FERNÁNDEZ Y GONZÁLEZ (1821-1888)

Manuel Fernández y González escribió más de 200 novelas, muchas de las cuales fueron publicadas por entregas en diversos periódicos. Sus obras gozaron de una tremenda popularidad y de un gran éxito comercial. Leonardo Romero Tobar señala que durante la primera mitad del siglo XIX la novela se sitúa en la tradición de la literatura popular. «Sin mayores complicaciones [los autores] entregan a su público lo que éste pide: aventuras, descripciones estereotipadas, enseñanzas de todo tipo, referencias a la vida política contemporánea» (98). Para satisfacer a sus lectores insaciables, los escritores tenían que producir las entregas rápidamente, a veces dictándoselas a amanuenses. Fernández y González llevó esta práctica al extremo, a veces componiendo dos novelas simultáneamente.

Fernández y González cultivó diversos géneros novelísticos. Entre 1845 y 1857 escribió novelas históricas como *Alla-Akbar (¡Dios es grande!)* (1849), que trata de la conquista de Granada y se basa en leyendas y crónicas del siglo XV. Otros ejemplos son *Obispo, casado y rey* (1850); *El condestable don Álvaro de Luna* (1851); *Men Rodríguez de Sanabria* (1853); *Los monfíes de las Alpujarras* (1856); y *El cocinero de su Majestad* (1857), que se sitúa durante el reinado de Felipe III.

Después de este período Fernández y González abandonó los temas medievales y áureos y se puso a escribir sobre la España de los Asturias. Las novelas de este período son aventuras llenas de acción, intrigas, diálogo y duelos. Entre ellas se encuentran *Los hermanos Plantagenet* (1858) y *El pastelero de Madrigal* (1862).

En 1863 el autor volvió a cambiar de orientación, dedicándose a temas andaluces. Nove-

las como *Los siete niños de Ecija* (1863), *Los grandes infames* (1865), *Los piratas callejeros* (1866) y *Diego Corrientes* (1866-67) recrean el mundo del hampa, un mundo de pícaros, bandidos, gitanos y jugadores.

A partir de 1867 se dedicó a temas políticos y sociales, escribiendo novelas que describen a un proletariado honesto y trabajador. En novelas como *La honra y el trabajo* (1867) describe la explotación de esta clase desgraciada por propietarios desalmados.

Las novelas de Fernández y González están llenas de acción y de diálogos animados. Además de novelas escribió cuentos, dramas y artículos periodísticos. Uno de sus temas predilectos era las traducciones del francés, las cuales denunciaba por llevar al público español historias inmorales.

El éxito comercial de Fernández González le permitió vivir exclusivamente de la pluma. Sin embargo, despilfarró su dinero y murió pobre.

El cocinero de su majestad

Capítulo XXXVI

Cuando el confesor del rey salió de la cámara de la reina, al verse en las galerías del alcázar, medio alumbradas, y, por consecuencia, medio a obscuras, solo, sin otro testigo que Dios, la entereza del desgraciado se deshizo; vaciló y se apoyó en una pared.

Y allí, anonadado, trémulo, lloró…, lloró como un niño que se encuentra huérfano y desesperado en el mundo.

Y lloró en silencio, con ese amargo y desconsolado llanto de la resignación sin esperanza, muda la lengua y mudo el pensamiento, cadáver animado que en aquel punto sólo tenía vida para llorar.

Pero esto pasó: pasó rápidamente y se rehizo, buscó fuerzas en el fondo de su flaqueza y las encontró.

—Sigamos hacia nuestro calvario —dijo—, sigamos con valor; apuremos la copa que Dios nos ofrece, y dominemos este corazón rebelde…; que obedezca a su deber o muera: que Dios no pueda acusarnos de haber dejado de combatir un solo momento.

Se irguió, serenó su semblante, y se encaminó al lugar donde lo esperaba el tío Manolillo.

El bufón le salió al encuentro.

—¿Ha venido? —dijo el padre Aliaga.

—He tenido que engañarla; ahora mismo la estoy engañando.

—¡Engañando!

—Sí, por cierto; la tengo escondida en mi chiribitil, en el agujero de lechuzas que me sirve de habitación hace treinta años.

—¿Y por qué la engañas?

—Si no fuera por sus celos, ella no hubiera venido; la he asegurado que vería entrar a su amante en el aposento de doña Clara Soldevilla.

—¡Su amante!, ¿y quién es su amante?

—El señor capitán don Juan Girón y Velasco.

—¡Ah, ese joven! —exclamó con un acento singular el religioso.

—Aquí hay una escalera —dijo el bufón —, y no hubiera querido traeros por estos polvorientos escondrijos, pero vos habéis deseado conocerla…; asíos a las faldas de mi ropilla.

Empezaron a subir.

—¿Sabéis —dijo el bufón —que hay esta noche gente sospechosa en palacio?

—Lo sé, y la Inquisición vigila.

—¿Dónde creéis que estén esas gentes?

—En el patio.

—Algo más adentro; mucho me engaño si por los altos corredores de mi vivienda no anda el sargento mayor don Juan de Guzmán…

—¡Ese miserable!

—Y si no lo acompaña el galopín Cosme Aldaba. Hame parecido haberlos oído hablar en voz baja, a lo último del corredor.

—¿Y qué pensáis de eso?

—Temo mucho mal.

—¿Contra quién?

—Contra la reina.

—¡Ah!

—No os asustéis, yo estoy alerta.

—Será preciso prender a esos miserables.

—Dejémoslos obrar, no sea que prendiéndolos perdamos el hilo. Por lo mismo, y porque no puedan veros y conoceros, y alarmarse, os traigo a obscuras; por la misma razón, ya que estamos cerca de lo alto de las escaleras, callemos.

Siguió a la advertencia del bufón un profundo silencio.

Sólo se oían sobre los peldaños de piedra los recatados pasos del religioso y del tío Manolillo.

En lo alto ya de las escaleras, atravesaron silenciosamente un trozo de corredor, y el bufón se detuvo y llamó quedito a una puerta.

Oyéronse dentro precipitados pasos de mujer, y se descorrió un cerrojo.

La puerta se abrió.

El padre Aliaga sólo pudo ver el bulto confuso de la persona que había abierto, porque el aposento estaba obscuro; pero oyó una anhelante y dulce voz de mujer que dijo:

—¿Ha venido ya?

—No, hija mía —dijo el bufón —, y según noticias mías, no vendrá esta noche. Pero, pasa, pasa al otro aposento, que no es justo que hagamos estar a obscuras a la grave persona que viene conmigo.

—¿Quién viene con vos, tío?

—El confesor de su majestad el rey.

—¡Ah! ¡El buen padre Aliaga!

—¿Me conocéis? —dijo fray Luis, entrando en el mismo aposento en que en otra ocasión entró Quevedo con el tío Monolillo.

—Os conozco de oídas; delante de mí han hablado mucho de vos el duque de Lerma y don Rodrigo Calderón.

Al entrar en un espacio iluminado, el padre Aliaga miró con ansia a la comedianta; al verla, dio un grito.

—¡Ah! —exclamó —; ¡es ella! ¡Margarita!

—Os habéis engañado, señor —dijo la Dorotea —; yo no me llamo Margarita.

—Es verdad —dijo el padre Aliaga —; vos no os llamáis Margarita, pero ese mismo nombre tenía una infeliz a quien os parecéis como vos misma cuando os miráis al espejo. ¡Oh, Dios mío, qué semejanza tan extraordinaria!

—Miren qué casualidad — dijo el bufón —, que tú hija mía, hayas querido venir al alcázar, que el reverendo fray Luis de Aliaga haya querido venir a mi aposento, y que este santo varón encuentre en ti una absoluta semejanza con otra persona.

La Dorotea miraba fijamente al padre Aliaga.

—¡No me conocías! ¡No me habéis visto antes de ahora! —dijo la Dorotea, que comprendía en la mirada del fraile, fija en ella, algo de espanto, mucho de anhelo y muchísimo de afecto.

El bufón se anticipó al padre Aliaga.

—No, hija mía, no; este respetable religioso no te conocía ni de nombre.

—Me estáis engañando —dijo de una manera sumamente seria la Dorotea.

—No, hija mía, no —dijo el padre Aliaga —; pero me extraña ver en el aposento del tío Manolillo, y a estas horas, una mujer tal como vos.

La Dorotea sacó su labio inferior en un gracioso mohín, que tanto expresaba fastidio como desdén, por la observación de fray Luis.

—¿Os une algún parentesco con esta joven, Manuel?

—Os diré, fray Luis: sí y no; soy su padre y no lo soy; no lo soy, porque ni siquiera he conocido a su madre, y lo soy, porque no tiene en la tierra quien haga para ella oficio de padre más que yo.

—¿Y vos habéis conocido a vuestros padres, hija mía?

—No, señor —dijo la Dorotea —; me he criado en el convento de las Descalzas Reales; recuerdo que, desde muy niña, iba todo los días a visitarme el tío Manolillo; yo lo creía mi padre; pero cuando estuve en estado de conocer mi desdicha, me dijo el tío Manolillo: «Yo no soy tu padre, te encontré pequeñuela y abandonada»...

—¡Y no te he mentido, vive Dios! En la calle te encontré —dijo el bufón.

—¡Válgame Dios! —dijo el padre Aliaga —; pero ¿en qué os ejercitáis, que baste a costear honradamente esas galas y esas joyas?

—¿Quién habla aquí de honra? —dijo la Dorotea, cuyo semblante se había nublado completamente —. ¿A qué este engaño? ¿A qué ha subido a este desván? Demasiado sabéis, padre, que soy comedianta, y menos que comedianta..., una mujer perdida. Bien, no hablemos más de ello. Pero sepamos..., sepamos a qué he venido yo aquí y a qué habéis venido vos.

—¡Oh, Dios mío! —exclamó el padre Aliaga, levantando las manos y el rostro al cielo, dejando caer instantáneamente el rostro sobre sus manos.

Pero esto duró un solo momento.

El religioso volvió a levantar su semblante pálido, melancólico y sereno.

—¡Vos me conocéis!... exclamó la Dorotea —; más que eso...: Vos conocéis a mis padres..., o los habéis conocido... Mi madre se llamaba Margarita.

—Es verdad.

—¿Y dónde está mi madre? —preguntó juntando sus manos, y con voz anhelante, Dorotea.

—¡En el cielo! —contestó con voz ronca el bufón.

—¡Ah! —exclamó la Dorotea.

Y dejó caer la cabeza, y guardó por algunos segundos silencio.

Luego dijo con doble anhelo:

—¡Pero mi padre!...

—¡Tu padre!... —dijo el bufón —¿quién sabe lo que ha sido de tu padre?

—Sentaos, hija mía, sentaos y escuchadme —dijo el padre Aliaga.

Dorotea se sentó y esperó en el silencio y con ansiedad a que hablase el padre Aliaga, que se sentó a su vez en el sillón aquel que en otros tiempos había servido al padre Chaves para confesar a Felipe II.

—No os habéis equivocado, hijo mía —dijo el confesor de Felipe III —; se os ha traído aquí con engaño... Mi carácter de religioso me vedaba entrar en vuestra casa.

—El engaño, sin embargo, ha sido cruel. Sin él, hubiera yo venido..., pero ya está hecho; continuad señor, continuad; os escucho.

—Os encontráis en unas circunstancias gravísimas. Lo que voy a deciros debéis olvidarlo; debéis olvidar que os habla el inquisidor general.

—¡Dios mío! —exclamó la joven, poniéndose de pie, pálida y aterrada.

—Nada temáis; el inquisidor general, tratándose de vos, y por ahora, ni ve, ni oye, ni siente; mas claro: en estos momentos no soy para vos más que un hermano adoptivo de vuestra madre.

—¡Dios mío! —repitió Dorotea, juntando las manos.

—Yo amé mucho a vuestra madre..., no he podido olvidarla aún...; la robó un infame de la casa de sus padres..., yo fui el último de la familia que escuchó su voz... Después... no la he vuelto a ver..., pero la estoy viendo en vos..., en vos, que sois su semejanza perfecta.

—Creo que me parezco tanto a mi madre en la figura como en la suerte.

—De vuestra suerte nos importa hablar. Estáis acusada a la Inquisición.

—¡Acusada a la Inquisición! —exclamó el tío Manolillo, poniéndose delante de la joven como para defenderla —; ¡acusada a la Inquisición!, ¿y por qué?

El padre Aliaga no quiso comprometer a doña Clara Soldevilla, arrojar sobre su cabeza el odio del bufón, y contestó:

—Por las inteligencias con un hombre, en el cual, según me he informado, está puesto y siempre vigilante el ojo del Santo Oficio; con un tal Gabriel Cornejo...

—¡Con ese miserable! —exclamó el bufón —; ¿tienes tú conocimiento con ese miserable, Dorotea?

—Sí —contestó la joven —; lo he buscado... porque creía amar a un hombre..., desconfiaba de él..., necesitaba un bebedizo..., pero yo soy cristiana, señor, yo creo en Dios, yo lo adoro —exclamó llorando la Dorotea.

—Os he asegurado que nada tenéis que temer —dijo el padre Aliaga —; pero es necesario que cambiéis de vida; que dejéis el teatro, y no sólo el teatro, sino el mundo.

—El teatro, sí —dijo la Dorotea —; sin que vos me lo aconsejarais, estaba resuelta a ello..., pero el mundo…, el mundo no; en el mundo…, fuera del claustro está mi felicidad; está él, y él me ama…

—Ese caballero no puede ser vuestro esposo; ese caballero no puede amaros.

—¡Ah!, ¡lo conocéis!… ¡Os ha enviado él!… ¡Ama a la otra!… ¡Ama a doña Clara!… ¡Y se casará con ella!… ¡Oh, no! ¡No se casará! ¡Será necesario, para ello, que me haga pedazos la Inquisición!

—¡Oh, Dios mío! —exclamó a su vez el padre Aliaga.

—¿Pero qué te ha dado ese hombre? —exclamó con irritación el tío Manolillo—; ¿qué te ha dado que te ha vuelto loca?

—Me ha dado la vida y el alma, porque yo no sabía lo que era vivir, lo que era tener alma, lo que era amar, hasta que lo he visto, hasta que lo he oído.

—¡Y con esa vehemencia tuya lo habrás hecho tu amante! —dijo el bufón.

—No…, no… y mil veces no; para él no soy una mujer perdida.

—¿Pero qué felicidad podéis encontrar, hija mía en unos amores ilícitos? —dijo el padre Aliaga —; ¿por qué ligar a vos a un joven noble y digno?… ¿Por qué dar ocasión a que mañana se avergüence?…

—Me estáis desgarrando el corazón —exclamó con una angustia infinita la Dorotea—; me estáis repitiendo lo que me dice mi conciencia.

El rostro del bufón, mientras dijo la joven estas palabras, se había ido poniendo, sucesivamente, y con suma rapidez, pálido, verde, lívido.

—Es verdad —dijo con la voz opaca y convulsiva—; decid a una pobre niña abandonada de todo el mundo: sé fuerte, renuncia al amor, que es tu vida, porque la desgracia te ha hecho indigna del amor de un hombre honrado; ensordece, cuando puedas escuchar palabras de consuelo; ciega, cuando el sol de la felicidad nace para ti; muere, cuando empiezas a vivir; no Dorotea, no; tú vivirás, porque Dios quiere que vivas; tú amas a ese hombre; ese hombre será para ti… o para nadie…, y cuenta con que el Santo Oficio se ponga frente a frente del bufón.

—¡Manuel!, estáis loco —exclamó el padre Aliaga.

—No, no estoy loco; pero todos los que tienen algún poder abusan de él; no en balde he pasado cincuenta años en este alcázar; nací en un desván de él, y el alcázar me conoce y me confía sus secretos; yo soy también poderoso, yo puedo decir al rey…, sí…, sí, por cierto…, yo puedo decirle: hay un hombre…, un señor grave…, que parece un santo…, y oye, Felipe: ese hombre tiene el corazón como yo…, y como el otro, y como el de más allá…; es un embustero con máscara… es una virtud de comedia…, es mentira…;

ese hombre ama a tu Margarita…; observa, observa a ese hombre cuando esté delante de tu esposa…; ese hombre no vela por la reina por lealtad, ni por virtud…, sino por amor…, por un amor dos veces adúltero, por un amor sacrílego.

—¡Ese hombre que dice el tío Manolillo sois vos! —dijo la Dorotea, pálida, sombría, señalando con un dedo inflexible la frente del religioso.

—Yo… ¡Dios mío!, yo, que amo a su majestad!

—Y si ocultáis vuestro amor, si lo devoráis…, porque al fin ella es una mujer casada, y vos sois un fraile; si tenéis la virtud de sufrir en silencio vuestro infierno; si sabéis cuánto ofendéis a Dios, porque os está prohibido amar a otro que a Dios y amáis a vuestra reina…, si sabéis que puede llegar un día en que blasferméis, y en que la blasfemia os condene…, ¿por qué queréis que una mujer libre engañe a Dios y se encierre en un claustro, y dentro de él sufra un infierno de amor, blasfeme y se condene también? Yo…, puedo servirlo, amarlo, con toda mi alma sin ofender al mundo, porque no soy casada; sin ofender a Dios, porque no soy esposa de Dios. Y haced de mí lo que queráis; prendedme, matadme, llevadme a la hoguera…; Dios sabe que no lo he ofendido, que lo adoro, que creo en Él. Dios dará su gloria a quien ha sufrido tres veces el martirio.

—La Inquisición no te tocará, no te acusará a ti. ¿No es verdad, padre, que la Inquisición no se atreverá a ella?

Las últimas palabras del tío Manolillo eran un rugido amenazador.

—¡Dejadme! —exclamó el padre Aliaga—, ¡dejadme, y que Dios tenga piedad de los tres!

Y salió desalentado.

—Esperad, voy a alumbraros y a guiaros, fray Luis; ¡bah!, eso pasará, nos entenderemos y seremos los más grandes amigos del mundo. ¡Ah, ah!, tú te quedas aquí, hija mía. No llores, que no hay para qué. Vamos, padre Aliaga.

El bufón salió y cerró la puerta exterior.

Después de cerrarla se detuvo.

—Juraría —dijo— que, al llegar a la puerta por la parte de adentro, he sentido pasos silenciosos, pero precipitados, que se alejaban. No importa, yo volveré y veremos lo que esto significa. Dadme la mano para que os guíe, fray Luis.

El padre Aliaga dio a tientas la mano al bufón.

—Estás muriendo, padre; vuestra mano está fría como la de un muerto —dijo el bufón al sentir el contacto de aquella mano.

El padre Aliaga no contestó.

El bufón lo llevó por donde lo había traído.

Al llegar a la galería de los Infantes, lo soltó.

—Desde aquí —dijo— sabéis salir al alcázar. Pero una palabra antes de que nos separemos: tened compasión de ella, tened compasión de vos mismo, tenedla, por Dios, de mí.

El padre Aliaga se alejó en silencio y con la cabeza baja.

—Acaso he sido imprudente —dijo el bufón estremeciéndose—, acaso he sido injusto; ¡Dios mío!, cuando se trata de ella me vuelvo loco. (…)

La novela de costumbres contemporáneas de la primera mitad del siglo

GERTRUDIS GÓMEZ DE AVELLANEDA (1814-1873)

Al mismo tiempo que la novela histórica, se desarrolla en España la novela de costumbres contemporáneas. Autores como Estanislao de Cosca Vayo y Nicómedes Pastor Díaz escriben obras que reflejan los usos y valores de la sociedad actual. Una de las pocas novelas de aquella época que ha perdurado y sigue estudiándose es *Sab*, de Gertrudis Gómez de Avellaneda, cuya contribución a la poesía romántica ya se examinó en un capítulo anterior.

Sab no se sitúa en la España de las primeras décadas del siglo XIX, sino en Cuba, tierra natal de la autora. La trama gira alrededor del amor del esclavo mulato Sab por Carlota, joven bella y blanca pero relativamente pobre, que está a punto de casarse con Enrique Otway, hijo del dueño de un ingenio. El padre del joven se opone al matrimonio porque Carlota, a pesar de haber heredado algo de dinero de su padre, no posee lo suficiente para sacar a los Otway de su mal estado financiero.

Pronto Carlota comienza a dudar del amor de Otway, quien vacila entre el afecto y la ambición social; de hecho, sólo decide casarse con su prometida cuando se entera de que ella ha ganado la lotería. (En realidad, el premio era de Sab, quien le da el número ganador a Carlota para que la quiera Enrique.) Dos veces Sab, viendo a Otway en peligro, le salva la vida por amor a Carlota. Después de que Sab muere, Carlota, casada ya con Otway, se da cuenta del verdadero carácter de Otway y queda desilusionada. Más tarde se entera por una carta del amor de Sab. Lo que no sabe jamás es que su amiga Teresa está enamorada de Otway.

Esta historia de amor imposible se sitúa claramente dentro del marco de la novela romántica. Se trata de un doble triángulo de amores frustrados, el primero formado por Otway, Carlota y Sab y el segundo por Carlota, Otway y Teresa.

Las descripciones del paisaje también son de origen romántico. En *Sab* la naturaleza actúa en consonancia con la acción; refleja el estado emocional de los personajes o revela su verdadero carácter. Por ejemplo, en un episodio en el cual Sab está a punto de matar a Otway, su angustia interior se manifiesta en una violenta tempestad. Asimismo, en el incidente en que Enrique coge una naranja y la arroja al suelo, la Crítica ha visto una clave de la personalidad del joven. Es el hombre que se apropia de las cosas sin apreciarlas, el que se apodera de los frutos de la labor ajena y, finalmente, un símbolo de la rapacidad del extranjero en Cuba. Sab, en cambio, se identifica con lo natural y lo nativo.

Luis Martul Tobío señala que, aunque se ha calificado la novela de «cubana», los paisajes de *Sab* deben más a sus orígenes literarios que a la realidad caribeña. Aunque probablemente recordados por la Avellaneda, estos paisajes han pasado por el filtro de Rousseau, Chateaubriand y otros románticos europeos, lo cual se ve en «el carácter grandioso, los desniveles marcados, lo ilimitado e inalcanzable, la vegetación poderosa y dominante, la condición de ámbito y las relaciones entre lo inmenso y lo pequeño, lo lejano y lo próximo» (xv).

Otra influencia romántica es la novela francesa de tema racial. Desde comienzos del siglo surge en Francia un tipo de novela (y también de obra teatral), situada típicamente en el Caribe, en la que los protagonistas son personas de color que se encuentran en confrontación con la sociedad blanca. Estas obras, algunas de las cuales la autora conocía, desempeñaron un papel importante en los debates de la época sobre la esclavitud, aunque con la resolución de la cuestión fueron cayendo en el olvido.

Los personajes de *Sab* se corresponden en muchos sentidos con arquetipos románticos. Carlota es la belleza ideal: es angelical, sensible, pura, delicada, espiritual. Inevitablemente choca con la realidad brutal y se decepciona. En contraste, su amiga Teresa, quien queda al margen de la sociedad por su falta de recursos económicos y de atractivo físico, es una mujer fuerte, enérgica, práctica y misteriosa.

Separado irremediablemente del objeto de su amor por razones de raza y de clase, Sab corresponde al arquetipo romántico del amante frustrado. Sin embargo, no es el rebelde donjuanesco y satánico de Espronceda y de Zorrilla. Es más bien el héroe de las novelas abolicionistas o el «buen salvaje» de Rousseau.

Otway es el antagonista, el antihéroe. Es el hombre que opta por lo práctico en vez de por lo ideal. Materialista, inmaduro, codicioso, representa una sociedad mercantil que valora el lucro por encima de la tranquilidad espiritual.

Otra novela de Gómez de Avellaneda, *Guatimozín, último emperador de México* (1846), fue publicada por entregas; trata de la brutalidad de los españoles en la conquista de los aztecas. En *El artista barquero o los cuatro cinco de junio* (1861) se destaca la crítica social.

Sab

Captítulo VII

...........Lo que quiero
son talegos y no trastos.

....

lo primero los doblones
CAÑIZARES[1]

Ocho días después de aquél en que partió Enrique de Bellavista, a las diez de la mañana de un día caluroso se desayunaban amigablemente en un aposento bajo de una gran casa, situada en una de las mejores calles de Puerto Príncipe, Enrique Otway y su padre.

El joven tenía aún en el rostro varias manchas moradas de las contusiones que recibiera en la caída, y en la frente la señal reciente de una herida apenas cerrada. Sin embargo, en la negligencia y desaliño a que le obligaba el calor, su figura parecía más bella e interesante. Una camisa de transparente batista velaba apenas su blanquísima espalda, y dejaba enteramente descubierta una garganta que parecía vaciada en un bello molde griego, en torno de la cual flotaban los bucles de sus cabellos, rubios como el oro.

Frente por frente de tan graciosa figura veíase la grosera y repugnante del viejo buhonero. La cabeza calva sembrada a trechos hacia atrás por algunos mechones de cabellos rojos matizados de blanco, las mejillas de un encarnado subido, los ojos hundidos, la frente surcada de arrugas, los labios sutiles y apretados, la barba puntiaguda y envuelto su cuerpo alto y enjuto en una bata blanca y almidonada.

Mientras Enrique desocupaba con buen apetito un ancho pocillo de chocolate, el viejo tenía fijos en él los cavernosos ojos, y con voz hueca y cascarrona le decía:

—No me queda duda, Carlota de B... aún después de heredar a su padre no poseerá más que una módica fortuna, y luego en fincas deterioradas, ¡perdidas!... ¡Bah!, ¡bah!, estos malditos isleños saben mejor aparentar riquezas que adquirirlas o conservarlas. Pero en fin, no faltan en el país buenos caudales; y no, no te casarás con Carlota de B... mientras haya otras varias en que escoger, tan buenas y más ricas que ella. ¿Dudas tú que cualquiera de estas criollas,[2] la más encopetada, se dará por muy contenta contigo? Ja, ja, de eso respondo yo. Gracias al cielo y a mi prudencia, nuestro mal estado no es generalmente conocido, y en este país nuevo la llamada nobleza no conoce todavía las rancias preocupaciones de nuestra vieja aristocracia europea. Si don Carlos de B... hizo algunos melindres, ya ves que tuvo a bien tomar luego otra marcha. Yo te fío[3] que te casarás con quien se te antoje.

El viejo hizo una mueca que parodiaba una sonrisa y añadió en seguida frotándose las manos, y abriendo cuanto le era posible sus ojos brillantes con la avaricia. ¡Oh, y si se realizase mi sueño de anoche!... Tú, Enrique, te burlas de los sueños, pero el miedo es notable, verosímil, profético... ¡Soñar que era mía la gran lotería! ¡Cuarenta mil duros en oro y plata! ¿Sabes tú que es una fortuna? ¡Cuarenta mil duros a un comerciante decaído!... Es un bocado sin hueso,[4] como dicen en el país. El correo de La Habana debía llegar anoche, pero

---

[1] José de Cañizares (1676-1750), dramaturgo muy popular, conocido especialmente por su comedias de magia y su uso de la música y las tramoyas.

[2] Españolas nacidas en el Nuevo Mundo.
[3] Garantizo, aseguro.
[4] **Bocado...** provecho sin desperdicio.

ese maldito correo parece que se retarda de intento,[5] para prolongar la agonía de esta espectativa.

Y en efecto pintábase en el semblante del viejo una extremada ansiedad.

—Si habéis de ver burlada vuestra esperanza —dijo el joven—, cuanto más tarde será mejor. Pero en fin, si sacabais el lote bastaría a restablecer nuestra casa y yo podría casarme con Carlota.

—¡Casarte con Carlota! —exclamó Jorge, poniendo sobre la mesa un pocillo de chocolate que acercaba a sus labios, y que dejara sin probarle al oír la conclusión desagradable del discurso de su hijo—. ¡Casarte con Carlota cuando tuvieras cuarenta mil duros más! ¡Cuando fueras partido para la más rica del país! ¿Has podido pensarlo, insensato? ¿Qué hechizos te ha dado esa mujer para trastornar así tu juicio?

—¡Es tan bella! —repuso el joven, no sin alguna timidez—, ¡es tan buena, su corazón tan tierno, su talento tan seductor!...

—¡Bah! ¡Bah! —interrumpió Jorge con impaciencia—, ¿y qué hace de todo eso un marido? Un comerciante, Enrique, ya te lo he dicho cien veces, se casa con una mujer lo mismo que se asocia con un compañero, por especulación, por conveniencia. La hermosura, el talento que un hombre de nuestra clase busca en la mujer con quien ha de casarse son la riqueza y la economía. ¡Qué linda adquisición ibas a hacer en tu bella melindrosa, arruinada y acostumbrada al lujo de la opulencia! El matrimonio, Enrique, es...

El viejo iba a continuar desenvolviendo sus teorías mercantiles sobre el matrimonio, cuando fue interrumpido por un fuerte golpe dado con el aldabón de la puerta, y la voz conocida de uno de sus esclavos gritó por dos veces:

—El correo. Están aquí las cartas del correo.

Jorge Otway se levantó con tal ímpetu que vertió el chocolate sobre la mesa y echó a rodar la silla, corriendo a abrir la puerta y arrebatando con mano trémula las cartas que el negro le presentaba haciendo reverencias. Tres abrió sucesivamente y las arrojó con enfado diciendo entre dientes:

—Son de negocios.

Por último rompe un sobre y ve lo que busca: el diario de La Habana que contiene la relación de los números premiados. Pero el exceso de su agitación no le permite leer aquellas líneas que deben realizar o destruir sus esperanzas, y alargando el papel a su hijo:

—Toma —le dice—, léelo tú. Mis billetes son tres,

números 1750, 3908 y 8004. Lee pronto, el premio mayor es el que quiero saber; los cuarenta mil duros. Acaba.

—El premio mayor ha caído en Puerto Príncipe —exclamó el joven con alegría.

—¡En Puerto Príncipe! Veamos... ¡el número, Enrique, el número! —y el viejo apenas respiraba.

Pero la puerta, que había dejado abierta, da paso en el mismo momento a la figura de un mulato, harto conocido ya de nuestros lectores, y Sab, que no sospecha lo intempestivo de su llegada, se adelanta con el sombrero en la mano.

—Maldición sobre ti! —grita furioso Jorge Otway—, ¿qué diablos quieres aquí, pícaro mulato, y cómo te atreves a entrar sin mi permiso? ¿Y ese imbécil negro qué hace? ¿Dónde está que no te ha echado a palos?

Sab se detiene atónito a tan brusco recibimiento, fijando en el inglés los ojos mientras se cubría su frente de ligeras arrugas, y temblaban convulsivamente sus labios, como acontece con el frío que precede a una calentura. Diríase que estaba intimidado por el aspecto colérico de Jorge si el encarnado que matizó en un momento el blanco amarillento de sus ojos, y el fuego que despedían sus pupilas de azabache, no diesen a su silencio el aire de la amenaza más bien que el del respeto.

Enrique vivamente sentido del grosero lenguaje empleado por su padre con un mozo al cual miraba con afecto desde la noche de su caída, procuró hacerle menos sensible con su amabilidad la desagradable acogida de Jorge, al cual manifestó que siendo aquella su habitación particular, y habiendo concedido a Sab el permiso de entrar en ella a cualquier hora, sin preceder aviso, no era culpable del atrevimiento que se le reprendía.

Pero el viejo no atendía a estas disculpas, porque habiendo arrancado de manos de Enrique el pliego deseado, lo devoraba con sus ojos; y Sab, satisfecho al parecer con la benevolencia del joven y repuesto de la primera impresión que la brutalidad de Jorge le causara, abría ya los labios para manifestar el objeto de su visita, cuando un nuevo arrebato de éste fijó en la atención de los dos jóvenes. Jorge acababa de despedazar entre sus manos el pliego impreso que leía, en un ímpetu de rabia y desesperación.

¡Maldición! —repitió por dos veces—. ¡El 8014! ¡El 8014 y yo tengo el 8004!... ¡Por la diferencia de un guarismo![6] ¡Por sólo un guarismo!... ¡Maldición!—. Y se dejó caer con furor sobre una silla.

---

[5] Deliberadamente.

[6] Cifra, número.

Enrique no pudo menos que participar del disgusto de su padre, pronunciando entre dientes las palabras fatalidad y mala suerte. Volviéndose a Sab, le ordenó seguirle a un gabinete inmediato, deseando dejar a Jorge desahogar con libertad el mal humor que siempre produce una esperanza burlada.

Pero quedó admirado y resentido cuando al mirar al mulato vio brillar sus ojos con la expresión de una viva alegría, creyendo desde luego que Sab se gozaba en el disgusto de su padre. Echóle en consecuencia una mirada de reproche, que el mulato no notó, o fingió no notar, pues sin pretender justificarse dijo en el momento:

—Vengo a avisar a su merced que me marcho dentro de una hora a Bellavista.

—¡Dentro de una hora! El calor es grande y la hora incómoda —dijo Enrique—, de otro modo iría contigo, pues tengo ofrecido a Carlota acompañarla en el paseo que piensa hacer tu amo por Cubitas.

—A buen paso —repuso Sab—, dentro de dos horas estaríamos en el ingenio[7] y esta tarde podríamos partir para Cubitas.

Enrique reflexionó un momento.

—Pues bien —dijo luego—, da orden a un esclavo de que disponga mi caballo y espérame en el patio. Partiremos.

Sab se inclinó en señal de obediencia y salióse a ejecutar las órdenes de Enrique, mientras éste volvía al lado de su padre, al que encontró echado en un sofá con semblante de profundo desaliento.

—Padre mío —dijo el joven, dando a su voz una inflexión afectuosa, que armonizaba perfectamente con su dulce fisonomía—, si lo permitís partiré ahora mismo para Guanaja. Anoche me dijisteis que debía llegar de un momento a otro a aquel puerto otro buque que os está consignado, y mi presencia allá puede ser necesaria. De paso veré a Cubitas y procuraré informarme de las tierras que don Carlos posee allí, de su valor y productos; en fin, a mi regreso podré daros una noticia exacta de todo. Así —añadió bajando la voz—, podréis pesar con pleno conocimiento las ventajas o desventajas, que resultarían a nuestra casa de mi unión con Carlota, si llegara a verificarse.

Jorge guardó silencio como si consultase la respuesta consigo mismo y volviéndose luego a su hijo:

—Está bien —le dijo—, ve con Dios, pero no olvides que necesitamos oro, oro o plata más que tierras, ya sean rojas o negras; y que si Carlota de B... no te trae una dote de cuarenta o cincuenta mil duros, por lo me-

nos, en dinero contante, tu unión con ella no puede realizarse.

Enrique saludó a su padre sin contestar y salió a reunirse con Sab, que le aguardaba.

El viejo, al verle salir, exhaló un triste suspiro y murmuró en voz baja:

—¡Insensata juventud! ¡Tan sereno está ese loco como si no hubiera visto deshacérsele entre las manos una esperanza de cuarenta mil duros!

Capítulo VIII

> Cantó, y amorosa
> venció su voz blanda
> la voz de las aves
> que anuncian el alba.
> LISTA[8]

Los dos viajeros atravesaron juntos por segunda vez aquellos campos, pero en lugar de una noche tempestuosa molestábales entonces el calor de un hermoso día. Enrique, para distraerse del fastidio del camino, en hora tan molesta, dirigía a su compañero preguntas insidiosas[9] sobre el estado actual de las posesiones de don Carlos, a las que respondía Sab con muestras de sencillez e ingenuidad. Sin embargo, a veces le fijaba miradas tan penetrantes que el joven extranjero bajaba las suyas como temeroso de que leyese en ellas el motivo de sus preguntas.

—La fortuna de mi amo —díjole una vez— está bastante decaída y, sin duda, es una felicidad para él casar a su hija mayor con un sujeto rico, que no repare en la dote que puede llevar la señorita.

Sab no miraba a Otway al decir estas palabras y no pudo notar el encarnado que tiñó sus mejillas al oírlas. Tardó un momento en responder y dijo al fin con voz mal segura:

—Carlota tiene una dote más rica y apreciable en sus gracias y virtudes.

Sab le miró entonces fijamente; parecía preguntarle con su mirada si sabría apreciar aquella dote. Enrique no pudo sostener su muda interpelación y desvió el rostro con algún enfado. El mulato murmuró entre dientes:

—No, ¡no eres capaz de ello!

—¿Qué hablas, Sab? —preguntó Enrique, que si bien no había podido entender distintamente sus pala-

---

[7] Plantación de caña de azúcar.

[8] Alberto Lista (1775-1848), poeta y pedagogo español. (Véase la sección Poesía.)

[9] Que parecen inocentes pero que tienen una intención particular.

bras oyó el murmullo de su voz—. ¿Estás por ventura rezando?

—Pensaba, señor, que este sitio en que ahora nos hallamos es el mismo en que vi a su merced sin sentido, en medio de los horrores de la tempestad. Hacia la derecha está la cabaña a la que os conduje sobre mis espaldas.

—Sí, Sab, y no necesito ver estos sitios para acordarme que te debo la vida. Carlota te ha concedido ya la libertad, pero eso no basta y Enrique premiará con mayor generosidad el servicio que le has hecho.

—Ninguna recompensa merezco —respondió con voz alterada el mulato—, la señorita me había recomendado vuestra persona y era un deber mío obedecerla.

—Parece que amas mucho a Carlota —repuso Enrique parando su caballo para coger una naranja de un árbol que doblegaban sus frutos.

El mulato lanzó sobre él su mirada de águila, pero la expresión del rostro de su interlocutor le aseguró de que ningún designio secreto de sondearle encerraban aquellas palabras. Entonces contestó con serenidad, mientras Enrique mondaba con una navaja la naranja que había cogido:

—¿Y quién que la conozca podrá no amarla? La señorita de B... es a los ojos de su humilde esclavo lo que debe ser a los de todo hombre que no sea un malvado: un objeto de veneración y de ternura.

Enrique arrojó la naranja con impaciencia y continuó andando sin mirar a Sab. Acaso la voz secreta de su conciencia le decía en aquel momento que trocando su corazón por el corazón de aquel ser degradado sería más digno del amor entusiasta de Carlota.

Al ruido que formaba el galope de los caballos, la familia de B... conociendo que eran los de Enrique y Sab corrieron a recibirlos, y Carlota se precipitó palpitante de amor y de alegría en los brazos de su amante. El señor de B... y las niñas le prodigaban al mismo tiempo las más tiernas caricias, y le introdujeron en la casa con demostraciones del más vivo placer.

Solamente dos personas quedaron en el patio: Teresa de pie, inmóvil en el umbral de la puerta que acababan de atravesar sin reparar en ella los dos amantes, y Sab, de pie también, y también inmóvil en frente de ella, junto a su jaco negro del cual acababa de bajarse. Ambos se miraron y ambos se estremecieron, porque como en un espejo había visto cada uno de ellos en la mirada del otro la dolorosa pasión que en aquel momento les dominaba. Sorprendidos mutuamente exclamaron al mismo tiempo:

—¡Sab!

—¡Teresa!

Se han entendido y huye cada uno de las miradas del otro. Sab se interna por los cañaverales, corriendo como el venado herido que huye del cazador llevando ya clavado el hierro en lo más sensible de sus entrañas. Teresa se encierra en su habitación.

Mientras tanto el júbilo reinaba en la casa y Carlota no había gozado jamás felicidad mayor que la que experimentaba al ver junto a sí a su amante, después de haber temido perderle. Miraba la cicatriz de su frente y vertía lágrimas de enternecimiento. Referíale todos sus temores, todas sus pasadas angustias para gozarse después en su dicha presente; y era tan viva y elocuente su ternura que Enrique, subyugado por ella a pesar suyo, sentía palpitar su corazón con una emoción desconocida.

—¡Carlota! —la[10] dijo una vez—, un amor como el tuyo es un bien tan alto que temo no merecerlo. Mi alma acaso no es bastante grande para encerrar el amor que te debo.

Y apretaba la mano de la joven sobre su corazón, que latía con un sentimiento tan vivo y tan puro que acaso aquel momento en que se decía indigno de su dicha fue uno de los pocos de su vida en que supo merecerla.

Hay en los afectos de las almas ardientes y apasionadas como una fuerza magnética, que conmueve y domina todo cuanto se les acerca. Así un alma vulgar se siente a veces elevada sobre sí misma, a la altura de aquella con quien está en contacto, por decirlo así, y sólo cuando vuelve a caer, cuando se halla sola y en su propio lugar, puede conocer que era extraño el impulso que la movía y prestaba la fuerza que la animaba.

El señor de B... llegó a interrumpir a los dos amantes.

—Creo —dijo sentándose junto a ellos—, que no habréis olvidado nuestro proyectado paseo a Cubitas. ¿Cuándo queréis que partamos?

—Lo más pronto posible —dijo Otway.

—Esta misma tarde será, repuso don Carlos, y voy a prevenir a Teresa y a Sab para que se disponga todo lo necesario a la partida, pues veo —añadió besando en la frente a su hija—, que mi Carlota está demasiado preocupada para atender a ello.

Marchóse en seguida y las niñas, regocijadas con la proximidad de la viajata, le siguieron saltando.

—Estaré contigo dos o tres días en Cubitas —dijo Enrique a su amada—, me es forzoso marchar luego a Guanaja.

---

[10] Le.

—Apenas gozo el placer de verte —respondió ella con dulcísima voz—, cuando ya me anuncias otra nueva ausencia. Sin embargo, Enrique, soy tan feliz en este instante que no puedo quejarme.

—Pronto llegará el día, —repuso él—, en que nos uniremos para no separarnos más.

Y al decirlo preguntábase interiormente si llegaría en efecto aquel día, y si le sería imposible renunciar a la dicha de poseer a Carlota. Miróla y nunca le había parecido tan hermosa. Agitado y descontento de sí mismo levantóse y comenzó a pasearse por la sala, procurando disimular su turbación. No dejó sin embargo de notarla Carlota y preguntábale la causa con tímidas miradas. ¡Oh, si la hubiera penetrado en aquel momento!... Era preciso que muriese o que cesase de amarle.

Enrique evitaba encontrar los ojos de la doncella, y se había reclinado lejos de ella en el antepecho de una ventana. Carlota se sintió herida de aquella repentina mudanza, y su orgullo de mujer sugirióle en el instante aparentar indiferencia a una conducta tan extraña. Estaba junto a ella su guitarra, tomóla y ensayó[11] cantar. La agitación hacía flaquear su voz, pero hízose por un momento superior a ella y sin elección, a la casualidad, cantó estas estrofas, que estaba muy lejos de sospechar pudiesen ser aplicables a la situación de ambos:

Es Nice joven y amable
y su tierno corazón
un afecto inalterable
consagra al bello Damón.

Otro tiempo su ternura
pagaba ufano el pastor;
mas ¡ay! que nueva hermosura
le ofrece otro nuevo amor.

Y es Nice pobre zagala
y es Laura rica beldad
que si en amor no la iguala
la supera en calidad.

Satisface Laura de oro
de su amante la ambición.
Nice le da por tesoro
su sensible corazón.

Cede el zagal fascinado
de la riqueza al poder,
y ante Laura prosternado
le mira Nice caer.

Al verse sacrificada,
por el ingrato pastor

la doncella desgraciada
maldice al infausto amor.

No ve que dura venganza
toma del amante infiel,
y en su cáliz de esperanza
mezcla del dolor la hiel.

Tardío arrepentimiento
ya envenena su existir,
y cual señor opulento
comienza el tedio a sentir.

Entre pesares y enojos
vive rico y sin solaz:
huye el sueño de sus ojos
y pierde su alma la paz.

Recuerda su Nice amada
y suspira de dolor;
y en voz profunda y airada
así le dice el amor:

«Los agravios que me hacen
los hombres lloran un día,
y así sólo satisfacen,
Damón, la venganza mía:

Que yo doy mayor contento,
en pobre y humilde hogar,
que con tesoros sin cuento,
puedes ¡insano! gozar».

Terminó la joven su canción, y aún pensaba escucharla Enrique. Carlota acababa de responder en alta voz a sus secretas dudas, a sus ocultos pensamientos. ¿Habíalo por ventura adivinado? ¿Era tal vez el cielo mismo quien le hablaba por la boca de aquella tierna hermosura?

Un impulso involuntario y poderoso le hizo caer a sus pies y ya abría los labios, acaso para jurarla que sería preferida a todos los tesoros de la tierra, cuando apareció nuevamente don Carlos. Seguíale Sab, mas se detuvo por respeto en el umbral de la puerta, mientras Enrique se levantaba confuso de las plantas de su querida, avergonzado ya del impulso desconocido de generosa ternura que por un momento le había subyugado. También las mejillas de Carlota se tiñeron de púrpura, pero traslucíase al[12] través de su embarazo la secreta satisfacción de su alma; pues si bien Enrique no había hablado una sola palabra al arrojarse a sus pies, ella había leído en sus ojos, con la admirable perspicacia de su sexo, que nunca había sido tan amada como en aquel momento.

Don Carlos dirigió algunas chanzas a los dos

---

[11] Intentó (galicismo).

[12] A.

amantes, mas notando que aumentaba su turbación apresuróse a variar de objeto.

—Aquí tenéis a Sab, —les dijo—, señalad la hora de la partida pues él es el encargado de todas las disposiciones del viaje, y (…) será nuestro guía.

El mulato se acercó entonces, y don Carlos, sentándose, (…) prosiguió dirigiéndose a éste:

—Hace diez años que no he estado en Cubitas y aun antes de esta época visité muy pocas veces las estancias que tengo allí. Estaban casi abandonadas, pero desde que Sab vino a Bellavista sus frecuentes visitas a Cubitas les han sido de mucha utilidad, según estoy informado; y creo que las hallaré en mejor estado que cuando las vi la última vez.

Sab manifestó que dichas estancias estaban todavía muy distantes del grado de mejora y utilidad a que podían llegar con más esmerado cultivo y preguntó la hora de la partida.

Carlota señaló las cinco de la tarde, hora en que la brisa comienza a refrescar la atmósfera y hace menos sensible el calor de la estación, y Sab se retiró.

—Es un excelente mozo, dijo don Carlos, y su celo y actividad han sido muy útiles a esta finca. Su talento natural despejadísimo y tiene para todo aquello a que se dedica admirables disposiciones. Le quiero mucho y ya hace tiempo que fuera libre si lo hubiese deseado. Pero ahora es fuerza que lo sea y que anticipe yo mis resoluciones, pues así lo quiere mi Carlota. Ya he escrito con este objeto a mi apoderado (…) y tú mismo, Enrique, a tu regreso te verás con él y entregarás con tus manos a nuestro buen Sab su carta de libertad.

Enrique hizo con la cabeza un movimiento de aprobación, y Carlota, besando la mano de su padre, exclamó con vehemencia:

—¡Sí, que sea libre!... ha sido el compañero de mi infancia y mi primer amigo... Es, —añadió con mayor ternura—, es el que te prodigó sus cuidados la noche de tu caída, Enrique, y quien como un ángel de consuelo vino a volver la paz a mi corazón sobresaltado.

Teresa entró en la sala en aquel momento; la comida se sirvió inmediatamente y ya no se trató más que de la partida.

La novela histórica de la segunda mitad del siglo

BENITO PÉREZ GALDÓS (1843-1920)

A Galdós se le atribuye el triunfo de la novela realista en España. Autor extraordinariamente prolífico, escribió 77 novelas y 22 obras de teatro. Tradicionalmente se dividen sus novelas en dos categorías, las históricas y las contemporáneas, aunque en toda su ficción crea un marco temporal preciso y cuidadosamente delineado, combinando asuntos políticos, económicos, religiosos y sociales verídicos con acontecimientos ficticios.

Los filósofos de la Ilustración francesa veían la historia como un proceso que llevaba a la mejora de la humanidad, concepto que seguía influyendo en la generación de Galdós. La publicación del *Origen de las Especies* de Darwin en 1859 contribuyó a esta noción de evolución como progreso. En muchas de sus novelas—contemporáneas tanto como históricas—Galdós dirige su atención a la incipiente burguesía española, en la cual pone sus esperanzas para la creación de una sociedad más justa y ecuánime. La clase media, según cree Galdós, terminará por absorber la nobleza y también el proletariado, combinando su propia fuerza monetaria con la finura e idealismo de aquélla y la energía y dinamismo de éste. Al mismo tiempo, el autor es sumamente consciente de los peligros del materialismo desenfrenado. Tampoco idealiza a la nobleza, a menudo representada en sus obras por personajes egoístas y degenerados, o sencillamente ciegos a la realidad, ni a las masas, a veces representadas por caracteres honrados y patrióticos y otras por gente ignorante, cruda y supersticiosa. Durante las últimas décadas de su vida Galdós se desilusionó de la clase media y del liberalismo español, el cual abandonó por el republicanismo a principios del siglo XX. Fue elegido diputado republicano en 1907 y 1914, pero el republicanismo también terminó por decepcionarle.

La fascinación de Galdós por el pasado nacional procede de su deseo de entender el momento histórico que él mismo vive. Para el autor la historia no es un compendio de fechas y nombres, sino el lento proceso social en que participan personas comunes y corrientes. Por lo tanto, la novela histórica retrata a gente de diversas clases sociales e inclinaciones políticas unidas por las circunstancias. De ahí se derivan los elementos providenciales o fatalistas de estas novelas, en las que los acontecimientos llevan a los personajes a un fin inevitable.

En Galdós es evidente esa pasión por la historia ya en una de sus primeras novelas, *La Fontana de Oro* (1868), que se basa en el levantamiento liberal de 1820 a 1823. En los *Episodios nacionales,* comenzados en 1873, el autor emprende un detallado examen de la transformación social que tiene lugar a través de los conflictos políticos de principios y mediados del siglo XIX y cuyos efectos se sienten 50 o 70 años más tarde.

Galdós empezó a escribir los *Episodios nacionales,* que fueron publicados en series, por razones económicas. Tuvieron un éxito inmediato, permitiendo al autor vivir de sus ganancias. Para marzo de 1875 Galdós había terminado los 10 primeros volúmenes—la primera serie—y comenzó a escribir la segunda inmediatamente. Era su deseo lograr la independencia financiera a fin de poder seguir escribiendo novelas contemporáneas. Los ídolos de su juventud habían sido Balzac, Dickens, y más tarde Zola, quienes crearon grandes obras literarias que fueron también triunfos comerciales. Sin embargo, las novelas contemporáneas no se vendían tanto como las históricas, y Galdós comenzó una tercera serie en 1898; terminó el décimo tomo dos años y siete meses más tarde. Con el éxito de su obra de teatro *Electra,* abandonó los *Episodios nacionales* durante un tiempo, pero en 1902 se vio obligado a comenzar una cuarta serie de 10 libros. Viejo, cansado y casi ciego, alcanzó a terminar sólo seis de los 10 libros proyectados de la última serie antes de morir.

La primera y más exitosa serie de los *Episodios nacionales* trata de los acontecimientos entre 1805 y 1813, empezando con la batalla de Trafalgar, en la que la armada británica de Nelson derrotó a la flota francoespañola, e incluyendo también los sitios de Zaragoza y Gerona. El tema principal es la lucha del pueblo español contra el dominio francés. Narra los acontecimientos del viejo Gabriel Araceli, que durante su juventud había sido un grumete en Trafalgar y después un soldado en las campañas militares que se describen en la serie. A través de sus experiencias va integrándose en la clase media. La trama gira alrededor del amor de Araceli por Inés, hija natural de la condesa Amaranta, cuya alta posición social parece ser un obstáculo a las aspiraciones de los amantes. Sin embargo, en el último tomo de la serie se resuelve el problema. La segunda serie empieza con la derrota de Napoleón en 1813 y termina con la muerte de Fernando VII en 1833. La tercera serie, comenzada 19 años después de la anterior, describe la época de la primera guerra carlista, 1834 a 1844. La cuarta va del período inmediatamente después del matrimonio de Isabel II en 1847 a la revolución de 1868, cuando fue destronada. En esta serie, como en la quinta, que va de 1868 a 1880, Galdós describe muchos acontecimientos que vivió u observó. De hecho, uno de los personajes, Santiaguito Ibero, tiene cierto parecido con el autor.

En los *Episodios nacionales,* Galdós emplea un lenguaje vivo y conversacional. Cada personaje se expresa de acuerdo con su rango social. Por medio de la interacción entre personajes históricos e inventados y de la integración de elementos psicológicos y costumbristas, el autor imbuye sus obras del sabor de las épocas que describe.

El fragmento que se reproduce aquí es de *Zaragoza,* el sexto libro de la primera serie. Describe el segundo sitio de la ciudad por las tropas francesas del 20 de diciembre de 1808 al 20 de febrero de 1809.

Zaragoza

...La maldita pesadilla no quiere irse, y me atormenta esta noche, como anoche, y como anteanoche, reproduciéndome lo que no quiero ver. Más vale no dormir, y prefiero el insomnio. Sacudo el letargo, y aborrezco despierto la vigilia como antes aborrecía el sueño. Siempre el mismo zumbido de los cañones. Esas insolentes bocas de bronce no han cesado de hablar aún. Han pasado diez días y Zaragoza no se ha rendido, porque todavía algunos locos se obstinan en guardar para España aquel montón de polvo y ceniza. Siguen reventando los edificios, y Francia, después de sentar un pie, gasta ejércitos y quintales de pólvora para conquistar terreno en que poner el otro. España no se retira mientras tenga una baldosa en que apoyar la inmensa máquina de su bravura.

Yo estoy exánime[1] y no puedo moverme. Esos hombres que veo pasar por delante de mí no parecen hombres. Están flacos, macilentos y sus rostros serían amarillos, si no les ennegrecieran el polvo y el humo. Brillan bajo la negra ceja los ojos, que ya no saben mirar sino matando. Se cubren de inmundos harapos, y un pañizuelo ciñe su cabeza como un cordel. Están tan escuálidos, que parecen los muertos del montón de la calle de la Imprenta, que se han levantado para relevar a los vivos. De trecho en trecho se ven, entre columnas de humo, moribundos en cuyo oído murmura un fraile conceptos religiosos. Ni el moribundo entiende, ni el fraile sabe lo que dice. La religión misma anda desatinada y medio loca. Generales, soldados, paisanos, frailes, mujeres, todos están confundidos. No hay clases ni sexos. Nadie manda ya, y la ciudad se defiende en la anarquía.

No sé lo que me pasa. No me digáis que siga contando, porque ya no hay nada. Ya no hay nada que contar, y lo que veo no parece cosa real, confundiéndose en mi memoria con lo soñado. Estoy tendido en un portal de la calle de Albardería, y tiemblo de frío; mi mano izquierda está envuelta en un lienzo lleno de sangre y fango. La calentura me abrasa, y anhelo tener fuerzas para acudir al fuego. No son cadáveres todos los que hay a mi lado. Alargo la mano y toco el brazo de un amigo que vive aún.

—¿Qué ocurre, señor *Sursum Corda*?[2]

—Los franceses parece que están del lado acá del Coso[3] —me contesta con voz desfallecida—. Han volado media ciudad. Puede ser que sea preciso rendirse. El Capitán General ha caído enfermo de la epidemia, y está en la calle de Predicadores. Creen que se morirá. Entrarán los franceses. Me alegro de morirme para no verlos. ¿Qué tal se encuentra usted, señor de Araceli?

—Muy mal. Veré si puedo levantarme.

—Yo estoy vivo todavía, a lo que parece. No lo creí. El Señor sea conmigo. Me iré derecho al cielo. Señor de Araceli, ¿se ha muerto usted ya?

Me levanto y doy unos pasos. Apoyándome en las paredes, avanzo un poco y llego junto a las Escuelas Pías. Algunos militares de alta graduación[4] acompañan hasta la puerta a un clérigo pequeño y delgado, que les despide diciendo: «Con nuestro deber hemos cumplido, y la fuerza humana no alcanza a más». Era el padre Basilio.

Un brazo amigo me sostiene, y reconozco a don Roque.

—Amigo Gabriel —me dice con aflicción—. La ciudad se rinde hoy mismo.

—¿Qué ciudad?

—Ésta.

Al hablar así me parece que nada está en su sitio. Los hombres y las casas, todo corre en veloz fuga. La Torre Nueva saca sus pies de los cimientos para huir también, y desapareciendo a lo lejos, el capacete[5] de plomo se le cae de un lado. Ya no resplandecen las llamas de la ciudad. Columnas de negro humo corren de levante a poniente,[6] y el polvo y la ceniza, levantados por los torbellinos del viento, marchan en la misma dirección. El cielo no es cielo, sino un toldo de color plomizo, que tampoco está quieto.

—Todo huye, todo se va de este lugar de desolación —digo a don Roque. —Los franceses no encontrarán nada.

—Nada; hoy entran por la puerta de Ángel. Dicen que la capitulación ha sido honrosa. Mira, ahí vienen los espectros que defendían la plaza.

En efecto; por el Coso desfilan los últimos combatientes, aquel uno por mil que había resistido a las balas y a la epidemia. Son padres sin hijos, hermanos sin hermanos, maridos sin mujer. El que no puede encontrar a los suyos entre los vivos, tampoco es fácil que los encuentre entre los muertos, porque hay cincuenta y dos mil cadáveres, casi todos arrojados en las calles, en los portales de las casas, en los sótanos, en las trincheras. Los franceses, al entrar, se detienen llenos de espanto ante espectáculo tan terrible, y casi están a punto de retroceder. Las lágrimas corren de sus ojos, y se preguntan si son hombres o sombras las pocas criaturas con movimiento que discurren ante su vista.

El soldado voluntario, al entrar en su casa, tropieza con los cuerpos de su esposa y de sus hijos. La mujer corre a la trinchera, al paredón, a la barricada, y busca a su marido. Nadie sabe dónde está; los mil muertos no hablan, y no pueden dar razón de si está Fulano entre

---

[1] Muy débil. (Literalmente, sin señales de vida.).

[2] Expresión que se emplea en la liturgia. Literalmente, arriba los corazones. Aquí es el apodo de uno de los personajes.

[3] Calle principal de Zaragoza.

[4] **De...** De alto rango. (Graduación = categoría de un militar en su carrera.)

[5] Pieza que se coloca en los proyectiles perforantes para proteger la punta.

[6] **De...** Del este al oeste.

ellos. Familias numerosas se encuentran reducidas a cero, y no queda uno solo que eche de menos a los demás. Esto ahorra muchas lágrimas, y la muerte ha herido de un solo golpe al padre y al huérfano, al esposo y a la viuda, a la víctima y a los ojos que habían de llorarla.

Francia ha puesto al fin el pie dentro de aquella ciudad edificada a las orillas del clásico río[7] que da su nombre a nuestra Península; pero la ha conquistado sin domarla. Al ver tanto desastre y el aspecto que ofrece Zaragoza, el ejército imperial, más que vencedor, se considera sepulturero de aquellos heroicos habitantes. Cincuenta y tres mil vidas le tocaron a la ciudad aragonesa en el contingente de doscientos millones de criaturas con que la Humanidad pagó las glorias militares del Imperio francés.

Este sacrificio no será estéril, como sacrificio hecho en nombre de una idea. El Imperio, cosa vana y de circunstancias, fundado en la movible fortuna, en la audacia, en el genio militar, que siempre es secundario, cuando, abandonando el servicio de la idea, sólo existe en obsequio de sí propio; el Imperio francés, digo, aquella tempestad que conturbó los primeros años del siglo, y cuyos relámpagos, truenos y rayos aterraron tanto a Europa, pasó porque las tempestades pasan, y lo normal en la vida histórica, como en la naturaleza, es la calma. Todos le vimos pasar, y presenciamos su agonía en 1815; después vimos su resurrección algunos años adelante; pero también pasó, derribado el segundo, como el primero, por la propia soberbia. Tal vez retoñe por tercera vez este árbol viejo; pero no dará sombra al mundo durante siglos, y apenas servirá para que algunos hombres se calienten en el fuego de su última leña.

Lo que no ha pasado ni pasará es la idea de nacionalidad que España defendía contra el derecho de conquista y la usurpación. Cuando otros pueblos sucumbían, ella mantiene su derecho, lo defiende, y sacrificando su propia sangre y vida, lo consagra, como consagraban los mártires en al circo la idea cristiana. El resultado es que España, despreciada injustamente en el Congreso de Viena,[8] desacreditada con razón por sus continuas guerras civiles, sus malos gobiernos, su desorden, sus bancarrotas más o menos declaradas, sus inmorales partidos, sus extravagancias, sus toros y sus pronunciamientos, no ha visto nunca, después de 1808,

puesta en duda la continuación de su nacionalidad; y aun hoy mismo, cuando parece hemos llegado al último grado del envilecimiento, con más motivos que Polonia para ser repartida, nadie se atreve a intentar la conquista de esta casa de locos.

Hombres de poco seso, o sin ninguno en ocasiones, los españoles darán mil caídas hoy como siempre, tropezando y levantándose, en la lucha de sus vicios ingénitos,[9] de las cualidades eminentes que aún conservan, y de las que adquieren lentamente con las ideas que les envía la Europa Central. Grandes subidas y bajadas, grandes asombros y sorpresas, aparentes muertes y resurrecciones prodigiosas reserva la Providencia a esta gente, porque su destino es poder vivir en la agitación como la salamandra en el fuego[10]; pero su permanencia nacional está y estará siempre asegurada.

La novela de costumbres contemporáneas de la segunda mitad del siglo

CECILIA BÖHL DE FABER (FERNÁN CABALLERO) (1796-1877)

Es Cecilia Böhl de Faber, que escribe bajo el seudónimo de Fernán Caballero, quien inicia la revitalización de la novela española a mediados del siglo XIX. Emplea los mismos métodos que los escritores de cuadros de costumbres: la detallada observación de usanzas populares y el empleo de un lenguaje conversacional, vivo y de harto sabor regional. Resume su actitud hacia la literatura en una famosa cita: «La novela no se inventa; se observa». La meta de Fernán Caballero era la de recrear la sociedad pueblerina en la novela; es decir, de mostrar lo que en realidad hacían y decían los españoles de diversas clases sociales que vivían en las zonas rurales, en particular, en Andalucía. Era una costumbrista entusiasta cuya ficción nació de su deseo de recoger y guardar para la posteridad

---

[7] El Ebro.

[8] Congreso que en 1814-1815 reorganizó Europa tras la derrota de Napoleón I según el principio del derecho monárquico y del equilibrio europeo, tal como los entendían los cuatro países victoriosos: Austria, Rusia, Gran Bretaña y Prusia.

[9] Propios o conformes a la naturaleza de uno.

[10] Según Aristóteles y Plinio, la salamandra no sólo puede resistir el fuego sino que lo puede apagar. La mitología enseña que la piel de la salamandra es incombustible.

datos sobre el folklore, creencias, tradiciones y modos de expresarse de los andaluces.

Hija del hispanista alemán Johann Nikolaus Böhl de Faber y de Francisca Ruiz de Larrea, de Cádiz, mujer aristocrática, tradicionalista y católica, a quien se le ha llamado precursora del feminismo, Cecilia nació en Suiza y se educó en el extranjero. Su padre fue un arduo defensor del teatro del Siglo de Oro y uno de los principales iniciadores del romanticismo en España. Tuvo largas polémicas con los Neoclásicos y publicó dos volúmenes importantes: *Floresta de rimas antiguas castellanas,* que salió en Alemania entre 1821 y 1825, y *Teatro español anterior a Lope de Vega,* que salió en 1832. Su apoyo de lo tradicional, católico y monárquico influiría seguramente en la formación de su hija, quien, como él, se entusiasma por lo folklórico. De su madre, Cecilia hereda el afán por lo moral y religioso. Durante su juventud en Suiza leyó seguramente los *Idilios* del poeta y pintor Salomón Gessner (1730-1788), versos llenos de sentimentalismo que anuncian la era de los románticos, lo cual puede explicar su visión idealizada del pueblo. Aunque retrata la vida con exactitud, la Crítica ha señalado ciertos defectos en sus novelas: su tendencia a moralizar, su afán por lo pintoresco y su costumbre de pintar al campesino como un ser exageradamente perfecto.

A pesar de estas fallas, Böhl de Faber preparó el terreno para el triunfo del realismo en España a fines del siglo. Conocía la obra de los importantes románticos extranjeros—Sir Walter Scott, James Fenimore Cooper, Georges Sand y Honoré de Balzac, entre otros—pero, aunque el gusto por lo sentimental y lo costumbrista vincula sus obras con las de éstos, al mismo tiempo sus detalladas y vivas descripciones anuncian las novelas de escritores como Valera, Pereda y Galdós.

Publicó su primera novela, *La gaviota,* en 1849, con el seudónimo de Fernán Caballero, a los 53 años. Aunque la escribió en francés, se publicó en español. La primera parte transcurre en Andalucía, en el pueblito de Villamar, y está repleta de descripciones de tipos y costumbres populares. Allí llega un médico alemán, Fritz

(Federico Stein), que se enamora de una muchacha bella y salvaje, hija de un pescador. Ella se llama Marisalada, pero es conocida como la Gaviota por su hermosa voz. Gracias a la ayuda del Duque, amigo de su marido, llega a ser una famosa cantante. La segunda parte tiene lugar en Sevilla, en el ambiente aristocrático de los salones del palacio de Condesa de Algar. Las descripciones ahora son de la clase alta—sus tertulias, sus fiestas—y el lenguaje está lleno de galicismos y de anglicismos. Dice Carmen Bravo-Villasante: «Ha cambiado de ambiente, pero su mirada sigue siendo la de observadora de las costumbres, bien sea en el campo o en el salón» (Introducción 29). En una corrida la Gaviota se enamora del torero Pepe Vera, y llega a ser su amante. Stein, deshonrado, parte para América, donde muere. El torero muere en la plaza y Marisalada enferma, pierde su voz y termina regresando al pueblo y casándose con un barbero, con quien lleva una vida humilde. En el fragmento que se reproduce aquí, ella y Stein se encuentran en Sevilla, en la plaza de toros.

La gaviota

Tomo II, Capítulo II

Cuando por la tarde Stein y María llegaron a la plaza, ya estaba llena de gente. Un ruido sostenido y animado servía de preludio a la función, como las olas del mar se agitan y mugen antes de la tempestad. (...) Stein aturdido, y con el corazón apretado, habría de buena gana preferido la fuga. Su timidez le detuvo. Veía que todos cuantos le rodeaban estaban contentos, alegres y animados, y no se atrevió a singularizarse.[1]

La plaza estaba llena; doce mil personas formaban vastos círculos concéntricos en su circuito. Los espectadores ricos estaban a la sombra; el pueblo lucía a los rayos del sol el variado colorido del traje andaluz. (...)

Salió el despejo,[2] y la plaza quedó limpia. Entonces se presentaron los picadores montados en sus infelices caballos, que con sus cabezas bajas y sus ojos tristes parecían—y eran en realidad—víctimas que se encaminaban al sacrificio.

---

[1] Ser diferente.
[2] **Salió...** Se dejó [la plaza] libre de gente.

Sólo con ver a estos pobres animales, cuya suerte preveía, la especie de desazón que ya sentía Stein se convirtió en compasión dolorosa. En las provincias de la Península que había recorrido hasta entonces, desoladas por la guerra civil, no había tenido ocasión de asistir a estas grandiosas fiestas nacionales y populares, en que se combinan los restos de la brillante y ligera estrategia morisca con la feroz intrepidez de la raza goda. Pero había oído hablar de ellas, y sabía que el mérito de una corrida se calcula hoy día por el número de caballos que en ella mueren. Su compasión, pues, se fijaba principalmente en aquellos infelices animales, que, después de haber hecho grandes servicios a sus amos contribuyendo a su lucimiento, y quizá salvándoles la vida, hallaban por toda recompensa, cuando la mucha edad y el exceso del trabajo habían agotado sus fuerzas, una muerte atroz, que por un refinamiento de crueldad, les obliga a buscar por sí mismos; muerte que su instinto les anuncia, y a la cual resisten algunos, mientras otros, más resignados, o más abatidos, van a su encuentro dócilmente, para abreviar su agonía. Los tormentos de estos seres desventurados destrozarían el corazón más empedernido[3]; pero los aficionados no tienen ojos, ni atención, ni sentimientos, sino para el toro.

Los toros deleitan a los extranjeros de gusto estragado o que se han empalagado de todos los goces de la vida, y que ansían por una emoción, como el agua, que se hiela, por un sacudimiento que la avive; o a la generalidad de los españoles, hombres enérgicos y poco sentimentales, y que además se han acostumbrado desde la niñez a esta clase de espectáculos. Muchos, por otra parte, concurren por hábito; otros, sobre todo las mujeres, para ver y ser vistas; otros, que van a los toros, no se divierten, padecen, pero se quedan, merced a la parte carneril,[4] de que fue liberalmente dotada toda nuestra humana naturaleza.

Los tres picadores saludaron al presidente de la plaza, precedidos de los banderilleros y chulos espléndidamente vestidos, y con capas de vivos y brillantes colores. Capitaneaban a todos los primeros espadas y sus sobresalientes, cuyos trajes eran todavía más lujosos que los de aquéllos.

—¡Pepe Vera! ¡Ahí está Pepe Vera!—gritó el concurso—. ¡El discípulo de Montes[5]! ¡Qué buen mozo! ¡Qué gallardo! ¡Qué bien plantado! ¡Qué garbo en toda su persona! ¡Qué mirada tan firme y tan serena!

—¿Saben ustedes—decía un joven que estaba sentado junto a Stein—cuál es la gran lección que da Montes a sus discípulos? Los empuja cruzados de brazos hacia el toro, y les dice: no temas al toro.

Pepe Vera se acercó a la valla. Su vestido era de raso color de cereza, con hombreras y profusas guarniciones de plata. De las pequeñas faltriqueras de la chupa[6] salían las puntas de dos pañuelos de Holanda.[7] El chaleco, de rico tisú de plata, y la graciosa y breve montera, de terciopelo y alamares,[8] completaban su elegante, rico y airoso vestido de majo torero.

Después de haber saludado con mucha soltura y gracia a la autoridad, fue a colocarse, como los demás lidiadores, en el sitio que le correspondía.

Los tres picadores ocuparon los suyos, a igual distancia unos de otros, cerca de la barrera. Los matadores y chulos[9] estaban esparcidos por el redondel. Entonces todo quedó en silencio, profundo, como si aquella masa de gente, tan ruidosa poco antes, hubiese perdido de pronto la facultad de respirar.

El alcalde hizo la seña; sonaron los clarines, que, como harán las trompetas el día del último juicio, produjeron un levantamiento general; y entonces, como por magia, se abrió la ancha puerta del toril, situada enfrente del palco de la autoridad. Un toro colorado se precipitó en la arena, y fue saludado por una explosión universal de gritos, de silbidos, de injurias y de elogios. Al oír este tremendo estrépito, el toro se paró, alzó la cabeza, y pareció preguntar con sus encendidos ojos si todas aquellas provocaciones se dirigían a él, a él, fuerte atleta que hasta allí había sido generoso y hecho merced al hombre, tan pequeño y débil enemigo; reconoció el terreno, y volvió precipitadamente la amenazadora cabeza a uno y otro lado. Todavía vaciló: crecieron los recios y penetrantes silbidos; entonces se precipitó, con una prontitud que parecía incompatible con su peso y su volumen, hacia el picador.

Pero retrocedió al sentir el dolor que le produjo la puya de la garrocha[10] en el morrillo. Era un animal aturdido, de los que se llaman, en el lenguaje tauromáquico, boyantes. Así es que no se encarnizó en este primer ataque, sino que embistió al segundo picador.

Éste no le aguardaba tan prevenido como su antecesor, y el puyazo no fue tan derecho ni tan firme: así fue que hirió al animal sin detenerlo. Las astas desaparecie-

---

[3]Duro.
[4]De carnero; es decir, el hombre, como el carnero, hace lo que hacen los demás.
[5] Famoso torero de la época.

[6]Pieza de vestir con faldillas y mangas ajustadas.
[7]De lienzo muy fino. (Holanda era conocida por su lienzo de magnífica calidad.)
[8]Botones.
[9]Ayudantes.
[10]Vara con un gancho en la punta.

ron en el cuerpo del caballo, que cayó al suelo. Alzóse un grito de espanto en todo el circo; al punto todos los chulos rodearon aquel grupo horrible; pero el feroz animal se había apoderado de la presa, y no se dejaba distraer de su venganza. En este momento, los gritos de la muchedumbre se unieron en un clamor profundo y uniforme, que hubiera llenado de terror a la ciudad entera si no hubiera salido de la plaza de toros.

El trance iba siendo horrible porque se prolongaba. El toro se cebaba en el caballo; el caballo abrumaba con su peso y sus movimientos convulsivos al picador, apresado bajo aquellas dos masas enormes. Entonces se vio llegar, ligero como un pájaro de brillantes plumas, tranquilo como un niño que va a coger flores, sosegado y risueño, a un joven cubierto de plata, que brillaba como una estrella. Se acercó por detrás del toro; y este joven, de delicada estructura y de fino aspecto, cogió con sus dos manos la cola de la fiera, y la atrajo a sí, como si hubiera sido un perrito faldero. Sorprendido el toro, se revolvió furioso y se precipitó contra su adversario, quien, sin volver la espalda y andando hacia atrás, evitó el primer choque con una media vuelta a la derecha. El toro volvió a embestir, y el joven lo esquivó segunda vez con un recorte a la izquierda, siguiendo del mismo modo hasta llegar cerca de la barrera. Allí desapareció a los ojos atónitos del animal y a las ansiosas miradas del público, el cual, ebrio de entusiasmo, atronó los aires con inmensos aplausos; porque siempre conmueve ver que los hombres jueguen así con la muerte, sin baladronada, sin afectación y con rostro inalterable.

—¡Vean ustedes si ha tomado bien las lecciones de Montes! ¡Vean ustedes si Pepe Vera sabe jugar con el toro!—clamó el joven sentado junto a Stein, con voz que a fuerza de gritar se había enronquecido.

El Duque[11] fijó entonces su atención en Marisalada. Era la primera vez desde su llegada a la capital de Andalucía que notó alguna emoción en aquella fisonomía fría y desdeñosa. Hasta aquel momento nunca la había visto animada. La organización áspera de María, demasiado vulgar[12] para entregarse al exquisito sentimiento de la admiración, y demasiado indiferente y fría para entregarse al de la sorpresa, no se había dignado admirar ni interesarse en nada. Para imprimir algo, para sacar algún partido de aquel duro metal, era preciso hacer uso del fuego y del martillo.

Stein estaba pálido y conmovido.

—Señor Duque— le dijo con aire de suave reconvención—. ¿Es posible que esto os divierta?

—No—respondió el Duque con bondadosa sonrisa—; no me divierte, me interesa.

Entretanto habían levantado el caballo. El pobre animal no podía tenerse en pie. De su destrozado vientre colgaban hasta el suelo los intestinos. También estaba en pie el picador, agitándose entre los brazos de los chulos, furioso contra el toro y queriendo a viva fuerza, con ciega temeridad, y a pesar del aturdimiento de la caída, volver a montar y continuar el ataque. Fue imposible disuadirle; y volvió, en efecto, a montar sobre la pobre víctima, hundiéndole las espuelas en sus destrozados ijares.

—Señor Duque—dijo Stein—, quizá voy a pareceros raro; pero en realidad, me es imposible asistir a este espectáculo. María, ¿quieres que nos vayamos?

—No—respondió María, cuya alma parecía concentrarse en los ojos—. ¿Soy yo alguna melindrosa, y temes por ventura que me desmaye?

—Pues entonces—dijo Stein—volveré por ti cuando se acabe la corrida.

Y se alejó.

A una señal del presidente,[13] sonaron otra vez los clarines. Hubo un rato de tregua en aquella lucha encarnizada, y todo volvió a quedar en silencio.

Entonces Pepe Vera, con una espada y una capa encarnada en la mano izquierda, se encaminó hacia el palco del Ayuntamiento. Paróse enfrente, saludó en señal de pedir licencia para matar al toro.

Pepe Vera había echado de ver la presencia del Duque, cuya afición a la tauromaquia era conocida. También había percibido a la mujer que estaba a su lado; porque esta mujer, a quien hablaba el Duque frecuentemente, no quitaba los ojos del matador.

Éste se dirigió al Duque, y quitándose la montera:

—Brindo—dijo—por V.E.[14] y por la real moza[15] que tiene al lado—y al decir esto, arrojó al suelo la montera con inimitable desgaire, y partió adonde su obligación le llamaba.

Los chulillos le miraban atentamente, prontos a ejecutar sus órdenes. El matador escogió el lugar que más le convenía; después, indicándolo a su cuadrilla:

—¡Aquí!—les gritó.

Los chulos corrieron hacia el toro para incitarle, y el toro persiguiéndolos, vino a encontrarse frente a frente con Pepe Vera, que le aguardaba a pie firme.

---

[11]El duque de Almansa es el protector de Stein y Marisalada.

[12]Del pueblo, común, no refinada.

[13]Es decir, el que preside en la corrida.

[14]Vuestra Excelencia.

[15]**Real...** hermosa muchacha.

Aquél era el instante solemne de la corrida. Un silencio profundo sucedió al tumulto estrepitoso y a las excitaciones vehementes que se habían prodigado poco antes al primer espada.

El toro, viendo aquel enemigo pequeño que se había burlado de su furor, se detuvo como para reflexionar. Temía sin duda que se le escapase otra vez. Cualquiera que hubiera entrado a la sazón en el circo,[16] no habría creído asistir a una diversión pública, sino a una solemnidad religiosa. Tanto era el silencio.

Los dos adversarios se contemplaban recíprocamente.

Pepe Vera agitó la capa que llevaba en la mano izquierda. El toro le embistió. Sin hacer más que un ligero movimiento, él le pasó de muleta, volviendo a quedar en suerte, y en cuanto la fiera volvió a acometerle, le dirigió la espada por entre las dos espaldillas, de modo que el animal, continuando su arranque, ayudó poderosamente a que todo el hierro penetrase en su cuerpo, hasta la empuñadura. Entonces se desplomó sin vida.

Es absolutamente imposible describir la explosión general de gritos y de aplausos que retumbaron en todo el ámbito de la plaza. Sólo pueden comprenderlo los que acostumbran presenciar semejantes lances. Al mismo tiempo sonó la música militar.

Pepe Vera atravesó tranquilamente el circo en medio de aquellos frenéticos testimonios de admiración apasionada, de aquella unánime ovación, saludando con la espada a derecha e izquierda, en señal de gratitud, sin que excitase en su pecho sorpresa ni orgullo un triunfo que más de un emperador romano habría envidiado. Fue a saludar al Ayuntamiento,[17] y después al Duque y a la real moza.

El Duque entregó disimuladamente una bolsa de monedas de oro a María, y ésta, envolviéndola en su pañuelo, las arrojó a la plaza.

Al hacer Pepe Vera la natural demostración de dar las gracias, las miradas de sus ojos negros se cruzaron con las de María. Al mentar este encuentro de miradas, un escritor clásico diría que Cupido había herido aquellos dos corazones con tanto tino como Pepe Vera al toro. Nosotros, que no tenemos la temeridad de afiliarnos en aquella escuela severa e intolerante, diremos buenamente que estas dos naturalezas estaban formadas para entenderse y simpatizar una con otra, y que, en efecto, se entendieron y simpatizaron.

---

[16]**A...** en ese momento a la plaza.
[17]Administradores de una ciudad.

En verdad, Pepe Vera había estado admirable. Todo lo que había hecho en una situación que le colocaba entre la muerte y la vida, había sido ejecutado con una destreza, una soltura, una calma y una gracia, que no se habían desmentido ni un solo instante. Es preciso para esto que a un temple firme y a un valor temerario, se agregue un grado de exaltación que sólo pueden excitar veinticuatro mil ojos que miran, y veinticuatro mil manos que aplauden.

JUAN VALERA (1824-1905)

Andaluz como Fernán Caballero, Juan Valera utiliza técnicas costumbristas sin pertenecer realmente al movimiento. Su larga carrera y su independencia intelectual y artística han hecho difícil colocarlo dentro de ninguna corriente literaria. Durante su juventud mostró interés por románticos como Espronceda, pero nunca absorbió el espíritu apasionado de aquella generación de escritores. Diplomático de profesión, de familia aristocrática, viajó por Europa y América. Tenía una fuerte base humanística y era considerado uno de los hombres más cultos de su época.

Los principios estéticos de Valera se basan, por lo menos parcialmente, en sus lecturas de la literatura clásica. Sus primeras obras poéticas muestran la influencia de los antiguos maestros, lo cual, según señala Cyrus deCoster, es extraño cuando consideramos que comenzó su carrera literaria en pleno florecimiento del romanticismo. Además del griego y el latín, Valera sabía varios idiomas modernos y había leído extensamente en esas lenguas. Teresia Langford Taylor sugiere que tal vez por haber leído tanto en diversos campos y tradiciones, Valera desarrolló un estilo realmente ecléctico. Por otra parte, su lenguaje fluido, natural y elegante lo aparta de escritores que cultivan un estilo más familiar y dialectal. De hecho, Valera no se presta fácilmente a la clasificación; es casi imposible colocarlo dentro de una corriente o escuela literaria. Henry Thurston-Griswold ha calificado tanto la vida como la obra de Valera de «idealismo sintético». Escribe: «Don Juan Valera mantiene su relativa independencia de las diferentes facciones políticas, intelectuales y literarias de su época, y escoge eclécticamente de las muchas fuentes que tiene a su disposición» (136). Se ha denominado *panfilismo* el afán valeriano en «entresacar los mejores rasgos de las distintas tradiciones literarias» (137).

El elemento costumbrista de la obra de Valera se manifiesta en las descripciones detalladas de los usos y tipos de su región nativa; no se encuentra en su obra ni el sentimentalismo de un Fernán Caballero ni el melodramatismo de un Alarcón. Con su profundo conocimiento de la psicología y su ojo agudo y objetivo, Valera crea una técnica narrativa que se acerca a la que emplearán más tarde escritores realistas como Galdós. Sin embargo, su obra carece de los propósitos sociales e ideológicos de los realistas y naturalistas; para él, los objetivos de la ficción —y del arte en general— son la belleza y el entretenimiento.

Se ha comparado a Valera con Cervantes por su uso del humor y de la ironía. Como él, el autor decimonónico mira con fascinación y tolerancia las obsesiones humanas, y se ríe bondadosamente de las pretensiones de sus personajes. Esto es lo que impide que su obra se considere realmente regionalista; a pesar del fondo andaluz de novelas como *Pepita Jiménez*, éstas tratan de temas universales: el amor, el erotismo, la mujer, la religión.

En cuanto a esta última, a Valera no le preocupan los aspectos morales, políticos o sociológicos del catolicismo, sino cómo la fe opera en la consciencia del individuo. Con razón la Crítica ha visto en él un espíritu racionalista, escéptico y un poco volteriano. *Pepita Jiménez*, su novela más conocida, es un estudio del fervor religioso y cómo éste va mermando ante la belleza seductora de una joven viuda.

Como Cervantes en *Don Quijote*, Valera se vale en *Pepita Jiménez* de un narrador no fidedigno. La primera parte consta de cartas que Luis de Vargas, seminarista de veintidós años, le escribe a su tío, el Deán, al lado de quien se ha educado. Vargas está visitando a su padre, don Pedro, cacique de un lugar en Andalucía. Luis, al escribir a su tío, nos informa de que

Don Pedro nunca se había casado con su madre; ahora, sin embargo, piensa normalizar su vida al pretender a Pepita.

El aspecto regionalista y costumbrista de la novela surge de las descripciones de Vargas de las curiosidades que observa en el pueblo. Pero más interesantes que sus detallados cuadros de costumbres son el estado psicológico de joven que éstos revelan. Todo es nuevo para Luis: los aromas, sonidos, gustos y colores, las fiestas, la animada conversación sobre temas nunca tratados en el Seminario. En el pueblo Luis se siente algo enajenado; no conoce el ambiente ni puede participar en las actividades de los otros jóvenes. Sin embargo, siente una fuerte atracción hacia la vida pueblerina andaluza; su sensualismo lo hechiza y lo perturba, y, sobre todo, la fascinante Pepita lo llena de angustias desconocidas.

Inseguro y ambicioso, Luis sueña con llegar a ser un esclarecido pensador de la Iglesia católica. Pero pronto nos damos cuenta que más que la religión misma, atrae a Luis la promesa de ocupar un puesto importante dentro de la estructura eclesiástica. Su pasión mística oculta egoísmo y revela la profunda inseguridad de un joven —poco más que un adolescente— que ha sido criado lejos del hogar paterno por ser hijo bastardo. Luis se jacta continuamente de sus conocimientos. Con respecto a Pepita, adopta una actitud de superioridad, juzgándola y comentando sobre el estado de su alma. Pero sus observaciones sobre su figura, su ropa, la belleza de sus manos revelan una incipiente pasión erótica que pronto va a estallar. Leyendo entre líneas podemos ver cómo Luis lucha consigo mismo, cómo justifica su fascinación por las manos de Pepita, por ejemplo, al comparar su vanidad con la de Santa Teresa. A menudo, cuando la alaba demasiado, se echa para atrás, buscándole algún defecto.

La primera parte de la novela nos provee de poca información objetiva; sólo vemos a Pepita filtrada por la mirada ambivalente de Luis, que se siente desgarrado entre el amor que siente crecer en su alma y la imagen que tiene de sí mismo —la de un seminarista brillante y lleno de potencial. Según su modo de ver, si cede a una pasión meramente humana, se rebaja y, sin embargo, ya no puede ignorar sus propios sentimientos hacia la joven viuda.

En la segunda parte, Valera narra en tercera persona, dejando a Pepita hablar por su cuenta. Nuestra imagen de la joven cambia al escucharla expresar sin reservas su propia pasión. Ella ve el alma de Luis mucho más claramente que él mismo. Le dice que está engañándose, que no será nunca un buen cura porque carece de vocación. Lo manipula dulcemente, exagerando su deber hacia la Iglesia para que él proteste, reconociendo su propio orgullo e inautenticidad. Luis sale de la casa de Pepita en un estado de confusión. En una escena muy cómica en el casino, el seminarista pelea con un conde, defendiéndose admirablemente aunque ni él ni su adversario conocen el arte de la esgrima. Finalmente, Luis termina dándose cuenta de que puede servir muy bien a Dios casándose con la mujer que quiere. Llegado a este punto, el lector sospecha ya que el tío de Luis, viendo que el joven no tenía una verdadera disposición hacia la Iglesia, lo había mandado al campo para que descubriera sus inclinaciones auténticas, y que para este ardid contaba con la plena cooperación de don Pedro. La novela termina con un Epílogo en que se describe la vida conyugal de Luis y Pepita, quienes han visitado varios países en su luna de miel, escogiendo muebles, objetos de arte y libros para su hogar, y ahora están por celebrar el bautizo de su primer hijo. Es una imagen que refleja el idealismo humanístico de Valera.

Valera completó ocho novelas. Mucho se ha escrito acerca de sus personajes femeninos, ya que el autor tenía una fascinación especial por el tema de la mujer. De hecho, varias de sus novelas llevan nombres de mujer: *Pepita Jiménez* (1784); *Doña Luz* (1879), *Juanita la Larga* (1890). Aunque a primera vista Pepita Jiménez parece ser un personaje fuerte e imponente, Teresia Taylor, que ha sometido las novelas de Valera a un análisis feminista, concluye que Pepita, como Doña Luz, protagonista de la novela que lleva su nombre, corresponde perfectamente al concepto de la femineidad de la sociedad paternalista del siglo XIX. Pepita está en la posición incómoda de necesitar un hombre, alega Taylor, porque es viuda. Es conservadora en cuanto a sus valores, su conducta, su vestimenta. La suya es una belleza natural, sin adornos. Es religiosa y discreta; lleva una vida retirada. Está «encerrada» por una estructura que le permite poco espacio, dice Taylor, porque, aunque la novela lleva el nombre de Pepita, Luis es el que ocupa el «espacio privilegiado narrativo». Valera la relega a ella al papel tradicional de la seductora. Pepita se concilia con la sociedad patriarcal cuando finalmente atrapa a su hombre y los dos se casan, lo que le permite desempeñar otro papel tradicional, el de esposa y madre dedicada al bien de su familia. Aunque Valera no fue misógino, concluye Taylor, tampoco fue el defensor de las mujeres que algunos críticos han querido ver en él (17-24,114).

El autor cultivó todos los géneros: novela, poesía, drama, periodismo. Durante su vida fue conocido como crítico literario y político.

Pepita Jiménez

I. Cartas de mi sobrino

8 de abril

Siguen las diversiones campestres, en que tengo que intervenir muy a pesar mío.

He acompañado a mi padre a ver casi todas sus fincas, y mi padre y sus amigos se pasman de que yo no sea completamente ignorante de las cosas del campo. No parece sino que para ellos el estudio de la teología, a que me he dedicado, es contrario del todo al conocimiento de las cosas naturales. ¡Cuánto han admirado mi erudición al verme distinguir en las viñas, donde apenas empiezan a brotar los pámpanos, la cepa Pedro-Jiménez de la baladí y de la de Don Bueno[1]! ¡Cuánto han admirado también que en los verdes sembrados sepa yo distinguir la cebada del trigo y el anís de las habas; que conozca muchos árboles frutales y de sombra, y que, aun de las hierbas que nacen espontáneamente en el campo, acierte yo con varios nombres y refiera bastantes condiciones y virtudes!

---

[1] Pedro-Jiménez y Don Bueno son nombres de distintas viñas.

Pepita Jiménez, que ha sabido por mi padre lo mucho que me gustan las huertas de por aquí , nos ha convidado a ver una que posee a corta distancia del lugar, y a comer las fresas tempranas que en ella se crían. Este antojo de Pepita de obsequiar tanto a mi padre, quien la pretende y a quien desdeña, me parece a menudo que tiene su poco de coquetería, digna de reprobación; pero cuando veo a Pepita después, y la hallo tan natural, tan franca y tan sencilla, se me pasa el mal pensamiento e imagino que todo lo hace candorosamente y que no la lleva otro fin que el de conservar la buena amistad que con mi familia la liga.

Sea como sea, anteayer tarde fuimos a la huerta de Pepita. Es hermoso sitio, de lo más ameno y pintoresco que pueda imaginarse. El riachuelo que riega casi todas estas huertas, sangrando por mil acequias, pasa al lado de la que visitamos; se forma allí una presa, y cuando se suelta el agua sobrante del riego, cae en un hondo barranco poblado en ambas márgenes de álamos blancos y negros, mimbrones, adelfas floridas y otros árboles frondosos. (...) La casilla del hortelano es más bonita y limpia de lo que en esta tierra se suele ver, y al lado de la casilla hay otro pequeño edificio reservado para el dueño de la finca, y donde nos agasajó Pepita con una espléndida merienda, a la cual dio pretexto el comer las fresas, que era el principal objeto que allí nos llevaba. La cantidad de fresas fue asombrosa para lo temprano de la estación, y nos fueron servidas con leche de algunas cabras que Pepita también posee. (...)

Por un refinamiento algo sibarítico, no fue el hortelano, ni su mujer, ni el chiquillo del hortelano, ni ningún otro campesino quien nos sirvió la merienda, sino dos lindas muchachas, criadas y como confidentas de Pepita, vestidas a lo rústico, si bien con suma pulcritud y elegancia. Llevaban trajes de percal de vistosos colores, cortos y ceñidos al cuerpo, pañuelo de seda cubriendo las espaldas, y descubierta la cabeza, donde lucían abundantes y lustrosos cabellos negros, trenzados y atados luego, formando un moño en figura de martillo, y por delante rizos sujetos con sendas horquillas, por acá llamados *caracoles*. Sobre el moño o castaña ostentaba cada una de estas doncellas un ramo de frescas rosas.

Salvo la superior riqueza de la tela y su color negro, no era más cortesano el traje de Pepita. Su vestido de merino tenía la misma forma que el de las criadas, y, sin ser muy corto, no arrastraba ni recogía suciamente el polvo del camino. Un modesto pañolito de seda negra cubría también, al uso del lugar, su espalda y su pecho, y en la cabeza no ostentaba tocado, ni flor, ni joya, ni más adorno que el de sus propios cabellos ru-

bios. En la única cosa que noté por parte de Pepita cierto esmero, en que se apartaba de los usos aldeanos, era en llevar guantes. Se conoce que cuida mucho sus manos y que tal vez pone alguna vanidad en tenerlas muy blancas y bonitas, con una uñas lustrosas y sonrosadas; pero si tiene esta vanidad, es disculpable en la flaqueza humana, y al fin, si yo no estoy trascordado,[2] creo que Santa Teresa[3] tuvo la misma vanidad cuando era joven, lo cual no le impidió ser una santa tan grande.

En efecto, yo me explico, aunque no disculpo, esta pícara vanidad. ¡Es tan distinguido, tan aristocrático, tener una linda mano! Hasta se me figura, a veces, que tiene algo de simbólico. La mano es el instrumento de nuestras obras, el signo de nuestra nobleza, el medio por donde la inteligencia reviste de forma sus pensamientos artísticos, y da ser a las creaciones de la voluntad, y ejerce el imperio que Dios concedió al hombre sobre todas las criaturas... Imposible parece que el que tiene manos como Pepita tenga pensamiento impuro, ni idea grosera, ni proyecto ruin que esté en discordancia con las limpias manos que deben ejecutarle.

No hay que decir que mi padre se mostró tan embelesado como siempre de Pepita, y ella tan fina y cariñosa con él, si bien con un cariño más filial de lo que mi padre quisiera... Apenas si se atreve decir a Pepita «buenos ojos tienes»[4]; y en verdad que si lo dijese no mentiría, porque los tiene grandes, verdes como los de Circe,[5] hermosos y rasgados; y lo que más mérito y valor les da es que no parece sino que ella no lo sabe, pues no se descubre en ella la menor intención de agradar a nadie ni de atraer a nadie con lo dulce de sus miradas. (...)

7 de mayo

Todas las noches, de nueve a doce, tenemos, como ya indiqué a usted, tertulia en casa de Pepita. Van cuatro o cinco señoras y otras tantas señoritas del lugar, contando con la tía Casilda, y van también seis o siete caballeritos, que suelen jugar a juegos de prendas[6] con las niñas. Como es natural, hay tres o cuatro noviazgos.

---

[2] **Si...** Si me acuerdo bien.
[3] Teresa de Ávila (1515-82), mística que desempeñó un papel importante durante la Contrarreforma; fundó numerosos conventos de la orden de las Carmelitas Descalzas.
[4] Es decir, una sola palabra.
[5] Seductora mitológica de quien Ulises, héroe de la *Odisea,* se enamoró.
[6] Juego de sociedad en que el que pierde tiene que entregar cierta «prenda» como castigo.

La gente formal de la tertulia es la de siempre. Se compone, como si dijéramos, de los altos funcionarios: de mi padre, que es el cacique; del boticario, del médico, del escribano y del señor Vicario.

Pepita juega al tresillo[7] con mi padre, con el señor Vicario y con algún otro.

Yo no sé de qué lado ponerme. Si me voy con la gente joven, estorbo con mi gravedad en sus juegos y enamoramientos. Si me voy con el estado mayor, tengo que hacer el papel de mirón en una cosa que no entiendo. Yo no sé más juego de naipes que el burro ciego, el burro con vista y un poco de tute[8] o brisca cruzada.[9]

Lo mejor sería que yo no fuese a la tertulia, pero mi padre se empeña en que vaya. Con no ir, según él, me pondría en ridículo. (…)

Aunque me paso todo el día en el campo a caballo, en el casino y en la tertulia, robo algunas horas al sueño, ya voluntariamente, ya porque me desvelo, y medito en mi posición y hago examen de conciencia. La imagen de Pepita está siempre presente en mi alma. ¿Será esto amor?, me pregunto…

Toda otra consideración, toda otra forma, no destruye la imagen de esta mujer. Entre el Crucifijo y yo se interpone, entre la imagen devotísima la Virgen y yo se interpone, sobre la página del libro espiritual que leo viene también a interponerse.

No creo, sin embargo, que estoy herido de lo que llaman amor en el siglo.[10] Y aunque lo estuviera, yo lucharía y vencería.

La vista diaria de esa mujer y el oír cantar sus alabanzas de continuo, hasta al padre Vicario, me tienen preocupado; divierten mi espíritu hacia lo profano y le alejan de su debido recogimiento; pero no, yo no amo a Pepita todavía. Me iré y la olvidaré.

Mientras aquí permanezca, combatiré con valor. Combatiré con Dios, para vencerle por el amor y el rendimiento. Mis clamores llegarán a Él como inflamadas saetas, y derribarán el escudo con que se defiende y oculta a los ojos de mi alma. Yo pelearé como

Israel,[11] en el silencio de la noche, y Dios me llagará en el muslo y me quebrantará en ese combate, para que yo sea vencedor siendo vencido.

II. Paralipómenos[12]

La visita empezó del modo más grave y ceremonioso. Los saludos de fórmula se pronunciaron maquinalmente de una parte y de otra; y don Luis, invitado a ello, tomó asiento en una butaca, sin dejar el sombrero ni el bastón, y a no corta distancia de Pepita. Pepita estaba sentada en el sofá. El velador se veía al lado de ella con libros y con la palmatoria, cuya luz iluminaba su rostro. Una lámpara ardía además sobre un bufete. Ambas luces, con todo, siendo grande el cuarto, como lo era, dejaban la mayor parte en la penumbra. (…)

Hubo una larga pausa, un silencio tan difícil de sostener como de romper…

—Al fin se dignó usted venir a despedirse de mí antes de su partida—dijo Pepita—. Yo había perdido ya la esperanza…

—Su queja de usted es injusta… He estado aquí a despedirme de usted con mi padre, y como no tuvimos el gusto de que usted nos recibiese, dejamos tarjetas. Nos dijeron que estaba usted algo delicada de salud, y todos los días hemos enviado recado para saber de usted. Grande ha sido nuestra satisfacción al saber que estaba usted aliviada. ¿Y ahora se encuentra usted mejor?

—Casi estoy por decir a usted que no me encuentro mejor—replicó Pepita—; pero como veo que viene usted de embajador de su padre, no quiero afligir a un amigo tan excelente, justo será que diga a usted, y que usted repita a su padre, que siento bastante alivio. Singular es que haya venido usted solo. Mucho tendrá que hacer don Pedro cuando no le ha acompañado.

—Mi padre no me ha acompañado, señora, porque no sabe que he venido a ver a usted. Yo he venido solo, porque mi despedida ha de ser solemne, grave, para siempre quizá, y la suya es de índole harto diversa. Mi padre volverá por aquí dentro de unas semanas; yo es posible que no vuelva nunca, y si vuelvo, volveré muy otro del que soy ahora.

Pepita no pudo contenerse. El porvenir de felicidad con que había soñado se desvanecía como una sombra.

---

[7] Juego de naipes entre tres personas, cada una de las cuales recibe nueve cartas, en el cual gana el jugador que el mayor número de bazas reúne.

[8] Juego de naipes cuyo objetivo es reunir los cuatro reyes o los cuatro caballos de la baraja.

[9] Juego de naipes que consiste en dar tres cartas a cada jugador, descubriéndose otra que sirve para indicar el palo de triunfo.

[10] En el mundo secular.

---

[11] Jacobo, quien luchó con un ángel toda la noche. Jacobo fue herido en el muslo durante la lucha. A la mañana siguiente el ángel le dio el nombre de Israel.

[12] Crónicas del Antiguo Testamento. Estos libros suplen los libros de los Reyes, que les preceden; su nombre significa «suplemento».

Su resolución inquebrantable de vencer a toda costa a aquel hombre, único que se sentía capaz de amar, era una resolución inútil. Don Luis se iba. La juventud, la gracia, la belleza, el amor de Pepita no valían para nada. Estaba condenada, con veinte años de edad y tanta hermosura, a la viudez perpetua, a la soledad, a amar a quien no la amaba. Todo otro amor era imposible para ella. El carácter de Pepita, en quien los obstáculos recrudecían y avivaban más los anhelos; en quien una determinación, una vez tomada, lo arrollaba todo hasta verse cumplida, se mostró entonces con notable violencia y rompiendo todo freno. Era menester morir o vencer en la demanda. (…)

Pepita dijo:

—¿Persiste usted, pues, en su propósito? ¿Está usted seguro de su vocación? ¿No teme usted ser un mal clérigo?… Aquí hay hechos que se pueden comentar de dos modos. Con ambos comentarios queda usted mal. Expondré mi pensamiento. Si la mujer[13] que con sus coqueterías, no por cierto muy desenvueltas, casi sin hablar a usted palabra, a los pocos días de verle y tratarle, ha conseguido provocar a usted, moverle a que la mire con miradas que auguraban amor profano,[14] y hasta ha logrado que le dé usted una muestra de cariño, que es una falta, un pecado en cualquiera, y más en un sacerdote; si esta mujer es, como lo es en realidad, una lugareña ordinaria, sin instrucción, sin talento y sin elegancia, ¿qué no se debe temer de usted cuando trate y vea y visite en las grandes ciudades a otras mujeres mil veces más peligrosas?… Si usted ha cedido a una zafia aldeana, hallándose en vísperas de la ordenación, con todo el entusiasmo que debe suponerse, y, si ha cedido impulsado por un capricho fugaz, ¿no tengo razón en prever que va usted a ser un clérigo detestable, impuro, mundanal y funesto, y que cederá a cada paso? En esta suposición,[15] créame usted don Luis, y no se me ofenda, ni siquiera vale usted para marido de una mujer honrada. Si usted ha estrechado las manos con el ahinco y la ternura del más frenético amante; si usted ha mirado con miradas que prometía un cielo, una eternidad de amor, y si usted ha… besado a una mujer que nada le inspiraba sino algo que para mí no tiene nombre, vaya usted con Dios, y no se case usted con esa mujer. Si ella es buena, no le querrá a usted para marido, ni siquiera para amante; pero, por amor de dios, no sea usted clérigo tampoco. La Iglesia ha menester de otros hombres más serios y más capaces de virtud para ministros del Altísimo. Por el contrario, si usted ha sentido una gran pasión por esta mujer de que hablamos, aunque ella sea poco digna, ¿por qué abandonarla y engañarla con tanta crueldad? Por indigna que sea, si es que ha inspirado esa gran pasión, ¿no cree usted que la compartirá y que será víctima de ella?… ¿Y cómo no temer por ella si usted la abandona? ¿Tiene ella la energía varonil, la constancia que infunde la sabiduría que los libros encierran, el aliciente de la gloria, la multitud de grandiosos proyectos, y todo aquello que hay en su cultivado y sublime espíritu de usted para distraerle y apartarle, sin desgarradora violencia, de todo otro terrenal afecto? ¿No comprende usted que ella morirá de dolor, y que usted, destinado a hacer incruentos[16] sacrificios, empezará por sacrificar despiadadamente a quien más le ama?…

—Voy a contestar a los extremos del cruel dilema que he forjado usted en mi daño. Aunque me he criado al lado de mi tío en el Seminario, donde no he visto mujeres, no me crea usted tan ignorante ni tan pobre de imaginación que no acertase a representármelas en la mente todo lo bellas, todo lo seductoras que pueden ser. Mi imaginación, por el contrario, sobrepujaba a la realidad en todo eso. Excitada por la lectura de los cantores bíblicos y de los poetas profanos, se fingía mujeres más elegantes, más graciosas, más discretas que las que por lo común se hallan en el mundo real. Yo conocía, pues, el precio del sacrificio que hacía, y hasta le exageraba, como renuncié al amor de esas mujeres, pensando elevarme a la dignidad del sacerdocio. (…)

—¡Éstos de usted sí son sofismas!—interrumpió Pepita—. ¿Cómo negar a usted que lo que usted se pinta en la imaginación es más hermoso que lo que existe realmente? Pero ¿cómo negar tampoco que lo real tiene más eficacia seductora que lo imaginado y soñado? Lo vago y aéreo de un fantasma, por bello que sea, no compite con lo que mueve materialmente los sentidos. Contra los ensueños mundanos comprendo que venciesen en su alma de usted las imágenes devotas; pero temo que las imágenes devotas no habían de vencer a las mundanas realidades.

—Pues no lo tema usted, señora—replicó don Luis—. Mi fantasía es más eficaz en lo que crea que todo el universo, menos usted, en lo que por los sentidos me transmite.

—Y ¿por qué *menos yo?* Esto me hace caer en otro recelo. ¿Será quizás la idea que usted tiene de mí, la

---

[13] Pepita misma.
[14] Es decir, amor humano y sexual.
[15] Este caso.

[16] Que se realizan sin derramar sangre.

idea que ama, creación de esa fantasía tan eficaz, ilusión en nada conforme conmigo?

—No, no lo es; tengo fe de que esta idea es en todo conforme con usted; pero tal vez es ingénita en mi alma; tal vez está en ella desde que fue creada por Dios; tal vez es parte de su esencia; tal vez es lo más puro y rico de su ser, como el perfume en las flores.

—¡Bien me lo temía yo! Usted me lo confiesa ahora. Usted no me ama. Eso que ama usted es la esencia, el aroma, lo más puro de su alma, que ha tomado una forma parecida a la mía.

—No, Pepita; no se divierta usted en atormentarme. Eso que yo amo es usted, y usted tal cual es; pero es tan bello, tan limpio, tan delicado esto que yo amo, que no me explico que pase todo por los sentidos de un modo grosero y llegue así hasta mi mente. Supongo; pues, y creo, y tengo por cierto, que estaba antes en mí. Es como la idea de Dios, que estaba en mí, que ha venido a magnificarse y desenvolverse en mí, y que, sin embargo, tiene su objeto real, superior, infinitamente superior a la idea. Como creo que Dios existe, creo que existe usted y que vale usted mil veces más que la idea que de usted tengo formada.

—Aun me queda una duda. ¿No pudiera ser la mujer en general, y no yo singular y exclusivamente, quien ha despertado esa idea?

—No, Pepita: la magia, el hechizo de una mujer, bella de alma y de gentil presencia, habían, antes de ver a usted, penetrado en mi fantasía. (...) Sobre todos los ensueños de mi juvenil imaginación ha venido a sobreponerse y entronizarse la realidad que en usted he visto; sobre todas mis ninfas, reinas y diosas, usted ha descollado; por cima de mis ideales creaciones, derribadas, rotas, deshechas por el amor divino, se levantó en mi alma la imagen fiel, la copia exactísima de la viva hermosura que adorna, que es la esencia de ese cuerpo y de esa alma. Hasta algo de misterioso, de sobrenatural, puede haber intervenido en esto, porque amé a usted desde que la vi, casi antes de que la viera. Mucho antes de tener conciencia de que la amaba a usted, ya la amaba. Se diría que hubo en esto algo de fatídico; que estaba escrito; que era una predestinación.

—Y si es una predestinación, si estaba escrito —interrumpió Pepita—, ¿por qué no someterse, por qué resistirse todavía? Sacrifique usted sus propósitos a nuestro amor. ¿Acaso no he sacrificado yo mucho? Ahora mismo, al rogar, al esforzarme por vencer los desdenes de usted, ¿no sacrifico mi orgullo, mi decoro y mi recato? Yo también creo que amaba a usted antes de verle. Ahora amo a usted con todo mi corazón, y sin usted no hay felicidad para mí. (...)

—Pepita —contestó don Luis— (...) Si yo cedo a su amor de usted, me humillo y me rebajo. Dejo al Creador por la criatura, destruyo la obra de mi constante voluntad, rompo la imagen de Cristo, que estaba en mi pecho, y el hombre nuevo, que a tanta costa había yo formado en mí, desaparece para que el hombre antiguo renazca. ¿Por qué, en vez de bajar yo hasta el suelo, hasta el siglo, hasta la impureza del mundo, que antes he menospreciado, no se eleva usted hasta mí por virtud de ese mismo amor que me tiene, limpiándole de toda escoria? (...)

—¡Ay, señor don Luis! —replicó Pepita toda desolada y compungida— ...Soy una pecadora infernal. Mi espíritu grosero e inculto no alcanza esas sutilezas, esas distinciones, esos refinamientos de amor. Mi voluntad rebelde se niega a lo que usted propone. (...) Máteme usted antes para que nos amemos así... Pero viva, no puede ser. Yo amo en usted, no ya sólo el alma, sino el cuerpo, y la sombra del cuerpo, y el reflejo del cuerpo y el apellido, y la sangre, y todo aquello que le determina como tal don Luis de Vargas; el metal de la voz, el gesto, el modo de andar y no sé qué más diga. Repito que es menester matarme. Máteme usted sin compasión. No; yo no soy cristiana, sino idólatra materialista. (...)

Dicho esto, Pepita se levantó de su asiento, y sin volver la cara inundada de lágrimas, fuera de sí, con precipitados pasos se lanzó hacia la puerta que daba a las habitaciones interiores. Don Luis sintió una invencible ternura, una piedad funesta. Tuvo miedo de que Pepita muriese. La siguió para detenerla, pero no llegó a tiempo. Pepita pasó la puerta. Su figura se perdió en la obscuridad. Arrastrado don Luis como por un poder sobrehumano, impulsado como por una mano invisible, penetró en pos de Pepita en la estancia sombría.

PEDRO ANTONIO DE ALARCÓN (1833-1891)

Como Fernán Caballero, Alarcón pinta la vida andaluza haciendo hincapié en los valores y costumbres de la gente común, pero a diferencia de su predecesora, trata su tema con cierta ironía y bastante humor. La jerarquía social, las pretensiones de los pudientes y el sentido de honor del rústico son temas que desarrolla en su novela más elogiada, *El sombrero de tres picos.*

El sombrero de tres picos recoge un tema muy antiguo: el hombre noble y poderoso que importuna a una mujer casada de clase inferior. Mucho se ha escrito sobre el aspecto «democrático» de la literatura española, es decir, la tendencia que vemos en Lope, Calderón y otros de pintar a la clase humilde como más digna que la clase pudiente. Alarcón adopta esta misma posición al narrar la historia de un viejo corregidor libertino, don Eugenio de Zúñiga, que desea gozar de una bella molinera. La historia tiene lugar en el molino del tío Lucas y su mujer Frasquita en las cercanías de una ciudad de Andalucía. Don Eugenio, personaje grotesco y antipático, se las ingenia para alejar a Lucas del molino y entrar en casa de Frasquita. El alguacil cae en el agua y pone su ropa a secar delante de la chimenea. Al volver el tío Lucas, ve la ropa y, mirando por el cerrojo de su puerta, atisba al corregidor. Creyendo que su mujer lo ha deshonrado, se pone la ropa del que cree que es su rival y va a la casa de la corregidora para vengarse. Logra entrar en el dormitorio de ésta, quien lo descubre y entonces se entera de la traición de su marido. La corregidora prepara una trampa, los molineros se reconcilian y la moral se salvaguarda, ya que ninguno de los dos hombres logra deshonrar al otro.

Alarcón distancia la acción, colocándola a principios del siglo XIX, lo cual le permite imbuir el ambiente de cierta nostalgia. Narra la historia usando técnicas realistas y desarrollando el sentido de lo pintoresco. El crítico Arcadio López-Casanova señala que el hecho de que no se trate de un ayer inmediato le permite al autor funcionar como depositario del suceso que va entregándole al lector (36). Interviene repetidamente en su narración, comentando sobre la acción y dirigiéndose a su público en un tono conversacional.

Aunque los personajes de Alarcón son a menudo arquetipos, los traza con gran plasticidad y viveza. Los retratos masculinos son especialmente logrados. El Corregidor, en particular, está dibujado según la misma tradición que el licenciado Cabra, el terrible preceptor de *El buscón*, de Quevedo. Tiene un «grotesco donaire»; es «casi jorobado», de estatura «me-nos que mediana», «endeblillo», «de mala salud» y con «las piernas arqueadas»; además, es «moreno verdoso» y le faltan «muelas y dientes». Con pocas pinceladas va creando una imagen repulsiva del Corregidor, de quien el aspecto físico refleja la corrupción moral. Además, como indica López-Casanova, el retrato de don Eugenio adquiere mayor intensidad por las figuras que lo acompañan, especialmente el alguacil, que es «sombra de su vistoso amo». De la misma manera, Alarcón pinta al tío Lucas, que no sólo es feo y deforme, sino que es también un verdadero Otelo. Alarcón nos crea un contraste entre la bella Frasquita y el tío Lucas, haciéndonos entender la entereza del carácter de la joven, capaz de adorar a su marido a pesar de su fealdad y sus celos. Mientras que Frasquita cabe dentro del ideal tradicional de la belleza femenina («parecía creada por el pincel de Rubens», su brazo es «digno de una cariátide»), los hombres son monstruosos, casi esperpénticos.

Nacido en Guadix, Alarcón comenzó sus estudios de Derecho en la Universidad de Granada en 1847, pero tuvo que abandonar su carrera por razones financieras. Al volver a su ciudad natal se dedicó a la Teología, aunque no tenía vocación de clérigo. Sin embargo, su estancia en el seminario produjo resultados positivos, ya que fue allí donde Alarcón inició su carrera literaria.

De joven se dedicó a la política y al periodismo. En 1852, con el novelista Torcuato Tárrago, fundó el semanario *El Eco de Occidente,* en el cual se publicaron sus primero relatos. Después de una breve estancia en Madrid, volvió a Granada, donde se integró al grupo político-literario «La Cuerda Granadina» y fundó un periódico antimonárquico y anticlerical llamado *La Redención,* que provocó la hostilidad no sólo de las autoridades eclesiásticas sino también de la milicia nacional y del Ejército. De vuelta a Madrid, sus tendencias revolucionarias lo llevan a formar parte de *El Látigo,* continuación ideológica de *La Redención.* En 1855 publica su primera novela, una historia de amor melodramática llamada *El final de Norma,* la que revisaría veintitrés años después.

El primer éxito literario de Alarcón es *Diario de un testigo de la Guerra de África* (1860), dos volúmenes de artículos sobre el conflicto con Marruecos que se habían publicado en periódicos españoles. En los años que siguen ocupa los puestos de senador y diputado en varias ocasiones. Es desterrado en 1866 por haber firmado la protesta de los unionistas contra el gabinete Narváez-González Bravo. Ocupa varios cargos diplomáticos y escribe para *La Política*. Durante este período de intensa actividad política escribe sólo una colección de cuentos, *Novelas* (1866).

A partir de 1870 Alarcón vuelve a la literatura, publicando varias colecciones de sus escritos anteriores: *Poesía serias y humorísticas* (1870); *Cosas que fueron* (1871); tres volúmenes de relatos—*Cuentos amatorios, Historietas nacionales, Narraciones inverosímiles* (1881-82)—y dos libros de viajes. También publica su novela más conocida, *El sombrero de tres picos* (1874), que será traducida a siete idiomas en sólo diez años e inspirará tres óperas y un ballet de Manuel de Falla.

Al comenzar la Restauración, momento en que se restaura la monarquía de los Borbones en la persona de Alfonso XII, después de seis años de diferentes regímenes y la primera República (1873), Alarcón se hace conservador. En *La Moral en el arte*, discurso que pronunció al ingresar a la Academia, defiende la tradición religiosa. Su próxima novela, *El escándalo*, publicada en 1875, es bien recibida por el público, aunque la crítica censura su fuerte mensaje católico, y *El niño de la bola* (1880), historia de amores desdichados, corre la misma suerte. Las novelas que siguen, *El capitán Veneno* (1881) y *La pródiga* (1882), tampoco gozan de los aplausos de los críticos, y Alarcón decide entonces abandonar la literatura.

La crítica moderna ha distinguido tres etapas en la carrera de Alarcón. Sus primeras novelas han sido incluidas dentro del marco del romanticismo o del post-romanticismo fantástico. *El final de Norma*, que cuenta las aventuras de un violinista prendado de una cantante y su viaje fantástico por los países nórdicos cabe dentro de esta categoría. Vemos esta misma preocu-pación por lo quimérico en las novelas cortas que se reúnen en la colección *Narraciones inverosímiles*. Por lo general, la crítica ha dado poca importancia a estos primeros esfuerzos literarios. La etapa intermedia, que incluye *El sombrero de tres picos*, se caracteriza por su fondo popular y nacional. En los cuentos y novelas de esta etapa, Alarcón examina el carácter español y retrata arquetipos fácilmente reconocibles. En sus mejores obras—en particular, *El sombrero de tres picos*—Alarcón penetra en la psicología de sus personajes, en su esencia humana, sin perder de vista los aspectos potencialmente cómicos de temas tradicionales, como, por ejemplo, los celos y el triángulo amoroso. En la última etapa, representada por *El escándalo* y *El niño de la bola*, Alarcón adopta una posición conservadora, defendiendo el catolicismo como la base de la moral. En la segunda de estas obras el aspecto religioso es de menor importancia, sin embargo, ya que la pintura de costumbres populares ocupa un papel central.

A diferencia de los realistas que le seguirían, Alarcón no buscó recrear la vida auténtica y rutinaria de la gente común, sino que insistió en lo pintoresco, lo extraordinario, incluso lo melodramático. Sin embargo, aunque nunca logró apartarse completamente de su formación romántica, sus novelas sí representan un paso significativo hacia el realismo.

El sombrero de tres picos

Capítulo VII

El fondo de la felicidad

Adorábanse, sí, locamente el molinero y la molinera, y aún se hubiera creído que ella lo quería más a él que él a ella, no obstante ser tan feo y ella tan hermosa. Dígolo porque la señá[1] Frasquita solía tener celos y pedirle cuentas al tío Lucas cuando éste tardaba mucho en regresar de la ciudad o de los pueblos adonde iba por grano, mientras que el tío Lucas veía hasta con gusto las atenciones de que era objeto la señá Frasquita por parte de los señores que frecuentaban el molino; se ufanaba y regocijaba de que a todos les agradase tanto

---

[1] Señora.

como a él, y, aunque comprendía que en el fondo del corazón se la envidiaban algunos de ellos, la codiciaban como simples mortales y hubieran dado cualquier cosa porque fuera menos mujer de bien, la dejaba sola días enteros sin el menor cuidado, y nunca le preguntaba luego qué había hecho ni quién había estado allí durante su ausencia...

No consistía aquello, sin embargo, en que el amor del tío Lucas fuese menos vivo que el de la señá Frasquita. Consistía en que él tenía más confianza en la virtud de ella que ella en la de él; consistía en que él la aventajaba en penetración, y sabía hasta qué punto era amado y cuánto se respetaba su mujer a sí misma; y consistía principalmente en que el tío Lucas era todo un hombre: un hombre como el de Shakespeare, de pocos e indivisibles sentimientos; incapaz de dudas; que creía o moría; que amaba o mataba; que no admitía gradación ni tránsito entre la suprema felicidad y el exterminio de su dicha.

Era, en fin, un Otelo[2] de Murcia,[3] con alpargatas[4] y montera,[5] en el primer acto de una tragedia posible...

Pero, ¿a qué estas notas lúgubres en una tonadilla[6] tan alegre? ¿A qué estos relámpagos fatídicos en una atmósfera tan serena? ¿A qué estas actitudes melodramáticas en un cuadro de género?[7]

Vais a saberlo inmediatamente.

Capítulo VIII

El hombre del sombrero de tres picos[8]

Eran las dos de una tarde de octubre.

El esquilón[9] de la catedral tocaba a vísperas,[10] lo cual equivale a decir que ya habían comido todas las personas principales de la ciudad. Los canónigos se dirigían al coro, y los seglares a sus alcobas a dormir la siesta, sobre todo aquéllos que, por razón de oficio, verbi gratia,[11] las autoridades, habían pasado la mañana

entera trabajando.

Era, pues, muy de extrañar que a aquella hora, impropia además para dar un paseo, pues todavía hacía demasiado calor, saliese de la ciudad, a pie, y seguido de un solo alguacil, el ilustre señor Corregidor[12] de la misma, a quien no podía confundirse con ninguna otra persona, ni de día ni de noche, así por la enormidad de su sombrero de tres picos y por lo vistoso de su capa de grana,[13] como por lo particularísimo de su grotesco donaire...

De la capa de grana y del sombrero de tres picos, son muchas todavía las personas que pudieran hablar con pleno conocimiento de causa. Nosotros entre ellas, lo mismo que todos los nacidos en aquella ciudad en las postrimerías del reinado del señor don Fernando VII,[14] recordamos haber visto colgados de un clavo, único adorno de desmantelada pared, en la ruinosa torre de la casa que habitó Su Señoría[15] (torre destinada a la sazón[16] a los infantiles juegos de sus nietos), aquellas dos anticuadas prendas, aquella capa y aquel sombrero—el negro sombrero encima, y la roja capa debajo—, formando una especie de espectro del Absolutismo (...) En cuanto al indicado grotesco donaire del señor Corregidor, consistía (dicen) en que era cargado de espaldas..., todavía más cargado de espaldas que el tío Lucas..., casi jorobado, por decirlo de una vez; de estatura menos que mediana; endeblillo; de mala salud; con las piernas arqueadas y una manera de andar *sui generis*[17] (balanceándose de un lado a otro y de atrás hacia adelante), que sólo se puede describir con la absurda fórmula de que parecía cojo de los dos pies. En cambio —añade la tradición—, su rostro era regular, aunque ya bastante arrugado por la falta absoluta de dientes y muelas; moreno verdoso, como el de casi todos los hijos de las Castillas; con grandes ojos oscuros, en que relampagueaban la cólera, el despotismo y la lujuria; con finas y traviesas facciones, que no tenían la expresión del valor personal, pero sí la de una malicia artera[18] capaz de todo, y con cierto aire de satisfacción,

---

[2] Personaje de Shakespeare que, creyendo adúltera a Desdémona, su mujer, la mata, después de lo cual se entera de su inocencia.
[3] Región y provincia del sudeste de España.
[4] Zapatillas de esparto con suela de soga.
[5] Gorro de lana que cubre la frente y las orejas.
[6] Pieza ligera cantada.
[7] Es decir, en un cuadro de costumbres.
[8] Sombrero de ala levantada por tres puntos, formando tres «picos», tricornio.
[9] Campana empleada para convocar a los actos de la comunidad.
[10] El rezo de las dos de la tarde.
[11] Por ejemplo.

[12] Alcalde con funciones gubernativas.
[13] Color rojo oscuro.
[14] Fernando VII (1784-1833), rey de España que conspiró contra Godoy, ministro favorito de su madre. Napoleón lo hizo ir a Bayona, donde le arrancó su abdicación. Al volver a ocupar el trono, abolió la ley sálica para que pudiera heredar la corona su hija Isabel en perjuicio de su hermano Carlos, provocando así una sangrienta guerra civil.
[15] El Corregidor.
[16] **A...** en aquella época.
[17] Característico de él.
[18] Astuta.

medio aristocrático, medio libertino, que revelaba que aquel hombre habría sido, en su remota juventud, muy agradable y acepto a las mujeres, no obstante sus piernas y su joroba.

Don Eugenio de Zúñiga y Ponce de León (que así se llamaba Su Señoría, había nacido en Madrid, de familia ilustre; frisaría a la sazón en los cincuenta y cinco años, y llevaba cuatro de Corregidor en la ciudad de que tratamos, donde se casó, a poco de llegar, con la principalísima señora que diremos más adelante.

Las medias de don Eugenio (única parte que, además de los zapatos, dejaba ver de su vestido la extenísima capa de grana) eran blancas, y los zapatos negros, con hebilla de oro. Pero luego que el calor del campo lo obligó a desembozarse, vidose[19] que llevaba gran corbata de batista; chupa[20] de sarga[21] de color de tórtola, muy festoneada de ramillos verdes, bordados de realce; calzón corto, negro, de seda; una enorme casaca de la misma estofa que la chupa; espadín con guarnición de acero; bastón con borlas,[22] y un respetable par de guantes (o quirotecas[23]) de gamuza pajiza, que no se ponía nunca y que empuñaba a guisa de[24] cetro.

El alguacil, que seguía veinte pasos de distancia al señor Corregidor, se llamaba Garduña, y era la propia estampa de su nombre.[25] Flaco, agilísimo; mirando adelante y atrás y a derecha e izquierda al propio tiempo que andaba; de largo cuello; de diminuto y repugnante rostro, y con dos manos como dos manojos de disciplinas,[26] parecía juntamente un hurón en busca de criminales, la cuerda que había de atarlos, y el instrumento destinado a su castigo.

El primer corregidor que le echó la vista encima, le dijo sin más informes: «Tú serás mi verdadero alguacil». Y ya lo había sido de cuatro corregidores.

Tenía cuarenta y ocho años, y llevaba sombrero de tres picos, mucho más pequeño que el de su señor (pues repetimos que el de éste era descomunal), capa negra como las medias y todo el traje, bastón sin borlas, y una especie de asador por espalda.

Aquel espantajo negro parecía la sombra de su vistoso amo.

---

[19] Se vio.

[20] Prenda de vestir de mangas ajustadas y falda dividida en cuatro partes.

[21] Tela de seda.

[22] Conjuntos de hebras o hilos de lana, seda u otro hilado reunidas por uno de los cabos.

[23] Prendas para la mano.

[24] **A guisa de...** como si fuera.

[25] La garduña es un animal carnívoro, de cuerpo largo.

[26] Instrumento que se usa para la flagelación.

Capítulo XI

El bombardeo de Pamplona[27]

—Dios te guarde, Frasquita... —dijo el Corregidor a media voz, aparecido bajo el emparrado[28] y andando de puntillas.

Tanto bueno, señor Corregidor! —respondió ella en voz natural, haciéndole mil reverencias— Usía[29] por aquí a estas horas! ¡Y con el calor que hace! ¡Vaya, siéntese Su Señoría!... Esto está fresquito. ¿Cómo no ha guardado Su Señoría a los demás señores? Aquí tienen ya preparados sus asientos... Esta tarde esperamos al señor Obispo en persona, que le ha prometido a mi Lucas venir a probar las primeras uvas de la parra. ¿Cómo lo pasa Su Señoría? ¿Cómo está la Señora?

El Corregidor se había turbado. La ansiada soledad en que encontraba a la señá Frasquita le parecía un sueño, o un lazo que le tendía la enemiga suerte para hacerle caer en el abismo de un desengaño. Limitóse, pues, a contestar:

—No es tan temprano como dices... Serán las tres y media...

El loro dio en aquel momento un chillido.[30]

—Son las dos y cuarto —dijo la navarra, mirando de hito en hito al madrileño.[31]

Éste calló, como reo convicto que renuncia a la defensa.

—¿Y Lucas? ¿Duerme? —preguntó al cabo de un rato.

(Debemos advertir aquí que el Corregidor, lo mismo que todos los que no tienen dientes, hablaba con una pronunciación floja y sibilante, como si se estuviese comiendo sus propios labios.)

—¡De seguro! —contestó la señá Frasquita—. En llegando estas horas se queda dormido donde primero le coge, aunque sea en el borde de un precipicio.

—Pues, mira... ¡déjalo dormir!... —exclamó el viejo Corregidor, poniéndose más pálido de lo que ya era—. Y tú, mi querida Frasquita, escúchame..., oye..., ven acá... ¡Siéntate aquí, a mi lado!... Tengo muchas cosas que decirte...

---

[27] El Corregidor trata de seducir o «bombardea» a la molinera, que es de Navarra, cuya capital es Pamplona.

[28] Parra que se extiende sobre una armazón de madera que la sostiene.

[29] Forma abreviada de Su Señoría.

[30] Lucas había enseñado al loro a dar las horas por medio de chillidos.

[31] Frasquita es de Navarra, el Corregidor, de Madrid.

—Ya estoy sentada —respondió la Molinera, agarrando una silla baja y plantándola delante del Corregidor, a cortísima distancia de la suya.

Sentado que se hubo,[32] Frasquita echó una pierna sobre la otra, inclinó el cuerpo hacia adelante, apoyó un codo sobre la rodilla cabalgadora, y la fresca y hermosa cara en una de sus manos; y así, con la cabeza un poco ladeada, la sonrisa en los labios, los cinco hoyos en actividad, y las serenas pupilas clavadas en el Corregidor, aguardó la declaración de Su Señoría. Hubiera podido comparársela con Pamplona esperando un bombardeo.[33]

El pobre hombre fue a hablar, y se quedó con la boca abierta, embelesado ante aquella grandiosa hermosura, ante aquella esplendidez de gracias, ante aquella formidable mujer, de alabastrino color, de lujosas carnes, de limpia y riente boca, de azules e insondables ojos, que parecía creada por el pincel de Rubens.[34]

—Frasquita!... —murmuró al fin el delegado del Rey, con acento desfallecido, mientras que su marchito rostro, cubierto de sudor, destacándose sobre su joroba, expresaba una inmensa angustia—. ¡Frasquita!...

—¡Me llamo! —contestó la hija de los Pirineos—. ¿Y qué?

—Lo que tú quieras... —repuso el viejo con una ternura sin límites.

—Pues lo que yo quiero... —dijo la Molinera—, ya lo sabe Usía. Lo que yo quiero es que Usía nombre secretario del ayuntamiento de la ciudad a un sobrino mío que tengo en Estella[35]..., y que así podrá venirse de aquellas montañas, donde está pasando muchos apuros...

—Te he dicho, Frasquita, que eso es imposible. El secretario actual...

—¡Es un ladrón, un borracho y un bestia!

—Ya lo sé... Pero tiene buenas aldabas[36] entre los regidores perpetuos, y yo no puedo nombrar otro sin acuerdo del cabildo. De lo contrario, me expongo...

—¡Me expongo!... ¡Me expongo!... ¿A qué no nos expondríamos por Vuestra Señoría hasta los gatos de esta casa?

—¿Me querrías a ese precio? --tartamudeó el Corregidor.

—No, señor; que lo quiero a Usía de balde.[37]

—¡Mujer, no me des tratamiento![38] Háblame de usted o como se te antoje... ¿Conque vas a quererme? Di.

—¿No le digo a usted que lo quiero ya?

—Pero...

—No hay pero que valga. ¡Verá usted qué guapo y qué hombre de bien es mi sobrino!

—¡Tú sí que eres guapa, Frascuela!...

—¿Le gusto a usted?

—¡Que si me gustas!... ¡No hay mujer como tú!

—Pues mire usted... Aquí no hay nada postizo... —contestó la señá Frasquita, acabando de arrollar la manga de su jubón,[39] y mostrando al Corregidor el resto de su brazo, digno de una cariátide[40] y más blanco que una azucena.

—¡Que si me gustas!... —prosiguió el Corregidor— ¡De día, de noche, a todas horas, en todas partes, sólo pienso en ti!...

—¡Pues qué! ¿No le gusta a usted la señora Corregidora? —preguntó la señá Frasquita con tan mal fingida compasión, que hubiera hecho reír a un hipocondríaco[41]—. ¡Qué lástima! Mi Lucas me ha dicho que tuvo el gusto de verla y de hablarle cuando fue a componerle a usted el reloj de la alcoba, y que es muy guapa, muy buena y de un trato muy cariñoso.

—¡No tanto! ¡No tanto! —murmuró el Corregidor con cierta amargura.

—En cambio, otros me han dicho —prosiguió la Molinera— que tiene muy mal genio, que es muy celosa y que usted le tiembla más que a una vara verde...

—No tanto, mujer!... —repitió don Eugenio de Zúñiga y Ponce de León, poniéndose colorado—. ¡Ni tanto ni tan poco! La Señora tiene sus manías, es cierto...; mas de ello a hacerme temblar, hay mucha diferencia. ¡Yo soy el Corregidor!...

—Pero, en fin, ¿la quiere usted, o no la quiere?

—Te diré... Yo la quiero mucho... o, por mejor decir, la quería antes de conocerte. Pero desde que te vi, no sé lo que me pasa, y ella misma conoce que me pasa algo... Bástete saber que hoy... tomarle, por ejemplo, la cara a mi mujer me hace la misma operación[42] que si

---

[32] **Sentado...** Cuando se había sentado.

[33] Pamplona fue sitiada en 1808 por Bonaparte, durante la invasión francesa.

[34] Peter Paul Rubens (1577-1640), pintor flamenco que pintó para Felipe IV. Era conocido por su vívido cromatismo.

[35] Ciudad de Navarra.

[36] Protectores.

[37] **De...** sin precio.

[38] No me trates de Su Señoría.

[39] Vestido de medio cuerpo arriba, muy ajustado.

[40] Estatua de mujer que se coloca para sostener una cornisa.

[41] Persona que padece de hipocondría, enfermedad que se caracteriza por la tristeza habitual del enfermo.

[42] Efecto.

me la tomara a mí propio... ¡Ya ves, que no puedo quererla más ni sentir menos!... ¡Mientras que por coger esa mano, ese brazo, esa cara, esa cintura, daría lo que no tengo!

Y, hablando así, el Corregidor trató de apoderarse del brazo desnudo que la señá Frasquita le estaba refregando materialmente por los ojos; pero ésta, sin descomponerse, extendió la mano, tocó el pecho de Su Señoría con la pacífica violencia e incontrastable rigidez de la trompa de un elefante, y lo tiró de espaldas con silla y todo.

—¡Ave María Purísima! —exclamó entonces la navarra, riéndose a más no poder—. Por lo visto, esa silla estaba rota...

—¿Qué pasa ahí? —exclamó en esto el tío Lucas, asomando su feo rostro entre los pámpanos de la parra.

El Corregidor estaba todavía en el suelo boca arriba, y miraba con un terror indecible a aquel hombre que aparecía en los aires boca abajo.

Hubiérase dicho que Su Señoría era el diablo, vencido, no por San Miguel, sino por otro demonio del Infierno.[43]

—¿Qué ha de pasar? —se apresuró a responder la señá Frasquita—. ¡Que el señor Corregidor puso la silla en vago, fue a mecerse, y se ha caído!...

—¡Jesús, María y José! —exclamó a su vez el Molinero—. ¿Y se ha hecho daño Su Señoría? ¿Quiere un poco de agua y vinagre?[44]

—¡No me he hecho nada! —exclamó el Corregidor, levantándose como pudo.

Y luego añadió por lo bajo, pero de modo que pudiera oírlo la señá Frasquita: —¡Me la pagaréis!

—Pues, en cambio, Su Señoría me ha salvado a mí la vida —repuso el tío Lucas sin moverse de lo alto de la parra—. Figúrate, mujer, que estaba yo aquí sentado contemplando las uvas, cuando me quedé dormido sobre una red de sarmientos y palos que dejaban claros[45] suficientes para que pasase mi cuerpo... Por consiguiente, si la caída de Su Señoría no me hubiese despertado tan a tiempo, esta tarde me habría yo roto la cabeza contra esas piedras.

—Conque sí..., ¿eh?... —replicó el Corregidor—. Pues, ¡vaya, hombre!, me alegro... ¡Te digo que me alegro mucho de haberme caído!

—¡Me la pagarás! —agregó en seguida, dirigiéndose a la Molinera.

Y pronunció estas palabras con tal expresión de reconcentrada furia, que la señá Frasquita se puso triste.

Veía claramente que el Corregidor se asustó al principio, creyendo que el Molinero lo había oído todo; pero que persuadido ya de que no había oído nada (pues la calma y el disimulo del tío Lucas hubieran engañado al más lince), empezaba a abandonarse a toda su iracundia y a concebir planes de venganza.

—¡Vamos! ¡Bájate ya de ahí y ayúdame a limpiar a Su Señoría, que se ha puesto perdido de polvo! —exclamó entonces la Molinera.

Y mientras el tío Lucas bajaba, díjole ella al Corregidor, dándole golpes con el delantal en la chupa y alguno que otro en las orejas:

—El pobre no ha oído nada... Estaba dormido como un tronco...

Más que estas frases, la circunstancia de haber sido dichas en voz baja, afectando complicidad y secreto, produjo un efecto maravilloso.

—¡Pícara! ¡Proterva![46] —balbuceó don Eugenio de Zúñiga con la boca hecha un agua, pero gruñendo todavía...

—¿Me guardará Usía rencor? —replicó la navarra zalameramente.

Viendo el Corregidor que la severidad le daba buenos resultados, intentó mirar a la señá Frasquita con mucha rabia; pero se encontró con su tentadora risa y sus divinos ojos, en los cuales brillaba la caricia de una súplica, y derritiéndosele la gacha en el acto,[47] le dijo con un acento baboso y sibilante, en que se descubría más que nunca la ausencia total de dientes y muelas:

—De ti depende, amor mío!

En aquel momento se descolgó de la parra el tío Lucas.

Capítulo XX

La duda y la realidad

Estaba abierta... ¡y él, al marcharse, había oído a su mujer cerrarla con llave, tranca y cerrojo!

Por consiguiente, nadie más que su propia mujer había podido abrirla.

Pero, ¿cómo? ¿cuándo? ¿por qué? ¿De resultas de un engaño? ¿A consecuencia de una orden? ¿O bien deliberada y voluntariamente, en virtud de previo acuerdo con el Corregidor?

¿Qué iba a ver? ¿Qué iba a saber? ¿Qué le aguardaba dentro de su casa? ¿Se había fugado la señá Frasquita? ¿Se la habrían robado? ¿Estaría muerta? ¿O estaría en brazos de su rival?

---

[43] El arcángel san Miguel estaba encargado de la expulsión de Satanás y de los otros ángeles rebeldes.

[44] Remedio casero.

[45] Huecos, espacios.

[46] Mala, perversa.

[47] **Derritiéndosele...** Cediendo fácilmente.

—El Corregidor contaba con que yo no podría venir en toda la noche... —se dijo lúgubremente el tío Lucas—. El alcalde del lugar tendría orden hasta de encadenarme, antes que permitirme volver.... ¿Sabía todo esto Frasquita? ¿Estaba en el complot? ¿O ha sido víctima de un engaño, de una violencia, de una infamia?

No empleó más tiempo el sin ventura en hacer todas estas crueles reflexiones que el que tardó en atravesar la plazoletilla del emparrado.

También estaba abierta la puerta de la casa, cuyo primer aposento (como en todas las viviendas rústicas) era la cocina...

Dentro de la cocina no había nadie.

Sin embargo, una enorme fogata ardía en la chimenea...¡chimenea que él dejó apagada, y que no se encendía nunca hasta muy entrado el mes de diciembre!

Por último, de uno de los ganchos de la espetera[48] pendía un candil encendido...

¿Qué significaba todo aquello? ¿Y cómo se compadecía[49] semejante aparato de vigilia y de sociedad con el silencio de muerte que reinaba en la casa?

¿Qué había sido de su mujer?

Entonces, y sólo entonces, reparó el tío Lucas en unas ropas que había colgadas en los espaldares de dos o tres sillas puestas alrededor de la chimenea...

Fijó la vista en aquellas ropas, y lanzó un rugido intenso, que se le quedó atravesado en la garganta, convertido en sollozo mudo y sofocante.

Creyó el infortunado que se ahogaba, y se llevó las manos al cuello, mientras que, lívido, convulso, con los ojos desencajados, contemplaba aquella vestimenta, poseído de tanto horror como el reo en capilla[50] a quien le presentan la hopa.[51]

Porque lo que allí veía era la capa de grana, el sombrero de tres picos, la casaca y la chupa de color de tórtola, el calzón de seda negra, las medias blancas, los zapatos con hebilla y hasta el bastón, el espadín y los guantes del execrable Corregidor... Lo que allí veía era la ropa de su ignominia, la mortaja de su honra, el sudario de su ventura!

El terrible trabuco[52] seguía en el mismo rincón en que dos horas antes lo dejó la navarra...

El tío Lucas dio un salto de tigre y se apoderó de él. Sondeó el cañón con la baqueta, y vio que estaba car-

gado. Miró la piedra, y halló que estaba en su lugar.

Volvióse entonces hacia la escalera que conducía a la cámara en que había dormido tantos años con la señá Frasquita, y murmuró sordamente:

—¡Allí están!

Avanzó, pues, un paso en aquella dirección; pero en seguida se detuvo para mirar en torno de sí y ver si alguien lo estaba observando...

—¡Nadie! —dijo mentalmente—. ¡Sólo Dios..., y ése... ha querido esto!

Confirmada así la sentencia, fue a dar otro paso, cuando su errante mirada distinguió un pliego que había sobre la mesa...

Verlo, y haber caído sobre él, y tenerlo entre sus garras, fue todo cosa de un segundo.

¡Aquel papel era el nombramiento del sobrino de la señá Frasquita, firmado por don Eugenio de Zúñiga y Ponce de León!

—¡Éste ha sido el precio de la venta! —pensó el tío Lucas, metiéndose el papel en la boca para sofocar sus gritos y dar alimento a su rabia—. ¡Siempre recelé que quisiera a su familia más que a mí! ¡Ah! ¡No hemos tenido hijos!... ¡He aquí la causa de todo!

Y el infortunado estuvo a punto de volver a llorar.

Pero luego se enfureció nuevamente, y dijo con un ademán terrible, ya que no con la voz:

—¡Arriba! ¡Arriba!

Y empezó a subir la escalera, andando a gatas con una mano, llevando el trabuco en la otra, y con el papel infame entre los dientes.

En corroboración de sus lógicas sospechas, al llegar a la puerta del dormitorio (que estaba cerrada) vio que salían algunos rayos de luz por las junturas de las tablas y por el ojo de la llave.

—¡Aquí están! —volvió a decir.

Y se paró un instante, como para pasar aquel nuevo trago de amargura.

Luego continuó subiendo... hasta llegar a la puerta misma del dormitorio.

Dentro de él no se oía ningún ruido.

—¡Si no hubiera nadie! —le dijo tímidamente la esperanza.

Pero en aquel mismo instante el infeliz oyó toser dentro del cuarto...

¡Era la tos medio asmática del Corregidor!

¡No cabía duda! ¡No había tabla de salvación en aquel naufragio!

El Molinero sonrió en las tinieblas de un modo horroroso. ¿Cómo no brillan en la oscuridad semejantes relámpagos? ¿Qué es todo el fuego de las tormentas comparado con el que arde a veces en el corazón del hombre?

---

[48] Tabla de la que se cuelgan en la cocina los utensilios y cacerolas.

[49] Compaginaba, concordaba.

[50] El preso que ha sido condenado a muerte.

[51] Saco que se les ponía a los que iban a ser ejecutados.

[52] Máquina de guerra antigua para lanzar piedras.

Sin embargo, el tío Lucas (tal era su alma, como ya dijimos en otro lugar) principió a tranquilizarse, no bien oyó la tos de su enemigo...

La realidad le hacía menos daño que la duda. Según le anunció él mismo aquella tarde a la señá Frasquita, desde el punto y hora en que perdía la única fe que era vida de su alma, empezaba a convertirse en un hombre nuevo.

Semejante al moro de Venecia[53] (con quien ya lo comparamos al describir su carácter), el desengaño mataba en él de un solo golpe todo el amor, transfigurando de paso la índole de su espíritu y haciéndole ver el mundo como una región extraña a que acabara de llegar. La única diferencia consistía en que el tío Lucas era por idiosincrasia menos trágico, menos austero y más egoísta que el insensato sacrificador de Desdémona.

¡Cosa rara, pero propia de tales situaciones! La duda, o sea, la esperanza —que para el caso es lo mismo—, volvió todavía a mortificarle un momento...

—¡Si me hubiera equivocado! —pensó—. ¡Si la tos hubiese sido de Frasquita!...

En la tribulación de su infortunio, olvidábasele que había visto las ropas del Corregidor cerca de la chimenea; que había encontrado abierta la puerta del molino; que había leído la credencial de su infamia...

Agachóse, pues, y miró por el ojo de la llave, temblando de incertidumbre y de zozobra.

El rayo visual no alcanzaba a descubrir más que un pequeño triángulo de cama, por la parte del cabecero... ¡Pero precisamente en aquel pequeño triángulo se veía a un extremo de las almohadas, y sobre las almohadas la cabeza del Corregidor!

Otra risa diabólica contrajo el rostro del Molinero.

Dijérase que volvía a ser feliz...

—¡Soy dueño de la verdad!... ¡Meditemos! —murmuró, irguiéndose tranquilamente.

Y volvió a bajar la escalera con el mismo tiento que empleó para subirla...

—El asunto es delicado... Necesito reflexionar. Tengo tiempo de sobra para *todo*... —iba pensando mientras bajaba.

Llegado que hubo a la cocina, sentóse en medio de ella, y ocultó la frente entre las manos.

Así permaneció mucho tiempo, hasta que le despertó de su meditación un leve golpe que sintió en un pie...

Era el trabuco que se había deslizado de sus rodillas, y que le hacía aquella especie de seña...

—¡No! ¡Te digo que no! —murmuró el tío Lucas, encarándose con el arma—. ¡No me convienes! Todo el mundo tendría lástima de *ellos*..., ¡y a mí me ahorcarían!

Se trata de un corregidor..., y matar a un corregidor es todavía en España cosa indisculpable! Dirían que lo maté por infundados celos, y que luego lo desnudé y lo metí en mi cama... Dirían, además, que maté a mi mujer por simples sospechas... ¡Y me ahorcarían! ¡Vaya si me ahorcarían! ¡Además, yo habría dado muestras de tener muy poca alma, muy poco talento, si al remate de mi vida fuera digno de compasión! ¡Todos se reirían de mí! ¡Dirían que mi desventura era muy natural, siendo yo jorobado y Frasquita tan hermosa! ¡Nada, no! Lo que yo necesito es vengarme, y después de vengarme, triunfar, despreciar, reír, reírme mucho, reírme de todos, evitando por tal medio que nadie pueda burlarse nunca de esta giba[54] que yo he llegado a hacer hasta envidiable, y que tan grotesca sería en una horca.

Así discurrió el tío Lucas, tal vez sin darse cuenta de ello puntualmente, y, en virtud de semejante discurso, colocó el arma en su sitio, y principió a pasearse con los brazos atrás y la cabeza baja, como buscando su venganza en el suelo, en la tierra, en las ruindades de la vida, en alguna bufonada ignominiosa y ridícula para su mujer y para el Corregidor, lejos de buscar aquella misma venganza en la justicia, en el desafío, en el perdón, en el Cielo..., como hubiera hecho en su lugar cualquier otro hombre de condición menos rebelde que la suya a toda imposición de la Naturaleza, de la sociedad o de sus propios sentimientos.

De repente, paráronse sus ojos en la vestimenta del Corregidor...

Luego se paró él mismo...

Después fue demostrando poco a poco en su semblante una alegría, un gozo, un triunfo indefinibles...; hasta que, por último, se echó a reír de una manera formidable..., esto es, a grandes carcajadas, pero sin hacer ningún ruido a fin de que no lo oyesen desde arriba, metiéndose los puños por los ijares para no reventar, estremeciéndose todo como un epiléptico,[55] y teniendo que concluir por dejarse caer en una silla hasta que le pasó aquella convulsión de sarcástico regocijo. Era la propia risa de Mefistófeles.[56]

No bien se sosegó, principió a desnudarse con una celeridad febril; colocó toda su ropa en las mismas sillas que ocupaba la del Corregidor; púsose cuantas prendas pertenecían a éste, desde los zapatos de hebilla hasta el sombrero de tres picos; ciñóse el espadín; embozóse en la capa de grana; cogió el bastón y los

---

[53] Otelo.

[54] Joroba.

[55] La escena subraya su semejanza con Otelo, ya que el moro de Shakespeare era epiléptico.

[56] El demonio.

guantes, y salió del molino y se encaminó a la ciudad, balanceándose de la propia manera que solía don Eugenio de Zúñiga, y diciéndose de vez en vez esta frase que compendiaba su pensamiento:

—¡También la Corregidora es guapa!

JOSÉ MARÍA DE PEREDA (1833-1905)

Sobre Pereda, Benito Madariaga de la Campa ha escrito: «ha sido frecuente mezclar o confundir al hombre con el novelista. No se puede estudiar a Pereda aplicando criterios actuales, con la mentalidad de una sociedad tan distinta a la que describen los historiadores como de aquel momento. La peculiaridad de su carácter, su condición de diputado carlista y, sobre todo, la tendencia moralista de sus escritos le granjearon, desde el principio, simpatías y animadversiones... La España católica y tradicional le escogió como modelo, si bien a finales de siglo las nuevas promociones literarias se desentendieron de quien ya no les servía, por parecerles su obra, en aquellos momentos, extemporánea. Sin embargo, nunca pasó por esa temida etapa del silencio o de la indiferencia» (15).

Regionalista por excelencia, Pereda describe en gran detalle la zona de Santander, a menudo idealizándola en vez de representarla de una manera objetiva. El hijo número veintidós de una familia hidalga y conservadora, se trasladó a Madrid para emprender carrera en la artillería, pero no se encontró a gusto en la capital, y dos años más tarde, en 1854, volvió a Santander y se dedicó a escribir. En 1871 fue elegido diputado carlista. Profundamente afectado por los conflictos que desgarraban España durante las últimas décadas del siglo XIX, Pereda identificaba el norte con los valores católicos y tradicionales que él apreciaba, mientras que asociaba la capital con el liberalismo y la degeneración moral. A pesar de su perspectiva ultraconservadora, trabó amistades con algunos intelectuales liberales—gente como Pérez Galdós y Leopoldo Alas (Clarín), por ejemplo. También fue amigo del crítico conservador Marcelino Menéndez Pelayo.

Comenzó su carrera como periodista, escribiendo en 1857-58 artículos para una revista regional que se llamaba *La Abeja Montañesa.* Más tarde fundó otra revista, *El Tío Cayetano* (1858-59). Su primer libro, *Escenas montañesas* (1864) es una colección de cuadros costumbristas en donde hace hincapié en algunos de los aspectos negativos de las provincias, por ejemplo, la ignorancia y la crudeza de las clases populares. En su ficción, sin embargo, suaviza esta acritud. *Tipos y paisajes* (1871) es otra colección de artículos costumbristas. Sus primeras novelas—*El buey suelto* (1878), *Don Gonzalo González de la Gonzalera* (1879) y *De tal pelo, tal astilla* (1880)—se consideran excesivamente moralizadoras (aunque la segunda ha sido reconocida como sátira política). No fue sino hasta la publicación en 1882 del poema en prosa *El sabor de la tierruca* que Pereda realmente comenzó a destacarse como escritor. En 1883 publicó *Pedro Sánchez*, sobre un joven de provincias que va formándose en el ambiente depravado de la capital. *Sotileza* (1885), que se considera una de las mejores novelas de Pereda, ilustra la capacidad del autor de reproducir de una manera eficaz el dialecto popular y de crear personajes seductores y convincentes. Dedica *Peñas arriba* (1895) a su hijo mayor, el cual se había suicidado dos años antes de su publicación. Esta novela, que también ha sido elogiada por los críticos, relata la historia de Marcelo, un joven madrileño que va a las montañas de Santander para atender a su tío moribundo. Es a través de su lucha «peñas arriba» que el personaje va purificándose y convirtiéndose en hombre. En 1896 Pereda fue elegido miembro de la Academia Española.

En *Sotileza* se entrelazan diversos argumentos. El primer capítulo, «Crisálidas» introduce a los cuatro personajes principales, aún niños—Sotileza, Andrés, Cleto y Muergo—además de otros secundarios. Los varones del grupo están todos destinados a ser marineros pobres, con la excepción de Andrés, cuyo padre es el capitán del mejor barco de la provincia. Los muchachos aceptan su porvenir sin protestar, ya que el mar es una parte esencial de su existencia; sus padres, abuelos y tíos todos se han dedicado al mar. Su maestro es el simpático pero desventurado padre Apolinar, cuyo entusiasmo excede sus capacidades pedagógicas. Uno de los personajes más logrados de Pereda, el sacerdote, siempre muy humano, a menudo se desilusiona por la pereza de sus alumnos, pero sigue luchando con abnegación cristiana. En el Capítulo XII, titulado «Mariposas», se empieza a ver la transición de estos niños hacia la madurez. Es en la segunda parte del libro donde se crean los conflictos que dan forma a la historia.

La acción gira alrededor de Silda, conocida como Sotileza, o «sutileza», vocablo que se refiere a la parte más fina del aparejo de pescar, donde va el anzuelo, y por extensión, a todo cordel muy fino y delicado. Huérfana, Sotileza vive con Mocejón, su esposa Sargüenta y su hija Carpia, gente grosera y cruel. Gracias a la intervención del padre Apolinar, se traslada al hogar de la generosa pareja Mechelín y Sidora, que vive en el mismo edificio. A pesar del evidente contraste entre estas dos familias, ciertos detalles impiden que se conviertan en meros prototipos del bien y del mal. Por ejemplo, Mechelín y Sidora, como el padre Apolinar, sienten antipatía por Muergo, muchacho que logra congraciarse sólo con Sotileza, que lo defiende y lo compadece. Esta falta de caridad sirve para humanizar a la pareja, haciéndola más creíble.

Mucha de la primera parte del libro consta de descripciones del pueblo, de la vida marítima, de fiestas y costumbres. Si la vida en la tierra evoca el refinamiento y las restricciones sociales, la marítima se asocia con el individualismo, la tosquedad y la libertad. Cuando Andrés decide ser marinero, desilusiona a Bitadura, su padre, que había esperado que fuera, como él, oficial en un barco, y a Andrea, su madre, que quiere que trabaje en la oficina de un mercader. En una escena de armonía conyugal idealizada, Andrea convence a su marido de que la suya es la mejor solución. Andrés empieza a trabajar en la oficina de Liencres y, aunque no le interesan los asuntos comerciales, se lleva bien con Tolín, hijo del dueño. Con el tiempo Andrés empieza a sentirse desgarrado entre el mundo de Liencres y el de sus primeros compañeros.

En el Capítulo XII se define el problema central de la novela. Todos los muchachos—Andrés, Cleto y hasta el despreciable Muergo—se enamoran de la bella y misteriosa Sotileza. A pesar de haberse criado entre salvajes como los Mocejón y de haber pasado su niñez recorriendo las calles con muchachos medio fieros, Sotileza es limpia, trabajadora, orgullosa y maternal. La joven se mantiene indiferente al matrimonio, rechazando a todos los pretendientes. En un artículo publicado en *El Cantábrico* en 1911, Ángel de Castanedo escribió: «En *Sotileza* [Pereda] nos presenta la brava honradez y el pudor valiente de la hija del pueblo que coloca el deber antes que todo y el orgullo de la hembra casta primero que nada. ¡Apenas hay psicología en la presentación y en el desarrollo del carácter de la guapísima callealtera!» (96) La Crítica más reciente ha adoptado otro punto de vista, subrayando, precisamente, el aspecto psicológico del personaje. Lawrence Klibbe ha querido ver en la psicología de Sotileza una afirmación del libre albedrío y un desafío al determinismo naturalista. Madariaga sugiere que, con respecto a la relación entre Sotileza y Andrés, ella «no responde amorosamente y le rechaza, quizás, por esa prevención de algunas mujeres hacia ciertos pretendientes con mayor categoría social» (274). Otra posibilidad sería, como sugiere Casalduero, que Pereda no quería dar el ejemplo de un matrimonio entre dos castas sociales diferentes. El hecho es que al final, la jerarquía social se respeta rigurosamente. Cuando finalmente acepta casarse con Cleto, «parece que lo hace por compromiso y avenencia familiar sin demasiada ilusión por su parte» (Casalduero 274).

Los fragmentos incluidos aquí son de particular interés por la viva descripción de una fiesta marítima, por los ejemplos del dialecto de los barrios de Santander y por el tratamiento del problema del honor, que aquí es mucho más racional y menos sangriento que en el drama del Siglo de Oro.

Sotileza

Capítulo XXII.
Los de arriba[1] y los de abajo

[Se describe a continuación una fiesta marítima para la cual los espectadores se congregan en las playas del pueblo.]

---

[1] El barrio pobre.

...Ello fue que, aunque había romería en los prados de Miranda y el sol calentaba bien, a las dos de la tarde ya estaba a pie firme la primera hilada de curiosos sobre la misma arista del Muelle... Poco después se formó la segunda fila, y en seguida la tercera y la cuarta y la quinta; siempre empujando las de atrás a las precedentes y culebreando entre todas los muchachos, y nunca perdiendo su aplomo la primera ni zambulléndose en la bahía un espectador. Cómo sucede este milagro nadie lo sabe, pero el milagro es aquí un hecho a cada instante.

Detrás de las cortinas, tendidas sobre las barandas de los balcones, comenzaban ya las damas a colocarse en apretados racimos, dando la preferencia las de casa a las invitadas de fuera. En el fondo, rostros barbudos. Después iban desapareciendo poco a poco las cortinas y aparecían, en su lugar, sombrillas y paraguas de todos los imaginables colores, con lo cual cada balcón ofrecía el aspecto de una maceta con flores colosales.

En el Muelle, entre la ultima fila de curiosos y las casas, buscando agujeros o rendijas por donde colarse, la atolondrada familia del boticario de Villalón; explicando el intríngulis[2] de la regata, que jamás han visto, a sus respectivas y emperifolladas[3] esposas, el castizo harinero de Medina del Campo o el reseco magistrado de Valladolid; risoteando con su novio la repullada[4] sirvienta y contoneándose[5] los almibarados pollos,[6] no tan encanijados[7] como la *crema*[8] de ahora, mientras lanzan pedazos del corazón a los balcones con flechas de miradas mortecinas. De tarde en cuando, cohetes al aire desde el Círculo de Recreo y trasera de la Capitanía.

De pronto, la música... resonando a lo lejos, después, más cerca, y luego más cerca todavía...; hasta que los menos torpes de oído pueden notar que viene tocando un pasodoble, con bríos muy intermitentes. Las masas se revuelven hacia la *escalerilla de los Bolados,* a poca distancia del Merlón, y por ella bajan los músicos imberbes[9]; y después, de lancha en lancha, de bote en bote, y como Dios y su agilidad les da a entender, llegan a encaramarse en el puente de un quechemarín[10] que tiene por bauprés[11] una percha ensebada: la cuca-ña[12] del Ayuntamiento. Y vuelta a soplar allí los pobres muchachos... Y más cohetes desde allí también.

Las lanchas y los botes que rodean el quechemarín y se prolongan en ancha faja hacia el norte y hacia el sur con otras lanchas y otros botes que hay enfrente, llenos de gente también, forman espaciosa calle, a uno de cuyos extremos el de la escalerilla, están fondeadas dos lanchas en una misma línea, paralela al Muelle; y al opuesto, otra que tiene a proa una bandera con los colores de la matrícula de Santander, tremolando en un corto listón de pino. Aquella bandera será el testimonio del triunfo, cuando la coja la lancha que primero vuelva de la peña de los Ratones, distante de ella tres millas al sur de la bahía.

Sopla una ligera brisa del Nordeste y, aprovechándola, voltejean en el fondo de este animado y pintoresco cuadro los esquifes de lujo con todas sus lonas y perejiles[13] al aire. No falta el *Céfiro*, regido diestramente por Andrés, a quien acompañan sus amigos, pero no Tolín, que está en el balcón de su casa, muy arrimadito a la hija del comerciante don Silverio Trigueras. A media distancia, entre la lancha de la bandera del premio y el quechemarín de la percha ensebada, está, en primera fila, la barquía de Mechelín, con toda la gente de la bodega y algunos agregados, los más de ellos por cuestión de amistad y los menos para ayudar con el remo al veterano de Arriba. Pachuca con su saya nueva y Sotileza hecha un espanto de buena moza ocupan el lugar preferente, es decir, el centro de la banda que da al callejón despejado. Por una cruel disposición de la casualidad, la familia Mocejón, puerca, regañona y solitaria, está en su roñosa barquía dos botes más atrás que la de Mechelín.

De pronto se alza entre las gentes embarcadas y las de tierra un rumor que apaga los tristes jipidos[14] de la música y aparece como una exhalación, por el sur de la Monja y entre remolinos de espuma, una lancha blanca con cinta roja, cargada de remeros (ocho por banda) en pelo[15] y con una ceñida camiseta blanca con rayas horizontales, por todo vestido de cintura arriba. Casi al mismo tiempo y en rumbo contrario, aparece otra azul con faja blanca, por delante del Merlón, a rema ligera también y tripulada de idéntico modo. Ambas van gobernadas al remo por el patrón respectivo, de pie sobre el panel de popa.

---

[2] Intención, propósito; dificultades.
[3] Adornadas.
[4] Grosera, ordinaria.
[5] Moviéndose con afectación.
[6] **Almibarados...** muchachos halagüeños y atractivos.
[7] Raquíticos, débiles.
[8] Es decir, la crema de la juventud.
[9] Muy jóvenes.
[10] Barco muy pequeño de dos palos con velas.
[11] Palo grueso colocado horizontalmente en la proa.

---

[12] Palo alto en cuyo extremo hay algún objeto (como una bandera) que hay que coger trepando por él.
[13] Adornos.
[14] Exhalaciones.
[15] **En...** sin adornos.

Las dos se cruzan como dos centellas, enfrente de la escalerilla, entre el alegre vocerío de los tripulantes; y se deslizan y vuelan y marcan sus nimbos de gaviota gallardas curvas de blanca y hervorosa estela. Cualquiera de las dos sería capaz de escribir así con la quilla[16] el nombre de su Cabildo...

En fin, la marea está en su punto; suena la música otra vez; bajan a las dos lanchas de respeto, inmediatas a la escalerilla, personas de ambos pelajes,[17] es decir, el marino y el terrestre; entran en el callejón, y de popa, las dos lanchas del regateo; atrácase allí cada una de ellas a otra de las del jurado; sujétanlas allí sendos jueces, llamados *señores de tierra,* mientras las tripulaciones se ponen en orden y se aperciben a la liza[18]; hácese la convenida señal... ¡y allá va eso!

La del Cabildo de Arriba, es decir, la blanca, va por la derecha. A la segunda *estropada*[19] está delante de la barquía de Mechelín y entonces, entre el crujir de estrobos[20] y toletes,[21] rechinar de remos sobre las bozas,[22] el murmullo del torbellino revuelto por las lanchas y el gritar de los remeros, sobresale la voz de Cleto, que rema a proa, lanzando al aire estas palabras resonantes:

—¡Por ti, Sotileza!

Y Sotileza le vio tender su fornido tronco hacia atrás y, con la fuerza de sus brazos, arquear el grueso remo de palma, como si fuera de acero toledano.[23]

Nada respondió la rozagante callealtera[24] con los labios porque la emoción sentida con el lance le embargaba el uso de la lengua; y algo hubiera dicho de muy buena gana, ya que no por Cleto sólo, aunque no dejó de estimar su cortesía, por el pedazo de honra cabildera[25] que en el empeño se jugaba; pero, en cambio, el viejo Mechelín, vuelto al calor de sus entusiasmos por el fuego de aquellas cosas, agitó la gorra dominguera en el aire y gritó con la voz de sus mejores tiempos:

—¡Hurra por ti, valiente..., y por todos los de allá arriba!

Y las dos lanchas pasan, como si misterioso huracán las impeliera; y rebasan en tres segundos de la bandera de honor, que las saluda flameando; y las dos estelas se confunden en una sola; y las puntas de los remos enemigos se tocan algunas veces; y caen y se alzan las palas de éstos sin cesar y tan a tiempo como si un solo brazo las moviera; y los troncos de los remeros se doblan y se yerguen con ritmo inalterado, de modo que hombres, remos y lancha componen a los ojos deslumbrados del espectador un solo cuerpo regido por una sola voluntad...

Al fin desaparece una lancha detrás del islote y en seguida la otra... y vuelven ambas a aparecer por el este del peñasco, conservando la primera la misma ventaja que al ocultarse las dos. Pero ¿cuál de ellas es la que viene delante? Muchos espectadores dudan: los que miran con catalejos de atalaya o con gemelos de teatro sostienen que la callealtera y, según dictámenes, su ventaja es tal que tiene ya ganada la partida sólo con no aflojar en la rema, aunque la otra redoble sus esfuerzos.

Poco a poco van tomando forma los dos bultos y aumentando los tamaños y apreciándose movimientos y colores... Ya pueden los ojos más inexpertos medir la distancia que separa a las dos lanchas; y cuando la callealtera está sobre el banco del bergantín, tiene la azul a más de cable y medio por la popa.

Ninguna de ellas ceja,[26] sin embargo, en sus esfuerzos; en ambas se boga con el mismo coraje que al principio. Ya que una sola haya de vencer, que se estime por los maestros los méritos de la menos afortunada.

La callealtera avanza como un rayo y llega a la boca del ancho canal; y desde allí, con los remos en banda ya, regida por su diestro patrón, se atraca a la lancha de la bandera. Arrebátala Cleto de un tirón, entre las hurras y el palmoteo de la gente; y sin perder su arrancada, la vencedora llega hasta la barquía de Mechelín, y allí Cleto, desencajado, reluciente de sudor, como todos sus camaradas, dice con su recia voz, trémula por el entusiasmo:

—¡Tómala tú, Sotileza!... ¡Pa[27] que la claves tú mesma[28] con las tus manucas![29]

Y con aplausos de todos, compañeros y circunstantes, entrega la bandera, que en aquel momento era la

---

[16] Pedazo de madera o de metal que forma la base del barco.

[17] Calidades.

[18] Campo dispuesto para el combate.

[19] Estrepada, es decir, el esfuerzo de todos los remeros a la vez y también de cada uno individualmente para bogar.

[20] Aros de un diámetro algo mayor que el del espesor del remo que se mete por ellos para bogar.

[21] Palitos que se afirman en agujeros hechos en el carel de la lancha, atravesando la boza (cuerda), y en que se encapilla el estrobo.

[22] Cuerdas o tirantes con las que se sujeta una cadena, etc., en una posición determinada.

[23] La ciudad de Toledo es conocida por sus espadas y otros objetos de acero.

[24] **Rozagante...** la bella o deslumbrante muchacha de la calle Alta.

[25] Expuesta a chismes e intrigas.

---

[26] Cede.

[27] Para.

[28] Misma.

[29] Manitas.

honra del Cabildo de Arriba, a la hermosa callealtera, que la amarró con sus propias manos, como Cleto lo pedía, al pico del tajamar[30] de la lancha triunfadora. Muchos cohetes en el Círculo de Recreo y en la Capitanía, y muchos trompetazos y cohetes también en el quechemarín.

Mientras tía Sidora y su marido, locos de alegría, abrazan a Cleto y también a Colo, que se arrima allá para recibir los aplausos de Pachuca entusiasmada, se alza un coro de maldiciones en la barquía de Mocejón por la «desvergonzada» hazaña de su hijo, y llega hasta cerca de la boca del canal, para torcer el rumbo en seguida y desaparecer por detrás del Merlón, la lancha azul del Cabildo de Abajo.

La callealtera había recorrido seis millas en veinticinco minutos…

Muergo era uno de ellos y andaba dado a los demonios porque acababa de presenciar desde allí el episodio de la barquía cuando más le estaba requemando la derrota de la lancha de su Cabildo. Pensaba vengarse de Cleto ofreciendo a Sotileza la bandera de la cucaña.

Por verle las gentes asomar al palo, se oyó una exclamación de asombro avanzar en oleadas desde la muchedumbre del Muelle hasta la que circundaba al quechemarín. (…)

A los dos pasos sobre la percha, se le fueron los pies, perdió el equilibrio y cayó al agua dando tumbos y pernadas en el aire. Entonces se le tuvo por algo así como un chimpancé, derribado por una bala desde la copa de un árbol de los bosques vírgenes del Africa. Resoplando en el agua verdosa, buceando y revolviéndose en ella como si fuera su natural elemento, un ballenato pintiparado. A todo se parecía menos a un hombre de raza europea. Y como él tomaba el bureo[31] por aplauso a sus donaires, en cada tentativa de asalto a la cucaña hacía mayores barbaridades.

Desde las primeras estaba Sotileza con grandes deseos de marcharse de allí; y como a tía Sidora le pasaba lo mismo y a tío Mechelin no le divertía gran cosa, armáronse los remos de la barquía y fuese ésta poquito a poco hacia la calle Alta. (…)

Capítulo XXIII
Las hembras de Mocejón

…No se podía parar en la calle Alta. Cánticos en la taberna, diálogos de balcones a ventanas, jolgorios en las aceras y baileteos en medio del arroyo. Todo aquel vecindario estaba desquiciado de alegría…, todo menos la familia de Mocejón, que, encerrada en su caverna, no cesaba de maldecir a Cleto por la afrenta que había echado a la casa haciendo lo que hizo con la «moscona[32] de abajo» después del regateo. Y para mayor rescoldera de las dos furias, el lance se comentaba en la calle con aplauso general, porque en la calle no había ni pizca de vergüenza y era voz corriente que ninguna moza era más vistosa y arrogante que Sotileza para hacerse lo que se hizo, por ocurrencia gallardísima de Cleto; y hasta se había hablado de si *apareaban*[33] o no, de si había o no había mutuos y trascendentales propósitos entre ambos, y de que si no los había, debiera haberlos… Y mucho de ello se había escuchado desde el quinto piso y, por no oírlo, se habían cerrado las puertas del balcón y se habían tapiado hasta las rendijas, prefiriéndose por las hembras de Mocejón este recurso al de dar rienda suelta a sus iras venenosas en ocasión tan comprometida para ellas. Porque voluntad y lengua y arte les sobraba para alborotar en medio cuarto de hora toda la calle. ¡Lo habían hecho tantas veces!… Pero faltaba la ocasión, la disculpa; un poco, no más, de motivo, de apariencia de él tan sólo, y en cuanto le tuvieran, y le tendrían, porque tras él andaban sin descanso…, ¡oh, entonces!, entonces las pagaría todas juntas la tal y la cual de la bodega de abajo y aprendería lo que ignoraba el mal hijo, el infame hermano, el indecente, el animal, el sinvergüenza, el lichonazo[34] de Cleto…

En la bodega de Mechelín no cabía la gente cuando llegó Andrés. Porque Andrés creyó muy de necesidad darse una vueltecita por allí para felicitar al veterano y echar unos párrafos con la familia, con ocasión tan señalada. Tía Sidora reventaba en el pellejo, su marido parecía haber arrojado veinte años de encima de cada espalda, Sotileza, después de las emociones de la tarde, se hallaba ya en su acostumbrado nivel.

El remozado pescador, por remate de largos comentarios del regateo, llegó a decir a Andrés:

—¡Mire usté, hombre, que fue alvertencia bien ocurría[35] la de ese demonio de muchacho!… Ya lo vería usté, que no andaba muy lejos… Hablo relative[36] a la bandera que entregó a Sotileza pa que ella misma la amarrara a la lancha. ¡Dígote que no lo creyera en él!… Y que me gustó el auto,[37] ¿por qué se ha de negar?… Y

---

[30] Parte inferior del espolón de los barcos.
[31] Diversión, alboroto.

[32] Mujer desvergonzada.
[33] Formaban una pareja.
[34] Grandísimo cerdo.
[35] **Fue…** fue advertencia bien ocurrida.
[36] Relativo.
[37] Acto.

también a ti, Sidora, que hasta pucheros hacías de puro satisfecha..., y al mesmo angeluco de Dios éste, que bien se le bajó la[38] color y le temblaban las manucas... ¡y a toa[39] la gente de la calle, hombre, que se hace lenguas sobre el caso!

—¿Querrá usté creer, don Andrés —añadió tía Sidora—, que anda el muchacho, a la presente, como si hubiera cometido con nosotros un pecao mortal? ¡Será venturá de Dios esa criatura!... ¡Vea usté! Otros, en su caso, meterían la ocurrencia por los ojos.[40]

—¡Uva! —Confirmó tío Mechelín.

¡Preguntarle a Andrés si había notado el suceso, cuando no perdió el detalle más insignificante de él!... ¡Encarecerle la ocurrencia de Cleto y los merecimientos de Cleto y hasta el agradecimiento de Sotileza, cuando lo tenía todo junto, hecho un bodoque,[41] atravesado en la garganta algunas horas hacía! Pero, ¿cómo había de sospechar el honradote matrimonio... que un mozo de las condiciones aparentes de Andrés podía dar en la manía de no sufrir con paciencia ni que las moscas, sin permiso de él, se enredaran en las ondas del pelo de Sotileza? Algo mejor lo sabía ésta y, por saberlo, con una ojeada rápida leyó en la cara de Andrés el mal efecto que le estaban causando las alabanzas a la galantería del pobre Cleto. Por eso trató de echar la conversación por otra parte, pero no pudo conseguirlo. Tío Mechelín, ayudado de su mujer y de los tertulianos, entre los cuales se hallaban Pachuca y Colo, insistía en su tema y, como todo lo veía entonces de color de rosa y a todos los quería alegres y satisfechos a su lado, acabó sus congratulaciones y jaculatorias diciendo:

—¡Mañana va a ser domingo tamién[42] pa ti, Sotileza! Ya que tanto te gusta le deversión[43] vas a venirte conmigo en la barquía a media mañana. A poco más de media tarde estaremos de vuelta.

—Hay mucha costura sin rematar —respondió Sotileza.

—No puede ser por mañana —dijo tía Sidora—, porque tengo yo que estar en la plaza todo el día. Otra vez irá, ¿nordá,[44] hijuca?...

Cuando salió Andrés de la bodega, muy poco después de esta conversación, mientras iba calle abajo hacia la Catedral, jurara que llevaba en cada oído un importuno moscardón que le iba zumbando sin cesar unas mismas palabras. Algo más allá, estas palabras que le sonaban en los oídos eran gérmenes de pensamientos que se le revolvían en la cabeza; andando, andando, estos pensamientos engendraron propósitos y estos propósitos llenáronle de recuerdos la memoria, y estos recuerdos produjeron luchas violentísimas, y las luchas, serios razonamientos, y los razonamientos, sofismas deslumbradores, y los sofismas, propósitos otra vez, y estos propósitos, tumultos y oleadas en el pecho.

Así llegó a casa y así pasó la noche y así despertó al otro día y así fue al escritorio; y por eso engañó a Tolín a media mañana, y por segunda vez en su vida, con otro pretexto mal forjado, para faltar a todos sus deberes.

Al abocar, un cuarto de hora más tarde, en la calle Alta por la Cuesta del Hospital, no sin haber pasado antes por la pescadería y visto desde lejos a tía Sidora bajo su toldo de lona, Carpia, que salía de su casa, retrocedió de pronto, metióse en el portal, echó escalera arriba y se puso en acecho en la meseta del segundo tramo. Desde allí, procurando no ser vista, vio entrar a Andrés en la bodega. En seguida subió volando al quinto piso, habló breves palabras con su madre y volvió a salir a la escalera; bajó hasta el portal sin hacer ruido y, de puntillas, conteniendo hasta la respiración, como un zorro al asaltar un gallinero, se acercó a la puerta de la bodega. Estirando el pescuezo, pero cuidando mucho de no asomar la cabeza al hueco de la puerta, abierta de par en par, conoció por los rumores que llegaban a su oído sutil que los «sinvergüenzas» no estaban enfrente del carrejo,[45] sino al otro extremo de la salita. Escuchó más y oyó palabras sueltas, que le sonaron a recriminaciones de Sotileza y a excusas y lamentaciones apasionadas de Andrés... Por más que aguzaba el oído, bien aguzado de suyo, no podía coger una frase entera que la pusiera en la verdad de lo que pasaba allí.

—¿Y qué me importa a mí la verdá de lo que pueda pasar entre ellos? —se dijo, cayendo en la cuenta de lo inútil de su curiosidad—. Lo que importa es que se crea lo peor y eso es lo que va a creerse ahora mismo.

Y en seguida hundió la cabeza desgreñada en el vano; miró a la cerradura de la puerta, arrimada a la pared del carrejo; vio que la llave, como presumía, estaba por la parte de afuera, lo cual simplificaba mucho su trabajo; avanzó dos pasos callandito, muy callandito; alargó el brazo y trajo la puerta hacia sí con mucho cuidado para que no rechinaran las visagras; comenzó a

---

[38] Antiguamente «color» era femenino y en algunas regiones todavía lo es.

[39] Toda. (En este dialecto la «d» intervocálica desaparece. Véase «pecao» por «pecado» más abajo.)

[40] **meterían...** Celebrarían la ocurrencia.

[41] Bola de barro duro que se dispara con ballesta.

[42] También.

[43] **Le...** la diversión.

[44] ¿verdad?

[45] Pasillo largo.

trancar poco a poco, muy poco a poco, y, cuando hubo corrido así todo el pasador de la cerradura, quitó la llave y la guardó en el bolsillo de su refajo.[46] En seguida salió del portal a la acera, llamó a su madre desde allí y, tan pronto como la Sargüeta respondió en el balcón, dijo con sereno acento y como si se tratara de un asunto corriente y de todos los días:

—¡Ahora!

Aquí, unos cuantos compases de silencio. Poca gente por la calle; algunas marineras remendando bragas en los balcones o asomadas a tal cual ventana de entresuelo o murmurando en un portal. Carpia está a la parte de afuera del de su casa, arrimada a la pared, con los brazos cruzados. Chicuelos sucios revolcándose acá y allá. De pronto se oye la voz de la Sargüeta:

—¡Carpia!

—¡Señora!

—¿Qué haces?

—Lo que usté no se piensa.

—Súbete a casa con mil rayos.

—No me da la gana.

—Ya te he dicho que no te pares nunca onde[47] estás... ¡y bien sabes tú por qué!... ¡Güena[48] casa tienes pa recreo sin estorbar a naide[49]!... ¡Arriba, te digo otra vez!

—¡Caraspia, que no me da la gana! ¿Lo oye?

—¡Que subas, Carpia, y no me acabes la pacencia[50]!... ¡Que na tienes que hacer en onde estás!

—Tengo que hacer mucho, madre, ¡mucho!-.., ¡más de lo que a usté se le fegura, caraspia!... Estoy guardando la honra de la escalera, ¡sí!, y la honra de toa la vecindá. ¡Ha de saberse dende[51] hoy quién es ca[52] uno..., por qué está la mi cara abrasá de las santimperies[53] y por qué están otras tan blancas y repolidas! ¡Caraspia, que esto no se puede aguantar! ¡A los mesmos ojos de uno!... ¡a la mesma luz del megodía[54]! ¿Es esto vergüenza, madre? ¿Es esto vergüenza?... Pus pa sacársela a la cara estoy aquí ahora... ¡Pa que acabe esto de una vez y se pueden las gentes de honor en sus casas y vayan las enmundicias a la barreúra[55]!... Pa eso... ¡La mosconaza, la indecenteee!

—Pero, mujer, ¿qué es ello? ¿Qué está pasando, Carpia?

—¡Que el c...[56] tintas y la señorona, solos, los probes[57] de Dios, están en la bodega a puerta cerrá!..., ¡y que esta casa, de portal arriba, no es de esos trastos, caraspia!

Aquí ya se acercan los chicuelos a la hija de la Sargüeta, se detienen los transeúntes, se abren balcones que estaban cerrados y se ponen de codos sobre las barandillas mujeres que antes estaban sentadas entre puertas.

Y replica la Sargüeta desde el balcón a su hija, que se contonea en la acera delante del portal:

—¿Y eso te pasma?... ¿Y por eso te sefocas,[58] inocente de Dios? ¡Pos[59] bien a la vista estaba! ¡Delante de los ojos lo tenías! Pero con too y con ello, guarda el sefoco, que pueden angunas[60] que nos escuchan pedirte cuenta de lo que digas... ¡Porque aquí no habría gente de mal vivir si no hubiera sinvergüenzas que las taparan, puñales!... —De pronto se fija la Sargüeta en una vecina de enfrente, que la estaba mirando: ¿Qué se te pierde aquí, pendejona?... —¿Te pica lo que digo?.. ¿Te resquema la concencia?

—¡Calla, infamadora, deslenguada! —dice la aludida, que ni se acordaba de entrar en pelea, pero que no la rehusa, ya que se le pone tan a mano, ¿Qué se me ha de perder a mí en tu casa si no es la salú con sólo mirar haza[61] ella?

Carpia desde abajo:

—¡Déjela, madre, déjela, que con esa se mancha hasta la basura que se la tire a la cara!

—¡Dejarla yo! exclama la Sargileta, deshaciéndose el nudo del pañuelo de la cabeza para volver a hacerle con las manos trémulas por la ira—. ¡Dejarla yo!... Sin pelos en el moño la dejaría, ¡puñales!, si la tuviera más cerca.

—¿A mí, tú? dice la de enfrente, comenzando a ponerse nerviosa—. ¡Lambionaza!... ¡bocico de chumpagüevos!

—¡A ti, sí, chismosona!..., ¡cubijera![62].... ¡Y también a esa otra lambecaras que te está provocando contra mí!

La «otra lamberacas», desde su balcón:

—¡Echa, echa solimán por esa bocaza del demo-

---

[46] Enaguas.
[47] Donde.
[48] Buena.
[49] Nadie.
[50] Paciencia.
[51] Desde.
[52] Cada.
[53] Intemperie.
[54] Mediodía.
[55] **Las...** las inmundicias a la basura.

[56] Grosería.
[57] Pobres.
[58] Sofocas.
[59] Pues.
[60] Algunas.
[61] Hacia.
[62] Disimuladora, hipócrita.

nio, coliebra![63]... ¡escandalosa!..., ¡borrachona! (…)

Y por aquí corto la muestra del paño de los procedimientos por medio de los cuales van las hembras de Mocejón enzarzando reñidoras en la pelea y a la vez subdividiéndola en otras muchas y por otros tantos motivos diferentes entre sí (…) No era nuevo este espectáculo en la calle Alta y, por no serlo, los transeúntes le daban escasa importancia al advertirle; pero al preguntar por el motivo al primer espectador arrimado a una pared o esparrancado en medio de la acera, oían mencionar la supuesta engatada de la bodega de Mechelín, que para esto estaba allí Carpia, más atenta a propagar estos rumores por la calle que a defender su terreno en la batalla, especialmente desde que ésta había llegado al ardor y al movimiento deseados; y los transeúntes y los curiosos de todas especies iban arrimándose y arrimándose, uno a uno y poco a poco, hasta formar espeso y ancho grupo delante de la puerta; y continuando las preguntas, se declaraban nombres y apellidos y se aguzaba la curiosidad y sobrevenían los comentarios de rigor.

De vez en cuando, la puerta de la bodega retemblaba sacudida por adentro y entonces en la boca de Carpia había sangrientos dicharachos para los pícaros que fingían de aquel modo estar encerrados juntos contra su voluntad.

El lector honrado comprenderá sin esfuerzo la situación de aquellos infelices. Sotileza, con el calor del honradísimo disgusto que la produjo la llegada súbita de Andrés, desalentado, confuso y balbuciente, señal de lo descabellado de su resolución; atenta sólo a reprocharle con palabras duras su temerario proceder, no oyó el poquísimo ruido que hizo la bodega al ser cerrada por Carpia o le atribuyó, si llegó a fijarse en él, a causas bien diferentes de la verdadera; y por lo que toca a Andrés, ni un cañonazo le hubiera distraído del aturdimiento en que le puso la resuelta actitud de Sotileza. Tampoco le llamaron la atención las primeras y, para ella, confusas voces de Carpia dirigiéndose a su madre, pues acostumbrada la tenían las mujeres del quinto piso a oírlas dialogar harto más recio desde el balcón a la calle; pero cuando empezó a encresparse la pelamesa[64] y el vocerío fue más resonante, la misma gravedad de la situación en que se veía la pobre muchacha excitó su curiosidad y, dejando interrumpidas sus duras recriminaciones a Andrés, que no hallaba réplicas en sus labios, apartóse de él para observar lo que acontecía afuera, desde la misma salita. En cuanto

[63] Culebra.
[64] Riña en que los contendientes se asen de los cabellos.

vio la puerta cerrada al otro extremo del carrejo, se lanzó hasta ella; y al enterarse de que estaba sin llave y corrido el pasador de la cerradura, exclamó con espanto, llevando sus manos cruzadas y convulsas hasta cerca de la boca:

—¡Virgen de las Angustias, lo que han hecho conmigo!

Después miró por el ojo de la cerradura y vio a Carpia junto a la puerta de la calle y, en derredor de ella, algunos curiosos que la interrogaban y miraban después hacia la bodega. Sintió un frío mortal en el corazón y le faltaron alientos hasta para llamar a Andrés, que, aturdido e inmóvil, la contemplaba desde la salita. Al fin le llamó con una seña. Andrés se acercó. Sotileza, con el color de la muerte en la cara, desencajados los hermosos ojos y temblando de pies a cabeza, le dijo:

—¿Oyes bien el vocerío?... Pues mira ahora lo que se ve por aquí.

Andrés miró un instante por la cerradura y no dijo después una palabra ni se atrevió a poner sus ojos en los de Sotileza, mientras ésta le interpelaba así, entre angustiada e iracunda:

—¿Sabes tú lo que es esto? ¿Sabes por qué está cerrada esta puerta?

Andrés no supo qué responder. Sotileza continuó:

—Pues todo esto se ha hecho para acabar con la honra mía. ¡Mira, mira cómo la pisotean en la calle! ¡Virgen de la Soledá!... ¡Y tú tienes la culpa de ello, Andrés!... ¡Tú, tú la tienes!... ¿Ves cómo ya salió lo que yo temía? ¿Estas contento ahora?...

—Pero ¿dónde está la llave? —preguntó Andrés en un rugido, trocado de repente su abatimiento en desesperación.

—¡Onde está la llave!... ¿No lo barruntas? En las manos o en la faldriquera de esa bribona que nos ha trancao... ¡porque andaba hace mucho detrás de algo como esto para perdición mía! Y te vería entrar aquí; y para que tú y yo seamos bien vistos al salir de la bodega juntos, habrán armao esa riña ella y su madre..., porque tienen esas cosas por oficio. ¿Te vas enterando bien de todo el daño que hoy me has hecho?

Andrés, por única respuesta a estas sentidas exclamaciones de la desventurada muchacha, se abalanzó a la puerta y en vano añadió a la fuerza de sus brazos toda la que le prestaba la desesperación para hacer saltar la cerradura. Después golpeó los ennegrecidos tablones con sus puños de hierro. Nada adelantó.

—¡Dame una palanca, Silda; un palo..., cualquier cosa! —gritó en seguida—. ¡Yo necesito abrir esta puerta ahora mismo, porque tengo que ahogar a alguno entre mis manos!

—No te apures —le dijo Sotileza, con acento de amarga resignación—, ya se abrirá a su debido tiempo, que para eso la cerraron.

Andrés dejó la puerta y corrió a la salita, acordándose de la ventana que había en ella. Pero la ventana tenía una gruesa reja de hierro. No había que pensar en moverla. Vio la vara con que Sotileza había sacudido el polvo a Muergo el día antes y trató de arrancar la cerradura apalancando con un extremo de aquélla contra el tablero de la puerta, pero la cerradura estaba sujeta con gruesos clavos remachados por fuera. Metió la vara por debajo de la puerta y tiró hacia arriba; y la vara se rompió al instante. Metió después sus propios dedos, puesto de rodillas; tiró con todas sus fuerzas... y nada, ni siquiera una astilla de aquellas tablas de empedernido roble.

Entre tanto, crecía al alboroto afuera y espesaba el grupo de mirones enfrente del portal; y Sotileza, febril y desasosegada, aplicaba a menudo la vista y el oído al ojo de la cerradura y se enteraba de todo. Veía la ansiedad por el escándalo pintada en los rostros vueltos hacia la bodega y oía las palabras infamantes que contra su honor vomitaba la boca infernal de la sardinera; y en cada instante que corría sin poder salir de aquella cárcel afrentosa, sentía en la cara el dolor de una nueva espina de las que iba clavándole allí el azote de la vergüenza. ¡Qué diría la honrada y cariñosa marinera si al volver de la plaza encontraba la calle de aquel modo y se enteraba de lo que ocurría antes de que ella pudiera relatarle la verdad! ¡Y el viejo marinero! ¡Virgen María!

¡Qué golpe para el infeliz, cuando volviera por la tarde tan ufano y gozoso!

Estas consideraciones eran las que principalmente atormentaban a la desdichada Silda; y en la vehemencia de su deseo de salir cuanto antes a ventilar el pleito de su honra delante de la vecindad, lanzábase también a golpear la puerta y a proferir amenazas y a desahogar su desesperación a voces por todos sus resquicios.

En cuanto Andrés se convenció de que no había modo de salir de allí por la fuerza, cayó otra vez en un profundo abatimiento, que le acobardaba hasta el extremo de taparse los oídos para no sentir la baraúnda de afuera y de suplicar a Silda que no le abrumara más con el peso de sus justísimas reconvenciones. Entonces veía con perfecta claridad lo insensato y criminal del empeño en que estaba metido y el alcance espantoso que en derredor de sí iba a tener su insensatez imperdonable.

En uno de estos momentos, él, sentado, con los codos sobre las rodillas y la cabeza entre las manos, y Sotileza en medio de la sala, con los puños sobre las caderas, la vista perdida en el cúmulo de sus pensamientos, la boca entreabierta, la faz descolorida y el pecho jadeante, dijo de pronto Andrés, alzando la hermosa cabeza:

—Silda, el que la hace la paga, y si esto es ley hasta en asuntos de poco más o menos, en pleitos de la honra debe de serlo con mayor motivo. Yo estoy manchándote ahora la buena fama...

—¿Qué quieres decirme?—preguntóle duramente Sotileza, saliendo de sus penosas abstracciones.

—Que las manchas que caigan en tu honra por culpa mía yo las lavaré, como las lavan los hombres de bien.

Mordióse los labios Sotileza y, clavando sus empañados ojos en Andrés, díjole al punto:

—¡Lavar tú las manchas de la mi honra!... ¡Harto harás con limpiar allá abajo las que ahora mismo están cayendo encima de la tuya!

—Eso no es responder en justicia, Sotileza.

—Pero es hablar con la verdá de lo que siento. ¡Ay, Andrés!, si contabas con ese remedio pa reparar tan poco en hacerme este mal tan grande, qué lástima que no me lo advirtieras!

—¿Por qué, Silda?

—Porque pudiste habérmelo excusao con decirte yo que nunca tomaría la melecina que me ofreces.

—¿Que no la tomarías nunca?

—Nunca.

—Y ¿por qué?

—Porque..., porque no.

—Pues ¿qué más puedes pedirme, Sotileza?... ¿Qué es lo que quieres?

—De ti nada, Andrés..., ni de naide. Lo que quiero ahora —dijo Sotileza, volviéndose erguida, impaciente y convulsa hacia la embocadura del carrejo— es que se abra aquella puerta..., ¡que pueda yo salir cuanto antes a la calle y mirar a la gente cara a cara! Eso es lo que yo necesito, Andrés; eso es lo que quiero porque a cada momento que paso en este calabozo sin salida, se me abrasa algo en las entrañas.

—¿Y qué piensas hacer cuando salgamos? —preguntó Andrés, abatido de nuevo al considerar este trance de prueba.

—Eso no se pregunta a una mujer como yo —dijo Sotileza, que por momentos iba embraveciéndose—. Pero ¿por ónde salgo, Dios mío?... ¡Y yo quiero salir!... ¡Yo me ahogo en estas estrechuras!... ¡Virgen María..., qué pesaúmbre!

Andrés, condolido de la situación de la desesperada moza, salió de la salita resuelto a hacer otra tentativa en la puerta de la bodega. Al acercarse a ella, tropezaron sus pies con un objeto que resonó al deslizarse sobre las tablas del suelo. Recogióle y vio que era una llave. ¿Quién la había puesto allí?... ¿Y qué más daba?

Tal miedo tenía Andrés a la salida en medio de la tempestad que continuaba rugiendo en la calle, que estuvo dudando si ocultaría el hallazgo a Sotileza.

—¿Qué haces, Andrés? —le preguntó ésta, que le observaba desde la salita.

Andrés corrió hacia ella y le mostró la llave, diciendo dónde la había encontrado. Sotileza lanzó un rugido de alegría feroz.

—¡Ah..., la infame! —dijo en seguida—. ¡La echó por debajo de la puerta!... ¡Justo! Pa que abramos por adentro y se crea lo que ella quiere... ¡Pues veremos si te vale el amaño, bribonaza!

Todo esto lo decía Sotileza temblorosa de emoción, mientras se abalanzaba a la llave y la reconocía con una ojeada abrasadora, después de arrancársela a Andrés de la mano.

Éste, olvidado un momento de la situación comprometidísima en que se hallaba, contempló con asombro la transformación que iba notándose en aquella criatura incomprensible para él. Ya no era la mujer de aspecto frío, de serena razón y armoniosa palabra; no era la discreta muchacha que apagaba fogosos y amañados razonamientos con el hielo de una reflexión maciza; ni la provocadora belleza que levantaba tempestades en pechos endurecidos con el centelleo de una sola mirada; ni la gallarda hermosura que para ser una dama distinguida, en opinión del ofuscado Andrés, sólo la faltaba cambiar de vestidura y de morada; ni, por último, la doncella pudorosa que lloraba, momentos antes, por los riesgos que corría su buena fama. Ya era la mujer brava; ya enseñaba la veta de la vagabunda del muelle Anaos y de las plazas de Bajamar; ya en sus ojos había ramos sanguinolentos, y en su voz, tan armoniosa y grata de ordinario, dejos de sardinera, como los que a la sazón llenaban todos los ámbitos de la calle.

Así la vio apartarse de él como una exhalación, llegar a la puerta, abrirla con mano temblorosa, salir al portal y lanzarse en medio del grupo que obstruía la acera inmediata. Ni fuerzas hallaba él, en tanto, en sus piernas, para sostenerle derecho el cuerpo desmayado. Pero consideró que una actitud así era el mejor testimonio de su imaginada delincuencia; y se rehizo súbitamente y salió de su escondrijo detrás de Sotileza, resuelto a todo, aunque sin otro plan que el de ampararla.

Por asomar al portal, Sotileza vio la estampa de la aborrecida Carpia entre lo más espeso del grupo. Ni titubeó siquiera. Se lanzó a ella con el coraje de una fiera perseguida, apartando la gente, que no trataba de cerrarla el paso; y echándola ambas manos sobre los hombros, la dijo, clavándole en los ojos el acero de su mirada:

—¡Alza esa cabeza de pobre y mírame cara a cara! ¿Me ves, pícara? ¿Me ves bien, infame? ¿Me ves a tu gusto ahora?

Carpia, con ser lo que era, no se atrevía en aquel momento ni a protestar contra las sacudidas que daba Sotileza a su cara para ponerla más enfrente de la suya. ¡Tan fascinada la tenían el fiero mirar y la actitud resuelta de aquella herida leona, si es que no influía también en su desusado encogimiento el peso de su pecado!

Sotileza, exaltándose a medida que se amilanaba la otra, añadió, sin dejarla escaparse de sus manos:

—¿Y has pensao que basta que una zarrapastrona como tú quiera deshonrar a una mujer de bien como yo, para que se salga con la suya? ¿Cuándo lo soñaste, infame? Me celastes la puerta como zorra traidora; y cuando vistes entrar en mi casa a un hombre honrado, que entra en ella todos los días por delante de la cara de Dios, nos encerrastes allá, pensando que, al salir los dos con la llave que echastes por debajo de la puerta, ibas a afrentarme delante de la vecindá que habéis amontonado aquí tú y la bribona de tu madre con un escándalo de esos que sabéis armar cuando vos da la gana... ¡Pues ya estoy aquí!, ¡ya me tienes en la calle! ¿Y qué? ¿Piensas que hay en ella alguno, por dejao de la mano de Dios que esté, que se atreva a pensar de mí lo que tú quieres?

Según iba gritando Sotileza, calmábanse las riñas como por encanto; todas las miradas se convertían hacia ella y todos los ánimos quedaron suspensos de sus palabras y ademanes. La Sargileta se retiró de su balcón precipitadamente, como se esconde un reptil en su agujero al percibir ruidos cercanos, y Carpia pensó que se le caía el mundo encima al verse en medio de aquella silenciosa multitud, a solas con su implacable enemigo y tan cargada de iniquidades.

—¿Véistelo? —continuó Sotileza, sin soltar a Carpia, mirando con valentía a corrillos y balcones—. ¡Ni tan siquiera se atreve a negar la maldá que la echo en cara! ¿Estará la infame bien abandoná de Dios? Mira, ¡envidiosa y desalmada!, salí de la prisión en que me tuvistes con ánimo de arrastrarte por los suelos: ¡tan ciega me tenía la ira! Pero ahora veo que para castigo tuyo, a más del que te está dando la conciencia, sobra con esto.

Y la escupió en la cara. En seguida, con un fuerte empellón, la apartó de sí.

Apenas había en la calle quien no tuviera algún agravio que vengar en la lengua de aquella desdichada y, por eso, cuando en un arrebato de furia, al verse afrentada de tal modo, trató de lanzarse sobre la impávida Sotileza, un coro de denuestos la amedrentó y una oleada de gente la arrebató más de diez varas calle arriba. Una mozuela se acercó entonces a la triunfante Silda y la dijo en voz muy alta:

—Yo la vi dende[65] allí enfrente trancar la puerta de la bodega.

—Y yo echar la llave por debajo, a media güelta que dio endenantes con desimulo —añadió un vejete con la moquita colgando—. Primero lo dijera yo, porque soy hombre de verdá, pero de perro villano hay que guardarse mucho mientres esté sin cadena.

—¡Si no podía engañarme yo..., porque no podía ser otra cosa! —exclamó Sotileza, congratulándose de aquellos dos testimonios inesperados—. Pero bueno es que alguno lo haya visto..., ¡y quiera Dios que vos atreváis a decirlo bien recio en otra parte, si por ello vos pregunta quien puede castigar estas infamias con la ley!

No podía más la infeliz: un sollozo ahogó la voz en su garganta; llevóse ambas manos a los ojos y corrió a esconder su desconsuelo en el rincón más apartado de la bodega. Mares de llanto vertió allí, rodeada de la compasión cariñosa de Pachuca y otras convecinas, que la dejaban llorar, porque sólo llorando podía aliviarse un corazón repleto de pesadumbres tan amargas.

¿Y Andrés? ¡Qué papel el suyo... y qué castigo de su ligereza! No pasó el portal. Desde allí observó que la curiosidad de todos estaba saciándose en lo que hacía y decía Sotileza, y que para nada se acordaban de él; y en cuanto se resolvió el grupo que tenía enfrente para arrollar a Carpía y se llevó detrás todas las miradas de la gente de la calle, convencido además de que ningún riesgo material corría ya la víctima de sus imprudencias, salió del portal y se fue deslizando, como a la disimulada, acera abajo, hasta llegar a la cuesta del Hospital, donde respiró con desahogo, dio dos recias patadas en el suelo, apretó los puños y aceleró su marcha. como si le persiguieran garfios acerados para detenerle.

Bajando a la Ribera por el Puente, vio a tía Sidora, que subía por la calle de Somorrostro con otra marinera, detenerse de pronto para dar una risotada de aquellas suyas, con temblores de pecho y de barriga.

Aquella risotada fue un azote para la cara de Andrés y una tenaza para su conciencia. Apretó el paso más todavía y así anduvo, sin saber por dónde, hasta la hora de comer; y entonces se metió en su casa, sin atreverse a medir con la imaginación toda la resonancia que podía llegar a tener aquel suceso, cuyos detalles, estampados a fuego en su memoria, le enrojecían el rostro de vergüenza.

BENITO PÉREZ GALDÓS (1843-1920)

Se considera a Benito Pérez Galdós el padre del realismo —movimiento literario de la segunda mitad del siglo XIX que produce ficción en la cual se intenta reproducir artísticamente la realidad social e histórica. Mientras Böhl de Faber tenía sus raíces artísticas en el romanticismo, Galdós, que nació a mediados del siglo, empezó su carrera cuando este movimiento ya había pasado de moda. Si bien se nota un tono moralizador en sus primeras novelas de tesis —*Doña Perfecta* (1876) es un buen ejemplo— falta por completo el sentimentalismo que caracteriza la obra de su predecesora alemana.

A pesar de la vasta crítica que existe sobre la obra de Galdós, poco se sabe de la vida del autor. Nació en las Islas Canarias; de hecho, algunos investigadores han sugerido que tal vez fuese por haberse criado fuera de la Península Ibérica que sentía un interés tan profundo por todo lo español. Su padre era militar y su madre era la hija de un antiguo secretario de la Inquisición en las Canarias. Galdós estudió en una escuela inglesa y más tarde viajó a Inglaterra. La Crítica ha señalado semejanzas entre sus novelas y las de varios escritores ingleses decimonónicos, en particular las de Charles Dickens (1812 -1870). Además de literatura, estudió música y pintura, y algunas de sus ilustraciones aparecen en las primeras ediciones de sus *Episodios nacionales*.

En 1862 salió de Canarias para Madrid, donde se inscribió en la facultad de derecho. Aunque terminó la carrera, parece que no le entusiasmó el estudio de las leyes. Pasó más tiempo en los teatros, cafés y tertulias que en las aulas; su

---

[65] Desde.

familiaridad con la vida madrileña se ve claramente en sus novelas. Galdós había empezado a practicar el periodismo en La Palmas; en 1865 comenzó a escribir para *La Nación,* publicación progresista a la cual contribuyó con artículos sobre personajes políticos o literarios, crítica y reseñas teatrales. El 9 de marzo de 1868 publicó un artículo sobre Dickens y una traducción original de *Pickwick Papers.* También escribió —sin firmarlos— numerosos artículos para *El Debate,* donde apareció su novela *La sombra* en diciembre de 1871. Aunque el periodismo no fue el interés principal de Galdós, fue una importante fuente de ingresos para él durante toda su vida.

Reservado y tímido, Galdós gustaba más de escuchar a los otros que de conversar. Su oído agudo le servía para reproducir el lenguaje de la calle y crear diálogos auténticos. No se casó nunca. A pesar de ser el menor de diez hijos, a causa de su éxito financiero se sintió obligado a asumir las deudas de su padre y de su hermano después de que murieron, lo cual contribuyó a sus propios problemas económicos. De viejo Galdós perdió la vista, pero, víctima de socios poco escrupulosos y perseguido por los acreedores, siguió escribiendo hasta su muerte.

Durante mucho tiempo se creyó que la primera novela de Galdós era *La Fontana de Oro,* escrita en 1868 después de un viaje a Francia en el cual el autor se familiarizó con las novelas de Balzac. Sin embargo, el crítico Rodolfo Cardona sugiere que *La sombra* fue escrita unos tres años antes que *La Fontana de* Oro y demuestra que Galdós ya conocía la obra de Balzac antes de ir a Francia. El hecho es que para fines de los años sesenta ya empezaba a interesarle el realismo, estilo que caracteriza *La comédie humaine,* una serie de 90 novelas en que Balzac retrata la sociedad francesa desde la Revolución hasta 1848.

Como los *Episodios nacionales,* las novelas de costumbres contemporáneas abarcan toda la sociedad española. Retratan diversas capas sociales y regiones geográficas, aunque por lo general tienen lugar en un ambiente urbano y burgués. Su temática es muy amplia; comprende lo político, lo social, lo religioso, lo económico, lo ideológico, lo moral, lo erótico y lo psicológico. Figuran nobles venidos a menos, burgueses ricos, burgueses de recursos limitados, diputados, científicos, krausistas, bohemios, funcionarios, sirvientes, mendigos, artistas, obreros y sacerdotes. Galdós crea un ambiente por medio de la acumulación de detalles; describe barrios, calles, viviendas, iglesias, cafés, plazas, monumentos, ropa, muebles y utensilios. Sin embargo, el realismo de Galdós no consiste en la reproducción fotográfica de la sociedad sino en la representación de modales, costumbres, actitudes y valores de grupos específicos. Sus personajes son a menudo obsesivos, exagerados y casi caricaturescos. Como Cervantes, cuya obra conocía a fondo, Galdós mantiene cierta distancia de sus creaciones literarias. Observa la sociedad con un ojo agudo y describe las debilidades humanas con humor y compasión. Su lenguaje es conversacional; a menudo adopta el tono de un vecino que relata una historia a un compañero.

La Crítica ha dividido las novelas contemporáneas de Galdós en dos «épocas». Las obras de «la primera época» tienen elementos de la novela de tesis. Por ejemplo, *Doña Perfecta* (1876), *Gloria* (1876) y *La familia de León Roch* (1878) son fuertes denuncias del clericalismo y de la intolerancia. *Manianela* (1878) es un elogio del poder liberador de la ciencia, aunque la actitud de Galdós es algo ambivalente. Demuestra que si bien la ciencia —en el caso de *Marianela,* la medicina— resuelve ciertos problemas humanos, a menudo el progreso requiere la destrucción de lo bello y valioso del mundo tradicional. En estas novelas de la primera fase, los personajes son a veces arquetipos. Doña Perfecta, antagonista de la novela del mismo nombre, encarna la intransigencia y la estrechez de miras. Lleva el tradicionalismo a un extremo, transformándolo en una fuerza destructora y convirtiéndose en tirana. No obstante, estos personajes no son desprovistos de complejidad psicológica. A menudo los impulsan motivos recónditos y contradictorios, como en el caso de doña Perfecta, irónicamente denominada, cuyo afán de alcanzar la «perfección moral» puede deberse en gran parte a los celos.

En las novelas de la segunda fase, la cual se inicia con *La desheredada* (1881), la novelísitica de Galdós se enriquece. El autor incorpora nuevas técnicas naturalistas, haciendo hincapié en la crudeza de la vida en los barrios pobres. A partir de *Ángel Guerra* (1890-91) lo espiritual y lo místico a menudo se mezclan con lo psicológico y lo social.

Aunque los personajes tienen elementos arquetípicos, son más complejos que los de la primera fase. Actúan en ellos diversas fuerzas psicológicas y ambientales, a veces muy sutiles. Nunca son monolíticos, sino que encierran rasgos discordantes e incluso antagónicos. Por ejemplo, el desalmado prestamista Torquemada se convierte en un personaje patético cuando su hijo enferma y muere. Aunque nos repugna el burdo materialismo de Torquemada, no podemos dudar de su amor a su hijo, y los esfuerzos del desesperado padre, quien intenta «negociar» una solución a su problema con Dios, despiertan nuestra compasión.

Como Balzac, Galdós repite personajes, creando una comunidad novelesca habitada por caracteres que aparecen y reaparecen en diversas obras. Sin embargo, en las novelas de costumbres contemporáneas no utiliza esta técnica tanto como su antecesor francés. Geoffrey Ribbans señala que los personajes principales de novelas como *Fortunata y Jacinta* (1886-87) y *Ángel Guerra* (1890-91) no aparecen en otras obras; sin embargo, personajes que desempeñan un papel secundario en una novela a veces se convierten en protagonistas en otra (56). Antes de la publicación de *Torquemada en la hoguera*, (1889), el astuto prestamista ya había aparecido en *El doctor Centeno* (1883), *La de Bringas* (1884) y *Lo prohibido* (1885). La repetición de personajes produce un sentido de familiaridad en el lector.

Las novelas de la segunda fase pintan la vida madrileña moderna, con todos los cambios, desarrollos económicos y conflictos políticos y sociales que caracterizan la época. El triunfo de la burguesía y el empobrecimiento de la nobleza son temas importantes. Galdós aumenta el «realismo» de su obra incorporando acontecimientos y personajes verdaderos.

Torquemada en la hoguera es la primera de una serie de cuatro novelas que relatan el ascenso social del prestamista Torquemada, quien llega a convertirse en magnate, a adquirir un título de aristócrata y a ser elegido a las Cortes. Al principio de la historia, Torquemada es viudo; vive con su hija Rufina y su hijo Valentín, un niño de doce años que es un genio para las matemáticas. Cuando Valentín enferma, Torquemada, que nunca había mostrado la menor compasión por sus víctimas, se arrepiente de sus pecados y hace buenas obras con la esperanza de «comprar» la salud de su hijo. Pero la conversión de Torquemada es fraudulenta; para él, la religión es sólo un negocio más. Cuando Valentín muere, declara los buenos actos una mala inversión y vuelve a sus antiguas costumbres. En *Torquemada en la Cruz* (1893), el prestamista se casa con Fidela, un miembro de la nobleza empobrecida, y comienza a imitar el habla y los modales elegantes de su amigo José Ruiz Donoso. En *Torquemada en el purgatorio* (1894), el antiguo usurero ve crecer su riqueza astronómicamente, complace a su ambiciosa cuñada comprando el título de marqués de San Eloy y se presenta como candidato para diputado. Sin embargo, a pesar de sus muchos éxitos, se siente afligido porque su segundo hijo, a quien había creído un nuevo Valentín, es un retrasado mental. *Torquemada y San Pedro* (1895) relata los esfuerzos del padre Gamborena por convertir al protagonista, quien es ahora millonario y dueño de un magnífico palacio con obras de arte, jardines y una capilla privada. Torquemada escucha al sacerdote, pero sigue pensando en términos financieros y, al final de la novela, cuando pronuncia la palabra «conversión» antes de morir, no sabemos si se refiere a su alma o a la deuda nacional, que piensa «convertir» en bonos. La transformación de Torquemada es la de la clase media española. Torquemada es típico de miles de miembros de la pequeña burguesía que logran ampliar su hacienda y mejorar su estado social debido a los cambios económicos y políticos que tienen lugar durante el siglo XIX.

Torquemada en la hoguera

Capítulo I

Voy a contar cómo fue al quemadero el inhumano que tantas vidas infelices consumió en llamas[1]; (…) cómo vino el fiero sayón a ser víctima; cómo los odios que provocó se le volvieron lástima, y las nubes de maldiciones arrojaron sobre él lluvia de piedad (…)

Mis amigos conocen ya (…) a don Francisco de Torquemada,[2] a quien algunos historiadores inéditos de estos tiempos llaman *Torquemada el Peor* (…) Es Torquemada el habilitado de aquel infierno en que fenecen desnudos y fritos los deudores; hombres de más necesidades que posibles; empleados con más hijos que sueldo; otros ávidos de la nómina tras larga cesantía; militares trasladados de residencia, con familión y suegra de añadidura; personajes de flaco espíritu, poseedores de un buen destino, pero, con la carcoma de una mujercita que da tés y empeña el verbo[3] para comprar las pastas; viudas lloronas que cobran del Montepío civil o militar y se ven en mil apuros; sujetos diversos que no aciertan a resolver el problema aritmético en que se funda la existencia social, y otros muy perdidos, muy faltones, muy destornillados de cabeza o rasos de moral, tramposos y embusteros.

Pues todos éstos, el bueno y el malo, el desgraciado y el pillo, cada uno por su arte propio, pero siempre con su sangre y sus huesos, le amasaron a Torquemada una fortunita que ya la quisieran muchos que se dan lustre en Madrid (…)

El año de la Revolución,[4] compró Torquemada una casa de corredor[5] en la calle de San Blas, con vuelta a la de la Leche[6] ; finca muy aprovechada, con veinticuatro habitacioncitas, que daban, descontando insolvencias inevitables, reparaciones, contribución, etc., una renta de 1300 reales al mes, equivalente a un siete a un siete o siete y medio por ciento del capital. Todos los domingos se personaba en ella mi don Francisco para hacer la cobranza, los recibos en una mano, en otra el bastón con puño de asta de ciervo; y los pobres inquilinos que tenían la desgracias de no poder ser puntuales, andaban desde el sábado por la tarde con el estómago descompuesto, porque la adusta cara, el carácter férreo del propietario, no concordaban con la idea que tenemos del día de fiesta, del día del Señor, todo descanso y alegría. El año de la Restauración,[7] ya había duplicado Torquemada la pella[8] con que le cogió le cogió la *gloriosa*,[9] y el radical cambio proporcionóle bonitos préstamos y anticipos.

[Sigue una explicación de cómo Torquemada va acumulando dineros y propiedades.]

Todo iba como una seda[10] para aquella feroz hormiga, cuando de súbito le afligió el cielo con tremenda desgracia: se murió su mujer. Perdónenme mis lectores si les doy la noticia sin la preparación conveniente, pues sé que apreciaban a doña Silvia, como la apreciábamos todos los que tuvimos el honor de tratarla, y conocíamos sus excelentes prendas y circunstancias. Falleció de cólico miserere,[11] y he de decir, en aplauso de Torquemada, que no se omitió gasto de médico y botica para salvarle la vida a la pobre señora. Esta pérdida fue un golpe cruel para don Francisco, pues habiendo vivido el matrimonio en santa y laboriosa paz durante más de cuatro lustros,[12] los caracteres de ambos cónyuges se habían compenetrado de un modo perfecto, llegando a ser ella otro él, y él como cifra y refundición de ambos. Doña Silvia no sólo gobernaba la casa con magistral economía, sino que asesoraba a su pariente en los negocios difíciles, auxiliándole con sus luces y su experiencia para el préstamo. Ella defendiendo el céntimo en casa para que no se fuera a la calle, y él barriendo para adentro a fin de traer todo lo que pasara, formaron un matrimonio sin desperdicio, pareja que podría servir de modelo a cuantas hormigas hay debajo de la tierra y encima de ella. (…)

Dos hijos le quedaron: Rufinita (…) y Valentinito (…). Entre la edad de uno y otro hallamos diez años de diferencia, pues a mi doña Silvia se le malograron más o menos prematuramente todas las crías intermedias, quedándole sólo la primera y la última. En la época en que cae lo que voy a referir, Rufinita había cumplido los veintidós, y Valentín iba al ras de los doce. Ya para que se vea la buena estrella de aquel animal de don

---

[1] Referencia a Tomás de Torquemada, confesor de Isabel la Católica e Inquisidor General durante 18 años. Se calcula que la Inquisición fue responsable de la muerte de unas 2000 personas durante este período.
[2] El personaje había figurado en otras novelas de Galdós.
[3] Hasta la palabra de Dios. Es decir, empeña todo.
[4] De 1868, cuando los liberales llegaron al poder. Isabel II huyó a Francia, donde residió hasta su muerte.
[5] **Casa…** Casa pobre, de barriada.
[6] Calles verdaderas que se encontraban en un barrio pobre de Madrid.

[7] En 1875, cuando Alfonso XII, hijo de Isabel II, ocupó el trono español.
[8] Cantidad de dinero.
[9] La Revolución de 1868.
[10] **Como…** muy bien.
[11] Una enfermedad del abdomen.
[12] Período de cinco años.

Francisco, sus dos hijos eran, cada cual por su estilo, verdaderas joyas, o como bendiciones de Dios que llovían sobre él para consolarle en su soledad. Rufina había sacado todas las capacidades domésticas de su madre, y gobernaba el hogar casi tan bien como ella. Claro que no tenía el alto tino de los negocios, ni la consumada trastienda, ni el golpe de vista, ni otras aptitudes entre morales y olfativas de aquella insigne matrona; pero en formalidad, en honesta compostura y buen parecer, ninguna chica de su edad le echaba el pie adelante. (…)

Pues digo, si de Rufina volvemos los ojos al tierno vástago de Torquemada, encontraremos mejor explicación de la vanidad que le infundía su prole, porque (lo digo sinceramente) no he conocido criatura más mona que aquel Valentín, ni precocidad tan extraordinaria como la suya. ¡Cosa más rara! No obstante el parecido con su antipático papá, era el chiquillo guapísimo, con tal expresión de inteligencia en aquella cara, que se quedaba uno embobado mirándole; con tales encantos en su persona y carácter, y rasgos de conducta tan superiores a su edad, que verle, hablarle y quererle vivamente, era todo uno. ¡Y qué hechicera gravedad la suya, no incompatible con la inquietud propia de la infancia! ¡Qué gracia mezclada de no sé qué aplomo inexplicable a sus años! ¡Qué rayo divino en sus ojos algunas veces, y otras qué misteriosa y dulce tristeza! Espigadillo de cuerpo, tenía las piernas delgadas, pero de buena forma; la cabeza más grande de lo regular, con alguna deformidad en el cráneo. En cuento a su aptitud para el estudio, llamémosla verdadero prodigio, asombro de la escuela, y orgullo y gala de los maestros. De esto hablaré más adelante. Sólo he de afirmar ahora que el *Peor* no merecía tal joya, ¡qué había de merecerla! y que si fuese hombre capaz de alabar a Dios por sus bienes con que le agraciaba, motivos tenía el muy tuno para estarse, como Moisés, tantísimas horas con los brazos levantados al cielo.[13] No los levantaba, porque sabía que del cielo no había de caerle ninguna breva de las que a él le gustaban.

Capítulo II

(…) De la precoz inteligencia de Valentinito estaba tan orgulloso, que no cabía en su pellejo. A medida que el chico avanzaba en sus estudios, don Francisco sentía crecer el amor paterno, hasta llegar a la ciega pasión. En honor del tacaño, debe decirse que, si se conceptuaba reproducido físicamente en aquel pedazo de su propia naturaleza, sentía la superioridad del hijo, y por esto se congratulaba más de haberle dado el ser. Porque Valentinito era el prodigio de los prodigios, un jirón excelso de la Divinidad caído en la tierra. Y Torquemada, pensando en el porvenir, en lo que su hijo había de ser, si viviera, no se conceptuaba digno de haberle engendrado, y sentía ante él la ingénita cortedad de lo que es materia frente a lo que es espíritu.

En lo que digo de las inauditas dotes intelectuales de aquella criatura, no se crea que hay la más mínima exageración. Afirmo con toda ingenuidad que el chico era de lo más estupendo que se puede ver, y que se presentó en el campo de la enseñanza como esos extraordinarios ingenios que nacen de tarde en tarde destinados a abrir nuevos caminos a la humanidad. A más de la inteligencia, que en edad temprana despuntaba en él como aurora de un día espléndido, poseía todos los encantos de la infancia: dulzura, gracejo y amabilidad. El chiquillo, en suma, enamoraba y no es de extrañar que don Francisco y su hija estuvieran loquitos con él. Pasados los primeros años, no fue preciso castigarle nunca, ni aun siquiera reprenderle. Aprendió a leer por arte milagroso, en pocos días, como si lo trajera sabido ya del claustro materno.[14] A los cinco años, sabía muchas cosas que otros chicos aprenden difícilmente a los doce. Un día me hablaron de él dos profesores amigos míos que tienen colegio de primera y segunda enseñanza,[15] lleváronme a verle, y me quedé asombrado. Jamás vi precocidad semejante ni un apuntar de inteligencia tan maravillosos. Porque si algunas respuestas las endilgó de taravilla,[16] demostrando el vigor y riqueza de su memoria, en el tono con que decía otras se echaba de ver cómo comprendía y apreciaba el sentido.

[Sigue una descripción de los muchos logros académicos de Valentín. Es un genio en todas las materias —Gramática, Geografía y especialmente Aritmética.]

Torquemada (…) cuidaba de él como de un ser sobrenatural, puesto en sus manos por especial privilegio. Vigilaba sus comidas, asustándose mucho si no mostraba apetito; al verle estudiando, recorría las ventanas para que no entrase aire, se enteraba de la temperatura

---

[13] Se refiere a la historia bíblica de la batalla contra los amalecitas, pueblo de Arabia. Los israelitas ganaban mientras Moisés mantuviera sus brazos levantados. Al empezar a pesarle los brazos, Aarón y Hur se los sujetaron hasta la caída del sol. (*Éxodo* 17.8-13).

[14] Es decir, del vientre de su madre.

[15] Escuela particular que incluye estudios primarios y secundarios.

[16] **Las…** Las había aprendido de memoria.

exterior antes de dejarle salir, para determinar si debía ponerse bufanda, o el *carrik*[17] gordo, o las botas de agua; cuando dormía, andaba de puntillas; le llevaba a paseo los do-mingos, o al teatro; y si el angelito hubiese mostrado afición a juguetes extraños y costosos, Torquemada, vencida su sordidez, se los hubiera comprado. Pero el fenómeno aquel no mostraba afición sino a los libros: leía rápidamente y como por magia, enterándose de cada página en un abrir y cerrar de ojos. Su papá le compró una obra de viajes con mucha estampa de ciudades europeas y de comarcas salvajes. La seriedad del chico pasmaba a todos los amigos de la casa, y no faltó quien dijera de él que parecía un viejo. En cosas de malicia era de una pureza excepcional: no aprendía ningún dicho ni acto feo de los que saben a su edad los retoños desvergonzados de la presente generación. Su inocencia y celestial donosura casi nos permitían conocer a los ángeles como si los hubiéramos tratado, y su reflexión rayaba en lo maravilloso.

[Valentín se enferma y pasa una noche horrible, «sofocado, echando lumbre de su piel, los ojos atónitos y chispeantes, el habla insegura, las ideas desenhebradas, como cuentas de un rosario cuyo hilo se rompe».]

Capítulo IV

El día siguiente fue todo sobre salto y amargura. Quevedo[18] opinó que la enfermedad era *inflamación de las meninges*, y que el chico estaba en peligro de muerte. Esto no se lo dijo al padre, sino a Bailón[19] para que le fuese preparando. Torquemada y él se encerraron, y de la conferencia resultó que por poco se pegan, pues don Francisco, trastornado por el dolor, llamó a su amigo embustero y farsante. El desasosiego, la inquietud nerviosa, el desvarío del tacaño sin ventura, no se pueden describir. Tuvo que salir a varias diligencias de su penoso oficio, y a cada instante tornaba a casa, jadeante, con medio palmo de lengua fuera, el hongo[20] echado hacia atrás. Entraba, daba un vistazo, vuelta a salir. Él mismo traía las medicinas, y en la botica contaba toda la historia: «un vahído estando en clase; después calentura horrible... ¿para qué sirven los médi-

cos?» Por consejo del mismo Quevedito, mandó venir a uno de los más eminentes, el cual calificó el caso de *meningitis aguda*.

La noche del segundo día, Torquemada, rendido de cansancio, se embutió en uno de los sillones de la sala, y allí estuvo como medio horita, dando vueltas a una pícara idea, ¡ay! dura y con muchas esquinas, que se le había metido en el cerebro. «He faltado a la Humanidad,[21] y esa muy tal y cual me la cobra ahora con los réditos atrasados... No: pues si Dios, o quienquiera que sea, me lleva mi hijo, ¡me voy a volver más malo, más perro...! Ya verán entonces lo que es canela fina.[22] Pues no faltaba otra cosa... Conmigo no juegan... Pero no, ¡qué disparates digo! No me le quitará, porque yo... Eso que dicen de que no he hecho bien a nadie, es mentira. Que me lo prueben... porque no basta decirlo. ¿Y los tantísimos a quien he sacado de apuros?... ¿pues y eso? Porque si a la Humanidad le han ido con cuento de mí; que si aprieto, que si no aprieto... yo probaré... Ea, que ya me voy cargando[23]: si no he hecho ningún bien, ahor lo haré, ahora, pues por algo se ha dicho que nunca para el bien es tarde. Vamos a ver: ¿y si yo me pusiera ahora a rezar, qué dirían allá arriba? (...) Tente, hombre, tente, que te vuelves loco... Tan sólo saco en limpio que no habiendo buenas obras, todo es, como si dijéramos, basura... ¡Ay Dios, qué pena, qué pena...! Si me pones bueno a mi hijo, yo no sé qué cosas haría; ¡pero qué cosas tan magníficas y tan...! ¿Pero quién es el sinvergüenza que dice que no tengo apuntada ninguna buena obra? Es que me quieren perder, me quieren quitar a mi hijo, al que ha nacido para enseñar a todo los sabios y dejarles tamañitos.[24] Y me tienen envidia porque soy su padre, porque de estos huesos y de esta sangre salió aquella gloria del mundo... Envidia; pero ¡que envidiosa es esta puerca Humanidad! Sigo, la Humanidad no, porque es Dios... los hombres, los prójimos, nosotros, que somos todos muy pillos, y por eso nos pasa lo que nos pasa... Bien merecido nos está... bien merecido nos está».

Acordóse entonces de que al día siguiente era domingo y no había extendido los recibos para cobrar los alquileres de su casa. Después de dedicar a esta operación una media hora, descansó algunos ratos, estirándose en el sofá de la sala. Por la mañana, entre nueve y diez, fue a la cobranza dominguera. Con el no comer y

---

[17] Chaqueta.

[18] Quevedo, el futuro esposo de Rufina, es estudiante de medicina.

[19] Bailón es un amigo de Torquemada que personifica ciertas tendencias filosóficas de la época, las cuales a Galdós le parecen extremistas y ridículas. Algunas de sus ideas recuerdan a las del pensador francés, Auguste Comte, quien proclama «la religión de la humanidad».

[20] Sombrero de copa redonda.

[21] La única idea que Torquemada ha sacado de todas las monsergas de Bailón es que «*Dios es la Humanidad*, y que la Humanidad es la que nos hace pagar nuestras picardías o nos premia por nuestras buenas obras».

[22] **La...** la buena conducta (irónico).

[23] **Me...** estoy cansado de esa historia.

[24] Pequeñitos.

el mal dormir y la acerbísima pena que la destrozaba el alma, estaba el hombre *mismamente*[25] del color de una aceituna. Su andar era vacilante, y sus miradas vagaban inciertas, perdidas, tan pronto barriendo el suelo como disparándose a las alturas. (…) La presencia de Torquemada en el patio, que todos los domingos era una desagradabilísima aparición, produjo aquel día verdadero pánico; y mientras algunas mujeres corrieron a refugiarse en sus respectivos aposentos, otras, que debían de ser malas pagadoras, y que observaron la cara que traía la fiera, se fueron a la calle. La cobranza empezó por los cuartos bajos, y pagaron sin chistar el albañil y las dos pitilleras, deseando que se les quitase de delante la aborrecida estampa de don Francisco. Algo desusado y anormal notaron en él, pues tomaba el dinero maquinalmente y sin examinarlo con roñosa nimiedad, como otras veces, cual[26] si tuviera el pensamiento a cien leguas del acto importantísimo que estaba realizando; no se le oían aquellos refunfuños de perro mordelón, ni inspeccionó las habitaciones buscando el baldosín roto o el pedazo de revoco caído, para echar los tiempos[27] a la inquilina.

Al llegar al cuarto de la Rumalda, planchadora, viuda, con su madre enferma en un camastro y tres niños menores que andaban en el patio enseñando las carnes por los agujeros de la ropa, Torquemada soltó el gruñido de ordenanza, y la pobre mujer, con afligida y trémula voz, cual si tuviera que confesar ante el juez un negro delito, soltó la frase de reglamento: «Don Francisco, no hoy no se puede. Otro día cumpliré». No puedo dar idea del estupor de aquella mujer y de las dos vecinas, que presentes estaban, cuando vieron que el tacaño no escupió por aquella boca ninguna maldición ni herejía, cuando le oyeron decir con la voz más empañada y llorosa del mundo: «No, hija, si no te digo nada… si no te apuro… si no me ha pasado por la cabeza reñirte… ¡Qué le hemos de hacer, si no puedes…!»

—Don Francisco, es que… —murmuró la otra, creyendo que la fiera se expresaba con sarcasmo, y que tras el sarcasmo vendría la mordida.

—No, hija, si no he chistado… ¿Cómo se han de decir las cosas? Es que a ustedes no hay quien las apee de[28] que yo soy un hombre, como quien dice, tirano… ¿De dónde sacáis que no hay en mí compasión, ni… ni caridad? En vez de agradecerme lo que hago por vosotras, me calumniáis… No, no: entendámonos. Tú Ru-

malda, estate tranquila: sé que tienes necesidades, que los tiempos están malos… Cuando los tiempos están malos, hija ¿qué hemos de hacer sino ayudarnos los unos a los otros? (…)

En el número 16:

—Pero hija de mi alma, so tunanta,[29] ¿tenías a tu niña mala y no me habías dicho nada? ¿Pues para qué estoy yo en el mundo? Francamente, eso es un agravio que no te perdono, no te lo perdono. Eres una indecente; y en prueba de que no tienes ni pizca de sentido, ¿apostamos a que no adivinas lo que voy a hacer? ¿Cuánto va a[30] que no lo adivinas?… Pues voy a darte para que pongas un puchero[31]… ¡eh! Toma, y di ahora que no tengo humanidad. Pero sois tan mal agradecidas, que me pondréis como chupa de dómine,[32] y hasta puede que me echéis una maldición. Abur.

En el cuarto de la señá Casiana, una vecina se aventuró a decirte: «Don Francisco, a nosotras no nos la da usted[33]… A usted le pasa algo. ¿Qué demonios tiene en la cabeza o en ese corazón de cal y canto?»[34]

Dejóse el afligido casero caer en una silla, y quitándose el hongo se pasó la mano por la amarilla frente y la calva sebosa, diciendo tan sólo entre suspiros: «¡No es de cal y canto, puñales, no es de cal y canto!»

[Torquemada continúa haciendo buenas obras. Hasta le regala su mejor capa a un mendigo, y le promete una perla sumamente valiosa a la Virgen del Carmen si se sana Valentín. Pero con Dios no se puede negociar. El muchacho muere a pesar de los esfuerzos de su padre.]

Capítulo IX

(…) La pérdida absoluta de la esperanza le trajo la sedación nerviosa, y la sedación, estímulos apremiantes de reparar el fatigado organismo. A media noche fue preciso administrarle un substancioso potingue, que fabricaron la hermana del fotógrafo de arriba y la mujer del carnicero de abajo, con huevos, Jerez y caldo de puchero. «No sé qué me pasa —decía el *Peor*—: pero ello es que parece que se me quiere ir la vida». El suspirar hondo y el llanto comprimido le duraron hasta cerca del día, hora en que fue atacado de un nuevo pa-

---

[25] Exactamente.
[26] Como.
[27] **Echar…** regañar.
[28] **No…** Nadie puede hacer que ustedes dejen de pensar.

[29] **So…** tontita.
[30] **Cuánto…** ¿Cuánto apuestas?
[31] Voy a darte dinero para que puedas comprar carne para preparar un puchero (guisado, estofado).
[32] **Me…** contaréis toda clase de chisme horrible acerca de mí.
[33] **No…** No nos engaña usted.
[34] **De…** duro.

roxismo de dolor diciendo que quería ver a su hijo; *resucitarle, costara lo que costase,* e intentaba salirse del lecho, contra los combinados esfuerzos de Bailón, del carnicero y de los demás amigos que contenerle y calmarle querían. Por fin lograron que se estuviera quieto, resultado en que no tuvieron poca parte las filosóficas amonestaciones del clerigucho,[35] y las sabias cosas que echó por aquella boca el carnicero, hombre de pocas letras, pero muy buen cristiano. «Tienen razón—dijo don Francisco—agobiado y sin aliento—. ¿Qué remedio queda más que conformarse? ¡Conformarse! Es un viaje para el que no se necesitan alforjas. Vean de qué le vale a uno ser más bueno que el pan, y sacrificarse por los desgraciados, y hacer bien a los que no nos puede ver ni en pintura… Total, que lo que pensaba emplear en favorecer a cuatro pillos… ¡mal empleado dinero, que había de ir a parar a las tabernas, a los garitos y a las casas de empeño!… digo que esos dinerales los voy a gastar en hacerle a mi hijo del alma, a esa gloria, a ese prodigio que no parecía de este mundo, el entierro más lucido que en Madrid se ha visto. ¡Ah, qué hijo! ¿No es dolor que me le hayan quitado? Aquello no era hijo: era un diosecito que engendramos a medias el Padre Eterno y yo… ¿No creen ustedes que debo hacerle un entierro magnífico? Ea, ya es de día. Que me traigan muestras de carros fúnebres… y vengan papeletas negras para convidar a todos los profesores».

Con estos proyectos de vanidad, excitóse el hombre, y a eso de las nueve de la mañana, levantado y vestido, daba sus disposiciones con aplomo y serenidad. Almorzó bien, recibía a cuantos amigos llegaban a verle, y a todos les endilgaba la consabida historia: «Conformidad… ¡Qué le hemos de hacer!… Está visto: lo mismo da que usted se vulva santo, que se vuelva usted Judas, para el caso de que le escuchen y le tengan misericordia… ¡Ah, misericordia!… Lindo anzuelo sin cebo para que se lo traguen los tontos».

Y se hizo el lujoso entierro, y acudió a él mucha y lucida gente, lo que fue para Torquemada motivo de satisfacción y orgullo, único bálsamo de su hondísima pena. Aquella lúgubre tarde, después que se llevaron el cadáver del admirable niño, ocurrieron en la casa escenas lastimosas. Rufina, que iba y venía sin consuelo, vio a su padre salir de comedor con todo el bigote blanco, y se espantó creyendo que en un instante se había llenado de canas. Lo ocurrido fue lo siguiente: fuera de sí, y acometido de un espasmo de tribulación, el inconsolable padre fue al comedor y descolgó el encerrado en que estaban aún escritos los problemas matemáticos, y tomándolo por retrato, que fielmente le reproducía las facciones del adorado hijo, estuvo larguísimo rato dando besos sobre la fría tela negra, y estrujándose la cara contra ella, con lo que la tiza se le pegó al bigote mojado de lágrimas, y el infeliz usurero parecía haber envejecido súbitamente. Todos los presentes se maravillaron de esto, y hasta se echaron a llorar. Llevóse don Francisco a su cuarto el encerado, y encargó a un dorador un marco de todo lujo para ponérselo, y colgarlo en el mejor sitio de aquella estancia.

Al día siguiente, el hombre fue acometido, desde que abrió los ojos, de la fiebre de los negocios terrenos. Como la señorita había quedado muy quebrantada por los insomnios y el dolor, no podía atender a las cosas de la casa: la asistenta y la incansable tía Roma[36] la sustituyeron hasta donde sustituirla era posible. Y he aquí que cuando la tía Roma entró a llevarle el chocolate al gran inquisidor, ya estaba éste en planta,[37] escribiendo números con una mano febril. Y como la bruja aquella tenía tanta confianza con el señor de la casa, permitiéndose tratarle como a igual, se llegó a él, le puso sobre el hombro su descarnada y fría mano, y le dijo: «Nunca aprende… Ya está otra vez preparando los trastos de ahorcar. Mala muerte va usted a tener, condenado de Dios, si no se enmienda». Y Torquemada arrojó sobre ella una mirada que resultaba enteramente amarilla, por ser en él de este color lo que en los demás humanos ojos es blanco, y le respondió de esta manera: «Yo hago lo que me da mi santísima gana, so[38] mamarracho, vieja más vieja que la Biblia. Lucido estaría si consultara con tu necedad lo que debo hacer». Contemplando un momento el encerado de las matemáticas, exhaló un suspiro y prosiguió así: «Si preparo los trastos, eso no es cuenta tuya ni de nadie, que yo me sé cuanto hay que haber de tejas abajo y aun de tejas arriba, ¡puñales! Ya sé que me vas a salir con el materialismo de la misericordia… A eso te respondo que si buenos memoriales eché, buenas gordas calabazas me dieron.[39] La misericordia que yo tenga, ¡…puñales! que me la claven en la frente».

---

[35] Forma despectiva de «clérigo». Bailón había sido cura.

[36] Vieja sirvienta de Torquemada, muy devota y honesta.
[37] Despierto y trabajando.
[38] Señora.
[39] **Si…** Si yo les propuse un buen negocio, ellos me lo rechazaron.

EMILIA PARDO BAZÁN (1852-1921)

Hija única de una familia aristocrática, la condesa de Pardo Bazán fue una de las mujeres más cultas de su generación. Autodidacta, leyó una gran variedad de libros—la Biblia, el *Quijote*, las *Fábulas* de La Fontaine, la *Ilíada* de Homero, novelas románticas españolas y francesas, obras de Racine y de Shakespeare, libros de historia, de filosofía y de crítica literaria. Conocía bien el teatro contemporáneo, la poesía franciscana y la épica cristiana. De joven estudió a los krausistas y aprendió italiano e inglés. Nacida en La Coruña, se casó a los dieciséis años y se mudó a Madrid, donde ganó un premio por su ensayo sobre el padre Feijoo. A la edad de veintiséis años publicó catorce artículos sobre las ciencias en la *Revista Compostelana* y dos años más tarde publicó artículos sobre Darwin, Milton y Dante en *La Ciencia Cristiana.* Muy atenta a las corrientes artísticas extranjeras, es considerada la introductora del Naturalismo en España. Pardo Bazán fue la primera mujer a quien se dio una cátedra en la Universidad Central.

Aunque Galdós ya había empezado a experimentar con temas y técnicas naturalistas, Pardo Bazán es la que definió el Naturalismo para el público espanol en sus numerosos artículos sobre el tema. Ávida lectora de las novelas de Émile Zola, portavoz del Naturalismo francés, Pardo Bazán expone las teorías naturalistas en el prólogo de su segunda novela, *Un viaje de novios* (1881).

El movimiento naturalista fue inspirado por una escuela científica y filosófica que afirmaba que el individuo es producto de factores hereditarios y sociológicos, los cuales determinaban su vida. El vicio y el deterioro social son, según los naturalistas, el resultado de circunstancias sobre las cuales el individuo no tiene control—por ejemplo, defectos biológicos o ambientales como la demencia y la pobreza. Los naturalistas creían que el objetivo de la literatura era reformar la sociedad. El escritor podía fomentar el cambio al exponer los factores que conducían a la degeneración física y social. Sus métodos debían ser «científicos», es decir, la novela debía basarse en la observación y en datos concretos. A diferencia de los realistas, que pretendían recrear todos los aspectos de la realidad en sus novelas, los naturalistas hacían hincapié en lo feo, lo sórdido, lo repugnante. La miseria, la violencia doméstica, el abuso sexual, el alcoholismo y la enfermedad son algunos de los temas que ocupan un lugar importante en la novela naturalista.

Pardo Bazán inicia su carrera novelística con *Pascual López* (1879), autobiografía ficticia que combina elementos realistas y fantásticos. Su segunda novela, *Un viaje de novios,* todavía está dentro del marco realista, a pesar de que va precedida de una discusión del Naturalismo francés. En *La cuestión palpitante* (1883), que contiene una serie de artículos que Pardo Bazán había publicado en *La Época,* la autora presenta un análisis de la obra de Zola en el cual defiende los métodos del Naturalismo. No obstante, critica la teoría determinista porque niega el libre alebrío. Una católica devota, Pardo Bazán se opone al concepto puramente materialista del ser humano.

En *La Tribuna* (1883), su primera novela naturalista, Pardo Bazán describe las condiciones en una fábrica de tabacos de La Coruña. En 1886 publica su novela más conocida, *Los pazos de Ulloa,* en la cual expone la degeneración de las antiguas familias nobles de Galicia, asunto que conoce muy bien por ser ella misma de una familia aristocrática. En esta novela y su continuación, *La madre naturaleza* (1887), explora la estructura de la sociedad gallega, los problemas económicos, la relación entre las clases, la ignorancia, el incesto, la explotación, la violencia y la religión. En estas novelas abundan las descripciones del campo y los ejemplos de lenguaje y costumbres populares. En *Insolación* (1889) y *Morriña* (1889) la autora trata el tema del gallego transplantado a Madrid. En la primera de estas dos novelas la protagonista es una aristócrata que se deja seducir por un joven andaluz. En la segunda, es una tímida sirvienta que trabaja en una casa donde el hijo la enamora y la abandona.

Pardo Bazán fue uno de los primeros escritores espanoles que incorporó el neoespiritualismo cristiano en su obra. En *Una cristiana* (1890) y *La prueba* (1891) presenta lo religioso y lo moral como inclinaciones naturales del ser humano. *Doña Milagros* (1894) y *Memorias de un solterón* (1896) exploran la posición de la mujer en la sociedad española. *La quimera* (1905), *La sirena negra* (1908) y *Dulce dueño* (1911) tratan de cuestiones espirituales y contienen elementos idealistas y simbolistas.

Además de novelas y ensayos, Pardo Bazán escribió numerosos cuentos, uno de los cuales incluimos aquí.

Un destripador de antaño

La leyenda del *Destripador*, asesino medio sabio y medio brujo, es muy antigua en mi tierra. La oí en tiernos años, susurrada o salmodiada en terroríficas estrofas, quizás al borde de mi cuna por la vieja criada, quizás en la cocina aldeana, en la tertulia de los gañanes, que la comentaban con estremecimientos de temor o risotadas obscuras.(...) Más tarde, el clamoreo de los periódicos, el pánico vil de la ignorante multitud hacen surgir de nuevo en mi fantasía el cuento, trágico y ridículo como Cuasimodo,[1] jorobado con todas las jorobas que afean al ciego Terror y a la Superstición infame. Voy a contarlo. Entrad conmigo valerosamente en la zona de sombra del alma.

I

Un paisajista sería capaz de quedarse embelesado si viese aquel molino de la aldea de Tornelos... ¡Cuán gallardo y majestuoso se perfilaba sobre la azulada cresta del monte, medio velado entre la cortina gris del humo que salía, no por la chimenea—pues no la tenía la casa del molinero, ni aun hoy la tienen muchas casas de aldeanos de Galicia—, sino por todas partes, puertas, ventanas, resquicios del tejado y grietas de las desmanteladas paredes! El complemento del asunto—gentil, lleno de poesía, digno de que lo fijase un artista genial en algún cuadro idílico—era una niña como de trece a catorce años, que sacaba a pastar una vaca por aquellos ribazos siempre tan floridos y frescos, hasta en el rigor del estío, cuando el ganado languidece por falta de hierba.—Minia encarnaba el tipo de la pastora:[2] armonizaba con el fondo. En la aldea la llamaban *roxa*,[3] pero en sentido de rubia, pues tenía el pelo del color del cerro que a veces hilaba, de un rubio pálido, lacio, que a manera de vago reflejo lumí-

nico rodeaba la carita, algo tostada por el sol, oval y descolorida, donde sólo brillaban los ojos con un toque celeste, como el azul que a veces se entrevé al través de las brumas del montañés celaje. Minia cubría sus carnes con un refajo colorado desteñido ya por el uso: recia camisa de estopa velaba su seno, mal desarrollado aún; iba descalza, y el pelito lo llevaba envedijado[4] y revuelto, y a veces mezclado—sin asomo de ofeliana coquetería[5]—con briznas de paja o tallos de lo que segaba para la vaca en los linderos de las heredades.[6] Y así y todo estaba bonita, bonita como un ángel, o, por mejor decir, como la patrona del santuario próximo, con la cual ofrecía—al decir de las gentes—singular parecido.

La célebre patrona, objeto de fervorosa devoción para los aldeanos de aquellos contornos, era un *cuerpo santo*, traído de Roma por cierto industrioso gallego (...) Elevó modesta capilla, que a los pocos años de su muerte las limosnas de los fieles, la súbita devoción despertada en muchas leguas a la redonda, transformaron en rico santuario, con su gran iglesia barroca y su buena vivienda para el santero,[7] cargo que desde luego asumió el párroco, viniendo así a convertirse aquella olvidada parroquia de montaña en pingüe[8] canonjía.[9] No era fácil averiguar con rigurosa exactitud histórica, ni apoyándose en documentos fehacientes e incontrovertibles, a quien habría pertenecido el huesecillo de cráneo humano incrustado en la cabeza de cera de la Santa. Sólo un papel amarillento, escrito con letra menuda y firme y pegado en el fondo de la urna, afirmaba ser aquéllas las reliquias de la bienaventurada Herminia, noble virgen que padeció martirio bajo Diocleciano.[10] Inútil parece buscar en las actas de los mártires el nombre y género de muerte de la bienaventurada Herminia. Los aldeanos tampoco lo preguntaban, ni ganas de meterse en tales honduras. Para ellos, la Santa no era una figura de cera, sino el mismo cuerpo incorrupto; del nombre germánico de la mártir hicieron el gracioso y familiar de *Minia*, y a fin de apropiársele mejor, le añadieron el de la parroquia, lla-

---

[4] Enredado, enmarañado.

[5] Se refiere a Ofelia, personaje de Shakespeare. En la escena de *Hamlet* en la que se vuelve loca, lleva el pelo revuelto y enmarañado.

[6] Fincas.

[7] El que cuida el santuario.

[8] Gran, abundante, lucrativa.

[9] Renta del canónigo.

[10] Emperador romano que perseguía a los cristianos (245-313 A.D.).

---

[1] Personaje jorobado de la novela de Victor Hugo, *Notre Dame de Paris*.

[2] **Era...** era una pastora arquetípica.

[3] Roja. En gallego significa «pelirroja» o de pelo claro.

mándola Santa Minia de Tornelos. Poco les importaba a los devotos montañeses el cómo ni el cuándo de su Santa: veneraban en ella la Inocencia y el Martirio, el heroísmo de la debilidad; cosa sublime.

A la rapaza del molino le habían puesto Minia[11] en la pila bautismal, y todos los años, el día de la fiesta de su patrona, arrodillábase la chiquilla delante de la urna, tan embelesada con la contemplación de la Santa, que ni acertaba a mover los labios rezando. La[12] fascinaba la efigie, que para ella también era un cuerpo real, un verdadero cadáver. Ello es que la Santa estaba preciosa; preciosa y terrible a la vez. Representaba la cérea figura a una jovencita como de quince años, de perfectas facciones pálidas. Al través de sus párpados cerrados por la muerte, pero ligeramente revulsos por la contracción de la agonía, veíanse brillar los ojos de cristal con misterioso brillo. La boca, también entreabierta, tenía los labios lívidos, y transparecía el esmalte de la dentadura. La cabeza, inclinada sobre el almohadón de seda carmesí que cubría un encaje de oro ya deslucido, ostentaba encima del pelo rubio una corona de rosas de plata; y la postura permitía ver perfectamente la herida de la garganta, estudiada con clínica exactitud; las cortadas arterias, la laringe, la sangre, de la cual algunas gotas negreaban sobre el cuello. Vestía la Santa dalmática[13] de brocado verde sobre túnica de tafetán color de caramelo, atavío más teatral que romano, en el cual entraban como elemento ornamental bastantes lentejuelas e hilillo de oro. Sus manos, finísimamente modeladas y exangües, se cruzaban sobre la palma de su triunfo. Al través de los vidrios de la urna, al reflejo de los cirios, la polvorienta imagen y sus ropas, ajadas por el transcurso del tiempo, adquirían vida sobrenatural. Diríase que la herida iba a derramar sangre fresca.

La chiquilla volvía de la iglesia ensimismada y absorta. Era siempre de pocas palabras; pero un mes después de la fiesta patronal, difícilmente salía de su mutismo, ni se veía en sus labios la sonrisa, a no ser que los vecinos la dijesen que «se parecía mucho con la Santa».

Los aldeanos no son blandos de corazón; al revés; suelen tenerlo tan duro y calloso como las palmas de las manos; pero cuando no está en juego su interés propio,

poseen cierto instinto de justicia que les induce a tomar el partido del débil oprimido por el fuerte. Por eso miraban a Minia con profunda lástima. Huérfana de padre y madre, la chiquilla vivía con sus tíos. El padre de Minia era molinero, y se había muerto de intermitentes palúdicas,[14] mal frecuente en los de su oficio; la madre le siguió al sepulcro, no arrebatada de pena, que en una aldeana sería extraño género de muerte, sino a poder de[15] un dolor de costado que tomó saliendo sudorosa[16] de cocer la hornada de maíz. Minia quedó solita a la edad de año y medio, recién destetada.[17] Su tío, Juan Ramón —que se ganaba la vida trabajosamente con el oficio de albañil, pues no era amigo de labranza—, entró en el molino como en casa propia, y encontrando la industria ya fundada, la clientela establecida, el negocio entretenido y cómodo, ascendió a molinero, que en la aldea es ascender a personaje. No tardó en ser su consorte la moza con quien tenía trato, y de quien poseía ya dos frutos de maldición,[18] varón y hembra. Minia y estos retoños crecieron mezclados, sin más diferencia aparente sino que los chiquitines decían al molinero y la molinera *papai* y *mamai*, mientras Minia, aunque nadie se lo hubiese enseñado, no les llamó nunca de otro modo que *señor tío* y *señora tía*.

Si se estudiase a fondo la situación de la familia, se verían diferencias más graves. Minia vivía relegada a la condición de criada o moza de faena. No es decir que sus primos no trabajasen, porque el trabajo a nadie perdona en casa del labriego; pero las labores más viles, las tareas más duras, guardábanse para Minia. Su prima Melia, destinada por su madre a costurera, que es entre las campesinas profesión aristocrática, daba a la aguja en una sillita, y se divertía oyendo los requiebros bárbaros y las picardigüelas de los mozos y mozas que acudían al molino y se pasaban allí la noche en vela y broma, con notoria ventaja del diablo[19] y no sin frecuente e ilegal acrecentamiento de nuestra especie.[20] Minia era quien ayu-

---

[11]Es decir, le habían dado el nombre de Minia. Se refiere a la protagonista del cuento.

[12]Le.

[13]Vestidura o túnica abierta que se puede llevar encima de otra túnica. Los emperadores romanos usaban dalmático.

---

[14]Fiebres.

[15]**A...** por causa de.

[16]**Un dolor...** una pulmonía que contrajo cuando salió sudorosa.

[17]Que acaba de dejar de mamar.

[18]Hijos concebidos fuera del matrimonio.

[19]Es decir, ocupados en actividades inmorales.

[20]Es decir, produciendo hijos naturales.

daba a cargar el carro de tojo[21]; la que, con sus manos diminutas, amasaba el pan; la que echaba de comer al becerro, al cerdo y a las gallinas; la que llevaba a pastar la vaca, y, encorvada y fatigosa, traía del monte el haz de leña, o del soto el saco de castañas, o el cesto de hierba del prado. Andrés, el mozuelo, no la ayudaba poco ni mucho; pasábase la vida en el molino, ayudando a la molienda y al maquileo, y de *riola*,[22] fiesta, canto y repiqueteo de panderetas con los demás rapaces y rapazas. De esta temprana escuela de corrupción sacaba el muchacho pullas, dichos y barrabasadas[23] que a veces molestaban a Minia, sin que ella supiese por qué, ni tratase de comprenderlo.

El molino, durante varios años, produjo lo suficiente para proporcionar a la familia cierto desahogo. Juan Ramón tomaba el negocio con interés, estaba siempre a punto aguardando por la parroquia, era activo, vigilante y exacto. Poco a poco, con el desgaste de la vida que corre insensible y grata, resurgieron sus aficiones a la holgazanería y al bienestar, y empezaron los descuidos, parientes tan próximos de la ruina. —¡El bienestar! Para un labriego estriba en poca cosa: algo más de torrezno y unto[24] en el pote, carne de vez en cuando, *pantrigo*[25] a discreción, leche cuajada o fresca, esto distingue al labrador acomodado del desvalido. Después viene el lujo de la indumentaria: el buen traje de *rizo*,[26] las polainas de prolijo pespunte,[27] la camisa labrada, la faja que esmaltan flores de seda, el pañuelo majo y la botonadura de plata en el rojo chaleco. Juan Ramón tenía de estas exigencias,[28] y acaso no fuesen ni la comida ni el traje lo que introducía desequilibrio en su presupuesto, sino la pícara costumbre, que iba arraigándose, de «echar una pinga»[29] en la taberna del Canelo,[30] primero todos los domingos, luego las fiestas de guardar, por último muchos días en

que la Santa Madre Iglesia no impone precepto[31] de misa a los fieles. Después de las libaciones, el molinero regresaba a su molino, ya alegre como unas pascuas, ya tétrico, renegando de su suerte y con ganas de arrimar a alguien un sopapo.[32] Melia, al verle volver así, se escondía. Andrés, la primera vez que su padre le descargó un palo con la tranca de la puerta, se revolvió como una fiera, le sujetó y no le dejó ganas de nuevas agresiones; Pepona, la molinera, más fuerte, huesuda y recia que su marido, también era capaz de pagar en buena moneda el cachete;[33] sólo quedaba Minia, víctima sufrida y constante. La niña recibía los golpes con estoicismo, palideciendo a veces cuando sentía vivo dolor—cuando, por ejemplo, la hería en la espinilla o en la cadera la punta de un zueco de palo—, pero no llorando jamás. La parroquia no ignoraba estos tratamientos, y algunas mujeres compadecían bastante a Minia. En las tertulias del atrio, después de misa, en las deshojas del maíz, en la romería del santuario, en las ferias, comenzaba a susurrarse que el molinero se empeñaba, que el molino se hundía, que en las maquilas[34] robaban sin temor de Dios, y que no tardaría la rueda en pararse y los alguaciles en entrar allí para embargarles hasta la camisa que llevaban sobre los lomos.

Una persona luchaba contra la desorganización creciente de aquella humilde industria y aquel pobre hogar. Era Pepona la molinera, mujer avara, codiciosa, ahorrona hasta de un ochavo, tenaz, vehemente y áspera. Levantada antes que rayase el día, incansable en el trabajo, siempre se la veía, ya inclinada labrando la tierra, ya en el molino regateando la maquila, ya trotando, descalza, por el camino de Santiago adelante con una cesta de huevos, aves y verduras en la cabeza, para ir a venderla al mercado. Mas ¿qué valen el cuidado y celo, la economía sórdida de una mujer, contra el vicio y la pereza de dos hombres? En una mañana se bebía Juan Ramón, en una noche de tuna[35] despilfarraba Andrés el fruto de la semana de Pepona.

Mal andaban los negocios de la casa, y peor humorada la molinera, cuando vino a complicar la situación un año fatal, año de miseria y sequía, en que, perdiéndose la cosecha del maíz y trigo, la gente vivió de averiadas

---

[21]Tipo de planta muy común en ciertas regiones de España. En Inglaterra se llama *gorse*; en los Estados Unidos, *furze*.
[22]**De...** divirtiéndose.
[23]Diabluras, malas costumbres.
[24]**Torrezno...** tocino frito y grasa.
[25]Pan de trigo.
[26]Tipo de terciopelo.
[27]**De...** muy elaboradas, con muchas costuras.
[28]Lujos.
[29]**Echar...** tomar un trago.
[30]Canelo es el apodo del dueño de la taberna. En muchas regiones de España y de Hispanoamérica es común emplear el artículo antes de un nombre.

[31]**Pone...** hace obligatoria (la misa).
[32]**Con...** con ganas de pelear, de pegar a alguien.
[33]**Pagar...** hacerle a él lo que le había hecho a ella.
[34]Porción de harina que corresponde al molinero por cada molienda.
[35]Borracheras.

habichuelas, de secos habones, de pobres y éticas[36] hortalizas, de algún centeno de la cosecha anterior, roído ya por el cornezuelo y el gorgojo. Lo más encogido y apretado que se puede imaginar en el mundo, no acierta a dar idea del grado de reducción que consigue el estómago de un labrador gallego, y la vacuidad a que se sujetan sus elásticas tripas en años así. Berzas[37] espesadas con harina y suavizadas con una corteza de tocino rancio; y esto un día y otro día, sin substancia de carne, sin gota de vino para reforzar un poco los espíritus vitales y devolver vigor al cuerpo. La patata, el pan del pobre, entonces apenas se conocía—, porque no sé si dije que lo que voy contando ocurrió en los primeros lustros[38] del siglo décimonono.

Considérese cuál andaría con semejante añada[39] el molino de Juan Ramón. Perdida la cosecha, descansaba forzosamente la muela. El rodezno, parado y silencioso, infundía tristeza; semejaba el brazo de un paralítico. Los ratones, furiosos de no encontrar grano que roer, famélicos también ellos, correteaban alrededor de la piedra, exhalando agrios chillidos. Andrés, aburrido por la falta de la acostumbrada tertulia, se metía cada vez más en danzas y aventuras amorosas, volviendo a casa como su padre, rendido y enojado, con las manos que le hormigueaban por zurrar.[40] Zurraba a Minia con mezcla de galantería rústica y de brutalidad, y enseñaba los dientes a su madre porque la pitanza[41] era escasa y desabrida. Vago ya de profesión, andaba de feria en feria buscando lances, pendencias y copas. Por fortuna, en primavera cayó soldado y se fue con el chopo camino de la ciudad.[42] Hablando como la dura verdad nos impone, confesaremos que la mayor satisfacción que pudo dar a su madre fue quitársele de la vista: ningún pedazo de pan traía a casa, y en ella sólo había derrochar y gruñir, confirmando la sentencia «donde no hay harina, todo es mohina».[43]

La víctima propiciatoria, la que expiaba todos los sinsabores y desengaños de Pepona, era...¿quién había de ser?—Siempre había tratado Pepona a Minia con hostil indiferencia, ahora, con odio sañudo de impía madrastra. Para Minia los harapos, para Melia, los refajos de grana: para Minia la cama en el duro suelo, para Melia un *leito*[44] igual al de sus padres: a Minia se le arrojaba la corteza de pan de borona[45] enmohecido, mientras el resto de la familia despachaba el caldo calentito y el *compango* de cerdo.[46] Minia no se quejaba jamás. Estaba un poco más descolorida y perpetuamente absorta, y su cabeza se inclinaba a veces lánguidamente sobre el hombro, aumentándose entonces su parecido con la Santa. Callada, exteriormente insensible, la muchacha sufría en secreto angustia mortal, inexplicables mareos, ansias de llorar, dolores en lo más profundo y delicado de su organismo, misteriosa pena, y, sobre todo, unas ganas constantes de morirse para descansar yéndose al cielo. (...)

II

Un día descendió mayor consternación que nunca sobre la choza de los molineros. Era llegado el plazo fatal para el colono[47]: vencía el término del arriendo, y, o pagaban al dueño del lugar, o se verían arrojados de él y sin techo que los cobijase, ni tierra donde cultivar las berzas para el caldo. Y lo mismo el holgazán Juan Ramón que Pepona la diligente, profesaban a aquel quiñón de tierra el cariño insensato que apenas profesarían a un hijo pedazo de sus entrañas. Salir de allí se les figuraba peor que ir para la sepultura: que esto, al fin, tiene que suceder a los mortales, mientras lo otro no ocurre sino por impensados rigores de la suerte negra. ¿Dónde encontrarían dinero? Probablemente no había en toda la comarca las dos onzas[48] que importaba la renta del lugar. Aquel año de miseria—, calculó Pepona—, dos onzas no podían hallarse sino en la *boeta*[49] o cepillo[50] de Santa Minia. El cura sí que tendría dos onzas, y bastantes más, cosidas en el jergón o enterradas en el huerto... Esta probabilidad fue asunto de la conversación de los esposos, tendidos boca a boca en el lecho conyugal, especie de cajón con una abertura al exterior, y dentro un relleno de

---

[36]Enfermizas.
[37]Col.
[38]Período de cinco años.
[39]**Cuál...** cómo andaría en tan mal año.
[40]**Que...** que buscaban nerviosamente a quien pegarle.
[41]Alimento.
[42]**Cayó...** Ingresó en el ejército y, fusil en la mano, se fue para la ciudad.
[43]Enojo. (Donde no hay comida, todos andan enojados.)

[44]Lecho.
[45]Migaja de pan.
[46]Plato hecho con jamón frío.
[47]Arrendatario; labrador que cultiva una tierra arrendada.
[48]Monedas.
[49]En gallego, cajoncito donde en la iglesia se deja limosna para los pobres.
[50]Cajoncito para echar las limosnas.

hojas de maíz y una raída manta. En honor de la verdad, hay que decir que a Juan Ramón, alegrillo con los cuatro tragos que que había echado al anochecer para confortar el estómago casi vacío, no se le ocurría siquiera aquello de las onzas del cura hasta que se lo sugirió, cual verdadera Eva,[51] su cónyuge; y es justo observar también que contestó a la tentación con palabras muy discretas, como si no hablase por su boca el espíritu parral.[52] —«Oyes tú, Juan Ramón... El clérigo sí que tendrá a rabiar lo que aquí nos falta... Ricas onciñas tendrá el clérigo. ¿Tú roncas, o me oyes, o qué haces?» —«Bueno, ¡rayo![53]; y si las tiene, ¿qué rayo nos interesa? Dar, no nos las ha de dar.» —«Darlas, ya se sabe; pero...emprestadas...» —«¡Emprestadas! Sí, ve a que te empresten...» —«Yo digo emprestadas así, medio a la fuerza... ¡Malditos!...; no sois hombres, no tenéis de hombres sino la parola... Si estuviese aquí Andresiño..., un día al obscurecer...» —«Como vuelvas a mentar eso, los diaños me lleven si no te saco las muelas del bofetón...» —«Cochinos de cobardes; aun las mujeres tenemos más riñones[54]...» —«Loba, calla. Tú quieres perderme: el clérigo tiene escopeta..., y a más quieres que Santa Minia mande una centella que mismamente nos destrice...» —«Santa Minia es el miedo que te come...» —«Toma, malvada...» —«Pellejo, borrachón...»

Estaba echada Minia sobre un haz de paja, a poca distancia de sus tíos, en esa promiscuidad de las cabañas gallegas, donde irracionales y racionales, padres e hijos, yacen confundidos y mezclados. Aterida de frío bajo su ropa, que había amontonado para cubrirse—pues manta Dios la diese[55]—, entreoyó algunas frases sospechosas y confusas, las excitaciones sordas de la mujer, los gruñidos y chanzas vinosas dels hombre. Tratábase de la Santa... Pero la niña no comprendió. Sin embargo, aquello le sonaba mal; le sonaba a ofensa, a lo que ella, si tuviese nociones de lo que tal palabra significa, hubiese llamado desacato. Movió los labios para rezar la única oración que sabía, y así, rezando, se quedó traspuesta—. Apenas la salteó el sueño, le pareció que una luz dorada y azulada llenaba el recinto de la choza. En medio de aquella luz o formando aquella luz, semejante a la que despedía la *madama de fuego* que presentaba el cohetero en la fiesta patronal, estaba la Santa, no reclinada, sino de pie, y blandiendo su palma como si blandiese un arma terrible. Minia creía oír distintamente estas palabras: «¿Ves? Los mato». Y mirando hacia el lecho de sus tíos, los vio cadáveres, negros, carbonizados, con la boca torcida y la lengua de fuera... En este momento se dejó oír el sonoro cántico del gallo; la becerrilla mugió en el establo reclamando el pezón de su madre... Amanecía.

Si pudiese la niña hacer su gusto, se quedaría acurrucada entre la paja la mañana que siguió a su visión. Sentía gran dolor en los huesos, quebrantamiento general, sed ardiente. Pero la hicieron levantar, tirándola del pelo y llamándola holgazana, y, según costumbre, hubo de sacar el ganado. Con su habitual pasividad no replicó; agarró la cuerda y echó hacia el pradillo. La Pepona, por su parte, habiéndose lavado primero los pies y luego la cara en el charco más próximo a la represa del molino, y puéstose el dengue y el mantelo de los días grandes,[56] y también—lujo inaudito—los zapatos, colocó en una cesta hasta dos docenas de manzanas, una pella de manteca envuelta en una hoja de col, algunos huevos y la mejor gallina ponedora, y, cargando la cesta en la cabeza, salió del lugar y tomó el camino de Compostela[57] con aire resuelto. Iba a implorar, a pedir un plazo, un prórroga, un perdón de renta, algo que les permitiese salir de aquel año terrible sin abandonar el lugar querido, fertilizado con su sudor... Porque las dos onzas del arriendo...¡quiá!: en la boeta de Santa Minia o en el jergón del clérigo seguirían guardadas, por ser un calzonazos Juan Ramón y faltar de la casa Andresiño..., y no usar ella, en lugar de refajos, las mal llevadas bragas del esposo.

No abrigaba Pepona grandes esperanzas de obtener la menor concesión, el más pequeño respiro. Así se lo decía a su vecina y comadre Jacoba de Alberte, con la cual se reunió en el crucero, enterándose de que iban a hacer la misma jornada—pues Jacoba tenía que traer de la ciudad medicina para su hombre, afligido con un asma de todos los demonios, que no le dejaba estar acostado, ni por las mañanas casi respirar—. Resolvieron las dos comadres ir juntas para tener menos miedo a los lobos o a los apa-

---

[51]**Cual...** como una verdadera Eva. (Referencia a la Eva bíblica, que tentó a su marido con una manzana.)

[52]De la parra o viña. Es decir, como si no estuviera borracho.

[53]Juramento.

[54]**Tenemos...** somos más fuertes.

[55]**Pues...** porque no había quién le diera una manda.

[56]**Puestose...** habiéndose puesto la delicada capa corta y el delantal que usaba los días de fiesta.

[57]Ciudad de Santiago de Campostela, donde se encuentra el Sepulcro del Apóstol Santiago, patrón de España. Es la capital de Galicia, donde viven el Marqués y su apoderado.

recidos,[58] si al volver se les echaba la noche encima; y pie ante pie, haciendo votos porque no lloviese, pues Pepona llevaba a cuestas el fondito del arca, emprendieron su caminata charlando.

—Mi matanza[59]—dijo la Pepona—es que no podré hablar cara a cara con el señor Marqués, y al apoderado tendré que arrodillarme.[60] Los señores de mayor señorío son siempre los más compadecidos del pobre. Los peores, los señoritos hechos a puñetazos, como don Mauricio el apoderado: ésos tienen el corazón duro como las piedras y le tratan a uno peor que a la suela del zapato. Le digo que voy allá como el buey al matadero.

La Jacoba, que era una mujercilla pequeña, de ojos ribeteados, de apergaminadas facciones,[61] con dos toques cual de ladrillo en los pómulos, contestó en voz plañidera:

—¡Ay, comadre! Iba yo cien veces a donde va, y no quería ir una a donde voy. ¡Santa Minia nos valga! Bien sabe el Señor nuestro Dios que me lleva la salud del hombre, porque la salud vale más que las riquezas. No siendo por amor de la salud, ¿quién tiene valor de pisar la botica de don Custodio?

Al oír este nombre, viva expresión de curiosidad azorada se pintó en el rostro de la Pepona y arrugóse su frente corta y chata, donde el pelo nacía casi a un dedo de las tupidas cejas.

—¡Ay! Sí, mujer... Yo nunca allá fui. Hasta por delante de la botica no me da gusto pasar. Andan no sé qué dichos, de que el boticario hace *meigallos*.[62]

—Eso de no pasar, bien se dice; pero cuando uno tiene la salud en sus manos... La salud vale más que todos los bienes de este mundo; y el pobre que no tiene otro caudal sino la salud, ¿qué no hará por conseguirla? Al demonio era yo capaz de ir a pedirle en el infierno la buena untura para mi hombre. Un peso y doce reales llevamos gastado este año en botica, y nada: como si fuese agua de la fuente; que hasta es un pecado derrochar los cuartos[63] así, cuando no hay una triste corteza para llevar a la boca. De manera es que ayer por la noche, mi hom-

bre, que tosía que casi arreventaba,[64] me dijo, dice: «Ei, Jacoba; o tú vas a pedirle a don Custodio la untura, o yo espicho.[65] No hagas caso del médico; no hagas caso, si a mano viene,[66] ni de Cristo nuestro Señor; a don Custodio has de ir; que si él quiere, del apuro me saca con sólo dos cucharaditas de los remedios que sabe hacer. Y no repares en dinero, mujer, no siendo que quieras te quedar viuda.[67] Así es que...—Jacoba metió misteriosamente la mano en el seno, y extrajo, envuelto en un papelito, un objeto muy chico—aquí llevo el corazón del arca...¡un dobloncillo de a cuatro![68] Se me van los *espirtus* detrás de él; me cumplía para mercar ropa,[69] que casi desnuda en carnes ando; pero primero es la vida del hombre, mi comadre...y aquí lo llevo para el ladro de don Custodio, Asús[70] me perdone.

La Pepona reflexionaba, deslumbrada por la vista del doblón y sintiendo en el alma una oleada tal de codicia que la sofocaba casi.

—Pero, diga, mi comadre—murmuró con ahinco, apretando sus grandes dientes de caballo y echando chispas por los ojuelos.—Diga: ¿cómo hará don Custodio para ganar tantos cuartos? ¿Sabes qué se cuenta por ahí? Que mercó este año muchos lugares del Marqués. Lugares de los más riquísimos. Dicen que ya tiene mercados dos mil ferrados de trigo de renta.

—¡Ay, mi comadre! ¿Y cómo quiere que no gane cuartos ese hombre que cura todos los males que el Señor inventó? Miedo da el entrar allí; pero cuando uno sale con la salud en la mano... Ascuche[71]: ¿quién piensa que le quitó la reuma al cura de Morlán? Cinco años llevaba en la cama, baldado, imposibilitado..., y de repente un día se levanta bueno, andando como usté y como yo. Pues ¿qué fue? La untura que le dieron en los cuadriles,[72] y que le costó media onza en casa de don Custodio. ¿Y el tío Gorio, el posadero de Silleda? Ése fue mismo cosa de

---

[58]Fantasmas.
[59]Temor, causa de sufrimiento.
[60]Es decir, para pedirle ayuda.
[61]Es decir, tenía la cara muy flaca y seca.
[62]**Andan...** Hay los que dicen que el boticario hace obras de magia.
[63]El dinero.

[64]Reventaba.
[65]Muero.
[66]**Si...** si tienes ocasión.
[67]**No...** a menos que quieras quedarte viuda.
[68]**Aquí...** Aquí llevo mi posesión más preciosa—una moneda de a cuarto (unas 40 pesatas).
[69]**Me...** lo guardaba para comprar ropa.
[70]Jesús.
[71]Escuche.
[72]Huesos.

milagre.[73] Ya le tenían puestos los santolios,[74] y traerle un agua blanca[75] de don Custodio...y como si resucitara.

—¡Qué cosas hace Dios!

—¿Dios?—contestó la Jacoba.—A saber si las hace Dios o el diaño[76]... Comadre, le pido de favor que me ha de acompañar cuando entre en la botica.

—Acompañaré.

Cotorreando así, se les hizo llevadero el caminito a las dos comadres.[77] (...)

[Llegan a la botica.]

La anaquelería[78] ostentaba aún esos pintorescos botes que hoy se estiman como objeto de arte, y sobre los cuales se leían en letras góticas rótulos que parecen fórmulas de alquimia: *Rad. Polip. Q.—Ra. Su. Eboris—Stirac. Cald.*[79]—y otros letreros de no menos siniestro cariz. En un sillón de vaqueta, reluciente ya por el uso, ante una mesa, donde un atril abierto sostenía voluminoso libro, hallábase el boticario, que leía cuando entraron las dos aldeanas, y que al verlas entrar se levantó. Parecía hombre de unos cuarenta y tantos años; era de rostro chupado, de hundidos ojos y sumidos carrillos, de barba picuda y gris, de calva primeriza y ya lustrosa, y con aureola de largas melenas, que empezaban a encanecer: una cabeza macerada y simpática de santo penitente o de doctor alemán emparedado en su laboratorio. Al plantarse delante de las dos mujeres, caía sobre su cara el reflejo de uno de los vidrios azules, y realmente se la podría tomar por efigie de escultura. No habló palabra, contentándose con mirar fijamente a las comadres. Jacoba temblaba cual[80] si tuviese azogue en las venas, y la Pepona, más atrevida, fue la que echó todo el relato del asma, y de la untura, y del compadre enfermo, y del doblón. Don Custodio asintió inclinando gravemente la cabeza: desapareció tres minutos tras la cortina de sarga roja que ocultaba la entrada de la rebotica; volvió con un frasquito cuidadosamente lacrado; tomó el doblón, sepultólo en el cajón de la mesa, y devolviendo a la Jacoba un peso duro, contentóse con decir: «Úntenle con esto el pecho por la mañana y por la noche;» y sin más se volvió a su libro. Miráronse las comadres, y salieron de la botica como alma que lleva el diablo. Jacoba, fuera ya, se persignó.

Serían las tres de la tarde cuando volvieron a reunirse en la taberna, a la entrada de la carretera, donde comieron un *taco*[81] de pan y una corteza de queso duro, y echaron al cuerpo el consuelo de dos deditos de aguardiente. Luego emprendieron el retorno. La Jacoba iba alegre como unas pascuas, poseía el remedio para su hombre; había vendido bien medio ferrado de habas, y de su caro doblón, un peso quedaba aún, por misericordia de don Custodio. Pepona, en cambio, tenía la voz ronca y encendidos los ojos; sus cejas se juntaban más que nunca; su cuerpo, grande y tosco, se doblaba al andar, cual si le hubiesen administrado alguna soberana paliza. No bien salieron a la carretera, desahogó sus cuitas en amargos lamentos; el ladrón de don Mauricio, como si fuese sordo de nacimiento o verdugo de los infelices:—La renta, o salen del lugar.—¡Comadre! Allí lloré, grité, me puse de rodillas, me arranqué los pelos, le pedí por el alma de su madre y de quien tiene en el otro mundo... Él, tieso.[82] —La renta, o salen del lugar. El atraso de ustedes ya no viene de este año, ni es culpa de la mala cosecha... Su marido bebe y su hijo es otro que bien baila[83]... El señor Marqués le diría lo mismo... Quemado está con ustedes... Al Marqués no le gustan borrachos en sus lugares.—Yo repliquéle:—Señor, venderemos los bueyes y la vaquiña..., y luego, ¿con qué labramos? Nos venderemos por esclavos nosotros...—La renta, les digo...y lárguese ya. —Mismo así, empurrando, empurrando[84] (...) echóme por la puerta. ¡Ay! Hace bien en cuidar a su hombre, señora Jacoba... ¡Un hombre que no bebe! A mí me ha de llevar a la sepultura aquel pellejo[85]... Si le da por enfermare, con medicina que yo le compre no sanará.

En tales pláticas iban entreteniendo las dos comadres el camino. Como en invierno anochece pronto, hicieron por atajar, internándose hacia el monte, entre espesos pi-

---

[73]**Ése...** Ése fue un verdadero milagro.

[74]**Ya...** ya había recibido los sacramentos, la extremaunción (que se administra a un enfermo en peligro de muerte).

[75]**Traerle...** le trajeron una medicina blanca.

[76]Diablo.

[77]**Cotorreando...** Conversando así las dos mujeres, se les hizo aguantable el camino.

[78]Tablas del armario.

[79]Abreviaturas de nombres de químicas.

[80]Como.

---

[81]Almuerzo liviano.

[82]Inflexible.

[83]**Bien...** no hace nada.

[84]**Mismo...** Así no más, empujando y empujando.

[85]Borracho.

nares. Oíase el toque del *Angelus*[86] en algún campanario distante, y la niebla, subiendo del río, empezaba a velar y confundir los objetos. Los pinos y los zarzales se esfumaban entre aquella vaguedad gris, con espectral apariencia. A las labradoras les costaba trabajo encontrar el sendero.

—Comadre—advirtió de pronto y con inquietud Jacoba;—por Dios le encargo que no cuente en la aldea lo del unto...

—No tenga miedo, comadre... Un pozo es mi boca.

—Porque si lo sabe el señor cura, es capaz de echarnos en misa una pauliña[87]...

—¡Y a él qué le interesa?

—Pues como dicen que esta untura *es de lo que es*...

—¿De qué?

—Ave María de gracia, comadre!—susurró Jacoba, deteniéndose y bajando la voz, como si los pinos pudiesen oírla y delatarla:—¿de veras no lo sabe? Me pasmo. Pues hoy en el mercado no tenían las mujeres otra que decir, y las mozas primero se dejaban hacer trizas que llegarse al soportal.[88] Yo, si entré allí, es porque de moza ya he pasado: pero vieja y todo, si usté no me acompaña, no pongo el pie en la botica. ¡La gloriosa Santa Minia nos valga!

—A fe, comadre, que no sé ni esto... Cuente, comadre, cuente... Callaré lo mismo que si muriera.

—¡Pues si no hay más de qué hablar, señora! ¡Asús querido! Estos remedios tan milagrosos, que resucitan a los difuntos, hácelos don Custodio con *unto de moza.*

—¿Unto de moza...?

—De moza soltera, rojiña, que ya esté en sazón de se poder casar.[89] Con un cuchillo les saca las mantecas, y va y las derrite, y prepara los medicamentos. Dos criadas mozas tuvo, y ninguna se sabe qué fue de ella,[90] sino como si la tierra se las tragase, que desaparecieron y nadie las volvió a ver. Dice que ninguna persona humana ha entrado en la trasbotica: que allí tiene un *trapela*,[91] y que muchacha que entra y pone el pie en la trapela... ¡plás!, cae en un pozo muy hondo, muy hondísimo, que

no se puede medir la perfundidad que tiene...y allí el boticario le arranca el unto.

Sería cosa de haberle preguntado a la Jacoba a cuantas brazas[92] bajo tierra estaba situado el laboratorio del destripador de antaño; pero las facultades analíticas de la Pepona eran menos profundas que el pozo, y limitóse a preguntar con ansia mal definida:

—¿Y para *eso* sólo sirve el unto de las mozas?

—Sólo. Las viejas no valemos ni para que nos saquen el unto siquiera.

Pepona guardó silencio. La niebla era húmeda: en aquel lugar montañoso convertíase en *brétema*,[93] e imperceptible y menudísima llovizna calaba a las dos comadres, transidas de frío y ya asustadas por la obscuridad. Como se internasen en la escueta gándara[94] que precede al lindo vallecito de Tornelos, y desde la cual ya se divisa la torre del santuario, Jacoba murmuró con apagada voz:

—Mi comadre...¿no es un lobo eso que por ahí va?

—¿Un lobo?—dijo estremeciéndose Pepona.

—Por allí...detrás de aquellas piedras... Dicen que estos días ya llevan comida mucha gente. De un rapaz de Morlán sólo dejaron la cabeza y los zapatos. ¡Asús!

El susto del lobo se repitió dos o tres veces antes que las comadres llegasen a avistar la aldea. Nada, sin embargo, confirmó sus temores; ningún lobo se les vino encima. A la puerta de la casucha de Jacoba despidiéronse, y Pepona entró sola en su miserable hogar. Lo primero con que tropezó en el umbral de la puerta fue el cuerpo de Juan Ramón, borracho como una cuba,[95] y al cual fue preciso levantar entre maldiciones y reniegos, llevándole en peso a la cama. A eso de media noche, el borracho salió de su sopor, y con estropajosas palabras acertó a preguntar a su mujer qué teníamos de la renta.[96] A esta pregunta, y a su desconsoladora contestación, siguieron reconvenciones, amenazas, blasfemias, un cuchicheo raro, acalorado, furioso. Minia, tendida sobre la paja, prestaba oído, latíale el corazón; el pecho se le oprimía; no respiraba; pero llegó un momento en que Pepona, arrojándose del lecho, la ordenó que se trasladase al otro lado de la cabaña, a la parte donde dormía el ganado. Minia cargó con su brazado de paja, y se acurrucó no lejos del establo, temblando de frío y susto. Estaba muy

---

[86]**Toque...** Llamada a la oración, el Angelus, que se reza por la mañana, al mediodía y al anochecer en honor a la Encarnación.

[87]**Echarnos...** regañarnos en misa.

[88]Puerta, pórtico.

[89]**En...** en la edad de poder casarse.

[90]Ninguna de ellas.

[91]Puerta secreta.

[92]Medida de longitud de aproximadamente 1.7 metros.

[93]Niebla.

[94]**Escueta...** tierra seca y sin cultivar, llena de malezas.

[95]**Borracho...** completamente borracho.

[96]**Qué...** cómo le había ido con el asunto de la renta.

cansada aquel día; la ausencia de Pepona la había obligado a cuidar de todo, a hacer el caldo, a coger hierba, a lavar, a cuantos menesteres y faenas exigía la casa... Rendida de fatiga y atormentada por las singulares desazones de costumbre, por aquel desasosiego que la molestaba, aquella opresión indecible, ni acababa de venir el sueño a sus párpados, ni de aquietarse su espíritu. Rezó maquinalmente, pensó en la Santa, y dijo entre sí, sin mover los labios: «Santa Minia querida, llévame pronto al cielo; pronto, pronto.» Al fin se quedó, si no precisamente dormida, al menos en ese estado mixto propicio a las visiones, a las revelaciones psicológicas, y hasta a las revoluciones físicas. Entonces le pareció, como la noche anterior, que veía la efigie de la mártir; sólo que, ¡cosa rara!, no era la Santa: era ella misma, la pobre rapaza, huérfana de todo amparo, quien estaba allí tendida en la urna de cristal, entre los cirios, en la iglesia. Ella tenía la corona de rosas; la dalmática de brocado verde cubría sus hombros; la palma la agarraban sus manos pálidas y frías; la herida sagrienta se abría en su propio pescuezo, y por allí se le iba la vida, dulce e insensiblemente, en oleaditas de sangre muy suaves, que al salir la dejaban tranquila, extática, venturosa... Un suspiro se escapó del pecho de la niña; puso los ojos en blanco, se estremeció..., y quedóse completamente inerte. Su última impresión confusa fue que ya había llegado al cielo, en compañía de la Patrona.

III

En aquella rebotica, donde, según los autorizados informes de Jacoba de Alberte, no entraba nunca persona humana, solía hacer tertulia a don Custodio las más noches un canónigo de la Santa Metropolitana Iglesia, compañero de estudios del farmacéutico, hombre ya maduro, sequito como un pedazo de yesca, risueño, gran tomador de tabaco. Este tal era constante amigo e íntimo confidente de don Custodio, y, a ser verdad los horrendos crímenes que al boticario atribuía el vulgo,[97] ninguna persona más a propósito para guardar el secreto de tales abominaciones que el canónigo don Lucas Llorente, el cual era la quinta esencia del misterio y de la incomunicación con el público profano. El silencio, la reserva más absoluta tomaban en Llorente proporciones y carácter de manía. Nada dejaba transparentar de su vida y acciones, aun las más leves e inocentes. El lema del Canónigo era:

«Que nadie sepa cosa alguna de ti.» Y aun añadía (en la intimidad de la trasbotica): «Todo lo que averigua la gente acerca de lo que hacemos o pensamos, lo convierte en arma nociva y mortífera. Vale más que invente, que no que edifique sobre el terreno que le ofrezcamos nosotros mismos.»

Por este modo de ser y por la inveterada amistad, don Custodio le tenía por confidente absoluto, y sólo con él hablaba de ciertos asuntos graves, y sólo de él se aconsejaba en los casos peligrosos o difíciles. Una noche en que, por señas, llovía a cántaros y tronaba y relampagueaba a trechos, encontró Llorente al boticario agitado, nervioso, semiconvulso. Al entrar el canónigo se arrojó hacia él, y tomándole las manos y arrastrándole hacia el fondo de la rebotica, donde, en vez de la pavorosa *trapelay* el pozo sin fondo, había armarios, estantes, un canapé y otros trastos igualmente inofensivos, le dijo con voz angustiosa:

—¡Ay, amigo Llorente! ¡De qué modo me pesa haber seguido en todo tiempo sus consejos de usted, dando pábulo a las hablillas de los necios[98]! A la verdad, yo debí desde el primer día desmentir cuentos absurdos y disipar estúpidos rumores... Usted me aconsejó que no hiciese nada, absolutamente nada, para modificar la idea que concibió el vulgo de mí, gracias a mi vida retraída, a los viajes que realicé al extranjero para aprender los adelantos de mi profesión, a mi soltería y a la maldita casualidad (aquí el boticario titubeó un poco) de que dos criadas... jóvenes... hayan tenido que marcharse secretamente de casa, sin dar cuenta al público de los motivos de su viaje...; porque...¿qué calabazas le importaban al público los tales motivos, me hace usted el favor de decir? Usted me repetía siempre: «Amigo Custodio, deje correr la bola; no se empeñe nunca en desengañar a los bobos, que al fin no se desengañan, e interpretan mal los esfuerzos que se hacen para combatir sus preocupaciones. Que crean que usted fabrica sus ungüentos con grasa de difunto y que se los paguen más caros por eso, bien; dejarles, dejarles que rebuznen. Usted véndales remedios buenos, y nuevos, de la farmacopea moderna, que asegura usted está muy adelantada allá en esos países extranjeros que usted visitó. Cúrense las enfermedades, y crean los imbéciles que es por arte de birlibirloque.[99] La borricada mayor de cuantas hoy inventan y propalan los malditos liberales es esa de *ilustrar a las multitudes*. ¡Buena ilus-

---

[97]El pueblo, la gente común.

[98]**Dando...** dándoles a los necios de qué chimear.
[99]Magia.

tración te dé Dios! Al pueblo no puede ilustrársele: es y será eternamente un atajo de babiecas, una recua de jumentos. Si le presenta usted las cosas naturales y racionales, no las cree. Se pirra[100] por lo raro, estrambótico, maravilloso e imposible. Cuanto más gorda es una rueda de molino, tanto más aprisa la comulga.[101] Conque, amigo Custodio, usted deje andar la procesión, y si puede, apande[102] el estandarte... Este mundo es una danza[103]...»

—Cierto—interrumpió el canónigo, sacando su cajita de rapé y torturando entre las yemas el polvito—: eso le debí decir: y qué, ¿tan mal le ha ido a usted con mis consejos? Yo creí que el cajón de la botica estaba de duros a reverter,[104] y que recientemente había usted comprado unos lugares muy hermosos en Valeiro.

—¡Los compré, los compré; pero también los amargo[105]!—exclamó el farmacéutico.—¡Si le cuento a usted lo que me ha pasado hoy! Vaya, discurra. ¿Qué creerá usted que me ha sucedido? Por mucho que prense el entendimiento para idear la mayor barbaridad..., lo que es con ésta no acierta usted ni tres como usted.[106]

—¿Qué ha sido ello?

—¡Verá, verá! Esto es lo gordo.[107] Entra hoy en mi botica, a la hora en que estaba completamente sola, una mujer de la aldea, que ya había venido días atrás con otra a pedirme un remedio para el asma: una mujer alta, de rostro duro, cejijunta, con la mandíbula saliente, la frente chata y los ojos como dos carbones: un tipo imponente, créalo usted. Me dice que quiere hablarme en secreto, y después de verse a solas conmigo y en sitio seguro, resulta... ¡Aquí entra lo mejor! —Resulta que viene a ofrecerme el unto de una muchacha, sobrina suya, casadera ya, virgen, roja,[108] con todas las condiciones requeridas, en fin, para que el unto convenga a los remedios que yo acostumbro hacer... ¿Qué dice usted de esto, Canónigo? A tal punto hemos llegado. Es por ahí cosa corriente y moliente que yo destripo a las mozas, y que, con las mantecas que les saco, compongo esos remedios maravillo-

sos, ¡puf!, capaces hasta de resucitar a los difuntos—la mujer me lo aseguró.—¿Lo está usted viendo? ¿Comprende la mancha que sobre mí ha caído? Soy el terror de las aldeas, el espanto de las muchachas y el ser más aborrecible y más cochino que puede concebir la imaginación.

Un trueno lejano y profundo acompañó las últimas palabras del boticario. El Canónigo se reía, frotando sus manos sequitas y meneando alegremente la cabeza. Parecía que hubiese logrado un grande y apetecido triunfo.

—Yo sí que digo: ¿lo ve usted, hombre? ¿Ve cómo son todavía más bestias, animales, cinocéfalos[109] y mamelucos de lo que yo mismo pienso? ¿Ve cómo se les ocurre siempre la mayor barbaridad, el desatino de más grueso calibre y la burrada más supina? Basta que usted sea el hombre más sencillo, bonachón y pacífico del orbe; basta que tenga usted ese corazón blandujo, que se interese usted por las calamidades ajenas, aunque le importen un rábano; que sea usted incapaz de matar a una mosca y sólo piense en sus librotes, y en sus estudios, y en sus químicas, para que los grandísimos salvajes le tengan por un monstruo horrible, asesino, reo de todos los crímenes y abominaciones.

—Pero, ¿quién habrá inventado estas calumnias, Llorente?

—¿Quién? La estupidez universal...forrada en la malicia universal también. La bestia del Apocalipsis[110]...que es el vulgo, créame, aunque San Juan no lo haya dejado muy claramente dicho.

—¡Bueno! Así será; pero yo, en lo sucesivo, no me dejo calumniar más: no quiero; no señor. ¡Mire usted qué conflicto! ¡A poco que me descuide,[111] una chica muerta por mi culpa! Aquella fiera, tan dispuesta a acogotarla. Figúrase usted que repetía: «La despacho y la dejo en el monte, y digo que la comieron los lobos; andan muchos por este tiempo del año, y verá cómo es cierto, que al día siguiente aparece comida.» ¡Ay, Canónigo! ¡Si usted viese el trabajo que me costó convencer a aquella caballería mayor[112] de que ni yo saco el unto a nadie, ni he soñado en tal! Por más que le repetía: «Eso

---

[100]Entusiasma, desvive.

[101]Mientras más imverosímil o improbable que sea una cosa, más probable es que la acepten.

[102]Coja, robe.

[103]Locura, desastre.

[104]**Estaba...** Se reventaba de dinero.

[105]**Los...** no me traen gusto.

[106]**Por...** Por mucho que tratara ni usted ni tres como usted habría podido inventar una barbaridad como ésta.

[107]**Esto...** Esto es realmente la cosa más increíble.

[108]Con las mejillas rosadas.

---

[109]Monos grandes con cabeza que se parece a la de un perro.

[110]Obra de San Juan Evangilista, el último libro del Nuevo Testamento, que revela el porvenir de la religión cristiana y su triunfo después del reinado del Anticristo.

[111]**A...** Si hubiera descuidado un momento.

[112]**Caballería...** mula.

es una animalada[113] que corre por ahí, una infamia, una atrocidad, un desatino, una picardía; y como yo averigüe quién es el que lo propala, a ese sí que le destripo,» la mujer, firme como un poste, y erre que erre. «Señor, dos onzas nada más... Todo calladito, todo calladito... En dos onzas tiene los untos. Otra proporción tan buena no la encuentra nunca.» ¡Qué víbora malvada! Las furias del infierno deben de tener una cara así... Le digo a usted que me costó un triunfo persuadirla. No quería irse. A poco la echo con un garrote.

—¡Y ojalá que la haya usted persuadido!—articuló el Canónigo, repentinamente preocupado y agitado, dando vueltas a la tabaquera entre los dedos—. Me temo que ha hecho usted un pan como unas hostias.[114] ¡Ay Custodio! La ha errado usted; ahora sí que juro yo que la ha errado.

—¿Qué dice usted, hombre, o Canónigo, o demonio?—exclamó el boticario, saltando en su asiento alarmadísimo.

—Que la ha errado usted; nada, que ha hecho una tontería de marca mayor, por figurarse, como siempre, que en esos brutos cabe una chispa de razón natural, y que es lícito o conducente para algo el decirles la verdada y argüirles con ella y alumbrarles con las luces del intelecto. A tales horas, probablemente la chica está en la gloria, tan difunta como mi abuela... Mañana por la mañana, o pasado, le traen el unto envuelto en un trapo... Ya lo verá!

—Calle, calle... No puedo oír eso. Eso no cabe en cabeza humana... ¿Yo qué debí hacer? ¡Por Dios, no me vuelva loco!

—¿Que qué debió hacer? Pues lo contrario de lo razonable, lo contrario de lo verdadero, lo contrario de lo que haría usted conmigo o con cualquier otra persona capaz de sacramentos, y aunque quizás tan mala como el populacho, algo menos bestia... Decirles que sí; que usted compraba el unto en dos onzas, o en tres, o en ciento...

—Pero entonces...

—Aguarde, déjeme acabar... Pero que el unto sacado por ellos de nada servía; que usted en persona tenía que hacer la operación y, por consiguiente, que le trajesen a la muchacha sanita y fresca... Y cuando la tuviese segura en su poder, ya echaríamos mano de la justicia para prender y castigar a los malvados... ¿Pues no ve usted claramente que esa es una criatura de la cual se quieren deshacer, que les estorba, o porque es una boca más o porque tiene algo y ansían heredarla? ¿No se le ha ocurrido que una atrocidad así se decide en un día, pero se prepara y fermenta en la conciencia a veces largos años? La chica está sentenciada a muerte. Nada: crea usted que a estas horas...

(Y el Canónigo blandió la tabaquera haciendo el expresivo ademán del que acogota.)

—¡Canónigo, usted acabará conmigo! ¿Quién duerme ya esta noche? Ahora mismo ensillo la yegua y me largo a Tornelos...

Un trueno más cercano y espantoso contestó al boticario que su resolución era impracticable. El viento mugió y la lluvia se desencadenó furiosa, aporreando los vidrios.

—¿Y usted afirma—preguntó con abatimiento don Custodio—que serán capaces de tal iniquidad?

—De todas. Y de inventar muchísimas que aún no se conocen. ¡La ignorancia es invencible, y es hermana del crimen!

—Pues usted—arguyó el boticario—bien aboga por la perpetuidad de la ignorancia.

—¡Ay, amigo mío!—respondió el obscurantista.—¡La ignorancia es un mal; pero el mal es necesario y eterno, de tejas abajo, en este pícaro mundo! Ni del mal ni de la muerte conseguiremos jamás vernos libres.

¡Qué noche pasó el honrado boticario, tenido, en concepto del pueblo, por el monstruo más espantable, y a quien tal vez, dos siglos antes, hubiesen procesado acusándole de brujería!—Al amanecer echó la silla a la yegua blanca que montaba en sus excursiones al campo, y tomó el camino de Tornelos. El molino debía servirle de seña para encontrar presto lo que buscaba.

El sol empezaba a subir por el cielo, que después de la tormenta se mostraba despejado y sin nubes, de una limpidez radiante. (...) Todo anunciaba uno de esos días espléndidos de invierno, que en Galicia suelen seguir a las noches tempestuosas, y que tienen incomparable placidez, y el boticario, penetrado por aquella alegría del ambiente, comenzaba a creer que todo lo de la víspera era un delirio, una pesadilla trágica o una extravagancia de su amigo. ¿Cómo podía nadie asesinar a nadie, y así, de un modo tan bárbaro e inhumano? Locuras, insensateces, figuraciones del Canónigo. ¡Bah! En el molino, a tales horas, de fijo que estarían preparándose a moler el grano; del santuario de Santa Minia venía, conducido por la brisa, el argentino toque de la campana, que convocaba

---

[113]Rumor estúpido.

[114]**Ha**... ha hecho algo que va a salir mal; ha hecho un gran error.

a la misa primera: todo era paz, amor y serena dulzura en el campo... Don Custodio se sintió feliz y alborozado como un chiquillo, y sus pensamientos cambiaron de rumbo. Si la rapaza de los untos era bonita y humilde...se la llevaría consigo a su casa, redimiéndola de la triste esclavitud y del peligro y abandono en que vivía. Y si resultaba buena, leal, sencilla, modesta, no como aquellas dos locas, que la una se había escapado a Zamora con un sargento, y la otra andado en malos pasos con un estudiante, para que al fin resultara lo que resultó y la obligó a esconderse... —Si la molinerita no era así, y al contrario, realizaba un suave tipo soñado alguna vez por el empedernido[115] solterón...entonces... ¿Quién sabe, Custodio? Aún no eres tan viejo que...

Embelesado con estos pensamientos, dejó la rienda a la yegua...y no reparó que iban metiéndose monte adentro, monte adentro, por lo más intricado y áspero de él. Notólo cuando ya llevaba andado buen trecho de camino; volvió grupas y lo desanduvo; pero con poca fortuna, pues hubo de extraviarse más, encontrándose en un sitio riscoso y salvaje. Oprimía su corazón, sin saber por qué, extraña angustia.—De repente, allí mismo, bajo los rayos del sol, del sol alegre, hermoso, que reconcilia a los humanos consigo mismos y con la existencia, divisó un bulto, un cuerpo muerto, el de una muchacha... Su doblada cabeza descubría la tremenda herida del cuello; un *mantelo* tosco cubría la mutilación de las despedazadas y puras entrañas; sangre alrededor, desleída ya por la lluvia, las hierbas y malezas pisoteadas, y en torno el gran silencio de los altos montes y de los solitarios pinares...

IV

A Pepona la ahorcaron en la Coruña. Juan Ramón fue sentenciado a presidio. Pero la intervención del boticario en este drama jurídico bastó para que el vulgo le creyese más destripador que antes, y destripador que tenía la habilidad de hacer que pagasen justos por pecadores,[116] acusando a otros de sus propios atentados. Por fortuna, no hubo entonces en Compostela ninguna jarana[117] popular; de lo contrario, es fácil que le pegasen fuego a la botica, lo cual haría frotarse las manos al Canónigo Llorente, que vería confirmadas sus doctrinas acerca de la estupidez universal e irremediable.

---

[115]Confirmado, inflexible, empeñado en no cambiar.
[116]**Que...** que otros paguen por sus crímenes.
[117]Desenfreno, alboroto.

LEOPOLDO ALAS (CLARÍN) (1852-1901)

Se ha llamado a Leopoldo Alas, conocido por el seudónimo Clarín, precursor de la generación del 98 porque apunta en él el tipo de intelectual y escritor universitario que abunda a principios del siglo XX. Como Galdós, fue defensor del libre examen, del progreso y de la modernidad y, durante algún tiempo, se interesó por el positivismo y el naturalismo —es decir, por las nuevas corrientes que proponían el estudio de los fenómenos sociales mediante métodos científicos. Pronto superó estos conceptos, sin embargo, evolucionando hacia un idealismo subjetivista inspirado en el cristianismo primitivo. Aunque reconoció el valor de los métodos naturalistas, rechazó, como Pardo Bazán, el concepto puramente materialista del individuo. Para él, las cuestiones trancendentales, los misterios de la vida, no se podían dejar sin explorar. Al fondo, Clarín es un moralista que observa y describe su mundo, defendiendo la justicia, exponiendo los abusos y fastidiándose ante las las ridículas obsesiones humanas.

Como se ha visto en el capítulo sobre la prosa de ideas, Clarín fue un ensayista prolífico. Sin embargo, es conocido principalmente por su ficción. Escribió dos novelas. *La Regenta* (1884-85) es una minuciosa recreación de la vida en Vetusta (nombre simbólico de Oviedo, capital de Asturias, donde el autor pasó casi toda su vida). Irónico retrato de la corrupción clerical, la novela relata la relación entre Ana Ozores, la Regenta, y don Fermín, el Magistral de la catedral de la ciudad. Ana, cuyo matrimonio deja insatisfechos sus instintos eróticos, oscila entre un imaginario misticismo y la pasión que siente por el clérigo, mientras que en don Fermín luchan la ambición de poder y la atracción que ejerce sobre él la bella Regenta. El retrato psicológico que Clarín pinta de doña Ana es considerado uno de los grandes logros del realismo español. La segunda novela de Clarín, *Su único hijo* (1890), narra la historia de un hombre pusilánime que trata de redimirse educando a un hijo que no es suyo. Clarín también es autor de nueve novelitas y de numerosos cuentos reunidos en *El señor y lo demás son cuentos* (1892) y en dos volúmenes póstumos, *El gallo de Sócrates* (1901) y *El doctor Sutilis* (1916).

Como Galdós en *Torquemada,* en «Protesto» Clarín abarca los temas del materialismo y de la práctica superficial de la religión. Don Fermín Zaldúa, usurero astuto que nunca ha perdido nada, llega a una edad en que tiene que ocuparse del «otro negocio» —el de la vida eterna. Igual que Torquemada, que convierte en transacción comercial no sólo la curación de su hijo sino también su propia salvación, don Fermín hace obras pías convencido de que con el dinero puede comprar un puesto en el paraíso. Cuando el cura de la parroquia le dice que los usureros no tienen alma, abandona el proyecto. A pesar del dinero que ha gastado, don Fermín está seguro de que los buenos actos han sido una excelente inversión, ya que la fama de santo ayuda al crédito. Aunque el tono del cuento es ligero y burlón,«deja entrever la realidad de la época: sacerdotes que, desamparados desde la desamortización de los bienes eclesiásticos, se afanan por obtener socorros pecuniarios; burgueses enriquecidos de resultas de aquella desamortización o por medios vergonzosos como la usura; y un ambiente en que la materia ahoga al espíritu mientras se prolongan rutinariamente las tradiciones católicas» (Sobejano 204). Es notable el uso que hace Clarín de términos jurídicos y comerciales en este relato, los cuales mezcla con giros populares.

«Protesto» pertenece a *El Señor y lo demás son cuentos.*

Protesto

I

Este don Fermín Zaldúa, en cuanto tuvo uso de razón, y fue muy pronto, por no perder el tiempo, no pensó en otra cosa más que en hacer dinero. Como para los negocios no sirven los muchachos, porque la ley no lo consiente, don Fermín sobornó al tiempo y se las compuso[1] de modo que pasó atropelladamente por la infancia, por la adolescencia y por la primera juventud, para ser cuanto antes un hombre en el pleno uso de sus derechos civiles; y en cuanto se vio mayor de edad, se puso a pensar si tendría él algo que reclamar por el beneficio de la restitución *in integrum*[2]. Pero ¡ca! Ni un centavo tenía que restituirle alma nacida,[3] porque, menor y todo, nadie le ponía el pie delante[4] en lo de negociar con astucia, en la estrecha esfera en que la ley hasta entonces se lo permitía. Tan poca importancia daba él a todos los años de su vida en que no había podido contratar, ni hacer grandes negocios, por consiguiente, que había olvidado casi por completo la inocente edad infantil y la que sigue, con sus dulces ilusiones, que él no había tenido, para evitarse el disgusto de perderlas. Nunca perdió nada don Fermín, y así, aunque devoto y aun supersticioso, como luego veremos, siempre se opuso terminantemente a aprender de memoria la oración de San Antonio.[5] «¿Para qué? —decía él—. ¡Si yo estoy seguro de que no he de perder nunca nada»!

—Sí tal —le dijo en una ocasión el cura de su parroquia, cuando Fermín ya era muy hombre—, sí tal; puede usted perder una cosa...: el alma.

—De que eso no suceda —replicó Zaldúa— ya cuidaré yo a su tiempo. Por ahora a lo que estamos. Ya verá usted, señor cura, cómo no pierdo nada. Procedamos con orden. El que mucho abarca poco aprieta.[6] Yo me entiendo.

Lo único de su niñez que Zaldúa recordaba con gusto y con provecho era la gracia que desde muy temprano tuvo de hacer parir dinero al dinero y a otras muchas cosas. «Pocos objetos hay en el mundo —pensaba él— que no tengan dentro algunos reales por lo menos; el caso está en saber retorcer y estrujar las cosas para que suden cuartos».[7]

Y lo que hacía el muchacho era juntarse con los chicos viciosos, que fumaban, jugaban y robaban en casa dinero o prendas de algún valor. No los seguía por imitarlos, sino por sacarlos de apuros cuando carecían de pecunia,[8] cuando perdían al juego, cuando tenían que restituir el dinero cogido a la familia o las prendas empeñadas. Fermín adelantaba la plata necesaria...; pero

---

[1] **Se...** arregló las cosas.

[2] Enteramente, en su entereza.

[3] **Alma...** nadie.

[4] **Nadie...** Nadie le ganaba, nadie era mejor que él.

[5] El que ayuda a la gente a encontrar objetos perdidos.

[6] **El...** No hay que ocuparse de demasiadas cosas al mismo tiempo.

[7] **Suden...** produzcan dinero.

[8] **Por...** por ayudarles cuando les faltaba dinero.

era con interés. Y nunca prestaba sino con garantías, que solían consistir en la superioridad de sus puños, porque procuraba siempre que fueran más débiles que él sus deudores, y el miedo le guardaba la viña.[9]

Llegó a ser hombre y se dedicó al único encanto que le encontraba a la vida, que era la virtud del dinero de parir dinero. Era una especie de Sócrates crematístico[10]; Sócrates, como su madre, Fenaretes, matrona partera, se dedicaba a ayudar a parir..., pero ideas. Zaldúa era comadrón del treinta por ciento.[11]

Todo es según se mira: su avaricia era cosa de su genio; era él un genio de la ganacia. De una casa de banca ajena pronto pasó a otra propia; llegó en pocos años a ser el banquero más atrevido, sin dejar de ser prudente, más lince,[12] más afortunado de la plaza, que era importante; y no tardó su crédito en ser cosa muy superior a la esfera de los negocios locales, y aun provinciales, y aun nacionales; emprendió grandes negocios en el extranjero, fue su fama universal, y a todo esto él, que tenía el ojo en todas las plazas y en todos los grandes negocios del mundo, no se movía de su pueblo, donde iba haciendo los necesarios gastos de ostentación como quien pone mercancías en un escaparate. Hizo un palacio, gran palacio, rodeado de jardines; trajo lujosos trenes de París y Londres, cuando lo creyó oportuno, y lo creyó oportuno cuando cumplió cincuenta años, y pensó que era ya hora de ir preparando lo que él llamaba para sus adentros el *otro negocio*.

II

Aunque el cura aquel de su parroquia ya había muerto, otros quedaban, pues curas nunca faltan: y don Fermín Zaldúa, siempre que veía unos manteos[13] se acordaba de lo que le había dicho el párroco y de lo que él le había replicado.

Ése era el *otro negocio*. Jamás había perdido ninguno, y las canas le decían que estaba en el orden empezar a preparar el terreno para que, por no perder, ni siquiera el alma se le perdiese.

No se tenía por más ni menos pecador que otros cien banqueros y prestamistas. Engañar, había engañado al lucero del alba.[14] Como que sin engaño, según Zaldúa, no habría comercio, no habría cambio.[15] Para que el mundo marche, en todo contrato ha de salir perdiendo uno para que haya quien gane. Si en los negocios se hicieran tablas como el juego de damas, se acababa el mundo. Pero en fin, no se trataba de hacerse el inocente; así como jamás se había forjado ilusiones en sus cálculos para negociar, tampoco ahora quería forjárselas en el *otro negocio*: «A Dios —se decía— no he de engañarle y el caso no es buscar disculpas, sino remedios. Yo no puedo restituir a todos los que pueden haber dejado un poco de lana en mis zarzales.[16] ¡La de letras[17] que yo habré descontado! ¡La de préstamos hechos! No puede ser. No puedo ir buscando uno por uno a todos los perjudicados; en gastos de correos y en indagatorias se me iría más de lo que les debo. Por fortuna, hay un Dios en los cielos que es acreedor de todos; todos le deben todo lo que son, todo lo que tienen; y pagando a Dios lo que debo a sus deudores unifica mi deuda, y para mayor comodidad me valgo del banquero de Dios en la tierra, que es la Iglesia. ¡Magnífico! Valor recibido, y andando.[18] Negocio hecho».

Comprendió Zaldúa que para festejar al clero, para gastar parte de sus rentas en beneficio de la Iglesia, atrayéndose a sus sacerdotes, el mejor reclamo era la opulencia, no porque los curas fuesen generalmente amigos del poderoso y cortesanos de la abundancia y del lujo, sino porque es claro que, siendo misión de una parte del clero pedir para los pobres, para las causas pías, no han de postular donde no hay de qué ni han de andar oliendo dónde se guisa.[19] Es preciso que se vea de lejos la riqueza y que se conozca de lejos la buena voluntad de dar. Ello fue que, en cuanto quiso, Zaldúa vio un palacio lleno de levitas[20] y tuvo oratorio en casa; y, en fin, la piedad se le

---

[9]**Le...** le servía de garantía de que le pagaran.

[10]Una versión financiera del filósofo griego que, en vez de andar predicando acerca de la virtud, anda prestanto dinero.

[11]Es decir, también paría—pero dinero—pretándolo al 30 porciento.

[12]Astuto.

[13]Capas largas que usan los eclesiásticos.

---

[14]**Engañar...** En cuanto a la cuestión deengaños, había engañado a absolutamente a todo el mundo.

[15]Compra y venta de valores, billetes y monedas.

[16]**Los...** los a quienes he sacado algo de dinero.

[17]Documento que verifica que una persona le debe dinero a otra.

[18]Todo está bien.

[19]**No...** No deben imaginarse que hay riquezas donde no las hay, ni meterse en los asuntos de la gente.

[20]Vestidura de hombre, con faldones largos. Es decir, Zaldúa llenó su casa de gente rica que andaba muy a la moda para mostrar que tenía dinero y atraer a los curas.

entró por las puertas tan de rondón,[21] que toda aquella riqueza y todo aquel lujo empezó a oler así como a incienso; y los tapices y la plata y el oro labrados de aquel palacio, con todos sus jaspes y estatuas y grandezas de mil géneros, llegaron a parecer magnificencias de una catedral, de esas que enseñan con tanto orgullo los sacristanes de Toledo, de Sevilla, de Córdoba, etc., etc.

Limosnas abundantísimas, y aun más fecundas por la sabiduría con que se distribuyen siempre; fundaciones piadosas de enseñanza, de asilo para el vicio arrepentido, de pura devoción y aun de otras clases, todas santas; todo eso y mucho más por el estilo brotó del caudal fabuloso de Zaldúa como de un manantial inagotable.

Mas como no bastaba pagar con los bienes, sino que se había de contribuir con prestaciones personales, don Fermín, que cada día fue tomando más en serio el negocio de la salvación, se entregó a la práctica devota, y en manos de su director espiritual y *administrador* místico,[22] don Mamerto, maestrescuela[23] de la Santa Iglesia Catedral, fue convirtiéndose en paulino,[24] en siervo de María,[25] en cofrade del Corazón de Jesús y, lo que importaba más que todo, ayunó, frecuentó los Sacramentos, huyó de lo que le mandaron huir, creyó cuando le mandaron creer, aborreció lo aborrecible y, en fin, llegó a ser el borrego más humilde y dócil de la diócesis, tanto, que don Mamerto, el maestrescuela, hombre listo, al ver la oveja tan sumisa y de tantos posibles, le llamaba para sus adentros el *Toisón de Oro*.[26]

III

Todos los comerciantes saben que sin buena fe, sin honradez general en los del oficio, no hay comercio posible; sin buena conducta, no hay confianza, a la larga; sin confianza, no hay crédito; sin crédito, no hay negocio. Por propio interés ha de ser el negociante limpio en sus tratos; una cosa es la ganancia, con su engaño necesario, y la trampa es otra. Así pensaba Zaldúa que debía gran parte de su buen éxito a esta honradez formal, a esta seriedad y buena fe en los negocios, una vez emprendidos los de ventaja. Pues bien: el mismo criterio llevó a su *otro negocio*. Sería no conocerle pensar que él había de ser hipócrita, escéptico: no; se aplicó de buena fe a las prácticas religiosas, y si, modestamente, al sentir el dolor de sus pecados, se contentó con el de atrición, fue porque comprendió, con su gran golpe de vista,[27] que no estaba la Magdalena para tafetanes[28] y que a don Fermín Zaldúa no había que pedirle la contrición, porque no la entendía. Por temor al castigo, a *perder* el alma, fue, pues, devoto; pero este temor no fue fingido, y la creencia ciega, absoluta, que se pidió para salvarse la tuvo sin empacho y sin el menor esfuerzo. No comprendía cómo había quien se empeñaba en condenarse por el capricho de no querer creer cuanto fuera necesario. Él lo creía todo, y aun llegó, por una propensión común a los de su laya,[29] a creer más de lo conveniente, inclinándose al fetichismo disfrazado y a las más claras supersticiones.

En tanto que Zaldúa edificaba el alma como podía, su palacio era emporio de la devoción ostensible y aun ostentosa, eterno jubileo, basílica de los negocios píos de toda la provincia, y a no ser profanación excusable, llamárale lonja de los contratos ultratelúricos.[30]

Mas sucedió a lo mejor, y cuando el caudal de don Fermín estaba recibiendo los más fervientes y abundantes bocados de la piedad solícita,[31] que el diablo, o quien fuese, inspiró un sueño endemoniado, si fue del diablo, en efecto, al insigne banquero.

Soñó de esta manera. Había llegado la de vámonos;[32] él se moría, se moría sin remedio, y don Mamero, a la cabecera de su lecho, le consolaba diciendo:

—Ánimo, don Fermín, ánimo, que ahora viene la época de cosechar el fruto de lo sembrado. Usted se muere, es verdad, pero ¿qué? ¿Ve usted este papelito? ¿Sabe usted lo que es?

---

[21]**Tan...** de una manera tan completa, tan obvia.

[22]Nótese la ironía. Un *administrador* se encarga de bienes ajenos. Como se trata de bienes espirituales en vez de materiales o económicos, es un *administrador místico*.

[23]Dignatario de la iglesia encargado en enseñar las ciencias eclesiásticas.

[24]Discípulo de San Pablo.

[25]Vasallo de la Virgen María.

[26]Orden religiosa fundada en Brujas en 1429. Pasó a España bajo Carlos V. Zaldúa es *el Toisón de Oro* por su mucho oro.

[27]**Con...** con sólo ver la situación; inmediatamente.

[28]**No...** no era capaz (de la contrición). (Se refiere a la prostituta Magdalena que, en el acto de arrepentirse de sus pecados, no estaba para preocuparse por las galas. Es decir, es inútil pedirle a la gente lo que en ese momento no es capaz de hacer.).

[29]Clase, tipo, grupo.

[30]**Llamáralo...** Se le podía llamar mercado de los contratos del más allá.

[31]**Cuando...** cuando la piedad de don Fermín estaba comiéndose una buena parte de su fortuna.

[32]**La...** la hora de la muerte.

Y don Mamerto sacudía ante los ojos del moribundo una papeleta larga y estrecha.

—Eso... parece una letra de cambio.

—Y eso es efectivamente. Yo soy el librador y usted es el tomador[33]; usted me ha entregado a mí, es decir, ha entregado a la Iglesia, a los pobres, a los hospitales, a las ánimas, la cantidad... equis.

—Un buen pico.[34]

—¡Bueno! Pues bueno; ese pico mando[35] yo, que tengo fondos colocados en el cielo, porque ya sabe usted en el otro mundo, en buena moneda de la que corre allí, que es la gracia de Dios, la felicidad eterna. A usted le enterramos con este papelito sobre la barriga, y por el correo de la sepultura esta letra llega a poder de su alma de usted, que se presenta a cobrar ante San Pedro, es decir, a recibir el cacho de gloria, a la vista, que le corresponda, sin necesidad de antesalas ni plazos ni *fechas* de purgatorio...

Y en efecto; siguió don Fermín soñando que se había muerto, y que sobre la barriga le habían puesto, como una recomendación o como uno de aquellos viáticos en moneda y comestibles que usaban los paganos para enterrar sus muertos, le habían puesto la letra a la vista que su alma había de cobrar en el cielo.

Y después él ya no era él, sino su alma, que con gran frescura se presentaba en la portería de San Pedro, que además de portería era un Banco, a cobrar la letra de don Mamerto.

Pero fue el caso que el Apóstol, arrugado el entrecejo, leyó y releyó el documento, le dio mil vueltas y, por fin, sin mirar al portador, dijo malhumorado:

—¡Ni pago ni acepto!

El alma de Zaldúa hizo ni más ni menos lo que su propietario, don Fermín, hubiera hecho en la tierra en situación semejante. No gastó el tiempo en palabras vanas, sino que inmediatamente se fue a buscar un notario, y antes de la puesta del sol del día siguiente se extendió el correspondiente protesto, con todos los requisitos de la sección octava, del título décimo del libro segundo del Código de Comercio vigente; y don Fermín, su alma, dejó copia de tal protesto, en papel común, al príncipe de los apóstoles.

Y el cuerpo miserable del avaro, del capitalista devoto, ya encentado por los gusanos, se encontró en su sepultura con un papel sobre la barriga; pero un papel de más bulto y de otra forma que la letra de cambio que él había mandado al cielo.

Era el protesto.

Todo lo que había sacado en limpio de sus afanes por el *otro negocio*.

Ni siquiera le quedaba el consuelo de presentarse en juicio a exigir del librador, del pícaro don Mamerto, los gastos del protesto ni las demás responsabilidades, porque la sepultura estaba cerrada a cal y canto y además los pies los tenía ya hechos polvo.

IV

Cuando despertó don Fermín vio a la cabecera de su cama al maestrescuela, que le sonreía complaciente y aguardaba su despertar para recordarle la promesa de pagar toda la obra de fábrica de una nueva y costosísima institución piadosa.

—Dígame usted, amigo don Mamerto— preguntó Zaldúa, cabizbajo y cejijunto como el San Pedro que no había aceptado la letra—, ¿debe creerse en aquellos sueños que parecen providenciales, que están compuestos con imágenes que pertenecen a las cosas de nuestra sacrosanta religión y nos dan una gran lección moral y sano aviso para la conducta futura?

—¡Y cómo si debe creerse! —se apresuró a contestar el canónigo, que en un instante hizo su composición de lugar,[36] pero trocando los frenos y equivocándose de medio a medio,[37] a pesar de que era tan listo—. Hasta el pagano Homero, el gran poeta, ha dicho que los sueños vienen de Júpiter.[38] Para el cristiano vienen del único Dios verdadero. En la Biblia tiene usted ejemplos respetables del gran valor de los sueños. Ve usted primero a Josef interpretando los sueños de Faraón, y más adelante a Daniel explicándole a Nabucodonosor...

—Pues este Nabucodonosor que tiene usted delante, mi señor don Mamero, no necesita que nadie le explique lo que ha soñado, que harto lo entiende. Y como yo me entiendo, a usted sólo le importa saber que en adelante pueden usted y todo el cabildo, y cuantos hombres se vis-

---

[33]El *librador* es el que gira una letra de cambio; el *tomador* es el que paga.

[34]**Un...** una buena cantidad.

[35]Exijo que usted me pague.

[36]**Hizo...** evaluó la situación.

[37]**De...** completamente.

[38]En la mitología, los dioses mandaban sueños a las personas para advertirles de un peligro. En la Ilíada, poema épico de Homero que relata los combates de la guerra de Troya, Júpiter manda un sueño a Agamemnón, líder de los griegos, para prevenirle.

ten por la cabeza,[39] contar con mi amistad..., pero no con mi bolsa. Hoy no se fía aquí[40]; mañana, tampoco.

Pidió don Mamero explicaciones, y a fuerza de mucho rogar logró que don Fermín le contase el sueño del protesto.

Quiso el maestrescuela tomarlo a risa; pero al ver la seriedad del otro, que ponía toda la fuerza de su fe supersticiosa en atenerse a la lección del protesto, quemó el canónigo el último cartucho[41] diciendo:

—El sueño de usted es falso, es satánico, y lo pruebo probando que es inverosímil. Primeramente, niego que haya podido hacerse en el cielo un protesto..., porque es evidente que en el cielo no hay escribanos.[42] Además, en el cielo no puede cumplirse con el requisito de extender el protesto antes de la puesta del sol del día siguiente..., porque en el cielo no hay noche ni día, ni el sol se pone, porque todo es sol, y luz, y gloria, en aquellas regiones.

Y como don Fermín insistiera en su superchería, moviendo a un lado y a otro la cabeza, don Mamerto, irritado y echándolo a rodar todo, exclamó:

—Y por último..., niego... el portador. No es posible que su alma de usted se presentara a cobrar la letra... ¡porque los usureros no tienen alma!

—Tal creo —dijo don Fermín, sonriendo muy contento y algo socarrón—; y como no la tenemos, mal podemos perderla. Por eso, si viviera el cura aquel de mi parroquia, le demostraría que yo no puedo perder nada. Ni siquiera he perdido el dinero que he empleado en cosas devotas, porque la fama de santo ayuda al crédito. Pero como ya he gastado bastante en anuncios, ni pago esa obra de fábrica... ni aprendo la oración de San Antonio.

---

[39]Es decir, los curas.

[40]**No...** no les doy más crédito.

[41]**Quemó...** jugó su última carta.

[42]Notarios. Es decir, los escribanos son deshonestos y por lo tanto no se salvan.

BIBLIOGRAFÍA

Abellán, José Luis, ed. «Estudio preliminar». Gaspar Melchor de Jovellanos. *Poesía. Teatro. Prosa*. Madrid: Taurus, 1979.

Actas del cuarto congreso internacional de Estudios Galdosianos (1990). Las Palmas de Gran Canaria: Cabildo Insular de Gran Canaria, 1993.

Adelstein, Miriam. «El amor en la vida y en la obra de Gertrudis Gómez de Avellaneda». *Círculo* 9 (1980): 57-62

Aguilar Piñal. *Un escritor ilustrado: Cándido María Trigueros*. Madrid: Consejo Superior de Investigaciones Científicas, 1987.

Alonso, Dámaso. *Poetas españoles contemporáneos*. Madrid: Gredos, 1969.

Álvarez Barrientos, Joaquín. «Apariencia y realidad en la comedia de magia dieciochesca». Ed. Francisco Javier Blasco, Ermanno Caldera, Joaquín Alvarez Barrientos y Ricardo de la Fuente. *La comedia de magia y de santos (siglos XVI-XIX)*. Madrid: Júcar, 1992. 341-349.

_____. «El modelo femenino en la novela española del siglo XVIII». *Hispanic Review* 63 (1995): 1-18.

_____. *La novela del siglo XVIII. Historia de la literatura española*. Ed. Rafael de la Fuente. Vol. 28. Madrid: Júcar, 1991.

_____, François López y Inmaculada Urzainqui. *La república de las letras en la España del siglo XVIII*. Madrid: Consejo Superior de Investigaciones Científicas, 1995.

_____. «¿Por qué se dijo que en el siglo XVIII no hubo novela?» *Ínsula* 546 (1992): 11-13.

_____. «Preceptiva literaria española y novela (1737-1826)», *Entresiglos* 1 (1991): 29-56.

_____, ed. *La república de las letras en la España del siglo XVIII*. Madrid: Consejo Superior de Investigaciones Científicas, 1995.

_____ y José Checa Beltrán, ed. *El siglo que llaman ilustrado*. Madrid: Consejo Superior de Investigaciones Científicas, 1996.

_____. «Sobre la institucionalización de la literatura: Cervantes y la novela en las historias literarias del siglo XVIII», *Anales cervantinos* 25-26 (1987-1988): 47-63.

Andioc, René. *Sur la querelle sur théâtre au temps de Leandro Fernández de Moratín*. Burdeos, 1970.

_____. *Teatro y sociedad en el Madrid del siglo XVIII*. Madrid: Castalia, 1976.

Andrés, Juan. *Origen, progresos y estado actual de toda la literatura*. Trad. Carlos Andrés. Vol. 4. Madrid: Sancha, 1787.

Anes, Gonzalo. *Las crisis agrarias en la España moderna*. Madrid: Taurus, 1970.

Arce, Joaquín. *La poesía del siglo ilustrado*. Madrid: Alhambra, 1981.

Arenal, Concepción. *La instrucción del pueblo*. Madrid; Guttenberg, 1881.

_____. *La mujer del porvenir*. Sevilla y Madrid: Félix Perié, 1969.

Arias de Cossío, Ana María. *Dos siglos de escenografía en Madrid*. Madrid: Mondadora, 1991.

Armas, Frederick de. «José de Echegaray». *Premio Nóbel: Once grandes escritores del mundo hispánico*. Ed. Bárbara Mujica. Washington, D. C.: Georgetown U P, 1997. 1-11.

Asún, Raquel. «Las revistas culturales y la novela: elementos para un estudio del Realismo en España», *Realismo y Naturalismo en España en la segunda mitad del siglo XIX*. Ed. Yvan Lissorgues. Barcelona: Anthropos, 1987. 75-89.

Aullón de Haro, Pedro. *Los géneros ensayísticos del siglo XVIII*. Madrid: Altea, Taurus, Alfaguara, 1987.

_____. *Los géneros ensayísiticos del siglo XVIII*. Madrid: Altea, Taurus, Alfaguara, 1987.

_____. *La poesía en el siglo XIX: Romanticismo y Realismo*. Altea, Taurus, Alfaguara, 1988.

Ayala Aracil, María de los Ángeles. «*Madrid por dentro y por fuera*, colección costumbrista de 1873», *Realismo y Naturalismo en España en la segunda mitad del siglo XIX*. Ed. Yvan Lissorgues. Barcelona: Anthropos, 1987. 135-145.

Baader, Horst. «La limitación de la Ilustración en España», *II Simposio sobre el padre Feijoo y su siglo*. Oviedo: Centro de Estudios del Siglo XVIII, 1981.

Balcells, José María. «Ramón de la Cruz, o la plenitud del sainete». *Historia y vida*. 320 (nov. 1994): 68-74.

Balmes, Jaime. *Filosofía fundamental*. Barcelona: A. Brusi, 1846.

Baquero Escudero, Ana. *Una aproximación neoclásica al género «novela». Clemencín y el «Quijote»*. Murcia: Academia Alfonso el Sabio, 1988.

Barrero Pérez, Óscar. «Los imitadores y continuadores del Quijote en la novela española del siglo XVIII», *Anales Cervantinos* 24 (1986): 103-121.

Batteux, Carlos. *Principios filosóficos de la literatura o curso razonado de Bellas Artes*. Trad. Agustín García de Arrieta. 9 vols. Madrid: Sancha, 1797-1800.

Becerra, B. «La novela española, 1700-1850», *Boletín de la Asociación Cubana de Bibliotecarios* 7 (1955): 3-10.

Benítez, Ruben. *Bécquer tradicionalista*. Madrid: Gredos, 1971.

510

_____. _Ideología del folletín español: Wenceslao Ayguals de Izco._ Madrid: José Porrúa Turanzas, 1979.

Beser, Sergio. «Estudio Preliminar». Pedro Antonio de Alarcón. _El sombrero de tres picos._ Ed. Eva F. Florensa. Barcelona: Crítica, 1993.

Botrel, Jean-François. «España, 1880-1890: El Naturalismo en situación», _Realismo y Naturalismo en España en la segunda mitad del siglo XIX._ Ed. Yvan Lissorgues. Barcelona: Anthropos, 1987. 183-197.

Bravo-Villasante, Carmen. «Introducción». Fernán Caballero. _La Gaviota._ Madrid: Castalia, 1979.

Bretz, Mary Lee. _Voices, Silences and Echoes: A Theory of the Essay and the Critical Reception of Naturalism in Spain._ Londres: Támesis, 1992.

Brown, Reginald F. _La novela española. 1700-1850._ Madrid: Servicio de Publicaciones del Ministerio de Educación Nacional, 1953.

Bynum, B. Brant. _The Romantic Imagination in the Works of Gustavo Adolfo Bécquer._ Chapel Hill: North Carolina Studies in the Romance Languages and Literatures, 1993.

Cadalso, José. _Obras de...._ Madrid: Repullés, 1818.

Calderone, Antonietta. «José de Cañizares, entre santas y magas». Ed. Francisco Javier Blasco, Ermanno Caldera, Joaquín Alvarez Barrientos y Ricardo de la Fuente. _La comedia de magia y de santos (siglos XVI-XIX)._ Madrid: Júcar, 1992. 351-362.

Campos, Jorge. «Introducción». Ramón de Campoamor. _Poesías._ Madrid: Alianza, 1983.

Carnero, Guillermo, ed. «Estudio preliminar». Vicente Martínez Colomer. _El Valdemaro._ Alicante: Instituto de Estudios Juan Gil-Albert, 1985. 9-44.

_____, ed. «Estudio preliminar». Pedro Montengón. _Obras, I._ Alicante: Instituto de Cultura Juan Gil-Albert, 1990. (2 vols.).

_____, ed. «Estudio preliminar». Ignacio García Malo. _Voz de la Naturaleza._ Madrid: Támesis, 1995. 11-126.

_____. «La leyenda del último godo y el Romanticismo de Pedro Montengón,» _Erotismo en las letras hispánicas._ Ed. L. López-Baralt y F. Márquez Villanueva. México: Colegio de México, 1995. 33-46.

_____, ed. _Montengón: el escritor alicantino y la crítica._ Alicante: Caja de Ahorros Provincial de Alicante, 1991.

_____. _Los orígenes del Romanticismo reaccionario español: el matrimonio Böhl de Faber._ Valencia: Universidad de Valencia, 1978.

_____. _Espronceda._ Madrid: Júcar, 1974.

_____. _Estudios sobre teatro del siglo XVIII._ Zaragoza: Prensas Universitarias de Zaragoza, 1997.

Carpintero, Heliodoro. _Bécquer de par en par._ Madrid: Insula, 1971.

Carr, Raymond. _España 1808-1939._ Barcelona: Ariel, 1979.

Caso González, José Miguel. _Historia y crítica de la literatura española: Ilustración y neoclasicismo._ Barcelona: Crítica, 1983.

Castro y Calvo, José María, ed. «Prólogo». Gertrudis Gómez de Avellaneda. _Obras._ Madrid: Atlas, 1974.

_____. Estudio preliminar. La vida y la obra. _Obras completas de don Nicomedes-Pastor Díaz._ Madrid: Atlas, 1969. vii-cxliii.

Caudet, Francisco. «La querella naturalista. España contra Francia», _Realismo y Naturalismo en España en la segunda mitad del siglo XIX._ Ed. Yvan Lissorgues. Barcelona: Anthropos, 1987. 58-74.

Cook, John A. _Neo-classic Drama in Spain: Theory and Practice._ Westport, Conn.: Greenwood, 1974.

Correa Calderón, Evaristo. «Análisis del cuadro de costumbres», Revista de Ideas Estéticas 7 (1949): 65-72.

_____. «Los costumbristas españoles del siglo XIX,» _Bulletin Hispanique_ 51 (1949): 291-316.

Costa, Joaquín. _Oligarquía y caciquismo._ Huesca: V. Campo, 1927.

Coulon, Mireille. «Estudio preliminar». Ramón de la Cruz. _Sainetes._ Ed. J. M. Sala Valldaura. Barcelona. Crítica, 1996. (ix-xxiii).

_____. _Le sainete à Madrid à l'époque de don Ramón de la Cruz._ Pau: U de Pau, 1993.

Cox, R. Merritt. _Eighteenth Century Spanish Literature._ Boston: Twayne, 1979.

Cueto, Leopoldo Augusto de, ed. _Poetas líricos del siglo XVIII._ Tomo I. BAE 61. Madrid: Rivadeneyra, 1869.

_____, ed. _Poetas líricos del siglo XVIII._ Tomo III. BAE 67. Madrid: Rivadeneyra, 1875.

Charnon-Deutsch, Lou. _Narratives of Desire: Nineteenth-Century Spanish Fiction by Women._ University Park, PA: Pennsylvania State UP, 1994.

_____ and Jo Labanyi. _Culture and Gender in Nineteenth-Century Spain._ Oxford: Clarendon, 1995.

Checa Beltrán, José. «Novela y teoría española dieciochesca», _Ínsula_ 546 (1992): 15-17.

Davis, Grifford. «The Critical Reception of Naturalism in Spain before _La cuestión palpitante_», _Hispanic Review_ 22 (1954): 97-108.

DeCoster, Cyrus. _Juan Valera._ New York: Twayne, 1974.

Dendle, Brian. _Galdós y la novela histórica._ Ottowa: Dovehouse, 1992.

_____. _Galdós: The Early Historical Novels._ Columbia: U Missouri P, 1986.

_____. _Galdós: The Mature Thought._ UP Kentucky, 1980.

_____. «Galdós in Context: The Republican Years, 1907-1914». _Anales Galdosianos_ 21 (1986): 33-44.

Díaz, José Pedro. _Bécquer._ Buenos Aires: Centro Editor de América Latina, 1968.

Díaz Plaja, Guillermo, Ed. _Antología mayor de la literatura española: Neoclasicismo, romanticismo, realismo (Siglos XIX y XIX)._ Barcelona: Labor, 1961.

Díez González, Santos. _Instituciones poéticas._ Madrid: Benito Cano, 1793.

Domergue, Lucienne. «Ilustración y novela en la España de Carlos IV». _Homenaje a José A. Maravall._ Vol. 1. Madrid: Centro de Investigaciones Sociológicas, 1985.

483-498.

Donoso Cortés, Juan. *El catolicismo, el liberalismo y el socialismo.* Madrid: Tejado, 1854.

Dowling, John. *Leandro de Moratín.* New York: Twayne, 1971.

_____. «The Madrid Theater Public in the Eighteenth Century: Transition from the Popular Audience to the Bourgeois». *Studies on Voltaire and the Eighteenth Century* 265 (1989): 1358-1362.

_____. «Poetas y cómicos en la reforma del teatro español: Casos concretos desde *Manolo y Hormesinda* a *El Muñuelo y La comedia nueva*». *Letras de la España Contemporánea: Homenaje a José Luis Varela.* Ed. Nicasio Salvador Miguel. Alcalá de Henares: Centro de Estudios Cervantinos, 1995. 127-133.

_____ y René Andioc, ed. «Introducción». Leandro Fernández de Moratín. *El sí de las niñas.* Madrid: Castalia, 1982.

Ebersole, Alva V. *José de Cañizares: Dramaturgo olvidado del siglo XVIII.* Insula: Madrid, 1974.

Egido, Aurora. «*La Giganteida* de Ignacio de Luzán: argumento y octavas de un poéma inédito», *Anales de Literatura Española* 2 (1983): 197-231.

Enriquez de Salamanca, Cristina. «The Question of the Political Subject in Nineteenth-Century Domestic Discourse». *Spain Today: Essays on Literature, Culture, Society.* Ed. José Colmeiro, Christina Dupláa, Patricia Greene, Juana Sabadell. Hanover: Dept. Spanish, Dartmouth College, 1995. 103-112.

Eoff, Sherman. «Pereda's Conception of Realism as Related to his Epoch». *Hispanic Review* 4 (1946): 281-303.

Escobar, José. «Costumbrismo y novela: El costumbrismo como materia novelable en el siglo XVIII». *Ínsula* 546 (1992): 17-19.

Los españoles pintados por sí mismos. Madrid: Gaspar y Roig, 1851.

Estébanez Calderón, Serafín (El Solitario). *Escenas andaluces.* Madrid: Baltasar González, 1847.

Estudios sobre Gustavo Adolfo Bécquer. Madrid: Consejo Superior de Investigaciones Científicas, 1972.

Fernández Cifuentes, Luis. «Prólogo». José Zorrilla. *Don Juan Tenorio.* Barcelona: Crítica, 1993. 1-66.

Ferreras, Juan Ignacio. *Introducción a una sociología de la novela española del siglo XIX.* Madrid: EDICUSA, 1973.

_____. *La novela española en el siglo XIX (hasta 1868).* Madrid: Taurus, 1987.

_____. *La novela por entregas. 1840-1900.* Madrid: Taurus, 1972.

_____. *El triunfo del Liberalismo y de la novela histórica (1830-1870).* Madrid: Taurus, 1976.

_____. Ferreras, Juan Ignacio. *Los orígenes de la novela decimonónica (1800-1830).* Madrid: Taurus, 1973.

Fielding, Henry. *The History of the Adventures of Joseph Andrews and his friend Mr. Abrahan Adams. Written in imitation of the manner of Cervantes.* London: A. Millar, 1742.

Flitter, Derek. *Spanish Romantic Literary Theory and Criticism.* New York: Cambridge University Press, 1991.

Flor, Fernando de la. «Arcadia y Edad de Oro en la configuración de la bucólica dieciochesca», *Anales de Literatura Española* 2 (1983): 133-153.

Florensa, Eva. «Una comedia del Siglo de Oro llamada *El sombrero de tres picos*», *Boletín de la Real Academia Española* 74 (1994): 403-421.

_____. «García Malo, Ignacio: *Voz de la Naturaleza.* Selección, estudio preliminar y notas de Guillermo Carnero. Madrid, Támesis (Textos 40) 1995». *Dieciocho* 20 (1997): 308-311.

_____. «Gaspar Melchor de Jovellanos, *Poesía. Teatro. Prosa literaria.* Ed. John H. R. Polt. Madrid: Clásicos Taurus, 1993». *Hispanic Review* 63 (1995): 609-611.

_____. «*El Niño de la Bola* y la fisiología de la novela decimonónica», *Anales de Literatura española* (1991): 65-84 y (1992): 63-81.

_____. «Pedro Montengón. *Obras.* 2 vols. *El Rodrigo,* vol.1. *Eudoxia, hija de Belisario,* vol. 2. Ed. Guillermo Carnero. Alicante: Instituto de Cultura Juan Gil-Albert, 1990. *Montengón. El escritor alicantino y la crítica.* Ed. Guillermo Carnero. Alicante: Caja de Ahorros Provincial de Alicante, 1991». *Hispanic Review* 61 (1993): 568-572.

_____. «Sobre el Neoclasicismo y la novela romántica», *Dieciocho* 19.1 (1996): 27-45.

_____, ed. *El sombrero de tres picos.* Barcelona: Crítica, 1993.

Flores, Antonio. *Ayer, hoy y mañana o la fe, el vapor y la electricidad.* Barcelona: Montaner y Simón, 1892. 3 vols.

Florian (Jean Pierre de Claris). «Essai sur la Pastorale», *Estelle, roman pastoral.* Paris: Imprimerie de Monsieur, 1788, pp. 1-30.

Fontanella, Lee. «Mystical Diction and Imagery in Gómez de Avellaneda and Carolina Coronado». *Latin American Literary Review* 9 (Fall-Winter 1981): 47-55

Gaos, Vicente. *La poética de Campoamor.* Madrid: Gredos, 1969.

García Ruiz, Víctor. «Los autos sacramentales en el XVIII: Un panorama documental y otras cuestiones». *Revista Canadiense de Estudios Hispánicos* 19.1 (Fall 1994): 61-82.

García Sarriá, Francisco. «Introducción». Genaro Alas. *El Darwinismo.* Exeter: U Exeter, 1978. v-liii.

Gies, David. *Agustín Durán: A Biography and Literary Appreciation.* London: Tamesis, 1975.

_____. «*Don Juan Tenorio* y la tradición de la comedia de magia». *Hispanic Review* 58 (1990): 1-17.

_____. «Grimaldi, Vega y el teatro español (1849)». *Actas del X Congreso de la Asociación de Hispanistas, I-IV.* Ed. Antonio Vilanova; Prólogo Josep María Bricall; Prefacio Elias Rivers, Elias. Barcelona: Promociones y Publicaciones Universitarias, 1992. II 1277-1283.

_____. «Notas sobre Grimaldi y el 'furor de refundir' en

Madrid (1820-1833)».*Cuadernos de Teatro Clásico* 5 (1990): 111-124.

_____, ed. *El Romanticismo*. Madrid: Taurus, 1989.

_____. *The Theatre in Nineteenth-Century Spain*. Cambridge: Cambridge U P, 1994.

_____. *Theatre and Politics in Nineteenth-Century Spain: Juan de Grimaldi as Impresario and Government Agent*. Cambridge: Cambridge U P, 1988.

Gil Cremades, Juan José. *Krausistas y liberales*. Madrid: Seminarios y Ediciones, 1975.

Giner de los Ríos, Francisco. *Ensayos*. Prólogo Juan López-Morillas. Madrid: Alianza, 1973.

Glendenning, Nigel. *A Literary History of Spain: The Eighteenth Century*. New York: Barnes and Noble, 1972.

_____*Vida y obra de Cadalso*. Madrid: Gredos, 1962.

Gold, Hazel. *The Reframing of Realism: Galdós and the Discourse of the Nineteenth-Century Novel*. Durham, NC: Duke UP, 1993.

González Palencia, Ángel. «Pedro Montengón y su novela *El Eusebio*». *Entre dos siglos. Estudios literarios*. Madrid: Consejo Superior de Investigaciones Científicas, 1943.

Guardiola Tey, María Luisa. *La temática de García Gutiérrez: Indice y estudio (La mujer)*. Barcelona: Universitas-56, 1993.

Hafter, Monroe Z. «Blanco White to the Fore: A Review Essay». *Dieciocho* 20 (1997): 97-106.

_____. «Mor's achievement of realism in *La Serafina*,» *Dieciocho* 9 (1986): 153-163.

_____. «Montengón's *El Mirtilo* in its XVIIIth. Century context,» *Bulletin of Hispanic Studies* 68 (1991): 37-46.

_____, ed. *Pen and Peruke: Spanish Literature of the Eighteenth Century*. Ann Arbor: Dept of Romance Languages, U Michigan, 1992.

Harter, Hugh A. *Gertrudis Gómez de Avellaneda*. Boston, Twayne, 1981.

Helman, Edith F. «Introducción». José Cadalso. *Noches lúgubres*. Santander, Madrid: Antonio Zúñiga, 1951.

Herrero, Javier. *Fernán Caballero: Un nuevo planteamiento*. Madrid: Gredos, 1963.

_____. «Discurso e imagen en *La gaviota* de Fernán Caballero». *Letras de la España contemporánea: Homenaje a José Luis Varela*. Ed. Nicasio Salvador Miguel. Alcalá de Henares: Centro de Estudios Cervantinos, 1995. 195-203.

Herrero, Ramón Martín. *Un siglo de reforma política y literaria*. Madrid: Nacional, 1974.

Hibbs-Lissorgues, Solange. «La iglesia católica y el Naturalismo». *Realismo y Naturalismo en España en la segunda mitad del siglo XIX*. Ed. Yvan Lissorgues. Barcelona: Anthropos, 1987. 198-236.

Homenaje a Gertrudis Gómez de Avellaneda: Memorias del simposio en el centenario de su muerte. Ed. Rosa M. Cabrera y Gladys B. Zaldívar. Miami: Universal, 1981.

Homenaje a Pereda. Santender: Ediciones de Librería, 1983.

Huet, Pierre Daniel. «Lettre de Monsieur Huet à Monsieur de Sagrais. De l'origine des romans», *Zaide. Histoire espagnole*. Paris: Claude Barbin, 1670.

Iranzo, Carmen. *Antonio García Gutiérrez*. Boston: Twayne, 1980.

Johns, Kim L. *José de Cañizares: Traditionalist and Innovator*. Valencia, Chapel Hill: Albatros Hispanófila, 1981.

Johnson, Jerry. *Cuatro tragedias neoclásicas*. Salamanca: Almar, 1981.

Jurado, José. «*El Fray Gerundio* y la oratoria sagrada barroca», *Edad de Oro* 8 (1989): 97-105.

Juretschke, Hans. *Origen doctrinal y génesis del romanticismo español*. Madrid: Ateneo, 1954.

_____. *Vida, obra y pensamiento de Alberto Lista*. Madrid: Consejo Superior de Investigaciones Científicas, 1951.

Kaplan, Temma E. «Positivism and Liberalism», *La Revolución de 1868. Historia, pensamiento, literatura*. Ed. Clara E. Lida y Iris M. Zavala, New York: Las Américas, 1970, pp. 254-266.

Kennedy, James. *Modern Poets and Poetry of Spain*. London: Williams and Norgate, 1860.

Kirkpatrick, Susan. «Introducción». *Antología poética de escritoras del siglo XIX*. Madrid: Castalia, 1992.

_____. *Las románticas: Women Writers and Subjectivity in Spain, 1835-1850*. Berkeley: U California P: 1989.

Klibbe, Lawrence H. *Fernán Caballero*. New York: Twayne, 1973.

_____. *José María de Pareda*. Boston: Twayne, 1975.

Lafarga, Francisco. «Introducción». Ramón de la Cruz. *Sainetes*. Madrid: Cátedra, 1990.

Landa, Rubén. *Sobre don Francisco Giner*. México, D. F.: Cuadernos Americanos, 1966.

Landeira, Ricardo. *José de Espronceda*. Lincoln, Nebraska: Society of Spanish and Spanish-American Studies, 1985.

Lapesa, Rafael. «Tres poetas ante la soledad: Bécquer, Rosalía y Machado». *Essays on Hispanic Literature in Honor of Edmund L. King*. Ed. Sylvia Molloy, Luis Fernández Cifuentes, James E. Maraniss. Londres: Támesis, 1983. 151-173.

Larubia-Prado, Francisco. «Texto y tiempo en 'El estudiante de Salamanca': La impostura de la historia literaria y del Romanticismo español». *Revista Hispánica Moderna* 46.1 (June 1993): 5-18.

Laverde, Gumersindo. «Apuntes acerca de la vida y poesías de don Pedro Montengón». *Montengón: El escritor alicantino y la crítica*. Ed. Guillermo Carnero. Alicante: Caja de Ahorros Provincial de Alicante: 1991.

Le Gentil, Georges. *Les revues littéraires de l'Espagne péndant la première moitié du XIXème siècle*. París: Hachette, 1919.

Lewis, Elizabeth Franklin. «Mythical Mystic or 'Monja Romántica'? The Poetry of María Gertrudis Hore». *Dieciocho* 1-2.16 (Spring-Fall 1993): 95-109.

Liberatori, Filomena. *I tempi e le opere di Pedro Antonio de Alarcón*. Nápoles: Instituto Universitario Orientale, 1981.

Lipp, Soloman. *Francisco Giner de los Ríos: A Spanish Socrates.* Waterloo, Ontario: Wilfrid Laurier U P, 1985.

Lissorgues, Yvan. «El 'Naturalismo radical': Eduardo López Bago (y Alejandro Sawa)». *Realismo y Naturalismo en España en la segunda mitad del siglo XIX.* Ed. Yvan Lissorgues. Barcelona: Anthropos, 1987. 237-253.

_____, ed. *Realismo y Naturalismo en España en la segunda mitad del siglo XIX.* Ed. Yvan Lissorgues. Barcelona: Anthropos, 1987.

Litvak, Lily. «Retorno a la Arcadia: Iconografía del trabajo rural en la literatura y el arte del Realismo español». *Torre* 4.14 (April-June 1990): 127-150.

López, François. «De la *Célestine* au *Quichotte*: histoire et poétique dans l'oeuvre de Mayáns,» *Bulletin Hispanique* 90 (1988): 215-429.

López-Morillas, Juan, ed. *Giner e los Ríos. Ensayos.* Madrid: Alianza, 1969.

_____. *El Krausismo español.* Madrid: Fondo de Cultura Económica, 1980.

_____, ed. *Krausismo: Estética y Literatura.* Barcelona: Labor, 1973.

López Giménez, Luis. *El Naturalismo en España. Valera frente a Zola.* Madrid: Alhambra, 1977.

López Piñero, José M. *La introducción de la ciencia moderna en España.* Barcelona: Ariel, 1969.

Llorens Castillo, Vicente. *Liberales y románticos. Una emigración española en Inglaterra (1823-1834).* Madrid: Castalia, 1968.

_____. *El romanticismo español.* Madrid: Fundación Juan March-Castalia, 1980.

Madariaga de la Campa, Benito. *José María de Pereda: Biografía de un novelista.* Santander: Ediciones de la Librería Estudio, 1991.

Marco, Joaquín, ed. *Antología de la poesía romántica española.* Madrid: Salvat-Alianza, 1972.

Marchena, José. «Discurso preliminar», *Lecciones de Filosofía Moral y Elocuencia.* Burdeos: Pedro Beaume, 1829. i-cxxxiv.

Marrast, Robert. *José de Espronceda et son temps. Littérature, politique et société au temps du romantisme.* París: Klincksieck, 1974.

Martín Buezas, Fernando. *La teología de Sanz del Río y del Krausismo español.* Madrid: Gredos, 1977.

Martínez Colomer, Vicente. *El Valdemaro.* Ed. Guillermo Carnero. Alicante: Instituto de Estudios «Juan Gil-Albert», 1985.

Martul Tobío, Luis. «Introducción». Gertrudis Gómez de Avellaneda. *Sab.* Lewiston, NY: Edwin Mellen, 1993.

McClelland, Ivy Lilian. *Diego de Torres Villarroel.* Boston: Twayne, 1976.

_____. *The Origins of the Romantic Movement in Spain.* Liverpool: Institute of Hispanic Studies, 1937.

Menénedez y Pelayo, Marcelino. «Mr. Masson redimuerto. Al Sr. Gumersindo Laverde Ruiz, catedrático de Literatura en la Universidad de Valladolid». *Revista Europea* 135 (1876): 392-403.

Mesonero Romanos, Ramón (El Curioso Parlante). *Escenas Matritenses.* Madrid: Yenes, 1842.

Mestre, Antonio. *Despotismo e Ilustración en España.* Barcelona: Ariel, 1976.

Miller, Beth. «Gertrude the Great: Avellaneda, Nineteenth-Century Feminist». Ed. Beth Miller. *Women in Hispanic Literature: Icons and Fallen Idols.* Berkeley: University of California Press, 1983. 201-214.

Molinaro, Julius A. y Warren T. McCready. «Introducción». José de Cañizares. *Angélica y Medoro.* Torino: Quaderni Ibero-Americani, 1958.

Mollfulleda, Santiago. «Estudio Preliminar», en Juan Pablo Forner, *Discurso sobre la tortura*, Barcelona: Crítica, 1990. 15-129.

Montengón, Pedro. *La pérdida de España reparada por el Rei Pelayo.* Nápoles: Gio. Battista Settembre, 1820.

Montesinos, José F. *Costumbrismo y novela. Ensayo sobre el redescubrimiento de la realidad española.* Madrid: Castalia, 1960.

_____. *Fernán Caballero. Ensayo de justificación.* Berkeley: University of California, 1961.

_____. *Introducción a una historia de la novela en España en el siglo XIX. Seguida del esbozo de una bibliografía española de traducciones de novelas: 1800-1850.* Madrid: Castalia, 1982.

_____. *Pedro Antonio de Alarcón.* Madrid: Castalia, 1969.

_____. *Pereda o la novela idilio.* Madrid: Castalia, 1961.

_____. *Valera o la ficción libre.* Madrid: Gredos, 1957.

Montgomery, Clifford Marvin. *Early Costumbrista Writers in Spain,1750-1830.* Philadelphia, 1931.

Moore, John. *Ramón de la Cruz.* New York: Twayne, 1972.

Mugica, Rafael. *Gustavo Adolfo Bécquer .* Madrid: Jucar, 1972.

Mujica, Bárbara. «From *Comedia* to *Zarzuela*: The Generic Transformation of Calderón's *La dama duende*» *Indiana Journal of Hispanic Literatures* 10-11 (1997): 17-35.

Murphy, Martin. *Blanco White: Self-Banished Spaniard.* New Haven: Yale UP, 1989.

Navas Ruiz, Ricardo. *El romanticismo español. Historia y crítica.* Madrid: Anaya, 1970.

_____. *El romanticismo español. Documentos.* Madrid: Anaya, 1971.

Ontañón, Juan de, ed. «Prólogo». Gustavo Adolfo Bécquer. *Rimas, leyendas y narraciones.* México: Porrúa, 1974.

Orozco Díaz, E. «El barroco dieciochesco: Porcel y el barroquismo literario del siglo XVIII». *Historia y crítica de la literatura española: Ilustración y neoclasicimo.* Ed. José Miguel Caso González. Oviedo: Cátedra Feijoo, 1968. 28-43.

Pajares, Eterio. «Influencias de la narrativa lacrimosa inglesa en *Eusebio y Eudoxia* de Montengón,» *Bulletin Hispanique* 93 (1991): 353-364.

Palacín Iglesias, Gregorio B. *Nueva valoración de la literatura española del siglo XVIII.* Madrid: Leira, 1967.

514

Palacios Fernández, Emilio. «El teatro en el siglo XVIII (hasta 1808)». en *Historia del teatro en España, Siglo XVIII, Siglo XIX.* Díez Borque, José María, ed. Madrid: Taurus, 1988.

_____. «Estudio preliminar». Juan Meléndez Valdés. *Poesías.* Madrid: Alhambra, 1979.

_____. «El teatro en el siglo XVIII (hasta 1808)». en *Historia del teatro en España, Siglo XVIII, Siglo XIX.* Ed. José María Díez Borque. Madrid: Taurus, 1988.

Palomo, Pilar. «Gracián y la novela didáctica del siglo XVIII: *El Criticón* y *El Eusebio».* *Montengón: el escritor alicantino y la crítica.* Ed. Guillermo Carnero. Alicante: Caja de Ahorros Provincial de Alicante, 1991. 225-237.

Pastor Díaz, Nicomedes. *Obras completas.* Ed. José María Castro y Calvo. Madrid: Altas, 1969. 3 Vols. (Biblioteca de Autores Españoles 227, 228, 241).

Patt, Beatrice y Martin Nozick, ed. *Spanish Literature: 1700-1900.* Prospect Heights, Illinois: Waveland, 1989.

Pattison, Walter T. *El Naturalismo español. Historia externa de un movimiento literario.* Madrid: Gredos, 1965.

_____. *Benito Pérez Galdós.* Boston: Twayne, 1975

Paun de García, Susan, ed. Introducción. José de Cañizares. *Juan de Espina en su patria. Juan de Espina en Milán.* Madrid: Clásicos Madrileños, Editorial Castalia / Comunidad de Madrid, 1997.

Peers, E. Allison. *Historia del movimiento romántico español.* Madrid: Gredos, 1954. 2 vols.

Pérez Magallón, Jesús. *En torno a las ideas literarias de Mayáns.* Alicante: Instituto Juan Gil-Albert, 1991.

_____. «La crítica literaria dieciochesca: Mayáns y Siscart,» *Boletín de la Biblioteca Menéndez Pelayo* 66 (1990): 111-130.

_____. «Una teoría dieciochesca de la novela y algunos conceptos de poética», *Anales de Literatura Española* 5 (1986-1987): 357-376.

Pérez Rioja, José A. «Un best-seller del siglo XVIII: la novela *Eusebio* de Montengón», *El Madrid de Carlos III.* Madrid: Ayuntamiento, 1988.

Picoche, Jean-Louis. *Un romántico español: Enrique Gil y Carrasco (1815-1846).* Madrid: Gredos, 1978.

Polt, John H. R., «Prólogo», en Juan Pablo Forner y Segarra, *Los gramáticos, historia chinesca.* Madrid: Castalia-University of California P, 1970. 9-40.

_____, «Introducción». Gaspar Melchor de Jovellanos. *Poesía. Teatro. Prosa literaria.* Madrid: Taurus, 1993.

_____, ed. *Poesía del siglo XVIII.* Madrid: Castalia, 1975.

Posada, Adolfo, «Preliminar. Importancia del sufragio». *El sufragio.* Barcelona: Manuel Soler, s.a. 5-11.

Read, Malcolm K. «The Shadow of a Dream: Martín Sarmiento's *Tentativa para una lengua general* and *Método de Euclides»,* *Dieciocho* 7 (1984): 3-27.

Revilla, Manuel de la, ed., «Cartas inéditas de don Julián Sanz del Río». *Revista Europea* I, nº 3 (1874): 65-71; nº 5 (1874): 135-140; nº 6 (1874): 161-167; nº 7 (1874): 193-195; nº 9 (1874): 257-262.

Ribbans, Geoffrey. *History and Fiction in Galdos' Narratives.* Oxford: Clarendon, 1993.

Rivera, Enrique. «Colisión de ideas en el siglo XVIII español (Con especial referencia a la política», *Actas del III Seminario de Historia de la Filosofía Española.* Salamanca: U Salamanca, 1983.

Robin, Claire-Nicole. «Análisis de correspondencias: textos de 1882 sobre el Naturalismo». *Realismo y Naturalismo en España en la segunda mitad del siglo XIX.* Ed. Yvan Lissorgues. Barcelona: Anthropos, 1987. 118-132.

Rodríguez, Rodney. «Continuity and innovation in the Spanish novel, 1700-1833,» *Homenaje a John Dowling.* Newark: Juan de la Cuesta, 1985. 49-63.

Rodríguez Marín, Rafael. *La novela en el siglo XIX.* Madrid: Playor, 1982.

Román Gutiérrez, Isabel. *Historia interna de la novela española del siglo XIX.* Sevilla: Alfar, 1988 (2 vols.).

Romero Tobar, Leonardo. *La novela popular española del siglo XIX.* Madrid: Ariel, 1976.

Rubio Cremades, Enrique. *Costumbrismo y folletín. Vida y obra de Antonio Flores.* Alicante: Instituto de Estudios Alicantinos, 1977-1978. 2 vols.

_____. «Colaboraciones costumbristas de los novelistas de la segunda mitad del siglo XIX». *Realismo y Naturalismo en España en la segunda mitad del siglo XIX.* Ed. Yvan Lissorgues. Barcelona: Anthropos, 1987. 146-157.

Ruggeri Marchetti, Magda. *Studio su «La Serafina» di José Mor de Fuentes.* Roma: Bulzoni, 1986.

Ruiz Ramón, Francisco. *Historia del teatro español (desde sus orígenes hasta 1900).* Madrid, 1979.

Ruiz Salvador, Antonio. «El Ateneo de Madrid antes de la Revolución de 1868,» *La Revolución de 1868. Historia, pensamiento, literatura.* Ed. Clara E. Lida y Iris M. Zavala, New York: Las Américas, 1970. 209-229.

Rull, Enrique. *La poesía y el teatro en el siglo XVIII: Neoclasicismo.* Madrid: Altea, Taurus, Alfaguara, 1987.

Saenz, Mercedes. *Ramón de Campoamor: Vida y obra.* Río Piedras: Edil, 1976.

Sala Valldaura, José María. «Prólogo». Ramón de la Cruz. *Sainetes.* Barcelona. Crítica, 1996. xxvii-c.

_____, ed. *El teatro español del siglo XVIII.* Lleida: U Lleida, 1996. 2 vols.

Sánchez-Blanco, Francisco. *La prosa del siglo XVIII. Historia de la Literatura Española.* Ed. Rafael de la Fuente. Vol. 27. Madrid: Júcar, 1992.

Sánchez García, María del Carmen. «Santiváñez y la teoría de la novela en el siglo XVIII,» *Kultura* 11 (1987): 125-140.

Santiváñez, Vicente María. «Prólogo», *Novelas morales escritas en francés por Mr. Marmontel.* Trad. Vicente María Santiváñez. Valladolid: Viuda e hijos de Santander, 1787.

Sarrailh, Jean. *L'Espagne éclairée de la seconde moitié du XVIII siècle.* Paris: Imprimerie Nationale, 1954. *La España ilustrada de la segunda mitad del siglo XVIII.*

Madrid: Fondo de Cultura Económica, 1979.

_____. «Introducción». Francisco Martínez de la Rosa. *La conjuración de Venecia*. Madrid: Espasa-Calpe, 1947.

Schwartz, Kessel. «Bécquer and Hypnogagic Imagery: A Psychoanalytic Interpretation». *Symposium* 37 (1983): 202-15.

Sebold, Russell P. «Análisis estadístico de las ideas poéticas de Luzán: sus orígenes y su naturaleza», *El rapto de la mente. Poética y poesía dieciochescas*. Barcelona: Anthropos, 1989. 98-128.

_____. *Cadalso: el primer romántico «europeo» de España*. Madrid: Gredos, 1974.

_____. *Col. Don José Cadalso*. Twayne: New York, 1971.

_____. *Descubrimiento y fronteras del Neoclasicismo español*. Madrid: Cátedra-Fundación Juan March, 1985.

_____. «Enlightenment Philosophy and the emergence of Spanish Romanticism», *The Iberoamerican Englihtement*. Ed. A. Owen Aldrige. Chicago-Londres: University of Illinois Press, 1971. 111-140.

_____. "Entre siglos: Barroquismo y Neoclasicismo." *Dieciocho*. 16.1-2 (Spring/Fall 1993): 131-148.

_____. «Introducción». José Francisco de Isla. *Fray Gerundio de Campazas*. Madrid: Espasa-Calpe, 1992. 2 vols. 11-88.

_____. «Martín Sarmiento y la doctrina neoclásica», *El rapto de la mente. Poética y poesía dieciochescas*. Barcelona: Anthropos, 1989. 129-137.

_____. «Montengón y la novela romántica», *De ilustrados y románticos*. Madrid: El Museo Universal, 1992. 103-108.

_____. *Novela y autobiografía en la «Vida» de Torres Villarroel*. Barcelona: Ariel, 1975.

_____. «La pena de la Hija del Sol: realidad, leyenda y Romanticismo». *Estudios en honor a Ricardo Gullón*. Ed. Luis T. González-del-Valle y Dario Villanueva. Biog. Gustavo Agrait, Pablo Betrán de Heredia, Douglass Rogers, y Catherine M. Reiff. Lincoln, NE: Society of Spanish and Spanish American Studies, 1984. 295-308.

_____. *El rapto de la mente. Poética y poesía dieciochescas*. Madrid: Anthropos, 1989.

Sempere y Guarinos, Juan. *Ensayo de una Biblioteca Española de los mejores escritores del reinado de Carlos III*. Madrid, 1785.

Seoane, María Cruz. *Historia del periodismo en España. El siglo XIX*. Madrid: Alianza, 1990.

Sepúlveda-Pulvirenti, Emma. «Carolina Coronado: Una voz pionera del siglo XIX». Marjorie Agosín y Emma Supúlveda-Pulvirenti. *Otro modo de ser*. San Juan, PR: Mairena, 1994.

Shaw, Donald L. «Towards an Understanding of Spanish Romanticism,» *Modern Language Review* 58 (1963): 190-195.

_____. «The Anti-romantic Reaction in Spain», *Modern Language Review* 63 (1968): 606-611.

_____. «Spain. Romántico-romanticismo-romancesco-romanesco-romancista-románico», *Romanticism and Its Cognates*. Toronto: Toronto U P, 1973. 341-371.

Silva, Francisco María de. *Década epistolar sobre el estado de las Letras en Francia*. Madrid: Sancha, 1792.

Simón Palmer, María del Carmen. «La mujer y la literatura en la España del siglo XIX», *Actas del VIII Congreso de la Asociación Internacional de Hispanistas*. Vol. 2 . Madrid: Itsmo, 1986. 591-596.

Sobejano, Gonzalo. «Commentary» [on Leopoldo Alas]. *Readings in Spanish Literature*. Ed. Anthony Zahareas y Bárbara Mujica. Londres: Oxford U P, 1975. 201-205.

Soufas, C. Christopher. «The Sublime, the Beautiful, and the Imagination in Zorrilla's *Don Juan Tenorio*». *Modern Language Notes* 110.2 (March 1995): 302-319.

Tarr, F. Courtney. «Romanticism in Spain». *PMLA* 55 (1940): 35-46.

Taylor, Teresia Langford. *The Representation of Women in the Novels of Juan Valera: A Feminist Critique*. Nueva York: Peter Lang, 1997.

Thurston-Griswold, Henry. *El idealismo sintético de don Juan Valera: teoría y práctica*. Potomac, MD. 1990.

Tuñón de Lara, Manuel. *Medio siglo de cultura española (1885-1936)*. Madrid: Tecnos, 1977.

Turk, Henry Charles. *German Romanticism in Gustavo Adolfo Bécquer's Short Stories* Lawrence, Kansas: Allen Press, 1959.

Ucelay da Cal, Margarita. *Los españoles pintados por sí mismos. 1843-1844*. México: Colegio de México, 1951.

Valdés-Cruz, Rosa. «En torno a la tolerancia de pensamiento de Avellaneda». *Cuadernos Hispanoamericanos* 380 (1982): 463-467.

Valis, Noel. *The Decadent Vision in Leopoldo Alas*. Baton Rouge: Louisiana State UP, 1981.

Varela, José Luis. «Ramón de la Cruz y el majismo». *La literatura española de la Ilustración* .Madrid, U Complutense, 1987. 113-130.

_____, ed. *La literatura de la Ilustración: Homenaje a Carlos III*. Madrid: U Complutense, 1988.

Varey, John. *Los títeres y otras diversiones de Madrid: 1758-1840. Estudio y documentos*. Londres: Támesis, 1972.

_____ y Charles Davis. «Los actores y la mobilidad social en las primeras décadas del siglo XVIII». *Teatro del Siglo de Oro: Homenaje a Alberto Navarro González*. Ed. Víctor García de la Concha, Jean Canavaggio, Theo Berchem, María Luisa Lobato. Kassel: Reichenberger, 1990.

Vázquez, Francisco. «Prólogo». *El feliz independiente del mundo y de la fortuna o arte de vivir contento en todos los trabajos de la vida*. Vol. 1. Madrid: Benito Cano, 1799. v-xxviii.

Vicens Vives, J., ed. *Los siglos XIX y XX. América independiente. Historia social y económica de España y América*. Vol. 5. Barcelona: Vicens-Vives, 1982. 5 vols.

Villacorta Baños, Francisco. *Burguesía y cultura. Los intelectuales españoles en la sociedad liberal. 1808-*

1931. Madrid: Siglo XXI, 1980.

Weisser, Michael R. «The Agrarian Ideal in Eighteenth-Century Spain», *Studies in Eighteenth-Century Culture* 11 (1982): 381-393.

Wilkins, Constance L. «El arte de hacer una leyenda». *Actas del Sexto Congreso Internacional de Hispanistas celebrado en Toronto del 22 al 26 agosto de 1977*. Ed. Alam M. Gordon y Evelyn Rugg; Prefacio Rafael Lapesa. Toronto: U Toronto, 1980. 795-797.

Ynduráin, Domingo. *Análisis formal de la poesía de Espronceda*. Madrid: Taurus, 1971.

Zellers, Guillermo. «Influencia de Walter Scott en España,» *Revista de Filología Española* 18 (1931): 149-162.

_____. *La novela histórica en España (1828-1850)*. Nueva York: Instituto de las Españas, 1938

INDICE GENERAL